货物和劳务税政策法规汇编

(2020版)

《货物和劳务税政策法规汇编》编写组 编

中国财经出版传媒集团
中国财政经济出版社

图书在版编目（CIP）数据

货物和劳务税政策法规汇编：2020版/《货物和劳务税政策法规汇编》编写组编. ——北京：中国财政经济出版社，2020.8

ISBN 978-7-5095-9937-2

Ⅰ.①货… Ⅱ.①货… Ⅲ.①货物税-税法-汇编-中国 ②劳务-管理-税法-汇编-中国 Ⅳ.①D922.220.9

中国版本图书馆CIP数据核字（2020）第136076号

责任编辑：吕小军　胡　懿　李筱文　谷兴华等　　责任校对：胡永立

中国财政经济出版社 出版

URL：http://www.cfeph.cn

E-mail：cfeph@cfeph.cn

（版权所有　翻印必究）

社址：北京市海淀区阜成路甲28号　邮政编码：100142

营销中心电话：010-88191537

中煤（北京）印务有限公司印刷　各地新华书店经销

787×1092毫米　16开　63.25印张　1 490 000字

2020年8月第1版　2020年8月北京第1次印刷

定价：198.00元

ISBN 978-7-5095-9937-2

（图书出现印装问题，本社负责调换）

本社质量投诉电话：010-88190744

打击盗版举报热线：010-88191661　　QQ：2242791300

前　　言

为了帮助广大税务人员和纳税人系统学习、准确把握、规范运用货物和劳务税政策法规，熟悉货物和劳务税工作的基本脉络，我们组织相关领域专业人员对现行货物和劳务税政策法规进行了逐一梳理、分类归集，力图给读者提供一本内容全面、条理清晰、便于查阅的专业工具书。

本汇编收录了《中华人民共和国车辆购置税法》，涵盖了国务院、财政部和相关部委、国家税务总局发布的截至2020年4月底全文有效和部分有效的增值税、消费税、车辆购置税和出口退税等方面的文件。全书分为第一篇增值税政策法规、第二篇消费税政策法规和第三篇车辆购置税政策法规。同时，因为出口退税政策法规与增值税政策法规关联紧密，将其作为第一篇的一个独立部分展现，这样做符合政策逻辑，便于关联学习把握：

本汇编的编排有以下四个特点：

1. 本汇编每一篇的第一部分都是基本政策法规，目的在于强调基本政策法规的重要性和引领作用。其他部分根据税种特点和工作实际进行了合理设置，政策分类和归集遵循重要性、特殊性、程序性和时序性等原则，既有统一的选择标准，又照顾到各税种工作开展和政策学习的需要。

2. 本汇编根据政策分类的需要，某些文件首先是考虑其综合性或者重要性在关键位置全文体现，而后又从政策分类的完整性出发，对其中部分条款在另外的位置又一次或多次出现，并且提供了阅读提示。确保每一处分类都能提供完整的政策体系。

3. 本汇编对于部分文件已经失效、废止的条款，在文件最后以［注释］的方式进行了详细说明，希望引起读者注意。

4. 本汇编对于文件附件的处理分三种情况：一是特别重要、对于理解政策有直接关系的附件直接引用；二是对维护文件完整性有意义的附件提供二维码方式引导阅读；三是对一般性附件直接省略。

由于编者水平有限，难免出现疏漏，恳请读者指正。

《货物和劳务税政策法规汇编》编写组

2020年5月

目 录

第一篇 增值税政策法规

第一部分 增值税基本法规 ……………………………………………………（ 3 ）
 一、增值税暂行条例及实施细则 ………………………………………………（ 3 ）
   国务院关于废止《中华人民共和国营业税暂行条例》和修改《中华人民共和国
     增值税暂行条例》的决定
     （2017 年 11 月 19 日 中华人民共和国国务院令第 691 号）……………（ 3 ）
 二、营业税改征增值税相关政策 ………………………………………………（ 13 ）
   财政部 国家税务总局关于将铁路运输和邮政业纳入营业税改征增值税试点
     的通知
     （2013 年 12 月 12 日 财税〔2013〕106 号）………………………………（ 13 ）
   财政部 国家税务总局关于铁路运输和邮政业营业税改征增值税试点有关政策
     的补充通知
     （2013 年 12 月 30 日 财税〔2013〕121 号）………………………………（ 37 ）
   财政部 国家税务总局关于将电信业纳入营业税改征增值税试点的通知
     （2014 年 4 月 29 日 财税〔2014〕43 号）…………………………………（ 38 ）
   国家税务总局关于营业税改征增值税试点期间有关增值税问题的公告
     （2015 年 12 月 22 日 国家税务总局公告 2015 年第 90 号）……………（ 39 ）
   财政部 国家税务总局关于全面推开营业税改征增值税试点的通知
     （2016 年 3 月 23 日 财税〔2016〕36 号）…………………………………（ 40 ）
   财政部 国家税务总局关于营业税改征增值税试点有关文化事业建设费政策
     及征收管理问题的通知
     （2016 年 3 月 28 日 财税〔2016〕25 号）…………………………………（ 77 ）
   国家税务总局关于营业税改征增值税委托地税局代征税款和代开增值税发票
     的通知
     （2016 年 3 月 31 日 税总函〔2016〕145 号）……………………………（ 79 ）
   国家税务总局关于营业税改征增值税委托地税机关代征税款和代开增值税发
     票的公告
     （2016 年 3 月 31 日 国家税务总局公告 2016 年第 19 号）……………（ 81 ）
   国家税务总局关于全面推开营业税改征增值税试点有关税收征收管理事项的

公告

(2016年4月19日 国家税务总局公告2016年第23号) …………（82）

国家税务总局关于明确营改增试点若干征管问题的公告

(2016年4月26日 国家税务总局公告2016年第26号) …………（85）

财政部 国家税务总局关于进一步明确全面推开营改增试点金融业有关政策的通知

(2016年4月29日 财税〔2016〕46号) …………（86）

财政部 国家税务总局关于进一步明确全面推开营改增试点有关劳务派遣服务、收费公路通行费抵扣等政策的通知

(2016年4月30日 财税〔2016〕47号) …………（87）

财政部 国家税务总局关于营业税改征增值税试点有关文化事业建设费政策及征收管理问题的补充通知

(2016年5月13日 财税〔2016〕60号) …………（89）

财政部 国家税务总局关于进一步明确全面推开营改增试点有关再保险、不动产租赁和非学历教育等政策的通知

(2016年6月18日 财税〔2016〕68号) …………（89）

国家税务总局关于营改增试点若干征管问题的公告

(2016年8月18日 国家税务总局公告2016年第53号) …………（90）

国家税务总局关于物业管理服务中收取的自来水水费增值税问题的公告

(2016年8月19日 国家税务总局公告2016年第54号) …………（94）

三、深化增值税改革相关政策 …………（94）

财政部 国家税务总局关于退还集成电路企业采购设备增值税期末留抵税额的通知

(2011年11月14日 财税〔2011〕107号) …………（94）

财政部 国家税务总局关于简并增值税征收率政策的通知

(2014年6月13日 财税〔2014〕57号) …………（95）

国家税务总局关于简并增值税征收率有关问题的公告

(2014年6月27日 国家税务总局公告2014年第36号) …………（96）

财政部 国家税务总局关于大型客机和新支线飞机增值税政策的通知

(2016年12月15日 财税〔2016〕141号) …………（97）

财政部 税务总局关于简并增值税税率有关政策的通知

(2017年4月28日 财税〔2017〕37号) …………（97）

财政部 税务总局关于调整增值税税率的通知

(2018年4月4日 财税〔2018〕32号) …………（100）

财政部 税务总局关于统一增值税小规模纳税人标准的通知

(2018年4月4日 财税〔2018〕33号) …………（101）

国家税务总局关于统一小规模纳税人标准等若干增值税问题的公告

(2018年4月20日 国家税务总局公告2018年第18号) …………（101）

财政部 税务总局关于2018年退还部分行业增值税留抵税额有关税收政策

的通知

(2018年6月27日 财税〔2018〕70号) ………………（103）

国家税务总局关于深化增值税改革有关事项的公告

(2019年3月21日 国家税务总局公告2019年第14号) ………（105）

国家税务总局关于办理增值税期末留抵税额退税有关事项的公告

(2019年4月30日 国家税务总局公告2019年第20号) ………（106）

财政部 税务总局 海关总署关于深化增值税改革有关政策的公告

(2019年3月20日 财政部 税务总局 海关总署公告2019年第39号) …（108）

财政部 税务总局关于明确部分先进制造业增值税期末留抵退税政策的公告

(2019年8月31日 财政部 税务总局公告2019年第84号) ………（111）

财政部 税务总局关于明确生活性服务业增值税加计抵减政策的公告

(2019年9月30日 财政部 税务总局公告2019年第87号) ………（112）

财政部 税务总局关于民用航空发动机、新支线飞机和大型客机税收政策的公告

(2019年10月8日 财政部 税务总局公告2019年第88号) ………（113）

四、增值税特殊政策规定 …………………………………………………（114）

（一）关于征税范围的特殊规定 …………………………………………（114）

国家税务总局关于印发《增值税部分货物征税范围注释》的通知

(1993年12月25日 国税发〔1993〕151号) ……………………（114）

财政部 国家税务总局关于印发《农业产品征税范围注释》的通知

(1995年6月15日 财税字〔1995〕52号) ………………………（117）

国家税务总局关于印发《增值税若干具体问题的规定》的通知

(1993年12月28日 国税发〔1993〕154号) ……………………（121）

财政部 国家税务总局关于军队、军工系统所属单位征收流转税、资源税问题的通知

(1994年4月22日 财税字〔1994〕11号) ………………………（123）

财政部 国家税务总局关于增值税、营业税若干政策规定的通知

(1994年5月5日 财税字〔1994〕26号) ………………………（124）

财政部 国家税务总局关于公安、司法部门所属单位征免增值税问题的通知

(1994年6月1日 财税字〔1994〕29号) ………………………（126）

财政部 国家税务总局关于罚没物品征免增值税问题的通知

(1995年9月4日 财税字〔1995〕69号) ………………………（127）

财政部 国家税务总局关于对铁路工附业单位恢复征收增值税问题的通知

(1996年5月30日 财税字〔1996〕35号) ………………………（127）

财政部 国家税务总局关于外国石油公司参与煤层气开采所适用税收政策问题的通知

(1996年7月5日 财税字〔1996〕62号) ………………………（128）

国家税务总局关于铁路支线维护费征收增值税问题的通知

(1996年9月24日 国税函〔1996〕561号) ………………………（128）

国家税务总局关于农牧业救灾柴油征收增值税问题的批复

（1996年10月29日　国税函〔1996〕612号） ……………………（129）

财政部　国家税务总局关于体育彩票发行收入税收问题的通知

（1996年11月7日　财税字〔1996〕77号） ………………………（129）

国家税务总局关于正大康地（深圳）有限公司生产经营饲料添加剂预混料应

否免征增值税问题的批复

（1997年7月22日　国税函〔1997〕424号） ……………………（130）

国家税务总局关于厦门邮电纵横股份有限公司销售传呼机、移动电话征收增

值税问题的批复

（1997年9月5日　国税函〔1997〕504号） ………………………（130）

国家税务总局关于修订"饲料"注释及加强饲料征免增值税管理问题的通知

（1999年3月8日　国税发〔1999〕39号） ………………………（131）

财政部　国家税务总局关于粮食企业增值税征免问题的通知

（1999年6月29日　财税字〔1999〕198号） ……………………（132）

国家税务总局关于白银生产环节征收增值税的通知

（2000年3月17日　国税发〔2000〕51号） ………………………（133）

国家税务总局关于融资租赁业务征收流转税问题的通知

（2000年7月7日　国税函〔2000〕514号） ………………………（133）

国家税务总局关于计算机软件征收流转税若干问题的通知

（2000年7月20日　国税发〔2000〕133号） ………………………（134）

国家税务总局关于中国联通有限公司有关税收问题的通知

（2001年10月18日　国税函〔2001〕762号） ……………………（134）

财政部　国家税务总局关于停止经济特区地产地销货物增值税优惠政策的

通知

（2002年11月23日　财税〔2002〕164号） ………………………（135）

财政部　国家税务总局关于营业税若干政策问题的通知

（2003年1月15日　财税〔2003〕16号） …………………………（136）

财政部　国家税务总局关于大连证券破产及财产处置过程中有关税收政策问

题的通知

（2003年5月20日　财税〔2003〕88号） …………………………（140）

财政部　海关总署　国家税务总局关于农药税收政策的通知

（2003年9月23日　财税〔2003〕186号） ………………………（140）

国家税务总局关于纳税人提供泥浆工程劳务征收流转税问题的批复

（2005年4月27日　国税函〔2005〕375号） ……………………（141）

国家税务总局关于新疆油田油气储运公司管道运输收入征收流转税问题的

通知

（2005年7月7日　国税函〔2005〕704号） ………………………（141）

财政部　国家税务总局关于中国建银投资有限责任公司有关税收政策问题
　　的通知
　　（2005年11月20日　财税〔2005〕160号）……………………………（142）
国家税务总局关于中国移动有限公司内地子公司业务销售附带赠送行为征收
　　流转税问题的通知
　　（2006年12月28日　国税函〔2006〕1278号）……………………（142）
国家税务总局关于受托种植植物、饲养动物征收流转税问题的通知
　　（2007年2月15日　国税发〔2007〕17号）…………………………（143）
国家税务总局关于水利工程水费征收流转税问题的批复
　　（2007年4月29日　国税函〔2007〕461号）………………………（143）
国家税务总局关于中国联通有限公司及所属分公司和中国联合通信有限公司
　　贵州分公司业务销售附带赠送行为有关流转税问题的通知
　　（2007年7月20日　国税函〔2007〕778号）………………………（144）
国家税务总局关于林木销售和管护征收流转税问题的通知
　　（2008年2月27日　国税函〔2008〕212号）………………………（144）
国家税务总局关于部分饲料产品征免增值税政策问题的批复
　　（2009年6月15日　国税函〔2009〕324号）………………………（145）
国家税务总局关于融资性售后回租业务中承租方出售资产行为有关税收问题
　　的公告
　　（2010年9月8日　国家税务总局公告2010年第13号）……………（145）
国家税务总局关于纳税人资产重组有关增值税问题的公告
　　（2011年2月18日　国家税务总局公告2011年第13号）……………（146）
国家税务总局关于纳税人转让土地使用权或者销售不动产同时一并销售附着
　　于土地或者不动产上的固定资产有关税收问题的公告
　　（2011年8月17日　国家税务总局公告2011年第47号）……………（146）
国家税务总局关于纳税人为其他单位和个人开采矿产资源提供劳务有关货物
　　和劳务税问题的公告
　　（2011年11月7日　国家税务总局公告2011年第56号）……………（147）
国家税务总局关于旅店业和饮食业纳税人销售食品有关税收问题的公告
　　（2011年11月24日　国家税务总局公告2011年第62号）…………（147）
国家税务总局关于二手车经营业务有关增值税问题的公告
　　（2012年6月1日　国家税务总局公告2012年第23号）……………（147）
国家税务总局关于中央财政补贴增值税有关问题的公告
　　（2013年1月8日　国家税务总局公告2013年第3号）………………（148）
财政部　国家税务总局关于停止执行民航国际航班使用进口保税航空燃油政策
　　的通知
　　（2013年7月29日　财税〔2013〕42号）……………………………（148）

国家税务总局关于铁路货运组织改革后两端物流服务有关营业税和增值税问题的公告

(2013年9月24日　国家税务总局公告2013年第55号) ……………… (149)

国家税务总局关于纳税人资产重组有关增值税问题的公告

(2013年11月19日　国家税务总局公告2013年第66号) …………… (149)

财政部　国家税务总局关于创新药后续免费使用有关增值税政策的通知

(2015年1月26日　财税〔2015〕4号) …………………………………… (150)

财政部　海关总署　国家税务总局关于对化肥恢复征收增值税政策的通知

(2015年8月10日　财税〔2015〕90号) ………………………………… (150)

(二) 关于计税方法以及税率和征收率的特殊规定 …………………………… (151)

国家税务总局关于下发《货物期货征收增值税具体办法》的通知

(1994年11月9日　国税发〔1994〕第244号) ………………………… (151)

国家税务总局关于原油管理费征收增值税问题的通知

(1996年6月26日　国税发〔1996〕第111号) ………………………… (152)

国家税务总局关于原油管理费缴纳营业税问题的复函

(1996年3月13日　国税函发〔1996〕101号) ………………………… (152)

财政部　国家税务总局关于金银首饰等货物征收增值税问题的通知

(1996年9月14日　财税字〔1996〕74号) ……………………………… (153)

国家税务总局关于淀粉的增值税适用税率问题的批复

(1996年12月31日　国税函〔1996〕744号) …………………………… (153)

国家税务总局关于平销行为征收增值税问题的通知

(1997年10月31日　国税发〔1997〕167号) …………………………… (153)

国家税务总局关于拍卖行取得的拍卖收入征收增值税、营业税有关问题的通知

(1999年3月11日　国税发〔1999〕40号) ……………………………… (154)

国家税务总局关于卫生防疫站调拨生物制品及药械征收增值税的批复

(1999年4月19日　国税函〔1999〕191号) …………………………… (155)

国家税务总局关于外国企业来华参展后销售展品有关税务处理问题的批复

(1999年4月26日　国税函〔1999〕207号) …………………………… (155)

国家税务总局关于增值税若干税收政策问题的批复

(2001年4月5日　国税函〔2001〕248号) ……………………………… (156)

国家税务总局关于新闻产品征收流转税问题的通知

(2001年9月13日　国税发〔2001〕105号) …………………………… (157)

国家税务总局关于宠物饲料征收增值税问题的批复

(2002年9月12日　国税函〔2002〕812号) …………………………… (157)

国家税务总局关于茴油、毛椰子油适用增值税税率的批复

(2003年4月18日　国税函〔2003〕426号) …………………………… (157)

国家税务总局关于不带动力的手扶拖拉机和三轮农用运输车适用13%税率执行时间的批复

（2003年10月9日　国税函〔2003〕1118号）……………………（158）

国家税务总局关于天然二氧化碳适用增值税税率的批复

（2003年12月10日　国税函〔2003〕1324号）…………………（158）

财政部　国家税务总局关于推广税控收款机有关税收政策的通知

（2004年11月9日　财税〔2004〕167号）………………………（159）

国家税务总局关于由石油伴生气加工压缩成的石油液化气适用增值税税率的通知

（2005年5月18日　国税发〔2005〕83号）………………………（159）

国家税务总局关于增值税一般纳税人期货交易有关增值税问题的通知

（2005年11月9日　国税函〔2005〕1060号）……………………（160）

国家税务总局关于水洗猪鬃征收增值税问题的批复

（2006年8月15日　国税函〔2006〕773号）………………………（161）

国家税务总局关于中小学课本配套产品适用增值税税率的批复

（2006年8月15日　国税函〔2006〕770号）………………………（161）

财政部　国家税务总局关于明确硝酸铵适用增值税税率的通知

（2007年1月10日　财税〔2007〕7号）……………………………（161）

国家税务总局关于粉煤灰（渣）征收增值税问题的批复

（2007年2月5日　国税函〔2007〕158号）………………………（162）

国家税务总局关于挂面适用增值税税率问题的通知

（2008年12月8日　国税函〔2008〕1007号）……………………（162）

财政部　国家税务总局关于金属矿、非金属矿采选产品增值税税率的通知

（2008年12月19日　财税〔2008〕171号）………………………（163）

财政部　国家税务总局关于部分货物适用增值税低税率和简易办法征收增值税政策的通知

（2009年1月19日　财税〔2009〕9号）……………………………（163）

国家税务总局关于增值税简易征收政策有关管理问题的通知

（2009年2月25日　国税函〔2009〕90号）………………………（166）

国家税务总局关于麦芽适用税率问题的批复

（2009年4月7日　国税函〔2009〕177号）………………………（167）

国家税务总局关于复合胶适用增值税税率问题的批复

（2009年8月21日　国税函〔2009〕453号）………………………（167）

国家税务总局关于核桃油适用税率问题的批复

（2009年8月21日　国税函〔2009〕455号）………………………（167）

国家税务总局关于供应非临床用血增值税政策问题的批复

（2009年8月24日　国税函〔2009〕456号）………………………（168）

国家税务总局关于人发适用增值税税率问题的批复

(2009年10月28日 国税函〔2009〕625号) ……………………… (168)

国家税务总局关于折扣额抵减增值税应税销售额问题通知

(2010年2月8日 国税函〔2010〕56号) ………………………… (169)

国家税务总局关于人工合成牛胚胎适用增值税税率问题的通知

(2010年3月4日 国税函〔2010〕97号) ………………………… (169)

国家税务总局关于橄榄油适用税率问题的批复

(2010年4月8日 国税函〔2010〕144号) ………………………… (169)

国家税务总局关于肉桂油 桉油 香茅油增值税适用税率问题的公告

(2010年7月27日 国家税务总局公告2010年第5号) …………… (170)

国家税务总局关于干姜 姜黄增值税适用税率问题的公告

(2010年8月19日 国家税务总局公告2010年第9号) …………… (170)

国家税务总局关于皂脚适用增值税税率问题的公告

(2011年3月16日 国家税务总局公告2011年第20号) ………… (170)

国家税务总局关于纳税人无偿赠送粉煤灰征收增值税问题的公告

(2011年5月19日 国家税务总局公告2011年第32号) ………… (171)

国家税务总局关于花椒油增值税适用税率问题的公告

(2011年6月2日 国家税务总局公告2011年第33号) ………… (171)

国家税务总局关于部分液体乳增值税适用税率的公告

(2011年7月6日 国家税务总局公告2011年第38号) ………… (171)

国家税务总局关于环氧大豆油氢化植物油增值税适用税率问题的公告

(2011年7月25日 国家税务总局公告2011年第43号) ………… (172)

财政部 国家税务总局关于软件产品增值税政策的通知

(2011年10月13日 财税〔2011〕100号) ……………………… (172)

国家税务总局关于一般纳税人销售自己使用过的固定资产增值税有关问题的
公告

(2012年1月6日 国家税务总局公告2012年第1号) …………… (174)

财政部 国家税务总局关于固定业户总分支机构增值税汇总纳税有关政策的
通知

(2012年1月16日 财税〔2012〕9号) …………………………… (175)

国家税务总局关于部分产品增值税适用税率问题的公告

(2012年3月16日 国家税务总局公告2012年第10号) ………… (175)

国家税务总局关于部分玉米深加工产品增值税税率问题的公告

(2012年3月27日 国家税务总局公告2012年第11号) ………… (176)

国家税务总局关于药品经营企业销售生物制品有关增值税问题的公告

(2012年5月28日 国家税务总局公告2012年第20号) ………… (176)

国家税务总局关于卷帘机适用增值税税率问题的公告

(2012年6月29日 国家税务总局公告2012年第29号) ………… (176)

国家税务总局关于国寿投资控股有限公司相关税收问题的公告
　　（2013年1月7日　国家税务总局公告2013年第2号）……………（177）
国家税务总局关于直销企业增值税销售额确定有关问题的公告
　　（2013年1月17日　国家税务总局公告2013年第5号）……………（177）
国家税务总局关于承印境外图书增值税适用税率问题的公告
　　（2013年2月22日　国家税务总局公告2013年第10号）……………（178）
国家税务总局关于纳税人无偿赠送煤矸石征收增值税问题的公告
　　（2013年12月3日　国家税务总局公告2013年第70号）……………（178）
国家税务总局关于动物骨粒适用增值税税率的公告
　　（2013年12月3日　国家税务总局公告2013年第71号）……………（179）
国家税务总局关于农用挖掘机　养鸡设备系列养猪设备系列产品增值税适用
　　税率问题的公告
　　（2014年2月27日　国家税务总局公告2014年第12号）……………（179）
国家税务总局关于杏仁油　葡萄籽油增值税适用税率问题的公告
　　（2014年4月11日　国家税务总局公告2014年第22号）……………（180）
国家税务总局关于牡丹籽油增值税适用税率问题的公告
　　（2014年12月31日　国家税务总局公告2014年第75号）……………（180）
国家税务总局关于国网冀北电力有限公司增值税有关问题的批复
　　（2015年5月26日　税总函〔2015〕283号）……………（180）
财政部　国家税务总局关于对化肥恢复征收增值税政策的补充通知
　　（2015年8月28日　财税〔2015〕97号）……………（181）
国家税务总局关于兽用药品经营企业销售兽用生物制品有关增值税问题的
　　公告
　　（2016年2月4日　国家税务总局公告2016年第8号）……………（181）
财政部　国家税务总局关于资管产品增值税政策有关问题的补充通知
　　（2017年1月6日　财税〔2017〕2号）……………（182）
财政部　税务总局关于资管产品增值税有关问题的通知
　　（2017年6月30日　财税〔2017〕56号）……………（182）
财政部　海关总署　税务总局　国家药品监督管理局关于抗癌药品增值税政策
　　的通知
　　（2018年4月27日　财税〔2018〕47号）……………（183）
财政部　税务总局关于中国邮政储蓄银行三农金融事业部涉农贷款增值税政
　　策的通知
　　（2018年9月12日　财税〔2018〕97号）……………（184）
财政部　税务总局关于支持个体工商户复工复业增值税政策的公告
　　（2020年2月28日　财政部　税务总局公告2020年第13号）……………（184）
财政部　税务总局关于二手车经销有关增值税政策的公告
　　（2020年4月8日　财政部　税务总局公告2020年第17号）……………（185）

（三）关于进项抵扣的特殊规定……………………………………………………（185）
　　国家税务总局关于易货贸易进口环节减征的增值税税款抵扣问题的通知
　　　（1996年9月17日　国税函〔1996〕550号）……………………………（185）
　　国家税务总局关于增值税一般纳税人恢复抵扣进项税额资格后有关问题的
　　　批复
　　　（2000年8月2日　国税函〔2000〕584号）………………………………（185）
　　国家税务总局关于出版物广告收入有关增值税问题的通知
　　　（2000年11月17日　国税发〔2000〕188号）……………………………（186）
　　国家税务总局关于增值税一般纳税人平销行为征收增值税问题的批复
　　　（2001年4月5日　国税函〔2001〕247号）………………………………（186）
　　财政部　国家税务总局关于西气东输项目有关税收政策的通知
　　　（2002年7月31日　财税〔2002〕111号）…………………………………（187）
　　国家税务总局关于企业改制中资产评估减值发生的流动资产损失进项税额抵
　　　扣问题的批复
　　　（2002年12月20日　国税函〔2002〕1103号）……………………………（187）
　　国家税务总局关于血液制品增值税政策的批复
　　　（2004年3月8日　国税函〔2004〕335号）………………………………（188）
　　国家税务总局关于严格执行税法规定不得实行边境贸易"双倍抵扣"政策的
　　　通知
　　　（2004年6月21日　国税函〔2004〕830号）………………………………（188）
　　国家税务总局关于增值税一般纳税人取得海关进口增值税专用缴款书抵扣进
　　　项税额问题的通知
　　　（2004年11月11日　国税发〔2004〕148号）……………………………（189）
　　国家税务总局关于农户手工编织的竹制和竹芒藤柳坯具征收增值税问题的
　　　批复
　　　（2005年1月18日　国税函〔2005〕56号）………………………………（190）
　　商务部　财政部　国家税务总局关于开展农产品连锁经营试点的通知
　　　（2005年4月4日　商建发〔2005〕1号）…………………………………（190）
　　国家税务总局关于纳税人进口货物增值税进项税额抵扣有关问题的通知
　　　（2007年3月22日　国税函〔2007〕350号）………………………………（195）
　　财政部　国家税务总局关于农民专业合作社有关税收政策的通知
　　　（2008年6月24日　财税〔2008〕81号）……………………………………（195）
　　国家税务总局关于进口免税设备解除海关监管补缴进口环节增值税抵扣问题
　　　的批复
　　　（2009年3月30日　国税函〔2009〕158号）………………………………（196）
　　财政部　国家税务总局关于固定资产进项税额抵扣问题的通知
　　　（2009年9月9日　财税〔2009〕113号）……………………………………（197）

国家税务总局关于项目运营方利用信托资金融资过程中增值税进项税额抵扣问题的公告

　　（2010年8月9日　国家税务总局公告2010年第8号）……（197）

　　财政部　国家税务总局关于收购烟叶支付的价外补贴进项税额抵扣问题的通知

　　（2011年3月2日　财税〔2011〕21号）……（198）

　　国家税务总局关于纳税人资产重组增值税留抵税额处理有关问题的公告

　　（2012年12月13日　国家税务总局公告2012年第55号）……（198）

　　国家税务总局关于输水管道有关增值税问题的批复

　　（2013年11月25日　税总函〔2013〕642号）……（199）

　　财政部　国家税务总局关于煤炭采掘企业增值税进项税额抵扣有关事项的通知

　　（2015年11月2日　财税〔2015〕117号）……（199）

第二部分　增值税优惠政策……（200）

一、改善民生……（200）

（一）提高居民收入……（200）

　　财政部　国家税务总局关于免征部分鲜活肉蛋产品流通环节增值税政策的通知

　　（2012年9月27日　财税〔2012〕75号）……（200）

　　财政部　国家税务总局关于免征蔬菜流通环节增值税有关问题的通知

　　（2011年12月31日　财税〔2011〕137号）……（201）

（二）住房……（201）

　　财政部　国家税务总局关于全面推开营业税改征增值税试点的通知

　　（2016年3月23日　财税〔2016〕36号）……（201）

　　财政部　税务总局关于公共租赁住房税收优惠政策的公告

　　（2019年4月15日　财政部　税务总局公告2019年第61号）……（202）

（三）军转择业……（203）

　　财政部　国家税务总局关于全面推开营业税改征增值税试点的通知

　　（2016年3月23日　财税〔2016〕36号）……（203）

　　财政部　税务总局　退役军人部关于进一步扶持自主就业退役士兵创业就业有关税收政策的通知

　　（2019年2月2日　财税〔2019〕21号）……（203）

（四）社会保障……（205）

　　财政部　国家税务总局关于增值税几个税收政策问题的通知

　　（1994年10月18日　财税字〔1994〕60号）……（205）

　　中华人民共和国增值税暂行条例……（206）

　　财政部　国家税务总局关于全面推开营业税改征增值税试点的通知

　　（2016年3月23日　财税〔2016〕36号）……（206）

财政部　国家税务总局关于促进残疾人就业增值税优惠政策的通知
（2016年5月5日　财税〔2016〕52号）……………………………（206）

财政部　税务总局关于全国社会保障基金有关投资业务税收政策的通知
（2018年9月10日　财税〔2018〕94号）……………………………（208）

财政部　税务总局关于基本养老保险基金有关投资业务税收政策的通知
（2018年9月20日　财税〔2018〕95号）……………………………（209）

财政部　税务总局　发展改革委　民政部　商务部　卫生健康委关于养老、托育、家政等社区家庭服务业税费优惠政策的公告
（2019年6月28日　财政部公告2019年第76号）……………………（209）

（五）再就业扶持………………………………………………………………（210）

财政部　税务总局　人力资源社会保障部　国务院扶贫办关于进一步支持和促进重点群体创业就业有关税收政策的通知
（2019年2月2日　财税〔2019〕22号）……………………………（210）

（六）救灾及重建………………………………………………………………（212）

财政部　国家税务总局关于粮食企业增值税征免问题的通知
（1999年6月29日　财税字〔1999〕198号）………………………（212）

财政部　税务总局关于支持个体工商户复工复业增值税政策的公告
（2020年2月28日　财政部　税务总局公告2020年第13号）………（212）

（七）其他………………………………………………………………………（212）

财政部　税务总局关于继续执行边销茶增值税政策的公告
（2019年8月28日　财政部　税务总局公告2019年第83号）………（212）

二、支持"三农"……………………………………………………………………（213）

（一）肥料饲料…………………………………………………………………（213）

财政部　国家税务总局关于饲料产品免征增值税问题的通知
（2001年7月12日　财税〔2001〕121号）…………………………（213）

财政部　国家税务总局关于豆粕等粕类产品征免增值税政策的通知
（2001年8月7日　财税〔2001〕30号）……………………………（214）

国家税务总局关于饲用鱼油产品免征增值税的批复
（2003年12月29日　国税函〔2003〕1395号）……………………（214）

国家税务总局关于饲料级磷酸二氢钙产品增值税政策问题的通知
（2007年1月8日　国税函〔2007〕10号）…………………………（215）

财政部　国家税务总局关于有机肥产品免征增值税的通知
（2008年4月29日　财税〔2008〕56号）……………………………（215）

（二）金融市场…………………………………………………………………（216）

财政部　税务总局关于延续支持农村金融发展有关税收政策的通知
（2017年6月9日　财税〔2017〕44号）……………………………（216）

财政部　税务总局关于小额贷款公司有关税收政策的通知
（2017年6月9日　财税〔2017〕48号）……………………………（217）

（三）农村建设…………………………………………………………………（218）

财政部　国家税务总局关于免征农村电网维护费增值税问题的通知
　　（1998 年 3 月 5 日　财税字〔1998〕47 号） ………………………………（218）
财政部　国家税务总局关于农业生产资料征免增值税政策的通知
　　（2001 年 7 月 20 日　财税〔2001〕113 号） …………………………………（218）
财政部　国家税务总局关于不带动力的手扶拖拉机和三轮农用运输车增值
　　税政策的通知
　　（2002 年 6 月 6 日　财税〔2002〕89 号） ……………………………………（219）
国家税务总局关于矿物质微量元素舔砖免征增值税问题的批复
　　（2005 年 11 月 30 日　国税函〔2005〕1127 号） ……………………………（220）
财政部　国家税务总局关于农民专业合作社有关税收政策的通知
　　（2008 年 6 月 24 日　财税〔2008〕81 号） ……………………………………（220）
国家税务总局关于制种行业增值税有关问题的公告
　　（2010 年 10 月 25 日　国家税务总局公告 2010 年第 17 号） ………………（220）
财政部　国家税务总局关于全面推开营业税改征增值税试点的通知
　　（2016 年 3 月 23 日　财税〔2016〕36 号） ……………………………………（221）
财政部　税务总局关于建筑服务等营改增试点政策的通知
　　（2017 年 7 月 11 日　财税〔2017〕58 号） ……………………………………（221）
财政部　税务总局关于继续实行农村饮水安全工程税收优惠政策的公告
　　（2019 年 4 月 15 日　财政部　税务总局公告 2019 年第 67 号） …………（221）

（四）其他 ……………………………………………………………………………（222）
中华人民共和国增值税暂行条例 ……………………………………………………（222）
财政部　国家税务总局关于免征滴灌带和滴灌管产品增值税的通知
　　（2007 年 5 月 30 日　财税〔2007〕83 号） ……………………………………（222）
财政部　国家税务总局关于全面推开营业税改征增值税试点的通知
　　（2016 年 3 月 23 日　财税〔2016〕36 号） ……………………………………（223）
财政部　税务总局关于明确国有农用地出租等增值税政策的公告
　　（2020 年 1 月 20 日　财政部　税务总局公告 2020 年第 2 号） ……………（223）

三、鼓励高新技术 ……………………………………………………………………（224）
（一）自主创新 ………………………………………………………………………（224）
财政部　国家税务总局关于软件产品增值税政策的通知
　　（2011 年 10 月 13 日　财税〔2011〕100 号） …………………………………（224）
（二）技术转让 ………………………………………………………………………（226）
财政部　国家税务总局关于全面推开营业税改征增值税试点的通知
　　（2016 年 3 月 23 日　财税〔2016〕36 号） ……………………………………（226）
（三）科技发展 ………………………………………………………………………（226）
中华人民共和国增值税暂行条例 ……………………………………………………（226）
财政部　税务总局　科技部　教育部关于科技企业孵化器　大学科技园和众创
　　空间税收政策的通知
　　（2018 年 11 月 1 日　财税〔2018〕120 号） ……………………………………（226）

四、节能环保 (227)

（一）资源综合利用 (227)

财政部　国家税务总局关于污水处理费有关增值税政策的通知
（2001年6月19日　财税〔2001〕97号） (227)

财政部　国家税务总局关于新型墙体材料增值税政策的通知
（2015年6月12日　财税〔2015〕73号） (228)

财政部　国家税务总局关于风力发电增值税政策的通知
（2015年6月12日　财税〔2015〕74号） (229)

财政部　国家税务总局关于印发《资源综合利用产品和劳务增值税优惠目录》的通知
（2015年6月12日　财税〔2015〕78号） (229)

财政部　税务总局关于延续供热企业增值税　房产税　城镇土地使用税优惠政策的通知
（2019年4月3日　财税〔2019〕38号） (238)

（二）其他 (239)

国家税务总局关于退耕还林还草补助粮免征增值税问题的通知
（2001年11月26日　国税发〔2001〕131号） (239)

财政部　国家税务总局关于促进节能服务产业发展增值税、营业税和企业所得税政策问题的通知
（2010年12月30日　财税〔2010〕110号） (239)

财政部　国家税务总局关于全面推开营业税改征增值税试点的通知
（2016年3月23日　财税〔2016〕36号） (241)

五、支持金融资本市场 (241)

（一）金融市场 (241)

财政部　国家税务总局关于被撤销金融机构有关税收政策问题的通知
（2003年7月3日　财税〔2003〕141号） (241)

财政部　海关总署　国家税务总局关于调整钻石及上海钻石交易所有关税收政策的通知
（2006年6月7日　财税〔2006〕65号） (242)

财政部　国家税务总局关于外国银行分行改制为外商独资银行有关税收问题的通知
（2007年3月26日　财税〔2007〕45号） (243)

财政部　国家税务总局关于黄金期货交易有关税收政策的通知
（2008年1月29日　财税〔2008〕5号） (244)

财政部　国家税务总局关于上海期货交易所开展期货保税交割业务有关增值税问题的通知
（2010年12月2日　财税〔2010〕108号） (245)

财政部　国家税务总局关于原油和铁矿石期货保税交割业务增值税政策的通知
（2015年4月8日　财税〔2015〕35号） (245)

财政部　国家税务总局关于全面推开营业税改征增值税试点的通知
　　（2016年3月23日　财税〔2016〕36号） ……………………………………（245）
财政部　国家税务总局关于进一步明确全面推开营改增试点金融业有关政策
　　的通知
　　（2016年4月29日　财税〔2016〕46号） ……………………………………（246）
财政部　国家税务总局关于金融机构同业往来等增值税政策的补充通知
　　（2016年6月30日　财税〔2016〕70号） ……………………………………（246）
财政部　国家税务总局关于部分营业税和增值税政策到期延续问题的通知
　　（2016年7月25日　财税〔2016〕83号） ……………………………………（247）
财政部　税务总局关于境外机构投资境内债券市场企业所得税　增值税政策
　　的通知
　　（2018年11月7日　财税〔2018〕108号） …………………………………（248）
（二）资本市场 …………………………………………………………………………（249）
财政部　国家税务总局关于中国信达等4家金融资产管理公司税收政策问题
　　的通知
　　（2001年2月20日　财税〔2001〕10号） ……………………………………（249）
财政部　国家税务总局关于4家资产管理公司接收资本金项下的资产在办理
　　过户时有关税收政策问题的通知
　　（2003年2月21日　财税〔2003〕21号） ……………………………………（250）
财政部　国家税务总局关于中国东方资产管理公司处置港澳国际（集团）
　　有限公司有关资产税收政策问题的通知
　　（2003年11月10日　财税〔2003〕212号） …………………………………（250）
财政部　国家税务总局关于熊猫普制金币免征增值税政策的通知
　　（2012年12月28日　财税〔2012〕97号） ……………………………………（252）
财政部　国家税务总局关于中国信达资产管理股份有限公司等4家金融资产
　　管理公司有关税收政策问题的通知
　　（2013年8月28日　财税〔2013〕56号） ……………………………………（253）
财政部　国家税务总局关于全面推开营业税改征增值税试点的通知
　　（2016年3月23日　财税〔2016〕36号） ……………………………………（254）
财政部　国家税务总局关于金融机构同业往来等增值税政策的补充通知
　　（2016年6月30日　财税〔2016〕70号） ……………………………………（254）
财政部　税务总局关于明确养老机构免征增值税等政策的通知
　　（2019年2月2日　财税〔2019〕20号） ………………………………………（254）
财政部　税务总局　证监会关于创新企业境内发行存托凭证试点阶段有关税
　　收政策的公告
　　（2019年4月3日　财政部　税务总局　证监会公告2019年第52号） ……（255）
六、支持文化教育体育 ………………………………………………………………………（256）
（一）文化 …………………………………………………………………………………（256）
中华人民共和国增值税暂行条例 ………………………………………………………（256）

财政部　国家税务总局关于中国图书进出口总公司销售给科研教学单位的进口
　　书刊资料免征增值税问题的通知
　　（1997年3月28日　财税字〔1997〕66号） ………………………………（257）
财政部　国家税务总局关于中国教育图书进出口公司销售给高等学校教育科
　　研单位和北京图书馆的进口图书报刊资料免征增值税问题的通知
　　（1998年4月8日　财税字〔1998〕67号） ……………………………（257）
财政部　国家税务总局关于中国国际图书贸易总公司销售给高等学校教育科
　　研单位和北京图书馆的进口图书报刊资料免征增值税问题的通知
　　（1998年4月14日　财税字〔1998〕68号） ……………………………（258）
财政部　国家税务总局关于中国科技资料进出口总公司销售进口图书享受免
　　征国内销售环节增值税政策的通知
　　（2004年3月30日　财税〔2004〕69号） ………………………………（258）
财政部　国家税务总局　中宣部关于下发红旗出版社有限责任公司等中央所
　　属转制文化企业名单的通知
　　（2011年3月16日　财税〔2011〕3号） …………………………………（258）
财政部　国家税务总局　中宣部关于下发人民网股份有限公司等81家中央所
　　属转制文化企业名单的通知
　　（2011年4月27日　财税〔2011〕27号） ………………………………（259）
财政部　国家税务总局　中宣部关于下发世界知识出版社等35家中央所属转
　　制文化企业名单的通知
　　（2011年12月31日　财税〔2011〕120号） ……………………………（259）
财政部　国家税务总局关于文化体制改革中经营性文化事业单位转制为企业
　　的若干税收优惠政策的通知
　　（2009年3月26日　财税〔2009〕34号） ………………………………（260）
财政部　国家税务总局　中宣部关于继续实施文化体制改革中经营性文化事业
　　单位转制为企业若干税收政策的通知
　　（2014年11月27日　财税〔2014〕84号） ………………………………（261）
财政部　税务总局　中央宣传部关于继续实施文化体制改革中经营性文化事业
　　单位转制为企业若干税收政策的通知
　　（2019年2月16日　财税〔2019〕16号） ………………………………（263）
财政部　国家税务总局关于全面推开营业税改征增值税试点的通知
　　（2016年3月23日　财税〔2016〕36号） ………………………………（264）
财政部　税务总局关于延续动漫产业增值税政策的通知
　　（2018年4月19日　财税〔2018〕38号） ………………………………（265）
财政部　税务总局关于延续宣传文化增值税优惠政策的通知
　　（2018年6月5日　财税〔2018〕53号） …………………………………（265）
财政部　税务总局关于继续实施支持文化企业发展增值税政策的通知
　　（2019年2月13日　财税〔2019〕17号） ………………………………（268）

（二）教育 …………………………………………………………………（268）
　　财政部　国家税务总局关于教育税收政策的通知
　　　（2004年2月5日　财税〔2004〕39号）………………………（268）
　　财政部　国家税务总局关于全面推开营业税改征增值税试点的通知
　　　（2016年3月23日　财税〔2016〕36号）………………………（270）
　　财政部　国家税务总局关于继续执行高校学生公寓和食堂有关税收政策的通知
　　　（2016年7月25日　财税〔2016〕82号）………………………（271）
（三）体育 …………………………………………………………………（271）
　　财政部　国家税务总局关于全面推开营业税改征增值税试点的通知
　　　（2016年3月23日　财税〔2016〕36号）………………………（271）
　　财政部　税务总局　海关总署关于北京2022年冬奥会和冬残奥会税收政策的
　　通知
　　　（2017年7月12日　财税〔2017〕60号）………………………（272）
　　财政部　税务总局　海关总署关于北京2022年冬奥会和冬残奥会税收优惠政
　　策的公告
　　　（2019年11月11日　财政部公告2019年第92号）………………（274）
　　财政部　税务总局　海关总署关于杭州2022年亚运会和亚残运会税收政策的
　　公告
　　　（2020年4月9日　财政部公告2020年第18号）…………………（276）
　　财政部　税务总局　海关总署关于第18届世界中学生运动会等三项国际综合
　　运动会税收政策的公告
　　　（2020年4月9日　财政部公告2020年第19号）…………………（277）
七、促进小微企业发展 ……………………………………………………（278）
（一）未达起征点 …………………………………………………………（278）
　　中华人民共和国增值税暂行条例 ……………………………………（278）
　　财政部　国家税务总局关于修改《中华人民共和国增值税暂行条例实施细则》
　　和《中华人民共和国营业税暂行条例实施细则》的决定
　　　（2011年10月28日　财政部令第65号）………………………（278）
　　财政部　国家税务总局关于暂免征收部分小微企业增值税和营业税的通知
　　　（2013年7月29日　财税〔2013〕52号）………………………（279）
　　财政部　国家税务总局关于全面推开营业税改征增值税试点的通知
　　　（2016年3月23日　财税〔2016〕36号）………………………（279）
　　财政部　税务总局关于实施小微企业普惠性税收减免政策的通知
　　　（2019年1月17日　财税〔2019〕13号）………………………（279）
（二）金融市场 ……………………………………………………………（281）
　　财政部　税务总局关于支持小微企业融资有关税收政策的通知
　　　（2017年10月26日　财税〔2017〕77号）………………………（281）
　　财政部　税务总局关于租入固定资产进项税额抵扣等增值税政策的通知
　　　（2017年12月25日　财税〔2017〕90号）………………………（282）

财政部　税务总局关于金融机构小微企业贷款利息收入免征增值税政策的通知

　　　　（2018年9月5日　财税〔2018〕91号） …………………………（282）

　　财政部　税务总局关于延续实施普惠金融有关税收优惠政策的公告

　　　　（2020年4月20日　财政部　税务总局公告2020年第22号） …………（283）

八、促进区域发展 ……………………………………………………………………（284）

　（一）两岸交流 ……………………………………………………………………（284）

　　财政部　国家税务总局关于全面推开营业税改征增值税试点的通知

　　　　（2016年3月23日　财税〔2016〕36号） ……………………………（284）

　（二）其他 …………………………………………………………………………（284）

　　财政部　海关总署　国家税务总局关于横琴、平潭开发有关增值税和消费税政策
　　　　的通知

　　　　（2014年6月11日　财税〔2014〕51号） ……………………………（284）

九、支持其他各项事业 ………………………………………………………………（286）

　（一）公益 …………………………………………………………………………（286）

　　财政部　税务总局　国务院扶贫办关于扶贫货物捐赠免征增值税政策的公告

　　　　（2019年4月10日　财政部　税务总局　国务院扶贫办公告2019年第55号） …（286）

　　财政部　税务总局关于支持新型冠状病毒感染的肺炎疫情防控有关税收政策
　　　　的公告

　　　　（2020年2月6日　财政部　税务总局公告2020年第8号） ……………（287）

　　财政部　税务总局关于支持新型冠状病毒感染的肺炎疫情防控有关捐赠税
　　　　收政策的公告

　　　　（2020年2月6日　财政部　税务总局公告2020年第9号） ……………（288）

　（二）医疗卫生 ……………………………………………………………………（288）

　　财政部　国家税务总局关于血站有关税收问题的通知

　　　　（1999年10月13日　财税字〔1999〕264号） …………………………（288）

　　财政部　国家税务总局关于全面推开营业税改征增值税试点的通知

　　　　（2016年3月23日　财税〔2016〕36号） ……………………………（289）

　　财政部　税务总局关于延续免征国产抗艾滋病病毒药品增值税政策的公告

　　　　（2019年6月5日　财政部　税务总局公告2019年第73号） ……………（289）

　（三）其他 …………………………………………………………………………（290）

　　中华人民共和国增值税暂行条例 …………………………………………………（290）

　　财政部　国家税务总局关于罚没物品征免增值税问题的通知

　　　　（1995年9月4日　财税字〔1995〕69号） ……………………………（290）

　　财政部　国家税务总局　中国人民银行关于配售出口黄金有关税收规定的通知

　　　　（2000年7月28日　财税〔2000〕3号） ………………………………（291）

　　财政部　国家税务总局关于飞机维修增值税问题的通知

　　　　（2000年10月12日　财税〔2000〕102号） ……………………………（291）

　　财政部　国家税务总局关于铁路货车修理免征增值税的通知

　　　　（2001年4月3日　财税〔2001〕54号） ………………………………（292）

财政部　国家税务总局　外经贸部关于外国政府和国际组织无偿援助项目在华采购物资免征增值税问题的通知

　　（2002年1月11日　财税〔2002〕2号）………………………………（292）

财政部　国家税务总局关于外国政府和国际组织无偿援助项目在华采购物资免征增值税的补充通知

　　（2005年1月21日　财税〔2005〕13号）……………………………（293）

财政部　国家税务总局关于黄金税收政策问题的通知

　　（2002年9月12日　财税〔2002〕142号）……………………………（294）

财政部　国家税务总局关于铂金及其制品税收政策的通知

　　（2003年4月28日　财税〔2003〕86号）………………………………（295）

财政部　国家税务总局关于部分货物适用增值税低税率和简易办法征收增值税政策的通知

　　（2009年1月19日　财税〔2009〕9号）…………………………………（296）

财政部　国家税务总局关于增值税税控系统专用设备和技术维护费用抵减增值税税额有关政策的通知

　　（2012年2月7日　财税〔2012〕15号）…………………………………（297）

财政部　国家税务总局关于全面推开营业税改征增值税试点的通知

　　（2016年3月23日　财税〔2016〕36号）………………………………（298）

财政部　税务总局关于租入固定资产进项税额抵扣等增值税政策的通知

　　（2017年12月25日　财税〔2017〕90号）……………………………（298）

第三部分　行业管理制度……………………………………………………（299）

一、建筑业……………………………………………………………………（299）

国家税务总局关于发布《纳税人跨县（市、区）提供建筑服务增值税征收管理暂行办法》的公告

　　（2016年3月31日　国家税务总局公告2016年第17号）……………（299）

二、房地产业…………………………………………………………………（301）

国家税务总局关于发布《房地产开发企业销售自行开发的房地产项目增值税征收管理暂行办法》的公告

　　（2016年3月31日　国家税务总局公告2016年第18号）……………（301）

三、不动产转让及租赁………………………………………………………（305）

国家税务总局关于发布《纳税人转让不动产增值税征收管理暂行办法》的公告

　　（2016年3月31日　国家税务总局公告2016年第14号）……………（305）

国家税务总局关于发布《纳税人提供不动产经营租赁服务增值税征收管理暂行办法》的公告

　　（2016年3月31日　国家税务总局公告2016年第16号）……………（308）

国家税务总局关于纳税人转让不动产缴纳增值税差额扣除有关问题的公告

　　（2016年11月24日　国家税务总局公告2016年第73号）……………（310）

四、电信业 …………………………………………………………………………………（311）
　　国家税务总局关于发布《电信企业增值税征收管理暂行办法》的公告
　　　（2014年5月14日　国家税务总局公告2014年第26号）……………………（311）

五、邮政业 …………………………………………………………………………………（313）
　　国家税务总局关于发布《邮政企业增值税征收管理暂行办法》的公告
　　　（2014年1月20日　国家税务总局公告2014年第5号）………………………（313）

六、铁路运输业 ……………………………………………………………………………（316）
　　财政部　国家税务总局关于铁路运输企业汇总缴纳增值税的通知
　　　（2013年12月30日　财税〔2013〕111号）……………………………………（316）
　　国家税务总局关于发布《铁路运输企业增值税征收管理暂行办法》的公告
　　　（2014年1月20日　国家税务总局公告2014年第6号）………………………（317）
　　财政部　国家税务总局关于铁路运输企业汇总缴纳增值税的补充通知
　　　（2014年8月5日　财税〔2014〕54号）…………………………………………（319）
　　财政部　国家税务总局关于调整铁路和航空运输企业汇总缴纳增值税分支
　　　机构名单的通知
　　　（2015年8月10日　财税〔2015〕87号）………………………………………（320）
　　财政部　国家税务总局关于调整铁路和航空运输企业汇总缴纳增值税分支
　　　机构名单的通知
　　　（2017年8月22日　财税〔2017〕67号）………………………………………（321）
　　财政部　税务总局关于调整铁路和航空运输企业汇总缴纳增值税总分机构
　　　名单的通知
　　　（2019年1月2日　财税〔2019〕1号）…………………………………………（322）

七、航空运输业 ……………………………………………………………………………（323）
　　财政部　国家税务总局关于部分航空运输企业总分机构增值税计算缴纳问题
　　　的通知
　　　（2013年10月24日　财税〔2013〕86号）………………………………………（323）
　　国家税务总局关于发布《航空运输企业增值税征收管理暂行办法》的公告
　　　（2013年11月28日　国家税务总局公告2013年第68号）……………………（324）
　　国家税务总局关于部分航空运输企业总分机构增值税计算缴纳问题的公告
　　　（2014年9月28日　国家税务总局公告2014年第55号）………………………（326）
　　财政部　国家税务总局关于华夏航空有限公司及其分支机构增值税计算
　　　缴纳问题的通知
　　　（2014年10月17日　财税〔2014〕76号）………………………………………（326）

八、油气田业 ………………………………………………………………………………（327）
　　国务院关于外商投资企业和外国企业适用增值税、消费税、营业税等税收
　　　暂行条例有关问题的通知
　　　（1994年2月22日　国发〔1994〕10号）………………………………………（327）
　　国家税务总局关于中外合作开采石油资源缴纳增值税有关问题的通知
　　　（1994年4月28日　国税发〔1994〕114号）……………………………………（327）

国家税务总局关于渤海锦州20-2油气田缴纳增值税有关问题的通知
　　（1994年6月27日　国税函发〔1994〕352号）……………………（328）
国家税务总局关于中国海洋石油总公司油气增值税销售费用问题的批复
　　（1997年9月15日　国税函〔1997〕512号）…………………………（328）
国家税务总局关于中海石油（中国）有限公司税收问题的通知
　　（2001年3月23日　国税函〔2001〕220号）…………………………（329）
国家税务总局关于中国石油化工集团公司油气田企业提供生产性劳务增值税问题的通知
　　（2007年2月14日　国税函〔2007〕214号）…………………………（330）
财政部　国家税务总局关于印发《油气田企业增值税管理办法》的通知
　　（2009年1月19日　财税〔2009〕8号）………………………………（331）
财政部　国家税务总局关于油气田企业增值税问题的补充通知
　　（2009年7月9日　财税〔2009〕97号）………………………………（336）
国家税务总局关于油气田企业开发煤层气　页岩气增值税有关问题的公告
　　（2013年5月30日　国家税务总局公告2013年第27号）……………（337）

九、电力行业 …………………………………………………………………（337）

电力产品增值税征收管理办法
　　（2004年12月22日　国家税务总局令第10号）………………………（337）
财政部　国家税务总局关于供电工程贴费不征收增值税和营业税的通知
　　（1997年9月5日　财税字〔1997〕102号）…………………………（340）
国家税务总局关于电力公司过网费收入征收增值税问题的批复
　　（2004年5月19日　国税函〔2004〕607号）…………………………（341）
国家税务总局关于供电企业收取的免税农村电网维护费有关增值税问题的通知
　　（2005年8月5日　国税函〔2005〕778号）…………………………（341）
国家税务总局关于燃油电厂取得发电补贴有关增值税政策的通知
　　（2006年12月19日　国税函〔2006〕1235号）………………………（341）
财政部　国家税务总局关于核电行业税收政策有关问题的通知
　　（2008年4月3日　财税〔2008〕38号）………………………………（342）
国家税务总局关于供电企业收取并网服务费征收增值税问题的批复
　　（2009年11月19日　国税函〔2009〕641号）………………………（343）
财政部　国家税务总局关于大型水电企业增值税政策的通知
　　（2014年2月12日　财税〔2014〕10号）……………………………（343）
财政部　国家税务总局关于风力发电增值税政策的通知
　　（2015年6月12日　财税〔2015〕74号）……………………………（344）

十、贵金属及期货交易 …………………………………………………………（344）

国家税务总局关于金融机构销售贵金属增值税有关问题的公告
　　（2013年3月15日　国家税务总局公告2013年第13号）……………（344）
国家税务总局关于下发《货物期货征收增值税具体办法》的通知
　　（1994年11月9日　国税发〔1994〕244号）…………………………（345）

国家税务总局关于增值税一般纳税人期货交易进项税额抵扣问题的通知
  （2002年4月29日　国税发〔2002〕45号） ………………………………（345）
国家税务总局关于增值税一般纳税人期货交易有关增值税问题的通知
  （2005年11月9日　国税函〔2005〕1060号） …………………………（346）
国家税务总局关于印发《钻石交易增值税征收管理办法》的通知
  （2006年8月28日　国税发〔2006〕131号） ……………………………（346）
财政部　国家税务总局关于黄金期货交易有关税收政策的通知
  （2008年1月29日　财税〔2008〕5号） …………………………………（347）
国家税务总局关于印发《上海期货交易所黄金期货交易增值税征收管理办法》
  的通知
  （2008年5月4日　国税发〔2008〕46号） ………………………………（348）
财政部　国家税务总局关于上海期货交易所开展期货保税交割业务有关增
  值税问题的通知
  （2010年12月2日　财税〔2010〕108号） ………………………………（350）
财政部　国家税务总局关于原油和铁矿石期货保税交割业务增值税政策的
  通知
  （2015年4月8日　财税〔2015〕35号） …………………………………（351）
国家税务总局关于上海国际能源交易中心原油期货保税交割业务增值税管理
  问题的公告
  （2017年7月28日　国家税务总局公告2017年第29号） ……………（351）
国家税务总局关于大连商品交易所铁矿石期货保税交割业务增值税管理问题
  的公告
  （2018年4月20日　国家税务总局公告2018年第19号） ……………（352）
财政部　税务总局关于支持货物期货市场对外开放增值税政策的公告
  （2020年2月18日　财政部　税务总局公告2020年第12号） ………（353）

第四部分　增值税征收管理制度 ……………………………………………（354）
  一、增值税发票管理相关政策 ………………………………………………（354）
    （一）增值税扣税凭证相关政策 …………………………………………（354）
      国家税务总局关于加强进口环节增值税专用缴款书抵扣税款管理的通知
        （1996年2月14日　国税发〔1996〕32号） …………………………（354）
      国家税务总局关于增值税一般纳税人取得防伪税控系统开具的增值税专用发票
        进项税额抵扣问题的通知
        （2003年2月14日　国税发〔2003〕17号） …………………………（354）
      国家税务总局关于印发《国家税务总局关于加强货物运输业税收管理及运输
        发票增值税抵扣管理的公告》的通知
        （2003年10月18日　国税发〔2003〕120号） ………………………（355）
      国家税务总局关于印发《增值税专用发票抵扣联信息企业采集方式管理规定》
        的通知
        （2003年6月19日　国税发〔2003〕71号） …………………………（357）

国家税务总局关于加强农产品增值税抵扣管理有关问题的通知
　　（2005年5月27日　国税函〔2005〕545号）………………………（358）
国家税务总局关于增值税一般纳税人取得的账外经营部分防伪税控增值税专用
　　发票进项税额抵扣问题的批复
　　（2005年8月3日　国税函〔2005〕763号）………………………（359）
国家税务总局关于旧版货运发票抵扣增值税进项税额有关问题的通知
　　（2006年12月11日　国税函〔2006〕1187号）……………………（359）
国家税务总局关于公路、内河货物运输业统一发票增值税抵扣有关问题的公告
　　（2006年12月14日　国家税务总局公告2006年第2号）…………（360）
国家税务总局关于废旧物资发票抵扣增值税有关事项的公告
　　（2008年12月31日　国家税务总局公告2008年第1号）…………（360）
国家税务总局关于废止逾期增值税扣税凭证一律不得抵扣规定的公告
　　（2011年9月14日　国家税务总局公告2011年第49号）…………（361）
国家税务总局关于逾期增值税扣税凭证抵扣问题的公告
　　（2011年9月14日　国家税务总局公告2011年第50号）…………（361）
国家税务总局关于未按期申报抵扣增值税扣税凭证有关问题的公告
　　（2011年12月29日　国家税务总局公告2011年第78号）…………（363）
国家税务总局　海关总署关于实行海关进口增值税专用缴款书"先比对后抵扣"
　　管理办法有关事项的通知
　　（2013年8月6日　税总发〔2013〕76号）…………………………（366）
国家税务总局关于加强海关进口增值税抵扣管理的公告
　　（2017年2月13日　国家税务总局公告2017年第3号）……………（367）
国家税务总局关于进一步优化增值税　消费税有关涉税事项办理程序的公告
　　（2017年10月13日　国家税务总局公告2017年第36号）…………（368）
国家税务总局关于逾期增值税扣税凭证抵扣问题的公告
　　（2011年9月14日，国家税务总局公告2011年第50号公布，根据2017年
　　10月13日《国家税务总局关于进一步优化增值税、消费税有关涉税事项办
　　理程序的公告》修正）………………………………………………（370）
（二）代开发票相关政策………………………………………………（372）
国家税务总局关于印发《税务机关代开增值税专用发票管理办法（试行）》
　　的通知
　　（2004年12月22日　国税发〔2004〕153号）………………………（372）
国家税务总局关于取消小规模企业销售货物或应税劳务由税务所代开增值税
　　专用发票审批后有关问题的通知
　　（2004年7月14日　国税函〔2004〕895号）………………………（374）
国家税务总局关于取消为纳税人提供增值税专用发票开票服务的中介机构资格
　　审批后有关问题的通知
　　（2004年6月25日　国税函〔2004〕822号）………………………（375）

国家税务总局关于加强税务机关代开增值税专用发票管理问题的通知

（2004年12月22日 国税函〔2004〕1404号）……………………（375）

国家税务总局关于国家税务局为小规模纳税人代开发票及税款征收有关问题的通知

（2005年2月28日 国税发〔2005〕18号）……………………（376）

国家税务总局关于纳税人申请代开增值税发票办理流程的公告

（2016年8月31日 国家税务总局公告2016年第59号）………（377）

国家税务总局关于发布《货物运输业小规模纳税人申请代开增值税专用发票管理办法》的公告

（2017年12月29日 国家税务总局公告2017年第55号）………（379）

国家税务总局关于开展网络平台道路货物运输企业代开增值税专用发票试点工作的通知

（2019年12月31日 税总函〔2019〕405号）……………………（381）

（三）小规模纳税人自开增值税专用发票相关政策……………………（383）

国家税务总局关于扩大小规模纳税人自行开具增值税专用发票试点范围等事项的公告

（2019年2月3日 国家税务总局公告2019年第8号）…………（383）

国家税务总局关于增值税发票管理等有关事项的公告

（2019年10月9日 国家税务总局公告2019年第33号）………（384）

（四）发票管理系统相关政策……………………………………………（385）

国家税务总局关于印发《增值税防伪税控系统管理办法》的通知

（1999年12月1日 国税发〔1999〕221号）……………………（385）

国家税务总局关于印发《国家税务总局关于推行增值税防伪税控系统的通告》的通知

（2000年11月21日 国税发〔2000〕191号）……………………（389）

国家税务总局关于印发《国家税务总局关于推广应用增值税防伪税控主机共享服务系统有关问题的通告》的通知

（2003年6月2日 国税函〔2003〕588号）………………………（390）

国家税务总局关于印发《增值税防伪税控主机共享服务系统管理暂行办法》的通知

（2003年6月16日 国税发〔2003〕67号）………………………（391）

国家税务总局关于进一步做好增值税纳税申报"一窗式"管理工作的通知

（2003年8月19日 国税函〔2003〕962号）……………………（394）

财政部 国家税务总局关于推广税控收款机有关税收政策的通知

（2004年11月9日 财税〔2004〕167号）………………………（396）

国家税务总局关于取消防伪税控企业资格认定的通知

（2004年6月25日 国税函〔2004〕823号）……………………（397）

国家税务总局关于印发《国家税务总局关于推行增值税防伪税控一机多票系统的公告》的通知

  (2006年5月19日　国税发〔2006〕79号) ………………………… (397)

国家税务总局关于全国范围内推行公路、内河货物运输业发票税控系统有关工作的通知

  (2006年11月6日　国税发〔2006〕163号) ……………………… (399)

国家税务总局关于推行增值税防伪税控一机多票系统的通知

  (2006年6月5日　国税发〔2006〕78号) ………………………… (406)

国家税务总局关于加强防伪税控一机多票系统开具增值税普通发票管理有关问题的通知

  (2007年5月21日　国税函〔2007〕507号) ……………………… (408)

国家税务总局关于推行机动车销售统一发票税控系统有关工作的紧急通知

  (2008年12月15日　国税发〔2008〕117号) …………………… (409)

财政部　国家税务总局关于增值税税控系统专用设备和技术维护费用抵减增值税税额有关政策的通知

  (2012年2月7日　财税〔2012〕15号) …………………………… (411)

国家税务总局关于停止发售金税卡 IC 卡等税控专用设备有关问题的公告

  (2014年7月9日　国家税务总局公告2014年第44号) ………… (413)

国家税务总局关于推行增值税发票系统升级版工作有关问题的通知

  (2014年12月29日　税总发〔2014〕156号) …………………… (413)

国家税务总局关于推行增值税发票系统升级版有关问题的公告

  (2014年12月29日　国家税务总局公告2014年第73号) ……… (417)

国家税务总局关于全面推行增值税发票系统升级版有关问题的公告

  (2015年3月30日　国家税务总局公告2015年第19号) ……… (420)

国家税务总局关于全面推行增值税发票系统升级版工作有关问题的通知

  (2015年3月30日　税总发〔2015〕42号) ……………………… (424)

国家税务总局关于印发《增值税税控系统服务单位监督管理办法》的通知

  (2015年10月9日　税总发〔2015〕118号) …………………… (427)

国家税务总局关于优化完善增值税发票查询平台功能有关事项的公告

  (2016年5月27日　国家税务总局公告2016年第32号) ……… (432)

国家税务总局关于启用全国增值税发票查验平台的公告

  (2016年12月23日　国家税务总局公告2016年第87号) ……… (432)

国家税务总局关于优化完善增值税发票选择确认平台功能及系统维护有关事项的公告

  (2016年8月29日　国家税务总局公告2016年第57号) ……… (433)

国家发展改革委关于降低增值税税控系统产品及维护服务价格等有关问题的通知

  (2017年7月2日　发改价格〔2017〕1243号) ………………… (433)

国家税务总局关于增值税发票管理若干事项的公告
(2017年12月18日 国家税务总局公告2017年第45号) ………… (434)
国家税务总局关于增值税发票综合服务平台等事项的公告
(2020年1月8日 国家税务总局公告2020年第1号) ………… (435)

（五）红字发票相关政策 ……………………………………………………… (436)
国家税务总局关于红字增值税发票开具有关问题的公告
(2016年7月20日 国家税务总局公告2016年第47号) ………… (436)

（六）发票开具和使用相关政策 ……………………………………………… (438)
国家税务总局关于固定业户临时外出经营有关增值税专用发票管理问题的通知
(1995年5月16日 国税发〔1995〕87号) ……………………… (438)
国家税务总局关于填开增值税专用发票有关问题的通知
(1996年9月18日 国税发〔1996〕166号) …………………… (438)
国家税务总局 交通部关于启用《国际海运业运输专用发票》和《国际海运业船舶代理专用发票》有关问题的通知
(2000年1月21日 国税发〔2000〕9号) ……………………… (439)
国家税务总局关于政府储备食用植物油销售业务开具增值税专用发票问题的通知
(2002年6月10日 国税函〔2002〕531号) …………………… (440)
国家税务总局关于统一二手车销售发票式样问题的通知
(2005年7月5日 国税函〔2005〕693号) …………………… (441)
国家税务总局关于加强免征增值税货物专用发票管理的通知
(2005年8月8日 国税函〔2005〕780号) …………………… (442)
国家税务总局关于加强增值税专用发票管理有关问题的通知
(2005年9月12日 国税发〔2005〕150号) …………………… (443)
国家税务总局关于修订《增值税专用发票使用规定》的通知
(2006年10月17日 国税发〔2006〕156号) …………………… (444)
国家税务总局关于使用新版公路、内河货物运输业统一发票有关问题的通知
(2006年5月16日 国税发〔2006〕67号) ……………………… (450)
国家税务总局关于使用新版机动车销售统一发票有关问题的通知
(2006年5月22日 国税函〔2006〕479号) …………………… (452)
国家税务总局关于《机动车销售统一发票》注册登记联加盖开票单位印章问题的通知
(2006年8月28日 国税函〔2006〕813号) …………………… (454)
国家税务总局关于销售摩托车增值税小规模纳税人开具机动车销售统一发票有关问题的通知
(2006年7月13日 国税函〔2006〕681号) …………………… (455)
国家税务总局关于纳税人折扣折让行为开具红字增值税专用发票问题的通知
(2006年12月29日 国税函〔2006〕1279号) ………………… (455)

国家税务总局关于印发《增值税专用发票审核检查操作规程（试行）》的通知
（2008年3月26日　国税发〔2008〕33号） …………………… (456)

国务院关于修改《中华人民共和国发票管理办法》的决定
（2010年12月20日　国务院令2010年第587号） ………………… (460)

国家税务总局关于启用货物运输业增值税专用发票的公告
（2011年12月15日　国家税务总局公告2011年第74号） ……… (467)

国家税务总局关于在全国开展营业税改征增值税试点有关征收管理问题的公告
（2013年7月10日　国家税务总局公告2013年第39号） ………… (468)

国家税务总局关于二手车经销企业发票使用有关问题的公告
（2013年10月9日　国家税务总局公告2013年第60号） ………… (472)

国家税务总局关于铁路运输和邮政业营业税改征增值税发票及税控系统使用问题的公告
（2013年12月18日　国家税务总局公告2013年第76号） ……… (472)

国家税务总局关于简化增值税发票领用和使用程序有关问题的公告
（2014年3月24日　国家税务总局公告2014年第19号） ………… (473)

国家税务总局关于启用新版增值税发票有关问题的公告
（2014年7月8日　国家税务总局公告2014年第43号） ………… (475)

国家税务总局关于国家电网公司购买分布式光伏发电项目电力产品发票开具等有关问题的公告
（2014年6月3日　国家税务总局公告2014年第32号） ………… (476)

国家税务总局关于调整机动车销售统一发票票面内容的公告
（2014年5月16日　国家税务总局公告2014年第27号） ………… (477)

国家税务总局关于停止使用货物运输业增值税专用发票有关问题的公告
（2015年12月31日　国家税务总局公告2015年第99号） ……… (477)

国家税务总局关于纳税人销售其取得的不动产办理产权过户手续使用的增值税发票联次问题的通知
（2016年5月2日　税总函〔2016〕190号） ……………………… (478)

国家税务总局关于保险机构代收车船税开具增值税发票问题的公告
（2016年8月7日　国家税务总局公告2016年第51号） ………… (478)

国家税务总局关于启用增值税普通发票（卷票）有关事项的公告
（2016年12月13日　国家税务总局公告2016年第82号） ……… (479)

国家税务总局关于增值税发票开具有关问题的公告
（2017年5月19日　国家税务总局公告2017年第16号） ………… (480)

国家税务总局关于纳税人销售国家临时存储粮食发票开具有关问题的批复
（2017年10月9日　税总函〔2017〕422号） ……………………… (480)

国家税务总局关于水资源费改税后城镇公共供水企业增值税发票开具问题的公告
（2017年12月25日　国家税务总局公告2017年第47号） ……… (481)

国家税务总局关于增值税普通发票管理有关事项的公告
（2017年12月5日　国家税务总局公告2017年第44号）……………（481）
国家税务总局关于稀土企业等汉字防伪项目企业开具增值税发票有关问题的
公告
（2019年3月18日　国家税务总局公告2019年第13号）……………（482）
国家税务总局关于增值税发票管理等有关事项的公告
（2019年10月9日　国家税务总局公告2019年第33号）……………（483）
交通运输部　国家税务总局关于收费公路通行费增值税电子普通发票开具等
有关事项的公告
（2020年3月10日　交通运输部公告2020年第17号）……………（485）

（七）发票印制相关政策……………………………………………………（487）
国家税务总局关于加强公路、内河货物运输业统一发票和机动车销售统一
发票印制管理有关问题的通知
（2006年12月27日　国税函〔2006〕1268号）……………………（487）
国家税务总局关于调整增值税普通发票防伪措施有关事项的公告
（2016年11月2日　国家税务总局公告2016年第68号）……………（488）
国家税务总局关于增值税普通发票印制供应有关事项的公告
（2013年9月9日　国家税务总局公告2013年第51号）……………（488）
国家税务总局关于使用印有本单位名称的增值税普通发票（卷票）有关问题
的公告
（2017年4月14日　国家税务总局公告2017年第9号）……………（489）
国家税务总局关于调整增值税专用发票防伪措施有关事项的公告
（2019年2月3日　国家税务总局公告2019年第9号）……………（490）

（八）发票申领相关政策……………………………………………………（491）
国家税务总局关于下放增值税专用发票最高开票限额审批权限的通知
（2007年8月28日　国税函〔2007〕918号）………………………（491）
国家税务总局关于按照纳税信用等级对增值税发票使用实行分类管理有关
事项的公告
（2016年11月17日　国家税务总局公告2016年第71号）……………（491）
国家税务总局关于新办纳税人首次申领增值税发票有关事项的公告
（2018年6月11日　国家税务总局公告2018年第29号）……………（492）
国家税务总局关于进一步做好纳税人增值税发票领用等工作的通知
（2019年2月26日　税总函〔2019〕64号）…………………………（493）

（九）增值税电子发票相关政策……………………………………………（495）
国家税务总局关于推行通过增值税电子发票系统开具的增值税电子普通发票
有关问题的公告
（2015年11月26日　国家税务总局公告2015年第84号）……………（495）
国家税务总局关于增值税电子普通发票使用有关事项的公告
（2018年7月23日　国家税务总局公告2018年第41号）……………（496）

交通运输部　财政部　国家税务总局　国家档案局关于收费公路通行费电子票据开具汇总等有关事项的公告

（2020年4月27日　交通运输部　财政部　国家税务总局　国家档案局公告2020年第24号）………………………………………………………（497）

（十）失控发票及发票违法处理相关政策………………………………（500）

国家税务总局转发《最高人民法院关于适用〈全国人民代表大会常务委员会关于惩治虚开、伪造和非法出售增值税专用发票犯罪的决定〉的若干问题的解释》的通知

（1996年11月15日　国税发〔1996〕210号）………………………（500）

国家税务总局关于纳税人取得虚开的增值税专用发票处理问题的通知

（1997年8月8日　国税发〔1997〕134号）…………………………（502）

国家税务总局关于增值税一般纳税人发生偷税行为如何确定偷税数额和补税罚款的通知

（1998年5月12日　国税发〔1998〕66号）…………………………（503）

国家税务总局关于修改《国家税务总局关于增值税一般纳税人发生偷税行为如何确定偷税数额和补税罚款的通知》的通知

（1999年11月12日　国税函〔1999〕739号）………………………（504）

国家税务总局关于纳税人善意取得虚开的增值税专用发票处理问题的通知

（2000年11月16日　国税发〔2000〕187号）………………………（504）

国家税务总局关于《国家税务总局关于纳税人取得虚开的增值税专用发票处理问题的通知》的补充通知

（2000年11月6日　国税发〔2000〕182号）………………………（505）

国家税务总局关于金税工程发现的涉嫌违规增值税专用发票处理问题的通知

（2001年9月28日　国税函〔2001〕730号）………………………（505）

国家税务总局关于增值税专用发票和其他抵扣凭证审核检查有关问题的补充通知

（2005年1月10日　国税发〔2005〕6号）……………………………（507）

国家税务总局关于金税工程增值税征管信息系统发现的涉嫌违规增值税专用发票处理问题的通知

（2006年10月30日　国税函〔2006〕969号）………………………（511）

国家税务总局关于纳税人善意取得虚开增值税专用发票已抵扣税款加收滞纳金问题的批复

（2007年12月12日　国税函〔2007〕1240号）……………………（512）

国家税务总局关于纳税人虚开增值税专用发票征补税款问题的公告

（2012年7月9日　国家税务总局公告2012年第33号）……………（513）

财政部　国家税务总局关于防范税收风险若干增值税政策的通知

（2013年12月27日　财税〔2013〕112号）…………………………（513）

国家税务总局关于纳税人对外开具增值税专用发票有关问题的公告

（2014年7月2日　国家税务总局公告2014年第39号）……………（515）

国家税务总局关于走逃（失联）企业开具增值税专用发票认定处理有关问题
的公告
（2016年12月1日 国家税务总局公告2016年第76号）……………（516）
国家税务总局关于异常增值税扣税凭证管理等有关事项的公告
（2019年11月14日 国家税务总局公告2019年第38号）…………（517）

二、一般纳税人登记及管理制度 ……………………………………………（518）

国家税务总局关于严禁对增值税一般纳税人实行定率征收增值税问题的通知
（1998年10月21日 国税发〔1998〕183号）………………………（518）
国家税务总局关于加油站一律按照增值税一般纳税人征税的通知
（2001年12月3日 国税函〔2001〕882号）………………………（519）
国家税务总局关于印发《增值税一般纳税人纳税辅导期管理办法》的通知
（2010年4月7日 国税发〔2010〕40号）…………………………（519）
国家税务总局关于一般纳税人迁移有关增值税问题的公告
（2011年12月9日 国家税务总局公告2011年第71号）……………（522）
国家税务总局关于纳税人认定或登记为一般纳税人前进项税额抵扣问题的公告
（2015年8月19日 国家税务总局公告2015年第59号）……………（523）
增值税一般纳税人登记管理办法
（2017年12月29日 国家税务总局令第43号）……………………（523）
国家税务总局关于增值税一般纳税人登记管理若干事项的公告
（2018年1月29日 国家税务总局公告2018年第6号）……………（527）
财政部 税务总局关于统一增值税小规模纳税人标准的通知
（2018年4月4日 财税〔2018〕33号）……………………………（528）
国家税务总局关于统一小规模纳税人标准等若干增值税问题的公告
（2018年4月20日 国家税务总局公告2018年第18号）……………（528）
国家税务总局 财政部 海关总署关于在综合保税区推广增值税一般纳税人资格
试点的公告
（2019年8月8日 国家税务总局公告2019年第29号）……………（530）

三、农产品进项税额核定扣除试点管理制度 ……………………………（532）

财政部 国家税务总局关于在部分行业试行农产品增值税进项税额核定扣除
办法的通知
（2012年4月6日 财税〔2012〕38号）……………………………（532）
国家税务总局关于在部分行业试行农产品增值税进项税额核定扣除办法有关
问题的公告
（2012年7月17日 国家税务总局公告2012年第35号）……………（537）
财政部 国家税务总局关于扩大农产品增值税进项税额核定扣除试点行业范
围的通知
（2013年8月28日 财税〔2013〕57号）……………………………（543）

四、汇总纳税企业管理制度 …………………………………………………… (543)

国家税务总局关于金融机构销售贵金属增值税有关问题的公告
　　（2013年3月15日　国家税务总局公告2013年第13号）………… (543)

财政部　国家税务总局关于重新印发《总分机构试点纳税人增值税计算缴纳
　　暂行办法》的通知
　　（2013年10月24日　财税〔2013〕74号）………………………… (543)

财政部　国家税务总局关于部分航空运输企业总分机构增值税计算缴纳问题
　　的通知
　　（2013年10月24日　财税〔2013〕86号）………………………… (545)

国家税务总局关于发布《航空运输企业增值税征收管理暂行办法》的公告
　　（2013年11月28日　国家税务总局公告2013年第68号）………… (545)

财政部　国家税务总局关于铁路运输企业汇总缴纳增值税的通知
　　（2013年12月30日　财税〔2013〕111号）………………………… (545)

国家税务总局关于发布《邮政企业增值税征收管理暂行办法》的公告
　　（2014年1月20日　国家税务总局公告2014年第5号）…………… (545)

国家税务总局关于发布《铁路运输企业增值税征收管理暂行办法》的公告
　　（2014年1月20日　国家税务总局公告2014年第6号）…………… (546)

国家税务总局关于部分航空运输企业总分机构增值税计算缴纳问题的公告
　　（2014年9月28日　国家税务总局公告2014年第55号）………… (546)

财政部　国家税务总局关于铁路运输企业汇总缴纳增值税的补充通知
　　（2014年8月5日　财税〔2014〕54号）…………………………… (546)

国家税务总局关于发布《电信企业增值税征收管理暂行办法》的公告
　　（2014年5月14日　国家税务总局公告2014年第26号）………… (546)

财政部　国家税务总局关于华夏航空有限公司及其分支机构增值税计算缴纳
　　问题的通知
　　（2014年10月17日　财税〔2014〕76号）………………………… (547)

财政部　国家税务总局关于调整铁路和航空运输企业汇总缴纳增值税分支机
　　构名单的通知
　　（2015年8月10日　财税〔2015〕87号）…………………………… (547)

财政部　国家税务总局关于调整铁路和航空运输企业汇总缴纳增值税分支机
　　构名单的通知
　　（2017年8月22日　财税〔2017〕67号）…………………………… (547)

财政部　税务总局关于调整铁路和航空运输企业汇总缴纳增值税总分机构名
　　单的通知
　　（2019年1月2日　财税〔2019〕1号）……………………………… (547)

五、税收优惠政策审批及备案管理制度 ……………………………………（548）

国家税务总局关于取消饲料产品免征增值税审批程序后加强后续管理的通知

  （2004 年 7 月 7 日　国税函〔2004〕884 号）………………………（548）

财政部　国家税务总局关于增值税纳税人放弃免税权有关问题的通知

  （2007 年 9 月 25 日　财税〔2007〕127 号）………………………（549）

国家税务总局　民政部　中国残疾人联合会关于促进残疾人就业税收优惠政策征管办法的通知

  （2007 年 6 月 15 日　国税发〔2007〕67 号）………………………（549）

国家税务总局关于调整增值税即征即退优惠政策管理措施有关问题的公告

  （2011 年 11 月 14 日　国家税务总局公告 2011 年第 60 号）……（553）

国家税务总局关于纳税人既享受增值税即征即退 先征后退政策又享受免抵退税政策有关问题的公告

  （2011 年 12 月 1 日　国家税务总局公告 2011 年第 69 号）………（553）

国家税务总局关于发布《熊猫普制金币免征增值税管理办法（试行）》的公告

  （2013 年 2 月 5 日　国家税务总局公告 2013 年第 6 号）…………（554）

国家税务总局关于明确部分增值税优惠政策审批事项取消后有关管理事项的公告

  （2015 年 5 月 19 日　国家税务总局公告 2015 年第 38 号）………（556）

国家税务总局关于国有粮食购销企业销售粮食免征增值税审批事项取消后有关管理事项的公告

  （2015 年 5 月 22 日　国家税务总局公告 2015 年第 42 号）………（557）

国家税务总局关于发布《营业税改征增值税跨境应税行为增值税免税管理办法（试行）》的公告

  （2016 年 5 月 6 号　国家税务总局公告 2016 年第 29 号）………（559）

国家税务总局关于发布《促进残疾人就业增值税优惠政策管理办法》的公告

  （2016 年 5 月 27 日　国家税务总局公告 2016 年第 33 号）………（565）

国家税务总局关于跨境应税行为免税备案等增值税问题的公告

  （2017 年 8 月 14 日　国家税务总局公告 2017 年第 30 号）………（567）

国家税务总局　人力资源社会保障部　国务院扶贫办　教育部关于实施支持和促进重点群体创业就业有关税收政策具体操作问题的公告

  （2019 年 2 月 26 日　国家税务总局公告 2019 年第 10 号）………（568）

国家税务总局关于发布《研发机构采购国产设备增值税退税管理办法》的公告

  （2020 年 3 月 11 日　国家税务总局公告 2020 年第 6 号）………（571）

六、增值税会计核算相关政策 ……………………………………………（573）

财政部关于印发《增值税会计处理规定》的通知

  （2016 年 12 月 3 日　财会〔2016〕22 号）…………………………（573）

七、增值税预算管理相关政策 …………………………………………………… (579)
    财政部　国家税务总局　中国人民银行关于铁路运输和邮政业纳入营业税改
        征增值税试点有关预算管理问题的通知
        （2013年12月25日　财预〔2013〕442号） ……………………………… (579)
    国务院关于印发全面推开营改增试点后调整中央与地方增值税收入划分过
        渡方案的通知
        （2016年4月29日　国发〔2016〕26号） ………………………………… (581)
    国务院关于实行中央对地方增值税定额返还的通知
        （2016年12月11日　国发〔2016〕71号） ……………………………… (582)
    国务院关于印发实施更大规模减税降费后调整中央与地方收入划分改革推进
        方案的通知
        （2019年9月26日　国发〔2019〕21号） ………………………………… (582)
    财政部　税务总局　人民银行关于调整完善增值税留抵退税地方分担机制及
        预算管理有关事项的通知
        （2019年12月4日　财预〔2019〕205号） ……………………………… (584)
八、其他综合征管政策 …………………………………………………………… (586)
    国务院关于外商投资企业和外国企业适用增值税、消费税、营业税等税收暂行
        条例有关问题的通知
        （1994年2月22日　国发〔1994〕10号） ………………………………… (586)
    国家税务总局关于增值税几个业务问题的通知
        （1994年8月19日　国税发〔1994〕186号） …………………………… (587)
    国家税务总局关于增值税若干征收问题的通知
        （1994年5月7日　国税发〔1994〕122号） ……………………………… (588)
    国家税务总局关于军队物资供应机构征收增值税有关问题的通知
        （1994年5月7日　国税发〔1994〕121号） ……………………………… (589)
    财政部　国家税务总局关于增值税、营业税若干政策规定的通知
        （1994年5月5日　〔1994〕财税字第26号） …………………………… (590)
    国家税务总局关于国家物资储备局系统销售储备物资统一缴纳增值税问题的
        通知
        （1994年4月13日　国税发〔1994〕90号） ……………………………… (592)
    财政部　国家税务总局关于国家物资储备局系统缴纳增值税、所得税的通知
        （1994年10月11日　〔1994〕财税字第63号） ………………………… (592)
    国家税务总局关于印发《增值税问题解答（之一）》的通知
        （1995年6月2日　国税函发〔1995〕288号） ………………………… (593)
    国家税务总局关于加强增值税征收管理若干问题的通知
        （1995年10月18日　国税发〔1995〕192号） …………………………… (597)
    国家税务总局关于增值税若干征管问题的通知
        （1996年9月9日　国税发〔1996〕155号） ……………………………… (598)

财政部　国家税务总局关于连锁经营企业增值税纳税地点问题的通知
　　（1997年11月11日　财税字〔1997〕97号）……………………（599）
国家税务总局关于企业所属机构间移送货物征收增值税问题的通知
　　（1998年8月26日　国税发〔1998〕137号）……………………（600）
国家税务总局关于企业所属机构间移送货物征收增值税问题的补充通知
　　（1998年12月3日　国税函发〔1998〕718号）……………………（600）
国家税务总局关于加强国有粮食购销企业增值税管理有关问题的通知
　　（1999年8月18日　国税函〔1999〕560号）……………………（602）
国家税务总局关于粮食企业增值税管理问题的补充通知
　　（1999年12月3日　国税函〔1999〕829号）……………………（602）
财政部　国家税务总局关于校办企业免税问题的通知
　　（2000年9月28日　财税〔2000〕92号）……………………（603）
财政部　国家税务总局关于医疗卫生机构有关税收政策的通知
　　（2000年7月10日　财税〔2000〕42号）……………………（603）
国家税务总局关于增值税一般纳税人恢复抵扣进项税额资格后有关问题的批复
　　（2000年8月2日　国税函〔2000〕584号）……………………（604）
财政部　国家税务总局关于停止执行商业企业批发肉、禽、蛋水产品和蔬菜
　　业务增值税先征后返政策的通知
　　（2001年4月18日　财税〔2001〕46号）……………………（605）
国家税务总局关于中国北方机车车辆工业集团公司所属企业的铁路货车修理
　　业务免征增值税的通知
　　（2001年11月26日　国税函〔2001〕862号）……………………（606）
国家税务总局关于印发《黄金交易增值税征收管理办法》的通知
　　（2002年10月23日　国税发明电〔2002〕47号）……………………（606）
国家税务总局关于纳税人以资金结算网络方式收取货款增值税纳税地点问题
　　的通知
　　（2002年9月3日　国税函〔2002〕802号）……………………（608）
国家税务总局关于中国石油天然气集团公司所属石油工程技术服务公司增值税
　　管理问题的通知
　　（2003年10月27日　国税函〔2003〕1193号）……………………（609）
国家税务总局关于进一步加强加油站增值税征收管理有关问题的通知
　　（2003年11月26日　国税发〔2003〕142号）……………………（610）
国家税务总局关于增值税一般纳税人销售软件产品向购买方收取的培训费等
　　费用享受增值税即征即退政策的批复
　　（2004年5月12日　国税函〔2004〕553号）……………………（610）
国家税务总局关于取消包装物押金逾期期限审批后有关问题的通知
　　（2004年6月25日　国税函〔2004〕827号）……………………（611）

国家税务总局关于增值税一般纳税人用进项留抵税额抵减增值税欠税问题的
　　通知
　　（2004年8月30日　国税发〔2004〕112号）………………………………（611）
国家税务总局关于增值税进项留抵税额抵减增值税欠税有关处理事项的通知
　　（2004年10月29日　国税函〔2004〕1197号）………………………………（612）
国家税务总局关于商业企业向货物供应方收取的部分费用征收流转税问题的
　　通知
　　（2004年10月13日　国税发〔2004〕136号）………………………………（613）
国家税务总局关于增值税一般纳税人将增值税进项留抵税额抵减查补税款欠
　　税问题的批复
　　（2005年2月24日　国税函〔2005〕169号）…………………………………（613）
财政部　国家税务总局关于增值税若干政策的通知
　　（2005年11月28日　财税〔2005〕165号）…………………………………（614）
国家税务总局关于金融机构开展个人实物黄金交易业务增值税有关问题的通知
　　（2005年11月7日　国税发〔2005〕178号）…………………………………（616）
财政部　国家税务总局关于加快煤层气抽采有关税收政策问题的通知
　　（2007年2月7日　财税〔2007〕16号）………………………………………（618）
国家税务总局关于中国电信集团公司和中国电信股份有限公司所属子公司
　　业务销售附带赠送行为征收流转税问题的通知
　　（2007年4月6日　国税函〔2007〕414号）…………………………………（619）
财政部　国家税务总局关于军工企业股份制改造有关增值税政策问题的通知
　　（2008年1月21日　财税〔2007〕172号）…………………………………（619）
财政部　国家税务总局关于全国实施增值税转型改革若干问题的通知
　　（2008年12月19日　财税〔2008〕170号）…………………………………（620）
财政部　国家税务总局关于再生资源增值税政策的通知
　　（2008年12月9日　财税〔2008〕157号）…………………………………（622）
国家税务总局关于修改若干增值税规范性文件引用法规规章条款依据的通知
　　（2009年2月5日　国税发〔2009〕10号）……………………………………（624）
财政部　国家税务总局关于油气田企业增值税问题的补充通知
　　（2009年7月9日　财税〔2009〕97号）………………………………………（626）
财政部　国家税务总局关于再生资源增值税退税政策若干问题的通知
　　（2009年9月29日　财税〔2009〕119号）……………………………………（626）
国家税务总局关于项目运营方利用信托资金融资过程中增值税进项税额抵
　　扣问题的公告
　　（2010年8月9日　国家税务总局公告2010年第8号）………………………（627）
国家税务总局关于折扣额抵减增值税应税销售额问题通知
　　（2010年2月8日　国税函〔2010〕56号）……………………………………（628）

国家税务总局关于融资性售后回租业务中承租方出售资产行为有关税收问题
  的公告
  （2010年9月8日　国家税务总局公告2010年第13号）……………（628）
国家税务总局关于安置残疾人单位是否可以同时享受多项增值税优惠政策问
  题的公告
  （2011年11月18日　国家税务总局公告2011年第61号）…………（629）
国家税务总局关于纳税人销售自产货物并同时提供建筑业劳务有关税收问题
  的公告
  （2011年3月25日　国家税务总局公告2011年第23号）……………（629）
国家税务总局关于增值税纳税义务发生时间有关问题的公告
  （2011年7月15日　国家税务总局公告2011年第40号）……………（630）
国家税务总局关于旅店业和饮食业纳税人销售非现场消费食品增值税有关问题
  的公告
  （2013年4月22日　国家税务总局公告2013年第17号）……………（630）
国家税务总局关于促进残疾人就业增值税优惠政策有关问题的公告
  （2013年12月13日　国家税务总局公告2013年第73号）……………（630）
国家税务总局关于小微企业免征增值税和营业税有关问题的公告
  （2014年10月11日　国家税务总局公告2014年第57号）……………（631）
国家税务总局关于国际货物运输代理服务有关增值税问题的公告
  （2014年7月4日　国家税务总局公告2014年第42号）……………（632）
财政部　国家税务总局　人力资源社会保障部　教育部关于支持和促进重点群体
  创业就业税收政策有关问题的补充通知
  （2015年1月27日　财税〔2015〕18号）……………………………（632）
国家税务总局关于促进残疾人就业税收优惠政策相关问题的公告
  （2015年7月31日　国家税务总局公告2015年第55号）……………（633）
国家税务总局关于化肥恢复征收增值税后库存化肥有关税收管理事项的公告
  （2015年9月15日　国家税务总局公告2015年第64号）……………（633）
国家税务总局关于优化《外出经营活动税收管理证明》相关制度和办理程序
  的意见
  （2016年7月6日　税总发〔2016〕106号）…………………………（634）
国家税务总局关于创新跨区域涉税事项报验管理制度的通知
  （2017年9月15日　税总发〔2017〕103号）…………………………（635）
国家税务总局关于个人保险代理人税收征管有关问题的公告
  （2016年7月7日　国家税务总局公告2016年第45号）……………（637）
国家税务总局关于在境外提供建筑服务等有关问题的公告
  （2016年11月4日　国家税务总局公告2016年第69号）……………（639）
财政部　国家税务总局关于明确金融　房地产开发　教育辅助服务等增值税政
  策的通知
  （2016年12月21日　财税〔2016〕140号）……………………………（641）

国家税务总局关于土地价款扣除时间等增值税征管问题的公告
　　（2016 年 12 月 24 日　国家税务总局公告 2016 年第 86 号）……………（643）
财政部　国家税务总局关于资管产品增值税政策有关问题的补充通知
　　（2017 年 1 月 6 日　财税〔2017〕2 号）……………………………………（644）
国家税务总局关于进一步明确营改增有关征管问题的公告
　　（2017 年 4 月 20 日　国家税务总局公告 2017 年第 11 号）………………（644）
财政部　税务总局关于建筑服务等营改增试点政策的通知
　　（2017 年 7 月 11 日　财税〔2017〕58 号）…………………………………（646）
财政部　税务总局关于租入固定资产进项税额抵扣等增值税政策的通知
　　（2017 年 12 月 25 日　财税〔2017〕90 号）…………………………………（647）
国家税务总局　海关总署关于进口租赁飞机有关增值税问题的公告
　　（2018 年 5 月 11 日　国家税务总局公告 2018 年第 24 号）………………（649）
国家税务总局关于明确中外合作办学等若干增值税征管问题的公告
　　（2018 年 7 月 25 日　国家税务总局公告 2018 年第 42 号）………………（650）
国家税务总局关于小规模纳税人免征增值税政策有关征管问题的公告
　　（2019 年 1 月 19 日　国家税务总局公告 2019 年第 4 号）…………………（651）
国家税务总局关于国内旅客运输服务进项税抵扣等增值税征管问题的公告
　　（2019 年 9 月 16 日　国家税务总局公告 2019 年第 31 号）………………（652）
国家税务总局关于取消增值税扣税凭证认证确认期限等增值税征管问题的公告
　　（2019 年 12 月 31 日　国家税务总局公告 2019 年第 45 号）………………（660）
财政部　税务总局关于明确国有农用地出租等增值税政策的公告
　　（2020 年 1 月 20 日　财政部　税务总局公告 2020 年第 2 号）……………（663）
国家税务总局关于支持新型冠状病毒感染的肺炎疫情防控有关税收征收管
　理事项的公告
　　（2020 年 2 月 10 日　国家税务总局公告 2020 年第 4 号）…………………（664）
国家税务总局关于支持个体工商户复工复业等税收征收管理事项的公告
　　（2020 年 2 月 29 日　国家税务总局公告 2020 年第 5 号）…………………（666）
国家税务总局关于明确二手车经销等若干增值税征管问题的公告
　　（2020 年 4 月 23 日　国家税务总局公告 2020 年第 9 号）…………………（667）

第五部分　增值税纳税申报制度 ……………………………………………（669）
一、增值税纳税人申报制度 …………………………………………………（669）
国家税务总局关于重新修订《增值税一般纳税人纳税申报办法》的通知
　　（2003 年 5 月 13 日　国税发〔2003〕53 号）…………………………………（669）
国家税务总局关于营业税改征增值税试点有关文化事业建设费登记与申报事
　项的公告
　　（2013 年 11 月 11 日　国家税务总局公告 2013 年第 64 号）………………（671）
国家税务总局关于全面推开营业税改征增值税试点后增值税纳税申报有关事项
　的公告
　　（2016 年 3 月 31 日　国家税务总局公告 2016 年第 13 号）…………………（672）

国家税务总局关于调整增值税纳税申报有关事项的公告

（2016年5月5日　国家税务总局公告2016年第27号）……（675）

国家税务总局关于调整增值税一般纳税人留抵税额申报口径的公告

（2016年12月1日　国家税务总局公告2016年第75号）……（675）

国家税务总局关于调整增值税纳税申报有关事项的公告

（2017年12月29日　国家税务总局公告2017年第53号）……（676）

国家税务总局关于调整增值税纳税申报有关事项的公告

（2019年3月21日　国家税务总局公告2019年第15号）……（676）

二、纳税申报比对管理制度 ……（677）

国家税务总局关于进一步做好增值税纳税申报"一窗式"管理工作的通知

（2003年8月19日　国税函〔2003〕962号）……（677）

国家税务总局关于印发《增值税纳税申报比对管理操作规程（试行）》的通知

（2017年10月30日　税总发〔2017〕124号）……（680）

第六部分　出口退税政策 ……（683）

一、出口退税基本政策 ……（683）

国家税务总局关于印发《出口货物退（免）税管理办法（试行）》的通知

（2005年3月16日　国税发〔2005〕51号）……（683）

财政部　国家税务总局关于出口货物劳务增值税和消费税政策的通知

（2012年5月25日　财税〔2012〕39号）……（687）

财政部　国家税务总局关于全面推开营业税改征增值税试点的通知

（2016年3月23日　财税〔2016〕36号）……（698）

二、深化增值税改革中的出口退税政策 ……（698）

财政部　税务总局关于调整增值税税率的通知

（2018年4月4日　财税〔2018〕32号）……（698）

国家税务总局关于统一小规模纳税人标准有关出口退（免）税问题的公告

（2018年4月22日　国家税务总局公告2018年第20号）……（699）

财政部　税务总局　海关总署关于深化增值税改革有关政策的公告

（2019年3月20日　财政部　税务总局　海关总署公告2019年第39号）…（700）

三、出口退税专项业务政策 ……（701）

（一）跨境应税行为政策 ……（701）

国家税务总局关于发布《适用增值税零税率应税服务退（免）税管理办法》的公告

（2014年2月8日　国家税务总局公告2014年第11号）……（701）

国家税务总局关于《适用增值税零税率应税服务退（免）税管理办法》的补充公告

（2015年12月14日　国家税务总局公告2015年第88号）……（707）

国家税务总局关于发布《营业税改征增值税跨境应税行为增值税免税管理办法（试行）》的公告

（2016年5月6日　国家税务总局公告2016年第29号）……（709）

国家税务总局关于跨境应税行为免税备案等增值税问题的公告
　　（2017年8月14日　国家税务总局公告2017年第30号） …………… (709)
（二）外贸综合服务企业政策 ………………………………………………… (710)
国家税务总局关于进一步优化外贸综合服务企业出口货物退（免）税管理的公告
　　（2016年9月19日　国家税务总局公告2016年第61号） …………… (710)
国家税务总局关于调整完善外贸综合服务企业办理出口货物退（免）税有关事项的公告
　　（2017年9月13日　国家税务总局公告2017年第35号） …………… (712)
国家税务总局关于外贸综合服务企业办理出口货物退（免）税有关事项的公告
　　（2018年5月14日　国家税务总局公告2018年第25号） …………… (715)
（三）特殊监管区域政策 ………………………………………………………… (716)
国家税务总局关于印发《出口加工区税收管理暂行办法》的通知
　　（2000年10月26日　国税发〔2000〕155号） ……………………… (716)
财政部　国家税务总局　海关总署关于国内采购材料进入出口加工区等海关特殊监管区域适用退税政策的通知
　　（2008年2月2日　财税〔2008〕10号） ……………………………… (717)
国家税务总局关于境内区外货物进入海关特殊监管区域有关问题的通知
　　（2008年9月24日　国税发〔2008〕91号） …………………………… (718)
财政部　海关总署　国家税务总局关于国内采购材料进入海关特殊监管区域适用退税政策的通知
　　（2009年9月3日　财税〔2009〕107号） …………………………… (719)
国家税务总局　财政部　海关总署关于在综合保税区推广增值税一般纳税人资格试点的公告
　　（2019年8月8日　国家税务总局公告2019年第29号） …………… (719)
（四）启运港政策 ………………………………………………………………… (721)
财政部　海关总署　税务总局关于完善启运港退税政策的通知
　　（2018年1月8日　财税〔2018〕5号） ……………………………… (721)
国家税务总局关于发布《启运港退（免）税管理办法（2018年12月28日修订）》的公告
　　（2018年12月28日　国家税务总局公告2018年第66号） ………… (723)
（五）跨境电子商务政策 ………………………………………………………… (725)
财政部　国家税务总局关于跨境电子商务零售出口税收政策的通知
　　（2013年12月30日　财税〔2013〕96号） …………………………… (725)
财政部　税务总局　商务部　海关总署关于跨境电子商务综合试验区零售出口货物税收政策的通知
　　（2018年9月28日　财税〔2018〕103号） …………………………… (726)

（六）免税商店政策 ……………………………………………………………………（727）

海关总署　国家税务总局关于对中国免税品（集团）总公司经营的国产商品
　　监管和退税有关事宜的通知
　　（2004年9月30日　署监发〔2004〕403号） ……………………………（727）

财政部　商务部　海关总署　国家税务总局　国家旅游局关于印发《口岸进
　　境免税店管理暂行办法》的通知
　　（2016年2月18日　财关税〔2016〕8号） ………………………………（728）

国家税务总局关于出境口岸免税店有关增值税政策问题的通知
　　（2008年1月24日　国税函〔2008〕81号） ………………………………（730）

财政部　商务部　文化和旅游部　海关总署　国家税务总局关于印发口岸进境
　　免税店管理暂行办法补充规定的通知
　　（2018年3月29日　财关税〔2018〕4号） ………………………………（731）

（七）离境退税政策 ……………………………………………………………………（732）

财政部关于实施境外旅客购物离境退税政策的公告
　　（2015年1月6日　中华人民共和国财政部公告2015年第3号） ………（732）

国家税务总局关于发布《境外旅客购物离境退税管理办法（试行）》的公告
　　（2015年6月2日　国家税务总局公告2015年第41号） …………………（734）

（八）外国使领馆政策 …………………………………………………………………（739）

财政部　国家税务总局关于外国驻华使（领）馆及其馆员在华购买货物和
　　服务增值税退税政策的通知
　　（2016年4月29日　财税〔2016〕51号） ………………………………（739）

国家税务总局　外交部关于发布《外国驻华使（领）馆及其馆员在华购买
　　货物和服务增值税退税管理办法》的公告
　　（2016年8月31日　国家税务总局公告2016年第58号） ………………（740）

财政部　国家税务总局关于外国驻华使（领）馆及其馆员在华购买货物和
　　服务增值税退税政策有关问题的补充通知
　　（2017年9月29日　财税〔2017〕74号） ………………………………（743）

国家税务总局　外交部关于外国驻华使（领）馆及其馆员在华购买货物和服
　　务增值税退税管理有关问题的公告
　　（2017年10月31日　国家税务总局　外交部公告2017年第39号） ……（743）

（九）融资租赁政策 ……………………………………………………………………（744）

财政部　海关总署　国家税务总局关于在全国开展融资租赁货物出口退税
　　政策试点的通知
　　（2014年9月1日　财税〔2014〕62号） …………………………………（744）

国家税务总局关于发布《融资租赁货物出口退税管理办法》的公告
　　（2014年10月8日　国家税务总局公告2014年第56号） ………………（746）

财政部　海关总署　国家税务总局关于融资租赁货物出口退税政策有关问
　　题的通知
　　（2016年8月2日　财税〔2016〕87号） …………………………………（748）

（十）市场采购贸易方式出口政策 ································· (748)
　　国家税务总局关于发布《市场采购贸易方式出口货物免税管理办法（试行）》
　　的公告
　　　　（2015年12月17日　国家税务总局公告2015年第89号）················· (748)
（十一）特定区域政策 ··· (750)
　　财政部　海关总署　国家税务总局关于横琴 平潭开发有关增值税和消费税
　　政策的通知
　　　　（2014年6月11日　财税〔2014〕51号）························· (750)
（十二）研发机构采购国产设备政策 ································· (750)
　　财政部　商务部　税务总局关于继续执行研发机构采购设备增值税政策的公告
　　　　（2019年11月11日　财政部　商务部　税务总局公告2019年第91号）······ (750)
四、出口退税其他政策 ··· (752)
　　国家税务总局　对外贸易经济合作部关于境外带料加工装配业务有关出口退
　　税问题的通知
　　　　（1999年5月11日　国税发〔1999〕76号）······················· (752)
　　国家税务总局　海关总署关于对外承接外轮修理修配业务有关退税问题的通知
　　　　（1998年5月27日　国税发〔1998〕87号）······················· (753)
　　财政部　国家税务总局关于生产企业出口货物实行免抵退税办法后有关城市
　　维护建设税教育费附加政策的通知
　　　　（2005年2月25日　财税〔2005〕25号）························· (753)
　　国家税务总局关于纳税人既享受增值税即征即退、先征后退政策又享受免抵
　　退税政策有关问题的公告
　　　　（2011年12月1日　国家税务总局公告2011年第69号）············· (754)
　　国家税务总局关于企业出口集装箱有关退（免）税问题的公告
　　　　（2014年10月21日　国家税务总局公告2014年第59号）············ (754)
　　财政部　国家税务总局关于对化肥恢复征收增值税政策的补充通知
　　　　（2015年8月28日　财税〔2015〕97号）························ (755)
　　财政部　税务总局　海关总署关于对国际航行船舶加注燃料油实行出口退税
　　政策的公告
　　　　（2020年1月22日　财政部　税务总局　海关总署公告2020年第4号）····· (755)
五、出口退税管理制度 ··· (756)
（一）出口退（免）税基础管理 ······································· (756)
　　国家税务总局关于出口商品使用发票有关问题的通知
　　　　（1999年10月21日　国税发〔1999〕200号）····················· (756)
　　国家税务总局关于使用增值税专用发票认证信息审核出口退税的紧急通知
　　　　（2004年1月21日　国税函〔2004〕133号）····················· (756)
　　国家税务总局关于加工贸易纸质手册电子化有关出口退税管理工作的通知
　　　　（2009年8月26日　国税函〔2009〕449号）····················· (758)

国家税务总局关于外贸企业使用增值税专用发票办理出口退税有关问题的公告
    （2012 年 6 月 1 日　国家税务总局公告 2012 年第 22 号公告）……………（758）
国家税务总局关于发布《出口货物劳务增值税和消费税管理办法》的公告
    （2012 年 6 月 14 日　国家税务总局公告 2012 年第 24 号）……………（760）
国家税务总局关于《出口货物劳务增值税和消费税管理办法》有关问题的公告
    （2013 年 3 月 13 日　国家税务总局公告 2013 年第 12 号）……………（774）
国家税务总局关于调整出口退（免）税申报办法的公告
    （2013 年 10 月 15 日　国家税务总局公告 2013 年第 61 号）……………（783）
国家税务总局关于出口货物劳务增值税和消费税有关问题的公告
    （2013 年 11 月 13 日　国家税务总局公告 2013 年第 65 号）……………（785）
国家税务总局关于出口货物劳务退（免）税管理有关问题的公告
    （2014 年 8 月 28 日　国家税务总局公告 2014 年第 51 号）……………（787）
国家税务总局关于出口企业申报出口退（免）税免予提供纸质出口货物
    报关单的公告
    （2015 年 4 月 28 日　国家税务总局公告 2015 年第 26 号）……………（788）
国家税务总局关于出口退（免）税有关问题的公告
    （2015 年 4 月 30 日　国家税务总局公告 2015 年第 29 号）……………（789）
国家税务总局关于部分税务行政审批事项取消后有关管理问题的公告
    （2015 年 8 月 3 日　国家税务总局公告 2015 年第 56 号）……………（790）
国家税务总局关于进一步加强出口退（免）税事中事后管理有关问题的公告
    （2016 年 1 月 7 日　国家税务总局公告 2016 年第 1 号）……………（793）
国家税务总局关于在境外提供建筑服务等有关问题的公告
    （2016 年 11 月 4 日　国家税务总局公告 2016 年第 69 号）……………（794）
国家税务总局关于出口退（免）税申报有关问题的公告
    （2018 年 4 月 19 日　国家税务总局公告 2018 年第 16 号）……………（795）
国家税务总局关于加快出口退税进度有关事项的公告
    （2018 年 10 月 15 日　国家税务总局公告 2018 年第 48 号）……………（797）
国家税务总局关于办理增值税期末留抵税额退税有关事项的公告
    （2019 年 4 月 30 日　国家税务总局公告 2019 年第 20 号）……………（799）
财政部　税务总局关于明确国有农用地出租等增值税政策的公告
    （2020 年 1 月 20 日　财政部　税务总局公告 2020 年第 2 号）……………（799）
国家税务总局关于支持个体工商户复工复业等税收征收管理事项的公告
    （2020 年 2 月 29 日　国家税务总局公告 2020 年第 5 号）……………（800）
（二）出口企业分类管理…………………………………………………………（800）
国家税务总局关于发布修订后的《出口退（免）税企业分类管理办法》的公告
    （2016 年 7 月 13 日　国家税务总局公告 2016 年第 46 号）……………（800）
国家税务总局关于出口退（免）税申报有关问题的公告
    （2018 年 4 月 19 日　国家税务总局公告 2018 年第 16 号）……………（805）

国家税务总局关于加快出口退税进度有关事项的公告

(2018年10月15日 国家税务总局公告2018年第48号) …… (805)

(三) 出口退(免)税收汇管理 …… (806)

国家税务总局关于出口企业申报出口货物退(免)税提供收汇资料有关问题的公告

(2013年6月9日 国家税务总局公告2013年第30号) …… (806)

国家税务总局关于出口货物劳务增值税和消费税有关问题的公告

(2013年11月13日 国家税务总局公告2013年第65号) …… (809)

国家税务总局关于出口退(免)税申报有关问题的公告

(2018年4月19日 国家税务总局公告2018年第16号) …… (809)

(四) 出口退(免)税无纸化管理 …… (810)

国家税务总局关于推进出口退(免)税无纸化管理试点工作的通知

(2016年1月29日 税总函〔2016〕36号) …… (810)

国家税务总局关于进一步推进出口退(免)税无纸化申报试点工作的通知

(2017年5月23日 税总函〔2017〕176号) …… (811)

国家税务总局关于加快出口退税进度有关事项的公告

(2018年10月15日 国家税务总局公告2018年第48号) …… (812)

(五) 出口退(免)税货物单证备案管理 …… (813)

国家税务总局关于出口货物退(免)税实行有关单证备案管理制度的补充通知

(2006年9月30日 国税函〔2006〕904号) …… (813)

国家税务总局关于发布《出口货物劳务增值税和消费税管理办法》的公告

(2012年6月14日 国家税务总局公告2012年第24号) …… (814)

(六) 出口退(免)税风险管理 …… (814)

国家税务总局 商务部关于进一步规范外贸出口经营秩序切实加强出口货物退(免)税管理的通知

(2006年2月13日 国税发〔2006〕24号) …… (814)

财政部 国家税务总局关于防范税收风险若干增值税政策的通知

(2013年12月27日 财税〔2013〕112号) …… (816)

第二篇 消费税政策法规

第一部分 消费税基本法规 …… (821)

中华人民共和国消费税暂行条例

(2008年11月10日 国务院令539号) …… (821)

中华人民共和国消费税暂行条例实施细则

(2008年12月15日 财政部 国家税务总局第51号令) …… (824)

第二部分 消费税综合政策 …… (828)

国家税务总局关于印发《消费税征收范围注释》的通知

(1993年12月27日 国税发〔1993〕153号) …… (828)

国家税务总局　海关总署关于进口货物征收增值税、消费税有关问题的通知
　　（1993年12月25日　国税发〔1993〕155号）………………………（836）
国家税务总局关于印发《消费税若干具体问题的规定》的通知
　　（1993年12月28日　国税发〔1993〕156号）………………………（837）
国务院关于外商投资企业和外国企业适用增值税、消费税、营业税等税收
　　暂行条例有关问题的通知
　　（1994年2月22日　国发〔1994〕10号）……………………………（840）
国家税务总局关于消费税若干征税问题的通知
　　（1994年5月26日　国税发〔1994〕130号）…………………………（840）
国家税务总局关于明确流转税、资源税法规中"主管税务机关、征收机关"
　　名称问题的通知
　　（1994年12月24日　国税发〔1994〕232号）………………………（841）
国家税务总局关于用外购和委托加工收回的应税消费品连续生产应税消费品
　　征收消费税问题的通知
　　（1995年5月19日　国税发〔1995〕94号）…………………………（841）
国家税务总局关于消费税若干征税问题的通知
　　（1997年5月21日　国税发〔1997〕84号）…………………………（842）
国家税务总局关于印发《消费税问题解答》的通知
　　（1997年5月21日　国税函发〔1997〕306号）………………………（844）
国家经济贸易委员会　财政部　国家税务总局　国家环境保护总局关于发布
　　《关于低污染排放小汽车减征消费税实施产品检验及生产一致性审查
　　管理办法》的通知
　　（2001年8月15日　国经贸产业〔2001〕821号）……………………（845）
财政部　国家税务总局关于调整和完善消费税政策的通知
　　（2006年3月20日　财税〔2006〕33号）……………………………（847）
财政部　国家税务总局关于进口环节消费税有关问题的通知
　　（2006年3月30日　财税〔2006〕22号）……………………………（852）
国家税务总局关于印发《调整和完善消费税政策征收管理规定》的通知
　　（2006年3月31日　国税发〔2006〕49号）…………………………（852）
国家税务总局关于进一步加强消费税纳税申报及税款抵扣管理的通知
　　（2006年8月15日　国税函〔2006〕769号）…………………………（856）
财政部　国家税务总局关于消费税若干具体政策的通知
　　（2006年8月30日　财税〔2006〕125号）……………………………（857）
财政部　国家税务总局关于豁免东北老工业基地企业历史欠税有关问题的通知
　　（2006年12月6日　财税〔2006〕167号）……………………………（859）
国家税务总局关于修订2009年消费税统计报表的通知
　　（2009年5月26日　国税函〔2009〕277号）…………………………（861）

财政部　国家税务总局关于消费税纳税人总分支机构汇总缴纳消费税有关政
策的通知
（2012 年 4 月 13 日　财税〔2012〕42 号） ……………………………………（862）
财政部　国家税务总局关于《中华人民共和国消费税暂行条例实施细则》
有关条款解释的通知
（2012 年 7 月 13 日　财法〔2012〕8 号） ………………………………………（862）
国家税务总局关于消费税有关政策问题的公告
（2012 年 11 月 6 日　国家税务总局公告 2012 年第 47 号） ……………………（863）
国家税务总局关于消费税有关政策问题补充规定的公告
（2013 年 9 月 9 日　国家税务总局公告 2013 年第 50 号） ……………………（863）
财政部　海关总署　国家税务总局关于横琴 平潭开发有关增值税和消费
税政策的通知
（2014 年 6 月 11 日　财税〔2014〕51 号） ……………………………………（865）
财政部　国家税务总局关于调整消费税政策的通知
（2014 年 11 月 25 日　财税〔2014〕93 号） …………………………………（866）
国家税务总局关于调整消费税纳税申报表有关问题的公告
（2014 年 12 月 26 日　国家税务总局公告 2014 年第 72 号） …………………（866）
国家税务总局关于调整消费税纳税申报有关事项的公告
（2015 年 5 月 4 日　国家税务总局公告 2015 年第 32 号） ……………………（867）
国家税务总局关于取消销货退回消费税退税等两项消费税审批事项后有关管
理问题的公告
（2015 年 12 月 23 日　国家税务总局公告 2015 年第 91 号） …………………（867）

第三部分　消费税分税目政策 ……………………………………………………（868）

一、烟类 ………………………………………………………………………………（868）

财政部　国家税务总局关于调整烟类产品消费税政策的通知
（2001 年 6 月 4 日　财税〔2001〕91 号） ………………………………………（868）
国家税务总局关于卷烟生产企业购进卷烟直接销售不再征收消费税的批复
（2001 年 12 月 20 日　国税函〔2001〕955 号） ………………………………（870）
国家税务总局关于加强新牌号、新规格卷烟消费税计税价格管理有关事项
的通知
（2006 年 4 月 24 日　国税函〔2006〕373 号） …………………………………（870）
国家税务总局关于卷烟消费税计税价格管理有关问题的通知
（2009 年 1 月 22 日　国税函〔2009〕41 号） …………………………………（871）
国家税务总局关于卷烟消费税计税依据有关问题的通知
（2009 年 5 月 25 日　国税函〔2009〕271 号） …………………………………（872）
国家税务总局关于烟类应税消费品消费税征收管理有关问题的通知
（2009 年 5 月 25 日　国税函〔2009〕272 号） …………………………………（873）

财政部　国家税务总局关于调整烟产品消费税政策的通知
（2009年5月26日　财税〔2009〕84号） …………………………（874）

国家税务总局关于更正《各牌号规格卷烟消费税计税价格》填表说明的通知
（2009年7月29日　国税函〔2009〕404号） ……………………（875）

国家税务总局卷烟消费税计税价格信息采集和核定管理办法
（2011年10月27日　国家税务总局令第26号） …………………（876）

国家税务总局关于卷烟消费税计税价格信息采集有关问题的通知
（2012年1月21日　国税函〔2012〕31号） ……………………（879）

财政部　国家税务总局关于调整卷烟消费税的通知
（2015年5月7日　财税〔2015〕60号） …………………………（880）

国家税务总局关于卷烟消费税政策调整后纳税申报有关问题的公告
（2015年5月12日　国家税务总局公告2015年第35号） ………（881）

国家税务总局关于卷烟消费税政策调整有关问题的通知
（2015年5月12日　税总函〔2015〕255号） …………………（881）

国家税务总局关于卷烟消费税计税价格核定管理有关问题的公告
（2017年8月29日　国家税务总局公告2017年第32号） ………（883）

二、酒类 ……………………………………………………………………（883）

财政部　国家税务总局关于酒类产品包装物押金征税问题的通知
（1995年6月9日　财税字〔1995〕53号） ……………………（883）

财政部　国家税务总局关于调整酒类产品消费税政策的通知
（2001年5月11日　财税〔2001〕84号） ………………………（884）

国家税务总局关于啤酒计征消费税有关问题的批复
（2002年2月22日　国税函〔2002〕166号） …………………（885）

国家税务总局关于酒类产品消费税政策问题的通知
（2002年8月26日　国税发〔2002〕109号） …………………（886）

国家税务总局关于啤酒集团内部企业间销售（调拨）啤酒液征收消费税问
题的批复
（2003年4月9日　国税函〔2003〕382号） …………………（887）

国家税务总局关于果啤征收消费税的批复
（2005年4月18日　国税函〔2005〕333号） …………………（887）

财政部　国家税务总局关于明确啤酒包装物押金消费税政策的通知
（2006年2月27日　财税〔2006〕20号） ………………………（888）

国家税务总局关于印发《葡萄酒消费税管理办法（试行）》的通知
（2006年5月14日　国税发〔2006〕66号） …………………（888）

国家税务总局关于《葡萄酒购货管理证明单》编码规则的通知
（2006年6月22日　国税函〔2006〕620号） …………………（890）

国家税务总局关于调味料酒征收消费税问题的通知
（2008年8月21日　国税函〔2008〕742号） …………………（890）

国家税务总局关于配制酒消费税适用税率问题的公告

　　　　(2011年9月28日　国家税务总局公告2011年第53号) ……(891)

　　国家税务总局关于修订《葡萄酒消费税管理办法(试行)》的公告

　　　　(2015年2月28日　国家税务总局公告2015年第15号) ……(891)

三、贵重首饰及珠宝玉石 ……(893)

　　财政部　国家税务总局关于调整金银首饰消费税纳税环节有关问题的通知

　　　　(1994年12月24日　〔1994〕财税字第95号) ……(893)

　　国家税务总局关于印发《金银首饰消费税征收管理办法》的通知

　　　　(1994年12月26日　国税发〔1994〕267号) ……(894)

　　国家税务总局关于锻压金首饰在零售环节征收消费税问题的批复

　　　　(1996年12月23日　国税函〔1996〕727号) ……(897)

　　国家税务总局关于取消金银首饰消费税纳税人认定行政审批后有关问题的通知

　　　　(2004年6月25日　国税函〔2004〕826号) ……(898)

　　国家税务总局关于停止执行《金银首饰购货(加工)管理证明单》使用规定
　　　　的批复

　　　　(2005年3月4日　国税函〔2005〕193号) ……(898)

　　财政部　国家税务总局关于钻石消费税有关问题的通知

　　　　(2013年7月4日　财税〔2013〕40号) ……(899)

四、成品油 ……(899)

　　国家税务总局关于印发《汽油、柴油消费税管理办法(试行)》的通知

　　　　(2005年8月25日　国税发〔2005〕133号) ……(899)

　　国家税务总局关于依据柴油质量标准认定消费税征税范围问题的批复

　　　　(2007年7月16日　国税函〔2007〕767号) ……(902)

　　财政部　国家税务总局关于调整部分成品油消费税政策的通知

　　　　(2008年2月3日　财税〔2008〕19号) ……(902)

　　财政部　国家税务总局关于提高成品油消费税税率的通知

　　　　(2008年12月19日　财税〔2008〕167号) ……(903)

　　财政部　国家税务总局关于提高成品油消费税税率后相关成品油消费税政策
　　　　的通知

　　　　(2008年12月19日　财税〔2008〕168号) ……(905)

　　财政部　海关总署　国家税务总局关于进口石脑油消费税先征后返有关问题
　　　　的通知

　　　　(2009年7月31日　财预〔2009〕347号) ……(906)

　　国家税务总局关于润滑脂产品征收消费税问题的批复

　　　　(2009年12月15日　国税函〔2009〕709号) ……(908)

　　国家税务总局关于稳定轻烃产品征收消费税问题的批复

　　　　(2010年5月13日　国税函〔2010〕205号) ……(909)

财政部　国家税务总局关于调整部分燃料油消费税政策的通知

（2010年8月20日　财税〔2010〕66号）………………………（909）

国家税务总局关于绝缘油类产品不征收消费税问题的公告

（2010年8月30日　国家税务总局公告2010年第12号）………（910）

财政部　国家税务总局关于对成品油生产企业生产自用油免征消费税的通知

（2010年11月1日　财税〔2010〕98号）………………………（910）

财政部　国家税务总局关于对利用废弃的动植物油生产纯生物柴油免征消费税的通知

（2010年12月17日　财税〔2010〕118号）……………………（910）

财政部　国家税务总局关于对油（气）田企业生产自用成品油先征后返消费税的通知

（2011年2月25日　财税〔2011〕7号）…………………………（911）

财政部　国家税务总局关于明确废弃动植物油生产纯生物柴油免征消费税适用范围的通知

（2011年6月15日　财税〔2011〕46号）………………………（911）

财政部　中国人民银行　国家税务总局关于延续执行部分石脑油燃料油消费税政策的通知

（2011年9月15日　财税〔2011〕87号）………………………（912）

国家税务总局关于发布《用于生产乙烯、芳烃类化工产品的石脑油、燃料油退（免）消费税暂行办法》的公告

（2012年7月12日　国家税务总局公告2012年第36号）………（913）

国家税务总局关于催化料、焦化料征收消费税的公告

（2012年9月27日　国家税务总局公告2012年第46号）………（920）

财政部　中国人民银行　海关总署　国家税务总局关于完善石脑油　燃料油生产乙烯 芳烃类化工产品消费税退税政策的通知

（2013年2月1日　财税〔2013〕2号）……………………………（920）

国家税务总局　海关总署关于石脑油　燃料油生产乙烯 芳烃类化工产品消费税退税问题的公告

（2013年5月29日　国家税务总局　海关总署公告2013年第29号）……（921）

财政部　国家税务总局关于对废矿物油再生油品免征消费税的通知

（2013年12月12日　财税〔2013〕105号）……………………（925）

财政部　国家税务总局关于明确部分征收进口环节消费税的成品油税目的通知

（2013年12月20日　财关税〔2013〕79号）……………………（926）

财政部　国家税务总局关于以外购或委托加工汽　柴油连续生产汽　柴油允许抵扣消费税政策问题的通知

（2014年2月19日　财税〔2014〕15号）………………………（926）

国家税务总局关于印发《石脑油、燃料油退（免）消费税管理操作规程（试行）》的通知

（2014年8月29日　税总函〔2014〕412号） ………………………………（927）

财政部　国家税务总局关于提高成品油消费税的通知

（2014年11月28日　财税〔2014〕94号） ………………………………（931）

财政部　国家税务总局关于继续提高成品油消费税的通知

（2015年1月12日　财税〔2015〕11号） ………………………………（931）

财政部　税务总局关于延长对废矿物油再生油品免征消费税政策实施期限的通知

（2018年12月7日　财税〔2018〕144号） ………………………………（931）

国家税务总局关于成品油消费税征收管理有关问题的公告

（2018年1月2日　国家税务总局公告2018年第1号） ……………（932）

五、其他税目 ………………………………………………………………………（933）

国家税务总局关于痱子粉、爽身粉不征消费税问题的通知

（1994年6月9日　国税发〔1994〕142号） ……………………………（933）

国家税务总局关于购进整车改装汽车征收消费税问题的批复

（2006年8月15日　国税函〔2006〕772号） ……………………………（934）

国家税务总局关于沙滩车等车辆征收消费税问题的批复

（2007年11月2日　国税函〔2007〕1071号） …………………………（934）

国家税务总局关于厢式货车改装生产的汽车征收消费税问题的批复

（2008年5月21日　国税函〔2008〕452号） ……………………………（934）

财政部　国家税务总局关于调整乘用车消费税政策的通知

（2008年8月1日　财税〔2008〕105号） ………………………………（935）

财政部　国家税务总局关于调整部分乘用车进口环节消费税的通知

（2008年8月11日　财关税〔2008〕73号） ……………………………（936）

国家税务总局关于调整《小汽车消费税纳税申报表》有关内容的通知

（2008年8月29日　国税函〔2008〕757号） ……………………………（936）

财政部　国家税务总局关于对电池 涂料征收消费税的通知

（2015年1月26日　财税〔2015〕16号） ………………………………（937）

国家税务总局关于电池 涂料消费税征收管理有关问题的公告

（2015年1月30日　国家税务总局公告2015年第5号） ……………（939）

国家税务总局关于明确电池涂料消费税征收管理有关事项的公告

（2015年12月29日　国家税务总局公告2015年第95号） …………（940）

财政部　国家税务总局关于调整化妆品消费税政策的通知

（2016年9月30日　财税〔2016〕103号） ………………………………（940）

国家税务总局关于高档化妆品消费税征收管理事项的公告

（2016年10月19日　国家税务总局公告2016年第66号） …………（941）

财政部 国家税务总局关于对超豪华小汽车加征消费税有关事项的通知

（2016 年 11 月 30 日 财税〔2016〕129 号）…………………………（942）

国家税务总局关于超豪华小汽车消费税征收管理有关事项的公告

（2016 年 11 月 30 日 国家税务总局公告 2016 年第 74 号）…………（943）

财政部 国家税务总局关于调整小汽车进口环节消费税的通知

（2016 年 11 月 30 日 财关税〔2016〕63 号）…………………………（944）

第三篇 车辆购置税政策法规

第一部分 车辆购置税基本法规 …………………………………………（947）

中华人民共和国车辆购置税法

（2018 年 12 月 29 日 中华人民共和国主席令第十九号）（2018 年 12 月 29 日
第十三届全国人民代表大会常务委员会第七次会议通过）………（947）

第二部分 车辆购置税其他政策 …………………………………………（949）

财政部 税务总局 工业和信息化部 科技部关于免征新能源汽车车辆购置
税的公告

（2017 年 12 月 26 日 财政部公告 2017 年第 172 号）………………（949）

财政部 税务总局 工业和信息化部关于对挂车减征车辆购置税的公告

（2018 年 5 月 25 日 财政部公告 2018 年第 69 号）…………………（950）

财政部 税务总局关于车辆购置税有关具体政策的公告

（2019 年 5 月 23 日 财政部 税务总局公告 2019 年第 71 号）………（951）

国家税务总局 交通运输部关于城市公交企业购置公共汽电车辆免征车辆购
置税有关事项的公告

（2019 年 6 月 6 日 国家税务总局 交通运输部公告 2019 年第 22 号）……（952）

国家税务总局 工业和信息化部关于加强车辆配置序列号管理有关事项的公告

（2019 年 6 月 21 日 国家税务总局 工业和信息化部公告 2019 年第 25 号）
………………………………………………………………………（953）

国家税务总局关于车辆购置税征收管理有关事项的公告

（2019 年 6 月 21 日 国家税务总局公告 2019 年第 26 号）…………（954）

财政部 税务总局关于继续执行的车辆购置税优惠政策的公告

（2019 年 6 月 28 日 财政部 税务总局公告 2019 年第 75 号）………（956）

国家税务总局关于应用机动车销售统一发票电子信息办理车辆购置税业务的
公告

（2020 年 1 月 21 日 国家税务总局公告 2020 年第 3 号）……………（957）

财政部 税务总局 工业和信息化部关于新能源汽车免征车辆购置税有关政
策的公告

（2020 年 4 月 16 日 财政部公告 2020 年第 21 号）…………………（958）

第一篇
增值税政策法规

第一部分 增值税基本法规

一、增值税暂行条例及实施细则

国务院
关于废止《中华人民共和国营业税暂行条例》和修改《中华人民共和国增值税暂行条例》的决定

（2017年11月19日 中华人民共和国国务院令第691号）

《国务院关于废止〈中华人民共和国营业税暂行条例〉和修改〈中华人民共和国增值税暂行条例〉的决定》已经2017年10月30日国务院第191次常务会议通过，现予公布，自公布之日起施行。

总理 李克强
2017年11月19日

国务院决定废止《中华人民共和国营业税暂行条例》，同时对《中华人民共和国增值税暂行条例》作如下修改：

一、将第一条修改为："在中华人民共和国境内销售货物或者加工、修理修配劳务（以下简称劳务），销售服务、无形资产、不动产以及进口货物的单位和个人，为增值税的纳税人，应当依照本条例缴纳增值税。"

二、将第二条第一款修改为："增值税税率：

（一）纳税人销售货物、劳务、有形动产租赁服务或者进口货物，除本条第二项、第四项、第五项另有规定外，税率为17%。

（二）纳税人销售交通运输、邮政、基础电信、建筑、不动产租赁服务，销售不动产，转让土地使用权，销售或者进口下列货物，税率为11%：

1. 粮食等农产品、食用植物油、食用盐；

2. 自来水、暖气、冷气、热水、煤气、石油液化气、天然气、二甲醚、沼气、居民用煤炭制品；

3. 图书、报纸、杂志、音像制品、电子出版物；

4. 饲料、化肥、农药、农机、农膜；

5. 国务院规定的其他货物。

（三）纳税人销售服务、无形资产，除本条第一项、第二项、第五项另有规定外，税率为6%。

（四）纳税人出口货物，税率为零；但是，国务院另有规定的除外。

（五）境内单位和个人跨境销售国务院规定范围内的服务、无形资产，税率为零。"

三、将第四条第一款中的"销售货物或者提供应税劳务（以下简称销售货物或者应税劳务）"修改为"销售货物、劳务、服务、无形资产、不动产（以下统称应税销售行为）"；将第五条、第六条第一款、第七条、第十一条第一款、第十九条第一款第一项中的"销售货物或者应税劳务"修改为"发生应税销售行为"。

四、将第八条第一款中的"购进货物或者接受应税劳务（以下简称购进货物或者应税劳务）"、第九条中的"购进货物或者应税劳务"修改为"购进货物、劳务、服务、无形资产、不动产"。

将第八条第二款第三项中的"按照农产品收购发票或者销售发票上注明的农产品买价和13%的扣除率计算的进项税额"修改为"按照农产品收购发票或者销售发票上注明的农产品买价和11%的扣除率计算的进项税额，国务院另有规定的除外"。

删去第八条第二款第四项，增加一项，作为第四项："（四）自境外单位或者个人购进劳务、服务、无形资产或者境内的不动产，从税务机关或者扣缴义务人取得的代扣代缴税款的完税凭证上注明的增值税额。"

五、将第十条修改为："下列项目的进项税额不得从销项税额中抵扣：

（一）用于简易计税方法计税项目、免征增值税项目、集体福利或者个人消费的购进货物、劳务、服务、无形资产和不动产；

（二）非正常损失的购进货物，以及相关的劳务和交通运输服务；

（三）非正常损失的在产品、产成品所耗用的购进货物（不包括固定资产）、劳务和交通运输服务；

（四）国务院规定的其他项目。"

六、将第十二条修改为："小规模纳税人增值税征收率为3%，国务院另有规定的除外。"

七、将第二十一条第一款和第二款第二项中的"销售货物或者应税劳务"修改为"发生应税销售行为"；将第二款第一项修改为："（一）应税销售行为的购买方为消费者个人的"；删去第二款第三项。

八、将第二十二条第一款第二项修改为："（二）固定业户到外县（市）销售货物或者劳务，应当向其机构所在地的主管税务机关报告外出经营事项，并向其机构所在地的主管税务机关申报纳税；未报告的，应当向销售地或者劳务发生地的主管税务机关申报纳税；未向销售地或者劳务发生地的主管税务机关申报纳税的，由其机构所在地的主管税务机关补征税款"；将第一款第三项中的"销售货物或者应税劳务"修改为"销售货物或者劳务"。

九、在第二十五条第一款中的"具体办法由国务院财政、税务主管部门制定"之前增加"境内单位和个人跨境销售服务和无形资产适用退（免）税规定的，应当按期向主管税务机关申报办理退（免）税"。

十、增加一条，作为第二十七条："纳税人缴纳增值税的有关事项，国务院或者国务院财政、税务主管部门经国务院同意另有规定的，依照其规定。"

此外，还对个别条文作了文字修改。

本决定自公布之日起施行。

《中华人民共和国增值税暂行条例》根据本决定作相应修改并对条文序号作相应调整，重新公布。

中华人民共和国增值税暂行条例

（1993年12月13日中华人民共和国国务院令第134号公布　2008年11月5日国务院第34次常务会议修订通过　根据2016年2月6日《国务院关于修改部分行政法规的决定》第一次修订　根据2017年11月19日《国务院关于废止〈中华人民共和国营业税暂行条例〉和修改〈中华人民共和国增值税暂行条例〉的决定》第二次修订）

第一条　在中华人民共和国境内销售货物或者加工、修理修配劳务（以下简称劳务），销售服务、无形资产、不动产以及进口货物的单位和个人，为增值税的纳税人，应当依照本条例缴纳增值税。

第二条　增值税税率：

（一）纳税人销售货物、劳务、有形动产租赁服务或者进口货物，除本条第二项、第四项、第五项另有规定外，税率为17%。

（二）纳税人销售交通运输、邮政、基础电信、建筑、不动产租赁服务，销售不动产，转让土地使用权，销售或者进口下列货物，税率为11%：

1. 粮食等农产品、食用植物油、食用盐；
2. 自来水、暖气、冷气、热水、煤气、石油液化气、天然气、二甲醚、沼气、居民用煤炭制品；
3. 图书、报纸、杂志、音像制品、电子出版物；
4. 饲料、化肥、农药、农机、农膜；
5. 国务院规定的其他货物。

（三）纳税人销售服务、无形资产，除本条第一项、第二项、第五项另有规定外，税率为6%。

（四）纳税人出口货物，税率为零；但是，国务院另有规定的除外。

（五）境内单位和个人跨境销售国务院规定范围内的服务、无形资产，税率为零。

税率的调整，由国务院决定。

第三条　纳税人兼营不同税率的项目，应当分别核算不同税率项目的销售额；未分别核算销售额的，从高适用税率。

第四条　除本条例第十一条规定外，纳税人销售货物、劳务、服务、无形资产、不动产（以下统称应税销售行为），应纳税额为当期销项税额抵扣当期进项税额后的余额。应纳税额计算公式：

应纳税额 = 当期销项税额 – 当期进项税额

当期销项税额小于当期进项税额不足抵扣时,其不足部分可以结转下期继续抵扣。

第五条 纳税人发生应税销售行为,按照销售额和本条例第二条规定的税率计算收取的增值税额,为销项税额。销项税额计算公式:

销项税额 = 销售额 × 税率

第六条 销售额为纳税人发生应税销售行为收取的全部价款和价外费用,但是不包括收取的销项税额。

销售额以人民币计算。纳税人以人民币以外的货币结算销售额的,应当折合成人民币计算。

第七条 纳税人发生应税销售行为的价格明显偏低并无正当理由的,由主管税务机关核定其销售额。

第八条 纳税人购进货物、劳务、服务、无形资产、不动产支付或者负担的增值税额,为进项税额。

下列进项税额准予从销项税额中抵扣:

(一)从销售方取得的增值税专用发票上注明的增值税额。

(二)从海关取得的海关进口增值税专用缴款书上注明的增值税额。

(三)购进农产品,除取得增值税专用发票或者海关进口增值税专用缴款书外,按照农产品收购发票或者销售发票上注明的农产品买价和11%的扣除率计算的进项税额,国务院另有规定的除外。进项税额计算公式:

进项税额 = 买价 × 扣除率

(四)自境外单位或者个人购进劳务、服务、无形资产或者境内的不动产,从税务机关或者扣缴义务人取得的代扣代缴税款的完税凭证上注明的增值税额。

准予抵扣的项目和扣除率的调整,由国务院决定。

第九条 纳税人购进货物、劳务、服务、无形资产、不动产,取得的增值税扣税凭证不符合法律、行政法规或者国务院税务主管部门有关规定的,其进项税额不得从销项税额中抵扣。

第十条 下列项目的进项税额不得从销项税额中抵扣:

(一)用于简易计税方法计税项目、免征增值税项目、集体福利或者个人消费的购进货物、劳务、服务、无形资产和不动产;

(二)非正常损失的购进货物,以及相关的劳务和交通运输服务;

(三)非正常损失的在产品、产成品所耗用的购进货物(不包括固定资产)、劳务和交通运输服务;

(四)国务院规定的其他项目。

第十一条 小规模纳税人发生应税销售行为,实行按照销售额和征收率计算应纳税额的简易办法,并不得抵扣进项税额。应纳税额计算公式:

应纳税额 = 销售额 × 征收率

小规模纳税人的标准由国务院财政、税务主管部门规定。

第十二条 小规模纳税人增值税征收率为3%,国务院另有规定的除外。

第十三条 小规模纳税人以外的纳税人应当向主管税务机关办理登记。具体登记办法由国务院税务主管部门制定。

小规模纳税人会计核算健全，能够提供准确税务资料的，可以向主管税务机关办理登记，不作为小规模纳税人，依照本条例有关规定计算应纳税额。

第十四条 纳税人进口货物，按照组成计税价格和本条例第二条规定的税率计算应纳税额。组成计税价格和应纳税额计算公式：

组成计税价格＝关税完税价格＋关税＋消费税

应纳税额＝组成计税价格×税率

第十五条 下列项目免征增值税：

（一）农业生产者销售的自产农产品；

（二）避孕药品和用具；

（三）古旧图书；

（四）直接用于科学研究、科学试验和教学的进口仪器、设备；

（五）外国政府、国际组织无偿援助的进口物资和设备；

（六）由残疾人的组织直接进口供残疾人专用的物品；

（七）销售的自己使用过的物品。

除前款规定外，增值税的免税、减税项目由国务院规定。任何地区、部门均不得规定免税、减税项目。

第十六条 纳税人兼营免税、减税项目的，应当分别核算免税、减税项目的销售额；未分别核算销售额的，不得免税、减税。

第十七条 纳税人销售额未达到国务院财政、税务主管部门规定的增值税起征点的，免征增值税；达到起征点的，依照本条例规定全额计算缴纳增值税。

第十八条 中华人民共和国境外的单位或者个人在境内销售劳务，在境内未设有经营机构的，以其境内代理人为扣缴义务人；在境内没有代理人的，以购买方为扣缴义务人。

第十九条 增值税纳税义务发生时间：

（一）发生应税销售行为，为收讫销售款项或者取得索取销售款项凭据的当天；先开具发票的，为开具发票的当天。

（二）进口货物，为报关进口的当天。

增值税扣缴义务发生时间为纳税人增值税纳税义务发生的当天。

第二十条 增值税由税务机关征收，进口货物的增值税由海关代征。

个人携带或者邮寄进境自用物品的增值税，连同关税一并计征。具体办法由国务院关税税则委员会会同有关部门制定。

第二十一条 纳税人发生应税销售行为，应当向索取增值税专用发票的购买方开具增值税专用发票，并在增值税专用发票上分别注明销售额和销项税额。

属于下列情形之一的，不得开具增值税专用发票：

（一）应税销售行为的购买方为消费者个人的；

（二）发生应税销售行为适用免税规定的。

第二十二条 增值税纳税地点：

（一）固定业户应当向其机构所在地的主管税务机关申报纳税。总机构和分支机构不在同一县（市）的，应当分别向各自所在地的主管税务机关申报纳税；经国务院财政、税务主管部门或者其授权的财政、税务机关批准，可以由总机构汇总向总机构所在地的主管税务机关申报纳税。

（二）固定业户到外县（市）销售货物或者劳务，应当向其机构所在地的主管税务机关报告外出经营事项，并向其机构所在地的主管税务机关申报纳税；未报告的，应当向销售地或者劳务发生地的主管税务机关申报纳税；未向销售地或者劳务发生地的主管税务机关申报纳税的，由其机构所在地的主管税务机关补征税款。

（三）非固定业户销售货物或者劳务，应当向销售地或者劳务发生地的主管税务机关申报纳税；未向销售地或者劳务发生地的主管税务机关申报纳税的，由其机构所在地或者居住地的主管税务机关补征税款。

（四）进口货物，应当向报关地海关申报纳税。

扣缴义务人应当向其机构所在地或者居住地的主管税务机关申报缴纳其扣缴的税款。

第二十三条　增值税的纳税期限分别为1日、3日、5日、10日、15日、1个月或者1个季度。纳税人的具体纳税期限，由主管税务机关根据纳税人应纳税额的大小分别核定；不能按照固定期限纳税的，可以按次纳税。

纳税人以1个月或者1个季度为1个纳税期的，自期满之日起15日内申报纳税；以1日、3日、5日、10日或者15日为1个纳税期的，自期满之日起5日内预缴税款，于次月1日起15日内申报纳税并结清上月应纳税款。

扣缴义务人解缴税款的期限，依照前两款规定执行。

第二十四条　纳税人进口货物，应当自海关填发海关进口增值税专用缴款书之日起15日内缴纳税款。

第二十五条　纳税人出口货物适用退（免）税规定的，应当向海关办理出口手续，凭出口报关单等有关凭证，在规定的出口退（免）税申报期内按月向主管税务机关申报办理该项出口货物的退（免）税；境内单位和个人跨境销售服务和无形资产适用退（免）税规定的，应当按期向主管税务机关申报办理退（免）税。具体办法由国务院财政、税务主管部门制定。

出口货物办理退税后发生退货或者退关的，纳税人应当依法补缴已退的税款。

第二十六条　增值税的征收管理，依照《中华人民共和国税收征收管理法》及本条例有关规定执行。

第二十七条　纳税人缴纳增值税的有关事项，国务院或者国务院财政、税务主管部门经国务院同意另有规定的，依照其规定。

第二十八条　本条例自2009年1月1日起施行。

中华人民共和国增值税暂行条例实施细则

[1993年12月25日财法字（93）第38号发布，2011年10月28日中华人民共和国财政部令第65号第二次修改并发布]

第一条　根据《中华人民共和国增值税暂行条例》（以下简称条例），制定本细则。

第二条　条例第一条所称货物，是指有形动产，包括电力、热力、气体在内。

条例第一条所称加工，是指受托加工货物，即委托方提供原料及主要材料，受托方按照委托方的要求，制造货物并收取加工费的业务。

条例第一条所称修理修配，是指受托对损伤和丧失功能的货物进行修复，使其恢复原状和功能的业务。

第三条 条例第一条所称销售货物，是指有偿转让货物的所有权。

条例第一条所称提供加工、修理修配劳务（以下称应税劳务），是指有偿提供加工、修理修配劳务。单位或者个体工商户聘用的员工为本单位或者雇主提供加工、修理修配劳务，不包括在内。

本细则所称有偿，是指从购买方取得货币、货物或者其他经济利益。

第四条 单位或者个体工商户的下列行为，视同销售货物：

（一）将货物交付其他单位或者个人代销；

（二）销售代销货物；

（三）设有两个以上机构并实行统一核算的纳税人，将货物从一个机构移送其他机构用于销售，但相关机构设在同一县（市）的除外；

（四）将自产或者委托加工的货物用于非增值税应税项目；

（五）将自产、委托加工的货物用于集体福利或者个人消费；

（六）将自产、委托加工或者购进的货物作为投资，提供给其他单位或者个体工商户；

（七）将自产、委托加工或者购进的货物分配给股东或者投资者；

（八）将自产、委托加工或者购进的货物无偿赠送其他单位或者个人。

第五条 一项销售行为如果既涉及货物又涉及非增值税应税劳务，为混合销售行为。除本细则第六条的规定外，从事货物的生产、批发或者零售的企业、企业性单位和个体工商户的混合销售行为，视为销售货物，应当缴纳增值税；其他单位和个人的混合销售行为，视为销售非增值税应税劳务，不缴纳增值税。

本条第一款所称非增值税应税劳务，是指属于应缴营业税的交通运输业、建筑业、金融保险业、邮电通信业、文化体育业、娱乐业、服务业税目征收范围的劳务。

本条第一款所称从事货物的生产、批发或者零售的企业、企业性单位和个体工商户，包括以从事货物的生产、批发或者零售为主，并兼营非增值税应税劳务的单位和个体工商户在内。

第六条 纳税人的下列混合销售行为，应当分别核算货物的销售额和非增值税应税劳务的营业额，并根据其销售货物的销售额计算缴纳增值税，非增值税应税劳务的营业额不缴纳增值税；未分别核算的，由主管税务机关核定其货物的销售额：

（一）销售自产货物并同时提供建筑业劳务的行为；

（二）财政部、国家税务总局规定的其他情形。

第七条 纳税人兼营非增值税应税项目的，应分别核算货物或者应税劳务的销售额和非增值税应税项目的营业额；未分别核算的，由主管税务机关核定货物或者应税劳务的销售额。

第八条 条例第一条所称在中华人民共和国境内（以下简称境内）销售货物或者提供加工、修理修配劳务，是指：

（一）销售货物的起运地或者所在地在境内；

（二）提供的应税劳务发生在境内。

第九条 条例第一条所称单位,是指企业、行政单位、事业单位、军事单位、社会团体及其他单位。

条例第一条所称个人,是指个体工商户和其他个人。

第十条 单位租赁或者承包给其他单位或者个人经营的,以承租人或者承包人为纳税人。

第十一条 小规模纳税人以外的纳税人(以下称一般纳税人)因销售货物退回或者折让而退还给购买方的增值税额,应从发生销售货物退回或者折让当期的销项税额中扣减;因购进货物退出或者折让而收回的增值税额,应从发生购进货物退出或者折让当期的进项税额中扣减。

一般纳税人销售货物或者应税劳务,开具增值税专用发票后,发生销售货物退回或者折让、开票有误等情形,应按国家税务总局的规定开具红字增值税专用发票。未按规定开具红字增值税专用发票的,增值税额不得从销项税额中扣减。

第十二条 条例第六条第一款所称价外费用,包括价外向购买方收取的手续费、补贴、基金、集资费、返还利润、奖励费、违约金、滞纳金、延期付款利息、赔偿金、代收款项、代垫款项、包装费、包装物租金、储备费、优质费、运输装卸费以及其他各种性质的价外收费。但下列项目不包括在内:

(一)受托加工应征消费税的消费品所代收代缴的消费税。

(二)同时符合以下条件的代垫运输费用:

1. 承运部门的运输费用发票开具给购买方的;

2. 纳税人将该项发票转交给购买方的。

(三)同时符合以下条件代为收取的政府性基金或者行政事业性收费:

1. 由国务院或者财政部批准设立的政府性基金,由国务院或者省级人民政府及其财政、价格主管部门批准设立的行政事业性收费;

2. 收取时开具省级以上财政部门印制的财政票据;

3. 所收款项全额上缴财政。

(四)销售货物的同时代办保险等而向购买方收取的保险费,以及向购买方收取的代购买方缴纳的车辆购置税、车辆牌照费。

第十三条 混合销售行为依照本细则第五条规定应当缴纳增值税的,其销售额为货物的销售额与非增值税应税劳务营业额的合计。

第十四条 一般纳税人销售货物或者应税劳务,采用销售额和销项税额合并定价方法的,按下列公式计算销售额:

销售额 = 含税销售额 ÷ (1 + 税率)

第十五条 纳税人按人民币以外的货币结算销售额的,其销售额的人民币折合率可以选择销售额发生的当天或者当月1日的人民币汇率中间价。纳税人应在事先确定采用何种折合率,确定后1年内不得变更。

第十六条 纳税人有条例第七条所称价格明显偏低并无正当理由或者有本细则第四条所列视同销售货物行为而无销售额者,按下列顺序确定销售额:

(一)按纳税人最近时期同类货物的平均销售价格确定。

(二)按其他纳税人最近时期同类货物的平均销售价格确定。

（三）按组成计税价格确定。组成计税价格的公式为：

组成计税价格＝成本×（1＋成本利润率）

属于应征消费税的货物，其组成计税价格中应加计消费税额。

公式中的成本是指：销售自产货物的为实际生产成本，销售外购货物的为实际采购成本。公式中的成本利润率由国家税务总局确定。

第十七条 条例第八条第二款第（三）项所称买价，包括纳税人购进农产品在农产品收购发票或者销售发票上注明的价款和按规定缴纳的烟叶税。

第十八条 条例第八条第二款第（四）项所称运输费用金额，是指运输费用结算单据上注明的运输费用（包括铁路临管线及铁路专线运输费用）、建设基金，不包括装卸费、保险费等其他杂费。

第十九条 条例第九条所称增值税扣税凭证，是指增值税专用发票、海关进口增值税专用缴款书、农产品收购发票和农产品销售发票以及运输费用结算单据。

第二十条 混合销售行为依照本细则第五条规定应当缴纳增值税的，该混合销售行为所涉及的非增值税应税劳务所用购进货物的进项税额，符合条例第八条规定的，准予从销项税额中抵扣。

第二十一条 条例第十条第（一）项所称购进货物，不包括既用于增值税应税项目（不含免征增值税项目）也用于非增值税应税项目、免征增值税（以下简称免税）项目、集体福利或者个人消费的固定资产。

前款所称固定资产，是指使用期限超过 12 个月的机器、机械、运输工具以及其他与生产经营有关的设备、工具、器具等。

第二十二条 条例第十条第（一）项所称个人消费包括纳税人的交际应酬消费。

第二十三条 条例第十条第（一）项和本细则所称非增值税应税项目，是指提供非增值税应税劳务、转让无形资产、销售不动产和不动产在建工程。

前款所称不动产是指不能移动或者移动后会引起性质、形状改变的财产，包括建筑物、构筑物和其他土地附着物。

纳税人新建、改建、扩建、修缮、装饰不动产，均属于不动产在建工程。

第二十四条 条例第十条第（二）项所称非正常损失，是指因管理不善造成被盗、丢失、霉烂变质的损失。

第二十五条 纳税人自用的应征消费税的摩托车、汽车、游艇，其进项税额不得从销项税额中抵扣。

第二十六条 一般纳税人兼营免税项目或者非增值税应税劳务而无法划分不得抵扣的进项税额的，按下列公式计算不得抵扣的进项税额：

不得抵扣的进项税额＝当月无法划分的全部进项税额×当月免税项目销售额、非增值税应税劳务营业额合计÷当月全部销售额、营业额合计

第二十七条 已抵扣进项税额的购进货物或者应税劳务，发生条例第十条规定的情形的（免税项目、非增值税应税劳务除外），应当将该项购进货物或者应税劳务的进项税额从当期的进项税额中扣减；无法确定该项进项税额的，按当期实际成本计算应扣减的进项税额。

第二十八条 条例第十一条所称小规模纳税人的标准为：

（一）从事货物生产或者提供应税劳务的纳税人，以及以从事货物生产或者提供应税劳

务为主，并兼营货物批发或者零售的纳税人，年应征增值税销售额（以下简称应税销售额）在 50 万元以下（含本数，下同）的；

（二）除本条第一款第（一）项规定以外的纳税人，年应税销售额在 80 万元以下的。

本条第一款所称以从事货物生产或者提供应税劳务为主，是指纳税人的年货物生产或者提供应税劳务的销售额占年应税销售额的比重在 50% 以上。

第二十九条 年应税销售额超过小规模纳税人标准的其他个人按小规模纳税人纳税；非企业性单位、不经常发生应税行为的企业可选择按小规模纳税人纳税。

第三十条 小规模纳税人的销售额不包括其应纳税额。

小规模纳税人销售货物或者应税劳务采用销售额和应纳税额合并定价方法的，按下列公式计算销售额：

销售额 = 含税销售额 ÷（1 + 征收率）

第三十一条 小规模纳税人因销售货物退回或者折让退还给购买方的销售额，应从发生销售货物退回或者折让当期的销售额中扣减。

第三十二条 条例第十三条和本细则所称会计核算健全，是指能够按照国家统一的会计制度规定设置账簿，根据合法、有效凭证核算。

第三十三条 除国家税务总局另有规定外，纳税人一经认定为一般纳税人后，不得转为小规模纳税人。

第三十四条 有下列情形之一者，应按销售额依照增值税税率计算应纳税额，不得抵扣进项税额，也不得使用增值税专用发票：

（一）一般纳税人会计核算不健全，或者不能够提供准确税务资料的；

（二）除本细则第二十九条规定外，纳税人销售额超过小规模纳税人标准，未申请办理一般纳税人认定手续的。

第三十五条 条例第十五条规定的部分免税项目的范围，限定如下：

（一）第一款第（一）项所称农业，是指种植业、养殖业、林业、牧业、水产业。

农业生产者，包括从事农业生产的单位和个人。

农产品，是指初级农产品，具体范围由财政部、国家税务总局确定。

（二）第一款第（三）项所称古旧图书，是指向社会收购的古书和旧书。

（三）第一款第（七）项所称自己使用过的物品，是指其他个人自己使用过的物品。

第三十六条 纳税人销售货物或者应税劳务适用免税规定的，可以放弃免税，依照条例的规定缴纳增值税。放弃免税后，36 个月内不得再申请免税。

第三十七条 增值税起征点的适用范围限于个人。

增值税起征点的幅度规定如下：

（一）销售货物的，为月销售额 5000—2 万元；

（二）销售应税劳务的，为月销售额 5000—2 万元；

（三）按次纳税的，为每次（日）销售额 300—500 元。

前款所称销售额，是指本细则第三十条第一款所称小规模纳税人的销售额。

省、自治区、直辖市财政厅（局）和国家税务局应在规定的幅度内，根据实际情况确定本地区适用的起征点，并报财政部、国家税务总局备案。

第三十八条 条例第十九条第一款第（一）项规定的收讫销售款项或者取得索取销售

款项凭据的当天，按销售结算方式的不同，具体为：

（一）采取直接收款方式销售货物，不论货物是否发出，均为收到销售款或者取得索取销售款凭据的当天。

（二）采取托收承付和委托银行收款方式销售货物，为发出货物并办妥托收手续的当天。

（三）采取赊销和分期收款方式销售货物，为书面合同约定的收款日期的当天，无书面合同的或者书面合同没有约定收款日期的，为货物发出的当天。

（四）采取预收货款方式销售货物，为货物发出的当天，但生产销售生产工期超过12个月的大型机械设备、船舶、飞机等货物，为收到预收款或者书面合同约定的收款日期的当天。

（五）委托其他纳税人代销货物，为收到代销单位的代销清单或者收到全部或者部分货款的当天。未收到代销清单及货款的，为发出代销货物满180天的当天。

（六）销售应税劳务，为提供劳务同时收讫销售款或者取得索取销售款的凭据的当天。

（七）纳税人发生本细则第四条第（三）项至第（八）项所列视同销售货物行为，为货物移送的当天。

第三十九条 条例第二十三条以1个季度为纳税期限的规定仅适用于小规模纳税人。小规模纳税人的具体纳税期限，由主管税务机关根据其应纳税额的大小分别核定。

第四十条 本细则自2009年1月1日起施行。

二、营业税改征增值税相关政策

财政部 国家税务总局
关于将铁路运输和邮政业纳入营业税改征增值税试点的通知

（2013年12月12日 财税〔2013〕106号）

各省、自治区、直辖市、计划单列市财政厅（局）、国家税务局、地方税务局，新疆生产建设兵团财务局：

经国务院批准，铁路运输和邮政业纳入营业税改征增值税（以下称营改增）试点。结合交通运输业和部分现代服务业营改增试点运行中反映的问题，我们对营改增试点政策进行了修改完善。现将有关试点政策一并印发你们，请遵照执行。

一、自2014年1月1日起，在全国范围内开展铁路运输和邮政业营改增试点。

二、各地要高度重视营改增试点工作，切实加强试点工作的组织领导，周密安排，明确责任，采取各种有效措施，做好试点前的各项准备以及试点过程中的监测分析和宣传解释等工作，确保改革的平稳、有序、顺利进行。遇到问题请及时向财政部和国家税务总局反映。

三、本通知附件规定的内容，除另有规定执行时间外，自2014年1月1日起执行。《财政部 国家税务总局关于在全国开展交通运输业和部分现代服务业营业税改征增值税试点税收政策的通知》（财税〔2013〕37号）自2014年1月1日起废止。

附件：
1. 营业税改征增值税试点实施办法
2. 营业税改征增值税试点有关事项的规定
3. 营业税改征增值税试点过渡政策的规定
4. 应税服务适用增值税零税率和免税政策的规定

附件1：

营业税改征增值税试点实施办法

第一章 纳税人和扣缴义务人

第一条 在中华人民共和国境内（以下称境内）提供交通运输业、邮政业和部分现代服务业服务（以下称应税服务）的单位和个人，为增值税纳税人。纳税人提供应税服务，应当按照本办法缴纳增值税，不再缴纳营业税。

单位，是指企业、行政单位、事业单位、军事单位、社会团体及其他单位。

个人，是指个体工商户和其他个人。

第二条 单位以承包、承租、挂靠方式经营的，承包人、承租人、挂靠人（以下统称承包人）以发包人、出租人、被挂靠人（以下统称发包人）名义对外经营并由发包人承担相关法律责任的，以该发包人为纳税人。否则，以承包人为纳税人。

第三条 纳税人分为一般纳税人和小规模纳税人。

应税服务的年应征增值税销售额（以下称应税服务年销售额）超过财政部和国家税务总局规定标准的纳税人为一般纳税人，未超过规定标准的纳税人为小规模纳税人。

应税服务年销售额超过规定标准的其他个人不属于一般纳税人。应税服务年销售额超过规定标准但不经常提供应税服务的单位和个体工商户可选择按照小规模纳税人纳税。

第四条 未超过规定标准的纳税人会计核算健全，能够提供准确税务资料的，可以向主管税务机关申请一般纳税人资格认定，成为一般纳税人。

会计核算健全，是指能够按照国家统一的会计制度规定设置账簿，根据合法、有效凭证核算。

第五条 符合一般纳税人条件的纳税人应当向主管税务机关申请一般纳税人资格认定。具体认定办法由国家税务总局制定。

除国家税务总局另有规定外，一经认定为一般纳税人后，不得转为小规模纳税人。

第六条 中华人民共和国境外（以下称境外）的单位或者个人在境内提供应税服务，在境内未设有经营机构的，以其代理人为增值税扣缴义务人；在境内没有代理人的，以接受方为增值税扣缴义务人。

第七条 两个或者两个以上的纳税人，经财政部和国家税务总局批准可以视为一个纳税人合并纳税。具体办法由财政部和国家税务总局另行制定。

第二章 应税服务

第八条 应税服务，是指陆路运输服务、水路运输服务、航空运输服务、管道运输服务、邮政普遍服务、邮政特殊服务、其他邮政服务、研发和技术服务、信息技术服务、文化创意服务、物流辅助服务、有形动产租赁服务、鉴证咨询服务、广播影视服务。

应税服务的具体范围按照本办法所附的《应税服务范围注释》执行。

第九条 提供应税服务，是指有偿提供应税服务，但不包括非营业活动中提供的应税服务。

有偿，是指取得货币、货物或者其他经济利益。

非营业活动，是指：

（一）非企业性单位按照法律和行政法规的规定，为履行国家行政管理和公共服务职能收取政府性基金或者行政事业性收费的活动。

（二）单位或者个体工商户聘用的员工为本单位或者雇主提供应税服务。

（三）单位或者个体工商户为员工提供应税服务。

（四）财政部和国家税务总局规定的其他情形。

第十条 在境内提供应税服务，是指应税服务提供方或者接受方在境内。

下列情形不属于在境内提供应税服务：

（一）境外单位或者个人向境内单位或者个人提供完全在境外消费的应税服务。

（二）境外单位或者个人向境内单位或者个人出租完全在境外使用的有形动产。

（三）财政部和国家税务总局规定的其他情形。

第十一条 单位和个体工商户的下列情形，视同提供应税服务：

（一）向其他单位或者个人无偿提供交通运输业、邮政业和部分现代服务业服务，但以公益活动为目的或者以社会公众为对象的除外。

（二）财政部和国家税务总局规定的其他情形。

第三章 税率和征收率

第十二条 增值税税率：

（一）提供有形动产租赁服务，税率为17%。

（二）提供交通运输业服务、邮政业服务，税率为11%。

（三）提供现代服务业服务（有形动产租赁服务除外），税率为6%。

（四）财政部和国家税务总局规定的应税服务，税率为零。

第十三条 增值税征收率为3%。

第四章 应纳税额的计算

第一节 一般性规定

第十四条 增值税的计税方法，包括一般计税方法和简易计税方法。

第十五条 一般纳税人提供应税服务适用一般计税方法计税。

一般纳税人提供财政部和国家税务总局规定的特定应税服务，可以选择适用简易计税方法计税，但一经选择，36 个月内不得变更。

第十六条 小规模纳税人提供应税服务适用简易计税方法计税。

第十七条 境外单位或者个人在境内提供应税服务，在境内未设有经营机构的，扣缴义务人按照下列公式计算应扣缴税额：

应扣缴税额 = 接受方支付的价款 ÷（1 + 税率）× 税率

第二节 一般计税方法

第十八条 一般计税方法的应纳税额，是指当期销项税额抵扣当期进项税额后的余额。应纳税额计算公式：

应纳税额 = 当期销项税额 − 当期进项税额

当期销项税额小于当期进项税额不足抵扣时，其不足部分可以结转下期继续抵扣。

第十九条 销项税额，是指纳税人提供应税服务按照销售额和增值税税率计算的增值税额。销项税额计算公式：

销项税额 = 销售额 × 税率

第二十条 一般计税方法的销售额不包括销项税额，纳税人采用销售额和销项税额合并定价方法的，按照下列公式计算销售额：

销售额 = 含税销售额 ÷（1 + 税率）

第二十一条 进项税额，是指纳税人购进货物或者接受加工修理修配劳务和应税服务，支付或者负担的增值税额。

第二十二条 下列进项税额准予从销项税额中抵扣：

（一）从销售方或者提供方取得的增值税专用发票（含货物运输业增值税专用发票、税控机动车销售统一发票，下同）上注明的增值税额。

（二）从海关取得的海关进口增值税专用缴款书上注明的增值税额。

（三）购进农产品，除取得增值税专用发票或者海关进口增值税专用缴款书外，按照农产品收购发票或者销售发票上注明的农产品买价和 13% 的扣除率计算的进项税额。计算公式为：

进项税额 = 买价 × 扣除率

买价，是指纳税人购进农产品在农产品收购发票或者销售发票上注明的价款和按照规定缴纳的烟叶税。

购进农产品，按照《农产品增值税进项税额核定扣除试点实施办法》抵扣进项税额的除外。

（四）接受境外单位或者个人提供的应税服务，从税务机关或者境内代理人取得的解缴税款的中华人民共和国税收缴款凭证（以下称税收缴款凭证）上注明的增值税额。

第二十三条 纳税人取得的增值税扣税凭证不符合法律、行政法规或者国家税务总局有关规定的，其进项税额不得从销项税额中抵扣。

增值税扣税凭证，是指增值税专用发票、海关进口增值税专用缴款书、农产品收购发票、农产品销售发票和税收缴款凭证。

纳税人凭税收缴款凭证抵扣进项税额的，应当具备书面合同、付款证明和境外单位的对账单或者发票。资料不全的，其进项税额不得从销项税额中抵扣。

第二十四条 下列项目的进项税额不得从销项税额中抵扣：

（一）用于简易计税方法计税项目、非增值税应税项目、免征增值税项目、集体福利或者个人消费的购进货物、接受加工修理修配劳务或者应税服务。其中涉及的固定资产、专利技术、非专利技术、商誉、商标、著作权、有形动产租赁，仅指专用于上述项目的固定资产、专利技术、非专利技术、商誉、商标、著作权、有形动产租赁。

（二）非正常损失的购进货物及相关的加工修理修配劳务或者交通运输业服务。

（三）非正常损失的在产品、产成品所耗用的购进货物（不包括固定资产）、加工修理修配劳务或者交通运输业服务。

（四）接受的旅客运输服务。

第二十五条 非增值税应税项目，是指非增值税应税劳务、转让无形资产（专利技术、非专利技术、商誉、商标、著作权除外）、销售不动产以及不动产在建工程。

非增值税应税劳务，是指《应税服务范围注释》所列项目以外的营业税应税劳务。

不动产，是指不能移动或者移动后会引起性质、形状改变的财产，包括建筑物、构筑物和其他土地附着物。

纳税人新建、改建、扩建、修缮、装饰不动产，均属于不动产在建工程。

个人消费，包括纳税人的交际应酬消费。

固定资产，是指使用期限超过12个月的机器、机械、运输工具以及其他与生产经营有关的设备、工具、器具等有形动产。

非正常损失，是指因管理不善造成被盗、丢失、霉烂变质的损失，以及被执法部门依法没收或者强令自行销毁的货物。

第二十六条 适用一般计税方法的纳税人，兼营简易计税方法计税项目、非增值税应税劳务、免征增值税项目而无法划分不得抵扣的进项税额，按照下列公式计算不得抵扣的进项税额：

不得抵扣的进项税额 = 当期无法划分的全部进项税额 × （当期简易计税方法计税项目销售额 + 非增值税应税劳务营业额 + 免征增值税项目销售额）÷ （当期全部销售额 + 当期全部营业额）

主管税务机关可以按照上述公式依据年度数据对不得抵扣的进项税额进行清算。

第二十七条 已抵扣进项税额的购进货物、接受加工修理修配劳务或者应税服务，发生本办法第二十四条规定情形（简易计税方法计税项目、非增值税应税劳务、免征增值税项目除外）的，应当将该进项税额从当期进项税额中扣减；无法确定该进项税额的，按照当期实际成本计算应扣减的进项税额。

第二十八条 纳税人提供的适用一般计税方法计税的应税服务，因服务中止或者折让而退还给购买方的增值税额，应当从当期的销项税额中扣减；发生服务中止、购进货物退出、折让而收回的增值税额，应当从当期的进项税额中扣减。

第二十九条 有下列情形之一者，应当按照销售额和增值税税率计算应纳税额，不得抵扣进项税额，也不得使用增值税专用发票：

（一）一般纳税人会计核算不健全，或者不能够提供准确税务资料的。

（二）应当申请办理一般纳税人资格认定而未申请的。

第三节 简易计税方法

第三十条 简易计税方法的应纳税额，是指按照销售额和增值税征收率计算的增值税额，不得抵扣进项税额。应纳税额计算公式：

应纳税额 = 销售额 × 征收率

第三十一条 简易计税方法的销售额不包括其应纳税额，纳税人采用销售额和应纳税额合并定价方法的，按照下列公式计算销售额：

销售额 = 含税销售额 ÷（1 + 征收率）

第三十二条 纳税人提供的适用简易计税方法计税的应税服务，因服务中止或者折让而退还给接受方的销售额，应当从当期销售额中扣减。扣减当期销售额后仍有余额造成多缴的税款，可以从以后的应纳税额中扣减。

第四节 销售额的确定

第三十三条 销售额，是指纳税人提供应税服务取得的全部价款和价外费用。

价外费用，是指价外收取的各种性质的价外收费，但不包括同时符合下列条件代为收取的政府性基金或者行政事业性收费：

1. 由国务院或者财政部批准设立的政府性基金，由国务院或者省级人民政府及其财政、价格主管部门批准设立的行政事业性收费；
2. 收取时开具省级以上财政部门印制的财政票据；
3. 所收款项全额上缴财政。

第三十四条 销售额以人民币计算。

纳税人按照人民币以外的货币结算销售额的，应当折合成人民币计算，折合率可以选择销售额发生的当天或者当月1日的人民币汇率中间价。纳税人应当在事先确定采用何种折合率，确定后12个月内不得变更。

第三十五条 纳税人提供适用不同税率或者征收率的应税服务，应当分别核算适用不同税率或者征收率的销售额；未分别核算的，从高适用税率。

第三十六条 纳税人兼营营业税应税项目的，应当分别核算应税服务的销售额和营业税应税项目的营业额；未分别核算的，由主管税务机关核定应税服务的销售额。

第三十七条 纳税人兼营免税、减税项目的，应当分别核算免税、减税项目的销售额；未分别核算的，不得免税、减税。

第三十八条 纳税人提供应税服务，开具增值税专用发票后，发生应税服务中止、折让、开票有误等情形的，应当按照国家税务总局的规定开具红字增值税专用发票；未按照规定开具红字增值税专用发票的，不得按照本办法第二十八条和第三十二条的规定扣减销项税额或者销售额。

第三十九条 纳税人提供应税服务，将价款和折扣额在同一张发票上分别注明的，以折扣后的价款为销售额；未在同一张发票上分别注明的，以价款为销售额，不得扣减折扣额。

第四十条 纳税人提供应税服务的价格明显偏低或者偏高且不具有合理商业目的的，或者发生本办法第十一条所列视同提供应税服务而无销售额的，主管税务机关有权按照下列顺序确定销售额：

（一）按照纳税人最近时期提供同类应税服务的平均价格确定。

（二）按照其他纳税人最近时期提供同类应税服务的平均价格确定。

（三）按照组成计税价格确定。组成计税价格的公式为：

组成计税价格＝成本×（1＋成本利润率）

成本利润率由国家税务总局确定。

第五章 纳税义务、扣缴义务发生时间和纳税地点

第四十一条 增值税纳税义务发生时间为：

（一）纳税人提供应税服务并收讫销售款项或者取得索取销售款项凭据的当天；先开具发票的，为开具发票的当天。

收讫销售款项，是指纳税人提供应税服务过程中或者完成后收到款项。

取得索取销售款项凭据的当天，是指书面合同确定的付款日期；未签订书面合同或者书面合同未确定付款日期的，为应税服务完成的当天。

（二）纳税人提供有形动产租赁服务采取预收款方式的，其纳税义务发生时间为收到预收款的当天。

（三）纳税人发生本办法第十一条视同提供应税服务的，其纳税义务发生时间为应税服务完成的当天。

（四）增值税扣缴义务发生时间为纳税人增值税纳税义务发生的当天。

第四十二条 增值税纳税地点为：

（一）固定业户应当向其机构所在地或者居住地主管税务机关申报纳税。总机构和分支机构不在同一县（市）的，应当分别向各自所在地的主管税务机关申报纳税；经财政部和国家税务总局或者其授权的财政和税务机关批准，可以由总机构汇总向总机构所在地的主管税务机关申报纳税。

（二）非固定业户应当向应税服务发生地主管税务机关申报纳税；未申报纳税的，由其机构所在地或者居住地主管税务机关补征税款。

（三）扣缴义务人应当向其机构所在地或者居住地主管税务机关申报缴纳扣缴的税款。

第四十三条 增值税的纳税期限分别为1日、3日、5日、10日、15日、1个月或者1个季度。纳税人的具体纳税期限，由主管税务机关根据纳税人应纳税额的大小分别核定。以1个季度为纳税期限的规定适用于小规模纳税人以及财政部和国家税务总局规定的其他纳税人。不能按照固定期限纳税的，可以按次纳税。

纳税人以1个月或者1个季度为1个纳税期的，自期满之日起15日内申报纳税；以1日、3日、5日、10日或者15日为1个纳税期的，自期满之日起5日内预缴税款，于次月1日起15日内申报纳税并结清上月应纳税款。

扣缴义务人解缴税款的期限，按照前两款规定执行。

第六章 税收减免

第四十四条 纳税人提供应税服务适用免税、减税规定的，可以放弃免税、减税，依照本办法的规定缴纳增值税。放弃免税、减税后，36个月内不得再申请免税、减税。

纳税人提供应税服务同时适用免税和零税率规定的,优先适用零税率。

第四十五条 个人提供应税服务的销售额未达到增值税起征点的,免征增值税;达到起征点的,全额计算缴纳增值税。

增值税起征点不适用于认定为一般纳税人的个体工商户。

第四十六条 增值税起征点幅度如下:

(一)按期纳税的,为月销售额5000—20000元(含本数)。

(二)按次纳税的,为每次(日)销售额300—500元(含本数)。

起征点的调整由财政部和国家税务总局规定。省、自治区、直辖市财政厅(局)和国家税务局应当在规定的幅度内,根据实际情况确定本地区适用的起征点,并报财政部和国家税务总局备案。

第七章 征收管理

第四十七条 营业税改征的增值税,由国家税务局负责征收。

第四十八条 纳税人提供适用零税率的应税服务,应当按期向主管税务机关申报办理退(免)税,具体办法由财政部和国家税务总局制定。

第四十九条 纳税人提供应税服务,应当向索取增值税专用发票的接受方开具增值税专用发票,并在增值税专用发票上分别注明销售额和销项税额。

属于下列情形之一的,不得开具增值税专用发票:

(一)向消费者个人提供应税服务。

(二)适用免征增值税规定的应税服务。

第五十条 小规模纳税人提供应税服务,接受方索取增值税专用发票的,可以向主管税务机关申请代开。

第五十一条 纳税人增值税的征收管理,按照本办法和《中华人民共和国税收征收管理法》及现行增值税征收管理有关规定执行。

第八章 附则

第五十二条 纳税人应当按照国家统一的会计制度进行增值税会计核算。

第五十三条 本办法自2014年1月1日起执行。

附:

应税服务范围注释

一、交通运输业

交通运输业,是指使用运输工具将货物或者旅客送达目的地,使其空间位置得到转移的业务活动。包括陆路运输服务、水路运输服务、航空运输服务和管道运输服务。

(一)陆路运输服务

陆路运输服务,是指通过陆路(地上或者地下)运送货物或者旅客的运输业务活动,包括铁路运输和其他陆路运输。

1. 铁路运输服务,是指通过铁路运送货物或者旅客的运输业务活动。

2. 其他陆路运输服务，是指铁路运输以外的陆路运输业务活动。包括公路运输、缆车运输、索道运输、地铁运输、城市轻轨运输等。

出租车公司向使用本公司自有出租车的出租车司机收取的管理费用，按陆路运输服务征收增值税。

（二）水路运输服务

水路运输服务，是指通过江、河、湖、川等天然、人工水道或者海洋航道运送货物或者旅客的运输业务活动。

远洋运输的程租、期租业务，属于水路运输服务。

程租业务，是指远洋运输企业为租船人完成某一特定航次的运输任务并收取租赁费的业务。

期租业务，是指远洋运输企业将配备有操作人员的船舶承租给他人使用一定期限，承租期内听候承租方调遣，不论是否经营，均按天向承租方收取租赁费，发生的固定费用均由船东负担的业务。

（三）航空运输服务

航空运输服务，是指通过空中航线运送货物或者旅客的运输业务活动。

航空运输的湿租业务，属于航空运输服务。

湿租业务，是指航空运输企业将配备有机组人员的飞机承租给他人使用一定期限，承租期内听候承租方调遣，不论是否经营，均按一定标准向承租方收取租赁费，发生的固定费用均由承租方承担的业务。

航天运输服务，按照航空运输服务征收增值税。

航天运输服务，是指利用火箭等载体将卫星、空间探测器等空间飞行器发射到空间轨道的业务活动。

（四）管道运输服务

管道运输服务，是指通过管道设施输送气体、液体、固体物质的运输业务活动。

二、邮政业

邮政业，是指中国邮政集团公司及其所属邮政企业提供邮件寄递、邮政汇兑、机要通信和邮政代理等邮政基本服务的业务活动。包括邮政普遍服务、邮政特殊服务和其他邮政服务。

（一）邮政普遍服务

邮政普遍服务，是指函件、包裹等邮件寄递，以及邮票发行、报刊发行和邮政汇兑等业务活动。

函件，是指信函、印刷品、邮资封片卡、无名址函件和邮政小包等。

包裹，是指按照封装上的名址递送给特定个人或者单位的独立封装的物品，其重量不超过五十千克，任何一边的尺寸不超过一百五十厘米，长、宽、高合计不超过三百厘米。

（二）邮政特殊服务

邮政特殊服务，是指义务兵平常信函、机要通信、盲人读物和革命烈士遗物的寄递等业务活动。

（三）其他邮政服务

其他邮政服务，是指邮册等邮品销售、邮政代理等业务活动。

三、部分现代服务业

部分现代服务业，是指围绕制造业、文化产业、现代物流产业等提供技术性、知识性服务的业务活动。包括研发和技术服务、信息技术服务、文化创意服务、物流辅助服务、有形动产租赁服务、鉴证咨询服务、广播影视服务。

（一）研发和技术服务

研发和技术服务，包括研发服务、技术转让服务、技术咨询服务、合同能源管理服务、工程勘察勘探服务。

1. 研发服务，是指就新技术、新产品、新工艺或者新材料及其系统进行研究与试验开发的业务活动。

2. 技术转让服务，是指转让专利或者非专利技术的所有权或者使用权的业务活动。

3. 技术咨询服务，是指对特定技术项目提供可行性论证、技术预测、技术测试、技术培训、专题技术调查、分析评价报告和专业知识咨询等业务活动。

4. 合同能源管理服务，是指节能服务公司与用能单位以契约形式约定节能目标，节能服务公司提供必要的服务，用能单位以节能效果支付节能服务公司投入及其合理报酬的业务活动。

5. 工程勘察勘探服务，是指在采矿、工程施工前后，对地形、地质构造、地下资源蕴藏情况进行实地调查的业务活动。

（二）信息技术服务

信息技术服务，是指利用计算机、通信网络等技术对信息进行生产、收集、处理、加工、存储、运输、检索和利用，并提供信息服务的业务活动。包括软件服务、电路设计及测试服务、信息系统服务和业务流程管理服务。

1. 软件服务，是指提供软件开发服务、软件咨询服务、软件维护服务、软件测试服务的业务行为。

2. 电路设计及测试服务，是指提供集成电路和电子电路产品设计、测试及相关技术支持服务的业务行为。

3. 信息系统服务，是指提供信息系统集成、网络管理、桌面管理与维护、信息系统应用、基础信息技术管理平台整合、信息技术基础设施管理、数据中心、托管中心、安全服务的业务行为。包括网站对非自有的网络游戏提供的网络运营服务。

4. 业务流程管理服务，是指依托计算机信息技术提供的人力资源管理、财务经济管理、审计管理、税务管理、金融支付服务、内部数据分析、内部数据挖掘、内部数据管理、内部数据使用、呼叫中心和电子商务平台等服务的业务活动。

（三）文化创意服务

文化创意服务，包括设计服务、商标和著作权转让服务、知识产权服务、广告服务和会议展览服务。

1. 设计服务，是指把计划、规划、设想通过视觉、文字等形式传递出来的业务活动。包括工业设计、造型设计、服装设计、环境设计、平面设计、包装设计、动漫设计、网游设计、展示设计、网站设计、机械设计、工程设计、广告设计、创意策划、文印晒图等。

2. 商标和著作权转让服务，是指转让商标、商誉和著作权的业务活动。

3. 知识产权服务，是指处理知识产权事务的业务活动。包括对专利、商标、著作权、软件、集成电路布图设计的代理、登记、鉴定、评估、认证、咨询、检索服务。

4. 广告服务，是指利用图书、报纸、杂志、广播、电视、电影、幻灯、路牌、招贴、橱窗、霓虹灯、灯箱、互联网等各种形式为客户的商品、经营服务项目、文体节目或者通告、声明等委托事项进行宣传和提供相关服务的业务活动。包括广告代理和广告的发布、播映、宣传、展示等。

5. 会议展览服务，是指为商品流通、促销、展示、经贸洽谈、民间交流、企业沟通、国际往来等举办或者组织安排的各类展览和会议的业务活动。

（四）物流辅助服务

物流辅助服务，包括航空服务、港口码头服务、货运客运场站服务、打捞救助服务、货物运输代理服务、代理报关服务、仓储服务、装卸搬运服务和收派服务。

1. 航空服务，包括航空地面服务和通用航空服务。

航空地面服务，是指航空公司、飞机场、民航管理局、航站等向在境内航行或者在境内机场停留的境内外飞机或者其他飞行器提供的导航等劳务性地面服务的业务活动。包括旅客安全检查服务、停机坪管理服务、机场候机厅管理服务、飞机清洗消毒服务、空中飞行管理服务、飞机起降服务、飞行通讯服务、地面信号服务、飞机安全服务、飞机跑道管理服务、空中交通管理服务等。

通用航空服务，是指为专业工作提供飞行服务的业务活动，包括航空摄影、航空培训、航空测量、航空勘探、航空护林、航空吊挂播洒、航空降雨等。

2. 港口码头服务，是指港务船舶调度服务、船舶通讯服务、航道管理服务、航道疏浚服务、灯塔管理服务、航标管理服务、船舶引航服务、理货服务、系解缆服务、停泊和移泊服务、海上船舶溢油清除服务、水上交通管理服务、船只专业清洗消毒检测服务和防止船只漏油服务等为船只提供服务的业务活动。

港口设施经营人收取的港口设施保安费按照"港口码头服务"征收增值税。

3. 货运客运场站服务，是指货运客运场站提供的货物配载服务、运输组织服务、中转换乘服务、车辆调度服务、票务服务、货物打包整理、铁路线路使用服务、加挂铁路客车服务、铁路行包专列发送服务、铁路到达和中转服务、铁路车辆编解服务、车辆挂运服务、铁路接触网服务、铁路机车牵引服务、车辆停放服务等业务活动。

4. 打捞救助服务，是指提供船舶人员救助、船舶财产救助、水上救助和沉船沉物打捞服务的业务活动。

5. 货物运输代理服务，是指接受货物收货人、发货人、船舶所有人、船舶承租人或船舶经营人的委托，以委托人的名义或者以自己的名义，在不直接提供货物运输服务的情况下，为委托人办理货物运输、船舶进出港口、联系安排引航、靠泊、装卸等货物和船舶代理相关业务手续的业务活动。

6. 代理报关服务，是指接受进出口货物的收、发货人委托，代为办理报关手续的业务活动。

7. 仓储服务，是指利用仓库、货场或者其他场所代客贮放、保管货物的业务活动。

8. 装卸搬运服务，是指使用装卸搬运工具或人力、畜力将货物在运输工具之间、装卸现场之间或者运输工具与装卸现场之间进行装卸和搬运的业务活动。

9. 收派服务，是指接受寄件人委托，在承诺的时限内完成函件和包裹的收件、分拣、派送服务的业务活动。

收件服务,是指从寄件人收取函件和包裹,并运送到服务提供方同城的集散中心的业务活动;分拣服务,是指服务提供方在其集散中心对函件和包裹进行归类、分发的业务活动;派送服务,是指服务提供方从其集散中心将函件和包裹送达同城的收件人的业务活动。

(五)有形动产租赁服务

有形动产租赁,包括有形动产融资租赁和有形动产经营性租赁。

1. 有形动产融资租赁,是指具有融资性质和所有权转移特点的有形动产租赁业务活动。即出租人根据承租人所要求的规格、型号、性能等条件购入有形动产租赁给承租人,合同期内设备所有权属于出租人,承租人只拥有使用权,合同期满付清租金后,承租人有权按照残值购入有形动产,以拥有其所有权。不论出租人是否将有形动产残值销售给承租人,均属于融资租赁。

2. 有形动产经营性租赁,是指在约定时间内将物品、设备等有形动产转让他人使用且租赁物所有权不变更的业务活动。

远洋运输的光租业务、航空运输的干租业务,属于有形动产经营性租赁。

光租业务,是指远洋运输企业将船舶在约定的时间内出租给他人使用,不配备操作人员,不承担运输过程中发生的各项费用,只收取固定租赁费的业务活动。

干租业务,是指航空运输企业将飞机在约定的时间内出租给他人使用,不配备机组人员,不承担运输过程中发生的各项费用,只收取固定租赁费的业务活动。

(六)鉴证咨询服务

鉴证咨询服务,包括认证服务、鉴证服务和咨询服务。

1. 认证服务,是指具有专业资质的单位利用检测、检验、计量等技术,证明产品、服务、管理体系符合相关技术规范、相关技术规范的强制性要求或者标准的业务活动。

2. 鉴证服务,是指具有专业资质的单位,为委托方的经济活动及有关资料进行鉴证,发表具有证明力的意见的业务活动。包括会计鉴证、税务鉴证、法律鉴证、工程造价鉴证、资产评估、环境评估、房地产土地评估、建筑图纸审核、医疗事故鉴定等。

3. 咨询服务,是指提供和策划财务、税收、法律、内部管理、业务运作和流程管理等信息或者建议的业务活动。

代理记账、翻译服务按照"咨询服务"征收增值税。

(七)广播影视服务

广播影视服务,包括广播影视节目(作品)的制作服务、发行服务和播映(含放映,下同)服务。

1. 广播影视节目(作品)制作服务,是指进行专题(特别节目)、专栏、综艺、体育、动画片、广播剧、电视剧、电影等广播影视节目和作品制作的服务。具体包括与广播影视节目和作品相关的策划、采编、拍摄、录音、音视频文字图片素材制作、场景布置、后期的剪辑、翻译(编译)、字幕制作、片头、片尾、片花制作、特效制作、影片修复、编目和确权等业务活动。

2. 广播影视节目(作品)发行服务,是指以分账、买断、委托、代理等方式,向影院、电台、电视台、网站等单位和个人发行广播影视节目(作品)以及转让体育赛事等活动的报道及播映权的业务活动。

3. 广播影视节目（作品）播映服务，是指在影院、剧院、录像厅及其他场所播映广播影视节目（作品），以及通过电台、电视台、卫星通信、互联网、有线电视等无线或有线装置播映广播影视节目（作品）的业务活动。

附件2：

营业税改征增值税试点有关事项的规定

一、试点纳税人［指按照《营业税改征增值税试点实施办法》（以下称《试点实施办法》）缴纳增值税的纳税人］有关政策

（一）混业经营

试点纳税人兼有不同税率或者征收率的销售货物、提供加工修理修配劳务或者应税服务的，应当分别核算适用不同税率或者征收率的销售额，未分别核算销售额的，按照以下方法适用税率或者征收率：

1. 兼有不同税率的销售货物、提供加工修理修配劳务或者应税服务的，从高适用税率。

2. 兼有不同征收率的销售货物、提供加工修理修配劳务或者应税服务的，从高适用征收率。

3. 兼有不同税率和征收率的销售货物、提供加工修理修配劳务或者应税服务的，从高适用税率。

（二）油气田企业

油气田企业提供的应税服务，适用《试点实施办法》规定的增值税税率，不再适用《财政部 国家税务总局关于印发〈油气田企业增值税管理办法〉的通知》（财税〔2009〕8号）规定的增值税税率。

（三）征税范围

1. 航空运输企业提供的旅客利用里程积分兑换的航空运输服务，不征收增值税。

2. 试点纳税人根据国家指令无偿提供的铁路运输服务、航空运输服务，属于《试点实施办法》第十一条规定的以公益活动为目的的服务，不征收增值税。

（四）销售额

1. 融资租赁企业。

（1）经中国人民银行、银监会或者商务部批准从事融资租赁业务的试点纳税人，提供有形动产融资性售后回租服务，以收取的全部价款和价外费用，扣除向承租方收取的有形动产价款本金，以及对外支付的借款利息（包括外汇借款和人民币借款利息）、发行债券利息后的余额为销售额。

融资性售后回租，是指承租方以融资为目的，将资产出售给从事融资租赁业务的企业后，又将该资产租回的业务活动。

试点纳税人提供融资性售后回租服务，向承租方收取的有形动产价款本金，不得开具增值税专用发票，可以开具普通发票。

（2）经中国人民银行、银监会或者商务部批准从事融资租赁业务的纳税人，提供除融资性售后回租以外的有形动产融资租赁服务，以收取的全部价款和价外费用，扣除支付的借

款利息（包括外汇借款和人民币借款利息）、发行债券利息、保险费、安装费和车辆购置税后的余额为销售额。

（3）本规定自2013年8月1日起执行。商务部授权的省级商务主管部门和国家经济技术开发区批准的从事融资租赁业务的试点纳税人，2013年12月31日前注册资本达到1.7亿元的，自2013年8月1日起，按照上述规定执行；2014年1月1日以后注册资本达到1.7亿元的，从达到该标准的次月起，按照上述规定执行。

2. 注册在北京市、天津市、上海市、江苏省、浙江省（含宁波市）、安徽省、福建省（含厦门市）、湖北省、广东省（含深圳市）等9省市的试点纳税人提供应税服务（不含有形动产融资租赁服务），在2013年8月1日前按有关规定以扣除支付价款后的余额为销售额的，此前尚未抵减的部分，允许在2014年6月30日前继续抵减销售额，到期抵减不完的不得继续抵减。

上述尚未抵减的价款，仅限于凭2013年8月1日前开具的符合规定的凭证计算的部分。

3. 航空运输企业的销售额，不包括代收的机场建设费和代售其他航空运输企业客票而代收转付的价款。

4. 自本地区试点实施之日起，试点纳税人中的一般纳税人提供的客运场站服务，以其取得的全部价款和价外费用，扣除支付给承运方运费后的余额为销售额，其从承运方取得的增值税专用发票注明的增值税，不得抵扣。

5. 试点纳税人提供知识产权代理服务、货物运输代理服务和代理报关服务，以其取得的全部价款和价外费用，扣除向委托方收取并代为支付的政府性基金或者行政事业性收费后的余额为销售额。

向委托方收取的政府性基金或者行政事业性收费，不得开具增值税专用发票。

6. 试点纳税人中的一般纳税人提供国际货物运输代理服务，以其取得的全部价款和价外费用，扣除支付给国际运输企业的国际运输费用后的余额为销售额。

国际货物运输代理服务，是指接受货物收货人或其代理人、发货人或其代理人、运输工具所有人、运输工具承租人或运输工具经营人的委托，以委托人的名义或者以自己的名义，在不直接提供货物运输服务的情况下，直接为委托人办理货物的国际运输、从事国际运输的运输工具进出港口、联系安排引航、靠泊、装卸等货物和船舶代理相关业务手续的业务活动。

7. 试点纳税人从全部价款和价外费用中扣除价款，应当取得符合法律、行政法规和国家税务总局规定的有效凭证。否则，不得扣除。

上述凭证是指：

（1）支付给境内单位或者个人的款项，以发票为合法有效凭证。

（2）支付给境外单位或者个人的款项，以该单位或者个人的签收单据为合法有效凭证，税务机关对签收单据有疑义的，可以要求其提供境外公证机构的确认证明。

（3）缴纳的税款，以完税凭证为合法有效凭证。

（4）融资性售后回租服务中向承租方收取的有形动产价款本金，以承租方开具的发票为合法有效凭证。

（5）扣除政府性基金或者行政事业性收费，以省级以上财政部门印制的财政票据为合法有效凭证。

（6）国家税务总局规定的其他凭证。
（五）一般纳税人资格认定
《试点实施办法》第三条规定的应税服务年销售额标准为500万元（含本数）。
财政部和国家税务总局可以根据试点情况对应税服务年销售额标准进行调整。
（六）计税方法
1. 试点纳税人中的一般纳税人提供的公共交通运输服务，可以选择按照简易计税方法计算缴纳增值税。公共交通运输服务，包括轮客渡、公交客运、地铁、城市轻轨、出租车、长途客运、班车。其中，班车，是指按固定路线、固定时间运营并在固定站点停靠的运送旅客的陆路运输。
2. 试点纳税人中的一般纳税人，以该地区试点实施之日前购进或者自制的有形动产为标的物提供的经营租赁服务，试点期间可以选择按照简易计税方法计算缴纳增值税。
3. 自本地区试点实施之日起至2017年12月31日，被认定为动漫企业的试点纳税人中的一般纳税人，为开发动漫产品提供的动漫脚本编撰、形象设计、背景设计、动画设计、分镜、动画制作、摄制、描线、上色、画面合成、配音、配乐、音效合成、剪辑、字幕制作、压缩转码（面向网络动漫、手机动漫格式适配）服务，以及在境内转让动漫版权（包括动漫品牌、形象或者内容的授权及再授权），可以选择按照简易计税方法计算缴纳增值税。

动漫企业和自主开发、生产动漫产品的认定标准和认定程序，按照《文化部 财政部 国家税务总局关于印发〈动漫企业认定管理办法（试行）〉的通知》（文市发〔2008〕51号）的规定执行。
4. 试点纳税人中的一般纳税人提供的电影放映服务、仓储服务、装卸搬运服务和收派服务，可以选择按照简易计税办法计算缴纳增值税。
5. 试点纳税人中的一般纳税人兼有销售货物、提供加工修理修配劳务的，凡未规定可以选择按照简易计税方法计算缴纳增值税的，其全部销售额应一并按照一般计税方法计算缴纳增值税。

（七）试点前发生的业务
1. 试点纳税人在本地区试点实施之日前签订的尚未执行完毕的租赁合同，在合同到期日之前继续按照现行营业税政策规定缴纳营业税。
2. 试点纳税人提供应税服务，按照国家有关营业税政策规定差额征收营业税的，因取得的全部价款和价外费用不足以抵减允许扣除项目金额，截至本地区试点实施之日尚未扣除的部分，不得在计算试点纳税人本地区试点实施之日后的销售额时予以抵减，应当向原主管地税机关申请退还营业税。

试点纳税人按照本条第（七）项中第1点规定继续缴纳营业税的有形动产租赁服务，不适用本规定。
3. 试点纳税人提供应税服务在本地区试点实施之日前已缴纳营业税，本地区试点实施之日（含）后因发生退款减除营业额的，应当向原主管地税机关申请退还已缴纳的营业税。
4. 试点纳税人本地区试点实施之日前提供的应税服务，因税收检查等原因需要补缴税款的，应按照现行营业税政策规定补缴营业税。

（八）销售使用过的固定资产
按照《试点实施办法》和本规定认定的一般纳税人，销售自己使用过的本地区试点实施之日（含）后购进或者自制的固定资产，按照适用税率征收增值税；销售自己使用过的本地区试点实施之日前购进或者自制的固定资产，按照现行旧货相关增值税政策执行。

使用过的固定资产，是指纳税人根据财务会计制度已经计提折旧的固定资产。

（九）扣缴增值税适用税率

境内的代理人和接受方为境外单位和个人扣缴增值税的，按照适用税率扣缴增值税。

（十）纳税地点

自2014年1月1日起，属于固定业户的试点纳税人，总分支机构不在同一县（市），但在同一省（自治区、直辖市、计划单列市）范围内的，经省（自治区、直辖市、计划单列市）财政厅（局）和国家税务局批准，可以由总机构汇总向总机构所在地的主管税务机关申报缴纳增值税。

二、原增值税纳税人［指按照《中华人民共和国增值税暂行条例》（以下称《增值税暂行条例》）缴纳增值税的纳税人］有关政策

（一）进项税额

1. 原增值税一般纳税人接受试点纳税人提供的应税服务，取得的增值税专用发票上注明的增值税额为进项税额，准予从销项税额中抵扣。

2. 原增值税一般纳税人自用的应征消费税的摩托车、汽车、游艇，其进项税额准予从销项税额中抵扣。

3. 原增值税一般纳税人接受境外单位或者个人提供的应税服务，按照规定应当扣缴增值税的，准予从销项税额中抵扣的进项税额为从税务机关或者代理人取得的解缴税款的税收缴款凭证上注明的增值税额。

纳税人凭税收缴款凭证抵扣进项税额的，应当具备书面合同、付款证明和境外单位的对账单或者发票。资料不全的，其进项税额不得从销项税额中抵扣。

4. 原增值税一般纳税人购进货物或者接受加工修理修配劳务，用于《应税服务范围注释》所列项目的，不属于《增值税暂行条例》第十条所称的用于非增值税应税项目，其进项税额准予从销项税额中抵扣。

5. 原增值税一般纳税人接受试点纳税人提供的应税服务，下列项目的进项税额不得从销项税额中抵扣：

（1）用于简易计税方法计税项目、非增值税应税项目、免征增值税项目、集体福利或者个人消费，其中涉及的专利技术、非专利技术、商誉、商标、著作权、有形动产租赁，仅指专用于上述项目的专利技术、非专利技术、商誉、商标、著作权、有形动产租赁。

（2）接受的旅客运输服务。

（3）与非正常损失的购进货物相关的交通运输业服务。

（4）与非正常损失的在产品、产成品所耗用购进货物相关的交通运输业服务。

上述非增值税应税项目，是指《增值税暂行条例》第十条所称的非增值税应税项目，但不包括《应税服务范围注释》所列项目。

（二）一般纳税人认定

原增值税一般纳税人兼有应税服务，按照《试点实施办法》和本规定第一条第（五）项的规定应当申请认定一般纳税人的，不需要重新办理一般纳税人认定手续。

（三）增值税期末留抵税额

原增值税一般纳税人兼有应税服务的，截止到本地区试点实施之日前的增值税期末留抵税额，不得从应税服务的销项税额中抵扣。

三、《国家税务总局关于印发〈营业税税目注释（试行稿）〉的通知》（国税发〔1993〕149号）中，交通运输业税目，邮电通信业税目中的邮政，服务业税目中仓储业和广告业，转让无形资产税目中的转让商标权、转让著作权、转让专利权、转让非专利技术，停止执行。未停止执行的营业税税目，其中如果有属于《应税服务范围注释》的应税服务，应按本通知规定征收增值税。

邮政储蓄业务按照金融保险业税目征收营业税。

附件3：

营业税改征增值税试点过渡政策的规定

一、下列项目免征增值税

（一）个人转让著作权。

（二）残疾人个人提供应税服务。

（三）航空公司提供飞机播洒农药服务。

（四）试点纳税人提供技术转让、技术开发和与之相关的技术咨询、技术服务。

1. 技术转让，是指转让者将其拥有的专利和非专利技术的所有权或者使用权有偿转让他人的行为；技术开发，是指开发者接受他人委托，就新技术、新产品、新工艺或者新材料及其系统进行研究开发的行为；技术咨询，是指就特定技术项目提供可行性论证、技术预测、专题技术调查、分析评价报告等。

与技术转让、技术开发相关的技术咨询、技术服务，是指转让方（或受托方）根据技术转让或开发合同的规定，为帮助受让方（或委托方）掌握所转让（或委托开发）的技术，而提供的技术咨询、技术服务业务，且这部分技术咨询、服务的价款与技术转让（或开发）的价款应当开在同一张发票上。

2. 审批程序。试点纳税人申请免征增值税时，须持技术转让、开发的书面合同，到试点纳税人所在地省级科技主管部门进行认定，并持有关的书面合同和科技主管部门审核意见证明文件报主管国家税务局备查。

（五）符合条件的节能服务公司实施合同能源管理项目中提供的应税服务。

上述"符合条件"是指同时满足下列条件：

1. 节能服务公司实施合同能源管理项目相关技术，应当符合国家质量监督检验检疫总局和国家标准化管理委员会发布的《合同能源管理技术通则》（GB/T24915－2010）规定的技术要求。

2. 节能服务公司与用能企业签订《节能效益分享型》合同，其合同格式和内容，符合《中华人民共和国合同法》和国家质量监督检验检疫总局和国家标准化管理委员会发布的《合同能源管理技术通则》（GB/T24915－2010）等规定。

（六）自2014年1月1日至2018年12月31日，试点纳税人提供的离岸服务外包业务。

上述离岸服务外包业务，是指试点纳税人根据境外单位与其签订的委托合同，由本企业或其直接转包的企业为境外提供信息技术外包服务（ITO）、技术性业务流程外包服务（BPO）或技术性知识流程外包服务（KPO）（离岸服务外包业务具体内容附后）。

（七）台湾航运公司从事海峡两岸海上直航业务在大陆取得的运输收入。

台湾航运公司，是指取得交通运输部颁发的"台湾海峡两岸间水路运输许可证"且该许可证上注明的公司登记地址在台湾的航运公司。

（八）台湾航空公司从事海峡两岸空中直航业务在大陆取得的运输收入。

台湾航空公司，是指取得中国民用航空局颁发的"经营许可"或依据《海峡两岸空运协议》和《海峡两岸空运补充协议》规定，批准经营两岸旅客、货物和邮件不定期（包机）运输业务，且公司登记地址在台湾的航空公司。

（九）美国 ABS 船级社在非营利宗旨不变、中国船级社在美国享受同等免税待遇的前提下，在中国境内提供的船检服务。

（十）随军家属就业。

1. 为安置随军家属就业而新开办的企业，自领取税务登记证之日起，其提供的应税服务 3 年内免征增值税。

享受税收优惠政策的企业，随军家属必须占企业总人数的 60%（含）以上，并有军（含）以上政治和后勤机关出具的证明。

2. 从事个体经营的随军家属，自领取税务登记证之日起，其提供的应税服务 3 年内免征增值税。

随军家属必须有师以上政治机关出具的可以表明其身份的证明，但税务部门应当进行相应的审查认定。（已失效，参见《国家税务总局关于明确部分增值税优惠政策审批事项取消后有关管理事项的公告》国家税务总局公告 2015 年第 38 号）

主管税务机关在企业或个人享受免税期间，应当对此类企业进行年度检查，凡不符合条件的，取消其免税政策。

按照上述规定，每一名随军家属可以享受一次免税政策。

（十一）军队转业干部就业。

1. 从事个体经营的军队转业干部，经主管税务机关批准，（已失效，参见《国家税务总局关于明确部分增值税优惠政策审批事项取消后有关管理事项的公告》国家税务总局公告 2015 年第 38 号）自领取税务登记证之日起，其提供的应税服务 3 年内免征增值税。

2. 为安置自主择业的军队转业干部就业而新开办的企业，凡安置自主择业的军队转业干部占企业总人数 60%（含）以上的，经主管税务机关批准，自领取税务登记证之日起，其提供的应税服务 3 年内免征增值税。

享受上述优惠政策的自主择业的军队转业干部必须持有师以上部队颁发的转业证件。

（十二）城镇退役士兵就业。

1. 为安置自谋职业的城镇退役士兵就业而新办的服务型企业当年新安置自谋职业的城镇退役士兵达到职工总数 30% 以上，并与其签订 1 年以上期限劳动合同的，经县级以上民政部门认定、税务机关审核（已失效，参见《国家税务总局关于明确部分增值税优惠政策审批事项取消后有关管理事项的公告》国家税务总局公告 2015 年第 38 号），其提供的应税服务（除广告服务外）3 年内免征增值税。

2. 自谋职业的城镇退役士兵从事个体经营的，自领取税务登记证之日起，其提供的应税服务（除广告服务外）3年内免征增值税。

新办的服务型企业，是指《国务院办公厅转发民政部等部门关于扶持城镇退役士兵自谋职业优惠政策意见的通知》（国办发〔2004〕10号）下发后新组建的企业。原有的企业合并、分立、改制、改组、扩建、搬迁、转产以及吸收新成员、改变领导或隶属关系、改变企业名称的，不能视为新办企业。

自谋职业的城镇退役士兵，是指符合城镇安置条件，并与安置地民政部门签订《退役士兵自谋职业协议书》，领取《城镇退役士兵自谋职业证》的士官和义务兵。

（十三）失业人员就业。

1. 持《就业失业登记证》（注明"自主创业税收政策"或附着《高校毕业生自主创业证》）人员从事个体经营的，在3年内按照每户每年8000元为限额依次扣减其当年实际应缴纳的增值税、城市维护建设税、教育费附加和个人所得税。

试点纳税人年度应缴纳税款小于上述扣减限额的，以其实际缴纳的税款为限；大于上述扣减限额的，应当以上述扣减限额为限。

享受优惠政策的个体经营试点纳税人，是指提供《应税服务范围注释》服务（除广告服务外）的试点纳税人。

持《就业失业登记证》（注明"自主创业税收政策"或附着《高校毕业生自主创业证》）人员是指：（1）在人力资源和社会保障部门公共就业服务机构登记失业半年以上的人员；（2）零就业家庭、享受城市居民最低生活保障家庭劳动年龄内的登记失业人员；（3）毕业年度内高校毕业生。

高校毕业生，是指实施高等学历教育的普通高等学校、成人高等学校毕业的学生；毕业年度，是指毕业所在自然年，即1月1日至12月31日。

2. 服务型企业（除广告服务外）在新增加的岗位中，当年新招用持《就业失业登记证》（注明"企业吸纳税收政策"）人员，与其签订1年以上期限劳动合同并依法缴纳社会保险费的，在3年内按照实际招用人数予以定额依次扣减增值税、城市维护建设税、教育费附加和企业所得税。定额标准为每人每年4000元，可上下浮动20%，由试点地区省级人民政府根据本地区实际情况在此幅度内确定具体定额标准，并报财政部和国家税务总局备案。

按照上述标准计算的税收扣减额应当在企业当年实际应缴纳的增值税、城市维护建设税、教育费附加和企业所得税税额中扣减，当年扣减不足的，不得结转下年使用。

持《就业失业登记证》（注明"企业吸纳税收政策"）人员是指：（1）国有企业下岗失业人员；（2）国有企业关闭破产需要安置的人员；（3）国有企业所办集体企业（即厂办大集体企业）下岗职工；（4）享受最低生活保障且失业1年以上的城镇其他登记失业人员。

服务型企业，是指从事原营业税"服务业"税目范围内业务的企业。

国有企业所办集体企业（即厂办大集体企业），是指20世纪70、80年代，由国有企业批准或资助兴办的，以安置回城知识青年和国有企业职工子女就业为目的，主要向主办国有企业提供配套产品或劳务服务，在工商行政机关登记注册为集体所有制的企业。厂办大集体企业下岗职工包括在国有企业混岗工作的集体企业下岗职工。

3. 享受上述优惠政策的人员按照下列规定申领《就业失业登记证》、《高校毕业生自主创业证》等凭证：

（1）按照《就业服务与就业管理规定》（劳动和社会保障部令第 28 号）第六十三条的规定，在法定劳动年龄内，有劳动能力，有就业要求，处于无业状态的城镇常住人员，在公共就业服务机构进行失业登记，申领《就业失业登记证》。其中，农村进城务工人员和其他非本地户籍人员在常住地稳定就业满 6 个月的，失业后可以在常住地登记。

（2）零就业家庭凭社区出具的证明，城镇低保家庭凭低保证明，在公共就业服务机构登记失业，申领《就业失业登记证》。

（3）毕业年度内高校毕业生在校期间凭学校出具的相关证明，经学校所在地省级教育行政部门核实认定，取得《高校毕业生自主创业证》（仅在毕业年度适用），并向创业地公共就业服务机构申请取得《就业失业登记证》；高校毕业生离校后直接向创业地公共就业服务机构申领《就业失业登记证》。

（4）服务型企业招录的人员，在公共就业服务机构申领《就业失业登记证》。

（5）《再就业优惠证》不再发放，原持证人员应当到公共就业服务机构换发《就业失业登记证》。正在享受下岗失业人员再就业税收优惠政策的原持证人员，继续享受原税收优惠政策至期满为止。

（6）上述人员申领相关凭证后，由就业和创业地人力资源社会保障部门对人员范围、就业失业状态、已享受政策情况审核认定，在《就业失业登记证》上注明"自主创业税收政策"或"企业吸纳税收政策"字样，同时符合自主创业和企业吸纳税收政策条件的，可同时加注；主管税务机关在《就业失业登记证》上加盖戳记，注明减免税所属时间。

4. 上述税收优惠政策的审批期限为 2011 年 1 月 1 日至 2013 年 12 月 31 日，以试点纳税人到税务机关办理减免税手续之日起作为优惠政策起始时间。税收优惠政策在 2013 年 12 月 31 日未执行到期的，可继续享受至 3 年期满为止。

（十四）试点纳税人提供的国际货物运输代理服务。

1. 试点纳税人提供国际货物运输代理服务，向委托方收取的全部国际货物运输代理服务收入，以及向国际运输承运人支付的国际运输费用，必须通过金融机构进行结算。

2. 试点纳税人为大陆与香港、澳门、台湾地区之间的货物运输提供的货物运输代理服务参照国际货物运输代理服务有关规定执行。

3. 委托方索取发票的，试点纳税人应当就国际货物运输代理服务收入向委托方全额开具增值税普通发票。

4. 本规定自 2013 年 8 月 1 日起执行。2013 年 8 月 1 日至本规定发布之日前，已开具增值税专用发票的，应将专用发票追回后方可适用本规定。

（十五）世界银行贷款粮食流通项目投产后的应税服务。

世界银行贷款粮食流通项目，是指《财政部 国家税务总局关于世行贷款粮食流通项目建筑安装工程和服务收入免征营业税的通知》（财税字〔1998〕87 号）所附《世行贷款粮食流通项目一览表》所列明的项目。

本规定自 2014 年 1 月 1 日至 2015 年 12 月 31 日执行。

（十六）中国邮政集团公司及其所属邮政企业提供的邮政普遍服务和邮政特殊服务。

（十七）自 2014 年 1 月 1 日至 2015 年 12 月 31 日，中国邮政集团公司及其所属邮政企业为中国邮政速递物流股份有限公司及其子公司（含各级分支机构）代办速递、物流、国际包裹、快递包裹以及礼仪业务等速递物流类业务取得的代理收入，以及为金融机构代办金融保险业务取得的代理收入。

（十八）青藏铁路公司提供的铁路运输服务。

二、下列项目实行增值税即征即退

（一）2015年12月31日前，注册在洋山保税港区和东疆保税港区内的试点纳税人，提供的国内货物运输服务、仓储服务和装卸搬运服务。

（二）安置残疾人的单位，实行由税务机关按照单位实际安置残疾人的人数，限额即征即退增值税的办法。

上述政策仅适用于从事原营业税"服务业"税目（广告服务除外）范围内业务取得的收入占其增值税和营业税业务合计收入的比例达到50%的单位。

有关享受增值税优惠政策单位的条件、定义、管理要求等按照《财政部 国家税务总局关于促进残疾人就业税收优惠政策的通知》（财税〔2007〕92号）中有关规定执行。

（三）2015年12月31日前，试点纳税人中的一般纳税人提供管道运输服务，对其增值税实际税负超过3%的部分实行增值税即征即退政策。

（四）经中国人民银行、银监会或者商务部批准从事融资租赁业务的试点纳税人中的一般纳税人，提供有形动产融资租赁服务，在2015年12月31日前，对其增值税实际税负超过3%的部分实行增值税即征即退政策。商务部授权的省级商务主管部门和国家经济技术开发区批准的从事融资租赁业务的试点纳税人中的一般纳税人，2013年12月31日前注册资本达到1.7亿元的，自2013年8月1日起，按照上述规定执行；2014年1月1日以后注册资本达到1.7亿元的，从达到该标准的次月起，按照上述规定执行。

三、本规定所称增值税实际税负，是指纳税人当期提供应税服务实际缴纳的增值税额占纳税人当期提供应税服务取得的全部价款和价外费用的比例。

四、本地区试点实施之日前，如果试点纳税人已经按照有关政策规定享受了营业税税收优惠，在剩余税收优惠政策期限内，按照本规定享受有关增值税优惠。

附：

离岸服务外包业务

一、信息技术外包服务（ITO）

（一）软件研发及外包

类别	适用范围
软件研发及开发服务	用于金融、政府、教育、制造业、零售、服务、能源、物流、交通、媒体、电信、公共事业和医疗卫生等部门和企业，为用户的运营/生产/供应链/客户关系/人力资源和财务管理、计算机辅助设计/工程等业务进行软件开发，包括定制软件开发、嵌入式软件、套装软件开发、系统软件开发、软件测试等
软件技术服务	软件咨询、维护、培训、测试等技术性服务

（二）信息技术研发服务外包

类别	适用范围
集成电路和电子电路设计	集成电路和电子电路产品设计以及相关技术支持服务等
测试平台	为软件、集成电路和电子电路的开发运用提供测试平台

（三）信息系统运营维护外包

类别	适用范围
信息系统运营和维护服务	客户内部信息系统集成、网络管理、桌面管理与维护服务；信息工程、地理信息系统、远程维护等信息系统应用服务
基础信息技术服务	基础信息技术管理平台整合、IT基础设施管理、数据中心、托管中心、安全服务、通讯服务等基础信息技术服务

二、技术性业务流程外包服务（BPO）

类别	适用范围
企业业务流程设计服务	为客户企业提供内部管理、业务运作等流程设计服务
企业内部管理服务	为客户企业提供后台管理、人力资源管理、财务、审计与税务管理、金融支付服务、医疗数据及其他内部管理业务的数据分析、数据挖掘、数据管理、数据使用的服务；承接客户专业数据处理、分析和整合服务
企业运营服务	为客户企业提供技术研发服务、为企业经营、销售、产品售后服务提供的应用客户分析、数据库管理等服务。主要包括金融服务业务、政务与教育业务、制造业务和生命科学、零售和批发与运输业务、卫生保健业务、通讯与公共事业业务、呼叫中心、电子商务平台等
企业供应链管理服务	为客户提供采购、物流的整体方案设计及数据库服务

三、技术性知识流程外包服务（KPO）

适用范围
知识产权研究、医药和生物技术研发和测试、产品技术研发、工业设计、分析学和数据挖掘、动漫及网游设计研发、教育课件研发、工程设计等领域

附件4：

应税服务适用增值税零税率和免税政策的规定

一、中华人民共和国境内（以下称境内）的单位和个人提供的国际运输服务、向境外单位提供的研发服务和设计服务，适用增值税零税率。

(一) 国际运输服务，是指：

1. 在境内载运旅客或者货物出境；

2. 在境外载运旅客或者货物入境；

3. 在境外载运旅客或者货物。

(二) 境内的单位和个人适用增值税零税率，以水路运输方式提供国际运输服务的，应当取得《国际船舶运输经营许可证》；以公路运输方式提供国际运输服务的，应当取得《道路运输经营许可证》和《国际汽车运输行车许可证》，且《道路运输经营许可证》的经营范围应当包括"国际运输"；以航空运输方式提供国际运输服务的，应当取得《公共航空运输企业经营许可证》且其经营范围应当包括"国际航空客货邮运输业务"，或者持有《通用航空经营许可证》且其经营范围应当包括"公务飞行"。

(三) 航天运输服务参照国际运输服务，适用增值税零税率。

(四) 向境外单位提供的设计服务，不包括对境内不动产提供的设计服务。

二、境内的单位和个人提供的往返香港、澳门、台湾的交通运输服务以及在香港、澳门、台湾提供的交通运输服务（以下称港澳台运输服务），适用增值税零税率。

境内的单位和个人适用增值税零税率，以公路运输方式提供至香港、澳门的交通运输服务的，应当取得《道路运输经营许可证》并具有持《道路运输证》的直通港澳运输车辆；以水路运输方式提供至台湾的交通运输服务的，应当取得《台湾海峡两岸间水路运输许可证》并具有持《台湾海峡两岸间船舶营运证》的船舶；以水路运输方式提供至香港、澳门的交通运输服务的，应当具有获得港澳线路运营许可的船舶；以航空运输方式提供上述交通运输服务的，应当取得《公共航空运输企业经营许可证》且其经营范围应当包括"国际、国内（含港澳）航空客货邮运输业务"，或者持有《通用航空经营许可证》且其经营范围应当包括"公务飞行"。

三、自 2013 年 8 月 1 日起，境内的单位或个人提供程租服务，如果租赁的交通工具用于国际运输服务和港澳台运输服务，由出租方按规定申请适用增值税零税率。

自 2013 年 8 月 1 日起，境内的单位或个人向境内单位或个人提供期租、湿租服务，如果承租方利用租赁的交通工具向其他单位或个人提供国际运输服务和港澳台运输服务，由承租方按规定申请适用增值税零税率。境内的单位或个人向境外单位或个人提供期租、湿租服务，由出租方按规定申请适用增值税零税率。

四、境内的单位和个人提供适用增值税零税率的应税服务，如果属于适用简易计税方法的，实行免征增值税办法。如果属于适用增值税一般计税方法的，生产企业实行免抵退税办法，外贸企业外购研发服务和设计服务出口实行免退税办法，外贸企业自己开发的研发服务和设计服务出口，视同生产企业连同其出口货物统一实行免抵退税办法。应税服务退税率为其按照《试点实施办法》第十二条第（一）至（三）项规定适用的增值税税率。实行退（免）税办法的研发服务和设计服务，如果主管税务机关认定出口价格偏高的，有权按照核定的出口价格计算退（免）税，核定的出口价格低于外贸企业购进价格的，低于部分对应的进项税额不予退税，转入成本。

五、境内的单位和个人提供适用增值税零税率应税服务的，可以放弃适用增值税零税率，选择免税或按规定缴纳增值税。放弃适用增值税零税率后，36 个月内不得再申请适用增值税零税率。

六、境内的单位和个人提供适用增值税零税率的应税服务，按月向主管退税的税务机关申报办理增值税免抵退税或免税手续。具体管理办法由国家税务总局商财政部另行制定。

七、境内的单位和个人提供的下列应税服务免征增值税，但财政部和国家税务总局规定适用增值税零税率的除外：

（一）工程、矿产资源在境外的工程勘察勘探服务。

（二）会议展览地点在境外的会议展览服务。

（三）存储地点在境外的仓储服务。

（四）标的物在境外使用的有形动产租赁服务。

（五）为出口货物提供的邮政业服务和收派服务。

（六）在境外提供的广播影视节目（作品）的发行、播映服务。

（七）符合本规定第一条第（一）项规定但不符合第一条第（二）项规定条件的国际运输服务。

（八）符合本规定第二条第一款规定但不符合第二条第二款规定条件的港澳台运输服务。

（九）向境外单位提供的下列应税服务：

1. 技术转让服务、技术咨询服务、合同能源管理服务、软件服务、电路设计及测试服务、信息系统服务、业务流程管理服务、商标著作权转让服务、知识产权服务、物流辅助服务（仓储服务、收派服务除外）、认证服务、鉴证服务、咨询服务、广播影视节目（作品）制作服务、期租服务、程租服务、湿租服务。但不包括：合同标的物在境内的合同能源管理服务，对境内货物或不动产的认证服务、鉴证服务和咨询服务。

2. 广告投放地在境外的广告服务。

［注释：条款废止。附件3第二条第（二）项废止。自2016年5月1日起废止。参见：《财政部 国家税务总局关于促进残疾人就业增值税优惠政策的通知》（财税〔2016〕52号）。

条款废止。财税〔2016〕36号附件规定的内容，财税〔2013〕106号除另有规定的条款外，相应废止。除另有规定执行时间外，自2016年5月1日起执行。参见：《财政部 国家税务总局关于全面推开营业税改征增值税试点的通知》（财税〔2016〕36号）。

条款失效。《营业税改征增值税试点过渡政策的规定》（财税〔2013〕106号）第一条第（六）项、《应税服务适用增值税零税率和免税政策的规定》（财税〔2013〕106号）第七条第（六）项中"发行"，以及第（九）项中"技术转让服务""合同能源管理服务、软件服务、电路设计及测试服务、信息系统服务、业务流程管理服务""广播影视节目（作品）制作服务"和"合同标的物在境内的合同能源管理服务"的规定停止执行。自2015年12月1日起停止执行。参见：《财政部 国家税务总局关于影视等出口服务适用增值税零税率政策的通知》（财税〔2015〕118号）。

条款废止。附件3第一条第（十）款中"但税务部门应当进行相应的审查认定"、第（十一）款中"经主管税务机关批准"和第（十二）款中"税务机关审核"内容废止。参见：《国家税务总局关于明确部分增值税优惠政策审批事项取消后有关管理事项的公告》（国家税务总局公告2015年第38号）。

"营改增后随军家属优惠政策审批""营改增后军队转业干部优惠政策审批""营改增后

城镇退役士兵优惠政策审批"取消。参见：《国务院关于取消和调整一批行政审批项目等事项的决定》（国发〔2015〕11号）。

条款失效。附件3第一条第（十二）项城镇退役士兵就业免征增值税政策自2014年7月1日起停止执行。参见：《财政部　国家税务总局　民政部关于调整完善扶持自主就业退役士兵创业就业有关税收政策的通知》（财税〔2014〕42号）。]

财政部　国家税务总局
关于铁路运输和邮政业营业税改征增值税试点
有关政策的补充通知

（2013年12月30日　财税〔2013〕121号）

各省、自治区、直辖市、计划单列市财政厅（局）、国家税务局、地方税务局，新疆生产建设兵团财务局：

经研究，现将铁路运输和邮政业营业税改征增值税（以下称营改增）有关政策补充通知如下：

一、邮政企业

中国邮政速递物流股份有限公司及其子公司（含各级分支机构），不属于《财政部　国家税务总局关于将铁路运输和邮政业纳入营业税改征增值税试点的通知》（财税〔2013〕106号）所称的中国邮政集团公司所属邮政企业。

二、航空运输企业

航空运输企业已售票但未提供航空运输服务取得的逾期票证收入，按照航空运输服务征收增值税。

三、融资租赁企业

（一）经中国人民银行、银监会或者商务部批准从事融资租赁业务的试点纳税人，在财税〔2013〕106号文件发布前，已签订的有形动产融资性售后回租合同，在合同到期日之前，可以选择按照财税〔2013〕106号文件有关规定或者以下规定确定销售额：

试点纳税人提供有形动产融资性售后回租服务，以向承租方收取的全部价款和价外费用，扣除支付的借款利息（包括外汇借款和人民币借款利息）、发行债券利息后的余额为销售额。

（二）经商务部授权的省级商务主管部门和国家经济技术开发区批准从事融资租赁业务的试点纳税人，2014年3月31日前注册资本达到1.7亿元的，自本地区试点实施之日起，其开展的融资租赁业务按照财税〔2013〕106号文件和本通知第三条第（一）项规定执行；2014年4月1日后注册资本达到1.7亿元的，从达到标准的次月起，其开展的融资租赁业务按照财税〔2013〕106号文件和本通知第三条第（一）项规定执行。

四、计税方法

试点纳税人中的一般纳税人提供的铁路旅客运输服务，不得选择按照简易计税方法计算缴纳增值税。

五、原增值税纳税人(指按照《中华人民共和国增值税暂行条例》缴纳增值税的纳税人)有关政策。

原增值税纳税人取得的2014年1月1日后开具的运输费用结算单据,不得作为增值税扣税凭证。

六、本通知第一、二、四、五条规定自2014年1月1日起执行,第三条规定自2013年8月1日起执行。

财政部　国家税务总局
关于将电信业纳入营业税改征增值税试点的通知

(2014年4月29日　财税〔2014〕43号)

各省、自治区、直辖市、计划单列市财政厅(局)、国家税务局、地方税务局,新疆生产建设兵团财务局:

经国务院批准,电信业纳入营业税改征增值税(以下称营改增)试点。现将有关事项通知如下:

一、在中华人民共和国境内(以下称境内)提供电信业服务的单位和个人,为增值税纳税人,应当按照本通知和《财政部　国家税务总局关于将铁路运输和邮政业纳入营业税改征增值税试点的通知》(财税〔2013〕106号)的规定缴纳增值税,不再缴纳营业税。

二、电信业服务纳入财税〔2013〕106号文件规定的应税服务范围。具体应税服务范围注释为:

电信业,是指利用有线、无线的电磁系统或者光电系统等各种通信网络资源,提供语音通话服务,传送、发射、接收或者应用图像、短信等电子数据和信息的业务活动。包括基础电信服务和增值电信服务。

基础电信服务,是指利用固网、移动网、卫星、互联网,提供语音通话服务的业务活动,以及出租或者出售带宽、波长等网络元素的业务活动。

增值电信服务,是指利用固网、移动网、卫星、互联网、有线电视网络,提供短信和彩信服务、电子数据和信息的传输及应用服务、互联网接入服务等业务活动。卫星电视信号落地转接服务,按照增值电信服务计算缴纳增值税。

三、提供基础电信服务,税率为11%。提供增值电信服务,税率为6%。

四、纳税人提供电信业服务时,附带赠送用户识别卡、电信终端等货物或者电信业服务的,应将其取得的全部价款和价外费用进行分别核算,按各自适用的税率计算缴纳增值税。

五、中国移动通信集团公司、中国联合网络通信集团有限公司、中国电信集团公司及其成员单位通过手机短信公益特服号为公益性机构(名单见附件)接受捐款服务,以其取得的全部价款和价外费用,扣除支付给公益性机构捐款后的余额为销售额。

六、境内单位和个人向中华人民共和国境外单位提供电信业服务,免征增值税。

七、以积分兑换形式赠送的电信业服务,不征收增值税。

八、在2015年12月31日以前,境内单位中的一般纳税人通过卫星提供的语音通话服务、电子数据和信息的传输服务,可以选择按照简易计税方法计算缴纳增值税。

九、《国家税务总局关于印发〈营业税税目注释(试行稿)〉的通知》(国税发〔1993〕149号)中,邮电通信业税目停止执行。

十、本通知自2014年6月1日起执行。各地要高度重视电信业营改增试点工作,切实加强试点工作的组织领导,周密安排,明确责任,采取各种有效措施,做好试点前的各项准备以及试点过程中的监测分析和宣传解释等工作,确保改革的平稳、有序、顺利进行。遇到问题及时向财政部和国家税务总局反映。

附件:手机短信公益特服号及公益性机构名单(编者略)

〔注释:条款废止。财税〔2016〕36号文件附件规定的内容,财税〔2014〕43号文件除另有规定的条款外,相应废止。除另有规定执行时间外,自2016年5月1日起执行。参见:《财政部 国家税务总局关于全面推开营业税改征增值税试点的通知》(财税〔2016〕36号)。〕

国家税务总局
关于营业税改征增值税试点期间有关增值税问题的公告

(2015年12月22日 国家税务总局公告2015年第90号)

为统一政策执行口径,现将营业税改征增值税试点期间有关增值税问题公告如下:

一、蜂窝数字移动通信用塔(杆),属于《固定资产分类与代码》(GB/T 14885-1994)中的"其他通讯设备"(代码699),其增值税进项税额可以按照现行规定从销项税额中抵扣。

二、纳税人销售自己使用过的固定资产,适用简易办法依照3%征收率减按2%征收增值税政策的,可以放弃减税,按照简易办法依照3%征收率缴纳增值税,并可以开具增值税专用发票。

三、纳税人提供有形动产融资性售后回租服务,计算当期销售额时可以扣除的有形动产价款本金,为书面合同约定的当期应当收取的本金。无书面合同或者书面合同没有约定的,为当期实际收取的本金。

四、提供有形动产融资租赁服务的纳税人,以保理方式将融资租赁合同项下未到期应收租金的债权转让给银行等金融机构,不改变其与承租方之间的融资租赁关系,应继续按照现行规定缴纳增值税,并向承租方开具发票。

五、纳税人通过蜂窝数字移动通信用塔(杆)及配套设施,为电信企业提供的基站天线、馈线及设备环境控制、动环监控、防雷消防、运行维护等塔类站址管理业务,按照"信息技术基础设施管理服务"缴纳增值税。

纳税人通过楼宇、隧道等室内通信分布系统,为电信企业提供的语音通话和移动互联网等无线信号室分系统传输服务,分别按照基础电信服务和增值电信服务缴纳增值税。

本公告自2016年2月1日起施行,此前未处理的事项,按本公告规定执行。

财政部 国家税务总局
关于全面推开营业税改征增值税试点的通知

(2016年3月23日 财税〔2016〕36号)

各省、自治区、直辖市、计划单列市财政厅（局）、国家税务局、地方税务局，新疆生产建设兵团财务局：

经国务院批准，自2016年5月1日起，在全国范围内全面推开营业税改征增值税（以下称营改增）试点，建筑业、房地产业、金融业、生活服务业等全部营业税纳税人，纳入试点范围，由缴纳营业税改为缴纳增值税。现将《营业税改征增值税试点实施办法》《营业税改征增值税试点有关事项的规定》《营业税改征增值税试点过渡政策的规定》和《跨境应税行为适用增值税零税率和免税政策的规定》印发你们，请遵照执行。

本通知附件规定的内容，除另有规定执行时间外，自2016年5月1日起执行。《财政部 国家税务总局关于将铁路运输和邮政业纳入营业税改征增值税试点的通知》（财税〔2013〕106号）、《财政部 国家税务总局关于铁路运输和邮政业营业税改征增值税试点有关政策的补充通知》（财税〔2013〕121号）、《财政部 国家税务总局关于将电信业纳入营业税改征增值税试点的通知》（财税〔2014〕43号）、《财政部 国家税务总局关于国际水路运输增值税零税率政策的补充通知》（财税〔2014〕50号）和《财政部 国家税务总局关于影视等出口服务适用增值税零税率政策的通知》（财税〔2015〕118号），除另有规定的条款外，相应废止。

各地要高度重视营改增试点工作，切实加强试点工作的组织领导，周密安排，明确责任，采取各种有效措施，做好试点前的各项准备以及试点过程中的监测分析和宣传解释等工作，确保改革的平稳、有序、顺利进行。遇到问题请及时向财政部和国家税务总局反映。

附件：1. 营业税改征增值税试点实施办法
2. 营业税改征增值税试点有关事项的规定
3. 营业税改征增值税试点过渡政策的规定
4. 跨境应税行为适用增值税零税率和免税政策的规定

附件1：

营业税改征增值税试点实施办法

第一章 纳税人和扣缴义务人

第一条 在中华人民共和国境内（以下称境内）销售服务、无形资产或者不动产（以下称应税行为）的单位和个人，为增值税纳税人，应当按照本办法缴纳增值税，不缴纳营业税。

单位，是指企业、行政单位、事业单位、军事单位、社会团体及其他单位。

个人，是指个体工商户和其他个人。

第二条 单位以承包、承租、挂靠方式经营的，承包人、承租人、挂靠人（以下统称承包人）以发包人、出租人、被挂靠人（以下统称发包人）名义对外经营并由发包人承担相关法律责任的，以该发包人为纳税人。否则，以承包人为纳税人。

第三条 纳税人分为一般纳税人和小规模纳税人。

应税行为的年应征增值税销售额（以下称应税销售额）超过财政部和国家税务总局规定标准的纳税人为一般纳税人，未超过规定标准的纳税人为小规模纳税人。

年应税销售额超过规定标准的其他个人不属于一般纳税人。年应税销售额超过规定标准但不经常发生应税行为的单位和个体工商户可选择按照小规模纳税人纳税。

第四条 年应税销售额未超过规定标准的纳税人，会计核算健全，能够提供准确税务资料的，可以向主管税务机关办理一般纳税人资格登记，成为一般纳税人。

会计核算健全，是指能够按照国家统一的会计制度规定设置账簿，根据合法、有效凭证核算。

第五条 符合一般纳税人条件的纳税人应当向主管税务机关办理一般纳税人资格登记。具体登记办法由国家税务总局制定。

除国家税务总局另有规定外，一经登记为一般纳税人后，不得转为小规模纳税人。

第六条 中华人民共和国境外（以下称境外）单位或者个人在境内发生应税行为，在境内未设有经营机构的，以购买方为增值税扣缴义务人。财政部和国家税务总局另有规定的除外。

第七条 两个或者两个以上的纳税人，经财政部和国家税务总局批准可以视为一个纳税人合并纳税。具体办法由财政部和国家税务总局另行制定。

第八条 纳税人应当按照国家统一的会计制度进行增值税会计核算。

第二章 征税范围

第九条 应税行为的具体范围，按照本办法所附的《销售服务、无形资产、不动产注释》执行。

第十条 销售服务、无形资产或者不动产，是指有偿提供服务、有偿转让无形资产或者不动产，但属于下列非经营活动的情形除外：

（一）行政单位收取的同时满足以下条件的政府性基金或者行政事业性收费。

1. 由国务院或者财政部批准设立的政府性基金，由国务院或者省级人民政府及其财政、价格主管部门批准设立的行政事业性收费；

2. 收取时开具省级以上（含省级）财政部门监（印）制的财政票据；

3. 所收款项全额上缴财政。

（二）单位或者个体工商户聘用的员工为本单位或者雇主提供取得工资的服务。

（三）单位或者个体工商户为聘用的员工提供服务。

（四）财政部和国家税务总局规定的其他情形。

第十一条 有偿，是指取得货币、货物或者其他经济利益。

第十二条 在境内销售服务、无形资产或者不动产，是指：

（一）服务（租赁不动产除外）或者无形资产（自然资源使用权除外）的销售方或者购买方在境内；

（二）所销售或者租赁的不动产在境内；

（三）所销售自然资源使用权的自然资源在境内；

（四）财政部和国家税务总局规定的其他情形。

第十三条 下列情形不属于在境内销售服务或者无形资产：

（一）境外单位或者个人向境内单位或者个人销售完全在境外发生的服务。

（二）境外单位或者个人向境内单位或者个人销售完全在境外使用的无形资产。

（三）境外单位或者个人向境内单位或者个人出租完全在境外使用的有形动产。

（四）财政部和国家税务总局规定的其他情形。

第十四条 下列情形视同销售服务、无形资产或者不动产：

（一）单位或者个体工商户向其他单位或者个人无偿提供服务，但用于公益事业或者以社会公众为对象的除外。

（二）单位或者个人向其他单位或者个人无偿转让无形资产或者不动产，但用于公益事业或者以社会公众为对象的除外。

（三）财政部和国家税务总局规定的其他情形。

第三章 税率和征收率

第十五条 增值税税率：

（一）纳税人发生应税行为，除本条第（二）项、第（三）项、第（四）项规定外，税率为6%。

（二）提供交通运输、邮政、基础电信、建筑、不动产租赁服务，销售不动产，转让土地使用权，税率为11%。

（三）提供有形动产租赁服务，税率为17%。

（四）境内单位和个人发生的跨境应税行为，税率为零。具体范围由财政部和国家税务总局另行规定。

第十六条 增值税征收率为3%，财政部和国家税务总局另有规定的除外。

第四章 应纳税额的计算

第一节 一般性规定

第十七条 增值税的计税方法，包括一般计税方法和简易计税方法。

第十八条 一般纳税人发生应税行为适用一般计税方法计税。

一般纳税人发生财政部和国家税务总局规定的特定应税行为，可以选择适用简易计税方法计税，但一经选择，36个月内不得变更。

第十九条 小规模纳税人发生应税行为适用简易计税方法计税。

第二十条 境外单位或者个人在境内发生应税行为，在境内未设有经营机构的，扣缴义务人按照下列公式计算应扣缴税额：

应扣缴税额＝购买方支付的价款÷（1＋税率）×税率

第二节 一般计税方法

第二十一条 一般计税方法的应纳税额，是指当期销项税额抵扣当期进项税额后的余额。应纳税额计算公式：

应纳税额＝当期销项税额－当期进项税额

当期销项税额小于当期进项税额不足抵扣时，其不足部分可以结转下期继续抵扣。

第二十二条 销项税额，是指纳税人发生应税行为按照销售额和增值税税率计算并收取的增值税额。销项税额计算公式：

销项税额＝销售额×税率

第二十三条 一般计税方法的销售额不包括销项税额，纳税人采用销售额和销项税额合并定价方法的，按照下列公式计算销售额：

销售额＝含税销售额÷（1＋税率）

第二十四条 进项税额，是指纳税人购进货物、加工修理修配劳务、服务、无形资产或者不动产，支付或者负担的增值税额。

第二十五条 下列进项税额准予从销项税额中抵扣：

（一）从销售方取得的增值税专用发票（含税控机动车销售统一发票，下同）上注明的增值税额。

（二）从海关取得的海关进口增值税专用缴款书上注明的增值税额。

（三）购进农产品，除取得增值税专用发票或者海关进口增值税专用缴款书外，按照农产品收购发票或者销售发票上注明的农产品买价和13%的扣除率计算的进项税额。计算公式为：

进项税额＝买价×扣除率

买价，是指纳税人购进农产品在农产品收购发票或者销售发票上注明的价款和按照规定缴纳的烟叶税。

购进农产品，按照《农产品增值税进项税额核定扣除试点实施办法》抵扣进项税额的除外。

（四）从境外单位或者个人购进服务、无形资产或者不动产，自税务机关或者扣缴义务人取得的解缴税款的完税凭证上注明的增值税额。

第二十六条 纳税人取得的增值税扣税凭证不符合法律、行政法规或者国家税务总局有关规定的，其进项税额不得从销项税额中抵扣。

增值税扣税凭证，是指增值税专用发票、海关进口增值税专用缴款书、农产品收购发票、农产品销售发票和完税凭证。

纳税人凭完税凭证抵扣进项税额的，应当具备书面合同、付款证明和境外单位的对账单或者发票。资料不全的，其进项税额不得从销项税额中抵扣。

第二十七条 下列项目的进项税额不得从销项税额中抵扣：

（一）用于简易计税方法计税项目、免征增值税项目、集体福利或者个人消费的购进货物、加工修理修配劳务、服务、无形资产和不动产。其中涉及的固定资产、无形资产、不动产，仅指专用于上述项目的固定资产、无形资产（不包括其他权益性无形资产）、不动产。

纳税人的交际应酬消费属于个人消费。

（二）非正常损失的购进货物，以及相关的加工修理修配劳务和交通运输服务。

（三）非正常损失的在产品、产成品所耗用的购进货物（不包括固定资产）、加工修理修配劳务和交通运输服务。

（四）非正常损失的不动产，以及该不动产所耗用的购进货物、设计服务和建筑服务。

（五）非正常损失的不动产在建工程所耗用的购进货物、设计服务和建筑服务。

纳税人新建、改建、扩建、修缮、装饰不动产，均属于不动产在建工程。

（六）购进的旅客运输服务、贷款服务、餐饮服务、居民日常服务和娱乐服务。

（七）财政部和国家税务总局规定的其他情形。

本条第（四）项、第（五）项所称货物，是指构成不动产实体的材料和设备，包括建筑装饰材料和给排水、采暖、卫生、通风、照明、通讯、煤气、消防、中央空调、电梯、电气、智能化楼宇设备及配套设施。

第二十八条　不动产、无形资产的具体范围，按照本办法所附的《销售服务、无形资产或者不动产注释》执行。

固定资产，是指使用期限超过12个月的机器、机械、运输工具以及其他与生产经营有关的设备、工具、器具等有形动产。

非正常损失，是指因管理不善造成货物被盗、丢失、霉烂变质，以及因违反法律法规造成货物或者不动产被依法没收、销毁、拆除的情形。

第二十九条　适用一般计税方法的纳税人，兼营简易计税方法计税项目、免征增值税项目而无法划分不得抵扣的进项税额，按照下列公式计算不得抵扣的进项税额：

不得抵扣的进项税额＝当期无法划分的全部进项税额×（当期简易计税方法计税项目销售额＋免征增值税项目销售额）÷当期全部销售额

主管税务机关可以按照上述公式依据年度数据对不得抵扣的进项税额进行清算。

第三十条　已抵扣进项税额的购进货物（不含固定资产）、劳务、服务，发生本办法第二十七条规定情形（简易计税方法计税项目、免征增值税项目除外）的，应当将该进项税额从当期进项税额中扣减；无法确定该进项税额的，按照当期实际成本计算应扣减的进项税额。

第三十一条　已抵扣进项税额的固定资产、无形资产或者不动产，发生本办法第二十七条规定情形的，按照下列公式计算不得抵扣的进项税额：

不得抵扣的进项税额＝固定资产、无形资产或者不动产净值×适用税率

固定资产、无形资产或者不动产净值，是指纳税人根据财务会计制度计提折旧或摊销后的余额。

第三十二条　纳税人适用一般计税方法计税的，因销售折让、中止或者退回而退还给购买方的增值税额，应当从当期的销项税额中扣减；因销售折让、中止或者退回而收回的增值税额，应当从当期的进项税额中扣减。

第三十三条　有下列情形之一者，应当按照销售额和增值税税率计算应纳税额，不得抵扣进项税额，也不得使用增值税专用发票：

（一）一般纳税人会计核算不健全，或者不能够提供准确税务资料的。

（二）应当办理一般纳税人资格登记而未办理的。

第三节 简易计税方法

第三十四条 简易计税方法的应纳税额，是指按照销售额和增值税征收率计算的增值税额，不得抵扣进项税额。应纳税额计算公式：

应纳税额＝销售额×征收率

第三十五条 简易计税方法的销售额不包括其应纳税额，纳税人采用销售额和应纳税额合并定价方法的，按照下列公式计算销售额：

销售额＝含税销售额÷（1＋征收率）

第三十六条 纳税人适用简易计税方法计税的，因销售折让、中止或者退回而退还给购买方的销售额，应当从当期销售额中扣减。扣减当期销售额后仍有余额造成多缴的税款，可以从以后的应纳税额中扣减。

第四节 销售额的确定

第三十七条 销售额，是指纳税人发生应税行为取得的全部价款和价外费用，财政部和国家税务总局另有规定的除外。

价外费用，是指价外收取的各种性质的收费，但不包括以下项目：

（一）代为收取并符合本办法第十条规定的政府性基金或者行政事业性收费。

（二）以委托方名义开具发票代委托方收取的款项。

第三十八条 销售额以人民币计算。

纳税人按照人民币以外的货币结算销售额的，应当折合成人民币计算，折合率可以选择销售额发生的当天或者当月1日的人民币汇率中间价。纳税人应当在事先确定采用何种折合率，确定后12个月内不得变更。

第三十九条 纳税人兼营销售货物、劳务、服务、无形资产或者不动产，适用不同税率或者征收率的，应当分别核算适用不同税率或者征收率的销售额；未分别核算的，从高适用税率。

第四十条 一项销售行为如果既涉及服务又涉及货物，为混合销售。从事货物的生产、批发或者零售的单位和个体工商户的混合销售行为，按照销售货物缴纳增值税；其他单位和个体工商户的混合销售行为，按照销售服务缴纳增值税。

本条所称从事货物的生产、批发或者零售的单位和个体工商户，包括以从事货物的生产、批发或者零售为主，并兼营销售服务的单位和个体工商户在内。

第四十一条 纳税人兼营免税、减税项目的，应当分别核算免税、减税项目的销售额；未分别核算的，不得免税、减税。

第四十二条 纳税人发生应税行为，开具增值税专用发票后，发生开票有误或者销售折让、中止、退回等情形的，应当按照国家税务总局的规定开具红字增值税专用发票；未按照规定开具红字增值税专用发票的，不得按照本办法第三十二条和第三十六条的规定扣减销项税额或者销售额。

第四十三条 纳税人发生应税行为，将价款和折扣额在同一张发票上分别注明的，以折扣后的价款为销售额；未在同一张发票上分别注明的，以价款为销售额，不得扣减折扣额。

第四十四条 纳税人发生应税行为价格明显偏低或者偏高且不具有合理商业目的的，或者发生本办法第十四条所列行为而无销售额的，主管税务机关有权按照下列顺序确定销售额：

（一）按照纳税人最近时期销售同类服务、无形资产或者不动产的平均价格确定。

（二）按照其他纳税人最近时期销售同类服务、无形资产或者不动产的平均价格确定。

（三）按照组成计税价格确定。组成计税价格的公式为：

组成计税价格＝成本×（1＋成本利润率）

成本利润率由国家税务总局确定。

不具有合理商业目的，是指以谋取税收利益为主要目的，通过人为安排，减少、免除、推迟缴纳增值税税款，或者增加退还增值税税款。

第五章 纳税义务、扣缴义务发生时间和纳税地点

第四十五条 增值税纳税义务、扣缴义务发生时间为：

（一）纳税人发生应税行为并收讫销售款项或者取得索取销售款项凭据的当天；先开具发票的，为开具发票的当天。

收讫销售款项，是指纳税人销售服务、无形资产、不动产过程中或者完成后收到款项。

取得索取销售款项凭据的当天，是指书面合同确定的付款日期；未签订书面合同或者书面合同未确定付款日期的，为服务、无形资产转让完成的当天或者不动产权属变更的当天。

（二）纳税人提供建筑服务、租赁服务采取预收款方式的，其纳税义务发生时间为收到预收款的当天。

（三）纳税人从事金融商品转让的，为金融商品所有权转移的当天。

（四）纳税人发生本办法第十四条规定情形的，其纳税义务发生时间为服务、无形资产转让完成的当天或者不动产权属变更的当天。

（五）增值税扣缴义务发生时间为纳税人增值税纳税义务发生的当天。

第四十六条 增值税纳税地点为：

（一）固定业户应当向其机构所在地或者居住地主管税务机关申报纳税。总机构和分支机构不在同一县（市）的，应当分别向各自所在地的主管税务机关申报纳税；经财政部和国家税务总局或者其授权的财政和税务机关批准，可以由总机构汇总向总机构所在地的主管税务机关申报纳税。

（二）非固定业户应当向应税行为发生地主管税务机关申报纳税；未申报纳税的，由其机构所在地或者居住地主管税务机关补征税款。

（三）其他个人提供建筑服务，销售或者租赁不动产，转让自然资源使用权，应向建筑服务发生地、不动产所在地、自然资源所在地主管税务机关申报纳税。

（四）扣缴义务人应当向其机构所在地或者居住地主管税务机关申报缴纳扣缴的税款。

第四十七条 增值税的纳税期限分别为1日、3日、5日、10日、15日、1个月或者1个季度。纳税人的具体纳税期限，由主管税务机关根据纳税人应纳税额的大小分别核定。以1个季度为纳税期限的规定适用于小规模纳税人、银行、财务公司、信托投资公司、信用社，以及财政部和国家税务总局规定的其他纳税人。不能按照固定期限纳税的，可以按次纳税。

纳税人以1个月或者1个季度为1个纳税期的，自期满之日起15日内申报纳税；以1日、3日、5日、10日或者15日为1个纳税期的，自期满之日起5日内预缴税款，于次月1

日起 15 日内申报纳税并结清上月应纳税款。

扣缴义务人解缴税款的期限，按照前两款规定执行。

第六章　税收减免的处理

第四十八条　纳税人发生应税行为适用免税、减税规定的，可以放弃免税、减税，依照本办法的规定缴纳增值税。放弃免税、减税后，36 个月内不得再申请免税、减税。

纳税人发生应税行为同时适用免税和零税率规定的，纳税人可以选择适用免税或者零税率。

第四十九条　个人发生应税行为的销售额未达到增值税起征点的，免征增值税；达到起征点的，全额计算缴纳增值税。

增值税起征点不适用于登记为一般纳税人的个体工商户。

第五十条　增值税起征点幅度如下：

（一）按期纳税的，为月销售额 5000—20000 元（含本数）。

（二）按次纳税的，为每次（日）销售额 300—500 元（含本数）。

起征点的调整由财政部和国家税务总局规定。省、自治区、直辖市财政厅（局）和国家税务局应当在规定的幅度内，根据实际情况确定本地区适用的起征点，并报财政部和国家税务总局备案。

对增值税小规模纳税人中月销售额未达到 2 万元的企业或非企业性单位，免征增值税。2017 年 12 月 31 日前，对月销售额 2 万元（含本数）至 3 万元的增值税小规模纳税人，免征增值税。

第七章　征收管理

第五十一条　营业税改征的增值税，由国家税务局负责征收。纳税人销售取得的不动产和其他个人出租不动产的增值税，国家税务局暂委托地方税务局代为征收。

第五十二条　纳税人发生适用零税率的应税行为，应当按期向主管税务机关申报办理退（免）税，具体办法由财政部和国家税务总局制定。

第五十三条　纳税人发生应税行为，应当向索取增值税专用发票的购买方开具增值税专用发票，并在增值税专用发票上分别注明销售额和销项税额。

属于下列情形之一的，不得开具增值税专用发票：

（一）向消费者个人销售服务、无形资产或者不动产。

（二）适用免征增值税规定的应税行为。

第五十四条　小规模纳税人发生应税行为，购买方索取增值税专用发票的，可以向主管税务机关申请代开。

第五十五条　纳税人增值税的征收管理，按照本办法和《中华人民共和国税收征收管理法》及现行增值税征收管理有关规定执行。

附:

销售服务、无形资产、不动产注释

一、销售服务

销售服务,是指提供交通运输服务、邮政服务、电信服务、建筑服务、金融服务、现代服务、生活服务。

(一)交通运输服务

交通运输服务,是指利用运输工具将货物或者旅客送达目的地,使其空间位置得到转移的业务活动。包括陆路运输服务、水路运输服务、航空运输服务和管道运输服务。

1. 陆路运输服务。

陆路运输服务,是指通过陆路(地上或者地下)运送货物或者旅客的运输业务活动,包括铁路运输服务和其他陆路运输服务。

(1)铁路运输服务,是指通过铁路运送货物或者旅客的运输业务活动。

(2)其他陆路运输服务,是指铁路运输以外的陆路运输业务活动。包括公路运输、缆车运输、索道运输、地铁运输、城市轻轨运输等。

出租车公司向使用本公司自有出租车的出租车司机收取的管理费用,按照陆路运输服务缴纳增值税。

2. 水路运输服务。

水路运输服务,是指通过江、河、湖、川等天然、人工水道或者海洋航道运送货物或者旅客的运输业务活动。

水路运输的程租、期租业务,属于水路运输服务。

程租业务,是指运输企业为租船人完成某一特定航次的运输任务并收取租赁费的业务。

期租业务,是指运输企业将配备有操作人员的船舶承租给他人使用一定期限,承租期内听候承租方调遣,不论是否经营,均按天向承租方收取租赁费,发生的固定费用均由船东负担的业务。

3. 航空运输服务。

航空运输服务,是指通过空中航线运送货物或者旅客的运输业务活动。

航空运输的湿租业务,属于航空运输服务。

湿租业务,是指航空运输企业将配备有机组人员的飞机承租给他人使用一定期限,承租期内听候承租方调遣,不论是否经营,均按一定标准向承租方收取租赁费,发生的固定费用均由承租方承担的业务。

航天运输服务,按照航空运输服务缴纳增值税。

航天运输服务,是指利用火箭等载体将卫星、空间探测器等空间飞行器发射到空间轨道的业务活动。

4. 管道运输服务。

管道运输服务,是指通过管道设施输送气体、液体、固体物质的运输业务活动。

无运输工具承运业务,按照交通运输服务缴纳增值税。

无运输工具承运业务,是指经营者以承运人身份与托运人签订运输服务合同,收取运费并承担承运人责任,然后委托实际承运人完成运输服务的经营活动。

（二）邮政服务

邮政服务，是指中国邮政集团公司及其所属邮政企业提供邮件寄递、邮政汇兑和机要通信等邮政基本服务的业务活动。包括邮政普遍服务、邮政特殊服务和其他邮政服务。

1. 邮政普遍服务。

邮政普遍服务，是指函件、包裹等邮件寄递，以及邮票发行、报刊发行和邮政汇兑等业务活动。

函件，是指信函、印刷品、邮资封片卡、无名址函件和邮政小包等。

包裹，是指按照封装上的名址递送给特定个人或者单位的独立封装的物品，其重量不超过五十千克，任何一边的尺寸不超过一百五十厘米，长、宽、高合计不超过三百厘米。

2. 邮政特殊服务。

邮政特殊服务，是指义务兵平常信函、机要通信、盲人读物和革命烈士遗物的寄递等业务活动。

3. 其他邮政服务。

其他邮政服务，是指邮册等邮品销售、邮政代理等业务活动。

（三）电信服务

电信服务，是指利用有线、无线的电磁系统或者光电系统等各种通信网络资源，提供语音通话服务，传送、发射、接收或者应用图像、短信等电子数据和信息的业务活动。包括基础电信服务和增值电信服务。

1. 基础电信服务。

基础电信服务，是指利用固网、移动网、卫星、互联网，提供语音通话服务的业务活动，以及出租或者出售带宽、波长等网络元素的业务活动。

2. 增值电信服务。

增值电信服务，是指利用固网、移动网、卫星、互联网、有线电视网络，提供短信和彩信服务、电子数据和信息的传输及应用服务、互联网接入服务等业务活动。

卫星电视信号落地转接服务，按照增值电信服务缴纳增值税。

（四）建筑服务

建筑服务，是指各类建筑物、构筑物及其附属设施的建造、修缮、装饰，线路、管道、设备、设施等的安装以及其他工程作业的业务活动。包括工程服务、安装服务、修缮服务、装饰服务和其他建筑服务。

1. 工程服务。

工程服务，是指新建、改建各种建筑物、构筑物的工程作业，包括与建筑物相连的各种设备或者支柱、操作平台的安装或者装设工程作业，以及各种窑炉和金属结构工程作业。

2. 安装服务。

安装服务，是指生产设备、动力设备、起重设备、运输设备、传动设备、医疗实验设备以及其他各种设备、设施的装配、安置工程作业，包括与被安装设备相连的工作台、梯子、栏杆的装设工程作业，以及被安装设备的绝缘、防腐、保温、油漆等工程作业。

固定电话、有线电视、宽带、水、电、燃气、暖气等经营者向用户收取的安装费、初装费、开户费、扩容费以及类似收费，按照安装服务缴纳增值税。

3. 修缮服务。

修缮服务，是指对建筑物、构筑物进行修补、加固、养护、改善，使之恢复原来的使用价值或者延长其使用期限的工程作业。

4. 装饰服务。

装饰服务，是指对建筑物、构筑物进行修饰装修，使之美观或者具有特定用途的工程作业。

5. 其他建筑服务。

其他建筑服务，是指上列工程作业之外的各种工程作业服务，如钻井（打井）、拆除建筑物或者构筑物、平整土地、园林绿化、疏浚（不包括航道疏浚）、建筑物平移、搭脚手架、爆破、矿山穿孔、表面附着物（包括岩层、土层、沙层等）剥离和清理等工程作业。

（五）金融服务

金融服务，是指经营金融保险的业务活动。包括贷款服务、直接收费金融服务、保险服务和金融商品转让。

1. 贷款服务。

贷款，是指将资金贷与他人使用而取得利息收入的业务活动。

各种占用、拆借资金取得的收入，包括金融商品持有期间（含到期）利息（保本收益、报酬、资金占用费、补偿金等）收入、信用卡透支利息收入、买入返售金融商品利息收入、融资融券收取的利息收入，以及融资性售后回租、押汇、罚息、票据贴现、转贷等业务取得的利息及利息性质的收入，按照贷款服务缴纳增值税。

融资性售后回租，是指承租方以融资为目的，将资产出售给从事融资性售后回租业务的企业后，从事融资性售后回租业务的企业将该资产出租给承租方的业务活动。

以货币资金投资收取的固定利润或者保底利润，按照贷款服务缴纳增值税。

2. 直接收费金融服务。

直接收费金融服务，是指为货币资金融通及其他金融业务提供相关服务并且收取费用的业务活动。包括提供货币兑换、账户管理、电子银行、信用卡、信用证、财务担保、资产管理、信托管理、基金管理、金融交易场所（平台）管理、资金结算、资金清算、金融支付等服务。

3. 保险服务。

保险服务，是指投保人根据合同约定，向保险人支付保险费，保险人对于合同约定的可能发生的事故因其发生所造成的财产损失承担赔偿保险金责任，或者当被保险人死亡、伤残、疾病或者达到合同约定的年龄、期限等条件时承担给付保险金责任的商业保险行为。包括人身保险服务和财产保险服务。

人身保险服务，是指以人的寿命和身体为保险标的的保险业务活动。

财产保险服务，是指以财产及其有关利益为保险标的的保险业务活动。

4. 金融商品转让。

金融商品转让，是指转让外汇、有价证券、非货物期货和其他金融商品所有权的业务活动。

其他金融商品转让包括基金、信托、理财产品等各类资产管理产品和各种金融衍生品的转让。

（六）现代服务

现代服务，是指围绕制造业、文化产业、现代物流产业等提供技术性、知识性服务的业务活动。包括研发和技术服务、信息技术服务、文化创意服务、物流辅助服务、租赁服务、鉴证咨询服务、广播影视服务、商务辅助服务和其他现代服务。

1. 研发和技术服务。

研发和技术服务，包括研发服务、合同能源管理服务、工程勘察勘探服务、专业技术服务。

（1）研发服务，也称技术开发服务，是指就新技术、新产品、新工艺或者新材料及其系统进行研究与试验开发的业务活动。

（2）合同能源管理服务，是指节能服务公司与用能单位以契约形式约定节能目标，节能服务公司提供必要的服务，用能单位以节能效果支付节能服务公司投入及其合理报酬的业务活动。

（3）工程勘察勘探服务，是指在采矿、工程施工前后，对地形、地质构造、地下资源蕴藏情况进行实地调查的业务活动。

（4）专业技术服务，是指气象服务、地震服务、海洋服务、测绘服务、城市规划、环境与生态监测服务等专项技术服务。

2. 信息技术服务。

信息技术服务，是指利用计算机、通信网络等技术对信息进行生产、收集、处理、加工、存储、运输、检索和利用，并提供信息服务的业务活动。包括软件服务、电路设计及测试服务、信息系统服务、业务流程管理服务和信息系统增值服务。

（1）软件服务，是指提供软件开发服务、软件维护服务、软件测试服务的业务活动。

（2）电路设计及测试服务，是指提供集成电路和电子电路产品设计、测试及相关技术支持服务的业务活动。

（3）信息系统服务，是指提供信息系统集成、网络管理、网站内容维护、桌面管理与维护、信息系统应用、基础信息技术管理平台整合、信息技术基础设施管理、数据中心、托管中心、信息安全服务、在线杀毒、虚拟主机等业务活动。包括网站对非自有的网络游戏提供的网络运营服务。

（4）业务流程管理服务，是指依托信息技术提供的人力资源管理、财务经济管理、审计管理、税务管理、物流信息管理、经营信息管理和呼叫中心等服务的活动。

（5）信息系统增值服务，是指利用信息系统资源为用户附加提供的信息技术服务。包括数据处理、分析和整合、数据库管理、数据备份、数据存储、容灾服务、电子商务平台等。

3. 文化创意服务。

文化创意服务，包括设计服务、知识产权服务、广告服务和会议展览服务。

（1）设计服务，是指把计划、规划、设想通过文字、语言、图画、声音、视觉等形式传递出来的业务活动。包括工业设计、内部管理设计、业务运作设计、供应链设计、造型设计、服装设计、环境设计、平面设计、包装设计、动漫设计、网游设计、展示设计、网站设计、机械设计、工程设计、广告设计、创意策划、文印晒图等。

（2）知识产权服务，是指处理知识产权事务的业务活动。包括对专利、商标、著作权、软件、集成电路布图设计的登记、鉴定、评估、认证、检索服务。

（3）广告服务，是指利用图书、报纸、杂志、广播、电视、电影、幻灯、路牌、招贴、橱窗、霓虹灯、灯箱、互联网等各种形式为客户的商品、经营服务项目、文体节目或者通告、声明等委托事项进行宣传和提供相关服务的业务活动。包括广告代理和广告的发布、播映、宣传、展示等。

（4）会议展览服务，是指为商品流通、促销、展示、经贸洽谈、民间交流、企业沟通、国际往来等举办或者组织安排的各类展览和会议的业务活动。

4. 物流辅助服务。

物流辅助服务，包括航空服务、港口码头服务、货运客运场站服务、打捞救助服务、装卸搬运服务、仓储服务和收派服务。

（1）航空服务，包括航空地面服务和通用航空服务。

航空地面服务，是指航空公司、飞机场、民航管理局、航站等向在境内航行或者在境内机场停留的境内外飞机或者其他飞行器提供的导航等劳务性地面服务的业务活动。包括旅客安全检查服务、停机坪管理服务、机场候机厅管理服务、飞机清洗消毒服务、空中飞行管理服务、飞机起降服务、飞行通讯服务、地面信号服务、飞机安全服务、飞机跑道管理服务、空中交通管理服务等。

通用航空服务，是指为专业工作提供飞行服务的业务活动，包括航空摄影、航空培训、航空测量、航空勘探、航空护林、航空吊挂播洒、航空降雨、航空气象探测、航空海洋监测、航空科学实验等。

（2）港口码头服务，是指港务船舶调度服务、船舶通讯服务、航道管理服务、航道疏浚服务、灯塔管理服务、航标管理服务、船舶引航服务、理货服务、系解缆服务、停泊和移泊服务、海上船舶溢油清除服务、水上交通管理服务、船只专业清洗消毒检测服务和防止船只漏油服务等为船只提供服务的业务活动。

港口设施经营人收取的港口设施保安费按照港口码头服务缴纳增值税。

（3）货运客运场站服务，是指货运客运场站提供货物配载服务、运输组织服务、中转换乘服务、车辆调度服务、票务服务、货物打包整理、铁路线路使用服务、加挂铁路客车服务、铁路行包专列发送服务、铁路到达和中转服务、铁路车辆编解服务、车辆挂运服务、铁路接触网服务、铁路机车牵引服务等业务活动。

（4）打捞救助服务，是指提供船舶人员救助、船舶财产救助、水上救助和沉船沉物打捞服务的业务活动。

（5）装卸搬运服务，是指使用装卸搬运工具或者人力、畜力将货物在运输工具之间、装卸现场之间或者运输工具与装卸现场之间进行装卸和搬运的业务活动。

（6）仓储服务，是指利用仓库、货场或者其他场所代客贮放、保管货物的业务活动。

（7）收派服务，是指接受寄件人委托，在承诺的时限内完成函件和包裹的收件、分拣、派送服务的业务活动。

收件服务，是指从寄件人收取函件和包裹，并运送到服务提供方同城的集散中心的业务活动。

分拣服务，是指服务提供方在其集散中心对函件和包裹进行归类、分发的业务活动。

派送服务，是指服务提供方从其集散中心将函件和包裹送达同城的收件人的业务活动。

5. 租赁服务。

租赁服务，包括融资租赁服务和经营租赁服务。

（1）融资租赁服务，是指具有融资性质和所有权转移特点的租赁活动。即出租人根据承租人所要求的规格、型号、性能等条件购入有形动产或者不动产租赁给承租人，合同期内租赁物所有权属于出租人，承租人只拥有使用权，合同期满付清租金后，承租人有权按照残值购入租赁物，以拥有其所有权。不论出租人是否将租赁物销售给承租人，均属于融资租赁。

按照标的物的不同，融资租赁服务可分为有形动产融资租赁服务和不动产融资租赁服务。

融资性售后回租不按照本税目缴纳增值税。

（2）经营租赁服务，是指在约定时间内将有形动产或者不动产转让他人使用且租赁物所有权不变更的业务活动。

按照标的物的不同，经营租赁服务可分为有形动产经营租赁服务和不动产经营租赁服务。

将建筑物、构筑物等不动产或者飞机、车辆等有形动产的广告位出租给其他单位或者个人用于发布广告，按照经营租赁服务缴纳增值税。

车辆停放服务、道路通行服务（包括过路费、过桥费、过闸费等）等按照不动产经营租赁服务缴纳增值税。

水路运输的光租业务、航空运输的干租业务，属于经营租赁。

光租业务，是指运输企业将船舶在约定的时间内出租给他人使用，不配备操作人员，不承担运输过程中发生的各项费用，只收取固定租赁费的业务活动。

干租业务，是指航空运输企业将飞机在约定的时间内出租给他人使用，不配备机组人员，不承担运输过程中发生的各项费用，只收取固定租赁费的业务活动。

6. 鉴证咨询服务。

鉴证咨询服务，包括认证服务、鉴证服务和咨询服务。

（1）认证服务，是指具有专业资质的单位利用检测、检验、计量等技术，证明产品、服务、管理体系符合相关技术规范、相关技术规范的强制性要求或者标准的业务活动。

（2）鉴证服务，是指具有专业资质的单位受托对相关事项进行鉴证，发表具有证明力的意见的业务活动。包括会计鉴证、税务鉴证、法律鉴证、职业技能鉴定、工程造价鉴证、工程监理、资产评估、环境评估、房地产土地评估、建筑图纸审核、医疗事故鉴定等。

（3）咨询服务，是指提供信息、建议、策划、顾问等服务的活动。包括金融、软件、技术、财务、税收、法律、内部管理、业务运作、流程管理、健康等方面的咨询。

翻译服务和市场调查服务按照咨询服务缴纳增值税。

7. 广播影视服务。

广播影视服务，包括广播影视节目（作品）的制作服务、发行服务和播映（含放映，下同）服务。

（1）广播影视节目（作品）制作服务，是指进行专题（特别节目）、专栏、综艺、体育、动画片、广播剧、电视剧、电影等广播影视节目和作品制作的服务。具体包括与广播影视节目和作品相关的策划、采编、拍摄、录音、音视频文字图片素材制作、场景布置、后期的剪辑、翻译（编译）、字幕制作、片头、片尾、片花制作、特效制作、影片修复、编目和确权等业务活动。

（2）广播影视节目（作品）发行服务，是指以分账、买断、委托等方式，向影院、电台、电视台、网站等单位和个人发行广播影视节目（作品）以及转让体育赛事等活动的报道及播映权的业务活动。

（3）广播影视节目（作品）播映服务，是指在影院、剧院、录像厅及其他场所播映广播影视节目（作品），以及通过电台、电视台、卫星通信、互联网、有线电视等无线或者有线装置播映广播影视节目（作品）的业务活动。

8. 商务辅助服务。

商务辅助服务，包括企业管理服务、经纪代理服务、人力资源服务、安全保护服务。

（1）企业管理服务，是指提供总部管理、投资与资产管理、市场管理、物业管理、日常综合管理等服务的业务活动。

（2）经纪代理服务，是指各类经纪、中介、代理服务。包括金融代理、知识产权代理、货物运输代理、代理报关、法律代理、房地产中介、职业中介、婚姻中介、代理记账、拍卖等。

货物运输代理服务，是指接受货物收货人、发货人、船舶所有人、船舶承租人或者船舶经营人的委托，以委托人的名义，为委托人办理货物运输、装卸、仓储和船舶进出港口、引航、靠泊等相关手续的业务活动。

代理报关服务，是指接受进出口货物的收、发货人委托，代为办理报关手续的业务活动。

（3）人力资源服务，是指提供公共就业、劳务派遣、人才委托招聘、劳动力外包等服务的业务活动。

（4）安全保护服务，是指提供保护人身安全和财产安全，维护社会治安等的业务活动。包括场所住宅保安、特种保安、安全系统监控以及其他安保服务。

9. 其他现代服务。

其他现代服务，是指除研发和技术服务、信息技术服务、文化创意服务、物流辅助服务、租赁服务、鉴证咨询服务、广播影视服务和商务辅助服务以外的现代服务。

（七）生活服务

生活服务，是指为满足城乡居民日常生活需求提供的各类服务活动。包括文化体育服务、教育医疗服务、旅游娱乐服务、餐饮住宿服务、居民日常服务和其他生活服务。

1. 文化体育服务。

文化体育服务，包括文化服务和体育服务。

（1）文化服务，是指为满足社会公众文化生活需求提供的各种服务。包括：文艺创作、文艺表演、文化比赛，图书馆的图书和资料借阅，档案馆的档案管理，文物及非物质遗产保护，组织举办宗教活动、科技活动、文化活动，提供游览场所。

（2）体育服务，是指组织举办体育比赛、体育表演、体育活动，以及提供体育训练、体育指导、体育管理的业务活动。

2. 教育医疗服务。

教育医疗服务，包括教育服务和医疗服务。

（1）教育服务，是指提供学历教育服务、非学历教育服务、教育辅助服务的业务活动。

学历教育服务，是指根据教育行政管理部门确定或者认可的招生和教学计划组织教学，并颁发相应学历证书的业务活动。包括初等教育、初级中等教育、高级中等教育、高等教育等。

非学历教育服务，包括学前教育、各类培训、演讲、讲座、报告会等。

教育辅助服务，包括教育测评、考试、招生等服务。

（2）医疗服务，是指提供医学检查、诊断、治疗、康复、预防、保健、接生、计划生育、防疫服务等方面的服务，以及与这些服务有关的提供药品、医用材料器具、救护车、病房住宿和伙食的业务。

3. 旅游娱乐服务。

旅游娱乐服务，包括旅游服务和娱乐服务。

（1）旅游服务，是指根据旅游者的要求，组织安排交通、游览、住宿、餐饮、购物、文娱、商务等服务的业务活动。

（2）娱乐服务，是指为娱乐活动同时提供场所和服务的业务。

具体包括：歌厅、舞厅、夜总会、酒吧、台球、高尔夫球、保龄球、游艺（包括射击、狩猎、跑马、游戏机、蹦极、卡丁车、热气球、动力伞、射箭、飞镖）。

4. 餐饮住宿服务。

餐饮住宿服务，包括餐饮服务和住宿服务。

（1）餐饮服务，是指通过同时提供饮食和饮食场所的方式为消费者提供饮食消费服务的业务活动。

（2）住宿服务，是指提供住宿场所及配套服务等的活动。包括宾馆、旅馆、旅社、度假村和其他经营性住宿场所提供的住宿服务。

5. 居民日常服务。

居民日常服务，是指主要为满足居民个人及其家庭日常生活需求提供的服务，包括市容市政管理、家政、婚庆、养老、殡葬、照料和护理、救助救济、美容美发、按摩、桑拿、氧吧、足疗、沐浴、洗染、摄影扩印等服务。

6. 其他生活服务。

其他生活服务，是指除文化体育服务、教育医疗服务、旅游娱乐服务、餐饮住宿服务和居民日常服务之外的生活服务。

二、销售无形资产

销售无形资产，是指转让无形资产所有权或者使用权的业务活动。无形资产，是指不具实物形态，但能带来经济利益的资产，包括技术、商标、著作权、商誉、自然资源使用权和其他权益性无形资产。

技术，包括专利技术和非专利技术。

自然资源使用权，包括土地使用权、海域使用权、探矿权、采矿权、取水权和其他自然资源使用权。

其他权益性无形资产，包括基础设施资产经营权、公共事业特许权、配额、经营权（包括特许经营权、连锁经营权、其他经营权）、经销权、分销权、代理权、会员权、席位权、网络游戏虚拟道具、域名、名称权、肖像权、冠名权、转会费等。

三、销售不动产

销售不动产，是指转让不动产所有权的业务活动。不动产，是指不能移动或者移动后会引起性质、形状改变的财产,包括建筑物、构筑物等。

建筑物,包括住宅、商业营业用房、办公楼等可供居住、工作或者进行其他活动的建造物。

构筑物,包括道路、桥梁、隧道、水坝等建造物。

转让建筑物有限产权或者永久使用权的,转让在建的建筑物或者构筑物所有权的,以及在转让建筑物或者构筑物时一并转让其所占土地的使用权的,按照销售不动产缴纳增值税。

附件2:

营业税改征增值税试点有关事项的规定

一、营改增试点期间,试点纳税人〔指按照《营业税改征增值税试点实施办法》(以下称《试点实施办法》)缴纳增值税的纳税人〕有关政策

(一)兼营

试点纳税人销售货物、加工修理修配劳务、服务、无形资产或者不动产适用不同税率或者征收率的,应当分别核算适用不同税率或者征收率的销售额,未分别核算销售额的,按照以下方法适用税率或者征收率:

1. 兼有不同税率的销售货物、加工修理修配劳务、服务、无形资产或者不动产,从高适用税率。

2. 兼有不同征收率的销售货物、加工修理修配劳务、服务、无形资产或者不动产,从高适用征收率。

3. 兼有不同税率和征收率的销售货物、加工修理修配劳务、服务、无形资产或者不动产,从高适用税率。

(二)不征收增值税项目

1. 根据国家指令无偿提供的铁路运输服务、航空运输服务,属于《试点实施办法》第十四条规定的用于公益事业的服务。

2. 存款利息。

3. 被保险人获得的保险赔付。

4. 房地产主管部门或者其指定机构、公积金管理中心、开发企业以及物业管理单位代收的住宅专项维修资金。

5. 在资产重组过程中,通过合并、分立、出售、置换等方式,将全部或者部分实物资产以及与其相关联的债权、负债和劳动力一并转让给其他单位和个人,其中涉及的不动产、土地使用权转让行为。

(三)销售额

1. 贷款服务,以提供贷款服务取得的全部利息及利息性质的收入为销售额。

2. 直接收费金融服务,以提供直接收费金融服务收取的手续费、佣金、酬金、管理费、服务费、经手费、开户费、过户费、结算费、转托管费等各类费用为销售额。

3. 金融商品转让,按照卖出价扣除买入价后的余额为销售额。

转让金融商品出现的正负差,按盈亏相抵后的余额为销售额。若相抵后出现负差,可结

转下一纳税期与下期转让金融商品销售额相抵，但年末时仍出现负差的，不得转入下一个会计年度。

金融商品的买入价，可以选择按照加权平均法或者移动加权平均法进行核算，选择后36个月内不得变更。

金融商品转让，不得开具增值税专用发票。

4. 经纪代理服务，以取得的全部价款和价外费用，扣除向委托方收取并代为支付的政府性基金或者行政事业性收费后的余额为销售额。向委托方收取的政府性基金或者行政事业性收费，不得开具增值税专用发票。

5. 融资租赁和融资性售后回租业务。

（1）经人民银行、银监会或者商务部批准从事融资租赁业务的试点纳税人，提供融资租赁服务，以取得的全部价款和价外费用，扣除支付的借款利息（包括外汇借款和人民币借款利息）、发行债券利息和车辆购置税后的余额为销售额。

（2）经人民银行、银监会或者商务部批准从事融资租赁业务的试点纳税人，提供融资性售后回租服务，以取得的全部价款和价外费用（不含本金），扣除对外支付的借款利息（包括外汇借款和人民币借款利息）、发行债券利息后的余额作为销售额。

（3）试点纳税人根据2016年4月30日前签订的有形动产融资性售后回租合同，在合同到期前提供的有形动产融资性售后回租服务，可继续按照有形动产融资租赁服务缴纳增值税。

继续按照有形动产融资租赁服务缴纳增值税的试点纳税人，经人民银行、银监会或者商务部批准从事融资租赁业务的，根据2016年4月30日前签订的有形动产融资性售后回租合同，在合同到期前提供的有形动产融资性售后回租服务，可以选择以下方法之一计算销售额：

①以向承租方收取的全部价款和价外费用，扣除向承租方收取的价款本金，以及对外支付的借款利息（包括外汇借款和人民币借款利息）、发行债券利息后的余额为销售额。

纳税人提供有形动产融资性售后回租服务，计算当期销售额时可以扣除的价款本金，为书面合同约定的当期应当收取的本金。无书面合同或者书面合同没有约定的，为当期实际收取的本金。

试点纳税人提供有形动产融资性售后回租服务，向承租方收取的有形动产价款本金，不得开具增值税专用发票，可以开具普通发票。

②以向承租方收取的全部价款和价外费用，扣除支付的借款利息（包括外汇借款和人民币借款利息）、发行债券利息后的余额为销售额。

（4）经商务部授权的省级商务主管部门和国家经济技术开发区批准的从事融资租赁业务的试点纳税人，2016年5月1日后实收资本达到1.7亿元的，从达到标准的当月起按照上述第（1）、（2）、（3）点规定执行；2016年5月1日后实收资本未达到1.7亿元但注册资本达到1.7亿元的，在2016年7月31日前仍可按照上述第（1）、（2）、（3）点规定执行，2016年8月1日后开展的融资租赁业务和融资性售后回租业务不得按照上述第（1）、（2）、（3）点规定执行。

6. 航空运输企业的销售额，不包括代收的机场建设费和代售其他航空运输企业客票而代收转付的价款。

7. 试点纳税人中的一般纳税人（以下称一般纳税人）提供客运场站服务，以其取得的全部价款和价外费用，扣除支付给承运方运费后的余额为销售额。

8. 试点纳税人提供旅游服务，可以选择以取得的全部价款和价外费用，扣除向旅游服务购买方收取并支付给其他单位或者个人的住宿费、餐饮费、交通费、签证费、门票费和支付给其他接团旅游企业的旅游费用后的余额为销售额。

选择上述办法计算销售额的试点纳税人，向旅游服务购买方收取并支付的上述费用，不得开具增值税专用发票，可以开具普通发票。

9. 试点纳税人提供建筑服务适用简易计税方法的，以取得的全部价款和价外费用扣除支付的分包款后的余额为销售额。

10. 房地产开发企业中的一般纳税人销售其开发的房地产项目（选择简易计税方法的房地产老项目除外），以取得的全部价款和价外费用，扣除受让土地时向政府部门支付的土地价款后的余额为销售额。

房地产老项目，是指《建筑工程施工许可证》注明的合同开工日期在2016年4月30日前的房地产项目。

11. 试点纳税人按照上述4—10款的规定从全部价款和价外费用中扣除的价款，应当取得符合法律、行政法规和国家税务总局规定的有效凭证。否则，不得扣除。

上述凭证是指：

（1）支付给境内单位或者个人的款项，以发票为合法有效凭证。

（2）支付给境外单位或者个人的款项，以该单位或者个人的签收单据为合法有效凭证，税务机关对签收单据有疑议的，可以要求其提供境外公证机构的确认证明。

（3）缴纳的税款，以完税凭证为合法有效凭证。

（4）扣除的政府性基金、行政事业性收费或者向政府支付的土地价款，以省级以上（含省级）财政部门监（印）制的财政票据为合法有效凭证。

（5）国家税务总局规定的其他凭证。

纳税人取得的上述凭证属于增值税扣税凭证的，其进项税额不得从销项税额中抵扣。

（四）进项税额

1. 适用一般计税方法的试点纳税人，2016年5月1日后取得并在会计制度上按固定资产核算的不动产或者2016年5月1日后取得的不动产在建工程，其进项税额应自取得之日起分2年从销项税额中抵扣，第一年抵扣比例为60%，第二年抵扣比例为40%。

取得不动产，包括以直接购买、接受捐赠、接受投资入股、自建以及抵债等各种形式取得不动产，不包括房地产开发企业自行开发的房地产项目。

融资租入的不动产以及在施工现场修建的临时建筑物、构筑物，其进项税额不适用上述分2年抵扣的规定。

2. 按照《试点实施办法》第二十七条第（一）项规定不得抵扣且未抵扣进项税额的固定资产、无形资产、不动产，发生用途改变，用于允许抵扣进项税额的应税项目，可在用途改变的次月按照下列公式计算可以抵扣的进项税额：

可以抵扣的进项税额＝固定资产、无形资产、不动产净值／（1＋适用税率）×适用税率

上述可以抵扣的进项税额应取得合法有效的增值税扣税凭证。

3. 纳税人接受贷款服务向贷款方支付的与该笔贷款直接相关的投融资顾问费、手续费、咨询费等费用，其进项税额不得从销项税额中抵扣。

（五）一般纳税人资格登记

《试点实施办法》第三条规定的年应税销售额标准为500万元（含本数）。财政部和国家税务总局可以对年应税销售额标准进行调整。

（六）计税方法

一般纳税人发生下列应税行为可以选择适用简易计税方法计税：

1. 公共交通运输服务。

公共交通运输服务，包括轮客渡、公交客运、地铁、城市轻轨、出租车、长途客运、班车。

班车，是指按固定路线、固定时间运营并在固定站点停靠的运送旅客的陆路运输服务。

2. 经认定的动漫企业为开发动漫产品提供的动漫脚本编撰、形象设计、背景设计、动画设计、分镜、动画制作、摄制、描线、上色、画面合成、配音、配乐、音效合成、剪辑、字幕制作、压缩转码（面向网络动漫、手机动漫格式适配）服务，以及在境内转让动漫版权（包括动漫品牌、形象或者内容的授权及再授权）。

动漫企业和自主开发、生产动漫产品的认定标准和认定程序，按照《文化部　财政部　国家税务总局关于印发〈动漫企业认定管理办法（试行）〉的通知》（文市发〔2008〕51号）的规定执行。

3. 电影放映服务、仓储服务、装卸搬运服务、收派服务和文化体育服务。

4. 以纳入营改增试点之日前取得的有形动产为标的物提供的经营租赁服务。

5. 在纳入营改增试点之日前签订的尚未执行完毕的有形动产租赁合同。

（七）建筑服务

1. 一般纳税人以清包工方式提供的建筑服务，可以选择适用简易计税方法计税。

以清包工方式提供建筑服务，是指施工方不采购建筑工程所需的材料或只采购辅助材料，并收取人工费、管理费或者其他费用的建筑服务。

2. 一般纳税人为甲供工程提供的建筑服务，可以选择适用简易计税方法计税。

甲供工程，是指全部或部分设备、材料、动力由工程发包方自行采购的建筑工程。

3. 一般纳税人为建筑工程老项目提供的建筑服务，可以选择适用简易计税方法计税。

建筑工程老项目，是指：

（1）《建筑工程施工许可证》注明的合同开工日期在2016年4月30日前的建筑工程项目；

（2）未取得《建筑工程施工许可证》的，建筑工程承包合同注明的开工日期在2016年4月30日前的建筑工程项目。

4. 一般纳税人跨县（市）提供建筑服务，适用一般计税方法计税的，应以取得的全部价款和价外费用为销售额计算应纳税额。纳税人应以取得的全部价款和价外费用扣除支付的分包款后的余额，按照2%的预征率在建筑服务发生地预缴税款后，向机构所在地主管税务机关进行纳税申报。

5. 一般纳税人跨县（市）提供建筑服务，选择适用简易计税方法计税的，应以取得的全部价款和价外费用扣除支付的分包款后的余额为销售额，按照3%的征收率计算应纳税额。纳税人应按照上述计税方法在建筑服务发生地预缴税款后，向机构所在地主管税务机关进行纳税申报。

6. 试点纳税人中的小规模纳税人（以下称小规模纳税人）跨县（市）提供建筑服务，应以取得的全部价款和价外费用扣除支付的分包款后的余额为销售额，按照3%的征收率计算应纳税额。纳税人应按照上述计税方法在建筑服务发生地预缴税款后，向机构所在地主管税务机关进行纳税申报。

（八）销售不动产

1. 一般纳税人销售其2016年4月30日前取得（不含自建）的不动产，可以选择适用简易计税方法，以取得的全部价款和价外费用减去该项不动产购置原价或者取得不动产时的作价后的余额为销售额，按照5%的征收率计算应纳税额。纳税人应按照上述计税方法在不动产所在地预缴税款后，向机构所在地主管税务机关进行纳税申报。

2. 一般纳税人销售其2016年4月30日前自建的不动产，可以选择适用简易计税方法，以取得的全部价款和价外费用为销售额，按照5%的征收率计算应纳税额。纳税人应按照上述计税方法在不动产所在地预缴税款后，向机构所在地主管税务机关进行纳税申报。

3. 一般纳税人销售其2016年5月1日后取得（不含自建）的不动产，应适用一般计税方法，以取得的全部价款和价外费用为销售额计算应纳税额。纳税人应以取得的全部价款和价外费用减去该项不动产购置原价或者取得不动产时的作价后的余额，按照5%的预征率在不动产所在地预缴税款后，向机构所在地主管税务机关进行纳税申报。

4. 一般纳税人销售其2016年5月1日后自建的不动产，应适用一般计税方法，以取得的全部价款和价外费用为销售额计算应纳税额。纳税人应以取得的全部价款和价外费用，按照5%的预征率在不动产所在地预缴税款后，向机构所在地主管税务机关进行纳税申报。

5. 小规模纳税人销售其取得（不含自建）的不动产（不含个体工商户销售购买的住房和其他个人销售不动产），应以取得的全部价款和价外费用减去该项不动产购置原价或者取得不动产时的作价后的余额为销售额，按照5%的征收率计算应纳税额。纳税人应按照上述计税方法在不动产所在地预缴税款后，向机构所在地主管税务机关进行纳税申报。

6. 小规模纳税人销售其自建的不动产，应以取得的全部价款和价外费用为销售额，按照5%的征收率计算应纳税额。纳税人应按照上述计税方法在不动产所在地预缴税款后，向机构所在地主管税务机关进行纳税申报。

7. 房地产开发企业中的一般纳税人，销售自行开发的房地产老项目，可以选择适用简易计税方法按照5%的征收率计税。

8. 房地产开发企业中的小规模纳税人，销售自行开发的房地产项目，按照5%的征收率计税。

9. 房地产开发企业采取预收款方式销售所开发的房地产项目，在收到预收款时按照3%的预征率预缴增值税。

10. 个体工商户销售购买的住房，应按照附件3《营业税改征增值税试点过渡政策的规定》第五条的规定征免增值税。纳税人应按照上述计税方法在不动产所在地预缴税款后，向机构所在地主管税务机关进行纳税申报。

11. 其他个人销售其取得（不含自建）的不动产（不含其购买的住房），应以取得的全部价款和价外费用减去该项不动产购置原价或者取得不动产时的作价后的余额为销售额，按照 5% 的征收率计算应纳税额。

（九）不动产经营租赁服务

1. 一般纳税人出租其 2016 年 4 月 30 日前取得的不动产，可以选择适用简易计税方法，按照 5% 的征收率计算应纳税额。纳税人出租其 2016 年 4 月 30 日前取得的与机构所在地不在同一县（市）的不动产，应按照上述计税方法在不动产所在地预缴税款后，向机构所在地主管税务机关进行纳税申报。

2. 公路经营企业中的一般纳税人收取试点前开工的高速公路的车辆通行费，可以选择适用简易计税方法，减按 3% 的征收率计算应纳税额。

试点前开工的高速公路，是指相关施工许可证明上注明的合同开工日期在 2016 年 4 月 30 日前的高速公路。

3. 一般纳税人出租其 2016 年 5 月 1 日后取得的、与机构所在地不在同一县（市）的不动产，应按照 3% 的预征率在不动产所在地预缴税款后，向机构所在地主管税务机关进行纳税申报。

4. 小规模纳税人出租其取得的不动产（不含个人出租住房），应按照 5% 的征收率计算应纳税额。纳税人出租与机构所在地不在同一县（市）的不动产，应按照上述计税方法在不动产所在地预缴税款后，向机构所在地主管税务机关进行纳税申报。

5. 其他个人出租其取得的不动产（不含住房），应按照 5% 的征收率计算应纳税额。

6. 个人出租住房，应按照 5% 的征收率减按 1.5% 计算应纳税额。

（十）一般纳税人销售其 2016 年 4 月 30 日前取得的不动产（不含自建），适用一般计税方法计税的，以取得的全部价款和价外费用为销售额计算应纳税额。上述纳税人应以取得的全部价款和价外费用减去该项不动产购置原价或者取得不动产时的作价后的余额，按照 5% 的预征率在不动产所在地预缴税款后，向机构所在地主管税务机关进行纳税申报。

房地产开发企业中的一般纳税人销售房地产老项目，以及一般纳税人出租其 2016 年 4 月 30 日前取得的不动产，适用一般计税方法计税的，应以取得的全部价款和价外费用，按照 3% 的预征率在不动产所在地预缴税款后，向机构所在地主管税务机关进行纳税申报。

一般纳税人销售其 2016 年 4 月 30 日前自建的不动产，适用一般计税方法计税的，应以取得的全部价款和价外费用为销售额计算应纳税额。纳税人应以取得的全部价款和价外费用，按照 5% 的预征率在不动产所在地预缴税款后，向机构所在地主管税务机关进行纳税申报。

（十一）一般纳税人跨省（自治区、直辖市或者计划单列市）提供建筑服务或者销售、出租取得的与机构所在地不在同一省（自治区、直辖市或者计划单列市）的不动产，在机构所在地申报纳税时，计算的应纳税额小于已预缴税额，且差额较大的，由国家税务总局通知建筑服务发生地或者不动产所在地省级税务机关，在一定时期内暂停预缴增值税。

（十二）纳税地点

属于固定业户的试点纳税人，总分支机构不在同一县（市），但在同一省（自治区、直辖市、计划单列市）范围内的，经省（自治区、直辖市、计划单列市）财政厅（局）和国家税务局批准，可以由总机构汇总向总机构所在地的主管税务机关申报缴纳增值税。

（十三）试点前发生的业务

1. 试点纳税人发生应税行为，按照国家有关营业税政策规定差额征收营业税的，因取得的全部价款和价外费用不足以抵减允许扣除项目金额，截至纳入营改增试点之日前尚未扣除的部分，不得在计算试点纳税人增值税应税销售额时抵减，应当向原主管地税机关申请退还营业税。

2. 试点纳税人发生应税行为，在纳入营改增试点之日前已缴纳营业税，营改增试点后因发生退款减除营业额的，应当向原主管地税机关申请退还已缴纳的营业税。

3. 试点纳税人纳入营改增试点之日前发生的应税行为，因税收检查等原因需要补缴税款的，应按照营业税政策规定补缴营业税。

（十四）销售使用过的固定资产

一般纳税人销售自己使用过的、纳入营改增试点之日前取得的固定资产，按照现行旧货相关增值税政策执行。

使用过的固定资产，是指纳税人符合《试点实施办法》第二十八条规定并根据财务会计制度已经计提折旧的固定资产。

（十五）扣缴增值税适用税率

境内的购买方为境外单位和个人扣缴增值税的，按照适用税率扣缴增值税。

（十六）其他规定

1. 试点纳税人销售电信服务时，附带赠送用户识别卡、电信终端等货物或者电信服务的，应将其取得的全部价款和价外费用进行分别核算，按各自适用的税率计算缴纳增值税。

2. 油气田企业发生应税行为，适用《试点实施办法》规定的增值税税率，不再适用《财政部　国家税务总局关于印发〈油气田企业增值税管理办法〉的通知》（财税〔2009〕8号）规定的增值税税率。

二、原增值税纳税人［指按照《中华人民共和国增值税暂行条例》（国务院令第538号）（以下称《增值税暂行条例》）缴纳增值税的纳税人］有关政策

（一）进项税额

1. 原增值税一般纳税人购进服务、无形资产或者不动产，取得的增值税专用发票上注明的增值税额为进项税额，准予从销项税额中抵扣。

2016年5月1日后取得并在会计制度上按固定资产核算的不动产或者2016年5月1日后取得的不动产在建工程，其进项税额应自取得之日起分2年从销项税额中抵扣，第一年抵扣比例为60%，第二年抵扣比例为40%。

融资租入的不动产以及在施工现场修建的临时建筑物、构筑物，其进项税额不适用上述分2年抵扣的规定。

2. 原增值税一般纳税人自用的应征消费税的摩托车、汽车、游艇，其进项税额准予从销项税额中抵扣。

3. 原增值税一般纳税人从境外单位或者个人购进服务、无形资产或者不动产，按照规定应当扣缴增值税的，准予从销项税额中抵扣的进项税额为自税务机关或者扣缴义务人取得的解缴税款的完税凭证上注明的增值税额。

纳税人凭完税凭证抵扣进项税额的，应当具备书面合同、付款证明和境外单位的对账单或者发票。资料不全的，其进项税额不得从销项税额中抵扣。

4. 原增值税一般纳税人购进货物或者接受加工修理修配劳务，用于《销售服务、无形资产或者不动产注释》所列项目的，不属于《增值税暂行条例》第十条所称的用于非增值

税应税项目,其进项税额准予从销项税额中抵扣。

5. 原增值税一般纳税人购进服务、无形资产或者不动产,下列项目的进项税额不得从销项税额中抵扣:

(1) 用于简易计税方法计税项目、免征增值税项目、集体福利或者个人消费。其中涉及的无形资产、不动产,仅指专用于上述项目的无形资产(不包括其他权益性无形资产)、不动产。

纳税人的交际应酬消费属于个人消费。

(2) 非正常损失的购进货物,以及相关的加工修理修配劳务和交通运输服务。

(3) 非正常损失的在产品、产成品所耗用的购进货物(不包括固定资产)、加工修理修配劳务和交通运输服务。

(4) 非正常损失的不动产,以及该不动产所耗用的购进货物、设计服务和建筑服务。

(5) 非正常损失的不动产在建工程所耗用的购进货物、设计服务和建筑服务。

纳税人新建、改建、扩建、修缮、装饰不动产,均属于不动产在建工程。

(6) 购进的旅客运输服务、贷款服务、餐饮服务、居民日常服务和娱乐服务。

(7) 财政部和国家税务总局规定的其他情形。

上述第(4)点、第(5)点所称货物,是指构成不动产实体的材料和设备,包括建筑装饰材料和给排水、采暖、卫生、通风、照明、通讯、煤气、消防、中央空调、电梯、电气、智能化楼宇设备及配套设施。

纳税人接受贷款服务向贷款方支付的与该笔贷款直接相关的投融资顾问费、手续费、咨询费等费用,其进项税额不得从销项税额中抵扣。

6. 已抵扣进项税额的购进服务,发生上述第5点规定情形(简易计税方法计税项目、免征增值税项目除外)的,应当将该进项税额从当期进项税额中扣减;无法确定该进项税额的,按照当期实际成本计算应扣减的进项税额。

7. 已抵扣进项税额的无形资产或者不动产,发生上述第5点规定情形的,按照下列公式计算不得抵扣的进项税额:

不得抵扣的进项税额=无形资产或者不动产净值×适用税率

8. 按照《增值税暂行条例》第十条和上述第5点不得抵扣且未抵扣进项税额的固定资产、无形资产、不动产,发生用途改变,用于允许抵扣进项税额的应税项目,可在用途改变的次月按照下列公式,依据合法有效的增值税扣税凭证,计算可以抵扣的进项税额:

可以抵扣的进项税额=固定资产、无形资产、不动产净值/(1+适用税率)×适用税率

上述可以抵扣的进项税额应取得合法有效的增值税扣税凭证。

(二) 增值税期末留抵税额

原增值税一般纳税人兼有销售服务、无形资产或者不动产的,截止到纳入营改增试点之日前的增值税期末留抵税额,不得从销售服务、无形资产或者不动产的销项税额中抵扣。

(三) 混合销售

一项销售行为如果既涉及货物又涉及服务,为混合销售。从事货物的生产、批发或者零售的单位和个体工商户的混合销售行为,按照销售货物缴纳增值税;其他单位和个体工商户的混合销售行为,按照销售服务缴纳增值税。

上述从事货物的生产、批发或者零售的单位和个体工商户，包括以从事货物的生产、批发或者零售为主，并兼营销售服务的单位和个体工商户在内。

附件3：

营业税改征增值税试点过渡政策的规定

一、下列项目免征增值税

（一）托儿所、幼儿园提供的保育和教育服务。

托儿所、幼儿园，是指经县级以上教育部门审批成立、取得办园许可证的实施0—6岁学前教育的机构，包括公办和民办的托儿所、幼儿园、学前班、幼儿班、保育院、幼儿院。

公办托儿所、幼儿园免征增值税的收入是指，在省级财政部门和价格主管部门审核报省级人民政府批准的收费标准以内收取的教育费、保育费。

民办托儿所、幼儿园免征增值税的收入是指，在报经当地有关部门备案并公示的收费标准范围内收取的教育费、保育费。

超过规定收费标准的收费，以开办实验班、特色班和兴趣班等为由另外收取的费用以及与幼儿入园挂钩的赞助费、支教费等超过规定范围的收入，不属于免征增值税的收入。

（二）养老机构提供的养老服务。

养老机构，是指依照民政部《养老机构设立许可办法》（民政部令第48号）设立并依法办理登记的为老年人提供集中居住和照料服务的各类养老机构；养老服务，是指上述养老机构按照民政部《养老机构管理办法》（民政部令第49号）的规定，为收住的老年人提供的生活照料、康复护理、精神慰藉、文化娱乐等服务。

（三）残疾人福利机构提供的育养服务。

（四）婚姻介绍服务。

（五）殡葬服务。

殡葬服务，是指收费标准由各地价格主管部门会同有关部门核定，或者实行政府指导价管理的遗体接运（含抬尸、消毒）、遗体整容、遗体防腐、存放（含冷藏）、火化、骨灰寄存、吊唁设施设备租赁、墓穴租赁及管理等服务。

（六）残疾人员本人为社会提供的服务。

（七）医疗机构提供的医疗服务。

医疗机构，是指依据国务院《医疗机构管理条例》（国务院令第149号）及卫生部《医疗机构管理条例实施细则》（卫生部令第35号）的规定，经登记取得《医疗机构执业许可证》的机构，以及军队、武警部队各级各类医疗机构。具体包括：各级各类医院、门诊部（所）、社区卫生服务中心（站）、急救中心（站）、城乡卫生院、护理院（所）、疗养院、临床检验中心，各级政府及有关部门举办的卫生防疫站（疾病控制中心）、各种专科疾病防治站（所），各级政府举办的妇幼保健所（站）、母婴保健机构、儿童保健机构，各级政府举办的血站（血液中心）等医疗机构。

本项所称的医疗服务，是指医疗机构按照不高于地（市）级以上价格主管部门会同同级卫生主管部门及其他相关部门制定的医疗服务指导价格（包括政府指导价和按照规定由供需双方协商确定的价格等）为就医者提供《全国医疗服务价格项目规范》所列的各项服务，以及医疗机构向社会提供卫生防疫、卫生检疫的服务。

（八）从事学历教育的学校提供的教育服务。

1. 学历教育，是指受教育者经过国家教育考试或者国家规定的其他入学方式，进入国家有关部门批准的学校或者其他教育机构学习，获得国家承认的学历证书的教育形式。具体包括：

（1）初等教育：普通小学、成人小学。

（2）初级中等教育：普通初中、职业初中、成人初中。

（3）高级中等教育：普通高中、成人高中和中等职业学校（包括普通中专、成人中专、职业高中、技工学校）。

（4）高等教育：普通本专科、成人本专科、网络本专科、研究生（博士、硕士）、高等教育自学考试、高等教育学历文凭考试。

2. 从事学历教育的学校，是指：

（1）普通学校。

（2）经地（市）级以上人民政府或者同级政府的教育行政部门批准成立、国家承认其学员学历的各类学校。

（3）经省级及以上人力资源社会保障行政部门批准成立的技工学校、高级技工学校。

（4）经省级人民政府批准成立的技师学院。

上述学校均包括符合规定的从事学历教育的民办学校，但不包括职业培训机构等国家不承认学历的教育机构。

3. 提供教育服务免征增值税的收入，是指对列入规定招生计划的在籍学生提供学历教育服务取得的收入，具体包括：经有关部门审核批准并按规定标准收取的学费、住宿费、课本费、作业本费、考试报名费收入，以及学校食堂提供餐饮服务取得的伙食费收入。除此之外的收入，包括学校以各种名义收取的赞助费、择校费等，不属于免征增值税的范围。

学校食堂是指依照《学校食堂与学生集体用餐卫生管理规定》（教育部令第14号）管理的学校食堂。

（九）学生勤工俭学提供的服务。

（十）农业机耕、排灌、病虫害防治、植物保护、农牧保险以及相关技术培训业务，家禽、牲畜、水生动物的配种和疾病防治。

农业机耕，是指在农业、林业、牧业中使用农业机械进行耕作（包括耕耘、种植、收割、脱粒、植物保护等）的业务；排灌，是指对农田进行灌溉或者排涝的业务；病虫害防治，是指从事农业、林业、牧业、渔业的病虫害测报和防治的业务；农牧保险，是指为种植业、养殖业、牧业种植和饲养的动植物提供保险的业务；相关技术培训，是指与农业机耕、排灌、病虫害防治、植物保护业务相关以及为使农民获得农牧保险知识的技术培训业务；家禽、牲畜、水生动物的配种和疾病防治业务的免税范围，包括与该项服务有关的提供药品和医疗用具的业务。

（十一）纪念馆、博物馆、文化馆、文物保护单位管理机构、美术馆、展览馆、书画院、图书馆在自己的场所提供文化体育服务取得的第一道门票收入。

（十二）寺院、宫观、清真寺和教堂举办文化、宗教活动的门票收入。

（十三）行政单位之外的其他单位收取的符合《试点实施办法》第十条规定条件的政府性基金和行政事业性收费。

（十四）个人转让著作权。

（十五）个人销售自建自用住房。

（十六）2018年12月31日前，公共租赁住房经营管理单位出租公共租赁住房。

公共租赁住房，是指纳入省、自治区、直辖市、计划单列市人民政府及新疆生产建设兵团批准的公共租赁住房发展规划和年度计划，并按照《关于加快发展公共租赁住房的指导意见》（建保〔2010〕87号）和市、县人民政府制定的具体管理办法进行管理的公共租赁住房。

（十七）台湾航运公司、航空公司从事海峡两岸海上直航、空中直航业务在大陆取得的运输收入。

台湾航运公司，是指取得交通运输部颁发的"台湾海峡两岸间水路运输许可证"且该许可证上注明的公司登记地址在台湾的航运公司。

台湾航空公司，是指取得中国民用航空局颁发的"经营许可"或者依据《海峡两岸空运协议》和《海峡两岸空运补充协议》规定，批准经营两岸旅客、货物和邮件不定期（包机）运输业务，且公司登记地址在台湾的航空公司。

（十八）纳税人提供的直接或者间接国际货物运输代理服务。

1. 纳税人提供直接或者间接国际货物运输代理服务，向委托方收取的全部国际货物运输代理服务收入，以及向国际运输承运人支付的国际运输费用，必须通过金融机构进行结算。

2. 纳税人为大陆与香港、澳门、台湾地区之间的货物运输提供的货物运输代理服务参照国际货物运输代理服务有关规定执行。

3. 委托方索取发票的，纳税人应当就国际货物运输代理服务收入向委托方全额开具增值税普通发票。

（十九）以下利息收入。

1. 2016年12月31日前，金融机构农户小额贷款。

小额贷款，是指单笔且该农户贷款余额总额在10万元（含本数）以下的贷款。

所称农户，是指长期（一年以上）居住在乡镇（不包括城关镇）行政管理区域内的住户，还包括长期居住在城关镇所辖行政村范围内的住户和户口不在本地而在本地居住一年以上的住户，国有农场的职工和农村个体工商户。位于乡镇（不包括城关镇）行政管理区域内和在城关镇所辖行政村范围内的国有经济的机关、团体、学校、企事业单位的集体户；有本地户口，但举家外出谋生一年以上的住户，无论是否保留承包耕地均不属于农户。农户以户为统计单位，既可以从事农业生产经营，也可以从事非农业生产经营。农户贷款的判定应以贷款发放时的承贷主体是否属于农户为准。

2. 国家助学贷款。

3. 国债、地方政府债。

4. 人民银行对金融机构的贷款。

5. 住房公积金管理中心用住房公积金在指定的委托银行发放的个人住房贷款。

6. 外汇管理部门在从事国家外汇储备经营过程中，委托金融机构发放的外汇贷款。

7. 统借统还业务中，企业集团或企业集团中的核心企业以及集团所属财务公司按不高于支付给金融机构的借款利率水平或者支付的债券票面利率水平，向企业集团或者集团内下属单位收取的利息。

统借方向资金使用单位收取的利息，高于支付给金融机构借款利率水平或者支付的债券票面利率水平的，应全额缴纳增值税。

统借统还业务，是指：

（1）企业集团或者企业集团中的核心企业向金融机构借款或对外发行债券取得资金后，将所借资金分拨给下属单位（包括独立核算单位和非独立核算单位，下同），并向下属单位收取用于归还金融机构或债券购买方本息的业务。

（2）企业集团向金融机构借款或对外发行债券取得资金后，由集团所属财务公司与企业集团或者集团内下属单位签订统借统还贷款合同并分拨资金，并向企业集团或者集团内下属单位收取本息，再转付企业集团，由企业集团统一归还金融机构或债券购买方的业务。

（二十）被撤销金融机构以货物、不动产、无形资产、有价证券、票据等财产清偿债务。

被撤销金融机构，是指经人民银行、银监会依法决定撤销的金融机构及其分设于各地的分支机构，包括被依法撤销的商业银行、信托投资公司、财务公司、金融租赁公司、城市信用社和农村信用社。除另有规定外，被撤销金融机构所属、附属企业，不享受被撤销金融机构增值税免税政策。

（二十一）保险公司开办的一年期以上人身保险产品取得的保费收入。

一年期以上人身保险，是指保险期间为一年期及以上返还本利的人寿保险、养老年金保险，以及保险期间为一年期及以上的健康保险。

人寿保险，是指以人的寿命为保险标的的人身保险。

养老年金保险，是指以养老保障为目的，以被保险人生存为给付保险金条件，并按约定的时间间隔分期给付生存保险金的人身保险。养老年金保险应当同时符合下列条件：

1. 保险合同约定给付被保险人生存保险金的年龄不得小于国家规定的退休年龄。

2. 相邻两次给付的时间间隔不得超过一年。

健康保险，是指以因健康原因导致损失为给付保险金条件的人身保险。

上述免税政策实行备案管理，具体备案管理办法按照《国家税务总局关于一年期以上返还性人身保险产品免征营业税审批事项取消后有关管理问题的公告》（国家税务总局公告2015年第65号）规定执行。

（二十二）下列金融商品转让收入。

1. 合格境外投资者（QFII）委托境内公司在我国从事证券买卖业务。

2. 香港市场投资者（包括单位和个人）通过沪港通买卖上海证券交易所上市A股。

3. 对香港市场投资者（包括单位和个人）通过基金互认买卖内地基金份额。

4. 证券投资基金（封闭式证券投资基金，开放式证券投资基金）管理人运用基金买卖股票、债券。

5. 个人从事金融商品转让业务。

（二十三）金融同业往来利息收入。

1. 金融机构与人民银行所发生的资金往来业务。包括人民银行对一般金融机构贷款，以及人民银行对商业银行的再贴现等。

2. 银行联行往来业务。同一银行系统内部不同行、处之间所发生的资金账务往来业务。

3. 金融机构间的资金往来业务。是指经人民银行批准，进入全国银行间同业拆借市场的金融机构之间通过全国统一的同业拆借网络进行的短期（一年以下含一年）无担保资金融通行为。

4. 金融机构之间开展的转贴现业务。

金融机构是指：

（1）银行：包括人民银行、商业银行、政策性银行。

（2）信用合作社。

（3）证券公司。

（4）金融租赁公司、证券基金管理公司、财务公司、信托投资公司、证券投资基金。

（5）保险公司。

（6）其他经人民银行、银监会、证监会、保监会批准成立且经营金融保险业务的机构等。

（二十四）同时符合下列条件的担保机构从事中小企业信用担保或者再担保业务取得的收入（不含信用评级、咨询、培训等收入）3年内免征增值税：

1. 已取得监管部门颁发的融资性担保机构经营许可证，依法登记注册为企（事）业法人，实收资本超过2000万元。

2. 平均年担保费率不超过银行同期贷款基准利率的50%。平均年担保费率＝本期担保费收入/（期初担保余额＋本期增加担保金额）×100%。

3. 连续合规经营2年以上，资金主要用于担保业务，具备健全的内部管理制度和为中小企业提供担保的能力，经营业绩突出，对受保项目具有完善的事前评估、事中监控、事后追偿与处置机制。

4. 为中小企业提供的累计担保贷款额占其两年累计担保业务总额的80%以上，单笔800万元以下的累计担保贷款额占其累计担保业务总额的50%以上。

5. 对单个受保企业提供的担保余额不超过担保机构实收资本总额的10%，且平均单笔担保责任金额最多不超过3000万元人民币。

6. 担保责任余额不低于其净资产的3倍，且代偿率不超过2%。

担保机构免征增值税政策采取备案管理方式。符合条件的担保机构应到所在地县（市）主管税务机关和同级中小企业管理部门履行规定的备案手续，自完成备案手续之日起，享受3年免征增值税政策。3年免税期满后，符合条件的担保机构可按规定程序办理备案手续后继续享受该项政策。

具体备案管理办法按照《国家税务总局关于中小企业信用担保机构免征营业税审批事项取消后有关管理问题的公告》（国家税务总局公告2015年第69号）规定执行，其中税务机关的备案管理部门统一调整为县（市）级国家税务局。

（二十五）国家商品储备管理单位及其直属企业承担商品储备任务，从中央或者地方财政取得的利息补贴收入和价差补贴收入。

国家商品储备管理单位及其直属企业，是指接受中央、省、市、县四级政府有关部门（或者政府指定管理单位）委托，承担粮（含大豆）、食用油、棉、糖、肉、盐（限于中央储备）等6种商品储备任务，并按有关政策收储、销售上述6种储备商品，取得财政储备经费或者补贴的商品储备企业。利息补贴收入，是指国家商品储备管理单位及其直属企业因承担上述商品储备任务从金融机构贷款，并从中央或者地方财政取得的用于偿还贷款利息的贴息收入。价差补贴收入包括销售价差补贴收入和轮换价差补贴收入。销售价差补贴收入，是指按照中央或者地方政府指令销售上述储备商品时，由于销售收入小于库存成本而从中央或者地方财政获得的全额价差补贴收入。轮换价差补贴收入，是指根据要求定期组织政策性储备商品轮换而从中央或者地方财政取得的商品新陈品质价差补贴收入。

（二十六）纳税人提供技术转让、技术开发和与之相关的技术咨询、技术服务。

1. 技术转让、技术开发，是指《销售服务、无形资产、不动产注释》中"转让技术"、"研发服务"范围内的业务活动。技术咨询，是指就特定技术项目提供可行性论证、技术预测、专题技术调查、分析评价报告等业务活动。

与技术转让、技术开发相关的技术咨询、技术服务，是指转让方（或者受托方）根据技术转让或者开发合同的规定，为帮助受让方（或者委托方）掌握所转让（或者委托开发）的技术，而提供的技术咨询、技术服务业务，且这部分技术咨询、技术服务的价款与技术转让或者技术开发的价款应当在同一张发票上开具。

2. 备案程序。试点纳税人申请免征增值税时，须持技术转让、开发的书面合同，到纳税人所在地省级科技主管部门进行认定，并持有关的书面合同和科技主管部门审核意见证明文件报主管税务机关备查。

（二十七）同时符合下列条件的合同能源管理服务：

1. 节能服务公司实施合同能源管理项目相关技术，应当符合国家质量监督检验检疫总局和国家标准化管理委员会发布的《合同能源管理技术通则》（GB/T24915-2010）规定的技术要求。

2. 节能服务公司与用能企业签订节能效益分享型合同，其合同格式和内容，符合《中华人民共和国合同法》和《合同能源管理技术通则》（GB/T24915-2010）等规定。

（二十八）2017年12月31日前，科普单位的门票收入，以及县级及以上党政部门和科协开展科普活动的门票收入。

科普单位，是指科技馆、自然博物馆，对公众开放的天文馆（站、台）、气象台（站）、地震台（站），以及高等院校、科研机构对公众开放的科普基地。

科普活动，是指利用各种传媒以浅显的、让公众易于理解、接受和参与的方式，向普通大众介绍自然科学和社会科学知识，推广科学技术的应用，倡导科学方法，传播科学思想，弘扬科学精神的活动。

（二十九）政府举办的从事学历教育的高等、中等和初等学校（不含下属单位），举办进修班、培训班取得的全部归该学校所有的收入。

全部归该学校所有，是指举办进修班、培训班取得的全部收入进入该学校统一账户，并纳入预算全额上缴财政专户管理，同时由该学校对有关票据进行统一管理和开具。

举办进修班、培训班取得的收入进入该学校下属部门自行开设账户的，不予免征增值税。

（三十）政府举办的职业学校设立的主要为在校学生提供实习场所、并由学校出资自办、由学校负责经营管理、经营收入归学校所有的企业，从事《销售服务、无形资产或者不动产注释》中"现代服务"（不含融资租赁服务、广告服务和其他现代服务）、"生活服务"（不含文化体育服务、其他生活服务和桑拿、氧吧）业务活动取得的收入。

（三十一）家政服务企业由员工制家政服务员提供家政服务取得的收入。

家政服务企业，是指在企业营业执照的规定经营范围中包括家政服务内容的企业。

员工制家政服务员，是指同时符合下列3个条件的家政服务员：

1. 依法与家政服务企业签订半年及半年以上的劳动合同或者服务协议，且在该企业实际上岗工作。

2. 家政服务企业为其按月足额缴纳了企业所在地人民政府根据国家政策规定的基本养老保险、基本医疗保险、工伤保险、失业保险等社会保险。对已享受新型农村养老保险和新型农村合作医疗等社会保险或者下岗职工原单位继续为其缴纳社会保险的家政服务员，如果本人书面提出不再缴纳企业所在地人民政府根据国家政策规定的相应的社会保险，并出具其所在乡镇或者原单位开具的已缴纳相关保险的证明，可视同家政服务企业已为其按月足额缴纳了相应的社会保险。

3. 家政服务企业通过金融机构向其实际支付不低于企业所在地适用的经省级人民政府批准的最低工资标准的工资。

（三十二）福利彩票、体育彩票的发行收入。

（三十三）军队空余房产租赁收入。

（三十四）为了配合国家住房制度改革，企业、行政事业单位按房改成本价、标准价出售住房取得的收入。

（三十五）将土地使用权转让给农业生产者用于农业生产。

（三十六）涉及家庭财产分割的个人无偿转让不动产、土地使用权。

家庭财产分割，包括下列情形：离婚财产分割；无偿赠与配偶、父母、子女、祖父母、外祖父母、孙子女、外孙子女、兄弟姐妹；无偿赠与对其承担直接抚养或者赡养义务的抚养人或者赡养人；房屋产权所有人死亡，法定继承人、遗嘱继承人或者受遗赠人依法取得房屋产权。

（三十七）土地所有者出让土地使用权和土地使用者将土地使用权归还给土地所有者。

（三十八）县级以上地方人民政府或自然资源行政主管部门出让、转让或收回自然资源使用权（不含土地使用权）。

（三十九）随军家属就业。

1. 为安置随军家属就业而新开办的企业，自领取税务登记证之日起，其提供的应税服务3年内免征增值税。

享受税收优惠政策的企业，随军家属必须占企业总人数的60%（含）以上，并有军（含）以上政治和后勤机关出具的证明。

2. 从事个体经营的随军家属，自办理税务登记事项之日起，其提供的应税服务3年内免征增值税。

随军家属必须有师以上政治机关出具的可以表明其身份的证明。

按照上述规定，每一名随军家属可以享受一次免税政策。

（四十）军队转业干部就业。

1. 从事个体经营的军队转业干部，自领取税务登记证之日起，其提供的应税服务3年内免征增值税。

2. 为安置自主择业的军队转业干部就业而新开办的企业，凡安置自主择业的军队转业干部占企业总人数60%（含）以上的，自领取税务登记证之日起，其提供的应税服务3年内免征增值税。

享受上述优惠政策的自主择业的军队转业干部必须持有师以上部队颁发的转业证件。

二、增值税即征即退

（一）一般纳税人提供管道运输服务，对其增值税实际税负超过3%的部分实行增值税即征即退政策。

（二）经人民银行、银监会或者商务部批准从事融资租赁业务的试点纳税人中的一般纳税人，提供有形动产融资租赁服务和有形动产融资性售后回租服务，对其增值税实际税负超过3%的部分实行增值税即征即退政策。商务部授权的省级商务主管部门和国家经济技术开发区批准的从事融资租赁业务和融资性售后回租业务的试点纳税人中的一般纳税人，2016年5月1日后实收资本达到1.7亿元的，从达到标准的当月起按照上述规定执行；2016年5月1日后实收资本未达到1.7亿元但注册资本达到1.7亿元的，在2016年7月31日前仍可按照上述规定执行，2016年8月1日后开展的有形动产融资租赁业务和有形动产融资性售后回租业务不得按照上述规定执行。

（三）本规定所称增值税实际税负，是指纳税人当期提供应税服务实际缴纳的增值税额占纳税人当期提供应税服务取得的全部价款和价外费用的比例。

三、扣减增值税规定

（一）退役士兵创业就业。

1. 对自主就业退役士兵从事个体经营的，在3年内按每户每年8000元为限额依次扣减其当年实际应缴纳的增值税、城市维护建设税、教育费附加、地方教育附加和个人所得税。限额标准最高可上浮20%，各省、自治区、直辖市人民政府可根据本地区实际情况在此幅度内确定具体限额标准，并报财政部和国家税务总局备案。

纳税人年度应缴纳税款小于上述扣减限额的，以其实际缴纳的税款为限；大于上述扣减限额的，应以上述扣减限额为限。纳税人的实际经营期不足一年的，应当以实际月份换算其减免税限额。换算公式为：减免税限额＝年度减免税限额÷12×实际经营月数。

纳税人在享受税收优惠政策的当月，持《中国人民解放军义务兵退出现役证》或《中国人民解放军士官退出现役证》以及税务机关要求的相关材料向主管税务机关备案。

2. 对商贸企业、服务型企业、劳动就业服务企业中的加工型企业和街道社区具有加工性质的小型企业实体，在新增加的岗位中，当年新招用自主就业退役士兵，与其签订1年以上期限劳动合同并依法缴纳社会保险费的，在3年内按实际招用人数予以定额依次扣减增值税、城市维护建设税、教育费附加、地方教育附加和企业所得税优惠。定额标准为每人每年4000元，最高可上浮50%，各省、自治区、直辖市人民政府可根据本地区实际情况在此幅度内确定具体定额标准，并报财政部和国家税务总局备案。

本条所称服务型企业是指从事《销售服务、无形资产、不动产注释》中"不动产租赁服务""商务辅助服务"（不含货物运输代理和代理报关服务）、"生活服务"（不含文化体育服务）范围内业务活动的企业以及按照《民办非企业单位登记管理暂行条例》（国务院令第251号）登记成立的民办非企业单位。

纳税人按企业招用人数和签订的劳动合同时间核定企业减免税总额，在核定减免税总额内每月依次扣减增值税、城市维护建设税、教育费附加和地方教育附加。纳税人实际应缴纳的增值税、城市维护建设税、教育费附加和地方教育附加小于核定减免税总额的,以实际应缴纳的增值税、城市维护建设税、教育费附加和地方教育附加为限;实际应缴纳的增值税、城市维护建设税、教育费附加和地方教育附加大于核定减免税总额的,以核定减免税总额为限。

纳税年度终了,如果企业实际减免的增值税、城市维护建设税、教育费附加和地方教育附加小于核定的减免税总额,企业在企业所得税汇算清缴时扣减企业所得税。当年扣减不足的,不再结转以后年度扣减。

计算公式为:企业减免税总额 = ∑每名自主就业退役士兵本年度在本企业工作月份÷12×定额标准。

企业自招用自主就业退役士兵的次月起享受税收优惠政策,并于享受税收优惠政策的当月,持下列材料向主管税务机关备案:

(1) 新招用自主就业退役士兵的《中国人民解放军义务兵退出现役证》或《中国人民解放军士官退出现役证》。

(2) 企业与新招用自主就业退役士兵签订的劳动合同(副本),企业为职工缴纳的社会保险费记录。

(3) 自主就业退役士兵本年度在企业工作时间表。

(4) 主管税务机关要求的其他相关材料。

3. 上述所称自主就业退役士兵是指依照《退役士兵安置条例》(国务院、中央军委令第608号)的规定退出现役并按自主就业方式安置的退役士兵。

4. 上述税收优惠政策的执行期限为2016年5月1日至2016年12月31日,纳税人在2016年12月31日未享受满3年的,可继续享受至3年期满为止。

按照《财政部 国家税务总局 民政部关于调整完善扶持自主就业退役士兵创业就业有关税收政策的通知》(财税〔2014〕42号)规定享受营业税优惠政策的纳税人,自2016年5月1日起按照上述规定享受增值税优惠政策,在2016年12月31日未享受满3年的,可继续享受至3年期满为止。

《财政部 国家税务总局关于将铁路运输和邮政业纳入营业税改征增值税试点的通知》(财税〔2013〕106号)附件3第一条第(十二)项城镇退役士兵就业免征增值税政策,自2014年7月1日起停止执行。在2014年6月30日未享受满3年的,可继续享受至3年期满为止。

(二)重点群体创业就业。

1. 对持《就业创业证》(注明"自主创业税收政策"或"毕业年度内自主创业税收政策")或2015年1月27日前取得的《就业失业登记证》(注明"自主创业税收政策"或附着《高校毕业生自主创业证》)的人员从事个体经营的,在3年内按每户每年8000元为限额依次扣减其当年实际应缴纳的增值税、城市维护建设税、教育费附加、地方教育附加和个人所得税。限额标准最高可上浮20%,各省、自治区、直辖市人民政府可根据本地区实际情况在此幅度内确定具体限额标准,并报财政部和国家税务总局备案。

纳税人年度应缴纳税款小于上述扣减限额的,以其实际缴纳的税款为限;大于上述扣减限额的,应以上述扣减限额为限。

上述人员是指：

（1）在人力资源社会保障部门公共就业服务机构登记失业半年以上的人员。

（2）零就业家庭、享受城市居民最低生活保障家庭劳动年龄内的登记失业人员。

（3）毕业年度内高校毕业生。高校毕业生是指实施高等学历教育的普通高等学校、成人高等学校毕业的学生；毕业年度是指毕业所在自然年，即1月1日至12月31日。

2. 对商贸企业、服务型企业、劳动就业服务企业中的加工型企业和街道社区具有加工性质的小型企业实体，在新增加的岗位中，当年新招用在人力资源社会保障部门公共就业服务机构登记失业半年以上且持《就业创业证》或2015年1月27日前取得的《就业失业登记证》（注明"企业吸纳税收政策"）人员，与其签订1年以上期限劳动合同并依法缴纳社会保险费的，在3年内按实际招用人数予以定额依次扣减增值税、城市维护建设税、教育费附加、地方教育附加和企业所得税优惠。定额标准为每人每年4000元，最高可上浮30%，各省、自治区、直辖市人民政府可根据本地区实际情况在此幅度内确定具体定额标准，并报财政部和国家税务总局备案。

按上述标准计算的税收扣减额应在企业当年实际应缴纳的增值税、城市维护建设税、教育费附加、地方教育附加和企业所得税税额中扣减，当年扣减不足的，不得结转下年使用。

本条所称服务型企业是指从事《销售服务、无形资产、不动产注释》中"不动产租赁服务""商务辅助服务"（不含货物运输代理和代理报关服务）、"生活服务"（不含文化体育服务）范围内业务活动的企业以及按照《民办非企业单位登记管理暂行条例》（国务院令第251号）登记成立的民办非企业单位。

3. 享受上述优惠政策的人员按以下规定申领《就业创业证》：

（1）按照《就业服务与就业管理规定》（劳动和社会保障部令第28号）第六十三条的规定，在法定劳动年龄内，有劳动能力，有就业要求，处于无业状态的城镇常住人员，在公共就业服务机构进行失业登记，申领《就业创业证》。其中，农村进城务工人员和其他非本地户籍人员在常住地稳定就业满6个月的，失业后可以在常住地登记。

（2）零就业家庭凭社区出具的证明，城镇低保家庭凭低保证明，在公共就业服务机构登记失业，申领《就业创业证》。

（3）毕业年度内高校毕业生在校期间凭学生证向公共就业服务机构按规定申领《就业创业证》，或委托所在高校就业指导中心向公共就业服务机构按规定代为其申领《就业创业证》；毕业年度内高校毕业生离校后直接向公共就业服务机构按规定申领《就业创业证》。

（4）上述人员申领相关凭证后，由就业和创业地人力资源社会保障部门对人员范围、就业失业状态、已享受政策情况进行核实，在《就业创业证》上注明"自主创业税收政策""毕业年度内自主创业税收政策"或"企业吸纳税收政策"字样，同时符合自主创业和企业吸纳税收政策条件的，可同时加注；主管税务机关在《就业创业证》上加盖戳记，注明减免税所属时间。

4. 上述税收优惠政策的执行期限为2016年5月1日至2016年12月31日，纳税人在2016年12月31日未享受满3年的，可继续享受至3年期满为止。

按照《财政部 国家税务总局 人力资源社会保障部关于继续实施支持和促进重点群体创业就业有关税收政策的通知》（财税〔2014〕39号）规定享受营业税优惠政策的纳税人，自2016年5月1日起按照上述规定享受增值税优惠政策，在2016年12月31日未享受满3年的,可继续享受至3年期满为止。

《财政部 国家税务总局关于将铁路运输和邮政业纳入营业税改征增值税试点的通知》(财税〔2013〕106号)附件3第一条第(十三)项失业人员就业增值税优惠政策,自2014年1月1日起停止执行。在2013年12月31日未享受满3年的,可继续享受至3年期满为止。

四、金融企业发放贷款后,自结息日起90天内发生的应收未收利息按现行规定缴纳增值税,自结息日起90天后发生的应收未收利息暂不缴纳增值税,待实际收到利息时按规定缴纳增值税。

上述所称金融企业,是指银行(包括国有、集体、股份制、合资、外资银行以及其他所有制形式的银行)、城市信用社、农村信用社、信托投资公司、财务公司。

五、个人将购买不足2年的住房对外销售的,按照5%的征收率全额缴纳增值税;个人将购买2年以上(含2年)的住房对外销售的,免征增值税。上述政策适用于北京市、上海市、广州市和深圳市之外的地区。

个人将购买不足2年的住房对外销售的,按照5%的征收率全额缴纳增值税;个人将购买2年以上(含2年)的非普通住房对外销售的,以销售收入减去购买住房价款后的差额按照5%的征收率缴纳增值税;个人将购买2年以上(含2年)的普通住房对外销售的,免征增值税。上述政策仅适用于北京市、上海市、广州市和深圳市。

办理免税的具体程序、购买房屋的时间、开具发票、非购买形式取得住房行为及其他相关税收管理规定,按照《国务院办公厅转发建设部等部门关于做好稳定住房价格工作意见的通知》(国办发〔2005〕26号)、《国家税务总局 财政部 建设部关于加强房地产税收管理的通知》(国税发〔2005〕89号)和《国家税务总局关于房地产税收政策执行中几个具体问题的通知》(国税发〔2005〕172号)的有关规定执行。

六、上述增值税优惠政策除已规定期限的项目和第五条政策外,其他均在营改增试点期间执行。如果试点纳税人在纳入营改增试点之日前已经按照有关政策规定享受了营业税税收优惠,在剩余税收优惠政策期限内,按照本规定享受有关增值税优惠。

附件4:

跨境应税行为适用增值税零税率和免税政策的规定

一、中华人民共和国境内(以下称境内)的单位和个人销售的下列服务和无形资产,适用增值税零税率:

(一)国际运输服务。

国际运输服务,是指:

1. 在境内载运旅客或者货物出境。
2. 在境外载运旅客或者货物入境。
3. 在境外载运旅客或者货物。

(二)航天运输服务。

(三)向境外单位提供的完全在境外消费的下列服务:

1. 研发服务。
2. 合同能源管理服务。
3. 设计服务。
4. 广播影视节目（作品）的制作和发行服务。
5. 软件服务。
6. 电路设计及测试服务。
7. 信息系统服务。
8. 业务流程管理服务。
9. 离岸服务外包业务。

离岸服务外包业务，包括信息技术外包服务（ITO）、技术性业务流程外包服务（BPO）、技术性知识流程外包服务（KPO），其所涉及的具体业务活动，按照《销售服务、无形资产、不动产注释》相对应的业务活动执行。

10. 转让技术。

（四）财政部和国家税务总局规定的其他服务。

二、境内的单位和个人销售的下列服务和无形资产免征增值税，但财政部和国家税务总局规定适用增值税零税率的除外：

（一）下列服务：

1. 工程项目在境外的建筑服务。
2. 工程项目在境外的工程监理服务。
3. 工程、矿产资源在境外的工程勘察勘探服务。
4. 会议展览地点在境外的会议展览服务。
5. 存储地点在境外的仓储服务。
6. 标的物在境外使用的有形动产租赁服务。
7. 在境外提供的广播影视节目（作品）的播映服务。
8. 在境外提供的文化体育服务、教育医疗服务、旅游服务。

（二）为出口货物提供的邮政服务、收派服务、保险服务。

为出口货物提供的保险服务，包括出口货物保险和出口信用保险。

（三）向境外单位提供的完全在境外消费的下列服务和无形资产：

1. 电信服务。
2. 知识产权服务。
3. 物流辅助服务（仓储服务、收派服务除外）。
4. 鉴证咨询服务。
5. 专业技术服务。
6. 商务辅助服务。
7. 广告投放地在境外的广告服务。
8. 无形资产。

（四）以无运输工具承运方式提供的国际运输服务。

（五）为境外单位之间的货币资金融通及其他金融业务提供的直接收费金融服务，且该服务与境内的货物、无形资产和不动产无关。

（六）财政部和国家税务总局规定的其他服务。

三、按照国家有关规定应取得相关资质的国际运输服务项目，纳税人取得相关资质的，适用增值税零税率政策，未取得的，适用增值税免税政策。

境内的单位或个人提供程租服务，如果租赁的交通工具用于国际运输服务和港澳台运输服务，由出租方按规定申请适用增值税零税率。

境内的单位和个人向境内单位或个人提供期租、湿租服务，如果承租方利用租赁的交通工具向其他单位或个人提供国际运输服务和港澳台运输服务，由承租方适用增值税零税率。境内的单位或个人向境外单位或个人提供期租、湿租服务，由出租方适用增值税零税率。

境内单位和个人以无运输工具承运方式提供的国际运输服务，由境内实际承运人适用增值税零税率；无运输工具承运业务的经营者适用增值税免税政策。

四、境内的单位和个人提供适用增值税零税率的服务或者无形资产，如果属于适用简易计税方法的，实行免征增值税办法。如果属于适用增值税一般计税方法的，生产企业实行免抵退税办法，外贸企业外购服务或者无形资产出口实行免退税办法，外贸企业直接将服务或自行研发的无形资产出口，视同生产企业连同其出口货物统一实行免抵退税办法。

服务和无形资产的退税率为其按照《试点实施办法》第十五条第（一）至（三）项规定适用的增值税税率。实行退（免）税办法的服务和无形资产，如果主管税务机关认定出口价格偏高的，有权按照核定的出口价格计算退（免）税，核定的出口价格低于外贸企业购进价格的，低于部分对应的进项税额不予退税，转入成本。

五、境内的单位和个人销售适用增值税零税率的服务或无形资产的，可以放弃适用增值税零税率，选择免税或按规定缴纳增值税。放弃适用增值税零税率后，36个月内不得再申请适用增值税零税率。

六、境内的单位和个人销售适用增值税零税率的服务或无形资产，按月向主管退税的税务机关申报办理增值税退（免）税手续。具体管理办法由国家税务总局商财政部另行制定。

七、本规定所称完全在境外消费，是指：

（一）服务的实际接受方在境外，且与境内的货物和不动产无关。

（二）无形资产完全在境外使用，且与境内的货物和不动产无关。

（三）财政部和国家税务总局规定的其他情形。

八、境内单位和个人发生的与香港、澳门、台湾有关的应税行为，除本文另有规定外，参照上述规定执行。

九、2016年4月30日前签订的合同，符合《财政部 国家税务总局关于将铁路运输和邮政业纳入营业税改征增值税试点的通知》（财税〔2013〕106号）附件4和《财政部 国家税务总局关于影视等出口服务适用增值税零税率政策的通知》（财税〔2015〕118号）规定的零税率或者免税政策条件的，在合同到期前可以继续享受零税率或者免税政策。

财政部 国家税务总局
关于营业税改征增值税试点有关文化事业建设费政策及征收管理问题的通知

（2016年3月28日 财税〔2016〕25号）

各省、自治区、直辖市、计划单列市财政厅（局）、国家税务局、地方税务局：

为促进文化事业发展，现就营业税改征增值税（以下简称营改增）试点中文化事业建设费政策及征收管理有关问题通知如下：

一、在中华人民共和国境内提供广告服务的广告媒介单位和户外广告经营单位，应按照本通知规定缴纳文化事业建设费。

二、中华人民共和国境外的广告媒介单位和户外广告经营单位在境内提供广告服务，在境内未设有经营机构的，以广告服务接受方为文化事业建设费的扣缴义务人。

三、缴纳文化事业建设费的单位（以下简称缴纳义务人）应按照提供广告服务取得的计费销售额和3%的费率计算应缴费额，计算公式如下：

应缴费额＝计费销售额×3%

计费销售额，为缴纳义务人提供广告服务取得的全部含税价款和价外费用，减除支付给其他广告公司或广告发布者的含税广告发布费后的余额。

缴纳义务人减除价款的，应当取得增值税专用发票或国家税务总局规定的其他合法有效凭证，否则，不得减除。

四、按规定扣缴文化事业建设费的，扣缴义务人应按下列公式计算应扣缴费额：

应扣缴费额＝支付的广告服务含税价款×费率

五、文化事业建设费的缴纳义务发生时间和缴纳地点，与缴纳义务人的增值税纳税义务发生时间和纳税地点相同。

文化事业建设费的扣缴义务发生时间，为缴纳义务人的增值税纳税义务发生时间。

文化事业建设费的扣缴义务人应当向其机构所在地或者居住地主管税务机关申报缴纳其扣缴的文化事业建设费。

六、文化事业建设费的缴纳期限与缴纳义务人的增值税纳税期限相同。

文化事业建设费扣缴义务人解缴税款的期限，应按照前款规定执行。

七、增值税小规模纳税人中月销售额不超过2万元（按季纳税6万元）的企业和非企业性单位提供的应税服务，免征文化事业建设费。

自2015年1月1日起至2017年12月31日，对按月纳税的月销售额不超过3万元（含3万元），以及按季纳税的季度销售额不超过9万元（含9万元）的缴纳义务人，免征文化事业建设费。

八、营改增后的文化事业建设费，由国家税务局征收。

九、营改增试点中文化事业建设费的预算科目、预算级次和缴库办法等，参照《财政部关于开征文化事业建设费有关预算管理问题的通知》（财预字〔1996〕469号）的规定执行，具体如下：

中央所属企事业单位缴纳的文化事业建设费，中央所属企事业单位组成的联营企业、股份制企业缴纳的文化事业建设费，中央所属企事业单位与集体企业、私营企业组成的联营企业、股份制企业缴纳的文化事业建设费，中央所属企事业单位与港、澳、台商组成的合资经营企业（港或澳、台资）、合作经营企业（港或澳、台资）缴纳的文化事业建设费，中央所属企事业单位与外商组成的中外合资经营企业、中外合作经营企业缴纳的文化事业建设费，全部作为中央预算收入，由税务机关开具税收缴款书，以"1030217文化事业建设费收入"项级科目就地缴入中央国库。

地方所属企事业单位、集体企业、私营企业、港澳台商独资经营企业、外商独资企业缴纳的文化事业建设费，地方所属企事业单位、集体企业、私营企业组成的联营企业、股份制企业缴纳的文化事业建设费，地方所属企事业单位、集体企业、私营企业与港、澳、台商组成的合资经营企业（港或澳、台资）、合作经营企业（港或澳、台资）缴纳的文化事业建设费，地方所属企事业单位、集体企业、私营企业与外商组成的中外合资经营企业、中外合作经营企业缴纳的文化事业建设费，全部作为地方预算收入，由税务机关开具税收缴款书，以"1030217文化事业建设费收入"项级科目，按各地方规定的缴库级次就地缴入地方国库。

中央所属企事业单位与地方所属企事业单位组成的联营企业、股份制企业缴纳的文化事业建设费，中央所属企事业单位与地方所属企事业单位联合与集体企业、私营企业、港澳台商、外商组成的联营企业、股份制企业、合资经营企业（港或澳、台资）、合作经营企业（港或澳、台资）、中外合资经营企业、中外合作经营企业缴纳的文化事业建设费，按中央、地方各自投资占中央和地方投资之和的比例，分别作为中央预算收入和地方预算收入，由税务机关开具税收缴款书就地缴入中央国库和地方规定的地方国库。

十、文化事业建设费纳入财政预算管理，用于文化事业建设。具体管理和使用办法，另行制定。

十一、本通知所称广告服务，是指《财政部 国家税务总局关于全面推开营业税改征增值税试点的通知》（财税〔2016〕36号）的《销售服务、无形资产、不动产注释》中"广告服务"范围内的服务。

十二、本通知所称广告媒介单位和户外广告经营单位，是指发布、播映、宣传、展示户外广告和其他广告的单位，以及从事广告代理服务的单位。

十三、本通知自2016年5月1日起执行。《关于营业税改征增值税试点有关文化事业建设费征收管理问题的通知》（财综〔2013〕88号）同时废止。

国家税务总局
关于营业税改征增值税委托地税局代征税款和代开增值税发票的通知

(2016年3月31日 税总函〔2016〕145号)

各省、自治区、直辖市和计划单列市国家税务局、地方税务局：

为平稳推进营改增后国税、地税有关工作的顺利衔接，方便纳税人办税，根据《中华人民共和国税收征收管理法》《财政部 国家税务总局关于全面推开营业税改征增值税试点的通知》（财税〔2016〕36号）和《国家税务总局关于加强国家税务局、地方税务局互相委托代征税收的通知》（税总发〔2015〕155号）等有关规定，现就营改增后纳税人销售其取得的不动产和其他个人出租不动产有关代征税款和代开增值税发票工作通知如下：

一、分工安排

国税局是增值税的主管税务机关。营改增后，为方便纳税人，暂定由地税局办理纳税人销售其取得的不动产和其他个人出租不动产增值税的纳税申报受理、计税价格评估、税款征收、税收优惠备案、发票代开等有关事项。地税局办理征缴、退库业务，使用地税局税收票证，并负责收入对账、会计核算、汇总上报工作。本代征业务国税局和地税局不需签订委托代征协议。

纳税人销售其取得的不动产和其他个人出租不动产，申请代开发票的，由代征税款的地税局代开增值税专用发票或者增值税普通发票（以下简称增值税发票）。对于具备增值税发票安全保管条件、可连通网络、地税局可有效监控代征税款及代开发票情况的政府部门等单位，县（区）以上地税局经评估后认为风险可控的，可以同意其代征税款并代开增值税发票。

2016年4月25日前，国税局负责完成同级地税局代开增值税发票操作及相关政策培训工作。

二、代开发票流程

在国税局代开增值税发票流程基础上，地税局按照纳税人销售其取得的不动产和其他个人出租不动产增值税征收管理办法有关规定，为纳税人代开增值税发票。原地税营业税发票停止使用。

（一）代开发票部门登记

比照国税局现有代开增值税发票模式，在国税综合征管软件或金税三期系统中登记维护地税局代开发票部门信息。地税局代开发票部门编码为15位，第11位为"D"，其他编码规则按照《国家税务总局关于增值税防伪税控代开专用发票系统设备及软件配备的通知》（国税发〔2004〕139号）规定编制。

（二）税控专用设备发行

地税局代开发票部门登记信息同步至增值税发票管理新系统，比照现有代开增值税发票税控专用设备发行流程，国税局为同级地税局代开发票部门发行税控专用设备并加载税务数字证书。

（三）发票提供

国税局向同级地税局提供六联增值税专用发票和五联增值税普通发票。

（四）发票开具

增值税小规模纳税人销售其取得的不动产以及其他个人出租不动产，购买方或承租方不属于其他个人的，纳税人缴纳增值税后可以向地税局申请代开增值税专用发票。不能自开增值税普通发票的小规模纳税人销售其取得的不动产，以及其他个人出租不动产，可以向地税局申请代开增值税普通发票。地税局代开发票部门通过增值税发票管理新系统代开增值税发票，系统自动在发票上打印"代开"字样。

地税局代开发票部门为纳税人代开的增值税发票，统一使用六联增值税专用发票和五联增值税普通发票。第四联由代开发票岗位留存，以备发票扫描补录；第五联交征收岗位留存，用于代开发票与征收税款的定期核对；其他联次交纳税人。

代开发票岗位应按下列要求填写增值税发票：

1. "税率"栏填写增值税征收率。免税、其他个人出租其取得的不动产适用优惠政策减按1.5%征收、差额征税的，"税率"栏自动打印"＊＊＊"；

2. "销售方名称"栏填写代开地税局名称；

3. "销售方纳税人识别号"栏填写代开发票地税局代码；

4. "销售方开户行及账号"栏填写税收完税凭证字轨及号码（免税代开增值税普通发票可不填写）；

5. 备注栏填写销售或出租不动产纳税人的名称、纳税人识别号（或者组织机构代码）、不动产的详细地址；

6. 差额征税代开发票，通过系统中差额征税开票功能，录入含税销售额（或含税评估额）和扣除额，系统自动计算税额和金额，备注栏自动打印"差额征税"字样；

7. 纳税人销售其取得的不动产代开发票，"货物或应税劳务、服务名称"栏填写不动产名称及房屋产权证书号码，"单位"栏填写面积单位；

8. 按照核定计税价格征税的，"金额"栏填写不含税计税价格，备注栏注明"核定计税价格，实际成交含税金额×××元"。

其他项目按照增值税发票填开的有关规定填写。

地税局代开发票部门应在代开增值税发票的备注栏上，加盖地税代开发票专用章。

（五）开票数据传输

地税局代开发票部门通过网络实时或定期将已代开增值税发票信息传输至增值税发票管理新系统。

（六）发票再次领取

地税局代开发票部门需再次领取增值税发票的，发票抄报税后，国税局通过系统验旧缴销，再次提供发票。

三、发票管理

（一）专用发票安全管理

按照国税局现有增值税发票管理有关规定，地税局应加强安全保卫，采取有效措施，保障增值税发票的安全。

（二）日常信息比对

地税局应加强内部管理，每周将代开发票岗代开发票信息与征收岗税款征收信息进行比对，发现问题的要按有关规定及时处理。

（三）事后信息比对

税务总局将根据有关工作安排，提取地税局征收税款信息与代开发票信息进行比对，防范不征税代开增值税专用发票和少征税多开票等风险。

四、信息系统升级改造

2016年4月25日前，金税三期未上线省份应由各省地税局按照税务总局有关规定及时更新升级相关信息系统，调配征管资源、规范受理申报缴税工作。金税三期已上线省份由税务总局（征管科技司）负责统一调试相关信息系统。

五、税控专用设备配备和维护

2016年4月5日前，各省地税局将代开增值税发票需要使用的税控专用设备数量告知省国税局。4月8日前，各省国税局将需要初始化的专用设备数量通过可控FTP报税务总局（货物劳务税司）。4月20日前，各省国税局向地税局提供税控专用设备。国税局负责协调增值税税控系统服务单位，做好地税局代开增值税发票系统的安装及维护工作。

国税局委托地税局代征和代开增值税发票是深化部门合作的重要内容，各地国税局、地税局要切实履行职责，加强协调配合，形成工作合力；要对纳税人做好政策宣传和纳税辅导工作，提供优质服务和便利条件，方便纳税人申报纳税；要认真做好应急预案，切实关注纳税人反映和动态舆情，确保税制转换平稳顺利。

国家税务总局
关于营业税改征增值税委托地税机关代征税款和代开增值税发票的公告

（2016年3月31日 国家税务总局公告2016年第19号）

根据《中华人民共和国税收征收管理法》《财政部 国家税务总局关于全面推开营业税改征增值税试点的通知》（财税〔2016〕36号）和《国家税务总局关于加强国家税务局、地方税务局互相委托代征税收的通知》（税总发〔2015〕155号）等有关规定，税务总局决定，营业税改征增值税后由地税机关继续受理纳税人销售其取得的不动产和其他个人出租不动产的申报缴税和代开增值税发票业务，以方便纳税人办税。

本公告自2016年5月1日起施行。

国家税务总局
关于全面推开营业税改征增值税试点
有关税收征收管理事项的公告

(2016年4月19日 国家税务总局公告2016年第23号)

为保障全面推开营业税改征增值税（以下简称营改增）试点工作顺利实施，现将有关税收征收管理事项公告如下：

一、纳税申报期

（一）2016年5月1日新纳入营改增试点范围的纳税人（以下简称试点纳税人），2016年6月份增值税纳税申报期延长至2016年6月27日。

（二）根据工作实际情况，省、自治区、直辖市和计划单列市国家税务局（以下简称省国税局）可以适当延长2015年度企业所得税汇算清缴时间，但最长不得超过2016年6月30日。

（三）实行按季申报的原营业税纳税人，2016年5月申报期内，向主管地税机关申报税款所属期为4月份的营业税；2016年7月申报期内，向主管国税机关申报税款所属期为5、6月份的增值税。

二、增值税一般纳税人资格登记

（一）试点纳税人应按照本公告规定办理增值税一般纳税人资格登记。

（二）除本公告第二条第（三）项规定的情形外，营改增试点实施前（以下简称试点实施前）销售服务、无形资产或者不动产（以下简称应税行为）的年应税销售额超过500万元的试点纳税人，应向主管国税机关办理增值税一般纳税人资格登记手续。

试点纳税人试点实施前的应税行为年应税销售额按以下公式换算：

应税行为年应税销售额 = 连续不超过12个月应税行为营业额合计 ÷ （1 + 3%）

按照现行营业税规定差额征收营业税的试点纳税人，其应税行为营业额按未扣除之前的营业额计算。

试点实施前，试点纳税人偶然发生的转让不动产的营业额，不计入应税行为年应税销售额。

（三）试点实施前已取得增值税一般纳税人资格并兼有应税行为的试点纳税人，不需要重新办理增值税一般纳税人资格登记手续，由主管国税机关制作、送达《税务事项通知书》，告知纳税人。

（四）试点实施前应税行为年应税销售额未超过500万元的试点纳税人，会计核算健全，能够提供准确税务资料的，也可以向主管国税机关办理增值税一般纳税人资格登记。

（五）试点实施前，试点纳税人增值税一般纳税人资格登记可由省国税局按照本公告及相关规定采取预登记措施。

（六）试点实施后，符合条件的试点纳税人应当按照《增值税一般纳税人资格认定管理办法》（国家税务总局令第 22 号）、《国家税务总局关于调整增值税一般纳税人管理有关事项的公告》（国家税务总局公告 2015 年第 18 号）及相关规定，办理增值税一般纳税人资格登记。按照营改增有关规定，应税行为有扣除项目的试点纳税人，其应税行为年应税销售额按未扣除之前的销售额计算。

增值税小规模纳税人偶然发生的转让不动产的销售额，不计入应税行为年应税销售额。

（七）试点纳税人兼有销售货物、提供加工修理修配劳务和应税行为的，应税货物及劳务销售额与应税行为销售额分别计算，分别适用增值税一般纳税人资格登记标准。

兼有销售货物、提供加工修理修配劳务和应税行为，年应税销售额超过财政部、国家税务总局规定标准且不经常发生销售货物、提供加工修理修配劳务和应税行为的单位和个体工商户可选择按照小规模纳税人纳税。

（八）试点纳税人在办理增值税一般纳税人资格登记后，发生增值税偷税、骗取出口退税和虚开增值税扣税凭证等行为的，主管国税机关可以对其实行 6 个月的纳税辅导期管理。

三、发票使用

（一）增值税一般纳税人销售货物、提供加工修理修配劳务和应税行为，使用增值税发票管理新系统（以下简称新系统）开具增值税专用发票、增值税普通发票、机动车销售统一发票、增值税电子普通发票。

（二）增值税小规模纳税人销售货物、提供加工修理修配劳务月销售额超过 3 万元（按季纳税 9 万元），或者销售服务、无形资产月销售额超过 3 万元（按季纳税 9 万元），使用新系统开具增值税普通发票、机动车销售统一发票、增值税电子普通发票。

（三）门票、过路（过桥）费发票、定额发票、客运发票和二手车销售统一发票继续使用。

（四）采取汇总纳税的金融机构，省、自治区所辖地市以下分支机构可以使用地市级机构统一领取的增值税专用发票、增值税普通发票、增值税电子普通发票；直辖市、计划单列市所辖区县及以下分支机构可以使用直辖市、计划单列市机构统一领取的增值税专用发票、增值税普通发票、增值税电子普通发票。

（五）税务机关使用新系统代开增值税专用发票和增值税普通发票。代开增值税专用发票使用六联票，代开增值税普通发票使用五联票。

四、增值税发票开具

（一）税务总局编写了《商品和服务税收分类与编码（试行）》（以下简称编码，见附件），并在新系统中增加了编码相关功能。自 2016 年 5 月 1 日起，纳入新系统推行范围的试点纳税人及新办增值税纳税人，应使用新系统选择相应的编码开具增值税发票。北京市、上海市、江苏省和广东省已使用编码的纳税人，应于 5 月 1 日前完成开票软件升级。5 月 1 日前已使用新系统的纳税人，应于 8 月 1 日前完成开票软件升级。

（二）按照现行政策规定适用差额征税办法缴纳增值税，且不得全额开具增值税发票的（财政部、税务总局另有规定的除外），纳税人自行开具或者税务机关代开增值税发票时，通过新系统中差额征税开票功能，录入含税销售额（或含税评估额）和扣除额，系统自动计算税额和不含税金额，备注栏自动打印"差额征税"字样，发票开具不应与其他应税行为混开。

（三）提供建筑服务，纳税人自行开具或者税务机关代开增值税发票时，应在发票的备注栏注明建筑服务发生地县（市、区）名称及项目名称。

（四）销售不动产，纳税人自行开具或者税务机关代开增值税发票时，应在发票"货物或应税劳务、服务名称"栏填写不动产名称及房屋产权证书号码（无房屋产权证书的可不填写），"单位"栏填写面积单位，备注栏注明不动产的详细地址。

（五）出租不动产，纳税人自行开具或者税务机关代开增值税发票时，应在备注栏注明不动产的详细地址。

（六）个人出租住房适用优惠政策减按1.5%征收，纳税人自行开具或者税务机关代开增值税发票时，通过新系统中征收率减按1.5%征收开票功能，录入含税销售额，系统自动计算税额和不含税金额，发票开具不应与其他应税行为混开。

（七）税务机关代开增值税发票时，"销售方开户行及账号"栏填写税收完税凭证字轨及号码或系统税票号码（免税代开增值税普通发票可不填写）。

（八）税务机关为跨县（市、区）提供不动产经营租赁服务、建筑服务的小规模纳税人（不包括其他个人），代开增值税发票时，在发票备注栏中自动打印"YD"字样。

五、扩大取消增值税发票认证的纳税人范围

（一）纳税信用B级增值税一般纳税人取得销售方使用新系统开具的增值税发票（包括增值税专用发票、货物运输业增值税专用发票、机动车销售统一发票，下同），可以不再进行扫描认证，登录本省增值税发票查询平台，查询、选择用于申报抵扣或者出口退税的增值税发票信息，未查询到对应发票信息的，仍可进行扫描认证。

（二）2016年5月1日新纳入营改增试点的增值税一般纳税人，2016年5月至7月期间不需进行增值税发票认证，登录本省增值税发票查询平台，查询、选择用于申报抵扣或者出口退税的增值税发票信息，未查询到对应发票信息的，可进行扫描认证。2016年8月起按照纳税信用级别分别适用发票认证的有关规定。

六、其他纳税事项

（一）原以地市一级机构汇总缴纳营业税的金融机构，营改增后继续以地市一级机构汇总缴纳增值税。

同一省（自治区、直辖市、计划单列市）范围内的金融机构，经省（自治区、直辖市、计划单列市）税务局和财政厅（局）批准，可以由总机构汇总向总机构所在地的主管税务机关申报缴纳增值税。

（二）增值税小规模纳税人应分别核算销售货物，提供加工、修理修配劳务的销售额，和销售服务、无形资产的销售额。增值税小规模纳税人销售货物，提供加工、修理修配劳务月销售额不超过3万元（按季纳税9万元），销售服务、无形资产月销售额不超过3万元（按季纳税9万元）的，自2016年5月1日起至2017年12月31日，可分别享受小微企业暂免征收增值税优惠政策。

（三）按季纳税申报的增值税小规模纳税人，实际经营期不足一个季度的，以实际经营月份计算当期可享受小微企业免征增值税政策的销售额度。

按照本公告第一条第（三）项规定，按季纳税的试点增值税小规模纳税人，2016年7月纳税申报时，申报的2016年5月、6月增值税应税销售额中，销售货物，提供加工、修理修配劳务的销售额不超过6万元，销售服务、无形资产的销售额不超过6万元的，可分别享受小微企业暂免征收增值税优惠政策。

（四）其他个人采取预收款形式出租不动产，取得的预收租金收入，可在预收款对应的租赁期内平均分摊，分摊后的月租金收入不超过3万元的，可享受小微企业免征增值税优惠政策。

七、本公告自2016年5月1日起施行，《国家税务总局关于使用新版不动产销售统一发票和新版建筑业统一发票有关问题的通知》（国税发〔2006〕173号）、《国家税务总局关于营业税改征增值税试点增值税一般纳税人资格认定有关事项的公告》（国家税务总局公告2013年第75号）、《国家税务总局关于开展商品和服务税收分类与编码试点工作的通知》（税总函〔2016〕56号）同时废止。

附件：商品和服务税收分类与编码（试行）（编者略）

［注释：《国家税务总局关于修改部分税收规范性文件的公告》（国家税务总局公告2018年第31号）对本文进行了修改。

注释：部分条款第三条第二项和第六条第四项废止。参见：《国家税务总局关于小规模纳税人免征增值税政策有关征管问题的公告》（国家税务总局公告2019年第4号）。

注释：条款第五条废止。参见：《国家税务总局关于扩大小规模纳税人自行开具增值税专用发票试点范围等事项的公告》（国家税务总局公告2019年第8号）。］

国家税务总局
关于明确营改增试点若干征管问题的公告

（2016年4月26日　国家税务总局公告2016年第26号）

为确保全面推开营改增试点顺利实施，现将若干税收征管问题公告如下：

一、餐饮行业增值税一般纳税人购进农业生产者自产农产品，可以使用国税机关监制的农产品收购发票，按照现行规定计算抵扣进项税额。

有条件的地区，应积极在餐饮行业推行农产品进项税额核定扣除办法，按照《财政部　国家税务总局关于在部分行业试行农产品增值税进项税额核定扣除办法的通知》（财税〔2012〕38号）有关规定计算抵扣进项税额。

二、个人转让住房，在2016年4月30日前已签订转让合同，2016年5月1日以后办理产权变更事项的，应缴纳增值税，不缴纳营业税。

三、按照现行规定，适用增值税差额征收政策的增值税小规模纳税人，以差额前的销售额确定是否可以享受3万元（按季纳税9万元）以下免征增值税政策。

四、营改增后，门票、过路（过桥）费发票属于予以保留的票种，自2016年5月1日起，由国税机关监制管理。原地税机关监制的上述两类发票，可以延用至2016年6月30日。

本公告自2016年5月1日起施行。

［注释：条款废止。第三条废止。自2019年1月1日起废止。参见：《国家税务总局关于小规模纳税人免征增值税政策有关征管问题的公告》（国家税务总局公告2019年第4

号）。

条款失效。

"一、餐饮行业增值税一般纳税人购进农业生产者自产农产品，可以使用国税机关监制的农产品收购发票，按照现行规定计算抵扣进项税额。"修改为"一、餐饮行业增值税一般纳税人购进农业生产者自产农产品，可以使用税务机关监制的农产品收购发票，按照现行规定计算抵扣进项税额。"

"四、营改增后，门票、过路（过桥）费发票属于予以保留的票种，自2016年5月1日起，由国税机关监制管理。原地税机关监制的上述两类发票，可以延用至2016年6月30日。"修改为"四、营改增后，门票、过路（过桥）费发票属于予以保留的票种，由税务机关监制管理。"

参见：《国家税务总局关于修改部分税收规范性文件的公告》（国家税务总局公告2018年第31号）。]

财政部　国家税务总局
关于进一步明确全面推开营改增试点金融业有关政策的通知

（2016年4月29日　财税〔2016〕46号）

各省、自治区、直辖市、计划单列市财政厅（局）、国家税务局、地方税务局，新疆生产建设兵团财务局：

经研究，现将营改增试点期间有关金融业政策补充通知如下：

一、金融机构开展下列业务取得的利息收入，属于《营业税改征增值税试点过渡政策的规定》（财税〔2016〕36号，以下简称《过渡政策的规定》）第一条第（二十三）项所称的金融同业往来利息收入：

（一）质押式买入返售金融商品。

质押式买入返售金融商品，是指交易双方进行的以债券等金融商品为权利质押的一种短期资金融通业务。

（二）持有政策性金融债券。

政策性金融债券，是指开发性、政策性金融机构发行的债券。

二、《过渡政策的规定》第一条第（二十一）项中，享受免征增值税的一年期及以上返还本利的人身保险包括其他年金保险，其他年金保险是指养老年金以外的年金保险。

三、农村信用社、村镇银行、农村资金互助社、由银行业机构全资发起设立的贷款公司、法人机构在县（县级市、区、旗）及县以下地区的农村合作银行和农村商业银行提供金融服务收入，可以选择适用简易计税方法按照3%的征收率计算缴纳增值税。

村镇银行，是指经中国银行业监督管理委员会依据有关法律、法规批准，由境内外金融机构、境内非金融机构企业法人、境内自然人出资，在农村地区设立的主要为当地农民、农业和农村经济发展提供金融服务的银行业金融机构。

农村资金互助社，是指经银行业监督管理机构批准，由乡（镇）、行政村农民和农村小企业自愿入股组成，为社员提供存款、贷款、结算等业务的社区互助性银行业金融机构。

由银行业机构全资发起设立的贷款公司，是指经中国银行业监督管理委员会依据有关法律、法规批准，由境内商业银行或农村合作银行在农村地区设立的专门为县域农民、农业和农村经济发展提供贷款服务的非银行业金融机构。

县（县级市、区、旗），不包括直辖市和地级市所辖城区。

四、对中国农业银行纳入"三农金融事业部"改革试点的各省、自治区、直辖市、计划单列市分行下辖的县域支行和新疆生产建设兵团分行下辖的县域支行（也称县事业部），提供农户贷款、农村企业和农村各类组织贷款（具体贷款业务清单见附件）取得的利息收入，可以选择适用简易计税方法按照3%的征收率计算缴纳增值税。

农户贷款，是指金融机构发放给农户的贷款，但不包括按照《过渡政策的规定》第一条第（十九）项规定的免征增值税的农户小额贷款。

农户，是指《过渡政策的规定》第一条第（十九）项所称的农户。

农村企业和农村各类组织贷款，是指金融机构发放给注册在农村地区的企业及各类组织的贷款。

五、本通知自2016年5月1日起执行。

附件：享受增值税优惠的涉农贷款业务清单（见二维码1）

财政部　国家税务总局
关于进一步明确全面推开营改增试点有关劳务派遣服务、收费公路通行费抵扣等政策的通知

（2016年4月30日　财税〔2016〕47号）

各省、自治区、直辖市、计划单列市财政厅（局）、国家税务局、地方税务局，新疆生产建设兵团财务局：

经研究，现将营改增试点期间劳务派遣服务等政策补充通知如下：

一、劳务派遣服务政策

一般纳税人提供劳务派遣服务，可以按照《财政部　国家税务总局关于全面推开营业税改征增值税试点的通知》（财税〔2016〕36号）的有关规定，以取得的全部价款和价外费用为销售额，按照一般计税方法计算缴纳增值税；也可以选择差额纳税，以取得的全部价款和价外费用，扣除代用工单位支付给劳务派遣员工的工资、福利和为其办理社会保险及住房公积金后的余额为销售额，按照简易计税方法依5%的征收率计算缴纳增值税。

小规模纳税人提供劳务派遣服务，可以按照《财政部　国家税务总局关于全面推开营业税改征增值税试点的通知》（财税〔2016〕36号）的有关规定，以取得的全部价款和价外费用为销售额，按照简易计税方法依3%的征收率计算缴纳增值税；也可以选择差额纳税，以取得的全部价款和价外费用，扣除代用工单位支付给劳务派遣员工的工资、福利和为其办理社会保险及住房公积金后的余额为销售额，按照简易计税方法依5%的征收率计算缴

纳增值税。

选择差额纳税的纳税人,向用工单位收取用于支付给劳务派遣员工工资、福利和为其办理社会保险及住房公积金的费用,不得开具增值税专用发票,可以开具普通发票。

劳务派遣服务,是指劳务派遣公司为了满足用工单位对于各类灵活用工的需求,将员工派遣至用工单位,接受用工单位管理并为其工作的服务。

二、收费公路通行费抵扣及征收政策

(一) 2016年5月1日至7月31日,一般纳税人支付的道路、桥、闸通行费,暂凭取得的通行费发票(不含财政票据,下同)上注明的收费金额按照下列公式计算可抵扣的进项税额:

高速公路通行费可抵扣进项税额 = 高速公路通行费发票上注明的金额 ÷ (1+3%) ×3%

一级公路、二级公路、桥、闸通行费可抵扣进项税额 = 一级公路、二级公路、桥、闸通行费发票上注明的金额 ÷ (1+5%) ×5%

通行费,是指有关单位依法或者依规设立并收取的过路、过桥和过闸费用。

(二) 一般纳税人收取试点前开工的一级公路、二级公路、桥、闸通行费,可以选择适用简易计税方法,按照5%的征收率计算缴纳增值税。

试点前开工,是指相关施工许可证注明的合同开工日期在2016年4月30日前。

三、其他政策

(一) 纳税人提供人力资源外包服务,按照经纪代理服务缴纳增值税,其销售额不包括受客户单位委托代为向客户单位员工发放的工资和代理缴纳的社会保险、住房公积金。向委托方收取并代为发放的工资和代理缴纳的社会保险、住房公积金,不得开具增值税专用发票,可以开具普通发票。

一般纳税人提供人力资源外包服务,可以选择适用简易计税方法,按照5%的征收率计算缴纳增值税。

(二) 纳税人以经营租赁方式将土地出租给他人使用,按照不动产经营租赁服务缴纳增值税。

纳税人转让2016年4月30日前取得的土地使用权,可以选择适用简易计税方法,以取得的全部价款和价外费用减去取得该土地使用权的原价后的余额为销售额,按照5%的征收率计算缴纳增值税。

(三) 一般纳税人2016年4月30日前签订的不动产融资租赁合同,或以2016年4月30日前取得的不动产提供的融资租赁服务,可以选择适用简易计税方法,按照5%的征收率计算缴纳增值税。

(四) 一般纳税人提供管道运输服务和有形动产融资租赁服务,按照《营业税改征增值税试点过渡政策的规定》(财税〔2013〕106号)第二条有关规定适用的增值税实际税负超过3%部分即征即退政策,在2016年1月1日至4月30日期间继续执行。

四、本通知规定的内容,除另有规定执行时间外,自2016年5月1日起执行。

财政部 国家税务总局
关于营业税改征增值税试点有关文化事业建设费政策及征收管理问题的补充通知

（2016 年 5 月 13 日 财税〔2016〕60 号）

各省、自治区、直辖市、计划单列市财政厅（局）、国家税务局、地方税务局：

为促进文化事业发展，现就全面推开营业税改征增值税试点（以下简称营改增）后娱乐服务征收文化事业建设费有关事项补充通知如下：

一、在中华人民共和国境内提供娱乐服务的单位和个人（以下称缴纳义务人），应按照本通知以及《财政部 国家税务总局关于营业税改征增值税试点有关文化事业建设费政策及征收管理问题的通知》（财税〔2016〕25 号）的规定缴纳文化事业建设费。

二、缴纳义务人应按照提供娱乐服务取得的计费销售额和 3% 的费率计算娱乐服务应缴费额，计算公式如下：

娱乐服务应缴费额 = 娱乐服务计费销售额 × 3%

娱乐服务计费销售额，为缴纳义务人提供娱乐服务取得的全部含税价款和价外费用。

三、未达到增值税起征点的缴纳义务人，免征文化事业建设费。

四、本通知所称娱乐服务，是指《财政部 国家税务总局关于全面推开营业税改征增值税试点的通知》（财税〔2016〕36 号）的《销售服务、无形资产、不动产注释》中"娱乐服务"范围内的服务。

五、本通知自 2016 年 5 月 1 日起执行。《财政部 国家税务总局关于印发〈文化事业建设费征收管理暂行办法〉的通知》（财税字〔1997〕95 号）同时废止。

财政部 国家税务总局
关于进一步明确全面推开营改增试点有关再保险、不动产租赁和非学历教育等政策的通知

（2016 年 6 月 18 日 财税〔2016〕68 号）

各省、自治区、直辖市、计划单列市财政厅（局）、国家税务局、地方税务局，新疆生产建设兵团财务局：

经研究，现将营改增试点期间有关再保险、不动产租赁和非学历教育等政策补充通知如下：

一、再保险服务

（一）境内保险公司向境外保险公司提供的完全在境外消费的再保险服务，免征增

值税。

（二）试点纳税人提供再保险服务（境内保险公司向境外保险公司提供的再保险服务除外），实行与原保险服务一致的增值税政策。再保险合同对应多个原保险合同的，所有原保险合同均适用免征增值税政策时，该再保险合同适用免征增值税政策。否则，该再保险合同应按规定缴纳增值税。

原保险服务，是指保险分出方与投保人之间直接签订保险合同而建立保险关系的业务活动。

二、不动产经营租赁服务

1. 房地产开发企业中的一般纳税人，出租自行开发的房地产老项目，可以选择适用简易计税方法，按照5%的征收率计算应纳税额。纳税人出租自行开发的房地产老项目与其机构所在地不在同一县（市）的，应按照上述计税方法在不动产所在地预缴税款后，向机构所在地主管税务机关进行纳税申报。

房地产开发企业中的一般纳税人，出租其2016年5月1日后自行开发的与机构所在地不在同一县（市）的房地产项目，应按照3%预征率在不动产所在地预缴税款后，向机构所在地主管税务机关进行纳税申报。

2. 房地产开发企业中的小规模纳税人，出租自行开发的房地产项目，按照5%的征收率计算应纳税额。纳税人出租自行开发的房地产项目与其机构所在地不在同一县（市）的，应按照上述计税方法在不动产所在地预缴税款后，向机构所在地主管税务机关进行纳税申报。

三、一般纳税人提供非学历教育服务，可以选择适用简易计税方法按照3%征收率计算应纳税额。

四、纳税人提供安全保护服务，比照劳务派遣服务政策执行。

五、各党派、共青团、工会、妇联、中科协、青联、台联、侨联收取党费、团费、会费，以及政府间国际组织收取会费，属于非经营活动，不征收增值税。

六、本通知自2016年5月1日起执行。

国家税务总局
关于营改增试点若干征管问题的公告

（2016年8月18日　国家税务总局公告2016年第53号）

根据《财政部　国家税务总局关于全面推开营业税改征增值税试点的通知》（财税〔2016〕36号），现将营改增试点有关征管问题公告如下：

一、境外单位或者个人发生的下列行为不属于在境内销售服务或者无形资产：

（一）为出境的函件、包裹在境外提供的邮政服务、收派服务；

（二）向境内单位或者个人提供的工程施工地点在境外的建筑服务、工程监理服务；

（三）向境内单位或者个人提供的工程、矿产资源在境外的工程勘察勘探服务；

（四）向境内单位或者个人提供的会议展览地点在境外的会议展览服务。

二、其他个人采取一次性收取租金的形式出租不动产，取得的租金收入可在租金对应的租赁期内平均分摊，分摊后的月租金收入不超过3万元的，可享受小微企业免征增值税优惠政策。

三、单用途商业预付卡（以下简称"单用途卡"）业务按照以下规定执行：

（一）单用途卡发卡企业或者售卡企业（以下统称"售卡方"）销售单用途卡，或者接受单用途卡持卡人充值取得的预收资金，不缴纳增值税。售卡方可按照本公告第九条的规定，向购卡人、充值人开具增值税普通发票，不得开具增值税专用发票。

单用途卡，是指发卡企业按照国家有关规定发行的，仅限于在本企业、本企业所属集团或者同一品牌特许经营体系内兑付货物或者服务的预付凭证。

发卡企业，是指按照国家有关规定发行单用途卡的企业。售卡企业，是指集团发卡企业或者品牌发卡企业指定的，承担单用途卡销售、充值、挂失、换卡、退卡等相关业务的本集团或同一品牌特许经营体系内的企业。

（二）售卡方因发行或者销售单用途卡并办理相关资金收付结算业务取得的手续费、结算费、服务费、管理费等收入，应按照现行规定缴纳增值税。

（三）持卡人使用单用途卡购买货物或服务时，货物或者服务的销售方应按照现行规定缴纳增值税，且不得向持卡人开具增值税发票。

（四）销售方与售卡方不是同一个纳税人的，销售方在收到售卡方结算的销售款时，应向售卡方开具增值税普通发票，并在备注栏注明"收到预付卡结算款"，不得开具增值税专用发票。

售卡方从销售方取得的增值税普通发票，作为其销售单用途卡或接受单用途卡充值取得预收资金不缴纳增值税的凭证，留存备查。

四、支付机构预付卡（以下称"多用途卡"）业务按照以下规定执行：

（一）支付机构销售多用途卡取得的等值人民币资金，或者接受多用途卡持卡人充值取得的充值资金，不缴纳增值税。支付机构可按照本公告第九条的规定，向购卡人、充值人开具增值税普通发票，不得开具增值税专用发票。

支付机构，是指取得中国人民银行核发的《支付业务许可证》，获准办理"预付卡发行与受理"业务的发卡机构和获准办理"预付卡受理"业务的受理机构。

多用途卡，是指发卡机构以特定载体和形式发行的，可在发卡机构之外购买货物或服务的预付价值。

（二）支付机构因发行或者受理多用途卡并办理相关资金收付结算业务取得的手续费、结算费、服务费、管理费等收入，应按照现行规定缴纳增值税。

（三）持卡人使用多用途卡，向与支付机构签署合作协议的特约商户购买货物或服务，特约商户应按照现行规定缴纳增值税，且不得向持卡人开具增值税发票。

（四）特约商户收到支付机构结算的销售款时，应向支付机构开具增值税普通发票，并在备注栏注明"收到预付卡结算款"，不得开具增值税专用发票。

支付机构从特约商户取得的增值税普通发票，作为其销售多用途卡或接受多用途卡充值取得预收资金不缴纳增值税的凭证，留存备查。

五、单位将其持有的限售股在解禁流通后对外转让的，按照以下规定确定买入价：

（一）上市公司实施股权分置改革时，在股票复牌之前形成的原非流通股股份，以及股票复牌首日至解禁日期间由上述股份孳生的送、转股,以该上市公司完成股权分置改革后股票复牌首日的开盘价为买入价。

(二)公司首次公开发行股票并上市形成的限售股,以及上市首日至解禁日期间由上述股份孳生的送、转股,以该上市公司股票首次公开发行(IPO)的发行价为买入价。

(三)因上市公司实施重大资产重组形成的限售股,以及股票复牌首日至解禁日期间由上述股份孳生的送、转股,以该上市公司因重大资产重组股票停牌前一交易日的收盘价为买入价。

六、银行提供贷款服务按期计收利息的,结息日当日计收的全部利息收入,均应计入结息日所属期的销售额,按照现行规定计算缴纳增值税。

七、按照《中华人民共和国增值税暂行条例》《营业税改征增值税试点实施办法》《中华人民共和国消费税暂行条例》及相关文件规定,以1个季度为纳税期限的增值税纳税人,其取得的全部增值税应税收入、消费税应税收入,均可以1个季度为纳税期限。

八、《纳税人跨县(市、区)提供建筑服务增值税征收管理暂行办法》(国家税务总局公告2016年第17号发布)第七条规定调整为:

纳税人跨县(市、区)提供建筑服务,在向建筑服务发生地主管国税机关预缴税款时,需填报《增值税预缴税款表》,并出示以下资料:

(一)与发包方签订的建筑合同复印件(加盖纳税人公章);

(二)与分包方签订的分包合同复印件(加盖纳税人公章);

(三)从分包方取得的发票复印件(加盖纳税人公章)。

九、《国家税务总局关于全面推开营业税改征增值税试点有关税收征收管理事项的公告》(国家税务总局公告2016年第23号)附件《商品和服务税收分类与编码(试行)》中的分类编码调整以下内容,纳税人应将增值税税控开票软件升级到最新版本(V2.0.11):

(一)3010203"水路运输期租业务"下分设301020301"水路旅客运输期租业务"和301020302"水路货物运输期租业务";3010204"水路运输程租业务"下设301020401"水路旅客运输程租业务"和301020402"水路货物运输程租业务";301030103"航空运输湿租业务"下设30103010301"航空旅客运输湿租业务"和30103010302"航空货物运输湿租业务"。

(二)30105"无运输工具承运业务"下新增3010502"无运输工具承运陆路运输业务"、3010503"无运输工具承运水路运输服务"、3010504"无运输工具承运航空运输服务"、3010505"无运输工具承运管道运输服务"和3010506"无运输工具承运联运运输服务"。

停用编码3010501"无船承运"。

(三)301"交通运输服务"下新增30106"联运服务",用于利用多种运输工具载运旅客、货物的业务活动。

30106"联运服务"下新增3010601"旅客联运服务"和3010602"货物联运服务"。

(四)30199"其他运输服务"下新增3019901"其他旅客运输服务"和3019902"其他货物运输服务"。

(五)30401"研发和技术服务"下新增3040105"专业技术服务"。

停止使用编码304010403"专业技术服务"。

(六)304050202"不动产经营租赁"下新增30405020204"商业营业用房经营租赁服

务"。

（七）3040801"企业管理服务"下新增304080101"物业管理服务"和304080199"其他企业管理服务"。

（八）3040802"经纪代理服务"下新增304080204"人力资源外包服务"。

（九）3040803"人力资源服务"下新增304080301"劳务派遣服务"和304080399"其他人力资源服务"。

（十）30601"贷款服务"下新增3060110"客户贷款"，用于向企业、个人等客户发放贷款以及票据贴现的情况；3060110"客户贷款"下新增306011001"企业贷款"、306011002"个人贷款"、306011003"票据贴现"。

（十一）增加6"未发生销售行为的不征税项目"，用于纳税人收取款项但未发生销售货物、应税劳务、服务、无形资产或不动产的情形。

"未发生销售行为的不征税项目"下设601"预付卡销售和充值"、602"销售自行开发的房地产项目预收款"、603"已申报缴纳营业税未开票补开票"。

使用"未发生销售行为的不征税项目"编码，发票税率栏应填写"不征税"，不得开具增值税专用发票。

十、本公告自2016年9月1日起施行，此前已发生未处理的事项，按照本公告规定执行。2016年5月1日前，纳税人发生本公告第二、五、六条规定的应税行为，此前未处理的，比照本公告规定缴纳营业税。

[注释：条款废止。第二条废止。自2019年1月1日起废止。参见：《国家税务总局关于小规模纳税人免征增值税政策有关征管问题的公告》（国家税务总局公告2019年第4号）。

条款失效。

"八、《纳税人跨县（市、区）提供建筑服务增值税征收管理暂行办法》（国家税务总局公告2016年第17号发布）第七条规定调整为：

纳税人跨县（市、区）提供建筑服务，在向建筑服务发生地主管国税机关预缴税款时，需填报《增值税预缴税款表》，并出示以下资料：

（一）与发包方签订的建筑合同复印件（加盖纳税人公章）；

（二）与分包方签订的分包合同复印件（加盖纳税人公章）；

（三）从分包方取得的发票复印件（加盖纳税人公章）。"

修改为：

"八、《纳税人跨县（市、区）提供建筑服务增值税征收管理暂行办法》（国家税务总局公告2016年第17号发布）第七条规定调整为：

纳税人跨县（市、区）提供建筑服务，在向建筑服务发生地主管税务机关预缴税款时，需填报《增值税预缴税款表》，并出示以下资料：

（一）与发包方签订的建筑合同复印件（加盖纳税人公章）；

（二）与分包方签订的分包合同复印件（加盖纳税人公章）；

（三）从分包方取得的发票复印件（加盖纳税人公章）。"

参见：《国家税务总局关于修改部分税收规范性文件的公告》（国家税务总局公告2018年第31号）。]

国家税务总局
关于物业管理服务中收取的自来水水费增值税问题的公告

（2016年8月19日　国家税务总局公告2016年第54号）

现将物业管理服务中收取的自来水水费增值税有关问题公告如下：

提供物业管理服务的纳税人，向服务接受方收取的自来水水费，以扣除其对外支付的自来水水费后的余额为销售额，按照简易计税方法依3%的征收率计算缴纳增值税。

本公告自发布之日起施行。2016年5月1日以后已发生并处理的事项，不再作调整；未处理的，按本公告规定执行。

三、深化增值税改革相关政策

财政部　国家税务总局
关于退还集成电路企业采购设备增值税期末留抵税额的通知

（2011年11月14日　财税〔2011〕107号）

北京、天津、内蒙古、大连、上海、江苏、安徽、厦门、湖北、深圳、重庆、广东省（自治区、直辖市、计划单列市）财政厅（局）、国家税务局，财政部驻北京、天津、内蒙古、大连、上海、江苏、安徽、厦门、湖北、深圳、重庆、广东省（自治区、直辖市、计划单列市）财政监察专员办事处：

为落实《国务院关于印发进一步鼓励软件产业和集成电路产业发展若干政策的通知》（国发〔2011〕4号）有关要求，解决集成电路重大项目企业采购设备引起的增值税进项税额占用资金问题，决定对其因购进设备形成的增值税期末留抵税额予以退还。现将有关事项通知如下：

一、对国家批准的集成电路重大项目企业（具体名单见附件）因购进设备形成的增值税期末留抵税额（以下称购进设备留抵税额）准予退还。购进的设备应属于《中华人民共和国增值税暂行条例实施细则》第二十一条第二款规定的固定资产范围。

二、准予退还的购进设备留抵税额的计算

企业当期购进设备进项税额大于当期增值税纳税申报表"期末留抵税额"的，当期准予退还的购进设备留抵税额为期末留抵税额；企业当期购进设备进项税额小于当期增值税纳税申报表"期末留抵税额"的，当期准予退还的购进设备留抵税额为当期购进设备进项税额。

当期购进设备进项税额，是指企业取得的按照现行规定允许在当期抵扣的增值税专用发票或海关进口增值税专用缴款书（限于2009年1月1日及以后开具的）上注明的增值税额。

三、退还购进设备留抵税额的申请和审批

（一）企业应于每月申报期结束后 10 个工作日内向主管税务机关申请退还购进设备留抵税额。

主管税务机关接到企业申请后，应审核企业提供的增值税专用发票或海关进口增值税专用缴款书是否符合现行政策规定，其注明的设备名称与企业实际购进的设备是否一致，申请退还的购进设备留抵税额是否正确。审核无误后，由县（区、市）级主管税务机关审批。

（二）企业收到退税款项的当月，应将退税额从增值税进项税额中转出。未转出的，按照《中华人民共和国税收征收管理法》有关规定承担相应法律责任。

（三）企业首次申请退还购进设备留抵税额时，可将 2009 年以来形成的购进设备留抵税额，按照上述规定一次性申请退还。

四、退还的购进设备留抵税额由中央和地方按照现行增值税分享比例共同负担。

五、本通知自 2011 年 11 月 1 日起执行。

附件：国家批准的集成电路重大项目企业名单（见二维码2）

财政部 国家税务总局
关于简并增值税征收率政策的通知

（2014 年 6 月 13 日　财税〔2014〕57 号）

各省、自治区、直辖市、计划单列市财政厅（局）、国家税务局，新疆生产建设兵团财务局：

为进一步规范税制、公平税负，经国务院批准，决定简并和统一增值税征收率，将 6% 和 4% 的增值税征收率统一调整为 3%。现将有关事项通知如下：

一、《财政部　国家税务总局关于部分货物适用增值税低税率和简易办法征收增值税政策的通知》（财税〔2009〕9 号）第二条第（一）项和第（二）项中"按照简易办法依照 4% 征收率减半征收增值税"调整为"按照简易办法依照 3% 征收率减按 2% 征收增值税"。

《财政部　国家税务总局关于全国实施增值税转型改革若干问题的通知》（财税〔2008〕170 号）第四条第（二）项和第（三）项中"按照 4% 征收率减半征收增值税"调整为"按照简易办法依照 3% 征收率减按 2% 征收增值税"。

二、财税〔2009〕9 号文件第二条第（三）项和第三条"依照 6% 征收率"调整为"依照 3% 征收率"。

三、财税〔2009〕9 号文件第二条第（四）项"依照 4% 征收率"调整为"依照 3% 征收率"。

四、本通知自 2014 年 7 月 1 日起执行。

国家税务总局
关于简并增值税征收率有关问题的公告

(2014年6月27日 国家税务总局公告2014年第36号)

根据国务院简并和统一增值税征收率的决定,现将有关问题公告如下:

一、将《国家税务总局关于固定业户临时外出经营有关增值税专用发票管理问题的通知》(国税发〔1995〕87号)中"经营地税务机关按6%的征收率征税",修改为"经营地税务机关按3%的征收率征税"。

二、将《国家税务总局关于拍卖行取得的拍卖收入征收增值税、营业税有关问题的通知》(国税发〔1999〕40号)第一条中"按照4%的征收率征收增值税",修改为"按照3%的征收率征收增值税"。

三、将《国家税务总局关于增值税简易征收政策有关管理问题的通知》(国税函〔2009〕90号)第一条第(一)项中"按简易办法依4%征收率减半征收增值税政策",修改为"按简易办法依3%征收率减按2%征收增值税政策"。

四、将《国家税务总局关于供应非临床用血增值税政策问题的批复》(国税函〔2009〕456号)第二条中"按照简易办法依照6%征收率计算应纳税额",修改为"按照简易办法依照3%征收率计算应纳税额"。

五、将《国家税务总局关于一般纳税人销售自己使用过的固定资产增值税有关问题的公告》(国家税务总局公告2012年第1号)中"可按简易办法依4%征收率减半征收增值税",修改为"可按简易办法依3%征收率减按2%征收增值税"。

六、纳税人适用按照简易办法依3%征收率减按2%征收增值税政策的,按下列公式确定销售额和应纳税额:

销售额=含税销售额/(1+3%)

应纳税额=销售额×2%

《国家税务总局关于增值税简易征收政策有关管理问题的通知》(国税函〔2009〕90号)第四条第(一)项废止。

七、本公告自2014年7月1日起施行。

[注释:条款废止。第二条废止,参见《国家税务总局关于明确中外合作办学等若干增值税征管问题的公告》(国家税务总局公告2018年第42号)。]

财政部 国家税务总局
关于大型客机和新支线飞机增值税政策的通知

(2016 年 12 月 15 日 财税〔2016〕141 号)

各省、自治区、直辖市、计划单列市财政厅（局）、国家税务局，新疆生产建设兵团财务局：

经国务院批准，现将大型客机和新支线飞机有关增值税政策通知如下：

一、对纳税人从事大型客机、大型客机发动机研制项目而形成的增值税期末留抵税额予以退还。

本条所称大型客机，是指空载重量大于 45 吨的民用客机。本条所称大型客机发动机，是指起飞推力大于 14000 公斤的民用客机发动机。

二、对纳税人生产销售新支线飞机暂减按 5% 征收增值税，并对其因生产销售新支线飞机而形成的增值税期末留抵税额予以退还。

本条所称新支线飞机，是指空载重量大于 25 吨且小于 45 吨、座位数量少于 130 个的民用客机。

三、纳税人符合本通知第一、二条规定的增值税期末留抵税额，可在初次申请退税时予以一次性退还。

四、纳税人收到退税款项的当月，应将退税额从增值税进项税额中转出。未按规定转出的，按《中华人民共和国税收征收管理法》有关规定承担相应法律责任。

五、退还的增值税税额由中央和地方按照现行增值税分享比例共同负担。

六、本通知的执行期限为 2015 年 1 月 1 日至 2018 年 12 月 31 日。

财政部 税务总局
关于简并增值税税率有关政策的通知

(2017 年 4 月 28 日 财税〔2017〕37 号)

各省、自治区、直辖市、计划单列市财政厅（局）、国家税务局、地方税务局，新疆生产建设兵团财务局：

自 2017 年 7 月 1 日起，简并增值税税率结构，取消 13% 的增值税税率。现将有关政策通知如下：

一、纳税人销售或者进口下列货物，税率为 11%：

农产品（含粮食）、自来水、暖气、石油液化气、天然气、食用植物油、冷气、热水、煤气、居民用煤炭制品、食用盐、农机、饲料、农药、农膜、化肥、沼气、二甲醚、图书、报纸、杂志、音像制品、电子出版物。

上述货物的具体范围见本通知附件1。

二、纳税人购进农产品,按下列规定抵扣进项税额:

(一)除本条第(二)项规定外,纳税人购进农产品,取得一般纳税人开具的增值税专用发票或海关进口增值税专用缴款书的,以增值税专用发票或海关进口增值税专用缴款书上注明的增值税额为进项税额;从按照简易计税方法依照3%征收率计算缴纳增值税的小规模纳税人取得增值税专用发票的,以增值税专用发票上注明的金额和11%的扣除率计算进项税额;取得(开具)农产品销售发票或收购发票的,以农产品销售发票或收购发票上注明的农产品买价和11%的扣除率计算进项税额。

(二)营业税改征增值税试点期间,纳税人购进用于生产销售或委托受托加工17%税率货物的农产品维持原扣除力度不变。

(三)继续推进农产品增值税进项税额核定扣除试点,纳税人购进农产品进项税额已实行核定扣除的,仍按照《财政部 国家税务总局关于在部分行业试行农产品增值税进项税额核定扣除办法的通知》(财税〔2012〕38号)、《财政部 国家税务总局关于扩大农产品增值税进项税额核定扣除试点行业范围的通知》(财税〔2013〕57号)执行。其中,《农产品增值税进项税额核定扣除试点实施办法》(财税〔2012〕38号印发)第四条第(二)项规定的扣除率调整为11%;第(三)项规定的扣除率调整为按本条第(一)项、第(二)项规定执行。

(四)纳税人从批发、零售环节购进适用免征增值税政策的蔬菜、部分鲜活肉蛋而取得的普通发票,不得作为计算抵扣进项税额的凭证。

(五)纳税人购进农产品既用于生产销售或委托受托加工17%税率货物又用于生产销售其他货物服务的,应当分别核算用于生产销售或委托受托加工17%税率货物和其他货物服务的农产品进项税额。未分别核算的,统一以增值税专用发票或海关进口增值税专用缴款书上注明的增值税额为进项税额,或以农产品收购发票或销售发票上注明的农产品买价和11%的扣除率计算进项税额。

(六)《中华人民共和国增值税暂行条例》第八条第二款第(三)项和本通知所称销售发票,是指农业生产者销售自产农产品适用免征增值税政策而开具的普通发票。

三、本通知附件2所列货物的出口退税率调整为11%。出口货物适用的出口退税率,以出口货物报关单上注明的出口日期界定。

外贸企业2017年8月31日前出口本通知附件2所列货物,购进时已按13%税率征收增值税的,执行13%出口退税率;购进时已按11%税率征收增值税的,执行11%出口退税率。生产企业2017年8月31日前出口本通知附件2所列货物,执行13%出口退税率。出口货物的时间,按照出口货物报关单上注明的出口日期执行。

四、本通知自2017年7月1日起执行。此前有关规定与本通知规定的增值税税率、扣除率、相关货物具体范围不一致的,以本通知为准。《财政部 国家税务总局关于免征部分鲜活肉蛋产品流通环节增值税政策的通知》(财税〔2012〕75号)第三条同时废止。

五、各地要高度重视简并增值税税率工作,切实加强组织领导,周密安排,明确责任。做好实施前的各项准备以及实施过程中的监测分析、宣传解释等工作,确保简并增值税税率平稳、有序推进。遇到问题请及时向财政部和税务总局反映。

附件1：适用11%增值税税率货物范围注释
 2：出口退税率调整产品清单

附件1：

适用11%增值税税率货物范围注释

一、农产品

农产品，是指种植业、养殖业、林业、牧业、水产业生产的各种植物、动物的初级产品。具体征税范围暂继续按照《财政部 国家税务总局关于印发〈农业产品征税范围注释〉的通知》（财税字〔1995〕52号）及现行相关规定执行，并包括挂面、干姜、姜黄、玉米胚芽、动物骨粒、按照《食品安全国家标准—巴氏杀菌乳》（GB19645—2010）生产的巴氏杀菌乳、按照《食品安全国家标准—灭菌乳》（GB25190—2010）生产的灭菌乳。

二、食用植物油、自来水、暖气、冷气、热水、煤气、石油液化气、天然气、沼气、居民用煤炭制品、图书、报纸、杂志、化肥、农药、农机、农膜。

上述货物的具体征税范围暂继续按照《国家税务总局关于印发〈增值税部分货物征税范围注释〉的通知》（国税发〔1993〕151号）及现行相关规定执行，并包括棕榈油、棉籽油、茴油、毛椰子油、核桃油、橄榄油、花椒油、杏仁油、葡萄籽油、牡丹籽油、由石油伴生气加工压缩而成的石油液化气、西气东输项目上游中外合作开采天然气、中小学课本配套产品（包括各种纸制品或图片）、国内印刷企业承印的经新闻出版主管部门批准印刷且采用国际标准书号编序的境外图书、农用水泵、农用柴油机、不带动力的手扶拖拉机、三轮农用运输车、密集型烤房设备、频振式杀虫灯、自动虫情测报灯、粘虫板、卷帘机、农用挖掘机、养鸡设备系列、养猪设备系列产品、动物尸体降解处理机、蔬菜清洗机。

三、饲料

饲料，是指用于动物饲养的产品或其加工品。具体征税范围按照《国家税务总局关于修订"饲料"注释及加强饲料征免增值税管理问题的通知》（国税发〔1999〕39号）执行，并包括豆粕、宠物饲料、饲用鱼油、矿物质微量元素舔砖、饲料级磷酸二氢钙产品。

四、音像制品

音像制品，是指正式出版的录有内容的录音带、录像带、唱片、激光唱盘和激光视盘。

五、电子出版物

电子出版物，是指以数字代码方式，使用计算机应用程序，将图文声像等内容信息编辑加工后存储在具有确定的物理形态的磁、光、电等介质上，通过内嵌在计算机、手机、电子阅读设备、电子显示设备、数字音/视频播放设备、电子游戏机、导航仪以及其他具有类似功能的设备上读取使用，具有交互功能，用以表达思想、普及知识和积累文化的大众传播媒体。载体形态和格式主要包括只读光盘（CD只读光盘CD-ROM、交互式光盘CD-I、照片光盘Photo-CD、高密度只读光盘DVD-ROM、蓝光只读光盘HD-DVD ROM和BD ROM）、一次写入式光盘（一次写入CD光盘CD-R、一次写入高密度光盘DVD-R、一次写入蓝光光盘HD-DVD/R，BD-R）、可擦写光盘（可擦写CD光盘CD-RW、可擦写高密度光盘DVD-RW、可擦写蓝光光盘HDDVD-RW和BD-RW、磁光盘MO）、软磁盘（FD）、硬磁盘（HD）、集成电路卡（CF卡、MD卡、SM卡、MMC卡、RR-MMC卡、MS卡、SD卡、XD卡、T-Flash卡、记忆棒）和各种存储芯片。

六、二甲醚

二甲醚，是指化学分子式为CH_3OCH_3，常温常压下为具有轻微醚香味，易燃、无毒、无腐蚀性的气体。

七、食用盐

食用盐，是指符合《食用盐》（GB/T 5461—2016）和《食用盐卫生标准》（GB2721—2003）两项国家标准的食用盐。

附件2：出口退税率调整产品清单（见二维码3）

二维码3

财政部　税务总局
关于调整增值税税率的通知

（2018年4月4日　财税〔2018〕32号）

各省、自治区、直辖市、计划单列市财政厅（局）、国家税务局、地方税务局，新疆生产建设兵团财政局：

为完善增值税制度，现将调整增值税税率有关政策通知如下：

一、纳税人发生增值税应税销售行为或者进口货物，原适用17%和11%税率的，税率分别调整为16%、10%。

二、纳税人购进农产品，原适用11%扣除率的，扣除率调整为10%。

三、纳税人购进用于生产销售或委托加工16%税率货物的农产品，按照12%的扣除率计算进项税额。

四、原适用17%税率且出口退税率为17%的出口货物，出口退税率调整至16%。原适用11%税率且出口退税率为11%的出口货物、跨境应税行为，出口退税率调整至10%。

五、外贸企业2018年7月31日前出口的第四条所涉货物、销售的第四条所涉跨境应税行为，购进时已按调整前税率征收增值税的，执行调整前的出口退税率；购进时已按调整后税率征收增值税的，执行调整后的出口退税率。生产企业2018年7月31日前出口的第四条所涉货物、销售的第四条所涉跨境应税行为，执行调整前的出口退税率。

调整出口货物退税率的执行时间及出口货物的时间，以出口货物报关单上注明的出口日期为准，调整跨境应税行为退税率的执行时间及销售跨境应税行为的时间，以出口发票的开具日期为准。

六、本通知自2018年5月1日起执行。此前有关规定与本通知规定的增值税税率、扣除率、出口退税率不一致的，以本通知为准。

七、各地要高度重视增值税税率调整工作，做好实施前的各项准备以及实施过程中的监测分析、宣传解释等工作，确保增值税税率调整工作平稳、有序推进。如遇问题，请及时上报财政部和税务总局。

财政部 税务总局
关于统一增值税小规模纳税人标准的通知

(2018年4月4日 财税〔2018〕33号)

各省、自治区、直辖市、计划单列市财政厅（局）、国家税务局、地方税务局，新疆生产建设兵团财政局：

为完善增值税制度，进一步支持中小微企业发展，现将统一增值税小规模纳税人标准有关事项通知如下：

一、增值税小规模纳税人标准为年应征增值税销售额500万元及以下。

二、按照《中华人民共和国增值税暂行条例实施细则》第二十八条规定已登记为增值税一般纳税人的单位和个人，在2018年12月31日前，可转登记为小规模纳税人，其未抵扣的进项税额作转出处理。

三、本通知自2018年5月1日起执行。

国家税务总局
关于统一小规模纳税人标准等若干增值税问题的公告

(2018年4月20日 国家税务总局公告2018年第18号)

现将统一小规模纳税人标准等若干增值税问题公告如下：

一、同时符合以下条件的一般纳税人，可选择按照《财政部 税务总局关于统一增值税小规模纳税人标准的通知》（财税〔2018〕33号）第二条的规定，转登记为小规模纳税人，或选择继续作为一般纳税人：

（一）根据《中华人民共和国增值税暂行条例》第十三条和《中华人民共和国增值税暂行条例实施细则》第二十八条的有关规定，登记为一般纳税人。

（二）转登记日前连续12个月（以1个月为1个纳税期，下同）或者连续4个季度（以1个季度为1个纳税期，下同）累计应征增值税销售额（以下称应税销售额）未超过500万元。

转登记日前经营期不满12个月或者4个季度的，按照月（季度）平均应税销售额估算上款规定的累计应税销售额。

应税销售额的具体范围，按照《增值税一般纳税人登记管理办法》（国家税务总局令第43号）和《国家税务总局关于增值税一般纳税人登记管理若干事项的公告》（国家税务总局公告2018年第6号）的有关规定执行。

二、符合本公告第一条规定的纳税人，向主管税务机关填报《一般纳税人转为小规模纳税人登记表》（表样见附件），并提供税务登记证件；已实行实名办税的纳税人，无需提供税务登记证件。主管税务机关根据下列情况分别作出处理：

（一）纳税人填报内容与税务登记、纳税申报信息一致的，主管税务机关当场办理。

（二）纳税人填报内容与税务登记、纳税申报信息不一致，或者不符合填列要求的，主管税务机关应当场告知纳税人需要补正的内容。

三、一般纳税人转登记为小规模纳税人（以下称转登记纳税人）后，自转登记日的下期起，按照简易计税方法计算缴纳增值税；转登记日当期仍按照一般纳税人的有关规定计算缴纳增值税。

四、转登记纳税人尚未申报抵扣的进项税额以及转登记日当期的期末留抵税额，计入"应交税费——待抵扣进项税额"核算。

尚未申报抵扣的进项税额计入"应交税费——待抵扣进项税额"时：

（一）转登记日当期已经取得的增值税专用发票、机动车销售统一发票、收费公路通行费增值税电子普通发票，应当已经通过增值税发票选择确认平台进行选择确认或认证后稽核比对相符；经稽核比对异常的，应当按照现行规定进行核查处理。已经取得的海关进口增值税专用缴款书，经稽核比对相符的，应当自行下载《海关进口增值税专用缴款书稽核结果通知书》；经稽核比对异常的，应当按照现行规定进行核查处理。

（二）转登记日当期尚未取得的增值税专用发票、机动车销售统一发票、收费公路通行费增值税电子普通发票，转登记纳税人在取得上述发票以后，应当持税控设备，由主管税务机关通过增值税发票选择确认平台（税务局端）为其办理选择确认。尚未取得的海关进口增值税专用缴款书，转登记纳税人在取得以后，经稽核比对相符的，应当由主管税务机关通过稽核系统为其下载《海关进口增值税专用缴款书稽核结果通知书》；经稽核比对异常的，应当按照现行规定进行核查处理。

五、转登记纳税人在一般纳税人期间销售或者购进的货物、劳务、服务、无形资产、不动产，自转登记日的下期起发生销售折让、中止或者退回的，调整转登记日当期的销项税额、进项税额和应纳税额。

（一）调整后的应纳税额小于转登记日当期申报的应纳税额形成的多缴税款，从发生销售折让、中止或者退回当期的应纳税额中抵减；不足抵减的，结转下期继续抵减。

（二）调整后的应纳税额大于转登记日当期申报的应纳税额形成的少缴税款，从"应交税费——待抵扣进项税额"中抵减；抵减后仍有余额的，计入发生销售折让、中止或者退回当期的应纳税额一并申报缴纳。

转登记纳税人因税务稽查、补充申报等原因，需要对一般纳税人期间的销项税额、进项税额和应纳税额进行调整的，按照上述规定处理。

转登记纳税人应准确核算"应交税费——待抵扣进项税额"的变动情况。

六、转登记纳税人可以继续使用现有税控设备开具增值税发票，不需要缴销税控设备和增值税发票。

转登记纳税人自转登记日的下期起，发生增值税应税销售行为，应当按照征收率开具增值税发票；转登记日前已作增值税专用发票票种核定的，继续通过增值税发票管理系统自行开具增值税专用发票；销售其取得的不动产，需要开具增值税专用发票的，应当按照有关规定向税务机关申请代开。

七、转登记纳税人在一般纳税人期间发生的增值税应税销售行为，未开具增值税发票需要补开的，应当按照原适用税率或者征收率补开增值税发票；发生销售折让、中止或者退回等情形,需要开具红字发票的,按照原蓝字发票记载的内容开具红字发票;开票有误需要重新开具的,先按照原蓝字发票记载的内容开具红字发票后,再重新开具正确的蓝字发票。

转登记纳税人发生上述行为,需要按照原适用税率开具增值税发票的,应当在互联网连接状态下开具。按照有关规定不使用网络办税的特定纳税人,可以通过离线方式开具增值税发票。

八、自转登记日的下期起连续不超过 12 个月或者连续不超过 4 个季度的经营期内,转登记纳税人应税销售额超过财政部、国家税务总局规定的小规模纳税人标准的,应当按照《增值税一般纳税人登记管理办法》(国家税务总局令第 43 号)的有关规定,向主管税务机关办理一般纳税人登记。

转登记纳税人按规定再次登记为一般纳税人后,不得再转登记为小规模纳税人。

九、一般纳税人在增值税税率调整前已按原适用税率开具的增值税发票,发生销售折让、中止或者退回等情形需要开具红字发票的,按照原适用税率开具红字发票;开票有误需要重新开具的,先按照原适用税率开具红字发票后,再重新开具正确的蓝字发票。

一般纳税人在增值税税率调整前未开具增值税发票的增值税应税销售行为,需要补开增值税发票的,应当按照原适用税率补开。

增值税发票税控开票软件税率栏次默认显示调整后税率,一般纳税人发生上述行为可以手工选择原适用税率开具增值税发票。

十、国家税务总局在增值税发票管理系统中更新了《商品和服务税收分类编码表》,纳税人应当按照更新后的《商品和服务税收分类编码表》开具增值税发票。

转登记纳税人和一般纳税人应当及时完成增值税发票税控开票软件升级、税控设备变更发行和自身业务系统调整。

十一、本公告自 2018 年 5 月 1 日起施行。《国家税务总局关于增值税一般纳税人登记管理若干事项的公告》(国家税务总局公告 2018 年第 6 号)第七条同时废止。

附件:一般纳税人转为小规模纳税人登记表(见二维码 4)

二维码4

财政部 税务总局
关于 2018 年退还部分行业增值税留抵税额有关税收政策的通知

(2018 年 6 月 27 日 财税〔2018〕70 号)

各省、自治区、直辖市、计划单列市财政厅(局),国家税务总局各省、自治区、直辖市、计划单列市税务局,新疆生产建设兵团财政局:

为助力经济高质量发展,2018 年对部分行业增值税期末留抵税额予以退还。现将有关事项通知如下:

一、退还期末留抵税额的行业企业范围

退还增值税期末留抵税额的行业包括装备制造等先进制造业、研发等现代服务业和电网企业，具体范围如下：

（一）装备制造等先进制造业和研发等现代服务业。按照国民经济行业分类，装备制造等先进制造业和研发等现代服务业包括专用设备制造、研究和试验发展等18个大类行业，详见附件《2018年退还增值税期末留抵税额行业目录》。纳税人所属行业根据税务登记的国民经济行业确定，并优先选择以下范围内的纳税人：

1. 《中国制造2025》明确的新一代信息技术、高档数控机床和机器人、航空航天装备、海洋工程装备及高技术船舶、先进轨道交通装备、节能与新能源汽车、电力装备、农业机械装备、新材料、生物医药及高性能医疗器械等10个重点领域。

2. 高新技术企业、技术先进型服务企业和科技型中小企业。

（二）电网企业。取得电力业务许可证（输电类、供电类）的全部电网企业。

二、退还期末留抵税额的纳税人条件

退还期末留抵税额纳税人的纳税信用等级为A级或B级。

三、退还期末留抵税额的计算

纳税人向主管税务机关申请退还期末留抵税额，当期退还的期末留抵税额，以纳税人申请退税上期的期末留抵税额和退还比例计算，并以纳税人2017年底期末留抵税额为上限。具体如下：

（一）可退还的期末留抵税额＝纳税人申请退税上期的期末留抵税额×退还比例

退还比例按下列方法计算：

1. 2014年12月31日前（含）办理税务登记的纳税人，退还比例为2015年、2016年和2017年三个年度已抵扣的增值税专用发票、海关进口增值税专用缴款书、解缴税款完税凭证注明的增值税额占同期全部已抵扣进项税额的比重。

2. 2015年1月1日后（含）办理税务登记的纳税人，退还比例为实际经营期间内已抵扣的增值税专用发票、海关进口增值税专用缴款书、解缴税款完税凭证注明的增值税额占同期全部已抵扣进项税额的比重。

（二）当可退还的期末留抵税额不超过2017年底期末留抵税额时，当期退还的期末留抵税额为可退还的期末留抵税额。当可退还的期末留抵税额超过2017年年底期末留抵税额时，当期退还的期末留抵税额为2017年底期末留抵税额。

四、工作要求

（一）各省（包括自治区、直辖市、计划单列市，下同）财政和税务部门要根据财政部和税务总局确定的各省2018年装备制造等先进制造业、研发等现代服务业退还期末留抵税额规模，顺应国家宏观政策导向，兼顾不同规模、类型企业，确定本省退还期末留抵税额的纳税人，于2018年8月31日前将纳税人名单及拟退税金额报财政部和税务总局备案。

各省2018年装备制造等先进制造业、研发等现代服务业退还期末留抵税额规模由财政部和税务总局另行通知。各省电网企业的期末留抵税额，按本通知规定计算当期退还的期末留抵税额，据实退还。

（二）各省财政和税务部门务必高度重视此项工作，周密筹划、统筹推进，实施过程中应加强监测分析，做好宣传解释等工作，确保退还期末留抵税额平稳、有序推进，于2018年9月30日前完成退还期末留抵税额工作。

（三）2018年10月31日前，各省财政和税务部门报送退还期末留抵税额工作总结，包括完成情况、工作方法、成效、建议等。政策执行过程中遇到重大问题及时向财政部和税务总局报告。

附件：2018年退还增值税期末留抵税额行业目录（见二维码5）

国家税务总局
关于深化增值税改革有关事项的公告

（2019年3月21日　国家税务总局公告2019年第14号）

现将深化增值税改革有关事项公告如下：

一、增值税一般纳税人（以下称纳税人）在增值税税率调整前已按原16%、10%适用税率开具的增值税发票，发生销售折让、中止或者退回等情形需要开具红字发票的，按照原适用税率开具红字发票；开票有误需要重新开具的，先按照原适用税率开具红字发票后，再重新开具正确的蓝字发票。

二、纳税人在增值税税率调整前未开具增值税发票的增值税应税销售行为，需要补开增值税发票的，应当按照原适用税率补开。

三、增值税发票税控开票软件税率栏次默认显示调整后税率，纳税人发生本公告第一条、第二条所列情形的，可以手工选择原适用税率开具增值税发票。

四、税务总局在增值税发票税控开票软件中更新了《商品和服务税收分类编码表》，纳税人应当按照更新后的《商品和服务税收分类编码表》开具增值税发票。

五、纳税人应当及时完成增值税发票税控开票软件升级和自身业务系统调整。

六、已抵扣进项税额的不动产，发生非正常损失，或者改变用途，专用于简易计税方法计税项目、免征增值税项目、集体福利或者个人消费的，按照下列公式计算不得抵扣的进项税额，并从当期进项税额中扣减：

不得抵扣的进项税额＝已抵扣进项税额×不动产净值率

不动产净值率＝（不动产净值÷不动产原值）×100%

七、按照规定不得抵扣进项税额的不动产，发生用途改变，用于允许抵扣进项税额项目的，按照下列公式在改变用途的次月计算可抵扣进项税额。

可抵扣进项税额＝增值税扣税凭证注明或计算的进项税额×不动产净值率

八、按照《财政部　税务总局　海关总署关于深化增值税改革有关政策的公告》（财政部　税务总局　海关总署公告2019年第39号）规定，适用加计抵减政策的生产、生活性服务业纳税人，应在年度首次确认适用加计抵减政策时，通过电子税务局（或前往办税服务厅）提交《适用加计抵减政策的声明》（见附件）。适用加计抵减政策的纳税人，同时兼营邮政服务、电信服务、现代服务、生活服务的，应按照四项服务中收入占比最高的业务在《适用加计抵减政策的声明》中勾选确定所属行业。

九、本公告自2019年4月1日起施行。《不动产进项税额分期抵扣暂行办法》（国家税务总局公告2016年第15号发布）同时废止。

附件：适用加计抵减政策的声明（见二维码6）

国家税务总局
关于办理增值税期末留抵税额退税有关事项的公告

(2019年4月30日 国家税务总局公告2019年第20号)

《财政部 税务总局 海关总署关于深化增值税改革有关政策的公告》(财政部 税务总局 海关总署公告2019年第39号)规定,自2019年4月1日起,试行增值税期末留抵税额退税(以下称留抵退税)制度。为方便纳税人办理留抵退税业务,现将有关事项公告如下:

一、同时符合以下条件(以下称符合留抵退税条件)的纳税人,可以向主管税务机关申请退还增量留抵税额:

(一)自2019年4月税款所属期起,连续六个月(按季纳税的,连续两个季度)增量留抵税额均大于零,且第六个月增量留抵税额不低于50万元;

(二)纳税信用等级为A级或者B级;

(三)申请退税前36个月未发生骗取留抵退税、出口退税或虚开增值税专用发票情形的;

(四)申请退税前36个月未因偷税被税务机关处罚两次及以上的;

(五)自2019年4月1日起未享受即征即退、先征后返(退)政策的。

增量留抵税额,是指与2019年3月底相比新增加的期末留抵税额。

二、纳税人当期允许退还的增量留抵税额,按照以下公式计算:

允许退还的增量留抵税额=增量留抵税额×进项构成比例×60%

进项构成比例,为2019年4月至申请退税前一税款所属期内已抵扣的增值税专用发票(含税控机动车销售统一发票)、海关进口增值税专用缴款书、解缴税款完税凭证注明的增值税额占同期全部已抵扣进项税额的比重。

三、纳税人申请办理留抵退税,应于符合留抵退税条件的次月起,在增值税纳税申报期(以下称申报期)内,完成本期增值税纳税申报后,通过电子税务局或办税服务厅提交《退(抵)税申请表》(见附件)。

四、纳税人出口货物劳务、发生跨境应税行为,适用免抵退税办法的,可以在同一申报期内,既申报免抵退税又申请办理留抵退税。

五、申请办理留抵退税的纳税人,出口货物劳务、跨境应税行为适用免抵退税办法的,应当按期申报免抵退税。当期可申报免抵退税的出口销售额为零的,应办理免抵退税零申报。

六、纳税人既申报免抵退税又申请办理留抵退税的,税务机关应先办理免抵退税。办理免抵退税后,纳税人仍符合留抵退税条件的,再办理留抵退税。

七、税务机关按照"窗口受理、内部流转、限时办结、窗口出件"的原则办理留抵退税。

税务机关对纳税人是否符合留抵退税条件、当期允许退还的增量留抵税额等进行审核确认，并将审核结果告知纳税人。

八、纳税人符合留抵退税条件且不存在本公告第十二条所列情形的，税务机关应自受理留抵退税申请之日起10个工作日内完成审核，并向纳税人出具准予留抵退税的《税务事项通知书》。

纳税人发生本公告第九条第二项所列情形的，上述10个工作日，自免抵退税应退税额核准之日起计算。

九、纳税人在办理留抵退税期间发生下列情形的，按照以下规定确定允许退还的增量留抵税额：

（一）因纳税申报、稽查查补和评估调整等原因，造成期末留抵税额发生变化的，按最近一期《增值税纳税申报表（一般纳税人适用）》期末留抵税额确定允许退还的增量留抵税额。

（二）纳税人在同一申报期既申报免抵退税又申请办理留抵退税的，或者在纳税人申请办理留抵退税时存在尚未经税务机关核准的免抵退税应退税额的，应待税务机关核准免抵退税应退税额后，按最近一期《增值税纳税申报表（一般纳税人适用）》期末留抵税额，扣减税务机关核准的免抵退税应退税额后的余额确定允许退还的增量留抵税额。

税务机关核准的免抵退税应退税额，是指税务机关当期已核准，但纳税人尚未在《增值税纳税申报表（一般纳税人适用）》第15栏"免、抵、退应退税额"中填报的免抵退税应退税额。

（三）纳税人既有增值税欠税，又有期末留抵税额的，按最近一期《增值税纳税申报表（一般纳税人适用）》期末留抵税额，抵减增值税欠税后的余额确定允许退还的增量留抵税额。

十、在纳税人办理增值税纳税申报和免抵退税申报后、税务机关核准其免抵退税应退税额前，核准其前期留抵退税的，以最近一期《增值税纳税申报表（一般纳税人适用）》期末留抵税额，扣减税务机关核准的留抵退税额后的余额，计算当期免抵退税应退税额和免抵税额。

税务机关核准的留抵退税额，是指税务机关当期已核准，但纳税人尚未在《增值税纳税申报表附列资料（二）（本期进项税额明细）》第22栏"上期留抵税额退税"填报的留抵退税额。

十一、纳税人不符合留抵退税条件的，不予留抵退税。税务机关应自受理留抵退税申请之日起10个工作日内完成审核，并向纳税人出具不予留抵退税的《税务事项通知书》。

十二、税务机关在办理留抵退税期间，发现符合留抵退税条件的纳税人存在以下情形，暂停为其办理留抵退税：

（一）存在增值税涉税风险疑点的；

（二）被税务稽查立案且未结案的；

（三）增值税申报比对异常未处理的；

（四）取得增值税异常扣税凭证未处理的；

（五）国家税务总局规定的其他情形。

十三、本公告第十二条列举的增值税涉税风险疑点等情形已排除，且相关事项处理完毕后，按以下规定办理：

（一）纳税人仍符合留抵退税条件的，税务机关继续为其办理留抵退税，并自增值税涉税风险疑点等情形排除且相关事项处理完毕之日起5个工作日内完成审核，向纳税人出具准予留抵退税的《税务事项通知书》。

（二）纳税人不再符合留抵退税条件的，不予留抵退税。税务机关应自增值税涉税风险疑点等情形排除且相关事项处理完毕之日起5个工作日内完成审核，向纳税人出具不予留抵退税的《税务事项通知书》。

税务机关对发现的增值税涉税风险疑点进行排查的具体处理时间，由各省（自治区、直辖市和计划单列市）税务局确定。

十四、税务机关对增值税涉税风险疑点进行排查时，发现纳税人涉嫌骗取出口退税、虚开增值税专用发票等增值税重大税收违法行为的，终止为其办理留抵退税，并自作出终止办理留抵退税决定之日起5个工作日内，向纳税人出具终止办理留抵退税的《税务事项通知书》。

税务机关对纳税人涉嫌增值税重大税收违法行为核查处理完毕后，纳税人仍符合留抵退税条件的，可按照本公告的规定重新申请办理留抵退税。

十五、纳税人应在收到税务机关准予留抵退税的《税务事项通知书》当期，以税务机关核准的允许退还的增量留抵税额冲减期末留抵税额，并在办理增值税纳税申报时，相应填写《增值税纳税申报表附列资料（二）（本期进项税额明细）》第22栏"上期留抵税额退税"。

十六、纳税人以虚增进项、虚假申报或其他欺骗手段骗取留抵退税的，由税务机关追缴其骗取的退税款，并按照《中华人民共和国税收征收管理法》等有关规定处理。

十七、本公告自2019年5月1日起施行。

附件：退（抵）税申请表（见二维码7）

二维码7

财政部　税务总局　海关总署
关于深化增值税改革有关政策的公告

（2019年3月20日　财政部　税务总局　海关总署公告2019年第39号）

为贯彻落实党中央、国务院决策部署，推进增值税实质性减税，现将2019年增值税改革有关事项公告如下：

一、增值税一般纳税人（以下称纳税人）发生增值税应税销售行为或者进口货物，原适用16%税率的，税率调整为13%；原适用10%税率的，税率调整为9%。

二、纳税人购进农产品，原适用10%扣除率的，扣除率调整为9%。纳税人购进用于生产或者委托加工13%税率货物的农产品，按照10%的扣除率计算进项税额。

三、原适用16%税率且出口退税率为16%的出口货物劳务，出口退税率调整为13%；原适用10%税率且出口退税率为10%的出口货物、跨境应税行为，出口退税率调整为9%。

2019年6月30日前（含2019年4月1日前），纳税人出口前款所涉货物劳务、发生前款所涉跨境应税行为，适用增值税免退税办法的，购进时已按调整前税率征收增值税的，执行调整前的出口退税率，购进时已按调整后税率征收增值税的，执行调整后的出口退税率；适用增值税免抵退税办法的，执行调整前的出口退税率，在计算免抵退税时，适用税率低于出口退税率的，适用税率与出口退税率之差视为零参与免抵退税计算。

出口退税率的执行时间及出口货物劳务、发生跨境应税行为的时间，按照以下规定执行：报关出口的货物劳务（保税区及经保税区出口除外），以海关出口报关单上注明的出口日期为准；非报关出口的货物劳务、跨境应税行为，以出口发票或普通发票的开具时间为准；保税区及经保税区出口的货物，以货物离境时海关出具的出境货物备案清单上注明的出口日期为准。

四、适用13%税率的境外旅客购物离境退税物品，退税率为11%；适用9%税率的境外旅客购物离境退税物品，退税率为8%。

2019年6月30日前，按调整前税率征收增值税的，执行调整前的退税率；按调整后税率征收增值税的，执行调整后的退税率。

退税率的执行时间，以退税物品增值税普通发票的开具日期为准。

五、自2019年4月1日起，《营业税改征增值税试点有关事项的规定》（财税〔2016〕36号印发）第一条第（四）项第1点、第二条第（一）项第1点停止执行，纳税人取得不动产或者不动产在建工程的进项税额不再分2年抵扣。此前按照上述规定尚未抵扣完毕的待抵扣进项税额，可自2019年4月税款所属期起从销项税额中抵扣。

六、纳税人购进国内旅客运输服务，其进项税额允许从销项税额中抵扣。

（一）纳税人未取得增值税专用发票的，暂按照以下规定确定进项税额：

1. 取得增值税电子普通发票的，为发票上注明的税额；

2. 取得注明旅客身份信息的航空运输电子客票行程单的，为按照下列公式计算进项税额：

航空旅客运输进项税额＝（票价＋燃油附加费）÷（1＋9%）×9%

3. 取得注明旅客身份信息的铁路车票的，为按照下列公式计算的进项税额：

铁路旅客运输进项税额＝票面金额÷（1＋9%）×9%

4. 取得注明旅客身份信息的公路、水路等其他客票的，按照下列公式计算进项税额：

公路、水路等其他旅客运输进项税额＝票面金额÷（1＋3%）×3%

（二）《营业税改征增值税试点实施办法》（财税〔2016〕36号印发）第二十七条第（六）项和《营业税改征增值税试点有关事项的规定》（财税〔2016〕36号印发）第二条第（一）项第5点中"购进的旅客运输服务、贷款服务、餐饮服务、居民日常服务和娱乐服务"修改为"购进的贷款服务、餐饮服务、居民日常服务和娱乐服务"。

七、自2019年4月1日至2021年12月31日，允许生产、生活性服务业纳税人按照当期可抵扣进项税额加计10%，抵减应纳税额（以下称加计抵减政策）。

（一）本公告所称生产、生活性服务业纳税人，是指提供邮政服务、电信服务、现代服务、生活服务（以下称四项服务）取得的销售额占全部销售额的比重超过50%的纳税人。四项服务的具体范围按照《销售服务、无形资产、不动产注释》（财税〔2016〕36号印发）执行。

2019年3月31日前设立的纳税人，自2018年4月至2019年3月期间的销售额（经营期不满12个月的，按照实际经营期的销售额）符合上述规定条件的，自2019年4月1日起适用加计抵减政策。

2019年4月1日后设立的纳税人，自设立之日起3个月的销售额符合上述规定条件的，自登记为一般纳税人之日起适用加计抵减政策。

纳税人确定适用加计抵减政策后，当年内不再调整，以后年度是否适用，根据上年度销售额计算确定。

纳税人可计提但未计提的加计抵减额，可在确定适用加计抵减政策当期一并计提。

（二）纳税人应按照当期可抵扣进项税额的10%计提当期加计抵减额。按照现行规定不得从销项税额中抵扣的进项税额，不得计提加计抵减额；已计提加计抵减额的进项税额，按规定作进项税额转出的，应在进项税额转出当期，相应调减加计抵减额。计算公式如下：

当期计提加计抵减额＝当期可抵扣进项税额×10%

当期可抵减加计抵减额＝上期末加计抵减额余额＋当期计提加计抵减额－当期调减加计抵减额

（三）纳税人应按照现行规定计算一般计税方法下的应纳税额（以下称抵减前的应纳税额）后，区分以下情形加计抵减：

1. 抵减前的应纳税额等于零的，当期可抵减加计抵减额全部结转下期抵减；

2. 抵减前的应纳税额大于零，且大于当期可抵减加计抵减额的，当期可抵减加计抵减额全额从抵减前的应纳税额中抵减；

3. 抵减前的应纳税额大于零，且小于或等于当期可抵减加计抵减额的，以当期可抵减加计抵减额抵减应纳税额至零。未抵减完的当期可抵减加计抵减额，结转下期继续抵减。

（四）纳税人出口货物劳务、发生跨境应税行为不适用加计抵减政策，其对应的进项税额不得计提加计抵减额。

纳税人兼营出口货物劳务、发生跨境应税行为且无法划分不得计提加计抵减额的进项税额，按照以下公式计算：

不得计提加计抵减额的进项税额＝当期无法划分的全部进项税额×当期出口货物劳务和发生跨境应税行为的销售额÷当期全部销售额

（五）纳税人应单独核算加计抵减额的计提、抵减、调减、结余等变动情况。骗取适用加计抵减政策或虚增加计抵减额的，按照《中华人民共和国税收征收管理法》等有关规定处理。

（六）加计抵减政策执行到期后，纳税人不再计提加计抵减额，结余的加计抵减额停止抵减。

八、自2019年4月1日起，试行增值税期末留抵税额退税制度。

（一）同时符合以下条件的纳税人，可以向主管税务机关申请退还增量留抵税额：

1. 自2019年4月税款所属期起，连续六个月（按季纳税的，连续两个季度）增量留抵税额均大于零，且第六个月增量留抵税额不低于50万元；

2. 纳税信用等级为A级或者B级；

3. 申请退税前36个月未发生骗取留抵退税、出口退税或虚开增值税专用发票情形的；

4. 申请退税前36个月未因偷税被税务机关处罚两次及以上的；

5. 自2019年4月1日起未享受即征即退、先征后返（退）政策的。

（二）本公告所称增量留抵税额，是指与2019年3月底相比新增加的期末留抵税额。

（三）纳税人当期允许退还的增量留抵税额，按照以下公式计算：

允许退还的增量留抵税额＝增量留抵税额×进项构成比例×60%

进项构成比例，为2019年4月至申请退税前一税款所属期内已抵扣的增值税专用发票（含税控机动车销售统一发票）、海关进口增值税专用缴款书、解缴税款完税凭证注明的增值税额占同期全部已抵扣进项税额的比重。

（四）纳税人应在增值税纳税申报期内，向主管税务机关申请退还留抵税额。

（五）纳税人出口货物劳务、发生跨境应税行为，适用免抵退税办法的，办理免抵退税后，仍符合本公告规定条件的，可以申请退还留抵税额；适用免退税办法的，相关进项税额不得用于退还留抵税额。

（六）纳税人取得退还的留抵税额后，应相应调减当期留抵税额。按照本条规定再次满足退税条件的，可以继续向主管税务机关申请退还留抵税额，但本条第（一）项第1点规定的连续期间，不得重复计算。

（七）以虚增进项、虚假申报或其他欺骗手段，骗取留抵退税款的，由税务机关追缴其骗取的退税款，并按照《中华人民共和国税收征收管理法》等有关规定处理。

（八）退还的增量留抵税额中央、地方分担机制另行通知。

九、本公告自2019年4月1日起执行。

财政部 税务总局
关于明确部分先进制造业增值税期末留抵退税政策的公告

（2019年8月31日 财政部 税务总局公告2019年第84号）

为进一步推进制造业高质量发展，现将部分先进制造业纳税人退还增量留抵税额有关政策公告如下：

一、自2019年6月1日起，同时符合以下条件的部分先进制造业纳税人，可以自2019年7月及以后纳税申报期向主管税务机关申请退还增量留抵税额：

1. 增量留抵税额大于零；
2. 纳税信用等级为A级或者B级；
3. 申请退税前36个月未发生骗取留抵退税、出口退税或虚开增值税专用发票情形；
4. 申请退税前36个月未因偷税被税务机关处罚两次及以上；
5. 自2019年4月1日起未享受即征即退、先征后返（退）政策。

二、本公告所称部分先进制造业纳税人，是指按照《国民经济行业分类》，生产并销售非金属矿物制品、通用设备、专用设备及计算机、通信和其他电子设备销售额占全部销售额的比重超过50%的纳税人。

上述销售额比重根据纳税人申请退税前连续12个月的销售额计算确定；申请退税前经营期不满12个月但满3个月的，按照实际经营期的销售额计算确定。

三、本公告所称增量留抵税额，是指与2019年3月31日相比新增加的期末留抵税额。

四、部分先进制造业纳税人当期允许退还的增量留抵税额，按照以下公式计算：

允许退还的增量留抵税额＝增量留抵税额×进项构成比例

进项构成比例，为2019年4月至申请退税前一税款所属期内已抵扣的增值税专用发票（含税控机动车销售统一发票）、海关进口增值税专用缴款书、解缴税款完税凭证注明的增值税额占同期全部已抵扣进项税额的比重。

五、部分先进制造业纳税人申请退还增量留抵税额的其他规定，按照《财政部　税务总局　海关总署关于深化增值税改革有关政策的公告》（财政部　税务总局　海关总署公告2019年第39号，以下称39号公告）执行。

六、除部分先进制造业纳税人以外的其他纳税人申请退还增量留抵税额的规定，继续按照39号公告执行。

七、符合39号公告和本公告规定的纳税人向其主管税务机关提交留抵退税申请。对符合留抵退税条件的，税务机关在完成退税审核后，开具税收收入退还书，直接送交同级国库办理退库。税务机关按期将退税清单送交同级财政部门。各部门应加强配合，密切协作，确保留抵退税工作稳妥有序。

财政部　税务总局
关于明确生活性服务业增值税加计抵减政策的公告

（2019年9月30日　财政部　税务总局公告2019年第87号）

现就生活性服务业增值税加计抵减有关政策公告如下：

一、2019年10月1日至2021年12月31日，允许生活性服务业纳税人按照当期可抵扣进项税额加计15%，抵减应纳税额（以下称加计抵减15%政策）。

二、本公告所称生活性服务业纳税人，是指提供生活服务取得的销售额占全部销售额的比重超过50%的纳税人。生活服务的具体范围按照《销售服务、无形资产、不动产注释》（财税〔2016〕36号印发）执行。

2019年9月30日前设立的纳税人，自2018年10月至2019年9月期间的销售额（经营期不满12个月的，按照实际经营期的销售额）符合上述规定条件的，自2019年10月1日起适用加计抵减15%政策。

2019年10月1日后设立的纳税人，自设立之日起3个月的销售额符合上述规定条件的，自登记为一般纳税人之日起适用加计抵减15%政策。

纳税人确定适用加计抵减15%政策后，当年内不再调整，以后年度是否适用，根据上年度销售额计算确定。

三、生活性服务业纳税人应按照当期可抵扣进项税额的15%计提当期加计抵减额。按照现行规定不得从销项税额中抵扣的进项税额，不得计提加计抵减额；已按照15%计提加计抵减额的进项税额，按规定作进项税额转出的，应在进项税额转出当期，相应调减加计抵减额。计算公式如下：

当期计提加计抵减额 = 当期可抵扣进项税额 × 15%
当期可抵减加计抵减额 = 上期末加计抵减额余额 + 当期计提加计抵减额 − 当期调减加计抵减额

四、纳税人适用加计抵减政策的其他有关事项，按照《关于深化增值税改革有关政策的公告》（财政部　税务总局　海关总署公告 2019 年第 39 号）等有关规定执行。

财政部　税务总局
关于民用航空发动机、新支线飞机和大型客机税收政策的公告

（2019 年 10 月 8 日　财政部　税务总局公告 2019 年第 88 号）

现将民用航空发动机（包括大型民用客机发动机和中大功率民用涡轴涡桨发动机）、新支线飞机和大型客机有关增值税、房产税和城镇土地使用税政策公告如下：

一、自 2018 年 1 月 1 日起至 2023 年 12 月 31 日止，对纳税人从事大型民用客机发动机、中大功率民用涡轴涡桨发动机研制项目而形成的增值税期末留抵税额予以退还；对上述纳税人及其全资子公司从事大型民用客机发动机、中大功率民用涡轴涡桨发动机研制项目自用的科研、生产、办公房产及土地，免征房产税、城镇土地使用税。

二、自 2019 年 1 月 1 日起至 2020 年 12 月 31 日止，对纳税人生产销售新支线飞机暂减按 5% 征收增值税，并对其因生产销售新支线飞机而形成的增值税期末留抵税额予以退还。

三、自 2019 年 1 月 1 日起至 2020 年 12 月 31 日止，对纳税人从事大型客机研制项目而形成的增值税期末留抵税额予以退还；对上述纳税人及其全资子公司自用的科研、生产、办公房产及土地，免征房产税、城镇土地使用税。

四、本公告所称大型民用客机发动机、中大功率民用涡轴涡桨发动机、新支线飞机和大型客机，指上述发动机、民用客机的整机，具体标准如下：

（一）大型民用客机发动机，是指：
1. 单通道干线客机发动机，起飞推力 12000—16000kgf；
2. 双通道干线客机发动机，起飞推力 28000—35000kgf。

（二）中大功率民用涡轴涡桨发动机，是指：
1. 中等功率民用涡轴发动机，起飞功率 1000—3000kW；
2. 大功率民用涡桨发动机，起飞功率 3000kW 以上。

（三）新支线飞机，是指空载重量大于 25 吨且小于 45 吨、座位数量少于 130 个的民用客机。

（四）大型客机，是指空载重量大于 45 吨的民用客机。

五、纳税人符合本公告规定的增值税期末留抵税额，可在初次申请退税时予以一次性退还。纳税人收到退税款项的当月，应将退税额从增值税进项税额中转出。未按规定转出的，按《中华人民共和国税收征收管理法》有关规定承担相应法律责任。

退还的增值税税额由中央和地方按照现行增值税分享比例共同负担。

六、纳税人享受本公告规定的免征房产税、城镇土地使用税政策，应按规定进行免税申报，并将不动产权属、房产原值、土地用途等资料留存备查。

七、纳税人已缴纳的根据本公告规定应予减免的税款，从其应纳的相应税款中抵扣或者予以退税。

四、增值税特殊政策规定

（一）关于征税范围的特殊规定

国家税务总局
关于印发《增值税部分货物征税范围注释》的通知

（1993年12月25日　国税发〔1993〕151号）

各省、自治区、直辖市税务局，各计划单列市税务局：

现将《增值税部分货物征税范围注释》发给你们，从一九九四年一月一日起施行。

附件：增值税部分货物征税范围注释

附件：

增值税部分货物征税范围注释

一、粮食

粮食是各种主食食料的总称。本货物的范围包括小麦、稻谷、玉米、高粱、谷子、大豆和其他杂粮（如大麦、燕麦）及经加工的面粉、大米、玉米等。不包括粮食复制品（如挂面、切面、馄饨皮等）和各种熟食品和副食品。

二、食用植物油

植物油是从植物根、茎、叶、果实、花或胚芽组织中加工提取的油脂。

食用植物油仅指：芝麻油、花生油、豆油、菜籽油、米糠油、葵花籽油、棉籽油、玉米胚油、茶油、胡麻油，以及以上述油为原料生产的混合油。

三、自来水

自来水是指自来水公司及工矿企业经抽取、过滤、沉淀、消毒等工序加工后，通过供水系统向用户供应的水。

农业灌溉用水、引水工程输送的水等，不属于本货物的范围。

四、暖气、热水

暖气、热水是指利用各种燃料（如煤、石油、其他各种气体或固体、液体燃料）和电能将水加热，使之生成的气体和热水，以及开发自然热能，如开发地热资源或用太阳能生产的暖气、热气、热水。

利用工业余热生产、回收的暖气、热气和热水也属于本货物的范围。

五、冷气

冷气是指为了调节室内温度，利用制冷设备生产的，并通过供风系统向用户提供的低温气体。

六、煤气

煤气是指由煤、焦炭、半焦和重油等经干馏或汽化等生产过程所得气体产物的总称。

煤气的范围包括：

（一）焦炉煤气：是指煤在炼焦炉中进行干馏所产生的煤气。

（二）发生炉煤气：是指用空气（或氧气）和少量的蒸气将煤或焦炭、半焦，在煤气发生炉中进行汽化所产生的煤气、混合煤气、水煤气、单水煤气、双水煤气等。

（三）液化煤气：是指压缩成液体的煤气。

七、石油液化气

石油液化气是指由石油加工过程中所产生的低分子量的烃类炼厂气经压缩成的液体。主要成分是丙烷、丁烷、丁烯等。

八、天然气

天然气是蕴藏在地层内的碳氢化合物可燃气体。主要含有甲烷、乙烷等低分子烷烃和丙烷、丁烷、戊烷及其他重质气态烃类。

天然气包括气田天然气、油田天然气、煤矿天然气和其他天然气。

九、沼气

沼气，主要成分为甲烷，由植物残体在与空气隔绝的条件下经自然分解而成，沼气主要作燃料。

本货物的范围包括：天然沼气和人工生产的沼气。

十、居民用煤炭制品

居民用煤炭制品是指煤球、煤饼、蜂窝煤和引火炭。

十一、图书、报纸、杂志

图书、报纸、杂志是采用印刷工艺，按照文字、图画和线条原稿印刷成的纸制品。本货物的范围包括：

（一）图书。是指由国家新闻出版署批准的出版单位出版，采用国际标准书号编序的书籍，以及图片。

（二）报纸。是指经国家新闻出版署批准，在各省、自治区、直辖市新闻出版部门登记，具有国内统一刊号（CN）的报纸。

（三）杂志。是指经国家新闻出版署批准，在省、自治区、直辖市新闻出版管理部门登记，具有国内统一刊号（CN）的刊物。

十二、饲料

饲料是指用于动物饲养的产品或其加工品。

本货物的范围包括：

（一）单一饲料：指作饲料用的某一种动物、植物、微生物产品或其加工品。

（二）混合饲料：指采用简单方法，将两种以上的单一饲料混合到一起的饲料。

（三）配合饲料：指根据不同的饲养对象、饲养对象的不同生长发育阶段对各种营养成分的不同需要量，采用科学的方法，将不同的饲料按一定的比例配合到一起，并均匀地搅拌，制成一定料型的饲料。

直接用于动物饲养的粮食、饲料添加剂不属于本货物的范围。

十三、化肥

化肥是指经化学和机械加工制成的各种化学肥料。

化肥的范围包括：

（一）化学氮肥。主要品种有尿素和硫酸铵、硝酸铵、碳酸氢铵、氯化铵、石灰氮、氨水等。

（二）磷肥。主要品种有磷矿粉、过磷酸钙（包括普通过磷酸钙和重过磷酸钙两种）、钙镁磷肥、钢渣磷肥等。

（三）钾肥。主要品种有硫酸钾、氯化钾等。

（四）复合肥料。是用化学方法合成或混配制成含有氮、磷、钾中的两种或两种以上的营养元素的肥料。含有两种的称二元复合肥，含有三种的称三元复合肥料，也有含三种元素和某些其他元素的叫多元复合肥料。主要产品有硝酸磷肥、磷酸铵、磷酸二氢钾肥、钙镁磷钾肥、磷酸一铵、磷粉二铵、氮磷钾复合肥等。

（五）微量元素肥。是指含有一种或多种植物生长所必需的，但需要量又极少的营养元素的肥料，如硼肥、锰肥、锌、铜肥、钼肥等。

（六）其他肥。是指上述列举以外的其他化学肥料。

十四、农药

农药是指用于农林业防治病虫害、除草及调节植物生长的药剂。

农药包括农药原药和农药制剂。如杀虫剂、杀菌剂、除草剂、植物生长调节剂、植物性农药、微生物农药、卫生用药、其他农药原药、制剂等等。

十五、农膜

农膜是指用于农业生产的各种地膜、大棚膜。

十六、农机

农机是指用于农业生产（包括林业、牧业、副业、渔业）的各种机器和机械化和半机械化农具，以及小农具。

农机的范围包括：

（一）拖拉机。是以内燃机为驱动牵引机具从事作业和运载物资的机械。包括轮拖拉机、履带拖拉机、手扶拖拉机、机耕船。

（二）土壤耕整机械。是对土壤进行耕翻整理的机械。包括机引犁、机引耙、旋耕机、镇压器、联合整地器、合壤器、其他土壤耕整机械。

（三）农田基本建设机械。是指从事农田基本建设的专用机械。包括开沟筑埂机、开沟铺管机、铲抛机、平地机、其他农田基本建设机械。

（四）种植机械。是指将农作物种子或秧苗移植到适于作物生长的苗床机械。包括播作机、水稻插秧机、栽植机、地膜覆盖机、复式播种机、秧苗准备机械。

（五）植物保护和管理机械。是指农作物在生长过程中的管理、施肥、防治病虫害的机械。包括机动喷粉机、喷雾机（器）、弥雾喷粉机、修剪机、中耕除草机、播种中耕机、培土机具、施肥机。

（六）收获机械。是指收获各种农作物的机械。包括粮谷、棉花、薯类、甜菜、甘蔗、茶叶、油料等收获机。

（七）场上作业机械。是指对粮食作物进行脱粒、清选、烘干的机械设备。包括各种脱粒机、清选机、粮谷干燥机、种子精选机。

（八）排灌机械。是指用于农牧业排水、灌溉的各种机械设备。包括喷灌机、半机械化提水机具、打井机。

（九）农副产品加工机械。是指对农副产品进行初加工，加工后的产品仍属农副产品的机械。包括茶叶机械、剥壳机械、棉花加工机械（包括棉花打包机）、食用菌机械（培养木耳、蘑菇等）、小型粮谷机械。

以农副产品为原料加工工业产品的机械，不属于本货物的范围。

（十）农业运输机械。是指农业生产过程中所需的各种运输机械。包括人力车（不包括三轮运货车）、畜力车和拖拉机挂车。

农用汽车不属于本货物的范围。

（十一）畜牧业机械。是指畜牧业生产中所需的各种机械。包括草原建设机械、牧业收获机械、饲料加工机械、畜禽饲养机械、畜产品采集机械。

（十二）渔业机械。是指捕捞、养殖水产品所用的机械。包括捕捞机械、增氧机、饵料机。

机动渔船不属于本货物的范围。

（十三）林业机械。是指用于林业的种植、育林的机械。包括清理机械、育林机械、树苗栽植机械。

森林砍伐机械、集材机械不属于本货物征收范围。

（十四）小农具。包括畜力犁、畜力耙、锄头和镰刀等农具。

农机零部件不属于本货物的征收范围。

［注释：条款失效。第一条修订，参见《财政部　国家税务总局关于印发〈农业产品征税范围注释〉的通知》（财税字〔1995〕52号）。

第一条失效，参见《国家税务总局关于发布已失效或废止的税收规范性文件目录的通知》（国税发〔2006〕62号）。］

财政部　国家税务总局
关于印发《农业产品征税范围注释》的通知

（1995年6月15日　财税字〔1995〕52号）

根据《财政部　国家税务总局关于调整农业产品增值税税率和若干项目征免增值税的

通知》[(94)财税字第4号]的规定,从1994年5月1日起,农业产品增值税税率已由17%调整为13%。现将《农业产品征税范围注释》(以下简称注释)印发给你们,并就有关问题明确如下:

一、《中华人民共和国增值税暂行条例》第十六条所列免税项目的第一项所称的"农业生产者销售的自产农业产品",是指直接从事植物的种植、收割和动物的饲养、捕捞的单位和个人销售的注释所列的自产农业产品;对上述单位和个人销售的外购的农业产品,以及单位和个人外购农业产品生产、加工后销售的仍然属于注释所列的农业产品,不属于免税的范围,应当按照规定税率征收增值税。

二、农业生产者用自产的茶青再经筛分、风选、拣剔、碎块、干燥、匀堆等工序精制而成的精制茶,不得按照农业生产者销售的自产农业产品免税的规定执行,应当按照规定的税率征税。

本通知从1995年7月1日起执行,原各地国家税务局规定的农业产品范围同时废止。

附件:农业产品征税范围注释

附件:

农业产品征税范围注释

农业产品是指种植业、养殖业、林业、牧业、水产业生产的各种植物、动物的初级产品。农业产品的征税范围包括:

一、植物类

植物类包括人工种植和天然生长的各种植物的初级产品。具体征税范围为:

(一)粮食

粮食是指各种主食食料植物果实的总称。本货物的征税范围包括小麦、稻谷、玉米、高粱、谷子和其他杂粮(如:大麦、燕麦等),以及经碾磨、脱壳等工艺加工后的粮食(如:面粉,米,玉米面,渣等)。

切面、饺子皮、馄饨皮、面皮、米粉等粮食复制品,也属于本货物的征税范围。

以粮食为原料加工的速冻食品、方便面、副食品和各种熟食品,不属于本货物的征税范围。

(二)蔬菜

蔬菜是指可作副食的草本、木本植物的总称。本货物的征税范围包括各种蔬菜、菌类植物和少数可作副食的木本植物。

经晾晒、冷藏、冷冻、包装、脱水等工序加工的蔬菜,腌菜、咸菜、酱菜和盐渍蔬菜等,也属于本货物的征税范围。

各种蔬菜罐头(罐头是指以金属罐、玻璃瓶和其他材料包装,经排气密封的各种食品。下同)不属于本货物的征税范围。

(三)烟叶

烟叶是指各种烟草的叶片和经过简单加工的叶片。本货物的征税范围包括晒烟叶、晾烟叶和初烤烟叶。

1. 晒烟叶。是指利用太阳能露天晒制的烟叶。
2. 晾烟叶。是指在晾房内自然干燥的烟叶。
3. 初烤烟叶。是指烟草种植者直接烤制的烟叶。不包括专业复烤厂烤制的复烤烟叶。

（四）茶叶

茶叶是指从茶树上采摘下来的鲜叶和嫩芽（即茶青），以及经吹干、揉拌、发酵、烘干等工序初制的茶。本货物的征税范围包括各种毛茶（如红毛茶、绿毛茶、乌龙毛茶、白毛茶、黑毛茶等）。

精制茶、边销茶及掺兑各种药物的茶和茶饮料，不属于本货物的征税范围。

（五）园艺植物

园艺植物是指可供食用的果实，如水果、果干（如荔枝干、桂圆干、葡萄干等）、干果、果仁、果用瓜（如甜瓜、西瓜、哈密瓜等），以及胡椒、花椒、大料、咖啡豆等。

经冷冻、冷藏、包装等工序加工的园艺植物，也属于本货物的征税范围。

各种水果罐头，果脯，蜜饯，炒制的果仁、坚果，碾磨后的园艺植物（如胡椒粉、花椒粉等），不属于本货物的征税范围。

（六）药用植物

药用植物是指用作中药原药的各种植物的根、茎、皮、叶、花、果实等。

利用上述药用植物加工制成的片、丝、块、段等中药饮片，也属于本货物的征税范围。

中成药不属于本货物的征税范围。

（七）油料植物

油料植物是指主要用作榨取油脂的各种植物的根、茎、叶、果实、花或者胚芽组织等初级产品，如菜子（包括芥菜子）、花生、大豆、葵花子、蓖麻子、芝麻子、胡麻子、茶子、桐子、橄榄仁、棕榈仁、棉籽等。

提取芳香油的芳香油料植物，也属于本货物的征税范围。

（八）纤维植物

纤维植物是指利用其纤维作纺织、造纸原料或者绳索的植物，如棉（包括籽棉、皮棉、絮棉）、大麻、黄麻、槿麻、苎麻、茼麻、亚麻、罗布麻、蕉麻、剑麻等。

棉短绒和麻纤维经脱胶后的精干（洗）麻，也属于本货物的征税范围。

（九）糖料植物

糖料植物是指主要用作制糖的各种植物，如甘蔗、甜菜等。

（十）林业产品

林业产品是指乔木、灌木和竹类植物，以及天然树脂、天然橡胶。林业产品的征税范围包括：

1. 原木。是指将砍伐倒的乔木去其枝芽、梢头或者皮的乔木、灌木，以及锯成一定长度的木段。

锯材不属于本货物的征税范围。

2. 原竹。是指将砍倒的竹去其枝、梢或者叶的竹类植物，以及锯成一定长度的竹段。
3. 天然树脂。是指木科植物的分泌物，包括生漆、树脂和树胶，如松脂、桃胶、樱胶、阿拉伯胶、古巴胶和天然橡胶（包括乳胶和干胶）等。

4. 其他林业产品。是指除上述列举林业产品以外的其他各种林业产品，如竹笋、笋干、棕竹、棕榈衣、树枝、树叶、树皮、藤条等。

盐水竹笋也属于本货物的征税范围。

竹笋罐头不属于本货物的征税范围。

（十一）其他植物

其他植物是指除上述列举植物以外的其他各种人工种植和野生的植物，如树苗、花卉、植物种子、植物叶子、草、麦秸、豆类、薯类、藻类植物等。

干花、干草、薯干、干制的藻类植物，农业产品的下脚料等，也属于本货物的征税范围。

二、动物类

动物类包括人工养殖和天然生长的各种动物的初级产品。具体征税范围为：

（一）水产品

水产品是指人工放养和人工捕捞的鱼、虾、蟹、鳖、贝类、棘皮类、软体类、腔肠类、海兽类动物。本货物的征税范围包括鱼、虾、蟹、鳖、贝类、棘皮类、软体类、腔肠类、海兽类、鱼苗（卵）、虾苗、蟹苗、贝苗（秧），以及经冷冻、冷藏、盐渍等防腐处理和包装的水产品。

干制的鱼、虾、蟹、贝类、棘皮类、软体类、腔肠类，如干鱼、丁虾、干虾仁、干贝等，以及未加工成工艺品的贝壳、珍珠，也属于本货物的征税范围。

熟制的水产品和各类水产品的罐头，不属于本货物的征税范围。

（二）畜牧产品

畜牧产品是指人工饲养、繁殖取得和捕获的各种畜禽。本货物的征税范围包括：

1. 兽类、禽类和爬行类动物，如牛、马、猪、羊、鸡、鸭等。

2. 兽类、禽类和爬行类动物的肉产品，包括整块或者分割的鲜肉、冷藏或者冷冻肉、盐渍肉，兽类、禽类和爬行类动物的内脏、头、尾、蹄等组织。

各种兽类、禽类和爬行类动物的肉类生制品，如腊肉、腌肉、熏肉等，也属于本货物的征税范围。

各种肉类罐头、肉类熟制品，不属于本货物的征税范围。

3. 蛋类产品。是指各种禽类动物和爬行类动物的卵，包括鲜蛋、冷藏蛋。

经加工的咸蛋、松花蛋、腌制的蛋等，也属于本货物的征税范围。

各种蛋类的罐头不属于本货物的征税范围。

4. 鲜奶。是指各种哺乳类动物的乳汁和经净化、杀菌等加工工序生产的乳汁。

用鲜奶加工的各种奶制品，如酸奶、奶酪、奶油等，不属于本货物的征税范围。

（三）动物皮张

动物皮张是指从各种动物（兽类、禽类和爬行类动物）身上直接剥取的，未经鞣制的生皮、生皮张。

将生皮、生皮张用清水、盐水或者防腐药水浸泡、刮里、脱毛、晒干或者熏干，未经鞣制的，也属于本货物的征税范围。

（四）动物毛绒

动物毛绒是指未经洗净的各种动物的毛发、绒发和羽毛。

洗净毛、洗净绒等不属于本货物的征税范围。

（五）其他动物组织

其他动物组织是指上述列举以外的兽类、禽类、爬行类动物的其他组织，以及昆虫类动物。

1. 蚕茧。包括鲜茧和干茧，以及蚕蛹。
2. 天然蜂蜜。是指采集的未经加工的天然蜂蜜、鲜蜂王浆等。
3. 动物树脂，如虫胶等。
4. 其他动物组织，如动物骨、壳、兽角、动物血液、动物分泌物、蚕种等。

［注释：本文件中的《中华人民共和国增值税暂行条例》于 2008 年 11 月 10 日国务院令第 538 号修订并公布。

附件"二、动物类"——"（二）畜牧产品"——"4. 鲜奶"，巴氏杀菌乳、灭菌乳属于初级农业产品，可依照《农业产品征收范围注释》中的鲜奶按 13% 的税率征收增值税；调制乳，不属于初级农业产品，应按照 17% 税率征收增值税。参见《国家税务总局关于部分液体乳增值税适用税率的公告》（国家税务总局公告 2011 年第 38 号）。］

国家税务总局
关于印发《增值税若干具体问题的规定》的通知

（1993 年 12 月 28 日　国税发〔1993〕154 号）

各省、自治区、直辖市税务局，各计划单列市税务局：

现将《增值税若干具体问题的规定》印发给你们，希贯彻执行。

附件：增值税若干具体问题的规定

附件：

增值税若干具体问题的规定

一、征税范围

（一）货物期货（包括商品期货和贵金属期货），应当征收增值税。

（二）银行销售金银的业务，应当征收增值税。

（三）融资租赁业务，无论租赁的货物的所有权是否转让给承租方，均不征收增值税。

（四）基本建设单位和从事建筑安装业务的企业附设的工厂、车间生产的水泥预制构件、其他构件或建筑材料，用于本单位或本企业的建筑工程的，应在移送使用时征收增值税。但对其在建筑现场制造的预制构件，凡直接用于本单位或本企业建筑工程的，不征收增值税。

（五）典当业的死当物品销售业务和寄售业代委托人销售寄售物品的业务，均应征收增值税。

（六）因转让著作所有权而发生的销售电影母片、录像带母带、录音磁带母带的业务，以及因转让专利技术和非专利技术的所有权而发生的销售计算机软件的业务，不征收增值税。

（七）供应或开采未经加工的天然水（如水库供应农业灌溉用水、工厂自采地下水用于生产），不征收增值税。

（八）邮政部门销售集邮邮票、首日封，应当征收增值税。

（九）缝纫，应当征收增值税。

二、计税依据

（一）纳税人为销售货物而出租出借包装物收取的押金，单独记账核算的，不并入销售额征税。但对因逾期未收回包装物不再退还的押金，应按所包装货物的适用税率征收增值税。

（二）纳税人采取折扣方式销售货物，如果销售额和折扣额在同一张发票上分别注明的，可按折扣后的销售额征收增值税；如果将折扣额另开发票，不论其在财务上如何处理，均不得从销售额中减除折扣额。

（三）纳税人采取以旧换新方式销售货物，应按新货物的同期销售价格确定销售额。纳税人采取还本销售方式销售货物，不得从销售额中减除还本支出。

（四）纳税人因销售价格明显偏低或无销售价格等原因，按规定需组成计税价格确定销售额的，其组价公式中的成本利润率为10%。但属于应从价定率征收消费税的货物，其组价公式中的成本利润率，为《消费税若干具体问题的规定》中规定的成本利润率。

三、小规模纳税人标准

（一）增值税细则第二十四条关于小规模纳税人标准的规定中所提到的销售额，是指该细则第二十五条所说的小规模纳税人的销售额。

（二）该细则第二十四条所说的以从事货物生产或提供应税劳务为主，并兼营货物的批发或零售的纳税人，是指该类纳税人的全部年应税销售额中货物或应税劳务的销售额超过50%，批发或零售货物的销售额不到50%。

四、固定业户到外县（市）销售货物，应当向其机构所在地主管税务机关申请开具外出经营活动税收管理证明，回其机构所在地向税务机关申报纳税。未持有其机构所在地主管税务机关核发的外出经营活动税收管理证明的，销售地主管税务机关一律按6%的征收率征税。其在销售地发生的销售额，回机构所在地后，仍应按规定申报纳税，在销售地缴纳的税款不得从当期应纳税额中扣减。

［注释：条款失效。第一条第三款、第三条、第四条失效，参见《税务部门现行有效、失效、废止规章目录》（国家税务总局令第23号）。

第二条第（二）项规定："纳税人采取折扣方式销售货物，如果销售额和折扣额在同一张发票上分别注明的，可按折扣后的销售额征收增值税。"纳税人采取折扣方式销售货物，销售额和折扣额在同一张发票上分别注明是指销售额和折扣额在同一张发票上的"金额"栏分别注明的，可按折扣后的销售额征收增值税。未在同一张发票"金额"栏注明折扣额，而仅在发票的"备注"栏注明折扣额的，折扣额不得从销售额中减除。参见《国家税务总局关于折扣额抵减增值税应税销售额问题通知》（国税函〔2010〕56号）。

第三条、第四条失效，参见《国家税务总局关于发布已失效或废止有关增值税规范性文件清单的通知》（国税发〔2009〕7号）。

第一条（三）失效，参见：（1）《国家税务总局关于发布已失效或废止的税收规范性文件目录的通知》（国税发〔2006〕62号）。（2）《国家税务总局关于融资租赁业务征收流转税问题的通知》（国税函〔2000〕514号）。

第四条修订，参见《国家税务总局关于税务行政处罚有关问题的通知》（国税发〔1998〕20号）。]

财政部　国家税务总局
关于军队、军工系统所属单位征收流转税、
资源税问题的通知

（1994年4月22日　财税字〔1994〕11号）

各省、自治区、直辖市财政厅（局）、税务局，各计划单列市财政局、税务局：

经国务院批准，现对军队、军工系统所属单位生产、销售、供应的货物以及一般工业企业生产销售的军品征、免增值税、消费税、营业税、资源税有关问题通知如下：

一、增值税

（一）军队系统（包括人民武装警察部队）。

1. 军队系统的下列企事业单位，可以按本法规享受税收优惠照顾：

（1）军需工厂（指纳入总后勤部统一管理，由总后勤部授予代号经国家税务总局审查核实的企业化工厂）；

（2）军马场；

（3）军办农场（林厂、茶厂）；

（4）军办厂矿；

（5）军队院校、医院、科研文化单位、物资供销、仓库、修理等事业单位。

2. 军队系统各单位生产、销售、供应的应税货物应当按法规征收增值税。但为部队生产的武器及其零配件、弹药、军训器材、部队装备（指人被装、军械装备、马装具，下同），免征增值税。军需工厂、物资供销单位生产、销售、调拨给公安系统和国家安全系统的民警服装，免征增值税；对外销售的，按法规征收增值税。供军内使用的应与对外销售的分开核算，否则，按对外销售征税。

3. 军需工厂之间为生产军品而互相协作的产品免征增值税。

4. 军队系统各单位从事加工、修理修配武器及其零配件、弹药、军训器材、部队装备的业务收入，免征增值税。

（二）军工系统（指电子工业部、中国核工业总公司、中国航天工业总公司、中国航空工业总公司、中国兵器工业总公司、中国船舶工业总公司）。

1. 军工系统所属军事工厂（包括科研单位）生产销售的应税货物应当按法规征收增值税。但对列入军工主管部门军品生产计划并按照军品作价原则销售给军队、人民武装警察部队和军事工厂的军品，免征增值税。

2. 军事工厂生产销售给公安系统、司法系统和国家安全系统的武器装备免征增值税。

3. 军事工厂之间为了生产军品而相互提供货物以及为了制造军品相互提供的专用非标准设备、工具、模具、量具等免征增值税；对军工系统以外销售的，按法规征收增值税。

（三）除军工、军队系统企业以外的一般工业企业生产的军品，只对枪、炮、雷、弹、军用舰艇、飞机、坦克、雷达、电台、舰艇用柴油机、各种炮用瞄准具和瞄准镜，一律在总装企业就总装成品免征增值税。

（四）军队、军工系统各单位经总后勤部和国防科工委批准进口的专用设备、仪器仪表及其零配件，免征进口环节增值税；军队、军工系统各单位进口其他货物，应按法规征收进口环节增值税。

军队、军工系统各单位将进口的免税货物转售给军队、军工系统以外的，应按法规征收增值税。

（五）军品以及军队系统各单位出口军需工厂生产或军需部门调拨的货物，在生产环节免征增值税，出口不再退税。

二、关于消费税

（一）军队、军工系统所属企业生产、委托加工和进口消费税应税产品，无论供军队内部使用还是对外销售，都应按法规征收消费税。

（二）军品以及军队系统所属企业出口军需工厂生产的应税产品在生产环节免征消费税，出口不再退税。

三、营业税

（一）军队系统各单位（不包括军办企业）附设的服务性单位，为军队内部服务所取得的收入，免征营业税；对外经营取得的收入，应按法规征收营业税。

（二）单位和个人承包国防工程和承包军队系统的建筑安装工程取得的收入，免征营业税。

四、资源税军队、军工系统所属企业开采或者生产资源税应税产品，无论是供军队内部使用还是对外销售，都要按法规征收资源税。

［注释：依据《国家税务总局关于发布〈出口货物劳务增值税和消费税管理办法〉的公告》（国家税务总局公告2012年第24号），本法规第一条第（五）项自2012年7月1日失效。

根据《财政部 国家税务总局关于停止执行军队系统若干营业税政策的通知》（财税〔2001〕51号），自2001年1月1日起，《财政部 国家税务总局关于军队、军工系统所属单位征收流转税、资源税问题的通知》（财税字〔1994〕第11号）中第三条规定的营业税免税政策停止执行。］

财政部 国家税务总局
关于增值税、营业税若干政策规定的通知

（1994年5月5日 财税字〔1994〕26号）

新税制实施以来，各地陆续反映了一些增值税、营业税执行中出现的问题。经研究，现

将有关政策问题规定如下：

一、关于集邮商品征税问题

集邮商品，包括邮票、小型张、小本票、明信片、首日封、邮折、集邮簿、邮盘、邮票目录、护邮袋、贴片及其他集邮商品。

集邮商品的生产、调拨征收增值税。邮政部门销售集邮商品，征收营业税；邮政部门以外的其他单位与个人销售集邮商品，征收增值税。

二、关于报刊发行征税问题

邮政部门发行报刊，征收营业税；其他单位和个人发行报刊征收增值税。

三、关于销售无线寻呼机、移动电话征税问题

电信单位（电信局及电信局批准的其他从事电信业务的单位）自己销售无线寻呼机、移动电话，并为客户提供有关的电信劳务服务的，属于混合销售，征收营业税；对单纯销售无线寻呼机、移动电话，不提供有关的电信劳务服务的，征收增值税。

四、关于混合销售征税问题

（一）根据增值税暂行条例实施细则（以下简称细则）第五条的规定，"以从事货物的生产、批发或零售为主，并兼营非应税劳务的企业、企业性单位及个体经营者"的混合销售行为，应视为销售货物征收增值税。此条规定所说的"以从事货物的生产、批发或零售为主，并兼营非应税劳务"，是指纳税人的年货物销售额与非增值税应税劳务营业额的合计数中，年货物销售额超过50%，非增值税应税劳务营业额不到50%。

（二）从事运输业务的单位与个人，发生销售货物并负责运输所售货物的混合销售行为，征收增值税。

五、关于代购货物征税问题

代购货物行为，凡同时具备以下条件的，不征收增值税；不同时具备以下条件的，无论会计制度规定如何核算，均征收增值税。

（一）受托方不垫付资金。

（二）销货方将发票开具给委托方，并由受托方将该项发票转交给委托方。

（三）受托方按销售方实际收取的销售额和增值税额（如系代理进口货物则为海关代征的增值税额）与委托方结算货款，并另外收取手续费。

六、关于棕榈油、棉籽油和粮食复制品征税问题

（一）棕榈油、棉籽油按照食用植物油13%的税率征收增值税。

（二）切面、饺子皮、米粉等经过简单加工的粮食复制品，比照粮食13%的税率征收增值税。粮食复制品是指以粮食为主要原料经简单加工的生食品，不包括挂面和以粮食为原料加工的速冻食品、副食品。粮食复制品的具体范围由各省、自治区、直辖市、计划单列市直属分局根据上述原则确定，并上报财政部和国家税务总局备案。

七、关于出口"国务院另有规定的货物"征税问题

根据增值税暂行条例第二条："纳税人出口国务院另有规定的货物，不得适用零税率"的规定，纳税人出口的原油，援外出口货物，国家禁止出口的货物，包括天然牛黄、麝香、铜及铜基合金、白金等，糖，应按规定征收增值税。

八、关于外购农业产品的进项税额处理问题

增值税一般纳税人向小规模纳税人购买的农业产品，可视为免税农业产品按10%的扣

除率计算进项税额。

九、关于寄售物品和死当物品征税问题

寄售商店代销的寄售物品（包括居民个人寄售的物品在内）、典当业销售的死当物品，无论销售单位是否属于一般纳税人，均按简易办法依照6%的征收率计算缴纳增值税，并且不得开具专用发票。

十、关于销售自己使用过的固定资产征税问题

单位和个体经营者销售自己使用过的游艇、摩托车和应征消费税的汽车，无论销售者是否属于一般纳税人，一律按简易办法依照6%的征收率计算缴纳增值税，并且不得开具专用发票。销售自己使用过的其他属于货物的固定资产，暂免征收增值税。

十一、关于人民币折合率的问题

纳税人按外汇结算销售额的，其销售额的人民币折合率为中国人民银行公布的市场汇价。

十二、本规定自1994年6月1日起执行。

[注释：条款失效。第四条第（一）项、第六条第（二）项、第八条、第十一条失效，参见《财政部　国家税务总局关于公布若干废止和失效的增值税规范性文件目录的通知》（财税〔2009〕17号）。

条款废止。第九条、第十条废止，参见《财政部　国家税务总局关于部分货物适用增值税低税率和简易办法征收增值税政策的通知》（财税〔2009〕9号）。

条款失效。第四条第二项、第十一条失效，参见《财政部　国家税务总局关于公布若干废止和失效的营业税规范性文件目录的通知》（财税〔2009〕61号）。]

财政部　国家税务总局
关于公安、司法部门所属单位征免增值税问题的通知

（1994年6月1日　财税字〔1994〕29号）

各省、自治区、直辖市财政厅（局）、税务局、各计划单列市、财政局、税务局：

经报国务院批准，现对公安、司法部门所属企业和单位生产销售货物征免增值税问题规定如下：

一、公安部所属研究所、公安侦察保卫器材厂研制生产的列明代号的侦察保卫器材产品（每年新增部分报国家税务总局审核批准后下发）凡销售给公安、司法以及国家安全系统使用的，免征增值税；销售给其他单位的，按规定征收增值税。

二、劳动工厂生产的民警服装销售给公安、司法以及国家安全系统使用的，免征增值税；销售给其他单位的，按规定征收增值税。

财政部　国家税务总局
关于罚没物品征免增值税问题的通知

(1995年9月4日　财税字〔1995〕69号)

各省、自治区、直辖市、计划单列市财政厅（局）、国家税务局、地方税务局，财政部驻各省、自治区、直辖市财政监察专员办事处：

根据现行罚没财物管理制度和税收制度的有关规定，现对各级行政执法机关、政法机关和经济管理部门（以下简称执罚部门和单位）依照国家有关法律、法规查处各类违法、违章案件的罚没物品变价收入征收增值税问题规定如下：

一、执罚部门和单位查处的属于一般商业部门经营的商品，具备拍卖条件的，由执罚部门或单位商同级财政部门同意后，公开拍卖。其拍卖收入作为罚没收入由执罚部门和单位如数上缴财政，不予征税。对经营单位购入拍卖物品再销售的应照章征收增值税。

二、执罚部门和单位查处的属于一般商业部门经营的商品，不具备拍卖条件的，由执罚部门、财政部门、国家指定销售单位会同有关部门按质论价，交由国家指定销售单位纳入正常销售渠道变价处理。执罚部门按商定价格所取得的变价收入作为罚没收入如数上缴财政，不予征税。国家指定销售单位将罚没物品纳入正常销售渠道销售的，应照章征收增值税。

三、执罚部门和单位查处的属于专管机关管理或专管企业经营的财物，如金银（不包括金银首饰）、外币、有价证券、非禁止出口文物，应交由专管机关或专营企业收兑或收购。执罚部门和单位按收兑或收购价所取得的收入作为罚没收入如数上缴财政，不予征税。专管机关或专营企业经营上述物品中属于应征增值税的货物，应照章征收增值税。

本通知自文到之日起执行。

财政部　国家税务总局
关于对铁路工附业单位恢复征收增值税问题的通知

(1996年5月30日　财税字〔1996〕35号)

各省、自治区、直辖市、计划单列市财政厅（局）、国家税务局：

经国务院批准，现对铁路工附业单位征收增值税问题通知如下：

自1996年6月1日起，对铁路工附业单位向其所在路局内部其他单位提供货物或应税劳务恢复征收增值税。《关于增值税若干过渡性优惠政策问题的通知》（财税明电〔1995〕1号）中第1条的规定相应废止。

财政部 国家税务总局
关于外国石油公司参与煤层气开采所适用
税收政策问题的通知

(1996年7月5日 财税字〔1996〕62号)

各省、自治区、直辖市、计划单列市财政厅（局）、国家税务局、地方税务局：

为了鼓励外国企业和外商投资企业（以下简称企业）开采我国陆上煤层气资源，现将有关税收问题明确如下：

一、在我国开采陆上煤层气资源的企业取得的经营所得和其他所得，均应当按照《中华人民共和国外商投资企业和外国企业所得税法》及其施行细则的规定缴纳所得税。

二、《中华人民共和国外商投资企业和外国企业所得税法实施细则》中有关"从事开采石油资源的企业"的规定，适用于从事开采陆上煤层气资源的企业。

三、除另有规定者外，财政部、国家税务总局及海洋石油税务管理局制定的有关对从事合作开采石油资源的企业所得税问题的规定，均适用于从事开采陆上煤层气资源的企业。

四、开采陆上煤层气所取得的收入，应当按照《国家税务总局关于中外合作开采石油资源缴纳增值税有关问题的通知》（国税发〔1994〕114号）和《中外合作开采陆上石油资源缴纳矿区使用费暂行规定》（财政部〔1990〕第3号令）的规定，缴纳增值税和矿区使用费。

五、从事开采陆上煤层气资源的企业，应当按照《城市房地产税暂行条例》的规定，缴纳房产税；按照《车船使用牌照税暂行条例》的规定，缴纳车船使用牌照税；按照《中华人民共和国印花税暂行条例》的规定，缴纳印花税。

国家税务总局
关于铁路支线维护费征收增值税问题的通知

(1996年9月24日 国税函〔1996〕561号)

安徽省国家税务局：

你局《关于煤炭生产企业收取的铁路支线维护费如何征税问题的请示》（皖国税流〔1996〕205号）收悉。现就煤炭生产企业自备铁路专用线收取铁路支线维护费如何征税问题明确如下：

按照《中华人民共和国增值税暂行条例》的有关规定，纳税人销售货物或者应税劳务的销售额包括向购买方收取的全部价款和价外费用。你省煤炭生产企业用自备铁路专用线运输煤炭取得的"铁路支线维护费"是在销售煤炭环节收取的，属于增值税条例规定的价外费用，因此，应按增值税的有关规定征收增值税。

国家税务总局
关于农牧业救灾柴油征收增值税问题的批复

（1996年10月29日　国税函〔1996〕612号）

青海省国家税务局：

你局《关于对农牧业救灾柴油征税问题的请示》（青国税流字〔1996〕378号）收悉，关于要求对农牧业救灾柴油免征增值税的问题，考虑到我国地域广阔，各种自然灾害时有发生，为了税制完整，按照国务院批准的《关于停止审批救灾物资减免税的请示》（财税政字〔1995〕10号）精神，我们意见，不宜对救灾物资免征增值税。

财政部　国家税务总局
关于体育彩票发行收入税收问题的通知

（1996年11月7日　财税字〔1996〕77号）

近接国家体委来函，要求明确体育彩票发行收入的有关税收政策。为确保体育彩票销售工作的顺利进行，根据现行税制的有关规定，对体育彩票发行收入的若干税收问题，明确规定如下：

一、增值税

根据现行《中华人民共和国增值税暂行条例》及其实施细则等有关规定，对体育彩票的发行收入不征增值税。

二、营业税

根据现行《中华人民共和国营业税暂行条例》及其实施细则等有关规定，对体育彩票的发行收入不征营业税；对体育彩票代销单位代销体育彩票取得的手续费收入应按规定征收营业税。

三、所得税

根据《中华人民共和国企业所得税暂行条例》及其实施细则的规定，对体育彩票的发行收入应照章征收企业所得税。

根据《中华人民共和国个人所得税法》及其实施条例的规定，个人购买体育彩票的中奖收入属于偶然所得，应全额依20%的税率征收个人所得税。

四、固定资产投资方向调节税

对用体育彩票收入建设贯彻实施全民健身计划和奥运争光计划所需的体育设施项目，应根据《中华人民共和国固定资产投资方向调节税暂行条例》及其有关规定，区别项目的不同情况，确定其适用税率计征固定资产投资方向调节税。

国家税务总局
关于正大康地(深圳)有限公司生产经营饲料添加剂
预混料应否免征增值税问题的批复

(1997年7月22日 国税函〔1997〕424号)

深圳市国家税务局:

关于正大康地(深圳)有限公司的税务处理问题,我局曾于1996年11月5日在《关于正大康地(深圳)有限公司税务处理问题的批复》(国税函发〔1996〕624号)中答复,同意你局的处理意见。现你局请示,对正大康地(深圳)有限公司生产经营的饲料添加剂预混料应否按"饲料"免征增值税。经研究,批复如下:

从饲料添加剂预混料生产和原料构成看,它是由五种或六种添加剂加上一种或两种载体混合而成,添加剂的价值占预混料的70%以上。按照国家税务总局1993年12月25日印发的《增值税部分货物征税范围注释》(国税发〔1993〕151号)中"饲料"的解释范围的规定,饲料添加剂预混料难以归入上述"饲料"的解释范围,因此,不能享受规定的"饲料"免征增值税的待遇。

国家税务总局
关于厦门邮电纵横股份有限公司销售传呼机、
移动电话征收增值税问题的批复

(1997年9月5日 国税函〔1997〕504号)

厦门市国家税务局、地方税务局:

你局《关于厦门邮电纵横股份有限公司应税行为适用税种的请示》(厦国税流〔1997〕20号)收悉,现就有关问题明确如下:

一、财政部、国家税务总局《关于增值税、营业税若干政策规定的通知》〔(97)财税字第26号〕第三条中所规定的电信单位自己销售无线寻呼机、移动电话,并为客户提供有关的电信劳务服务,是指电信单位自己销售无线寻呼机、移动电话,并为客户提供无线发射电信服务。因此,对厦门市邮电纵横股份有限公司移动通信设备维修中心(以下简称维修中心)的应税行为不能认定为提供电信劳务。

二、维修中心销售传呼机、移动电话、其他通讯器材以及修理通讯器材而取得的收入,均应征收增值税。

三、鉴于过去对维修中心征税问题是由于企业经营、核算方式混乱以及国家税务局、地方税务局对（94）财税字第26号文件理解不一致引起的，因此对以往改变税种属性、混淆级次库别不再追究。自我局批复之日起，对维修中心上述收入改征增值税。

国家税务总局关于修订"饲料"注释及加强饲料征免增值税管理问题的通知

（1999年3月8日　国税发〔1999〕39号）

随着我国饲料工业的发展，饲料的品种和生产特点发生了较大变化，为了支持饲料工业发展，进一步明确和规范饲料的征免增值税范围，加强对饲料免征增值税的管理，现将对《增值税部分货物征税范围注释》（国税发〔1993〕151号）中饲料注释的修订及饲料免征增值税的管理办法明确如下：

一、饲料指用于动物饲养的产品或其加工品。

本货物的范围包括：

1. 单一大宗饲料。指以一种动物、植物、微生物或矿物质为来源的产品或其副产品。其范围仅限于糠麸、酒糟、油饼、骨粉、鱼粉、饲料级磷酸氢钙。

2. 混合饲料。指由两种以上单一大宗饲料、粮食、粮食副产品及饲料添加剂按照一定比例配置，其中单一大宗饲料、粮食及粮食副产品的掺兑比例不低于95%的饲料。

3. 配合饲料。指根据不同的饲养对象，饲养对象的不同生长发育阶段的营养需要，将多种饲料原料按饲料配方经工业生产后，形成的能满足饲养动物全部营养需要（除水分外）的饲料。

4. 复合预混料。指能够按照国家有关饲料产品的标准要求量，全面提供动物饲养相应阶段所需微量元素（4种或以上）、维生素（8种或以上），由微量元素、维生素、氨基酸和非营养性添加剂中任何两类或两类以上的组分与载体或稀释剂按一定比例配置的均匀混合物。

5. 浓缩饲料。指由蛋白质、复合预混料及矿物质等按一定比例配制的均匀混合物。

用于动物饲养的粮食、饲料添加剂不属于本货物的范围。

二、原有的饲料生产企业及新办的饲料生产企业，应凭省级饲料质量检测机构出具的饲料产品合格证明及饲料工业管理部门审核意见，向所在地主管税务机关提出免税申请，经省级国家税务局审核批准后，由企业所在地主管税务机关办理免征增值税手续。

三、本通知自1999年1月1日起执行。此前，各地执行的饲料免税范围与本通知不一致的，可按饲料的销售对象确定征免，即：凡销售给饲料生产企业、饲养单位及个体养殖户的饲料，免征增值税，销售给其他单位的一律征税。

财政部 国家税务总局
关于粮食企业增值税征免问题的通知

(1999年6月29日 财税字〔1999〕198号)

为支持和配合粮食流通体制改革,经国务院批准,现就粮食增值税政策调整的有关问题通知如下:

一、国有粮食购销企业必须按顺价原则销售粮食。对承担粮食收储任务的国有粮食购销企业销售的粮食免征增值税。免征增值税的国有粮食购销企业,由县(市)国家税务局会同同级财政、粮食部门审核确定。

审批享受免税优惠的国有粮食购销企业时,税务机关应按规定缴销其《增值税专用发票领购簿》,并收缴其库存未用的增值税专用发票予以注销;兼营其他应税货物的,须重新核定其增值税专用发票用量。

二、对其他粮食企业经营粮食,除下列项目免征增值税外,一律征收增值税。

(一)军队用粮:指凭军用粮票和军粮供应证按军供价供应中国人民解放军和中国人民武装警察部队的粮食。

(二)救灾救济粮:指经县(含)以上人民政府批准,凭救灾救济粮食(证)按规定的销售价格向需救助的灾民供应的粮食。

(三)水库移民口粮:指经县(含)以上人民政府批准,凭水库移民口粮票(证)按规定的销售价格供应给水库移民的粮食。

三、对销售食用植物油业务,除政府储备食用植物油的销售继续免征增值税外,一律照章征收增值税。

四、对粮油加工业务,一律照章征收增值税。

五、承担粮食收储任务的国有粮食购销企业和经营本通知所列免税项目的其他粮食经营企业,以及有政府储备食用植物油销售业务的企业,均需经主管税务机关审核认定免税资格,未报经主管税务机关审核认定,不得免税。享受免税优惠的企业,应按期进行免税申报,违反者取消其免税资格。

粮食部门应向同级国家税务局提供军队用粮、救灾救济粮、水库移民口粮的单位、供应数量等有关资料,经国家税务局审核无误后予以免税。

六、属于增值税一般纳税人的生产、经营单位从国有粮食购销企业购进的免税粮食,可依据购销企业开具的销售发票注明的销售额按13%的扣除率计算抵扣进项税额;购进的免税食用植物油,不得计算抵扣进项税额。

七、各省、自治区、直辖市、计划单列市国家税务局可依据本通知和增值税法规的有关规定制定具体执行办法,并报财政部、国家税务总局备案。

本通知从1999年8月1日起执行。

〔注释:条款废止。第一条中"免征增值税的国有粮食购销企业,由县(市)国家税务局会同同级财政、粮食部门审核确定"的内容废止,参见《国家税务总局关于国有粮食购销企业销售粮食免征增值税审批事项取消后有关管理事项的公告》(国家税务总局公告2015年第42号)。

条款废止。第五条中"承担粮食收储任务的国有粮食购销企业和经营本通知所列免税项目的其他粮食经营企业,以及有政府储备食用植物油销售业务的企业,均需经主管税务机关审核认定免税资格,未报经主管税务机关审核认定,不得免税"及"经国家税务局审核无误后予以免税"内容废止,参见《国家税务总局关于明确部分增值税优惠政策审批事项取消后有关管理事项的公告》(国家税务总局公告2015年第38号)。

政策调整。"对承担粮食收储任务的国有粮食购销企业免征增值税审核""对承担粮食收储任务的国有粮食购销企业和经营免税项目的粮食经营企业以及有政府储备食用植物油销售业务的企业增值税免税资格审核"取消,参见《国务院关于取消和调整一批行政审批项目等事项的决定》(国发〔2015〕11号)。

国家税务总局
关于白银生产环节征收增值税的通知

(2000年3月17日 国税发〔2000〕51号)

根据国务院关于白银管理体制改革的指示,现就白银产品有关增值税政策规定如下:

自2000年1月1日起,对企业生产销售的银精矿含银、其他有色金属精矿含银、冶炼中间产品含银及成品银恢复征收增值税。

国家税务总局
关于融资租赁业务征收流转税问题的通知

(2000年7月7日 国税函〔2000〕514号)

据了解,目前一些地区在对融资租赁业务征收流转税时,政策执行不一,有的征收增值税,有的征收营业税,为统一增值税政策,严肃执法,现就有关问题明确如下:

对经中国人民银行批准经营融资租赁业务的单位所从事的融资租赁业务,无论租赁的货物的所有权是否转让给承租方,均按《中华人民共和国营业税暂行条例》的有关规定征收营业税,不征收增值税。其他单位从事的融资租赁业务,租赁的货物的所有权转让给承租方,征收增值税,不征收营业税;租赁的货物的所有权未转让给承租方,征收营业税,不征收增值税。

资租赁是指具有融资性质和所有权转移特点的设备租赁业务。即:出租人根据承租人所要求的规格、型号、性能等条件购入设备租赁给承租人,合同期内设备所有权属于出租人,承租人只拥有使用权,合同期满付清租金后,承租人有权按残值购入设备,以拥有设备的所有权。

本通知自公布之日起执行，此前规定与本通知相抵触的，一律以本通知为准。

国家税务总局
关于计算机软件征收流转税若干问题的通知

（2000年7月20日　国税发〔2000〕133号）

财政部、国家税务总局印发的《关于贯彻落实〈中共中央　国务院关于加强技术创新、发展高科技、实现产业化的决定〉有关税收问题的通知》（财税字〔1999〕273号），对于1999年10月1日以后计算机软件征收营业税、增值税的问题作了具体规定。近据部分地区反映，在该通知下发前，由于原有税收政策对计算机软件如何征税规定得不够明确，各地在对计算机软件如何征税的问题上理解和执行不尽一致，另有部分地区反映由于收到文件较晚，能否推迟执行文件。为了规范税务机关的执法行为，经研究，现对上述问题明确如下：

一、1999年10月1日前，纳税人销售计算机软件或销售机器设备附带的计算机软件（以下简称计算机软件），已征税的，无论是只征收营业税、增值税中的一种税，还是既征收了营业税又征收了增值税，均不作纳税调整；未征税的，按照财税字〔1999〕273号文件的规定补征营业税或增值税。

二、1999年10月1日前，纳税人进口计算机软件自己使用的，无论进口环节缴纳了增值税还是按规定免征了增值税，向境外支付的软件费凡未征收营业税的不再补征营业税；进口后在境内销售的，其征税问题依照本通知第一条的规定办理。

三、各级税务机关应严格执行财税字〔1999〕273号文件所规定的执行时间。1999年10月1日以后，纳税人销售计算机软件，凡未按该文件有关营业税、增值税征收范围的规定而征收营业税或增值税的，必须纠正并做税款补、退库处理。

四、财税字〔1999〕273号文件第一条第（四）款所称"经过国家版权局注册登记"，是指经国家版权局中国软件登记中心核准登记并取得该中心发放的著作权登记证书。

国家税务总局
关于中国联通有限公司有关税收问题的通知

（2001年10月18日　国税函〔2001〕762号）

经国务院批准，中国联合通讯有限公司（以下简称老联通）进行了股权重组。老联通在重组过程中，在香港设立了上市公司——中国联通股份有限公司（以下简称香港联通），香港联通于2000年6月分别在纽约和香港成功上市后，又在北京注册设立了其全资子公司——中国联通有限公司（以下简称新联通），接收老联通的部分业务。现就新联通有关税收问题，通知如下：

一、新联通适用税收政策问题

新联通是2000年6月经对外贸易经济合作部批准成立的一家外商投资企业，应根据国务院1994年颁发的《国务院关于外商投资企业和外国企业适用增值税、消费税、营业税等税收暂行条例有关问题的通知》（国发〔1994〕10号）的规定，缴纳有关税收。

二、新联通企业所得税征收管理问题

根据《中华人民共和国外商投资企业和外国企业所得税法实施细则》第五条的规定，新联通的企业所得税统一汇总在企业注册地北京申报缴纳。考虑到新联通所属的分公司税务变更登记的具体情况，对2000年度新联通的企业所得税，仍按内资企业所适用的税收法律、法规的有关规定执行。从2001年度起，新联通的企业所得税，按外商投资资企业所适用的税收法律、法规的有关规定汇总计算缴纳。

三、新联通有关资金账册印花税问题

由于新联通是从老联通分立设立的外商投资企业，其记载从老联通转移来的资金账册，已在老联通贴花的，可不再贴花。

四、清理"中中外"所涉及的新联通若干税务处理问题

（一）老联通清理与中国境内中外合资（合作）企业的合作项目（以下简称"中中外"）所涉及的需由新联通负担的补偿金，1999年年底以前发生的，从2000年起分5年平均摊销；2000年以后发生的，按7年平均摊销。

（二）老联通清理"中中外"及上市需要所涉及的需由新联通补提的固定资产折旧，从2000年开始，分5年平均分摊。

（三）上述规定，由北京市国家税务局具体审核后确认。

五、关于股权重组中并入新联通的原中国邮电总局的国信寻呼有限公司（以下简称国信公司）相应业务收益的所得税处理问题

鉴于国信公司在全国各地所设立的机构，2001年才开始注销，2000年度已按原名称就地申报缴纳了企业所得税，因此对国信公司及其所属机构2000年度所缴纳的企业所得税，不再进行调整；从2001年1月1日起，统一执行新联通适用的有关税收政策，由新联通汇总计算纳税。

［注释：条款失效。第二条、第四条、第五条失效，参见《国家税务总局关于公布全文失效废止、部分条款失效废止的税收规范性文件目录的公告》（国家税务总局公告2011年第2号）。］

财政部　国家税务总局
关于停止经济特区地产地销货物增值税优惠政策的通知

（2002年11月23日　财税〔2002〕164号）

海南省财政厅、国家税务局，深圳市财政局、国家税务局：

为进一步适应WTO规则的要求，规范增值税制度，经国务院批准，现就经济特区地产地销货物增值税优惠政策问题通知如下：

自 2003 年 1 月 1 日起,《关于经济特区征免流转税问题的通知》(国税明电〔1993〕78号)第一条、第二条关于经济特区的税收优惠政策停止执行,在经济特区范围内生产并销售的货物,恢复按照规范办法征收增值税。请认真做好宣传解释工作,确保政策调整的平稳过渡。

财政部 国家税务总局关于营业税若干政策问题的通知

(2003 年 1 月 15 日 财税〔2003〕16 号)

各省、自治区、直辖市、计划单列市财政厅(局)、地方税务局,新疆生产建设兵团财务局:

经研究,现对营业税若干业务问题明确如下:

一、关于征收范围问题

(一)燃气公司和生产、销售货物或提供增值税应税劳务的单位,在销售货物或提供增值税应税劳务时,代有关部门向购买方收取的集资费〔包括管道煤气集资款(初装费)〕、手续费、代收款等,属于增值税价外收费,应征收增值税,不征收营业税。

(二)保险企业取得的追偿款不征收营业税。

以上所称追偿款,是指发生保险事故后,保险公司按照保险合同的约定向被保险人支付赔款,并从被保险人处取得对保险标的价款进行追偿的权利而追回的价款。

(三)《财政部 国家税务总局关于福利彩票有关税收问题的通知》(财税〔2002〕59号)规定,"福利彩票机构发行销售福利彩票取得的收入不征收营业税",其中的"福利彩票机构"包括福利彩票销售管理机构和与销售管理机构签有电脑福利彩票投注站代理销售协议书,并直接接受福利彩票销售管理机构的监督、管理的电脑福利彩票投注点。

(四)《财政部 国家税务总局关于对中国出口信用保险公司办理的出口信用保险业务不征收营业税的通知》(财税〔2002〕157号)规定,"对中国出口信用保险公司办理的出口信用保险业务不征收营业税",这里的"出口信用保险业务"包括出口信用保险业务和出口信用担保业务。

以上所称出口信用担保业务,是指与出口信用保险相关的信用担保业务,包括融资担保(如设计融资担保、项目融资担保、贸易融资担保等)和非融资担保(如投标担保、履约担保、预付款担保等)。

(五)随汽车销售提供的汽车按揭服务和代办服务业务征收增值税,单独提供按揭、代办服务业务,并不销售汽车的,应征收营业税。

二、关于适用税目问题

(一)电影发行单位以出租电影拷贝形式将电影拷贝播映权在一定限期内转让给电影放映单位的行为按"转让无形资产"税目征收营业税。

(二)单位和个人从事快递业务按"邮电通信业"税目征收营业税。

(三)单位和个人在旅游景点经营索道取得的收入按"服务业"税目中"旅游业"项

目征收营业税。

（四）单位和个人开办"网吧"取得的收入，按"娱乐业"税目征收营业税。

（五）电信单位（指电信企业和经电信行政管理部门批准从事电信业务的单位，下同）提供的电信业务（包括基础电信业务和增值电信业务，下同）按"邮电通信业"税目征收营业税。

以上所称基础电信业务是指提供公共网络基础设施、公共数据传送和基本语音通信服务的业务，具体包括固定网国内长途及本地电话业务、移动通信业务、卫星通信业务、因特网及其他数据传送业务、网络元素出租出售业务、电信设备及电路的出租业务、网络接入及网络托管业务，国际通信基础设施国际电信业务、无线寻呼业务和转售的基础电信业务。

以上所称增值电信业务是指利用公共网络基础设施提供的电信与信息服务的业务，具体包括固定电话网增值电信业务、移动电话网增值电信业务、卫星网增值电信业务、因特网增值电信业务、其他数据传送网络增值电信业务等服务。

（六）双方签订承包、租赁合同（协议，下同），将企业或企业部分资产出包、租赁，出包、出租者向承包、承租方收取的承包费、租赁费（承租费，下同）按"服务业"税目征收营业税。出包方收取的承包费凡同时符合以下三个条件的，属于企业内部分配行为不征收营业税。

1. 承包方以出包方名义对外经营，由出包方承担相关的法律责任。
2. 承包方的经营收支全部纳入出包方的财务会计核算。
3. 出包方与承包方的利益分配是以出包方的利润为基础。

（七）单位和个人转让在建项目时，不管是否办理立项人和土地使用人的更名手续，其实质是发生了转让不动产所有权或土地使用权的行为。对于转让在建项目行为应按以下办法征收营业税：

1. 转让已完成土地前期开发或正在进行土地前期开发，但尚未进入施工阶段的在建项目，按"转让无形资产"税目中"转让土地使用权"项目征收营业税。
2. 转让已进入建筑物施工阶段的在建项目，按"销售不动产"税目征收营业税。

在建项目是指立项建设但尚未完工的房地产项目或其他建设项目。

（八）土地整理储备供应中心（包括土地交易中心）转让土地使用权取得的收入按"转让无形资产"税目中"转让土地使用权"项目征收营业税。

三、关于营业额问题

（一）单位和个人提供营业税应税劳务、转让无形资产和销售不动产发生退款，凡该项退款已征收过营业税的，允许退还已征税款，也可以从纳税人以后的营业额中减除。

（二）单位和个人在提供营业税应税劳务、转让无形资产、销售不动产时，如果将价款与折扣额在同一张发票上注明的，以折扣后的价款为营业额；如果将折扣额另开发票的，不论其在财务上如何处理，均不得从营业额中减除。

电信单位销售的各种有价电话卡，由于其计费系统只能按有价电话卡面值出账并按有价电话卡面值确认收入，不能直接在销售发票上注明折扣折让额，以按面值确认的收入减去当期财务会计上体现的销售折扣折让后的余额为营业额。

（三）单位和个人提供应税劳务、转让无形资产和销售不动产时，因受让方违约而从受让方取得的赔偿金收入，应并入营业额中征收营业税。

（四）单位和个人因财务会计核算办法改变将已缴纳过营业税的预收性质的价款逐期转为营业收入时，允许从营业额中减除。

（五）保险企业已征收过营业税的应收未收保费，凡在财务会计制度规定的核算期限内未收回的，允许从营业额中减除。在会计核算期限以后收回的已冲减的应收未收保费，再并入当期营业额中。

（六）保险企业开展无赔偿奖励业务的，以向投保人实际收取的保费为营业额。

（七）中华人民共和国境内的保险人将其承保的以境内标的物为保险标的的保险业务向境外再保险人办理分保的，以全部保费收入减去分保保费后的余额为营业额。

境外再保险人应就其分保收入承担营业税纳税义务，并由境内保险人扣缴境外再保险人应缴纳的营业税税款。

（八）金融企业（包括银行和非银行金融机构，下同）从事股票、债券买卖业务以股票、债券的卖出价减去买入价后的余额为营业额。买入价依照财务会计制度规定，以股票、债券的购入价减去股票、债券持有期间取得的股票、债券红利收入的余额确定。

（九）金融企业买卖金融商品（包括股票、债券、外汇及其他金融商品，下同），可在同一会计年度末，将不同纳税期出现的正差和负差按同一会计年度汇总的方式计算并缴纳营业税，如果汇总计算应缴的营业税税额小于本年已缴纳的营业税税额，可以向税务机关申请办理退税，但不得将一个会计年度内汇总后仍为负差的部分结转下一会计年度。

（十）金融企业从事受托收款业务，如代收电话费、水电煤气费、信息费、学杂费、寻呼费、社保统筹费、交通违章罚款、税款等，以全部收入减去支付给委托方价款后的余额为营业额。

（十一）经中国人民银行、外经贸部和国家经贸委批准经营融资租赁业务的单位从事融资租赁业务的，以其向承租者收取的全部价款和价外费用（包括残值）减除出租方承担的出租货物的实际成本后的余额为营业额。

以上所称出租货物的实际成本，包括由出租方承担的货物的购入价、关税、增值税、消费税、运杂费、安装费、保险费和贷款的利息（包括外汇借款和人民币借款利息）。

（十二）劳务公司接受用工单位的委托，为其安排劳动力，凡用工单位将其应支付给劳动力的工资和为劳动力上交的社会保险（包括养老保险金、医疗保险、失业保险、工伤保险等，下同）以及住房公积金统一交给劳务公司代为发放或办理的，以劳务公司从用工单位收取的全部价款减去代收转付给劳动力的工资和为劳动力办理社会保险及住房公积金后的余额为营业额。

（十三）通信线路工程和输送管道工程所使用的电缆、光缆和构成管道工程主体的防腐管段、管件（弯头、三通、冷弯管、绝缘接头）、清管器、收发球筒、机泵、加热炉、金属容器等物品均属于设备，其价值不包括在工程的计税营业额中。

其他建筑安装工程的计税营业额也不应包括设备价值，具体设备名单可由省级地方税务机关根据各自实际情况列举。

（十四）邮政电信单位与其他单位合作，共同为用户提供邮政电信业务及其他服务并由邮政电信单位统一收取价款的，以全部收入减去支付给合作方价款后的余额为营业额。

（十五）中国移动通信集团公司通过手机短信公益特服号"8858"为中国儿童少年基金会接受捐款业务，以全部收入减去支付给中国儿童少年基金会的价款后的余额为营业额。

（十六）经地方税务机关批准使用运输企业发票，按"交通运输业"税目征收营业税的单位将承担的运输业务分给其他运输企业并由其统一收取价款的，以其取得的全部收入减去支付给其他运输企业的运费后的余额为营业额。

（十七）旅游企业组织旅游团在中国境内旅游的，以收取的全部旅游费减去替旅游者支付给其他单位的房费、餐费、交通、门票或支付给其他接团旅游企业的旅游费后的余额为营业额。

（十八）从事广告代理业务的，以其全部收入减去支付给其他广告公司或广告发布者（包括媒体、载体）的广告发布费后的余额为营业额。

（十九）从事物业管理的单位，以与物业管理有关的全部收入减去代业主支付的水、电、燃气以及代承租者支付的水、电、燃气、房屋租金的价款后的余额为营业额。

（二十）单位和个人销售或转让其购置的不动产或受让的土地使用权，以全部收入减去不动产或土地使用权的购置或受让原价后的余额为营业额。

单位和个人销售或转让抵债所得的不动产、土地使用权的，以全部收入减去抵债时该项不动产或土地使用权作价后的余额为营业额。

四、关于营业额减除项目凭证管理问题

营业额减除项目支付款项发生在境内的，该减除项目支付款项凭证必须是发票或合法有效凭证；支付给境外的，该减除项目支付款项凭证必须是外汇付汇凭证、外方公司的签收单据或出具的公证证明。

五、关于纳税义务发生时间问题

单位和个人提供应税劳务、转让专利权、非专利技术、商标权、著作权和商誉时，向对方收取的预收性质的价款（包括预收款、预付款、预存费用、预收定金等，下同），其营业税纳税义务发生时间以按照财务会计制度的规定，该项预收性质的价款被确认为收入的时间为准。

六、关于纳税地点问题

（一）单位和个人出租土地使用权、不动产的营业税纳税地点为土地、不动产所在地；单位和个人出租物品、设备等动产的营业税纳税地点为出租单位机构所在地或个人居住地。

（二）在中华人民共和国境内的电信单位提供电信业务的营业税纳税地点为电信单位机构所在地。

（三）在中华人民共和国境内的单位提供的设计（包括在开展设计时进行的勘探、测量等业务，下同）、工程监理、调试和咨询等应税劳务的，其营业税纳税地点为单位机构所在地。

（四）在中华人民共和国境内的单位通过网络为其他单位和个人提供培训、信息和远程调试、检测等服务的，其营业税纳税地点为单位机构所在地。

本通知自2003年1月1日起执行。凡在此之前的规定与本通知不一致的，一律以本通知为准。此前因与本通知规定不一致而已征的税款不再退还，未征税款不再补征。

［注释：条款废止。第三条第（十六）和第（十八）项自2013年8月1日起废止，参见《财政部　国家税务总局关于在全国开展交通运输业和部分现代服务业营业税改征增值税试点税收政策的通知》（财税〔2013〕37号）。

条款失效。第一条第（四）项、第二条第（六）项、第四条、第五条失效，参见《财

政部 国家税务总局关于公布若干废止和失效的营业税规范性文件目录的通知》（财税〔2009〕61号）。〕

财政部 国家税务总局
关于大连证券破产及财产处置过程中
有关税收政策问题的通知

（2003年5月20日 财税〔2003〕88号）

经国务院批准，现就大连证券有限责任公司（以下简称大连证券）破产及财产处置过程中有关税收政策问题通知如下：

一、对大连证券在清算期间接收债权、清偿债务过程中签订的产权转移书据，免征印花税。

二、对大连证券在清算期间自有的和从债务方接收的房地产、车辆免征房产税、城镇土地使用税和车船使用税。

三、大连证券在清算过程中催收债权时，免征接收土地使用权、房屋所有权应缴纳的契税。

四、大连证券破产财产被清算组用来清偿债务时，免征大连证券销售转让货物、不动产、无形资产、有价证券、票据等应缴纳的增值税、营业税、城市维护建设税、教育费附加和土地增值税。

五、对大通证券股份有限公司托管的原大连证券的证券营业部和证券服务部，其所从事的经营活动，应按税收法律、法规的规定照章纳税。

六、本通知自大连证券破产清算之日起执行。

财政部 海关总署 国家税务总局
关于农药税收政策的通知

（2003年9月23日 财税〔2003〕186号）

各省、自治区、直辖市、计划单列市财政厅（局）、国家税务局、新疆生产建设兵团财务局、广东分署、各直属海关：

经国务院批准，现将有关农药的税收政策问题通知如下：

一、自2003年1月1日起，停止执行对部分列名进口农药（成药、原药）免征进口环节增值税的政策，已征收的保证金转为税款。

二、自2004年1月1日起，停止执行对部分进口农药原料及中间体进口环节增值税先征后返的政策。

三、自2004年1月1日起，《财政部 国家税务总局关于若干农业生产资料征免增值税政策通知》(财税〔2001〕113号)第一条第3项关于对国产农药免征生产环节增值税的政策停止执行。

国家税务总局
关于纳税人提供泥浆工程劳务征收流转税问题的批复

(2005年4月27日 国税函〔2005〕375号)

深圳市国家税务局：

你局《关于中国南海麦克巴泥浆有限公司泥浆销售征税问题的请示》(深国税发〔2004〕202号)收悉。经研究，批复如下：

一、《国家税务总局关于合作开采海洋石油提供应税劳务适用营业税税目、税率问题的通知》(国税发〔1997〕42号)所称"泥浆工程"，是指为钻井作业提供泥浆和工程技术服务的行为。纳税人按照客户要求，为钻井作业提供泥浆和工程技术服务的行为，应按提供泥浆工程劳务项目，照章征收营业税，不征收增值税。

二、无论纳税人与建设单位如何核算，其营业额均包括工程所用原材料及其他物资和动力价款在内。

国家税务总局
关于新疆油田油气储运公司管道运输收入
征收流转税问题的通知

(2005年7月7日 国税函〔2005〕704号)

新疆维吾尔自治区国家税务局、地方税务局：

近接中国石油天然气集团公司《关于新疆油田油气储运公司管道运输收入应税问题的请示》(中油股字〔2004〕648号)，经研究，现就有关问题通知如下：

鉴于中国石油天然气股份有限公司新疆油田油气储运分公司拥有独立的营业执照，办理了注册税务登记，实行独立核算，且其发生的管道运输劳务不属于为维持油气田的正常生产而提供的运输劳务，根据《中华人民共和国增值税暂行条例实施细则》《中华人民共和国营业税暂行条例》及相关规定，中国石油天然气股份有限公司新疆油田油气储运分公司为中石油股份公司新疆油田分公司提供管道运输劳务取得的管道运输收入，应按交通运输业税目征收营业税。

财政部 国家税务总局
关于中国建银投资有限责任公司有关税收政策问题的通知

(2005年11月20日 财税〔2005〕160号)

各省、自治区、直辖市、计划单列市财政厅（局）、国家税务局、地方税务局，新疆生产建设兵团财务局：

为妥善处理原中国建设银行实施重组分立改革设立中国建设银行股份有限公司（以下简称建行股份）及中国建银投资有限责任公司（以下简称建银投资）的相关税收问题，促进建银投资稳健经营，经国务院批准，现就建银投资有关税收政策问题通知如下：

一、重组分立过程中，原中国建设银行无偿划转给建银投资的货物、不动产，不征收增值税、营业税和土地增值税。

二、建银投资新启用的资金账簿记载的资金，凡原已贴花的部分可不再贴花，建银投资从中央汇金公司取得且投入建行股份的国家注资部分免征印花税，对其余未贴花的部分和以后新增加的资金按规定贴花。

建银投资承接原中国建设银行签订但尚未履行完的各类应税合同，且已贴花的，不再贴花。

建银投资与原中国建设银行签订的产权转移书据，免予贴花。

三、重组分立过程中，建银投资承受原中国建设银行的土地、房屋权属，不征收契税。

四、建银投资将其拥有的固定资产出租给建行股份取得的财产租赁收入，自2005年1月1日起，3年内暂免征收营业税。

五、建银投资发生的呆账损失统一按《财政部 国家税务总局关于金融企业所得税前扣除呆账损失有关问题的通知》（财税〔2002〕1号）、《金融企业呆账损失税前扣除管理办法》（国家税务总局令第4号）等现行规定执行。

六、本通知除明确的实施期限外，其他均自建银投资依法分立之日起执行。

国家税务总局
关于中国移动有限公司内地子公司业务销售附带赠送行为征收流转税问题的通知

(2006年12月28日 国税函〔2006〕1278号)

各省、自治区、直辖市和计划单列市国家税务局、地方税务局：

近接中国移动通信集团公司《关于所属境外上市公司内地子公司业务销售附带赠送涉及营业税和增值税相关问题的请示》（中移财〔2006〕306号），请求明确中国移动有限公司内地子公司开展的以业务销售附带赠送服务或实物形式的业务有关流转税政策问题。现将有关问题明确如下：

中国移动有限公司内地子公司开展以业务销售附带赠送电信服务业务（包括赠送用户一定业务使用时长、流量或业务使用费额度、赠送有价卡预存款或有价卡）的过程中，其附带赠送的电信服务是无偿提供电信业劳务的行为，不属于营业税征收范围，不征收营业税。

中国移动有限公司内地子公司开展的以业务销售附带赠送实物业务（包括赠送用户 SIM 卡、手机或有价物品等实物），属于电信单位提供电信业劳务的同时赠送实物的行为，按照现行流转税政策规定，不征收增值税，其进项税额不得予以抵扣；其附带赠送实物的行为是电信单位无偿赠与他人实物的行为，不属于营业税征收范围，不征收营业税。

国家税务总局
关于受托种植植物、饲养动物征收流转税问题的通知

（2007 年 2 月 15 日　国税发〔2007〕17 号）

各省、自治区、直辖市和计划单列市国家税务局、地方税务局：

现对单位和个人受托种植植物、饲养动物行为征收流转税的问题明确如下：

单位和个人受托种植植物、饲养动物的行为，应按照营业税"服务业"税目征收营业税，不征收增值税。

上述单位和个人受托种植植物、饲养动物的行为是指，委托方向受托方提供其拥有的植物或动物，受托方提供种植或饲养服务并最终将植物或动物归还给委托方的行为。

国家税务总局
关于水利工程水费征收流转税问题的批复

（2007 年 4 月 29 日　国税函〔2007〕461 号）

山东省地方税务局：

你局《关于水利工程水费征收营业税问题的请示》（鲁地税发〔2007〕35 号）收悉，批复如下：

《财政部　国家计委关于将部分行政事业性收费转为经营服务性收费（价格）的通知》（财综〔2001〕94 号）规定，水利工程水费由行政事业性收费转为经营服务性收费。因此，水利工程单位向用户收取的水利工程水费，属于其向用户提供天然水供应服务取得的收入，按照现行流转税政策规定，不征收增值税，应按"服务业"税目征收营业税。

国家税务总局
关于中国联通有限公司及所属分公司和中国联合通信有限公司贵州分公司业务销售附带赠送行为有关流转税问题的通知

(2007年7月20日 国税函〔2007〕778号)

各省、自治区、直辖市和计划单列市国家税务局、地方税务局：

现将中国联通有限公司及所属分公司和中国联合通信有限公司贵州分公司开展的以业务销售附带赠送服务或实物形式的业务有关流转税政策问题明确如下：

中国联通有限公司及所属分公司和中国联合通信有限公司贵州分公司开展以业务销售附带赠送电信服务业务（包括赠送用户一定的业务使用时长、流量或业务使用费额度，赠送有价卡预存款或者有价卡）的过程中，其附带赠送的电信服务是无偿提供电信业劳务的行为，不属于营业税征收范围，不征收营业税。

中国联通有限公司及所属分公司和中国联合通信有限公司贵州分公司开展的以业务销售附带赠送实物业务（包括赠送用户手机识别卡、手机、电信终端或有价物品等实物），属于电信单位提供电信业劳务的同时赠送实物的行为，按照现行流转税政策规定，不征收增值税，其进项税额不得予以抵扣；其附带赠送实物的行为是电信单位无偿赠与他人实物的行为，不属于营业税征收范围，不征收营业税。

国家税务总局
关于林木销售和管护征收流转税问题的通知

(2008年2月27日 国税函〔2008〕212号)

各省、自治区、直辖市和计划单列市国家税务局、地方税务局：

近接部分地区反映销售林木和提供林木管护行为如何征收流转税问题，经研究，现将有关问题明确如下：

纳税人销售林木以及销售林木的同时提供林木管护劳务的行为，属于增值税征收范围，应征收增值税。纳税人单独提供林木管护劳务行为属于营业税征收范围，其取得的收入中，属于提供农业机耕、排灌、病虫害防治、植保劳务取得的收入，免征营业税；属于其他收入的，应照章征收营业税。

国家税务总局
关于部分饲料产品征免增值税政策问题的批复

(2009年6月15日 国税函〔2009〕324号)

陕西省国家税务局:

你局《关于部分饲料产品征免增值税问题的请示》(陕国税发〔2008〕286号)收悉。经研究,批复如下:

根据《财政部 国家税务总局关于饲料产品免征增值税问题的通知》(财税〔2001〕121号)及相关文件的规定,单一大宗饲料产品仅限于财税〔2001〕121号文件所列举的糠麸等饲料产品。膨化血粉、膨化肉粉、水解羽毛粉不属于现行增值税优惠政策所定义的单一大宗饲料产品,应对其照章征收增值税。混合饲料是指由两种以上单一大宗饲料、粮食、粮食副产品及饲料添加剂按照一定比例配置,其中单一大宗饲料、粮食及粮食副产品的掺兑比例不低于95%的饲料。添加其他成分的膨化血粉、膨化肉粉、水解羽毛粉等饲料产品,不符合现行增值税优惠政策有关混合饲料的定义,应对其照章征收增值税。

国家税务总局
关于融资性售后回租业务中承租方出售资产
行为有关税收问题的公告

(2010年9月8日 国家税务总局公告2010年第13号)

现就融资性售后回租业务中承租方出售资产行为有关税收问题公告如下:

融资性售后回租业务是指承租方以融资为目的将资产出售给经批准从事融资租赁业务的企业后,又将该项资产从该融资租赁企业租回的行为。融资性售后回租业务中承租方出售资产时,资产所有权以及与资产所有权有关的全部报酬和风险并未完全转移。

一、增值税和营业税

根据现行增值税和营业税有关规定,融资性售后回租业务中承租方出售资产的行为,不属于增值税和营业税征收范围,不征收增值税和营业税。

二、企业所得税

根据现行企业所得税法及有关收入确定规定,融资性售后回租业务中,承租人出售资产的行为,不确认为销售收入,对融资性租赁的资产,仍按承租人出售前原账面价值作为计税基础计提折旧。租赁期间,承租人支付的属于融资利息的部分,作为企业财务费用在税前扣除。

本公告自2010年10月1日起施行。此前因与本公告规定不一致而已征的税款予以退税。

国家税务总局
关于纳税人资产重组有关增值税问题的公告

(2011年2月18日　国家税务总局公告2011年第13号)

根据《中华人民共和国增值税暂行条例》及其实施细则的有关规定，现将纳税人资产重组有关增值税问题公告如下：

纳税人在资产重组过程中，通过合并、分立、出售、置换等方式，将全部或者部分实物资产以及与其相关联的债权、负债和劳动力一并转让给其他单位和个人，不属于增值税的征税范围，其中涉及的货物转让，不征收增值税。

本公告自2011年3月1日起执行。此前未作处理的，按照本公告的规定执行。《国家税务总局关于转让企业全部产权不征收增值税问题的批复》（国税函〔2002〕420号）、《国家税务总局关于纳税人资产重组有关增值税政策问题的批复》（国税函〔2009〕585号）、《国家税务总局关于中国直播卫星有限公司转让全部产权有关增值税问题的通知》（国税函〔2010〕350号）同时废止。

国家税务总局
关于纳税人转让土地使用权或者销售不动产同时一并销售附着于土地或者不动产上的固定资产有关税收问题的公告

(2011年8月17日　国家税务总局公告2011年第47号)

现就纳税人转让土地使用权或者销售不动产的同时一并销售附着于土地或者不动产上的固定资产有关税收问题公告如下：

纳税人转让土地使用权或者销售不动产的同时一并销售的附着于土地或者不动产上的固定资产中，凡属于增值税应税货物的，应按照《财政部　国家税务总局关于部分货物适用增值税低税率和简易办法征收增值税政策的通知》（财税〔2009〕9号）第二条有关规定，计算缴纳增值税；凡属于不动产的，应按照《中华人民共和国营业税暂行条例》"销售不动产"税目计算缴纳营业税。

纳税人应分别核算增值税应税货物和不动产的销售额，未分别核算或核算不清的，由主管税务机关核定其增值税应税货物的销售额和不动产的销售额。

本公告自2011年9月1日起施行。《国家税务总局关于煤炭企业转让井口征收营业税问题的批复》（国税函〔1997〕556号）和《国家税务总局关于煤矿转让征收营业税问题的批复》（国税函〔2007〕1018号）中"对单位和个人在转让煤矿土地使用权和销售不动产的同时一并转让附着于土地或不动产上的机电设备，一并按'销售不动产'征收营业税"的规定同时废止。本公告施行前已处理的事项不再作调整，未处理事项依据本公告处理。

国家税务总局
关于纳税人为其他单位和个人开采矿产资源提供
劳务有关货物和劳务税问题的公告

（2011年11月7日　国家税务总局公告2011年第56号）

现将纳税人为其他单位和个人开采矿产资源提供劳务有关货物和劳务税问题公告如下：
纳税人提供的矿山爆破、穿孔、表面附着物（包括岩层、土层、沙层等）剥离和清理劳务，以及矿井、巷道构筑劳务，属于营业税应税劳务，应当缴纳营业税。
纳税人提供的矿产资源开采、挖掘、切割、破碎、分拣、洗选等劳务，属于增值税应税劳务，应当缴纳增值税。
本公告自2011年12月1日起执行。此前未处理的，按照本公告的规定处理。

国家税务总局
关于旅店业和饮食业纳税人销售食品有关税收问题的公告

（2011年11月24日　国家税务总局公告2011年第62号）

现将旅店业和饮食业纳税人销售食品有关税收问题公告如下：
旅店业和饮食业纳税人销售非现场消费的食品应当缴纳增值税，不缴纳营业税。
旅店业和饮食业纳税人发生上述应税行为，符合《中华人民共和国增值税暂行条例实施细则》（财政部　国家税务总局令第50号）第二十九条规定的，可选择按照小规模纳税人缴纳增值税。
本公告自2012年1月1日起执行。《国家税务总局关于饮食业征收流转税问题的通知》（国税发〔1996〕202号）、《国家税务总局关于烧卤熟制食品征收流转税问题的批复》（国税函〔1996〕261号）同时废止。

国家税务总局
关于二手车经营业务有关增值税问题的公告

（2012年6月1日　国家税务总局公告2012年第23号）

为加强管理，现将二手车经营业务有关增值税问题公告如下：
经批准允许从事二手车经销业务的纳税人按照《机动车登记规定》的有关规定，收购二手车时将其办理过户登记到自己名下，销售时再将该二手车过户登记到买家名下的行为，属于《中华人民共和国增值税暂行条例》规定的销售货物的行为，应按照现行规定征收增值税。

除上述行为以外，纳税人受托代理销售二手车，凡同时具备以下条件的，不征收增值税；不同时具备以下条件的，视同销售征收增值税。

（一）受托方不向委托方预付货款；

（二）委托方将《二手车销售统一发票》直接开具给购买方；

（三）受托方按购买方实际支付的价款和增值税额（如系代理进口销售货物则为海关代征的增值税额）与委托方结算货款，并另外收取手续费。

本公告自 2012 年 7 月 1 日起开始施行。

国家税务总局
关于中央财政补贴增值税有关问题的公告

（2013 年 1 月 8 日　国家税务总局公告 2013 年第 3 号）

现将中央财政补贴增值税有关问题公告如下：

按照现行增值税政策，纳税人取得的中央财政补贴，不属于增值税应税收入，不征收增值税。

本公告自 2013 年 2 月 1 日起施行。此前已发生未处理的，按本公告规定执行。

财政部　国家税务总局
关于停止执行民航国际航班使用进口保税航空燃油政策的通知

（2013 年 7 月 29 日　财税〔2013〕42 号）

北京、天津、上海、江苏、浙江、厦门、青岛、河南、广东、深圳、重庆、四川省（直辖市、计划单列市）财政厅（局）、国家税务局：

随着交通运输业营业税改征增值税改革在全国范围内实施，航空公司购进航空燃油所含的增值税将允许抵扣。经国务院批准，现将民航国际航班使用进口保税航空燃油增值税政策调整如下：

自 2013 年 8 月 1 日起，对中国航空油料有限责任公司在北京首都国际机场、天津滨海国际机场、广州新白云国际机场、重庆江北国际机场、杭州萧山国际机场、青岛流亭国际机场、南京禄口国际机场、上海虹桥机场、成都双流国际机场、厦门高崎国际机场、郑州新郑国际机场等 11 个机场设立的航空油料保税仓库，上海浦东国际机场航空油料有限责任公司在上海浦东国际机场设立的航空油料保税仓库和深圳承远航空油料有限公司在深圳宝安国际机场设立的航空油料保税仓库，销售给民航国际航班的进口保税航空燃油恢复征收增值税，原免征增值税的政策停止执行。

《财政部 国家税务总局关于民航国际航班使用保税航空燃油有关税收事宜的通知》（财税〔2004〕218号）、《财政部 国家税务总局关于重庆江北等5家机场民航国际航班使用进口保税航空燃油有关税收政策的通知》（财税〔2011〕123号）和《财政部 国家税务总局关于成都双流等3个机场民航国际航班使用保税航空燃油有关税收政策的通知》（财税〔2013〕1号）同时废止。

国家税务总局
关于铁路货运组织改革后两端物流服务有关营业税和增值税问题的公告

（2013年9月24日 国家税务总局公告2013年第55号）

现将铁路货运组织改革后两端物流服务有关营业税和增值税问题公告如下：

铁路货运组织改革后，铁路局所属运输站段提供的装卸业务、煤炭抑尘业务、门到站和站到门的短途运输业务（主要包括公路短途运输、内河短途运输）、装载加固业务、铁路货场内的仓储业务等两端物流服务，不属于《国家税务总局关于中央铁路征收营业税问题的通知》（国税发〔2002〕44号）规定的集中缴纳营业税的中央铁路客货运服务范围，应按照现行营业税和增值税政策规定，由提供服务的纳税人向其机构所在地主管税务机关申报缴纳营业税或增值税。

国家税务总局
关于纳税人资产重组有关增值税问题的公告

（2013年11月19日 国家税务总局公告2013年第66号）

现将纳税人资产重组有关增值税问题公告如下：

纳税人在资产重组过程中，通过合并、分立、出售、置换等方式，将全部或者部分实物资产以及与其相关联的债权、负债经多次转让后，最终的受让方与劳动力接收方为同一单位和个人的，仍适用《国家税务总局关于纳税人资产重组有关增值税问题的公告》（国家税务总局公告2011年第13号）的相关规定，其中货物的多次转让行为均不征收增值税。资产的出让方需将资产重组方案等文件资料报其主管税务机关。

本公告自2013年12月1日起施行。纳税人此前已发生并处理的事项，不再做调整；未处理的，按本公告规定执行。

财政部　国家税务总局
关于创新药后续免费使用有关增值税政策的通知

(2015年1月26日　财税〔2015〕4号)

各省、自治区、直辖市、计划单列市财政厅（局）、国家税务局，新疆生产建设兵团财务局：

为鼓励创新药的研发和使用，结合其大量存在"后续免费用药临床研究"的特点，现将有关增值税政策通知如下：

一、药品生产企业销售自产创新药的销售额，为向购买方收取的全部价款和价外费用，其提供给患者后续免费使用的相同创新药，不属于增值税视同销售范围。

二、本通知所称创新药，是指经国家食品药品监督管理部门批准注册、获批前未曾在中国境内外上市销售，通过合成或者半合成方法制得的原料药及其制剂。

三、药品生产企业免费提供创新药，应保留如下资料，以备税务机关查验：

（一）国家食品药品监督管理部门颁发的注明注册分类为1.1类的药品注册批件；

（二）后续免费提供创新药的实施流程；

（三）第三方（创新药代保管的医院、药品经销单位等）出具免费用药确认证明，以及患者在第三方登记、领取创新药的记录。

四、本通知自2015年1月1日起执行。此前已发生并处理的事项，不再作调整；未处理的，按本通知规定执行。

财政部　海关总署　国家税务总局
关于对化肥恢复征收增值税政策的通知

(2015年8月10日　财税〔2015〕90号)

各省、自治区、直辖市、计划单列市财政厅（局）、国家税务局，海关总署广东分署、各直属海关，新疆生产建设兵团财务局：

为优化农业生产投入结构，促进农业可持续发展，经国务院批准，化肥增值税优惠政策停止执行。现就有关政策明确如下：

一、自2015年9月1日起，对纳税人销售和进口化肥统一按13%税率征国内环节和进口环节增值税。钾肥增值税先征后返政策同时停止执行。

二、化肥的具体范围，仍然按照《国家税务总局关于印发〈增值税部分货物征税范围注释〉的通知》（国税发〔1993〕151号）的规定执行。进口环节恢复征收增值税的化肥税号见附件。

三、财政部、国家税务总局《关于若干农业生产资料征免增值税政策的通知》（财税

〔2001〕113号）第一条第2项和第4项"化肥"的规定、《财政部 国家税务总局关于进口化肥税收政策问题的通知》（财税〔2002〕44号）、《财政部 国家税务总局关于钾肥增值税有关问题的通知》（财税〔2004〕197号）、《财政部 国家税务总局关于暂免征收尿素产品增值税的通知》（财税〔2005〕87号）、《财政部 国家税务总局关于免征磷酸二铵增值税的通知》（财税〔2007〕171号）自2015年9月1日起停止执行。

附件：进口环节恢复征收增值税的化肥税号（见二维码8）

二维码8

（二）关于计税方法以及税率和征收率的特殊规定

国家税务总局
关于下发《货物期货征收增值税具体办法》的通知

（1994年11月9日 国税发〔1994〕第244号）

各省、自治区、直辖市国家税务局，各计划单列市国家税务局：

现将《货物期货征收增值税具体办法》下发给你们，各地在对货物期货征收增值税时有什么问题，望及时报告我局。

附件：货物期货征收增值税具体办法

附件：

货物期货征收增值税具体办法

根据国家税务总局《增值税若干具体问题的规定》，"货物期货应当征收增值税"。现将对货物期货征收增值税的具体办法规定如下：

一、货物期货交易增值税的纳税环节为期货的实物交割环节。

二、货物期货交易增值税的计税依据为交割时的不含税价格（不含增值税的实际成交额）。

不含税价格＝含税价格÷（1＋增值税税率）

三、货物期货交易增值税的纳税人为：

（一）交割时采取由期货交易所开具发票的，以期货交易所为纳税人。期货交易所增值税按次计算，其进项税额为该货物交割时供货会员单位开具的增值税专用发票上注明的销项税额，期货交易所本身发生的各种进项不得抵扣。

（二）交割时采取由供货的会员单位直接将发票开给购货会员单位的，以供货会员单位为纳税人。

国家税务总局
关于原油管理费征收增值税问题的通知

(1996年6月26日 国税发〔1996〕第111号)

根据国务院批准下发的《关于进一步完善原油、成品油流通体制改革意见的通知》精神,经国家计委批准,自1996年1月1日起,中国石油天然气总公司在国家规定的原油一、二档出厂价格的基础上,每吨收取4元的原油管理费。对原油管理费如何征税问题,经研究,现明确如下:

按照《中华人民共和国增值税暂行条例》的有关规定,纳税人销售货物或者应税劳务的销售额包括向购买方收取的全部价款和价外费用。原油管理费是在国家规定的原油一、二档出厂价格的基础上按销售原油数量收取的,属于价外费用的一部分,因此,应按增值税的有关规定征收增值税。原油管理费征税后集中到总公司的部分,按《国家税务总局关于原油管理费缴纳营业税问题的复函》(国税函发〔1996〕101号)文件的规定不再征收营业税。

国家税务总局
关于原油管理费缴纳营业税问题的复函

(1996年3月13日 国税函发〔1996〕101号)

中国石油天然气总公司:

你公司《关于原油管理费缴纳营业税问题的请示》(〔96〕中油销字第48号)收悉。你公司所属销售公司根据国家计委计价格〔1995〕1644号文件规定,自1996年1月1日起,按每吨4元的标准向用户收取原油管理费,并根据边远地区、结算周期和结算环节等复杂情况,拟委托油田销售部门指定专人向用户收取,与原油价款分别列账,并就地缴纳流转税,完税后的原油管理费由油田销售部门按规定留用与上交总公司所属销售公司。对你公司所属销售公司收取的原油管理费,是否需要缴纳营业税问题,经研究,函复如下:

你公司所属销售公司收取的原油管理费,不论是直接收取,还是委托油田销售部门收取,因在向用户收取环节已经缴纳了流转税,故完税后集中到总公司销售公司的部分,可不再缴纳营业税。

财政部 国家税务总局
关于金银首饰等货物征收增值税问题的通知

(1996年9月14日 财税字〔1996〕74号)

各省、自治区、直辖市、计划单列市财政厅（局）、国家税务局：

近期，各地陆续反映了一些增值税政策执行中遇到的问题。经研究，现将有关政策问题明确如下：

一、考虑到金银首饰以旧换新业务的特殊情况，对金银首饰以旧换新业务，可以按销售方实际收取的不含增值税的全部价款征收增值税。

二、骨粉、鱼粉按照"饲料"征收增值税。

国家税务总局
关于淀粉的增值税适用税率问题的批复

(1996年12月31日 国税函〔1996〕744号)

广西壮族自治区国家税务局：

你局《关于淀粉的增值税适用税率问题的请示》（桂国税报字〔1996〕41号）收悉。关于淀粉的增值税适用税率问题，根据财政部、国家税务总局《关于印发〈农业产品征税范围注释〉的通知》（财税字〔1995〕52号）的规定，农业产品是指种植业、养殖业、林业、牧业、水产业生产的各种植物、动物的初级产品。从淀粉的生产工艺流程等方面看，淀粉不属于农业产品的范围，应按照17%的税率征收增值税。

国家税务总局
关于平销行为征收增值税问题的通知

(1997年10月31日 国税发〔1997〕167号)

近期以来，在商业经营活动中出现了大量平销行为，即生产企业以商业企业经销价或高于商业企业经销价的价格将货物销售给商业企业，商业企业再以进货成本或低于进货成本的价格进行销售，生产企业则以返还利润等方式弥补商业企业的进销差价损失。据调查，在平销活动中，生产企业弥补商业企业进销差价损失的方式主要有以下几种：一是生产企业通过返还资金方式弥补商业企业的损失，如有的对商业企业返还利润，有的向商业企业投资等。

二是生产企业通过赠送实物或以实物投资方式弥补商业企业的损失。已发现有些生产企业赠送实物或商业企业进销此类实物不开发票、不记账,以此来达到偷税的目的。目前,平销行为基本上发生在生产企业和商业企业之间,但有可能进一步在生产企业与生产企业之间、商业企业与商业企业之间的经营活动中出现。平销行为不仅造成地区间增值税收入非正常转移,而且具有偷、避税因素,给国家财政收入造成损失。为堵塞税收漏洞,保证国家财政收入和有利于各地区完成增值税收入任务,现就平销行为中有关增值税问题规定如下:

一、对于采取赠送实物或以实物投资方式进行平销经营活动的,要制定切实可行的措施,加强增值税征管稽查,大力查处和严厉打击有关的偷税行为。

二、自1997年1月1日起,凡增值税一般纳税人,无论是否有平销行为,因购买货物而从销售方取得的各种形式的返还资金,均应依所购货物的增值税税率计算应冲减的进项税金,并从其取得返还资金当期的进项税金中予以冲减。应冲减的进项税金计算公式如下:

当期应冲减进项税金 = 当期取得的返还资金 × 所购货物适用的增值税税率

国家税务总局
关于拍卖行取得的拍卖收入征收增值税、营业税有关问题的通知

(1999年3月11日　国税发〔1999〕40号)

据了解,由于拍卖行特殊的经营性质,对拍卖行取得的拍卖收入是征收增值税还是征收营业税,各地理解不一,执行中不尽一致。为了统一拍卖行的增值税、营业税政策,现就有关问题明确如下:

一、对拍卖行受托拍卖增值税应税货物,向买方收取的全部价款和价外费用,应当按照4%的征收率征收增值税。拍卖货物属免税货物范围的,经拍卖行所在地县级主管税务机关批准,可以免征增值税。

二、对拍卖行向委托方收取的手续费征收营业税。

[注释:条款废止。第一条中"经拍卖行所在地县级主管税务机关批准"内容废止,参见《国家税务总局关于明确部分增值税优惠政策审批事项取消后有关管理事项的公告》(国家税务总局公告2015年第38号)。

"拍卖行拍卖免征增值税货物审批"取消,参见《国务院关于取消和调整一批行政审批项目等事项的决定》(国发〔2015〕11号)。

条款修改。第一条中"按照4%的征收率征收增值税"修改为"按照3%的征收率征收增值税",参见《国家税务总局关于简并增值税征收率有关问题的公告》(国家税务总局公告2014年第36号)。]

国家税务总局
关于卫生防疫站调拨生物制品及药械征收增值税的批复

(1999年4月19日　国税函〔1999〕191号)

湖南省国家税务局：

你局《关于对卫生防疫站调拨生物制品及药械是否征收增值税问题的请示》（湘国税函〔1999〕4号）收悉，现批复如下：

卫生防疫站调拨生物制品和药械，属于销售货物行为，应当按照现行税收法规的规定征收增值税。根据《中华人民共和国增值税暂行条例实施细则》第二十四条及有关规定，对卫生防疫站调拨生物制品和药械，可按照小规模商业企业4%的增值税征收率征收增值税。对卫生防疫站调拨或发放的由政府财政负担的免费防疫苗不征收增值税。

［注释：条款修改。"根据《中华人民共和国增值税暂行条例实施细则》第二十四条及有关规定，对卫生防疫站调拨生物制品和药械，可按小规模商业企业4%的增值税征收率征收增值税"。修改为"根据《中华人民共和国增值税暂行条例实施细则》第二十九条及有关规定，对卫生防疫站调拨生物制品和药械，可按照小规模纳税人3%的增值税征收率征收增值税"，参见《国家税务总局关于修改若干增值税规范性文件引用法规规章条款依据的通知》（国税发〔2009〕10号）。］

国家税务总局
关于外国企业来华参展后销售展品有关税务处理问题的批复

(1999年4月26日　国税函〔1999〕207号)

上海市国家税务局：

你局《关于对境外展商在展销会期间销售进口展品的税务处理问题的请示》（沪税外〔1999〕14号）收悉。关于外国企业来华参加或举办商品展览会、展示会（以下统称展览会），在展览会结束后，将其展品在补报海关手续后直接在我国境内进行销售；或者举办展销会，展览并同时销售商品的有关税务处理问题，经研究，现批复如下：

一、根据《中华人民共和国增值税暂行条例》第一条的规定，外国企业参加展览会后直接在我国境内销售展品，或者展销会期间销售商品，应按规定缴纳增值税。考虑到这些外国企业来华时间较短，属于临时发生应税行为，且销售的展品或商品数量有限，因此对上述销售展品或商品可按小规模纳税人所适用的6%征收率征收增值税。

二、外国企业来华参加展览会，所销售的少量展品可免予征收企业所得税。外国企业来华参加展销会，并销售商品，应作为营业场所销售商品征收企业所得税。对不能准确核算应纳税所得额的，以不低于商品销售收入的10%利润率核定应纳税所得额，计算征收企业所得税。

［注释：条款修改。第一条中"按小规模纳税人所适用的6%征收率"修改为"按小规模纳税人所适用的3%征收率"，参见《国家税务总局关于修改若干增值税规范性文件引用法规规章条款依据的通知》（国税发〔2009〕10号）。条款废止。第二条废止，参见《国家税务总局关于公布全文失效废止 部分条款失效废止的税收规范性文件目录的公告》国家税务总局公告2011年第2号）。］

国家税务总局
关于增值税若干税收政策问题的批复

（2001年4月5日　国税函〔2001〕248号）

江苏省国家税务局：

你局《关于增值税若干税收政策问题的请示》（苏国税发〔2000〕554号）收悉。现就有关问题批复如下：

一、关于薄荷油、拖拉机底盘适用税率问题

根据《国家税务总局关于〈增值税部分货物征税范围注释〉的通知》（国税发〔1993〕151号）对"食用植物油"的注释，薄荷油未包括在内，因此，薄荷油应按17%的税率征收增值税；拖拉机底盘属于农机零部件，不属于农机产品，因此，拖拉机底盘也应按17%的税率征收增值税。

二、关于收购免税棉花抵扣税率问题

根据现行规定，属于增值税一般纳税人的棉花经营单位向农业生产者购进免税棉花，可根据农产品收购凭证注明的收购金额按13%的税率计算抵扣进项税额。这里的"棉花经营单位"不包括良种棉加工厂和纺织企业。良种棉加工厂和纺织企业直接向农业生产者购进的免税棉花，应按10%的税率抵扣。

［注释：条款废止。第一条"拖拉机底盘属于农机零部件，不属于农机产品，因此，拖拉机底盘也应按17%的税率征收增值税"的规定废止，参见《国家税务总局关于公布全文失效废止、部分条款失效废止的税收规范性文件目录的公告》（国家税务总局公告2011年第2号）。

条款失效。第二条调整，参见《财政部　国家税务总局关于棉花进项税抵扣有关问题的补充通知》（财税〔2001〕165号）。第二条废止。根据《国家税务总局关于发布已失效或废止的税收规范性文件目录的通知》（国税发〔2006〕62号文件公布）。］

国家税务总局
关于新闻产品征收流转税问题的通知

(2001年9月13日　国税发〔2001〕105号)

为了规范新闻产品的流转税政策,保证流转税政策的统一性,经研究,现通知如下:
一、关于增值税
对新华通讯社系统销售印刷品应按照现行增值税政策规定征收增值税;鉴于新华社系统属于非企业性单位,对其销售印刷品可按小规模纳税人的征税办法征收增值税。
二、关于营业税
新华社各分社向当地用户有偿转让新闻信息产品,应由直接向用户收费的单位以其收费全额,按"文化体育业"税目,向所在地主管税务机关缴纳营业税。新华社从各地分社分得的新闻信息产品收入,不再缴纳营业税。
以上所称"新闻信息产品",是指新华总社编辑的新闻信息产品,不包括新华社各分社再编辑的新闻信息产品。

国家税务总局
关于宠物饲料征收增值税问题的批复

(2002年9月12日　国税函〔2002〕812号)

北京市国家税务局:

你局《关于宠物饲料征收增值税问题的请示》(京国税发〔2002〕184号)收悉。宠物饲料产品不属于免征增值税的饲料,应按照饲料产品13%的税率征收增值税。

国家税务总局
关于茴油、毛椰子油适用增值税税率的批复

(2003年4月18日　国税函〔2003〕426号)

广西壮族自治区国家税务局:

你局《关于茴油适用增值税税率问题的请示》(桂国税发〔2003〕62号)和《关于毛椰子油适用增值税税率问题的请示》(桂国税发〔2003〕72号)收悉,经研究,现批复如下:

茴油是八角树枝叶、果实简单加工后的农业产品,毛椰子油是椰子经初加工而成的农业产品,二者均属于农业初级产品,可按13%的税率征收增值税。

国家税务总局
关于不带动力的手扶拖拉机和三轮农用运输车适用13%税率执行时间的批复

(2003年10月9日 国税函〔2003〕1118号)

辽宁省国家税务局:

你局《辽宁省国家税务局关于沈阳辽河机械总厂复议案有关税收政策问题的请示》(辽国税发〔2003〕97号)收悉,现对不带动力的手扶拖拉机和三轮农用运输车适用13%税率执行时间问题批复如下:

根据国家税务总局《增值税部分货物征税范围注释》(国税发〔1993〕151号)的规定,不带动力的手扶拖拉机和三轮农用运输车不属于农机增值税征收范围。为减轻农民负担,《财政部 国家税务总局关于不带动力的手扶拖拉机和三轮农用运输车有关政策问题的通知》(财税〔2002〕89号)对农机增值税征收范围进行了调整,对不带动力的手扶拖拉机和三轮农用运输车按照"农机"依13%的增值税税率征收增值税,因此,上述两类产品应当从2002年6月1日起按"农机"征收增值税,在此之前,应按17%的税率征收增值税。

国家税务总局
关于天然二氧化碳适用增值税税率的批复

(2003年12月10日 国税函〔2003〕1324号)

江苏省国家税务局:

你局《关于对天然二氧化碳原矿比照天然气适用税率征收增值税的请示》(苏国税发〔2003〕116号)收悉。经研究,现批复如下:

天然二氧化碳不属于天然气,不应比照天然气征税,仍应按17%的适用税率征收增值税。

财政部 国家税务总局
关于推广税控收款机有关税收政策的通知

(2004年11月9日 财税〔2004〕167号)

各省、自治区、直辖市、计划单列市财政厅（局）、国家税务局、地方税务局，新疆生产建设兵团财务局：

为加快税控收款机的推行工作，减轻纳税人购进使用税控收款机的负担，现将有关纳税人购进使用税控收款机的税收优惠政策通知如下：

一、增值税一般纳税人购置税控收款机所支付的增值税税额（以购进税控收款机取得的增值税专用发票上注明的增值税税额为准），准予在该企业当期的增值税销项税额中抵扣。

二、增值税小规模纳税人或营业税纳税人购置税控收款机，经主管税务机关审核批准后，可凭购进税控收款机取得的增值税专用发票，按照发票上注明的增值税税额，抵免当期应纳增值税或营业税税额，或者按照购进税控收款机取得的普通发票上注明的价款，依下列公式计算可抵免税额：

可抵免税额 = ［价款／（1＋17%）］×17%

当期应纳税额不足抵免的，未抵免部分可在下期继续抵免。

三、税控收款机购置费用达到固定资产标准的，应按固定资产管理，其按规定提取的折旧额可在企业计算缴纳所得税前扣除；达不到固定资产标准的，购置费用可在所得税前一次性扣除。

四、上述优惠政策自2004年12月1日起执行。凡2004年12月1日以后（含当日）购置的符合国家标准并按《国家税务总局 财政部 信息产业部 国家质量监督检验检疫总局关于推广应用税控收款机加强税源监控的通知》（国税发〔2004〕44号）的规定，通过选型招标中标的税控收款机适用上述优惠政策。

五、金融税控收款机的有关税收政策另行制定。

国家税务总局
关于由石油伴生气加工压缩成的石油液化
气适用增值税税率的通知

(2005年5月18日 国税发〔2005〕83号)

各省、自治区、直辖市和计划单列市国家税务局：

近接部分地区请示，要求明确部分液化气产品适用增值税税率，现明确如下：

对由石油伴生气加工压缩而成的石油液化气，应当按照13%的增值税税率征收增值税。

国家税务总局
关于增值税一般纳税人期货交易有关增值税问题的通知

（2005年11月9日　国税函〔2005〕1060号）

各省、自治区、直辖市和计划单列市国家税务局：

为合理解决期货交易升贴水有关税款征收与专用发票开具问题，现将增值税一般纳税人期货交易有关增值税政策通知如下：

一、增值税一般纳税人在商品交易所通过期货交易销售货物的，无论发生升水或贴水，均可按照标准仓单持有凭证（式样见附件1）所注明货物的数量和交割结算价开具增值税专用发票。

二、对于期货交易中仓单注册人注册货物时发生升水的，该仓单注销（即提取货物退出期货流通）时，注册人应当就升水部分款项向注销人开具增值税专用发票，同时计提销项税额，注销人凭取得的专用发票计算抵扣进项税额。

发生贴水的，该仓单注销时，注册人应当就贴水部分款项向注销人开具负数增值税专用发票，同时冲减销项税额，注销人凭取得的专用发票调减进项税额，不得由仓单注销人向仓单注册人开具增值税专用发票。注册人开具负数专用发票时，应当取得商品交易所出具的《标准仓单注册升贴水单》或《标准仓单注销升贴水单》（式样见附件2、附件3），按照所注明的升贴水金额向注销人开具，并将升贴水单留存以备主管税务机关检查。

三、本通知自2005年12月1日起执行。12月1日前注册的期货仓单交易增值税征管问题仍按《国家税务总局关于印发〈货物期货征收增值税具体办法〉的通知》（国税发〔1994〕244号）及有关规定执行。

四、本通知所称升水，是指按照规定的期货交易规则，所注册货物的等级、重量、类别、仓库位置等相比基准品、基准仓库为优的，交易所通过升贴水账户支付给货物注册方的一定差价金额。发生升水时，经多次交易后，标准仓单持有人提取货物注销仓单时，交易所需通过升贴水账户向注销人收取与升水额相等的金额。

所称贴水，是指按照规定的期货交易规则，所注册货物的等级、重量、类别、仓库位置等相比基准品、基准仓库为劣的，交易所通过升贴水账户向货物注册方收取的一定差价金额。发生贴水时，经多次交易后，标准仓单持有人提取货物注销仓单时，交易所需通过升贴水账户向注销人支付与贴水额相等的金额。

五、本通知执行中遇有问题，请及时上报总局（流转税管理司）。

附件1：××商品交易所标准仓单持有凭证（式样）（见二维码9）
　　　2：××商品交易所标准仓单注册升贴水单（式样）（见二维码9）
　　　3：××商品交易所标准仓单注销升贴水单（式样）（见二维码9）

二维码9

国家税务总局
关于水洗猪鬃征收增值税问题的批复

(2006年8月15日　国税函〔2006〕773号)

重庆市国家税务局：

你局《关于水洗猪鬃是否属于农业产品的请示》(渝国税发〔2006〕109号) 收悉。经研究，批复如下：

根据《财政部　国家税务总局关于印发〈农业产品征税范围注释〉的通知》(财税字〔1995〕52号) 有关规定，水洗猪鬃是生猪鬃经过浸泡（脱脂）、打洗、分绒等加工过程生产的产品，已不属于农业产品征税范围，应按"洗净毛、洗净绒"征收增值税。

国家税务总局
关于中小学课本配套产品适用增值税税率的批复

(2006年8月15日　国税函〔2006〕770号)

宁波市国家税务局：

你局《关于纳税人销售教材配套产品适用增值税税率的请示》(甬国税发〔2006〕131号) 收悉。经研究，批复如下：

教材配套产品与中小学课本辅助使用，包括各种纸制品或图片，是课本的必要组成部分。对纳税人生产销售的与中小学课本相配套的教材配套产品（包括各种纸制品或图片），应按照税目"图书"13%的增值税税率征税。

财政部　国家税务总局
关于明确硝酸铵适用增值税税率的通知

(2007年1月10日　财税〔2007〕7号)

各省、自治区、直辖市、计划单列市财政厅（局）、国家税务局，新疆生产建设兵团财务局：

为贯彻落实《国务院办公厅关于进一步加强民用爆炸物品安全管理的通知》(国办发〔2002〕52号) 精神，经研究，现将硝酸铵增值税政策通知如下：

一、自2007年2月1日起，硝酸铵适用的增值税税率统一调整为17%，同时不再享受化肥产品免征增值税政策。

二、自 2007 年 2 月 1 日起，出口企业出口的硝酸铵（税号：31023000）统一执行 13% 的退税率（以出口退税专用的出口货物报关单上注明的出口日期为准）。在此之前，出口企业已经出口的硝酸铵，按 17% 计算征收增值税的，按 13% 计算办理退税（含免抵退税，下同）；按 13% 计算征收增值税的，按 11% 计算办理退税。

三、外贸企业在 2007 年 2 月 1 日后出口的硝酸铵，取得的增值税专用发票是在 2007 年 2 月 1 日前开具，且注明的税率为 13% 的，准予继续按 11% 计算办理退税；增值税专用发票是在 2007 年 2 月 1 日后开具，且注明税率仍为 13% 的，不予办理退税。

四、税务机关对外贸企业上述出口退税申报，可采取人机结合的办法予以审核处理。

国家税务总局
关于粉煤灰（渣）征收增值税问题的批复

（2007 年 2 月 5 日　国税函〔2007〕158 号）

深圳市国家税务局：

你局《关于粉煤灰（渣）增值税问题的请示》（深国税发〔2006〕173 号）收悉。经研究，批复如下：

粉煤灰（渣）是煤炭燃烧后的残留物，可以用作部分建材产品的生产原料，属于废渣产品，不属于建材产品。纳税人生产销售的粉煤灰（渣）不属于《财政部　国家税务总局关于对部分资源综合利用产品免征增值税的通知》（财税〔1995〕44 号）规定的免征增值税产品的范围，也不属于《财政部　国家税务总局关于调整农业产品增值税税率和若干项目征免增值税的通知》（财税字〔1994〕4 号）规定的按照简易办法征收增值税产品的范围。对纳税人生产销售的粉煤灰（渣）应当按照增值税适用税率征收增值税，不得免征增值税，也不得按照简易办法征收增值税。

国家税务总局
关于挂面适用增值税税率问题的通知

（2008 年 12 月 8 日　国税函〔2008〕1007 号）

各省、自治区、直辖市和计划单列市国家税务局：

近接部分地区询问挂面适用增值税税率问题，经研究，明确如下：

一、挂面按照粮食复制品适用 13% 的增值税税率。

二、本通知自发布之日起执行。

财政部 国家税务总局
关于金属矿、非金属矿采选产品增值税税率的通知

(2008年12月19日 财税〔2008〕171号)

各省、自治区、直辖市、计划单列市财政厅（局）、国家税务局，新疆生产建设兵团财务局：

根据国务院的决定，现将金属矿、非金属矿采选产品增值税税率问题通知如下：

一、金属矿采选产品、非金属矿采选产品增值税税率由13%恢复到17%。

二、食用盐仍适用13%的增值税税率，其具体范围是指符合《食用盐》（GB5461—2000）和《食用盐卫生标准》（GB2721—2003）两项国家标准的食用盐。

三、本通知所称金属矿采选产品，包括黑色和有色金属矿采选产品；非金属矿采选产品，包括除金属矿采选产品以外的非金属矿采选产品、煤炭和盐。

四、本通知自2009年1月1日起执行，《财政部 国家税务总局关于调整金属矿、非金属矿采选产品增值税税率的通知》〔（94）财税字第22号〕、《财政部 国家税务总局关于调整工业盐和食用盐增值税税率的通知》（财税〔2007〕101号）和《国家税务总局关于有色金属焙烧矿增值税适用税率问题的通知》（国税函〔1994〕621号）同时废止。

财政部 国家税务总局
关于部分货物适用增值税低税率和简易办法征收增值税政策的通知

(2009年1月19日 财税〔2009〕9号)

各省、自治区、直辖市、计划单列市财政厅（局）、国家税务局，新疆生产建设兵团财务局：

根据《中华人民共和国增值税暂行条例》（国务院令538号，以下简称条例）和《中华人民共和国增值税暂行条例实施细则》（财政部 国家税务总局令第50号）的规定和国务院的有关精神，为做好相关增值税政策规定的衔接，加强征收管理，现将部分货物适用增值税税税率和实行增值税简易征收办法的有关事项明确如下：

一、下列货物继续适用13%的增值税税率：

（一）农产品。

农产品，是指种植业、养殖业、林业、牧业、水产业生产的各种植物、动物的初级产品。具体征税范围暂继续按照《财政部 国家税务总局关于印发〈农业产品征税范围注释〉的通知》（财税字〔1995〕52号）及现行相关规定执行。

(二) 音像制品。

音像制品,是指正式出版的录有内容的录音带、录像带、唱片、激光唱盘和激光视盘。

(三) 电子出版物。

电子出版物,是指以数字代码方式,使用计算机应用程序,将图文声像等内容信息编辑加工后存储在具有确定的物理形态的磁、光、电等介质上,通过内嵌在计算机、手机、电子阅读设备、电子显示设备、数字音/视频播放设备、电子游戏机、导航仪以及其他具有类似功能的设备上读取使用,具有交互功能,用以表达思想、普及知识和积累文化的大众传播媒体。载体形态和格式主要包括只读光盘(CD只读光盘CD-ROM、交互式光盘CD-I、照片光盘Photo-CD、高密度只读光盘DVD-ROM、蓝光只读光盘HD-DVD ROM和BD ROM)、一次写入式光盘(一次写入CD光盘CD-R、一次写入高密度光盘DVD-R、一次写入蓝光光盘HD-DVD/R,BD-R)、可擦写光盘(可擦写CD光盘CD-RW、可擦写高密度光盘DVD-RW、可擦写蓝光光盘HDDVD-RW和BD-RW、磁光盘MO)、软磁盘(FD)、硬磁盘(HD)、集成电路卡(CF卡、MD卡、SM卡、MMC卡、RS-MMC卡、MS卡、SD卡、XD卡、T-Flash卡、记忆棒)和各种存储芯片。

(四) 二甲醚。

二甲醚,是指化学分子式为CH_3OCH_3,常温常压下为具有轻微醚香味、易燃、无毒、无腐蚀性的气体。

二、下列按简易办法征收增值税的优惠政策继续执行,不得抵扣进项税额:

(一) 纳税人销售自己使用过的物品,按下列政策执行:

1. 一般纳税人销售自己使用过的属于条例第十条规定不得抵扣且未抵扣进项税额的固定资产,按简易办法依4%征收率减半征收增值税。

一般纳税人销售自己使用过的其他固定资产,按照《财政部 国家税务总局关于全国实施增值税转型改革若干问题的通知》(财税〔2008〕170号)第四条的规定执行。

一般纳税人销售自己使用过的除固定资产以外的物品,应当按照适用税率征收增值税。

2. 小规模纳税人(除其他个人外,下同)销售自己使用过的固定资产,减按2%征收率征收增值税。

小规模纳税人销售自己使用过的除固定资产以外的物品,应按3%的征收率征收增值税。

(二) 纳税人销售旧货,按照简易办法依照4%征收率减半征收增值税。

所称旧货,是指进入二次流通的具有部分使用价值的货物(含旧汽车、旧摩托车和旧游艇),但不包括自己使用过的物品。

(三) 一般纳税人销售自产的下列货物,可选择按照简易办法依照6%征收率计算缴纳增值税:

1. 县级及县级以下小型水力发电单位生产的电力。小型水力发电单位,是指各类投资主体建设的装机容量为5万千瓦以下(含5万千瓦)的小型水力发电单位。

2. 建筑用和生产建筑材料所用的砂、土、石料。

3. 以自己采掘的砂、土、石料或其他矿物连续生产的砖、瓦、石灰(不含粘土实心砖、瓦)。

4. 用微生物、微生物代谢产物、动物毒素、人或动物的血液或组织制成的生物制品。

5. 自来水。

6. 商品混凝土（仅限于以水泥为原料生产的水泥混凝土）。

一般纳税人选择简易办法计算缴纳增值税后，36个月内不得变更。

（四）一般纳税人销售货物属于下列情形之一的，暂按简易办法依照4%征收率计算缴纳增值税：

1. 寄售商店代销寄售物品（包括居民个人寄售的物品在内）。

2. 典当业销售死当物品。

3. 经国务院或国务院授权机关批准的免税商店零售的免税品。

三、对属于一般纳税人的自来水公司销售自来水按简易办法依照6%征收率征收增值税，不得抵扣其购进自来水取得增值税扣税凭证上注明的增值税税款。

四、本通知自2009年1月1日起执行。《财政部 国家税务总局关于调整农业产品增值税税率和若干项目征免增值税的通知》［财税字（94）004号］、《财政部 国家税务总局关于自来水征收增值税问题的通知》［（94）财税字第014号］、《财政部 国家税务总局关于增值税、营业税若干政策规定的通知》［（94）财税字第026号］第九条和第十条、《国家税务总局关于印发〈增值税问题解答（之一）〉的通知》（国税函发〔1995〕288号）附件第十条、《国家税务总局关于调整部分按简易办法征收增值税的特定货物销售行为征收率的通知》（国税发〔1998〕122号）、《国家税务总局关于县以下小水电电力产品增值税征税问题的批复》（国税函〔1998〕843号）、《国家税务总局关于商品混凝土实行简易办法征收增值税问题的通知》（国税发〔2000〕37号）、《财政部 国家税务总局关于旧货和旧机动车增值税政策的通知》（财税〔2002〕29号）、《国家税务总局关于自来水行业增值税政策问题的通知》（国税发〔2002〕56号）、《财政部 国家税务总局关于宣传文化增值税和营业税优惠政策的通知》（财税〔2006〕153号）第一条、《国家税务总局关于明确县以下小型水力发电单位具体标准的批复》（国税函〔2006〕47号）、《国家税务总局关于商品混凝土征收增值税有关问题的通知》（国税函〔2007〕599号）、《财政部 国家税务总局关于二甲醚增值税适用税率问题的通知》（财税〔2008〕72号）同时废止。

［注释：条款修改。第二条第（一）项和第（二）项中"按照简易办法依照4%征收率减半征收增值税"修改为"按照简易办法依照3%征收率减按2%征收增值税"，第二条第（三）项和第三条"依照6%征收率"修改为"依照3%征收率"，第二条第（四）项"依照4%征收率"修改为"依照3%征收率"，参见《财政部 国家税务总局关于简并增值税征收率政策的通知》（财税〔2014〕57号）。

条款废止。第二条第（四）项第3点废止，参见《财政部 国家税务总局关于出口货物劳务增值税和消费税政策的通知》（财税〔2012〕39号）。］

国家税务总局
关于增值税简易征收政策有关管理问题的通知

(2009年2月25日 国税函〔2009〕90号)

各省、自治区、直辖市和计划单列市国家税务局:

《财政部 国家税务总局关于部分货物适用增值税低税率和简易办法征收增值税政策的通知》(财税〔2009〕9号)规定对部分项目继续适用增值税简易征收政策。经研究,现将有关增值税管理问题明确如下:

一、关于纳税人销售自己使用过的固定资产

(一)一般纳税人销售自己使用过的固定资产,凡根据《财政部 国家税务总局关于全国实施增值税转型改革若干问题的通知》(财税〔2008〕170号)和财税〔2009〕9号文件等规定,适用按简易办法依4%征收率减半征收增值税政策的,应开具普通发票,不得开具增值税专用发票。

(二)小规模纳税人销售自己使用过的固定资产,应开具普通发票,不得由税务机关代开增值税专用发票。

二、纳税人销售旧货,应开具普通发票,不得自行开具或者由税务机关代开增值税专用发票。

三、一般纳税人销售货物适用财税〔2009〕9号文件第二条第(三)项、第(四)项和第三条规定的,可自行开具增值税专用发票。

四、关于销售额和应纳税额

(一)一般纳税人销售自己使用过的物品和旧货,适用按简易办法依4%征收率减半征收增值税政策的,按下列公式确定销售额和应纳税额:

销售额=含税销售额/(1+4%)

应纳税额=销售额×4%/2

(二)小规模纳税人销售自己使用过的固定资产和旧货,按下列公式确定销售额和应纳税额:

销售额=含税销售额/(1+3%)

应纳税额=销售额×2%

五、小规模纳税人销售自己使用过的固定资产和旧货,其不含税销售额填写在《增值税纳税申报表(适用于小规模纳税人)》第4栏,其利用税控器具开具的普通发票不含税销售额填写在第5栏。

六、本通知自2009年1月1日起执行。《国家税务总局关于调整增值税纳税申报有关事项的通知》(国税函〔2008〕1075号)第二条第(二)项规定同时废止。

〔注释:条款修改。第一条第(一)项中"按简易办法依4%征收率减半征收增值税政策"修改为"按简易办法依3%征收率减按2%征收增值税政策",参见《国家税务总局关于简并增值税征收率有关问题的公告》（国家税务总局公告2014年第36号）。

条款废止。第四条第（一）项废止，参见《国家税务总局关于简并增值税征收率有关问题的公告》（国家税务总局公告2014年第36号）。]

国家税务总局
关于麦芽适用税率问题的批复

（2009年4月7日　国税函〔2009〕177号）

新疆维吾尔自治区国家税务局：

你局《关于麦芽适用税率问题的请示》（新国税发〔2008〕199号）收悉。经研究，批复如下：

麦芽不属于《财政部　国家税务总局关于印发〈农业产品征税范围注释〉的通知》（财税字〔1995〕52号）规定的农业产品范围，应适用17%的增值税税率。

国家税务总局
关于复合胶适用增值税税率问题的批复

（2009年8月21日　国税函〔2009〕453号）

云南省国家税务局：

你局《关于复合胶增值税适用税率的请示》（云国税发〔2009〕147号）收悉。经研究，批复如下：

复合胶是以新鲜橡胶液为主要原料，经过压片、造粒、烤干等工序加工生产的橡胶制品。因此，复合胶不属于《农业产品征税范围注释》（财税字〔1995〕52号）规定的"天然橡胶"产品，适用增值税税率应为17%。

国家税务总局
关于核桃油适用税率问题的批复

（2009年8月21日　国税函〔2009〕455号）

四川省国家税务局：

你局《关于核桃油适用税率问题的请示》（川国税发〔2009〕70号）收悉，经研究，批复如下：

核桃油按照食用植物油13%的税率征收增值税。

国家税务总局
关于供应非临床用血增值税政策问题的批复

(2009年8月24日 国税函〔2009〕456号)

广西壮族自治区国家税务局：

你局《关于纳税人供应非临床用人体血液如何征收增值税问题的请示》（桂国税发〔2009〕76号）已悉。按照国家卫生部门有关规定，你局请示文所述供应非临床用人体血液的纳税人系指单采血浆站，其经审批设立后可以采集非临床用的原料血浆并供应血液制品生产单位用于生产血液制品。现将有关增值税政策问题批复如下：

一、人体血液的增值税适用税率为17%。

二、属于增值税一般纳税人的单采血浆站销售非临床用人体血液，可以按照简易办法依照6%征收率计算应纳税额，但不得对外开具增值税专用发票；也可以按照销项税额抵扣进项税额的办法依照增值税适用税率计算应纳税额。

纳税人选择计算缴纳增值税的办法后，36个月内不得变更。

〔注释：条款修改。第二条中"按照简易办法依照6%征收率计算应纳税额"修改为"按照简易办法依照3%征收率计算应纳税额"，参见《国家税务总局关于简并增值税征收率有关问题的公告》（国家税务总局公告2014年第36号）。〕

国家税务总局
关于人发适用增值税税率问题的批复

(2009年10月28日 国税函〔2009〕625号)

安徽省国家税务局：

你局《关于人发征收增值税问题的请示》（皖国税发〔2009〕81号）收悉。经研究，批复如下：

人发不属于《财政部 国家税务总局关于印发〈农业产品征税范围注释〉的通知》（财税字〔1995〕52号）规定的农业产品范围，应适用17%的增值税税率。

国家税务总局
关于折扣额抵减增值税应税销售额问题通知

(2010年2月8日　国税函〔2010〕56号)

各省、自治区、直辖市和计划单列市国家税务局：

近有部分地区反映，纳税人采取折扣方式销售货物，虽在同一发票上注明了销售额和折扣额，却将折扣额填写在发票的备注栏，是否允许抵减销售额的问题。经研究，现将有关问题进一步明确如下：

《国家税务总局关于印发〈增值税若干具体问题的规定〉的通知》（国税发〔1993〕154号）第二条第（二）项规定："纳税人采取折扣方式销售货物，如果销售额和折扣额在同一张发票上分别注明的，可按折扣后的销售额征收增值税。"纳税人采取折扣方式销售货物，销售额和折扣额在同一张发票上分别注明是指销售额和折扣额在同一张发票上的"金额"栏分别注明的，可按折扣后的销售额征收增值税。未在同一张发票"金额"栏注明折扣额，而仅在发票的"备注"栏注明折扣额的，折扣额不得从销售额中减除。

国家税务总局
关于人工合成牛胚胎适用增值税税率问题的通知

(2010年3月4日　国税函〔2010〕97号)

各省、自治区、直辖市和计划单列市国家税务局：

现就销售合成牛胚胎征免增值税问题，通知如下：

人工合成牛胚胎属于《农业产品征税范围注释》（财税字〔1995〕52号）第二条第（五）款规定的动物类"其他动物组织"，人工合成牛胚胎的生产过程属于农业生产，纳税人销售自产人工合成牛胚胎应免征增值税。

国家税务总局
关于橄榄油适用税率问题的批复

(2010年4月8日　国税函〔2010〕144号)

四川省国家税务局：

你局《关于橄榄油适用税率的请示》（川国税发〔2010〕5号）收悉。经研究，批复如下：

根据《国家税务总局关于印发〈增值税部分货物征税范围注释〉的通知》（国税发〔1993〕151号）的规定，橄榄油可按照食用植物油13%的税率征收增值税。

国家税务总局
关于肉桂油 桉油 香茅油增值税适用税率问题的公告

（2010年7月27日 国家税务总局公告2010年第5号）

为统一政策，公平税负，现将肉桂油、桉油、香茅油的增值税适用税率问题公告如下：

肉桂油、桉油、香茅油不属于《财政部 国家税务总局关于印发〈农业产品征税范围注释〉的通知》（财税字〔1995〕52号）中农业产品的范围，其增值税适用税率为17%。

本公告自2010年9月1日起施行。

国家税务总局
关于干姜 姜黄增值税适用税率问题的公告

（2010年8月19日 国家税务总局公告2010年第9号）

为统一政策，公平税负，现将干姜、姜黄增值税适用税率问题公告如下：

干姜、姜黄属于《财政部 国家税务总局关于印发〈农业产品征税范围注释〉的通知》（财税字〔1995〕52号）中农业产品的范围，根据《财政部 国家税务总局关于部分货物适用增值税低税率和简易办法征收增值税政策的通知》（财税〔2009〕9号）规定，其增值税适用税率为13%。

干姜是将生姜经清洗、刨皮、切片、烘烤、晾晒、熏硫等工序加工后制成的产品。

姜黄包括生姜黄，以及将生姜黄经去泥、清洗、蒸煮、晾晒、烤干、打磨等工序加工后制成的产品。

本公告自2010年10月1日起执行。

国家税务总局
关于皂脚适用增值税税率问题的公告

（2011年3月16日 国家税务总局公告2011年第20号）

关于皂脚适用增值税税率问题，现公告如下：

皂脚是碱炼动植物油脂时的副产品，不能食用，主要用作化学工业原料。因此，皂脚不属于食用植物油,也不属于《财政部 国家税务总局关于印发〈农业产品征税范围注释〉的通知》(财税字〔1995〕52号)中农业产品的范围,应按照17%的税率征收增值税。

本公告自公布之日起施行。

国家税务总局
关于纳税人无偿赠送粉煤灰征收增值税问题的公告

(2011年5月19日 国家税务总局公告2011年第32号)

现将纳税人无偿赠送粉煤灰征收增值税问题公告如下:

纳税人将粉煤灰无偿提供给他人,应根据《中华人民共和国增值税暂行条例实施细则》第四条的规定征收增值税。销售额应根据《中华人民共和国增值税暂行条例实施细则》第十六条的规定确定。

本公告自2011年6月1日起执行。此前执行与本公告不一致的,按照本公告的规定调整。

国家税务总局
关于花椒油增值税适用税率问题的公告

(2011年6月2日 国家税务总局公告2011年第33号)

现将花椒油的增值税适用税率公告如下:
花椒油按照食用植物油13%的税率征收增值税。
本公告自2011年7月1日开始执行。

国家税务总局
关于部分液体乳增值税适用税率的公告

(2011年7月6日 国家税务总局公告2011年第38号)

为明确政策,公平税负,现就巴氏杀菌乳、灭菌乳和调制乳的增值税适用税率问题公告如下:

按照《食品安全国家标准—巴氏杀菌乳》(GB19645—2010)生产的巴氏杀菌乳和按照《食品安全国家标准—灭菌乳》(GB25190—2010)生产的灭菌乳,均属于初级农业产品,可依照《农业产品征收范围注释》中的鲜奶按13%的税率征收增值税;按照《食品安全国家标准—调制乳》(GB25191—2010)生产的调制乳,不属于初级农业产品,应按照17%税率征收增值税。

本公告自公布之日起施行。《国家税务总局关于营养强化奶适用增值税税率问题的批复》(国税函〔2005〕676号)同时废止。

国家税务总局
关于环氧大豆油氢化植物油增值税适用税率问题的公告

(2011年7月25日 国家税务总局公告2011年第43号)

现将环氧大豆油、氢化植物油增值税适用税率问题公告如下：

环氧大豆油、氢化植物油不属于食用植物油的征税范围，应适用17%增值税税率。

环氧大豆油是将大豆油滴加双氧水后经过环氧反应、水洗、减压脱水等工序后形成的产品。

氢化植物油是将普通植物油在一定温度和压力下经过加氢、催化等工序后形成的产品。

本公告自2011年8月1日起执行。

财政部 国家税务总局
关于软件产品增值税政策的通知

(2011年10月13日 财税〔2011〕100号)

各省、自治区、直辖市、计划单列市财政厅（局）、国家税务局、地方税务局，新疆生产建设兵团财务局：

为落实《国务院关于印发进一步鼓励软件产业和集成电路产业发展若干政策的通知》（国发〔2011〕4号）的有关精神，进一步促进软件产业发展，推动我国信息化建设，现将软件产品增值税政策通知如下：

一、软件产品增值税政策

（一）增值税一般纳税人销售其自行开发生产的软件产品，按17%税率征收增值税后，对其增值税实际税负超过3%的部分实行即征即退政策。

（二）增值税一般纳税人将进口软件产品进行本地化改造后对外销售，其销售的软件产品可享受本条第一款规定的增值税即征即退政策。

本地化改造是指对进口软件产品进行重新设计、改进、转换等，单纯对进口软件产品进行汉字化处理不包括在内。

（三）纳税人受托开发软件产品，著作权属于受托方的征收增值税，著作权属于委托方或属于双方共同拥有的不征收增值税；对经过国家版权局注册登记，纳税人在销售时一并转让著作权、所有权的，不征收增值税。

二、软件产品界定及分类

本通知所称软件产品，是指信息处理程序及相关文档和数据。软件产品包括计算机软件产品、信息系统和嵌入式软件产品。嵌入式软件产品是指嵌入在计算机硬件、机器设备中并随其一并销售，构成计算机硬件、机器设备组成部分的软件产品。

三、满足下列条件的软件产品，经主管税务机关审核批准，可以享受本通知规定的增值税政策：

1. 取得省级软件产业主管部门认可的软件检测机构出具的检测证明材料；

2. 取得软件产业主管部门颁发的《软件产品登记证书》或著作权行政管理部门颁发的《计算机软件著作权登记证书》。

四、软件产品增值税即征即退税额的计算

（一）软件产品增值税即征即退税额的计算方法：

即征即退税额 = 当期软件产品增值税应纳税额 − 当期软件产品销售额 × 3%

当期软件产品增值税应纳税额 = 当期软件产品销项税额 − 当期软件产品可抵扣进项税额

当期软件产品销项税额 = 当期软件产品销售额 × 17%

（二）嵌入式软件产品增值税即征即退税额的计算：

1. 嵌入式软件产品增值税即征即退税额的计算方法：

即征即退税额 = 当期嵌入式软件产品增值税应纳税额 − 当期嵌入式软件产品销售额 × 3%

当期嵌入式软件产品增值税应纳税额 = 当期嵌入式软件产品销项税额 − 当期嵌入式软件产品可抵扣进项税额

当期嵌入式软件产品销项税额 = 当期嵌入式软件产品销售额 × 17%

2. 当期嵌入式软件产品销售额的计算公式：

当期嵌入式软件产品销售额 = 当期嵌入式软件产品与计算机硬件、机器设备销售额合计 − 当期计算机硬件、机器设备销售额

计算机硬件、机器设备销售额按照下列顺序确定：

①按纳税人最近同期同类货物的平均销售价格计算确定；

②按其他纳税人最近同期同类货物的平均销售价格计算确定；

③按计算机硬件、机器设备组成计税价格计算确定。

计算机硬件、机器设备组成计税价格 = 计算机硬件、机器设备成本 × （1 + 10%）

五、按照上述办法计算，即征即退税额大于零时，税务机关应按规定，及时办理退税手续。

六、增值税一般纳税人在销售软件产品的同时销售其他货物或者应税劳务的，对于无法划分的进项税额，应按照实际成本或销售收入比例确定软件产品应分摊的进项税额；对专用于软件产品开发生产设备及工具的进项税额，不得进行分摊。纳税人应将选定的分摊方式报主管税务机关备案，并自备案之日起一年内不得变更。

专用于软件产品开发生产的设备及工具，包括但不限于用于软件设计的计算机设备、读写打印器具设备、工具软件、软件平台和测试设备。

七、对增值税一般纳税人随同计算机硬件、机器设备一并销售嵌入式软件产品，如果适用本通知规定按照组成计税价格计算确定计算机硬件、机器设备销售额的，应当分别核算嵌入式软件产品与计算机硬件、机器设备部分的成本。凡未分别核算或者核算不清的，不得享受本通知规定的增值税政策。

八、各省、自治区、直辖市、计划单列市税务机关可根据本通知规定，制定软件产品增值税即征即退的管理办法。主管税务机关可对享受本通知规定增值税政策的纳税人进行定期或不定期检查。纳税人凡弄虚作假骗取享受本通知规定增值税政策的，税务机关除根据现行规定进行处罚外，自发生上述违法违规行为年度起，取消其享受本通知规定增值税政策的资格，纳税人三年内不得再次申请。

九、本通知自2011年1月1日起执行。《财政部 国家税务总局关于贯彻落实〈中共中央 国务院关于加强技术创新，发展高科技，实现产业化的决定〉有关税收问题的通知》（财税字〔1999〕273号）第一条、《财政部 国家税务总局 海关总署关于鼓励软件产业和集成电路产业发展有关税收政策问题的通知》（财税〔2000〕25号）第一条第一款、《国家税务总局关于明确电子出版物属于软件征税范围的通知》（国税函〔2000〕168号）、《财政部 国家税务总局 关于增值税若干政策的通知》（财税〔2005〕165号）第十一条第一款和第三款、《财政部 国家税务总局关于嵌入式软件增值税政策问题的通知》（财税〔2006〕174号）、《财政部 国家税务总局关于嵌入式软件增值税政策的通知》（财税〔2008〕92号）、《财政部 国家税务总局关于扶持动漫产业发展有关税收政策问题的通知》（财税〔2009〕65号）第一条同时废止。

国家税务总局
关于一般纳税人销售自己使用过的固定资产增值税有关问题的公告

（2012年1月6日 国家税务总局公告2012年第1号）

现将增值税一般纳税人销售自己使用过的固定资产有关增值税问题公告如下：

增值税一般纳税人销售自己使用过的固定资产，属于以下两种情形的，可按简易办法依4%征收率减半征收增值税，同时不得开具增值税专用发票：

一、纳税人购进或者自制固定资产时为小规模纳税人，认定为一般纳税人后销售该固定资产。

二、增值税一般纳税人发生按简易办法征收增值税应税行为，销售其按照规定不得抵扣且未抵扣进项税额的固定资产。

本公告自2012年2月1日起施行。此前已发生并已经征税的事项，不再调整；此前已发生未处理的，按本公告规定执行。

［注释：条款修改。"可按简易办法依4%征收率减半征收增值税"修改为"可按简易办法依3%征收率减按2%征收增值税"，参见《国家税务总局关于简并增值税征收率有关问题的公告》（国家税务总局公告2014年第36号）。］

财政部 国家税务总局
关于固定业户总分支机构增值税汇总纳税有关政策的通知

(2012年1月16日 财税〔2012〕9号)

各省、自治区、直辖市、计划单列市财政厅（局）、国家税务局，新疆生产建设兵团财务局：

根据《中华人民共和国增值税暂行条例》第二十二条有关规定，现将固定业户总分支机构增值税汇总纳税政策通知如下：

固定业户的总分支机构不在同一县（市），但在同一省（区、市）范围内的，经省（区、市）财政厅（局）、国家税务局审批同意，可以由总机构汇总向总机构所在地的主管税务机关申报缴纳增值税。

省（区、市）财政厅（局）、国家税务局应将审批同意的结果，上报财政部、国家税务总局备案。

国家税务总局
关于部分产品增值税适用税率问题的公告

(2012年3月16日 国家税务总局公告2012年第10号)

现对部分产品是否属于农机范围及增值税适用税率问题，公告如下：

密集型烤房设备、频振式杀虫灯、自动虫情测报灯、粘虫板属于《国家税务总局关于印发〈增值税部分货物征税范围注释〉的通知》（国税发〔1993〕151号）规定的农机范围，应适用13%增值税税率。

密集型烤房设备主要由锅炉、散热主机、风机、电机和自控设备等通用设备组成，用于烟叶、茶叶等原形态农产品的烘干脱水初加工。

频振式杀虫灯是采用特定波长范围的光源，诱集并有效杀灭昆虫的装置。一般由高压电网、发光灯管、风雨帽、接虫盘和接虫袋等组成，诱集光源波长范围应覆盖（320—680）nm。

自动虫情测报灯是采用特定的诱集光源及远红外自动处理等技术，自动完成诱虫、杀虫、收集、分装等虫情测报功能的装置。诱集光源应采用功能为20W，主波长为（365±10）nm的黑光灯管；或功率为200W，光通量为2700（lm）—2920（lm）的白炽灯泡。

粘虫板是采用涂有特殊粘胶的色板，诱集并粘附昆虫的工具。

本公告自2012年4月1日起执行。此前已发生并处理的事项，不再做调整；未处理的，按本公告规定执行。

国家税务总局
关于部分玉米深加工产品增值税税率问题的公告

(2012 年 3 月 27 日　国家税务总局公告 2012 年第 11 号)

为统一政策,公平税负,现将部分玉米深加工产品增值税税率问题公告如下:

根据现行增值税政策规定,玉米胚芽属于《农业产品征税范围注释》中初级农产品的范围,适用 13% 的增值税税率;玉米浆、玉米皮、玉米纤维(又称喷浆玉米皮)和玉米蛋白粉不属于初级农产品,也不属于《财政部　国家税务总局关于饲料产品免征增值税问题的通知》(财税〔2001〕121 号)中免税饲料的范围,适用 17% 的增值税税率。

本公告自 2012 年 5 月 1 日起施行。

国家税务总局
关于药品经营企业销售生物制品有关增值税问题的公告

(2012 年 5 月 28 日　国家税务总局公告 2012 年第 20 号)

现将药品经营企业销售生物制品有关增值税问题公告如下:

一、属于增值税一般纳税人的药品经营企业销售生物制品,可以选择简易办法按照生物制品销售额和 3% 的征收率计算缴纳增值税。

药品经营企业,是指取得(食品)药品监督管理部门颁发的《药品经营许可证》,获准从事生物制品经营的药品批发企业和药品零售企业。

二、属于增值税一般纳税人的药品经营企业销售生物制品,选择简易办法计算缴纳增值税的,36 个月内不得变更计税方法。

三、本公告自 2012 年 7 月 1 日起施行。

国家税务总局
关于卷帘机适用增值税税率问题的公告

(2012 年 6 月 29 日　国家税务总局公告 2012 年第 29 号)

现对卷帘机是否属于农机范围及其适用增值税税率问题公告如下:

卷帘机属于《国家税务总局关于印发〈增值税部分货物征税范围注释〉的通知》(国税发〔1993〕151 号)规定的农机范围,应适用 13% 的增值税税率。

卷帘机是指用于农业温室、大棚，以电机驱动，对保温被或草帘进行自动卷放的机械设备，一般由电机、变速箱、联轴器、卷轴、悬臂、控制装置等部分组成。

本公告自2012年8月1日起施行。此前已发生并处理的事项，不再作调整；未处理的，按本公告规定执行。

国家税务总局
关于国寿投资控股有限公司相关税收问题的公告

（2013年1月7日　国家税务总局公告2013年第2号）

经财政部批准，中国人寿保险（集团）公司将其重组改制后留存资产划转至全资子公司国寿投资控股有限公司。现将国寿投资控股有限公司有关税收问题公告如下：

一、国寿投资控股有限公司在全国各地拥有房产的，应当按照税务登记管理办法的规定，向房产所在地主管税务机关申报办理税务登记。

二、国寿投资控股有限公司在各地发生固定资产应税销售行为时，由该公司统一开票收款的，由该公司向其机构所在地主管税务机关申报缴纳增值税。如果该公司委托其他公司销售的，则应按代销货物征收增值税的规定，由该公司和受托公司分别于各自的机构所在地缴纳增值税。

三、国寿投资控股有限公司对原属于中国人寿保险（集团）公司重组改制存量资产取得的财产租赁业务收入应缴纳的营业税由该公司向其机构所在地主管税务机关申报缴纳。

四、国寿投资控股有限公司企业所得税的申报缴纳，按照企业所得税的有关规定执行。

五、国寿投资控股有限公司在全国各地（公司总部所在地除外）的财产所涉及的房产税、城镇土地使用税、契税等地方税种，可由中国人寿保险（集团）公司控股的中国人寿保险股份有限公司代理向财产所在地主管税务机关申报缴纳；涉及的车船税、印花税，可由中国人寿保险股份有限公司依据相关法律法规的规定代理缴纳。

本公告自2013年2月1日起施行，《国家税务总局关于中国人寿保险（集团）公司重组改制后有关税务问题的通知》（国税函〔2004〕852号）第一条、第二条、第五条和第三条关于财产租赁业务收入的有关规定同时废止。对本公告生效以前国寿投资控股有限公司已完成税款缴纳的，不再做纳税入库地点调整。

国家税务总局
关于直销企业增值税销售额确定有关问题的公告

（2013年1月17日　国家税务总局公告2013年第5号）

根据《中华人民共和国增值税暂行条例》及其实施细则规定，现将直销企业采取直销方式销售货物增值税销售额确定有关问题公告如下：

一、直销企业先将货物销售给直销员，直销员再将货物销售给消费者的，直销企业的销售额为其向直销员收取的全部价款和价外费用。直销员将货物销售给消费者时，应按照现行规定缴纳增值税。

二、直销企业通过直销员向消费者销售货物，直接向消费者收取货款，直销企业的销售额为其向消费者收取的全部价款和价外费用。

本公告自2013年3月1日起施行。此前已发生但尚未处理的事项可按本公告规定执行。

国家税务总局
关于承印境外图书增值税适用税率问题的公告

（2013年2月22日　国家税务总局公告2013年第10号）

现将承印境外图书增值税适用税率公告如下：

国内印刷企业承印的经新闻出版主管部门批准印刷且采用国际标准书号编序的境外图书，属于《中华人民共和国增值税暂行条例》第二条规定的"图书"，适用13%增值税税率。

本公告自2013年4月1日起施行。此前已发生但尚未处理的事项，可以按本公告规定执行。

国家税务总局
关于纳税人无偿赠送煤矸石征收增值税问题的公告

（2013年12月3日　国家税务总局公告2013年第70号）

现将纳税人无偿赠送煤矸石征收增值税问题公告如下：

纳税人将煤矸石无偿提供给他人，应根据《中华人民共和国增值税暂行条例实施细则》第四条的规定征收增值税，销售额应根据《中华人民共和国增值税暂行条例实施细则》第十六条的规定确定。

本公告自2014年1月1日起施行。此前已发生并处理的事项，不再做调整；未处理的，按本公告规定执行。

国家税务总局
关于动物骨粒适用增值税税率的公告

（2013年12月3日 国家税务总局公告2013年第71号）

现对动物骨粒适用增值税税率问题公告如下：

动物骨粒属于《农业产品征税范围注释》（财税字〔1995〕52号）第二条第（五）款规定的动物类"其他动物组织"，其适用的增值税税率为13%。

动物骨粒是指将动物骨经筛选、破碎、清洗、晾晒等工序加工后的产品。

本公告自2014年1月1日起执行。此前已发生并处理的事项，不再做调整；未处理的，按本公告规定执行。

国家税务总局
关于农用挖掘机 养鸡设备系列养猪设备系列
产品增值税适用税率问题的公告

（2014年2月27日 国家税务总局公告2014年第12号）

现将农用挖掘机、养鸡设备系列、养猪设备系列产品增值税适用税率公告如下：

农用挖掘机、养鸡设备系列、养猪设备系列产品属于农机，适用13%增值税税率。

农用挖掘机是指型式和相关参数符合《农用挖掘机质量评价技术规范》（NY/T1774—2009）要求，用于农田水利建设和小型土方工程作业的挖掘机械，包括拖拉机挖掘机组和专用动力挖掘机。拖拉机挖掘机组是指挖掘装置安装在轮式拖拉机三点悬挂架上，且以轮式拖拉机为动力的挖掘机械；专用动力挖掘机指挖掘装置回转角度小于270°，以专用动力和行走装置组成的挖掘机械。

养鸡设备系列包括喂料设备（系统）、送料设备（系统）、刮粪清粪设备、集蛋分蛋装置（系统）、鸡只生产性能测定设备（系统）、产品标示鸡脚环、孵化机、小鸡保温装置、环境控制设备（鸡只）等。

养猪设备系列包括猪只群养管理设备（系统）、猪只生产性能测定设备（系统）、自动喂养系统、刮粪清粪设备、定位栏、分娩栏、保育栏（含仔猪保温装置）、环境控制设备（猪）等。

本公告自2014年4月1日起施行。此前已发生并处理的事项，不再做调整；未处理的，按本公告规定执行。

国家税务总局
关于杏仁油 葡萄籽油增值税适用税率问题的公告

(2014年4月11日 国家税务总局公告2014年第22号)

现将杏仁油、葡萄籽油的增值税适用税率公告如下：

杏仁油、葡萄籽油属于食用植物油，适用13%增值税税率。

本公告自2014年6月1日起执行。

国家税务总局
关于牡丹籽油增值税适用税率问题的公告

(2014年12月31日 国家税务总局公告2014年第75号)

现将牡丹籽油的增值税适用税率公告如下：

牡丹籽油属于食用植物油，适用13%增值税税率。

牡丹籽油是以丹凤牡丹和紫斑牡丹的籽仁为原料，经压榨、脱色、脱臭等工艺制成的产品。

本公告自2015年2月1日起施行。

国家税务总局
关于国网冀北电力有限公司增值税有关问题的批复

(2015年5月26日 税总函〔2015〕283号)

北京市、河北省国家税务局：

根据《电力产品增值税征收管理办法》（国家税务总局令第10号）第四条中关于预征率核定的规定，现将国网冀北电力有限公司增值税有关问题批复如下：

一、国网冀北电力有限公司延续原国网公司华北分部缴纳增值税的方式，实行在供电环节预征、总机构统一结算的办法计算缴纳增值税。

二、自2015年6月1日起，国网冀北电力有限公司电力产品供电环节增值税预征率按1.3%执行。

三、国网冀北电力有限公司应于每月申报期结束后10日内，将当月纳税申报资料报送河北省国家税务局。

财政部 国家税务总局
关于对化肥恢复征收增值税政策的补充通知

(2015年8月28日 财税〔2015〕97号)

各省、自治区、直辖市、计划单列市财政厅（局）、国家税务局，新疆生产建设兵团财务局：

为解决化肥恢复征收增值税以前库存化肥的增值税问题，现就《财政部 海关总署 国家税务总局关于对化肥恢复征收增值税政策的通知》（财税〔2015〕90号）补充通知如下：

一、自2015年9月1日起至2016年6月30日，对增值税一般纳税人销售的库存化肥，允许选择按照简易计税方法依照3%征收率征收增值税。

二、化肥属于取消出口退（免）税的货物，仍按照《财政部 国家税务总局关于出口货物劳务增值税和消费税政策的通知》（财税〔2012〕39号）规定，其出口视同内销征收增值税。出口日期，以出口货物报关单（出口退税专用）上注明的出口日期为准。

出口的库存化肥，适用本通知第一条的规定。

三、纳税人应当单独核算库存化肥的销售额，未单独核算的，不得适用简易计税方法。

四、本通知所称的库存化肥，是指纳税人2015年8月31日前生产或购进的尚未销售的化肥。

五、《财政部 国家税务总局关于农民专业合作社有关税收政策的通知》（财税〔2008〕81号）第三条关于"化肥"的规定自2015年9月1日起停止执行。

国家税务总局
关于兽用药品经营企业销售兽用生物制品
有关增值税问题的公告

(2016年2月4日 国家税务总局公告2016年第8号)

现将兽用药品经营企业销售兽用生物制品有关增值税问题公告如下：

一、属于增值税一般纳税人的兽用药品经营企业销售兽用生物制品，可以选择简易办法按照兽用生物制品销售额和3%的征收率计算缴纳增值税。

兽用药品经营企业，是指取得兽医行政管理部门颁发的《兽药经营许可证》，获准从事兽用生物制品经营的兽用药品批发和零售企业。

二、属于增值税一般纳税人的兽用药品经营企业销售兽用生物制品，选择简易办法计算缴纳增值税的，36个月内不得变更计税方法。

三、本公告自 2016 年 4 月 1 日起施行。

财政部　国家税务总局
关于资管产品增值税政策有关问题的补充通知

（2017 年 1 月 6 日　财税〔2017〕2 号）

各省、自治区、直辖市、计划单列市财政厅（局）、国家税务局、地方税务局，新疆生产建设兵团财务局：

现就《财政部　国家税务总局关于明确金融　房地产开发教育辅助服务等增值税政策的通知》（财税〔2016〕140 号）第四条规定的"资管产品运营过程中发生的增值税应税行为，以资管产品管理人为增值税纳税人"问题补充通知如下：

2017 年 7 月 1 日（含）以后，资管产品运营过程中发生的增值税应税行为，以资管产品管理人为增值税纳税人，按照现行规定缴纳增值税。

对资管产品在 2017 年 7 月 1 日前运营过程中发生的增值税应税行为，未缴纳增值税的，不再缴纳；已缴纳增值税的，已纳税额从资管产品管理人以后月份的增值税应纳税额中抵减。

资管产品运营过程中发生增值税应税行为的具体征收管理办法，由国家税务总局另行制定。

财政部　税务总局
关于资管产品增值税有关问题的通知

（2017 年 6 月 30 日　财税〔2017〕56 号）

各省、自治区、直辖市、计划单列市财政厅（局）、国家税务局、地方税务局，新疆生产建设兵团财务局：

现将资管产品增值税有关问题通知如下：

一、资管产品管理人（以下称管理人）运营资管产品过程中发生的增值税应税行为（以下称资管产品运营业务），暂适用简易计税方法，按照 3% 的征收率缴纳增值税。

资管产品管理人，包括银行、信托公司、公募基金管理公司及其子公司、证券公司及其子公司、期货公司及其子公司、私募基金管理人、保险资产管理公司、专业保险资产管理机构、养老保险公司。

资管产品，包括银行理财产品、资金信托（包括集合资金信托、单一资金信托）、财产权信托、公开募集证券投资基金、特定客户资产管理计划、集合资产管理计划、定向资产管理计划、私募投资基金、债权投资计划、股权投资计划、股债结合型投资计划、资产支持计划、组合类保险资产管理产品、养老保障管理产品。

财政部和税务总局规定的其他资管产品管理人及资管产品。

二、管理人接受投资者委托或信托对受托资产提供的管理服务以及管理人发生的除本通知第一条规定的其他增值税应税行为（以下称其他业务），按照现行规定缴纳增值税。

三、管理人应分别核算资管产品运营业务和其他业务的销售额和增值税应纳税额。未分别核算的，资管产品运营业务不得适用本通知第一条规定。

四、管理人可选择分别或汇总核算资管产品运营业务销售额和增值税应纳税额。

五、管理人应按照规定的纳税期限，汇总申报缴纳资管产品运营业务和其他业务增值税。

六、本通知自2018年1月1日起施行。

对资管产品在2018年1月1日前运营过程中发生的增值税应税行为，未缴纳增值税的，不再缴纳；已缴纳增值税的，已纳税额从资管产品管理人以后月份的增值税应纳税额中抵减。

财政部　海关总署　税务总局　国家药品监督管理局关于抗癌药品增值税政策的通知

（2018年4月27日　财税〔2018〕47号）

各省、自治区、直辖市、计划单列市财政厅（局）、国家税务局，海关总署广东分署、各直属海关，新疆生产建设兵团财政局：

为鼓励抗癌制药产业发展，降低患者用药成本，现将抗癌药品增值税政策通知如下：

一、自2018年5月1日起，增值税一般纳税人生产销售和批发、零售抗癌药品，可选择按照简易办法依照3%征收率计算缴纳增值税。上述纳税人选择简易办法计算缴纳增值税后，36个月内不得变更。

二、自2018年5月1日起，对进口抗癌药品，减按3%征收进口环节增值税。

三、纳税人应单独核算抗癌药品的销售额。未单独核算的，不得适用本通知第一条规定的简易征收政策。

四、本通知所称抗癌药品，是指经国家药品监督管理部门批准注册的抗癌制剂及原料药。抗癌药品清单（第一批）见附件。抗癌药品范围实行动态调整，由财政部、海关总署、税务总局、国家药品监督管理局根据变化情况适时明确。

附件：抗癌药品清单（第一批）（见二维码10）

财政部 税务总局
关于中国邮政储蓄银行三农金融事业部 涉农贷款增值税政策的通知

（2018年9月12日 财税〔2018〕97号）

各省、自治区、直辖市、计划单列市财政厅（局），国家税务总局各省、自治区、直辖市、计划单列市税务局，新疆生产建设兵团财政局：

为支持中国邮政储蓄银行"三农金融事业部"加大对乡村振兴的支持力度，现就中国邮政储蓄银行"三农金融事业部"涉农贷款有关增值税政策通知如下：

一、自2018年7月1日至2020年12月31日，对中国邮政储蓄银行纳入"三农金融事业部"改革的各省、自治区、直辖市、计划单列市分行下辖的县域支行，提供农户贷款、农村企业和农村各类组织贷款（具体贷款业务清单见附件）取得的利息收入，可以选择适用简易计税方法按照3%的征收率计算缴纳增值税。

二、本通知所称农户，是指长期（一年以上）居住在乡镇（不包括城关镇）行政管理区域内的住户，还包括长期居住在城关镇所辖行政村范围内的住户和户口不在本地而在本地居住一年以上的住户，国有农场的职工和农村个体工商户。位于乡镇（不包括城关镇）行政管理区域内和在城关镇所辖行政村范围内的国有经济的机关、团体、学校、企事业单位的集体户；有本地户口，但举家外出谋生一年以上的住户，无论是否保留承包耕地均不属于农户。农户以户为统计单位，既可以从事农业生产经营，也可以从事非农业生产经营。农户贷款的判定应以贷款发放时的借款人是否属于农户为准。

三、本通知所称农村企业和农村各类组织贷款，是指金融机构发放给注册在农村地区的企业及各类组织的贷款。

附件：享受增值税优惠的涉农贷款业务清单（见二维码10）

二维码10

财政部 税务总局
关于支持个体工商户复工复业增值税政策的公告

（2020年2月28日 财政部 税务总局公告2020年第13号）

为支持广大个体工商户在做好新冠肺炎疫情防控同时加快复工复业，现就有关增值税政策公告如下：

自2020年3月1日至5月31日，对湖北省增值税小规模纳税人，适用3%征收率的应税销售收入，免征增值税；适用3%预征率的预缴增值税项目，暂停预缴增值税。除湖北省外，其他省、自治区、直辖市的增值税小规模纳税人，适用3%征收率的应税销售收入，减按1%征收率征收增值税；适用3%预征率的预缴增值税项目，减按1%预征率预缴增值税。

财政部 税务总局
关于二手车经销有关增值税政策的公告

（2020年4月8日 财政部 税务总局公告2020年第17号）

为促进汽车消费，现就二手车经销有关增值税政策公告如下：

自2020年5月1日至2023年12月31日，从事二手车经销的纳税人销售其收购的二手车，由原按照简易办法依3%征收率减按2%征收增值税，改为减按0.5%征收增值税。

本公告所称二手车，是指从办理完注册登记手续至达到国家强制报废标准之前进行交易并转移所有权的车辆，具体范围按照国务院商务主管部门出台的二手车流通管理办法执行。

（三）关于进项抵扣的特殊规定

国家税务总局
关于易货贸易进口环节减征的增值税税款抵扣问题的通知

（1996年9月17日 国税函〔1996〕550号）

近接到一些地区和部门就我国与周边国家易货贸易进口环节减征的增值税税款，在下一道环节可否作为进项税金抵扣的询问。经研究，现明确如下：

根据国务院有关文件的精神，按照现行增值税的有关规定，准予从销项税额中抵扣的进项税额，必须是取得合法的增值税抵扣凭证上注明的增值税额。因此，对与周边国家易货贸易进口环节减征的增值税税款，不能作为下一道环节的进项税金抵扣。

国家税务总局
关于增值税一般纳税人恢复抵扣进项税额
资格后有关问题的批复

（2000年8月2日 国税函〔2000〕584号）

广西壮族自治区国家税务局：

你局《关于停止纳税人抵扣进项税额的上期留抵税额可否在经批准准许抵扣进项税额

时给予抵扣的请示》（桂国税报〔2000〕75号）收悉，现批复如下：

《中华人民共和国增值税暂行条例实施细则》第三十条规定："一般纳税人有下列情形之一者，应按销售额依照增值税税率计算应纳税额，不得抵扣进项税额，也不得使用增值税专用发票：

（一）会计核算不健全，或者不能够提供准确税务资料的；

（二）符合一般纳税人条件，但不申请办理一般纳税人认定手续的。"

此规定所称的不得抵扣进项税额是指纳税人在停止抵扣进项税额期间发生的全部进项税额，包括在停止抵扣期间取得的进项税额、上期留抵税额以及经批准允许抵扣的期初存货已征税款。

纳税人经税务机关核准恢复抵扣进项税额资格后，其在停止抵扣进项税额期间发生的全部进项税额不得抵扣。

国家税务总局
关于出版物广告收入有关增值税问题的通知

（2000年11月17日　国税发〔2000〕188号）

《国家税务总局关于印发〈增值税问题解答（之一）〉的通知》（国税发〔1995〕288号）规定，"纳税人为制作、印刷广告所用的购进货物不得计入进项税额抵扣，因此，纳税人应准确划分不得抵扣的进项税额；对无法准确划分不得抵扣的进项税额的，按《中华人民共和国增值税暂行条例实施细则》第二十三条的规定划分不得抵扣的进项税额"。由于该通知未明确应以何种标准进行"准确划分"，因此各地执行不尽一致。经研究，现明确如下：

确定文化出版单位用于广告业务的购进货物的进项税额，应以广告版面占整个出版物版面的比例为划分标准，凡文化出版单位能准确提供广告所占版面比例的，应按此项比例划分不得抵扣的进项税额。

本通知自2000年12月1日起执行。此前一些地区的税务机关按照《中华人民共和国增值税暂行条例实施细则》第二十三条规定确定不得抵扣进项税额的，已征收入库的税款不再作纳税调整，凡征税不足的，一律按照本通知的规定计算应补征的税款。

国家税务总局
关于增值税一般纳税人平销行为征收增值税问题的批复

（2001年4月5日　国税函〔2001〕247号）

江苏省国家税务局：

你局《关于增值税一般纳税人平销行为征收增值税问题的请示》（苏国税发〔2000〕349号）收悉。现批复如下：

与总机构实行统一核算的分支机构从总机构取得的日常工资、电话费、租金等资金，不应视为因购买货物而取得的返利收入，不应做冲减进项税额处理。

财政部 国家税务总局
关于西气东输项目有关税收政策的通知

（2002年7月31日 财税〔2002〕111号）

经国务院批准，现将西气东输项目有关税收政策通知如下：

一、西气东输项目上游中外合作开采天然气增值税执行13%的统一税率，根据财政部、国家税务总局《关于印发〈油气田企业增值税暂行管理办法〉的通知》（财税字〔2000〕32号）规定，计算抵扣进项税额。

二、对西气东输管道运营企业执行15%的企业所得税税率。从开始获利的年度起，第一年和第二年免征企业所得税，第三年至第五年减半征收企业所得税。

三、西气东输项目上游开采天然气中外合作区块缴纳矿区使用费，暂不缴纳资源税。

国家税务总局
关于企业改制中资产评估减值发生的流动资产
损失进项税额抵扣问题的批复

（2002年12月20日 国税函〔2002〕1103号）

广西壮族自治区国家税务局：

你局《关于广西壮族自治区企业改制中资产评估减值发生的流动资产损失进项税额是否可以抵扣问题的请示》（桂国税发〔2002〕288号）收悉，经研究，现批复如下：

《中华人民共和国增值税暂行条例实施细则》第二十一条规定："非正常损失是指生产、经营过程中正常损耗外的损失。"对于企业由于资产评估减值而发生流动资产损失，如果流动资产未丢失或损坏，只是由于市场发生变化，价格降低，价值量减少，则不属于《中华人民共和国增值税暂行条例实施细则》中规定的非正常损失，不作进项税额转出处理。

［注释：条款修改。"《中华人民共和国增值税暂行条例实施细则》第二十条规定：'非正常损失是指生产、经营过程中正常损耗外的损失'"修改为："《中华人民共和国增值税暂行条例实施细则》第二十四条规定，非正常损失是指因管理不善造成被盗、丢失、霉烂变质的损失。"］

国家税务总局
关于血液制品增值税政策的批复

(2004年3月8日 国税函〔2004〕335号)

海南省国家税务局：

你省《关于血液制品增值税政策的请示》（琼国税发〔2003〕261号）收悉，经研究，现批复如下：

增值税一般纳税人购进人体血液不属于购进免税农产品，也不得比照购进免税农业产品按照买价和13%的扣除率计算抵扣进项税额。

国家税务总局
关于严格执行税法规定不得实行边境贸易
"双倍抵扣"政策的通知

(2004年6月21日 国税函〔2004〕830号)

黑龙江、吉林、辽宁、内蒙古、甘肃、新疆、广西、云南省（自治区）国家税务局：

为鼓励边境贸易的发展，国家对以边贸方式进口的货物给予了减半征收进口环节增值税的优惠政策，但部分地区对取得的以边贸方式进口货物的海关完税凭证不是按照注明缴纳的增值税给予抵扣，而是采取了"双倍抵扣"的办法。"双倍抵扣"违反现行增值税政策规定，损害税制的统一与严肃性，给税收征管带来隐患，极易诱发偷骗税犯罪，必须坚决制止并严格纠正。对此，重申如下：

一、依照《中华人民共和国税收征收管理法》第3条、第33条的规定，各级税务机关应当严格执行现行税收法律、法规，不得擅自制定税收政策。其他部门、单位或个人擅自作出的与现行税收法律、行政法规相抵触的决定，税务机关不得执行，并应向上级税务机关报告。对违反规定擅自执行的单位和人员，应依照有关规定追究相关责任人的责任。

二、各地应对进口环节增值税抵扣情况进行全面检查，立即停止执行"双倍抵扣"政策。进口货物减免的进口环节增值税税款，一律不得作为下一环节进项税额计算抵扣。

三、总局将对边境贸易地区增值税抵扣情况进行不定期检查，发现有继续执行"双倍抵扣"等不规范政策的，将严肃处理。

国家税务总局
关于增值税一般纳税人取得海关进口增值税专用缴款书抵扣进项税额问题的通知

(2004年11月11日　国税发〔2004〕148号)

各省、自治区、直辖市、计划单列市国家税务局：

近接部分地区反映，增值税一般纳税人（以下简称纳税人）进口货物，取得的海关进口增值税专用缴款书（以下简称海关完税凭证），由于主客观原因，导致未能在规定的期限内申报抵扣，给纳税人带来一定的经济损失。为合理解决纳税人的实际困难，经研究，现将有关问题明确如下：

一、纳税人进口货物，凡已缴纳了进口环节增值税的，不论其是否已经支付货款，其取得的海关完税凭证均可作为增值税进项税额抵扣凭证，在《国家税务总局关于加强海关进口增值税专用缴款书和废旧物资发票管理有关问题的通知》（国税函〔2004〕128号）中规定的期限内申报抵扣进项税额。

二、对纳税人进口货物已取得的海关完税凭证，未能在规定申报期限内向主管税务机关申报抵扣的，可在2005年1月11日前向主管税务机关申报抵扣，逾期不得予以抵扣。

三、对纳税人丢失的海关完税凭证，纳税人应当凭海关出具的相关证明，向主管税务机关提出抵扣申请。主管税务机关受理申请后，应当进行审核，并将纳税人提供的海关完税凭证电子数据纳入稽核系统比对，稽核比对无误后，可予以抵扣进项税额。

四、凡取得的海关完税凭证，超过规定期限未申报抵扣的纳税人，可以使用《海关完税凭证抵扣清单信息采集软件》（逾期抵扣版），该软件发布在国家税务总局技术支持网站（http://130.9.1.248）上。没有超期未抵扣的纳税人，仍使用现《海关完税凭证抵扣清单信息采集软件》采集。

［注释：条款废止。第二条、第三条、第四条废止，参见《国家税务总局关于调整增值税扣税凭证抵扣期限有关问题的通知》（国税函〔2009〕617号）。］

国家税务总局
关于农户手工编织的竹制和竹芒藤柳坯具
征收增值税问题的批复

(2005年1月18日 国税函〔2005〕56号)

广东省国家税务局：

你局《关于农民手工编织的竹芒藤柳坯具是否属于自产农产品问题的请示》（粤国税发〔2001〕226号）收悉。经研究，批复如下：

对于农民个人按照竹器企业提供样品规格，自产或购买竹、芒、藤、木条等，再通过手工简单编织成竹制或竹芒藤柳混合坯具的，属于自产农业初级产品，应当免征销售环节增值税。收购坯具的竹器企业可以凭开具的农产品收购凭证计算进项税额抵扣。

商务部 财政部 国家税务总局
关于开展农产品连锁经营试点的通知

(2005年4月4日 商建发〔2005〕1号)

各省、自治区、直辖市及计划单列市商务主管部门、财政厅（局）、国家税务局、地方税务局：

为进一步贯彻《中共中央 国务院关于促进农民增加收入若干政策的意见》（中发〔2004〕1号）和《中共中央 国务院关于进一步加强农村工作提高农业综合生产能力若干政策的意见》（中发〔2005〕1号）关于"加快发展农产品连锁、超市、配送经营，鼓励有条件的地方将城市农贸市场改建成超市，支持农业龙头企业到城市开办农产品超市，逐步把网络延伸到城市社区""鼓励发展现代物流、连锁经营、电子商务等新型业态和流通方式"的精神，决定自2005年起，用三年的时间开展农产品连锁经营的试点工作，促进农产品流通的规模化，增加农民收入。现将有关问题通知如下：

一、发展农产品连锁经营的目标和类型

目标：通过试点，大幅度提高农产品连锁经营的规模，减少流通环节，降低流通成本。

主要类型有：

（一）依托现有大型连锁综合超市发展农产品连锁经营。现有的大型连锁综合超市从经营品种和面积上逐步加大农产品的经营份额，试点企业力争用三年的时间，使食用农产品的销售比例达到25%以上。

（二）支持现有农产品批发市场开办农产品超市，实现批零兼营。鼓励有条件的地方将农贸市场改建成超市。

（三）支持农产品流通龙头企业到城市开办农产品连锁超市或发展便利店，逐步把网络延伸到城市社区。

（四）支持大型农产品物流配送中心建设冷藏和低温仓储、运输为主的农产品冷链系统。

二、支持试点的政策措施

（一）中央在外贸发展基金项下安排专门资金，支持农产品连锁经营试点，具体办法由商务部会同财政部另行制定。

（二）各地按照《财政部 国家税务总局关于提高农产品进项税抵扣率的通知》（财税〔2002〕12号）和《财政部 国家税务总局关于增值税一般纳税人向小规模纳税人购进农产品进项税抵扣率问题的通知》（财税〔2002〕105号）的规定，对增值税一般纳税人购进免税农产品按13%的扣除率计算进项额抵扣。

对纳入试点的农产品连锁经营企业，税务部门要指导其正确使用、填开农产品收购凭证。对试点企业从农业生产单位购进农产品的，应鼓励其取得农业生产单位开具的普通发票，作为进项税额抵扣凭证。

（三）对于试点企业建设的冷藏和低温仓储、运输为主的农产品冷链系统，可以实行加速折旧，具体范围和办法由财政部、国家税务总局另行制定。

（四）促进农产品连锁经营试点的相关税收政策上报国务院批准后，由财政部、国家税务总局制定具体办法。

三、试点企业申请条件及程序

（一）试点企业应具备下列条件之一：

1. 企业侧重于农产品流通，销售情况良好，近两年食用农产品年销售额，东部地区在6000万元以上，中部地区在4000万元以上，西部地区在1500万元以上，农产品批发市场年交易额在10亿元以上。食用农产品范围见附件。

2. 在城市已开办5家以上农产品连锁超市（上一年每家超市食用农产品销售额不低于总销售额的25%）。

3. 年销售额在5000万元以上的大型农产品配送中心。

（二）企业应向各省商务主管部门提交下列材料：

1. 申请书。

2. 企业的工商营业执照、法人代码原件及复印件（省商务部门核对后返还原件）。

3. 经审计部门或中介机构审核的企业近两年的资产负债表和损益表。

4. 当地商务部门对企业情况的认定。

5. 在城市开办连锁超市，或新建农产品基地，或发展农产品冷链系统项目的计划。

6. 各省商务、财政、税务主管部门规定的其他应提交的材料。

（三）各省、自治区、直辖市、计划单列市商务主管部门会同财政、税务部门，根据本地区农产品连锁经营的实际情况，在2005年6月底前将推荐试点企业的有关情况报商务部（原则上当年推荐不超过4家）。被推荐的企业经商务部、财政部、税务总局联合确认后，纳入试点范围。

（四）各省相关主管部门按照商务部、财政部、税务总局联合确定的试点企业名单，衔接相关扶持政策，做好对试点企业的指导和监督，并将情况及时上报。

（五）商务部、财政部、税务总局将对各地试点情况进行检查。

四、加强组织领导

各地要充分认识发展农产品连锁超市对农产品的流通安全、带动农业的产业化、实现农民增收的重要意义，加强领导，落实措施，把农产品连锁超市试点工作抓紧抓好。要认真总结试点经验，及时解决试点中出现的问题。

附件：食用农产品范围注释

附件：

食用农产品范围注释

食用农产品是指可供食用的各种植物、畜牧、渔业产品及其初级加工产品。范围包括：

一、植物类

植物类包括人工种植和天然生长的各种植物的初级产品及其初加工品。范围包括：

（一）粮食

粮食是指供食用的谷类、豆类、薯类的统称。范围包括：

1. 小麦、稻谷、玉米、高粱、谷子、杂粮（如：大麦、燕麦等）及其他粮食作物。

2. 对上述粮食进行淘洗、碾磨、脱壳、分级包装、装缸发制等加工处理，制成的成品粮及其初制品，如大米、小米、面粉、玉米粉、豆面粉、米粉、荞麦面粉、小米面粉、莜麦面粉、薯粉、玉米片、玉米米、燕麦片、甘薯片、黄豆芽、绿豆芽等。

3. 切面、饺子皮、馄饨皮、面皮、米粉等粮食复制品。

以粮食为原料加工的速冻食品、方便面、副食品和各种熟食品，不属于食用农产品范围。

（二）园艺植物

1. 蔬菜。

蔬菜是指可作副食的草本、木本植物的总称。范围包括：

（1）各种蔬菜（含山野菜）、菌类植物和少数可作副食的木本植物。

（2）对各类蔬菜经晾晒、冷藏、冷冻、包装、脱水等工序加工的蔬菜。

（3）将植物的根、茎、叶、花、果、种子和食用菌通过干制加工处理后，制成的各类干菜，如黄花菜、玉兰片、萝卜干、冬菜、梅干菜、木耳、香菇、平菇等。

（4）腌菜、咸菜、酱菜和盐渍菜等也属于食用农产品范围。

各种蔬菜罐头（罐头是指以金属罐、玻璃瓶，经排气密封的各种食品。下同）及碾磨后的园艺植物（如胡椒粉、花椒粉等），不属于食用农产品范围。

2. 水果及坚果。

（1）新鲜水果。

（2）通过对新鲜水果（含各类山野果）清洗、脱壳、分类、包装、储藏保鲜、干燥、炒制等加工处理，制成的各类水果、果干（如荔枝干、桂圆干、葡萄干等）、果仁、坚果等。

（3）经冷冻、冷藏等工序加工的水果。

各种水果罐头，果脯，蜜饯，炒制的果仁、坚果，不属于食用农产品范围。

3. 花卉及观赏植物。

通过对花卉及观赏植物进行保鲜、储蓄、分级包装等加工处理，制成的各类用于食用的鲜、干花，晒制的药材等。

（三）茶叶

茶叶是指从茶树上采摘下来的鲜叶和嫩芽（即茶青），以及经吹干、揉拌、发酵、烘干等工序初制的茶。范围包括各种毛茶（如红毛茶、绿毛茶、乌龙毛茶、白毛茶、黑毛茶等）。

精制茶、边销茶及掺兑各种药物的茶和茶饮料，不属于食用农产品范围。

（四）油料植物

1. 油料植物是指主要用作榨取油脂的各种植物的根、茎、叶、果实、花或者胚芽组织等初级产品，如菜籽（包括芥菜籽、花生、大豆、葵花籽、蓖麻籽、芝麻籽、胡麻籽、茶籽、桐籽、橄榄仁、棕榈仁、棉籽等）。

2. 通过对菜籽、花生、大豆、葵花籽、蓖麻籽、芝麻、胡麻籽、茶籽、桐籽、棉籽及粮食的副产品等，进行清理、热炒、磨坯、榨油（搅油、墩油）等加工处理，制成的植物油（毛油）和饼粕等副产品，具体包括菜籽油、花生油、小磨香油、豆油、棉籽油、葵花油、米糠油以及油料饼粕、豆饼等。

3. 提取芳香油的芳香油料植物。

精炼植物油不属于食用农产品范围。

（五）药用植物

1. 药用植物是指用作中药原药的各种植物的根、茎、皮、叶、花、果实等。

2. 通过对各种药用植物的根、茎、皮、叶、花、果实等进行挑选、整理、捆扎、清洗、晾晒、切碎、蒸煮、密炒等处理过程，制成的片、丝、块、段等中药材。

3. 利用上述药用植物加工制成的片、丝、块、段等中药饮片。

中成药不属于食用农产品范围。

（六）糖料植物

1. 糖料植物是指主要用作制糖的各种植物，如甘蔗、甜菜等。

2. 通过对各种糖料植物，如甘蔗、甜菜等，进行清洗、切割、包装等加工处理的初级产品。

（七）热带、南亚热带作物初加工

通过对热带、南亚热带作物去除杂质、脱水、干燥等加工处理，制成的半成品或初级食品。具体包括：天然生胶和天然浓缩胶乳、生熟咖啡豆、胡椒籽、肉桂油、桉油、香茅油、木薯淀粉、腰果仁、坚果仁等。

（八）其他植物

其他植物是指除上述列举植物以外的其他各种可食用的人工种植和野生的植物及其初加工产品，如谷类、薯类、豆类、油料植物、糖料植物、蔬菜、花卉、植物种子、植物叶子、草、藻类植物等。

可食用的干花、干草、薯干、干制的藻类植物，也属于食用农产品范围。

二、畜牧类

畜牧类产品是指人工饲养、繁殖取得和捕获的各种畜禽及初加工品。范围包括：

（一）肉类产品

1. 兽类、禽类和爬行类动物（包括各类牲畜、家禽和人工驯养、繁殖的野生动物以及其他经济动物），如牛、马、猪、羊、鸡、鸭等。

2. 兽类、禽类和爬行类动物的肉产品。通过对畜禽类动物宰杀、去头、去蹄、去皮、去内脏、分割、切块或切片、冷藏或冷冻等加工处理，制成的分割肉、保鲜肉、冷藏肉、冷冻肉、冷却肉、盐渍肉、绞肉、肉块、肉片、肉丁等。

3. 兽类、禽类和爬行类动物的内脏、头、尾、蹄等组织。

4. 各种兽类、禽类和爬行类动物的肉类生制品，如腊肉、腌肉、熏肉等。

各种肉类罐头、肉类熟制品，不属于食用农产品范围。

（二）蛋类产品

1. 蛋类产品。是指各种禽类动物和爬行类动物的卵，包括鲜蛋、冷藏蛋。

2. 蛋类初加工品。通过对鲜蛋进行清洗、干燥、分级、包装、冷藏等加工处理，制成的各种分级、包装的鲜蛋、冷藏蛋等。

3. 经加工的咸蛋、松花蛋、腌制的蛋等。

各种蛋类的罐头不属于食用农产品范围。

（三）奶制品

（1）鲜奶。是指各种哺乳类动物的乳汁和经净化、杀菌等加工工序生产的乳汁。

（2）通过对鲜奶进行净化、均质、杀菌或灭菌、灌装等，制成的巴氏杀菌奶、超高温灭菌奶、花色奶等。

用鲜奶加工的各种奶制品，如酸奶、奶酪、奶油等，不属于食用农产品范围。

（四）蜂类产品

1. 是指采集的未经加工的天然蜂蜜、鲜蜂王浆等。

2. 通过去杂、浓缩、熔化、磨碎、冷冻等加工处理，制成的蜂蜜、鲜王浆以及蜂蜡、蜂胶、蜂花粉等。

各种蜂产品口服液、王浆粉不属于食用农产品范围。

（五）其他畜牧产品

其他畜牧产品是指上述列举以外的可食用的兽类、禽类、爬行类动物的其他组织，以及昆虫类动物。如动物骨、壳、动物血液、动物分泌物、蚕种、动物树脂等。

三、渔业类

（一）水产动物产品

水产动物是指人工放养和人工捕捞的鱼、虾、蟹、鳖、贝类、棘皮类、软体类、腔肠类、两栖类、海兽及其他水产动物。范围包括：

1. 鱼、虾、蟹、鳖、贝类、棘皮类、软体类、腔肠类、海兽类、鱼苗（卵）、虾苗、蟹苗、贝苗（秧）等。

2. 将水产动物整体或去头、去鳞（皮、壳）、去内脏、去骨（刺）、捣溃或切块、切片，经冰鲜、冷冻、冷藏、盐渍、干制等保鲜防腐处理和包装的水产动物初加工品。

熟制的水产品和各类水产品的罐头，不属于食用农产品范围。

（二）水生植物

1. 海带、裙带菜、紫菜、龙须菜、麒麟菜、江篱、浒苔、羊栖菜、莼菜等。

2. 将上述水生植物整体或去根、去边梢、切段，经热烫、冷冻、冷藏等保鲜防腐处理和包装的产品，以及整体或去根、去边梢、切段，经晾晒、干燥（脱水）、粉碎等处理和包装的产品。

罐装（包括软罐）产品不属于食用农产品范围。

（三）水产综合利用初加工品

通过对食用价值较低的鱼类、虾类、贝类、藻类以及水产品加工下脚料等，进行压榨（分离）、浓缩、烘干、粉碎、冷冻、冷藏等加工处理制成的可食用的初制品。如鱼粉、鱼油、海藻胶、鱼鳞胶、鱼露（汁）、虾酱、鱼籽、鱼肝酱等。

以鱼油、海兽油脂为原料生产的各类乳剂、胶丸、滴剂等制品不属于食用农产品范围。

国家税务总局
关于纳税人进口货物增值税进项税额抵扣有关问题的通知

（2007年3月22日　国税函〔2007〕350号）

各省、自治区、直辖市和计划单列市国家税务局：

近接部分地区咨询，纳税人进口货物报关后，境外供货商向国内进口方退还或返还的资金，或进口货物向境外实际支付的货款低于进口报关价格的差额，是否应当作进项税额转出。现明确如下：

《中华人民共和国增值税暂行条例》第八条规定，纳税人从海关取得的完税凭证上注明的增值税额准予从销项税额中抵扣。因此，纳税人进口货物取得的合法海关完税凭证，是计算增值税进项税额的唯一依据，其价格差额部分以及从境外供应商取得的退还或返还的资金，不作进项税额转出处理。

本文发布前纳税人已作进项税额转出处理的，可重新计入"应交税金——应交增值税——进项税额"科目，准予从销项税额中抵扣。

〔注释：条款修改。"纳税人从海关取得的完税凭证"修改为"纳税人从海关取得的海关进口增值税专用缴款书"，"进口货物取得的合法海关完税凭证"修改为"进口货物取得的合法海关进口增值税专用缴款书"，参见《国家税务总局关于修改若干增值税规范性文件引用法规规章条款依据的通知》（国税发〔2009〕10号）。〕

财政部　国家税务总局
关于农民专业合作社有关税收政策的通知

（2008年6月24日　财税〔2008〕81号）

各省、自治区、直辖市、计划单列市财政厅（局）、国家税务局、地方税务局，新疆生产建设兵团财务局：

经国务院批准，现将农民专业合作社有关税收政策通知如下：

一、对农民专业合作社销售本社成员生产的农业产品，视同农业生产者销售自产农业产品免征增值税。

二、增值税一般纳税人从农民专业合作社购进的免税农业产品，可按13%的扣除率计算抵扣增值税进项税额。

三、对农民专业合作社向本社成员销售的农膜、种子、种苗、化肥、农药、农机，免征增值税。

四、对农民专业合作社与本社成员签订的农业产品和农业生产资料购销合同，免征印花税。

本通知所称农民专业合作社，是指依照《中华人民共和国农民专业合作社法》规定设立和登记的农民专业合作社。

本通知自2008年7月1日起执行。

[注释：条款失效。第三条关于"化肥"的规定自2015年9月1日起停止执行，参见《财政部 国家税务总局关于对化肥恢复征收增值税政策的补充通知》（财税〔2015〕97号）。]

国家税务总局
关于进口免税设备解除海关监管补缴进口
环节增值税抵扣问题的批复

（2009年3月30日 国税函〔2009〕158号）

深圳市国家税务局：

你局《关于进口环节增值税抵扣问题的请示》（深国税发〔2009〕36号）已悉。经研究，批复如下：

根据海关进口货物减免税管理规定，进口减免税货物，应当由海关在一定年限内进行监管，提前解除监管的，应向主管海关申请办理补缴税款。

为保证税负公平，对于纳税人在2008年12月31日前免税进口的自用设备，由于提前解除海关监管，从海关取得2009年1月1日后开具的海关进口增值税专用缴款书，其所注明的增值税额准予从销项税额中抵扣。纳税人销售上述货物，应当按照增值税适用税率计算缴纳增值税。

财政部 国家税务总局
关于固定资产进项税额抵扣问题的通知

(2009年9月9日 财税〔2009〕113号)

各省、自治区、直辖市、计划单列市财政厅（局）、国家税务总局、地方税务局，新疆生产建设兵团财务局：

增值税转型改革实施后，一些地区反映固定资产增值税进项税额抵扣范围不够明确。为解决执行中存在的问题，经研究，现将有关问题通知如下：

《中华人民共和国增值税暂行条例实施细则》第二十三条第二款所称建筑物，是指供人们在其内生产、生活和其他活动的房屋或者场所，具体为《固定资产分类与代码》（GB/T14885—1994）中代码前两位为"02"的房屋；所称构筑物，是指人们不在其内生产、生活的人工建造物，具体为《固定资产分类与代码》（GB/T14885—1994）中代码前两位为"03"的构筑物；所称其他土地附着物，是指矿产资源及土地上生长的植物。

《固定资产分类与代码》（GB/T14885—1994）电子版可在财政部或国家税务总局网站查询。

以建筑物或者构筑物为载体的附属设备和配套设施，无论在会计处理上是否单独记账与核算，均应作为建筑物或者构筑物的组成部分，其进项税额不得在销项税额中抵扣。附属设备和配套设施是指：给排水、采暖、卫生、通风、照明、通讯、煤气、消防、中央空调、电梯、电气、智能化楼宇设备和配套设施。

国家税务总局
关于项目运营方利用信托资金融资过程中增值税进项税额抵扣问题的公告

(2010年8月9日 国家税务总局公告2010年第8号)

现就项目运营方利用信托资金融资进行项目建设开发过程中增值税进项税额抵扣问题公告如下：

项目运营方利用信托资金融资进行项目建设开发是指项目运营方与经批准成立的信托公司合作进行项目建设开发，信托公司负责筹集资金并设立信托计划，项目运营方负责项目建设与运营，项目建设完成后，项目资产归项目运营方所有。该经营模式下项目运营方在项目建设期内取得的增值税专用发票和其他抵扣凭证，允许其按现行增值税有关规定予以抵扣。

本公告自2010年10月1日起施行。此前未抵扣的进项税额允许其抵扣，已抵扣的不作进项税额转出。

财政部 国家税务总局
关于收购烟叶支付的价外补贴进项税额抵扣问题的通知

(2011年3月2日 财税〔2011〕21号)

各省、自治区、直辖市、计划单列市财政厅（局）、国家税务局、地方税务局，新疆生产建设兵团财务局：

根据有关方面的反映，现将收购烟叶给烟农的生产投入补贴增值税进项税额抵扣问题明确如下：

烟叶收购单位收购烟叶时按照国家有关规定以现金形式直接补贴烟农的生产投入补贴（以下简称价外补贴），属于农产品买价，为《中华人民共和国增值税暂行条例实施细则》（财政部 国家税务总局令第50号）第十七条中"价款"的一部分。烟叶收购单位，应将价外补贴与烟叶收购价格在同一张农产品收购发票或者销售发票上分别注明，否则，价外补贴不得计算增值税进项税额进行抵扣。

本通知自2009年1月1日起执行。

国家税务总局
关于纳税人资产重组增值税留抵税额处理有关问题的公告

(2012年12月13日 国家税务总局公告2012年第55号)

现将纳税人资产重组中增值税留抵税额处理有关问题公告如下：

一、增值税一般纳税人（以下称原纳税人）在资产重组过程中，将全部资产、负债和劳动力一并转让给其他增值税一般纳税人（以下称新纳税人），并按程序办理注销税务登记的，其在办理注销登记前尚未抵扣的进项税额可结转至新纳税人处继续抵扣。

二、原纳税人主管税务机关应认真核查纳税人资产重组相关资料，核实原纳税人在办理注销税务登记前尚未抵扣的进项税额，填写《增值税一般纳税人资产重组进项留抵税额转移单》（见附件）。

《增值税一般纳税人资产重组进项留抵税额转移单》一式三份，原纳税人主管税务机关留存一份，交纳税人一份，传递新纳税人主管税务机关一份。

三、新纳税人主管税务机关应将原纳税人主管税务机关传递来的《增值税一般纳税人资产重组进项留抵税额转移单》与纳税人报送资料进行认真核对，对原纳税人尚未抵扣的进项税额，在确认无误后，允许新纳税人继续申报抵扣。

本公告自2013年1月1日起施行。

附件：增值税一般纳税人资产重组进项留抵税额转移单（见二维码11）

[注释：条款失效。"附件1《增值税一般纳税人资产重组进项留抵税额转移单》（编号：×××县（市、区）国税资产重组留抵通知××号）"修改为"附件1《增值税一般纳税人资产重组进项留抵税额转移单》（编号：×××县（市、区）税务资产重组留抵通知××号）"，参见《国家税务总局关于修改部分税收规范性文件的公告》（国家税务总局公告2018年第31号）。]

国家税务总局
关于输水管道有关增值税问题的批复

（2013年11月25日　税总函〔2013〕642号）

新疆维吾尔自治区国家税务局：

你局《关于输水管道有关增值税问题的请示》（新国税发〔2013〕142号）收悉。经研究，现批复如下：

新疆伊犁喀什河尼勒克一级水电站跨尼勒克沟输水管道虽运用"倒吸虹"原理输送水源，但该输水管道仍属于《固定资产分类与代码》（GB/T14885—1994）中的"输水管道（代码099101）"，根据《中华人民共和国增值税暂行条例》《中华人民共和国增值税暂行条例实施细则》和《财政部　国家税务总局关于固定资产进项税额抵扣问题的通知》（财税〔2009〕113号）的有关规定，其增值税进项税额可在销项税额中抵扣。

财政部　国家税务总局
关于煤炭采掘企业增值税进项税额抵扣有关事项的通知

（2015年11月2日　财税〔2015〕117号）

各省、自治区、直辖市、计划单列市财政厅（局）、国家税务局，新疆生产建设兵团财务局：

为统一煤炭采掘企业增值税进项税额抵扣政策，便于政策理解和执行，经研究，现就有关事项明确如下：

一、煤炭采掘企业购进的下列项目，其进项税额允许从销项税额中抵扣：

（一）巷道附属设备及其相关的应税货物、劳务和服务；

（二）用于除开拓巷道以外的其他巷道建设和掘进，或者用于巷道回填、露天煤矿生态恢复的应税货物、劳务和服务。

二、本通知所称的巷道，是指为采矿提升、运输、通风、排水、动力供应、瓦斯治理等而掘进的通道，包括开拓巷道和其他巷道。其中，开拓巷道，是指为整个矿井或一个开采水平（阶段）服务的巷道。所称的巷道附属设备，是指以巷道为载体的给排水、采暖、降温、卫生、通风、照明、通讯、消防、电梯、电气、瓦斯抽排等设备。

三、本通知自2015年11月1日起执行。

第二部分　增值税优惠政策

一、改善民生

（一）提高居民收入

财政部　国家税务总局
关于免征部分鲜活肉蛋产品流通环节增值税政策的通知

（2012年9月27日　财税〔2012〕75号）

各省、自治区、直辖市、计划单列市财政厅（局）、国家税务局，新疆生产建设兵团财务局：

经国务院批准，自2012年10月1日起，免征部分鲜活肉蛋产品流通环节增值税。现将有关事项通知如下：

一、对从事农产品批发、零售的纳税人销售的部分鲜活肉蛋产品免征增值税。免征增值税的鲜活肉产品，是指猪、牛、羊、鸡、鸭、鹅及其整块或者分割的鲜肉、冷藏或者冷冻肉、内脏、头、尾、骨、蹄、翅、爪等组织。免征增值税的鲜活蛋产品，是指鸡蛋、鸭蛋、鹅蛋，包括鲜蛋、冷藏蛋以及对其进行破壳分离的蛋液、蛋黄和蛋壳。上述产品中不包括《中华人民共和国野生动物保护法》所规定的国家珍贵、濒危野生动物及其鲜活肉类、蛋类产品。

二、从事农产品批发、零售的纳税人既销售本通知第一条规定的部分鲜活肉蛋产品又销售其他增值税应税货物的，应分别核算上述鲜活肉蛋产品和其他增值税应税货物的销售额；未分别核算的，不得享受部分鲜活肉蛋产品增值税免税政策。

三、《中华人民共和国增值税暂行条例》第八条所列准予从销项税额中扣除的进项税额的第（三）项所称的"销售发票"，是指小规模纳税人销售农产品依照3%征收率按简易办法计算缴纳增值税而自行开具或委托税务机关代开的普通发票。批发、零售纳税人享受免税政策后开具的普通发票不得作为计算抵扣进项税额的凭证。

[注释：条款废止。第三条，自2017年7月1日起废止，参见《财政部 税务总局关于简并增值税税率有关政策的通知》（财税〔2017〕37号）。]

财政部 国家税务总局
关于免征蔬菜流通环节增值税有关问题的通知

（2011年12月31日 财税〔2011〕137号）

各省、自治区、直辖市、计划单列市财政厅（局）、国家税务局，新疆生产建设兵团财务局：

经国务院批准，自2012年1月1日起，免征蔬菜流通环节增值税。现将有关事项通知如下：

一、对从事蔬菜批发、零售的纳税人销售的蔬菜免征增值税。

蔬菜是指可作副食的草本、木本植物，包括各种蔬菜、菌类植物和少数可作副食的木本植物。蔬菜的主要品种参照《蔬菜主要品种目录》（见附件）执行。

经挑选、清洗、切分、晾晒、包装、脱水、冷藏、冷冻等工序加工的蔬菜，属于本通知所述蔬菜的范围。

各种蔬菜罐头不属于本通知所述蔬菜的范围。蔬菜罐头是指蔬菜经处理、装罐、密封、杀菌或无菌包装而制成的食品。

二、纳税人既销售蔬菜又销售其他增值税应税货物的，应分别核算蔬菜和其他增值税应税货物的销售额；未分别核算的，不得享受蔬菜增值税免税政策。

附件：蔬菜主要品种目录（见二维码12）

二维码12

（二）住房

财政部 国家税务总局
关于全面推开营业税改征增值税试点的通知

（2016年3月23日 财税〔2016〕36号）

（正文编者略）

附件3第一条第（十五）款。个人销售自建自用住房免征增值税。

附件2第一条第（九）款第6项。个人出租住房应按照5%的征收率减按1.5%计算应纳增值税。

附件3第五条。个人将购买2年以上（含2年）的住房对外销售免征增值税。

附件3第一条第（三十四）款。为了配合国家住房制度改革，企业、行政事业单位按房改成本价、标准价出售住房取得的收入免征增值税。

财政部　税务总局
关于公共租赁住房税收优惠政策的公告

（2019年4月15日　财政部　税务总局公告2019年第61号）

为继续支持公共租赁住房（以下称公租房）建设和运营，现将有关税收优惠政策公告如下：

一、对公租房建设期间用地及公租房建成后占地，免征城镇土地使用税。在其他住房项目中配套建设公租房，按公租房建筑面积占总建筑面积的比例免征建设、管理公租房涉及的城镇土地使用税。

二、对公租房经营管理单位免征建设、管理公租房涉及的印花税。在其他住房项目中配套建设公租房，按公租房建筑面积占总建筑面积的比例免征建设、管理公租房涉及的印花税。

三、对公租房经营管理单位购买住房作为公租房，免征契税、印花税；对公租房租赁双方免征签订租赁协议涉及的印花税。

四、对企事业单位、社会团体以及其他组织转让旧房作为公租房房源，且增值额未超过扣除项目金额20%的，免征土地增值税。

五、企事业单位、社会团体以及其他组织捐赠住房作为公租房，符合税收法律法规规定的，对其公益性捐赠支出在年度利润总额12%以内的部分，准予在计算应纳税所得额时扣除，超过年度利润总额12%的部分，准予结转以后三年内在计算应纳税所得额时扣除。

个人捐赠住房作为公租房，符合税收法律法规规定的，对其公益性捐赠支出未超过其申报的应纳税所得额30%的部分，准予从其应纳税所得额中扣除。

六、对符合地方政府规定条件的城镇住房保障家庭从地方政府领取的住房租赁补贴，免征个人所得税。

七、对公租房免征房产税。对经营公租房所取得的租金收入，免征增值税。公租房经营管理单位应单独核算公租房租金收入，未单独核算的，不得享受免征增值税、房产税优惠政策。

八、享受上述税收优惠政策的公租房是指纳入省、自治区、直辖市、计划单列市人民政府及新疆生产建设兵团批准的公租房发展规划和年度计划，或者市、县人民政府批准建设（筹集），并按照《关于加快发展公共租赁住房的指导意见》（建保〔2010〕87号）和市、县人民政府制定的具体管理办法进行管理的公租房。

九、纳税人享受本公告规定的优惠政策，应按规定进行免税申报，并将不动产权属证明、载有房产原值的相关材料、纳入公租房及用地管理的相关材料、配套建设管理公租房相关材料、购买住房作为公租房相关材料、公租房租赁协议等留存备查。

十、本公告执行期限为2019年1月1日至2020年12月31日。

（三）军转择业

财政部 国家税务总局
关于全面推开营业税改征增值税试点的通知

（2016年3月23日 财税〔2016〕36号）

（正文编者略）

附件3第一条第（三十九）款第2项。随军家属从事个体经营免征增值税。
附件3第一条第（四十）款第1项。军转干部从事个体经营免征增值税。
附件3第一条第（三十九）款第1项。企业安置随军家属免征增值税。
附件3第一条第（四十）款第2项。企业安置军转干部免征增值税。

财政部 税务总局 退役军人部
关于进一步扶持自主就业退役士兵创业
就业有关税收政策的通知

（2019年2月2日 财税〔2019〕21号）

各省、自治区、直辖市、计划单列市财政厅（局）、退役军人事务厅（局），国家税务总局各省、自治区、直辖市、计划单列市税务局，新疆生产建设兵团财政局：

为进一步扶持自主就业退役士兵创业就业，现将有关税收政策通知如下：

一、自主就业退役士兵从事个体经营的，自办理个体工商户登记当月起，在3年（36个月，下同）内按每户每年12000元为限额依次扣减其当年实际应缴纳的增值税、城市维护建设税、教育费附加、地方教育附加和个人所得税。限额标准最高可上浮20%，各省、自治区、直辖市人民政府可根据本地区实际情况在此幅度内确定具体限额标准。

纳税人年度应缴纳税款小于上述扣减限额的，减免税额以其实际缴纳的税款为限；大于上述扣减限额的，以上述扣减限额为限。纳税人的实际经营期不足1年的，应当按月换算其减免税限额。换算公式为：减免税限额=年度减免税限额÷12×实际经营月数。城市维护建设税、教育费附加、地方教育附加的计税依据是享受本项税收优惠政策前的增值税应纳税额。

二、企业招用自主就业退役士兵，与其签订1年以上期限劳动合同并依法缴纳社会保险费的，自签订劳动合同并缴纳社会保险当月起，在3年内按实际招用人数予以定额依次扣减增值税、城市维护建设税、教育费附加、地方教育附加和企业所得税优惠。定额标准为每人每年 6000 元，最高可上浮 50%，各省、自治区、直辖市人民政府可根据本地区实际情况在此幅度内确定具体定额标准。

企业按招用人数和签订的劳动合同时间核算企业减免税总额，在核算减免税总额内每月依次扣减增值税、城市维护建设税、教育费附加和地方教育附加。企业实际应缴纳的增值税、城市维护建设税、教育费附加和地方教育附加小于核算减免税总额的，以实际应缴纳的增值税、城市维护建设税、教育费附加和地方教育附加为限；实际应缴纳的增值税、城市维护建设税、教育费附加和地方教育附加大于核算减免税总额的，以核算减免税总额为限。

纳税年度终了，如果企业实际减免的增值税、城市维护建设税、教育费附加和地方教育附加小于核算减免税总额，企业在企业所得税汇算清缴时以差额部分扣减企业所得税。当年扣减不完的，不再结转以后年度扣减。

自主就业退役士兵在企业工作不满 1 年的，应当按月换算减免税限额。计算公式为：企业核算减免税总额 = ∑每名自主就业退役士兵本年度在本单位工作月份 ÷ 12 × 具体定额标准。

城市维护建设税、教育费附加、地方教育附加的计税依据是享受本项税收优惠政策前的增值税应纳税额。

三、本通知所称自主就业退役士兵是指依照《退役士兵安置条例》（国务院　中央军委令第 608 号）的规定退出现役并按自主就业方式安置的退役士兵。

本通知所称企业是指属于增值税纳税人或企业所得税纳税人的企业等单位。

四、自主就业退役士兵从事个体经营的，在享受税收优惠政策进行纳税申报时，注明其退役军人身份，并将《中国人民解放军义务兵退出现役证》《中国人民解放军士官退出现役证》或《中国人民武装警察部队义务兵退出现役证》《中国人民武装警察部队士官退出现役证》留存备查。

企业招用自主就业退役士兵享受税收优惠政策的，将以下资料留存备查：

1. 招用自主就业退役士兵的《中国人民解放军义务兵退出现役证》《中国人民解放军士官退出现役证》或《中国人民武装警察部队义务兵退出现役证》《中国人民武装警察部队士官退出现役证》；

2. 企业与招用自主就业退役士兵签订的劳动合同（副本），为职工缴纳的社会保险费记录；

3. 自主就业退役士兵本年度在企业工作时间表（见附件）。

五、企业招用自主就业退役士兵既可以适用本通知规定的税收优惠政策，又可以适用其他扶持就业专项税收优惠政策的，企业可以选择适用最优惠的政策，但不得重复享受。

六、本通知规定的税收政策执行期限为 2019 年 1 月 1 日至 2021 年 12 月 31 日。纳税人在 2021 年 12 月 31 日享受本通知规定税收优惠政策未满 3 年的，可继续享受至 3 年期满为止。《财政部　税务总局　民政部关于继续实施扶持自主就业退役士兵创业就业有关税收政策的通知》（财税〔2017〕46 号）自 2019 年 1 月 1 日起停止执行。

退役士兵以前年度已享受退役士兵创业就业税收优惠政策满 3 年的，不得再享受本通知规定的税收优惠政策；以前年度享受退役士兵创业就业税收优惠政策未满 3 年且符合本通知规定条件的，可按本通知规定享受优惠至 3 年期满。

各地财政、税务、退役军人事务部门要加强领导、周密部署，把扶持自主就业退役士兵创业就业工作作为一项重要任务，主动做好政策宣传和解释工作，加强部门间的协调配合，确保政策落实到位。同时，要密切关注税收政策的执行情况，对发现的问题及时逐级向财政部、税务总局、退役军人部反映。

附件：自主就业退役士兵本年度在企业工作时间表（样表）（见二维码13）

二维码13

（四）社会保障

财政部　国家税务总局
关于增值税几个税收政策问题的通知

（1994年10月18日　财税字〔1994〕60号）

根据国务院批示精神，经研究，现对几个增值税政策问题明确如下：

一、增值税一般纳税人1994年5月1日以后销售应税货物而支付的运输费用，除《中华人民共和国增值税暂行条例实施细则》第十二条所规定的不并入销售额的代垫运费以外，可按（94）财税字第12号《财政部　国家税务总局关于运输费用和废旧物资准予抵扣进项税额问题的通知》中有关规定，依10%的扣除率计算进项税额予以抵扣。

纳税人购买或销售免税货物所发生的运输费用，不得计算进项税额抵扣。

二、供残疾人专用的假肢、轮椅、矫型器（包括上肢矫型器、下肢矫型器、脊椎侧弯矫型器），免征增值税。

三、对国家定点企业（名单见附件）生产和经销单位经销的专供少数民族饮用的边销茶，免征增值税。

边销茶，是指以黑茶、红茶末、老青茶、绿茶经蒸制、加压、发酵、压制成不同形状，专门销往边疆少数民族地区的紧压茶。

四、对农业产品收购单位在收购价格之外按规定缴纳的农业特产税，准予并入农业产品的买价，计算进项税额扣除。

五、铁路工附业单位，凡是向其所在铁路局内部其他单位提供的货物或应税劳务，1995年底前暂免征收增值税；向其所在铁路局以外销售的货物或应税劳务，应照章征收增值税。

上款所称铁路工附业，是指直接为铁路运输生产服务的工业性和非工业性生产经营单位，主要包括工业性生产和加工修理修配、材料供应、生活供应等。

六、农用水泵、农用柴油机按农机产品依13%的税率征收增值税。

农用水泵是指主要用于农业生产的水泵，包括农村水井用泵、农田作业面潜水泵、农用轻便离心泵、与喷灌机配套的喷灌自吸泵。其他水泵不属于农机产品征税范围。

农用柴油机是指主要配套于农田拖拉机、田间作业机具、农副产品加工机械以及排灌机械，以柴油为燃料，油缸数在3缸以下（含3缸）的往复式内燃动力机械。4缸以上（含4

缸）柴油机不属于农机产品征税范围。

七、本通知除第一条外，从 1994 年 1 月 1 日起执行。

附件：免征边销茶增值税的 16 个定点厂名单

［注释：条款失效。第一条、第四条、第五条失效，参见《财政部 国家税务总局关于公布若干废止和失效的增值税规范性文件目录的通知》（财税〔2009〕17 号）。］

中华人民共和国增值税暂行条例

（正文编者略）

第十五条第（六）项。由残疾人的组织直接进口供残疾人专用的物品免征增值税。

财政部 国家税务总局
关于全面推开营业税改征增值税试点的通知

（2016 年 3 月 23 日 财税〔2016〕36 号）

（正文编者略）

附件 3 第一条第（一）款。托儿所、幼儿园提供的保育和教育服务免征增值税。

附件 3 第一条第（二）款。养老机构提供的养老服务免征增值税。

附件 3 第一条第（三）款。残疾人福利机构提供的育养服务免征增值税。

附件 3 第一条第（四）款。婚姻介绍服务免征增值税。

附件 3 第一条第（五）款。殡葬服务免征增值税。

附件 3 第一条第（六）款。残疾人员本人为社会提供的服务免征增值税。

附件 3 第一条第（十九）款第 5 项。住房公积金管理中心用住房公积金在指定的委托银行发放的个人住房贷款取得的利息收入免征增值税。

附件 3 第一条第（三十一）款。家政服务企业由员工制家政服务员提供家政服务取得的收入免征增值税。

财政部 国家税务总局
关于促进残疾人就业增值税优惠政策的通知

（2016 年 5 月 5 日 财税〔2016〕52 号）

各省、自治区、直辖市、计划单列市财政厅（局）、国家税务局，新疆生产建设兵团财务局：

为继续发挥税收政策促进残疾人就业的作用，进一步保障残疾人权益，经国务院批准，决定对促进残疾人就业的增值税政策进行调整完善。现将有关政策通知如下：

一、对安置残疾人的单位和个体工商户（以下称纳税人），实行由税务机关按纳税人安置残疾人的人数，限额即征即退增值税的办法。

安置的每位残疾人每月可退还的增值税具体限额，由县级以上税务机关根据纳税人所在区县（含县级市、旗，下同）适用的经省（含自治区、直辖市、计划单列市，下同）人民政府批准的月最低工资标准的4倍确定。

二、享受税收优惠政策的条件。

（一）纳税人（除盲人按摩机构外）月安置的残疾人占在职职工人数的比例不低于25%（含25%），并且安置的残疾人人数不少于10人（含10人）；

盲人按摩机构月安置的残疾人占在职职工人数的比例不低于25%（含25%），并且安置的残疾人人数不少于5人（含5人）。

（二）依法与安置的每位残疾人签订了一年以上（含一年）的劳动合同或服务协议。

（三）为安置的每位残疾人按月足额缴纳了基本养老保险、基本医疗保险、失业保险、工伤保险和生育保险等社会保险。

（四）通过银行等金融机构向安置的每位残疾人，按月支付了不低于纳税人所在区县适用的经省人民政府批准的月最低工资标准的工资。

三、《财政部 国家税务总局关于教育税收政策的通知》（财税〔2004〕39号）第一条第7项规定的特殊教育学校举办的企业，只要符合本通知第二条第（一）项第一款规定的条件，即可享受本通知第一条规定的增值税优惠政策。这类企业在计算残疾人人数时可将在企业上岗工作的特殊教育学校的全日制在校学生计算在内，在计算企业在职职工人数时也要将上述学生计算在内。

四、纳税人中纳税信用等级为税务机关评定的C级或D级的，不得享受本通知第一条、第三条规定的政策。

五、纳税人按照纳税期限向主管国税机关申请退还增值税。本纳税期已交增值税额不足退还的，可在本纳税年度内以前纳税期已交增值税扣除已退增值税的余额中退还，仍不足退还的可结转本纳税年度内以后纳税期退还，但不得结转以后年度退还。纳税期限不为按月的，只能对其符合条件的月份退还增值税。

六、本通知第一条规定的增值税优惠政策仅适用于生产销售货物，提供加工、修理修配劳务，以及提供营改增现代服务和生活服务税目（不含文化体育服务和娱乐服务）范围的服务取得的收入之和，占其增值税收入的比例达到50%的纳税人，但不适用于上述纳税人直接销售外购货物（包括商品批发和零售）以及销售委托加工的货物取得的收入。

纳税人应当分别核算上述享受税收优惠政策和不得享受税收优惠政策业务的销售额，不能分别核算的，不得享受本通知规定的优惠政策。

七、如果既适用促进残疾人就业增值税优惠政策，又适用重点群体、退役士兵、随军家属、军转干部等支持就业的增值税优惠政策的，纳税人可自行选择适用的优惠政策，但不能累加执行。一经选定，36个月内不得变更。

八、残疾人个人提供的加工、修理修配劳务，免征增值税。

九、税务机关发现已享受本通知增值税优惠政策的纳税人，存在不符合本通知第二条、第三条规定条件，或者采用伪造或重复使用残疾人证、残疾军人证等手段骗取本通知规定的增值税优惠的，应将纳税人发生上述违法违规行为的纳税期内按本通知已享受到的退税全额追缴入库，并自发现当月起36个月内停止其享受本通知规定的各项税收优惠。

十、本通知有关定义。

（一）残疾人，是指法定劳动年龄内，持有《中华人民共和国残疾人证》或者《中华人民共和国残疾军人证（1至8级）》的自然人，包括具有劳动条件和劳动意愿的精神残疾人。

（二）残疾人个人，是指自然人。

（三）在职职工人数，是指与纳税人建立劳动关系并依法签订劳动合同或者服务协议的雇员人数。

（四）特殊教育学校举办的企业，是指特殊教育学校主要为在校学生提供实习场所、并由学校出资自办、由学校负责经营管理、经营收入全部归学校所有的企业。

十一、本通知规定的增值税优惠政策的具体征收管理办法，由国家税务总局制定。

十二、本通知自2016年5月1日起执行，《财政部 国家税务总局关于促进残疾人就业税收优惠政策的通知》（财税〔2007〕92号）、《财政部 国家税务总局关于将铁路运输和邮政业纳入营业税改征增值税试点的通知》（财税〔2013〕106号）附件3第二条第（二）项同时废止。纳税人2016年5月1日前执行财税〔2007〕92号和财税〔2013〕106号文件发生的应退未退的增值税余额，可按照本通知第五条规定执行。

财政部　税务总局
关于全国社会保障基金有关投资业务税收政策的通知

（2018年9月10日　财税〔2018〕94号）

各省、自治区、直辖市、计划单列市财政厅（局），国家税务总局各省、自治区、直辖市、计划单列市税务局，新疆生产建设兵团财政局：

现将全国社会保障基金理事会（以下简称社保基金会）管理的全国社会保障基金（以下简称社保基金）有关投资业务税收政策通知如下：

一、对社保基金会、社保基金投资管理人在运用社保基金投资过程中，提供贷款服务取得的全部利息及利息性质的收入和金融商品转让收入，免征增值税。

二、对社保基金取得的直接股权投资收益、股权投资基金收益，作为企业所得税不征税收入。

三、对社保基金会、社保基金投资管理人管理的社保基金转让非上市公司股权，免征社保基金会、社保基金投资管理人应缴纳的印花税。

四、本通知自发布之日起执行。通知发布前发生的社保基金有关投资业务，符合本通知规定且未缴纳相关税款的，按本通知执行；已缴纳的相关税款，不再退还。

财政部 税务总局
关于基本养老保险基金有关投资业务税收政策的通知

(2018 年 9 月 20 日 财税〔2018〕95 号)

各省、自治区、直辖市、计划单列市财政厅(局),国家税务总局各省、自治区、直辖市、计划单列市税务局,新疆生产建设兵团财政局:

现将全国社会保障基金理事会(以下简称社保基金会)受托投资的基本养老保险基金(以下简称养老基金)有关投资业务税收政策通知如下:

一、对社保基金会及养老基金投资管理机构在国务院批准的投资范围内,运用养老基金投资过程中,提供贷款服务取得的全部利息及利息性质的收入和金融商品转让收入,免征增值税。

二、对社保基金会及养老基金投资管理机构在国务院批准的投资范围内,运用养老基金投资取得的归属于养老基金的投资收入,作为企业所得税不征税收入;对养老基金投资管理机构、养老基金托管机构从事养老基金管理活动取得的收入,依照税法规定征收企业所得税。

三、对社保基金会及养老基金投资管理机构运用养老基金买卖证券应缴纳的印花税实行先征后返;养老基金持有的证券,在养老基金证券账户之间的划拨过户,不属于印花税的征收范围,不征收印花税。对社保基金会及养老基金投资管理机构管理的养老基金转让非上市公司股权,免征社保基金会及养老基金投资管理机构应缴纳的印花税。

四、本通知自发布之日起执行。本通知发布前发生的养老基金有关投资业务,符合本通知规定且未缴纳相关税款的,按本通知执行;已缴纳的相关税款,不再退还。

财政部 税务总局 发展改革委 民政部 商务部 卫生健康委
关于养老、托育、家政等社区家庭服务业税费优惠政策的公告

(2019 年 6 月 28 日 财政部公告 2019 年第 76 号)

为支持养老、托育、家政等社区家庭服务业发展,现就有关税费政策公告如下:

一、为社区提供养老、托育、家政等服务的机构,按照以下规定享受税费优惠政策:

(一)提供社区养老、托育、家政服务取得的收入,免征增值税。

(二)提供社区养老、托育、家政服务取得的收入,在计算应纳税所得额时,减按90%计入收入总额。

(三)承受房屋、土地用于提供社区养老、托育、家政服务的,免征契税。

(四)用于提供社区养老、托育、家政服务的房产、土地,免征不动产登记费、耕地开

垦费、土地复垦费、土地闲置费；用于提供社区养老、托育、家政服务的建设项目，免征城市基础设施配套费；确因地质条件等原因无法修建防空地下室的，免征防空地下室易地建设费。

二、为社区提供养老、托育、家政等服务的机构自有或其通过承租、无偿使用等方式取得并用于提供社区养老、托育、家政服务的房产、土地，免征房产税、城镇土地使用税。

三、本公告所称社区是指聚居在一定地域范围内的人们所组成的社会生活共同体，包括城市社区和农村社区。

为社区提供养老服务的机构，是指在社区依托固定场所设施，采取全托、日托、上门等方式，为社区居民提供养老服务的企业、事业单位和社会组织。社区养老服务是指为老年人提供的生活照料、康复护理、助餐助行、紧急救援、精神慰藉等服务。

为社区提供托育服务的机构，是指在社区依托固定场所设施，采取全日托、半日托、计时托、临时托等方式，为社区居民提供托育服务的企业、事业单位和社会组织。社区托育服务是指为3周岁（含）以下婴幼儿提供的照料、看护、膳食、保育等服务。

为社区提供家政服务的机构，是指以家庭为服务对象，为社区居民提供家政服务的企业、事业单位和社会组织。社区家政服务是指进入家庭成员住所或医疗机构为孕产妇、婴幼儿、老人、病人、残疾人提供的照护服务，以及进入家庭成员住所提供的保洁、烹饪等服务。

四、符合下列条件的家政服务企业提供家政服务取得的收入，比照《营业税改征增值税试点过渡政策的规定》（财税〔2016〕36号附件）第一条第（三十一）项规定，免征增值税。

（一）与家政服务员、接受家政服务的客户就提供家政服务行为签订三方协议。

（二）向家政服务员发放劳动报酬，并对家政服务员进行培训管理。

（三）通过建立业务管理系统对家政服务员进行登记管理。

五、财政、税费征收机关可根据工作需要与民政、卫生健康、商务等部门建立信息共享和工作配合机制，民政、卫生健康、商务等部门应积极协同配合，保障优惠政策落实到位。

六、本公告自2019年6月1日起执行至2025年12月31日。

（五）再就业扶持

财政部　税务总局　人力资源社会保障部　国务院扶贫办关于进一步支持和促进重点群体创业就业有关税收政策的通知

（2019年2月2日　财税〔2019〕22号）

各省、自治区、直辖市、计划单列市财政厅（局）、人力资源社会保障厅（局）、扶贫办，国家税务总局各省、自治区、直辖市、计划单列市税务局，新疆生产建设兵团财政局、人力资源社会保障局、扶贫办：

为进一步支持和促进重点群体创业就业,现将有关税收政策通知如下:

一、建档立卡贫困人口、持《就业创业证》(注明"自主创业税收政策"或"毕业年度内自主创业税收政策")或《就业失业登记证》(注明"自主创业税收政策")的人员,从事个体经营的,自办理个体工商户登记当月起,在3年(36个月,下同)内按每户每年12000元为限额依次扣减其当年实际应缴纳的增值税、城市维护建设税、教育费附加、地方教育附加和个人所得税。限额标准最高可上浮20%,各省、自治区、直辖市人民政府可根据本地区实际情况在此幅度内确定具体限额标准。

纳税人年度应缴纳税款小于上述扣减限额的,减免税额以其实际缴纳的税款为限;大于上述扣减限额的,以上述扣减限额为限。

上述人员具体包括:

1. 纳入全国扶贫开发信息系统的建档立卡贫困人口;
2. 在人力资源社会保障部门公共就业服务机构登记失业半年以上的人员;
3. 零就业家庭、享受城市居民最低生活保障家庭劳动年龄内的登记失业人员;
4. 毕业年度内高校毕业生。高校毕业生是指实施高等学历教育的普通高等学校、成人高等学校应届毕业的学生;毕业年度是指毕业所在自然年,即1月1日至12月31日。

二、企业招用建档立卡贫困人口,以及在人力资源社会保障部门公共就业服务机构登记失业半年以上且持《就业创业证》或《就业失业登记证》(注明"企业吸纳税收政策")的人员,与其签订1年以上期限劳动合同并依法缴纳社会保险费的,自签订劳动合同并缴纳社会保险当月起,在3年内按实际招用人数予以定额依次扣减增值税、城市维护建设税、教育费附加、地方教育附加和企业所得税优惠。定额标准为每人每年6000元,最高可上浮30%,各省、自治区、直辖市人民政府可根据本地区实际情况在此幅度内确定具体定额标准。城市维护建设税、教育费附加、地方教育附加的计税依据是享受本项税收优惠政策前的增值税应纳税额。

按上述标准计算的税收扣减额应在企业当年实际应缴纳的增值税、城市维护建设税、教育费附加、地方教育附加和企业所得税税额中扣减,当年扣减不完的,不得结转下年使用。

本通知所称企业是指属于增值税纳税人或企业所得税纳税人的企业等单位。

三、国务院扶贫办在每年1月15日前将建档立卡贫困人口名单及相关信息提供给人力资源社会保障部、税务总局,税务总局将相关信息转发给各省、自治区、直辖市税务部门。人力资源社会保障部门依托全国扶贫开发信息系统核实建档立卡贫困人口身份信息。

四、企业招用就业人员既可以适用本通知规定的税收优惠政策,又可以适用其他扶持就业专项税收优惠政策的,企业可以选择适用最优惠的政策,但不得重复享受。

五、本通知规定的税收政策执行期限为2019年1月1日至2021年12月31日。纳税人在2021年12月31日享受本通知规定税收优惠政策未满3年的,可继续享受至3年期满为止。《财政部 税务总局 人力资源社会保障部关于继续实施支持和促进重点群体创业就业有关税收政策的通知》(财税〔2017〕49号)自2019年1月1日起停止执行。

本通知所述人员,以前年度已享受重点群体创业就业税收优惠政策满3年的,不得再享受本通知规定的税收优惠政策;以前年度享受重点群体创业就业税收优惠政策未满3年且符合本通知规定条件的,可按本通知规定享受优惠至3年期满。

各地财政、税务、人力资源社会保障部门、扶贫办要加强领导、周密部署,把大力支持和促进重点群体创业就业工作作为一项重要任务，主动做好政策宣传和解释工作，加强部门间的协调配合，确保政策落实到位。同时，要密切关注税收政策的执行情况，对发现的问题及时逐级向财政部、税务总局、人力资源社会保障部、国务院扶贫办反映。

（六）救灾及重建

财政部　国家税务总局
关于粮食企业增值税征免问题的通知

（1999年6月29日　财税字〔1999〕198号）

（正文编者略）

一、国有粮食购销企业必须按顺价原则销售粮食。对承担粮食收储任务的国有粮食购销企业销售的粮食免征增值税。

二、对其他粮食企业经营粮食，除列明特定情况外，一律征收增值税。

三、对销售食用植物油业务，除政府储备食用植物油的销售继续免征增值税外，一律照章征收增值税。

财政部　税务总局
关于支持个体工商户复工复业增值税政策的公告

（2020年2月28日　财政部　税务总局公告2020年第13号）

（正文编者略）

（七）其他

财政部　税务总局
关于继续执行边销茶增值税政策的公告

（2019年8月28日　财政部　税务总局公告2019年第83号）

现将继续执行边销茶增值税政策公告如下：

一、自2019年1月1日起至2020年12月31日，对边销茶生产企业（企业名单见附件）销售自产的边销茶及经销企业销售的边销茶免征增值税。

本公告所称边销茶,是指以黑毛茶、老青茶、红茶末、绿茶为主要原料,经过发酵、蒸制、加压或者压碎、炒制,专门销往边疆少数民族地区的紧压茶、方包茶(马茶)。

二、在本公告发布之前已征的按上述规定应予免征的增值税税款,可抵减纳税人以后月份应缴纳的增值税税款或予以退还。已向购买方开具增值税专用发票的,应将专用发票追回后方可办理免税。无法追回专用发票的,不予免税。

二维码14

附件:适用增值税免税政策的边销茶生产企业名单(见二维码14)

二、支持"三农"

(一)肥料饲料

财政部 国家税务总局
关于饲料产品免征增值税问题的通知

(2001年7月12日 财税〔2001〕121号)

根据国务院关于部分饲料产品继续免征增值税的指示,现将免税饲料产品范围及国内环节饲料免征增值税的管理办法明确如下:

一、免税饲料产品范围包括:

(一)单一大宗饲料。指以一种动物、植物、微生物或矿物质为来源的产品或其副产品。其范围仅限于糠麸、酒糟、鱼粉、草饲料、饲料级磷酸氢钙及除豆粕以外的菜子粕、棉子粕、向日葵粕、花生粕等粕类产品。

(二)混合饲料。指由两种以上单一大宗饲料、粮食、粮食副产品及饲料添加剂按照一定比例配置,其中单一大宗饲料、粮食及粮食副产品的掺兑比例不低于95%的饲料。

(三)配合饲料。指根据不同的饲养对象,饲养对象的不同生长发育阶段的营养需要,将多种饲料原料按饲料配方经工业生产后,形成的能满足饲养动物全部营养需要(除水分外)的饲料。

(四)复合预混料。指能够按照国家有关饲料产品的标准要求量,全面提供动物饲养相应阶段所需微量元素(4种或以上)、维生素(8种或以上),由微量元素、维生素、氨基酸和非营养性添加剂中任何两类或两类以上的组分与载体或稀释剂按一定比例配置的均匀混合物。

(五)浓缩饲料。指由蛋白质、复合预混料及矿物质等按一定比例配制的均匀混合物。

二、原有的饲料生产企业及新办的饲料生产企业,应凭省级税务机关认可的饲料质量检测机构出具的饲料产品合格证明,向所在地主管税务机关提出免税申请,经省级国家税务局审核批准后,由企业所在地主管税务机关办理免征增值税手续。饲料生产企业饲料产品需检测品种由省级税务机关根据本地区的具体情况确定。

三、本通知自2001年8月1日起执行。2001年8月1日前免税饲料范围及豆粕的征税问题,仍按照《国家税务总局关于修订"饲料"注释及加强饲料征免增值税管理问题的通知》(国税发〔1999〕39号)执行。

财政部 国家税务总局
关于豆粕等粕类产品征免增值税政策的通知

(2001年8月7日 财税〔2001〕30号)

经国务院批准,现将饲料产品征免增值税问题通知如下:

一、自2000年6月1日起,饲料产品分为征收增值税和免征增值税两类。

二、进口和国内生产的饲料,一律执行同样的征税或免税政策。

三、自2000年6月1日起,豆粕属于征收增值税的饲料产品,进口或国内生产豆粕,均按13%的税率征收增值税。其他粕类属于免税饲料产品,免征增值税,已征收入库的税款做退库处理。

四、为保护纳税人的经济利益,对纳税人2000年6月1日至9月30日期间销售的国内生产的豆粕以及在此期间定货并进口的豆粕,凭有效凭证,仍免征增值税,已征收入库的增值税给予退还。

五、自2000年6月1日起,《国家税务总局关于修改〈国家税务总局关于修订"饲料"注释及加强饲料征免增值税管理问题的通知〉的通知》(国税发〔2000〕93号)第二条的规定停止执行。

国家税务总局
关于饲用鱼油产品免征增值税的批复

(2003年12月29日 国税函〔2003〕1395号)

福建省国家税务局:

你局《关于"饲用鱼油"产品免征增值税问题的请示》(闽国税发〔2003〕214号)收悉。经研究,现批复如下:

饲用鱼油是鱼粉生产过程中的副产品,主要用于水产养殖和肉鸡饲养,属于单一大宗饲料。经研究,自2003年1月1日起,对饲用鱼油产品按照现行"单一大宗饲料"的增值税政策规定,免予征收增值税。

国家税务总局
关于饲料级磷酸二氢钙产品增值税政策问题的通知

(2007年1月8日 国税函〔2007〕10号)

各省、自治区、直辖市和计划单列市国家税务局：

近接部分地区询问，饲料级磷酸二氢钙产品用于水产品饲养、补充水产品所需的钙、磷等微量元素，与饲料级磷酸氢钙产品的生产用料、工艺等基本相同，是否应按照饲料级磷酸氢钙免税。现将饲料级磷酸二氢钙产品增值税政策通知如下：

一、对饲料级磷酸二氢钙产品可按照现行"单一大宗饲料"的增值税政策规定，免征增值税。

二、纳税人销售饲料级磷酸二氢钙产品，不得开具增值税专用发票；凡开具专用发票的，不得享受免征增值税政策，应照章全额缴纳增值税。

本通知自2007年1月1日起执行。

财政部 国家税务总局
关于有机肥产品免征增值税的通知

(2008年4月29日 财税〔2008〕56号)

各省、自治区、直辖市、计划单列市财政厅（局）、国家税务局，新疆生产建设兵团财务局：

为科学调整农业施肥结构，改善农业生态环境，经国务院批准，现将有机肥产品有关增值税政策通知如下：

一、自2008年6月1日起，纳税人生产销售和批发、零售有机肥产品免征增值税。

二、享受上述免税政策的有机肥产品是指有机肥料、有机—无机复混肥料和生物有机肥。

（一）有机肥料

指来源于植物和（或）动物，施于土壤以提供植物营养为主要功能的含碳物料。

（二）有机—无机复混肥料

指由有机和无机肥料混合和（或）化合制成的含有一定量有机肥料的复混肥料。

（三）生物有机肥

指特定功能微生物与主要以动植物残体（如禽畜粪便、农作物秸秆等）为来源并经无害化处理、腐熟的有机物料复合而成的一类兼具微生物肥料和有机肥效应的肥料。

三、享受免税政策的纳税人应按照《中华人民共和国增值税暂行条例》（国务院令

〔1993〕第 134 号)、《中华人民共和国增值税暂行条例实施细则》(财法字〔1993〕第 38 号)等规定,单独核算有机肥产品的销售额。未单独核算销售额的,不得免税。

四、纳税人销售免税的有机肥产品,应按规定开具普通发票,不得开具增值税专用发票。

五、纳税人申请免征增值税,应向主管税务机关提供以下资料,凡不能提供的,一律不得免税。

(一) 生产有机肥产品的纳税人

1. 由农业部或省、自治区、直辖市农业行政主管部门批准核发的在有效期内的肥料登记证复印件,并出示原件。

2. 由肥料产品质量检验机构一年内出具的有机肥产品质量技术检测合格报告原件。出具报告的肥料产品质量检验机构须通过相关资质认定。

3. 在省、自治区、直辖市外销售有机肥产品的,还应提供在销售使用地省级农业行政主管部门办理备案的证明原件。

(二) 批发、零售有机肥产品的纳税人

1. 生产企业提供的在有效期内的肥料登记证复印件。

2. 生产企业提供的产品质量技术检验合格报告原件。

3. 在省、自治区、直辖市外销售有机肥产品的,还应提供在销售使用地省级农业行政主管部门办理备案的证明复印件。

六、主管税务机关应加强对享受免征增值税政策纳税人的后续管理,不定期对企业经营情况进行核实。凡经核实所提供的肥料登记证、产品质量技术检测合格报告、备案证明失效的,应停止其享受免税资格,恢复照章征税。

〔注释:条款失效。第三条失效,参见《财政部 国家税务总局关于公布若干废止和失效的增值税规范性文件目录的通知》(财税〔2009〕17 号)。〕

(二) 金融市场

财政部 税务总局
关于延续支持农村金融发展有关税收政策的通知

(2017 年 6 月 9 日 财税〔2017〕44 号)

各省、自治区、直辖市、计划单列市财政厅(局)、国家税务局、地方税务局,新疆生产建设兵团财务局:

为继续支持农村金融发展,现就农村金融有关税收政策通知如下:

一、自 2017 年 1 月 1 日至 2019 年 12 月 31 日,对金融机构农户小额贷款的利息收入,免征增值税。

二、自 2017 年 1 月 1 日至 2019 年 12 月 31 日,对金融机构农户小额贷款的利息收入,在计算应纳税所得额时，按90%计入收入总额。

三、自2017年1月1日至2019年12月31日，对保险公司为种植业、养殖业提供保险业务取得的保费收入，在计算应纳税所得额时，按90%计入收入总额。

四、本通知所称农户，是指长期（一年以上）居住在乡镇（不包括城关镇）行政管理区域内的住户，还包括长期居住在城关镇所辖行政村范围内的住户和户口不在本地而在本地居住一年以上的住户，国有农场的职工和农村个体工商户。位于乡镇（不包括城关镇）行政管理区域内和在城关镇所辖行政村范围内的国有经济的机关、团体、学校、企事业单位的集体户；有本地户口，但举家外出谋生一年以上的住户，无论是否保留承包耕地均不属于农户。农户以户为统计单位，既可以从事农业生产经营，也可以从事非农业生产经营。农户贷款的判定应以贷款发放时的承贷主体是否属于农户为准。

本通知所称小额贷款，是指单笔且该农户贷款余额总额在10万元（含本数）以下的贷款。

本通知所称保费收入，是指原保险保费收入加上分保费收入减去分出保费后的余额。

五、金融机构应对符合条件的农户小额贷款利息收入进行单独核算，不能单独核算的不得适用本通知第一条、第二条规定的优惠政策。

六、本通知印发之日前已征的增值税，可抵减纳税人以后月份应缴纳的增值税或予以退还。

[注释：条款废止。第一条废止，参见《财政部　税务总局关于支持小微企业融资有关税收政策的通知》（财税〔2017〕77号）。]

财政部　税务总局
关于小额贷款公司有关税收政策的通知

（2017年6月9日　财税〔2017〕48号）

各省、自治区、直辖市、计划单列市财政厅（局）、国家税务局、地方税务局，新疆生产建设兵团财务局：

为引导小额贷款公司在"三农"、小微企业等方面发挥积极作用，更好地服务实体经济发展，现将小额贷款公司有关税收政策通知如下：

一、自2017年1月1日至2019年12月31日，对经省级金融管理部门（金融办、局等）批准成立的小额贷款公司取得的农户小额贷款利息收入，免征增值税。

二、自2017年1月1日至2019年12月31日，对经省级金融管理部门（金融办、局等）批准成立的小额贷款公司取得的农户小额贷款利息收入，在计算应纳税所得额时，按90%计入收入总额。

三、自2017年1月1日至2019年12月31日，对经省级金融管理部门（金融办、局等）批准成立的小额贷款公司按年末贷款余额的1%计提的贷款损失准备金准予在企业所得税税前扣除。具体政策口径按照《财政部　国家税务总局关于金融企业贷款损失准备金企业所得税税前扣除有关政策的通知》（财税〔2015〕9号）执行。

四、本通知所称农户，是指长期（一年以上）居住在乡镇（不包括城关镇）行政管理区域内的住户，还包括长期居住在城关镇所辖行政村范围内的住户和户口不在本地而在本地居住一年以上的住户，国有农场的职工和农村个体工商户。位于乡镇（不包括城关镇）行政管理区域内和在城关镇所辖行政村范围内的国有经济的机关、团体、学校、企事业单位的集体户；有本地户口，但举家外出谋生一年以上的住户，无论是否保留承包耕地均不属于农户。农户以户为统计单位，既可以从事农业生产经营，也可以从事非农业生产经营。农户贷款的判定应以贷款发放时的承贷主体是否属于农户为准。

本通知所称小额贷款，是指单笔且该农户贷款余额总额在10万元（含本数）以下的贷款。

五、2017年1月1日至本通知印发之日前已征的应予免征的增值税，可抵减纳税人以后月份应缴纳的增值税或予以退还。

（三）农村建设

财政部　国家税务总局
关于免征农村电网维护费增值税问题的通知

（1998年3月5日　财税字〔1998〕47号）

根据国务院的指示精神，经研究决定，从1998年1月1日起，对农村电管站在收取电价时一并向用户收取的农村电网维护费（包括低压线路损耗和维护费以及电工经费）给予免征增值税的照顾。

对1998年1月1日前未征收入库的增值税税款，不再征收入库。

财政部　国家税务总局
关于农业生产资料征免增值税政策的通知

（2001年7月20日　财税〔2001〕113号）

为支持农业生产发展，经国务院批准，现就若干农业生产资料征免增值税的政策通知如下：

一、下列货物免征增值税：

1. 农膜。

2. 生产销售的除尿素以外的氮肥、除磷酸二铵以外的磷肥、钾肥以及免税化肥为主要原料的复混肥（企业生产复混肥产品所用的免税化肥成本占原料中全部化肥成本的比重高于70%）。"复混肥"是指用化学方法或物理方法加工制成的氮、磷、钾三种养分中至少有两种养分标明量的肥料，包括仅用化学方法制成的复合肥和仅用物理方法制成的混配肥（也称掺合肥）。

3. 生产销售的阿维菌素、胺菊酯、百菌清、苯噻酰草胺、苄嘧磺隆、草除灵、吡虫啉、丙烯菊酯、哒螨灵、代森锰锌、稻瘟灵、敌百虫、丁草胺、啶虫脒、多抗霉素、二甲戊乐灵、二嗪磷、氟乐灵、高效氯氰菊酯、炔螨特、甲多丹、甲基硫菌灵、甲基异柳磷、甲（乙）基毒死蜱、甲（乙）基嘧啶磷、精恶唑禾草灵、精喹禾灵、井冈霉素、咪鲜胺、灭多威、灭蝇胺、苜蓿银纹夜蛾核型多角体病毒、噻磺隆、三氟氯氰菊酯、三唑磷、三唑酮、杀虫单、杀虫双、顺式氯氰菊酯、涕灭威、烯唑醇、辛硫磷、辛酰溴苯精、异丙甲草胺、乙阿合剂、乙草胺、乙酰甲胺磷、莠去津。

4. 批发和零售的种子、种苗、化肥、农药、农机。

二、对生产销售的尿素统一征收增值税，并在2001年、2002年两年内实行增值税先征后退的政策。2001年对征收的税款全额退还，2002年退还50%，自2003年起停止退还政策。增值税具体退税事宜，由财政部驻各地财政监察专员办事处按财政部、国家税务总局、中国人民银行《关于税制改革后对某些企业实行"先征后退"有关预算管理问题的暂行规定的通知》〔（94）财预字第55号〕的有关规定办理。

三、对原征收增值税的尿素生产企业生产销售的尿素，实行增值税先征后退政策从2001年1月1日起执行；对原免征增值税的尿素生产企业生产销售的尿素，恢复征收增值税和实行先征后退政策以及对农业生产资料免征增值税政策，自2001年8月1日起执行，《关于延续若干增值税免税政策的通知》（财税明电〔2000〕6号）第四条同时停止执行。

[注释：条款失效。第一条第2项和第4项"化肥"的规定自2015年9月1日起停止执行，参见《财政部　海关总署　国家税务总局关于对化肥恢复征收增值税政策的通知》（财税〔2015〕90号）。

条款失效。第一条第3项失效，参见《财政部　海关总署　国家税务总局关于农药税收政策的通知》（财税〔2003〕186号）。]

财政部　国家税务总局
关于不带动力的手扶拖拉机和三轮农用
运输车增值税政策的通知

（2002年6月6日　财税〔2002〕89号）

各省、自治区、直辖市、计划单列市财政厅（局）、国家税务局：

近来接到部分地区反映，要求对不带动力的手扶拖拉机和三轮农用运输车是否属于"农机"的问题予以明确，经研究，现明确如下：

不带动力的手扶拖拉机（也称"手扶拖拉机底盘"）和三轮农用运输车（指以单缸柴油机为动力装置的三个车轮的农用运输车辆）属于"农机"，应按有关"农机"的增值税政策规定征免增值税。

本通知自2002年6月1日起执行。

国家税务总局
关于矿物质微量元素舔砖免征增值税问题的批复

(2005年11月30日 国税函〔2005〕1127号)

内蒙古自治区国家税务局:

你局《关于企业进口饲料国内销售如何免征增值税问题的请示》(内国税流字〔2005〕1号)收悉。经研究,批复如下:

矿物质微量元素舔砖,是以四种以上微量元素、非营养性添加剂和载体为原料,经高压浓缩制成的块状预混物,可供牛、羊等牲畜直接食用,应按照"饲料"免征增值税。

财政部 国家税务总局
关于农民专业合作社有关税收政策的通知

(2008年6月24日 财税〔2008〕81号)

(正文编者略)

一、对农民专业合作社销售本社成员生产的农业产品,视同农业生产者销售自产农业产品免征增值税。

三、对农民专业合作社向本社成员销售的农膜、种子、种苗、化肥、农药、农机,免征增值税。

国家税务总局
关于制种行业增值税有关问题的公告

(2010年10月25日 国家税务总局公告2010年第17号)

现就制种企业销售种子增值税有关问题公告如下:

制种企业在下列生产经营模式下生产销售种子,属于农业生产者销售自产农业产品,应根据《中华人民共和国增值税暂行条例》有关规定免征增值税。

一、制种企业利用自有土地或承租土地,雇佣农户或雇工进行种子繁育,再经烘干、脱粒、风筛等深加工后销售种子。

二、制种企业提供亲本种子委托农户繁育并从农户手中收回,再经烘干、脱粒、风筛等深加工后销售种子。

本公告自 2010 年 12 月 1 日起施行。

财政部　国家税务总局
关于全面推开营业税改征增值税试点的通知

（2016 年 3 月 23 日　财税〔2016〕36 号）

（正文编者略）

附件 3 第一条第（十）款，农业机耕、排灌、病虫害防治、植物保护、农牧保险以及相关技术培训业务，家禽、牲畜、水生动物的配种和疾病防治免征增值税。

财政部　税务总局
关于建筑服务等营改增试点政策的通知

（2017 年 7 月 11 日　财税〔2017〕58 号）

（正文编者略）

四、纳税人采取转包、出租、互换、转让、入股等方式将承包地流转给农业生产者用于农业生产，免征增值税。

财政部　税务总局
关于继续实行农村饮水安全工程税收优惠政策的公告

（2019 年 4 月 15 日　财政部　税务总局公告 2019 年第 67 号）

为确保如期打赢农村饮水安全脱贫攻坚战，支持农村饮水安全工程（以下称饮水工程）巩固提升，现将饮水工程建设、运营的有关税收优惠政策公告如下：

一、对饮水工程运营管理单位为建设饮水工程而承受土地使用权，免征契税。

二、对饮水工程运营管理单位为建设饮水工程取得土地使用权而签订的产权转移书据，以及与施工单位签订的建设工程承包合同，免征印花税。

三、对饮水工程运营管理单位自用的生产、办公用房产、土地，免征房产税、城镇土地使用税。

四、对饮水工程运营管理单位向农村居民提供生活用水取得的自来水销售收入，免征增值税。

五、对饮水工程运营管理单位从事《公共基础设施项目企业所得税优惠目录》规定的饮水工程新建项目投资经营的所得，自项目取得第一笔生产经营收入所属纳税年度起，第一年至第三年免征企业所得税,第四年至第六年减半征收企业所得税。

六、本公告所称饮水工程,是指为农村居民提供生活用水而建设的供水工程设施。本公告所称饮水工程运营管理单位,是指负责饮水工程运营管理的自来水公司、供水公司、供水(总)站(厂、中心)、村集体、农民用水合作组织等单位。

对于既向城镇居民供水,又向农村居民供水的饮水工程运营管理单位,依据向农村居民供水收入占总供水收入的比例免征增值税;依据向农村居民供水量占总供水量的比例免征契税、印花税、房产税和城镇土地使用税。无法提供具体比例或所提供数据不实的,不得享受上述税收优惠政策。

七、符合上述条件的饮水工程运营管理单位自行申报享受减免税优惠,相关材料留存备查。

八、上述政策(第五条除外)自2019年1月1日至2020年12月31日执行。

(四)其他

中华人民共和国增值税暂行条例

(正文编者略)

第十五条第(一)项,自产农产品免征增值税。

财政部 国家税务总局
关于免征滴灌带和滴灌管产品增值税的通知

(2007年5月30日 财税〔2007〕83号)

各省、自治区、直辖市、计划单列市财政厅(局)、国家税务局,新疆生产建设兵团财务局:

为节约水资源,促进农业节水灌溉,发展农业生产,经国务院批准,现将滴灌带和滴灌管产品有关增值税政策问题通知如下:

一、自2007年7月1日起,纳税人生产销售和批发、零售滴灌带和滴灌管产品免征增值税。

滴灌带和滴灌管产品是指农业节水滴灌系统专用的、具有制造过程中加工的孔口或其他出流装置、能够以滴状或连续流状出水的水带和水管产品。滴灌带和滴灌管产品按照国家有关质量技术标准要求进行生产,并与PVC管(主管)、PE管(辅管)、承插管件、过滤器等部件组成为滴灌系统。

二、享受免税政策的纳税人应按照《中华人民共和国增值税暂行条例》及其实施细则等规定,单独核算滴灌带和滴灌管产品的销售额。未单独核算销售额的,不得免税。

三、纳税人销售免税的滴灌带和滴灌管产品,应一律开具普通发票,不得开具增值税专用发票。

四、生产滴灌带和滴灌管产品的纳税人申请办理免征增值税时,应向主管税务机关报送由产品质量检验机构出具的质量技术检测合格报告,出具报告的产品质量检验机构须通过省以上质量技术监督部门的相关资质认定。批发和零售滴灌带和滴灌管产品的纳税人申请办理免征增值税时,应向主管税务机关报送由生产企业提供的质量技术检测合格报告原件或复印件。未取得质量技术检测合格报告的,不得免税。

五、税务机关应加强对享受免税政策纳税人的后续管理,不定期对企业经营情况进行核实,凡经核实产品质量不符合有关质量技术标准要求的,应停止其继续享受免税政策的资格,依法恢复征税。

财政部　国家税务总局
关于全面推开营业税改征增值税试点的通知

(2016年3月23日　财税〔2016〕36号)

(正文编者略)

附件3第一条第(三十五)款。将土地使用权转让给农业生产者用于农业生产免征增值税。

财政部　税务总局
关于明确国有农用地出租等增值税政策的公告

(2020年1月20日　财政部　税务总局公告2020年第2号)

(正文编者略)

一、纳税人将国有农用地出租给农业生产者用于农业生产,免征增值税。

三、鼓励高新技术

（一）自主创新

财政部　国家税务总局
关于软件产品增值税政策的通知

（2011年10月13日　财税〔2011〕100号）

各省、自治区、直辖市、计划单列市财政厅（局）、国家税务局、地方税务局，新疆生产建设兵团财务局：

为落实《国务院关于印发进一步鼓励软件产业和集成电路产业发展若干政策的通知》（国发〔2011〕4号）的有关精神，进一步促进软件产业发展，推动我国信息化建设，现将软件产品增值税政策通知如下：

一、软件产品增值税政策

（一）增值税一般纳税人销售其自行开发生产的软件产品，按17%税率征收增值税后，对其增值税实际税负超过3%的部分实行即征即退政策。

（二）增值税一般纳税人将进口软件产品进行本地化改造后对外销售，其销售的软件产品可享受本条第一款规定的增值税即征即退政策。

本地化改造是指对进口软件产品进行重新设计、改进、转换等，单纯对进口软件产品进行汉字化处理不包括在内。

（三）纳税人受托开发软件产品，著作权属于受托方的征收增值税，著作权属于委托方或属于双方共同拥有的不征收增值税；对经过国家版权局注册登记，纳税人在销售时一并转让著作权、所有权的，不征收增值税。

二、软件产品界定及分类

本通知所称软件产品，是指信息处理程序及相关文档和数据。软件产品包括计算机软件产品、信息系统和嵌入式软件产品。嵌入式软件产品是指嵌入在计算机硬件、机器设备中并随其一并销售，构成计算机硬件、机器设备组成部分的软件产品。

三、满足下列条件的软件产品，经主管税务机关审核批准，可以享受本通知规定的增值税政策：

1. 取得省级软件产业主管部门认可的软件检测机构出具的检测证明材料。

2. 取得软件产业主管部门颁发的《软件产品登记证书》或著作权行政管理部门颁发的《计算机软件著作权登记证书》。

四、软件产品增值税即征即退税额的计算

（一）软件产品增值税即征即退税额的计算方法：

即征即退税额 = 当期软件产品增值税应纳税额 – 当期软件产品销售额×3%

当期软件产品增值税应纳税额 = 当期软件产品销项税额 – 当期软件产品可抵扣进项税额

当期软件产品销项税额 = 当期软件产品销售额×17%

（二）嵌入式软件产品增值税即征即退税额的计算：

1. 嵌入式软件产品增值税即征即退税额的计算方法。

即征即退税额 = 当期嵌入式软件产品增值税应纳税额 – 当期嵌入式软件产品销售额×3%

当期嵌入式软件产品增值税应纳税额 = 当期嵌入式软件产品销项税额 – 当期嵌入式软件产品可抵扣进项税额

当期嵌入式软件产品销项税额 = 当期嵌入式软件产品销售额×17%

2. 当期嵌入式软件产品销售额的计算公式。

当期嵌入式软件产品销售额 = 当期嵌入式软件产品与计算机硬件、机器设备销售额合计 – 当期计算机硬件、机器设备销售额

计算机硬件、机器设备销售额按照下列顺序确定：

①按纳税人最近同期同类货物的平均销售价格计算确定；

②按其他纳税人最近同期同类货物的平均销售价格计算确定；

③按计算机硬件、机器设备组成计税价格计算确定。

计算机硬件、机器设备组成计税价格 = 计算机硬件、机器设备成本×（1+10%）。

五、按照上述办法计算，即征即退税额大于零时，税务机关应按规定，及时办理退税手续。

六、增值税一般纳税人在销售软件产品的同时销售其他货物或者应税劳务的，对于无法划分的进项税额，应按照实际成本或销售收入比例确定软件产品应分摊的进项税额；对专用于软件产品开发生产设备及工具的进项税额，不得进行分摊。纳税人应将选定的分摊方式报主管税务机关备案，并自备案之日起一年内不得变更。

专用于软件产品开发生产的设备及工具，包括但不限于用于软件设计的计算机设备、读写打印器具设备、工具软件、软件平台和测试设备。

七、对增值税一般纳税人随同计算机硬件、机器设备一并销售嵌入式软件产品，如果适用本通知规定按照组成计税价格计算确定计算机硬件、机器设备销售额的，应当分别核算嵌入式软件产品与计算机硬件、机器设备部分的成本。凡未分别核算或者核算不清的，不得享受本通知规定的增值税政策。

八、各省、自治区、直辖市、计划单列市税务机关可根据本通知规定，制定软件产品增值税即征即退的管理办法。主管税务机关可对享受本通知规定增值税政策的纳税人进行定期或不定期检查。纳税人凡弄虚作假骗取享受本通知规定增值税政策的，税务机关除根据现行规定进行处罚外，自发生上述违法违规行为年度起，取消其享受本通知规定增值税政策的资格，纳税人三年内不得再次申请。

九、本通知自2011年1月1日起执行。《财政部 国家税务总局关于贯彻落实〈中共中央 国务院关于加强技术创新，发展高科技，实现产业化的决定〉有关税收问题的通知》

(财税字〔1999〕273号）第一条、《财政部 国家税务总局 海关总署关于鼓励软件产业和集成电路产业发展有关税收政策问题的通知》（财税〔2000〕25号）第一条第一款、《国家税务总局关于明确电子出版物属于软件征税范围的通知》（国税函〔2000〕168号）、《财政部 国家税务总局关于增值税若干政策的通知》（财税〔2005〕165号）第十一条第一款和第三款、《财政部 国家税务总局关于嵌入式软件增值税政策问题的通知》（财税〔2006〕174号）、《财政部 国家税务总局关于嵌入式软件增值税政策的通知》（财税〔2008〕92号）、《财政部 国家税务总局关于扶持动漫产业发展有关税收政策问题的通知》（财税〔2009〕65号）第一条同时废止。

（二）技术转让

财政部 国家税务总局
关于全面推开营业税改征增值税试点的通知

（2016年3月23日 财税〔2016〕36号）

（正文编者略）

附件3第一条第（二十六）款。技术转让、技术开发免征增值税。

（三）科技发展

中华人民共和国增值税暂行条例

（正文编者略）

第十五条第（四）项。直接用于科学研究、科学试验和教学的进口仪器、设备免征增值税。

财政部 税务总局 科技部 教育部
关于科技企业孵化器 大学科技园和众创空间税收政策的通知

（2018年11月1日 财税〔2018〕120号）

各省、自治区、直辖市、计划单列市财政厅（局）、科技厅（局）、教育厅（局），国家税务总局各省、自治区、直辖市、计划单列市税务局，新疆生产建设兵团财政局、科技局、教育局：

为进一步鼓励创业创新，现就科技企业孵化器、大学科技园、众创空间有关税收政策通知如下：

一、自 2019 年 1 月 1 日至 2021 年 12 月 31 日，对国家级、省级科技企业孵化器、大学科技园和国家备案众创空间自用以及无偿或通过出租等方式提供给在孵对象使用的房产、土地，免征房产税和城镇土地使用税；对其向在孵对象提供孵化服务取得的收入，免征增值税。

本通知所称孵化服务是指为在孵对象提供的经纪代理、经营租赁、研发和技术、信息技术、鉴证咨询服务。

二、国家级、省级科技企业孵化器、大学科技园和国家备案众创空间应当单独核算孵化服务收入。

三、国家级科技企业孵化器、大学科技园和国家备案众创空间认定和管理办法由国务院科技、教育部门另行发布；省级科技企业孵化器、大学科技园认定和管理办法由省级科技、教育部门另行发布。

本通知所称在孵对象是指符合前款认定和管理办法规定的孵化企业、创业团队和个人。

四、国家级、省级科技企业孵化器、大学科技园和国家备案众创空间应按规定申报享受免税政策，并将房产土地权属资料、房产原值资料、房产土地租赁合同、孵化协议等留存备查，税务部门依法加强后续管理。

2018 年 12 月 31 日以前认定的国家级科技企业孵化器、大学科技园，自 2019 年 1 月 1 日起享受本通知规定的税收优惠政策。2019 年 1 月 1 日以后认定的国家级、省级科技企业孵化器、大学科技园和国家备案众创空间，自认定之日次月起享受本通知规定的税收优惠政策。2019 年 1 月 1 日以后被取消资格的，自取消资格之日次月起停止享受本通知规定的税收优惠政策。

五、科技、教育和税务部门应建立信息共享机制，及时共享国家级、省级科技企业孵化器、大学科技园和国家备案众创空间相关信息，加强协调配合，保障优惠政策落实到位。

四、节能环保

（一）资源综合利用

财政部　国家税务总局
关于污水处理费有关增值税政策的通知

（2001 年 6 月 19 日　财税〔2001〕97 号）

各省、自治区、直辖市、计划单列市财政厅（局）、国家税务局，新疆生产建设兵团财务局：

为了切实加强和改进城市供水、节水和水污染防治工作，促进社会经济的可持续发展，加快城市污水处理设施的建设步伐，根据《国务院关于加强城市供水节水和水污染防治工作的通知》（国发〔2000〕36号）的规定，对各级政府及主管部门委托自来水厂（公司）随水费收取的污水处理费，免征增值税。

本通知自2001年7月1日起执行，此前对上述污水处理费未征税的一律不再补征。

财政部　国家税务总局
关于新型墙体材料增值税政策的通知

（2015年6月12日　财税〔2015〕73号）

各省、自治区、直辖市、计划单列市财政厅（局）、国家税务局，新疆生产建设兵团财务局：

为加快推广新型墙体材料，促进能源节约和耕地保护，现就部分新型墙体材料增值税政策明确如下：

一、对纳税人销售自产的列入本通知所附《享受增值税即征即退政策的新型墙体材料目录》（以下简称《目录》）的新型墙体材料，实行增值税即征即退50%的政策。

二、纳税人销售自产的《目录》所列新型墙体材料，其申请享受本通知规定的增值税优惠政策时，应同时符合下列条件：

（一）销售自产的新型墙体材料，不属于国家发展和改革委员会《产业结构调整指导目录》中的禁止类、限制类项目。

（二）销售自产的新型墙体材料，不属于环境保护部《环境保护综合名录》中的"高污染、高环境风险"产品或者重污染工艺。

（三）纳税信用等级不属于税务机关评定的C级或D级。

纳税人在办理退税事宜时，应向主管税务机关提供其符合上述条件的书面声明材料，未提供书面声明材料或者出具虚假材料的，税务机关不得给予退税。

三、已享受本通知规定的增值税即征即退政策的纳税人，自不符合本通知第二条规定条件的次月起，不再享受本通知规定的增值税即征即退政策。

四、纳税人应当单独核算享受本通知规定的增值税即征即退政策的新型墙体材料的销售额和应纳税额。未按规定单独核算的，不得享受本通知规定的增值税即征即退政策。

五、各省、自治区、直辖市、计划单列市税务机关应于每年2月底之前在其网站上，将享受本通知规定的增值税即征即退政策的纳税人按下列项目予以公示：纳税人名称、纳税人识别号、新型墙体材料的名称。

六、已享受本通知规定的增值税即征即退政策的纳税人，因违反税收、环境保护的法律法规受到处罚（警告或单次1万元以下罚款除外），自处罚决定下达的次月起36个月内，不得享受本通知规定的增值税即征即退政策。

七、《目录》所列新型墙体材料适用的国家标准、行业标准，如在执行过程中有更新、替换，统一按新的国家标准、行业标准执行。

八、本通知自 2015 年 7 月 1 日起执行。

附件：享受增值税即征即退政策的新型墙体材料目录（见二维码 15）

二维码15

财政部　国家税务总局
关于风力发电增值税政策的通知

（2015 年 6 月 12 日　财税〔2015〕74 号）

各省、自治区、直辖市、计划单列市财政厅（局）、国家税务局，新疆生产建设兵团财务局：

为鼓励利用风力发电，促进相关产业健康发展，现将风力发电增值税政策通知如下：

自 2015 年 7 月 1 日起，对纳税人销售自产的利用风力生产的电力产品，实行增值税即征即退 50% 的政策。

财政部　国家税务总局
关于印发《资源综合利用产品和劳务增值税优惠目录》的通知

（2015 年 6 月 12 日　财税〔2015〕78 号）

各省、自治区、直辖市、计划单列市财政厅（局）、国家税务局，新疆生产建设兵团财务局：

为了落实国务院精神，进一步推动资源综合利用和节能减排，规范和优化增值税政策，决定对资源综合利用产品和劳务增值税优惠政策进行整合和调整。现将有关政策统一明确如下：

一、纳税人销售自产的资源综合利用产品和提供资源综合利用劳务（以下称销售综合利用产品和劳务），可享受增值税即征即退政策。具体综合利用的资源名称、综合利用产品和劳务名称、技术标准和相关条件、退税比例等按照本通知所附《资源综合利用产品和劳务增值税优惠目录》（以下简称《目录》）的相关规定执行。

二、纳税人从事《目录》所列的资源综合利用项目，其申请享受本通知规定的增值税即征即退政策时，应同时符合下列条件：

（一）属于增值税一般纳税人。

（二）销售综合利用产品和劳务，不属于国家发展改革委《产业结构调整指导目录》中的禁止类、限制类项目。

（三）销售综合利用产品和劳务，不属于环境保护部《环境保护综合名录》中的"高污染、高环境风险"产品或者重污染工艺。

（四）综合利用的资源，属于环境保护部《国家危险废物名录》列明的危险废物的，应当取得省级及以上环境保护部门颁发的《危险废物经营许可证》，且许可经营范围包括该危险废物的利用。

（五）纳税信用等级不属于税务机关评定的C级或D级。

纳税人在办理退税事宜时，应向主管税务机关提供其符合本条规定的上述条件以及《目录》规定的技术标准和相关条件的书面声明材料，未提供书面声明材料或者出具虚假材料的，税务机关不得给予退税。

三、已享受本通知规定的增值税即征即退政策的纳税人，自不符合本通知第二条规定的条件以及《目录》规定的技术标准和相关条件的次月起，不再享受本通知规定的增值税即征即退政策。

四、已享受本通知规定的增值税即征即退政策的纳税人，因违反税收、环境保护的法律法规受到处罚（警告或单次1万元以下罚款除外）的，自处罚决定下达的次月起36个月内，不得享受本通知规定的增值税即征即退政策。

五、纳税人应当单独核算适用增值税即征即退政策的综合利用产品和劳务的销售额和应纳税额。未单独核算的，不得享受本通知规定的增值税即征即退政策。

六、各省、自治区、直辖市、计划单列市税务机关应于每年2月底之前在其网站上，将本地区上一年度所有享受本通知规定的增值税即征即退政策的纳税人，按下列项目予以公示：纳税人名称，纳税人识别号，综合利用的资源名称、数量，综合利用产品和劳务名称。

七、本通知自2015年7月1日起执行。《财政部 国家税务总局关于资源综合利用及其他产品增值税政策的通知》（财税〔2008〕156号）、《财政部 国家税务总局关于资源综合利用及其他产品增值税政策的补充的通知》（财税〔2009〕163号）、《财政部 国家税务总局关于调整完善资源综合利用及劳务增值税政策的通知》（财税〔2011〕115号）、《财政部 国家税务总局关于享受资源综合利用增值税优惠政策的纳税人执行污染物排放标准的通知》（财税〔2013〕23号）同时废止。上述文件废止前，纳税人因主管部门取消《资源综合利用认定证书》，或者因环保部门不再出具环保核查证明文件的原因，未能办理相关退（免）税事宜的，可不以《资源综合利用认定证书》或环保核查证明文件作为享受税收优惠政策的条件，继续享受上述文件规定的优惠政策。

附件：资源综合利用产品和劳务增值税优惠目录

附件：

资源综合利用产品和劳务增值税优惠目录

类别	序号	综合利用的资源名称	综合利用产品和劳务名称	技术标准和相关条件	退税比例
一、共、伴生矿产资源	1.1	油母页岩	页岩油	产品原料95%以上来自所列资源	70%
	1.2	煤炭开采过程中产生的煤层气（煤矿瓦斯）	电力	产品燃料95%以上来自所列资源	100%
	1.3	油田采油过程中产生的油污泥（浮渣）	乳化油调和剂、防水卷材辅料产品	产品原料70%以上来自所列资源	70%
二、废渣、废水（液）、废气	2.1	废渣	砖瓦（不含烧结普通砖）、砌块、陶粒、墙板、管材（管桩）、混凝土、砂浆、道路井盖、道路护栏、防火材料、耐火材料（镁铬砖除外）、保温材料、矿（岩）棉、微晶玻璃、U型玻璃	产品原料70%以上来自所列资源	70%
	2.2	废渣	水泥、水泥熟料	1. 42.5及以上等级水泥的原料20%以上来自所列资源，其他水泥、水泥熟料的原料40%以上来自所列资源； 2. 纳税人符合《水泥工业大气污染物排放标准》（GB4915—2013）规定的技术要求	70%
	2.3	建（构）筑废物、煤矸石	建筑砂石骨料	1. 产品原料90%以上来自所列资源； 2. 产品以建（构）筑废物为原料的，符合《混凝土和砂浆再生粗骨料》（GB/T 25177—2010）或《混凝土用再生细骨料》（GB/T 25176—2010）的技术要求；以煤矸石为原料的，符合《建设用砂》（GB/T 14684—2011）或《建设用卵石、碎石》（GB/T 14685—2011）规定的技术要求	50%
	2.4	粉煤灰、煤矸石	氧化铝、活性硅酸钙、瓷绝缘子、煅烧高岭土	氧化铝、活性硅酸钙生产原料中煤矸石所占比重25%以上，瓷绝缘子生产原料中煤矸石所占比重30%以上，煅烧高岭土生产原料中煤矸石所占比重90%以上	50%

续表

类别	序号	综合利用的资源名称	综合利用产品和劳务名称	技术标准和相关条件	退税比例
二、废渣、废水(液)、废气	2.5	煤矸石、煤泥、石煤、油母页岩	电力、热力	1. 产品燃料60%以上来自所列资源； 2. 纳税人符合《火电厂大气污染物排放标准》(GB13223—2011)和国家发展改革委、工业和信息化部《电力（燃煤发电企业）行业清洁生产评价指标体系》规定的技术要求	50%
	2.6	氧化铝赤泥、电石渣	氧化铁、氢氧化钠溶液、铝酸钠、三氯化钙、脱硫剂	1. 产品原料90%以上来自所列资源； 2. 生产过程中不产生二次废渣	50%
	2.7	废旧石墨	石墨异形件、石墨块、石墨粉、石墨增碳剂	1. 产品原料90%以上来自所列资源； 2. 纳税人符合《工业炉窑大气污染物排放标准》(GB9078—1996)规定的技术要求	50%
	2.8	垃圾以及利用垃圾发酵产生的沼气	电力、热力	1. 产品燃料80%以上来自所列资源； 2. 纳税人符合《火电厂大气污染物排放标准》(GB13223—2011)或《生活垃圾焚烧污染控制标准》(GB18485—2014)规定的技术要求	100%
	2.9	退役军用发射药	涂料用硝化棉粉	产品原料90%以上来自所列资源	50%
	2.10	废旧沥青混凝土	再生沥青混凝土	1. 产品原料30%以上来自所列资源； 2. 产品符合《再生沥青混凝土》(GB/T 25033—2010)	50%
	2.11	蔗渣	蔗渣浆、蔗渣刨花板纸	1. 产品原料70%以上来自所列资源； 2. 生产蔗渣浆及各类纸的纳税人符合国家发展改革委、环境保护部、工业和信息化部《制浆造纸行业清洁生产评价指标体系》规定的技术要求	50%
	2.12	废矿物油	润滑油基础油、汽油、柴油等工业油料	1. 产品原料90%以上来自所列资源； 2. 纳税人符合《废矿物油回收利用污染控制技术规范》(HJ 607—2011)的技术要求	50%
	2.13	环己烷氧化废液	环氧环己烷、正戊醇、醇醚溶剂	1. 产品原料90%以上来自所列资源； 2. 纳税人必须通过ISO9000、ISO14000认证	50%

续表

类别	序号	综合利用的资源名称	综合利用产品和劳务名称	技术标准和相关条件	退税比例
二、废渣、废水（液）、废气	2.14	污水处理厂出水、工业排水（矿井水）、生活污水、垃圾处理厂渗滤（沥）液等	再生水	1. 产品原料100%来自所列资源； 2. 产品符合《再生水水质标准》（SL368—2006）规定的技术要求	50%
	2.15	废弃酒糟和酿酒底锅水、淀粉、粉丝加工废液、废渣	蒸汽、活性炭、白碳黑、乳酸、乳酸钙、沼气、饲料、植物蛋白	产品原料80%以上来自所列资源	70%
	2.16	含油污水、有机废水、污水处理后产生的污泥、油田采油过程中产生的油污泥（浮渣），包括利用上述资源发酵产生的沼气	微生物蛋白、干化污泥、燃料、电力、热力	产品原料或燃料90%以上来自所列资源，其中利用油田采油过程中产生的油污泥（浮渣）生产燃料的，原料60%以上来自所列资源	70%
	2.17	煤焦油、荒煤气（焦炉煤气）	柴油、石脑油	1. 产品原料95%以上来自所列资源； 2. 纳税人必须通过ISO9000、ISO14000认证	50%
	2.18	燃煤发电厂及各类工业企业生产过程中产生的烟气、高硫天然气	石膏、硫酸、硫酸铵、硫磺	1. 产品原料95%以上来自所列资源； 2. 石膏的二水硫酸钙含量85%以上，硫酸的浓度15%以上，硫酸铵的总氮含量18%以上	50%
	2.19	工业废气	高纯度二氧化碳、工业氢气、甲烷	1. 产品原料95%以上来自所列资源； 2. 高纯度二氧化碳符合（GB10621—2006），工业氢气产品符合（GB/T3634.1—2006），甲烷产品符合（HG/T 3633—1999）规定的技术要求	70%
	2.20	工业生产过程中产生的余热、余压	电力、热力	产品原料100%来自所列资源	100%
三、再生资源	3.1	废旧电池及其拆解物	金属及镍钴锰氢氧化物、镍钴锰酸锂、氯化钴	1. 产品原料中95%以上来自所列资源； 2. 镍钴锰氢氧化物符合《镍、钴、锰三元复合氢氧化物》（GB/T26300—2010）规定的技术要求	30%
	3.2	废显（定）影液、废胶片、废感光剂等废光材料	银	1. 产品原料95%以上来自所列资源； 2. 纳税人必须通过ISO9000、ISO14000认证	30%
	3.3	废旧电机、废旧电线电缆、废铝制易拉罐、报废汽车、报废摩托车、报废船舶、废旧电子产品、废旧太阳能光伏器件、废旧灯泡（管），及其拆解物	经冶炼、提纯生产的金属及合金（不包括铁及铁合金）	1. 产品原料70%以上来自所列资源； 2. 法律、法规或规章对相关废旧产品拆解规定了资质条件的，纳税人应当取得相应的资质	30%

续表

类别	序号	综合利用的资源名称	综合利用产品和劳务名称	技术标准和相关条件	退税比例
	3.4	废催化剂、电解废弃物、电镀废弃物、废旧线路板、烟尘灰、湿法泥、熔炼渣、线路板蚀刻废液、锡箔纸灰	经冶炼、提纯或催化生产的金属、合金及金属化合物（不包括铁及铁合金、冰晶石）	1. 产品原料70%以上来自所列资源； 2. 纳税人必须通过ISO9000、ISO14000 认证	30%
	3.5	报废汽车、报废摩托车、报废船舶、废旧衣物产品、废旧电子产品、报废机器设备、废旧生活用品、工业边角余料、建筑拆解物等产生或拆解出来的废钢铁	炼钢炉料	1. 产品原料95%以上来自所列资源； 2. 炼钢炉料符合《废钢铁》（GB4223—2004）规定的技术要求； 3. 法律、法规或规章对相关废旧产品拆解规定了资质条件的，纳税人应当取得相应的资质； 4. 纳税人符合工业和信息化部《废钢铁加工行业准入条件》的相关规定； 5. 炼钢炉料的销售对象应为符合工业和信息化部《钢铁行业规范条件》或《铸造行业准入条件》并公告的钢铁企业或铸造企业	30%
	3.6	稀土产品加工废料、废弃稀土产品及拆解物	稀土金属及稀土氧化物	1. 产品原料95%以上来自所列资源； 2. 纳税人符合国家发展改革委、环境保护部、工业和信息化部《稀土冶炼行业清洁生产评价指标体系》规定的技术要求	30%
三、再生资源	3.7	废塑料、废旧聚氯乙烯（PVC）制品、废铝塑（纸铝、纸塑）复合纸包装材料	汽油、柴油、石油焦、碳黑、再生浆、铝粉、塑木（木塑）制品、（汽车、摩托车、家电、管材用）改性再生专用料、化纤用再生聚酯专用料、瓶用再生聚对苯二甲酸乙二醇酯（PET）树脂及再生塑料制品	1. 产品原料70%以上来自所列资源； 2. 化纤用再生聚酯专用料杂质含量低于0.5mg/g，水分含量低于1%，瓶用再生聚对苯二甲酸乙二醇酯（PET）树脂乙醛质量分数小于等于1ug/g； 3. 纳税人必须通过ISO9000、ISO14000 认证	50%
	3.8	废纸、农作物秸秆	纸浆、秸秆浆和纸	1. 产品原料70%以上来自所列资源； 2. 废水排放符合《制浆造纸工业水污染物排放标准》（GB3544—2008）； 3. 纳税人符合《制浆造纸行业清洁生产评价指标体系》规定的技术要求； 4. 纳税人必须通过ISO9000、ISO14000 认证	50%

续表

类别	序号	综合利用的资源名称	综合利用产品和劳务名称	技术标准和相关条件	退税比例
三、再生资源	3.9	废旧轮胎、废橡胶制品	胶粉、翻新轮胎、再生橡胶	1. 产品原料95%以上来自所列资源； 2. 胶粉符合（GB/T19208—2008）规定的技术要求；翻新轮胎符合（HG/T3979—2007）规定的技术要求或（GB/T13460—2008）规定的技术要求；再生橡胶符合（GB14646—2007）规定的技术要求； 3. 纳税人必须通过ISO9000、ISO14000认证	50%
	3.10	废弃天然纤维、化学纤维及其制品	纤维纱及织布、无纺布、毡、粘合剂及再生聚酯产品	产品原料90%以上来自所列资源	50%
	3.11	人发	档发	产品原料90%以上来自所列资源	70%
	3.12	废玻璃	玻璃熟料	1. 产品原料95%以上来自所列资源； 2. 产品人符合《废玻璃分类》（SB/T 10900—2012）的技术要求； 3. 纳税人符合《废玻璃回收分拣技术规范》（SB/T11108—2014）的技术要求	50%
四、农林剩余物及其他	4.1	餐厨垃圾、畜禽粪便、稻壳、花生壳、玉米芯、油茶壳、棉籽壳、三剩物、次小薪材、农作物秸秆、蔗渣、以及利用上述资源发酵产生的沼气	生物质压块、沼气等燃料，电力、热力	1. 产品原料或者燃料80%以上来自所列资源； 2. 纳税人符合《锅炉大气污染物排放标准》（GB3271—2014）、《火电厂大气污染物排放标准》（GB3223—2011）或《生活垃圾焚烧污染控制标准》（GB18485—2001）规定的技术要求	100%
	4.2	三剩物、次小薪材、农作物秸秆、沙柳	纤维板、刨花板、栲胶、水解酒精、纤维素、活性炭、生物炭、质、木糖、阿拉伯糖、糠醛、箱板纸	产品原料95%以上来自所列资源	70%
	4.3	废弃动物油和植物油	生物柴油、工业级混合油	1. 产品原料70%以上来自所列资源； 2. 工业级混合油的销售对象须为化工企业	70%
五、综合利用劳务	5.1	垃圾处理、污泥处置劳务			70%
	5.2	污水处理劳务		污水经加工处理后符合《城镇污水处理厂污染物排放标准》（GB18918—2002）规定的技术要求或达到相应的国家或地方水污染物排放标准中的直接排放限值	70%

续表

类别	序号	综合利用的资源名称	综合利用产品和劳务名称	技术标准和相关条件	退税比例
五、综合利用劳务	5.3	工业废气处理劳务		经治理、处理后符合《大气污染物综合排放标准》（GB 16297—1996）规定的技术要求或达到相应的国家或地方水污染物排放标准中的直接排放限值	70%

备注：

1. 概念和定义：

"纳税人"，是指从事本表中所列的资源综合利用项目的增值税一般纳税人。

"废渣"，是指采选矿废渣、冶炼废渣、化工废渣和其他废渣。其中，采矿废渣是指在矿产资源开采加工过程中产生的煤矸石、粉末、粉尘和污泥；冶炼废渣煤炉渣、电炉渣、转炉渣、铁合金炉渣、氧化铝赤泥、含铬废渣、含锰废渣、硫磺渣、碱渣、铬渣、磷肥渣、电石渣、硫酸渣、硫石膏、脱硫石膏、柠檬酸渣、其他废渣，是指粉煤灰、燃煤炉渣、江河（湖、海、渠）道淤泥、浮选尾矿、粉煤灰石膏和废石膏模。

"蔗渣"，是指以甘蔗为原料的制糖生产过程中生产的含纤维50%左右的固体废弃物。

"再生水"，是指污水处理厂出水（矿井水）、生活污水、垃圾处理厂渗透（滤）液等水源进行回收，经适当处理后达到一定水质标准，并在一定范围内重复利用的水资源。

"冶炼"，是指通过焙烧、熔炼、电解以及使用化学药剂等方法把原料中的金属提取出来，减少金属中所含的杂质或增加金属中某种成分，炼成所需要的金属。冶炼包括火法冶炼、湿法冶炼或电化学沉积。

"烟尘灰"，是指金属冶炼厂火法生产过程后经环境除尘器（塔）收集的粉灰状及残料状物。

"湿法泥"，是指湿法冶炼厂火法冶炼过程中排出的污泥，经集中环保处置后产生的中和渣，且具有一定可回收价值较小的污泥状废料片。

"熔炼渣"，是指金属有色金属火法冶炼过程中，由于比重的差异，金属成分因重力沉降形成小的硅、钙等化合物浮在金属表层形成的废渣。

"农作物秸秆"，是指农业生产过程中，收获了粮食作物（指稻谷、小麦、玉米、薯类等）、油料作物（指油菜籽、花生、大豆、芝麻籽、胡麻籽等）、棉花、麻类、糖料、烟叶、药材、花木、蔬菜和水果等以后残留的茎杆。

"三剩物"，包括采伐剩余物（指枝丫、树梢、树皮、树叶、树根及藤条、灌木等）、造材剩余物（指造材截头）和加工剩余物（指板皮、板条、木竹截头、碎单板、木芯、刨花、木块、篾黄、边角余料等）。

"次小薪材"，是指次加工材（指材质低于小原木条、松木条、阔叶树加工用原木以下的小原木，按《次加工原木》（LY/T1369—2011）标准执行）、小径材（指材长度在2米或2米径级8厘米以下的小原木，农作物秸秆、脚手杆、杂木杆、短木条等）和薪材。

"垃圾处理"，是指运用填埋、焚烧、资源化处理和无害化处理等形式，对垃圾进行减量化、资源化和无害化处理的业务。

"污水处理"，是指将污水（包括城镇污水和工业废水）处理后达到《城镇污水处理厂污染物排放标准》（GB18918—2002），或达到相应的国家或地方水污染物排放标准，以及允许排入城镇污水收集系统的污水和工业废水和初期雨水；工业废水是指工业生产过程中产生的废水和废液。

"污泥处理处置",是指对污水处理后产生的污泥进行稳定化、减量化和无害化处理处置的业务。

2. 综合利用的资源比例计算方式。

(1) 综合利用的资源占生产原料或者燃料的比重,以重量比例计算。其中,水泥、水泥熟料原料中掺兑废渣的比重,按以下方法计算:

①对经生料烧制和生料研磨阶段生产的水泥,其掺兑废渣的比重计算公式为:掺兑废渣比例=(生料烧制阶段掺兑废渣数量+熟料研磨阶段掺兑废渣数量)÷(除废渣以外的生料数量+生料烧制阶段掺兑废渣数量+熟料研磨阶段掺兑废渣数量+其他材料数量)×100%

②对外购水泥熟料采用研磨工艺生产的水泥,其掺兑废渣比例计算公式为:掺兑废渣比例=熟料研磨阶段掺兑废渣数量÷(除废渣以外生料数量+熟料数量+生料烧制阶段掺兑废渣数量+熟料研磨阶段掺兑废渣数量+其他材料数量)×100%

③对生料烧制的水泥熟料,其掺兑废渣比例计算公式为:掺兑废渣比例=生料烧制阶段掺兑废渣数量÷(除废渣以外生料数量+生料烧制阶段掺兑废渣数量+其他材料数量)×100%

(2) 综合利用的资源为余热、余压的,按其占生产电力、热力消耗能源比例计算。

3. 表中所列综合利用产品,应当符合相应的国家或行业标准。既有国家标准又有行业标准的,应当符合相对高的标准;没有国家标准或行业标准的,应当符合规定的质量技术监督部门备案的企业标准。

表中所列各类国家标准、行业标准,如在执行过程中有更新、替换,统一按最新的国家标准、行业标准执行。

4. 表中所称"以上"均含本数。

财政部 税务总局
关于延续供热企业增值税 房产税 城镇土地使用税优惠政策的通知

(2019年4月3日 财税〔2019〕38号)

北京、天津、河北、山西、内蒙古、辽宁、大连、吉林、黑龙江、山东、青岛、河南、陕西、甘肃、宁夏、新疆、青海省（自治区、直辖市、计划单列市）财政厅（局），新疆生产建设兵团财政局，国家税务总局北京、天津、河北、山西、内蒙古、辽宁、大连、吉林、黑龙江、山东、青岛、河南、陕西、甘肃、宁夏、新疆、青海省（自治区、直辖市、计划单列市）税务局：

为支持居民供热采暖，现将"三北"地区供热企业（以下称供热企业）增值税、房产税、城镇土地使用税政策通知如下：

一、自2019年1月1日至2020年供暖期结束，对供热企业向居民个人（以下称居民）供热取得的采暖费收入免征增值税。

向居民供热取得的采暖费收入，包括供热企业直接向居民收取的、通过其他单位向居民收取的和由单位代居民缴纳的采暖费。

免征增值税的采暖费收入，应当按照《中华人民共和国增值税暂行条例》第十六条的规定单独核算。通过热力产品经营企业向居民供热的热力产品生产企业，应当根据热力产品经营企业实际从居民取得的采暖费收入占该经营企业采暖费总收入的比例，计算免征的增值税。

本条所称供暖期，是指当年下半年供暖开始至次年上半年供暖结束的期间。

二、自2019年1月1日至2020年12月31日，对向居民供热收取采暖费的供热企业，为居民供热所使用的厂房及土地免征房产税、城镇土地使用税；对供热企业其他厂房及土地，应当按照规定征收房产税、城镇土地使用税。

对专业供热企业，按其向居民供热取得的采暖费收入占全部采暖费收入的比例，计算免征的房产税、城镇土地使用税。

对兼营供热企业，视其供热所使用的厂房及土地与其他生产经营活动所使用的厂房及土地是否可以区分，按照不同方法计算免征的房产税、城镇土地使用税。可以区分的，对其供热所使用厂房及土地，按向居民供热取得的采暖费收入占全部采暖费收入的比例，计算免征的房产税、城镇土地使用税。难以区分的，对其全部厂房及土地，按向居民供热取得的采暖费收入占其营业收入的比例，计算免征的房产税、城镇土地使用税。

对自供热单位，按向居民供热建筑面积占总供热建筑面积的比例，计算免征供热所使用的厂房及土地的房产税、城镇土地使用税。

三、本通知所称供热企业，是指热力产品生产企业和热力产品经营企业。热力产品生产企业包括专业供热企业、兼营供热企业和自供热单位。

四、本通知所称"三北"地区，是指北京市、天津市、河北省、山西省、内蒙古自治区、辽宁省、大连市、吉林省、黑龙江省、山东省、青岛市、河南省、陕西省、甘肃省、青海省、宁夏回族自治区和新疆维吾尔自治区。

（二）其他

国家税务总局
关于退耕还林还草补助粮免征增值税问题的通知

（2001年11月26日　国税发〔2001〕131号）

按照国务院规定，退耕还林还草试点工作实行"退耕还林、封山绿化、以粮代赈、个体承包"的方针，对退耕户根据退耕面积由国家无偿提供粮食补助。因此，对粮食部门经营的退耕还林还草补助粮，凡符合国家规定标准的，比照"救灾救济粮"免征增值税。

财政部　国家税务总局
关于促进节能服务产业发展增值税、营业税和
企业所得税政策问题的通知

（2010年12月30日　财税〔2010〕110号）

各省、自治区、直辖市、计划单列市财政厅（局）、国家税务局、地方税务局，新疆生产建设兵团财务局：

为鼓励企业运用合同能源管理机制，加大节能减排技术改造工作力度，根据税收法律、法规有关规定和《国务院办公厅转发发展改革委等部门关于加快推进合同能源管理促进节能服务产业发展意见的通知》（国办发〔2010〕25号）精神，现将节能服务公司实施合同能源管理项目涉及的增值税、营业税和企业所得税政策问题通知如下：

一、关于增值税、营业税政策问题

（一）对符合条件的节能服务公司实施合同能源管理项目，取得的营业税应税收入，暂免征收营业税。

（二）节能服务公司实施符合条件的合同能源管理项目，将项目中的增值税应税货物转让给用能企业，暂免征收增值税。

（三）本条所称"符合条件"是指同时满足以下条件：

1. 节能服务公司实施合同能源管理项目相关技术应符合国家质量监督检验检疫总局和国家标准化管理委员会发布的《合同能源管理技术通则》（GB/T24915—2010）规定的技术要求；

2. 节能服务公司与用能企业签订《节能效益分享型》合同，其合同格式和内容，符合《合同法》和国家质量监督检验检疫总局和国家标准化管理委员会发布的《合同能源管理技术通则》（GB/T24915—2010）等规定。

二、关于企业所得税政策问题

（一）对符合条件的节能服务公司实施合同能源管理项目，符合企业所得税税法有关规定的，自项目取得第一笔生产经营收入所属纳税年度起，第一年至第三年免征企业所得税，第四年至第六年按照25%的法定税率减半征收企业所得税。

（二）对符合条件的节能服务公司，以及与其签订节能效益分享型合同的用能企业，实施合同能源管理项目有关资产的企业所得税税务处理按以下规定执行：

1. 用能企业按照能源管理合同实际支付给节能服务公司的合理支出，均可以在计算当期应纳税所得额时扣除，不再区分服务费用和资产价款进行税务处理；

2. 能源管理合同期满后，节能服务公司转让给用能企业的因实施合同能源管理项目形成的资产，按折旧或摊销期满的资产进行税务处理，用能企业从节能服务公司接受有关资产的计税基础也应按折旧或摊销期满的资产进行税务处理；

3. 能源管理合同期满后，节能服务公司与用能企业办理有关资产的权属转移时，用能企业已支付的资产价款，不再另行计入节能服务公司的收入。

（三）本条所称"符合条件"是指同时满足以下条件：

1. 具有独立法人资格，注册资金不低于100万元，且能够单独提供用能状况诊断、节能项目设计、融资、改造（包括施工、设备安装、调试、验收等）、运行管理、人员培训等服务的专业化节能服务公司；

2. 节能服务公司实施合同能源管理项目相关技术应符合国家质量监督检验检疫总局和国家标准化管理委员会发布的《合同能源管理技术通则》（GB/T24915—2010）规定的技术要求；

3. 节能服务公司与用能企业签订《节能效益分享型》合同，其合同格式和内容，符合《合同法》和国家质量监督检验检疫总局和国家标准化管理委员会发布的《合同能源管理技术通则》（GB/T24915—2010）等规定；

4. 节能服务公司实施合同能源管理的项目符合《财政部 国家税务总局 国家发展改革委关于公布环境保护节能节水项目企业所得税优惠目录（试行）的通知》（财税〔2009〕166号）"4.节能减排技术改造"类中第一项至第八项规定的项目和条件；

5. 节能服务公司投资额不低于实施合同能源管理项目投资总额的70%；

6. 节能服务公司拥有匹配的专职技术人员和合同能源管理人才，具有保障项目顺利实施和稳定运行的能力。

（四）节能服务公司与用能企业之间的业务往来，应当按照独立企业之间的业务往来收取或者支付价款、费用。不按照独立企业之间的业务往来收取或者支付价款、费用，而减少其应纳税所得额的，税务机关有权进行合理调整。

（五）用能企业对从节能服务公司取得的与实施合同能源管理项目有关的资产，应与企业其他资产分开核算，并建立辅助账或明细账。

（六）节能服务公司同时从事适用不同税收政策待遇项目的，其享受税收优惠项目应当单独计算收入、扣除，并合理分摊企业的期间费用；没有单独计算的，不得享受税收优惠政策。

三、本通知自 2011 年 1 月 1 日起执行。

[注释：政策调整。"节能服务公司实施合同能源管理项目享受所得税优惠的备案核准"取消，参见：（1）《国家税务总局关于贯彻落实〈国务院关于第一批取消 62 项中央指定地方实施行政审批事项的决定〉的通知》（税总发〔2015〕141 号）；（2）《国务院关于第一批取消 62 项中央指定地方实施行政审批事项的决定》（国发〔2015〕57 号）；（3）《国家税务总局关于公布已取消的 22 项税务非行政许可审批事项的公告》（国家税务总局公告 2015 年第 58 号）。]

财政部　国家税务总局
关于全面推开营业税改征增值税试点的通知

（2016 年 3 月 23 日　财税〔2016〕36 号）

（正文编者略）

附件 3 第一条第（二十七）款。合同能源管理项目免征增值税。

五、支持金融资本市场

（一）金融市场

财政部　国家税务总局
关于被撤销金融机构有关税收政策问题的通知

（2003 年 7 月 3 日　财税〔2003〕141 号）

各省、自治区、直辖市、计划单列市财政厅（局）、国家税务局、地方税务局：

为了促进被撤销金融机构的清算工作，加强对金融活动的监督管理，维护金融秩序，根据《金融机构撤销条例》第二十一条的规定，现对被撤销金融机构清理和处置财产过程中有关税收优惠政策问题通知如下：

一、享受税收优惠政策的主体是指经中国人民银行依法决定撤销的金融机构及其分设于各地的分支机构，包括被依法撤销的商业银行、信托投资公司、财务公司、金融租赁公司、城市信用社和农村信用社。除另有规定者外，被撤销的金融机构所属、附属企业，不享受本通知规定的被撤销金融机构的税收优惠政策。

二、被撤销金融机构清理和处置财产可享受以下税收优惠政策：

1. 对被撤销金融机构接收债权、清偿债务过程中签订的产权转移书据，免征印花税。

2. 对被撤销金融机构清算期间自有的或从债务方接收的房地产、车辆，免征房产税、城镇土地使用税和车船使用税。

3. 对被撤销金融机构在清算过程中催收债权时，接收债务方土地使用权、房屋所有权所发生的权属转移免征契税。

4. 对被撤销金融机构财产用来清偿债务时，免征被撤销金融机构转让货物、不动产、无形资产、有价证券、票据等应缴纳的增值税、营业税、城市维护建设税、教育费附加和土地增值税。

三、除第二条规定者外，被撤销金融机构在清算开始后、清算资产被处置前持续经营的经济业务所发生的应纳税款应按规定予以缴纳。

四、被撤销金融机构的应缴未缴国家的税金及其他款项应按照法律法规规定的清偿顺序予以缴纳。

五、被撤销金融机构的清算所得应该依法缴纳企业所得税。

六、本通知自《金融机构撤销条例》生效之日起开始执行。凡被撤销金融机构在《金融机构撤销条例》生效之日起进行的财产清理和处置的涉税政策均按本通知执行。本通知发布前，属免征事项的应纳税款不再追缴，已征税款不予退还。

财政部　海关总署　国家税务总局关于调整钻石及上海钻石交易所有关税收政策的通知

（2006年6月7日　财税〔2006〕65号）

各省、自治区、直辖市、计划单列市财政厅（局）、国家税务局，新疆生产建设兵团财务局，海关广东分署、天津、上海特派办、各直属海关：

为规范国内钻石市场，平衡同类商品税收负担，经国务院批准，现将钻石及上海钻石交易所有关税收政策通知如下：

一、纳税人自上海钻石交易所销往国内市场的毛坯钻石，免征进口环节增值税；纳税人自上海钻石交易所销往国内市场的成品钻石，进口环节增值税实际税负超过4%的部分由海关实行即征即退。进入国内环节，纳税人凭海关开具的完税凭证注明的增值税额抵扣进项税金。

纳税人自上海钻石交易所销往国内市场的钻石实行进口环节增值税免征和即征即退政策后，销往国内市场的钻石，在出上海钻石交易所时，海关按照现行规定依法实施管理。

二、出口企业出口的以下钻石产品免征增值税，相应的进项税额不予退税或抵扣，须转入成本。具体产品的范围是：税则序列号为71021000、71023100、71023900、71042010、71049091、71051010、71131110、71131911、71131991、71132010、71162000。

各地税务机关要注意含有钻石的产品的出口动态，凡发现企业出口产品含钻石且价值比重较大，同时不属于以上所列产品范围，以及执行中发现其他问题的，应及时报告财政部、国家税务总局。

三、对国内钻石开采企业通过上海钻石交易所销售的自产毛坯钻石实行免征增值税政策；不通过上海钻石交易所销售的，照章征收增值税。

四、对国内加工的成品钻石，通过上海钻石交易所销售的，在国内销售环节免征增值税；不通过上海钻石交易所销售的，在国内销售环节按17%的税率征收增值税。

对国内加工的成品钻石，进入上海钻石交易所时视同出口，不予退税，自上海钻石交易所再次进入国内市场，其进口环节增值税实际税负超过4%的部分，由海关实行即征即退。

五、对上海钻石交易所取得的交易手续费收入、会员缴纳的年费收入照章征收营业税。

六、关于上海钻石交易所的保税政策和钻石的其他税收政策，仍按现行规定执行。

七、进口环节增值税即征即退的具体操作办法由海关总署制定；对钻石的国内环节的增值税征收管理办法及增值税专用发票管理办法由国家税务总局另行制定。

八、对以一般贸易方式报关进口的工业用钻，不再集中到上海钻石交易所海关办理报关手续、实行统一管理，照章征收进口关税和进口环节增值税（具体商品范围见附件）。

本通知自2006年7月1日起执行。

附件：工业用钻范围（见二维码16）

财政部　国家税务总局
关于外国银行分行改制为外商独资银行有关税收问题的通知

（2007年3月26日　财税〔2007〕45号）

各省、自治区、直辖市、计划单列市财政厅（局）、国家税务局、地方税务局，新疆生产建设兵团财务局：

国务院2006年11月11日公布《中华人民共和国外资银行管理条例》（国务院令第478号）及其实施细则规定，外国银行在符合条件的情况下可以在我国设立外商独资银行，外国银行已经在我国设立的分行可以改制为外商独资银行（或其分行）。改制过程中，原外国银行分行的债权、债务将由外商独资银行（或其分行）继承。关于外国银行分行改制为外商独资银行（或其分行）中有关税收处理问题，应以改制前后的营业活动作为延续的营业活动为原则，现就具体税收处理通知如下：

一、营业税、增值税

外国银行分行改制过程中发生的向其改制后的外商独资银行（或其分行）转让企业产权和股权的行为，不征收营业税、增值税。

二、企业所得税

（一）资产转移问题

外国银行分行改制为外商独资银行（或其分行）时，根据《国家税务总局关于外商投资企业和外国企业转让股权所得税处理问题的通知》（国税函〔1997〕207号）规定的原则，其各项资产应按账面价值进行转让。

（二）亏损弥补问题

外国银行分行改制前发生的以前年度经营亏损，可以在改制后的外商独资银行（或其分行）中延续弥补，弥补年限应按《中华人民共和国外商投资企业和外国企业所得税法》（以下简称外资所得税法）第十一条规定的年限，自原外国银行分行亏损发生的年度延续计算。

（三）税收优惠问题

改制前外国银行分行按照外资所得税法规定应享受但尚未享受或享受尚未期满的定期减免税优惠待遇，由改制后相应的外商独资银行（或其分行）继续享受到期满；改制前外国银行分行已经享受定期减免税优惠待遇期满的，改制后的外商独资银行（或其分行）不再重复享受。

（四）汇总纳税问题

根据外资所得税法实施细则第五条的规定，外国银行分行改制为外商独资银行所属分行后，其企业所得税由外商独资银行总机构汇总缴纳。

三、印花税

根据《财政部 国家税务总局关于企业改制过程中有关印花税政策的通知》（财税〔2003〕183号）的规定，外国银行分行改制为外商独资银行（或其分行）后，其在外国银行分行已经贴花的资金账簿、应税合同，在改制后的外商独资银行（或其分行）不再重新贴花。

四、契税

根据《财政部 国家税务总局关于企业改制过程中有关契税政策的通知》（财税〔2003〕184号）的规定，外国银行分行改制前拥有的房产产权，转让至改制后设立的外商独资银行（或其分行）时，可免征契税。

五、外国银行分行改制为外商独资银行（或其分行）时，如其资产不按账面价值转让的，应按现行税法有关规定征税。

财政部 国家税务总局
关于黄金期货交易有关税收政策的通知

（2008年1月29日 财税〔2008〕5号）

（正文编者略）

一、上海期货交易所会员和客户通过上海期货交易所销售标准黄金（持上海期货交易所开具的《黄金结算专用发票》），发生实物交割但未出库的，免征增值税；发生实物交割并已出库的，由税务机关按照实际交割价格代开增值税专用发票，并实行增值税即征即退的政策，同时免征城市维护建设税和教育费附加。增值税专用发票中的单价、金额和税额的计算公式分别如下：

单价 = 实际交割单价 ÷ （1 + 增值税税率）

金额 = 数量 × 单价

税额 = 金额 × 税率

实际交割单价是指不含上海期货交易所收取的手续费的单位价格。

其中，标准黄金是指：成色为 AU9999、AU9995、AU999、AU995；规格为 50 克、100 克、1 公斤、3 公斤、12.5 公斤的黄金。

二、上海期货交易所黄金期货交易的增值税征收管理办法及增值税专用发票管理办法由国家税务总局另行制定。

财政部　国家税务总局
关于上海期货交易所开展期货保税交割业务有关增值税问题的通知

（2010 年 12 月 2 日　财税〔2010〕108 号）

（正文编者略）

二、上海期货交易所的会员和客户通过上海期货交易所交易的期货保税交割标的物，仍按保税货物暂免征收增值税。

期货保税交割的销售方，在向主管税务机关申报纳税时，应出具当期期货保税交割的书面说明及上海期货交易所交割单、保税仓单等资料。

财政部　国家税务总局
关于原油和铁矿石期货保税交割业务增值税政策的通知

（2015 年 4 月 8 日　财税〔2015〕35 号）

（正文编者略）

一、上海国际能源交易中心股份有限公司的会员和客户通过上海国际能源交易中心股份有限公司交易的原油期货保税交割业务，大连商品交易所的会员和客户通过大连商品交易所交易的铁矿石期货保税交割业务，暂免征收增值税。

财政部　国家税务总局
关于全面推开营业税改征增值税试点的通知

（2016 年 3 月 23 日　财税〔2016〕36 号）

（正文编者略）

附件3第一条第（十九）款第3项。国债、地方政府债利息收入免征增值税。

附件3第一条第（十九）款第4项。人民银行对金融机构的贷款的利息收入免征增值税。

附件3第一条第（十九）款第6项。外汇管理部门在从事国家外汇储备经营过程中，委托金融机构发放的外汇贷款取得的利息收入免征增值税。

附件3第一条第（十九）款第7项。统借统还业务取得的利息收入免征增值税。

附件3第一条第（二十）款。被撤销金融机构以货物、不动产、无形资产、有价证券、票据等财产清偿债务免征增值税。

附件3第一条第（二十二）款第1项。合格境外投资者（简称QFII）委托境内公司在我国从事证券买卖业务取得的收入免征增值税。

附件3第一条第（二十二）款第2项。香港市场投资者（包括单位和个人）通过沪港通买卖上海证券交易所上市A股取得的收入免征增值税。

附件3第一条第（二十二）款第3项。香港市场投资者（包括单位和个人）通过基金互认买卖内地基金份额取得的收入免征增值税。

附件3第一条第（二十二）款第4项。证券投资基金（封闭式证券投资基金、开放式证券投资基金）管理人运用基金买卖股票、债券取得的收入免征增值税。

附件3第一条第（二十二）款第5项。个人从事金融商品转让业务取得的收入免征增值税。

附件3第一条第（二十三）款。金融同业往来利息收入免征增值税。

财政部　国家税务总局
关于进一步明确全面推开营改增试点金融业有关政策的通知

（2016年4月29日　财税〔2016〕46号）

（正文编者略）

财政部　国家税务总局
关于金融机构同业往来等增值税政策的补充通知

（2016年6月30日　财税〔2016〕70号）

各省、自治区、直辖市、计划单列市财政厅（局）、国家税务局、地方税务局，新疆生产建设兵团财务局：

经研究，现将营改增试点期间有关金融业政策补充通知如下：

一、金融机构开展下列业务取得的利息收入，属于《营业税改征增值税试点过渡政策的规定》（财税〔2016〕36号，以下简称《过渡政策的规定》）第一条第（二十三）项所称的金融同业往来利息收入：

（一）同业存款。

同业存款，是指金融机构之间开展的同业资金存入与存出业务，其中资金存入方仅为具有吸收存款资格的金融机构。

（二）同业借款。

同业借款，是指法律法规赋予此项业务范围的金融机构开展的同业资金借出和借入业务。此条款所称"法律法规赋予此项业务范围的金融机构"主要是指农村信用社之间以及在金融机构营业执照列示的业务范围中有反映为"向金融机构借款"业务的金融机构。

（三）同业代付。

同业代付，是指商业银行（受托方）接受金融机构（委托方）的委托向企业客户付款，委托方在约定还款日偿还代付款项本息的资金融通行为。

（四）买断式买入返售金融商品。

买断式买入返售金融商品，是指金融商品持有人（正回购方）将债券等金融商品卖给债券购买方（逆回购方）的同时，交易双方约定在未来某一日期，正回购方再以约定价格从逆回购方买回相等数量同种债券等金融商品的交易行为。

（五）持有金融债券。

金融债券，是指依法在中华人民共和国境内设立的金融机构法人在全国银行间和交易所债券市场发行的、按约定还本付息的有价证券。

（六）同业存单。

同业存单，是指银行业存款类金融机构法人在全国银行间市场上发行的记账式定期存款凭证。

二、商业银行购买央行票据、与央行开展货币掉期和货币互存等业务属于《过渡政策的规定》第一条第（二十三）款第1项所称的金融机构与人民银行所发生的资金往来业务。

三、境内银行与其境外的总机构、母公司之间，以及境内银行与其境外的分支机构、全资子公司之间的资金往来业务属于《过渡政策的规定》第一条第（二十三）款第2项所称的银行联行往来业务。

四、人民币合格境外投资者（RQFII）委托境内公司在我国从事证券买卖业务，以及经人民银行认可的境外机构投资银行间本币市场取得的收入属于《过渡政策的规定》第一条第（二十二）款所称的金融商品转让收入。

银行间本币市场包括货币市场、债券市场以及衍生品市场。

五、本通知自2016年5月1日起执行。

财政部　国家税务总局
关于部分营业税和增值税政策到期延续问题的通知

（2016年7月25日　财税〔2016〕83号）

各省、自治区、直辖市、计划单列市财政厅（局）、国家税务局、地方税务局，新疆生产建设兵团财务局：

经国务院批准,现对继续执行农村金融、三农事业部涉农贷款、邮政代办金融保险和新疆国际大巴扎项目有关税收政策通知如下:

一、《财政部 国家税务总局关于农村金融有关税收政策的通知》(财税〔2010〕4号)第三条规定的"对农村信用社、村镇银行、农村资金互助社、由银行业机构全资发起设立的贷款公司、法人机构所在地在县(含县级市、区、旗)及县以下地区的农村合作银行和农村商业银行的金融保险业收入减按3%的税率征收营业税"政策的执行期限延长至2016年4月30日。

二、《财政部 国家税务总局关于中国农业银行三农金融事业部涉农贷款营业税优惠政策的通知》(财税〔2015〕67号)的执行期限延长至2016年4月30日。

三、自2016年1月1日起,中国邮政集团公司及其所属邮政企业为金融机构代办金融保险业务取得的代理收入,在营改增试点期间免征增值税。

四、自2016年1月1日至2016年4月30日,新疆国际大巴扎物业服务有限公司和新疆国际大巴扎文化旅游产业有限公司从事与新疆国际大巴扎项目有关的营业税应税业务,免征营业税;自2016年5月1日至2016年12月31日,对上述营改增应税业务,免征增值税。

五、文到之日前,已征的按照本通知规定应予免征的营业税,予以退还;已征的应予免征的增值税,可抵减纳税人以后月份应缴纳的增值税或予以退还。

财政部 税务总局
关于境外机构投资境内债券市场企业所得税 增值税政策的通知

(2018年11月7日 财税〔2018〕108号)

各省、自治区、直辖市、计划单列市财政厅(局),国家税务总局各省、自治区、直辖市、计划单列市税务局,新疆生产建设兵团财政局:

为进一步推动债券市场对外开放,现将有关税收政策通知如下:

自2018年11月7日起至2021年11月6日止,对境外机构投资境内债券市场取得的债券利息收入暂免征收企业所得税和增值税。

上述暂免征收企业所得税的范围不包括境外机构在境内设立的机构、场所取得的与该机构、场所有实际联系的债券利息。

(二) 资本市场

财政部 国家税务总局
关于中国信达等 4 家金融资产管理公司税收政策问题的通知

(2001 年 2 月 20 日 财税〔2001〕10 号)

根据《国务院办公厅转发人民银行、财政部、证监会关于组建中国信达资产管理公司意见的通知》(国办发〔1999〕33 号) 和《国务院办公厅转发人民银行、财政部、证监会关于组建中国华融资产管理公司、中国长城资产管理公司和中国东方资产管理公司意见的通知》(国办发〔1999〕66 号) 的精神，经国务院批准，现对信达、华融、长城和东方资产管理公司(以下简称资产公司)在收购、承接和处置不良资产过程中有关税收政策问题通知如下：

一、享受税收优惠政策的主体为经国务院批准成立的中国信达资产管理公司、中国华融资产管理公司、中国长城资产管理公司和中国东方资产管理公司，及其经批准分设于各地的分支机构。除另有规定者外，资产公司所属、附属企业，不享受资产公司的税收优惠政策。

二、收购、承接不良资产是指资产公司按照国务院规定的范围和额度，对相关国有银行不良资产，以账面价值进行收购，同时继承债权、行使债权主体权利。具体包括资产公司承接、收购相关国有银行的逾期、呆滞、呆账贷款及其相应的抵押品；处置不良资产是指资产公司按照有关法律、法规，为使不良资产的价值得到实现而采取的债权转移的措施。具体包括运用出售、置换、资产重组、债转股、证券化等方法对贷款及其抵押品进行处置。

三、资产公司收购、承接、处置不良资产可享受以下税收优惠政策：

1. 对资产公司接受相关国有银行的不良债权，借款方以货物、不动产、无形资产、有价证券和票据等抵充贷款本息的，免征资产公司销售转让该货物、不动产、无形资产、有价证券、票据以及利用该货物、不动产从事融资租赁业务应缴纳的增值税、营业税。

2. 对资产公司接受相关国有银行的不良债权取得的利息收入，免征营业税。

3. 对资产公司接受相关国有银行的不良债权，借款方以土地使用权、房屋所有权抵充贷款本息的，免征承受土地使用权、房屋所有权应缴纳的契税。

4. 对资产公司成立时设立的资金账簿免征印花税。对资产公司收购、承接和处置不良资产，免征购销合同和产权转移书据应缴纳的印花税。对涉及资产公司资产管理范围内的上市公司国有股权持有人变更的事项，免征印花税参照《国家税务总局关于上市公司国有股权无偿转让证券(股票)交易印花税问题的通知》(国税发〔1999〕124 号) 的有关规定执行。

5. 对各公司回收的房地产在未处置前的闲置期间，免征房产税和城镇土地使用税。对资产公司转让房地产取得的收入，免征土地增值税。

6. 资产公司所属的投资咨询类公司，为本公司承接、收购、处置不良资产而提供资产、项目评估和审计服务取得的收入，免征营业税。

四、资产公司除收购、承接、处置不良资产业务外，从事其他经营业务或发生本通知未规定免税的应税行为，应一律依法纳税。

五、本通知自资产公司成立之日起开始执行。此前的规定与本通知有抵触的，以本通知为准。各地财政、税务部门及资产公司要密切关注税收优惠政策的落实情况，及时向财政部、国家税务总局反映执行中出现的问题，确保相关税收优惠政策顺利实施。

财政部 国家税务总局
关于4家资产管理公司接收资本金项下的资产在办理过户时有关税收政策问题的通知

(2003年2月21日 财税〔2003〕21号)

按照国务院办公厅《转发人民银行、财政部、证监会关于组建中国信达资产管理公司意见的通知》（国办发〔1999〕33号）和《转发人民银行、财政部、证监会关于组建中国华融资产管理公司、中国长城资产管理公司和中国东方资产管理公司意见的通知》（国办发〔1999〕66号）的规定，财政部从中国建设银行、中国工商银行、中国农业银行、中国银行（以下简称国有商业银行）无偿划转了部分资产（包括现金、投资、固定资产及随投资实体划转的贷款）给中国信达资产管理公司、中国华融资产管理公司、中国长城资产管理公司和中国东方资产管理公司（以下简称金融资产管理公司），作为其组建时的资本金。现就上述金融资产管理公司接收资本金项下的资产在办理过户时有关税收政策问题通知如下：

一、金融资产管理公司按财政部核定的资本金数额，接收国有商业银行的资产，在办理过户手续时，免征契税、印花税。

二、国有商业银行按财政部核定的数额，划转给金融资产管理公司的资产，在办理过户手续时，免征营业税、增值税、印花税。

财政部 国家税务总局
关于中国东方资产管理公司处置港澳国际（集团）有限公司有关资产税收政策问题的通知

(2003年11月10日 财税〔2003〕212号)

各省、自治区、直辖市、计划单列市财政厅（局）、国家税务局、地方税务局，新疆生产建设兵团财务局：

为了加快港澳国际（集团）有限公司的资产处置、清算及机构关闭工作，经国务院批准，现就港澳国际（集团）有限公司资产清理、处置过程中有关税收政策问题通知如下：

一、享受税收优惠政策的主体

1. 负责接收和处置港澳国际（集团）有限公司资产的中国东方资产管理公司及其经批准分设于各地的分支机构（以下简称东方资产管理公司）；

2. 港澳国际（集团）有限公司所属的东北国际投资有限公司、海国投集团有限公司、海南港澳国际信托投资公司［以下简称港澳国际（集团）内地公司］；

3. 在我国境内（不包括港澳台，下同）拥有资产并负有纳税义务的港澳国际（集团）有限公司集团本部及其香港8家子公司［名单见附件，以下简称港澳国际（集团）香港公司］。

二、东方资产管理公司接收、处置港澳国际（集团）有限公司资产可享受以下税收优惠政策

1. 对东方资产管理公司在接收和处置港澳国际（集团）有限公司资产过程中签订的产权转移书据，免征东方资产管理公司应缴纳的印花税。

2. 对东方资产管理公司接收港澳国际（集团）有限公司的房地产以抵偿债务的，免征东方资产管理公司承受房屋所有权、土地使用权应缴纳的契税。

3. 对东方资产管理公司接收港澳国际（集团）有限公司的房地产、车辆，免征应缴纳的房产税、城镇土地使用税和车船使用税。

4. 对东方资产管理公司接收港澳国际（集团）有限公司的资产包括货物、不动产、有价证券等，免征东方资产管理公司销售转让该货物、不动产、有价证券等资产以及利用该货物、不动产从事融资租赁业务应缴纳的增值税、营业税、城市维护建设税、教育费附加和土地增值税。

5. 对东方资产管理公司所属的投资咨询类公司，为本公司接收、处置港澳国际（集团）有限公司资产而提供资产、项目评估和审计服务取得的收入免征应缴纳的营业税、城市维护建设税和教育费附加。

三、港澳国际（集团）内地公司的资产在清理和处置期间可享受以下税收优惠政策

1. 对港澳国际（集团）内地公司在催收债权、清偿债务过程中签订的产权转移书据，免征港澳国际（集团）内地公司应缴纳的印花税。

2. 对港澳国际（集团）内地公司在清算期间自有的和从债务方接收的房地产、车辆，免征应缴纳的房产税、城市房地产税、城镇土地使用税、车船使用税和车船使用牌照税。

3. 对港澳国际（集团）内地公司在清算期间催收债权时，免征接收房屋所有权、土地使用权应缴纳的契税。

4. 对港澳国际（集团）内地公司的资产，包括货物、不动产、有价证券、股权、债权等，在清理和被处置时，免征港澳国际（集团）内地公司销售转让该货物、不动产、有价证券、股权、债权等资产应缴纳的增值税、营业税、城市维护建设税、教育费附加和土地增值税。

四、港澳国际（集团）香港公司中国境内的资产在清理和处置期间可享受以下税收优惠政策

1. 对港澳国际（集团）香港公司在中国境内催收债权、清偿债务过程中签订的产权转移书据，免征港澳国际（集团）香港公司应承担的印花税。

2. 对港澳国际（集团）香港公司在中国境内拥有的和从债务方接收的房地产、车辆，

在清算期间免征应承担的城市房地产税和车船使用牌照税。

3. 对港澳国际（集团）香港公司清算期间在中国境内催收债权时，免征接收房屋所有权、土地使用权应缴纳的契税。

4. 对港澳国际（集团）香港公司在中国境内的资产，包括货物、不动产、有价证券、股权、债权等，在清理和被处置时，免征港澳国际（集团）香港公司销售转让该货物、不动产、有价证券、股权、债权等资产应缴纳的增值税、营业税、预提所得税和土地增值税。

五、港澳国际（集团）内地公司、港澳国际（集团）香港公司在清算期间发生本通知未规定免税的应税行为以及东方资产管理公司除接收、处置不良资产业务外从事其他经营业务，应一律依法纳税。

六、本通知自港澳国际（集团）内地公司、港澳国际（集团）香港公司开始清算之日起执行，本通知发布前，属免征事项的应纳税款不再追缴，已征税款不予退还。

附件：港澳国际（集团）有限公司在香港的 8 家子公司名单（见二维码 17）

二维码17

财政部　国家税务总局
关于熊猫普制金币免征增值税政策的通知

（2012 年 12 月 28 日　财税〔2012〕97 号）

各省、自治区、直辖市、计划单列市财政厅（局）、国家税务局，新疆生产建设兵团财务局：

为完善投资性黄金相关税收政策，经国务院批准，自 2012 年 1 月 1 日起，对符合条件的纳税人销售的熊猫普制金币免征增值税。现将有关政策通知如下：

一、熊猫普制金币是指由黄金制成并同时符合以下条件的法定货币：

1. 由中国人民银行发行；
2. 生产质量为普制；
3. 正面主体图案为天坛祈年殿，并刊国名、年号。背面主体图案为熊猫，并刊面额、规格及成色。规格包括 1 盎司、1/2 盎司、1/4 盎司、1/10 盎司和 1/20 盎司，对应面额分别为 500 元、200 元、100 元、50 元、20 元。黄金成色为 99.9%。

二、纳税人的具体条件以及熊猫普制金币免征增值税的具体管理办法由国家税务总局另行制定。

三、文到之日前，纳税人已缴纳的应予免征的增值税税款，可在今后增值税应纳税额中抵减，或者按规定办理退库。纳税人已向购买方开具了增值税专用发票的，应将增值税专用发票追回后方可申请免税；凡增值税专用发票未追回的，不予免税。

财政部 国家税务总局
关于中国信达资产管理股份有限公司等 4 家金融资产管理公司有关税收政策问题的通知

(2013 年 8 月 28 日 财税〔2013〕56 号)

各省、自治区、直辖市、计划单列市财政厅（局）、国家税务局、地方税务局，新疆生产建设兵团财务局：

经国务院批准，现对中国信达资产管理股份有限公司（原中国信达资产管理公司）、中国华融资产管理股份有限公司（原中国华融资产管理公司）、中国长城资产管理公司和中国东方资产管理公司（以下统称资产公司）在收购、承接和处置政策性剥离不良资产和改制银行剥离不良资产过程中有关税收政策问题通知如下：

一、中国信达资产管理股份有限公司、中国华融资产管理股份有限公司及其分支机构处置剩余政策性剥离不良资产比照执行《财政部 国家税务总局关于中国信达等 4 家金融资产管理公司税收政策问题的通知》（财税〔2001〕10 号）、《财政部 国家税务总局关于 4 家资产管理公司接收资本金项下的资产在办理过户时有关税收政策问题的通知》（财税〔2003〕21 号）、《国家税务总局关于中国信达等四家金融资产管理公司受让或出让上市公司股权免征证券（股票）交易印花税有关问题的通知》（国税发〔2002〕94 号）规定的税收优惠政策。

中国长城资产管理公司和中国东方资产管理公司如经国务院批准改制后，继承其权利、义务的主体及其分支机构处置剩余政策性剥离不良资产比照执行前款所列规范性文件规定的税收优惠政策。

二、资产公司及其分支机构收购、承接和处置改制银行剥离不良资产比照执行其收购、承接和处置政策性剥离不良资产的税收优惠政策。

中国长城资产管理公司和中国东方资产管理公司如经国务院批准改制后，继承其权利、义务的主体及其分支机构处置改制银行剥离不良资产比照执行资产公司收购、承接和处置政策性剥离不良资产的税收优惠政策。

三、本通知所指政策性剥离指资产公司按照国务院规定的范围和额度，以账面价值进行收购的相关国有银行的不良资产。

本通知所指改制银行剥离不良资产是指资产公司按照《中国银行和中国建设银行改制过程中可疑类贷款处置管理办法》（财金〔2004〕53 号）、《中国工商银行改制过程中可疑类贷款处置管理办法》（银发〔2005〕148 号）规定及中国交通银行股份制改造时国务院确定的不良资产的范围和额度收购的不良资产。

本通知所指处置不良资产是指资产公司按照有关法律、行政法规，为使不良资产的价值得到实现而采取的债权转移的措施，具体包括运用出售、置换、资产重组、债转股、证券化等方法对贷款及其抵押品进行处置。

财政部　国家税务总局
关于全面推开营业税改征增值税试点的通知

(2016年3月23日　财税〔2016〕36号)

（正文编者略）

附件3第一条第（二十一）款。保险公司开办的一年期以上人身保险产品取得的保费收入免征增值税。

附件3第二条第（二）款。有形动产融资租赁服务增值税即征即退。

财政部　国家税务总局
关于金融机构同业往来等增值税政策的补充通知

(2016年6月30日　财税〔2016〕70号)

（正文编者略）

四、对人民币合格境外机构投资者（RQFII）委托境内公司在我国从事证券买卖业务，以及经人民银行认可的境外机构投资银行间本币市场取得的收入免征增值税。

财政部　税务总局
关于明确养老机构免征增值税等政策的通知

(2019年2月2日　财税〔2019〕20号)

各省、自治区、直辖市、计划单列市财政厅（局），国家税务总局各省、自治区、直辖市、计划单列市税务局，新疆生产建设兵团财政局：

现将养老机构免征增值税等政策通知如下：

一、《营业税改征增值税试点过渡政策的规定》（财税〔2016〕36号印发）第一条第（二）项中的养老机构，包括依照《中华人民共和国老年人权益保障法》依法办理登记，并向民政部门备案的为老年人提供集中居住和照料服务的各类养老机构。

二、自2019年2月1日至2020年12月31日，医疗机构接受其他医疗机构委托，按照不高于地（市）级以上价格主管部门会同同级卫生主管部门及其他相关部门制定的医疗服务指导价格（包括政府指导价和按照规定由供需双方协商确定的价格等），提供《全国医疗服务价格项目规范》所列的各项服务，可适用《营业税改征增值税试点过渡政策的规定》

（财税〔2016〕36号印发）第一条第（七）项规定的免征增值税政策。

三、自2019年2月1日至2020年12月31日，对企业集团内单位（含企业集团）之间的资金无偿借贷行为，免征增值税。

四、保险公司开办一年期以上返还性人身保险产品，按照以下规定执行：

（一）保险公司开办一年期以上返还性人身保险产品，在保险监管部门出具备案回执或批复文件前依法取得的保费收入，属于《财政部 国家税务总局关于一年期以上返还性人身保险产品营业税免税政策的通知》（财税〔2015〕86号）第一条、《营业税改征增值税试点过渡政策的规定》（财税〔2016〕36号印发）第一条第（二十一）项规定的保费收入。

（二）保险公司符合财税〔2015〕86号文件第一条、第二条规定免税条件，且未列入财政部、税务总局发布的免征营业税名单的，可向主管税务机关办理备案手续。

（三）保险公司开办一年期以上返还性人身保险产品，在列入财政部和税务总局发布的免征营业税名单或办理免税备案手续后，此前已缴纳营业税中尚未抵减或退还的部分，可抵减以后月份应缴纳的增值税。

五、本通知自发布之日起执行。此前已发生未处理的事项，按本通知规定执行。

财政部　税务总局　证监会
关于创新企业境内发行存托凭证试点阶段有关税收政策的公告

（2019年4月3日　财政部　税务总局　证监会公告2019年第52号）

为支持实施创新驱动发展战略，现将创新企业境内发行存托凭证（以下称创新企业CDR）试点阶段涉及的有关税收政策公告如下：

一、个人所得税政策

1. 自试点开始之日起，对个人投资者转让创新企业CDR取得的差价所得，三年（36个月，下同）内暂免征收个人所得税。

2. 自试点开始之日起，对个人投资者持有创新企业CDR取得的股息红利所得，三年内实施股息红利差别化个人所得税政策，具体参照《财政部　国家税务总局　证监会关于实施上市公司股息红利差别化个人所得税政策有关问题的通知》（财税〔2012〕85号）、《财政部　国家税务总局　证监会关于上市公司股息红利差别化个人所得税政策有关问题的通知》（财税〔2015〕101号）的相关规定执行，由创新企业在其境内的存托机构代扣代缴税款，并向存托机构所在地税务机关办理全员全额明细申报。对于个人投资者取得的股息红利在境外已缴纳的税款，可按照个人所得税法以及双边税收协定（安排）的相关规定予以抵免。

二、企业所得税政策

1. 对企业投资者转让创新企业CDR取得的差价所得和持有创新企业CDR取得的股息红利所得，按转让股票差价所得和持有股票的股息红利所得政策规定征免企业所得税。

2. 对公募证券投资基金（封闭式证券投资基金、开放式证券投资基金）转让创新企业CDR取得的差价所得和持有创新企业CDR取得的股息红利所得，按公募证券投资基金税收政策规定暂不征收企业所得税。

3. 对合格境外机构投资者（QFII）、人民币合格境外机构投资者（RQFII）转让创新企业 CDR 取得的差价所得和持有创新企业 CDR 取得的股息红利所得，视同转让或持有据以发行创新企业 CDR 的基础股票取得的权益性资产转让所得和股息红利所得征免企业所得税。

三、增值税政策

1. 对个人投资者转让创新企业 CDR 取得的差价收入，暂免征收增值税。

2. 对单位投资者转让创新企业 CDR 取得的差价收入，按金融商品转让政策规定征免增值税。

3. 自试点开始之日起，对公募证券投资基金（封闭式证券投资基金、开放式证券投资基金）管理人运营基金过程中转让创新企业 CDR 取得的差价收入，三年内暂免征收增值税。

4. 对合格境外机构投资者（QFII）、人民币合格境外机构投资者（RQFII）委托境内公司转让创新企业 CDR 取得的差价收入，暂免征收增值税。

四、印花税政策

自试点开始之日起三年内，在上海证券交易所、深圳证券交易所转让创新企业 CDR，按照实际成交金额，由出让方按 1‰ 的税率缴纳证券交易印花税。

五、其他相关事项

1. 本公告所称创新企业 CDR，是指符合《国务院办公厅转发证监会关于开展创新企业境内发行股票或存托凭证试点若干意见的通知》（国办发〔2018〕21 号）规定的试点企业，以境外股票为基础证券，由存托人签发并在中国境内发行，代表境外基础证券权益的证券。

2. 本公告所称试点开始之日，是指首只创新企业 CDR 取得国务院证券监督管理机构的发行批文之日。

六、支持文化教育体育

（一）文化

中华人民共和国增值税暂行条例

（正文编者略）

第十五条第（三）项。古旧图书免征增值税。

财政部 国家税务总局
关于中国图书进出口总公司销售给科研教学单位的进口书刊资料免征增值税问题的通知

(1997年3月28日 财税字〔1997〕66号)

北京、上海、广州、西安、深圳市国家税务局：

根据国务院国办通〔1994〕第8号文件关于对中国图书进出口总公司为国务院各部委、各直属机构及各省、自治区、直辖市所属科研机构和大专院校进口用于科研、教学的书刊给予免征增值税照顾的精神，经研究决定，对中国图书进出口总公司销售给国务院各部委、各直属机构及各省、自治区、直辖市所属科研机构和大专院校的进口科研、教学书刊给予免征增值税的照顾。

对1994年、1995年、1996年已征收入库的税款（包括城市维护建设税和教育费附加）由税务机关开具收入退还书，按原税款入库渠道分别退还给企业。请依照执行。

抄送：国家科委，北京、上海、广州、西安、深圳市财政局，财政部驻北京、上海、广东、陕西、深圳省（市）财政监察专员办事处。

财政部 国家税务总局
关于中国教育图书进出口公司销售给高等学校教育科研单位和北京图书馆的进口图书报刊资料免征增值税问题的通知

(1998年4月8日 财税字〔1998〕67号)

北京市国家税务局、深圳市国家税务局：

经国务院批准，自1998年1月1日起，对中国教育图书进出口公司销售给高等学校、教育科研单位和北京图书馆的进口图书、报刊资料给予免征增值税的照顾。今年已征收入库的增值税税款由征收机关予以退还。

财政部　国家税务总局
关于中国国际图书贸易总公司销售给高等学校教育科研单位和北京图书馆的进口图书报刊资料免征增值税问题的通知

(1998年4月14日　财税字〔1998〕68号)

北京市国家税务局、深圳市国家税务局、上海市国家税务局：

经国务院批准，自1998年1月1日起，对中国国际图书贸易总公司销售给高等学校、教育科研单位和北京图书馆的进口图书、报刊资料给予免征增值税的照顾。文到之前已征收入库的增值税款由征收机关予以退还。

财政部　国家税务总局
关于中国科技资料进出口总公司销售进口图书享受免征国内销售环节增值税政策的通知

(2004年3月30日　财税〔2004〕69号)

天津市财政局、国家税务局：

经国务院批准，自2004年1月1日起，对中国科技资料进出口总公司为科研单位、大专院校进口的用于科研、教学的图书、文献、报刊及其他资料（包括只读光盘、缩微平片、胶卷、地球资源卫星照片、科技和教学声像制品）免征国内销售环节增值税。

财政部　国家税务总局　中宣部
关于下发红旗出版社有限责任公司等中央所属转制文化企业名单的通知

(2011年3月16日　财税〔2011〕3号)

各省、自治区、直辖市、计划单列市党委宣传部、财政厅（局）、国家税务局、地方税务局，新疆生产建设兵团财务局：

一、按照《财政部　国家税务总局　中宣部关于转制文化企业名单及认定问题的通知》（财税〔2009〕105号）的规定，红旗出版社有限责任公司等二十二家中央所属文化企业已被认定为转制文化企业，现将名单发给你们，名单所列转制文化企业按照《财政部　国家税务总局关于文化体制改革中经营性文化事业单位转制为企业的若干税收政策问题的通知》(财税〔2009〕34号)的规定享受税收优惠政策。

二、财税〔2009〕34号文件中"转制注册之日"是指经营性文化事业单位转制为企业并进行工商注册之日。对于经营性文化事业单位转制前已进行企业法人登记,则按注销事业单位法人登记之日或核销事业编制的批复之日(转制前并没有进行事业单位法人登记)起确定转制完成并享受财税〔2009〕34号文件规定的税收优惠政策。本通知下发前各地不论是按转制注册之日还是按转制批复之日计算已征免的税款部分,不再做调整。

二维码18

附件:中央所属转制文化企业名单(见二维码18)

财政部 国家税务总局 中宣部 关于下发人民网股份有限公司等81家 中央所属转制文化企业名单的通知

(2011年4月27日 财税〔2011〕27号)

北京市财政局、国家税务局、地方税务局,北京市宣传部:

按照《财政部 国家税务总局 中宣部关于转制文化企业名单及认定问题的通知》(财税〔2009〕105号)的规定,人民网股份有限公司等81家中央所属文化企业已被认定为转制文化企业,现将名单发给你们,名单所列转制文化企业按照《财政部 国家税务总局关于文化体制改革中经营性文化事业单位转制为企业的若干税收政策问题的通知》(财税〔2009〕34号)的规定享受税收优惠政策。税收优惠政策的执行起始期限按《财政部 国家税务总局 中宣部关于下发红旗出版社有限责任公司等中央所属转制文化企业名单的通知》(财税〔2011〕3号)的规定执行。

二维码19

附件:中央所属转制文化企业名单(见二维码19)

财政部 国家税务总局 中宣部 关于下发世界知识出版社等35家中央所 属转制文化企业名单的通知

(2011年12月31日 财税〔2011〕120号)

北京市、河南省财政厅(局)、国家税务局、地方税务局,北京市、河南省党委宣传部:

按照《财政部 国家税务总局 中宣部关于转制文化企业名单及认定问题的通知》(财

税〔2009〕105号)的规定,世界知识出版社等35家中央所属文化企业已被认定为转制文化企业,现将名单发给你们,名单所列转制文化企业按照《财政部 国家税务总局关于文化体制改革中经营性文化事业单位转制为企业的若干税收政策问题的通知》(财税〔2009〕34号)的规定享受税收优惠政策。税收优惠政策的执行起始期限按《财政部 国家税务总局 中宣部关于下发红旗出版社有限责任公司等中央所属转制文化企业名单的通知》(财税〔2011〕3号)的规定执行。

二维码19

附件:中央所属转制文化企业名单(见二维码19)

财政部 国家税务总局关于文化体制改革中经营性文化事业单位转制为企业的若干税收优惠政策的通知

(2009年3月26日 财税〔2009〕34号)

各省、自治区、直辖市财政厅(局)、国家税务总局、地方税务局,新疆生产建设兵团财务局:

为了贯彻落实《国务院办公厅关于印发文化体制改革中经营性文化事业单位转制为企业和支持文化企业发展两个规定的通知》(国办发〔2008〕114号),进一步推动文化体制改革,促进文化企业发展,现就经营性文化事业单位转制为企业的税收政策问题通知如下:

一、经营性文化事业单位转制为企业,自转制注册之日起免征企业所得税。

二、由财政部门拨付事业经费的文化单位转制为企业,自转制注册之日起对其自用房产免征房产税。

三、党报、党刊将其发行、印刷业务及相应的经营性资产剥离组建的文化企业,自注册之日起所取得的党报、党刊发行收入和印刷收入免征增值税。

四、对经营性文化事业单位转制中资产评估增值涉及的企业所得税,以及资产划转或转让涉及的增值税、营业税、城建税等给予适当的优惠政策,具体优惠政策由财政部、国家税务总局根据转制方案确定。

五、本通知所称经营性文化事业单位是指从事新闻出版、广播影视和文化艺术的事业单位;转制包括文化事业单位整体转为企业和文化事业单位中经营部分剥离转为企业。

六、本通知适用于文化体制改革地区的所有转制文化单位和不在文化体制改革地区的转制企业。有关名单由中央文化体制改革工作领导小组办公室提供,财政部、国家税务总局发布。

本通知执行期限为2009年1月1日至2013年12月31日。

〔注释:全文失效。参见《财政部关于公布废止和失效的财政规章和规范性文件目录(第十二批)的决定》(财政部令第83号)。

"企业享受文化体制改革中转制的经营性文化事业单位所得税优惠的核准"取消,参见:(1)《国家税务总局关于贯彻落实〈国务院关于第一批取消62项中央指定地方实施行政审批事项的决定〉的通知》（税总发〔2015〕141号）；（2）《国务院关于第一批取消62项中央指定地方实施行政审批事项的决定》（国发〔2015〕57号）；（3）《国家税务总局关于公布已取消的22项税务非行政许可审批事项的公告》（国家税务总局公告2015年第58号）。

全文到期停止执行。自2014年1月1日起停止执行，参见《财政部　国家税务总局　中宣部关于继续实施文化体制改革中经营性文化事业单位转制为企业若干税收政策的通知》（财税〔2014〕84号）。]

财政部　国家税务总局　中宣部关于继续实施文化体制改革中经营性文化事业单位转制为企业若干税收政策的通知

（2014年11月27日　财税〔2014〕84号）

各省、自治区、直辖市、计划单列市党委宣传部、财政厅（局）、国家税务局、地方税务局，新疆生产建设兵团财务局：

为贯彻落实《国务院办公厅关于印发文化体制改革中经营性文化事业单位转制为企业和进一步支持文化企业发展两个规定的通知》（国办发〔2014〕15号）有关规定，进一步深化文化体制改革，继续推进国有经营性文化事业单位转企改制，现就继续实施经营性文化事业单位转制为企业的税收政策有关问题通知如下：

一、经营性文化事业单位转制为企业，可以享受以下税收优惠政策：

（一）经营性文化事业单位转制为企业，自转制注册之日起免征企业所得税。

（二）由财政部门拨付事业经费的文化单位转制为企业，自转制注册之日起对其自用房产免征房产税。

（三）党报、党刊将其发行、印刷业务及相应的经营性资产剥离组建的文化企业，自注册之日起所取得的党报、党刊发行收入和印刷收入免征增值税。

（四）对经营性文化事业单位转制中资产评估增值、资产转让或划转涉及的企业所得税、增值税、营业税、城市维护建设税、印花税、契税等，符合现行规定的享受相应税收优惠政策。

（五）转制为企业的出版、发行单位处置库存呆滞出版物形成的损失，允许按照税收法律法规的规定在企业所得税前扣除。

上述所称"经营性文化事业单位"，是指从事新闻出版、广播影视和文化艺术的事业单位。转制包括整体转制和剥离转制。其中，整体转制包括：（图书、音像、电子）出版社、非时政类报刊出版单位、新华书店、艺术院团、电影制片厂、电影（发行放映）公司、影剧院、重点新闻网站等整体转制为企业；剥离转制包括：新闻媒体中的广告、印刷、发行、传输网络等部分，以及影视剧等节目制作与销售机构，从事业体制中剥离出来转制为企业。

上述所称"转制注册之日"，是指经营性文化事业单位转制为企业并进行工商注册之日。对于经营性文化事业单位转制前已进行企业法人登记，则按注销事业单位法人登记之日或核销事业编制的批复之日（转制前未进行事业单位法人登记的）起确定转制完成并享受本通知所规定的税收优惠政策。

本通知下发之前已经审核认定享受《财政部 国家税务总局关于文化体制改革中经营性文化事业单位转制为企业的若干税收优惠政策问题的通知》（财税〔2009〕34号）税收政策的转制文化企业，可继续享受本通知所规定的税收政策。

二、享受税收优惠政策的转制文化企业应同时符合以下条件：

（一）根据相关部门的批复进行转制。

（二）转制文化企业已进行企业工商注册登记。

（三）整体转制前已进行事业单位法人登记的，转制后已核销事业编制、注销事业单位法人。

（四）已同在职职工全部签订劳动合同，按企业办法参加社会保险。

（五）转制文化企业引入非公有资本和境外资本的，须符合国家法律法规和政策规定；变更资本结构依法应经批准的，需经行业主管部门和国有文化资产监管部门批准。

本通知适用于所有转制文化单位。中央所属转制文化企业的认定，由中央宣传部会同财政部、税务总局确定并发布名单；地方所属转制文化企业的认定，按照登记管理权限，由地方各级宣传部门会同同级财政、税务部门确定和发布名单，并按程序抄送中央宣传部、财政部和税务总局。

已认定发布的转制文化企业名称发生变更的，如果主营业务未发生变化，可持同级文化体制改革和发展工作领导小组办公室出具的同意变更函，到主管税务机关履行变更手续；如果主营业务发生变化，依照本条规定的条件重新认定。

三、经认定的转制文化企业，即可享受相应的税收优惠政策，并持下列材料向主管税务机关备案：

（一）转制方案批复函。

（二）企业工商营业执照。

（三）整体转制前已进行事业单位法人登记的，需提供同级机构编制管理机关核销事业编制、注销事业单位法人的证明。

（四）同在职职工签订劳动合同、按企业办法参加社会保险制度的证明。

（五）引入非公有资本和境外资本、变更资本结构的，需出具相关部门批准文件。

未经认定的转制文化企业或转制文化企业不符合本通知规定的，不得享受相关税收优惠政策。已享受优惠的，主管税务机关应追缴其已减免的税款。

四、对已转制企业按照本通知规定应予减免的税款，在本通知下发以前已经征收入库的，可抵减以后纳税期应缴税款或办理退库。

五、本通知执行期限为2014年1月1日至2018年12月31日。《财政部 国家税务总局关于文化体制改革中经营性文化事业单位转制为企业的若干税收优惠政策问题的通知》（财税〔2009〕34号）、《财政部 国家税务总局 中宣部关于转制文化企业名单及认定问题的通知》（财税〔2009〕105号）自2014年1月1日起停止执行。

〔注释：全文失效。自2019年1月1日起停止执行，参见《财政部 税务总局 中央宣传部关于继续实施文化体制改革中经营性文化事业单位转制为企业若干税收政策的通知》（财税〔2019〕16号）。〕

财政部　税务总局　中央宣传部
关于继续实施文化体制改革中经营性文化事业单位转制为企业若干税收政策的通知

(2019年2月16日　财税〔2019〕16号)

各省、自治区、直辖市、计划单列市财政厅（局）、党委宣传部，新疆生产建设兵团财政局，国家税务总局各省、自治区、直辖市、计划单列市税务局：

为贯彻落实《国务院办公厅关于印发文化体制改革中经营性文化事业单位转制为企业和进一步支持文化企业发展两个规定的通知》（国办发〔2018〕124号）有关规定，进一步深化文化体制改革，继续推进国有经营性文化事业单位转企改制，现就继续实施经营性文化事业单位转制为企业的税收政策有关事项通知如下：

一、经营性文化事业单位转制为企业，可以享受以下税收优惠政策：

（一）经营性文化事业单位转制为企业，自转制注册之日起五年内免征企业所得税。2018年12月31日之前已完成转制的企业，自2019年1月1日起可继续免征五年企业所得税。

（二）由财政部门拨付事业经费的文化单位转制为企业，自转制注册之日起五年内对其自用房产免征房产税。2018年12月31日之前已完成转制的企业，自2019年1月1日起对其自用房产可继续免征五年房产税。

（三）党报、党刊将其发行、印刷业务及相应的经营性资产剥离组建的文化企业，自注册之日起所取得的党报、党刊发行收入和印刷收入免征增值税。

（四）对经营性文化事业单位转制中资产评估增值、资产转让或划转涉及的企业所得税、增值税、城市维护建设税、契税、印花税等，符合现行规定的享受相应税收优惠政策。

上述所称"经营性文化事业单位"，是指从事新闻出版、广播影视和文化艺术的事业单位。转制包括整体转制和剥离转制。其中，整体转制包括：（图书、音像、电子）出版社、非时政类报刊出版单位、新华书店、艺术院团、电影制片厂、电影（发行放映）公司、影剧院、重点新闻网站等整体转制为企业；剥离转制包括：新闻媒体中的广告、印刷、发行、传输网络等部分，以及影视剧等节目制作与销售机构，从事业体制中剥离出来转制为企业。

上述所称"转制注册之日"，是指经营性文化事业单位转制为企业并进行企业法人登记之日。对于经营性文化事业单位转制前已进行企业法人登记，则按注销事业单位法人登记之日，或核销事业编制的批复之日（转制前未进行事业单位法人登记的）确定转制完成并享受本通知所规定的税收优惠政策。

上述所称"2018年12月31日之前已完成转制"，是指经营性文化事业单位在2018年12月31日及以前已转制为企业、进行企业法人登记，并注销事业单位法人登记或批复核销事业编制（转制前未进行事业单位法人登记的）。

本通知下发之前已经审核认定享受《财政部　国家税务总局　中宣部关于继续实施文化体制改革中经营性文化事业单位转制为企业若干税收政策的通知》（财税〔2014〕84号）

税收优惠政策的转制文化企业,可按本通知规定享受税收优惠政策。

二、享受税收优惠政策的转制文化企业应同时符合以下条件:

(一)根据相关部门的批复进行转制。

(二)转制文化企业已进行企业法人登记。

(三)整体转制前已进行事业单位法人登记的,转制后已核销事业编制、注销事业单位法人;整体转制前未进行事业单位法人登记的,转制后已核销事业编制。

(四)已同在职职工全部签订劳动合同,按企业办法参加社会保险。

(五)转制文化企业引入非公有资本和境外资本的,须符合国家法律法规和政策规定;变更资本结构依法应经批准的,需经行业主管部门和国有文化资产监管部门批准。

本通知适用于所有转制文化单位。中央所属转制文化企业的认定,由中央宣传部会同财政部、税务总局确定并发布名单;地方所属转制文化企业的认定,按照登记管理权限,由地方各级宣传部门会同同级财政、税务部门确定和发布名单,并按程序抄送中央宣传部、财政部和税务总局。

已认定发布的转制文化企业名称发生变更的,如果主营业务未发生变化,可持同级文化体制改革和发展工作领导小组办公室出具的同意变更函,到主管税务机关履行变更手续;如果主营业务发生变化,依照本条规定的条件重新认定。

三、经认定的转制文化企业,应按有关税收优惠事项管理规定办理优惠手续,申报享受税收优惠政策。企业应将转制方案批复函,企业营业执照,同级机构编制管理机关核销事业编制、注销事业单位法人的证明,与在职职工签订劳动合同、按企业办法参加社会保险制度的有关材料,相关部门对引入非公有资本和境外资本、变更资本结构的批准文件等留存备查,税务部门依法加强后续管理。

四、未经认定的转制文化企业或转制文化企业不符合本通知规定的,不得享受相关税收优惠政策。已享受优惠的,主管税务机关应追缴其已减免的税款。

五、对已转制企业按照本通知规定应予减免的税款,在本通知下发以前已经征收入库的,可抵减以后纳税期应缴税款或办理退库。

六、本通知规定的税收政策执行期限为2019年1月1日至2023年12月31日。企业在2023年12月31日享受本通知第一条第(一)项、第(二)项税收政策不满五年的,可继续享受至五年期满为止。

《财政部 国家税务总局 中宣部关于继续实施文化体制改革中经营性文化事业单位转制为企业若干税收政策的通知》(财税〔2014〕84号)自2019年1月1日起停止执行。

财政部 国家税务总局
关于全面推开营业税改征增值税试点的通知

(2016年3月23日 财税〔2016〕36号)

(正文编者略)

附件3第一条第(十一)款。纪念馆、博物馆、文化馆、文物保护单位管理机构、美术馆、展览馆、书画院、图书馆在自己的场所提供文化体育服务取得的第一道门票收入免征增值税。

附件3第一条第（十二）款。寺院、宫观、清真寺和教堂举办文化、宗教活动的门票收入免征增值税。

附件3第一条第（十四）款。个人转让著作权免征增值税。

财政部　税务总局
关于延续动漫产业增值税政策的通知

（2018年4月19日　财税〔2018〕38号）

各省、自治区、直辖市、计划单列市财政厅（局）、国家税务局、地方税务局，新疆生产建设兵团财政局：

为促进我国动漫产业发展，继续实施动漫产业增值税政策。现将有关事项通知如下：

一、自2018年1月1日至2018年4月30日，对动漫企业增值税一般纳税人销售其自主开发生产的动漫软件，按照17%的税率征收增值税后，对其增值税实际税负超过3%的部分，实行即征即退政策。

二、自2018年5月1日至2020年12月31日，对动漫企业增值税一般纳税人销售其自主开发生产的动漫软件，按照16%的税率征收增值税后，对其增值税实际税负超过3%的部分，实行即征即退政策。

三、动漫软件出口免征增值税。

四、动漫软件，按照《财政部　国家税务总局关于软件产品增值税政策的通知》（财税〔2011〕100号）中软件产品相关规定执行。

动漫企业和自主开发、生产动漫产品的认定标准和认定程序，按照《文化部　财政部　国家税务总局关于印发〈动漫企业认定管理办法（试行）〉的通知》（文市发〔2008〕51号）的规定执行。

五、《财政部　国家税务总局关于动漫产业增值税和营业税政策的通知》（财税〔2013〕98号）到期停止执行。

财政部　税务总局
关于延续宣传文化增值税优惠政策的通知

（2018年6月5日　财税〔2018〕53号）

各省、自治区、直辖市、计划单列市财政厅（局）、国家税务局，新疆生产建设兵团财政局，财政部驻各省、自治区、直辖市、计划单列市财政监察专员办事处：

为促进我国宣传文化事业的发展，继续实施宣传文化增值税优惠政策。现将有关事项通知如下：

一、自 2018 年 1 月 1 日起至 2020 年 12 月 31 日，执行下列增值税先征后退政策。

（一）对下列出版物在出版环节执行增值税 100% 先征后退的政策：

1. 中国共产党和各民主党派的各级组织的机关报纸和机关期刊，各级人大、政协、政府、工会、共青团、妇联、残联、科协的机关报纸和机关期刊，新华社的机关报纸和机关期刊，军事部门的机关报纸和机关期刊。

上述各级组织不含其所属部门。机关报纸和机关期刊增值税先征后退范围掌握在一个单位一份报纸和一份期刊以内。

2. 专为少年儿童出版发行的报纸和期刊，中小学的学生课本。

3. 专为老年人出版发行的报纸和期刊。

4. 少数民族文字出版物。

5. 盲文图书和盲文期刊。

6. 经批准在内蒙古、广西、西藏、宁夏、新疆五个自治区内注册的出版单位出版的出版物。

7. 列入本通知附件 1 的图书、报纸和期刊。

（二）对下列出版物在出版环节执行增值税先征后退 50% 的政策：

1. 各类图书、期刊、音像制品、电子出版物，但本通知第一条第（一）项规定执行增值税 100% 先征后退的出版物除外。

2. 列入本通知附件 2 的报纸。

（三）对下列印刷、制作业务执行增值税 100% 先征后退的政策：

1. 对少数民族文字出版物的印刷或制作业务。

2. 列入本通知附件 3 的新疆维吾尔自治区印刷企业的印刷业务。

二、自 2018 年 1 月 1 日起至 2020 年 12 月 31 日，免征图书批发、零售环节增值税。

三、自 2018 年 1 月 1 日起至 2020 年 12 月 31 日，对科普单位的门票收入，以及县级及以上党政部门和科协开展科普活动的门票收入免征增值税。

四、享受本通知第一条第（一）项、第（二）项规定的增值税先征后退政策的纳税人，必须是具有相关出版物出版许可证的出版单位（含以"租型"方式取得专有出版权进行出版物印刷发行的出版单位）。承担省级及以上出版行政主管部门指定出版、发行任务的单位，因进行重组改制等原因尚未办理出版、发行许可证变更的单位，经财政部驻各地财政监察专员办事处（以下简称财政监察专员办事处）商省级出版行政主管部门核准，可以享受相应的增值税先征后退政策。

纳税人应将享受上述税收优惠政策的出版物在财务上实行单独核算，不进行单独核算的不得享受本通知规定的优惠政策。违规出版物、多次出现违规的出版单位及图书批发零售单位不得享受本通知规定的优惠政策，上述违规出版物、出版单位及图书批发零售单位的具体名单由省级及以上出版行政主管部门及时通知相应财政监察专员办事处和主管税务机关。

五、已按软件产品享受增值税退税政策的电子出版物不得再按本通知申请增值税先征后退政策。

六、本通知规定的各项增值税先征后退政策由财政监察专员办事处根据财政部、国家税务总局、中国人民银行《关于税制改革后对某些企业实行"先征后退"有关预算管理问题的暂行规定的通知》[（94）财预字第 55 号] 的规定办理。

七、本通知的有关定义

（一）本通知所述"出版物"，是指根据国务院出版行政主管部门的有关规定出版的图书、报纸、期刊、音像制品和电子出版物。所述图书、报纸和期刊，包括随同图书、报纸、期刊销售并难以分离的光盘、软盘和磁带等信息载体。

（二）图书、报纸、期刊（即杂志）的范围，仍然按照《国家税务总局关于印发〈增值税部分货物征税范围注释〉的通知》（国税发〔1993〕151号）的规定执行；音像制品、电子出版物的范围，按照《财政部　税务总局关于简并增值税税率有关政策的通知》（财税〔2017〕37号）的规定执行。

（三）本通知所述"专为少年儿童出版发行的报纸和期刊"，是指以初中及初中以下少年儿童为主要对象的报纸和期刊。

（四）本通知所述"中小学的学生课本"，是指普通中小学学生课本和中等职业教育课本。普通中小学学生课本是指根据教育部中、小学教学大纲的要求，由经国务院教育行政主管部门审定，并取得国务院出版行政主管部门批准的教科书出版、发行资质的单位提供的中、小学学生上课使用的正式课本，具体操作时按国家和省级教育行政部门每年春、秋两季下达的"中小学教学用书目录"中所列的"课本"的范围掌握；中等职业教育课本是指经国家和省级教育、人力资源社会保障行政部门审定，供中等专业学校、职业高中和成人专业学校学生使用的课本，具体操作时按国家和省级教育、人力资源社会保障行政部门每年下达的教学用书目录认定。中小学的学生课本不包括各种形式的教学参考书、图册、自读课本、课外读物、练习册以及其他各类辅助性教材和辅导读物。

（五）本通知所述"专为老年人出版发行的报纸和期刊"，是指以老年人为主要对象的报纸和期刊，具体范围详见附件4。

（六）本通知第一条第（一）项和第（二）项规定的图书包括"租型"出版的图书。

（七）本通知所述"科普单位"，是指科技馆，自然博物馆，对公众开放的天文馆（站、台）、气象台（站）、地震台（站），以及高等院校、科研机构对公众开放的科普基地。

本通知所述"科普活动"，是指利用各种传媒以浅显的、让公众易于理解、接受和参与的方式，向普通大众介绍自然科学和社会科学知识，推广科学技术的应用，倡导科学方法，传播科学思想，弘扬科学精神的活动。

八、本通知自2018年1月1日起执行。《财政部　国家税务总局关于延续宣传文化增值税和营业税优惠政策的通知》（财税〔2013〕87号）同时废止。

按照本通知第二条和第三条规定应予免征的增值税，凡在接到本通知以前已经征收入库的，可抵减纳税人以后月份应缴纳的增值税税款或者办理税款退库。纳税人如果已向购买方开具了增值税专用发票，应将专用发票追回后方可申请办理免税。凡专用发票无法追回的，一律照章征收增值税。

附件：1. 适用增值税100%先征后退政策的特定图书、报纸和期刊名单（见二维码20）
2. 适用增值税50%先征后退政策的报纸名单（见二维码20）
3. 适用增值税100%先征后退政策的新疆维吾尔自治区印刷企业名单（见二维码20）

二维码20

4. 专为老年人出版发行的报纸和期刊名单（见二维码 20）

财政部　税务总局
关于继续实施支持文化企业发展增值税政策的通知

（2019 年 2 月 13 日　财税〔2019〕17 号）

各省、自治区、直辖市、计划单列市财政厅（局），新疆生产建设兵团财政局，国家税务总局各省、自治区、直辖市、计划单列市税务局：

为贯彻落实《国务院办公厅关于印发文化体制改革中经营性文化事业单位转制为企业和进一步支持文化企业发展两个规定的通知》（国办发〔2018〕124 号）有关规定，进一步深化文化体制改革，促进文化企业发展，现就继续实施支持文化企业发展的增值税政策通知如下：

一、对电影主管部门（包括中央、省、地市及县级）按照各自职能权限批准从事电影制片、发行、放映的电影集团公司（含成员企业）、电影制片厂及其他电影企业取得的销售电影拷贝（含数字拷贝）收入、转让电影版权（包括转让和许可使用）收入、电影发行收入以及在农村取得的电影放映收入，免征增值税。一般纳税人提供的城市电影放映服务，可以按现行政策规定，选择按照简易计税办法计算缴纳增值税。

二、对广播电视运营服务企业收取的有线数字电视基本收视维护费和农村有线电视基本收视费，免征增值税。

三、本通知执行期限为 2019 年 1 月 1 日至 2023 年 12 月 31 日。《财政部　税务总局关于继续执行有线电视收视费增值税政策的通知》（财税〔2017〕35 号）同时废止。《财政部　税务总局关于继续实施支持文化企业发展若干税收政策的通知》（财税〔2014〕85 号）自 2019 年 1 月 1 日起停止执行。

文化企业按照本通知规定应予减免的增值税税款，在本通知下发以前已经征收入库的，可抵减以后纳税期应缴税款或办理退库。

（二）教育

财政部　国家税务总局
关于教育税收政策的通知

（2004 年 2 月 5 日　财税〔2004〕39 号）

各省、自治区、直辖市、计划单列市财政厅（局）、国家税务局、地方税务局，新疆生产建设兵团财务局：

为了进一步促进教育事业发展，经国务院批准，现将有关教育的税收政策通知如下：

一、关于营业税、增值税、所得税

1. 对从事学历教育的学校提供教育劳务取得的收入，免征营业税。

2. 对学生勤工俭学提供劳务取得的收入，免征营业税。

3. 对学校从事技术开发、技术转让业务和与之相关的技术咨询、技术服务业务取得的收入，免征营业税。

4. 对托儿所、幼儿园提供养育服务取得的收入，免征营业税。

5. 对政府举办的高等、中等和初等学校（不含下属单位）举办进修班、培训班取得的收入，收入全部归学校所有的，免征营业税和企业所得税。

6. 对政府举办的职业学校设立的主要为在校学生提供实习场所、并由学校出资自办、由学校负责经营管理、经营收入归学校所有的企业，对其从事营业税暂行条例"服务业"税目规定的服务项目（广告业、桑拿、按摩、氧吧等除外）取得的收入，免征营业税和企业所得税。

7. 对特殊教育学校举办的企业可以比照福利企业标准，享受国家对福利企业实行的增值税和企业所得税优惠政策。

8. 纳税人通过中国境内非营利的社会团体、国家机关向教育事业的捐赠，准予在企业所得税和个人所得税前全额扣除。

9. 对高等学校、各类职业学校服务于各业的技术转让、技术培训、技术咨询、技术服务、技术承包所取得的技术性服务收入，暂免征收企业所得税。

10. 对学校经批准收取并纳入财政预算管理的或财政预算外资金专户管理的收费不征收企业所得税；对学校取得的财政拨款，从主管部门和上级单位取得的用于事业发展的专项补助收入，不征收企业所得税。

11. 对个人取得的教育储蓄存款利息所得，免征个人所得税；对省级人民政府、国务院各部委和中国人民解放军军以上单位，以及外国组织、国际组织颁布的教育方面的奖学金，免征个人所得税；高等学校转化职务科技成果以股份或出资比例等股权形式给予个人奖励，获奖人在取得股份、出资比例时，暂不缴纳个人所得税；取得按股份、出资比例分红或转让股权、出资比例所得时，依法缴纳个人所得税。

二、关于房产税、城镇土地使用税、印花税

对国家拨付事业经费和企业办的各类学校、托儿所、幼儿园自用的房产、土地，免征房产税、城镇土地使用税；对财产所有人将财产赠给学校所立的书据，免征印花税。

三、关于耕地占用税、契税、农业税和农业特产税

1. 对学校、幼儿园经批准征用的耕地，免征耕地占用税。享受免税的学校用地的具体范围是：全日制大、中、小学校（包括部门、企业办的学校）的教学用房、实验室、操场、图书馆、办公室及师生员工食堂宿舍用地。学校从事非农业生产经营占用的耕地，不予免税。职工夜校、学习班、培训中心、函授学校等不在免税之列。

2. 国家机关、事业单位、社会团体、军事单位承受土地房屋权属用于教学、科研的，免征契税。用于教学的，是指教室（教学楼）以及其他直接用于教学的土地、房屋。用于科研的，是指科学实验的场所以及其他直接用于科研的土地、房屋。对县级以上人民政府教育行政主管部门或劳动行政主管部门审批并颁发办学许可证，由企业事业组织、社会团体及

其他社会和公民个人利用非国家财政性教育经费面向社会举办的学校及教育机构，其承受的土地、房屋权属用于教学的，免征契税。

3. 对农业院校进行科学实验的土地免征农业税。对农业院校进行科学实验所取得的农业特产品收入，在实验期间免征农业特产税。

四、关于关税

1. 对境外捐赠人无偿捐赠的直接用于各类职业学校、高中、初中、小学、幼儿园教育的教学仪器、图书、资料和一般学习用品，免征进口关税和进口环节增值税。上述捐赠用品不包括国家明令不予减免进口税的 20 种商品。其他相关事宜按照国务院批准的《扶贫、慈善性捐赠物质免征进口税收暂行办法》办理。

2. 对教育部承认学历的大专以上全日制高等院校以及财政部会同国务院有关部门批准的其他学校，不以营利为目的，在合理数量范围内的进口国内不能生产的科学研究和教学用品，直接用于科学研究或教学的，免征进口关税和进口环节增值税、消费税（不包括国家明令不予减免进口税的 20 种商品）。科学研究和教学用品的范围等有关具体规定，按照国务院批准的《科学研究和教学用品免征进口税收暂行规定》执行。

五、取消下列税收优惠政策

1. 财政部、国家税务总局《关于企业所得税若干优惠政策的通知》[（94）财税字第1号]第八条第一款和第三款关于校办企业从事生产经营的所得免征所得税的规定，其中因取消所得税优惠政策而增加的财政收入，按现行财政体制由中央与地方财政分享，专项列入财政预算，仍然全部用于教育事业。应归中央财政的补偿资金，列中央教育专项，用于改善全国特别是农村地区的中小学办学条件和资助家庭经济困难学生；应归地方财政的补偿资金，列省级教育专项，主要用于改善本地区农村中小学办学条件和资助农村家庭经济困难的中小学生。

2. 《关于学校办企业征收流转税问题的通知》（国税发〔1994〕156 号）第三条第一款和第三款，关于校办企业生产的应税货物，凡用于本校教学科研方面的，免征增值税；校办企业凡为本校教学、科研服务提供的应税劳务免征营业税的规定。

六、本通知自 2004 年 1 月 1 日起执行，此前规定与本通知不符的，以本通知为准。

财政部　国家税务总局
关于全面推开营业税改征增值税试点的通知

（2016 年 3 月 23 日　财税〔2016〕36 号）

（正文编者略）

附件 3 第一条第（八）款。从事学历教育的学校提供的教育服务免征增值税。

附件 3 第一条第（九）款。学生勤工俭学提供的服务免征增值税。

附件 3 第一条第（十九）款第 2 项。国家助学贷款取得的利息收入免征增值税。

附件 3 第一条第（二十九）款。政府举办的从事学历教育的高等、中等和初等学校（不含下属单位），举办进修班、培训班取得的全部归该学校所有的收入免征增值税。

附件3第一条第（三十）款。政府举办的职业学校设立的企业从事"现代服务""生活服务"业务活动取得的收入免征增值税。

财政部　国家税务总局
关于继续执行高校学生公寓和食堂有关税收政策的通知

（2016年7月25日　财税〔2016〕82号）

各省、自治区、直辖市、计划单列市财政厅（局）、国家税务局、地方税务局，新疆生产建设兵团财务局：

经国务院批准，现对继续执行高校学生公寓和食堂的有关税收政策通知如下：

一、自2016年1月1日至2018年12月31日，对高校学生公寓免征房产税；对与高校学生签订的高校学生公寓租赁合同，免征印花税。

二、对按照国家规定的收费标准向学生收取的高校学生公寓住宿费收入，自2016年1月1日至2016年4月30日，免征营业税；自2016年5月1日起，在营改增试点期间免征增值税。

三、对高校学生食堂为高校师生提供餐饮服务取得的收入，自2016年1月1日至2016年4月30日，免征营业税；自2016年5月1日起，在营改增试点期间免征增值税。

四、本通知所述"高校学生公寓"，是指为高校学生提供住宿服务，按照国家规定的收费标准收取住宿费的学生公寓。

"高校学生食堂"，是指依照《学校食堂与学生集体用餐卫生管理规定》（教育部令第14号）管理的高校学生食堂。

五、文到之日前，已征的按照本通知规定应予免征的房产税和印花税，分别从纳税人以后应缴纳的房产税和印花税中抵减或者予以退还；已征的应予免征的营业税，予以退还；已征的应予免征的增值税，可抵减纳税人以后月份应缴纳的增值税或予以退还。

（三）体育

财政部　国家税务总局
关于全面推开营业税改征增值税试点的通知

（2016年3月23日　财税〔2016〕36号）

（正文编者略）

附件3第一条第（三十二）款。体育彩票的发行收入免征增值税。

财政部 税务总局 海关总署
关于北京 2022 年冬奥会和冬残奥会税收政策的通知

(2017 年 7 月 12 日 财税〔2017〕60 号)

各省、自治区、直辖市、计划单列市财政厅（局）、国家税务局、地方税务局，广东分署、各直属海关，新疆生产建设兵团财务局：

为支持发展奥林匹克运动，确保北京 2022 年冬奥会和冬残奥会顺利举办，现就有关税收政策通知如下：

一、对北京 2022 年冬奥会和冬残奥会组织委员会（以下简称北京冬奥组委）实行以下税收政策

（一）对北京冬奥组委取得的电视转播权销售分成收入、国际奥委会全球合作伙伴计划分成收入（实物和资金），免征应缴纳的增值税。

（二）对北京冬奥组委市场开发计划取得的国内外赞助收入、转让无形资产（如标志）特许权收入和销售门票收入，免征应缴纳的增值税。

（三）对北京冬奥组委取得的与中国集邮总公司合作发行纪念邮票收入、与中国人民银行合作发行纪念币收入，免征应缴纳的增值税。

（四）对北京冬奥组委取得的来源于广播、互联网、电视等媒体收入，免征应缴纳的增值税。

（五）对外国政府和国际组织无偿捐赠用于北京 2022 年冬奥会的进口物资，免征进口关税和进口环节增值税。

（六）对以一般贸易方式进口，用于北京 2022 年冬奥会的体育场馆建设所需设备中与体育场馆设施固定不可分离的设备以及直接用于北京 2022 年冬奥会比赛用的消耗品，免征关税和进口环节增值税。享受免税政策的奥运会体育场馆建设进口设备及比赛用消耗品的范围、数量清单由北京冬奥组委汇总后报财政部商有关部门审核确定。

（七）对北京冬奥组委进口的其他特需物资，包括：国际奥委会或国际单项体育组织指定的，国内不能生产或性能不能满足需要的体育器材、医疗检测设备、安全保障设备、交通通讯设备、技术设备，在运动会期间按暂准进口货物规定办理，运动会结束后留用或做变卖处理的，按有关规定办理正式进口手续，并照章缴纳进口税收，其中进口汽车以不低于新车 90% 的价格估价征税。上述暂准进口的商品范围、数量清单由北京冬奥组委汇总后报财政部商有关部门审核确定。

（八）对北京冬奥组委再销售所获捐赠物品和赛后出让资产取得收入，免征应缴纳的增值税、消费税和土地增值税。免征北京冬奥组委向分支机构划拨所获赞助物资应缴纳的增值税，北京冬奥组委向主管税务机关提供"分支机构"范围的证明文件，办理减免税备案。

（九）对北京冬奥组委使用的营业账簿和签订的各类合同等应税凭证，免征北京冬奥组委应缴纳的印花税。

（十）对北京冬奥组委免征应缴纳的车船税和新购车辆应缴纳的车辆购置税。

（十一）对北京冬奥组委免征应缴纳的企业所得税。

（十二）对北京冬奥组委委托加工生产的高档化妆品免征应缴纳的消费税。具体管理办法由税务总局另行规定。

（十三）对国际奥委会、国际单项体育组织和其他社会团体等从国外邮寄进口且不流入国内市场的、与北京2022年冬奥会有关的文件、书籍、音像、光盘，在合理数量范围内免征关税和进口环节增值税。合理数量的具体标准由海关总署确定。对奥运会场馆建设所需进口的模型、图纸、图板、电子文件光盘、设计说明及缩印本等规划设计方案，免征关税和进口环节增值税。

（十四）对北京冬奥组委取得的餐饮服务、住宿、租赁、介绍服务和收费卡收入，免征应缴纳的增值税。

（十五）对北京2022年冬奥会场馆及其配套设施建设占用耕地，免征耕地占用税。

（十六）根据中国奥委会、主办城市、国际奥委会签订的《北京2022年冬季奥林匹克运动会主办城市合同》（以下简称《主办城市合同》）规定，北京冬奥组委全面负责和组织举办北京2022年冬残奥会，其取得的北京2022年冬残奥会收入及其发生的涉税支出比照执行北京2022年冬奥会的税收政策。

二、对国际奥委会、中国奥委会、国际残疾人奥林匹克委员会、中国残奥委员会、北京冬奥会测试赛赛事组委会实行以下税收政策

（一）对国际奥委会取得的与北京2022年冬奥会有关的收入免征增值税、消费税、企业所得税。

（二）对国际奥委会、中国奥委会签订的与北京2022年冬奥会有关的各类合同，免征国际奥委会和中国奥委会应缴纳的印花税。

（三）对国际奥委会取得的国际性广播电视组织转来的中国境内电视台购买北京2022年冬奥会转播权款项，免征应缴纳的增值税。

（四）对按中国奥委会、主办城市签订的《联合市场开发计划协议》和中国奥委会、主办城市、国际奥委会签订的《主办城市合同》规定，中国奥委会取得的由北京冬奥组委分期支付的收入、按比例支付的盈余分成收入免征增值税、消费税和企业所得税。

（五）对国际残奥委会取得的与北京2022年冬残奥会有关的收入免征增值税、消费税、企业所得税和印花税。

（六）对中国残奥委会根据《联合市场开发计划协议》取得的由北京冬奥组委分期支付的收入免征增值税、消费税、企业所得税和印花税。

（七）北京冬奥会测试赛赛事组委会取得的收入及发生的涉税支出比照执行北京冬奥组委的税收政策。

三、对北京2022年冬奥会、冬残奥会、测试赛参与者实行以下税收政策

（一）对企业、社会组织和团体赞助、捐赠北京2022年冬奥会、冬残奥会、测试赛的资金、物资、服务支出，在计算企业应纳税所得额时予以全额扣除。

（二）企业根据赞助协议向北京冬奥组委免费提供的与北京2022年冬奥会、冬残奥会、测试赛有关的服务，免征增值税。免税清单由北京冬奥组委报财政部、税务总局确定。

（三）个人捐赠北京2022年冬奥会、冬残奥会、测试赛的资金和物资支出可在计算个

人应纳税所得额时予以全额扣除。

（四）对财产所有人将财产（物品）捐赠给北京冬奥组委所书立的产权转移书据免征应缴纳的印花税。

（五）对受北京冬奥组委邀请的，在北京2022年冬奥会、冬残奥会、测试赛期间临时来华，从事奥运相关工作的外籍顾问以及裁判员等外籍技术官员取得的由北京冬奥组委、测试赛赛事组委会支付的劳务报酬免征增值税和个人所得税。

（六）对在北京2022年冬奥会、冬残奥会、测试赛期间裁判员等中方技术官员取得的由北京冬奥组委、测试赛赛事组委会支付的劳务报酬，免征应缴纳的增值税。

（七）对于参赛运动员因北京2022年冬奥会、冬残奥会、测试赛比赛获得的奖金和其他奖赏收入，按现行税收法律法规的有关规定征免应缴纳的个人所得税。

（八）在北京2022年冬奥会场馆（场地）建设、试运营、测试赛及冬奥会及冬残奥会期间，对用于北京2022年冬奥会场馆（场地）建设、运维的水资源，免征应缴纳的水资源税。

（九）免征北京2022年冬奥会、冬残奥会、测试赛参与者向北京冬奥组委无偿提供服务和无偿转让无形资产的增值税。

四、本通知自发布之日起执行。

财政部　税务总局　海关总署
关于北京2022年冬奥会和冬残奥会税收优惠政策的公告

（2019年11月11日　财政部公告2019年第92号）

为支持筹办北京2022年冬奥会和冬残奥会及其测试赛（以下简称北京冬奥会），现就有关税收优惠政策公告如下：

一、对国际奥委会相关实体中的非居民企业取得的与北京冬奥会有关的收入，免征企业所得税。

二、对奥林匹克转播服务公司、奥林匹克频道服务公司、国际奥委会电视与市场开发服务公司、奥林匹克文化与遗产基金、官方计时公司取得的与北京冬奥会有关的收入，免征增值税。

三、对国际赞助计划、全球供应计划、全球特许计划的赞助商、供应商、特许商及其分包商根据协议向北京2022年冬奥会和冬残奥会组织委员会（以下简称北京冬奥组委）提供指定货物或服务，免征增值税、消费税。

四、国际奥委会及其相关实体的境内机构因赞助、捐赠北京冬奥会以及根据协议出售的货物或服务免征增值税的，对应的进项税额可用于抵扣本企业其他应税项目所对应的销项税额，对在2022年12月31日仍无法抵扣的留抵税额可予以退还。

五、国际奥委会及其相关实体在2019年6月1日至2022年12月31日期间，因从事与北京冬奥会相关的工作而在中国境内发生的指定清单内的货物或服务采购支出，对应的增值税进项税额可由国际奥委会及其相关实体凭发票及北京冬奥组委开具的证明文件，按照发票上注明的税额,向税务总局指定的部门申请退还,具体退税流程由税务总局制定。

六、对国际奥委会相关实体与北京冬奥组委签订的各类合同,免征国际奥委会相关实体应缴纳的印花税。

七、国际奥委会及其相关实体或其境内机构按暂时进口货物方式进口的奥运物资,未在规定时间内复运出境的,须补缴进口关税和进口环节海关代征税(进口汽车以不低于新车90%的价格估价征税),但以下情形除外:

1. 直接用于北京冬奥会,包括但不限于奥运会转播、报道和展览,且在赛事期间消耗完毕的消耗品,并能提供北京冬奥组委证明文件的;

2. 货物发生损毁不能复运出境,且能提交北京冬奥组委证明文件的;

3. 无偿捐赠给县级及以上人民政府或政府机构、冬奥会场馆法人实体、特定体育组织和公益组织等机构(受赠机构名单由北京冬奥组委负责确定),且能提交北京冬奥组委证明文件的。

八、对国际奥委会及其相关实体的外籍雇员、官员、教练员、训练员以及其他代表在2019年6月1日至2022年12月31日期间临时来华,从事与北京冬奥会相关的工作,取得由北京冬奥组委支付或认定的收入,免征增值税和个人所得税。该类人员的身份及收入由北京冬奥组委出具证明文件,北京冬奥组委定期将该类人员名单及免税收入相关信息报送税务部门。

九、国际残奥委会及其相关实体的税收政策,比照国际奥委会及其相关实体执行。

十、对享受税收优惠政策的国际奥委会相关实体实行清单管理,具体清单由北京冬奥组委提出,报财政部、税务总局、海关总署确定。

十一、上述税收优惠政策,凡未注明具体期限的,自公告发布之日起执行。

附件:国际奥委会及其相关实体采购货物或服务的指定清单

附件:

国际奥委会及其相关实体采购货物或服务的指定清单

1. 餐饮服务、住宿服务。
2. 广告服务。
3. 电力。
4. 通信服务。
5. 不动产经营租赁服务。
6. 办公室建造、装修、修缮服务。
7. 办公室设备及相关修理修配劳务、有形动产经营租赁服务。
8. 奥林匹克转播服务公司和持权转播商购买或接受的与转播活动相关的货物和服务,包括五项:

(1)赛事转播设施建设、装卸所需的货物和服务;

(2)转播设备(包括摄像机、线缆和转播车辆等);

(3)用于转播、通讯设备和车辆的租赁服务和相关修理修配劳务;

（4）与转播有关的咨询、运输和安保服务；
（5）其他涉及赛事转播的相关货物和服务。

财政部　税务总局　海关总署
关于杭州2022年亚运会和亚残运会税收政策的公告

（2020年4月9日　财政部公告2020年第18号）

为支持筹办杭州2022年亚运会和亚残运会及其测试赛（以下统称杭州亚运会），现就有关税收政策公告如下：

一、对杭州亚运会组委会（以下简称组委会）取得的电视转播权销售分成收入、赞助计划分成收入（货物和资金），免征增值税。

二、对组委会市场开发计划取得的国内外赞助收入、转让无形资产（如标志）特许权收入、宣传推广费收入、销售门票收入及所发收费卡收入，免征增值税。

三、对组委会取得的与中国集邮总公司合作发行纪念邮票收入、与中国人民银行合作发行纪念币收入，免征增值税。

四、对组委会取得的来源于广播、因特网、电视等媒体收入，免征增值税。

五、对组委会按亚洲奥林匹克理事会、亚洲残疾人奥林匹克委员会（以下统称亚奥委会）核定价格收取的运动员食宿费及提供有关服务取得的收入，免征增值税。

六、对组委会赛后出让资产取得的收入，免征增值税和土地增值税。

七、对组委会使用的营业账簿和签订的各类合同等应税凭证，免征组委会应缴纳的印花税。

八、对财产所有人将财产（物品）捐赠给组委会所书立的产权转移书据，免征印花税。

九、对企业、社会组织和团体赞助、捐赠杭州亚运会的资金、物资、服务支出，在计算企业应纳税所得额时予以全额扣除。

十、对企业根据赞助协议向组委会免费提供的与杭州亚运会有关的服务，免征增值税。免税清单由组委会报财政部、税务总局确定。

十一、对组委会为举办运动会进口的亚奥委会或国际单项体育组织指定的，国内不能生产或性能不能满足需要的直接用于运动会比赛的消耗品，免征关税、进口环节增值税和消费税。享受免税政策的进口比赛用消耗品的范围、数量清单，由组委会汇总后报财政部会同税务总局、海关总署审核确定。

十二、对组委会进口的其他特需物资，包括：亚奥委会或国际单项体育组织指定的，国内不能生产或性能不能满足需要的体育竞赛器材、医疗检测设备、安全保障设备、交通通讯设备、技术设备，在运动会期间按暂时进口货物规定办理，运动会结束后复运出境的予以核销；留在境内或做变卖处理的，按有关规定办理正式进口手续，并照章缴纳关税、进口环节增值税和消费税。

十三、上述税收政策自发布之日起执行。

财政部 税务总局 海关总署关于第18届世界中学生运动会等三项国际综合运动会税收政策的公告

（2020年4月9日 财政部公告2020年第19号）

为支持筹办2020年晋江第18届世界中学生运动会、2020年三亚第6届亚洲沙滩运动会、2021年成都第31届世界大学生运动会等三项国际综合运动会（以下统称三项国际综合运动会），现就有关税收政策公告如下：

一、对三项国际综合运动会的执行委员会、组委会（以下统称组委会）取得的电视转播权销售分成收入、赞助计划分成收入（货物和资金），免征增值税。

二、对组委会市场开发计划取得的国内外赞助收入、转让无形资产（如标志）特许权收入、宣传推广费收入、销售门票收入及所发收费卡收入，免征增值税。

三、对组委会取得的与中国集邮总公司合作发行纪念邮票收入、与中国人民银行合作发行纪念币收入，免征增值税。

四、对组委会取得的来源于广播、因特网、电视等媒体收入，免征增值税。

五、对组委会按国际大学生体育联合会、国际中学生体育联合会、亚洲奥林匹克理事会核定价格收取的运动员食宿费及提供有关服务取得的收入，免征增值税。

六、对组委会赛后出让资产取得的收入，免征增值税和土地增值税。

七、对组委会使用的营业账簿和签订的各类合同等应税凭证，免征组委会应缴纳的印花税。

八、对财产所有人将财产（物品）捐赠给组委会所书立的产权转移书据，免征印花税。

九、对组委会为举办运动会进口的国际大学生体育联合会、国际中学生体育联合会、亚洲奥林匹克理事会或国际单项体育组织指定的，国内不能生产或性能不能满足需要的直接用于运动会比赛的消耗品，免征关税、进口环节增值税和消费税。享受免税政策的进口比赛用消耗品的范围、数量清单，由组委会汇总后报财政部会同税务总局、海关总署审核确定。

十、对组委会进口的其他特需物资，包括：国际大学生体育联合会、国际中学生体育联合会、亚洲奥林匹克理事会或国际单项体育组织指定的，国内不能生产或性能不能满足需要的体育竞赛器材、医疗检测设备、安全保障设备、交通通讯设备、技术设备，在运动会期间按暂时进口货物规定办理，运动会结束后复运出境的予以核销；留在境内或做变卖处理的，按有关规定办理正式进口手续，并照章缴纳关税、进口环节增值税和消费税。

十一、上述税收政策自2020年1月1日起执行。

七、促进小微企业发展

(一) 未达起征点

中华人民共和国增值税暂行条例

(正文编者略)

第十七条 纳税人销售额未达到国务院财政、税务主管部门规定的增值税起征点的,免征增值税;达到起征点的,依照本条例规定全额计算缴纳增值税。

财政部 国家税务总局
关于修改《中华人民共和国增值税暂行条例实施细则》和《中华人民共和国营业税暂行条例实施细则》的决定

(2011年10月28日 财政部令第65号)

《关于修改〈中华人民共和国增值税暂行条例实施细则〉和〈中华人民共和国营业税暂行条例实施细则〉的决定》已经财政部、国家税务总局审议通过,现予公布,自2011年11月1日起施行。

财政部、国家税务总局关于修改《中华人民共和国增值税暂行条例实施细则》和《中华人民共和国营业税暂行条例实施细则》的决定

为了贯彻落实国务院关于支持小型和微型企业发展的要求,财政部、国家税务总局决定对《中华人民共和国增值税暂行条例实施细则》和《中华人民共和国营业税暂行条例实施细则》的部分条款予以修改。

一、将《中华人民共和国增值税暂行条例实施细则》第三十七条第二款修改为:"增值税起征点的幅度规定如下:

(一) 销售货物的,为月销售额5000—20000元;

(二) 销售应税劳务的,为月销售额5000—20000元;

(三) 按次纳税的,为每次(日)销售额300—500元。"

二、将《中华人民共和国营业税暂行条例实施细则》第二十三条第三款修改为:"营业税起征点的幅度规定如下:

(一) 按期纳税的,为月营业额5000—20000元;

(二) 按次纳税的,为每次(日)营业额300—500元。"

本决定自 2011 年 11 月 1 日起施行。

《中华人民共和国增值税暂行条例实施细则》和《中华人民共和国营业税暂行条例实施细则》根据本决定作相应修改，重新公布。

附件：1.《中华人民共和国增值税暂行条例实施细则》（略）
　　　2.《中华人民共和国营业税暂行条例实施细则》（略）

财政部　国家税务总局
关于暂免征收部分小微企业增值税和营业税的通知

（2013 年 7 月 29 日　财税〔2013〕52 号）

各省、自治区、直辖市、计划单列市财政厅（局）、国家税务局、地方税务局，新疆生产建设兵团财务局：

为进一步扶持小微企业发展，经国务院批准，自 2013 年 8 月 1 日起，对增值税小规模纳税人中月销售额不超过 2 万元的企业或非企业性单位，暂免征收增值税；对营业税纳税人中月营业额不超过 2 万元的企业或非企业性单位，暂免征收营业税。

财政部　国家税务总局
关于全面推开营业税改征增值税试点的通知

（2016 年 3 月 23 日　财税〔2016〕36 号）

（正文编者略）

附件3第一条第（二十四）款。符合条件的担保机构从事中小企业信用担保或者再担保业务取得的收入免征增值税。

财政部　税务总局
关于实施小微企业普惠性税收减免政策的通知

（2019 年 1 月 17 日　财税〔2019〕13 号）

各省、自治区、直辖市、计划单列市财政厅（局），新疆生产建设兵团财政局，国家税务总局各省、自治区、直辖市和计划单列市税务局：

为贯彻落实党中央、国务院决策部署，进一步支持小微企业发展，现就实施小微企业普惠性税收减免政策有关事项通知如下：

一、对月销售额10万元以下（含本数）的增值税小规模纳税人，免征增值税。

二、对小型微利企业年应纳税所得额不超过100万元的部分，减按25%计入应纳税所得额，按20%的税率缴纳企业所得税；对年应纳税所得额超过100万元但不超过300万元的部分，减按50%计入应纳税所得额，按20%的税率缴纳企业所得税。

上述小型微利企业是指从事国家非限制和禁止行业，且同时符合年度应纳税所得额不超过300万元、从业人数不超过300人、资产总额不超过5000万元等三个条件的企业。

从业人数，包括与企业建立劳动关系的职工人数和企业接受的劳务派遣用工人数。所称从业人数和资产总额指标，应按企业全年的季度平均值确定。具体计算公式如下：

季度平均值=（季初值+季末值）÷2

全年季度平均值=全年各季度平均值之和÷4

年度中间开业或者终止经营活动的，以其实际经营期作为一个纳税年度确定上述相关指标。

三、由省、自治区、直辖市人民政府根据本地区实际情况，以及宏观调控需要确定，对增值税小规模纳税人可以在50%的税额幅度内减征资源税、城市维护建设税、房产税、城镇土地使用税、印花税（不含证券交易印花税）、耕地占用税和教育费附加、地方教育附加。

四、增值税小规模纳税人已依法享受资源税、城市维护建设税、房产税、城镇土地使用税、印花税、耕地占用税、教育费附加、地方教育附加其他优惠政策的，可叠加享受本通知第三条规定的优惠政策。

五、《财政部 税务总局关于创业投资企业和天使投资个人有关税收政策的通知》（财税〔2018〕55号）第二条第（一）项关于初创科技型企业条件中的"从业人数不超过200人"调整为"从业人数不超过300人"，"资产总额和年销售收入均不超过3000万元"调整为"资产总额和年销售收入均不超过5000万元"。

2019年1月1日至2021年12月31日期间发生的投资，投资满2年且符合本通知规定和财税〔2018〕55号文件规定的其他条件的，可以适用财税〔2018〕55号文件规定的税收政策。

2019年1月1日前2年内发生的投资，自2019年1月1日起投资满2年且符合本通知规定和财税〔2018〕55号文件规定的其他条件的，可以适用财税〔2018〕55号文件规定的税收政策。

六、本通知执行期限为2019年1月1日至2021年12月31日。《财政部 税务总局关于延续小微企业增值税政策的通知》（财税〔2017〕76号）、《财政部 税务总局关于进一步扩大小型微利企业所得税优惠政策范围的通知》（财税〔2018〕77号）同时废止。

七、各级财税部门要切实提高政治站位，深入贯彻落实党中央、国务院减税降费的决策部署，充分认识小微企业普惠性税收减免的重要意义，切实承担起抓落实的主体责任，将其作为一项重大任务，加强组织领导，精心筹划部署，不折不扣落实到位。要加大力度、创新方式，强化宣传辅导，优化纳税服务，增进办税便利，确保纳税人和缴费人实打实享受到减税降费的政策红利。要密切跟踪政策执行情况，加强调查研究，对政策执行中各方反映的突出问题和意见建议，要及时向财政部和税务总局反馈。

（二）金融市场

财政部　税务总局
关于支持小微企业融资有关税收政策的通知

（2017年10月26日　财税〔2017〕77号）

各省、自治区、直辖市、计划单列市财政厅（局）、国家税务局、地方税务局，新疆生产建设兵团财务局：

为进一步加大对小微企业的支持力度，推动缓解融资难、融资贵，现将有关税收政策通知如下：

一、自2017年12月1日至2019年12月31日，对金融机构向农户、小型企业、微型企业及个体工商户发放小额贷款取得的利息收入，免征增值税。金融机构应将相关免税证明材料留存备查，单独核算符合免税条件的小额贷款利息收入，按现行规定向主管税务机构办理纳税申报；未单独核算的，不得免征增值税。《财政部　税务总局关于延续支持农村金融发展有关税收政策的通知》（财税〔2017〕44号）第一条相应废止。

二、自2018年1月1日至2020年12月31日，对金融机构与小型企业、微型企业签订的借款合同免征印花税。

三、本通知所称农户，是指长期（一年以上）居住在乡镇（不包括城关镇）行政管理区域内的住户，还包括长期居住在城关镇所辖行政村范围内的住户和户口不在本地而在本地居住一年以上的住户，国有农场的职工。位于乡镇（不包括城关镇）行政管理区域内和在城关镇所辖行政村范围内的国有经济的机关、团体、学校、企事业单位的集体户；有本地户口，但举家外出谋生一年以上的住户，无论是否保留承包耕地均不属于农户。农户以户为统计单位，既可以从事农业生产经营，也可以从事非农业生产经营。农户贷款的判定应以贷款发放时的借款人是否属于农户为准。

本通知所称小型企业、微型企业，是指符合《中小企业划型标准规定》（工信部联企业〔2011〕300号）的小型企业和微型企业。其中，资产总额和从业人员指标均以贷款发放时的实际状态确定；营业收入指标以贷款发放前12个自然月的累计数确定，不满12个自然月的，按照以下公式计算：

营业收入（年）＝企业实际存续期间营业收入/企业实际存续月数×12

本通知所称小额贷款，是指单户授信小于100万元（含本数）的农户、小型企业、微型企业或个体工商户贷款；没有授信额度的，是指单户贷款合同金额且贷款余额在100万元（含本数）以下的贷款。

财政部　税务总局
关于租入固定资产进项税额抵扣等增值税政策的通知

（2017年12月25日　财税〔2017〕90号）

（正文编者略）

六、自2018年1月1日至2019年12月31日，纳税人为农户、小型企业、微型企业及个体工商户借款、发行债券提供融资担保取得的担保费收入，以及为上述融资担保（以下称原担保）提供再担保取得的再担保费收入，免征增值税。

财政部　税务总局
关于金融机构小微企业贷款利息收入免征增值税政策的通知

（2018年9月5日　财税〔2018〕91号）

各省、自治区、直辖市、计划单列市财政厅（局），国家税务总局各省、自治区、直辖市、计划单列市税务局，新疆生产建设兵团财政局：

为进一步加大对小微企业的支持力度，现将金融机构小微企业贷款利息收入免征增值税政策通知如下：

一、自2018年9月1日至2020年12月31日，对金融机构向小型企业、微型企业和个体工商户发放小额贷款取得的利息收入，免征增值税。金融机构可以选择以下两种方法之一适用免税：

（一）对金融机构向小型企业、微型企业和个体工商户发放的，利率水平不高于人民银行同期贷款基准利率150%（含本数）的单笔小额贷款取得的利息收入，免征增值税；高于人民银行同期贷款基准利率150%的单笔小额贷款取得的利息收入，按照现行政策规定缴纳增值税。

（二）对金融机构向小型企业、微型企业和个体工商户发放单笔小额贷款取得的利息收入中，不高于该笔贷款按照人民银行同期贷款基准利率150%（含本数）计算的利息收入部分，免征增值税；超过部分按照现行政策规定缴纳增值税。

金融机构可按会计年度在以上两种方法之间选定其一作为该年的免税适用方法，一经选定，该会计年度内不得变更。

二、本通知所称金融机构，是指经人民银行、银保监会批准成立的已通过监管部门上一年度"两增两控"考核的机构（2018年通过考核的机构名单以2018年上半年实现"两增两控"目标为准），以及经人民银行、银保监会、证监会批准成立的开发银行及政策性银行、外资银行和非银行业金融机构。"两增两控"是指单户授信总额1000万元以下（含）小微企业贷款同比增速不低于各项贷款同比增速,有贷款余额的户数不低于上年同期水平,合理控制小微企业贷款资产质量水平和贷款综合成本(包括利率和贷款相关的银行服务收费)水平。金融机构完成"两增两控"情况,以银保监会及其派出机构考核结果为准。

三、本通知所称小型企业、微型企业,是指符合《中小企业划型标准规定》(工信部联企业〔2011〕300号)的小型企业和微型企业。其中,资产总额和从业人员指标均以贷款发放时的实际状态确定;营业收入指标以贷款发放前12个自然月的累计数确定,不满12个自然月的,按照以下公式计算:

营业收入(年)=企业实际存续期间营业收入/企业实际存续月数×12

四、本通知所称小额贷款,是指单户授信小于1000万元(含本数)的小型企业、微型企业或个体工商户贷款;没有授信额度的,是指单户贷款合同金额且贷款余额在1000万元(含本数)以下的贷款。

五、金融机构应将相关免税证明材料留存备查,单独核算符合免税条件的小额贷款利息收入,按现行规定向主管税务机构办理纳税申报;未单独核算的,不得免征增值税。

金融机构应依法依规享受增值税优惠政策,一经发现存在虚报或造假骗取本项税收优惠情形的,停止享受本通知有关增值税优惠政策。

金融机构应持续跟踪贷款投向,确保贷款资金真正流向小型企业、微型企业和个体工商户,贷款的实际使用主体与申请主体一致。

六、银保监会按年组织开展免税政策执行情况督察,并将督察结果及时通报财税主管部门。鼓励金融机构发放小微企业信用贷款,减少抵押担保的中间环节,切实有效降低小微企业综合融资成本。

各地税务部门要加强免税政策执行情况后续管理,对金融机构开展小微金融免税政策专项检查,发现问题的,按照现行税收法律法规进行处理,并将有关情况逐级上报国家税务总局(货物和劳务税司)。

财政部驻各地财政监察专员办要组织开展免税政策执行情况专项检查。

七、金融机构向小型企业、微型企业及个体工商户发放单户授信小于100万元(含本数),或者没有授信额度,单户贷款合同金额且贷款余额在100万元(含本数)以下的贷款取得的利息收入,可继续按照《财政部 税务总局关于支持小微企业融资有关税收政策的通知》(财税〔2017〕77号)的规定免征增值税。

财政部 税务总局
关于延续实施普惠金融有关税收优惠政策的公告

(2020年4月20日 财政部 税务总局公告2020年第22号)

为进一步支持小微企业、个体工商户和农户的普惠金融服务,现将有关税收政策公告如下:

《财政部 税务总局关于延续支持农村金融发展有关税收政策的通知》(财税〔2017〕44号)、《财政部 税务总局关于小额贷款公司有关税收政策的通知》(财税〔2017〕48

号)、《财政部 税务总局关于支持小微企业融资有关税收政策的通知》(财税〔2017〕77号)、《财政部 税务总局关于租入固定资产进项税额抵扣等增值税政策的通知》(财税〔2017〕90号)中规定于2019年12月31日执行到期的税收优惠政策,实施期限延长至2023年12月31日。

本公告发布之日前,已征的按照本公告规定应予免征的增值税,可抵减纳税人以后月份应缴纳的增值税或予以退还。

八、促进区域发展

(一) 两岸交流

财政部 国家税务总局
关于全面推开营业税改征增值税试点的通知

(2016年3月23日 财税〔2016〕36号)

(正文编者略)

附件3第一条第(十七)款。台湾航运公司、航空公司从事海峡两岸海上直航、空中直航业务在大陆取得的运输收入免征增值税。

(二) 其他

财政部 海关总署 国家税务总局
关于横琴、平潭开发有关增值税和消费税政策的通知

(2014年6月11日 财税〔2014〕51号)

广东、福建省财政厅、国家税务局,海关总署广东分署、拱北海关、福州海关:

为了贯彻落实《国务院关于横琴开发有关政策的批复》(国函〔2011〕85号)和《国务院关于平潭综合实验区总体发展规划的批复》(国函〔2011〕142号)精神,现就横琴、平潭开发有关增值税和消费税政策通知如下:

一、增值税和消费税退税政策

(一)内地销往横琴、平潭与生产有关的货物,视同出口,实行增值税和消费税退税政策。但下列货物不包括在内:

1. 财政部和国家税务总局规定不适用增值税退（免）税和免税政策的出口货物。
2. 横琴、平潭的商业性房地产开发项目采购的货物。

商业性房地产开发项目，是指兴建（包括改扩建）宾馆饭店、写字楼、别墅、公寓、住宅、商业购物场所、娱乐服务业场馆、餐饮业店馆以及其他商业性房地产项目。

3. 内地销往横琴、平潭不予退税的其他货物。具体范围见附件。
4. 按本通知第五条规定被取消退税或免税资格的企业购进的货物。

（二）内地货物销往横琴、平潭，适用增值税和消费税退税政策的，必须办理出口报关手续（水、蒸汽、电力、燃气除外）。海关总署将货物经"二线"进入横琴、平潭的《进境货物备案清单》的电子信息提供给国家税务总局。

（三）内地销往横琴、平潭的适用增值税和消费税退税政策的货物，销售企业在取得出口货物报关单（出口退税专用）后，应在中国电子口岸数据中心予以确认，并将取得的上述关单提供给横琴、平潭的购买企业，由横琴、平潭的购买企业向税务机关申报退税。申报退税时，应提供购进货物的出口货物报关单（出口退税专用）、进境货物备案清单、增值税专用发票、消费税专用缴款书（仅限于消费税应税货物）以及税务机关要求提供的其他资料。

税务机关应对企业申报退税的资料，与对应的电子信息进行核对无误后，按规定办理退税。

已申报退税的货物，其增值税专用发票上注明的增值税额，不得作为进项税额进行抵扣。已抵扣的进项税额，不得再申报退税。

（四）退税公式。

增值税应退税额＝购进货物的增值税专用发票注明的金额×购进货物适用的增值税退税率

从一般纳税人购进的按简易办法征税的货物和从小规模纳税人购进的货物，其适用的增值税退税率，按照购进货物适用的征收率和退税率孰低的原则确定。

消费税应退税额＝购进货物的消费税专用缴款书上注明的消费税额

二、横琴、平潭各自的区内企业之间销售其在本区内的货物，免征增值税和消费税。但上述企业之间销售的用于其本区内商业性房地产开发项目的货物，以及按本通知第五条规定被取消退税或免税资格的企业销售的货物，应按规定征收增值税和消费税。

三、横琴、平潭已享受免税、保税、退税政策的货物销往内地，除在"一线"已完税的生活消费类等货物外，按照有关规定征收进口税收。

四、横琴、平潭的在"一线"已完税的生活消费类等货物销往内地的，由税务机关按照现行规定征收增值税和消费税。

五、横琴、平潭的企业应单独核算按照本通知第一条或第二条规定退税或免税的货物。主管税务机关发现企业未按规定单独核算的，取消其享受本通知规定的退税和免税资格2年，并按规定予以处罚。

六、横琴、平潭的商业性房地产开发项目，由各自的区管委会行业主管部门会同当地财政、国税部门联合认定。

七、本通知有关增值税和消费税退税、免税的具体管理办法，由国家税务总局另行制定。

八、本通知自相关监管设施验收合格、正式开关运行之日起执行。增值税和消费税退税政策的执行时间,以出口货物报关单(出口退税专用)上注明的出口日期为准。

附件:内地销往横琴、平潭不予退税的货物清单(见二维码21)

二维码21

九、支持其他各项事业

(一)公益

财政部　税务总局　国务院扶贫办
关于扶贫货物捐赠免征增值税政策的公告

(2019年4月10日　财政部　税务总局　国务院扶贫办公告2019年第55号)

为支持脱贫攻坚,现就扶贫货物捐赠免征增值税政策公告如下:

一、自2019年1月1日至2022年12月31日,对单位或者个体工商户将自产、委托加工或购买的货物通过公益性社会组织、县级及以上人民政府及其组成部门和直属机构,或直接无偿捐赠给目标脱贫地区的单位和个人,免征增值税。在政策执行期限内,目标脱贫地区实现脱贫的,可继续适用上述政策。

"目标脱贫地区"包括832个国家扶贫开发工作重点县、集中连片特困地区县(新疆阿克苏地区6县1市享受片区政策)和建档立卡贫困村。

二、在2015年1月1日至2018年12月31日期间已发生的符合上述条件的扶贫货物捐赠,可追溯执行上述增值税政策。

三、在本公告发布之前已征收入库的按上述规定应予免征的增值税税款,可抵减纳税人以后月份应缴纳的增值税税款或者办理税款退库。已向购买方开具增值税专用发票的,应将专用发票追回后方可办理免税。无法追回专用发票的,不予免税。

四、各地扶贫办公室与税务部门要加强沟通,明确当地"目标脱贫地区"具体范围,确保政策落实落地。

财政部 税务总局
关于支持新型冠状病毒感染的肺炎疫情防控有关税收政策的公告

（2020年2月6日 财政部 税务总局公告2020年第8号）

为进一步做好新型冠状病毒感染的肺炎疫情防控工作，支持相关企业发展，现就有关税收政策公告如下：

一、对疫情防控重点保障物资生产企业为扩大产能新购置的相关设备，允许一次性计入当期成本费用在企业所得税税前扣除。

二、疫情防控重点保障物资生产企业可以按月向主管税务机关申请全额退还增值税增量留抵税额。

本公告所称增量留抵税额，是指与2019年12月底相比新增加的期末留抵税额。

本公告第一条、第二条所称疫情防控重点保障物资生产企业名单，由省级及以上发展改革部门、工业和信息化部门确定。

三、对纳税人运输疫情防控重点保障物资取得的收入，免征增值税。

疫情防控重点保障物资的具体范围，由国家发展改革委、工业和信息化部确定。

四、受疫情影响较大的困难行业企业2020年度发生的亏损，最长结转年限由5年延长至8年。

困难行业企业，包括交通运输、餐饮、住宿、旅游（指旅行社及相关服务、游览景区管理两类）四大类，具体判断标准按照现行《国民经济行业分类》执行。困难行业企业2020年度主营业务收入须占收入总额（剔除不征税收入和投资收益）的50%以上。

五、对纳税人提供公共交通运输服务、生活服务，以及为居民提供必需生活物资快递收派服务取得的收入，免征增值税。

公共交通运输服务的具体范围，按照《营业税改征增值税试点有关事项的规定》（财税〔2016〕36号印发）执行。

生活服务、快递收派服务的具体范围，按照《销售服务、无形资产、不动产注释》（财税〔2016〕36号印发）执行。

六、本公告自2020年1月1日起实施，截止日期视疫情情况另行公告。

财政部 税务总局
关于支持新型冠状病毒感染的肺炎疫情防控有关捐赠税收政策的公告

(2020年2月6日 财政部 税务总局公告2020年第9号)

为支持新型冠状病毒感染的肺炎疫情防控工作,现就有关捐赠税收政策公告如下:

一、企业和个人通过公益性社会组织或者县级以上人民政府及其部门等国家机关,捐赠用于应对新型冠状病毒感染的肺炎疫情的现金和物品,允许在计算应纳税所得额时全额扣除。

二、企业和个人直接向承担疫情防治任务的医院捐赠用于应对新型冠状病毒感染的肺炎疫情的物品,允许在计算应纳税所得额时全额扣除。

捐赠人凭承担疫情防治任务的医院开具的捐赠接收函办理税前扣除事宜。

三、单位和个体工商户将自产、委托加工或购买的货物,通过公益性社会组织和县级以上人民政府及其部门等国家机关,或者直接向承担疫情防治任务的医院,无偿捐赠用于应对新型冠状病毒感染的肺炎疫情的,免征增值税、消费税、城市维护建设税、教育费附加、地方教育附加。

四、国家机关、公益性社会组织和承担疫情防治任务的医院接受的捐赠,应专项用于应对新型冠状病毒感染的肺炎疫情工作,不得挪作他用。

五、本公告自2020年1月1日起施行,截止日期视疫情情况另行公告。

(二)医疗卫生

财政部 国家税务总局
关于血站有关税收问题的通知

(1999年10月13日 财税字〔1999〕264号)

为了推动无偿献血公益事业的发展,经国务院批准,现将血站的有关税收问题明确如下:

一、鉴于血站是采集和提供临床用血,不以营利为目的的公益性组织,又属于财政拨补事业费的单位,因此,对血站自用的房产和土地免征房产税和城镇土地使用税。

二、对血站供应给医疗机构的临床用血免征增值税。

三、本通知所称血站,是指根据《中华人民共和国献血法》的规定,由国务院或省级人民政府卫生行政部门批准的，从事采集、提供临床用血，不以营利为目的的公益性组织。

四、本通知自 1999 年 11 月 1 日起执行。在此之前已征收入库的税款不再退还，未征收入库的税款也不再征缴。

财政部　国家税务总局
关于全面推开营业税改征增值税试点的通知

（2016 年 3 月 23 日　财税〔2016〕36 号）

（正文编者略）

附件 3 第一条第（七）款。医疗机构提供的医疗服务免征增值税。

财政部　税务总局
关于延续免征国产抗艾滋病病毒药品增值税政策的公告

（2019 年 6 月 5 日　财政部　税务总局公告 2019 年第 73 号）

为继续支持艾滋病防治工作，现将国产抗艾滋病病毒药品增值税政策公告如下：

一、自 2019 年 1 月 1 日至 2020 年 12 月 31 日，继续对国产抗艾滋病病毒药品免征生产环节和流通环节增值税（国产抗艾滋病病毒药物品种清单见附件）。

二、享受上述免征增值税政策的国产抗艾滋病病毒药品，须为各省（自治区、直辖市）艾滋病药品管理部门按照政府采购有关规定采购的，并向艾滋病病毒感染者和病人免费提供的抗艾滋病病毒药品。药品生产企业和流通企业应将药品供货合同留存，以备税务机关查验。

三、抗艾滋病病毒药品的生产企业和流通企业应分别核算免税药品和其他货物的销售额；未分别核算的，不得享受增值税免税政策。

四、在本公告发布之前已征收入库的按上述规定应予免征的增值税税款，可抵减纳税人以后月份应缴纳的增值税税款或者办理税款退库。已向购买方开具增值税专用发票的，应将专用发票追回后方可办理免税。无法追回专用发票的，不予免税。

附件：国产抗艾滋病病毒药物品种清单

附件：

国产抗艾滋病病毒药物品种清单

序号	药物品种
1	齐多夫定
2	拉米夫定
3	奈韦拉平
4	依非韦伦
5	替诺福韦
6	洛匹那韦
7	利托那韦
8	阿巴卡韦

国产抗艾滋病病毒药物，包括上表中所列药物及其制剂，以及由两种或三种药物组成的复合制剂。

（三）其他

中华人民共和国增值税暂行条例

（正文编者略）

第十五条第（五）项。外国政府、国际组织无偿援助的进口物资和设备免征增值税。
第十五条第（二）项。避孕药品和用具免征增值税。
第十五条第（七）项。销售的自己使用过的物品免征增值税。

财政部　国家税务总局
关于罚没物品征免增值税问题的通知

（1995年9月4日　财税字〔1995〕69号）

根据现行罚没财物管理制度和税收制度的有关规定，现对各级行政执法机关、政法机关和经济管理部门（以下简称执罚部门和单位）依照国家有关法律、法规查处各类违法、违章案件的罚没物品变价收入征收增值税问题规定如下：

一、执罚部门和单位查处的属于一般商业部门经营的商品，具备拍卖条件的，由执罚部门或单位商同级财政部门同意后，公开拍卖。其拍卖收入作为罚没收入由执罚部门和单位如数上缴财政，不予征税。对经营单位购入拍卖物品再销售的应照章征收增值税。

二、执罚部门和单位查处的属于一般商业部门经营的商品，不具备拍卖条件的，由执罚部门、财政部门、国家指定销售单位会同有关部门按质论价，交由国家指定销售单位纳入正常销售渠道变价处理。执罚部门按商定价格所取得的变价收入作为罚没收入如数上缴财政，不予征税。国家指定销售单位将罚没物品纳入正常销售渠道销售的，应照章征收增值税。

三、执罚部门和单位查处的属于专管机关管理或专管企业经营的财物，如金银（不包括金银首饰）、外币、有价证券、非禁止出口文物，应交由专管机关或专营企业收兑或收购。执罚部门和单位按收兑或收购价所取得的收入作为罚没收入如数上缴财政，不予征税。专管机关或专营企业经营上述物品中属于应征增值税的货物，应照章征收增值税。

本通知自文到之日起执行。

财政部　国家税务总局　中国人民银行关于配售出口黄金有关税收规定的通知

（2000年7月28日　财税〔2000〕3号）

经国务院批准，现就配售出口黄金的有关税收规定通知如下：

一、停止执行《财政部　国家税务总局　中国人民银行关于人民银行配售黄金征税问题的通知》〔（94）财税字第18号〕第四条的有关规定。

二、对按国际市场价格配售的黄金免征增值税，银行不开具增值税专用发票。

三、对出口黄金及出口金饰品的黄金原料部分不再予以出口退税，对此前已经报关出口的仍按原规定办理退税。

四、本通知自2000年6月20日起执行。此前规定凡与本通知规定不符的，一律按本通知规定执行。

财政部　国家税务总局关于飞机维修增值税问题的通知

（2000年10月12日　财税〔2000〕102号）

经国务院批准，现将有关飞机维修劳务的增值税政策问题通知如下：

为支持飞机维修行业的发展，决定自2000年1月1日起对飞机维修劳务增值税实际税负超过6%的部分实行由税务机关即征即退的政策。

财政部 国家税务总局
关于铁路货车修理免征增值税的通知

(2001年4月3日 财税〔2001〕54号)

为支持我国铁路建设,经国务院批准,从2001年1月1日起对铁路系统内部单位为本系统修理货车的业务免征增值税。

财政部 国家税务总局 外经贸部
关于外国政府和国际组织无偿援助项目在华
采购物资免征增值税问题的通知

(2002年1月11日 财税〔2002〕2号)

为促进我国接受外国政府和国际组织无偿援助工作的开展,保证援助项目的顺利实施,经国务院批准,自2001年8月1日起,对外国政府和国际组织无偿援助项目在国内采购的货物免征增值税,同时允许销售免税货物的单位,将免税货物的进项税额在其他内销货物的销项税额中抵扣。现将《外国政府和国际组织无偿援助项目在国内采购货物免征增值税的管理办法》印发给你们,请遵照执行。

附件:外国政府和国际组织无偿援助项目在国内采购货物免征增值税的管理办法(试行)

附件:

外国政府和国际组织无偿援助项目在国内采购货物
免征增值税的管理办法(试行)

一、为促进我国接受外国政府和国际组织无偿援助工作的开展,做好外国政府和国际组织无偿援助项目在国内采购货物免征增值税的工作,特制定本办法。

二、本办法适用于外国政府和国际组织(具体名单见附件1)对我国提供的无偿援助项目在我国关境内所采购的货物,以及为此提供货物的国内企业(以下简称供货方)。

三、在无偿援助项目确立之后,援助项目所需物资的采购方(以下简称购货方)通过项目单位共同向对外贸易经济合作部和国家税务总局同时提交免税采购申请,内容包括:援助项目名称、援助方、受援单位、购货方与供货方签订的销售合同(复印件)等,并填报《外国政府和国际组织无偿援助项目在华采购货物明细表》(见附件2)。如委托他人采购,需提交委托协议和实际购货方的情况，包括购货方的单位名称、地址、联系人及联系电话等。

供货方在销售合同签订后，将合同（复印件）送交企业所在地税务机关备案。

四、对外贸易经济合作部在接到购货方和项目单位的免税采购申请后，对项目有关内容的真实性、采购货物是否属援助项目所需等内容进行审核。审核无误后，对外贸易经济合作部向国家税务总局出具申请内容无误的证明材料。

五、国家税务总局接到购货方和项目单位的免税采购申请和对外贸易经济合作部出具的证明材料后，通过供货方所在地主管税务部门对免税申请所购货物的有关情况进行核实。如主管税务部门出具的证明材料与对外贸易经济合作部出具的证明材料的相关内容一致，国家税务总局向供货方所在地主管税务机关下发供货方销售有关货物免征增值税的文件，同时抄送财政部、对外贸易经济合作部和购货方。

六、供货方凭购货方出示的免税文件，按照文件的规定，以不含增值税的价格向购货方销售货物。

供货方应向其主管税务机关提出免税申请。供货方所在地主管税务机关凭国家税务总局下发的免税文件为供货方办理免征销项税及进项税额抵扣手续。

七、购货方和项目单位提交免税采购申请和《外国政府和国际组织无偿援助项目在华采购货物明细表》后，其内容不允许随意变更。如确需变更，应按本办法规定程序另行报送审批。

八、免税采购的货物必须用于规定的援助项目，不得销售或用于其他项目，否则视同骗税，依照《中华人民共和国税收征收管理法》第六十六条的有关规定处理。

九、本办法自2001年8月1日起执行。

附件：1. 国际组织名单（见二维码22）
 2. 外国政府和国际组织无偿援助项目在华采购货物明细表（见二维码22）

二维码22

财政部　国家税务总局关于外国政府和国际组织无偿援助项目在华采购物资免征增值税的补充通知

（2005年1月21日　财税〔2005〕13号）

各省、自治区、直辖市、计划单列市财政厅（局）、国家税务局，新疆生产建设兵团财务局：

2001年，财政部、国家税务总局、原外经贸部联合发出了《关于外国政府和国际组织无偿援助项目在华采购物资免征增值税问题的通知》（财税〔2002〕2号），明确了外国政府和国际组织无偿援助项目在华采购物资免征增值税政策。现就财政部归口管理的世界银行等国际组织和外国政府对华财政合作项下的无偿援助项目在华采购物资的免税申报审批程序，补充规定如下：

一、由财政部归口管理的外国政府和国际组织无偿援助项目在华采购物资免征增值税，按照财税〔2002〕2号文件所附《外国政府和国际组织无偿援助项目在国内采购货物免征增值税的管理办法（试行）》中的有关规定执行。即，在项目确立之后，由援助项目所需物资的采购方（以下简称购货方）通过项目单位共同向财政部主管部门和国家税务总局同时提交免税采购申请，内容包括：援助项目名称、援助方、受援单位、购货方与供货方签订的销售合同（复印件）等，并填报《外国政府和国际组织无偿援助项目在华采购货物明细表》，供货方在销售合同签订后，将合同（复印件）送交企业所在地税务机关备案。财政部主管部门在接到购货方和项目单位的免税采购申请后，对项目有关内容的真实性、采购货物是否属援助项目所需等内容进行审核；审核无误后，向国家税务总局出具申请内容无误的证明材料。国家税务总局接到购货方和项目单位的免税申请以及财政部主管部门出具的证明材料后，通过供货方所在地主管税务部门对免税申请所购货物的有关情况进行核实，并向国家税务总局出具证明材料，如所在地主管税务部门出具的证明材料与财政部出具的证明材料的相关内容一致，国家税务总局向供货方所在地主管税务机关下发供货方销售有关货物免征增值税的文件，同时抄送财政部主管部门、购货方和项目单位。

二、其他免税事宜均按照财税〔2002〕2号文件的有关规定执行。

三、增补财税〔2002〕2号文件的《国际组织名单》

增加：欧洲投资银行（European Investment Bank，简称EIB）

全球环境基金（Global Environment Facility，简称GEF）

四、以上规定自文到之日起执行。

此外，财税〔2002〕2号文件的《国际组织名单》中的个别国际组织的名称英文拼写有误，现更正如下：

1. 国际复兴开发银行（世界银行）的英文拼写为：

International Bank for Reconstruction and Development，简称IBRD（World Bank）。

2. 国际金融公司的英文拼写为：

International Finance Corporation，简称IFC。

3. 亚洲开发银行的英文拼写为：

Asian Development Bank，简称ADB。

财政部　国家税务总局
关于黄金税收政策问题的通知

（2002年9月12日　财税〔2002〕142号）

各省、自治区、直辖市、计划单列市财政厅（局）、国家税务局、地方税务局，新疆生产建设兵团财务局：

为了贯彻国务院关于黄金体制改革决定的要求，规范黄金交易，加强黄金交易的税收管理，现将黄金交易的有关税收政策明确如下：

一、黄金生产和经营单位销售黄金（不包括以下品种：成色为 AU9999、AU9995、AU999、AU995；规格为 50 克、100 克、1 公斤、3 公斤、12.5 公斤的黄金，以下简称标准黄金）和黄金矿砂（含伴生金），免征增值税；进口黄金（含标准黄金）和黄金矿砂免征进口环节增值税。

二、黄金交易所会员单位通过黄金交易所销售标准黄金（持有黄金交易所开具的《黄金交易结算凭证》），未发生实物交割的，免征增值税；发生实物交割的，由税务机关按照实际成交价格代开增值税专用发票，并实行增值税即征即退的政策，同时免征城市维护建设税、教育费附加。增值税专用发票中的单价、金额和税额的计算公式分别为：

单价 = 实际成交单价 ÷（1 + 增值税税率）

金额 = 数量 × 单价

税额 = 金额 × 税率

实际成交单价是指不含黄金交易所收取的手续费的单位价格。

纳税人不通过黄金交易所销售的标准黄金不享受增值税即征即退和免征城市维护建设税、教育费附加政策。

三、黄金出口不退税；出口黄金饰品，对黄金原料部分不予退税，只对加工增值部分退税。

四、对黄金交易所收取的手续费等收入照章征收营业税。

五、黄金交易所黄金交易的增值税征收管理办法及增值税专用发票管理办法由国家税务总局另行制定。

［注释：条款失效。第三条失效，参见：《国家税务总局关于出口含金成分产品有关税收政策的通知》（国税发〔2005〕125 号）；《国家税务总局关于发布〈出口货物劳务增值税和消费税管理办法〉的公告》（国家税务总局公告 2012 年第 24 号）。］

财政部　国家税务总局
关于铂金及其制品税收政策的通知

（2003 年 4 月 28 日　财税〔2003〕86 号）

为规范铂金交易，加强铂金交易的税收管理，经国务院批准，现将铂金及铂金制品的税收政策明确如下：

一、对进口铂金免征进口环节增值税。

二、对中博世金科贸有限责任公司通过上海黄金交易所销售的进口铂金，以上海黄金交易所开具的《上海黄金交易所发票》（结算联）为依据，实行增值税即征即退政策。采取按照进口铂金价格计算退税的办法，具体如下：

即征即退的税额计算公式：

进口铂金平均单价

$$= \frac{\sum(\text{当月进口铂金报关单价} \times \text{当月进口铂金数量}) + \text{上月末库存进口铂金总价值}}{\text{当月进口铂金数量} + \text{上月末库存进口铂金数量}}$$

金额 = 销售数量 × 进口铂金平均单价 ÷（1 + 17%）

即征即退的税额＝金额×17%

中博世金科贸有限责任公司进口的铂金没有通过上海黄金交易所销售的，不得享受增值税即征即退政策。

三、中博世金科贸有限责任公司通过上海黄金交易所销售的进口铂金，由上海黄金交易所主管税务机关按照实际成交价格代开增值税专用发票。增值税专用发票中的单价、金额和税额的计算公式为：

单价＝实际成交单价÷（1＋17%）

金额＝成交数量×单价

税额＝金额×17%

实际成交单价是指不含黄金交易所收取的手续费的单位价格。

四、国内铂金生产企业自产自销的铂金也实行增值税即征即退政策。

五、对铂金制品加工企业和流通企业销售的铂金及其制品仍按现行规定征收增值税。

六、铂金出口不退税；出口铂金制品，对铂金原料部分的进项增值税不实行出口退税，只对铂金制品加工环节的加工费按规定退税率退税。

七、铂金首饰消费税的征收环节由现行在生产环节和进口环节征收改为在零售环节征收，消费税税率调整为5%。具体征收管理比照财政部、国家税务总局《关于调整金银首饰消费税纳税环节有关问题的通知》〔（94）财税字第95号〕和国家税务总局关于印发《金银首饰消费税征收管理办法的通知》规定执行。

八、对黄金交易所收取的手续费等收入照章征收营业税。

九、黄金交易所铂金交易的增值税征收管理及增值税专用发票管理由国家税务总局另行制定。

十、本通知自2003年5月1日起执行。

〔注释：条款废止。第六条自2012年7月1日起废止，参见《财政部 国家税务总局关于出口货物劳务增值税和消费税政策的通知》（财税〔2012〕39号）。〕

财政部 国家税务总局
关于部分货物适用增值税低税率和简易办法征收增值税政策的通知

（2009年1月19日 财税〔2009〕9号）

（正文编者略）

（一）纳税人销售自己使用过的物品，增值税简易征收办法。

（二）纳税人销售旧货，增值税简易征收办法。

财政部 国家税务总局
关于增值税税控系统专用设备和技术维护费用抵减增值税税额有关政策的通知

(2012年2月7日 财税〔2012〕15号)

各省、自治区、直辖市、计划单列市财政厅（局）、国家税务局，新疆生产建设兵团财务局：

为减轻纳税人负担，经国务院批准，自2011年12月1日起，增值税纳税人购买增值税税控系统专用设备支付的费用以及缴纳的技术维护费（以下称二项费用）可在增值税应纳税额中全额抵减。现将有关政策通知如下：

一、增值税纳税人2011年12月1日（含，下同）以后初次购买增值税税控系统专用设备（包括分开票机）支付的费用，可凭购买增值税税控系统专用设备取得的增值税专用发票，在增值税应纳税额中全额抵减（抵减额为价税合计额），不足抵减的可结转下期继续抵减。增值税纳税人非初次购买增值税税控系统专用设备支付的费用，由其自行负担，不得在增值税应纳税额中抵减。

增值税税控系统包括：增值税防伪税控系统、货物运输业增值税专用发票税控系统、机动车销售统一发票税控系统和公路、内河货物运输业发票税控系统。

增值税防伪税控系统的专用设备包括金税卡、IC卡、读卡器或金税盘和报税盘；货物运输业增值税专用发票税控系统专用设备包括税控盘和报税盘；机动车销售统一发票税控系统和公路、内河货物运输业发票税控系统专用设备包括税控盘和传输盘。

二、增值税纳税人2011年12月1日以后缴纳的技术维护费（不含补缴的2011年11月30日以前的技术维护费），可凭技术维护服务单位开具的技术维护费发票，在增值税应纳税额中全额抵减，不足抵减的可结转下期继续抵减。技术维护费按照价格主管部门核定的标准执行。

三、增值税一般纳税人支付的二项费用在增值税应纳税额中全额抵减的，其增值税专用发票不作为增值税抵扣凭证，其进项税额不得从销项税额中抵扣。

四、纳税人购买的增值税税控系统专用设备自购买之日起3年内因质量问题无法正常使用的，由专用设备供应商负责免费维修，无法维修的免费更换。

五、纳税人在填写纳税申报表时，对可在增值税应纳税额中全额抵减的增值税税控系统专用设备费用以及技术维护费，应按以下要求填报：

增值税一般纳税人将抵减金额填入《增值税纳税申报表（适用于增值税一般纳税人）》第23栏"应纳税额减征额"。当本期减征额小于或等于第19栏"应纳税额"与第21栏"简易征收办法计算的应纳税额"之和时，按本期减征额实际填写；当本期减征额大于第19栏"应纳税额"与第21栏"简易征收办法计算的应纳税额"之和时，按本期第19栏与第21栏之和填写，本期减征额不足抵减部分结转下期继续抵减。

小规模纳税人将抵减金额填入《增值税纳税申报表（适用于小规模纳税人）》第11栏"本期应纳税额减征额"。当本期减征额小于或等于第10栏"本期应纳税额"时，按本期减征额实际填写；当本期减征额大于第10栏"本期应纳税额"时，按本期第10栏填写，本期减征额不足抵减部分结转下期继续抵减。

六、主管税务机关要加强纳税申报环节的审核，对于纳税人申报抵减税款的，应重点审核其是否重复抵减以及抵减金额是否正确。

七、税务机关要加强对纳税人的宣传辅导，确保该项政策措施落实到位。

财政部 国家税务总局
关于全面推开营业税改征增值税试点的通知

（2016年3月23日 财税〔2016〕36号）

（正文编者略）

附件2第一条第（九）款第2项。公路经营企业中的一般纳税人选择适用简易计税方法减按3%计算应纳增值税。

附件3第一条第（十三）款。行政单位之外的其他单位收取的符合条件的政府性基金和行政事业性收费免征增值税。

附件3第一条第（十八）款。国际货物运输代理服务免征增值税。

附件3第一条第（二十五）款。国家商品储备管理单位及其直属企业承担商品储备任务，从中央或者地方财政取得的利息补贴收入和价差补贴收入免征增值税。

附件3第一条第（三十三）款。军队空余房产租赁收入免征增值税。

附件3第一条第（三十七）款。土地所有者出让土地使用权和土地使用者将土地使用权归还给土地所有者免征增值税。

附件3第一条第（三十八）款。县级以上地方人民政府或自然资源行政主管部门出让、转让或收回自然资源使用权（不含土地使用权）免征增值税。

附件3第二条第（一）款。管道运输服务增值税即征即退。

财政部 税务总局
关于租入固定资产进项税额抵扣等增值税政策的通知

（2017年12月25日 财税〔2017〕90号）

（正文编者略）

八、自2016年5月1日起，社会团体收取的会费，免征增值税。

第三部分　行业管理制度

一、建筑业

国家税务总局
关于发布《纳税人跨县（市、区）提供建筑服务增值税征收管理暂行办法》的公告

（2016年3月31日　国家税务总局公告2016年第17号）

国家税务总局制定了《跨县（市、区）提供建筑服务增值税征收管理暂行办法》，现予以公布，自2016年5月1日起施行。

附件：纳税人跨县（市、区）提供建筑服务增值税征收管理暂行办法

附件：

纳税人跨县（市、区）提供建筑服务增值税征收管理暂行办法

第一条　根据《财政部　国家税务总局关于全面推开营业税改征增值税试点的通知》（财税〔2016〕36号）及现行增值税有关规定，制定本办法。

第二条　本办法所称跨县（市、区）提供建筑服务，是指单位和个体工商户（以下简称纳税人）在其机构所在地以外的县（市、区）提供建筑服务。

纳税人在同一直辖市、计划单列市范围内跨县（市、区）提供建筑服务的，由直辖市、计划单列市国家税务局决定是否适用本办法。

其他个人跨县（市、区）提供建筑服务，不适用本办法。

第三条　纳税人跨县（市、区）提供建筑服务，应按照财税〔2016〕36号文件规定的纳税义务发生时间和计税方法，向建筑服务发生地主管国税机关预缴税款，向机构所在地主管国税机关申报纳税。

《建筑工程施工许可证》未注明合同开工日期，但建筑工程承包合同注明的开工日期在 2016 年 4 月 30 日前的建筑工程项目，属于财税〔2016〕36 号文件规定的可以选择简易计税方法计税的建筑工程老项目。

第四条 纳税人跨县（市、区）提供建筑服务，按照以下规定预缴税款：

（一）一般纳税人跨县（市、区）提供建筑服务，适用一般计税方法计税的，以取得的全部价款和价外费用扣除支付的分包款后的余额，按照 2% 的预征率计算应预缴税款。

（二）一般纳税人跨县（市、区）提供建筑服务，选择适用简易计税方法计税的，以取得的全部价款和价外费用扣除支付的分包款后的余额，按照 3% 的征收率计算应预缴税款。

（三）小规模纳税人跨县（市、区）提供建筑服务，以取得的全部价款和价外费用扣除支付的分包款后的余额，按照 3% 的征收率计算应预缴税款。

第五条 纳税人跨县（市、区）提供建筑服务，按照以下公式计算应预缴税款：

（一）适用一般计税方法计税的，应预缴税款 =（全部价款和价外费用 – 支付的分包款）÷（1 + 11%）× 2%

（二）适用简易计税方法计税的，应预缴税款 =（全部价款和价外费用 – 支付的分包款）÷（1 + 3%）× 3%

纳税人取得的全部价款和价外费用扣除支付的分包款后的余额为负数的，可结转下次预缴税款时继续扣除。

纳税人应按照工程项目分别计算应预缴税款，分别预缴。

第六条 纳税人按照上述规定从取得的全部价款和价外费用中扣除支付的分包款，应当取得符合法律、行政法规和国家税务总局规定的合法有效凭证，否则不得扣除。

上述凭证是指：

（一）从分包方取得的 2016 年 4 月 30 日前开具的建筑业营业税发票。

上述建筑业营业税发票在 2016 年 6 月 30 日前可作为预缴税款的扣除凭证。

（二）从分包方取得的 2016 年 5 月 1 日后开具的，备注栏注明建筑服务发生地所在县（市、区）、项目名称的增值税发票。

（三）国家税务总局规定的其他凭证。

第七条 纳税人跨县（市、区）提供建筑服务，在向建筑服务发生地主管国税机关预缴税款时，需提交以下资料：

（一）《增值税预缴税款表》；

（二）与发包方签订的建筑合同原件及复印件；

（三）与分包方签订的分包合同原件及复印件；

（四）从分包方取得的发票原件及复印件。

第八条 纳税人跨县（市、区）提供建筑服务，向建筑服务发生地主管国税机关预缴的增值税税款，可以在当期增值税应纳税额中抵减，抵减不完的，结转下期继续抵减。

纳税人以预缴税款抵减应纳税额，应以完税凭证作为合法有效凭证。

第九条 小规模纳税人跨县（市、区）提供建筑服务，不能自行开具增值税发票的，可向建筑服务发生地主管国税机关按照其取得的全部价款和价外费用申请代开增值税发票。

第十条 对跨县（市、区）提供的建筑服务，纳税人应自行建立预缴税款台账，区分不同县（市、区）和项目逐笔登记全部收入、支付的分包款、已扣除的分包款、扣除分包款的发票号码、已预缴税款以及预缴税款的完税凭证号码等相关内容,留存备查。

第十一条 纳税人跨县(市、区)提供建筑服务预缴税款时间,按照财税〔2016〕36号文件规定的纳税义务发生时间和纳税期限执行。

第十二条 纳税人跨县(市、区)提供建筑服务,按照本办法应向建筑服务发生地主管国税机关预缴税款而自应当预缴之月起超过6个月没有预缴税款的,由机构所在地主管国税机关按照《中华人民共和国税收征收管理法》及相关规定进行处理。

纳税人跨县(市、区)提供建筑服务,未按照本办法缴纳税款的,由机构所在地主管国税机关按照《中华人民共和国税收征收管理法》及相关规定进行处理。

〔注释:条款失效。全文中"国税机关""国家税务局"的内容修改为"税务机关""税务局",参见《国家税务总局关于修改部分税收规范性文件的公告》(国家税务总局公告2018年第31号)。

政策调整。第七条规定调整为:纳税人跨县(市、区)提供建筑服务,在向建筑服务发生地主管国税机关预缴税款时,需填报《增值税预缴税款表》,并出示以下资料:(一)与发包方签订的建筑合同复印件(加盖纳税人公章);(二)与分包方签订的分包合同复印件(加盖纳税人公章);(三)从分包方取得的发票复印件(加盖纳税人公章)。自2016年9月1日起生效。参见:《国家税务总局关于营改增试点若干征管问题的公告》(国家税务总局公告2016年第53号)。〕

二、房地产业

国家税务总局
关于发布《房地产开发企业销售自行开发的房地产项目增值税征收管理暂行办法》的公告

(2016年3月31日 国家税务总局公告2016年第18号)

国家税务总局制定了《房地产开发企业销售自行开发的房地产项目增值税征收管理暂行办法》,现予以公布,自2016年5月1日起施行。

附件:房地产开发企业销售自行开发的房地产项目增值税征收管理暂行办法

附件:

房地产开发企业销售自行开发的房地产项目增值税征收管理暂行办法

第一章 适用范围

第一条 根据《财政部 国家税务总局关于全面推开营业税改征增值税试点的通知》

（财税〔2016〕36号）及现行增值税有关规定，制定本办法。

第二条 房地产开发企业销售自行开发的房地产项目，适用本办法。

自行开发，是指在依法取得土地使用权的土地上进行基础设施和房屋建设。

第三条 房地产开发企业以接盘等形式购入未完工的房地产项目继续开发后，以自己的名义立项销售的，属于本办法规定的销售自行开发的房地产项目。

第二章 一般纳税人征收管理

第一节 销售额

第四条 房地产开发企业中的一般纳税人（以下简称一般纳税人）销售自行开发的房地产项目，适用一般计税方法计税，按照取得的全部价款和价外费用，扣除当期销售房地产项目对应的土地价款后的余额计算销售额。销售额的计算公式如下：

销售额＝（全部价款和价外费用－当期允许扣除的土地价款）÷（1＋11%）

第五条 当期允许扣除的土地价款按照以下公式计算：

当期允许扣除的土地价款＝（当期销售房地产项目建筑面积÷房地产项目可供销售建筑面积）×支付的土地价款

当期销售房地产项目建筑面积，是指当期进行纳税申报的增值税销售额对应的建筑面积。

房地产项目可供销售建筑面积，是指房地产项目可以出售的总建筑面积，不包括销售房地产项目时未单独作价结算的配套公共设施的建筑面积。

支付的土地价款，是指向政府、土地管理部门或受政府委托收取土地价款的单位直接支付的土地价款。

第六条 在计算销售额时从全部价款和价外费用中扣除土地价款，应当取得省级以上（含省级）财政部门监（印）制的财政票据。

第七条 一般纳税人应建立台账登记土地价款的扣除情况，扣除的土地价款不得超过纳税人实际支付的土地价款。

第八条 一般纳税人销售自行开发的房地产老项目，可以选择适用简易计税方法按照5%的征收率计税。一经选择简易计税方法计税的，36个月内不得变更为一般计税方法计税。

房地产老项目，是指：

（一）《建筑工程施工许可证》注明的合同开工日期在2016年4月30日前的房地产项目；

（二）《建筑工程施工许可证》未注明合同开工日期或者未取得《建筑工程施工许可证》但建筑工程承包合同注明的开工日期在2016年4月30日前的建筑工程项目。

第九条 一般纳税人销售自行开发的房地产老项目适用简易计税方法计税的，以取得的全部价款和价外费用为销售额，不得扣除对应的土地价款。

第二节 预缴税款

第十条 一般纳税人采取预收款方式销售自行开发的房地产项目，应在收到预收款时按照 3% 的预征率预缴增值税。

第十一条 应预缴税款按照以下公式计算：

应预缴税款 = 预收款 ÷（1 + 适用税率或征收率）× 3%

适用一般计税方法计税的，按照 11% 的适用税率计算；适用简易计税方法计税的，按照 5% 的征收率计算。

第十二条 一般纳税人应在取得预收款的次月纳税申报期向主管国税机关预缴税款。

第三节 进项税额

第十三条 一般纳税人销售自行开发的房地产项目，兼有一般计税方法计税、简易计税方法计税、免征增值税的房地产项目而无法划分不得抵扣的进项税额的，应以《建筑工程施工许可证》注明的"建设规模"为依据进行划分。

不得抵扣的进项税额 = 当期无法划分的全部进项税额 ×（简易计税、免税房地产项目建设规模 ÷ 房地产项目总建设规模）

第四节 纳税申报

第十四条 一般纳税人销售自行开发的房地产项目适用一般计税方法计税的，应按照《营业税改征增值税试点实施办法》（财税〔2016〕36 号文件印发，以下简称《试点实施办法》）第四十五条规定的纳税义务发生时间，以当期销售额和 11% 的适用税率计算当期应纳税额，抵减已预缴税款后，向主管国税机关申报纳税。未抵减完的预缴税款可以结转下期继续抵减。

第十五条 一般纳税人销售自行开发的房地产项目适用简易计税方法计税的，应按照《试点实施办法》第四十五条规定的纳税义务发生时间，以当期销售额和 5% 的征收率计算当期应纳税额，抵减已预缴税款后，向主管国税机关申报纳税。未抵减完的预缴税款可以结转下期继续抵减。

第五节 发票开具

第十六条 一般纳税人销售自行开发的房地产项目，自行开具增值税发票。

第十七条 一般纳税人销售自行开发的房地产项目，其 2016 年 4 月 30 日前收取并已向主管地税机关申报缴纳营业税的预收款，未开具营业税发票的，可以开具增值税普通发票，不得开具增值税专用发票。

第十八条 一般纳税人向其他个人销售自行开发的房地产项目，不得开具增值税专用发票。

第三章 小规模纳税人征收管理

第一节 预缴税款

第十九条 房地产开发企业中的小规模纳税人（以下简称小规模纳税人）采取预收款方式销售自行开发的房地产项目，应在收到预收款时按照 3% 的预征率预缴增值税。

第二十条 应预缴税款按照以下公式计算：

应预缴税款 = 预收款 ÷ (1 + 5%) × 3%

第二十一条 小规模纳税人应在取得预收款的次月纳税申报期或主管国税机关核定的纳税期限向主管国税机关预缴税款。

第二节 纳税申报

第二十二条 小规模纳税人销售自行开发的房地产项目，应按照《试点实施办法》第四十五条规定的纳税义务发生时间，以当期销售额和5%的征收率计算当期应纳税额，抵减已预缴税款后，向主管国税机关申报纳税。未抵减完的预缴税款可以结转下期继续抵减。

第三节 发票开具

第二十三条 小规模纳税人销售自行开发的房地产项目，自行开具增值税普通发票。购买方需要增值税专用发票的，小规模纳税人向主管国税机关申请代开。

第二十四条 小规模纳税人销售自行开发的房地产项目，其2016年4月30日前收取并已向主管地税机关申报缴纳营业税的预收款，未开具营业税发票的，可以开具增值税普通发票，不得申请代开增值税专用发票。

第二十五条 小规模纳税人向其他个人销售自行开发的房地产项目，不得申请代开增值税专用发票。

第四章 其他事项

第二十六条 房地产开发企业销售自行开发的房地产项目，按照本办法规定预缴税款时，应填报《增值税预缴税款表》。

第二十七条 房地产开发企业以预缴税款抵减应纳税额，应以完税凭证作为合法有效凭证。

第二十八条 房地产开发企业销售自行开发的房地产项目，未按本办法规定预缴或缴纳税款的，由主管国税机关按照《中华人民共和国税收征收管理法》及相关规定进行处理。

[注释：条款失效。"第十二条 一般纳税人应在取得预收款的次月纳税申报期向主管国税机关预缴税款。"修改为"第十二条 一般纳税人应在取得预收款的次月纳税申报期向主管税务机关预缴税款。"

"第十四条 一般纳税人销售自行开发的房地产项目适用一般计税方法计税的，应按照《营业税改征增值税试点实施办法》（财税〔2016〕36号文件印发，以下简称《试点实施办法》）第四十五条规定的纳税义务发生时间，以当期销售额和11%的适用税率计算当期应纳税额，抵减已预缴税款后，向主管国税机关申报纳税。未抵减完的预缴税款可以结转下期继续抵减。"修改为"第十四条 一般纳税人销售自行开发的房地产项目适用一般计税方法计税的，应按照《营业税改征增值税试点实施办法》（财税〔2016〕36号文件印发，以下简称《试点实施办法》）第四十五条规定的纳税义务发生时间，以当期销售额和11%的适用税率计算当期应纳税额，抵减已预缴税款后，向主管税务机关申报纳税。未抵减完的预缴税款可以结转下期继续抵减。"

"第十五条 一般纳税人销售自行开发的房地产项目适用简易计税方法计税的，应按照《试点实施办法》第四十五条规定的纳税义务发生时间，以当期销售额和5%的征收率计算当期应纳税额，抵减已预缴税款后，向主管国税机关申报纳税。未抵减完的预缴税款可以结转下期继续抵减。"修改为"第十五条　一般纳税人销售自行开发的房地产项目适用简易计税方法计税的，应按照《试点实施办法》第四十五条规定的纳税义务发生时间，以当期销售额和5%的征收率计算当期应纳税额，抵减已预缴税款后，向主管税务机关申报纳税。未抵减完的预缴税款可以结转下期继续抵减。"

"第二十一条　小规模纳税人应在取得预收款的次月纳税申报期或主管国税机关核定的纳税期限向主管国税机关预缴税款。"修改为"第二十一条　小规模纳税人应在取得预收款的次月纳税申报期或主管税务机关核定的纳税期限向主管税务机关预缴税款。"

"第二十二条　小规模纳税人销售自行开发的房地产项目，应按照《试点实施办法》第四十五条规定的纳税义务发生时间，以当期销售额和5%的征收率计算当期应纳税额，抵减已预缴税款后，向主管国税机关申报纳税。未抵减完的预缴税款可以结转下期继续抵减。"修改为"第二十二条　小规模纳税人销售自行开发的房地产项目，应按照《试点实施办法》第四十五条规定的纳税义务发生时间，以当期销售额和5%的征收率计算当期应纳税额，抵减已预缴税款后，向主管税务机关申报纳税。未抵减完的预缴税款可以结转下期继续抵减。"

"第二十三条　小规模纳税人销售自行开发的房地产项目，自行开具增值税普通发票。购买方需要增值税专用发票的，小规模纳税人向主管国税机关申请代开。"修改为"第二十三条　小规模纳税人销售自行开发的房地产项目，自行开具增值税普通发票。购买方需要增值税专用发票的，小规模纳税人向主管税务机关申请代开。"

"第二十八条　房地产开发企业销售自行开发的房地产项目，未按本办法规定预缴或缴纳税款的，由主管国税机关按照《中华人民共和国税收征收管理法》及相关规定进行处理。"修改为"第二十八条　房地产开发企业销售自行开发的房地产项目，未按本办法规定预缴或缴纳税款的，由主管税务机关按照《中华人民共和国税收征收管理法》及相关规定进行处理。"

参见《国家税务总局关于修改部分税收规范性文件的公告》（国家税务总局公告2018年第31号）。]

三、不动产转让及租赁

国家税务总局
关于发布《纳税人转让不动产增值税征收管理暂行办法》的公告

（2016年3月31日　国家税务总局公告2016年第14号）

国家税务总局制定了《纳税人转让不动产增值税征收管理暂行办法》，现予以公布，自2016年5月1日起施行。

附件：纳税人转让不动产增值税征收管理暂行办法

附件：

纳税人转让不动产增值税征收管理暂行办法

第一条 根据《财政部 国家税务总局关于全面推开营业税改征增值税试点的通知》（财税〔2016〕36号）及现行增值税有关规定，制定本办法。

第二条 纳税人转让其取得的不动产，适用本办法。

本办法所称取得的不动产，包括以直接购买、接受捐赠、接受投资入股、自建以及抵债等各种形式取得的不动产。

房地产开发企业销售自行开发的房地产项目不适用本办法。

第三条 一般纳税人转让其取得的不动产，按照以下规定缴纳增值税：

（一）一般纳税人转让其2016年4月30日前取得（不含自建）的不动产，可以选择适用简易计税方法计税，以取得的全部价款和价外费用扣除不动产购置原价或者取得不动产时的作价后的余额为销售额，按照5%的征收率计算应纳税额。纳税人应按照上述计税方法向不动产所在地主管地税机关预缴税款，向机构所在地主管国税机关申报纳税。

（二）一般纳税人转让其2016年4月30日前自建的不动产，可以选择适用简易计税方法计税，以取得的全部价款和价外费用为销售额，按照5%的征收率计算应纳税额。纳税人应按照上述计税方法向不动产所在地主管地税机关预缴税款，向机构所在地主管国税机关申报纳税。

（三）一般纳税人转让其2016年4月30日前取得（不含自建）的不动产，选择适用一般计税方法计税的，以取得的全部价款和价外费用为销售额计算应纳税额。纳税人应以取得的全部价款和价外费用扣除不动产购置原价或者取得不动产时的作价后的余额，按照5%的预征率向不动产所在地主管地税机关预缴税款，向机构所在地主管国税机关申报纳税。

（四）一般纳税人转让其2016年4月30日前自建的不动产，选择适用一般计税方法计税的，以取得的全部价款和价外费用为销售额计算应纳税额。纳税人应以取得的全部价款和价外费用，按照5%的预征率向不动产所在地主管地税机关预缴税款，向机构所在地主管国税机关申报纳税。

（五）一般纳税人转让其2016年5月1日后取得（不含自建）的不动产，适用一般计税方法，以取得的全部价款和价外费用为销售额计算应纳税额。纳税人应以取得的全部价款和价外费用扣除不动产购置原价或者取得不动产时的作价后的余额，按照5%的预征率向不动产所在地主管地税机关预缴税款，向机构所在地主管国税机关申报纳税。

（六）一般纳税人转让其2016年5月1日后自建的不动产，适用一般计税方法，以取得的全部价款和价外费用为销售额计算应纳税额。纳税人应以取得的全部价款和价外费用，按照5%的预征率向不动产所在地主管地税机关预缴税款，向机构所在地主管国税机关申报纳税。

第四条 小规模纳税人转让其取得的不动产，除个人转让其购买的住房外，按照以下规定缴纳增值税：

（一）小规模纳税人转让其取得（不含自建）的不动产，以取得的全部价款和价外费用扣除不动产购置原价或者取得不动产时的作价后的余额为销售额，按照5%的征收率计算应纳税额。

（二）小规模纳税人转让其自建的不动产，以取得的全部价款和价外费用为销售额，按照5%的征收率计算应纳税额。

除其他个人之外的小规模纳税人，应按照本条规定的计税方法向不动产所在地主管地税机关预缴税款，向机构所在地主管国税机关申报纳税；其他个人按照本条规定的计税方法向不动产所在地主管地税机关申报纳税。

第五条 个人转让其购买的住房，按照以下规定缴纳增值税：

（一）个人转让其购买的住房，按照有关规定全额缴纳增值税的，以取得的全部价款和价外费用为销售额，按照5%的征收率计算应纳税额。

（二）个人转让其购买的住房，按照有关规定差额缴纳增值税的，以取得的全部价款和价外费用扣除购买住房价款后的余额为销售额，按照5%的征收率计算应纳税额。

个体工商户应按照本条规定的计税方法向住房所在地主管地税机关预缴税款，向机构所在地主管国税机关申报纳税；其他个人应按照本条规定的计税方法向住房所在地主管地税机关申报纳税。

第六条 其他个人以外的纳税人转让其取得的不动产，区分以下情形计算应向不动产所在地主管地税机关预缴的税款：

（一）以转让不动产取得的全部价款和价外费用作为预缴税款计算依据的，计算公式为：

应预缴税款 = 全部价款和价外费用 ÷ （1＋5%）×5%

（二）以转让不动产取得的全部价款和价外费用扣除不动产购置原价或者取得不动产时的作价后的余额作为预缴税款计算依据的，计算公式为：

应预缴税款 = （全部价款和价外费用 − 不动产购置原价或者取得不动产时的作价）÷（1＋5%）×5%

第七条 其他个人转让其取得的不动产，按照本办法第六条规定的计算方法计算应纳税额并向不动产所在地主管地税机关申报纳税。

第八条 纳税人按规定从取得的全部价款和价外费用中扣除不动产购置原价或者取得不动产时的作价的，应当取得符合法律、行政法规和国家税务总局规定的合法有效凭证。否则，不得扣除。

上述凭证是指：

（一）税务部门监制的发票。

（二）法院判决书、裁定书、调解书，以及仲裁裁决书、公证债权文书。

（三）国家税务总局规定的其他凭证。

第九条 纳税人转让其取得的不动产，向不动产所在地主管地税机关预缴的增值税税款，可以在当期增值税应纳税额中抵减，抵减不完的，结转下期继续抵减。

纳税人以预缴税款抵减应纳税额，应以完税凭证作为合法有效凭证。

第十条 小规模纳税人转让其取得的不动产，不能自行开具增值税发票的，可向不动产所在地主管地税机关申请代开。

第十一条　纳税人向其他个人转让其取得的不动产,不得开具或申请代开增值税专用发票。

第十二条　纳税人转让不动产,按照本办法规定应向不动产所在地主管地税机关预缴税款而自应当预缴之月起超过6个月没有预缴税款的,由机构所在地主管国税机关按照《中华人民共和国税收征收管理法》及相关规定进行处理。

纳税人转让不动产,未按照本办法规定缴纳税款的,由主管税务机关按照《中华人民共和国税收征收管理法》及相关规定进行处理。

[注释：条款失效。全文中"国税机关""国家税务局"的内容修改为"税务机关",参见《国家税务总局关于修改部分税收规范性文件的公告》(国家税务总局公告2018年第31号)。]

国家税务总局关于发布《纳税人提供不动产经营租赁服务增值税征收管理暂行办法》的公告

(2016年3月31日　国家税务总局公告2016年第16号)

国家税务总局制定了《纳税人提供不动产经营租赁服务增值税征收管理暂行办法》,现予以公布,自2016年5月1日起施行。

附件：纳税人提供不动产经营租赁服务增值税征收管理暂行办法

附件：

纳税人提供不动产经营租赁服务增值税征收管理暂行办法

第一条　根据《财政部　国家税务总局关于全面推开营业税改征增值税试点的通知》(财税〔2016〕36号)及现行增值税有关规定,制定本办法。

第二条　纳税人以经营租赁方式出租其取得的不动产(以下简称出租不动产),适用本办法。

取得的不动产,包括以直接购买、接受捐赠、接受投资入股、自建以及抵债等各种形式取得的不动产。

纳税人提供道路通行服务不适用本办法。

第三条　一般纳税人出租不动产,按照以下规定缴纳增值税：

(一)一般纳税人出租其2016年4月30日前取得的不动产,可以选择适用简易计税方法,按照5%的征收率计算应纳税额。

不动产所在地与机构所在地不在同一县(市、区)的,纳税人应按照上述计税方法向不动产所在地主管国税机关预缴税款,向机构所在地主管国税机关申报纳税。

不动产所在地与机构所在地在同一县（市、区）的，纳税人向机构所在地主管国税机关申报纳税。

（二）一般纳税人出租其2016年5月1日后取得的不动产，适用一般计税方法计税。

不动产所在地与机构所在地不在同一县（市、区）的，纳税人应按照3%的预征率向不动产所在地主管国税机关预缴税款，向机构所在地主管国税机关申报纳税。

不动产所在地与机构所在地在同一县（市、区）的，纳税人应向机构所在地主管国税机关申报纳税。

一般纳税人出租其2016年4月30日前取得的不动产适用一般计税方法计税的，按照上述规定执行。

第四条 小规模纳税人出租不动产，按照以下规定缴纳增值税：

（一）单位和个体工商户出租不动产（不含个体工商户出租住房），按照5%的征收率计算应纳税额。个体工商户出租住房，按照5%的征收率减按1.5%计算应纳税额。

不动产所在地与机构所在地不在同一县（市、区）的，纳税人应按照上述计税方法向不动产所在地主管国税机关预缴税款，向机构所在地主管国税机关申报纳税。

不动产所在地与机构所在地在同一县（市、区）的，纳税人应向机构所在地主管国税机关申报纳税。

（二）其他个人出租不动产（不含住房），按照5%的征收率计算应纳税额，向不动产所在地主管地税机关申报纳税。其他个人出租住房，按照5%的征收率减按1.5%计算应纳税额，向不动产所在地主管地税机关申报纳税。

第五条 纳税人出租的不动产所在地与其机构所在地在同一直辖市或计划单列市但不在同一县（市、区）的，由直辖市或计划单列市国家税务局决定是否在不动产所在地预缴税款。

第六条 纳税人出租不动产，按照本办法规定需要预缴税款的，应在取得租金的次月纳税申报期或不动产所在地主管国税机关核定的纳税期限预缴税款。

第七条 预缴税款的计算。

（一）纳税人出租不动产适用一般计税方法计税的，按照以下公式计算应预缴税款：

应预缴税款 = 含税销售额 ÷ （1 + 11%）× 3%

（二）纳税人出租不动产适用简易计税方法计税的，除个人出租住房外，按照以下公式计算应预缴税款：

应预缴税款 = 含税销售额 ÷ （1 + 5%）× 5%

（三）个体工商户出租住房，按照以下公式计算应预缴税款：

应预缴税款 = 含税销售额 ÷ （1 + 5%）× 1.5%

第八条 其他个人出租不动产，按照以下公式计算应纳税款：

（一）出租住房：

应纳税款 = 含税销售额 ÷ （1 + 5%）× 1.5%

（二）出租非住房：

应纳税款 = 含税销售额 ÷ （1 + 5%）× 5%

第九条 单位和个体工商户出租不动产，按照本办法规定向不动产所在地主管国税机关预缴税款时，应填写《增值税预缴税款表》。

第十条 单位和个体工商户出租不动产,向不动产所在地主管国税机关预缴的增值税款,可以在当期增值税应纳税额中抵减,抵减不完的,结转下期继续抵减。

纳税人以预缴税款抵减应纳税额,应以完税凭证作为合法有效凭证。

第十一条 小规模纳税人中的单位和个体工商户出租不动产,不能自行开具增值税发票的,可向不动产所在地主管国税机关申请代开增值税发票。

其他个人出租不动产,可向不动产所在地主管地税机关申请代开增值税发票。

第十二条 纳税人向其他个人出租不动产,不得开具或申请代开增值税专用发票。

第十三条 纳税人出租不动产,按照本办法规定应向不动产所在地主管国税机关预缴税款而自应当预缴之月起超过6个月没有预缴税款的,由机构所在地主管国税机关按照《中华人民共和国税收征收管理法》及相关规定进行处理。

纳税人出租不动产,未按照本办法规定缴纳税款的,由主管税务机关按照《中华人民共和国税收征收管理法》及相关规定进行处理。

[注释:条款失效。全文中"地税机关""国税机关""国家税务局"的内容修改为"税务机关",参见《国家税务总局关于修改部分税收规范性文件的公告》(国家税务总局公告2018年第31号)。]

国家税务总局
关于纳税人转让不动产缴纳增值税差额扣除有关问题的公告

(2016年11月24日 国家税务总局公告2016年第73号)

现将纳税人转让不动产缴纳增值税差额扣除有关问题公告如下:

一、纳税人转让不动产,按照有关规定差额缴纳增值税的,如因丢失等原因无法提供取得不动产时的发票,可向税务机关提供其他能证明契税计税金额的完税凭证等资料,进行差额扣除。

二、纳税人以契税计税金额进行差额扣除的,按照下列公式计算增值税应纳税额:

(一)2016年4月30日及以前缴纳契税的:

增值税应纳税额=[全部交易价格(含增值税)-契税计税金额(含营业税)]÷(1+5%)×5%

(二)2016年5月1日及以后缴纳契税的:

增值税应纳税额=[全部交易价格(含增值税)÷(1+5%)-契税计税金额(不含增值税)]×5%

三、纳税人同时保留取得不动产时的发票和其他能证明契税计税金额的完税凭证等资料的,应当凭发票进行差额扣除。

本公告自发布之日起施行。此前已发生未处理的事项,按照本公告的规定执行。

四、电信业

国家税务总局
关于发布《电信企业增值税征收管理暂行办法》的公告

（2014年5月14日 国家税务总局公告2014年第26号）

为明确营业税改征增值税后电信企业总分机构缴纳增值税问题，国家税务总局制定了《电信企业增值税征收管理暂行办法》，现予以发布，自2014年6月1日起施行。

本办法所称的电信企业总机构2014年6月所属期的增值税应纳税额，与2014年第三季度合并为一个申报期汇总申报。

特此公告。

附件：1. 各省、自治区、直辖市和计划单列市电信企业名单（见二维码23）
2. 电信企业分支机构增值税汇总纳税信息传递单（见二维码23）

二维码23

电信企业增值税征收管理暂行办法

第一条 为规范营业税改征增值税后电信企业增值税征收管理，根据《中华人民共和国增值税暂行条例》（以下简称增值税条例）、《营业税改征增值税试点实施办法》（以下简称试点实施办法）及现行增值税有关规定，制定本办法。

电信企业，是指中国电信集团公司、中国移动通信集团公司、中国联合网络通信集团有限公司所属提供电信服务的企业。

第二条 经省、自治区、直辖市或者计划单列市财政厅（局）和国家税务局批准，可以汇总申报缴纳增值税的电信企业，适用本办法。

第三条 各省、自治区、直辖市和计划单列市电信企业（以下简称总机构，具体名单见附件1）应当汇总计算总机构及其所属电信企业（以下简称分支机构）提供电信服务及其他应税服务的增值税应纳税额，抵减分支机构提供电信服务及其他应税服务已缴纳（包括预缴和查补，下同）的增值税额后，向主管税务机关申报纳税。

总机构发生除电信服务及其他应税服务以外的增值税应税行为，按照增值税条例及相关规定就地申报纳税。

第四条 总机构汇总的销售额，为总机构及其分支机构提供电信服务及其他应税服务的销售额。

第五条 总机构汇总的销项税额，按照本办法第四条规定的销售额和增值税适用税率计算。

第六条 总机构汇总的进项税额，是指总机构及其分支机构提供电信服务及其他应税服务而购进货物、接受加工修理修配劳务和应税服务，支付或者负担的增值税额。

总机构及其分支机构取得的与电信服务及其他应税服务相关的固定资产、专利技术、非专利技术、商誉、商标、著作权、有形动产租赁的进项税额，由总机构汇总缴纳增值税时抵扣。

总机构及其分支机构用于电信服务及其他应税服务以外的进项税额不得汇总。

第七条 总机构及其分支机构用于提供电信服务及其他应税服务的进项税额与不得汇总的进项税额无法准确划分的，按照试点实施办法第二十六条确定的原则执行。

第八条 分支机构提供电信服务及其他应税服务，按照销售额和预征率计算应预缴税额，按月向主管税务机关申报纳税，不得抵扣进项税额。计算公式为：

应预缴税额 =（销售额 + 预收款）× 预征率

销售额为分支机构对外（包括向电信服务及其他应税服务接受方和本总机构、分支机构外的其他电信企业）提供电信服务及其他应税服务取得的收入；预收款为分支机构以销售电信充值卡（储值卡）、预存话费等方式收取的预收性质的款项。

销售额不包括免税项目的销售额；预收款不包括免税项目的预收款。

分支机构发生除电信服务及其他应税服务以外的增值税应税行为，按照增值税条例及相关规定就地申报纳税。

第九条 分支机构应按月将提供电信服务及其他应税服务的销售额、预收款、进项税额和已缴纳增值税额归集汇总，填写《电信企业分支机构增值税汇总纳税信息传递单》（见附件2），报送主管税务机关签章确认后，于次月10日前传递给总机构。

汇总的销售额包括免税项目的销售额。

汇总的进项税额包括用于免税项目的进项税额。

第十条 总机构的纳税期限为一个季度。

第十一条 总机构应当依据《电信企业分支机构增值税汇总纳税信息传递单》，汇总计算当期提供电信服务及其他应税服务的应纳税额，抵减分支机构提供电信服务及其他应税服务当期已缴纳的增值税额后，向主管税务机关申报纳税。抵减不完的，可以结转下期继续抵减。计算公式为：

总机构当期汇总应纳税额 = 当期汇总销项税额 − 当期汇总的允许抵扣的进项税额

总机构当期应补（退）税额 = 总机构当期汇总应纳税额 − 分支机构当期已缴纳税额

第十二条 总机构及其分支机构，一律由主管税务机关认定为增值税一般纳税人。

第十三条 总机构应当在开具增值税专用发票的次月申报期结束前向主管税务机关报税。

总机构及其分支机构取得的增值税扣税凭证，应当按照有关规定到主管税务机关办理认证或者申请稽核比对。

总机构汇总的允许抵扣的进项税额，应当在季度终了后的第一个申报期内申报抵扣。

第十四条 分支机构的预征率由省、自治区、直辖市或者计划单列市国家税务局商同级财政部门确定。

第十五条 电信企业通过手机短信公益特服号为公益机构接受捐款提供服务，如果捐款人索取增值税专用发票的，应按照捐款人支付的全部价款和价外费用，扣除支付给公益性机构捐款后的余额开具增值税专用发票。

第十六条　总机构和分支机构所在地主管税务机关应定期或不定期对其纳税情况进行检查。

分支机构提供电信服务及其他应税服务申报不实的，由其主管税务机关按适用税率全额补征增值税。

第十七条　电信企业普通发票的适用暂由各省、自治区、直辖市和计划单列市国家税务局确定。

各省、自治区分支机构可以使用上级分支机构统一领取的增值税专用发票和普通发票；各直辖市、计划单列市分支机构可以使用总机构统一领取的增值税专用发票和普通发票。

总机构"一窗式"比对内容中，不含分支机构按照本办法第八条规定就地申报纳税的专用发票销项金额和税额。

第十八条　总机构及其分支机构的其他增值税涉税事项，按照增值税条例、试点实施办法及相关规定执行。

［注释：条款失效。

"第二条　经省、自治区、直辖市或者计划单列市财政厅（局）和国家税务局批准，可以汇总申报缴纳增值税的电信企业，适用本办法"。修改为："第二条　经省、自治区、直辖市或者计划单列市财政厅（局）和税务局批准，可以汇总申报缴纳增值税的电信企业，适用本办法。"

"第十四条　分支机构的预征率由省、自治区、直辖市或者计划单列市国家税务局商同级财政部门确定"。修改为："第十四条　分支机构的预征率由省、自治区、直辖市或者计划单列市税务局商同级财政部门确定。"

"第十七条　电信企业普通发票的适用暂由各省、自治区、直辖市和计划单列市国家税务局确定"。修改为："第十七条　电信企业普通发票的适用暂由各省、自治区、直辖市和计划单列市税务局确定。"

参见《国家税务总局关于修改部分税收规范性文件的公告》（国家税务总局公告2018年第31号）。］

五、邮政业

国家税务总局
关于发布《邮政企业增值税征收管理暂行办法》的公告

（2014年1月20日　国家税务总局公告2014年第5号）

为明确营业税改征增值税后邮政企业总分机构缴纳增值税问题，国家税务总局制定了《邮政企业增值税征收管理暂行办法》，现予以发布，自2014年1月1日起施行。

附件：邮政企业增值税征收管理暂行办法

附件：

邮政企业增值税征收管理暂行办法

第一条 为规范营业税改征增值税后邮政企业增值税征收管理，根据《中华人民共和国增值税暂行条例》（以下称增值税条例）、《营业税改征增值税试点实施办法》（以下称试点实施办法）及现行增值税有关规定，制定本办法。

邮政企业，是指中国邮政集团公司所属提供邮政服务的企业。

第二条 经省、自治区、直辖市或者计划单列市财政厅（局）和国家税务局批准，可以汇总申报缴纳增值税的邮政企业，适用本办法。

第三条 各省、自治区、直辖市和计划单列市邮政企业（以下称总机构）应当汇总计算总机构及其所属邮政企业（以下称分支机构）提供邮政服务的增值税应纳税额，抵减分支机构提供邮政服务已缴纳（包括预缴和查补，下同）的增值税额后，向主管税务机关申报纳税。

总机构发生除邮政服务以外的增值税应税行为，按照增值税条例、试点实施办法及相关规定就地申报纳税。

第四条 总机构汇总的销售额，为总机构及其分支机构提供邮政服务的销售额。

第五条 总机构汇总的销项税额，按照本办法第四条规定的销售额和增值税适用税率计算。

第六条 总机构汇总的进项税额，是指总机构及其分支机构提供邮政服务而购进货物、接受加工修理修配劳务和应税服务，支付或者负担的增值税额。

总机构及其分支机构取得的与邮政服务相关的固定资产、专利技术、非专利技术、商誉、商标、著作权、有形动产租赁的进项税额，由总机构汇总缴纳增值税时抵扣。

总机构及其分支机构用于邮政服务以外的进项税额不得汇总。

第七条 总机构及其分支机构用于提供邮政服务的进项税额与不得汇总的进项税额无法准确划分的，按照试点实施办法第二十六条确定的原则执行。

第八条 分支机构提供邮政服务，按照销售额和预征率计算应预缴税额，按月向主管税务机关申报纳税，不得抵扣进项税额。计算公式为：

应预缴税额 =（销售额 + 预订款）× 预征率

销售额为分支机构对外（包括向邮政服务接受方和本总、分支机构外的其他邮政企业）提供邮政服务取得的收入；预订款为分支机构向邮政服务接受方收取的预订款。

销售额不包括免税项目的销售额；预订款不包括免税项目的预订款。

分支机构发生除邮政服务以外的增值税应税行为，按照增值税条例、试点实施办法及相关规定就地申报纳税。

第九条 分支机构应按月将提供邮政服务的销售额、预订款、进项税额和已缴纳增值税额归集汇总，填写《邮政企业分支机构增值税汇总纳税信息传递单》（见附件），报送主管税务机关签章确认后，于次月10日前传递给总机构。

汇总的销售额包括免税项目的销售额。

汇总的进项税额包括用于免税项目的进项税额。

第十条 总机构的纳税期限为一个季度。

第十一条 总机构应当依据《邮政企业分支机构增值税汇总纳税信息传递单》，汇总计算当期提供邮政服务的应纳税额，抵减分支机构提供邮政服务当期已缴纳的增值税额后，向主管税务机关申报纳税。抵减不完的，可以结转下期继续抵减。计算公式为：

总机构当期汇总应纳税额＝当期汇总销项税额－当期汇总的允许抵扣的进项税额

总机构当期应补（退）税额＝总机构当期汇总应纳税额－分支机构当期已缴纳税额

第十二条 邮政企业为中国邮政速递物流股份有限公司及其所属机构代办速递物流类业务，从寄件人取得的收入，由总机构并入汇总的销售额计算缴纳增值税。

分支机构收取的上述收入不预缴税款。

寄件人索取增值税专用发票的，邮政企业应向寄件人开具增值税专用发票。

第十三条 总机构及其分支机构，一律由主管税务机关认定为增值税一般纳税人。

第十四条 总机构应当在开具增值税专用发票（含货物运输业增值税专用发票）的次月申报期结束前向主管税务机关报税。

总机构及其分支机构取得的增值税扣税凭证，应当按照有关规定到主管税务机关办理认证或者申请稽核比对。

总机构汇总的允许抵扣的进项税额，应当在季度终了后的第一个申报期内申报抵扣。

第十五条 分支机构的预征率由省、自治区、直辖市或者计划单列市国家税务局商同级财政部门确定。

第十六条 总机构和分支机构所在地主管税务机关应定期或不定期对其纳税情况进行检查。

分支机构提供邮政服务申报不实的，由其主管税务机关按适用税率全额补征增值税。

第十七条 总机构及其分支机构的其他增值税涉税事项，按照增值税条例、试点实施办法及相关规定执行。

［注释：条款失效。

"第二条　经省、自治区、直辖市或者计划单列市财政厅（局）和国家税务局批准，可以汇总申报缴纳增值税的邮政企业，适用本办法"。修改为："第二条　经省、自治区、直辖市或者计划单列市财政厅（局）和税务局批准，可以汇总申报缴纳增值税的邮政企业，适用本办法。"

"第十五条　分支机构的预征率由省、自治区、直辖市或者计划单列市国家税务局商同级财政部门确定"。修改为："第十五条　分支机构的预征率由省、自治区、直辖市或者计划单列市税务局商同级财政部门确定。"

参见《国家税务总局关于修改部分税收规范性文件的公告》（国家税务总局公告2018年第31号）。］

附件：邮政企业分支机构增值税汇总纳税信息传递单（见二维码24）

二维码24

六、铁路运输业

财政部 国家税务总局
关于铁路运输企业汇总缴纳增值税的通知

(2013年12月30日 财税〔2013〕111号)

各省、自治区、直辖市、计划单列市财政厅(局)、国家税务局、地方税务局,新疆生产建设兵团财务局:

经研究,现将铁路运输企业汇总缴纳增值税政策通知如下:

一、自2014年1月1日起,中国铁路总公司及其分支机构(分支机构名单见附件)提供铁路运输服务以及与铁路运输相关的物流辅助服务,按照《总分机构试点纳税人增值税计算缴纳暂行办法》(财税〔2013〕74号)计算缴纳增值税。

二、附件1中分支机构的预征率为1%,预征税款应计入预算科目101010402目"中国铁路总公司改征增值税待分配收入"。

三、附件2中分支机构的预征率为3%,预征税款应计入预算科目101010401目"改征增值税"。

四、中国铁路总公司及其分支机构不适用《总分机构试点纳税人增值税计算缴纳暂行办法》第八条年度清算的规定。

附件:1. 分支机构名单(一)(见二维码24)
    2. 分支机构名单(二)(见二维码24)

二维码24

[注释:条款失效。附件1变更为财税〔2019〕1号文件附件1所列的分支机构,附件2增补、变更、取消财税〔2019〕1号文件附件2所列的分支机构,参见《财政部 税务总局关于调整铁路和航空运输企业汇总缴纳增值税总分机构名单的通知》(财税〔2019〕1号)。

条款失效。附件2增补、取消财税〔2017〕67号文件附件1所列的分支机构,参见《财政部 国家税务总局关于调整铁路和航空运输企业汇总缴纳增值税分支机构名单的通知》(财税〔2017〕67号)。

条款废止。第三条废止,参见《财政部 国家税务总局关于铁路运输企业汇总缴纳增值税的补充通知》(财税〔2014〕54号)。]

国家税务总局
关于发布《铁路运输企业增值税征收管理暂行办法》的公告

(2014年1月20日 国家税务总局公告2014年第6号)

为明确营业税改征增值税后铁路运输企业总分机构缴纳增值税问题，国家税务总局制定了《铁路运输企业增值税征收管理暂行办法》，现予以发布，自2014年1月1日起施行。

附件：铁路运输企业增值税征收管理暂行办法

附件：

铁路运输企业增值税征收管理暂行办法

第一条 为规范营业税改征增值税后铁路运输企业增值税征收管理，根据《中华人民共和国增值税暂行条例》（以下称增值税条例）、《营业税改征增值税试点实施办法》（以下称试点实施办法）、《总分机构试点纳税人增值税计算缴纳暂行办法》及现行增值税有关规定，结合铁路运输企业特点，制定本办法。

第二条 经财政部、国家税务总局批准，汇总申报缴纳增值税的中国铁路总公司及其所属运输企业（含下属站段，下同）适用本办法。

第三条 中国铁路总公司所属运输企业按照本办法规定预缴增值税，中国铁路总公司汇总向机构所在地主管税务机关申报纳税。

第四条 中国铁路总公司应当汇总计算本部及其所属运输企业提供铁路运输服务以及与铁路运输相关的物流辅助服务（以下称铁路运输及辅助服务）的增值税应纳税额，抵减所属运输企业提供上述应税服务已缴纳（包括预缴和查补，下同）的增值税额后，向主管税务机关申报纳税。

中国铁路总公司发生除铁路运输及辅助服务以外的增值税应税行为，按照增值税条例、试点实施办法及相关规定就地申报纳税。

第五条 中国铁路总公司汇总的销售额，为中国铁路总公司及其所属运输企业提供铁路运输及辅助服务的销售额。

第六条 中国铁路总公司汇总的销项税额，按照本办法第五条规定的销售额和增值税适用税率计算。

第七条 中国铁路总公司汇总的进项税额，是指中国铁路总公司及其所属运输企业为提供铁路运输及辅助服务而购进货物、接受加工修理修配劳务和应税服务，支付或者负担的增值税额。

中国铁路总公司及其所属运输企业取得与铁路运输及辅助服务相关的固定资产、专利技术、非专利技术、商誉、商标、著作权、有形动产租赁的进项税额,由中国铁路总公司汇总缴纳增值税时抵扣。

中国铁路总公司及其所属运输企业用于铁路运输及辅助服务以外的进项税额不得汇总。

第八条 中国铁路总公司及其所属运输企业用于提供铁路运输及辅助服务的进项税额与不得汇总的进项税额无法准确划分的,按照试点实施办法第二十六条确定的原则执行。

第九条 中国铁路总公司所属运输企业提供铁路运输及辅助服务,按照除铁路建设基金以外的销售额和预征率计算应预缴税额,按月向主管税务机关申报纳税,不得抵扣进项税额。计算公式为:

应预缴税额 =(销售额 – 铁路建设基金)× 预征率

销售额是指为旅客、托运人、收货人和其他铁路运输企业提供铁路运输及辅助服务取得的收入。

其他铁路运输企业,是指中国铁路总公司及其所属运输企业以外的铁路运输企业。

中国铁路总公司所属运输企业发生除铁路运输及辅助服务以外的增值税应税行为,按照增值税条例、试点实施办法及相关规定就地申报纳税。

第十条 中国铁路总公司所属运输企业,应按月将当月提供铁路运输及辅助服务的销售额、进项税额和已缴纳增值税额归集汇总,填写《铁路运输企业分支机构增值税汇总纳税信息传递单》(见附件),报送主管税务机关签章确认后,于次月10日前传递给中国铁路总公司。

第十一条 中国铁路总公司的增值税纳税期限为一个季度。

第十二条 中国铁路总公司应当根据《铁路运输企业分支机构增值税汇总纳税信息传递单》,汇总计算当期提供铁路运输及辅助服务的增值税应纳税额,抵减其所属运输企业提供铁路运输及辅助服务当期已缴纳的增值税额后,向主管税务机关申报纳税。抵减不完的,可以结转下期继续抵减。计算公式为:

当期汇总应纳税额 = 当期汇总销项税额 – 当期汇总进项税额

当期应补(退)税额 = 当期汇总应纳税额 – 当期已缴纳税额

第十三条 中国铁路总公司及其所属运输企业,一律由主管税务机关认定为增值税一般纳税人。

第十四条 中国铁路总公司应当在开具增值税专用发票(含货物运输业增值税专用发票)的次月申报期结束前向主管税务机关报税。

中国铁路总公司及其所属运输企业取得的增值税扣税凭证,应当按照有关规定到主管税务机关办理认证或者申请稽核比对。

中国铁路总公司汇总的进项税额,应当在季度终了后的第一个申报期内申报抵扣。

第十五条 中国铁路总公司及其所属运输企业所在地主管税务机关应定期或不定期对其纳税情况进行检查。

中国铁路总公司所属铁路运输企业提供铁路运输及辅助服务申报不实的,由其主管税务机关按适用税率全额补征增值税。

第十六条 铁路运输企业的其他增值税涉税事项,按照增值税条例、试点实施办法及相关规定执行。

附件:铁路运输企业分支机构增值税汇总纳税信息传递单(见二维码25)

二维码25

财政部 国家税务总局
关于铁路运输企业汇总缴纳增值税的补充通知

(2014年8月5日 财税〔2014〕54号)

各省、自治区、直辖市、计划单列市财政厅（局）、国家税务局、地方税务局，新疆生产建设兵团财务局：

根据各地反映的情况，现将《财政部 国家税务总局关于铁路运输企业汇总缴纳增值税的通知》（财税〔2013〕111号）有关合资铁路运输企业汇总缴纳增值税的事项补充明确如下：

一、对财税〔2013〕111号文件的附件2，更名和增补本通知附件所列的分支机构。自上述分支机构提供铁路运输服务及相关的物流辅助服务之日起，按照财税〔2013〕111号文件以及本通知的规定缴纳增值税。

二、对财税〔2013〕111号文件附件2所列的分支机构，在维持由中国铁路总公司汇总计算应交增值税不变的前提下，实行由合资铁路运输企业总部汇总预缴增值税的办法。

（一）合资铁路运输企业总部本级及其下属站段（含委托运输管理的站段，下同）本级的销售额适用的预征率调整为1%，本级应预缴的增值税按下列公式计算，计入预算科目101010401目"改征增值税"。

本级应预缴的增值税 = 本级应征增值税销售额 × 1%

（二）合资铁路运输企业总部及其下属站段汇总的销售额适用的预征率仍为3%，合资铁路运输企业总部应按下列公式计算汇总应预缴的增值税，计入预算科目101010401目"改征增值税"。

汇总应预缴的增值税 =（总部本级应征增值税销售额 + 下属站段本级应征增值税销售额）× 3% -（总部本级应预缴的增值税 + 下属站段本级应预缴的增值税）

三、本通知自2014年9月1日起执行。财税〔2013〕111号文件第三条相应废止。已经按照3%预缴的增值税，由中央财政通过2014年年终结算方式予以调整。

附件：分支机构名单（见二维码26）

二维码26

［注释：条款失效。附件变更、取消财税〔2019〕1号文件附件3所列的分支机构。参见《财政部 税务总局关于调整铁路和航空运输企业汇总缴纳增值税总分机构名单的通知》（财税〔2019〕1号）。

条款失效。附件取消财税〔2017〕67号附件2所列的分支机构，参见《财政部 国家税务总局关于调整铁路和航空运输企业汇总缴纳增值税分支机构名单的通知》（财税〔2017〕67号）。］

财政部 国家税务总局
关于调整铁路和航空运输企业汇总缴纳增值税分支机构名单的通知

(2015年8月10日 财税〔2015〕87号)

各省、自治区、直辖市、计划单列市财政厅（局）、国家税务局、地方税务局，新疆生产建设兵团财务局：

经研究，我们对铁路和航空运输企业汇总缴纳增值税分支机构名单进行了调整。现将有关内容通知如下：

一、铁路运输企业

（一）对《财政部 国家税务总局关于铁路运输企业汇总缴纳增值税的通知》（财税〔2013〕111号）的附件1，增补本通知附件1所列的分支机构。

（二）对财税〔2013〕111号文件的附件2，增补、取消和更名本通知附件2所列的分支机构。

上述增补和更名的铁路运输企业分支机构，自提供铁路运输服务及相关的物流辅助服务之日起，按照财税〔2013〕111号文件和《财政部 国家税务总局关于铁路运输企业汇总缴纳增值税的补充通知》（财税〔2014〕54号）的规定缴纳增值税。

上述取消的铁路运输企业分支机构，自本通知附件2列明的取消时间起，不再按照财税〔2013〕111号和财税〔2014〕54号文件的规定缴纳增值税。

二、航空运输企业

对《财政部 国家税务总局关于部分航空运输企业总分机构增值税计算缴纳问题的通知》（财税〔2013〕86号）的附件2，增补本通知附件3所列分支机构。

上述增补的航空运输企业分支机构，自2015年4月1日起，按照财税〔2013〕86号文件的规定缴纳增值税。

附件：1. 分支机构名单（一）（见二维码27）
2. 分支机构名单（二）（见二维码27）
3. 分支机构名单（三）（见二维码27）

二维码27

[注释：条款失效。附件2变更财税〔2019〕1号文件附件4所列的分支机构，参见《财政部 税务总局关于调整铁路和航空运输企业汇总缴纳增值税总分机构名单的通知》（财税〔2019〕1号）。

条款失效。附件2更名财税〔2017〕67号附件3所列的分支机构，参见《财政部 国家税务总局关于调整铁路和航空运输企业汇总缴纳增值税分支机构名单的通知》（财税〔2017〕67号）。]

财政部 国家税务总局
关于调整铁路和航空运输企业汇总缴纳增值税分支机构名单的通知

(2017年8月22日 财税〔2017〕67号)

各省、自治区、直辖市、计划单列市财政厅（局）、国家税务局、地方税务局，新疆生产建设兵团财务局：

经研究，我们对铁路和航空运输企业汇总缴纳增值税分支机构名单进行了调整。现将有关内容通知如下：

一、铁路运输企业

（一）对《财政部 国家税务总局关于铁路运输企业汇总缴纳增值税的通知》（财税〔2013〕111号）的附件2，增补、取消本通知附件1所列的分支机构。

（二）对《财政部 国家税务总局关于铁路运输企业汇总缴纳增值税的补充通知》（财税〔2014〕54号）的附件，取消本通知附件2所列的分支机构。

（三）对《财政部 国家税务总局关于调整铁路和航空运输企业汇总缴纳增值税分支机构名单的通知》（财税〔2015〕87号）的附件2，更名本通知附件3所列的分支机构。

上述增补和更名的铁路运输企业分支机构，自提供铁路运输服务及相关的物流辅助服务之日起，按照财税〔2013〕111号和财税〔2014〕54号文件的规定缴纳增值税。

上述取消的铁路运输企业分支机构，自本通知附件1和附件2列明的取消时间起，不再按照财税〔2013〕111号和财税〔2014〕54号文件的规定缴纳增值税。

二、航空运输企业

对《财政部 国家税务总局关于部分航空运输企业总分机构增值税计算缴纳问题的通知》（财税〔2013〕86号）的附件2，增补本通知附件4所列分支机构。

上述增补的航空运输企业分支机构，自本通知附件4列明的汇总纳税时间起，按照财税〔2013〕86号文件的规定缴纳增值税。

附件：1. 分支机构名单（一）（见二维码28）
   2. 分支机构名单（二）（见二维码28）
   3. 分支机构名单（三）（见二维码28）
   4. 分支机构名单（四）（见二维码28）

二维码28

[注释：条款失效。附件1变更财税〔2019〕1号附件4所列的分支机构，参见《财政部 税务总局关于调整铁路和航空运输企业汇总缴纳增值税总分机构名单的通知》（财税〔2019〕1号）。]

财政部 税务总局
关于调整铁路和航空运输企业汇总缴纳增值税总分机构名单的通知

(2019年1月2日 财税〔2019〕1号)

各省、自治区、直辖市、计划单列市财政厅（局），国家税务总局各省、自治区、直辖市、计划单列市税务局：

经研究，我们对铁路和航空运输企业汇总缴纳增值税总分机构名单进行了调整。现将有关内容通知如下：

一、铁路运输企业

（一）对《财政部 国家税务总局关于铁路运输企业汇总缴纳增值税的通知》（财税〔2013〕111号）的附件1，变更本通知附件1所列的分支机构。

（二）对《财政部 国家税务总局关于铁路运输企业汇总缴纳增值税的通知》（财税〔2013〕111号）附件2，增补、变更、取消本通知附件2所列的分支机构。

（三）对《财政部 国家税务总局关于铁路运输企业汇总缴纳增值税的补充通知》（财税〔2014〕54号）的附件，变更、取消本通知附件3所列的分支机构。

（四）对《财政部 国家税务总局关于调整铁路和航空运输企业汇总缴纳增值税分支机构名单的通知》（财税〔2015〕87号）附件2和《财政部 国家税务总局关于调整铁路和航空运输企业汇总缴纳增值税分支机构名单的通知》（财税〔2017〕67号）附件1，变更本通知附件4所列的分支机构。

上述增补和变更的铁路运输企业分支机构，自提供铁路运输服务及相关的物流辅助服务之日起，按照财税〔2013〕111号、财税〔2014〕54号、财税〔2015〕87号和财税〔2017〕67号文件的规定缴纳增值税。

上述取消的铁路运输企业分支机构，自本通知附件2、附件3列明的取消时间起，不再按照财税〔2013〕111号和财税〔2014〕54号文件的规定缴纳增值税。

二、航空运输企业

对《财政部 国家税务总局关于部分航空运输企业总分机构增值税计算缴纳问题的通知》（财税〔2013〕86号）的附件2，增补本通知附件5所列总机构和分支机构。

上述增补的航空运输企业总机构和分支机构，自本通知附件5列明的汇总纳税时间起，按照财税〔2013〕86号文件的规定缴纳增值税。

附件：1. 分支机构名单（一）（见二维码29）
2. 分支机构名单（二）（见二维码29）
3. 分支机构名单（三）（见二维码29）
4. 分支机构名单（四）（见二维码29）

二维码29

5. 分支机构名单（五）（见二维码29）

七、航空运输业

财政部 国家税务总局
关于部分航空运输企业总分机构增值税计算缴纳问题的通知

（2013年10月24日 财税〔2013〕86号）

各省、自治区、直辖市、计划单列市财政厅（局）、国家税务局、地方税务局，新疆生产建设兵团财务局：

现将部分航空运输企业总机构及其分支机构缴纳增值税有关问题通知如下：

一、本通知附件1列明的航空运输企业总分支机构，自2013年8月1日起，按《总分机构试点纳税人增值税计算缴纳暂行办法》（财税〔2013〕74号，以下称《暂行办法》）计算缴纳增值税。

二、本通知附件2列明的航空运输企业总分支机构，自2013年10月1日起，按《暂行办法》计算缴纳增值税。

三、上述航空运输企业分支机构的预征率为1%。

四、《财政部 国家税务总局关于印发〈总分机构试点纳税人增值税计算缴纳暂行办法〉的通知》（财税〔2012〕84号）和《财政部 国家税务总局关于部分航空公司执行总分机构试点纳税人增值税计算缴纳暂行办法的通知》（财税〔2013〕9号）自2013年10月1日起停止执行。

附件：1. 航空运输企业总机构及其分支机构名单（一）（见二维码30）
2. 航空运输企业总机构及其分支机构名单（二）（见二维码30）

〔注释：条款失效。附件2增补财税〔2017〕67号附件4所列分支机构，参见《财政部 国家税务总局关于调整铁路和航空运输企业汇总缴纳增值税分支机构名单的通知》（财税〔2017〕67号）。

条款失效。附件2中，中国南方航空股份有限公司和厦门航空有限公司更名和增补国家税务总局公告2014年第55号附件所列分支机构，参见《国家税务总局关于部分航空运输企业总分机构增值税计算缴纳问题的公告》（国家税务总局公告2014年第55号）。〕

二维码30

国家税务总局
关于发布《航空运输企业增值税征收管理暂行办法》的公告

(2013年11月28日 国家税务总局公告2013年第68号)

为解决营业税改征增值税试点期间航空运输企业总分机构缴纳增值税问题，国家税务总局制定了《航空运输企业增值税征收管理暂行办法》，现予以发布。

《财政部 国家税务总局关于部分航空运输企业总分机构增值税计算缴纳问题的通知》（财税〔2013〕86号）附件1列明的航空运输企业总分机构，自2013年8月1日起按本办法计算缴纳增值税；附件2列明的航空运输企业总分机构，自2013年10月1日起按本办法计算缴纳增值税。

《国家税务总局关于发布〈营业税改征增值税试点期间航空运输企业增值税征收管理暂行办法〉的公告》（2013年第7号）自2013年10月1日起废止。

附件：航空运输企业增值税征收管理暂行办法

附件：

航空运输企业增值税征收管理暂行办法

第一条 为规范营业税改征增值税试点期间航空运输企业增值税征收管理，根据《总分机构试点纳税人增值税计算缴纳暂行办法》（财税〔2013〕74号文件印发）和现行增值税有关规定，制定本办法。

第二条 经财政部和国家税务总局批准，按照《总分机构试点纳税人增值税计算缴纳暂行办法》计算缴纳增值税的航空运输企业，适用本办法。

第三条 航空运输企业的总机构（以下简称总机构），应当汇总计算总机构及其分支机构发生《应税服务范围注释》所列业务的应纳税额，抵减分支机构发生《应税服务范围注释》所列业务已缴纳（包括预缴和补缴，下同）的税额后，向主管税务机关申报纳税。

总机构销售货物和提供加工修理修配劳务，按照增值税暂行条例及相关规定就地申报纳税。

第四条 总机构汇总的销售额，为总机构及其分支机构发生《应税服务范围注释》所列业务的销售额。

总机构应当按照增值税现行规定核算汇总的销售额。

第五条 总机构汇总的销项税额，按照本办法第四条规定的销售额和增值税适用税率计算。

第六条 总机构汇总的进项税额，是指总机构及其分支机构因发生《应税服务范围注释》所列业务而购进货物或者接受加工修理修配劳务和应税服务，支付或者负担的增值税税额。

总机构和分支机构用于《应税服务范围注释》所列业务之外的进项税额不得汇总。

第七条 分支机构发生《应税服务范围注释》所列业务，按照销售额和预征率计算应预缴税额，按月向主管税务机关申报纳税，不得抵扣进项税额。计算公式为：

应预缴税额 = 销售额 × 预征率

分支机构销售货物和提供加工修理修配劳务，按照增值税暂行条例及相关规定就地申报纳税。

第八条 分支机构应按月将《应税服务范围注释》所列业务的销售额、进项税额和已缴纳税额归集汇总，填写《航空运输企业分支机构传递单》（见附件1），报送主管税务机关签章确认后，于次月10日前传递给总机构。

第九条 总机构的纳税期限为一个季度。

第十条 总机构应当依据《航空运输企业分支机构传递单》，汇总计算当期发生《应税服务范围注释》所列业务的应纳税额，抵减分支机构发生《应税服务范围注释》所列业务当期已缴纳的税额后，向主管税务机关申报纳税。抵减不完的，可以结转下期继续抵减。计算公式为：

总机构当期汇总应纳税额 = 当期汇总销项税额 − 当期汇总进项税额

总机构当期应补（退）税额 = 总机构当期汇总应纳税额 − 分支机构当期已缴纳税额

第十一条 航空运输企业汇总缴纳的增值税实行年度清算。

第十二条 年度终了后25个工作日内，总机构应当计算分支机构发生《应税服务范围注释》所列业务年度清算的应纳税额，并向主管税务机关报送《____年度航空运输企业年度清算表》（附件2）。计算公式为：

分支机构年度清算的应纳税额 =（分支机构发生《应税服务范围注释》所列业务的年度销售额÷总机构汇总的年度销售额）×总机构汇总的年度应纳税额

总机构汇总的年度应纳税额，为总机构年度内各季度汇总应纳税额的合计数。

第十三条 年度终了后40个工作日内，总机构主管税务机关应将《____年度航空运输企业年度清算表》逐级报送国家税务总局。

第十四条 分支机构年度清算的应纳税额小于分支机构已预缴税额，且差额较大的，由国家税务总局通知分支机构所在地的省税务机关，在一定时期内暂停分支机构预缴增值税。

分支机构年度清算的应纳税额大于分支机构已预缴税额，差额部分由国家税务总局通知分支机构所在地的省税务机关，在分支机构预缴增值税时一并补缴入库。

第十五条 总机构及其分支机构，一律由主管税务机关认定为增值税一般纳税人。

第十六条 总机构应当在开具增值税专用发票（含货物运输业增值税专用发票）的次月申报期结束前向主管税务机关报税。

总机构及其分支机构取得的增值税扣税凭证，应当按照有关规定到主管税务机关办理认证或者申请稽核比对。

总机构汇总的进项税额，应当在季度终了后的第一个申报期内申报抵扣。

第十七条 主管税务机关应定期或不定期对分支机构纳税情况进行检查。

分支机构发生《应税服务范围注释》所列业务申报不实的，就地按适用税率全额补征增值税。主管税务机关应将检查情况及结果发函通知总机构主管税务机关。

第十八条 总机构及其分支机构的其他增值税涉税事项,按照现行增值税有关政策执行。

附件：1. 航空运输企业分支机构传递单（见二维码31）
　　　2. ____年度航空运输企业年度清算表（见二维码31）

二维码31

国家税务总局
关于部分航空运输企业总分机构增值税计算缴纳问题的公告

（2014年9月28日　国家税务总局公告2014年第55号）

现将部分航空运输企业总机构及其分支机构缴纳增值税有关问题公告如下：

《财政部　国家税务总局关于部分航空运输企业总分机构增值税计算缴纳问题的通知》（财税〔2013〕86号）附件2中，中国南方航空股份有限公司和厦门航空有限公司更名和增补本通知附件所列分支机构。

增补的分支机构自提供《应税服务范围注释》所列应税服务之日起，按照《总分机构试点纳税人增值税计算缴纳暂行办法》（财税〔2013〕74号）计算缴纳增值税。

附件：更名和增补的航空运输企业分支机构名单（见二维码31）

二维码31

财政部　国家税务总局
关于华夏航空有限公司及其分支机构增值税
计算缴纳问题的通知

（2014年10月17日　财税〔2014〕76号）

各省、自治区、直辖市、计划单列市财政厅（局）、国家税务局、地方税务局，新疆生产建设兵团财务局：

现将华夏航空有限公司及其分支机构计算缴纳增值税有关问题通知如下：

华夏航空有限公司及其分支机构（具体名单见附件），自2014年10月1日起，按照《总分机构试点纳税人增值税计算缴纳暂行办法》（财税〔2013〕74号）计算缴纳增值税，分支机构的预征率为1%。

附件：华夏航空有限公司及其分支机构名单（见二维码32）

二维码32

八、油气田业

国务院
关于外商投资企业和外国企业适用增值税、消费税、营业税等税收暂行条例有关问题的通知

(1994年2月22日 国发〔1994〕10号)

(正文编者略)

第三条,关于中外合作开采石油资源的税收问题。

国家税务总局
关于中外合作开采石油资源缴纳增值税有关问题的通知

(1994年4月28日 国税发〔1994〕114号)

根据《国务院关于外商投资企业和外国企业适用增值税、消费税、营业税等税收暂行条例有关问题的通知》(国发〔1994〕10号)第三条的规定,现就中外合作油(气)田〔以下简称合作油(气)田〕开采原油、天然气征收增值税的有关问题通知如下:

一、合作油(气)田开采的原油、天然气按实物缴纳增值税,以该油(气)田开采的原油、天然气扣除了石油作业用油(气)量和损耗量之后的原油、天然气产量作为计税依据。

二、鉴于目前合作油(气)田开采的原油、天然气实行统一销售,其增值税暂按合作油(气)田每次用于销售的总量计算征税。计征增值税的原油、天然气实物随同合作油(气)田的原油、天然气一起销售。

三、增值税的原油、天然气实物,按实际销售额扣除其本身所发生的实际销售费用后入库。原油、天然气销售的定价方法,应事先报经主管税务机关审查。

四、合作油(气)田的原油、天然气按次纳税,每次销售款划入销售方银行账户之日(最迟不得超过合同规定的付款期限最后一日)起5日内申报纳税(如最后一天为法定节、假日可按规定顺延)。逾期未办理申报纳税的,依据《中华人民共和国税收征收管理法》的有关规定处理。

五、合作油(气)田销售的原油、天然气按外汇结算销售额的,其销售额的人民币折合率可以选择销售发生的当天或当月1日的国家外汇牌价。选择确定后1年内不得变更。

六、增值税的申报缴纳事宜,由参与合作的中国石油公司负责办理。在办理纳税申报时,应同时附送本次原油、天然气的销售价格、销售费用、销售去向等明细资料,并按月或

按季向主管税务机关报送合作油（气）田的产量、存量、分配量、销售量以及主管税务机关所需要的其他有关资料。

七、合作油（气）田销售原油、天然气时，应按规定向购买方开具增值税专用发票。增值税专用发票的具体填开方法是："价税合计栏"按含税销售额填写；"税额栏"按含税销售额乘以征收率5%计算出的税额填写；"金额栏"按价税合计数额减去税额后的余额填写；"数量栏"按销售总量填写；"单价栏"按实际销售单价填写；"税率栏"不填。"税额栏"中所列税额为购买方的增值税进项扣除额。

八、中国海洋石油总公司海上自营油（气）田比照上述有关规定执行。

九、本通知自1994年1月1日起实行。

国家税务总局
关于渤海锦州20－2油气田缴纳增值税有关问题的通知

（1994年6月27日　国税函发〔1994〕352号）

辽宁省税务局、海洋石油税务管理局天津分局：

关于税制改革后，辽宁省锦西天然气化工总厂购进渤海锦州20－2油气田的免税产品，因无进项税额扣除，税收负担比同行业有所加重的问题，为了新旧税制的平稳过渡，扶持渤海锦州20－2油气田及下游企业的发展，经与财政部研究，决定在一定期限内对该油气田生产销售的凝析油、天然气及液化气实行先征税后退税的政策，现将有关问题明确如下：

一、根据国务院国发〔1994〕10号文件和国家税务总局国税发〔1994〕114号文件的规定，渤海锦州20－2油气田生产销售的凝析油、天然气及液化气应按实物征收增值税，征收率为5%。该油气田在国内销售凝析油、天然气及液化气时，应按上述文件规定开具增值税专用发票。

二、锦州20－2油气田生产销售的凝析油、天然气及液化气自开始缴纳增值税之日起至一九九五年十二月三十一日止，其比原免税多征的税款，经中国海洋石油总公司提出申请，由海洋石油税务管理局天津分局审查批准，按季予以返还。

国家税务总局
关于中国海洋石油总公司油气增值税销售费用问题的批复

（1997年9月15日　国税函〔1997〕512号）

天津市国家税务局：

你局《关于中国海洋石油总公司油气增值税按比例扣除销售费用的请示》（津国税二〔1996〕118号）收悉。经研究，现答复如下：

一、鉴于目前各油（气）田发生的销售费用项目标准不一致，个别油（气）田实际发生的销售费用与按比例计算出的数额差异较大,尚难确定一个既符合各油(气)田实际又能统一适用的费用比例,因此,对销售的增值税油(气)实物所发生的销售费用,仍应按照《国家税务总局关于中外合作开采石油资源缴纳增值税有关问题的通知》(国税发〔1994〕114号)的规定,按实际发生的销售费用计算扣除额。

二、销售增值税油(气)实物所发生的实际销售费用,是指增值税油(气)实物在销售过程中实际发生的商检费(包括由卖方负担的商检人员的交通费)和销售机构管理费。

三、允许扣除的销售机构管理费,应是符合现行财务制度实际发生并与销售增值税油(气)实际有关的机构管理费,如在实际操作中确实难以划分,也可以按销售收入比例扣除。

计算公式如下:可扣除的销售机构管理费=油(气)销售机构管理费×〔应纳增值税油(气)销售收入÷总收入〕×5%

总收入指油(气)销售机构取得的全部油(气)销售收入及本机构取得的其他各种收入的总和。

四、有特殊情况需要调整费用扣除项目的必须报经国家税务总局批准。

国家税务总局
关于中海石油(中国)有限公司税收问题的通知

(2001年3月23日　国税函〔2001〕220号)

北京、天津、上海、辽宁、河北、山东、江苏、浙江、广东、广西、海南省(自治区、直辖市)国家税务局、地方税务局,深圳市国家税务局、地方税务局:

根据中央关于国有大中型骨干企业加快建立现代企业制度的要求,经国务院批准,中国海洋石油总公司(以下简称总公司)已重组境内油气资产,拟在境外上市。按照批准方案,总公司已在香港注册成立了拟上市的中国海洋石油有限公司,该公司在天津注册成立了外资企业——中海石油(中国)有限公司(以下简称中海公司),并在天津、上海、深圳和湛江相应设立了4家分公司,接替总公司原来在中国海域从事石油、天然气勘探、开发、生产及销售业务。现就中海公司有关税收问题,通知如下:

一、中海公司适用税收政策问题

中海公司是1999年9月经批准依法设立的外商投资企业,应根据1994年国务院颁布的《关于外商投资企业和外国企业适用增值税、消费税、营业税等税收暂行条例有关问题的通知》(国发〔1994〕10号)的规定,缴纳各项税收。

二、中海公司税收征收管理问题

中海公司是总公司股权重组后设立的专业从事石油、天然气开采业务的外商投资企业,根据《中华人民共和国外商投资企业和外国企业所得税法实施细则》第五条和《国家税务总局关于海洋石油税收征管范围问题的通知》(国税发〔1996〕57号)的规定,中海公司及其下属各分公司各项税收的征收管理,由海洋石油税务局天津、上海、广州、湛江分局负责征收管理,其中企业所得税统一汇总在中海公司注册地天津缴纳。有关中海公司所得税管理工作，比照《国家税务总局关于做好中国海洋石油总公司及其所属公司所得税管理工作的通知》（国税函〔1996〕463号）规定执行。

三、中海公司资产评估增值的税务处理问题

中海公司从总公司转来的各项油（气）田生产相关的资产，应按总公司的账面净值延续计提折旧。凡按照资产评估增值后的价值计提折旧的，对其增值的部分，应根据《国家税务总局印发〈关于外商投资企业合并、分立、股权重组、资产转让等重组业务所得税处理的暂行规定〉的通知》（国税发〔1997〕71号）的规定进行相应的调整。

四、中海公司有关账册印花税税务处理问题

中海公司是总公司通过资产重组后分立设立的外商投资企业，对其设立时的资金账簿，已在总公司贴花的，可不再贴花；对总公司向中海公司转移资产所订立的产权转移书证，凡资产已在总公司贴花的，也不再贴花。中海公司以后新增的资金、资产，应按规定贴花。

五、中海公司与总公司之间业务往来的税务处理问题

中海公司与总公司之间的各项业务往来，应根据《中华人民共和国外商投资企业和外国企业所得税法》第十三条的规定，按独立企业之间收取或支付价款、费用。凡不按独立企业之间的业务往来收取或者支付价款、费用，导致应纳税所得额减少的，税务机关有权进行调整。

六、本通知自1999年10月1日起执行。

〔注释：条款失效。第三条、第五条失效，参见《国家税务总局关于公布全文失效废止、部分条款失效废止的税收规范性文件目录的公告》（国家税务总局公告2011年第2号）。〕

国家税务总局
关于中国石油化工集团公司油气田企业提供生产性劳务增值税问题的通知

（2007年2月14日　国税函〔2007〕214号）

江苏、山东、河南、新疆、湖北省（区）国家税务局：

根据中国石油化工集团公司反映，胜利石油管理局、中原石油勘探局、河南石油勘探局、江汉石油管理局、江苏石油勘探局和华东石油局（以下简称勘探企业）为新疆油气田企业提供生产性劳务，在机构所在地全额缴纳了增值税，在劳务发生地又按6%预征率重复缴纳了增值税。为合理解决重复征税问题，现将有关问题明确如下：

一、按现行增值税规定油气田企业在劳务发生地未设立分（子）公司但向外省、自治区、直辖市其他油气田企业提供生产性劳务的，应当在劳务发生地按6%的预征率计算缴纳增值税，按预征率预缴的税款可在油气田企业的应纳增值税中抵减。

二、对勘探企业缴纳的税款，可按以下不同情况进行处理：

（一）勘探企业实现的2005年以前年度增值税已在机构所在地全额缴纳，未在劳务发生地缴纳的，劳务发生地税务机关不再征收。但勘探企业必须向劳务发生地税务机关提供由

机构所在地主管税务机关出具的已缴纳税款的证明材料。

（二）勘探企业实现的增值税（包括 2005 年以前年度实现的增值税）已在机构所在地全额缴纳，又在劳务发生地按 6% 预征率缴纳增值税的，对其在劳务发生地缴纳部分，可在其机构所在地以后年度的应纳税额中抵减。

财政部 国家税务总局
关于印发《油气田企业增值税管理办法》的通知

（2009 年 1 月 19 日 财税〔2009〕8 号）

各省、自治区、直辖市、计划单列市财政厅（局）、国家税务局、地方税务局，新疆生产建设兵团财务局：

根据国务院批准的石油天然气企业增值税政策和增值税转型改革方案，财政部和国家税务总局对现行油气田企业增值税管理办法作了修改和完善。现将修订后的《油气田企业增值税管理办法》印发给你们，请遵照执行。

附件：油气田企业增值税管理办法

附件：

油气田企业增值税管理办法

第一条 根据国务院批准的石油天然气企业增值税政策，为加强石油天然气企业的增值税征收管理工作，制定本办法。

第二条 本办法适用于在中华人民共和国境内从事原油、天然气生产的企业。包括中国石油天然气集团公司（以下简称中石油集团）和中国石油化工集团公司（以下简称中石化集团）重组改制后设立的油气田分（子）公司、存续公司和其他石油天然气生产企业（以下简称油气田企业），不包括经国务院批准适用 5% 征收率缴纳增值税的油气田企业。

存续公司是指中石油集团和中石化集团重组改制后留存的企业。

其他石油天然气生产企业是指中石油集团和中石化集团以外的石油天然气生产企业。

油气田企业持续重组改制继续提供生产性劳务的企业，以及 2009 年 1 月 1 日以后新成立的油气田企业参股、控股的企业，按照本办法缴纳增值税。

第三条 油气田企业为生产原油、天然气提供的生产性劳务应缴纳增值税。

生产性劳务是指油气田企业为生产原油、天然气，从地质普查、勘探开发到原油天然气销售的一系列生产过程所发生的劳务（具体见本办法所附的《增值税生产性劳务征税范围注释》）。

缴纳增值税的生产性劳务仅限于油气田企业间相互提供属于《增值税生产性劳务征税范围注释》内的劳务。油气田企业与非油气田企业之间相互提供的生产性劳务不缴纳增值税。

第四条 油气田企业将承包的生产性劳务分包给其他油气田企业或非油气田企业，应当就其总承包额计算缴纳增值税。非油气田企业将承包的生产性劳务分包给油气田企业或其他非油气田企业，其提供的生产性劳务不缴纳增值税。油气田企业分包非油气田企业的生产性劳务，也不缴纳增值税。

第五条 油气田企业提供的生产性劳务，增值税税率为17%。

第六条 油气田企业与其所属非独立核算单位之间以及其所属非独立核算单位之间移送货物或者提供应税劳务，不缴纳增值税。

本办法规定的应税劳务，是指加工、修理修配劳务和生产性劳务（下同）。

第七条 油气田企业提供的应税劳务和非应税劳务应当分别核算销售额，未分别核算的，由主管税务机关核定应税劳务的销售额。

第八条 油气田企业下列项目的进项税额不得从销项税额中抵扣：

（一）用于非增值税应税项目、免征增值税项目、集体福利或者个人消费的购进货物或者应税劳务。

本办法规定的非增值税应税项目，是指提供非应税劳务、转让无形资产、销售不动产、建造非生产性建筑物及构筑物。

本办法规定的非应税劳务，是指属于应缴营业税的交通运输业、建筑业、金融保险业、邮电通信业、文化体育业、娱乐业、服务业税目征收范围的劳务，但不包括本办法规定的生产性劳务。

用于集体福利或个人消费的购进货物或者应税劳务，包括所属的学校、医院、宾馆、饭店、招待所、托儿所（幼儿园）、疗养院、文化娱乐单位等部门购进的货物或应税劳务。

（二）非正常损失的购进货物及相关的应税劳务。

（三）非正常损失的在产品、产成品所耗用的购进货物或者应税劳务。

（四）国务院财政、税务主管部门规定的纳税人自用消费品。

（五）本条第（一）项至第（四）项规定的货物的运输费用和销售免税货物的运输费用。

第九条 油气田企业为生产原油、天然气接受其他油气田企业提供的生产性劳务，可凭劳务提供方开具的增值税专用发票注明的增值税额予以抵扣。

第十条 跨省、自治区、直辖市开采石油、天然气的油气田企业，由总机构汇总计算应纳增值税税额，并按照各油气田（井口）石油、天然气产量比例进行分配，各油气田按所分配的应纳增值税额向所在地税务机关缴纳。石油、天然气应纳增值税额的计算办法由总机构所在地省级税务部门商各油气田所在地同级税务部门确定。

在省、自治区、直辖市内的油气田企业，其增值税的计算缴纳方法由各省、自治区、直辖市财政和税务部门确定。

第十一条 油气田企业跨省、自治区、直辖市提供生产性劳务，应当在劳务发生地按3%预征率计算缴纳增值税。在劳务发生地预缴的税款可从其应纳增值税中抵减。

第十二条 油气田企业为生产原油、天然气提供的生产性劳务的纳税义务发生时间为油气田企业收讫劳务收入款或者取得索取劳务收入款项凭据的当天；先开具发票的，为开具发票的当天。

收讫劳务收入款的当天,是指油气田企业应税行为发生过程中或者完成后收取款项的当天;采取预收款方式的,为收到预收款的当天。

取得索取劳务收入款项凭据的当天,是指书面合同确定的付款日期的当天;未签订书面合同或者书面合同未确定付款日期的,为应税行为完成的当天。

第十三条 油气田企业所需发票,经主管税务机关审核批准后,可以采取纳税人统一集中领购、发放和管理的方法,也可以由机构内部所属非独立核算单位分别领购。

第十四条 油气田企业应统一申报货物及应税劳务应缴纳的增值税。

第十五条 现行规定与本办法有抵触的,按本办法执行;本办法未尽事宜,按现行税收法律、法规执行。

第十六条 各省、自治区、直辖市税务机关可根据本规定制定具体实施办法,并报国家税务总局备案。

第十七条 本办法自 2009 年 1 月 1 日起执行。《财政部 国家税务总局关于油气田企业增值税计算缴纳方法问题的通知》(〔94〕财税字第 073 号)、《财政部 国家税务总局关于印发〈油气田企业增值税管理暂行办法〉的通知》(财税字〔2000〕32 号)和《国家税务总局关于油气田企业增值税问题的补充通知》(国税发〔2000〕195 号)同时废止。

附件:增值税生产性劳务征收范围注释

附件:

增值税生产性劳务征收范围注释

一、地质勘探

是指根据地质学、物理学和化学原理,凭借各种仪器设备观测地下情况,研究地壳的性质与结构,借以寻找原油、天然气的工作。种类包括:地质测量;控制地形测量;重力法;磁力法;电法;陆地海滩二维(或三维、四维)地震勘探;垂直地震测井法(即 vsp 测井法);卫星定位;地球化学勘探;井间地震;电磁勘探;多波地震勘探;遥感和遥测;探井;资料(数据)处理、解释和研究。

二、钻井(含侧钻)

是指初步探明储藏有油气水后,通过钻具(钻头、钻杆、钻铤)对地层钻孔,然后用套、油管联接并向下延伸到油气水层,并将油气水分离出来的过程。钻井工程分为探井和开发井。探井包括地质井、参数井、预探井、评价井、滚动井等;开发井包括采油井、采气井、注水(气)井以及调整井、检查研究井、扩边井、油藏评价井等,其有关过程包括:

(一)新老区临时工程建设。是指为钻井前期准备而进行的临时性工程。含临时房屋修建、临时公路和井场道路的修建、供水(电)工程的建设、保温及供热工程建设、维护、管理。

(二)钻前准备工程。指为钻机开钻创造必要条件而进行的各项准备工程。含钻机、井架、井控、固控设施、井口工具的安装及维修。

(三)钻井施工工程。包括钻井、井控、固控所需设备、材料及新老区临时工程所需材料的装卸及搬运。

（四）包括定向井技术、水平井技术、打捞技术、欠平衡技术、泥浆技术、随钻测量、陀螺测量、电子多点、电子单点、磁性单多点、随钻、通井、套管开窗、老井侧钻、数据处理、小井眼加深、钻井液、顶部驱动钻井、化学监测、分支井技术、气体（泡沫）钻井技术、套管钻井技术、膨胀管技术、垂直钻井技术、地质导向钻井技术、旋冲钻井技术，取芯、下套管作业、钻具服务、井控服务、固井服务、钻井工程技术监督、煤层气钻井技术等。

（五）海洋钻井：包括钻井船拖航定位、海洋环保、安全求生设备的保养检查、试油点火等特殊作业。

三、测井

是指在井孔中利用测试仪器，根据物理和化学原理，间接获取地层和井眼信息，包括信息采集、处理、解释和油（气）井射孔。根据测井信息，评价储（产）层岩性、物性、含油性、生产能力及固井质量、射孔质量、套管质量、井下作业效果等。按物理方法，主要有电法测井、声波测井、核（放射性）测井、磁测井、力测井、热测井、化学测井；按完井方式分裸眼井测井和套管井测井；按开采阶段分勘探测井和开发测井，开发测井包括生产测井、工程测井和产层参数测井。

四、录井

是指钻井过程中随着钻井录取各种必要资料的工艺过程。有关项目包括：地质设计；地质录井；气测录井；综合录井；地化录井；轻烃色谱录井；定量荧光录井；核磁共振录井；离子色谱录井；伽马录井；岩心扫描录井；录井信息传输；录井资料处理及解释；地质综合研究；测量工程；单井评价；古生物、岩矿、色谱分析；录井新技术开发；非地震方法勘探；油层工程研究；数据处理；其他技术服务项目。

五、试井

是指确定井的生产能力和研究油层参数及地下动态，对井进行的专门测试工作。应用试井测试手段可以确定油气藏压力系统、储层特性、生产能力和进行动态预测，判断油气藏边界、评价井下作业效果和估算储量等。包括高压试井和低压试井。

六、固井

是指向井内下入一定尺寸的套管柱，并在周围注入水泥，将井壁与套管的空隙固定，以封隔疏松易塌易漏等地层、封隔油气水层，防止互相窜漏并形成油气通道。具体项目包括：表面固井、技术套管固井、油层固井、套管固井、特殊固井。

七、试油（气）

是油气层评价的一种直接手段。是指在钻井过程中或完井后，利用地层测试等手段，获取储层油、气、水产量、液性、压力、温度等资料，为储层评价、油气储量计算和制定油气开发方案提供依据。包括：中途测试、原钻机试油（气）、完井试油（气）、压裂改造、酸化改造、地层测试和抽汲排液求产、封堵等特种作业。

八、井下作业

是指在油气开发过程中，根据油气田投产、调整、改造、完善、挖潜的需要，利用地面和井下设备、工具，对油、气、水井采取各种井下作业技术措施，以达到维护油气水井正常生产或提高注采量，改善油层渗透条件及井的技术状况，提高采油速度和最终采收率。具体项目包括：新井投产、投注、维护作业、措施作业、油水井大修、试油测试、试采、数据解释。

九、油（气）集输

是指把油（气）井生产的原油（天然气）收集起来，再进行初加工并输送出去而修建井（平）台、井口装置、管线、计量站、接转站、联合站、油库、油气稳定站、净化厂（站）、污水处理站、中间加热加压站、长输管线、集气站、增压站、气体处理厂等设施及维持设施正常运转发生的运行、保养、维护等劳务。

十、采油采气

是指为确保油田企业正常生产，通过自然或机械力将油气从油气层提升到地面并输送到联合站、集输站整个过程而发生的工程及劳务。主要包括采油采气、注水注气、三次采油、防腐、为了提高采收率采取的配套技术服务等。

（一）采油采气。是指钻井完钻后，通过试采作业，采取自然或机械力将油气从油气层提升到地面而进行的井场、生产道路建设、抽油机安装、采油树配套、单井管线铺设、动力设备安装、气层排液等工程及维持正常生产发生的运行、保养、维护等劳务。

（二）注水注气。是指为保持油气层压力而建设的水源井、取水设施、操作间、水源管线、配水间、配气站、注水注气站、注水增压站、注水注气管线等设施以及维持正常注水注气发生的运行、保养、维护等劳务。

（三）稠油注汽。是指为开采稠油而修建的向油层注入高压蒸汽的设施工程及维持正常注汽发生的运行、保养、维护等劳务。

（四）三次采油。是指为提高原油采收率，确保油田采收率而向油层内注聚合物、酸、碱、表面活性剂、二氧化碳、微生物等其他新技术，进行相关的技术工艺配套和地面设施工程。包括修建注入和采出各场站、管网及相应的各系统工程；产出液处理的净化场（站）及管网工程等。

（五）防腐。是指为解决现场问题，保证油田稳产，解决腐蚀问题而进行的相关药剂、防腐方案、腐蚀监测网络等的配套工程。

（六）技术服务。是指为确保油气田的正常生产，为采油气工程提供的各种常规技术服务及新技术服务等。主要包括采油采气方案的编制、注水注气方案编制、三次采油方案的编制设计、油井管柱优化设计、相关软件的开发、采油气新工艺的服务、油气水井测试服务等。

十一、海上油田建设

是指为勘探开发海上油田而修建的人工岛、海上平台、海堤、滩海路、海上电力通讯、海底管缆、海上运输、应急系统、弃置等海上生产设施及维持正常生产发生的运行、保养、维护等劳务。

十二、供排水、供电、供热、通讯

（一）供排水。是指为维持油（气）田正常生产及保证安全所建设的调节水源、管线、泵站等系统工程以及防洪排涝工程以及运行、维护、改造等劳务。

（二）供电。是指为保证油（气）田正常生产和照明而建设的供、输、变电的系统工程以及运行、维护、改造等劳务。

（三）供热。是指为保证油气田正常生产而建设的集中热源、供热管网等设施以及运行、维护、改造等劳务。

（四）通讯。是指在油（气）田建设中为保持电信联络而修建的发射台、线路、差转台（站）等设施以及运行、维护、改造等劳务。

十三、油田基本建设

是指根据油气田生产的需要，在油气田内部修建的道路、桥涵、河堤、输卸油（气）专用码头、海堤、生产指挥场所建设等设施以及维护和改造。

十四、环境保护

是油气田企业为保护生态环境，落实环境管理而发生的生态保护、污染防治、清洁生产、污染处置、环境应急等项目建设的工程与劳务，及施工结束、资源枯竭后应及时恢复自然生态而建设的工程及劳务。

十五、其他

是指油气田企业之间为维持油气田的正常生产而互相提供的其他劳务。包括：运输、设计、提供信息、检测、计量、监督、监理、消防、安全、异体监护、数据处理、租赁生产所需的仪器、材料、设备等服务。

财政部　国家税务总局
关于油气田企业增值税问题的补充通知

（2009年7月9日　财税〔2009〕97号）

各省、自治区、直辖市、计划单列市财政厅（局）、国家税务局、地方税务局，新疆生产建设兵团财务局：

《财政部　国家税务总局关于印发〈油气田企业增值税管理办法〉的通知》（财税〔2009〕8号）下发后，个别特殊地区反映对税收收入影响较大。经研究，现将有关问题通知如下：

一、油气田企业向外省、自治区、直辖市其他油气田企业提供生产性劳务，应当在劳务发生地税务机关办理税务登记或注册税务登记。在劳务发生地设立分（子）公司的，应当申请办理增值税一般纳税人认定手续，经劳务发生地税务机关认定为一般纳税人后，按照增值税一般纳税人的计算方法在劳务发生地计算缴纳增值税。

子公司是指具有企业法人资格，实行独立核算的企业；分公司是指不具有企业法人资格，但领取了工商营业执照的企业。

二、新疆以外地区在新疆未设立分（子）公司的油气田企业，在新疆提供的生产性劳务应按5%的预征率计算缴纳增值税，预缴的税款可在油气田企业的应纳增值税中抵减。

三、本通知自2009年1月1日执行。

国家税务总局关于油气田企业开发煤层气 页岩气增值税有关问题的公告

（2013年5月30日　国家税务总局公告2013年第27号）

现将油气田企业开发煤层气、页岩气增值税有关问题公告如下：

油气田企业从事煤层气、页岩气生产，以及为生产煤层气、页岩气提供生产性劳务，按照《油气田企业增值税管理办法》（财税〔2009〕8号文件印发）缴纳增值税。

本公告自2013年7月1日起施行。

九、电力行业

电力产品增值税征收管理办法

（2004年12月22日　国家税务总局令第10号）

《电力产品增值税征收管理办法》已经2004年9月15日第4次局务会议审议通过，现予公布。自2005年2月1日起施行。

附件：电力产品增值税征收管理办法

附件：

电力产品增值税征收管理办法

第一条　为了加强电力产品增值税的征收管理，根据《中华人民共和国税收征收管理法》《中华人民共和国增值税暂行条例》《中华人民共和国增值税暂行条例实施细则》及其有关规定，结合电力体制改革以及电力产品生产、销售特点，制定本办法。

第二条　生产、销售电力产品的单位和个人为电力产品增值税纳税人，并按本办法规定缴纳增值税。

第三条　电力产品增值税的计税销售额为纳税人销售电力产品向购买方收取的全部价款和价外费用，但不包括收取的销项税额。价外费用是指纳税人销售电力产品在目录电价或上网电价之外向购买方收取的各种性质的费用。

供电企业收取的电费保证金，凡逾期（超过合同约定时间）未退还的，一律并入价外费用缴纳增值税。

第四条 电力产品增值税的征收,区分不同情况,分别采取以下征税办法:

(一)发电企业(电厂、电站、机组,下同)生产销售的电力产品,按照以下规定计算缴纳增值税:

1. 独立核算的发电企业生产销售电力产品,按照现行增值税有关规定向其机构所在地主管税务机关申报纳税;具有一般纳税人资格或具备一般纳税人核算条件的非独立核算的发电企业生产销售电力产品,按照增值税一般纳税人的计算方法计算增值税,并向其机构所在地主管税务机关申报纳税。

2. 不具有一般纳税人资格且不具有一般纳税人核算条件的非独立核算的发电企业生产销售的电力产品,由发电企业按上网电量,依核定的定额税率计算发电环节的预缴增值税,且不得抵扣进项税额,向发电企业所在地主管税务机关申报纳税。计算公式为:

预征税额 = 上网电量 × 核定的定额税率

(二)供电企业销售电力产品,实行在供电环节预征、由独立核算的供电企业统一结算的办法缴纳增值税,具体办法如下:

1. 独立核算的供电企业所属的区县级供电企业,凡能够核算销售额的,依核定的预征率计算供电环节的增值税,不得抵扣进项税额,向其所在地主管税务机关申报纳税;不能核算销售额的,由上一级供电企业预缴供电环节的增值税。计算公式为:

预征税额 = 销售额 × 核定的预征率

2. 供电企业随同电力产品销售取得的各种价外费用一律在预征环节依照电力产品适用的增值税税率征收增值税,不得抵扣进项税额。

(三)实行预缴方式缴纳增值税的发、供电企业按照隶属关系由独立核算的发、供电企业结算缴纳增值税,具体办法为:

独立核算的发、供电企业月末依据其全部销售额和进项税额,计算当期增值税应纳税额,并根据发电环节或供电环节预缴增值税税额,计算应补(退)税额,向其所在地主管税务机关申报纳税。计算公式为:

应纳税额 = 销项税额 - 进项税额

应补(退)税额 = 应纳税额 - 发(供)电环节预缴增值税额

独立核算的发、供电企业当期销项税额小于进项税额不足抵扣,或应纳税额小于发、供电环节预缴增值税税额形成多交增值税时,其不足抵扣部分和多交增值税额可结转下期抵扣或抵减下期应纳税额。

(四)发、供电企业的增值税预征率(含定额税率,下同),应根据发、供电企业上期财务核算和纳税情况、考虑当年变动因素测算核定,具体权限如下:

1. 跨省、自治区、直辖市的发、供电企业增值税预征率由预缴增值税的发、供电企业所在地和结算增值税的发、供电企业所在地省级国家税务局共同测算,报国家税务总局核定。

2. 省、自治区、直辖市范围内的发、供电企业增值税预征率由省级国家税务局核定。

发、供电企业预征率的执行期限由核定预征率的税务机关根据企业生产经营的变化情况确定。

(五)不同投资、核算体制的机组,由于隶属于各自不同的独立核算企业,应按上述规定分别缴纳增值税。

（六）对其他企事业单位销售的电力产品，按现行增值税有关规定缴纳增值税。

（七）实行预缴方式缴纳增值税的发、供电企业，销售电力产品取得的未并入上级独立核算发、供电企业统一核算的销售收入，应单独核算并按增值税的有关规定就地申报缴纳增值税。

第五条 实行预缴方式缴纳增值税的发、供电企业生产销售电力产品以外的其他货物和应税劳务，如果能准确核算销售额的，在发、供电企业所在地依适用税率计算缴纳增值税。不能准确核算销售额的，按其隶属关系由独立核算的发、供电企业统一计算缴纳增值税。

第六条 发、供电企业销售电力产品的纳税义务发生时间的具体规定如下：

（一）发电企业和其他企事业单位销售电力产品的纳税义务发生时间为电力上网并开具确认单据的当天。

（二）供电企业采取直接收取电费结算方式的，销售对象属于企事业单位，为开具发票的当天；属于居民个人，为开具电费缴纳凭证的当天。

（三）供电企业采取预收电费结算方式的，为发行电量的当天。

（四）发、供电企业将电力产品用于非应税项目、集体福利、个人消费，为发出电量的当天。

（五）发、供电企业之间互供电力，为双方核对计数量，开具抄表确认单据的当天。

（六）发、供电企业销售电力产品以外其他货物，其纳税义务发生时间按《中华人民共和国增值税暂行条例》及其实施细则的有关规定执行。

第七条 发、供电企业应按现行增值税的有关规定办理税务登记，进行增值税纳税申报。

实行预缴方式缴纳增值税的发、供电企业应按以下规定办理：

（一）实行预缴方式缴纳增值税的发、供电企业在办理税务开业、变更、注销登记时，应将税务登记证正本复印件按隶属关系逐级上报其独立核算的发、供电企业所在地主管税务机关留存。

独立核算的发、供电企业也应将税务登记证正本复印件报其所属的采用预缴方式缴纳增值税的发、供电企业所在地主管税务机关留存。

（二）采用预缴方式缴纳增值税的发、供电企业在申报纳税的同时，应将增值税进项税额和上网电量、电力产品销售额、其他产品销售额、价外费用、预征税款和查补税款分别归集汇总，填写《电力企业增值税销项税额和进项税额传递单》（样式附后，以下简称《传递单》）报送主管税务机关签章确认后，按隶属关系逐级汇总上报给独立核算发、供电企业；预征地主管税务机关也必须将确认后的《传递单》于收到当月传递给结算缴纳增值税的独立核算发、供电企业所在地主管税务机关。

（三）结算缴纳增值税的发、供电企业应按增值税纳税申报的统一规定，汇总计算本企业的全部销项税额、进项税额、应纳税额、应补（退）税额，于本月税款所属期后第二个月征期内向主管税务机关申报纳税。

（四）实行预缴方式缴纳增值税的发、供电企业所在地主管税务机关应定期对其所属企业纳税情况进行检查。发现申报不实，一律就地按适用税率全额补征税款，并将检查情况及结果发函通知结算缴纳增值税的独立核算发、供电企业所在地主管税务机关。

独立核算发、供电企业所在地主管税务机关收到预征地税务机关的发函后，应督促发、供电企业调整申报表。对在预缴环节查补的增值税，独立核算的发、供电企业在结算缴纳增值税时可以予以抵减。

第八条 发、供电企业销售电力产品,应按《中华人民共和国发票管理办法》和增值税专用发票使用管理规定领购、使用和管理发票。

第九条 电力产品增值税的其他征税事项,按《中华人民共和国税收征收管理法》《中华人民共和国税收征收管理法实施细则》《中华人民共和国增值税暂行条例》和《中华人民共和国增值税暂行条例实施细则》及其他有关规定执行。

第十条 本办法由国家税务总局负责解释。

第十一条 本办法自2005年2月1日起施行。

附件:1. 电力增值税销项税额和进项税额传递单(见二维码33)
　　　2. 发、供电企业税收检查情况通报单(见二维码33)

[注释:条款失效。将第四条第四项第1目中"省级国家税务局"修改为"省、自治区、直辖市、计划单列市税务局";将第四条第四项第2目中"省级国家税务局"修改为"省、自治区、直辖市、计划单列市税务局";将"附件2:发、供电企业税收检查情况通报单____区(县)国家税务局"修改为"附件2:发、供电企业税收检查情况通报单____区(县)税务局";将"附件2:发、供电企业税收检查情况通报单____区(县)国家税务局(公章)"修改为"附件2:发、供电企业税收检查情况通报单____区(县)税务局(公章)",参见《国家税务总局关于修改部分税务部门规章的决定》(国家税务总局令第44号)。]

财政部 国家税务总局
关于供电工程贴费不征收增值税和营业税的通知

(1997年9月5日 财税字〔1997〕102号)

最近,一些地区和部门来文,要求对供电企业收取的供电工程贴费是否征收增值税或营业税的问题予以明确,经研究,现通知如下:

供电工程贴费是指在用户申请用电或增加用电容量时,供电企业向用户收取的用于建设110千伏及以下各级电压外部供电工程建设和改造等费用的总称,包括供电和配电贴费两部分。经国务院批准同意的国家计委《关于调整供电贴费标准和加强贴费管理的请示》(计投资〔1992〕2569号)附件一规定:"根据贴费的性质和用途,凡电力用户新建的工程项目所支付的贴费,应从该工程的基建投资中列支;凡电力用户改建、扩建的工程项目所支付的贴费,从单位自有资金中列支。"同时,用贴费建设的工程项目由电力用户交由电力部门统一管理使用。根据贴费和用贴费建设的工程项目的性质以及增值税、营业税有关法规政策的规定,供电工程贴费不属于增值税销售货物和收取价外费用的范围,不应当征收增值税,也不属于营业税的应税劳务收入,不应当征收营业税。

[注释:条款失效。有关营业税规定失效,参见《财政部 国家税务总局关于公布若干废止和失效的营业税规范性文件目录的通知》(财税〔2009〕61号)。]

国家税务总局
关于电力公司过网费收入征收增值税问题的批复

(2004年5月19日　国税函〔2004〕607号)

四川省国家税务局、地方税务局：

你局《关于电力公司过网费收入征收增值税问题的请示》（川国税发〔2004〕52号）收悉。经研究，现批复如下：

鉴于电力公司利用自身电网为发电企业输送电力过程中，需要利用输变电设备进行调压，属于提供加工劳务。根据《中华人民共和国增值税暂行条例》有关规定，电力公司向发电企业收取的过网费，应当征收增值税，不征收营业税。

国家税务总局
关于供电企业收取的免税农村电网维护费
有关增值税问题的通知

(2005年8月5日　国税函〔2005〕778号)

各省、自治区、直辖市和计划单列市国家税务局：

近接部分地区反映，要求明确供电企业收取免税农村电网维护费，其进项税额是否转出问题。经研究，现明确如下：

一、对供电企业收取的免征增值税的农村电网维护费，不应分摊转出外购电力产品所支付的进项税额。

二、《国家税务总局关于农村体制改革中农村电网维护费征免增值税问题的批复》（国税函〔2002〕421号）第三条关于"供电企业应按规定计算农村电网维护费应分担的不得抵扣的进项税额，已计提进项税额的要做进项税额转出处理"的规定同时废止。

国家税务总局
关于燃油电厂取得发电补贴有关增值税政策的通知

(2006年12月19日　国税函〔2006〕1235号)

各省、自治区、直辖市和计划单列市国家税务局：

现将燃油电厂从政府财政专户取得的发电补贴是否征收增值税的问题明确如下：

根据《中华人民共和国增值税暂行条例》第六条规定，应税销售额是指纳税人销售货物或者应税劳务向购买方收取的全部价款和价外费用。因此，各燃油电厂从政府财政专户取得的发电补贴不属于规定的价外费用，不计入应税销售额，不征收增值税。

财政部　国家税务总局
关于核电行业税收政策有关问题的通知

(2008年4月3日　财税〔2008〕38号)

各省、自治区、直辖市、计划单列市财政厅（局）、国家税务局，财政部驻各省、自治区、直辖市、计划单列市财政监察专员办事处：

为支持核电事业的发展，统一核电行业税收政策，经国务院批准，现将有关税收政策问题通知如下：

一、关于核力发电企业的增值税政策

（一）核力发电企业生产销售电力产品，自核电机组正式商业投产次月起15个年度内，统一实行增值税先征后退政策，返还比例分三个阶段逐级递减。具体返还比例为：

1. 自正式商业投产次月起5个年度内，返还比例为已入库税款的75%；

2. 自正式商业投产次月起的第6—10个年度内，返还比例为已入库税款的70%；

3. 自正式商业投产次月起的第11—15个年度内，返还比例为已入库税款的55%；

4. 自正式商业投产次月起满15个年度以后，不再实行增值税先征后退政策。

（二）核力发电企业采用按核电机组分别核算增值税退税额的办法，企业应分别核算核电机组电力产品的销售额，未分别核算或不能准确核算的，不得享受增值税先征后退政策。单台核电机组增值税退税额可以按以下公式计算：

单台核电机组增值税退税额＝单台核电机组电力产品销售额÷核力发电企业电力产品销售额合计×核力发电企业实际缴纳增值税额×退税比例

（三）原已享受增值税先征后退政策但该政策已于2007年内到期的核力发电企业，自该政策执行到期后次月起按上述统一政策核定剩余年度相应的返还比例；对2007年内新投产的核力发电企业，自核电机组正式商业投产日期的次月起按上述统一政策执行。

二、自2008年1月1日起，核力发电企业取得的增值税退税款，专项用于还本付息，不征收企业所得税。

三、关于大亚湾核电站和广东核电投资有限公司税收政策

大亚湾核电站和广东核电投资有限公司在2014年12月31日前继续执行以下政策，不适用本通知第一条、第二条规定的政策：

（一）对大亚湾核电站销售给广东核电投资有限公司的电力免征增值税。

（二）对广东核电投资有限公司销售给广东电网公司的电力实行增值税先征后退政策，并免征城市维护建设税和教育费附加。

（三）对大亚湾核电站出售给香港核电投资有限公司的电力及广东核电投资有限公司转售给香港核电投资有限公司的大亚湾核电站生产的电力免征增值税。

（四）自 2008 年 1 月 1 日起财政部和国家税务总局《关于广东大亚湾核电站有关税收政策问题的通知》（财税字〔1998〕173 号）停止执行。

四、增值税先征后退具体操作办法由财政部驻当地财政监察专员办事处按《财政部 税务总局 中国人民银行关于税制改革后对某些企业实行"先征后退"有关预算管理问题的暂行规定的通知》〔（94）财预字第 55 号〕有关规定办理。

国家税务总局
关于供电企业收取并网服务费征收增值税问题的批复

（2009 年 11 月 19 日 国税函〔2009〕641 号）

河南省国家税务局：

你局《关于供电行业收取并网服务费征收增值税问题的请示》（豫国税发〔2009〕232 号）收悉。经研究，批复如下：

供电企业利用自身输变电设备对并入电网的企业自备电厂生产的电力产品进行电压调节，属于提供加工劳务。根据《中华人民共和国增值税暂行条例》和《中华人民共和国营业税暂行条例》有关规定，对于上述供电企业进行电力调压并按电量向电厂收取的并网服务费，应当征收增值税，不征收营业税。

财政部 国家税务总局
关于大型水电企业增值税政策的通知

（2014 年 2 月 12 日 财税〔2014〕10 号）

各省、自治区、直辖市、计划单列市财政厅（局）、国家税务局，新疆生产建设兵团财务局：

为支持水电行业发展，统一和规范大型水电企业增值税政策，经国务院批准，现将大型水电企业增值税优惠政策通知如下：

一、装机容量超过 100 万千瓦的水力发电站（含抽水蓄能电站）销售自产电力产品，自 2013 年 1 月 1 日至 2015 年 12 月 31 日，对其增值税实际税负超过 8% 的部分实行即征即退政策；自 2016 年 1 月 1 日至 2017 年 12 月 31 日，对其增值税实际税负超过 12% 的部分实行即征即退政策。

二、本通知所称的装机容量，是指单站发电机组额定装机容量的总和。该额定装机容量包括项目核准（审批）机关依权限核准（审批）的水力发电站总装机容量（含分期建设和扩机），以及后续因技术改造升级等原因经批准增加的装机容量。

三、《财政部 国家税务总局关于三峡电站电力产品增值税税收政策问题的通知》（财税〔2002〕24 号）、《财政部 国家税务总局关于葛洲坝电站电力产品增值税政策问题的通知》(财税〔2002〕168号)、《财政部关于小浪底水利工程电力产品增值税政策问题的通知》(财税〔2006〕2号)、《国家税务总局关于黄河上游水电开发有限责任公司电力产品增值税税收政策问题的通知》(国税函〔2004〕52号)自2014年1月1日起废止。

财政部 国家税务总局
关于风力发电增值税政策的通知

(2015年6月12日 财税〔2015〕74号)

各省、自治区、直辖市、计划单列市财政厅（局）、国家税务局，新疆生产建设兵团财务局：

为鼓励利用风力发电，促进相关产业健康发展，现将风力发电增值税政策通知如下：

自2015年7月1日起，对纳税人销售自产的利用风力生产的电力产品，实行增值税即征即退50%的政策。

十、贵金属及期货交易

国家税务总局
关于金融机构销售贵金属增值税有关问题的公告

(2013年3月15日 国家税务总局公告2013年第13号)

现将金融机构销售贵金属产品增值税有关问题公告如下：

一、金融机构从事经其行业主管部门（中国人民银行或中国银行业监督管理委员会）允许的金、银、铂等贵金属交易业务，可比照《国家税务总局关于金融机构开展个人实物黄金交易业务增值税有关问题的通知》（国税发〔2005〕178号）规定，实行金融机构各省级分行和直属一级分行所在地市级分行、支行按照规定的预征率预缴增值税，省级分行和直属一级分行统一清算缴纳的办法。

经其行业主管部门允许，是指金融机构能够提供行业主管部门批准其从事贵金属交易业务的批复文件，或向行业主管部门报备的备案文件，或行业主管部门未限制其经营贵金属业务的有关证明文件。

二、已认定为增值税一般纳税人的金融机构，开展经其行业主管部门允许的贵金属交易业务时，可根据《增值税专用发票使用规定》（国税发〔2006〕156号）及相关规定领购、使用增值税专用发票。

本公告自2013年4月1日起施行。

国家税务总局
关于下发《货物期货征收增值税具体办法》的通知

(1994年11月9日　国税发〔1994〕244号)

各省、自治区、直辖市及计划单列市国家税务局：

现将《货物期货征收增值税具体办法》下发给你们，各地在对货物期货征收增值税时有什么问题，望及时报告我局。

附件：货物期货征收增值税具体办法

附件：

货物期货征收增值税具体办法

根据国家税务总局《增值税若干具体问题的规定》，"货物期货应当征收增值税"。现将对货物期货征收增值税的具体办法规定如下：

一、货物期货交易增值税的纳税环节为期货的实物交割环节。

二、货物期货交易增值税的计税依据为交割时的不含税价格（不含增值税的实际成交额）。

不含税价格 = 含税价格 ÷ （1 + 增值税税率）

三、货物期货交易增值税的纳税人为：

（一）交割时采取由期货交易所开具发票的，以期货交易所为纳税人。

期货交易所增值税按次计算，其进项税额为该货物交割时供货会员单位开具的增值税专用发票上注明的销项税额，期货交易所本身发生的各种进项不得抵扣。

（二）交割时采取由供货的会员单位直接将发票开给购货会员单位的，以供货会员单位为纳税人。

国家税务总局
关于增值税一般纳税人期货交易进项税额抵扣问题的通知

(2002年4月29日　国税发〔2002〕45号)

《国家税务总局关于加强增值税征收管理工作的通知》和《国家税务总局关于加强增值税征收管理若干问题的通知》规定，商业企业购进货物（包括外购货物所支付的运输费用），必须在购进的货物付款后才能申报抵扣进项税额，且纳税人购进货物或应税劳务，支付运输费用,所支付款项的单位,必须与开具抵扣凭证的销货单位、提供劳务的单位一致,否则不予抵扣进项税额。鉴于期货交易支付货款的特殊性,现将增值税一般纳税人通过期货交易购进货物进项税额抵扣问题明确如下:

对增值税一般纳税人在商品交易所通过期货交易购进货物,其通过商品交易所转付货款可视同向销货单位支付货款,对其取得的合法增值税专用发票允许抵扣。

国家税务总局
关于增值税一般纳税人期货交易有关增值税问题的通知

(2005年11月9日 国税函〔2005〕1060号)

(正文编者略)

国家税务总局
关于印发《钻石交易增值税征收管理办法》的通知

(2006年8月28日 国税发〔2006〕131号)

各省、自治区、直辖市和计划单列市国家税务局:

为加强钻石交易增值税征收管理,总局制定了《钻石交易增值税征收管理办法》,现印发给你们,自2006年7月1日起执行。执行中发现问题,请及时向总局(流转税管理司)报告。

附件:钻石交易增值税征收管理办法

附件:

钻石交易增值税征收管理办法

第一条 为了加强钻石交易的增值税征收管理,根据《中华人民共和国税收征收管理法》《中华人民共和国增值税暂行条例》及有关税收政策规定,制定本办法。

第二条 上海钻石交易所(以下简称钻交所)是经国务院批准设立,办理钻石进出口手续和对钻石交易实行保税政策的交易场所。

第三条 本办法所称钻石,包括毛坯石和成品钻石。

第四条 钻交所应根据《中华人民共和国进/出境货物备案清单》(以下简称备案清单)或《中华人民共和国海关进/出口货物报关单》(以下简称报关单)及对海关开具的进出钻交所的《钻石交易核准单位》(以下简称核准单)进行编号登记。

第五条 按照《上海钻石交易所章程》和《上海钻石交易所交易规则》注册登记的专

门经营钻石的所有会员单位应当在规定的时间内，向钻交所所在地的税务机关申请办理税务登记和申请办理增值税一般纳税人资格认定。税务机关对经审核符合条件的，认定为一般纳税人，不纳入辅导期管理。

第六条 会员单位通过钻交所进口销往国内市场的毛坯钻石，免征国内环节增值税，并可通过防伪税控"一机多票"系统开具普通发票；会员单位通过钻交所进口销往国内市场的成品钻石，凭海关完税凭证和核准单（需一一对应），通过税务机关或税务机关指定的专业从事税务代理业务的中介机构使用增值税防伪税控主机共享服务系统开具增值税专用发票。如发生退货，需要开具红字增值税专用发票的，除按现行有关规定处理外，还应收回核准单（原件）；钻石出口不得开具增值税专用发票。

国内开采或加工的钻石，通过钻交所销售的，在国内销售环节免征增值税，可凭核准单开具普通发票；不通过钻交所销售的，在国内销售环节照章征收增值税，并可按规定开具专用发票。

第七条 会员单位通过钻交所进口成品钻石，凭海关完税凭证上注明的代征增值税税额抵扣，并将对应的核准单编号后，按规定向主管税务机关备案登记。

第八条 会员单位应根据增值税专用发票、核准单、备案清单或报关单等对成品钻石销售进行编号登记，并按规定报送主管税务机关。登记的主要内容是：进口单位名称、国际代码、商品名称及规格型号、数量及单位、报关单或备案清单号码、进口日期、原产国（地区）、总价、购买方单位名称、税务登记代码、专用发票代码、号码、核准单号等。会员单位主管税务机关应于每季度终了 15 日内向购买方的主管税务机关发送其从钻交所购入钻石的发票清单，主要内容是：所属期限、进口单位名称、专用发票代码和号码、商品名称及规格型号、数量及单位等。

第九条 从钻交所会员单位购进成品钻石的增值税一般纳税人，在向会员单位索取增值税专用发票抵扣联的同时，必须向其索取核准单（第三联），以备税务机关核查。

第十条 从钻交所会员单位购进成品钻石的所有单位（包括加工钻石饰品等单位）应当按规定对钻石交易、库存、委托加工等情况设置明细账簿，按月向其主管税务机申报钻石购、销、损、存的明细情况。购买方主管税务机关应根据钻交所会员单位主管税务机关发送来的发票清单信息与核准单相关信息按季进行核实，发现异常的，应立即移送稽查部门实施税务稽查。

第十一条 违反本办法，由主管税务机关按照有关法律、行政法规处理。

第十二条 本办法由国家税务总局负责解释。

财政部　国家税务总局
关于黄金期货交易有关税收政策的通知

（2008 年 1 月 29 日　财税〔2008〕5 号）

上海市财政局、国家税务局：

经国务院批准，自 2008 年 1 月 1 日起，上海期货交易所黄金期货交易发生实物交割时，比照现行上海黄金交易所黄金交易的税收政策执行。现将有关政策明确如下：

一、上海期货交易所会员和客户通过上海期货交易所销售标准黄金（持上海期货交易所开具的《黄金结算专用发票》），发生实物交割但未出库的，免征增值税；发生实物交割并已出库的，由税务机关按照实际交割价格代开增值税专用发票，并实行增值税即征即退的政策，同时免征城市维护建设税和教育费附加。增值税专用发票中的单价、金额和税额的计算公式分别如下：

单价＝实际交割单价÷（1＋增值税税率）

金额＝数量×单价

税额＝金额×税率

实际交割单价是指不含上海期货交易所收取的手续费的单位价格。

其中，标准黄金是指：成色为 AU9999、AU9995、AU999、AU995；规格为 50 克、100 克、1 公斤、3 公斤、12.5 公斤的黄金。

二、上海期货交易所黄金期货交易的增值税征收管理办法及增值税专用发票管理办法由国家税务总局另行制定。

国家税务总局
关于印发《上海期货交易所黄金期货交易增值税征收管理办法》的通知

（2008 年 5 月 4 日　国税发〔2008〕46 号）

各省、自治区、直辖市和计划单列市国家税务局：

为了促进黄金期货交易市场发展，加强黄金期货交易增值税征收管理，根据《财政部 国家税务总局关于黄金期货交易有关税收政策的通知》（财税〔2008〕5 号）规定，国家税务总局制定了《上海期货交易所黄金期货交易增值税征收管理办法》，现印发给你们，各地在黄金期货交易增值税征管过程中发现问题，应及时上报国家税务总局（流转税管理司）。

上海期货交易所黄金期货交易增值税征收管理办法

第一条　根据《中华人民共和国税收征收管理法》及实施细则、《中华人民共和国增值税暂行条例》及实施细则、《财政部　国家税务总局关于黄金期货交易有关税收政策的通知》（财税〔2008〕5 号）等规定，制定本办法。

第二条　本办法所规定的"黄金"是指标准黄金，即成色与规格同时符合以下标准的金锭、金条及金块等黄金原料：

成色：AU9999、AU9995、AU999、AU995。

规格：50 克、100 克、1 公斤、3 公斤、12.5 公斤。

非标准黄金，即成色与规格不同时符合以上标准的黄金原料，不适用本办法。

第三条 上海期货交易所黄金期货交易增值税的征收管理按以下规定执行：

（一）上海期货交易所应向主管税务机关申请印制《黄金结算专用发票》（一式三联，分为结算联、发票联和存根联）。

（二）上海期货交易所会员和客户，通过上海期货交易所进行黄金期货交易并发生实物交割的，按照以下规定办理：

1. 卖方会员或客户按交割结算价向上海期货交易所开具普通发票，对其免征增值税。上海期货交易所按交割结算价向卖方提供《黄金结算专用发票》结算联，发票联、存根联由交易所留存。

2. 买方会员或客户未提取黄金出库的，由上海期货交易所按交割结算价开具《黄金结算专用发票》并提供发票联，存根联、结算联由上海期货交易所留存。

3. 买方会员或客户提取黄金出库的，应向上海期货交易所主管税务机关出具期货交易交割结算单、标准仓单出库确认单、溢短结算单，由税务机关按实际交割价和提货数量，代上海期货交易所向具有增值税一般纳税人资格的买方会员或客户（提货方）开具增值税专用发票（抵扣联），增值税专用发票的发票联和记账联由上海期货交易所留存，抵扣联传递给提货方会员或客户。

买方会员或客户（提货方）不属于增值税一般纳税人的，不得向其开具增值税专用发票。

（三）上海期货交易所应对黄金期货交割并提货环节的增值税税款实行单独核算，并享受增值税即征即退政策，同时免征城市维护建设税、教育费附加。

第四条 会员和客户按以下规定核算增值税进项税额：

（一）上海期货交易所会员或客户（中国人民银行除外）应对在上海期货交易所或黄金交易所办理黄金实物交割提取出库时取得的进项税额实行单独核算，按取得的税务机关代开的增值税专用发票上注明的增值税税额（包括相对应的买入量）单独记账。

对会员或客户从上海期货交易所或黄金交易所购入黄金（指提货出库后）再通过上海期货交易所卖出的，应计算通过上海期货交易所卖出黄金进项税额的转出额，并从当期进项税额中转出，同时计入成本；对当期账面进项税额小于通过下列公式计算出的应转出的进项税额，其差额部分应当立即补征入库。

应转出的进项税额 = 单位进项税额 × 当期黄金卖出量

单位进项税额 = 购入黄金的累计进项税额 ÷ 累计黄金购入额

（二）对上海期货交易所会员或客户（中国人民银行除外）通过上海期货交易所销售企业原有库存黄金，应按实际成交价格计算相应进项税额的转出额，并从当期进项税额中转出，计入成本。

应转出的进项税额 = 销售库存黄金实际成交价格 ÷ （1 + 增值税税率） × 增值税税率

（三）买方会员或客户（提货方）取得增值税专用发票抵扣联后，应按发票上注明的税额从黄金材料成本科目中转入"应缴税金——进项税额"科目，核算进项税额。

第五条 增值税专用发票的单价和金额、税额按以下规定确定：

上海期货交易所买方会员或客户（提货方）提货出库时，主管税务机关代开增值税专用发票上注明的单价，应由实际交割货款和提货数量确定，但不包括手续费、仓储费等其他费用。其中，实际交割货款由交割货款和溢短结算货款组成，交割货款按后进先出法原则确定。具体计算公式如下：

税额 = 金额 × 增值税税率

金额 = 数量 × 单价

单价 = 实际交割价 ÷ （1 + 增值税税率）

实际交割价 = 实际交割货款 ÷ 提货数量

实际交割货款 = 交割货款 + 溢短结算货款

交割货款 = 标准仓单张数 × 每张仓单标准数量 × 交割结算价

溢短结算货款 = 溢短 × 溢短结算日前一交易日上海期货交易所挂牌交易的最近月份黄金期货合约的结算价

其中，单价小数点后至少保留6位。

第六条 会员和客户应将上海期货交易所开具的《黄金结算专用发票》（发票联）作为会计记账凭证进行财务核算；买方会员和客户（提货方）取得税务部门代开的增值税专用发票（抵扣联），仅作为核算进项税额的凭证。

第七条 卖方会员或客户应凭上海期货交易所开具的《黄金结算专用发票》（结算联），向卖方会员或客户主管税务机关办理免税手续。

第八条 上海期货交易所会员应分别核算自营黄金期货交易、代理客户黄金期货交易与黄金实物交割业务的销售额以及增值税销项税额、进项税额、应纳税额。

第九条 本办法所规定的"提取黄金出库"，是指期货交易所会员或客户从指定的金库中提取在期货交易所已交割的黄金的行为。

第十条 本办法由国家税务总局解释。

第十一条 本办法自2008年1月1日起执行。

财政部 国家税务总局
关于上海期货交易所开展期货保税交割
业务有关增值税问题的通知

（2010年12月2日 财税〔2010〕108号）

各省、自治区、直辖市、计划单列市财政厅（局）、国家税务局：

根据《国务院关于推进上海加快发展现代服务业和先进制造业建设国际金融中心和国际航运中心的意见》（国发〔2009〕19号）有关精神，上海期货交易所将试点开展期货保税交割业务。现将有关增值税问题通知如下：

一、期货保税交割是指以海关特殊监管区域或场所内处于保税监管状态的货物为期货实物交割标的物的期货实物交割。

二、上海期货交易所的会员和客户通过上海期货交易所交易的期货保税交割标的物，仍按保税货物暂免征收增值税。

期货保税交割的销售方，在向主管税务机关申报纳税时，应出具当期期货保税交割的书面说明及上海期货交易所交割单、保税仓单等资料。

三、非保税货物发生的期货实物交割仍按《国家税务总局关于下发〈货物期货征收增值税具体办法〉的通知》（国税发〔1994〕244号）的规定执行。

四、本通知自2010年12月1日起执行。

财政部 国家税务总局
关于原油和铁矿石期货保税交割业务增值税政策的通知

（2015年4月8日 财税〔2015〕35号）

各省、自治区、直辖市、计划单列市财政厅（局）、国家税务局：

根据国务院批复精神，现将原油和铁矿石期货保税交割业务有关增值税政策通知如下：

一、上海国际能源交易中心股份有限公司的会员和客户通过上海国际能源交易中心股份有限公司交易的原油期货保税交割业务，大连商品交易所的会员和客户通过大连商品交易所交易的铁矿石期货保税交割业务，暂免征收增值税。

二、期货保税交割的销售方，在向主管税务机关申报纳税时，应出具当期期货保税交割的书面说明、上海国际能源交易中心股份有限公司或大连商品交易所的交割结算单、保税仓单等资料。

三、上述期货交易中实际交割的原油和铁矿石，如果发生进口或者出口的，统一按照现行货物进出口税收政策执行。非保税货物发生的期货实物交割仍按《国家税务总局关于下发〈货物期货征收增值税具体办法〉的通知》（国税发〔1994〕244号）的规定执行。

四、本通知自2015年4月1日起执行。

国家税务总局
关于上海国际能源交易中心原油期货保税交割
业务增值税管理问题的公告

（2017年7月28日 国家税务总局公告2017年第29号）

根据《财政部 国家税务总局关于原油和铁矿石期货保税交割业务增值税政策的通知》（财税〔2015〕35号），上海国际能源交易中心股份有限公司（以下简称上海国际能源交易中心）开展的原油期货保税交割业务暂免征收增值税。现将有关增值税管理问题公告如下：

一、上海国际能源交易中心开展的原油期货保税交割业务（以下简称原油期货保税交割业务）是指参与原油期货保税交割业务的境内机构、境外机构，通过上海国际能源交易中心，以海关特殊监管区域或场所内处于保税监管状态的原油货物为期货实物交割标的物，开展的原油期货实物交割业务。

二、境内机构包括上海国际能源交易中心的会员单位（含期货公司会员和非期货公司会员），以及通过会员单位在上海国际能源交易中心开展原油期货保税交割业务的境内客户；

境外机构包括在上海国际能源交易中心开展原油期货保税交割业务的境外经纪机构和境外参与者。

三、对境内机构的增值税管理按以下规定执行：

（一）境内机构均应注册登记为增值税纳税人。

（二）境内机构应在首次申报原油期货保税交割业务免税时，向主管税务机关提交从事原油期货保税交割业务的书面说明，办理免税备案。

（三）原油期货保税交割业务的卖方为境内机构时，应向买方开具增值税普通发票。即境内卖方客户应向卖方会员单位开具增值税普通发票，卖方会员单位应向上海国际能源交易中心开具增值税普通发票，上海国际能源交易中心应向买方会员单位开具增值税普通发票，买方会员单位应向境内或境外买方客户开具增值税普通发票。开票金额均为上海国际能源交易中心保税交割结算单上注明的保税交割结算金额。

（四）境内机构应将免税业务对应的保税交割结算单及开具和收取的发票、收付款凭证以及保税标准仓单清单等资料按月整理成册，留存备查。

四、原油期货保税交割业务的卖方为境外机构时，卖方会员单位应向卖方索取相应的收款凭证，并以此作为免税依据。

五、上海国际能源交易中心的增值税管理规定，参照本公告第三条对境内机构的增值税管理规定执行。

六、上海期货交易所与上海国际能源交易中心其他期货品种的保税交割业务，适用免征增值税政策的，其增值税管理参照本公告执行。

七、本公告自发布之日起施行。

国家税务总局
关于大连商品交易所铁矿石期货保税交割
业务增值税管理问题的公告

（2018 年 4 月 20 日　国家税务总局公告 2018 年第 19 号）

根据《财政部　国家税务总局关于原油和铁矿石期货保税交割业务增值税政策的通知》（财税〔2015〕35 号），大连商品交易所开展的铁矿石期货保税交割业务暂免征收增值税。现将有关增值税管理问题公告如下：

一、大连商品交易所开展的铁矿石期货保税交割业务（以下简称铁矿石期货保税交割业务）是指参与铁矿石期货保税交割业务的境内机构、境外机构，通过大连商品交易所，以海关特殊监管区域或场所内处于保税监管状态的铁矿石货物为期货实物交割标的物，开展的铁矿石期货实物交割业务。

二、境内机构包括大连商品交易所的会员单位（含期货公司会员和非期货公司会员），以及通过会员单位在大连商品交易所开展铁矿石期货保税交割业务的境内客户；

境外机构包括在大连商品交易所开展铁矿石期货保税交割业务的境外经纪机构和境外参

与者。

三、对境内机构的增值税管理按以下规定执行：

（一）境内机构均应注册登记为增值税纳税人。

（二）境内机构应在首次申报铁矿石期货保税交割业务免税时，向主管税务机关提交从事铁矿石期货保税交割业务的书面说明，办理免税备案。

（三）铁矿石期货保税交割业务的卖方为境内机构时，应向买方开具增值税普通发票。即境内卖方客户应向卖方会员单位开具增值税普通发票，卖方会员单位应向大连商品交易所开具增值税普通发票，大连商品交易所应向买方会员单位开具增值税普通发票，买方会员单位应向境内或境外买方客户开具增值税普通发票。开票金额均为大连商品交易所保税交割结算单上注明的保税交割结算金额。

（四）境内机构应将免税业务对应的保税交割结算单及开具和收取的发票、收付款凭证以及保税标准仓单清单等资料按月整理成册，留存备查。

四、铁矿石期货保税交割业务的卖方为境外机构时，卖方会员单位应向卖方索取相应的收款凭证，并以此作为免税依据。

五、大连商品交易所的增值税管理规定，参照本公告第三条对境内机构的增值税管理规定执行。

六、大连商品交易所其他期货品种的保税交割业务，适用免征增值税政策的，其增值税管理参照本公告执行。

七、本公告自发布之日起施行。

财政部　税务总局
关于支持货物期货市场对外开放增值税政策的公告

（2020年2月18日　财政部　税务总局公告2020年第12号）

为支持货物期货市场对外开放，现将有关增值税政策公告如下：

自2018年11月30日至2023年11月29日，对经国务院批准对外开放的货物期货品种保税交割业务，暂免征收增值税。

上述期货交易中实际交割的货物，如果发生进口或者出口的，统一按照现行货物进出口税收政策执行。非保税货物发生的期货实物交割仍按《国家税务总局关于下发〈货物期货征收增值税具体办法〉的通知》（国税发〔1994〕244号）的规定执行。

第四部分　增值税征收管理制度

一、增值税发票管理相关政策

(一) 增值税扣税凭证相关政策

国家税务总局
关于加强进口环节增值税专用缴款书抵扣税款管理的通知

(1996年2月14日　国税发〔1996〕32号)

据了解，各地在以海关代征增值税专用缴款书（进口完税凭证）为凭据进行税款抵扣时问题较多，执行不统一。为加强管理，现规定如下：

一、对海关代征进口环节增值税开具的增值税专用缴款书上标明有两个单位名称，即既有代理进口单位名称，又有委托进口单位名称的，只准予其中取得专用缴款书原件的一个单位抵扣税款。

二、申报抵扣税款的委托进口单位，必须提供相应的海关代征增值税专用缴款书原件、委托代理合同及付款凭证，否则，不予抵扣进项税款。

国家税务总局
关于增值税一般纳税人取得防伪税控系统开具的增值税
专用发票进项税额抵扣问题的通知

(2003年2月14日　国税发〔2003〕17号)

各省、自治区、直辖市和计划单列市国家税务局：

为贯彻《国务院办公厅转发国家税务总局关于全面推广应用增值税防伪税控系统意见的通知》（国办发〔2000〕12号）的要求，根据国家税务总局《增值税防伪税控系统管理办法》和现行增值税进项税额抵扣政策的规定，现就增值税一般纳税人取得防伪税控系统开具的增值税专用发票进项税额抵扣问题规定如下：

一、增值税一般纳税人申请抵扣的防伪税控系统开具的增值税专用发票，必须自该专用发票开具之日起90日内到税务机关认证，否则不予抵扣进项税额。

二、增值税一般纳税人认证通过的防伪税控系统开具的增值税专用发票，应在认证通过的当月按照增值税有关规定核算当期进项税额并申报抵扣，否则不予抵扣进项税额。

三、增值税一般纳税人取得防伪税控系统开具的增值税专用发票，其专用发票所列明的购进货物或应税劳务的进项税额抵扣时限，不再执行《国家税务总局关于加强增值税征收管理工作的通知》（国税发〔1995〕15号）中第二条有关进项税额申报抵扣时限的规定。

四、增值税一般纳税人申请抵扣2003年3月1日前防伪税控系统开具的增值税专用发票，应于2003年9月1日前按照本通知的规定报主管税务机关认证，否则不予抵扣进项税额。

五、增值税一般纳税人违反本通知第一条、第二条和第四条规定抵扣进项税额的，税务机关按照《中华人民共和国税收征收管理法》的有关规定予以处罚。

六、本通知自2003年3月1日起执行。

各级税务机关应做好本通知的宣传工作，采取各种方式及时通告纳税人，使纳税人及时了解和准确执行增值税新的进项税额抵扣政策。

[注释：条款废止。第一条废止，参见：（1）《国家税务总局关于公布全文失效废止、部分条款失效废止的税收规范性文件目录的公告》（国家税务总局公告2011年第2号）；（2）《国家税务总局关于调整增值税扣税凭证抵扣期限有关问题的通知》（国税函〔2009〕617号）。第二条废止，依据《国家税务总局关于取消增值税扣税凭证认证确认期限等增值税征管问题的公告》（国家税务总局公告2019年第45号），自2020年3月1日起本法规第二条废止。]

国家税务总局
关于印发《国家税务总局关于加强货物运输业税收管理及运输发票增值税抵扣管理的公告》的通知

（2003年10月18日　国税发〔2003〕120号）

各省、自治区、直辖市和计划单列市国家税务局、地方税务局：

现将《国家税务总局关于加强货物运输业税收管理及运输发票增值税抵扣管理的公告》（以下简称《公告》）印发给你们，请切实做好《公告》的印制和发放工作，并通知各级税务征收机关将《公告》张贴于所有办税服务厅。

《公告》同时作为税务部门致纳税人的一封信。

国家税务总局关于加强货物运输业税收管理及运输发票增值税抵扣管理的公告

为了进一步贯彻国务院关于整顿市场经济秩序的决定,国家税务总局发布了《货物运输业营业税征收管理试行办法》《运费发票增值税抵扣管理试行办法》和《货物运输业营业税纳税人认定和年审试行办法》,决定对货物运输业的税收秩序进行整顿,以加强货物运输业营业税税收管理,规范货物运输业发票增值税抵扣。现就有关涉及纳税人的主要事项公告如下:

一、从 2003 年 11 月 1 日起,公路、内河货物运输业(以下简称货物运输业)发票的印制、领购、开具、取得、保管、缴销均由地方税务局管理和监督。凡已委托给其他部门管理的,必须依法收回。

税务局将对公路、内河货物运输业发票进行一次清理。从 2003 年 11 月 1 日起,提供货物运输劳务的纳税人必须经主管地方税务局认定方可开具货物运输业发票。凡未经地方税务局认定的纳税人开具的货物运输业发票不得作为记账凭证和增值税抵扣凭证。

纳税人必须于 2003 年 10 月 31 日前向主管地方税务局缴回已经领购的货物运输业发票,经税务机关审核界定为自开票纳税人的再返还其继续使用;未缴回的货物运输业发票不得开具和使用,也不得作为记账凭证和增值税抵扣凭证。

二、从 2003 年 12 月 1 日起,国家税务局将对增值税一般纳税人申请抵扣的所有运输发票与营业税纳税人开具的货物运输业发票进行比对。凡比对不符的,一律不予抵扣。对比对异常情况进行核查,并对违反有关法律法规开具或取得货物运输业发票的单位进行处罚。

三、从 2003 年 12 月 1 日起经地方税务局认定的自开票纳税人在申报缴纳营业税时应向主管地方税务局报送《自开票纳税人货物运输发票清单》纸制文件和电子信息。

增值税一般纳税人在申报抵扣 2003 年 11 月 1 日起取得的运输发票增值税进项税额时,应向主管国家税务局填报《增值税运输发票抵扣清单》纸制文件及电子信息,未报送的其进项税额不得抵扣。

对《自开票纳税人货物运输发票清单》《增值税运输发票抵扣清单》的电子信息采集软件,由国家税务总局统一开发,并免费提供使用。纳税人可从国家税务总局网站(http://chinatax.gov.cn)下载。

四、纳税人取得的 2003 年 10 月 31 日以后开具的运输发票,应当自开票之日起 90 天内向主管国家税务局申报抵扣,超过 90 天的不得予以抵扣。纳税人取得的 2003 年 10 月 31 日以前开具的运输发票,必须在 2004 年 1 月 31 日前抵扣完毕,逾期不再抵扣。纳税人办理时,应附抵扣发票清单(清单式样附后)。

附件:1. 地方税务局代开货物运输业发票清单(见二维码 34)
2. 自开票纳税人货物运输业发票清单(见二维码 34)
3. 中介机构代开货物运输业发票清单(见二维码 34)

二维码34

国家税务总局
关于印发《增值税专用发票抵扣联信息企业采集方式管理规定》的通知

(2003年6月19日 国税发〔2003〕71号)

各省、自治区、直辖市和计划单列市国家税务局：

为保证金税工程的顺利运行，规范增值税专用发票抵扣联信息企业采集方式软件的使用和管理，总局制定了《增值税专用发票抵扣联信息企业采集方式管理规定》，现印发给你们。

增值税专用发票抵扣联信息企业采集方式管理规定

第一条 为保证金税工程的顺利运行，规范采用增值税专用发票抵扣联信息企业采集方式的认证工作，特制定本规定。

第二条 增值税专用发票抵扣联信息企业采集方式是指由增值税一般纳税人（以下简称纳税人）采集抵扣联的明文和密文信息形成电子数据，通过网络或磁盘报送税务机关，由税务机关认证的一种专用发票认证方式。

第三条 采用增值税专用发票抵扣联信息企业采集方式应坚持纳税人自愿的原则。

第四条 纳税人必须使用经国家税务总局组织测评合格的增值税专用发票抵扣联信息企业采集方式软件。

第五条 增值税专用发票抵扣联信息企业采集方式的推行由各省、自治区、直辖市和计划单列市国家税务局增值税业务主管部门负责。

第六条 纳税人采用增值税专用发票抵扣联信息企业采集方式，必须提出书面申请，报经主管税务机关批准。

第七条 采用增值税专用发票抵扣联信息企业采集方式的纳税人，对取得需报税务机关认证的增值税专用发票抵扣联，应通过自动扫描识别生成电子数据，如遇特殊情况，可持防伪税控抵扣联原件到税务机关认证。

第八条 纳税人将通过自动扫描识别生成的抵扣联电子数据，在每月月底前，一次或分次报送税务机关认证。

第九条 纳税人将专用发票抵扣联电子信息报送税务机关认证未通过的，可将抵扣联原件报税务机关认证。

第十条 每次认证结束后，税务机关应及时将最终认证结果以电子数据的形式反馈给纳税人。

第十一条 纳税人丢失未认证的防伪税控抵扣联，不得使用专用发票抵扣联信息企业采集方式认证。

第十二条　纳税人发生下列情形之一的,税务机关取消其抵扣联信息企业采集方式的使用资格。

(一) 注销税务登记;

(二) 纳税人要求采用其他认证方式;

(三) 被取消增值税一般纳税人资格。

第十三条　本规定由国家税务总局负责解释。

第十四条　本规定自 2003 年 6 月 1 日起施行。

[注释:条款修改。"第五条　增值税专用发票抵扣联信息企业采集方式的推行由各省、自治区、直辖市和计划单列市国家税务局增值税业务主管部门负责。"修改为"第五条　增值税专用发票抵扣联信息企业采集方式的推行由各省、自治区、直辖市和计划单列市税务局增值税业务主管部门负责。"参见:《国家税务总局关于修改部分税收规范性文件的公告》(国家税务总局公告 2018 年第 31 号)。]

国家税务总局
关于加强农产品增值税抵扣管理有关问题的通知

(2005 年 5 月 27 日　国税函〔2005〕545 号)

各省、自治区、直辖市和计划单列市国家税务局:

为防范利用农产品收购凭证偷骗税的违法犯罪活动,堵塞征管漏洞,强化增值税管理,现将有关加强农产品增值税抵扣管理的问题通知如下:

一、各级税务机关要进一步加强对农产品增值税抵扣管理,要经常深入企业,全面掌握和了解有关生产企业的生产经营特点、农产品原料的消耗、采购规律以及纳税申报情况,检查农产品收购凭证的开具情况是否正常,查找征管的薄弱环节,积极采取有针对性的管理措施,堵塞漏洞,切实加强管理。

二、对纳税人发生大宗农产品收购业务的,主管税务机关应派专人深入现场核查,审核该项业务发生的真实性。

三、对有条件的地区,税务机关可运用信息化管理手段促进农产品收购凭证的使用管理。

四、税务机关应当积极引导和鼓励纳税人通过银行或农村信用社等金融机构支付农产品货款,对采用现金方式结算且支付数额较大的,应作为重点评估对象,严格审核,防止发生虚假收购行为,骗取国家税款。

五、税务机关应对农产品经销和生产加工企业定期开展增值税纳税评估,特别是要加强以农产品为主要原料的生产企业的纳税评估,发现问题的,要及时移交稽查部门处理。

六、税务机关应根据日常管理掌握的情况,有计划地组织开展对农产品经销和生产加工企业的重点稽查,凡查有偷骗税问题的,应依法严肃查处。

[注释:条款失效。第二条失效,参见:《国家税务总局关于发布已失效或废止有关增值税规范性文件清单的通知》(国税发〔2009〕7 号)。]

国家税务总局
关于增值税一般纳税人取得的账外经营部分防伪税控增值税专用发票进项税额抵扣问题的批复

(2005年8月3日 国税函〔2005〕763号)

北京市国家税务局：

你局《关于增值税一般纳税人采用账外经营手段进行偷税涉及增值税进项税额抵扣问题的请示》（京国税发〔2005〕187号）收悉，批复如下：

根据《国家税务总局关于增值税一般纳税人取得防伪税控系统开具的增值税专用发票进项税额抵扣问题的通知》（国税发〔2003〕17号）规定，自2003年3月1日起，增值税一般纳税人（以下简称纳税人）申请抵扣防伪税控系统开具的增值税专用发票（以下简称防伪税控专用发票），必须自该防伪税控专用发票开具之日起90日内到税务机关认证，纳税人申请抵扣2003年3月1日前的防伪税控专用发票，应于2003年9月1日前报主管税务机关认证，纳税人认证通过的防伪税控专用发票，应在认证通过的当月按照增值税有关规定核算当期进项税额并申报抵扣，否则不予抵扣进项税额。

鉴于纳税人采用账外经营手段进行偷税，其取得的账外经营部分防伪税控专用发票，未按上述规定的时限进行认证，或者未在认证通过的当月按照增值税有关规定核算当期进项税额并申报抵扣，因此，不得抵扣其账外经营部分的销项税额。

〔注释：条款废止。第二段废止，参见：《国家税务总局关于公布全文失效废止、部分条款失效废止的税收规范性文件目录的公告》（国家税务总局公告2011年第2号）。〕

国家税务总局
关于旧版货运发票抵扣增值税进项税额有关问题的通知

(2006年12月11日 国税函〔2006〕1187号)

各省、自治区、直辖市和计划单列市国家税务局、地方税务局：

自2007年1月1日起，公路、内河货物运输业发票税控系统将在全国全面推行，现将纳税人取得的不带税控码的旧版《公路、内河货物运输业统一发票》（以下简称旧版货运发票）抵扣增值税进项税额有关问题通知如下：

一、纳税人取得的2006年12月31日以前开具的旧版货运发票可以在自发票开具日90天后的第一个纳税申报期结束以前申报抵扣，超过90天的不得抵扣。自2007年4月1日起，纳税人取得的旧版货运发票，一律不得作为增值税进项税额的抵扣凭证。

二、纳税人取得的2007年1月1日以后开具的旧版货运发票一律不得作为增值税进项税额的抵扣凭证。本通知自发布之日起执行。此前规定与本通知不一致的，以本通知为准。

国家税务总局
关于公路、内河货物运输业统一发票增值税抵扣
有关问题的公告

（2006年12月14日　国家税务总局公告2006年第2号）

为进一步加强公路、内河货物运输业发票（以下简称货运发票）管理，国家税务总局下发的《关于全国范围内推行公路、内河货物运输业发票税控系统有关工作的通知》（国税发〔2006〕163号）规定，自2007年1月1日起，全国将使用税控系统开具货运发票。为做好新旧货运发票增值税抵扣的衔接，现将有关事项公告如下：

一、自2007年1月1日起，增值税一般纳税人购进或销售货物，取得的作为增值税扣税凭证的货运发票，必须是通过货运发票税控系统开具的新版货运发票。纳税人取得的2007年1月1日以后开具的旧版货运发票，不再作为增值税扣税凭证抵扣进项税额。

二、纳税人取得的2006年12月31日以前开具的旧版货运发票暂继续作为增值税扣税凭证，纳税人应在开具之日起90天后的第一个纳税申报期结束以前申报抵扣进项税额。

自2007年4月1日起，旧版货运发票一律不得作为增值税扣税凭证抵扣进项税额。

国家税务总局
关于废旧物资发票抵扣增值税有关事项的公告

（2008年12月31日　国家税务总局公告2008年第1号）

为促进再生资源（废旧物资）的回收利用，规范废旧物资回收经营行业发展，《财政部 国家税务总局关于再生资源增值税政策的通知》（财税〔2008〕157号）调整了现行废旧物资回收经营业务有关增值税政策，取消了生产企业增值税一般纳税人凭废旧物资发票抵扣增值税进项税额的规定。为做好相关增值税政策的过渡与衔接工作，现将有关事项公告如下：

一、自2009年1月1日起，从事废旧物资回收经营业务的增值税一般纳税人销售废旧物资，不得开具印有"废旧物资"字样的增值税专用发票（以下简称废旧物资专用发票）。

纳税人取得的2009年1月1日以后开具的废旧物资专用发票，不再作为增值税扣税凭证。

二、纳税人取得的2008年12月31日以前开具的废旧物资专用发票，应在开具之日起90天内办理认证，并在认证通过的当月核算当期增值税进项税额申报抵扣。

自2009年4月1日起，废旧物资专用发票一律不得作为增值税扣税凭证计算抵扣进项税额。

国家税务总局
关于废止逾期增值税扣税凭证一律不得抵扣规定的公告

(2011年9月14日 国家税务总局公告2011年第49号)

经国务院批准,现将《国务院办公厅转发国家税务总局关于全面推广应用增值税防伪税控系统意见的通知》(国办发〔2000〕12号)第三条中"凡逾期未申报认证的,一律不得作为扣税凭证,已经抵扣税款的,由税务机关如数追缴,并按《中华人民共和国税收征收管理法》的有关规定进行处罚"规定废止。2007年1月1日以后开具的增值税扣税凭证逾期未认证或未稽核比对如何处理问题,另行公告。

本公告自2011年10月1日起执行。

国家税务总局
关于逾期增值税扣税凭证抵扣问题的公告

(2011年9月14日 国家税务总局公告2011年第50号)

为保障纳税人合法权益,经国务院批准,现将2007年1月1日以后开具的增值税扣税凭证未能按照规定期限办理认证或者稽核比对(以下简称逾期)抵扣问题公告如下:

一、对增值税一般纳税人发生真实交易但由于客观原因造成增值税扣税凭证逾期的,经主管税务机关审核、逐级上报,由国家税务总局认证、稽核比对后,对比对相符的增值税扣税凭证,允许纳税人继续抵扣其进项税额。

增值税一般纳税人由于除本公告第二条规定以外的其他原因造成增值税扣税凭证逾期的,仍应按照增值税扣税凭证抵扣期限有关规定执行。

本公告所称增值税扣税凭证,包括增值税专用发票、海关进口增值税专用缴款书和公路内河货物运输业统一发票。

二、客观原因包括如下类型:

(一)因自然灾害、社会突发事件等不可抗力因素造成增值税扣税凭证逾期;

(二)增值税扣税凭证被盗、抢,或者因邮寄丢失、误递导致逾期;

(三)有关司法、行政机关在办理业务或者检查中,扣押增值税扣税凭证,纳税人不能正常履行申报义务,或者税务机关信息系统、网络故障,未能及时处理纳税人网上认证数据等导致增值税扣税凭证逾期;

(四)买卖双方因经济纠纷,未能及时传递增值税扣税凭证,或者纳税人变更纳税地点,注销旧户和重新办理税务登记的时间过长,导致增值税扣税凭证逾期;

(五)由于企业办税人员伤亡、突发危重疾病或者擅自离职,未能办理交接手续,导致

增值税扣税凭证逾期;

(六)国家税务总局规定的其他情形。

三、增值税一般纳税人因客观原因造成增值税扣税凭证逾期的,可按照本公告附件《逾期增值税扣税凭证抵扣管理办法》的规定,申请办理逾期抵扣手续。

四、本公告自 2011 年 10 月 1 日起执行。

附件:逾期增值税扣税凭证抵扣管理办法

附件:

逾期增值税扣税凭证抵扣管理办法

一、增值税一般纳税人发生真实交易但由于客观原因造成增值税扣税凭证逾期的,可向主管税务机关申请办理逾期抵扣。

二、纳税人申请办理逾期抵扣时,应报送如下资料:

(一)《逾期增值税扣税凭证抵扣申请单》。

(二)增值税扣税凭证逾期情况说明。纳税人应详细说明未能按期办理认证或者申请稽核比对的原因,并加盖企业公章。其中,对客观原因不涉及第三方的,纳税人应说明的情况具体为:发生自然灾害、社会突发事件等不可抗力原因的,纳税人应详细说明自然灾害或者社会突发事件发生的时间、影响地区、对纳税人生产经营的实际影响等;纳税人变更纳税地点,注销旧户和重新办理税务登记的时间过长,导致增值税扣税凭证逾期的,纳税人应详细说明办理搬迁时间、注销旧户和注册新户的时间、搬出及搬入地点等;企业办税人员擅自离职,未办理交接手续的,纳税人应详细说明事情经过、办税人员姓名、离职时间等,并提供解除劳动关系合同及企业内部相关处理决定。

(三)客观原因涉及第三方的,应提供第三方证明或说明。具体为:企业办税人员伤亡或者突发危重疾病的,应提供公安机关、交通管理部门或者医院证明;有关司法、行政机关在办理业务或者检查中,扣押增值税扣税凭证,导致纳税人不能正常履行申报义务的,应提供相关司法、行政机关证明;增值税扣税凭证被盗、抢的,应提供公安机关证明;买卖双方因经济纠纷,未能及时传递增值税扣税凭证的,应提供卖方出具的情况说明;邮寄丢失或者误递导致增值税扣税凭证逾期的,应提供邮政单位出具的说明。

(四)逾期增值税扣税凭证电子信息。

(五)逾期增值税扣税凭证复印件(复印件必须整洁、清晰,在凭证备注栏注明"与原件一致"并加盖企业公章,增值税专用发票复印件必须裁剪成与原票大小一致)。

三、由于税务机关自身原因造成纳税人增值税扣税凭证逾期的,主管税务机关应在上报文件中说明相关情况。具体为,税务机关信息系统或者网络故障,未能及时处理纳税人网上认证数据的,主管税务机关应详细说明信息系统或网络故障出现、持续的时间,故障原因及表现等。

四、主管税务机关应认真审核纳税人所报资料,重点审核纳税人所报送资料是否齐全、交易是否真实发生、造成增值税扣税凭证逾期的原因是否属于客观原因、第三方证明或说明所述时间是否具有逻辑性、资料信息是否一致、增值税扣税凭证复印件与原件是否一致等。

主管税务机关审核无误后,应向上级税务机关正式上报,并将增值税扣税凭证逾期情况说明、第三方证明或说明、逾期增值税扣税凭证电子信息、逾期增值税扣税凭证复印件逐级审核后上报至国家税务总局。

五、国家税务总局将对各地上报的资料进行审核,并对逾期增值税扣税凭证信息进行认证、稽核比对,对资料符合条件、稽核比对结果相符的,通知省税务机关允许纳税人继续抵扣逾期增值税扣税凭证上所注明或计算的税额。

六、主管税务机关可定期或者不定期对已抵扣逾期增值税扣税凭证进项税额的纳税人进行复查,发现纳税人提供虚假信息,存在弄虚作假行为的,应责令纳税人将已抵扣进项税额转出,并按《中华人民共和国税收征收管理法》的有关规定进行处罚。

附件:1. 逾期增值税扣税凭证抵扣申请单(见二维码35)
  2. 逾期增值税扣税凭证电子信息格式(见二维码35)

二维码35

[注释:条款失效。(1)第一条第一款修改为:"增值税一般纳税人发生真实交易但由于客观原因造成增值税扣税凭证(包括增值税专用发票、海关进口增值税专用缴款书和机动车销售统一发票)未能按照规定期限办理认证、确认或者稽核比对的,经主管税务机关核实、逐级上报,由省国税局认证并稽核比对后,对比对相符的增值税扣税凭证,允许纳税人继续抵扣其进项税额";(2)删去第一条第三款:"本公告所称增值税扣税凭证,包括增值税专用发票、海关进口增值税专用缴款书和公路内河货物运输业统一发票";(3)将《逾期增值税扣税凭证抵扣管理办法》第四条第二款修改为:"主管税务机关核实无误后,应向上级税务机关上报,并将增值税扣税凭证逾期情况说明、第三方证明或说明、逾期增值税扣税凭证电子信息、逾期增值税扣税凭证复印件逐级上报至省国税局";(4)将《逾期增值税扣税凭证抵扣管理办法》第五条修改为:"省国税局对上报的资料进行案头复核,并对逾期增值税扣税凭证信息进行认证、稽核比对,对资料符合条件、稽核比对结果相符的,允许纳税人继续抵扣逾期增值税扣税凭证上所注明或计算的税额"。上述修改自2018年1月1日起施行,参见:《国家税务总局关于进一步优化增值税消费税有关涉税事项办理程序的公告》(国家税务总局公告2017年第36号)。]

国家税务总局
关于未按期申报抵扣增值税扣税凭证有关问题的公告

(2011年12月29日 国家税务总局公告2011年第78号)

为解决增值税一般纳税人增值税扣税凭证因客观原因未按期申报抵扣增值税进项税额问题,现将有关规定公告如下:

一、增值税一般纳税人取得的增值税扣税凭证已认证或已采集上报信息但未按照规定期限申报抵扣;实行纳税辅导期管理的增值税一般纳税人以及实行海关进口增值税专用缴款书

"先比对后抵扣"管理办法的增值税一般纳税人，取得的增值税扣税凭证稽核比对结果相符但未按规定期限申报抵扣，属于发生真实交易且符合本公告第二条规定的客观原因的，经主管税务机关审核，允许纳税人继续申报抵扣其进项税额。

本公告所称增值税扣税凭证，包括增值税专用发票（含货物运输业增值税专用发票）、海关进口增值税专用缴款书和公路内河货物运输业统一发票。

增值税一般纳税人除本公告第二条规定以外的其他原因造成增值税扣税凭证未按期申报抵扣的，仍按照现行增值税扣税凭证申报抵扣有关规定执行。

二、客观原因包括如下类型：

（一）因自然灾害、社会突发事件等不可抗力原因造成增值税扣税凭证未按期申报抵扣；

（二）有关司法、行政机关在办理业务或者检查中，扣押、封存纳税人账簿资料，导致纳税人未能按期办理申报手续；

（三）税务机关信息系统、网络故障，导致纳税人未能及时取得认证结果通知书或稽核结果通知书，未能及时办理申报抵扣；

（四）由于企业办税人员伤亡、突发危重疾病或者擅自离职，未能办理交接手续，导致未能按期申报抵扣；

（五）国家税务总局规定的其他情形。

三、增值税一般纳税人发生符合本公告规定未按期申报抵扣的增值税扣税凭证，可按照本公告附件《未按期申报抵扣增值税扣税凭证抵扣管理办法》的规定，申请办理抵扣手续。

四、增值税一般纳税人取得2007年1月1日以后开具，本公告施行前发生的未按期申报抵扣增值税扣税凭证，可在2012年6月30日前按本公告规定申请办理，逾期不再受理。

五、本公告自2012年1月1日起施行。

附件：未按期申报抵扣增值税扣税凭证抵扣管理办法

附件：

未按期申报抵扣增值税扣税凭证抵扣管理办法

一、增值税一般纳税人发生真实交易但由于客观原因造成增值税扣税凭证未按期申报抵扣的，可向主管税务机关申请办理抵扣手续。

二、纳税人申请办理抵扣时，应报送如下资料：

（一）《未按期申报抵扣增值税扣税凭证抵扣申请单》。

（二）《已认证增值税扣税凭证清单》。

（三）增值税扣税凭证未按期申报抵扣情况说明。纳税人应详细说明未能按期申报抵扣的原因，并加盖企业印章。对客观原因不涉及第三方的，纳税人应说明的情况具体为：发生自然灾害、社会突发事件等不可抗力原因的，纳税人应详细说明自然灾害或者社会突发事件发生的时间、影响地区、对纳税人生产经营的实际影响等；企业办税人员擅自离职，未办理交接手续的，纳税人应详细说明事情经过、办税人员姓名、离职时间等，并提供解除劳动关系合同及企业内部相关处理决定。对客观原因涉及第三方的,应提供第三方证明或说明。具体为:企业办税人员伤亡或者突发危重疾病的,应提供公安机关、交通管理部门或者医院证明;有关司法、行政机关在办理业务或者检查中,扣押、封存纳税人账簿资料,导致纳税人未能按期办理申报手续的,应提供相关司法、行政机关证明。对于因税务机关信息系统或者网络故障原因造成纳税人增值税扣税凭证未能按期申报抵扣的,主管税务机关应予以核实。

(四)未按期申报抵扣增值税扣税凭证复印件。

三、主管税务机关受理纳税人申请后,应认真审核以下信息:

(一)审核纳税人交易是否真实发生,所报资料是否齐全,增值税扣税凭证未按期申报抵扣的原因是否属于客观原因,纳税人说明、第三方证明或说明所述事项是否具有逻辑性等。

(二)纳税人申请抵扣的增值税扣税凭证稽核比对结果是否相符。

(三)《已认证增值税扣税凭证清单》与增值税扣税凭证应申报抵扣当月增值税纳税申报资料、认证稽核资料是否满足以下逻辑关系。

1.《已认证增值税扣税凭证清单》"抵扣情况"中"已抵扣凭证信息""小计"栏中的"份数"应等于当月增值税纳税申报表附列资料(表二)中同类型增值税扣税凭证的"份数";"抵扣情况"中"已抵扣凭证信息""小计"栏中的"税额"应等于当月增值税纳税申报表附列资料(表二)中同类型增值税扣税凭证的"税额"。

2. 对增值税一般纳税人(不包括实行纳税辅导期管理的增值税一般纳税人),《已认证增值税扣税凭证清单》"总计"栏中"份数""税额"应小于等于认证或申请稽核比对当月认证相符或采集上报的同类型增值税扣税凭证的份数、税额合计。

3. 实行纳税辅导期管理的增值税一般纳税人以及实行海关进口增值税专用缴款书"先比对后抵扣"管理办法的增值税一般纳税人,《已认证增值税扣税凭证清单》"总计"栏中"份数""税额"应小于等于产生稽核结果当月稽核相符的同类型增值税扣税凭证的份数、税额合计。

四、主管税务机关审核无误后,发送《未按期申报抵扣增值税扣税凭证允许继续抵扣通知单》(以下简称《通知单》),企业凭《通知单》进行申报抵扣。

五、主管税务机关可定期或者不定期对已办理未按期申报抵扣增值税扣税凭证抵扣手续的纳税人进行复查,发现纳税人提供虚假信息,存在弄虚作假行为的,应责令纳税人将已抵扣进项税额转出,并按《中华人民共和国税收征收管理法》的有关规定进行处罚。

附件:1. 未按期申报抵扣增值税扣税凭证抵扣申请单(见二维码36)
   2. 已认证增值税扣税凭证清单(见二维码36)
   3. 未按期申报抵扣增值税扣税凭证允许继续抵扣通知单(见二维码36)

[注释:条款失效。"附3《未按期申报抵扣增值税扣税凭证允许继续抵扣通知单》(编号:×××县(市、区)国税局抵扣通知××号)(×××国家税务局印章)"修改为"附3《未按期申报抵扣增值税扣税凭证允许继续抵扣通知单》(编号:×××县(市、区)税务局抵扣通知××号)(×××税务局印章)",参见:《国家税务总局关于修改部分税收规范性文件的公告》(国家税务总局公告2018年第31号)。]

国家税务总局　海关总署
关于实行海关进口增值税专用缴款书"先比对后抵扣"管理办法有关事项的通知

(2013年8月6日　税总发〔2013〕76号)

各省、自治区、直辖市和计划单列市国家税务局，广东分署，各直属海关：

为进一步加强海关进口增值税专用缴款书（以下简称海关缴款书）的增值税管理，堵塞税收漏洞，维护纳税人合法权益，保障海关缴款书"先比对后抵扣"管理办法顺利实施，现将有关事项通知如下：

一、各级税务机关、各级海关要加强协作配合，共同做好"异常"海关缴款书的核查工作。

（一）各海关应按照有关规定对海关缴款书入库数据及时进行核销，保障纳税人及时抵扣税款。

（二）各主管税务机关应于每月纳税申报期内，向纳税人提供上月海关缴款书稽核比对结果信息。纳税人上月稽核比对结果中无"滞留"的，稽核系统每月1日自动导出稽核比对结果信息；纳税人上月稽核比对结果中有"滞留"的，稽核系统于纳税申报期结束前2日自动导出稽核比对结果信息。

（三）对稽核比对结果为不符、缺联的海关缴款书，如纳税人有异议，应提交《"异常"海关缴款书数据核对申请书》（附件1）申请数据核对，同时附海关缴款书原件。主管税务机关会同海关进行核查。核查流程是：主管税务机关在收到纳税人数据核对申请书的15日内，向税款入库地直属海关发出《海关缴款书委托核查函》［附件2，全国各海关联系方式可自海关总署网站（http：//www.customs.gov.cn）或拨打12360查询］，同时附海关缴款书复印件；税款入库地海关收到委托核查函后，在30日内以《海关缴款书核查回复函》（附件3）回复发函税务机关。对海关回函结果为"有一致的入库信息"的海关缴款书，主管税务机关应及时以《海关缴款书核查结果通知书》（附件4）通知纳税人申报抵扣税款。

《海关缴款书委托核查函》编号为20位，第1至11位为主管税务机关代码，第12位为"发"，第13至16位为年份，第17至20位为顺序号。

对于稽核比对结果为重号的海关缴款书，由主管税务机关进行核查，不需向海关发函核查。

二、海关需要对海关缴款书涉及的进口增值税申报抵扣情况进行核查确认的，可向纳税人主管税务机关发出《进口增值税抵扣信息委托核查函》（附件5）。主管税务机关收到委托核查函后，在30日内以《进口增值税抵扣信息核查回复函》（附件6）回复发函海关。

《进口增值税抵扣信息核查回复函》编号为20位，第1至11位为主管税务机关代码，第12位为"复"，第13至16位为年份，第17至20位为顺序号。

三、各省税务机关可结合本地实际，本着方便纳税人和基层税务机关操作的原则，制定本地海关缴款书"先比对后抵扣"管理办法实施细则。

四、实行海关缴款书"先比对后抵扣"管理办法,是加强税收征管、堵塞税收漏洞的重要举措,各级税务机关应做好纳税服务工作,保障海关缴款书"先比对后抵扣"管理办法顺利实施。

(一)实行海关缴款书"先比对后抵扣"管理办法涉及纳税人申报纳税程序的调整,税务机关要做好税收政策宣传和纳税辅导工作,帮助纳税人及时掌握新办法申报流程,告知纳税人在取得海关缴款书的当月向税务机关报送海关缴款书数据,以免因纳税人仍然在取得海关缴款书的次月申报期报送数据而影响税款及时抵扣。

(二)创新服务手段,充分应用现代信息技术,做好网络报送海关缴款书电子数据等配套工作,方便纳税人按时准确办理纳税申报。

本通知自发布之日起执行。

附件:1. "异常"海关缴款书数据核对申请书(见二维码37)
2. 海关缴款书委托核查函(见二维码37)
3. 海关缴款书核查回复函(见二维码37)
4. 海关缴款书核查结果通知书(见二维码37)
5. 进口增值税抵扣信息委托核查函(见二维码37)
6. 进口增值税抵扣信息核查回复函(见二维码37)

二维码37

〔注释:条款废止。依据《国家税务总局办公厅关于开展海关进口增值税专用缴款书核查信息化管理工作的通知》(税总办发〔2017〕53号),本法规第一条第三款中有关税务机关发出《海关缴款书委托核查函》的时限规定以及关于稽核比对结果为重号的海关缴款书核查规定自2017年6月1日起废止。〕

国家税务总局
关于加强海关进口增值税抵扣管理的公告

(2017年2月13日 国家税务总局公告2017年第3号)

为保护纳税人合法权益,进一步加强增值税管理,打击利用海关进口增值税专用缴款书(以下简称海关缴款书)骗抵税款犯罪活动,税务总局决定全面提升海关缴款书稽核比对级别,强化对海关进口增值税的抵扣管理。现将有关事项公告如下:

增值税一般纳税人进口货物时应准确填报企业名称,确保海关缴款书上的企业名称与税务登记的企业名称一致。税务机关将进口货物取得的属于增值税抵扣范围的海关缴款书信息与海关采集的缴款信息进行稽核比对。经稽核比对相符后,海关缴款书上注明的增值税额可作为进项税额在销项税额中抵扣。稽核比对不相符,所列税额暂不得抵扣,待核查确认海关缴款书票面信息与纳税人实际进口业务一致后,海关缴款书上注明的增值税额可作为进项税额在销项税额中抵扣。

税务部门应加强对纳税人的辅导，充分利用多种渠道向全社会广泛宣传，赢得纳税人的理解和支持。

本公告自发布之日起实施。

国家税务总局关于进一步优化增值税 消费税有关涉税事项办理程序的公告

（2017年10月13日 国家税务总局公告2017年第36号）

为贯彻落实国务院关于简政放权、放管结合、优化服务的要求，现将增值税、消费税部分涉税事项办理问题公告如下：

一、自2018年1月1日起，逾期增值税扣税凭证继续抵扣事项由省国税局核准。允许继续抵扣的客观原因类型及报送资料等要求，按照修改后的《国家税务总局关于逾期增值税扣税凭证抵扣问题的公告》（国家税务总局公告2011年第50号）执行。

各省国税局应在修改后的国家税务总局公告2011年第50号附件《逾期增值税扣税凭证抵扣管理办法》（以下简称《管理办法》）相关规定基础上，按照进一步深化税务系统"放管服"改革、优化税收环境的要求，以方便纳税人、利于税收管理为原则，进一步细化流程、明确时限、简化资料、改进服务。

二、自2017年11月1日起，纳税人同时申请汇总缴纳增值税和消费税的，在汇总纳税申请资料中予以说明即可，不需要就增值税、消费税分别报送申请资料。

三、对《国家税务总局关于逾期增值税扣税凭证抵扣问题的公告》（国家税务总局公告2011年第50号）作如下修改：

（一）第一条第一款修改为："增值税一般纳税人发生真实交易但由于客观原因造成增值税扣税凭证（包括增值税专用发票、海关进口增值税专用缴款书和机动车销售统一发票）未能按照规定期限办理认证、确认或者稽核比对的，经主管税务机关核实、逐级上报，由省国税局认证并稽核比对后，对比对相符的增值税扣税凭证，允许纳税人继续抵扣其进项税额"。

（二）删去第一条第三款："本公告所称增值税扣税凭证，包括增值税专用发票、海关进口增值税专用缴款书和公路内河货物运输业统一发票"。

（三）将《管理办法》第四条第二款修改为："主管税务机关核实无误后，应向上级税务机关上报，并将增值税扣税凭证逾期情况说明、第三方证明或说明、逾期增值税扣税凭证电子信息、逾期增值税扣税凭证复印件逐级上报至省国税局"。

（四）将《管理办法》第五条修改为："省国税局对上报的资料进行案头复核，并对逾期增值税扣税凭证信息进行认证、稽核比对，对资料符合条件、稽核比对结果相符的，允许纳税人继续抵扣逾期增值税扣税凭证上所注明或计算的税额"。

上述修改自2018年1月1日起施行。《国家税务总局关于逾期增值税扣税凭证抵扣问题的公告》（国家税务总局公告2011年第50号）根据本公告作相应修改，个别文字进行调整,重新公布。

[注释:条款失效。

"一、自 2018 年 1 月 1 日起,逾期增值税扣税凭证继续抵扣事项由省国税局核准。允许继续抵扣的客观原因类型及报送资料等要求,按照修改后的《国家税务总局关于逾期增值税扣税凭证抵扣问题的公告》(国家税务总局公告 2011 年第 50 号)执行。

各省国税局应在修改后的国家税务总局公告 2011 年第 50 号附件《逾期增值税扣税凭证抵扣管理办法》(以下简称《管理办法》)相关规定基础上,按照进一步深化税务系统'放管服'改革、优化税收环境的要求,以方便纳税人、利于税收管理为原则,进一步细化流程、明确时限、简化资料、改进服务"。

修改为:

"一、自 2018 年 1 月 1 日起,逾期增值税扣税凭证继续抵扣事项由省税务局核准。允许继续抵扣的客观原因类型及报送资料等要求,按照修改后的《国家税务总局关于逾期增值税扣税凭证抵扣问题的公告》(国家税务总局公告 2011 年第 50 号)执行。

各省税务局应在修改后的国家税务总局公告 2011 年第 50 号附件《逾期增值税扣税凭证抵扣管理办法》(以下简称《管理办法》)相关规定基础上,按照进一步深化税务系统"放管服"改革、优化税收环境的要求,以方便纳税人、利于税收管理为原则,进一步细化流程、明确时限、简化资料、改进服务。"

"三、对《国家税务总局关于逾期增值税扣税凭证抵扣问题的公告》(国家税务总局公告 2011 年第 50 号)作如下修改:

(一)第一条第一款修改为:'增值税一般纳税人发生真实交易但由于客观原因造成增值税扣税凭证(包括增值税专用发票、海关进口增值税专用缴款书和机动车销售统一发票)未能按照规定期限办理认证、确认或者稽核比对的,经主管税务机关核实、逐级上报,由省国税局认证并稽核比对后,对比对相符的增值税扣税凭证,允许纳税人继续抵扣其进项税额'"。

"(三)将《管理办法》第四条第二款修改为:'主管税务机关核实无误后,应向上级税务机关上报,并将增值税扣税凭证逾期情况说明、第三方证明或说明、逾期增值税扣税凭证电子信息、逾期增值税扣税凭证复印件逐级上报至省国税局'"。

"(四)将《管理办法》第五条修改为:'省国税局对上报的资料进行案头复核,并对逾期增值税扣税凭证信息进行认证、稽核比对,对资料符合条件、稽核比对结果相符的,允许纳税人继续抵扣逾期增值税扣税凭证上所注明或计算的税额'"。

修改为:

"三、对《国家税务总局关于逾期增值税扣税凭证抵扣问题的公告》(国家税务总局公告 2011 年第 50 号)作如下修改:

(一)第一条第一款修改为:'增值税一般纳税人发生真实交易但由于客观原因造成增值税扣税凭证(包括增值税专用发票、海关进口增值税专用缴款书和机动车销售统一发票)未能按照规定期限办理认证、确认或者稽核比对的,经主管税务机关核实、逐级上报,由省税务局认证并稽核比对后,对比对相符的增值税扣税凭证,允许纳税人继续抵扣其进项税额'"。

"(三)将《管理办法》第四条第二款修改为:'主管税务机关核实无误后,应向上级税务机关上报，并将增值税扣税凭证逾期情况说明、第三方证明或说明、逾期增值税扣税凭证电子信息、逾期增值税扣税凭证复印件逐级上报至省税务局'。

"（四）将《管理办法》第五条修改为：'省税务局对上报的资料进行案头复核，并对逾期增值税扣税凭证信息进行认证、稽核比对，对资料符合条件、稽核比对结果相符的，允许纳税人继续抵扣逾期增值税扣税凭证上所注明或计算的税额'"。

参见《国家税务总局关于修改部分税收规范性文件的公告》（国家税务总局公告 2018 年第 31 号）。]

国家税务总局关于逾期增值税扣税凭证抵扣问题的公告

（2011 年 9 月 14 日，国家税务总局公告 2011 年第 50 号公布，根据 2017 年 10 月 13 日《国家税务总局关于进一步优化增值税、消费税有关涉税事项办理程序的公告》修正）

为保障纳税人合法权益，经国务院批准，现将 2007 年 1 月 1 日以后开具的增值税扣税凭证未能按照规定期限办理认证或者稽核比对（以下简称逾期）抵扣问题公告如下：

一、增值税一般纳税人发生真实交易但由于客观原因造成增值税扣税凭证（包括增值税专用发票、海关进口增值税专用缴款书和机动车销售统一发票）未能按照规定期限办理认证、确认或者稽核比对的，经主管税务机关核实、逐级上报，由省国税局认证并稽核比对后，对比对相符的增值税扣税凭证，允许纳税人继续抵扣其进项税额。

增值税一般纳税人由于除本公告第二条规定以外的其他原因造成增值税扣税凭证逾期的，仍应按照增值税扣税凭证抵扣期限有关规定执行。

二、客观原因包括如下类型：

（一）因自然灾害、社会突发事件等不可抗力因素造成增值税扣税凭证逾期；

（二）增值税扣税凭证被盗、抢，或者因邮寄丢失、误递导致逾期；

（三）有关司法、行政机关在办理业务或者检查中，扣押增值税扣税凭证，纳税人不能正常履行申报义务，或者税务机关信息系统、网络故障，未能及时处理纳税人网上认证数据等导致增值税扣税凭证逾期；

（四）买卖双方因经济纠纷，未能及时传递增值税扣税凭证，或者纳税人变更纳税地点，注销旧户和重新办理税务登记的时间过长，导致增值税扣税凭证逾期；

（五）由于企业办税人员伤亡、突发危重疾病或者擅自离职，未能办理交接手续，导致增值税扣税凭证逾期；

（六）国家税务总局规定的其他情形。

三、增值税一般纳税人因客观原因造成增值税扣税凭证逾期的，可按照本公告附件《逾期增值税扣税凭证抵扣管理办法》的规定，申请办理逾期抵扣手续。

四、本公告自 2011 年 10 月 1 日起执行。

附件：逾期增值税扣税凭证抵扣管理办法

附件：

逾期增值税扣税凭证抵扣管理办法

一、增值税一般纳税人发生真实交易但由于客观原因造成增值税扣税凭证逾期的，可向主管税务机关申请办理逾期抵扣。

二、纳税人申请办理逾期抵扣时，应报送如下资料：

（一）《逾期增值税扣税凭证抵扣申请单》。

（二）增值税扣税凭证逾期情况说明。纳税人应详细说明未能按期办理认证、确认或者稽核比对的原因，并加盖企业公章。其中，对客观原因不涉及第三方的，纳税人应说明的情况具体为：发生自然灾害、社会突发事件等不可抗力原因的，纳税人应详细说明自然灾害或者社会突发事件发生的时间、影响地区、对纳税人生产经营的实际影响等；纳税人变更纳税地点，注销旧户和重新办理税务登记的时间过长，导致增值税扣税凭证逾期的，纳税人应详细说明办理搬迁时间、注销旧户和注册新户的时间、搬出及搬入地点等；企业办税人员擅自离职，未办理交接手续的，纳税人应详细说明事情经过、办税人员姓名、离职时间等，并提供解除劳动关系合同及企业内部相关处理决定。

（三）客观原因涉及第三方的，应提供第三方证明或说明。具体为：企业办税人员伤亡或者突发危重疾病的，应提供公安机关、交通管理部门或者医院证明；有关司法、行政机关在办理业务或者检查中，扣押增值税扣税凭证，导致纳税人不能正常履行申报义务的，应提供相关司法、行政机关证明；增值税扣税凭证被盗、抢的，应提供公安机关证明；买卖双方因经济纠纷，未能及时传递增值税扣税凭证的，应提供卖方出具的情况说明；邮寄丢失或者误递导致增值税扣税凭证逾期的，应提供邮政单位出具的说明。

（四）逾期增值税扣税凭证电子信息。

（五）逾期增值税扣税凭证复印件（复印件必须整洁、清晰，在凭证备注栏注明"与原件一致"并加盖企业公章，增值税专用发票复印件必须裁剪成与原票大小一致）。

三、由于税务机关自身原因造成纳税人增值税扣税凭证逾期的，主管税务机关应在上报文件中说明相关情况。具体为，税务机关信息系统或者网络故障，未能及时处理纳税人网上认证数据的，主管税务机关应详细说明信息系统或网络故障出现、持续的时间，故障原因及表现等。

四、主管税务机关应认真核实纳税人所报资料，重点核查纳税人所报送资料是否齐全、交易是否真实发生、造成增值税扣税凭证逾期的原因是否属于客观原因、第三方证明或说明所述时间是否具有逻辑性、资料信息是否一致、增值税扣税凭证复印件与原件是否一致等。

主管税务机关核实无误后，应向上级税务机关上报，并将增值税扣税凭证逾期情况说明、第三方证明或说明、逾期增值税扣税凭证电子信息、逾期增值税扣税凭证复印件逐级上报至省国税局。

五、省国税局对上报的资料进行案头复核，并对逾期增值税扣税凭证信息进行认证、稽核比对，对资料符合条件、稽核比对结果相符的，允许纳税人继续抵扣逾期增值税扣税凭证上所注明或计算的税额。

六、主管税务机关可定期或者不定期对已抵扣逾期增值税扣税凭证进项税额的纳税人进行复查，发现纳税人提供虚假信息，存在弄虚作假行为的，应责令纳税人将已抵扣进项税额转出，并按《中华人民共和国税收征收管理法》的有关规定进行处罚。

附表：1. 逾期增值税扣税凭证抵扣申请单（见二维码38）
　　　2. 逾期增值税扣税凭证电子信息格式（见二维码38）
［注释：《国家税务总局关于修改部分税收规范性文件的公告》（国家税务总局公告2018年第31号）对本公告进行了修改。］

二维码38

（二）代开发票相关政策

国家税务总局关于印发《税务机关代开增值税专用发票管理办法（试行）》的通知

（2004年12月22日　国税发〔2004〕153号）

各省、自治区、直辖市和计划单列市国家税务局，扬州税务进修学院，局内各单位：

为加强税务机关代开增值税专用发票的管理工作，总局制定了《税务机关代开增值税专用发票管理办法（试行）》，现印发给你们，请遵照执行。

附件：税务机关代开增值税专用发票管理办法（试行）

附件：

税务机关代开增值税专用发票管理办法（试行）

第一条　为了进一步加强税务机关为增值税纳税人代开增值税专用发票（以下简称专用发票）管理，防范不法分子利用代开专用发票进行偷骗税活动，优化税收服务，特制定本办法。

第二条　本办法所称代开专用发票是指主管税务机关为所辖范围内的增值税纳税人代开专用发票，其他单位和个人不得代开。

第三条　主管税务机关应设立代开专用发票岗位和税款征收岗位，并分别确定专人负责代开专用发票和税款征收工作。

第四条　代开专用发票统一使用增值税防伪税控代开票系统开具。非防伪税控代开票系统开具的代开专用发票不得作为增值税进项税额抵扣凭证。

增值税防伪税控代开票系统由防伪税控企业发行岗位按规定发行。

第五条　本办法所称增值税纳税人是指已办理税务登记的小规模纳税人（包括个体经

营者）以及国家税务总局确定的其他可予代开增值税专用发票的纳税人。

第六条 增值税纳税人发生增值税应税行为、需要开具专用发票时，可向其主管税务机关申请代开。

第七条 增值税纳税人申请代开专用发票时，应填写《代开增值税专用发票缴纳税款申报单》（式样见附件，以下简称《申报单》），连同税务登记证副本，到主管税务机关税款征收岗位按专用发票上注明的税额全额申报缴纳税款，同时缴纳专用发票工本费。

第八条 税款征收岗位接到《申报单》后，应对以下事项进行审核：

（一）是否属于本税务机关管辖的增值税纳税人；

（二）《申报单》上增值税征收率填写、税额计算是否正确。

审核无误后，税款征收岗位应通过防伪税控代开票征收子系统录入《申报单》的相关信息，按照《申报单》上注明的税额征收税款，开具税收完税凭证，同时收取专用发票工本费，按照规定开具有关票证，将有关征税电子信息及时传递给代开发票岗位。

在防伪税控代开票征税子系统未使用前暂传递纸质凭证。

税务机关可采取税银联网划款、银行卡（POS机）划款或现金收取三种方式征收税款。

第九条 增值税纳税人缴纳税款后，凭《申报单》和税收完税凭证及税务登记证副本，到代开专用发票岗位申请代开专用发票。

代开发票岗位确认税款征收岗位传来的征税电子信息与《申报单》和税收完税凭证上的金额、税额相符后，按照《申报单》、完税凭证和专用发票一一对应即"一单一证一票"原则，为增值税纳税人代开专用发票。

在防伪税控代开票征税子系统未使用前，代开票岗位凭《申报单》和税收完税凭证代开发票。

第十条 代开发票岗位应按下列要求填写专用发票的有关项目：

1. "单价"栏和"金额"栏分别填写不含增值税税额的单价和销售额；

2. "税率"栏填写增值税征收率；

3. 销货单位栏填写代开税务机关的统一代码和代开税务机关名称；

4. 销方开户银行及账号栏内填写税收完税凭证号码；

5. 备注栏内注明增值税纳税人的名称和纳税人识别号。

其他项目按照专用发票填开的有关规定填写。

第十一条 增值税纳税人应在代开专用发票的备注栏上，加盖本单位的财务专用章或发票专用章。

第十二条 代开专用发票遇有填写错误、销货退回或销售折让等情形的，按照专用发票有关规定处理。

税务机关代开专用发票时填写有误的，应及时在防伪税控代开票系统中作废，重新开具。代开专用发票后发生退票的，税务机关应按照增值税一般纳税人作废或开具负数专用发票的有关规定进行处理。对需要重新开票的，税务机关应同时进行新开票税额与原开票税额的清算，多退少补；对无需重新开票的，按有关规定退还增值税纳税人已缴的税款或抵顶下期正常申报税款。

第十三条 为增值税纳税人代开的专用发票应统一使用六联专用发票，第五联代开发票岗位留存，以备发票的扫描补录，第六联交税款征收岗位，用于代开发票税额与征收税款的

第十四条　代开专用发票岗位领用专用发票，经发票管理部门负责人批准后，到专用发票发售窗口领取专用发票，并将相应发票的电子信息读入防伪税控代开票系统。

第十五条　代开专用发票岗位应在每月纳税申报期的第一个工作日，将上月所开具的代开专用发票数据抄取、传递到防伪税控报税系统。代开专用发票的金税卡等专用设备发生故障的，税务机关应使用留存的专用发票第五联进行扫描补录。

第十六条　代开发票岗位应妥善保管代开专用发票数据，及时备份。

第十七条　税务机关应按月对代开专用发票进行汇总统计，对代开专用发票数据通过增值税计算机稽核系统比对后属于滞留、缺联、失控、作废、红字缺联等情况，应及时分析，查明原因，按规定处理，确保代开专用发票存根联数据采集的完整性和准确性。

第十八条　代开专用发票各岗位人员应严格执行本办法及有关规定。对违反规定的，追究有关人员的责任。

第十九条　各省、自治区、直辖市和计划单列市国家税务局可根据实际在本办法基础上制定实施细则。

第二十条　本办法自2005年1月1日起实施，凡与本办法相抵触的规定同时停止执行。

［注释：条款失效。"第十九条　各省、自治区、直辖市和计划单列市国家税务局可根据实际在本办法基础上制定实施细则"。修改为："第十九条　各省、自治区、直辖市和计划单列市税务局可根据实际在本办法基础上制定实施细则。"参见《国家税务总局关于修改部分税收规范性文件的公告》（国家税务总局公告2018年第31号）。］

国家税务总局
关于取消小规模企业销售货物或应税劳务由税务所代开增值税专用发票审批后有关问题的通知

（2004年7月14日　国税函〔2004〕895号）

各省、自治区、直辖市和计划单列市国家税务局：

根据《国务院关于第三批取消和调整行政审批的决定》（国办发〔2004〕16号）文件精神，对《国家税务总局关于由税务所为小规模企业代开增值税专用发票的通知》（国税发〔1994〕58号）中"凡能够认真履行纳税义务的小规模企业，经县（市）税务局批准，其销售货物或应税劳务可由税务所代开"予以取消。取消审批后，各地税务机关要严格执行《国家税务总局关于加强税务机关代开增值税专用发票管理的通知》（国税发〔2004〕68号）中的有关规定，按照文件要求认真做好数据采集、上传和比对审核工作。为进一步加强代开增值税专用发票管理，现就有关事项明确如下：

一、主管税务机关为小规模纳税人（包括小规模纳税人中的企业、企业性单位及其他小规模纳税人，下同）代开专用发票，应在专用发票"单价"栏和"金额"栏分别填写不含增值税税额的单价和销售额；"税率"栏填写增值税征收率4%（商业）或6%（其他）；

"税额"栏填写按销售额依照征收率计算的增值税税额。增值税一般纳税人取得由税务机关代开的专用发票后,应以专用发票上填写的税额为进项税额。

二、主管税务机关为小规模纳税人代开专用发票时,按代开的专用发票上注明的税额即时征收增值税。

三、主管税务机关为小规模纳税人代开专用发票后,发生退票的,可比照增值税一般纳税人开具专用发票后作废或开具红字发票的有关规定处理。由销售方到税务机关办理,对于重新开票的,应同时进行新开票税额与原开票税额的清算,多退少补;对无需重新开票的,退还其已征的税款。

[注释:条款修改。根据《国家税务总局关于修改若干增值税规范性文件引用法规规章条款依据的通知》(国税发〔2009〕10号),自2009年1月1日起将第一条"增值税征收率4%(商业)或6%(其他)"修改为"增值税征收率3%"。]

国家税务总局
关于取消为纳税人提供增值税专用发票开票服务的中介机构资格审批后有关问题的通知

(2004年6月25日 国税函〔2004〕822号)

各省、自治区、直辖市和计划单列市国家税务局:

根据《国务院关于第三批取消和调整行政审批的决定》(国发〔2004〕16号)文件精神,对《国家税务总局关于印发〈增值税防伪税控主机共享服务系统管理暂行办法〉的通知》(国税发〔2003〕67号)中规定的"为纳税人提供增值税专用发票开票服务的中介机构资格审批,由地市级注册税务师管理机构报同级税务机关增值税管理部门审批"予以取消。取消审批后,税务机关要进一步做好无偿为纳税人提供开票服务工作,同时对中介机构提供的开票服务要进行监督管理,督促其严格遵照《增值税防伪税控主机共享服务系统管理暂行办法》的有关规定,对违规操作的要依照有关规定处理;对涉嫌虚开发票等违法犯罪活动的要依法处理。

国家税务总局
关于加强税务机关代开增值税专用发票管理问题的通知

(2004年12月22日 国税函〔2004〕1404号)

各省、自治区、直辖市和计划单列市国家税务局:

为落实《国家税务总局关于印发〈税务机关代开增值税专用发票管理办法(试行)〉的通知》(国税发〔2004〕153号)的要求,做好税务机关代开增值税专用发票工作,现将有关事项通知如下:

一、从2005年1月1日起，凡税务机关代开增值税专用发票必须通过防伪税控系统开具，通过防伪税控报税子系统采集代开增值税专用发票开具信息，不再填报《代开发票开具清单》，同时停止使用非防伪税控系统为纳税人代开增值税专用发票（包括手写版增值税专用发票和计算机开具不带密码的电脑版增值税专用发票）。

二、增值税一般纳税人取得的税务机关用非防伪税控系统代开的增值税专用发票，应当在2005年3月份纳税申报期结束以前向主管税务机关申报抵扣，并填报《代开发票抵扣清单》，逾期不得抵扣进项税额。

增值税一般纳税人取得的税务机关通过防伪税控系统代开的增值税专用发票，通过防伪税控认证子系统采集抵扣联信息，不再填报《代开发票抵扣清单》，其认证、申报抵扣期限的有关规定按照《国家税务总局关于增值税一般纳税人取得防伪税控系统开具的增值税专用发票进项税额抵扣问题的通知》（国税发〔2003〕17号）规定执行，并按照现行防伪税控增值税专用发票比对内容进行"一窗式"比对。

三、税务机关必须在一个窗口设置征收岗位和代开发票岗位。

四、对实行定期定额征收方法的纳税人正常申报时，按以下方法进行清算：

（一）每月开票金额大于应征增值税税额的，以开票金额数为依据征收税款，并作为下一年度核定定期定额的依据。

（二）每月开票金额小于应征增值税税额的，按应征增值税税额数征收税款。

五、在防伪税控代开票征收子系统未投入运行前，要加强对手工传递凭证的监控工作，要设置审核监控岗位专门负责核对开票税额、收款数额和入库税款是否一致。

六、税务机关要加强对认证通过的代开增值税专用发票和纳税人申报表进行比对。对票表比对异常的要查清原因，依照有关规定分别进行处理。要对小规模纳税人申报的应纳税销售额进行审核，其当期申报的应纳税销售额不得小于税务机关为其代开的增值税专用发票上所注明的金额。

七、各级税务机关要高度重视代开增值税专用发票工作，对《税务机关代开增值税专用发票管理办法（试行）》和本通知执行过程中出现的问题，要及时报告国家税务总局。

国家税务总局
关于国家税务局为小规模纳税人代开发票及税款征收有关问题的通知

（2005年2月28日　国税发〔2005〕18号）

各省、自治区、直辖市和计划单列市国家税务局、地方税务局：

为加强税收征管，优化纳税服务，针对一些地方反映的问题，现对国家税务局为增值税小规模纳税人（以下简称纳税人）代开发票征收增值税时，如何与地税局协作加强有关地方税费征收问题通知如下：

一、经国、地税局协商，可由国税局为地税局代征有关税费。纳税人销售货物或应税劳务，按现行规定需由主管国税局为其代开普通发票或增值税专用发票（以下简称发票）的，主管国税局应当在代开发票并征收增值税（除销售免税货物外）的同时，代地税局征收城市维护建设税和教育费附加。

二、经协商，不实行代征方式的，则国、地税要加强信息沟通。国税局应定期将小规模纳税人缴纳增值税情况，包括国税为其代开发票情况通报给地税局，地税局用于加强对有关地方税费的征收管理。

三、实行国税代征方式的，为保证此项工作顺利进行，国税系统应在其征管软件上加列征收城市维护建设税和教育费附加的功能，总局综合征管软件总局负责修改，各地开发的征管软件由各地自行修改。在软件修改前，暂用人工方式进行操作。

四、主管国税局为纳税人代开的发票作废或销货退回按现行规定开具红字发票时，由主管国税局退还或在下期抵缴已征收的增值税，由主管地税局退还已征收的城市维护建设税和教育费附加或者委托主管国税局在下期抵缴已征收的城市维护建设税和教育费附加，具体退税办法按《国家税务总局 中国人民银行 财政部关于现金退税问题的紧急通知》（国税发〔2004〕47号）执行。

五、主管国税局应当将代征的地方预算收入按照国家规定的预算科目和预算级次及时缴入国库。

六、国税局代地税局征收城市维护建设税和教育费附加，使用国税系统征收票据，并由主管国税局负责有关收入对账、核算和汇总上拨工作。

各级国税局应在"应征类"和"入库类"科目下增设"城市维护建设税"和"教育费附加"明细科目。

七、主管国税局应按月将代征地方税款入库信息，及时传送主管地税局。具体信息交换方式由各省级国税局和地税局协商确定。

八、各省级国税局和地税局应按照《中华人民共和国税收征收管理法》的有关规定签定代征协议，并分别通知所属税务机关执行。

国家税务总局
关于纳税人申请代开增值税发票办理流程的公告

（2016年8月31日　国家税务总局公告2016年第59号）

现将纳税人代开发票（纳税人销售取得的不动产和其他个人出租不动产由地税机关代开增值税发票业务除外）办理流程公告如下：

一、办理流程

（一）在地税局委托国税局代征税费的办税服务厅，纳税人按照以下次序办理：

1. 在国税局办税服务厅指定窗口：

（1）提交《代开增值税发票缴纳税款申报单》（见附件）；

（2）自然人申请代开发票，提交身份证件及复印件。

其他纳税人申请代开发票，提交加载统一社会信用代码的营业执照（或税务登记证或组织机构代码证）、经办人身份证件及复印件。

2. 在同一窗口申报缴纳增值税等有关税费。

3. 在同一窗口领取发票。

（二）在国税、地税合作、共建的办税服务厅，纳税人按照以下次序办理：

1. 在办税服务厅国税指定窗口：

（1）提交《代开增值税发票缴纳税款申报单》；

（2）自然人申请代开发票，提交身份证件及复印件。

其他纳税人申请代开发票，提交加载统一社会信用代码的营业执照（或税务登记证或组织机构代码证）、经办人身份证件及复印件。

2. 在同一窗口缴纳增值税。

3. 到地税指定窗口申报缴纳有关税费。

4. 到国税指定窗口凭相关缴纳税费证明领取发票。

二、各省税务机关应在本公告规定的基础上，结合本地实际，制定更为细化、更有明确指向和可操作的纳税人申请代开发票办理流程公告，切实将简化优化办税流程落到实处。

三、纳税人销售取得的不动产和其他个人出租不动产代开增值税发票业务所需资料，仍然按照《国家税务总局关于加强和规范税务机关代开普通发票工作的通知》（国税函〔2004〕1024号）第二条第（五）项执行。

本公告自2016年11月15日起施行。

附件：代开增值税发票缴纳税款申报单（略）

［注释：条款失效。

"现将纳税人代开发票（纳税人销售取得的不动产和其他个人出租不动产由地税机关代开增值税发票业务除外）办理流程公告如下：

一、办理流程

（一）在地税局委托国税局代征税费的办税服务厅，纳税人按照以下次序办理：

1. 在国税局办税服务厅指定窗口：

（1）提交《代开增值税发票缴纳税款申报单》（见附件）；

（2）自然人申请代开发票，提交身份证件及复印件。

其他纳税人申请代开发票，提交加载统一社会信用代码的营业执照（或税务登记证或组织机构代码证）、经办人身份证件及复印件。

2. 在同一窗口申报缴纳增值税等有关税费。

3. 在同一窗口领取发票。

（二）在国税、地税合作、共建的办税服务厅，纳税人按照以下次序办理：

1. 在办税服务厅国税指定窗口：

（1）提交《代开增值税发票缴纳税款申报单》；

（2）自然人申请代开发票，提交身份证件及复印件。

其他纳税人申请代开发票，提交加载统一社会信用代码的营业执照（或税务登记证或组织机构代码证）、经办人身份证件及复印件。

2. 在同一窗口缴纳增值税。

3. 到地税指定窗口申报缴纳有关税费。

4. 到国税指定窗口凭相关缴纳税费证明领取发票。"

修改为:

"现将纳税人代开发票(纳税人销售取得的不动产和其他个人出租不动产代开增值税发票业务除外)办理流程公告如下:

一、办理流程

(一)在办税服务厅指定窗口

1. 提交《代开增值税发票缴纳税款申报单》;

2. 自然人申请代开发票,提交身份证件及复印件。

其他纳税人申请代开发票,提交加载统一社会信用代码的营业执照(或税务登记证或组织机构代码证)、经办人身份证件及复印件。

(二)在同一窗口缴纳有关税费、领取发票。"

参见《国家税务总局关于修改部分税收规范性文件的公告》(国家税务总局公告 2018 年第 31 号)。]

附件:代开增值税发票缴纳税款申报单(见二维码 39)

二维码39

国家税务总局
关于发布《货物运输业小规模纳税人申请代开增值税专用发票管理办法》的公告

(2017 年 12 月 29 日 国家税务总局公告 2017 年第 55 号)

为贯彻落实《国家税务总局关于进一步深化税务系统"放管服"改革 优化税收环境的若干意见》(税总发〔2017〕101 号)的精神,国家税务总局制定了《货物运输业小规模纳税人申请代开增值税专用发票管理办法》,现予以发布。

附件:货物运输业小规模纳税人申请代开增值税专用发票管理办法

附件:

货物运输业小规模纳税人申请代开增值税专用发票管理办法

第一条 为进一步优化纳税服务,简化办税流程,方便货物运输业小规模纳税人代开增值税专用发票,根据《中华人民共和国税收征收管理法》及其实施细则、《中华人民共和国发票管理办法》及其实施细则等规定,制定本办法。

第二条 同时具备以下条件的增值税纳税人(以下简称纳税人)适用本办法:

(一)在中华人民共和国境内(以下简称境内)提供公路或内河货物运输服务,并办理了工商登记和税务登记。

（二）提供公路货物运输服务的，取得《中华人民共和国道路运输经营许可证》和《中华人民共和国道路运输证》；提供内河货物运输服务的，取得《中华人民共和国水路运输经营许可证》和《中华人民共和国水路运输证》。

（三）在税务登记地主管税务机关（以下简称主管税务机关）按增值税小规模纳税人管理。

第三条 纳税人在境内提供公路或内河货物运输服务，需要开具增值税专用发票的，可在税务登记地、货物起运地、货物到达地或运输业务承揽地（含互联网物流平台所在地）中任何一地，就近向国税机关（以下称代开单位）申请代开增值税专用发票。

第四条 纳税人应将营运资质和营运机动车、船舶信息向主管税务机关进行备案。

第五条 完成上述备案后，纳税人可向代开单位申请代开增值税专用发票，并向代开单位提供以下资料：

（一）《货物运输业代开增值税专用发票缴纳税款申报单》（以下简称《申报单》，见附件）。

（二）加载统一社会信用代码的营业执照（或税务登记证或组织机构代码证）复印件。

（三）经办人身份证件及复印件。

第六条 纳税人申请代开增值税专用发票时，应按机动车号牌或船舶登记号码分别填写《申报单》，挂车应单独填写《申报单》。《申报单》中填写的运输工具相关信息，必须与其向主管税务机关备案的信息一致。

第七条 纳税人对申请代开增值税专用发票时提交资料的真实性和合法性承担责任。

第八条 代开单位对纳税人提交资料的完整性和一致性进行核对。资料不符合要求的，应一次性告知纳税人补正资料；符合要求的，按规定代开增值税专用发票。

第九条 纳税人申请代开增值税专用发票时，应按照所代开增值税专用发票上注明的税额向代开单位全额缴纳增值税。

第十条 纳税人代开专用发票后，如发生服务中止、折让、开票有误等情形，需要作废增值税专用发票、开具增值税红字专用发票、重新代开增值税专用发票、办理退税等事宜的，应由原代开单位按照现行规定予以受理。

第十一条 纳税人在非税务登记地申请代开增值税专用发票，不改变主管税务机关对其实施税收管理。

第十二条 纳税人应按照主管税务机关核定的纳税期限，按期计算增值税应纳税额，抵减其申请代开增值税专用发票缴纳的增值税后，向主管税务机关申报缴纳增值税。

第十三条 纳税人代开增值税专用发票对应的销售额，一并计入该纳税人月（季、年）度销售额，作为主管税务机关对其实施税收管理的标准和依据。

第十四条 增值税发票管理新系统定期将纳税人异地代开发票、税款缴纳等数据信息清分至主管税务机关。主管税务机关应加强数据比对分析，对纳税人申请代开增值税专用发票金额明显超出其实际运输能力的，主管税务机关可暂停其在非税务登记地代开增值税专用发票并及时约谈纳税人。经约谈排除疑点的，纳税人可继续在非税务登记地申请代开增值税专用发票。

第十五条 各省、自治区、直辖市和计划单列市国家税务局可根据本办法制定具体实施办法。

第十六条 本办法未明确事项，按现行增值税专用发票使用规定及税务机关代开增值税专用发票有关规定执行。

第十七条　本办法自 2018 年 1 月 1 日起施行。《国家税务总局关于在全国开展营业税改征增值税试点有关征收管理问题的公告》（国家税务总局公告 2013 年第 39 号）第一条第（一）项和附件 1 同时废止。

附件：货物运输业代开增值税专用发票缴纳税款申报单（见二维码 40）
[注释：条款失效。

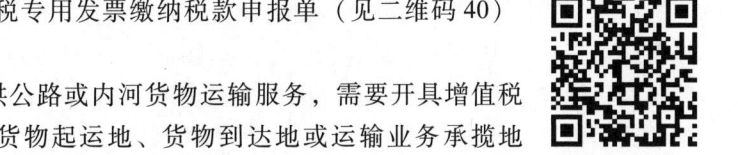

二维码 40

"第三条　纳税人在境内提供公路或内河货物运输服务，需要开具增值税专用发票的，可在税务登记地、货物起运地、货物到达地或运输业务承揽地（含互联网物流平台所在地）中任何一地，就近向国税机关（以下称代开单位）申请代开增值税专用发票。"修改为："第三条　纳税人在境内提供公路或内河货物运输服务，需要开具增值税专用发票的，可在税务登记地、货物起运地、货物到达地或运输业务承揽地（含互联网物流平台所在地）中任何一地，就近向税务机关（以下称代开单位）申请代开增值税专用发票。"

"第十五条　各省、自治区、直辖市和计划单列市国家税务局可根据本办法制定具体实施办法。"修改为："第十五条　各省、自治区、直辖市和计划单列市税务局可根据本办法制定具体实施办法。"

附件《货物运输业代开增值税专用发票缴纳税款申报单》中"＿＿＿＿＿国税局""国税机关"的内容修改为"＿＿＿＿＿税务局""税务机关"。

参见《国家税务总局关于修改部分税收规范性文件的公告》（国家税务总局公告 2018 年第 31 号）。

条款废止：

依据《国家税务总局关于取消增值税扣税凭证认证确认期限等增值税征管问题的公告》（国家税务总局公告 2019 年第 45 号），本公告作相应修改，重新发布。

依据《国家税务总局关于国内旅客运输服务进项税抵扣等增值税征管问题的公告》（国家税务总局公告 2019 年第 31 号），本法规第二条第（二）项自 2019 年 10 月 1 日起废止。]

国家税务总局
关于开展网络平台道路货物运输企业代开增值税专用发票试点工作的通知

（2019 年 12 月 31 日　税总函〔2019〕405 号）

国家税务总局各省、自治区、直辖市和计划单列市税务局，国家税务总局驻各地特派员办事处：

为进一步优化纳税服务，提高货物运输业小规模纳税人使用增值税专用发票的便利性，根据《中华人民共和国税收征收管理法》及其实施细则、《中华人民共和国发票管理办法》及其实施细则、《交通运输部　国家税务总局关于印发〈网络平台道路货物运输经营管理暂行办法〉的通知》（交运规〔2019〕12 号）等规定，税务总局决定在全国范围内开展网络平台道路货物运输企业代开增值税专用发票试点工作。现将有关事项通知如下：

一、试点内容

经国家税务总局各省、自治区、直辖市和计划单列市税务局（以下称各省税务局）批准，纳入试点的网络平台道路货物运输企业（以下称试点企业）可以为同时符合以下条件的货物运输业小规模纳税人（以下称会员）代开增值税专用发票，并代办相关涉税事项。

（一）在中华人民共和国境内提供公路货物运输服务，取得《中华人民共和国道路运输经营许可证》和《中华人民共和国道路运输证》。以4.5吨及以下普通货运车辆从事普通道路货物运输经营的，无须取得《中华人民共和国道路运输经营许可证》和《中华人民共和国道路运输证》。

（二）以自己的名义对外经营，并办理了税务登记（包括临时税务登记）。

（三）未做增值税专用发票票种核定。

（四）注册为该平台会员。

二、试点企业的条件

试点企业应当同时符合以下条件：

（一）按照《交通运输部 国家税务总局关于印发〈网络平台道路货物运输经营管理暂行办法〉的通知》（交运规〔2019〕12号）规定，取得经营范围中注明"网络货运"的《道路运输经营许可证》。

（二）具备与开展业务相适应的相关线上服务能力，包括信息数据交互及处理能力，物流信息全程跟踪、记录、存储、分析能力，实现交易、运输、结算等各环节全过程透明化动态管理，对实际承运驾驶员和车辆的运输轨迹实时展示，并记录含有时间和地理位置信息的实时运输轨迹数据。

（三）与省级交通运输主管部门建立的网络货运信息监测系统实现有效对接，按照要求完成数据上传。

（四）对会员相关资质进行审查，保证提供运输服务的实际承运车辆具备合法有效的营运证，驾驶员具有合法有效的从业资格证。

试点企业代开增值税专用发票不得收取任何费用，否则将取消其试点企业资格。

三、专用发票的开具

试点企业按照以下规定为会员代开增值税专用发票：

（一）仅限于为会员通过本平台承揽的货物运输服务代开增值税专用发票。

（二）应与会员签订委托代开增值税专用发票协议。协议范本由各省税务局制定。

（三）使用自有增值税发票税控开票软件，按照3%的征收率代开增值税专用发票，并在发票备注栏注明会员的纳税人名称、纳税人识别号、起运地、到达地、车种车号以及运输货物信息。如内容较多可另附清单。

（四）代开增值税专用发票的相关栏次内容，应与会员通过本平台承揽的运输服务，以及本平台记录的物流信息保持一致。平台记录的交易、资金、物流等相关信息应统一存储，以备核查。

（五）试点企业接受会员提供的货物运输服务，不得为会员代开专用发票。试点企业可以按照《货物运输业小规模纳税人申请代开增值税专用发票管理办法》（国家税务总局公告2017年第55号发布）的相关规定，代会员向试点企业主管税务机关申请代开专用发票。

四、涉税事项的办理

（一）试点企业代开增值税专用发票应当缴纳的增值税，由试点企业按月代会员向试点企业主管税务机关申报缴纳,并将完税凭证转交给会员。

(二)试点企业办理增值税纳税申报时,代开增值税专用发票对应的收入不属于试点企业的增值税应税收入,无须申报。试点企业应按月将代开增值税专用发票和代缴税款情况向主管税务机关报备,具体报备的有关事项由各省税务局确定。

(三)会员应按照其主管税务机关核定的纳税期限,按规定计算增值税应纳税额,抵减已由试点企业代为缴纳的增值税后,向主管税务机关申报纳税。

五、工作要求

(一)各地税务机关应高度重视网络平台道路货物运输企业代开专用发票试点工作,总结前期开展互联网物流平台企业代开专用发票试点工作的经验,严格按照税务总局部署落实好相关工作。

(二)各省税务局负责组织实施网络平台道路货物运输企业代开专用发票试点工作,按照纳税人自愿的原则确定试点企业。开展试点工作需要纳税人周知的其他事项,由各省税务局负责办理。

(三)各地税务机关应积极推动试点工作开展,加强试点企业的管理,分析试点企业运行数据。发现试点企业虚构业务、虚开发票等违法违规行为的,应立即取消其试点资格并依法处理。

(四)各地税务机关应与当地道路货运行业主管部门对接,充分利用和挖掘内外部大数据资源,深入开展物流行业经济分析和税收风险管理工作,及时总结试点经验,提升试点成效。试点过程中发现的情况和问题,请及时上报国家税务总局(货物和劳务税司)。

本通知自 2020 年 1 月 1 日起施行。《国家税务总局关于开展互联网物流平台企业代开增值税专用发票试点工作的通知》(税总函〔2017〕579 号)同时废止。

(三)小规模纳税人自开增值税专用发票相关政策

国家税务总局
关于扩大小规模纳税人自行开具增值税专用发票试点
范围等事项的公告

(2019 年 2 月 3 日 国家税务总局公告 2019 年第 8 号)

为了贯彻落实党中央、国务院决策部署,进一步优化营商环境,支持民营经济和小微企业发展,便利纳税人开具和使用增值税发票,现决定扩大小规模纳税人自行开具增值税专用发票试点范围、扩大取消增值税发票认证的纳税人范围。有关事项公告如下:

一、扩大小规模纳税人自行开具增值税专用发票试点范围。将小规模纳税人自行开具增值税专用发票试点范围由住宿业、鉴证咨询业、建筑业、工业、信息传输、软件和信息技术服务业,扩大至租赁和商务服务业、科学研究和技术服务业、居民服务、修理和其他服务业。上述 8 个行业小规模纳税人(以下称试点纳税人)发生增值税应税行为,需要开具增值税专用发票的，可以自愿使用增值税发票管理系统自行开具。

试点纳税人销售其取得的不动产，需要开具增值税专用发票的，应当按照有关规定向税务机关申请代开。

试点纳税人应当就开具增值税专用发票的销售额计算增值税应纳税额，并在规定的纳税申报期内向主管税务机关申报缴纳。在填写增值税纳税申报表时，应当将当期开具增值税专用发票的销售额，按照3%和5%的征收率，分别填写在《增值税纳税申报表》（小规模纳税人适用）第2栏和第5栏"税务机关代开的增值税专用发票不含税销售额"的"本期数"相应栏次中。

二、扩大取消增值税发票认证的纳税人范围。将取消增值税发票认证的纳税人范围扩大至全部一般纳税人。一般纳税人取得增值税发票（包括增值税专用发票、机动车销售统一发票、收费公路通行费增值税电子普通发票，下同）后，可以自愿使用增值税发票选择确认平台查询、选择用于申报抵扣、出口退税或者代办退税的增值税发票信息。

增值税发票选择确认平台的登录地址由国家税务总局各省、自治区、直辖市和计划单列市税务局确定并公布。

三、本公告自2019年3月1日起施行。《国家税务总局关于纳税信用A级纳税人取消增值税发票认证有关问题的公告》（国家税务总局公告2016年第7号发布，国家税务总局公告2018年第31号修改）、《国家税务总局关于全面推开营业税改征增值税试点有关税收征收管理事项的公告》（国家税务总局公告2016年第23号发布，国家税务总局公告2018年第31号修改）第五条、《国家税务总局关于在境外提供建筑服务等有关问题的公告》（国家税务总局公告2016年第69号发布，国家税务总局公告2018年第31号修改）第十条、《国家税务总局关于按照纳税信用等级对增值税发票使用实行分类管理有关事项的公告》（国家税务总局公告2016年第71号）第二条、《国家税务总局关于开展鉴证咨询业增值税小规模纳税人自开增值税专用发票试点工作有关事项的公告》（国家税务总局公告2017年第4号发布，国家税务总局公告2018年第31号修改）、《国家税务总局关于进一步明确营改增有关征管问题的公告》（国家税务总局公告2017年第11号发布，国家税务总局公告2018年第31号修改）第九条、《国家税务总局关于增值税发票管理若干事项的公告》（国家税务总局公告2017年第45号发布，国家税务总局公告2018年第31号修改）第二条、《国家税务总局关于纳税信用评价有关事项的公告》（国家税务总局公告2018年第8号）第四条第一项同时废止。

［注释：条款废止。依据《国家税务总局关于增值税发票管理等有关事项的公告》（国家税务总局公告2019年第33号），本法规第一条自2020年2月1日起废止。］

国家税务总局
关于增值税发票管理等有关事项的公告

（2019年10月9日　国家税务总局公告2019年第33号）

（正文编者略）

五、增值税小规模纳税人（其他个人除外）发生增值税应税行为，需要开具增值税专用发票的,可以自愿使用增值税发票管理系统自行开具。选择自行开具增值税专用发票的小规模纳税人,税务机关不再为其代开增值税专用发票。

(四) 发票管理系统相关政策

国家税务总局
关于印发《增值税防伪税控系统管理办法》的通知

(1999年12月1日　国税发〔1999〕221号)

各省、自治区、直辖市和计划单列市国家税务局:

为了加强增值税防伪税控系统的推行和应用管理,保障金税工程的顺利实施,现将总局制定的《增值税防伪税控系统管理办法》印发给你们,请认真贯彻执行,执行中有何问题,请及时上报总局。

增值税防伪税控系统管理办法

第一章　总　则

第一条　为保证增值税防伪税控系统(以下简称防伪税控系统)的顺利推行和正常运转,防范利用增值税专用发票(以下简称专用发票)偷骗税的不法行为,进一步加强增值税征收管理,特制定本办法。

第二条　防伪税控系统是运用数字密码和电子信息存储技术,强化专用发票的防伪功能,实现对增值税一般纳税人税源监控的计算机管理系统。

第三条　防伪税控系统的推广应用由国家税务总局(以下简称总局)统一领导,省级以下税务机关逐级组织实施。

第四条　各级税务机关增值税业务管理部门(以下简称业务部门)负责防伪税控系统推行应用的组织及日常管理工作,计算机技术管理部门(以下简称技术部门)提供技术支持。

第二章　认定登记

第五条　主管税务机关根据防伪税控系统推行计划确定纳入防伪税控系统管理的企业(以下简称防伪税控企业),下达《增值税防伪税控系统使用通知书》(附件一)。

第六条　防伪税控企业应于《增值税防伪税控系统使用通知书》规定的时间内,向主管税务机关填报《防伪税控企业认定登记表》(附件二)。主管税务机关应认真审核防伪税控企业提供的有关资料和填写的登记事项,确认无误后签署审批意见。

《防伪税控企业认定登记表》一式三联。第一联防伪税控企业留存;第二联税务机关认定登记部门留存;第三联为防伪税控企业办理系统发行的凭证。

第七条 防伪税控企业认定登记事项发生变化,应到主管税务机关办理变更认定登记手续。

第八条 防伪税控企业发生下列情形,应到主管税务机关办理注销认定登记,同时由主管税务机关收缴金税卡和IC卡(以下简称两卡)。

(一)依法注销税务登记,终止纳税义务;

(二)被取消一般纳税人资格;

(三)减少分开票机。

第三章 系统发行

第九条 防伪税控系统发行实行分级管理。

总局负责发行省级税务发行子系统以及省局直属征收分局认证报税子系统、企业发行子系统和发票发售子系统;

省级税务机关负责发行地级税务发行子系统以及地级直属征收分局认证报税子系统、企业发行子系统和发票发售子系统;

地级税务机关负责发行县级认证报税子系统、企业发行子系统和发票发售子系统;

地级税务机关经省级税务机关批准,可发行县级所属征收单位认证报税子系统、企业发行子系统和发票发售子系统。

第十条 防伪税控企业办理认定登记后,由主管税务机关负责向其发行开票子系统。

第十一条 防伪税控企业发生本办法第七条情形的,应同时办理变更发行。

第四章 发放发售

第十二条 防伪税控系统专用设备(以下简称专用设备)包括:金税卡、IC卡、读卡器、延伸板及相关软件等。防伪税控系统税务专用设备由总局统一配备并逐级发放;企业专用设备由防伪税控系统技术服务单位(以下简称服务单位)实施发售管理。

第十三条 主管税务机关需要增配专用设备的,应填制《防伪税控系统专用设备需求表》(附件三)报上级税务机关核发。

第十四条 地级以上税务机关接收和发放专用设备,应严格交接制度,分别填写《防伪税控系统专用设备入库单》(附件四)和《防伪税控系统专用设备出库单》(附件五),及时登记《防伪税控系统专用设备收、发、存台账》(附件六)。

各级税务机关对库存专用设备实行按月盘存制度,登记《防伪税控系统专用设备盘存表》(附件七)。

第十五条 服务单位凭主管税务机关下达的《增值税防伪税控系统使用通知书》向防伪税控企业发售专用设备。

第十六条 服务单位应参照本办法第十四条的规定,加强企业专业设备的仓储发售管理,认真记录收发存情况。对库存专用设备实行按月盘点制度,登记《防伪税控系统专用设备盘存表》(同附件七),并报同级税务机关备案。

第五章 购票开票

第十七条 防伪税控企业凭税控IC卡向主管税务机关领购电脑版专用发票。主管税务机关核对企业出示的相关资料与税控 IC 卡记录内容，确认无误后，按照专用发票发售管理规定，通过企业发票发售子系统发售专用发票，并将专用发票的起始号码及发售时间登录在税控 IC 卡内。

第十八条 新纳入防伪税控系统的企业，在系统启用后十日内将启用前尚未使用完的专用发票（包括误填作废的专用发票）报主管税务机关缴销。

第十九条 防伪税控企业必须使用防伪税控系统开具专用发票，不得以其他方式开具手工版或电脑版专用发票。

第二十条 防伪税控企业应按照《增值税专用发票使用规定》开具专用发票，打印压线或错格的，应作废重开。

第六章 认证报税

第二十一条 防伪税控企业应在纳税申报期限内将抄有申报所属月份纳税信息的 IC 卡和备份数据软盘向主管税务机关报税。

第二十二条 防伪税控企业和未纳入防伪税控系统管理的企业取得的防伪税控系统开具的专用发票抵扣联，应据增值税有关扣税规定核算当期进项税额，如期申报纳税，属于扣税范围的，应于纳税申报时或纳税申报前报主管税务机关认证。

第二十三条 主管税务机关应在企业申报月份内完成企业申报所属月份的防伪税控专用发票抵扣联的认证。对因褶皱、揉搓等无法认证的加盖"无法认证"戳记，认证不符的加盖"认证不符"戳记，属于利用丢失被盗金税卡开具的加盖"丢失被盗"戳记。认证完毕后，应将认证相符和无法认证的专用发票抵扣联退还企业，并同时向企业下达《认证结果通知书》（附件八）。对认证不符和确认为丢失、被盗金税卡开具的专用发票应及时组织查处。

认证戳记式样由各省级税务机关统一制定。

第二十四条 防伪税控企业应将税务机关认证相符的专用发票抵扣联连同《认证结果通知书》和认证清单一起按月装订成册备查。

第二十五条 经税务机关认证确定为"无法认证""认证不符"以及"丢失被盗"的专用发票，防伪税控企业如已申报扣税的，应调减当月进项税额。

第二十六条 报税子系统采集的专用发票存根联数据和认证子系统采集的专用发票抵扣联数据应按规定传递到增值税计算机稽核系统。

第二十七条 防伪税控企业金税卡需要维修或更换时，其存储的数据，必须通过磁盘保存并列印出清单。税务机关应核查金税卡内尚未申报的数据和软盘中专用发票开具的明细信息，生成专用发票存根联数据传递到增值税计算机稽核系统；企业计算机主机损坏不能抄录开票明细信息的，税务机关应对企业开具的专用发票存根联通过防伪税控认证子系统进行认证，产生专用发票存根联数据传递到增值税计算机稽核系统。

第七章 技术服务

第二十八条 防伪税控系统研制生产单位应按照总局制定的推行计划组织专用设备的生产，确保产品质量。严格保密、交接等各项制度。两卡等关键设备在出厂时要进行统一编号，标贴国家密码管理委员会办公室核发的"商密产品认证标识"。

第二十九条 各地税务机关技术部门应做好税务机关内部防伪税控系统的技术支持和日

常维护工作。

第三十条 系统研制生产单位应在各地建立服务单位，负责防伪税控系统的安装调试、操作培训、维护服务和企业用防伪税控系统专用设备的销售。

第三十一条 税务机关应与当地服务单位签订协议，明确工作程序、业务规范和双方的权利义务等事项。

第三十二条 服务单位在向防伪税控企业发售专用设备时，应和企业签订系统维护合同，按照税务机关的有关要求明确服务标准和违约责任等事项，并报当地税务机关备案。

第三十三条 防伪税控系统使用过程中出现的技术问题，税务机关、服务单位应填制《防伪税控系统故障登记表》（附件九），分别逐级上报总局和系统研制生产单位，重大问题及时上报。

第八章　安全措施

第三十四条 税务机关用两卡应由专人使用保管，使用或保管场所应有安全保障措施。发生丢失、被盗的，应立即报公安机关侦破追缴，并报上级税务机关进行系统处理。

第三十五条 按照密码安全性的要求，总局适时统一布置更换系统密钥，部分地区由于两卡丢失被盗等原因需要更换密钥的，由上一级税务机关决定。

第三十六条 有关防伪税控系统管理的表、账、册及税务文书等资料保存期为五年。

第三十七条 防伪税控企业应采取有效措施保障开票设备的安全，对税控IC卡和专用发票应分开专柜保管。

第三十八条 任何单位和个人未经总局批准不得擅自改动防伪税控系统软、硬件。

第三十九条 服务单位和防伪税控企业专用设备发生丢失被盗的，应迅速报告公安机关和主管税务机关。各级税务机关按月汇总上报《丢失、被盗金税卡情况表》（附件十）。总局建立丢失被盗金税卡数据库下发各地录入认证子系统。

第四十条 税务机关或企业损坏的两卡以及按本办法第八条规定收缴的两卡，由省级税务机关统一登记造册并集中销毁。

第九章　监督检查

第四十一条 税务机关应定期检查服务单位的两卡收发存和技术服务情况。督促服务单位严格两卡发售工作程序，落实安全措施。严格履行服务协议，不断改进服务工作。

第四十二条 防伪税控企业逾期未报税，经催报仍不报的，主管税务机关应立即进行实地查处。

第四十三条 防伪税控企业未按规定使用保管专用设备，发生下列情形之一的，视同未按规定使用和保管专用发票处罚：

（一）因保管不善或擅自拆装专用设备造成系统不能正常运行；

（二）携带系统外出开具专用发票。

第四十四条 各级税务机关应定期检查系统发行情况，地级以上税务机关对下一级税务机关的检查按年进行，地级对县级税务机关的检查按季进行。

第十章 附　则

第四十五条　本办法由国家税务总局负责解释。各地可根据本办法制定具体实施细则。

第四十六条　本办法自 2000 年 1 月 1 日起施行。

附件：1. 增值税防伪税控系统使用通知书（见二维码 41）
　　　　防伪税控企业认定登记表（已废止）
　　　2. 防伪税控系统专用设备需求表（见二维码 41）
　　　3. 防伪税控系统专用设备入库单（见二维码 41）
　　　4. 防伪税控系统专用设备出库单（见二维码 41）
　　　5. 防伪税控系统_____（专用设备）收、发、存台账（见二维码 41）
　　　6. 增值税防伪税控专用设备盘存表（见二维码 41）
　　　7. 认证结果通知书（见二维码 41）
　　　8. 防伪税控系统故障登记表（见二维码 41）
　　　9. 丢失、被盗金税卡情况表（见二维码 41）

二维码41

［注释：条款修改。将"附件一：增值税防伪税控系统使用通知书_____国家税务局"修改为"附件一：增值税防伪税控系统使用通知书_____税务局"；将"附件八：认证结果通知书_____国家税务局（盖章）"修改为"附件七：认证结果通知书_____税务局（盖章）"。

条款失效。第二条、第六条失效，根据《国家税务总局关于发布已失效或废止的税收规范性文件目录的通知》（国税发〔2006〕62 号）规定第二条和第六条失效；同时，参见《国家税务总局关于取消防伪税控企业资格认定的通知》（国税函〔2004〕823 号）的规定。］

国家税务总局
关于印发《国家税务总局关于推行增值税防伪税控系统的通告》的通知

（2000 年 11 月 21 日　国税发〔2000〕191 号）

（正文编者略）

国家税务总局关于推行增值税防伪税控系统的通告

推行增值税防伪税控系统（以下简称税控系统），是加强增值税管理，保障国家税收，防范和严厉打击各种偷、骗增值税等违法犯罪活动的重要手段，是国家实现税收信息化管理实施金税工程的重要组成部分。根据《国务院办公厅转发国家税务总局关于全面推广应用增值税防伪税控系统意见的通知》（国办发〔2000〕12 号）精神，特通告如下：

一、凡经税务机关认定，取得增值税一般纳税人资格的企业（以下简称企业）必须按

照当地税务机关的统一要求,在 2002 年年底以前逐步纳入税控系统管理。具体步骤是:

(一) 2002 年 1 月 1 日起,企业必须通过税控系统开具销售额在万元以上的增值税专用发票(以下简称专用发票),同时全国统一废止手写万元版专用发票。自 2002 年 4 月 1 日起手写万元版专用发票不得作为增值税扣税凭证。

(二) 2003 年 1 月 1 日起,所有企业必须通过税控系统开具专用发票,同时全国统一废止手写版专用发票。自 2003 年 4 月 1 日起,手写版专用发票一律不得作为增值税的扣税凭证。

二、纳入税控系统管理的企业,必须通过该系统开具专用发票;对使用非税控系统开具专用发票的,税务机关要按照《中华人民共和国发票管理办法》的有关规定进行处罚;对破坏、擅自改动、拆卸税控系统进行偷税的,要依法予以严惩。

三、企业取得税控系统开具的专用发票,属于扣税范围的,应于纳税申报时或纳税申报前到税务机关申报认证;凡逾期未申报认证的,一律不得作为扣税凭证,已经抵扣税款的,由税务机关如数追缴,并按《中华人民共和国税收征收管理法》的有关规定进行处罚;凡认证不符的,不得作为扣税凭证,并由税务机关查明原因后依法处理。

四、自 2000 年 1 月 1 日起,企业购置税控系统专用设备和通用设备发生的费用,准予在当期计算缴纳所得税前一次性列支;同时可凭购货所取得的专用发票所注明的税额从增值税销项税额中抵扣。

税控系统专用设备包括税控金税卡、税控 IC 卡和读卡器;通用设备包括用于税控系统开具专用发票的计算机和打印机。

五、自 2000 年 9 月 1 日起,税控系统专用设备和技术维护价格执行标准如下:

(一) 企业税控金税卡零售价格为 1303 元,税控 IC 卡为 79 元,小读卡器定为 173 元。此价格为最终到户安装价格。

(二) 各技术维护单位对税控系统专用设备日常技术维护的价格标准为每年每户 450 元,安装使用当年按实际技术维护月数计收。并可根据各地的实际情况,在 10% 的浮动幅度内制定具体价格。

六、各级税务机关对税控系统的销售和售后服务要进行严格监督,但不得直接或间接从事与税控系统相关的商业性经营活动,对为纳税人提供的有关税控系统的技术维护工作不得收取任何费用。税控系统省级服务单位和省内服务网络应由航天金穗高技术有限公司负责建立和管理(西藏除外)。

〔注释:条款失效。第一条、第三条失效。参见:《国家税务总局关于发布已失效或废止的税收规范性文件目录的通知》(国税发〔2006〕62 号)。〕

国家税务总局
关于印发《国家税务总局关于推广应用增值税防伪税控主机共享服务系统有关问题的通告》的通知

(2003 年 6 月 2 日　国税函〔2003〕588 号)

(正文编者略)

国家税务总局关于推广应用增值税防伪税控主机共享服务系统有关问题的通告

为解决部分经营规模较小的增值税一般纳税人（以下简称纳税人）购置、使用防伪税控开票子系统存在的实际困难，国家税务总局决定推广应用增值税防伪税控主机共享服务系统，由税务机关或税务代理机构为纳税人提供集中开具增值税专用发票的服务（以下简称集中开票方式），现将有关问题通告如下：

一、集中开票方式由纳税人自愿选择，税务机关不得强制。

二、集中开票方式由税务代理机构提供开票服务，其收取的开票费用每张发票最高不超过5元；税务代理机构未能覆盖的地区，由税务机关无偿为纳税人提供开票服务。

三、采用集中开票方式的纳税人只购买金税卡（1303元）、IC卡（105元），不需购买读卡器（173元）。

四、采用集中开票方式开具增值税专用发票的，其最高限额为十万元（不含十万元）。

五、采用集中开票方式的纳税人，须按照《增值税防伪税控系统管理办法》办理防伪税控开票子系统的发行、增值税专用发票的领购、抄税报税和专用设备的缴销等业务；并自行保管增值税专用发票和税控IC卡，不得委托任何单位和个人代管。

六、采用集中开票方式的纳税人，不需缴纳防伪税控开票子系统的培训费，防伪税控专用设备维护费问题另行通知。

国家税务总局关于印发《增值税防伪税控主机共享服务系统管理暂行办法》的通知

（2003年6月16日 国税发〔2003〕67号）

各省、自治区、直辖市和计划单列市国家税务局：

为解决部分经营规模较小的一般纳税人使用防伪税控开票系统存在的实际困难，总局决定由税务机关和税务代理机构使用增值税防伪税控主机共享服务系统为其开具增值税专用发票（以下简称集中开票方式）。为规范税务代理机构和税务机关使用增值税防伪税控主机共享服务系统为增值税一般纳税人开具增值税专用发票提供服务的管理，总局制定了《增值税防伪税控主机共享服务系统管理暂行办法》，现印发给你们。2003年2月18日印发的《国家税务总局关于印发〈增值税防伪税控主机共享服务系统管理暂行办法〉的通知》（国税发〔2003〕18号）即行废止。

为做好增值税防伪税控主机共享服务系统推广工作，现将有关问题明确如下：

一、推广使用增值税防伪税控主机共享服务系统开具增值税专用发票，不仅有利于税务机关加强对经营规模较小的一般纳税人的管理，而且有利于这些企业节省开支。因此，各级税务机关应做好宣传介绍工作，引导和鼓励小型企业选择这种开票方式。

二、是否采用集中开票方式遵循自愿原则，由纳税人自愿选择，税务机关不得强制要求纳税人使用此种开票方式。

三、采用集中开票方式的纳税人只购买金税卡（1303元）、IC卡（105元），不需单独购买读卡器（173元）。

四、从事集中开票服务业务的税务机关和税务代理机构所需的共享系统设备，由国家税务总局集中统一采购。

五、税务代理机构收取的开票费用，每张发票最高不超过5元。

六、对于采用集中开票方式的纳税人，不得向其收取防伪税控开票子系统的培训费，防伪税控专用设备维护费问题另行通知。

七、税务机关和税务代理机构必须严格按照《增值税防伪税控主机共享服务系统管理暂行办法》的规定，为纳税人开具增值税专用发票。

[注释：条款废止。第五条废止。自2015年4月1日起废止。参见：《国家税务总局关于全面推行增值税发票系统升级版有关问题的公告》，国家税务总局公告2015年第19号。]

附件：增值税防伪税控主机共享服务系统管理暂行办法

附件：

增值税防伪税控主机共享服务系统管理暂行办法

第一条 为规范社会中介机构（以下简称中介机构）和税务机关使用增值税防伪税控主机共享服务系统（以下简称共享系统）为增值税一般纳税人（以下简称纳税人）开具增值税专用发票（以下简称专用发票）提供服务的管理，保证共享系统正常运行，特制定本办法。

第二条 共享系统是指能够为多户纳税人利用防伪税控系统开具专用发票提供服务（以下简称开票服务）的计算机应用系统。

第三条 共享系统必须符合国家税务总局制定的业务和技术规范，经国家税务总局组织测评合格后方可推广使用。

第四条 纳税人使用共享系统开具专用发票的具体范围，由省级税务机关确定。

第五条 纳税人使用共享系统开具专用发票的最高开票限额为十万元（不含十万元）。

第六条 纳税人自愿选择使用共享系统开具专用发票。纳税人申请使用共享系统开具专用发票的，应报主管税务机关批准。纳税人停止使用共享系统开具专用发票的，应提前1个月向主管税务机关提出申请，办妥有关手续后便可退出。

第七条 中介机构自愿为纳税人提供开票服务，没有中介机构提供开票服务的县（市、区），由税务机关无偿为纳税人提供开票服务。

第八条 为纳税人提供开票服务的中介机构，须向省级注册税务师管理机构提出资格确认申请；经确认取得资格的，报经地市级税务机关增值税管理部门审批后，方可提供开票服务。地市级税务机关增值税管理部门须将审批通过的中介机构报省级税务机关增值税管理部门和省级注册税务师管理机构备案。

第九条 中介机构为纳税人提供开票服务的管理，由注册税务师管理机构负责。

第十条 中介机构为纳税人提供开票服务必须按国家物价管理部门规定的收费标准收取费用，但每张发票最高不超过5元。

第十一条 中介机构提供开票服务必须与纳税人签订服务协议，明确双方责任。中介机构应有以下责任：

（一）妥善保管纳税人的防伪税控专用设备；

（二）定期备份有关开票数据；

（三）为纳税人开票信息保密；

（四）纳税人未按规定抄报税的，应及时通知纳税人抄报税；

（五）与防伪税控系统技术服务单位及共享系统供应商签订服务协议，以保证共享系统正常运行。

第十二条 中介机构和税务机关要严格按照纳税人提供的《增值税专用发票开票信息录入委托单》（样式附后）录入开票信息。已开具专用发票的《增值税专用发票开票信息录入委托单》由中介机构和税务机关按专用发票的保管年限保存。

第十三条 因管理或使用不善导致纳税人专用设备丢失被盗、损毁的，中介机构或税务机关应负责赔偿，并恢复所丢失数据。

第十四条 纳税人应按照《增值税防伪税控系统管理办法》办理防伪税控开票系统的发行、专用发票的领购、抄税报税和专用设备的缴销等业务。

第十五条 纳税人必须自行保管增值税专用发票和税控IC卡，不得委托任何单位和个人代管。

第十六条 中介机构在提供开票服务中发生下列情形的，由其所在地县（市、区）税务机关上报地市级税务机关增值税管理部门按以下规定处理。

（一）发生下列情形之一者，责令其限期改正，逾期不改正的，取消其开票服务资格。

1. 未按规定程序操作使用共享系统的；

2. 未按规定及时进行数据备份的；

3. 未按规定采取安全保管措施的；

4. 未及时排除故障，影响纳税人开具专用发票的；

5. 为纳税人代管专用发票和税控IC卡的；

6. 擅自将纳税人有关开票数据及资料提供给其他单位和个人的。

（二）发生下列情形之一者，取消其开票服务资格。

1. 采取虚假手段取得的开票服务资格的；

2. 与纳税人勾结或盗用纳税人税控IC卡、开票密码虚开专用发票的。

第十七条 各省、自治区、直辖市和计划单列市税务机关依据本办法，制定具体管理办法。

第十八条 本办法由国家税务总局负责解释。

第十九条 本办法自2003年6月1日起施行。

附件：增值税专用发票开票信息录入委托单（见二维码42）

国家税务总局
关于进一步做好增值税纳税申报"一窗式"管理工作的通知

(2003年8月19日　国税函〔2003〕962号)

各省、自治区、直辖市和计划单列市国家税务局：

根据各地在增值税纳税申报"一窗式"管理工作中反映的问题，为进一步做好此项工作，现将有关问题明确如下：

一、增值税一般纳税人发生销售货物、提供应税劳务开具增值税专用发票后，如发生销货退回、销售折让以及原蓝字专用发票填开错误等情况，视不同情况分别按以下办法处理：

（一）销货方如果在开具蓝字专用发票的当月收到购货方退回的发票联和抵扣联，而且尚未将记账联作账务处理，可对原蓝字专用发票进行作废。即在发票联、抵扣联连同对应的存根联、记账联上注明"作废"字样，并依次粘贴在存根联后面，同时对防伪税控开票子系统的原开票电子信息进行作废处理。如果销货方已将记账联作账务处理，则必须通过防伪税控系统开具负数专用发票作为扣减销项税额的凭证，不得作废已开具的蓝字专用发票，也不得以红字普通发票作为扣减销项税额的凭证。

销货方如果在开具蓝字专用发票的次月及以后收到购货方退回的发票联和抵扣联，不论是否已将记账联作账务处理，一律通过防伪税控系统开具负数专用发票扣减销项税额的凭证，不得作废已开具的蓝字专用发票，也不得以红字普通发票作为扣减销项税额的凭证。

（二）因购货方无法退回专用发票的发票联和抵扣联，销货方收到购货方当地主管税务机关开具的《进货退出或索取折让证明单》的，一律通过防伪税控系统开具负数专用发票作为扣减销项税额的凭证，不得作废已开具的蓝字专用发票，也不得以红字普通发票作为扣减销项税额的凭证。

二、根据《企业财务会计报告条例》（国务院令287号）第十九条规定："企业应当按照有关法律、行政法规和本条例规定的结账日进行结账，不得提前或者延迟。年度结账日为公立年度每年的12月31日，半年度、季度、月度结账日分别为公立年度每半年、每季、每月的最后一天"，凡结账日与该条例规定不符的纳税人，税务机关应责令其限期按照该条例规定计算当月销项税额。

三、企业在当月填报的专用发票抵扣数必须是上月收到并经认证的专用发票抵扣联税额汇总数。这些发票应在上月10日至30日内到税务机关认证。如果在当月申报期内认证的，也应是上月收到的发票。认证窗口或纳税申报窗口工作人员在办理纳税人认证时，要注意这一点。

四、对"票表稽核"比对不符问题处理办法

通过"票表稽核"发现纳税人申报异常，这是"一窗式"管理的成效。发现异常，要及时查明原因，并视不同情况处理。

（一）关于纳税人操作开票子系统作废不成功，造成申报数据小于防伪税控报税数据的问题,即纳税人当月只对纸质专用发票进行了作废处理,但对开票系统中的电子发票未执行作废操作或操作不成功,从而造成当月申报数据小于防伪税控报税数据。对于这种情况,税务机关要告诉纳税人如何进行作废操作,以免出现差错。纳税人在填写申报表时,必须自己核对 IC 卡记录数据,如有作废发票,而又不会对电子发票进行作废操作,申报数小于 IC 卡数时,在申报时应附上"说明"。纳税人对于因客观原因,出现"两个比对数字"不符时,都应附上"说明"。对于开票系统中发票存根联未执行作废操作或作废不成功的,税务机关应进行登记,并受理纳税申报。次月纳税人按照开具红字专用发票的方式在开票系统中开具负数发票,由此出现当月申报数据大于防伪税控报税数据,税务机关应当与上期所记录的情况进行核对,核对相符后受理纳税申报;核对不符的退回纳税人调整相符后重报。

(二)关于纳税人结账日与防伪税控开票子系统报税区间不符,造成报税数据与申报数据不符问题。企业结账日必须按《企业财务会计报告条例》规定确定。在受理申报时发现不符的纳税人,税务机关应责令其在下月申报时必须改正。在下月办理其申报纳税时,如果又发现因这个问题造成比对不符,应将纳税申报退回纳税人,责令其按照规定的结账日调整销项税额后重新进行纳税申报,并要按《征管法》的有关规定进行处罚。

(三)对于"票表稽核"不符的"异常"申报,在法定纳税申报期限内能够修改完成的,可以由纳税人修改后重新申报。在法定纳税申报期限内来不及修改完成的(如月上旬最后 1、2 天来申报的),可先行受理其纳税申报,同时责令其限期将差额部分补报。对因此而导致逾期申报的,凡有正当理由的,税务机关可不予处罚。

五、为了金税工程增值税征管信息系统运行的安全,总局已多次发文通知各级税务机关不得擅自开发与金税工程增值税征管信息系统有关的软件,尤其是不得擅自开发网上抄报税软件,凡已开发的必须停止开发,但目前仍有少数地方的税务机关尚未停止开发网上抄报税软件。总局再次重申这一规定,要求凡开发网上抄报税软件的地方必须立即停止开发,已开发并投入使用的必须立即停止使用。对于在接到本通知后仍开发网上抄报税软件和继续使用此类软件的税务机关,总局将追究责任,严肃处理。

六、已实现利用互联网向税务机关报送纳税申报的地方,为方便纳税人了解申报结果,有问题能及时处理,其"票表稽核"工作应在纳税人到税务局办税服务厅纳税申报窗口办理防伪税控 IC 卡抄报税时,直接由受理纳税申报包括抄报税的工作人员办理,一般不要放在后台办理。对于利用互联网向税务机关报送纳税申报的纳税人,可以在每月征期内进行防伪税控 IC 卡报税前的任何时间内向税务机关报送纳税申报电子信息。税务征收单位纳税申报受理人员在接受纳税人防伪税控 IC 卡抄报税时,应当与已通过互联网报送的纳税申报表进行"票表稽核",比对审核相符的,即办理纳税申报;比对不符的即查问原因并做处理,或转"比对异常处理"窗口处理。要沟通前后台信息,使"申报纳税(抄报税)"窗口工作人员通过由电脑终端可读取纳税人网上申报的资料。

七、税务征收单位纳税申报受理人员在接受纳税人的申报资料及抄报税、认证资料后,不仅要在申报窗口进行"票表稽核"工作,还应当在申报窗口进行纳税申报表栏次关系的必要的逻辑审核工作,不得将逻辑关系审核工作放在后台进行。对逻辑关系不符的,应当退回纳税人重新填写。

八、为了有利于各级税务机关集中精力做好"一窗式"管理工作,对于因为培训工作跟不上或者征管软件税务端接收功能还未修改完成,目前还没有推行新的增值税纳税申报办法的地区，可以根据本地区情况适当延迟实施，待各方面准备就绪时再正式使用新的增值税纳税申报办法，最迟不超过年底。在实行新增值税纳税申报办法前，增值税一般纳税人仍按原申报办法申报纳税，对原申报表或附表，只要列明专用发票销项总额和经认证的专用发票抵扣总数，能进行总数比对即可。对于已让企业按新表申报，而税务端接收软件尚未修改的，要尽快修改，能接收新表，尽量不要让纳税人同时报新旧两套表。

九、目前，有些地区实行纳税人先缴税，再进行纳税申报的制度，这种作法不符合纳税申报管理的基本要求，不利于加强增值税征管，也给税务机关和纳税人均造成不便。因此，凡实行先缴税后申报的地区，必须尽快改为按照纳税人先进行纳税申报，经比对审核后再缴税的制度申报纳税。

十、税务机关要认真分析近两月实施"一窗式"管理的情况，对于"比对异常"问题，凡属纳税人填报差错的，都要及时告诉纳税人改正，并要举一反三，使其他纳税人也能注意正确申报。要进一步搞好对增值税一般纳税人的辅导工作。不仅要在办税服务厅张贴公告，更重要的是事先向每一个纳税人发放详细的宣传辅导材料。要向纳税人讲明如何进行纳税申报，应该包括哪些资料，如何真实填写纳税申报表，纳税申报表中有关数字的逻辑关系，申报表的比对项目与认证数和抄报税数的勾稽关系，如何处理作废票、红字票、负数票等特殊问题，实行网上申报或磁盘申报的纳税人如何办理申报纳税等等，方便纳税人准确申报纳税（包括抄报税和认证），以免发生差错。

财政部　国家税务总局
关于推广税控收款机有关税收政策的通知

（2004年11月9日　财税〔2004〕167号）

各省、自治区、直辖市、计划单列市财政厅（局）、国家税务局、地方税务局，新疆生产建设兵团财务局：

为加快税控收款机的推行工作，减轻纳税人购进使用税控收款机的负担，现将有关纳税人购进使用税控收款机的税收优惠政策通知如下：

一、增值税一般纳税人购置税控收款机所支付的增值税税额（以购进税控收款机取得的增值税专用发票上注明的增值税税额为准），准予在该企业当期的增值税销项税额中抵扣。

二、增值税小规模纳税人或营业税纳税人购置税控收款机，经主管税务机关审核批准后，可凭购进税控收款机取得的增值税专用发票，按照发票上注明的增值税税额，抵免当期应纳增值税或营业税税额，或者按照购进税控收款机取得的普通发票上注明的价款，依下列公式计算可抵免税额：

可抵免税额 = [价款 ÷ (1 + 17%)] × 17%

当期应纳税额不足抵免的，未抵免部分可在下期继续抵免。

三、税控收款机购置费用达到固定资产标准的，应按固定资产管理，其按规定提取的折旧额可在企业计算缴纳所得税前扣除；达不到固定资产标准的，购置费用可在所得税前一次性扣除。

四、上述优惠政策自 2004 年 12 月 1 日起执行。凡 2004 年 12 月 1 日以后（含当日）购置的符合国家标准并按《国家税务总局 财政部 信息产业部 国家质量监督检验检疫总局关于推广应用税控收款机加强税源监控的通知》（国税发〔2004〕44 号）的规定，通过选型招标中标的税控收款机适用上述优惠政策。

五、金融税控收款机的有关税收政策另行制定。

国家税务总局
关于取消防伪税控企业资格认定的通知

（2004 年 6 月 25 日　国税函〔2004〕823 号）

各省、自治区、直辖市和计划单列市国家税务局：

为加强增值税防伪税控系统的推行和应用管理，国家税务总局 1999 年下发了《增值税防伪税控系统管理办法》（国税发〔1999〕221 号），其中在"认定登记"（第二章）中规定：防伪税控企业应于《增值税防伪税控系统使用通知书》规定的时间内，向主管税务机关提出填报《防伪税控企业认定登记表》，经主管税务机关审核无误后予以审批。根据国务院有关文件精神，经研究，对此项审核制度予以取消。凡经认定为一般纳税人的企业均可以使用增值税防伪税控系统，而且必须通过防伪税控系统来开具增值税专用发票。

国家税务总局
关于印发《国家税务总局关于推行增值税防伪税控一机多票系统的公告》的通知

（2006 年 5 月 19 日　国税发〔2006〕79 号）

各省、自治区、直辖市和计划单列市国家税务局：

现将《国家税务总局关于推行增值税防伪税控一机多票系统的公告》（以下简称《公告》）印发给你们，请做好《公告》的印制工作，并将《公告》张贴于所有办税服务厅。

国家税务总局关于推行增值税防伪税控一机多票系统的公告

根据《中华人民共和国税收征收管理法》第二十三条的规定并经国务院同意，2004 年 4 月国家税务总局、财政部、信息产业部、国家质量监督检验检疫总局联合发布《关于推广应用税控收款机加强税源监控的通知》（国税发〔2004〕44 号），规定凡具有一定规模和固定经营场所的纳税人，都要购置使用税控收款机。为了加强增值税普通发票的税源监控，同时不增加纳税人负担，国家税务总局决定将增值税一般纳税人（以下简称一般纳税人）开具的增值税普通发票纳入增值税防伪税控系统管理，统一推行防伪税控一机多票系统（以

下简称一机多票系统)。现就有关事项公告如下:

一、推行一机多票系统能够使纳税人的开票工作更加方便

推行一机多票系统,就是将纳税人目前使用的防伪税控开票系统升级为一机多票系统,纳税人不需另外购置税控收款机,便可通过同一套设备(包括计算机、打印机等通用设备及金税卡和税控 IC 卡等专用设备)既能开具增值税专用发票,又能开具增值税普通发票,并可利用同一套计算机系统、相同的操作方法进行增值税专用发票和增值税普通发票的领购、开具、抄报税等项工作,避免了因税控装置(即防伪税控开票系统和税控收款机)的重复配置带来的培训、操作和管理等方面的麻烦。另外,根据广大纳税人多年来使用防伪税控开票系统的反映以及为适应公民身份证号码位数增加的变化需要,一机多票系统在购票、开票、统计、管理等方面新增或改进了 20 多项功能,更加符合纳税人经营管理的需要。无论是增值税专用发票,还是增值税普通发票,纳税人的开票操作都更为便捷。利用此次推行一机多票系统的机会,防伪税控系统服务单位将对纳税人的计算机、金税卡、IC 卡和开票软件免费进行一次检查和维护。

二、推行一机多票系统绝大部分纳税人不需增加新的设备费用支出

这次推行一机多票系统绝大部分纳税人不需要添置新的设备,少数纳税人因部分设备不能满足新系统要求而需要更换,具体可分以下三种情况:

(一)凡月开具专用发票和普通发票量在 630 份以下、使用 Windows 版开票系统的纳税人(含使用主机共享系统纳税人,这类企业约占推行总户数的 87.2%),因不需要更换任何设备而不需要承担任何费用。

(二)凡月开具专用发票和普通发票量在 630 份以上 1350 份以下、使用 Windows 版开票系统的纳税人(这类企业约占推行总户数的 0.6%),由于开票量超出了原来 32K 税控 IC 卡的存储量,此类纳税人可以有两种选择:其一,按国家规定价格向防伪税控服务单位购置 64K 税控 IC 卡。其二,仍使用原 32K 税控 IC 卡,但每月要两次到税务机关报税。

(三)使用 DOS 版开票系统的纳税人(这类企业约占推行总户数的 12.2%),需要将 2K 容量的税控 IC 卡统一更换成 64K 税控 IC 卡。如果计算机能够满足 Windows98 系统运行需要,则可以直接升级,不需要更换金税卡和计算机;如果计算机不能够满足 Windows98 系统运行需要,则需要更换计算机,有的还需要更换金税卡。

为了减轻纳税人负担,国家近期将进一步下调税控 IC 卡、金税卡的销售价格(调价前的价格分别为:税控 IC 卡 105 元/张、金税卡 1303 元/块),待国家物价部门正式批准后执行。各地税务机关和防伪税控服务单位应向纳税人公示税控 IC 卡和金税卡的销售价格。对于推行一机多票系统而需要更换税控 IC 卡、金税卡的纳税人,航天信息股份有限公司决定在国家新确定销售价格的基础上再给予一定幅度的优惠。

纳税人因推行一机多票系统而购置税控 IC 卡、金税卡以及计算机等设备的费用,可按《国务院办公厅转发国家税务总局关于全面推广应用增值税防伪税控系统意见的通知》(国办发〔2000〕12 号)的规定在成本中列支,同时可凭购货发票(增值税专用发票)所注明的增值税税额,计入当期的增值税进项税额。

三、推行一机多票系统纳税人不需支付培训费用

一机多票系统培训工作需要场地、设备、师资和资料等方面的费用,其中场地、设备及培训资料费用由税务机关负担,师资等劳务费用由防伪税控系统服务单位负担,纳税人不需

支付培训费用。各级税务机关要严格按照国家税务总局不向纳税人收取一机多票系统培训费用的规定，组织做好培训工作，同时欢迎广大纳税人进行监督。

国家税务总局
关于全国范围内推行公路、内河货物运输业
发票税控系统有关工作的通知

（2006年11月6日　国税发〔2006〕163号）

各省、自治区、直辖市和计划单列市国家税务局、地方税务局：

自2006年7月起，河南省、湖南省和青岛市国税和地税系统按照总局的统一工作安排，开展了公路、内河货物运输业发票税控系统（以下简称货运发票税控系统）试点工作，目前试点情况良好。根据试点情况，总局决定，自2006年11月1日起在河南省、湖南省和青岛市三个试点省市（以下简称试点省市）全面推行货运发票税控系统，其他省市自2006年11月起开始推行货运发票税控系统，全国2007年1月1日起全部使用货运发票税控系统。现将推行工作有关要求和事项通知如下：

一、推行工作时间要求

自2006年11月1日起，试点省（市）全面推行货运发票税控系统，在试点省（市）范围内全部启用货运发票税控系统开具带税控码的新版《公路、内河货物运输业统一发票》（以下简称新版货运发票），取消不带税控码的旧版《公路、内河货物运输业统一发票》（以下简称旧版货运发票）。试点省（市）2006年11月1日以后开具的旧版货运发票不再作为增值税的抵扣凭证。

自2006年11月起，除试点地区外的其他省（市）开始推行货运发票税控系统，在2006年11月至12月内完成货运发票税控系统的推行。2007年1月1日（含）以后全国范围内停止使用旧版货运发票，全部启用新版货运发票。2007年1月1日（含）以后旧版货运发票不再作为增值税的抵扣凭证。

新版和旧版货运发票的抵扣时限仍按现行规定执行。

二、推行准备工作要求

（一）运行环境准备

1. 各地应按照《国家税务总局关于做好运输发票税控系统运行环境等准备工作的通知》（国税发〔2006〕85号）的要求，准备好全面推广的运行环境，做好货运发票税控系统与征管系统的接口衔接工作。尚未与税控盘产品供货商谈妥税控盘/传输盘采购事宜的地税机关，应尽快启动相关工作，确保开票软件用户（包括：自开票纳税人、代开中介机构和代开税务机关）能如期购置到税控盘/传输盘，不得因税控盘采购影响整体推行进度。

2. 货运发票税控系统安装部署。总局已于10月份、11月份开始按照10月20日视频会议的要求分四批对全国国税、地税系统税务端后台和开票软件（税务机关代开版）进行安装。在安装货运发票税控系统期间，国税、地税同时部署，以保证地税的工作为主，同时兼顾国税的安装实施。系统开发商分成10个工作组同时到各地进行安装。安装工作原则上于11月底结

束。但是，考虑到一些具体情况，少数地区可能会有延迟，但必须在12月31前完成。

请各单位务必做好系统安装准备工作。

(二) 票证准备工作

各省地税机关应按照《国家税务总局关于使用新版公路、内河货物运输业统一发票有关问题的通知》(国税发〔2006〕67号) 的有关要求，采用统一的纸张和规格印制新版货运发票，严格按照验旧购新制度发售发票，保证在推行工作开始前准备好适量新版货运发票并发售给自开票纳税人和代开票单位。

各省地税机关要按照《国家税务总局关于统一部分税收票证尺寸标准的通知》(国税函〔2006〕421号) 的要求，根据基层征收单位的用票类别，抓紧临时加印一部分税收票证并及时分送至基层征收单位，保证代开单位能够顺利开具税收票证。

(三) 中介机构和税务机关在代开新版货运发票时，必须严格按照"先缴税、后开票"的要求执行。

(四) 培训准备工作

各省税务机关应根据总局举办的视频培训和省局师资集中培训内容，参照总局下发的相关培训材料，提前部署和开展本省范围内对税务系统内部和对纳税人的培训工作，保证货运发票税控系统的顺利推行。需要在省局搭建后台培训系统的省（市），应准备好所需环境，提请开发单位帮助搭建，培训用税控盘和传输盘由各省税务机关商税控盘供应厂商解决。请各省税务机关登陆总局技术支持网站（网址：http：//130.9.1.248）从"知识库/软件库/货运发票税控系统"路径下载供培训用的公路、内河货物运输发票税控系统。

三、有关业务规程

(一) 国税机关

1. 关于货运发票数据采集和交叉稽核要求

(1) 数据采集

自2006年11月1日起，货运发票税控系统推行到位的地区，增值税一般纳税人取得的新版货运发票，必须通过货运发票税控系统认证采集数据，认证相符的新版货运发票方可作为增值税进项税额的抵扣凭证；取得的其他运输发票仍通过现有清单方式采集数据。货运发票税控系统未推行到位的地区，仍通过现有清单方式采集运输发票数据。

各地国税机关要采取切实有效的措施，加强对纳税人的宣传辅导，确保运输发票采集数据的及时性、准确性和完整性。特别要注意在既有扫描认证方式又有清单方式采集运输发票数据的过渡期内，不仅要保证所有的运输发票数据采集的完整性，还要避免重复采集数据，造成重号发票。

(2) 数据传输

每月23日前（节假日不顺延）各省级国税局负责将货运发票税控系统认证采集的数据和下级上传的清单数据汇总，并将汇总数据通过FTP上传到总局。

(3) 交叉稽核

总局每月对全国货运发票信息进行一级稽核比对，并将当月稽核结果下发。

总局稽核比对结果分为"比对相符""比对不符""缺联"和"抵扣联重号"四种类型，其中比对不符又分为：金额不符、受票人识别号不符、承运人识别号不符、承运人受票人双方识别号不符和开票日期不符五种类型。

总局每月将当月比对结果发票信息下发至各省税务机关，省局逐级将数据下发至区县税务机关。

（4）审核检查

异常发票审核检查的数据传递、职责划分、检查结果上报方法仍按现行规定执行。

2. 货运发票增值税"一窗式"票表比对要求：

（1）货运发票税控系统推广地区

一般纳税人申报抵扣通过认证采集的新版货运发票，不填写在《增值税运输发票抵扣清单》中，以免造成重复采集；申报抵扣其他运输发票，仍按照《国家税务总局关于印发〈增值税一般纳税人纳税申报"一窗式"管理操作规程〉的通知》（国税发〔2005〕61号）的要求，填写《增值税运输发票抵扣清单》，随同其他申报资料向主管税务机关进行申报。

非辅导期一般纳税人运输发票票表比对时，《增值税纳税申报表附列资料（表二）》中第8栏"运费发票"的"金额"项数据，应小于或等于《增值税运输发票抵扣清单》中"合计"栏"允许计算抵扣的运费金额"项数据加上当期认证采集的货运发票"运费小计"项数据之和。

辅导期一般纳税人货运发票票表比对时，《增值税纳税申报表附列资料（表二）》中第8栏"运费发票"的"金额"项数据，应小于或等于《增值税运输发票抵扣清单》中"铁路运输、航空运输、管道运输、海洋运输"栏"允许计算抵扣的运费金额"项数据加上当期稽核系统比对相符和协查后允许抵扣的运费发票金额数据之和。

（2）货运发票税控系统尚未推行的地区

一般纳税人申报抵扣的所有运输发票，均填写《增值税运输发票抵扣清单》，随同其他申报资料向主管税务机关进行申报。

对目前尚未推行货运发票税控系统的地区，一般纳税人货运发票票表比对的有关要求，仍按照国税发〔2005〕61号文件的规定执行。

（二）地税机关

1. 通过货运发票税控系统开具的货运发票，地税机关的有关业务规程请见附件《公路、内河货运业发票税控系统营业税"票表比对"及货运发票稽核比对管理操作规程》（试行）。

2. 不带税控码旧版货运发票的管理仍按照原有关规定执行。

四、推行工作领导组织要求

货运发票税控系统是金税工程（三期）的重要组成部分，是加强公路、内河货物运输业营业税征收管理，强化增值税抵扣凭证管理，堵塞税收征管漏洞的一项重要措施。各省税务机关要高度重视，精心组织，成立由主管局领导负责、相关部门为成员的推行工作领导小组，全面负责推行的组织和协调工作。应根据总局下发的《公路、内河货物运输发票税控系统推广实施方案》的要求，结合本地区实际情况，研究制定本省推行工作的具体实施方案。要积极开展宣传工作，确保推广工作的顺利进行。

请各省税务机关登陆总局技术支持网站（网址：http：//130.9.1.248），从"知识库/软件库/货运发票税控系统"路径下载《公路、内河货物运输发票税控系统推广实施方案》。

五、其他事项

（一）制定岗责体系

货运发票税控系统推行到位的地区，应根据有关业务操作流程设置相应岗位并制定岗责体系，严格落实执法责任制要求，保障货运发票税控系统的顺利运行以及有关业务流程的操作。

（二）推行期间的技术支持

1. 总局技术支持。系统全面推行初期1个月，总局将安排开发单位2—3名技术人员现场支持，帮助各单位开展推广相关工作。总局将通过总局应用系统支持网站（http：//130.9.1.248）提供货运发票税控系统网上支持，通过总局运维技术支持热线4008112366，对税务机关内部提供货运发票税控系统后台和开票软件（税务机关代开版）的远程技术支持。总局信息中心百望呼叫分中心已开通，已开始向货运发票税控系统开票软件（企业自开版和中介机构代开版）用户提供远程技术支持，服务电话为：010-62466669。

2. 省税务机关运维支持。各单位应指派专人负责货运发票税控系统的运行维护工作，责任人应掌握并能熟练使用开票软件和后台系统，解决简单的常见的操作问题。对于税务端软件的问题，省税务机关责任人应尽可能先行收集、过滤、整理并向总局呼叫中心报告。各地税务机关负责对纳税人进行开票软件的操作培训和辅导。

［注释：条款失效。《交通运输业营业税纳税申报表》已取消。参见：《国家税务总局关于发布第二批取消简并涉税文书报表的公告》，国家税务总局公告2014年第30号。］

附件：公路、内河货运业发票税控系统营业税"票表比对"及货运发票稽核比对管理操作规程（试行）

附件：

公路、内河货运业发票税控系统营业税"票表比对"及货运发票稽核比对管理操作规程（试行）

第一章 概 述

第一条 为加强对公路、内河货物运输业营业税纳税人的征收管理，规范纳税申报"票表比对"和公路、内河货运发票稽核比对操作规程，提高工作效率，根据《中华人民共和国税收征收管理法》和《中华人民共和国营业税暂行条例》等有关税收法律、法规规定，制定本操作规程。

第二条 本规程适用于使用公路、内河货物运输发票税控系统（以下简称货运发票税控系统）开具《公路、内河货物运输业统一发票》的所有公路、内河货物运输业自开票营业税纳税人（以下简称"纳税人"）和代开票单位（包括代开票中介机构和代开票税务机关，下同）。

使用货运发票税控系统开具的带税控码的新版《公路、内河货物运输业统一发票》简称为新版货运发票，不使用货运发票税控系统开具的不带税控码的《公路、内河货物运输业统一发票》简称为旧版货运发票。新版货运发票和旧版货运发票统称为货运发票。

第三条 本规程是税务机关以货运发票税控系统为手段，以信息化为依托，通过营业税"票表比对"和货运发票稽核比对等工作，加强对纳税人开具货运发票、纳税申报等管理的操作规程。

营业税"票表比对"是指税务机关在推行货运发票税控系统的基础上，在受理营业税纳税申报环节，采集货运发票信息，将采集的货运发票信息和纳税申报信息进行比对的工作。

营业税"票表比对"工作的基本流程包括：纳税申报受理，货运发票信息采集，发票信息与纳税申报信息的比对，比对结果处理等工作。

货运发票稽核比对是指税务机关利用计算机网络，将采集的货运发票抵扣联与存根联信息进行上传，由总局进行一级稽核比对后，将比对结果逐级清分，由基层税务机关对比对异常发票进行审核检查并处理的管理工作。

第二章 岗位职责

第四条 地市级以上（含地市级，下同）税务机关负责以下工作：对本地区营业税"票表比对"工作和货运发票稽核比对工作的指导和监督等工作。

地市级以上税务机关应设置发票信息传递岗位，负责本地区发票信息的传递、稽核比对异常发票信息的接收和清分，审核检查结果的传递等工作。

第五条 区县级税务机关负责营业税"票表比对"和货运发票稽核比对工作的组织实施。

区县级税务机关应设置申报征收岗位、票表比对异常情况处理岗位、复核岗位、发票信息传递岗位和异常发票审核检查岗位，具体负责营业税"票表比对"和货运发票稽核比对工作的实施。

申报征收岗位的主要负责营业税"票表比对"工作，具体包括受理纳税申报，采集货运发票信息，发票信息与申报信息的比对等工作。

票表比对异常情况处理岗位主要负责对"票表比对"异常情况的核实及结果处理等工作。

复核岗位主要负责"票表比对"结果处理的复核以及向纳税评估部门的转办等工作。

发票信息传递岗位主要负责本地区发票信息的上传、稽核比对异常发票信息的接收，审核检查结果的传递等工作。

异常发票审核检查岗位主要负责对接收的稽核比对异常发票进行审核检查并记录检查结果等工作。

第三章 纳税申报"票表比对"规程

第一节 票表比对

第六条 纳税人办理营业税纳税申报时，应向税务机关提交下列资料：
（一）《营业税纳税申报表》及《交通运输业营业税纳税申报表》；
（二）记录当月开具新版货运发票信息的税控盘（或税控传输盘）；
（三）取得的联合运输方开具的货运发票抵扣联；
（四）主管税务机关要求报送的其他资料。

第七条 申报征收岗位人员在受理纳税人纳税申报时，应读取纳税人报送的税控盘

（或税控传输盘）开票信息，并进行"票表比对"工作，即将税控盘（或税控传输盘）开票信息、货运发票抵扣联信息分别与纳税人报送的营业税纳税申报表有关信息进行以下比对：

（一）附表《交通运输业营业税纳税申报表》"应税项目"中"公路运输——货运"与"水路运输——货运"对应的"应税收入"栏次金额的合计数，应大于或等于同一税款所属期内纳税人开具的货运发票存根联的"合计"金额总计数；

（二）附表《交通运输业营业税纳税申报表》"应税项目"中"公路运输——货运"与"水路运输——货运"对应的"应税减除项目金额"的"小计"栏次金额的合计数，应小于或等于同一税款所属期内纳税人取得的货运发票抵扣联的"合计"金额总计数。

第二节　比对结果处理

第八条　申报征收岗位根据"票表比对"结果分下列情况处理：

（一）"票表比对"相符的，受理其纳税申报资料并对税控盘返写监控数据；

（二）"票表比对"不符的，立即移交票表比对异常情况处理岗位。

第九条　票表比对异常情况处理岗位人员应对"票表比对"异常信息核实异常原因，并区别不同情况进行处理：

（一）属于技术原因造成"票表比对"结果异常的，应受理其申报资料，并及时通知货运发票税控系统技术部门进行维护；

（二）属于申报数据填报错误造成比对结果异常的，将申报资料退纳税人修改后重新申报；

（三）除上述两种原因外，比对结果异常的，应受理纳税申报资料，但对税控盘不予返写监控数据，通知发票发售部门暂时停止售票，同时填写《营业税"票表比对"异常转办单》（见附件，下同）转复核岗位。

第十条　复核岗位根据《营业税"票表比对"异常转办单》所列内容进行复核，审核无误的在《营业税"票表比对"异常转办单》上签署转办意见转交纳税评估部门处理。

第十一条　纳税评估部门接收《营业税"票表比对"异常转办单》后，应采取案头分析、约谈举证、实地调查等方式进行核实。经核实不具有偷税等违法嫌疑、无需立案查处的，可以解除异常，在《营业税"票表比对"异常转办单》上签署"解除异常，同意对税控盘返写监控数据"意见后移交复核岗位；经核实后发现确有偷税等违法嫌疑仍不能解除异常的，需要移交稽查部门查处，在《营业税"票表比对"异常转办单》上签署"移送稽查"意见后，移交稽查部门。

在上述纳税评估部门进行核实和稽查部门作出行政处理（处罚）决定前的过程中，如纳税人确需领购发票，纳税评估部门报经主管局领导批准后可以通知发票发售部门采取限制供票量、减少供票次数的措施，并按照中途购票进行处理；同时通知异常情况处理岗位对税控盘返写监控数据。

第十二条　稽查部门接到《营业税"票表比对"异常转办单》后，实施税务稽查。经查处可以解除异常的，在《营业税"票表比对"异常转办单》上签署"解除异常，同意对税控盘返写监控数据"意见后转交纳税评估部门，纳税评估部门再转交复核岗位。

第十三条　复核岗位接到纳税评估部门转来的注有"解除异常，同意对税控盘返写监控数据"结果的《营业税"票表比对"异常转办单》后,通知票表比对异常情况处理岗位对纳税人税控盘返写监控数据,同时通知发票发售部门解禁发票供应。

第四章 货运发票信息的稽核比对

第一节 货运发票信息采集

第十四条 税务机关应采集纳税人和代开票单位(包括代开票中介机构和代开票税务机关)开具的新版货运发票信息。其中,代开票中介机构应于每月征期内持税控盘(或税控传输盘)和软盘到税务机关进行抄报税,税务机关应采集其所有的代开货运发票信息。

第十五条 新版货运发票开票信息采集的内容:

(一)自开货运发票采集信息包括:发票号码、发票代码、受票方纳税人识别号、承运方纳税人识别号、承运方主管税务机关代码、开票日期、运费小计;

(二)代开货运发票采集信息包括:发票号码、发票代码、受票方纳税人识别号、承运方纳税人识别号、承运方主管税务机关代码、开票日期、运费小计、代开单位代码、扣缴税额。

第十六条 新版货运发票信息通过读取开票单位(包括自开票纳税人、代开票中介机构和代开票地税机关)的税控盘采集。有关采集要求与旧版货运发票相同。

第十七条 征收机关应于每月 14 日前(含当日,下同。若遇法定休假日的情况,比照征管法实施细则顺延规定的天数)完成采集货运发票存根联数据以及对未申报企业及时催报等工作。

第十八条 采集的新版货运发票和旧版货运发票信息应分别统计汇总。

第二节 货运发票信息传递

第十九条 各级税务机关应设置发票信息传递岗位,负责本地区发票信息传递等工作。

第二十条 区县级税务机关应于每月 20 日前确认本级上传的货运发票存根联信息。地市级税务机关应于每月 22 日前确认本级上传的货运发票存根联信息。省级地税机关应于每月 23 日前确认并上传本地区货运发票存根联信息至总局。

第三节 货运发票的审核检查

第二十一条 总局对各省上报的所有货运发票信息进行比对,并于每月月底前将比对结果清分并下发至各省。

第二十二条 比对异常的新版货运发票的审核检查、检查结果反馈等工作的有关要求与旧版货运发票的有关工作要求一致。

第二十三条 货运发票审核检查的统计分析工作应区分新版货运发票和旧版货运发票,有关工作要求与旧版货运发票相同。

附件:营业税"票表比对"异常转办单(编者略)

国家税务总局
关于推行增值税防伪税控一机多票系统的通知

(2006年6月5日 国税发〔2006〕78号)

各省、自治区、直辖市和计划单列市国家税务局：

为加强增值税管理，堵塞税收漏洞，总局决定将增值税一般纳税人开具的普通发票纳入增值税防伪税控系统管理，自2006年6月中旬开始统一推行增值税防伪税控一机多票系统（以下简称一机多票系统），具体推行范围、推行步骤等见《增值税防伪税控一机多票系统推行方案》（附后，以下简称《推行方案》）。

一机多票系统推行工作任务繁重，各地税务机关要严格按照《国家税务总局关于增值税防伪税控一机多票系统有关情况的通报》（国税函〔2006〕517号）中的有关要求，积极组织，认真部署，确保《推行方案》的顺利实施。

[注释：条款废止。第一条第（二）项废止。自2015年1月1日起废止。参见：《国家税务总局关于推行增值税发票系统升级版有关问题的公告》，国家税务总局公告2014年第73号。]

附件：增值税防伪税控一机多票系统推行方案

附件：

增值税防伪税控一机多票系统推行方案

一、推行范围

（一）原则上已经使用防伪税控开票系统的企业全部推行一机多票系统；

（二）商业零售企业、经销水、电、气、暖的企业可自行决定是否使用一机多票系统；

（三）新认定的增值税一般纳税人直接推行一机多票系统（不纳入推行范围的除外）。

二、推行实施的软硬件要求

（一）软件要求

1. 税务端。防伪税控税务端网络版V4.35（小版本号为4.35.03）。

2. 企业端。对于使用原Windows版、原DOS版开票系统的企业升级为一机多票开票系统软件，版本号为6.10（小版本号为6.10.16.18）；对于新纳入防伪税控的企业直接安装一机多票开票系统软件6.10版本。

3. 接口补丁。总局将对一机多票系统与金税工程（综合征管软件）衔接的发票发售一体化、一窗式比对、清零解锁等接口进行试运行后统一下发升级。有特殊需求的单位在取得接口标准后自行解决相关问题。

（二）硬件要求

1. 税务端。防伪税控税务端网络版省级资源集中统一规划。

2. 企业端。企业端专用设备：对于使用原 Windows 版的企业，对其开票金税卡进行重新加载，原 32K 税控 IC 卡解锁后仍可沿用；对于使用原 DOS 版开票系统的企业，对其开票金税卡进行重新加载，同时原 2K 税控 IC 卡需要更换为大容量 IC 卡；对于新纳入防伪税控的企业直接安装使用支持一机多票的开票金税卡与 IC 卡。

三、推行步骤

推行工作分三个阶段进行：

第一阶段：推行月开具专用发票和普通发票量在 630 份以下 Windows 版企业（全国约 143 万户）。

第二阶段：推行月开具专用发票量和普通发票量在 630 份以上的 Windows 版企业（全国约 1 万户）企业。这部分企业既可以更换成 64K 容量的 IC 卡，也可以不换卡而多次抄报税，具体方式由企业自行选择。

第三阶段：再推行 Dos 版企业（全国约 22 万户）。

各地要按照上述推行范围和推行步骤，以保证各项工作顺利推进为前提，结合当地实际制定具体推行方案，请各地于 6 月 20 日前将推行计划上报总局流转税管理司。

四、职责分工

（一）推行工作由流转税管理部门牵头，具体负责推行的组织工作和业务管理工作；

（二）信息中心负责做好推行工作所涉及税务系统内部的技术支持工作；

（三）航天信息公司负责提供培训师资、金税卡加载、软件升级以及纳税人端技术支持和服务工作。

五、培训工作

培训工作由税务机关负责组织，航天信息公司和各地服务单位负责提供培训师资，对使用 Windows 版开票系统企业的培训不收取费用。

基层税务机关应提前通知纳税人参加升级培训。

（一）培训内容：系统新增功能、特点、操作方法、注意事项等内容，具体内容见《增值税防伪税控一机多票系统培训提纲》（附件 1）；

（二）培训师资：航天信息公司负责培训各地市服务单位的培训师资，由各地市服务单位的培训师资向纳税人进行培训。

六、实施工作

各基层税务机关负责组织实施工作。工作项目包括：

（一）编制本地区具体推行计划

按照总局的推行步骤，将推行工作细化到每一户企业和每一个工作日。

1. 根据本地升级设备和工作人员的实际情况均匀地安排进度，防止企业在升级现场长时间排队等候。

2. 企业户数较多的地区，可以向航天信息公司增购相关专用设备。

（二）做好推行防伪税控一机多票系统的宣传工作，争取当地政府和纳税人的理解和支持，营造良好的推行氛围。

（三）事前告知纳税人

税务机关应事先书面告知纳税人升级加载一机多票系统的具体事项（可在企业培训时发放），具体内容包括升级加载的时间、地点、纳税人需要准备的资料以及注意事项等。通知模版见附件2。

（四）加载升级

1. 成立工作组。由于这项工作持续时间较长，涉及的部门和岗位也较多，因此要成立专门工作组，由单位"一把手"亲自挂帅，统一协调指挥；明确加载升级现场的负责人，负责统一调度；明确各部门和岗位分工制度，防止相互推诿。

2. 结合当地实际情况设立加载升级的场地，其中发行、发售、报税等可以在原岗位完成，也可以安置在金税卡加载现场。

3. 向纳税人提供升级流程图，明确工作流程、岗位、地点和注意事项，确保升级工作有序进行。升级流程图的模版见附件3。

4. 实行加载升级工作交接单制度。为分清责任、杜绝差错，实行加载升级工作交接单制度，按照工作流程明确企业、服务单位、税务机关各岗位的职责，记载工作完成情况。加载升级工作交接单模版见附件4。

5. 加强安全管理。包括：

（1）加载安全：执行加载操作前应采取防止突然断电的保护措施，如：使用UPS电源保护器等，避免加载过程中突然断电，造成金税卡永久性损坏。

（2）数据安全：包括报税信息、购票信息、发行信息的完整性和准确性，要防止报税数据丢失，防止购票信息、发行信息发生错误，保证金税工程的运行质量。

（3）系统安全：要严格按照《增值税防伪税控系统管理办法》的要求管理和使用发行、发售和报税系统。

（4）财产安全：做好加载升级现场的防火、防盗等防护工作。

七、监督指导工作

建立推广实施中的报告制度（包括进展情况、存在问题及解决建议等）。总局将随时掌握各地推行情况，并进行督查。各省级税务机关要经常性地检查指导下级税务机关推行工作进度，总结和推广好的经验，发现问题要及时妥善解决。

附件：1. 增值税防伪税控一机多票系统培训提纲（见二维码43）
2. 关于增值税防伪税控一机多票系统升级有关事项的通知（见二维码43）
3. 增值税防伪税控开票系统升级流程图及说明（见二维码43）
4. 增值税防伪税控开票系统升级工作交接单（见二维码43）

二维码43

国家税务总局
关于加强防伪税控一机多票系统开具增值税普通发票管理有关问题的通知

（2007年5月21日　国税函〔2007〕507号）

各省、自治区、直辖市和计划单列市国家税务局：

按照税务总局的统一部署，2006年底全国增值税防伪税控一机多票系统（以下简称一机多票系统）已全部推行到位。但据部分地区反映，目前一些属于一机多票系统推行范围的纳税人（不含商业零售，以下简称一机多票企业）仍然不通过一机多票系统开具增值税普通发票（以下简称普通发票），影响了增值税"以票控税"的效果。为加强防伪税控一机多票系统开具增值税普通发票管理工作，现将有关问题通知如下：

一、在2007年6月30日前，各地税务机关要尽快对一机多票企业普通发票的领购、开具和库存情况进行全面检查清理。企业存有非一机多票系统使用的普通发票，必须进行收缴。

二、各地税务机关必须通过防伪税控发售子系统向一机多票企业发售普通发票，不得利用其他方式发售普通发票，也不得批准纳税人使用自印发票。凡应收缴普通发票而未收缴或擅自向企业发售非一机多票系统使用的普通发票的，要按违规违纪行为追究有关人员的责任。

三、一机多票企业销售增值税应税货物和劳务，符合《国家税务总局关于修订〈增值税专用发票使用规定〉的通知》（国税发〔2006〕156号）规定开具增值税专用发票条件的，可以开具增值税专用发票；不符合规定条件的，只能开具普通发票。

四、一机多票企业销售增值税应税货物（不包括出口货物）和劳务需要开具普通发票的，应通过一机多票系统开具。对2007年7月1日以后仍然利用其他方式开具普通发票的一机多票企业，主管税务机关应按发票管理的有关规定进行处罚，涉嫌偷税的要依法进行查处。

五、要切实加强增值税申报纳税"一窗式"管理，在审核时务必注意"表票比对"。要加强企业纳税评估，及时发现和处理企业隐瞒销售、虚抵进项等问题，加强税源监控。

六、各地税务机关在2007年7月10日前要将检查清理情况（包括检查户数、违规户数、收缴发票数量以及纠正情况等）书面报告税务总局流转税管理司，报告的电子文档可上传至税务总局FTP服务器（地址：ftp：//130.9.1.1/centre/流转税司/税控稽核处/检查报告）。

国家税务总局
关于推行机动车销售统一发票税控系统有关工作的紧急通知

（2008年12月15日　国税发〔2008〕117号）

各省、自治区、直辖市和计划单列市国家税务局：

根据修订的《中华人民共和国增值税暂行条例》，增值税一般纳税人购进固定资产的进项税额可以从销项税额中抵扣。为做好机动车的增值税抵扣工作，税务总局决定在全国范围内推行机动车销售统一发票税控系统（以下简称税控系统）。现将有关事项通知如下：

一、自2009年1月1日起，增值税一般纳税人从事机动车（应征消费税的机动车和旧机动车除外）零售业务必须使用税控系统开具机动车销售统一发票。

二、使用税控系统开具机动车销售统一发票的企业（以下称机动车零售企业），应购买税务总局验证通过的税控盘，经税务机关初始化后安装使用。

三、机动车零售企业向增值税一般纳税人销售机动车的，机动车销售统一发票"身份证号码/组织机构代码"栏统一填写购买方纳税人识别号，向其他企业或个人销售机动车的，仍按照《国家税务总局关于使用新版机动车销售统一发票有关问题的通知》（国税函〔2006〕479号）规定填写。

四、机动车零售企业应在每月增值税纳税申报期内，向主管税务机关报送上月机动车销售统一发票的开具数据。

五、自2009年1月1日起，增值税一般纳税人购买机动车取得的税控系统开具的机动车销售统一发票，属于扣税范围的，应自该发票开具之日起90日内到税务机关认证，认证通过的可按增值税专用发票作为增值税进项税额的扣税凭证。

六、税控系统开具的机动车销售统一发票的认证、稽核比对和异常发票的审核检查工作比照增值税专用发票有关规定执行。涉嫌偷骗税并达到立案标准的，连同相关证据材料按第三类问题登记台账后移送稽查局查处。

七、推行准备工作包括税务端运行环境准备、企业端运行环境准备、税控系统安装、培训准备和技术支持等五个方面，具体要求如下：

（一）税务端运行环境准备

税控系统税务端后台管理系统以省级集中方式部署，与货运发票税控管理系统共用所有软、硬件资源，无需另外部署软、硬件环境。

（二）企业端运行环境准备

税控系统企业端开票软件继续使用已有机动车开票软件运行环境。企业在开票前须购买税控盘，根据需要自愿购买传输盘，并前往所属税务机关进行初始化。

为确保税控系统推行工作进度，各省国税局应尽快组织税控盘/传输盘产品相关工作，确保企业能如期购置税控盘/传输盘。（税控盘/传输盘厂商信息详见附件）

考虑到税控系统推行工作时间紧迫，并且各省地税局已推行了货运发票税控系统税控盘/传输盘，各省国税局可建议本地机动车零售企业使用与货运企业同一厂商的税控盘产品。

（三）税控系统安装

税控系统税务端和企业端软件补丁将于近日正式发布。软件发布时间、安装事宜另文通知。

（四）培训准备工作

为保证税控系统的顺利推行，税务总局将于近日组织全国各级国税局的技术、业务人员举办后台管理系统和开票软件的视频培训，具体培训时间、要求另文通知。

各省国税局应做好对企业开票软件的培训和辅导。

（五）技术支持

1. 各省税务机关应按照税务总局税务信息化运行维护体系建设的管理制度和相关规定开展本系统的运行维护支持服务工作。系统使用中如遇问题，应按照相关运维流程报税务总局呼叫中心（服务电话：4008112366）和税务总局金税工程运行维护网站（网址：http://130.9.1.248）提请技术支持。

2. 税务总局将通过百望呼叫中心（服务电话010-62466669）向纳税人免费提供机动车销售统一发票开票软件的远程技术支持服务。

3. 各厂商对税控盘/传输盘的售后支持服务，原则上参照货运发票税控系统税控盘/传输盘的要求执行。

附件：税务总局验证通过的税控盘/传输盘厂商清单（略）

[注释：条款修改。

"七、推行准备工作包括税务端运行环境准备、企业端运行环境准备、税控系统安装、培训准备和技术支持等五个方面，具体要求如下：

（二）企业端运行环境准备

税控系统企业端开票软件继续使用已有机动车开票软件运行环境。企业在开票前须购买税控盘，根据需要自愿购买传输盘，并前往所属税务机关进行初始化。

为确保税控系统推行工作进度，各省国税局应尽快组织税控盘/传输盘产品相关工作，确保企业能如期购置税控盘/传输盘（税控盘/传输盘厂商信息详见附件）。

考虑到税控系统推行工作时间紧迫，并且各省地税局已推行了货运发票税控系统税控盘/传输盘，各省国税局可建议本地机动车零售企业使用与货运企业同一厂商的税控盘产品"。

修改为：

"七、推行准备工作包括税务端运行环境准备、企业端运行环境准备、税控系统安装、培训准备和技术支持等五个方面，具体要求如下：

（二）企业端运行环境准备

税控系统企业端开票软件继续使用已有机动车开票软件运行环境。企业在开票前须购买税控盘，根据需要自愿购买传输盘，并前往所属税务机关进行初始化。

为确保税控系统推行工作进度，各省税务局应尽快组织税控盘/传输盘产品相关工作，确保企业能如期购置税控盘/传输盘。（税控盘/传输盘厂商信息详见附件）。

考虑到税控系统推行工作时间紧迫，并且各省税务局已推行了货运发票税控系统税控盘/传输盘，各省税务局可建议本地机动车零售企业使用与货运企业同一厂商的税控盘产品"。

参见：《国家税务总局关于修改部分税收规范性文件的公告》（国家税务总局公告2018年第31号）。

条款废止。第五条废止。参见：(1)《国家税务总局关于公布全文失效废止、部分条款失效废止的税收规范性文件目录的公告》，国家税务总局公告2011年第2号。(2)《国家税务总局关于调整增值税扣税凭证抵扣期限有关问题的通知》（国税函〔2009〕617号）。]

财政部　国家税务总局
关于增值税税控系统专用设备和技术维护费用抵减增值税税额有关政策的通知

（2012年2月7日　财税〔2012〕15号）

各省、自治区、直辖市、计划单列市财政厅（局）、国家税务局，新疆生产建设兵团财务局：

为减轻纳税人负担，经国务院批准，自 2011 年 12 月 1 日起，增值税纳税人购买增值税税控系统专用设备支付的费用以及缴纳的技术维护费（以下称二项费用）可在增值税应纳税额中全额抵减。现将有关政策通知如下：

一、增值税纳税人 2011 年 12 月 1 日（含，下同）以后初次购买增值税税控系统专用设备（包括分开票机）支付的费用，可凭购买增值税税控系统专用设备取得的增值税专用发票，在增值税应纳税额中全额抵减（抵减额为价税合计额），不足抵减的可结转下期继续抵减。增值税纳税人非初次购买增值税税控系统专用设备支付的费用，由其自行负担，不得在增值税应纳税额中抵减。

增值税税控系统包括：增值税防伪税控系统、货物运输业增值税专用发票税控系统、机动车销售统一发票税控系统和公路、内河货物运输业发票税控系统。

增值税防伪税控系统的专用设备包括金税卡、IC 卡、读卡器或金税盘和报税盘；货物运输业增值税专用发票税控系统专用设备包括税控盘和报税盘；机动车销售统一发票税控系统和公路、内河货物运输业发票税控系统专用设备包括税控盘和传输盘。

二、增值税纳税人 2011 年 12 月 1 日以后缴纳的技术维护费（不含补缴的 2011 年 11 月 30 日以前的技术维护费），可凭技术维护服务单位开具的技术维护费发票，在增值税应纳税额中全额抵减，不足抵减的可结转下期继续抵减。技术维护费按照价格主管部门核定的标准执行。

三、增值税一般纳税人支付的二项费用在增值税应纳税额中全额抵减的，其增值税专用发票不作为增值税抵扣凭证，其进项税额不得从销项税额中抵扣。

四、纳税人购买的增值税税控系统专用设备自购买之日起 3 年内因质量问题无法正常使用的，由专用设备供应商负责免费维修，无法维修的免费更换。

五、纳税人在填写纳税申报表时，对可在增值税应纳税额中全额抵减的增值税税控系统专用设备费用以及技术维护费，应按以下要求填报：

增值税一般纳税人将抵减金额填入《增值税纳税申报表（适用于增值税一般纳税人）》第 23 栏"应纳税额减征额"。当本期减征额小于或等于第 19 栏"应纳税额"与第 21 栏"简易征收办法计算的应纳税额"之和时，按本期减征额实际填写；当本期减征额大于第 19 栏"应纳税额"与第 21 栏"简易征收办法计算的应纳税额"之和时，按本期第 19 栏与第 21 栏之和填写，本期减征额不足抵减部分结转下期继续抵减。

小规模纳税人将抵减金额填入《增值税纳税申报表（适用于小规模纳税人）》第 11 栏"本期应纳税额减征额"。当本期减征额小于或等于第 10 栏"本期应纳税额"时，按本期减征额实际填写；当本期减征额大于第 10 栏"本期应纳税额"时，按本期第 10 栏填写，本期减征额不足抵减部分结转下期继续抵减。

六、主管税务机关要加强纳税申报环节的审核，对于纳税人申报抵减税款的，应重点审核其是否重复抵减以及抵减金额是否正确。

七、税务机关要加强对纳税人的宣传辅导，确保该项政策措施落实到位。

国家税务总局
关于停止发售金税卡 IC 卡等税控专用设备有关问题的公告

(2014 年 7 月 9 日 国家税务总局公告 2014 年第 44 号)

随着营业税改征增值税试点工作在全国逐步展开,金税盘、税控盘等增值税防伪税控专用设备的使用更加广泛,性能日趋成熟。税务总局决定,全面推行金税盘、报税盘,停止发售金税卡、IC 卡等税控专用设备,现将有关事项公告如下:

自 2014 年 8 月 1 日起,增值税防伪税控系统服务单位只允许发售金税盘、报税盘,停止发售金税卡、IC 卡等税控专用设备。

原使用金税卡、IC 卡的纳税人可以继续使用金税卡、IC 卡等税控专用设备。

本公告自 2014 年 8 月 1 日起施行。

国家税务总局
关于推行增值税发票系统升级版工作有关问题的通知

(2014 年 12 月 29 日 税总发〔2014〕156 号)

各省、自治区、直辖市和计划单列市国家税务局:

为适应税收现代化建设需要,着眼于税制改革的长远规划,满足增值税一体化管理要求,切实减轻基层税务机关和纳税人负担,税务总局对现行增值税发票系统进行了整合升级,并在部分地区试运行取得成功。税务总局决定自 2015 年 1 月 1 日起,在全国范围开展推行增值税发票系统升级版工作,现将有关问题通知如下:

一、为保障增值税发票系统升级版的正常使用,税务总局制定了《增值税发票系统升级版操作办法(试行)》(附件1),适用于各级国税机关及使用增值税发票系统升级版的纳税人。

二、为保障系统推行进度及纳税人正常使用,各省国税机关应根据本地推行进度情况,按季度向税务总局(货物和劳务税司)上报本省推行计划。税务总局向税控装置供应商通报各省推行计划,供应商在保障供应前提下可按照市场化原则安排生产计划,向税务总局(电子税务中心)提出税控装置初始化需求,税控装置供应商将初始化后的数量报各省信息技术部门。

各级国税机关对税控装置一体化发行开展的税控装置初始化、发行等管理工作,适用《增值税发票系统升级版税控装置一体化发行工作规程(试行)》(附件2)。

三、除通用定额发票、客运发票和二手车销售统一发票,新认定的一般纳税人和新办小规模纳税人发生增值税业务对外开具发票一律使用金税盘或税控盘开具。

四、各地要高度重视升级版推行工作，将推行工作做好做实，积极稳妥地制定符合本地区实际情况的推行方案，实现服务单位的有序竞争。各省国税局要成立领导小组，主要领导亲自抓，加强部门协作配合，形成工作合力。增值税管理部门负责系统推行工作的组织协调，做好对服务单位的监督管理工作；技术管理部门负责税控装置初始化、发行，升级版各应用系统的开发完善和技术管理等工作，保障增值税发票系统升级版安全平稳运行。税务总局统一组织省级师资培训，各地区应认真做好税务人员培训工作。

五、推行工作涉及广大纳税人，国税机关要做好系统推行组织工作，加强纳税服务和宣传辅导，组织服务单位做好对纳税人开票系统的安装调试及操作培训工作。

六、各地国税机关应按照《国家税务总局电子税务管理中心关于增值税发票系统升级版部署环境准备的通知》（税总电税便函〔2014〕256号）要求，做好增值税发票系统升级版所需设备环境准备工作。

七、各地国税机关应于2015年1月1日起组织纳税人发行金税盘或税控盘，升级安装开票系统。各地国税机关应密切监控系统运行情况，发现问题及时处理并上报税务总局（货物和劳务税司、电子税务管理中心）。

附件：1. 增值税发票系统升级版操作办法（试行）
　　　2. 增值税发票系统升级版税控装置一体化发行工作规程（试行）

附件1：

增值税发票系统升级版操作办法（试行）

一、为适应税收现代化建设需要，着眼于税制改革的长远规划，满足增值税一体化管理要求，切实减轻基层税务机关和纳税人负担，保证增值税发票系统升级版的顺利推行和正常运转，进一步加强增值税征收管理，根据《中华人民共和国发票管理办法》及其实施细则和《增值税专用发票使用规定》等制定本办法。

二、增值税发票系统升级版是对增值税防伪税控系统、货物运输业增值税专用发票税控系统、稽核系统以及税务数字证书系统等进行整合升级完善。实现纳税人经过税务数字证书安全认证、加密开具的发票数据，通过互联网实时上传税务机关，生成增值税发票电子底账，作为纳税申报、发票数据查验以及税源管理、数据分析利用的依据。

三、增值税一般纳税人使用增值税发票系统升级版开具增值税专用发票、货物运输业增值税专用发票、增值税普通发票和机动车销售统一发票（以下统称增值税发票）。

小规模纳税人使用增值税发票系统升级版开具增值税普通发票和机动车销售统一发票。

四、新认定的增值税一般纳税人和新开业的小规模纳税人自愿选择使用金税盘或税控盘。

五、纳税人在领购或更换金税盘或税控盘后，主管税务机关依据综合征管软件同步的税务登记信息、资格认定信息、税种税目认定信息、票种核定信息、离线开票时限、离线开票总金额等信息对专用设备进行发行。

对综合征管软件同步不成功或信息不完整的，主管税务机关需在增值税发票系统中进行手工补录信息后发行金税盘或税控盘。

纳税人已开具未上传的增值税发票为离线发票。离线开票时限是指自第一份离线发票开具时间起开始计算可离线开具的最长时限。离线开票总金额是指可开具离线发票的累计不含税总金额，离线开票总金额按不同票种分别计算。

六、按照有关规定不使用网络办税或不具备网络条件的特定纳税人，以离线方式开具发票，不受离线开票时限和离线开具发票总金额限制。特定纳税人的相关信息由主管税务机关在综合征管系统中设定，并同步至增值税发票系统升级版。

七、纳税人名称、开票限额、购票限量、开票机数量等事项发生变更的，纳税人应到主管税务机关办理变更发行。纳税人识别号发生变化的，纳税人应到主管税务机关办理注销发行。

八、纳税人更换金税盘或税控盘的，需携带增值税发票及专用设备到主管税务机关办理变更发行操作。

九、纳税人可根据确认的发票种类，持金税盘或税控盘（特定纳税人可持报税盘）及相关资料到税务机关领取增值税发票。

十、税务机关可通过综合征管软件对增值税发票进行一体化发售。

十一、纳税人发生注销或票种变更的，需在增值税发票系统升级版中对未开具的发票进行退回或作废操作，并携带增值税发票、专用设备及相关资料到主管税务机关办理发票退回或缴销手续。

十二、纳税人应在互联网连接状态下在线使用增值税发票系统升级版开具发票。增值税发票系统升级版可自动上传已开具的发票明细数据。

十三、纳税人因网络故障等原因无法在线开票的，在税务机关设定的离线开票时限和离线开具发票总金额范围内仍可开票，超限将无法开具发票。纳税人开具发票次月仍未连通网络上传已开具发票明细数据的，也将无法开具发票。纳税人需连通网络上传发票后方可开票，若仍无法连通网络的需携带专用设备到税务机关进行征期报税或非征期报税后方可开票。

十四、纳税人应在纳税申报期内将上月开具发票汇总情况通过增值税发票系统升级版网络报税。

特定纳税人不使用网络报税，可携带报税盘和相关资料到税务机关进行报税。

十五、纳税人可在增值税发票系统升级版中填开、上传《开具红字增值税专用发票信息表》或《开具红字货物运输业增值税专用发票信息表》（以下简称《信息表》）。税务机关通过网络接收纳税人上传的《信息表》系统自动校验通过后，出具带有"红字发票信息表编号"的《信息表》，并通过网络将信息同步至纳税人端系统中。纳税人凭税务机关系统校验通过的《信息表》开具红字专用发票，在增值税发票系统中以销项负数开具。

纳税人也可凭《信息表》电子信息或纸质资料到税务机关对《信息表》内容进行系统校验。

十六、纳税人需要开具红字增值税普通发票的，可以在所对应的蓝字发票金额范围内开具多份红字发票。红字机动车销售统一发票需与原蓝字机动车销售统一发票一一对应。

十七、增值税一般纳税人发票认证、稽核比对、纳税申报等涉税事项仍按照现行规定执行。

十八、纳税人上传的开票数据生成增值税发票电子底账，税务机关可通过增值税发票系统升级版进行发票全票面信息查询、数据分析利用等工作。

十九、本办法由国家税务总局（货物和劳务税司）负责解释。各地可根据本办法制定具体实施细则。

二十、本办法自2015年1月1日起试行。

附件2：

增值税发票系统升级版税控装置一体化发行工作规程（试行）

第一章　总　　则

第一条　为满足增值税发票系统升级版运行需要，加强税控装置发行和税务数字证书管理，发挥岗位职能，更好地为纳税人服务，根据《金税工程技术管理部门岗位职责及管理办法（试行）》（国税发〔2001〕45号）规定，制定本规程。

第二条　本规程所称税控装置是指纳税人使用的可加载税务数字证书的金税盘、税控盘。

第三条　本规程所称税控装置一体化发行是指在发行税控装置时，一并写入税务数字证书的操作流程。

第四条　本规程适用于各级国税机关，围绕税控装置一体化发行开展的税控装置初始化、发行等管理工作。

第二章　税控装置初始化

第五条　税控装置在发行前须在税务总局税控装置灌装中心进行初始化。

第六条　税务总局根据税控装置供应商提出的初始化需求，向灌装中心下达初始化灌装任务。

第七条　税控装置供应商对初始化后的税控装置情况报各省级信息技术部门，进行严格管理。

第八条　各省级信息技术部门应对初始化后的税控装置进行登记、销毁等跟踪管理。

第三章　税务数字证书发行

第九条　税务数字证书发行是指通过税务数字证书系统逐级下发操作员证书，并向税控装置写入税务数字证书的过程。

第十条　操作员证书实行分级授权管理。省级国税机关信息技术部门负责向地市级信息技术部门发放操作员证书；地市级国税机关信息技术部门负责向区县级信息技术部门发放操作员证书。操作员证书用于对税务数字证书系统的管理，以USBkey介质的形式发放给各级税务机关。

第十一条　区县级国税机关信息技术部门向税控装置发行岗发放操作员证书。税控装置发行岗负责向纳税人发行税务数字证书。

第四章 税控装置发行及管理

第十二条 税控装置发行是指通过税控系统对纳税人首次使用的税控装置写入密钥和授权信息的操作流程。

第十三条 信息技术部门税控装置发行岗应严格按照综合征管软件中的相关征管信息或相关文书、资料发行税控装置。

第十四条 税控装置管理是指除税控装置发行和税务数字证书发行外的其他操作过程，包括税控装置注销、更换、变更授权等操作，以及对税控装置内的税务数字证书解锁、更新、重签、注销等操作。

第十五条 涉及税控装置变更、注销、非正常注销等重要管理工作时，信息技术部门税控装置发行岗应按照综合征管软件中的相关征管信息或相关文书、资料进行操作。

第五章 其 他

第十六条 未推行增值税发票系统升级版的，按照原操作流程执行。

第十七条 本规程下发后，各级税务机关要按照本规程要求，在确保信息安全的前提下，采取有效措施，方便纳税人税控装置的发行及管理维护。

第十八条 本规程由国家税务总局（电子税务管理中心）负责解释。

第十九条 本规程自下发之日起执行。

国家税务总局
关于推行增值税发票系统升级版有关问题的公告

（2014 年 12 月 29 日　国家税务总局公告 2014 年第 73 号）

为适应税收现代化建设需要，着眼于税制改革的长远规划，满足增值税一体化管理要求，切实减轻基层税务机关和纳税人负担，税务总局对现行增值税发票系统进行了整合升级，并在部分地区试运行取得成功。税务总局决定自 2015 年 1 月 1 日起在全国范围推行增值税发票系统升级版，现将有关问题公告如下：

一、推行范围

2015 年 1 月 1 日起新认定的增值税一般纳税人（以下简称一般纳税人）和新办的小规模纳税人。

二、发票使用

（一）一般纳税人销售货物、提供应税劳务和应税服务开具增值税专用发票、货物运输业增值税专用发票和增值税普通发票。

（二）小规模纳税人销售货物、提供应税劳务和应税服务开具增值税普通发票。

（三）一般纳税人和小规模纳税人从事机动车（旧机动车除外）零售业务开具机动车销售统一发票。

（四）通用定额发票、客运发票和二手车销售统一发票继续使用。

三、系统使用

增值税发票系统升级版是对增值税防伪税控系统、货物运输业增值税专用发票税控系统、稽核系统以及税务数字证书系统等进行整合升级完善。实现纳税人经过税务数字证书安全认证、加密开具的发票数据，通过互联网实时上传税务机关，生成增值税发票电子底账，作为纳税申报、发票数据查验以及税源管理、数据分析利用的依据。

（一）增值税发票系统升级版纳税人端税控设备包括金税盘和税控盘（以下统称专用设备）。专用设备均可开具增值税专用发票、货物运输业增值税专用发票、增值税普通发票和机动车销售统一发票。

新认定的一般纳税人和新办小规模纳税人自愿选择使用金税盘或税控盘。

除本公告第二条第四项规定的发票，新认定的一般纳税人和新办小规模纳税人发生增值税业务对外开具发票应当使用专用设备开具。

（二）纳税人应在互联网连接状态下在线使用增值税发票系统升级版开具发票。增值税发票系统升级版可自动上传已开具的发票明细数据。

（三）纳税人因网络故障等原因无法在线开票的，在税务机关设定的离线开票时限和离线开具发票总金额范围内仍可开票，超限将无法开具发票。纳税人开具发票次月仍未连通网络上传已开具发票明细数据的，也将无法开具发票。纳税人需连通网络上传发票后方可开票，若仍无法连通网络的需携带专用设备到税务机关进行征期报税或非征期报税后方可开票。

纳税人已开具未上传的增值税发票为离线发票。离线开票时限是指自第一份离线发票开具时间起开始计算可离线开具的最长时限。离线开票总金额是指可开具离线发票的累计不含税总金额，离线开票总金额按不同票种分别计算。

纳税人离线开票时限和离线开票总金额的设定标准及方法由各省、自治区、直辖市和计划单列市国家税务局确定。

（四）按照有关规定不使用网络办税或不具备网络条件的特定纳税人，以离线方式开具发票，不受离线开票时限和离线开具发票总金额限制。特定纳税人的相关信息由主管税务机关在综合征管系统中设定，并同步至增值税发票系统升级版。

（五）纳税人应在纳税申报期内将上月开具发票汇总情况通过增值税发票系统升级版进行网络报税。

特定纳税人不使用网络报税，需携带专用设备和相关资料到税务机关进行报税。

（六）一般纳税人发票认证、稽核比对、纳税申报等涉税事项仍按照现行规定执行。

四、红字发票开具

（一）一般纳税人开具增值税专用发票或货物运输业增值税专用发票（以下统称专用发票）后，发生销货退回、开票有误、应税服务中止以及发票抵扣联、发票联均无法认证等情形但不符合作废条件，或者因销货部分退回及发生销售折让，需要开具红字专用发票的，暂按以下方法处理：

1. 专用发票已交付购买方的，购买方可在增值税发票系统升级版中填开并上传《开具红字增值税专用发票信息表》或《开具红字货物运输业增值税专用发票信息表》（以下统称《信息表》，详见附件1、附件2）。《信息表》所对应的蓝字专用发票应经税务机关认证（所购货物或服务不属于增值税扣税项目范围的除外）。经认证结果为"认证相符"并且已经抵扣增值税进项税额的，购买方在填开《信息表》时不填写相对应的蓝字专用发票信息，应暂依《信息表》所列增值税税额从当期进项税额中转出；未抵扣增值税进项税额的可列入当期进项税额，待取得销售方开具的红字专用发票后，与《信息表》一并作为记账凭证；经认证结果为"无法认证""纳税人识别号认证不符""专用发票代码、号码认证不符"，以及所购货物或服务不属于增值税扣税项目范围的，购买方不列入进项税额，不作进项税额转出，填开《信息表》时应填写相对应的蓝字专用发票信息。

专用发票尚未交付购买方或者购买方拒收的，销售方应于专用发票认证期限内在增值税发票系统升级版中填开并上传《信息表》。

2. 主管税务机关通过网络接收纳税人上传的《信息表》，系统自动校验通过后，生成带有"红字发票信息表编号"的《信息表》，并将信息同步至纳税人端系统中。

3. 销售方凭税务机关系统校验通过的《信息表》开具红字专用发票，在增值税发票系统升级版中以销项负数开具。红字专用发票应与《信息表》一一对应。

4. 纳税人也可凭《信息表》电子信息或纸质资料到税务机关对《信息表》内容进行系统校验。

5. 已使用增值税税控系统的一般纳税人，在纳入升级版之前暂可继续使用《开具红字增值税专用发票申请单》。

（二）税务机关为小规模纳税人代开专用发票需要开具红字专用发票的，按照一般纳税人开具红字专用发票的方法处理。

（三）纳税人需要开具红字增值税普通发票的，可以在所对应的蓝字发票金额范围内开具多份红字发票。红字机动车销售统一发票需与原蓝字机动车销售统一发票一一对应。

五、其他事宜

本公告自2015年1月1日起施行，《国家税务总局关于修订〈增值税专用发票使用规定〉的通知》（国税发〔2006〕156号）第十四条、第十五条、第十六条、第十七条、第十八条、第十九条、《国家税务总局关于推行增值税防伪税控一机多票系统的通知》（国税发〔2006〕78号）第一条第二项、《国家税务总局关于修订增值税专用发票使用规定的补充通知》（国税发〔2007〕18号）、《国家税务总局关于增值税防伪税控一机多票系统开具普通发票有关问题的公告》（国家税务总局公告2011年第15号）、《国家税务总局关于在全国开展营业税改征增值税试点有关税收征收管理问题的公告》（国家税务总局公告2013年第39号）第四条第四项、《国家税务总局关于增值税发票系统升级版试运行工作有关问题的通知》（税总函〔2014〕522号）同时废止。

附件：1. 开具红字增值税专用发票信息表（见二维码44）
　　　2. 开具红字货物运输业增值税专用发票信息表（见二维码44）

［注释：条款失效。

"三、系统使用

（三）纳税人因网络故障等原因无法在线开票的，在税务机关设定的离线开票时限和离线开具发票总金额范围内仍可开票，超限将无法开具发票。纳税人开具发票次月仍未连通网络上传已开具发票明细数据的，也将无法开具发票。纳税人需连通网络上传

二维码44

发票后方可开票，若仍无法连通网络的需携带专用设备到税务机关进行征期报税或非征期报税后方可开票。

纳税人已开具未上传的增值税发票为离线发票。离线开票时限是指自第一份离线发票开具时间起开始计算可离线开具的最长时限。离线开票总金额是指可开具离线发票的累计不含税总金额，离线开票总金额按不同票种分别计算。

纳税人离线开票时限和离线开票总金额的设定标准及方法由各省、自治区、直辖市和计划单列市国家税务局确定"。修改为：

"三、系统使用

（三）纳税人因网络故障等原因无法在线开票的，在税务机关设定的离线开票时限和离线开具发票总金额范围内仍可开票，超限将无法开具发票。纳税人开具发票次月仍未连通网络上传已开具发票明细数据的，也将无法开具发票。纳税人需连通网络上传发票后方可开票，若仍无法连通网络的需携带专用设备到税务机关进行征期报税或非征期报税后方可开票。

纳税人已开具未上传的增值税发票为离线发票。离线开票时限是指自第一份离线发票开具时间起开始计算可离线开具的最长时限。离线开票总金额是指可开具离线发票的累计不含税总金额，离线开票总金额按不同票种分别计算。

纳税人离线开票时限和离线开票总金额的设定标准及方法由各省、自治区、直辖市和计划单列市税务局确定。"

参见：《国家税务总局关于修改部分税收规范性文件的公告》，国家税务总局公告2018年第31号。

条款废止。第四条、附件1、附件2废止。自2016年8月1日起废止。参见：《国家税务总局关于红字增值税发票开具有关问题的公告》，国家税务总局公告2016年第47号。]

国家税务总局
关于全面推行增值税发票系统升级版有关问题的公告

（2015年3月30日　国家税务总局公告2015年第19号）

为适应税收现代化建设需要，满足增值税一体化管理要求，切实减轻基层税务机关和纳税人负担，税务总局自2015年1月1日起对新认定的增值税一般纳税人（以下简称一般纳税人）和新办小规模纳税人推行了增值税发票系统升级版，目前系统运行稳定，纳税人反映良好。税务总局决定自2015年4月1日起在全国范围分步全面推行增值税发票系统升级版，现将有关问题公告如下：

一、推行范围

目前尚未使用增值税发票系统升级版的增值税纳税人。推行工作按照先一般纳税人和起征点以上小规模纳税人，后起征点以下小规模纳税人和使用税控收款机纳税人的顺序进行，具体推行方案由各省国税局根据本地区的实际情况制定。

二、发票使用

（一）一般纳税人销售货物、提供应税劳务和应税服务开具增值税专用发票、货物运输业增值税专用发票和增值税普通发票。

（二）小规模纳税人销售货物、提供应税劳务和应税服务开具增值税普通发票。

税务机关为小规模纳税人代开增值税专用发票和货物运输业增值税专用发票，按照《国家税务总局关于印发〈税务机关代开增值税专用发票管理办法（试行）〉的通知》（国税发〔2004〕153号）和《国家税务总局关于在全国开展营业税改征增值税试点有关征收管理问题的公告》（国家税务总局公告2013年第39号）有关规定执行。

（三）一般纳税人和小规模纳税人从事机动车（旧机动车除外）零售业务开具机动车销售统一发票。

（四）通用定额发票、客运发票和二手车销售统一发票继续使用。

（五）纳税人使用增值税普通发票开具收购发票，系统在发票左上角自动打印"收购"字样。

三、系统使用

增值税发票系统升级版是对增值税防伪税控系统、货物运输业增值税专用发票税控系统、稽核系统以及税务数字证书系统等进行整合升级完善。实现纳税人经过税务数字证书安全认证、加密开具的发票数据，通过互联网实时上传税务机关，生成增值税发票电子底账，作为纳税申报、发票数据查验以及税源管理、数据分析利用的依据。

（一）增值税发票系统升级版纳税人端税控设备包括金税盘和税控盘（以下统称专用设备）。专用设备均可开具增值税专用发票、货物运输业增值税专用发票、增值税普通发票和机动车销售统一发票。

除本公告第二条第四项规定的发票，一般纳税人和小规模纳税人发生增值税业务对外开具发票应当使用专用设备开具。

（二）纳税人应在互联网连接状态下在线使用增值税发票系统升级版开具发票。增值税发票系统升级版可自动上传已开具的发票明细数据。

（三）纳税人因网络故障等原因无法在线开票的，在税务机关设定的离线开票时限和离线开具发票总金额范围内仍可开票，超限将无法开具发票。纳税人开具发票次月仍未连通网络上传已开具发票明细数据的，也将无法开具发票。纳税人需连通网络上传发票数据后方可开票，若仍无法连通网络的需携带专用设备到税务机关进行征期报税或非征期报税后方可开票。

纳税人已开具未上传的增值税发票为离线发票。离线开票时限是指自第一份离线发票开具时间起开始计算可离线开具的最长时限。离线开票总金额是指可开具离线发票的累计不含税总金额，离线开票总金额按不同票种分别计算。

纳税人离线开票时限和离线开票总金额的设定标准及方法由各省、自治区、直辖市和计划单列市国家税务局确定。

（四）按照有关规定不使用网络办税或不具备网络条件的特定纳税人，以离线方式开具发票，不受离线开票时限和离线开具发票总金额限制。特定纳税人的相关信息由主管税务机关在综合征管系统中设定，并同步至增值税发票系统升级版。

（五）纳税人应在纳税申报期内将上月开具发票汇总情况通过增值税发票系统升级版进行网络报税。

特定纳税人不使用网络报税，需携带专用设备和相关资料到税务机关进行报税。

除特定纳税人外，使用增值税发票系统升级版的纳税人，不再需要到税务机关进行报税，原使用的网上报税方式停止使用。

（六）一般纳税人发票认证、稽核比对、纳税申报等涉税事项仍按照现行规定执行。

（七）一般纳税人和小规模纳税人自愿选择使用增值税税控主机共享服务系统开具增值税发票，任何税务机关和税务人员不得强制纳税人使用。

四、纳税人置换专用设备

纳税人原使用的增值税税控系统金税盘（卡）、税控盘，需置换为增值税发票系统升级版专用设备。增值税发票系统升级版服务单位按照优惠价格（报税盘价格）对原金税盘（卡）、税控盘进行置换。

五、红字发票开具

（一）一般纳税人开具增值税专用发票或货物运输业增值税专用发票（以下统称专用发票）后，发生销货退回、开票有误、应税服务中止以及发票抵扣联、发票联均无法认证等情形但不符合作废条件，或者因销货部分退回及发生销售折让，需要开具红字专用发票的，暂按以下方法处理：

1. 专用发票已交付购买方的，购买方可在增值税发票系统升级版中填开并上传《开具红字增值税专用发票信息表》或《开具红字货物运输业增值税专用发票信息表》（以下统称《信息表》，详见附件1、附件2）。《信息表》所对应的蓝字专用发票应经税务机关认证（所购货物或服务不属于增值税扣税项目范围的除外）。经认证结果为"认证相符"并且已经抵扣增值税进项税额的，购买方在填开《信息表》时不填写相对应的蓝字专用发票信息，应暂依《信息表》所列增值税税额从当期进项税额中转出，未抵扣增值税进项税额的可列入当期进项税额，待取得销售方开具的红字专用发票后，与《信息表》一并作为记账凭证；经认证结果为"无法认证""纳税人识别号认证不符""专用发票代码、号码认证不符"，以及所购货物或服务不属于增值税扣税项目范围的，购买方不列入进项税额，不作进项税额转出，填开《信息表》时应填写相对应的蓝字专用发票信息。

专用发票尚未交付购买方或者购买方拒收的，销售方应于专用发票认证期限内在增值税发票系统升级版中填开并上传《信息表》。

2. 主管税务机关通过网络接收纳税人上传的《信息表》，系统自动校验通过后，生成带有"红字发票信息表编号"的《信息表》，并将信息同步至纳税人端系统中。

3. 销售方凭税务机关系统校验通过的《信息表》开具红字专用发票，在增值税发票系统升级版中以销项负数开具。红字专用发票应与《信息表》一一对应。

4. 纳税人也可凭《信息表》电子信息或纸质资料到税务机关对《信息表》内容进行系统校验。

5. 已使用增值税税控系统的一般纳税人，在纳入升级版之前暂可继续使用《开具红字增值税专用发票申请单》。

（二）税务机关为小规模纳税人代开专用发票需要开具红字专用发票的，按照一般纳税人开具红字专用发票的方法处理。

（三）纳税人需要开具红字增值税普通发票的，可以在所对应的蓝字发票金额范围内开具多份红字发票。红字机动车销售统一发票需与原蓝字机动车销售统一发票一一对应。

六、其他事宜

本公告自 2015 年 4 月 1 日起施行,《国家税务总局关于印发〈增值税防伪税控主机共享服务系统管理暂行办法〉的通知》(国税发〔2003〕67 号)第五条同时废止。

附件:
1. 开具红字增值税专用发票信息表(见二维码 45)
2. 开具红字货物运输业增值税专用发票信息表(见二维码 45)

二维码45

[注释:条款修改。
"一、推行范围

目前尚未使用增值税发票系统升级版的增值税纳税人。推行工作按照先一般纳税人和起征点以上小规模纳税人,后起征点以下小规模纳税人和使用税控收款机纳税人的顺序进行,具体推行方案由各省国税局根据本地区的实际情况制定"。修改为:

"一、推行范围

目前尚未使用增值税发票系统升级版的增值税纳税人。推行工作按照先一般纳税人和起征点以上小规模纳税人,后起征点以下小规模纳税人和使用税控收款机纳税人的顺序进行,具体推行方案由各省税务局根据本地区的实际情况制定。"

"三、系统使用

(三)纳税人因网络故障等原因无法在线开票的,在税务机关设定的离线开票时限和离线开具发票总金额范围内仍可开票,超限将无法开具发票。纳税人开具发票次月仍未连通网络上传已开具发票明细数据的,也将无法开具发票。纳税人需连通网络上传发票数据后方可开票,若仍无法连通网络的需携带专用设备到税务机关进行征期报税或非征期报税后方可开票。

纳税人已开具未上传的增值税发票为离线发票。离线开票时限是指自第一份离线发票开具时间起开始计算可离线开具的最长时限。离线开票总金额是指可开具离线发票的累计不含税总金额,离线开票总金额按不同票种分别计算。

纳税人离线开票时限和离线开票总金额的设定标准及方法由各省、自治区、直辖市和计划单列市国家税务局确定"。修改为:

"三、系统使用

(三)纳税人因网络故障等原因无法在线开票的,在税务机关设定的离线开票时限和离线开具发票总金额范围内仍可开票,超限将无法开具发票。纳税人开具发票次月仍未连通网络上传已开具发票明细数据的,也将无法开具发票。纳税人需连通网络上传发票数据后方可开票,若仍无法连通网络的需携带专用设备到税务机关进行征期报税或非征期报税后方可开票。

纳税人已开具未上传的增值税发票为离线发票。离线开票时限是指自第一份离线发票开具时间起开始计算可离线开具的最长时限。离线开票总金额是指可开具离线发票的累计不含税总金额,离线开票总金额按不同票种分别计算。

纳税人离线开票时限和离线开票总金额的设定标准及方法由各省、自治区、直辖市和计划单列市税务局确定。"

参见:《国家税务总局关于修改部分税收规范性文件的公告》(国家税务总局公告 2018 年第 31 号)。

条款废止。第五条、附件 1、附件 2 废止。自 2016 年 8 月 1 日起废止。参见:《国家税务总局关于红字增值税发票开具有关问题的公告》(国家税务总局公告 2016 年第 47 号)。]

国家税务总局
关于全面推行增值税发票系统升级版工作有关问题的通知

(2015年3月30日 税总发〔2015〕42号)

各省、自治区、直辖市和计划单列市国家税务局：

为适应税收现代化建设需要，满足增值税一体化管理要求，切实减轻基层税务机关和纳税人负担，税务总局自2015年1月1日起对新认定的增值税一般纳税人和新办小规模纳税人推行了增值税发票系统升级版，目前系统运行稳定，纳税人反映良好。税务总局决定自2015年4月1日起在全国范围分步全面开展增值税发票系统升级版推行工作，现将有关问题通知如下：

一、目前尚未使用增值税发票系统升级版的增值税纳税人全面推行。各省国税局可根据本地区的实际情况制定本地区推行方案，按照先增值税一般纳税人和起征点以上小规模纳税人，后起征点以下小规模纳税人和使用税控收款机纳税人的顺序，分步开展推行工作，2015年年底前完成尚未使用增值税发票系统升级版的增值税纳税人的推行工作。

二、为保障增值税发票系统升级版的正常使用，税务总局制定了《增值税发票系统升级版操作办法（试行）》（附件1），适用于各级国税机关及使用增值税发票系统升级版的纳税人。

三、为保障系统推行进度及纳税人正常使用，各省国税机关应根据本地推行进度情况，按季度向税务总局（货物和劳务税司）上报本省推行计划。税务总局向税控装置供应商通报各省推行计划，供应商在保障供应前提下可按照市场化原则安排生产计划，向税务总局（电子税务中心）提出税控装置初始化需求，税控装置供应商将初始化后的数量报各省信息技术部门。

各级国税机关对税控装置一体化发行开展的税控装置初始化、发行等管理工作，适用《增值税发票系统升级版税控装置一体化发行工作规程（试行）》（附件2）。

四、除通用定额发票、客运发票和二手车销售统一发票，增值税一般纳税人和小规模纳税人发生增值税业务对外开具发票一律使用金税盘或税控盘开具。

五、增值税发票系统升级版服务单位按照优惠价格（报税盘价格）对原金税盘（卡）、税控盘进行置换。

六、税务总局正在着手制定税控收款机和电子发票技术改造方案，以这两种方式开具发票的纳税人，推行增值税发票系统升级版的有关事项另行通知。

七、增值税发票系统升级版已实现网络报税功能，除按照有关规定不使用网络办税或不具备网络条件的特定纳税人外，使用增值税发票系统升级版的纳税人，不再需要到税务机关进行报税，原使用的网上报税方式停止使用。

八、原使用税控收款机、网络发票的纳税人，使用增值税发票系统升级版后，仍可由具备服务能力的原税控收款机、网络发票的服务单位继续服务，但不得再收取税控收款机、网络发票的服务费用，技术维护费应按照《国家发展改革委关于完善增值税税控系统收费政策的通知》（发改价格〔2012〕2155号）规定的标准收取。

九、各省国税局可根据本地区实际情况和工作需要，集体研究，在纪检监察部门的监督下，选择设立第三方服务单位进行增值税税控系统维护服务。

十、原使用增值税防伪税控系统和货物运输业增值税专用发票税控系统的纳税人置换为升级版的工作中，要按照打破原有固化的服务格局、形成有序竞争机制、提高服务质量的原则，合理确定好增值税发票系统升级版服务单位的服务范围。

十一、各地要高度重视升级版推行工作，将推行工作做好做实，积极稳妥地制定符合本地区实际情况的推行方案，实现服务单位的有序竞争。各省国税局要成立领导小组，主要领导亲自抓，加强部门协作配合，形成工作合力。增值税管理部门负责系统推行工作的组织协调，做好对服务单位的监督管理工作；技术管理部门负责税控装置初始化、发行，升级版各应用系统的开发完善和技术管理等工作，保障增值税发票系统升级版安全平稳运行。各地区应认真做好税务人员培训工作。

十二、推行工作涉及广大纳税人，国税机关要做好系统推行组织工作，加强纳税服务和宣传辅导，组织服务单位做好对纳税人开票系统的安装调试及操作培训工作。

十三、各地国税机关应按照《国家税务总局电子税务管理中心关于增值税发票系统升级版部署环境准备的通知》（税总电税便函〔2014〕256号）要求，做好增值税发票系统升级版所需设备环境准备工作。

十四、各地国税机关应密切监控系统运行情况，发现问题及时处理并上报税务总局（货物和劳务税司、电子税务管理中心）。

附件：1. 增值税发票系统升级版操作办法
      2. 增值税发票系统升级版税控装置一体化发行工作规程（试行）

附件1：

增值税发票系统升级版操作办法

一、为适应税收现代化建设需要，着眼于税制改革的长远规划，满足增值税一体化管理要求，切实减轻基层税务机关和纳税人负担，保证增值税发票系统升级版的顺利推行和正常运转，进一步加强增值税征收管理，根据《中华人民共和国发票管理办法》及其实施细则和《增值税专用发票使用规定》等制定本办法。

二、增值税发票系统升级版是对增值税防伪税控系统、货物运输业增值税专用发票税控系统、稽核系统以及税务数字证书系统等进行整合升级完善。实现纳税人经过税务数字证书安全认证、加密开具的发票数据，通过互联网实时上传税务机关，生成增值税发票电子底账，作为纳税申报、发票数据查验以及税源管理、数据分析利用的依据。

三、增值税一般纳税人使用增值税发票系统升级版开具增值税专用发票、货物运输业增值税专用发票、增值税普通发票和机动车销售统一发票（以下统称增值税发票）。

小规模纳税人使用增值税发票系统升级版开具增值税普通发票和机动车销售统一发票。

四、纳税人在领购或更换金税盘或税控盘后，主管税务机关依据综合征管软件同步的税务登记信息、资格认定信息、税种税目认定信息、票种核定信息、离线开票时限、离线开票总金额等信息对专用设备进行发行。

对综合征管软件同步不成功或信息不完整的，主管税务机关需在增值税发票系统中进行手工补录信息后发行金税盘或税控盘。

纳税人已开具未上传的增值税发票为离线发票。离线开票时限是指自第一份离线发票开具时间起开始计算可离线开具的最长时限。离线开票总金额是指可开具离线发票的累计不含税总金额，离线开票总金额按不同票种分别计算。

五、按照有关规定不使用网络办税或不具备网络条件的特定纳税人，以离线方式开具发票，不受离线开票时限和离线开具发票总金额限制。特定纳税人的相关信息由主管税务机关在综合征管系统中设定，并同步至增值税发票系统升级版。

六、纳税人名称、开票限额、购票限量、开票机数量等事项发生变更的，纳税人应到主管税务机关办理变更发行。纳税人识别号发生变化的，纳税人应到主管税务机关办理注销发行。

七、纳税人更换金税盘或税控盘的，需携带增值税发票及专用设备到主管税务机关办理变更发行操作。

八、纳税人可根据确认的发票种类，持金税盘或税控盘（特定纳税人可持报税盘）及相关资料到税务机关领取增值税发票。

九、税务机关可通过综合征管软件对增值税发票进行一体化发售。

十、纳税人发生注销或票种变更的，需在增值税发票系统升级版中对未开具的发票进行退回或作废操作，并携带增值税发票、专用设备及相关资料到主管税务机关办理发票退回或缴销手续。

十一、纳税人应在互联网连接状态下在线使用增值税发票系统升级版开具发票。增值税发票系统升级版可自动上传已开具的发票明细数据。

十二、纳税人因网络故障等原因无法在线开票的，在税务机关设定的离线开票时限和离线开具发票总金额范围内仍可开票，超限将无法开具发票。纳税人开具发票次月仍未连通网络上传已开具发票明细数据的，也将无法开具发票。纳税人需连通网络上传发票后方可开票，若仍无法连通网络的需携带专用设备到税务机关进行征期报税或非征期报税后方可开票。

十三、纳税人应在纳税申报期内将上月开具发票汇总情况通过增值税发票系统升级版网络报税。

特定纳税人不使用网络报税，可携带报税盘和相关资料到税务机关进行报税。

十四、纳税人可在增值税发票系统升级版中填开、上传《开具红字增值税专用发票信息表》或《开具红字货物运输业增值税专用发票信息表》（以下简称《信息表》）。税务机关通过网络接收纳税人上传的《信息表》系统自动校验通过后，出具带有"红字发票信息表编号"的《信息表》，并通过网络将信息同步至纳税人端系统中。纳税人凭税务机关系统校验通过的《信息表》开具红字专用发票，在增值税发票系统中以销项负数开具。

纳税人也可凭《信息表》电子信息或纸质资料到税务机关对《信息表》内容进行系统校验。

十五、纳税人需要开具红字增值税普通发票的，可以在所对应的蓝字发票金额范围内开具多份红字发票。红字机动车销售统一发票需与原蓝字机动车销售统一发票一一对应。

十六、增值税一般纳税人发票认证、稽核比对、纳税申报等涉税事项仍按照现行规定执行。

十七、纳税人上传的开票数据生成增值税发票电子底账，税务机关可通过增值税发票系统升级版进行发票全票面信息查询、数据分析利用等工作。

十八、本办法由国家税务总局（货物和劳务税司）负责解释。各地可根据本办法制定具体实施细则。

十九、本办法自下发之日起执行。

附件2：

增值税发票系统升级版税控装置一体化发行工作规程（试行）

《国家税务总局关于推行增值税发票系统升级版工作有关问题的通知》（税总发〔2014〕156号）附件2。

国家税务总局
关于印发《增值税税控系统服务单位监督管理办法》的通知

（2015年10月9日　税总发〔2015〕118号）

各省、自治区、直辖市和计划单列市国家税务局：

为进一步加强税务机关对增值税税控系统服务单位的监督管理，不断优化对增值税纳税人的开票服务，在广泛征求意见的基础上，国家税务总局制定了新的《增值税税控系统服务单位监督管理办法》（以下简称监督管理办法），现印发给你们，并就有关事项通知如下：

一、纳税人可自愿选择使用航天信息股份有限公司（以下简称航天信息）或国家信息安全工程技术研究中心（以下简称国家信息安全中心）生产的增值税税控系统专用设备。

二、纳税人可自愿选择具备服务资格的维护服务单位（以下简称服务单位）进行服务。服务单位对航天信息或国家信息安全中心生产的专用设备均可以进行维护服务。

三、服务单位开展的增值税税控系统操作培训应遵循使用单位自愿的原则，严禁收费培训，严禁强行培训，严禁强行搭售通用设备、软件或其他商品。

四、税务机关应做好专用设备销售价格和技术维护价格的收费标准、增值税税控系统通用设备基本配置标准等相关事项的公示工作，以便接受纳税人监督。

五、各地要高度重视纳税人对服务单位的投诉举报工作。各级税务机关应设立并通过各种有效方式向社会公布投诉举报电话，及时处理增值税税控系统使用单位对服务单位的投诉举报。省国税局负责对投诉举报及处理情况进行跟踪管理，按月汇总相关情况，随服务质量调查情况一并上报国家税务总局。

六、税务机关应向需使用增值税税控系统的每一位纳税人发放《增值税税控系统安装使用告知书》（附件1，以下简称《使用告知书》），告知纳税人有关政策规定和享有的权利。服务单位应凭《使用告知书》向纳税人销售专用设备，提供售后服务，严禁向未持有《使用告知书》的纳税人发售专用设备。

七、税务机关和税务工作人员严禁直接或间接从事税控系统相关的商业性经营活动，严禁向纳税人推销任何商品。

八、各级税务机关应高度重视服务单位监督管理工作，严格落实监督管理办法，认真履行监督管理职责。对于工作失职渎职、服务单位违规行为频发的地区，将按有关规定追究相关单位或人员的责任。对服务单位监管不力、问题频出的地区，税务总局将进行通报批评并要求限期整改。

附件：1. 增值税税控系统安装使用告知书（见二维码46）
2. 增值税税控系统通用设备基本配置标准（见二维码46）
3. 增值税税控系统安装单（见二维码46）
4. 增值税税控系统服务质量调查表（见二维码46）
5. 增值税税控系统服务质量投诉举报处理情况记录表（见二维码46）

二维码46

增值税税控系统服务单位监督管理办法

第一章 总 则

第一条 为保障增值税税控系统的正常运行，加强对服务单位的监督，根据《中华人民共和国税收征收管理法》及《国务院办公厅转发国家税务总局关于全面推广应用增值税防伪税控系统意见的通知》（国办发〔2000〕12号）有关规定，制定本办法。

第二条 本办法中的增值税税控系统，是指国家税务总局组织开发的，运用数字密码和电子存储技术，强化增值税发票管理，实现对增值税纳税人税源监控的增值税管理系统。

第三条 本办法中的服务单位，是指从事增值税税控系统专用设备（以下简称专用设备）销售以及为使用增值税税控系统的增值税纳税人（以下简称使用单位）提供增值税税控系统维护服务的企业或事业单位。

本办法中的专用设备，是指按照税务机关发票管理要求，能够保证涉税数据的正确生成、可靠存储和安全传递，经税务机关发行后方可与增值税税控系统配套使用的特定设备。

第四条 服务单位应当依据本办法的规定，为使用单位提供优质、高效、便捷的服务，保障使用单位能够正确使用增值税税控系统。

第五条 税务机关应依据本办法对服务单位专用设备的质量、供应、增值税税控系统操作培训以及系统安装、调试和维护等服务工作及投诉举报处理等情况进行监督管理。

第二章 监督管理内容

第六条 航天信息股份有限公司（以下简称航天信息）和国家信息安全工程技术研究中心（以下简称国家信息安全中心）要切实做好专用设备生产工作，保障专用设备的产品质量，对税务机关同意设立的所有服务单位提供相关技术培训和技术支持，保障专用设备及时供应。

航天信息和国家信息安全中心对其设立的服务单位制定统一的服务规范和内部监管办法，切实做好对设立的服务单位的监督管理工作。对其设立的服务单位评比考核须综合参考省国税局对本省服务单位监督管理意见，考评结果、服务单位建设情况及监督管理情况应报送国家税务总局。航天信息和国家信息安全中心与问题频发的服务单位承担连带责任。

第七条 省以下（含本级，下同）服务单位的设立、更换应商省国税局同意。

原则上地市均应设立服务单位。对于按地市设立服务单位有困难的地区，经省国税局同意可不按地市设立服务单位。

第八条 省国税局设立、更换第三方服务单位需报国家税务总局备案。

第九条 省服务单位保障本地区专用设备的及时供应，依据统一的服务规范和内部监管办法对设立的下级服务单位进行监督管理。对设立的下级服务单位评比考核须综合参考当地国税局对本地服务单位监督管理意见，考评结果、服务单位建设情况及监督管理情况应报送省国税局。省服务单位与问题频发的下设服务单位承担连带责任。

省服务单位应建立投诉举报处理机制，设立并公布统一的投诉举报电话，及时处理使用单位的投诉举报，并按月汇总报省国税局。

第十条 市以下（含本级，下同）服务单位按下列要求负责本地区专用设备的销售：

（一）根据增值税管理及使用单位的需要，保障专用设备及时供应。

（二）根据税务机关的《增值税税控系统安装使用告知书》（附件1，略），按照国家价格主管部门确定的价格标准销售专用设备，并通过增值税税控系统单独开具增值税发票，不得以任何借口提高专用设备销售价格和拒绝销售专用设备。

（三）不得以任何理由向使用单位强行销售计算机、打印机等通用设备、软件、其他商品或服务。使用单位自愿向服务单位购买通用设备、软件、其他商品或服务的，应进行书面确认。

第十一条 市以下服务单位按下列要求负责本地区使用单位增值税税控系统的培训：

（一）市服务单位应建立固定的培训场所，配备必要的培训用计算机、打印机、专用设备等培训设施和专业的培训师资，按照统一的培训内容开展培训工作，确保使用单位能够熟练使用专用设备及通过增值税税控系统开具发票。

（二）服务单位应在培训教室的显著位置悬挂《国家发展改革委关于完善增值税税控系统收费政策的通知》（发改价格〔2012〕2155号）、《财政部 国家税务总局关于增值税税控系统专用设备和技术维护费用抵减增值税税额有关政策的通知》（财税〔2012〕15号）、《增值税税控系统通用设备基本配置标准》（附件2，略）等展板。

（三）服务单位应向使用单位免费提供增值税税控系统操作培训，不得增加其他任何收费培训内容。

（四）培训应遵循使用单位自愿的原则。服务单位不得以培训作为销售、安装专用设备的前提条件。

第十二条 市以下服务单位按下列要求负责本地区使用单位增值税税控系统日常服务：

（一）使用单位向服务单位提出安装要求后，服务单位应在3个工作日内（含本数，下同）完成使用单位增值税税控系统的安装、调试，并填写《增值税税控系统安装单》（附件

3，略）。

（二）服务单位应配备足够数量的服务人员，设立并公布统一的服务热线电话，及时向使用单位提供维护服务，保障增值税税控系统正常使用。对于通过电话或网络等方式不能解决的问题，应在24小时内做出响应，现场排除故障不得超过2个工作日。

第十三条　市以下服务单位按下列要求收取本地区使用单位增值税税控系统技术维护费：

（一）服务单位应与使用单位签订技术维护合同，合同中应明确具体的服务标准、服务时限和违约责任等事项。使用单位拒绝签订的除外。

（二）服务单位应按照国家价格主管部门确定的标准按年收取技术维护费，不得一次性收取1年以上的技术维护费。

第三章　监督管理方法

第十四条　不定期抽查。省国税局应对本地区服务单位的专用设备销售、培训、收费及日常服务等情况进行不定期抽查，并将抽查情况上报国家税务总局。

第十五条　问卷调查。市国税局应每年组织开展服务质量调查，抽取部分使用单位调查了解服务情况，根据使用单位的反映对服务单位的工作质量进行评价。调查可以采取电话调查、网络调查和实地调查等方式。调查时应通过《增值税税控系统服务质量调查表》（附件4，以下简称《服务质量调查表》，略）记录调查结果。

调查比例不得低于本辖区上年末使用单位总数的2%或不少于50户（含，下同）。

市国税局应于每年3月底前将调查情况汇总上报省国税局，省国税局应于每年4月10日前将调查情况汇总上报国家税务总局。

第十六条　投诉举报处理。各级税务机关应设立并公布统一的投诉举报电话，及时处理使用单位的投诉举报，建立投诉举报受理、处置、反馈制度。对使用单位的投诉举报处理情况应登记《增值税税控系统服务质量投诉举报处理情况记录表》（附件5，以下简称《投诉举报处理情况记录表》），按月汇总上报省国税局。省国税局对省以下税务机关投诉举报电话的设立公布及受理投诉举报情况进行跟踪管理。

受理投诉举报来源包括网络、信函、电话以及现场等形式。

（一）税务机关受理投诉举报后应及时自行组织或委托下级税务机关进行核实。

对于经核实投诉举报情况属实、服务单位违反有关规定的，属于有效投诉举报。对于无法核实或经调查投诉举报情况不实的，属于无效投诉举报。

（二）对于有效投诉举报问题得到解决的，由税务机关受理部门进行电话回访，听取使用单位的意见；对于有效投诉举报问题无法得到解决的，由税务机关受理部门向上一级税务机关报告，由上一级税务机关责成同级服务单位解决。

（三）税务机关应将投诉举报处理的过程和结果记入《投诉举报处理情况记录表》。

第十七条　联系制度。省国税局及市国税局每年至少与本地区服务单位召开一次联系会议。服务单位将服务情况及存在的问题，向税务机关报告。税务机关向服务单位通报调查及投诉举报情况，研究提高服务质量的措施。

第十八条　税务机关对不定期抽查、问卷调查、受理投诉举报以及日常管理中使用单位反映的情况进行汇总统计，作为对服务单位监督考核的依据。

第四章 违约责任

第十九条 服务单位发生下列情形之一的，主管税务机关应对服务单位进行约谈并要求其立即纠正：

（一）未按规定销售专用设备、安装专用设备、提供培训、提供维护服务，影响使用单位增值税税控系统正常使用的；

（二）未按本办法第二章有关规定履行服务单位职责的；

（三）未按规定处理投诉举报的；

（四）税务机关接到有效投诉举报，但一年内有效投诉举报率不超过1%的；

有效投诉举报率＝有效投诉举报户数÷使用单位户数×100%

（五）税务机关对服务单位的调查结果不满意率在5%以上未超过10%的。

不满意率＝不满意使用单位户数÷调查的使用单位总户数×100%

"不满意使用单位户数"是指在《服务质量调查表》中综合评价"不满意"的户数。

第二十条 服务单位发生下列情形之一的，省国税局责令相关服务单位进行整改，并停止其在规定地区半年内接受新用户的资格，同时向国家税务总局报告：

（一）发生本办法第十九条第（一）、（二）、（三）、（四）项情形之一，未纠正的；

（二）向使用单位强行销售计算机、打印机等通用设备、软件、其他商品或服务的；

（三）违反市场公平竞争原则，进行虚假宣传，恶意诋毁竞争对手的；

（四）对接到的投诉举报没有及时处理，影响使用单位正常经营，造成严重后果的；

（五）税务机关对服务单位的调查结果不满意率超过10%的；

（六）一年内有效投诉举报率在1%以上未超过5%或有效投诉举报在10户以上未超过30户的。

第二十一条 服务单位发生下列情形之一的，属于航天信息和国家信息安全中心授权的服务单位，省国税局应上报国家税务总局并建议授权单位终止其服务资格；属于省国税局批准成立的服务单位，省国税局终止其服务资格：

（一）以税务机关的名义进行有偿更换设备、升级软件及强行销售其他商品或服务的；

（二）未按本办法第二章有关规定发售专用设备，影响使用单位增值税税控系统正常使用，造成严重后果的；

（三）拒绝接受税务机关依据本办法进行监督管理的；

（四）由于违反法律和法规行为，造成无法正常为使用单位提供服务的；

（五）违反市场公平竞争原则，进行恶意竞争，造成严重后果的；

（六）一年内税务机关接到的有效投诉举报率超过5%或有效投诉举报超过30户的。

第二十二条 服务单位对税务机关做出的处罚决定不服的，可以向同级税务机关或上级税务机关申诉。

第五章 附则

第二十三条 本办法由国家税务总局解释。

第二十四条 本办法自2015年11月1日起施行，《国家税务总局关于修订〈增值税防伪税控开票系统服务监督管理办法〉的通知》（国税发〔2011〕132号）同时废止。

国家税务总局
关于优化完善增值税发票查询平台功能有关事项的公告

（2016年5月27日　国家税务总局公告2016年第32号）

自2016年3月1日起，税务总局对部分增值税一般纳税人（以下简称纳税人）取消了增值税发票扫描认证，纳税人可登录本省增值税发票查询平台，查询、选择、确认用于申报抵扣或者出口退税的增值税发票信息。为进一步优化纳税服务，更好地便利纳税人，税务总局对增值税发票查询平台相关功能进行了优化完善，现将有关事项公告如下：

一、延长确认发票信息时限。将纳税人确认当月用于抵扣税款或者出口退税的增值税发票信息的最后时限，由当月最后1日延长至次月纳税申报期结束前2日。

二、优化系统功能。增值税发票查询平台优化完善了系统登陆、查询和信息下载等功能，纳税人可在本省增值税发票查询平台下载相关功能说明。

本公告自发布之日起施行。

［注释：条款废止。第一条废止。自2016年9月1日起废止。参见：《国家税务总局关于优化完善增值税发票选择确认平台功能及系统维护有关事项的公告》（国家税务总局公告2016年第57号）。］

国家税务总局
关于启用全国增值税发票查验平台的公告

（2016年12月23日　国家税务总局公告2016年第87号）

为进一步优化纳税服务，加强发票管理，税务总局依托增值税发票管理新系统（以下简称"新系统"）开发了增值税发票查验平台。经过前期试点，系统运行平稳，税务总局决定启用全国增值税发票查验平台。现将有关事项公告如下：

取得增值税发票的单位和个人可登陆全国增值税发票查验平台（https：//inv－veri.chinatax.gov.cn），对新系统开具的增值税专用发票、增值税普通发票、机动车销售统一发票和增值税电子普通发票的发票信息进行查验。单位和个人通过网页浏览器首次登录平台时，应下载安装根证书文件，查看平台提供的发票查验操作说明。

各级税务机关要通过多种渠道做好增值税发票查验工作的宣传辅导，采取有效措施，保证增值税发票查验工作的顺利实施。

本公告自2017年1月1日起实施。

国家税务总局
关于优化完善增值税发票选择确认平台功能
及系统维护有关事项的公告

（2016年8月29日 国家税务总局公告2016年第57号）

为进一步优化纳税服务，现将优化完善增值税发票选择确认平台（原增值税发票查询平台）功能及系统维护有关事项公告如下：

一、纳税人每日可登录本省增值税发票选择确认平台，查询、选择、确认用于申报抵扣或者出口退税的增值税发票信息。

二、增值税发票选择确认平台纳税人端系统维护工作，由增值税税控系统服务单位负责。

三、本公告自2016年9月1日起施行，《国家税务总局关于优化完善增值税发票查询平台功能有关事项的公告》（国家税务总局公告2016年第32号）第一条同时废止。

国家发展改革委
关于降低增值税税控系统产品及维护服务价格
等有关问题的通知

（2017年7月2日 发改价格〔2017〕1243号）

各省、自治区、直辖市发展改革委、物价局：

为减轻企业负担，优化企业生产经营环境，现就降低增值税税控系统产品（金税盘、税控盘和报税盘，以下简称"税控系统产品"）及维护服务价格等有关问题通知如下：

一、降低税控系统产品价格。将增值税防伪税控系统专用设备中的USB金税盘零售价格由每个490元降为200元，报税盘零售价格由每个230元降为100元；货物运输业增值税专用发票、机动车销售统一发票和公路、内河货物运输业发票税控系统专用设备中的TCG-01税控盘零售价格由每个490元降为200元，TCG-02报税盘零售价格由每个230元降为100元。

二、降低维护服务价格。从事增值税税控系统技术维护服务的有关单位（以下简称"有关技术服务单位"），向使用税控系统产品的纳税人提供技术维护服务收取的费用，由每户每年每套330元降为280元；对使用两套及以上税控系统产品的，从第二套起减半收取技术维护服务费用。

三、税控系统产品购买和技术维护服务费用抵减应纳税额。增值税纳税人购买税控系统产品支付的费用，以及缴纳的技术维护费用，在增值税应纳税额中及时全额抵减。

四、加强技术维护服务及价格行为监管。有关技术服务单位提供服务时，要与用户签署服务协议，严格履行合同中约定的职责和服务内容，提供及时、优质服务；不提供服务或降低服务质量的，不得收取费用。有关技术服务单位和税控系统产品供货单位，向用户强行推销或搭售扫描仪、计算机、打印机等通用设备的，以乱收费查处。

五、上述规定自2017年8月1日起执行。《国家计委关于核定增值税防伪税控系统专用设备和技术维护价格的通知》（计价格〔2000〕1381号）、《国家计委关于调整增值税防伪税控系统专用IC卡价格的通知》（计价格〔2002〕928号）、《国家发展改革委关于降低增值税防伪税控系统专用产品价格的通知》（发改价格〔2006〕1341号）、《国家发展改革委关于降低增值税专用发票和防伪税控系统技术维护价格的通知》（发改价格〔2009〕1607号）、《国家发展改革委关于完善增值税税控系统收费政策的通知》（发改价格〔2012〕2155号）同时废止。

国家税务总局
关于增值税发票管理若干事项的公告

（2017年12月18日　国家税务总局公告2017年第45号）

为了贯彻落实党中央、国务院关于优化营商环境和推进"放管服"改革的系列部署，提升增值税发票服务水平，营造更加规范公平的税收环境，现将增值税发票管理若干事项公告如下：

一、推行商品和服务税收分类编码简称

自2018年1月1日起，纳税人通过增值税发票管理新系统开具增值税发票（包括：增值税专用发票、增值税普通发票、增值税电子普通发票）时，商品和服务税收分类编码对应的简称会自动显示并打印在发票票面"货物或应税劳务、服务名称"或"项目"栏次中。包含简称的《商品和服务税收分类编码表》见附件。

二、扩大增值税小规模纳税人自行开具增值税专用发票试点范围

自2018年2月1日起，月销售额超过3万元（或季销售额超过9万元）的工业以及信息传输、软件和信息技术服务业增值税小规模纳税人（以下简称试点纳税人）发生增值税应税行为，需要开具增值税专用发票的，可以通过增值税发票管理新系统自行开具。

试点纳税人销售其取得的不动产，需要开具增值税专用发票的，应当按照有关规定向地税机关申请代开。

试点纳税人应当在规定的纳税申报期内将所开具的增值税专用发票所涉及的税款，向主管税务机关申报缴纳。在填写增值税纳税申报表时，应当将当期开具增值税专用发票的销售额，按照3%和5%的征收率，分别填写在《增值税纳税申报表》（小规模纳税人适用）第2栏和第5栏"税务机关代开的增值税专用发票不含税销售额"的"本期数"相应栏次中。

三、将二手车销售统一发票纳入增值税发票管理新系统

自2018年4月1日起，二手车交易市场、二手车经销企业、经纪机构和拍卖企业应当通过增值税发票管理新系统开具二手车销售统一发票。

二手车销售统一发票"车价合计"栏次仅注明车辆价款。二手车交易市场、二手车经销企

业、经纪机构和拍卖企业在办理过户手续过程中收取的其他费用，应当单独开具增值税发票。

通过增值税发票管理新系统开具的二手车销售统一发票与现行二手车销售统一发票票样保持一致。发票代码编码规则调整为：第1位为0，第2—5位代表省、自治区、直辖市和计划单列市，第6—7位代表年度，第8—10位代表批次，第11—12位为17。发票号码为8位，按年度、分批次编制。

单位和个人可以登录全国增值税发票查验平台（https://inv-veri.chinatax.gov.cn），对增值税发票管理新系统开具的二手车销售统一发票信息进行查验。

《国家税务总局关于全面推开营业税改征增值税试点有关税收征收管理事项的公告》（国家税务总局公告2016年第23号）的附件《商品和服务税收分类与编码（试行）》自2018年1月1日起废止。《国家税务总局关于统一二手车销售发票式样问题的通知》（国税函〔2005〕693号）第六条、第八条、第七条中的"各地地税局印制的涉及二手车交易的服务业发票按上述时间同时启用"自2018年4月1日起废止。

附件：商品和服务税收分类编码表（编者略）

［注释：条款废止。第二条废止。自2019年3月1日起废止。参见：《国家税务总局关于扩大小规模纳税人自行开具增值税专用发票试点范围等事项的公告》，国家税务总局公告2019年第8号。

条款失效。

"二、扩大增值税小规模纳税人自行开具增值税专用发票试点范围

试点纳税人销售其取得的不动产，需要开具增值税专用发票的，应当按照有关规定向地税机关申请代开"。修改为：

"二、扩大增值税小规模纳税人自行开具增值税专用发票试点范围

试点纳税人销售其取得的不动产，需要开具增值税专用发票的，应当按照有关规定向税务机关申请代开。"

参见：《国家税务总局关于修改部分税收规范性文件的公告》（国家税务总局公告2018年第31号）。］

国家税务总局
关于增值税发票综合服务平台等事项的公告

（2020年1月8日　国家税务总局公告2020年第1号）

为贯彻落实党中央、国务院决策部署，进一步优化税收营商环境，深化税务系统"放管服"改革，便利纳税人开具和使用增值税发票，现将有关事项公告如下：

一、税务总局将增值税发票选择确认平台升级为增值税发票综合服务平台，为纳税人提供发票用途确认、风险提示、信息下载等服务。纳税人取得增值税专用发票、机动车销售统一发票、收费公路通行费增值税电子普通发票后，如需用于申报抵扣增值税进项税额或申请出口退税、代办退税，应当登录增值税发票综合服务平台确认发票用途。增值税发票综合服

务平台登录地址由国家税务总局各省（自治区、直辖市和计划单列市）税务局（以下简称"各省税务局"）确定并公布。

纳税人应当按照发票用途确认结果申报抵扣增值税进项税额或申请出口退税、代办退税。纳税人已经申报抵扣的发票，如改用于出口退税或代办退税，应当向主管税务机关提出申请，由主管税务机关核实情况并调整用途。纳税人已经确认用途为申请出口退税或代办退税的发票，如改用于申报抵扣，应当向主管税务机关提出申请，经主管税务机关核实该发票尚未申报出口退税，并将发票电子信息回退后，由纳税人调整用途。

二、纳税人通过增值税电子发票公共服务平台开具的增值税电子普通发票（票样见附件），属于税务机关监制的发票，采用电子签名代替发票专用章，其法律效力、基本用途、基本使用规定等与增值税普通发票相同。

增值税电子普通发票版式文件格式为OFD格式。单位和个人可以登录全国增值税发票查验平台（https：//inv-veri.chinatax.gov.cn）下载增值税电子发票版式文件阅读器查阅增值税电子普通发票。

三、纳税人办理增值税普通发票、增值税电子普通发票、收费公路通行费增值税电子普通发票、机动车销售统一发票、二手车销售统一发票票种核定事项，除税务机关按规定确定的高风险等情形外，主管税务机关应当即时办结。

四、纳税人同时丢失已开具增值税专用发票或机动车销售统一发票的发票联和抵扣联，可凭加盖销售方发票专用章的相应发票记账联复印件，作为增值税进项税额的抵扣凭证、退税凭证或记账凭证。

纳税人丢失已开具增值税专用发票或机动车销售统一发票的抵扣联，可凭相应发票的发票联复印件，作为增值税进项税额的抵扣凭证或退税凭证；纳税人丢失已开具增值税专用发票或机动车销售统一发票的发票联，可凭相应发票的抵扣联复印件，作为记账凭证。

五、本公告自发布之日起施行。《国家税务总局关于简化增值税发票领用和使用程序有关问题的公告》（2014年第19号，国家税务总局公告2018年第31号修改）第三条同时废止。

二维码47

附件：通过增值税电子发票公共服务平台开具的增值税电子普通发票票样（见二维码47）

（五）红字发票相关政策

国家税务总局
关于红字增值税发票开具有关问题的公告

（2016年7月20日　国家税务总局公告2016年第47号）

为进一步规范纳税人开具增值税发票管理，现将红字发票开具有关问题公告如下：

一、增值税一般纳税人开具增值税专用发票（以下简称"专用发票"）后，发生销货退回、开票有误、应税服务中止等情形但不符合发票作废条件，或者因销货部分退回及发生销售折让，需要开具红字专用发票的，按以下方法处理：

（一）购买方取得专用发票已用于申报抵扣的，购买方可在增值税发票管理新系统（以下简称"新系统"）中填开并上传《开具红字增值税专用发票信息表》（以下简称《信息表》，详见附件），在填开《信息表》时不填写相对应的蓝字专用发票信息，应暂依《信息表》所列增值税税额从当期进项税额中转出，待取得销售方开具的红字专用发票后，与《信息表》一并作为记账凭证。

购买方取得专用发票未用于申报抵扣、但发票联或抵扣联无法退回的，购买方填开《信息表》时应填写相对应的蓝字专用发票信息。

销售方开具专用发票尚未交付购买方，以及购买方未用于申报抵扣并将发票联及抵扣联退回的，销售方可在新系统中填开并上传《信息表》。销售方填开《信息表》时应填写相对应的蓝字专用发票信息。

（二）主管税务机关通过网络接收纳税人上传的《信息表》，系统自动校验通过后，生成带有"红字发票信息表编号"的《信息表》，并将信息同步至纳税人端系统中。

（三）销售方凭税务机关系统校验通过的《信息表》开具红字专用发票，在新系统中以销项负数开具。红字专用发票应与《信息表》一一对应。

（四）纳税人也可凭《信息表》电子信息或纸质资料到税务机关对《信息表》内容进行系统校验。

二、税务机关为小规模纳税人代开专用发票，需要开具红字专用发票的，按照一般纳税人开具红字专用发票的方法处理。

三、纳税人需要开具红字增值税普通发票的，可以在所对应的蓝字发票金额范围内开具多份红字发票。红字机动车销售统一发票需与原蓝字机动车销售统一发票一一对应。

四、按照《国家税务总局关于纳税人认定或登记为一般纳税人前进项税额抵扣问题的公告》（国家税务总局公告2015年第59号）的规定，需要开具红字专用发票的，按照本公告规定执行。

五、本公告自2016年8月1日起施行，《国家税务总局关于推行增值税发票系统升级版有关问题的公告》（国家税务总局公告2014年第73号）第四条、附件1、附件2和《国家税务总局关于全面推行增值税发票系统升级版有关问题的公告》（国家税务总局公告2015年第19号）第五条、附件1、附件2同时废止。此前未处理的事项，按照本公告规定执行。

附件：开具红字增值税专用发票信息表（见二维码48）

(六) 发票开具和使用相关政策

国家税务总局
关于固定业户临时外出经营有关增值税专用
发票管理问题的通知

(1995年5月16日　国税发〔1995〕87号)

为了强化对增值税专用发票(以下简称专用发票)的管理,堵塞漏洞,根据全国增值税工作会议讨论意见,现将固定业户临时到外地经营有关专用发票使用管理的问题通知如下:

固定业户(指增值税一般纳税人)临时到外省、市销售货物的,必须向经营地税务机关出示"外出经营活动税收管理证明"回原地纳税,需要向购货方开具专用发票的,亦回原地补开。对未持"外出经营活动税收管理证明"的,经营地税务机关按6%的征收率征税。对擅自携票外出,在经营地开具专用发票的,经营地主管税务机关根据发票管理的有关规定予以处罚并将其携带的专用发票逐联注明"违章使用作废"字样。

本规定自1995年7月1日起执行,此前有关规定同时废止。

[注释：条款修改。"经营地税务机关按6%的征收率征税"修改为："经营地税务机关按3%的征收率征税。"参见：《国家税务总局关于简并增值税征收率有关问题的公告》(国家税务总局公告2014年第36号)。]

国家税务总局
关于填开增值税专用发票有关问题的通知

(1996年9月18日　国税发〔1996〕166号)

前一时期,各地不断提出一些填开增值税专用发票(以下简称专用发票)方面的问题,要求总局予以明确。现根据全国增值税工作会议的讨论意见,作如下补充规定：

一、关于超面额开具专用发票问题

超面额开具专用发票,是指纳税人在专用发票"金额栏"逐行或合计行填写的销售额超过了该栏的最高金额单位。凡超面额开具专用发票的,属于未按规定开具专用发票的行为,购货方取得这种专用发票一律不得作为扣税凭证。

二、关于价格换算出现误差的处理方法

纳税人以含税单价销售货物或应税劳务的,应换算成不含税单价填开专用发票,如果换算使单价、销售额和税额等项目发生尾数误差的,应按以下方法计算填开：

（一）销售额计算公式如下：

销售额＝含税总收入÷（1＋税率或征收率）

（二）税额计算公式如下：

税额＝含税总收入－销售额

（三）不含税单价计算公式如下：

不含税单价＝销售额÷数量

按照上述方法计算开具的专用发票，如果票面"货物数量×不含税单价＝销售额"这一逻辑关系存在少量尾数误差，属于正常现象，可以作为购货方的扣税凭证。

［注释：条款失效。根据《国家税务总局关于发布已失效或废止的税收规范性文件目录的通知》（国税发〔2006〕62号文件公布）。第一条失效，管理对象已灭失。］

国家税务总局 交通部
关于启用《国际海运业运输专用发票》和
《国际海运业船舶代理专用发票》有关问题的通知

（2000年1月21日 国税发〔2000〕9号）

为了规范国际海运业的经营行为，加强发票管理，堵塞税收漏洞，维护国际海运经营人（含国际海运公司、国际船舶代理公司和外商独资船务公司）、托运人的合法权益。根据《中华人民共和国发票管理办法》和国际海运管理的有关规定，国家税务总局、交通部决定从2000年4月1日起，从事国际海运经营人一律使用《国际海运业运输专用发票》或《国际海运业船舶代理专用发票》（以下简称《专用发票》）。现将有关问题通知如下：

一、经交通部批准，凡从事国际海运、国际海运船舶代理业务的企业和外商独资船务公司及其分公司，在收取运费、船舶代理费和其他相关服务费用时，必须向付款人开具《专用发票》。

国际海运公司和外商独资船务公司及其分公司使用《国际海运业运输专用发票》，国际海运船舶代理公司使用《国际海运业船舶代理专用发票》。

二、凡申请领购《专用发票》的企业，必须凭税务登记证件和交通部的批准文件（证书），并持省、自治区、直辖市交通主管部门出具的《国际海运企业批准通知单》，到当地主管税务机关办理领购《专用发票》事宜。

已领购《专用发票》的企业，不得再办理领购《国际货物运输代理业专用发票》。

三、企业在开具《专用发票》时，必须在"费用明细"栏中分别列明运费（含多式联运全程运费）、船舶代理费及其他服务收费项目。当费用同时用人民币和外币结算时，必须按单一币种分别填开发票。用外币结算费用时，除以外币金额填开发票外，还应在备注栏中，按当天的外汇牌价注明人民币的合计金额。

当进行多票运输费用结算或按月（季）费用结算时，不便于全部列明的"船名/航次""到（离）港日期""运输起迄地点""提单号""费率"等栏目内容的可以省略，但涉及费用内容的，不得省略。

四、《专用发票》采用无碳压感纸印制，使用中英文两种文字，规格241mm×153mm（或6英寸），由各省、自治区、直辖市和计划单列市地方税务局按全国统一防伪措施规定印制（发票样式附后）。

五、《专用发票》基本联次为四联：第一联为存根联，印色为黑色；第二联为发票联，印色为棕色；第三联为记账联，印色为蓝色；第四联为购付汇联，印色为红色，用于购付汇。

在本规定之外，如需增加《专用发票》联次的，由各省、自治区、直辖市地方税务局确定。

六、《专用发票》必须使用计算机填开，手写无效，不符合规定的票据，不得作为财务结算、购付汇的凭证，任何单位和个人，有权拒收。

七、《专用发票》于2000年4月1日开始使用，由税务机关监制的海运旧版发票可以延续使用到2000年10月31日。

八、国际海运公司、外商独资船务公司、国际船舶代理公司应当按照《中华人民共和国发票管理办法》的规定和本通知要求，保管、使用《专用发票》，建立健全发票管理制度，按期报送发票领用存报告表。

九、各级税务机关、交通主管部门要密切配合，加强对国际海运企业和海运船舶代理企业的管理，共同做好国际海运业市场监督管理工作。

附件：
1. 《国际海运业运输专用发票》票样（见二维码49）
2. 《国际海运业船舶代理专用发票》票样（见二维码49）
3. 《国际海运企业批准通知单》（见二维码49）

二维码49

国家税务总局关于政府储备食用植物油销售业务开具增值税专用发票问题的通知

（2002年6月10日　国税函〔2002〕531号）

各省、自治区、直辖市和计划单列市国家税务局：

为支持中央储备食用植物油的正常运作，现就政府储备食用植物油销售业务开具增值税专用发票问题通知如下：

自2002年6月1日起，对中国储备粮总公司及各分公司所属的政府储备食用植物油承储企业，按照国家指令计划销售的政府储备食用植物油，可比照国家税务总局《关于国有粮食购销企业开具粮食销售发票有关问题的通知》（国税明电〔1999〕10号）及国家税务总局《关于加强国有粮食购销企业增值税管理有关问题的通知》（国税函〔1999〕560号）的有关规定执行，允许其开具增值税专用发票并纳入增值税防伪税控系统管理。

国家税务总局
关于统一二手车销售发票式样问题的通知

(2005 年 7 月 5 日 国税函〔2005〕693 号)

各省、自治区、直辖市和计划单列市国家税务局：

随着我国经济发展和改革开放的不断深入，机动车销售市场日趋活跃，二手车交易也快速增长。为了适应二手车交易方式变化和强化税收征收管理的需要，总局决定统一二手车销售发票的式样。现就有关问题明确如下：

一、二手车经销企业、经纪机构和拍卖企业，在销售、中介和拍卖二手车收取款项时，必须开具《二手车销售统一发票》（以下简称《二手车发票》）。

二、《二手车发票》由以下用票人开具：

（一）从事二手车交易的市场，包括二手车经纪机构和消费者个人之间二手车交易需要开具发票的，由二手车交易市场统一开具。

（二）从事二手车交易活动的经销企业，包括从事二手车交易的汽车生产和销售企业。

（三）从事二手车拍卖活动的拍卖公司。

三、《二手车发票》采用压感纸，由各省、自治区、直辖市和计划单列市国家税务局严格按照票样统一印制。

四、《二手车发票》为一式五联计算机票。计算机票第一联为发票联，印色为棕色；第二联为转移登记联（公安车辆管理部门留存），印色为蓝色；第三联为出入库联，印色为紫色；第四联为记账联，印色为红色；第五联为存根联，印色为黑色。规格为 241mm × 178mm（票样见附件）。

五、《二手车发票》由二手车交易市场、经销企业和拍卖企业开具的，存根联、记账联、入库联由开票方留存；发票联、转移登记联由购车方记账和交公安交管部门办理过户手续。

六、二手车交易市场或二手车拍卖公司在办理过户手续过程中需要收取过户手续费，以及二手车鉴定评估机构收取评估费的，应另外由其开具地方税务局监制的服务业发票；而《二手车发票》价款中不应包括过户手续费和评估费。

七、《二手车发票》从 2005 年 10 月 1 日开始启用，各地旧版发票同时停止使用。各地国税局应将《二手车发票》票样送公安机关备案。各地地税局印制的涉及二手车交易的服务业发票按上述时间同时启用。

八、《二手车发票》的开票软件暂由各省、自治区、直辖市和计划单列市国税局统一开发，并无偿提供给用户使用。在未使用税控收款机前，可不打印机打代码、机打号码、机器编号和税控码。

附件：《二手车销售统一发票》式样（见二维码 50）

二维码50

[注释：条款失效。

"三、《二手车发票》采用压感纸，由各省、自治区、直辖市和计划单列市国家税务局严格按照票样统一印制"。修改为："三、《二手车发票》采用压感纸，由各省、自治区、直辖市和计划单列市税务局严格按照票样统一印制。"

"七、《二手车发票》从2005年10月1日开始启用，各地旧版发票同时停止使用。各地国税局应将《二手车发票》票样送公安机关备案"。修改为："七、《二手车发票》从2005年10月1日开始启用，各地旧版发票同时停止使用。各地税务局应将《二手车发票》票样送公安机关备案。"

"八、《二手车发票》的开票软件暂由各省、自治区、直辖市和计划单列市国税局统一开发，并无偿提供给用户使用。在未使用税控收款机前，可不打印机打代码、机打号码、机器编号和税控码"。修改为："八、《二手车发票》的开票软件暂由各省、自治区、直辖市和计划单列市税务局统一开发，并无偿提供给用户使用。在未使用税控收款机前，可不打印机打代码、机打号码、机器编号和税控码。"

附件《二手车销售统一发票（式样）》发票监制章中"国家税务局"的内容修改为"税务局"。

参见：《国家税务总局关于修改部分税收规范性文件的公告》（国家税务总局公告2018年第31号）。

条款废止。第六条、第八条、第七条中的"各地地税局印制的涉及二手车交易的服务业发票按上述时间同时启用"废止。自2018年4月1日起废止。参见：《国家税务总局关于增值税发票管理若干事项的公告》（国家税务总局公告2017年第45号）。]

国家税务总局
关于加强免征增值税货物专用发票管理的通知

（2005年8月8日　国税函〔2005〕780号）

各省、自治区、直辖市和计划单列市国家税务局：

为加强免征增值税货物专用发票的管理，现就有关问题通知如下：

一、增值税一般纳税人（以下简称"一般纳税人"）销售免税货物，一律不得开具专用发票（国有粮食购销企业销售免税粮食除外）。如违反规定开具专用发票的，则对其开具的销售额依照增值税适用税率全额征收增值税，不得抵扣进项税额，并按照《中华人民共和国发票管理办法》及其实施细则的有关规定予以处罚。

二、一般纳税人销售的货物，由先征后返或即征即退改为免征增值税后，如果其销售的货物全部为免征增值税的，税务机关应收缴其结存的专用发票，并不得再对其发售专用发票。税务机关工作人员违反规定为其发售专用发票的，应按照有关规定予以严肃处理。

国家税务总局
关于加强增值税专用发票管理有关问题的通知

(2005年9月12日　国税发〔2005〕150号)

各省、自治区、直辖市和计划单列市国家税务局：

近据部分地区反映，一些增值税一般纳税人（以下简称一般纳税人）利用与小规模纳税人交易不需要开具增值税专用发票（以下简称专用发票）的机会，转手开具给第三方一般纳税人用于骗税的现象较为突出。为防范此种虚开专用发票行为，堵塞利用虚假专用发票骗取抵扣增值税和出口退税的漏洞，现就有关问题通知如下：

一、税务机关要加强对小规模纳税人的管理。对小规模纳税人进行全面清查，凡年应税销售额超过小规模纳税人标准的，税务机关应当按规定认定其一般纳税人资格。对符合一般纳税人条件而不申请办理一般纳税人认定手续的纳税人，应按销售额依照增值税税率计算应纳税额，不得抵扣进项税额，也不得使用专用发票。凡违反规定对超过小规模纳税人标准不认定为一般纳税人的，要追究经办人和审批人的责任。

二、税务机关要认真做好一般纳税人的认定工作。对一般纳税人资格认定要按照现行有关规定严格审核，但对达到一般纳税人认定条件的纳税人应当督促其申请认定一般纳税人资格。凡纳税人向税务机关提出一般纳税人资格认定申请的，主管税务机关应当及时进行案头审核、约谈和实地核查工作，对符合认定条件的要及时予以认定，不得以任何理由拖延，也不得无理由不予认定。

三、税务机关应加强一般纳税人专用发票的管理工作

（一）应加强一般纳税人增值税专用发票的使用管理，要求纳税人严格按照《增值税专用发票使用规定》及有关规定开具专用发票。

（二）对申报异常的一般纳税人要重点审核其取得的专用发票或销货清单注明的货物品名与其经营范围或生产耗用原料是否相符。要根据纳税人的购销合同、银行结算凭据等有关资料审核实际交易方与专用发票开具方是否一致。

对违反《增值税专用发票使用规定》的，应当按照有关规定进行处理；有涉嫌为第三方开票、涉嫌骗取进项税额抵扣和出口退税的，应移交稽查部门实施稽查。

四、税务机关在办理专用发票认证时，应认真审核专用发票的内容，对密文有误、认证不符（不包括纳税人识别号认证不符和发票代码号码认证不符）和重复认证的发票，应当即扣留，并移交稽查部门实施稽查。

五、税务机关应加强纳税评估工作，重点对以现金支付货款、赊欠货款、委托其他单位或个人支付货款抵扣增值税进项税额的一般纳税人进行纳税评估，必要时可进行实地核查。凡发现纳税人购进的货物与其实际经营业务不符、长期未付款或委托他人付款金额较大且无正当理由，以及购销货物或提供应税劳务未签订购销合同（零星购销业务除外）的，应转交稽查部门实施稽查。

[注释：条款失效。第一条、第二条、第五条失效。参见：《国家税务总局关于发布已失效或废止有关增值税规范性文件清单的通知》（国税发〔2009〕7号）。]

国家税务总局
关于修订《增值税专用发票使用规定》的通知

（2006年10月17日　国税发〔2006〕156号）

各省、自治区、直辖市和计划单列市国家税务局：

为适应增值税专用发票管理需要，规范增值税专用发票使用，进一步加强增值税征收管理，在广泛征求意见的基础上，国家税务总局对现行的《增值税专用发票使用规定》进行了修订。现将修订后的《增值税专用发票使用规定》印发给你们，自2007年1月1日起施行。

各级税务机关应做好宣传工作，加强对税务人员和纳税人的培训，确保新规定贯彻执行到位。执行中如有问题，请及时报告总局（流转税管理司）。

附件：
1. 最高开票限额申请表（见二维码51）
2. 销售货物或者提供应税劳务清单（见二维码51）
3. 开具红字增值税专用发票申请单（见二维码51）
4. 开具红字增值税专用发票通知单（见二维码51）
5. 丢失增值税专用发票已报税证明单（见二维码51）

二维码51

[注释：条款失效。
"各级税务机关应做好宣传工作，加强对税务人员和纳税人的培训，确保新规定贯彻执行到位。执行中如有问题，请及时报告总局（流转税管理司）"。修改为："各级税务机关应做好宣传工作，加强对税务人员和纳税人的培训，确保新规定贯彻执行到位。执行中如有问题，请及时报告总局（货物和劳务税司）。"

"第六条　一般纳税人领购专用设备后，凭《最高开票限额申请表》《发票领购簿》到主管税务机关办理初始发行。

本规定所称初始发行，是指主管税务机关将一般纳税人的下列信息载入空白金税卡和IC卡的行为。

（一）企业名称；
（二）税务登记代码；
（三）开票限额；
（四）购票限量；
（五）购票人员姓名、密码；
（六）开票机数量；
（七）国家税务总局规定的其他信息"。修改为：

"第六条 一般纳税人领购专用设备后,凭《增值税专用发票最高开票限额申请单》《发票领购簿》到主管税务机关办理初始发行。

本规定所称初始发行,是指主管税务机关将一般纳税人的下列信息载入空白金税卡和IC卡的行为:

(一)企业名称;

(二)税务登记代码;

(三)开票限额;

(四)购票限量;

(五)购票人员姓名、密码;

(六)开票机数量;

(七)国家税务总局规定的其他信息。"

"第八条 一般纳税人有下列情形之一的,不得领购开具专用发票:

(一)会计核算不健全,不能向税务机关准确提供增值税销项税额、进项税额、应纳税额数据及其他有关增值税税务资料的。

上列其他有关增值税税务资料的内容,由省、自治区、直辖市和计划单列市国家税务局确定"。修改为:

"第八条 一般纳税人有下列情形之一的,不得领购开具专用发票:

(一)会计核算不健全,不能向税务机关准确提供增值税销项税额、进项税额、应纳税额数据及其他有关增值税税务资料的。

上列其他有关增值税税务资料的内容,由省、自治区、直辖市和计划单列市税务局确定。"

参见:《国家税务总局关于修改部分税收规范性文件的公告》,国家税务总局公告2018年第31号。

政策调整。"申请开具红字增值税专用发票审核"取消。参见:《国务院关于取消和调整一批行政审批项目等事项的决定》,国发〔2015〕11号。

条款废止。第十四条、第十五条、第十六条、第十七条、第十八条、第十九条废止。自2015年1月1日起废止。参见:《国家税务总局关于推行增值税发票系统升级版有关问题的公告》,国家税务总局公告2014年第73号。

条款废止。第二十八条废止。自2014年5月1日起废止。参见:《国家税务总局关于简化增值税发票领用和使用程序有关问题的公告》,国家税务总局公告2014年第19号。

条款废止。第五条废止。自2013年8月1日起废止。参见:《国家税务总局关于在全国开展营业税改征增值税试点有关征收管理问题的公告》,国家税务总局公告2013年第39号。]

增值税专用发票使用规定

第一条 为加强增值税征收管理,规范增值税专用发票(以下简称专用发票)使用行为,根据《中华人民共和国增值税暂行条例》及其实施细则和《中华人民共和国税收征收管理法》及其实施细则,制定本规定。

第二条 专用发票,是增值税一般纳税人(以下简称一般纳税人)销售货物或者提供应税劳务开具的发票,是购买方支付增值税额并可按照增值税有关规定据以抵扣增值税进项税额的凭证。

第三条 一般纳税人应通过增值税防伪税控系统(以下简称防伪税控系统)使用专用发票。使用,包括领购、开具、缴销、认证纸质专用发票及其相应的数据电文。

本规定所称防伪税控系统,是指经国务院同意推行的,使用专用设备和通用设备、运用数字密码和电子存储技术管理专用发票的计算机管理系统。

本规定所称专用设备,是指金税卡、IC卡、读卡器和其他设备。

本规定所称通用设备,是指计算机、打印机、扫描器具和其他设备。

第四条 专用发票由基本联次或者基本联次附加其他联次构成,基本联次为三联:发票联、抵扣联和记账联。发票联,作为购买方核算采购成本和增值税进项税额的记账凭证;抵扣联,作为购买方报送主管税务机关认证和留存备查的凭证;记账联,作为销售方核算销售收入和增值税销项税额的记账凭证。其他联次用途,由一般纳税人自行确定。

第五条 专用发票实行最高开票限额管理。最高开票限额,是指单份专用发票开具的销售额合计数不得达到的上限额度。

最高开票限额由一般纳税人申请,税务机关依法审批。最高开票限额为十万元及以下的,由区县级税务机关审批;最高开票限额为一百万元的,由地市级税务机关审批;最高开票限额为一千万元及以上的,由省级税务机关审批。防伪税控系统的具体发行工作由区县级税务机关负责。

税务机关审批最高开票限额应进行实地核查。批准使用最高开票限额为十万元及以下的,由区县级税务机关派人实地核查;批准使用最高开票限额为一百万元的,由地市级税务机关派人实地核查;批准使用最高开票限额为一千万元及以上的,由地市级税务机关派人实地核查后将核查资料报省级税务机关审核。

一般纳税人申请最高开票限额时,需填报《最高开票限额申请表》(附件1略)。

第六条 一般纳税人领购专用设备后,凭《最高开票限额申请表》《发票领购簿》到主管税务机关办理初始发行。

本规定所称初始发行,是指主管税务机关将一般纳税人的下列信息载入空白金税卡和IC卡的行为。

(一)企业名称;

(二)税务登记代码;

(三)开票限额;

(四)购票限量;

(五)购票人员姓名、密码;

(六)开票机数量;

(七)国家税务总局规定的其他信息。

一般纳税人发生上列第一、三、四、五、六、七项信息变化,应向主管税务机关申请变更发行;发生第二项信息变化,应向主管税务机关申请注销发行。

第七条 一般纳税人凭《发票领购簿》、IC卡和经办人身份证明领购专用发票。

第八条 一般纳税人有下列情形之一的,不得领购开具专用发票:

（一）会计核算不健全，不能向税务机关准确提供增值税销项税额、进项税额、应纳税额数据及其他有关增值税税务资料的。

上列其他有关增值税税务资料的内容，由省、自治区、直辖市和计划单列市国家税务局确定。

（二）有《税收征管法》规定的税收违法行为，拒不接受税务机关处理的。

（三）有下列行为之一，经税务机关责令限期改正而仍未改正的：

1. 虚开增值税专用发票；
2. 私自印制专用发票；
3. 向税务机关以外的单位和个人买取专用发票；
4. 借用他人专用发票；
5. 未按本规定第十一条开具专用发票；
6. 未按规定保管专用发票和专用设备；
7. 未按规定申请办理防伪税控系统变更发行；
8. 未按规定接受税务机关检查。

有上列情形的，如已领购专用发票，主管税务机关应暂扣其结存的专用发票和IC卡。

第九条 有下列情形之一的，为本规定第八条所称未按规定保管专用发票和专用设备：

（一）未设专人保管专用发票和专用设备；

（二）未按税务机关要求存放专用发票和专用设备；

（三）未将认证相符的专用发票抵扣联、《认证结果通知书》和《认证结果清单》装订成册；

（四）未经税务机关查验，擅自销毁专用发票基本联次。

第十条 一般纳税人销售货物或者提供应税劳务，应向购买方开具专用发票。

商业企业一般纳税人零售的烟、酒、食品、服装、鞋帽（不包括劳保专用部分）、化妆品等消费品不得开具专用发票。

增值税小规模纳税人（以下简称小规模纳税人）需要开具专用发票的，可向主管税务机关申请代开。

销售免税货物不得开具专用发票，法律、法规及国家税务总局另有规定的除外。

第十一条 专用发票应按下列要求开具：

（一）项目齐全，与实际交易相符；

（二）字迹清楚，不得压线、错格；

（三）发票联和抵扣联加盖财务专用章或者发票专用章；

（四）按照增值税纳税义务的发生时间开具。

对不符合上列要求的专用发票，购买方有权拒收。

第十二条 一般纳税人销售货物或者提供应税劳务可汇总开具专用发票。汇总开具专用发票的，同时使用防伪税控系统开具《销售货物或者提供应税劳务清单》（附件2略），并加盖财务专用章或者发票专用章。

第十三条 一般纳税人在开具专用发票当月，发生销货退回、开票有误等情形，收到退回的发票联、抵扣联符合作废条件的，按作废处理；开具时发现有误的，可即时作废。

作废专用发票须在防伪税控系统中将相应的数据电文按"作废"处理，在纸质专用发票（含未打印的专用发票）各联次上注明"作废"字样，全联次留存。

第十四条 一般纳税人取得专用发票后，发生销货退回、开票有误等情形但不符合作废条件的，或者因销货部分退回及发生销售折让的，购买方应向主管税务机关填报《开具红字增值税专用发票申请单》（以下简称《申请单》，附件3略）。

《申请单》所对应的蓝字专用发票应经税务机关认证。

经认证结果为"认证相符"并且已经抵扣增值税进项税额的，一般纳税人在填报《申请单》时不填写相对应的蓝字专用发票信息。

经认证结果为"纳税人识别号认证不符""专用发票代码、号码认证不符"的，一般纳税人在填报《申请单》时应填写相对应的蓝字专用发票信息。

第十五条 《申请单》一式两联：第一联由购买方留存；第二联由购买方主管税务机关留存。

《申请单》应加盖一般纳税人财务专用章。

第十六条 主管税务机关对一般纳税人填报的《申请单》进行审核后，出具《开具红字增值税专用发票通知单》（以下简称《通知单》，附件4略）。《通知单》应与《申请单》一一对应。

第十七条 《通知单》一式三联：第一联由购买方主管税务机关留存；第二联由购买方送交销售方留存；第三联由购买方留存。

《通知单》应加盖主管税务机关印章。

《通知单》应按月依次装订成册，并比照专用发票保管规定管理。

第十八条 购买方必须暂依《通知单》所列增值税税额从当期进项税额中转出，未抵扣增值税进项税额的可列入当期进项税额，待取得销售方开具的红字专用发票后，与留存的《通知单》一并作为记账凭证。属于本规定第十四条第四款所列情形的，不作进项税额转出。

第十九条 销售方凭购买方提供的《通知单》开具红字专用发票，在防伪税控系统中以销项负数开具。

红字专用发票应与《通知单》一一对应。

第二十条 同时具有下列情形的，为本规定所称作废条件：

（一）收到退回的发票联、抵扣联时间未超过销售方开票当月；

（二）销售方未抄税并且未记账；

（三）购买方未认证或者认证结果为"纳税人识别号认证不符""专用发票代码、号码认证不符"。

本规定所称抄税，是报税前用IC卡或者IC卡和软盘抄取开票数据电文。

第二十一条 一般纳税人开具专用发票应在增值税纳税申报期内向主管税务机关报税，在申报所属月份内可分次向主管税务机关报税。

本规定所称报税，是纳税人持IC卡或者IC卡和软盘向税务机关报送开票数据电文。

第二十二条 因IC卡、软盘质量等问题无法报税的，应更换IC卡、软盘。

因硬盘损坏、更换金税卡等原因不能正常报税的，应提供已开具未向税务机关报税的专用发票记账联原件或者复印件，由主管税务机关补采开票数据。

第二十三条 一般纳税人注销税务登记或者转为小规模纳税人，应将专用设备和结存未用的纸质专用发票送交主管税务机关。

主管税务机关应缴销其专用发票，并按有关安全管理的要求处理专用设备。

第二十四条 本规定第二十三条所称专用发票的缴销，是指主管税务机关在纸质专用发票监制章处按"V"字剪角作废，同时作废相应的专用发票数据电文。

被缴销的纸质专用发票应退还纳税人。

第二十五条 用于抵扣增值税进项税额的专用发票应经税务机关认证相符（国家税务总局另有规定的除外）。认证相符的专用发票应作为购买方的记账凭证，不得退还销售方。

本规定所称认证，是税务机关通过防伪税控系统对专用发票所列数据的识别、确认。

本规定所称认证相符，是指纳税人识别号无误，专用发票所列密文解译后与明文一致。

第二十六条 经认证，有下列情形之一的，不得作为增值税进项税额的抵扣凭证，税务机关退还原件，购买方可要求销售方重新开具专用发票。

（一）无法认证。

本规定所称无法认证，是指专用发票所列密文或者明文不能辨认，无法产生认证结果。

（二）纳税人识别号认证不符。

本规定所称纳税人识别号认证不符，是指专用发票所列购买方纳税人识别号有误。

（三）专用发票代码、号码认证不符。

本规定所称专用发票代码、号码认证不符，是指专用发票所列密文解译后与明文的代码或者号码不一致。

第二十七条 经认证，有下列情形之一的，暂不得作为增值税进项税额的抵扣凭证，税务机关扣留原件，查明原因，分别情况进行处理。

（一）重复认证。

本规定所称重复认证，是指已经认证相符的同一张专用发票再次认证。

（二）密文有误。

本规定所称密文有误，是指专用发票所列密文无法解译。

（三）认证不符。

本规定所称认证不符，是指纳税人识别号有误，或者专用发票所列密文解译后与明文不一致。

本项所称认证不符不含第二十六条第二项、第三项所列情形。

（四）列为失控专用发票。

本规定所称列为失控专用发票，是指认证时的专用发票已被登记为失控专用发票。

第二十八条 一般纳税人丢失已开具专用发票的发票联和抵扣联，如果丢失前已认证相符的，购买方凭销售方提供的相应专用发票记账联复印件及销售方所在地主管税务机关出具的《丢失增值税专用发票已报税证明单》（附件5），经购买方主管税务机关审核同意后，可作为增值税进项税额的抵扣凭证；如果丢失前未认证的，购买方凭销售方提供的相应专用发票记账联复印件到主管税务机关进行认证，认证相符的凭该专用发票记账联复印件及销售方所在地主管税务机关出具的《丢失增值税专用发票已报税证明单》，经购买方主管税务机关审核同意后，可作为增值税进项税额的抵扣凭证。

一般纳税人丢失已开具专用发票的抵扣联，如果丢失前已认证相符的，可使用专用发票发票联复印件留存备查；如果丢失前未认证的，可使用专用发票发票联到主管税务机关认证，专用发票发票联复印件留存备查。

一般纳税人丢失已开具专用发票的发票联，可将专用发票抵扣联作为记账凭证，专用发票抵扣联复印件留存备查。

第二十九条 专用发票抵扣联无法认证的，可使用专用发票发票联到主管税务机关认证。专用发票发票联复印件留存备查。

第三十条 本规定自2007年1月1日施行，《国家税务总局关于印发〈增值税专用发票使用规定〉的通知》（国税发〔1993〕150号）、《国家税务总局关于增值税专用发票使用问题的补充通知》（国税发〔1994〕056号）、《国家税务总局关于由税务所为小规模企业代开增值税专用发票的通知》（国税发〔1994〕058号）、《国家税务总局关于印发〈关于商业零售企业开具增值税专用发票的通告〉的通知》（国税发〔1994〕081号）、《国家税务总局关于修改〈国家税务总局关于严格控制增值税专用发票使用范围的通知〉的通知》（国税发〔2000〕075号）、《国家税务总局关于加强防伪税控开票系统最高开票限额管理的通知》（国税发明电〔2001〕57号）、《国家税务总局关于增值税一般纳税人丢失防伪税控系统开具的增值税专用发票有关税务处理问题的通知》（国税发〔2002〕010号）、《国家税务总局关于进一步加强防伪税控开票系统最高开票限额管理的通知》（国税发明电〔2002〕33号）同时废止。以前有关政策规定与本规定不一致的，以本规定为准。

国家税务总局
关于使用新版公路、内河货物运输业统一发票
有关问题的通知

（2006年5月16日 国税发〔2006〕67号）

各省、自治区、直辖市和计划单列市地方税务局：

为了加强公路、内河货物运输行业的税收管理，适应使用税控器具开具发票的需要，总局决定从2006年8月1日起，统一使用新版《公路、内河货物运输业统一发票》（以下简称《货运发票》）。现将有关问题明确如下：

一、凡在中华人民共和国境内提供公路、内河货物运输劳务的单位和个人，在结算运输劳务费用、收取运费时，必须开具《货运发票》。

《货运发票》按使用对象不同分为《公路、内河货物运输业统一发票》（以下简称自开发票）和《公路、内河货物运输业统一发票（代开）》（以下简称代开发票）两种。自开发票由自开票纳税人领购和开具；代开发票由代开单位领购和开具。代开发票由税务机关代开或者由税务机关指定的单位代开。纳税人需要代开发票时，应当到税务机关及其指定的单位办理代开发票事宜。

二、鉴于联运货物运输业务与公路、内河货物运输业务内容基本相同，为了便于统一管理，方便纳税人对发票的使用，凡从事货物运输业联运业务的纳税人可领购、使用《货运发票》。

三、《货运发票》由各省、自治区、直辖市和计划单列市地方税务局指定1个定点印制

企业统一印制。《货运发票》采用干式复写纸（抵扣联52克，发票联、记账联45克），背涂为蓝色。

四、《货运发票》为一式四联的计算机发票（见附件），第一联为发票联，印色为棕色；第二联为抵扣联，印色为绿色；第三联为记账联，印色为红色；第四联为存根联，印色为黑色。发票规格为241mm×177mm。发票分类代码和发票号码按全国统一的编码规则印制；发票分类代码和发票号码（发票联）印色为黑色。

各地的票样（一式三份）报总局批准后方可投入使用。

五、开具《货运发票》的要求

（一）《货运发票》必须采用计算机和税控器具开具，手写无效。开票软件由总局统一开发，免费供纳税人使用。税控器具及开票软件使用的具体规定由总局另行通知。

（二）填开《货运发票》时，需要录入的信息除发票代码和发票号码（一次录入）外，其他内容包括：开票日期、收货人及纳税人识别号、发货人及纳税人识别号、承运人及纳税人识别号、主管税务机关及代码、运输项目及金额、其他项目及金额、代开单位及代码（或代开税务机关及代码）、扣缴税额、税率、完税凭证（或缴款书）号码、开票人。在录入上述信息后，税控器具按规定程序自动生成并打印的信息包括：机打代码、机打号码、机器编号、税控码、运费小计、其他费用小计、合计（大写、小写）。录入和打印时应保证机打代码、机打号码与印刷的发票代码、发票号码相一致。

（三）为了保证在稽核比对时正确区分收货人、发货人中实际受票方（抵扣方、运费扣除方），在填开《货运发票》时应首先确认实际受票方，并在纳税人识别号前打印"＋"号标记。"＋"号与纳税人识别号之间不留空格。在填开收货人及纳税人识别号、发货人及纳税人识别号、承运人及纳税人识别号、主管税务机关及代码、代开单位及代码（或代开税务机关及代码）栏目时应分两行分别填开。

（四）有关项目的逻辑关系：运费小计＝运费项目各项费用相加之和；其他费用小计＝其他项目各项费用相加之和；合计＝运费小计＋其他费用小计；扣缴税额＝合计×税率。税率按法律、法规规定的税率填开。

（五）《货运发票》应如实一次性填开，运费和其他费用要分别注明。"运输项目及金额"栏填开内容包括：货物名称、数量（重量）、单位运价、计费里程及金额等；"其他项目及金额"栏内容包括：装卸费（搬运费）、仓储费、保险费及其他项目和费用。备注栏可填写起运地、到达地和车（船）号等内容。

（六）开具《货运发票》时应在发票联左下角加盖财务印章或发票专用章或代开发票专用章；抵扣联一律不加盖印章。

（七）税控器具根据自开票纳税人和代开单位录入的有关开票信息和设定的参数，自动打印出×××位的税控码；税控码通过税控收款机管理系统可以还原成设定参数的打印信息。打印信息不完整及打印信息与还原信息不符的，为无效发票，国税机关在审核进项税额时不予抵扣。

设定参数包括：发票代码、发票号码、开票日期、承运人纳税人识别号、主管税务机关代码、收货人纳税人识别号或发货人纳税人识别号（即有"＋"号标记的一方代码）、代开单位代码（或代开税务机关代码）、运费小计、扣缴税额。其中，自开发票7个参数（不包括上述代开单位代码或代开税务机关代码、扣缴税额等两个参数），代开发票9个参数。

（八）在填开和打印时发现有误的，可即时作废，并在废票全部联次监制章部位做剪口处理，在领购新票时交主管税务机关查验。

在已填开《货运发票》且开票数据已报送主管税务机关后需要开具红字发票的，应按红字发票开具规定进行处理，在价税合计的大写金额第一字前加"负数"字，在小写金额前加"－"号。在开具红字发票前，收回已开出《货运发票》的发票联和抵扣联，全部联次监制章部位做剪口处理。

六、自开票纳税人和代开单位应建立严格的发票领、用、存制度。各地方税务局应严格《货运发票》的管理，限量供应，验旧购新，定期检查。

七、自开票纳税人和代开单位不按规定使用税控器具和开具《货运发票》的，税务机关应严格按照《中华人民共和国税收征收管理法》及其实施细则和《中华人民共和国发票管理办法》的有关规定进行处罚。

八、旧版《货运发票》和《全国联运行业货运统一发票》自2006年8月1日起停止使用。《国家税务总局关于使用公路、内河货物运输业统一发票有关问题的通知》（国税函〔2004〕557号）、《国家税务总局关于印发新版〈全国联运行业货运统一发票〉式样的通知》（国税函〔2004〕1033号）同时废止。

为了保证使用税控器具开具《货运发票》工作的顺利实施，总局将于2006年7月在部分地区先行试点，有关试点的问题另行通知。

附件：
1.《公路、内河货物运输业统一发票》（编者略）
2.《公路、内河货物运输业统一发票》（代开）票样（编者略）

［注释：条款废止。第五条第（八）款废止。参见：《国家税务总局关于新版公路、内河货物运输业统一发票有关使用问题的通知》（国税发〔2007〕101号）。］

国家税务总局
关于使用新版机动车销售统一发票有关问题的通知

（2006年5月22日　国税函〔2006〕479号）

各省、自治区、直辖市和计划单列市国家税务局、地方税务局，扬州税务进修学院：

为了进一步加强机动车辆税收征收管理，适应使用税控器具开具发票的需要，总局决定从2006年8月1日起，统一使用新版《机动车销售统一发票》。现就有关问题明确如下：

一、凡从事机动车零售业务的单位和个人，从2006年8月1日起，在销售机动车（不包括销售旧机动车）收取款项时，必须开具税务机关统一印制的新版《机动车销售统一发票》（以下简称《机动车发票》），并在发票联加盖财务专用章或发票专用章，抵扣联和报税联不得加盖印章。

二、《机动车发票》为电脑六联式发票。即第一联发票联（购货单位付款凭证），第二联抵扣联（购货单位扣税凭证），第三联报税联（车购税征收单位留存），第四联注册登记联（车辆登记单位留存），第五联记账联（销货单位记账凭证），第六联存根联（销货单位留存）。第一联印色为棕色，第二联印色为绿色，第三联印色为紫色，第四联印色为蓝色，第五联印色为红色，第六联印色为黑色。发票代码、发票号码印色为黑色。《机动车发票》规格为241mm×177mm（票样附后）。当购货单位不是增值税一般纳税人时，第二联抵扣联由销货单位留存。

三、《机动车发票》的有关内容及含义是："机打代码"应与"发票代码"一致，"机打号码"应与"发票号码"一致；"机器编号"指税控器具的编号；"税控码"指由税控器具根据票面相关参数生成打印的密码；"身份证号码"指购车人身份证号码；"组织机构代码"指由质检（技术监督）部门颁发的企业、事业单位和社会团体统一代码；"进口证明书号"指海关货物进口证明书号码；"商检单号"指商检局进口机动车车辆随车检验单号码；"车辆识别代号"指表示机动车身份识别的统一代码（即"VIN"）；"价税合计"指含税（含增值税）车价；"纳税人识别号、账号、地址、开户银行"指销货单位所属信息；"增值税税率或征收率"指税收法律、法规规定的增值税税率或征收率；"增值税税额"指按照增值税税率或征收率计算出的税额，供按规定符合进项抵扣条件的增值税一般纳税人抵扣税款时使用；"不含税价"指不含增值税的车价，供税务机关计算进项抵扣税额和车辆购置税时使用，保留2位小数；"主管税务机关及代码"指销货单位主管税务机关及代码；"吨位"指货车核定载质量；"限乘人数"指轿车和货车限定的乘坐人数。

增值税税额和不含税价计算公式：

增值税税额 = 价税合计 – 不含税价

不含税价 = 价税合计 ÷ （1 + 增值税税率或征收率）

四、《机动车发票》税控码加密参数共10项：即开票日期、机打代码、机打号码、身份证号码/组织机构代码、车辆识别代号、价税合计、纳税人识别号、主管税务机关代码、增值税税率/征收率、增值税税额。

五、《机动车发票》开具要求

（一）《机动车发票》应使用计算机和税控器具开具。在尚未使用税控器具前，可暂使用计算机开具，填开时，暂不填写机打代码、机打号码、机器编号和税控码内容。

（二）《机动车发票》开票软件由国家税务总局统一开发，免费供机动车销售单位使用。税控器具及开票软件使用的具体规定由总局另行通知。

（三）"机打代码""机打号码""机器编号"在纳税人输入发票代码和发票号码后由开票软件自动生成；"增值税税额"和"不含税价"在选定增值税税率及征收率后由开票软件自动生成；"增值税税率及征收率"由纳税人按照税务机关的规定填开。

（四）如发生退货的，应在价税合计的大写金额第一字前加"负数"字，在小写金额前加"－"号。

（五）《机动车发票》税控码及10项加密参数填开的内容要保证打印在相关栏目正中，不得压格或出格。在开票过程中，发现有误的，可即时作废，并在废票全部联次监制章部位做剪口处理。

（六）如购货单位在办理车辆登记和缴纳车辆购置税手续前丢失《机动车发票》的，应先按照《国家税务总局关于消费者丢失机动车销售发票处理问题的批复》（国税函〔2006〕227号）规定的程序办理补开《机动车发票》的手续，再按已丢失发票存根联的信息开红字发票。

六、为了保证《机动车发票》相关数据采集认证的准确性，《机动车发票》采用干式复写纸（其中报税联、抵扣联需采用 52 克，发票联、注册登记联、记账联 45 克），由各省、自治区、直辖市和计划单列市国家税务局指定 1 家定点企业印制；发票代码、发票号码应严格按照全国统一的编码规则编印。各地的《机动车发票》票样（一式三份）要报总局审查批准后方可投入使用，并送同级公安和工商行政管理机关备案。

七、旧版《机动车发票》从 2006 年 8 月 1 日起停止使用；《国家税务总局关于统一机动车销售发票式样的通知》（国税发〔1998〕203 号）同时废止。

附件：机动车销售统一发票（票样）（见二维码 52）

二维码52

[注释：条款失效。

"六、为了保证《机动车发票》相关数据采集认证的准确性，《机动车发票》采用干式复写纸（其中报税联、抵扣联需采用 52 克，发票联、注册登记联、记账联 45 克），由各省、自治区、直辖市和计划单列市国家税务局指定 1 家定点企业印制；发票代码、发票号码应严格按照全国统一的编码规则编印。各地的《机动车发票》票样（一式三份）要报总局审查批准后方可投入使用，并送同级公安和工商行政管理机关备案"。修改为："六、为了保证《机动车发票》相关数据采集认证的准确性，《机动车发票》采用干式复写纸（其中报税联、抵扣联需采用 52 克，发票联、注册登记联、记账联 45 克），由各省、自治区、直辖市和计划单列市税务局指定 1 家定点企业印制；发票代码、发票号码应严格按照全国统一的编码规则编印。各地的《机动车发票》票样（一式三份）要报总局审查批准后方可投入使用，并送同级公安和工商行政管理机关备案。"

附件《机动车销售统一发票（票样）》发票监制章中"国家税务局"的内容修改为"税务局"。参见：《国家税务总局关于修改部分税收规范性文件的公告》（国家税务总局公告 2018 年第 31 号）。]

国家税务总局
关于《机动车销售统一发票》注册登记联加盖
开票单位印章问题的通知

（2006 年 8 月 28 日　国税函〔2006〕813 号）

各省、自治区、直辖市和计划单列市国家税务局：

根据《国家税务总局关于使用新版机动车销售统一发票有关问题的通知》（国税函〔2006〕479 号）的有关规定，在开具《机动车销售统一发票》时应在发票联加盖财务专用章或发票专用章，抵扣联和报税联不得加盖印章，对于是否在注册登记联加盖开票单位印章的问题未做明确规定。经与公安部协商，决定从 2006 年 10 月 1 日起，《机动车销售统一发票》注册登记联一律加盖开票单位印章。

国家税务总局
关于销售摩托车增值税小规模纳税人开具机动车销售
统一发票有关问题的通知

(2006年7月13日 国税函〔2006〕681号)

各省、自治区、直辖市和计划单列市国家税务局：

根据《国家税务总局关于使用新版机动车销售统一发票有关问题的通知》（国税函〔2006〕479号）的规定，凡从事机动车零售业务的纳税人（包括销售摩托车）收取款项时，都必须开具新式电脑版机动车销售统一发票。但是，目前仍有部分销售摩托车的增值税小规模纳税人未配备电脑及打印设备，无法开具新版机动车销售统一发票。现将有关问题通知如下：

一、凡不具备电脑开票条件的增值税小规模纳税人销售摩托车，其所需发票由主管税务机关代开。

二、税务机关在为销售摩托车的增值税小规模纳税人代开机动车销售统一发票时，应在发票联加盖税务机关代开发票专用章。

三、税务机关代开机动车销售统一发票的软件由总局统一开发，并下发各地使用。

国家税务总局
关于纳税人折扣折让行为开具红字增值税
专用发票问题的通知

(2006年12月29日 国税函〔2006〕1279号)

各省、自治区、直辖市和计划单列市国家税务局：

近接部分地区询问，因市场价格下降等原因，纳税人发生的销售折扣或折让行为应如何开具红字增值税专用发票。经研究，明确如下：

纳税人销售货物并向购买方开具增值税专用发票后，由于购货方在一定时期内累计购买货物达到一定数量，或者由于市场价格下降等原因，销货方给予购货方相应的价格优惠或补偿等折扣、折让行为，销货方可按现行《增值税专用发票使用规定》的有关规定开具红字增值税专用发票。

国家税务总局关于印发《增值税专用发票审核检查操作规程（试行）》的通知

(2008年3月26日 国税发〔2008〕33号)

各省、自治区、直辖市和计划单列市国家税务局：

为进一步加强增值税专用发票管理，规范异常增值税专用发票审核检查工作，税务总局制定了《增值税专用发票审核检查操作规程（试行）》，现印发给你们，自2008年4月1日起施行。各级税务机关要及时做好规程培训工作，确保规程贯彻执行到位。执行中如有问题，请及时报告税务总局（流转税管理司）。

附件：
1. 审核检查工作底稿（见二维码53）
2. 增值税抵扣凭证委托审核检查函（见二维码53）
3. 增值税抵扣凭证审核检查回复函（见二维码53）
4. 增值税抵扣凭证审核检查移交清单（见二维码53）

二维码53

增值税专用发票审核检查操作规程（试行）

第一条 为规范增值税专用发票审核检查工作，提高增值税专用发票审核检查工作质量和效率，制定本规程。

第二条 本规程所称增值税专用发票审核检查，是指各级税务机关按照规定的程序和方法，运用"增值税专用发票审核检查子系统"（以下简称核查子系统），对增值税专用发票稽核比对结果属于异常的增值税专用发票进行核对、检查和处理的日常管理工作。

第三条 审核检查的增值税专用发票，是指全国增值税专用发票稽核系统产生稽核比对结果为"不符""缺联""属于作废"的增值税专用发票。

第四条 增值税专用发票审核检查工作，由各级税务机关的流转税管理部门负责组织，稽查局和信息中心配合，税务机关管理部门（指管户的税务局、税务分局、税务所及负责税源管理的内设机构）具体实施。

第五条 国家税务总局流转税管理部门设置审核检查管理岗，每月6日前（含当日，遇法定节假日比照征管法实施细则有关规定顺延，下同）统计下列报表：

（一）《全国审核检查情况汇总统计表》；
（二）《分地区审核检查情况汇总统计表》；
（三）《全国审核检查结果统计表》；
（四）《分地区审核检查结果统计表》；
（五）《分地区审核检查税务处理情况统计表》。

第六条 省税务机关流转税管理部门设置审核检查管理岗,每月5日前统计并上报下列报表:

(一)《本级审核检查情况汇总统计表》;

(二)《分地区审核检查情况汇总统计表》;

(三)《本级审核检查结果统计表》;

(四)《分地区审核检查结果统计表》;

(五)《分地区审核检查税务处理情况统计表》。

第七条 地市税务机关流转税管理部门设置审核检查管理岗,按月查询下列统计报表,分析本地审核检查工作进度和质量情况:

(一)《本级审核检查情况汇总统计表》;

(二)《分地区审核检查情况汇总统计表》;

(三)《本级审核检查结果统计表》;

(四)《分地区审核检查结果统计表》;

(五)《分地区审核检查税务处理情况统计表》。

第八条 区县税务机关流转税管理部门设置审核检查管理岗,负责以下工作:

(一)将核查子系统无法自动分发的异常专用发票信息分捡到指定的税务机关管理部门;

(二)按月查询下列统计报表,对税务机关管理部门的审核检查工作进行监控和督促:

1.《本级审核检查情况汇总统计表》;

2.《分地区审核检查情况汇总统计表》;

3.《本级审核检查结果统计表》;

4.《分地区审核检查结果统计表》;

5.《分地区审核检查税务处理情况统计表》。

第九条 税务机关管理部门设置审核检查岗和审核检查综合岗。

(一)审核检查岗负责以下工作:

1. 收到核查任务后,打印《审核检查工作底稿》(见附件1);

2. 对异常增值税专用发票进行审核检查,填写《审核检查工作底稿》,根据审核检查情况提出核查处理意见;

3. 将《审核检查工作底稿》提交部门领导和区县主管局长审批;

4. 经区县主管局长审批,将审核检查结果、税务处理意见及接收异地核查的回复信息录入核查子系统,对需异地核查的在核查子系统中发起委托异地核查;

5. 将审核检查结果、回复异地核查信息、委托异地核查函及税务处理结果提交审核检查综合岗进行复核;

6. 审核检查资料整理归档。

(二)审核检查综合岗负责以下工作:

1. 将审核检查任务分派到审核检查岗;

2. 对审核检查岗录入的审核检查结果、税务处理结果、委托异地核查信息、回复异地核查信息进行复核;

3. 发出《增值税抵扣凭证委托审核检查函》(见附件2)及《增值税抵扣凭证审核检查

回复函》（见附件3）。

第十条 省税务机关信息中心设置核查子系统技术维护岗，负责下列工作：

（一）核查子系统的系统维护和技术支持；

（二）保障核查子系统正常运行的技术环境，及时解决网络和设备故障；

（三）对审核检查结果中的技术问题进行确认；

（四）系统代码维护。

第十一条 地市、区县税务机关信息中心设置核查子系统技术维护岗，负责下列工作：

（一）对审核检查结果中的技术问题进行确认；

（二）系统代码维护。

第十二条 审核检查岗接收核查任务后，按下列要求进行审核检查：

（一）核查抵扣凭证原件；

（二）查看有关购销合同、账务处理、资金往来、货物情况等；

（三）根据工作需要可进行实地核查，实地核查必须两人以上；

（四）填写《审核检查工作底稿》。

第十三条 经审核检查，对不同类型异常抵扣凭证分别进行处置：

（一）"不符"发票

1. 抵扣联票面信息与抵扣联电子信息相符的，传递给销售方主管税务机关审核检查；

2. 抵扣联票面信息与抵扣联电子信息不相符、与存根联电子信息相符的，按本规程第十七条和第十八条规定进行处理；

3. 抵扣联票面信息与抵扣联、存根联电子信息均不相符的，根据抵扣联票面信息修改抵扣联电子信息，传递给销售方主管税务机关审核检查。

（二）"缺联"发票

1. 抵扣联票面信息与抵扣联电子信息相符的，传递给销售方主管税务机关审核检查；

2. 抵扣联的票面信息与抵扣联电子信息不相符的，根据抵扣联票面信息修改抵扣联电子信息，传递给销售方主管税务机关审核检查。

（三）"属于作废"发票

1. 纳税人未申报抵扣的，按本规程第十七条和第十八条规定进行处理；

2. 纳税人已申报抵扣，传递给销售方主管税务机关审核检查。

第十四条 经审核检查，对接收的异地《增值税抵扣凭证委托审核检查函》中增值税专用发票按照以下类型回复委托方税务机关：

（一）辖区内无此纳税人的，按照"辖区内无此纳税人"录入核查子系统；

（二）辖区内有此纳税人的，分别按照"无相应存根联""虚开发票""存抵不相符""该票未申报""企业漏采集""企业误作废""税务机关漏传递""税务机关发票发售错误"和"其他"等录入核查子系统。

第十五条 税务机关管理部门应按下列时限完成审核检查工作。

（一）对不需要委托异地核查的异常增值税专用发票，应当在30日内完成审核检查并录入处理结果。

（二）需要委托异地核查的异常增值税专用发票，应当在30日内发出《增值税抵扣凭证委托审核检查函》并根据回复情况15日内录入处理结果。

（三）对接收的异地《增值税抵扣凭证委托审核检查函》，应当在 30 日内完成审核检查并向委托方税务机关发出《增值税抵扣凭证审核检查回复函》。

第十六条 税务机关管理部门应依照有关档案管理规定，将审核检查工作中形成的《审核检查工作底稿》及有关资料及时归档。

第十七条 异常增值税专用发票的审核检查结果分为以下类型：

（一）企业问题

1. 操作问题

操作问题包括：销售方已申报但漏采集；购买方已认证但未申报抵扣；购买方票面信息采集错误；其他操作问题。

2. 一般性违规问题

一般性违规包括：销售方违规作废；购买方未按规定取得；购买方未按规定抵扣；其他违规。

3. 涉嫌偷骗税问题

涉嫌偷骗税问题包括：涉嫌偷税、逃避追缴欠税、骗取出口退税、抗税以及其他需要立案查处的税收违法行为；涉嫌增值税专用发票和其他发票违法犯罪行为；需要进行全面系统的税务检查的。

（二）税务机关操作问题或技术问题。

第十八条 经区县主管局长批准，税务机关管理部门对审核检查结果分别进行处理：

（一）属于"企业操作问题"和"税务机关操作问题或技术问题"，符合税法规定抵扣条件的，允许其抵扣增值税进项税额；

（二）属于企业问题中"一般性违规问题"的，依据现行规定处理；

（三）属于企业问题中"涉嫌偷骗税"的，不需要对企业做出税务处理，将《增值税抵扣凭证审核检查移交清单》（见附件 4）及相关资料移交稽查部门查处。

对于走逃企业或者非正常户的异常发票，经过审核检查确能证明涉嫌偷骗税行为的，移交稽查部门查处。

第十九条 稽查部门应当在自接收涉嫌偷骗税有关资料之日起 1 个月内立案检查。

第二十条 各级税务机关应将异常增值税专用发票审核检查工作纳入税收工作考核范围，定期对以下指标进行考核：

（一）审核检查完成率 = 本期完成审核检查发票数 ÷ 本期应完成审核检查发票数 × 100%

其中：本期完成审核检查发票数 = 按期完成审核检查发票数 + 逾期完成审核检查发票数

本期应完成审核检查发票数 = 本期按期应完成审核检查发票数 + 前期逾期未完成审核检查发票数

（二）审核检查按期完成率 = 按期完成审核检查发票数 ÷ 按期应完成审核检查发票数 × 100%

（三）异地核查回复率 = 本期回复异地核查发票数 ÷ 本期应回复异地核查发票数 × 100%

其中：本期回复异地核查发票数 = 按期回复异地核查发票数 + 逾期回复异地核查发票数

本期应回复异地核查发票数 = 本期按期应回复异地核查发票数 + 前期逾期未回复异地核

查发票数

（四）异地核查按期回复率＝按期完成异地核查发票数÷按期应完成异地核查凭证数×100%

第二十一条 本规程由国家税务总局负责解释。各地可根据实际，制定具体实施办法。

国务院
关于修改《中华人民共和国发票管理办法》的决定

（2010年12月20日　国务院令2010年第587号）

《国务院关于修改〈中华人民共和国发票管理办法〉的决定》已经2010年12月8日国务院第136次常务会议通过，现予公布，自2011年2月1日起施行。

国务院决定对《中华人民共和国发票管理办法》作如下修改：

一、将第二条修改为："在中华人民共和国境内印制、领购、开具、取得、保管、缴销发票的单位和个人（以下称印制、使用发票的单位和个人），必须遵守本办法。"

二、将第四条第一款修改为："国务院税务主管部门统一负责全国的发票管理工作。省、自治区、直辖市国家税务局和地方税务局（以下统称省、自治区、直辖市税务机关）依据各自的职责，共同做好本行政区域内的发票管理工作。"

三、将第七条修改为："增值税专用发票由国务院税务主管部门确定的企业印制；其他发票，按照国务院税务主管部门的规定，由省、自治区、直辖市税务机关确定的企业印制。禁止私自印制、伪造、变造发票。"

四、将第八条改为第九条，修改为："印制发票应当使用国务院税务主管部门确定的全国统一的发票防伪专用品。禁止非法制造发票防伪专用品。"

五、将第九条改为第八条，修改为："印制发票的企业应当具备下列条件：

（一）取得印刷经营许可证和营业执照；

（二）设备、技术水平能够满足印制发票的需要；

（三）有健全的财务制度和严格的质量监督、安全管理、保密制度。

税务机关应当以招标方式确定印制发票的企业，并发给发票准印证。"

六、将第十五条、第十六条改为第十五条，修改为："需要领购发票的单位和个人，应当持税务登记证件、经办人身份证明、按照国务院税务主管部门规定式样制作的发票专用章的印模，向主管税务机关办理发票领购手续。主管税务机关根据领购单位和个人的经营范围和规模，确认领购发票的种类、数量以及领购方式，在5个工作日内发给发票领购簿。

单位和个人领购发票时，应当按照税务机关的规定报告发票使用情况，税务机关应当按照规定进行查验。"

七、将第十七条改为第十六条，修改为："需要临时使用发票的单位和个人，可以凭购销商品、提供或者接受服务以及从事其他经营活动的书面证明、经办人身份证明，直接向经营地税务机关申请代开发票。依照税收法律、行政法规规定应当缴纳税款的，税务机关应当先征收税款，再开具发票。税务机关根据发票管理的需要，可以按照国务院税务主管部门的规定委托其他单位代开发票。

禁止非法代开发票。"

八、将第十九条改为第十八条，第三款修改为："税务机关收取保证金应当开具资金往来结算票据。"

九、将第二十三条改为第二十二条，修改为："开具发票应当按照规定的时限、顺序、栏目，全部联次一次性如实开具，并加盖发票专用章。

任何单位和个人不得有下列虚开发票行为：

（一）为他人、为自己开具与实际经营业务情况不符的发票；

（二）让他人为自己开具与实际经营业务情况不符的发票；

（三）介绍他人开具与实际经营业务情况不符的发票。"

十、将第二十四条、第四十三条改为第二十三条，修改为："安装税控装置的单位和个人，应当按照规定使用税控装置开具发票，并按期向主管税务机关报送开具发票的数据。

使用非税控电子器具开具发票的，应当将非税控电子器具使用的软件程序说明资料报主管税务机关备案，并按照规定保存、报送开具发票的数据。

国家推广使用网络发票管理系统开具发票，具体管理办法由国务院税务主管部门制定。"

十一、将第二十五条改为第二十四条，修改为："任何单位和个人应当按照发票管理规定使用发票，不得有下列行为：

（一）转借、转让、介绍他人转让发票、发票监制章和发票防伪专用品；

（二）知道或者应当知道是私自印制、伪造、变造、非法取得或者废止的发票而受让、开具、存放、携带、邮寄、运输；

（三）拆本使用发票；

（四）扩大发票使用范围；

（五）以其他凭证代替发票使用。

税务机关应当提供查询发票真伪的便捷渠道。"

十二、将第二十六条改为第二十五条，第一款修改为："除国务院税务主管部门规定的特殊情形外，发票限于领购单位和个人在本省、自治区、直辖市内开具。"

十三、将第二十七条改为第二十六条，第一款修改为："除国务院税务主管部门规定的特殊情形外，任何单位和个人不得跨规定的使用区域携带、邮寄、运输空白发票。"

十四、将第三十一条改为第三十条，第一项修改为："（一）检查印制、领购、开具、取得、保管和缴销发票的情况；"

十五、将第三十六条改为第三十五条，修改为："违反本办法的规定，有下列情形之一的，由税务机关责令改正，可以处1万元以下的罚款；有违法所得的予以没收：

（一）应当开具而未开具发票，或者未按照规定的时限、顺序、栏目，全部联次一次性开具发票，或者未加盖发票专用章的；

（二）使用税控装置开具发票，未按期向主管税务机关报送开具发票的数据的；

（三）使用非税控电子器具开具发票，未将非税控电子器具使用的软件程序说明资料报主管税务机关备案，或者未按照规定保存、报送开具发票的数据的；

（四）拆本使用发票的；

（五）扩大发票使用范围的；

（六）以其他凭证代替发票使用的；

（七）跨规定区域开具发票的；

（八）未按照规定缴销发票的；

（九）未按照规定存放和保管发票的。"

十六、将第三十七条改为第三十六条，修改为："跨规定的使用区域携带、邮寄、运输空白发票，以及携带、邮寄或者运输空白发票出入境的，由税务机关责令改正，可以处1万元以下的罚款；情节严重的，处1万元以上3万元以下的罚款；有违法所得的予以没收。

丢失发票或者擅自损毁发票的，依照前款规定处罚。"

十七、增加一条，作为第三十七条："违反本办法第二十二条第二款的规定虚开发票的，由税务机关没收违法所得；虚开金额在1万元以下的，可以并处5万元以下的罚款；虚开金额超过1万元的，并处5万元以上50万元以下的罚款；构成犯罪的，依法追究刑事责任。

非法代开发票的，依照前款规定处罚。"

十八、将第三十八条改为第三十八条、第三十九条。第三十八条："私自印制、伪造、变造发票，非法制造发票防伪专用品，伪造发票监制章的，由税务机关没收违法所得，没收、销毁作案工具和非法物品，并处1万元以上5万元以下的罚款；情节严重的，并处5万元以上50万元以下的罚款；对印制发票的企业，可以并处吊销发票准印证；构成犯罪的，依法追究刑事责任。

前款规定的处罚，《中华人民共和国税收征收管理法》有规定的，依照其规定执行。"

第三十九条："有下列情形之一的，由税务机关处1万元以上5万元以下的罚款；情节严重的，处5万元以上50万元以下的罚款；有违法所得的予以没收：

（一）转借、转让、介绍他人转让发票、发票监制章和发票防伪专用品的；

（二）知道或者应当知道是私自印制、伪造、变造、非法取得或者废止的发票而受让、开具、存放、携带、邮寄、运输的。"

十九、增加一条，作为第四十条："对违反发票管理规定2次以上或者情节严重的单位和个人，税务机关可以向社会公告。"

二十、将第四十条改为第四十二条，修改为："当事人对税务机关的处罚决定不服的，可以依法申请行政复议或者向人民法院提起行政诉讼。"

二十一、将第四十二条改为第四十四条，修改为："国务院税务主管部门可以根据有关行业特殊的经营方式和业务需求，会同国务院有关主管部门制定该行业的发票管理办法。

国务院税务主管部门可以根据增值税专用发票管理的特殊需要，制定增值税专用发票的具体管理办法。"

二十二、删除第四十四条。

此外，对条文的顺序和个别文字作相应的调整和修改。

本决定自2011年2月1日起施行。

《中华人民共和国发票管理办法》根据本决定作相应的修改，重新公布。

中华人民共和国发票管理办法

(1993年12月12日国务院批准、1993年12月23日财政部令第6号发布根据2010年12月20日《国务院关于修改〈中华人民共和国发票管理办法〉的决定》修订)

第一章 总 则

第一条 为了加强发票管理和财务监督，保障国家税收收入，维护经济秩序，根据《中华人民共和国税收征收管理法》，制定本办法。

第二条 在中华人民共和国境内印制、领购、开具、取得、保管、缴销发票的单位和个人（以下称印制、使用发票的单位和个人），必须遵守本办法。

第三条 本办法所称发票，是指在购销商品、提供或者接受服务以及从事其他经营活动中，开具、收取的收付款凭证。

第四条 国务院税务主管部门统一负责全国的发票管理工作。省、自治区、直辖市国家税务局和地方税务局（以下统称省、自治区、直辖市税务机关）依据各自的职责，共同做好本行政区域内的发票管理工作。

财政、审计、工商行政管理、公安等有关部门在各自的职责范围内，配合税务机关做好发票管理工作。

第五条 发票的种类、联次、内容以及使用范围由国务院税务主管部门规定。

第六条 对违反发票管理法规的行为，任何单位和个人可以举报。税务机关应当为检举人保密，并酌情给予奖励。

第二章 发票的印制

第七条 增值税专用发票由国务院税务主管部门确定的企业印制；其他发票，按照国务院税务主管部门的规定，由省、自治区、直辖市税务机关确定的企业印制。禁止私自印制、伪造、变造发票。

第八条 印制发票的企业应当具备下列条件：

（一）取得印刷经营许可证和营业执照；

（二）设备、技术水平能够满足印制发票的需要；

（三）有健全的财务制度和严格的质量监督、安全管理、保密制度。

税务机关应当以招标方式确定印制发票的企业，并发给发票准印证。

第九条 印制发票应当使用国务院税务主管部门确定的全国统一的发票防伪专用品。禁止非法制造发票防伪专用品。

第十条 发票应当套印全国统一发票监制章。全国统一发票监制章的式样和发票版面印刷的要求，由国务院税务主管部门规定。发票监制章由省、自治区、直辖市税务机关制作。禁止伪造发票监制章。

发票实行不定期换版制度。

第十一条 印制发票的企业按照税务机关的统一规定，建立发票印制管理制度和保管措施。

发票监制章和发票防伪专用品的使用和管理实行专人负责制度。

第十二条 印制发票的企业必须按照税务机关批准的式样和数量印制发票。

第十三条 发票应当使用中文印制。民族自治地方的发票，可以加印当地一种通用的民族文字。有实际需要的，也可以同时使用中外两种文字印制。

第十四条 各省、自治区、直辖市内的单位和个人使用的发票，除增值税专用发票外，应当在本省、自治区、直辖市内印制；确有必要到外省、自治区、直辖市印制的，应当由省、自治区、直辖市税务机关商印制地省、自治区、直辖市税务机关同意，由印制地省、自治区、直辖市税务机关确定的企业印制。

禁止在境外印制发票。

第三章　发票的领购

第十五条 需要领购发票的单位和个人，应当持税务登记证件、经办人身份证明、按照国务院税务主管部门规定式样制作的发票专用章的印模，向主管税务机关办理发票领购手续。主管税务机关根据领购单位和个人的经营范围和规模，确认领购发票的种类、数量以及领购方式，在5个工作日内发给发票领购簿。

单位和个人领购发票时，应当按照税务机关的规定报告发票使用情况，税务机关应当按照规定进行查验。

第十六条 需要临时使用发票的单位和个人，可以凭购销商品、提供或者接受服务以及从事其他经营活动的书面证明、经办人身份证明，直接向经营地税务机关申请代开发票。依照税收法律、行政法规规定应当缴纳税款的，税务机关应当先征收税款，再开具发票。税务机关根据发票管理的需要，可以按照国务院税务主管部门的规定委托其他单位代开发票。

禁止非法代开发票。

第十七条 临时到本省、自治区、直辖市以外从事经营活动的单位或者个人，应当凭所在地税务机关的证明，向经营地税务机关领购经营地的发票。

临时在本省、自治区、直辖市以内跨市、县从事经营活动领购发票的办法，由省、自治区、直辖市税务机关规定。

第十八条 税务机关对外省、自治区、直辖市来本辖区从事临时经营活动的单位和个人领购发票的，可以要求其提供保证人或者根据所领购发票的票面限额以及数量交纳不超过1万元的保证金，并限期缴销发票。

按期缴销发票的，解除保证人的担保义务或者退还保证金；未按期缴销发票的，由保证人或者以保证金承担法律责任。

税务机关收取保证金应当开具资金往来结算票据。

第四章　发票的开具和保管

第十九条 销售商品、提供服务以及从事其他经营活动的单位和个人，对外发生经营业务收取款项，收款方应当向付款方开具发票；特殊情况下，由付款方向收款方开具发票。

第二十条 所有单位和从事生产、经营活动的个人在购买商品、接受服务以及从事其他经营活动支付款项，应当向收款方取得发票。取得发票时，不得要求变更品名和金额。

第二十一条 不符合规定的发票，不得作为财务报销凭证，任何单位和个人有权拒收。

第二十二条 开具发票应当按照规定的时限、顺序、栏目，全部联次一次性如实开具，并加盖发票专用章。

任何单位和个人不得有下列虚开发票行为：

（一）为他人、为自己开具与实际经营业务情况不符的发票；

（二）让他人为自己开具与实际经营业务情况不符的发票；

（三）介绍他人开具与实际经营业务情况不符的发票。

第二十三条 安装税控装置的单位和个人，应当按照规定使用税控装置开具发票，并按期向主管税务机关报送开具发票的数据。

使用非税控电子器具开具发票的，应当将非税控电子器具使用的软件程序说明资料报主管税务机关备案，并按照规定保存、报送开具发票的数据。

国家推广使用网络发票管理系统开具发票，具体管理办法由国务院税务主管部门制定。

第二十四条 任何单位和个人应当按照发票管理规定使用发票，不得有下列行为：

（一）转借、转让、介绍他人转让发票、发票监制章和发票防伪专用品；

（二）知道或者应当知道是私自印制、伪造、变造、非法取得或者废止的发票而受让、开具、存放、携带、邮寄、运输；

（三）拆本使用发票；

（四）扩大发票使用范围；

（五）以其他凭证代替发票使用。

税务机关应当提供查询发票真伪的便捷渠道。

第二十五条 除国务院税务主管部门规定的特殊情形外，发票限于领购单位和个人在本省、自治区、直辖市内开具。

省、自治区、直辖市税务机关可以规定跨市、县开具发票的办法。

第二十六条 除国务院税务主管部门规定的特殊情形外，任何单位和个人不得跨规定的使用区域携带、邮寄、运输空白发票。

禁止携带、邮寄或者运输空白发票出入境。

第二十七条 开具发票的单位和个人应当建立发票使用登记制度，设置发票登记簿，并定期向主管税务机关报告发票使用情况。

第二十八条 开具发票的单位和个人应当在办理变更或者注销税务登记的同时，办理发票和发票领购簿的变更、缴销手续。

第二十九条 开具发票的单位和个人应当按照税务机关的规定存放和保管发票，不得擅自损毁。已经开具的发票存根联和发票登记簿，应当保存5年。保存期满，报经税务机关查验后销毁。

第五章 发票的检查

第三十条 税务机关在发票管理中有权进行下列检查：

（一）检查印制、领购、开具、取得、保管和缴销发票的情况；

（二）调出发票查验；

（三）查阅、复制与发票有关的凭证、资料；

（四）向当事各方询问与发票有关的问题和情况；

（五）在查处发票案件时，对与案件有关的情况和资料，可以记录、录音、录像、照相和复制。

第三十一条 印制、使用发票的单位和个人，必须接受税务机关依法检查，如实反映情况，提供有关资料，不得拒绝、隐瞒。

税务人员进行检查时，应当出示税务检查证。

第三十二条 税务机关需要将已开具的发票调出查验时，应当向被查验的单位和个人开具发票换票证。发票换票证与所调出查验的发票有同等的效力。被调出查验发票的单位和个人不得拒绝接受。

税务机关需要将空白发票调出查验时，应当开具收据；经查无问题的，应当及时返还。

第三十三条 单位和个人从中国境外取得的与纳税有关的发票或者凭证，税务机关在纳税审查时有疑义的，可以要求其提供境外公证机构或者注册会计师的确认证明，经税务机关审核认可后，方可作为记账核算的凭证。

第三十四条 税务机关在发票检查中需要核对发票存根联与发票联填写情况时，可以向持有发票或者发票存根联的单位发出发票填写情况核对卡，有关单位应当如实填写，按期报回。

第六章 罚 则

第三十五条 违反本办法的规定，有下列情形之一的，由税务机关责令改正，可以处1万元以下的罚款；有违法所得的予以没收：

（一）应当开具而未开具发票，或者未按照规定的时限、顺序、栏目，全部联次一次性开具发票，或者未加盖发票专用章的；

（二）使用税控装置开具发票，未按期向主管税务机关报送开具发票的数据的；

（三）使用非税控电子器具开具发票，未将非税控电子器具使用的软件程序说明资料报主管税务机关备案，或者未按照规定保存、报送开具发票的数据的；

（四）拆本使用发票的；

（五）扩大发票使用范围的；

（六）以其他凭证代替发票使用的；

（七）跨规定区域开具发票的；

（八）未按照规定缴销发票的；

（九）未按照规定存放和保管发票的。

第三十六条 跨规定的使用区域携带、邮寄、运输空白发票，以及携带、邮寄或者运输空白发票出入境的，由税务机关责令改正，可以处1万元以下的罚款；情节严重的，处1万元以上3万元以下的罚款；有违法所得的予以没收。

丢失发票或者擅自损毁发票的，依照前款规定处罚。

第三十七条 违反本办法第二十二条第二款的规定虚开发票的，由税务机关没收违法所得；虚开金额在1万元以下的，可以并处5万元以下的罚款；虚开金额超过1万元的，并处5万元以上50万元以下的罚款；构成犯罪的，依法追究刑事责任。

非法代开发票的，依照前款规定处罚。

第三十八条 私自印制、伪造、变造发票，非法制造发票防伪专用品，伪造发票监制章的，由税务机关没收违法所得，没收、销毁作案工具和非法物品，并处 1 万元以上 5 万元以下的罚款；情节严重的，并处 5 万元以上 50 万元以下的罚款；对印制发票的企业，可以并处吊销发票准印证；构成犯罪的，依法追究刑事责任。

前款规定的处罚，《中华人民共和国税收征收管理法》有规定的，依照其规定执行。

第三十九条 有下列情形之一的，由税务机关处 1 万元以上 5 万元以下的罚款；情节严重的，处 5 万元以上 50 万元以下的罚款；有违法所得的予以没收：

（一）转借、转让、介绍他人转让发票、发票监制章和发票防伪专用品的；

（二）知道或者应当知道是私自印制、伪造、变造、非法取得或者废止的发票而受让、开具、存放、携带、邮寄、运输的。

第四十条 对违反发票管理规定 2 次以上或者情节严重的单位和个人，税务机关可以向社会公告。

第四十一条 违反发票管理法规，导致其他单位或者个人未缴、少缴或者骗取税款的，由税务机关没收违法所得，可以并处未缴、少缴或者骗取的税款 1 倍以下的罚款。

第四十二条 当事人对税务机关的处罚决定不服的，可以依法申请行政复议或者向人民法院提起行政诉讼。

第四十三条 税务人员利用职权之便，故意刁难印制、使用发票的单位和个人，或者有违反发票管理法规行为的，依照国家有关规定给予处分；构成犯罪的，依法追究刑事责任。

第七章 附　　则

第四十四条 国务院税务主管部门可以根据有关行业特殊的经营方式和业务需求，会同国务院有关主管部门制定该行业的发票管理办法。

国务院税务主管部门可以根据增值税专用发票管理的特殊需要，制定增值税专用发票的具体管理办法。

第四十五条 本办法自发布之日起施行。财政部 1986 年发布的《全国发票管理暂行办法》和原国家税务局 1991 年发布的《关于对外商投资企业和外国企业发票管理的暂行规定》同时废止。

［注释："印制有本单位名称发票的审批"取消。参见：（1）《国家税务总局贯彻落实〈国务院关于第二批取消 152 项中央指定地方实施行政审批事项的决定〉的通知》（税总发〔2016〕23 号）。（2）《国务院关于第二批取消 152 项中央指定地方实施行政审批事项的决定》（国发〔2016〕9 号）。］

国家税务总局
关于启用货物运输业增值税专用发票的公告

（2011 年 12 月 15 日　国家税务总局公告 2011 年第 74 号）

2012 年 1 月 1 日起，将在部分地区和行业开展深化增值税制度改革试点，逐步将营业税改征增值税。为保障改革试点的顺利实施，税务总局决定启用货物运输业增值税专用发票。现将有关事项公告如下：

一、货物运输业增值税专用发票，是增值税一般纳税人提供货物运输服务（暂不包括铁路运输服务）开具的专用发票，其法律效力、基本用途、基本使用规定及安全管理要求等与现有增值税专用发票一致。

二、货物运输业增值税专用发票的联次和用途

货物运输业增值税专用发票分为三联票和六联票，第一联：记账联，承运人记账凭证；第二联：抵扣联，受票方扣税凭证；第三联：发票联，受票方记账凭证；第四联至第六联由发票使用单位自行安排使用。

三、货物运输业增值税专用发票纸张、式样、内容及防伪措施

（一）使用专用的无碳复写纸。

（二）发票规格为 240mm×178mm。

（三）发票各联次颜色与现有增值税专用发票相同，各联次的颜色依次为黑、绿、棕、红、灰和紫色。

（四）发票内容包括：发票代码、发票号码、开票日期、承运人及纳税人识别号、实际受票方及纳税人识别号、收货人及纳税人识别号、发货人及纳税人识别号、密码区、起运地、经由、到达地、费用项目及金额、运输货物信息、合计金额、税率、税额、机器编号、价税合计（大写）、小写、车种车号、车船吨位、主管税务机关及代码、备注、收款人、复核人、开票人、承运人（章）。

（五）发票代码为 10 位，编码原则：第 1—4 位代表省、自治区、直辖市和计划单列市，第 5—6 位代表制版年度，第 7 位代表批次（分别用 1、2、3、4 表示四个季度），第 8 位代表票种（7 代表货物运输业增值税专用发票），第 9 位代表发票联次（分别用 3 和 6 表示三联和六联），第 10 位代表发票金额版本号（目前统一用"0"表示电脑发票）。

发票号码为 8 位，按年度、分批次编制。

（六）货物运输业增值税专用发票的防伪措施与现有增值税专用发票相同。

四、货物运输业增值税专用发票的发售价格与增值税专用发票的发售价格一致。

五、本公告自 2012 年 1 月 1 日起施行。

二维码54

附件：货物运输业增值税专用发票票样（见二维码 54）

国家税务总局
关于在全国开展营业税改征增值税试点
有关征收管理问题的公告

（2013 年 7 月 10 日　国家税务总局公告 2013 年第 39 号）

为了贯彻落实《财政部　国家税务总局关于在全国开展交通运输业和部分现代服务业

营业税改征增值税试点税收政策的通知》（财税〔2013〕37号）精神，保障营业税改征增值税（以下简称营改增）改革试点的顺利实施，现将征收管理有关问题公告如下：

一、关于纳税人发票使用问题

（一）自本地区营改增试点实施之日起，增值税纳税人不得开具公路、内河货物运输业统一发票。

增值税一般纳税人（以下简称一般纳税人）提供货物运输服务的，使用货物运输业增值税专用发票（以下简称货运专票）和普通发票；提供货物运输服务之外其他增值税应税项目的，统一使用增值税专用发票（以下简称专用发票）和增值税普通发票。

小规模纳税人提供货物运输服务，服务接受方索取货运专票的，可向主管税务机关申请代开，填写《代开货物运输业增值税专用发票缴纳税款申报单》（附件1）。代开货运专票按照代开专用发票的有关规定执行。

（二）提供港口码头服务、货运客运场站服务、装卸搬运服务、旅客运输服务的一般纳税人，可以选择使用定额普通发票。

（三）从事国际货物运输代理业务的一般纳税人，应使用六联专用发票或五联增值税普通发票，其中第四联用作购付汇联；从事国际货物运输代理业务的小规模纳税人，应使用普通发票，其中第四联用作购付汇联。

（四）纳税人于本地区试点实施之日前提供改征增值税的营业税应税服务并开具营业税发票后，如发生服务中止、折让、开票有误等情形，且不符合发票作废条件的，应于2014年3月31日前向原主管税务机关申请开具营业税红字发票，不得开具红字专用发票和红字货运专票。需重新开具发票的，应于2014年3月31日前向原主管税务机关申请开具营业税发票，不得开具专用发票或货运专票。

二、关于税控系统使用问题

（一）自本地区营改增试点实施之日起，一般纳税人提供货物运输服务、开具货运专票的，使用货物运输业增值税专用发票税控系统（以下简称货运专票税控系统）；提供货物运输服务之外的其他增值税应税服务、开具专用发票和增值税普通发票的，使用增值税防伪税控系统（以下简称防伪税控系统）。

（二）自2013年8月1日起，一般纳税人从事机动车（旧机动车除外）零售业务开具机动车销售统一发票，应使用机动车销售统一发票税控系统（以下简称机动车发票税控系统）。

（三）试点纳税人使用的防伪税控系统专用设备为金税盘和报税盘，纳税人应当使用金税盘开具发票，使用报税盘领购发票、抄报税；货运专票税控系统和机动车发票税控系统专用设备为税控盘和报税盘，纳税人应当使用税控盘开具发票，使用报税盘领购发票、抄报税。

货运专票税控系统及专用设备管理，按照现行防伪税控系统有关规定执行。各省国税机关可对现有相关文书作适当调整。

（四）北京市小规模纳税人自2012年9月1日起使用金税盘或税控盘开具普通发票，使用报税盘领购发票、抄报税的办法继续执行。

三、关于增值税专用发票（增值税税控系统）最高开票限额审批问题

增值税专用发票（增值税税控系统）实行最高开票限额管理。最高开票限额，是指单

份专用发票或货运专票开具的销售额合计数不得达到的上限额度。

最高开票限额由一般纳税人申请，区县税务机关依法审批。一般纳税人申请最高开票限额时，需填报《增值税专用发票最高开票限额申请单》（附件2）。主管税务机关受理纳税人申请以后，根据需要进行实地查验。实地查验的范围和方法由各省国税机关确定。

税务机关应根据纳税人实际生产经营和销售情况进行审批，保证纳税人生产经营的正常需要。

四、关于货运专票开具问题

（一）一般纳税人提供应税货物运输服务，使用货运专票；提供其他增值税应税项目、免税项目或非增值税应税项目的，不得使用货运专票。

（二）货运专票中"承运人及纳税人识别号"栏填写提供货物运输服务、开具货运专票的一般纳税人信息；"实际受票方及纳税人识别号"栏填写实际负担运输费用、抵扣进项税额的一般纳税人信息；"费用项目及金额"栏填写应税货物运输服务明细项目及不含增值税的销售额；"合计金额"栏填写应税货物运输服务项目不含增值税的销售额合计；"税率"栏填写增值税税率；"税额"栏填写按照应税货物运输服务项目不含增值税的销售额和适用税率计算得出的增值税额；"价税合计（大写）（小写）"栏填写不含增值税的销售额和增值税额的合计；"机器编号"栏填写货运专票税控系统税控盘编号。

（三）税务机关在代开货运专票时，货运专票税控系统在货运专票左上角自动打印"代开"字样；"税率"栏填写小规模纳税人增值税征收率；"税额"栏填写按照应税货物运输服务项目不含增值税的销售额和小规模纳税人增值税征收率计算得出的增值税额；"备注"栏填写税收完税凭证号码；其他栏次内容与本条第（二）项相同。

（四）提供货物运输服务，开具货运专票后，如发生应税服务中止、折让、开票有误以及发票抵扣联、发票联均无法认证等情形，且不符合发票作废条件，需要开具红字货运专票的，实际受票方或承运人可向主管税务机关填报《开具红字货物运输业增值税专用发票申请单》（附件3），经主管税务机关核对并出具《开具红字货物运输业增值税专用发票通知单》（附件4，以下简称《通知单》）。实际受票方应暂依《通知单》所列增值税税额从当期进项税额中转出，未抵扣增值税进项税额的可列入当期进项税额，待取得承运人开具的红字货运专票后，与留存的《通知单》一并作为记账凭证。认证结果为"无法认证""纳税人识别号认证不符""发票代码、号码认证不符"以及所购服务不属于增值税扣税项目范围的，不列入进项税额，不作进项税额转出。承运人可凭《通知单》在货运专票税控系统中以销项负数开具红字货运专票。《通知单》暂不通过系统开具，但其他事项按照现行红字专用发票有关规定执行。

五、关于货运专票管理问题

（一）货运专票暂不纳入失控发票快速反应机制管理。

（二）货运专票的认证结果类型包括"认证相符""无法认证""认证不符""密文有误"和"重复认证"等类型（暂无失控发票类型），稽核结果类型包括"相符""不符""缺联""重号""属于作废"和"滞留"等类型。认证、稽核异常货运专票的处理按照专用发票的有关规定执行。

（三）稽核异常的货运专票的核查工作，按照《增值税专用发票审核检查操作规程（试行）》的有关规定执行。

（四）丢失货运专票的处理，按照专用发票的有关规定执行，承运方主管税务机关出具《丢失货物运输业增值税专用发票已报税证明单》（附件5）。

六、本公告自2013年8月1日起实施，《国家税务总局关于修订〈增值税专用发票使用规定〉的通知》（国税发〔2006〕156号）第五条、《国家税务总局关于营业税改征增值税试点有关税收征收管理问题的公告》（国家税务总局公告2011年第77号）、《国家税务总局关于北京等8省市营业税改征增值税试点有关税收征收管理问题的公告》（国家税务总局公告2012年第42号）同时废止。

附件：
1. 代开货物运输业增值税专用发票缴纳税款申报单（见二维码55）
2. 增值税专用发票最高开票限额申请单（见二维码55）
3. 开具红字货物运输业增值税专用发票申请单（见二维码55）
4. 开具红字货物运输业增值税专用发票通知单（见二维码55）
5. 丢失货物运输业增值税专用发票已报税证明单（见二维码55）

二维码55

〔注释：条款失效。
"二、关于税控系统使用问题
（三）货运专票税控系统及专用设备管理，按照现行防伪税控系统有关规定执行。各省国税机关可对现有相关文书作适当调整。
三、关于增值税专用发票（增值税税控系统）最高开票限额审批问题
最高开票限额由一般纳税人申请，区县税务机关依法审批。一般纳税人申请最高开票限额时，需填报《增值税专用发票最高开票限额申请单》（附件2）。主管税务机关受理纳税人申请以后，根据需要进行实地查验。实地查验的范围和方法由各省国税机关确定"。修改为：
"二、关于税控系统使用问题
（三）货运专票税控系统及专用设备管理，按照现行防伪税控系统有关规定执行。各省税务机关可对现有相关文书作适当调整。
三、关于增值税专用发票（增值税税控系统）最高开票限额审批问题
最高开票限额由一般纳税人申请，区县税务机关依法审批。一般纳税人申请最高开票限额时，需填报《增值税专用发票最高开票限额申请单》（附件2）。主管税务机关受理纳税人申请以后，根据需要进行实地查验。实地查验的范围和方法由各省税务机关确定。"参见：《国家税务总局关于修改部分税收规范性文件的公告》，国家税务总局公告2018年第31号。

条款废止。第一条第（一）项和附件1废止。自2018年1月1日起废止。参见：《国家税务总局关于发布〈货物运输业小规模纳税人申请代开增值税专用发票管理办法〉的公告》，国家税务总局公告2017年第55号。

政策调整。"申请开具红字增值税专用发票审核"取消。参见：《国务院关于取消和调整一批行政审批项目等事项的决定》，国发〔2015〕11号。

条款废止。第四条第四项废止。自2015年1月1日起废止。参见：《国家税务总局关于推行增值税发票系统升级版有关问题的公告》，国家税务总局公告2014年第73号。

条款废止。第五条第（四）项废止。自2014年5月1日起废止。参见：《国家税务总

局关于简化增值税发票领用和使用程序有关问题的公告》（国家税务总局公告 2014 年第 19 号）。]

国家税务总局
关于二手车经销企业发票使用有关问题的公告

（2013 年 10 月 9 日　国家税务总局公告 2013 年第 60 号）

为进一步加强二手车经销企业的发票管理，现对二手车经销企业发票使用有关问题公告如下：

一、二手车经销企业从事二手车交易业务，由二手车经销企业开具《二手车销售统一发票》。

二、二手车经销企业从事二手车代购代销的经纪业务，由二手车交易市场统一开具《二手车销售统一发票》。

国家税务总局
关于铁路运输和邮政业营业税改征增值税发票
及税控系统使用问题的公告

（2013 年 12 月 18 日　国家税务总局公告 2013 年第 76 号）

为了保障铁路运输和邮政业营业税改征增值税（以下简称营改增）试点工作顺利实施，现将铁路运输和邮政业营改增后发票及税控系统使用问题公告如下：

一、发票使用问题

（一）增值税一般纳税人（以下简称一般纳税人）提供铁路运输服务的，使用货物运输业增值税专用发票（以下简称货运专票）和普通发票；提供邮政服务的，使用增值税专用发票和普通发票。

（二）中国铁路总公司及其所属运输企业（含分支机构）可暂延用其自行印制的铁路票据，其他提供铁路运输服务的纳税人以及提供邮政服务的纳税人，其普通发票的使用由各省国税局确定。

（三）提供铁路运输服务的纳税人有 2 个以上开票点且分布在不同省（自治区、直辖市）的，可以携带空白发票在开票点所在地开具。

二、税控系统使用问题

一般纳税人提供铁路运输服务开具货运专票的，使用货物运输业增值税专用发票税控系统（以下简称货运专票税控系统）；提供运输服务以外的其他增值税应税项目开具增值税专用发票的，使用增值税防伪税控系统。

三、货运专票开具问题

（一）一般纳税人提供铁路运输服务开具货运专票后，因开票有误且不符合发票作废条件，需要开具红字货运专票的，如同时符合下列条件，可不再向主管税务机关填报《开具红字货物运输业增值税专用发票申请单》，直接在货运专票税控系统中以销项负数开具红字货运专票。开具红字货运专票时应将对应的蓝字发票代码、号码打印在发票备注栏中。

1. 实际受票方拒收或者承运人尚未将货运专票交付实际受票方。
2. 发票联次齐全，实际受票方未认证发票。

除上述情形外，一般纳税人应按照《国家税务总局关于在全国开展营业税改征增值税试点有关征收管理问题的公告》（国家税务总局公告2013年第39号）第四条第（四）项规定的流程开具红字货运专票，并将《开具红字货物运输业增值税专用发票通知单》编号打印在发票备注栏中，不需打印对应的蓝字发票代码、号码。

（二）铁路运输企业受托代征的印花税款信息，可填写在货运专票"运输货物信息"栏中。

四、本公告自2014年1月1日起施行。

[注释：条款失效。"一、发票使用问题（二）中国铁路总公司及其所属运输企业（含分支机构）可暂延用其自行印制的铁路票据，其他提供铁路运输服务的纳税人以及提供邮政服务的纳税人，其普通发票的使用由各省国税局确定"。修改为："一、发票使用问题（二）中国铁路总公司及其所属运输企业（含分支机构）可暂延用其自行印制的铁路票据，其他提供铁路运输服务的纳税人以及提供邮政服务的纳税人，其普通发票的使用由各省税务局确定。"参见：《国家税务总局关于修改部分税收规范性文件的公告》（国家税务总局公告2018年第31号）。

条款废止。第一条第一项、第二条、第三条废止。参见：《国家税务总局关于停止使用货物运输业增值税专用发票有关问题的公告》（国家税务总局公告2015年第99号）。]

国家税务总局
关于简化增值税发票领用和使用程序有关问题的公告

（2014年3月24日　国家税务总局公告2014年第19号）

为切实转变税务机关工作职能，进一步优化纳税服务，提高办税效率，国家税务总局开展了"便民办税春风行动"，全面全程提速办税，给诚信守法的纳税人提供更多的办税便利，现将简化增值税发票领用和使用程序有关问题公告如下：

一、简化纳税人领用增值税发票手续

取消增值税发票（包括增值税专用发票、货物运输业增值税专用发票、增值税普通发票和机动车销售统一发票，下同）手工验旧。税务机关应用增值税一般纳税人（以下简称一般纳税人）发票税控系统报税数据，通过信息化手段实现增值税发票验旧工作。

二、简化专用发票审批手续

一般纳税人申请专用发票（包括增值税专用发票和货物运输业增值税专用发票，下同）

最高开票限额不超过十万元的,主管税务机关不需事前进行实地查验。各省国税机关可在此基础上适当扩大不需事前实地查验的范围,实地查验的范围和方法由各省国税机关确定。

三、简化丢失专用发票的处理流程

一般纳税人丢失已开具专用发票的发票联和抵扣联,如果丢失前已认证相符的,购买方可凭销售方提供的相应专用发票记账联复印件及销售方主管税务机关出具的《丢失增值税专用发票已报税证明单》或《丢失货物运输业增值税专用发票已报税证明单》(附件1、2,以下统称《证明单》),作为增值税进项税额的抵扣凭证;如果丢失前未认证的,购买方凭销售方提供的相应专用发票记账联复印件进行认证,认证相符的可凭专用发票记账联复印件及销售方主管税务机关出具的《证明单》,作为增值税进项税额的抵扣凭证。专用发票记账联复印件和《证明单》留存备查。

一般纳税人丢失已开具专用发票的抵扣联,如果丢失前已认证相符的,可使用专用发票发票联复印件留存备查;如果丢失前未认证的,可使用专用发票发票联认证,专用发票发票联复印件留存备查。

一般纳税人丢失已开具专用发票的发票联,可将专用发票抵扣联作为记账凭证,专用发票抵扣联复印件留存备查。

四、简化红字专用发票办理手续

一般纳税人开具专用发票后,发生销货退回或销售折让,按照规定开具红字专用发票后,不再将该笔业务的相应记账凭证复印件报送主管税务机关备案。

五、实行分类分级规范化管理

对增值税发票实行分类分级规范化管理,提高工作效率,减少办税环节。

(一)以下纳税人可一次领取不超过3个月的增值税发票用量,纳税人需要调整增值税发票用量,手续齐全的,按照纳税人需要即时办理:

1. 纳税信用等级评定为A类的纳税人;

2. 地市国税局确定的纳税信用好,税收风险等级低的其他类型纳税人。

(二)上述纳税人2年内有涉税违法行为、移交司法机关处理记录,或者正在接受税务机关立案稽查的,不适用本条第(一)项规定。

(三)辅导期一般纳税人专用发票限量限额管理工作,按照《增值税一般纳税人纳税辅导期管理办法》有关规定执行。

六、建立高效联动的风险防控机制

税务机关在做好纳税服务,提高办税效率的同时,充分利用信息化手段,建立高效联动的风险防控机制,科学设立风险防控指标,加强日常评估及后续监控管理,提升后续监控的及时性和针对性,跟踪分析纳税人发票使用及纳税申报情况。对纳税人发票使用异常且无正当理由的,税务机关可重新核定发票限额及领用数量。

本公告自2014年5月1日起施行。《国家税务总局关于修订〈增值税专用发票使用规定〉的通知》(国税发〔2006〕156号)第二十八条、《国家税务总局关于修订增值税专用发票使用规定的补充通知》(国税发〔2007〕18号)第一条第(五)项、《国家税务总局关于下放增值税专用发票最高开票限额审批权限的通知》(国税函〔2007〕918号)第二条、《国家税务总局关于在全国开展营业税改征增值税试点有关征收管理问题的公告》(国家税务总局公告2013年第39号)第五条第(四)项同时废止。

附件：

1. 丢失增值税专用发票已报税证明单（见二维码46）
2. 丢失货物运输业增值税专用发票已报税证明单（见二维码46）

[注释：条款失效。

第二条，第五条，提及"国税"处修改为："税务"。参见：《国家税务总局关于修改部分税收规范性文件的公告》（国家税务总局公告2018年第31号）。

条款废止：

依据《国家税务总局关于增值税发票综合服务平台等事项的公告》（国家税务总局公告2020年第1号），第三条条款废止。]

二维码56

国家税务总局
关于启用新版增值税发票有关问题的公告

（2014年7月8日 国家税务总局公告2014年第43号）

为进一步规范增值税发票管理，满足营业税改征增值税工作需要，税务总局决定对增值税专用发票（以下简称专用发票）和增值税普通发票（以下简称普通发票）进行改版，同时提升专用发票和货物运输业增值税专用发票（以下简称货运专票）防伪技术水平。现将启用新版增值税发票有关问题公告如下：

一、发票代码的调整

发票代码第8位代表发票种类，货运专票由"7"调整为"2"，普通发票由"6"调整为"3"。

二、发票内容的调整

（一）调整专用发票部分栏次内容，将"销货单位"栏和"购货单位"栏分别改为"销售方"和"购买方"，"货物或应税劳务名称"栏改为"货物或应税劳务、服务名称"，票尾的"销货单位：（章）"改为"销售方：（章）"。专用发票联次用途也相应调整，将第一联"记账联：销货方计账凭证"改为"记账联：销售方记账凭证"，第二联抵扣联用途"购货方扣税凭证"改为"购买方扣税凭证"，第三联发票联用途"购货方计账凭证"改为"购买方记账凭证"。调整后的专用发票票样见附件1。

（二）调整普通发票部分栏次内容，将"销货单位"栏和"购货单位"栏分别改为"销售方"和"购买方"，"货物或应税劳务名称"栏改为"货物或应税劳务、服务名称"，票尾的"销货单位：（章）"改为"销售方：（章）"。发票联次用途也相应调整，将第一联"记账联：销货方计账凭证"改为"记账联：销售方记账凭证"，第二联发票联用途"购货方计账凭证"改为"购买方记账凭证"。调整后的普通发票票样见附件2。

三、提升专用发票和货运专票防伪技术水平

取消发票监制章和双杠线微缩文字防伪特征。在保留部分防伪特征基础上，增加光角变色圆环纤维等防伪特征。

四、其他有关问题

自 2014 年 8 月 1 日起启用新版专用发票、货运专票和普通发票，老版专用发票、货运专票和普通发票暂继续使用。

附件：
1. 增值税专用发票票样（见二维码 57）
2. 增值税普通发票票样（见二维码 57）
3. 增值税专用发票和货物运输业增值税专用发票部分防伪措施（见二维码 57）

二维码57

［注释：条款废止。第三条和附件 3 废止。参见：《国家税务总局关于调整增值税专用发票防伪措施有关事项的公告》（国家税务总局公告 2019 年第 9 号）。

条款废止。第一条废止。自 2018 年 1 月 1 日起废止。参见：《国家税务总局关于增值税普通发票管理有关事项的公告》（国家税务总局公告 2017 年第 44 号）。］

国家税务总局
关于国家电网公司购买分布式光伏发电项目电力产品发票开具等有关问题的公告

（2014 年 6 月 3 日　国家税务总局公告 2014 年第 32 号）

为配合国家能源发展战略，促进光伏产业健康发展，现将国家电网公司所属企业购买分布式光伏发电项目电力产品发票开具及税款征收有关问题公告如下：

一、国家电网公司所属企业从分布式光伏发电项目发电户处购买电力产品，可由国家电网公司所属企业开具普通发票。

国家电网公司所属企业应将发电户名称（姓名）、地址（住址）、联系方式、结算时间、结算金额等信息进行详细登记，以备税务机关查验。

二、光伏发电项目发电户销售电力产品，按照税法规定应缴纳增值税的，可由国家电网公司所属企业按照增值税简易计税办法计算并代征增值税税款，同时开具普通发票；按照税法规定可享受免征增值税政策的，可由国家电网公司所属企业直接开具普通发票。

根据《财政部　国家税务总局关于光伏发电增值税政策的通知》（财税〔2013〕66 号），自 2013 年 10 月 1 日至 2015 年 12 月 31 日，国家电网公司所属企业应按发电户销售电力产品应纳税额的 50% 代征增值税税款。

主管税务机关应当与国家电网公司所属企业签订《委托代征协议书》，明确委托代征相关事宜。

三、本公告所称发电户，为《中华人民共和国增值税暂行条例》及实施细则规定的"其他个人和不经常发生应税行为的非企业性单位"。

四、本公告自 2014 年 7 月 1 日起执行。此前发生未处理的，按本公告规定执行。

国家税务总局
关于调整机动车销售统一发票票面内容的公告

（2014年5月16日　国家税务总局公告2014年第27号）

为进一步加强机动车车辆税收征收管理，做好增值税一般纳税人购进机动车的抵扣增值税进项税额有关工作，提高机动车销售统一发票数据采集、认证的准确性，税务总局决定对机动车销售统一发票的票面内容做出调整，现将有关事项公告如下：

一、机动车销售统一发票票面调整内容及填用

（一）将原"身份证号码/组织机构代码"栏调整为"纳税人识别号"；"纳税人识别号"栏内打印购买方纳税人识别号，如购买方需要抵扣增值税税款，该栏必须填写，其他情况可为空。

（二）将原"购货单位（人）"栏调整为"购买方名称及身份证号码/组织机构代码"栏；"身份证号码/组织机构代码"应换行打印在"购买方名称"的下方。

（三）增加"完税凭证号码"栏；"完税凭证号码"栏内打印代开机动车销售统一发票时对应开具的增值税完税证号码，自开机动车销售统一发票时此栏为空。

（四）纳税人销售免征增值税的机动车，通过机动车销售统一发票税控系统开具时应在机动车销售统一发票"增值税税率或征收率"栏选填"0"，机动车销售统一发票"增值税税率或征收率"栏自动打印显示"＊＊＊"，"增值税税额"栏自动打印显示"＊＊＊＊＊"；机动车销售统一发票票面"不含税价"栏和"价税合计"栏填写金额相等。

（五）根据纳税人开票需要，增加"厂牌型号"栏宽度、压缩"车辆类型"栏宽度，并相应调整"购买方名称及身份证号码/组织机构代码""吨位"栏宽度，机动车销售统一发票联次、规格及票面所有栏次高度不变（新版机动车销售统一发票票样见附件）。

二、本公告新版机动车销售统一发票自2014年7月1日起启用，2015年1月1日起旧版机动车销售统一发票停止使用。

附件：新版机动车销售统一发票票样（见二维码58）

二维码58

国家税务总局
关于停止使用货物运输业增值税专用发票有关问题的公告

（2015年12月31日　国家税务总局公告2015年第99号）

为规范增值税发票管理，方便纳税人发票使用，税务总局决定停止使用货物运输业增值税专用发票（以下简称货运专票），现将有关问题公告如下：

一、增值税一般纳税人提供货物运输服务，使用增值税专用发票和增值税普通发票，开具发票时应将起运地、到达地、车种车号以及运输货物信息等内容填写在发票备注栏中，如内容较多可另附清单。

二、为避免浪费，方便纳税人发票使用衔接，货运专票最迟可使用至2016年6月30日，7月1日起停止使用。

三、铁路运输企业受托代征的印花税款信息，可填写在发票备注栏中。中国铁路总公司及其所属运输企业（含分支机构）提供货物运输服务，可自2015年11月1日起使用增值税专用发票和增值税普通发票，所开具的铁路货票、运费杂费收据可作为发票清单使用。

四、除本公告第三条外，其他规定自2016年1月1日起施行，《国家税务总局关于铁路运输和邮政业营业税改征增值税发票及税控系统使用问题的公告》（国家税务总局公告2013年第76号）第一条第一项、第二条、第三条同时废止。

国家税务总局
关于纳税人销售其取得的不动产办理产权过户手续使用的增值税发票联次问题的通知

（2016年5月2日　税总函〔2016〕190号）

各省、自治区、直辖市和计划单列市国家税务局、地方税务局：

近接部分地区反映，需要明确营改增后纳税人销售其取得的不动产，办理产权过户手续使用的增值税发票联次问题。经研究，现将有关问题通知如下：

纳税人销售其取得的不动产，自行开具或者税务机关代开增值税发票时，使用六联增值税专用发票或者五联增值税普通发票。纳税人办理产权过户手续需要使用发票的，可以使用增值税专用发票第六联或者增值税普通发票第三联。

国家税务总局
关于保险机构代收车船税开具增值税发票问题的公告

（2016年8月7日　国家税务总局公告2016年第51号）

现对保险机构代收车船税开具增值税发票问题公告如下：

保险机构作为车船税扣缴义务人，在代收车船税并开具增值税发票时，应在增值税发票备注栏中注明代收车船税税款信息。具体包括：保险单号、税款所属期（详细至月）、代收车船税金额、滞纳金金额、金额合计等。该增值税发票可作为纳税人缴纳车船税及滞纳金的会计核算原始凭证。

本公告自2016年5月1日起施行。

国家税务总局
关于启用增值税普通发票（卷票）有关事项的公告

（2016 年 12 月 13 日　国家税务总局公告 2016 年第 82 号）

为了满足纳税人发票使用需要，税务总局决定自 2017 年 1 月 1 日起启用增值税普通发票（卷票），现将有关事项公告如下：

一、增值税普通发票（卷票）规格、联次及防伪措施

增值税普通发票（卷票）分为两种规格：57mm×177.8mm、76mm×177.8mm，均为单联。增值税普通发票（卷票）的防伪措施为光变油墨防伪（详见附件 1）。

二、增值税普通发票（卷票）代码及号码

增值税普通发票（卷票）的发票代码为 12 位，编码规则：第 1 位为 0，第 2—5 位代表省、自治区、直辖市和计划单列市，第 6—7 位代表年度，第 8—10 位代表批次，第 11—12 位代表票种和规格，其中 06 代表 57mm×177.8mm 增值税普通发票（卷票）、07 代表 76mm×177.8mm 增值税普通发票（卷票）。

增值税普通发票（卷票）的发票号码为 8 位，按年度、分批次编制。

三、增值税普通发票（卷票）内容

增值税普通发票（卷票）的基本内容包括：发票名称、发票监制章、发票联、税徽、发票代码、发票号码、机打号码、机器编号、销售方名称及纳税人识别号、开票日期、收款员、购买方名称及纳税人识别号、项目、单价、数量、金额、合计金额（小写）、合计金额（大写）、校验码、二维码码区等。增值税普通发票（卷票）票样见附件 2。

四、其他事项

（一）增值税普通发票（卷票）由纳税人自愿选择使用，重点在生活性服务业纳税人中推广使用。

（二）增值税普通发票（卷票）的真伪鉴别按照《中华人民共和国发票管理办法实施细则》第三十三条有关规定执行。

本公告自 2017 年 1 月 1 日起实施。

附件：
1. 增值税普通发票（卷票）防伪措施的说明（见二维码 59）
2. 增值税普通发票（卷票）票样（见二维码 59）

二维码59

国家税务总局
关于增值税发票开具有关问题的公告

(2017年5月19日　国家税务总局公告2017年第16号)

为进一步加强增值税发票管理，保障全面推开营业税改征增值税试点工作顺利实施，保护纳税人合法权益，营造健康公平的税收环境，现将增值税发票开具有关问题公告如下：

一、自2017年7月1日起，购买方为企业的，索取增值税普通发票时，应向销售方提供纳税人识别号或统一社会信用代码；销售方为其开具增值税普通发票时，应在"购买方纳税人识别号"栏填写购买方的纳税人识别号或统一社会信用代码。不符合规定的发票，不得作为税收凭证。

本公告所称企业，包括公司、非公司制企业法人、企业分支机构、个人独资企业、合伙企业和其他企业。

二、销售方开具增值税发票时，发票内容应按照实际销售情况如实开具，不得根据购买方要求填开与实际交易不符的内容。销售方开具发票时，通过销售平台系统与增值税发票税控系统后台对接，导入相关信息开票的，系统导入的开票数据内容应与实际交易相符，如不相符应及时修改完善销售平台系统。

国家税务总局
关于纳税人销售国家临时存储粮食发票开具有关问题的批复

(2017年10月9日　税总函〔2017〕422号)

内蒙古自治区国家税务局：

你局《关于中储粮总公司明确临储粮拍卖增值税发票开具有关事宜的请示》（内国税发〔2017〕71号）收悉。由于部分国家临储粮的拍卖成交价格低于库存成本，承担国家临储粮任务并直接承贷贷款的非中储粮直属企业，实际收到的货款小于库存成本，无法根据《国家税务总局关于纳税人销售国家临时存储粮食发票开具有关问题的批复》（税总函〔2015〕448号）的规定，按库存成本金额给中储粮直属企业开具增值税发票。鉴于以上情况，现就纳税人销售国家临储粮（含大豆，下同）增值税发票开具有关问题批复如下：

一、对于低于库存成本销售的国家临储粮，非中储粮直属企业应按照成交金额向中储粮直属企业开具增值税发票；对于高于（或等于）库存成本销售的国家临储粮，非中储粮直属企业应按照库存成本金额向中储粮直属企业开具增值税发票。

二、中储粮直属企业应按照国家临储粮的成交金额向购买方开具增值税发票。

此前已发生未处理的，按本批复规定执行。自本批复发布之日起，《国家税务总局关于纳税人销售国家临时存储粮食发票开具有关问题的批复》（税总函〔2015〕448号）同时废止。

国家税务总局
关于水资源费改税后城镇公共供水企业增值税发票开具问题的公告

（2017年12月25日　国家税务总局公告2017年第47号）

根据《财政部　税务总局　水利部关于印发〈扩大水资源税改革试点实施办法〉的通知》（财税〔2017〕80号）有关规定，现对城镇公共供水企业开具增值税普通发票问题，公告如下：

原对城镇公共供水用水户在基本水价（自来水价格）外征收水资源费的试点省份，在水资源费改税试点期间，按照不增加城镇公共供水企业负担的原则，城镇公共供水企业缴纳的水资源税所对应的水费收入，不计征增值税，按"不征税自来水"项目开具增值税普通发票。

本公告自2017年12月1日起施行。

国家税务总局
关于增值税普通发票管理有关事项的公告

（2017年12月5日　国家税务总局公告2017年第44号）

为进一步规范增值税发票管理，优化纳税服务，满足纳税人发票使用需要，现将增值税发票管理有关事项公告如下：

一、调整增值税普通发票（折叠票）发票代码

增值税普通发票（折叠票）的发票代码调整为12位，编码规则：第1位为0，第2—5位代表省、自治区、直辖市和计划单列市，第6—7位代表年度，第8—10位代表批次，第11—12位代表票种和联次，其中04代表二联增值税普通发票（折叠票）、05代表五联增值税普通发票（折叠票）。

税务机关库存和纳税人尚未使用的发票代码为10位的增值税普通发票（折叠票）可以继续使用。

二、印有本单位名称的增值税普通发票（折叠票）

（一）纳税人可按照《中华人民共和国发票管理办法》及其实施细则规定，书面向国税机关要求使用印有本单位名称的增值税普通发票（折叠票），国税机关按规定确认印有该单位名称发票的种类和数量。纳税人通过增值税发票管理新系统开具印有本单位名称的增值税普通发票（折叠票）。

（二）印有本单位名称的增值税普通发票（折叠票），由税务总局统一招标采购的增值

税普通发票（折叠票）中标厂商印制，其式样、规格、联次和防伪措施等与税务机关统一印制的增值税普通发票（折叠票）一致，并加印企业发票专用章。

（三）印有本单位名称的增值税普通发票（折叠票）的发票代码按照本公告第一条规定的编码规则编制。发票代码的第8—10位代表批次，由省国税机关在501—999范围内统一编制。

（四）使用印有本单位名称的增值税普通发票（折叠票）的企业，按照《国家税务总局 财政部关于冠名发票印制费结算问题的通知》（税总发〔2013〕53号）规定，与发票印制企业直接结算印制费用。

本公告自2018年1月1日起施行，《国家税务总局关于启用增值税普通发票有关问题的通知》（国税发明电〔2005〕34号）第一条第二款、《国家税务总局关于启用新版增值税发票有关问题的公告》（国家税务总局公告2014年第43号）第一条同时废止。

〔注释：条款失效。

"二、印有本单位名称的增值税普通发票（折叠票）

（一）纳税人可按照《中华人民共和国发票管理办法》及其实施细则规定，书面向国税机关要求使用印有本单位名称的增值税普通发票（折叠票），国税机关按规定确认印有该单位名称发票的种类和数量。纳税人通过增值税发票管理新系统开具印有本单位名称的增值税普通发票（折叠票）。

（三）印有本单位名称的增值税普通发票（折叠票）的发票代码按照本公告第一条规定的编码规则编制。发票代码的第8—10位代表批次，由省国税机关在501—999范围内统一编制"。修改为：

"二、印有本单位名称的增值税普通发票（折叠票）

（一）纳税人可按照《中华人民共和国发票管理办法》及其实施细则规定，书面向税务机关要求使用印有本单位名称的增值税普通发票（折叠票），税务机关按规定确认印有该单位名称发票的种类和数量。纳税人通过增值税发票管理新系统开具印有本单位名称的增值税普通发票（折叠票）。

（三）印有本单位名称的增值税普通发票（折叠票）的发票代码按照本公告第一条规定的编码规则编制。发票代码的第8—10位代表批次，由省税务机关在501—999范围内统一编制。"参见：《国家税务总局关于修改部分税收规范性文件的公告》（国家税务总局公告2018年第31号）。〕

国家税务总局
关于稀土企业等汉字防伪项目企业开具增值税发票有关问题的公告

（2019年3月18日　国家税务总局公告2019年第13号）

为了适应稀土行业发展和税收信息化建设需要，现将稀土企业等纳入增值税汉字防伪项目管理企业开具增值税发票有关问题公告如下：

一、自2019年6月1日起，停用增值税防伪税控系统汉字防伪项目。

二、从事稀土产品生产、商贸流通的增值税纳税人（以下简称"稀土企业"）销售稀土产品或提供稀土应税劳务、服务的，应当通过升级后的增值税发票管理系统开具稀土专用发票；销售非稀土产品或提供非稀土应税劳务、服务的，不得开具稀土专用发票。

（一）本公告所称稀土产品包括稀土矿产品、稀土冶炼分离产品、稀土金属及合金、稀土产品加工费。《稀土产品目录》详见附件。

（二）稀土专用发票开具不得使用增值税发票管理系统"销售货物或者提供应税劳务、服务清单"填开功能。稀土专用发票"货物或应税劳务、服务名称"栏应当通过增值税发票管理系统中的稀土产品目录选择，"单位"栏选择"公斤"或"吨"，"数量"栏按照折氧化物计量填写。增值税发票管理系统在发票左上角自动打印"XT"字样。

（三）稀土企业销售稀土矿产品、稀土冶炼分离产品、稀土金属及合金，提供稀土加工应税劳务、服务的，应当按照《稀土产品目录》的分类分别开具发票。

三、稀土企业需要开具稀土专用发票的，由主管税务机关开通增值税发票管理系统中的稀土专用发票开具功能，开票软件应当于2019年6月1日前完成升级，税控设备和增值税发票可以继续使用。

四、除稀土企业外，其他纳入增值税防伪税控系统汉字防伪项目管理企业使用的开票软件应当于2019年6月1日前升级为增值税发票管理系统，税控设备和增值税发票可以继续使用。

五、各地税务机关要做好本公告涉及企业的系统升级工作，确保相关企业通过系统顺利开具发票。各地税控服务单位要做好系统升级的技术支持服务，保障系统正常运行。

六、《国家税务总局关于将稀土企业开具的发票纳入增值税防伪税控系统汉字防伪项目管理有关问题的公告》（国家税务总局公告2012年第17号）自2019年6月1日起废止。

附件：稀土产品目录（见二维码60）

二维码60

国家税务总局
关于增值税发票管理等有关事项的公告

（2019年10月9日　国家税务总局公告2019年第33号）

现将增值税发票管理等有关事项公告如下：

一、符合《财政部　税务总局关于明确生活性服务业增值税加计抵减政策的公告》（财政部　税务总局公告2019年第87号）规定的生活性服务业纳税人，应在年度首次确认适用15%加计抵减政策时，通过电子税务局（或前往办税服务厅）提交《适用15%加计抵减政策的声明》（见附件）。

二、增值税一般纳税人取得海关进口增值税专用缴款书（以下简称"海关缴款书"）后如需申报抵扣或出口退税，按以下方式处理：

（一）增值税一般纳税人取得仅注明一个缴款单位信息的海关缴款书，应当登录本省（区、市）增值税发票选择确认平台（以下简称"选择确认平台"）查询、选择用于申报抵扣或出口退税的海关缴款书信息。通过选择确认平台查询到的海关缴款书信息与实际情况不一致或未查询到对应信息的，应当上传海关缴款书信息，经系统稽核比对相符后，纳税人登录选择确认平台查询、选择用于申报抵扣或出口退税的海关缴款书信息。

（二）增值税一般纳税人取得注明两个缴款单位信息的海关缴款书，应当上传海关缴款书信息，经系统稽核比对相符后，纳税人登录选择确认平台查询、选择用于申报抵扣或出口退税的海关缴款书信息。

三、稽核比对结果为不符、缺联、重号、滞留的异常海关缴款书按以下方式处理：

（一）对于稽核比对结果为不符、缺联的海关缴款书，纳税人应当持海关缴款书原件向主管税务机关申请数据修改或核对。属于纳税人数据采集错误的，数据修改后再次进行稽核比对；不属于数据采集错误的，纳税人可向主管税务机关申请数据核对，主管税务机关会同海关进行核查。经核查，海关缴款书票面信息与纳税人实际进口货物业务一致的，纳税人登录选择确认平台查询、选择用于申报抵扣或出口退税的海关缴款书信息。

（二）对于稽核比对结果为重号的海关缴款书，纳税人可向主管税务机关申请核查。经核查，海关缴款书票面信息与纳税人实际进口货物业务一致的，纳税人登录选择确认平台查询、选择用于申报抵扣或出口退税的海关缴款书信息。

（三）对于稽核比对结果为滞留的海关缴款书，可继续参与稽核比对，纳税人不需申请数据核对。

四、增值税一般纳税人取得的2017年7月1日及以后开具的海关缴款书，应当自开具之日起360日内通过选择确认平台进行选择确认或申请稽核比对。

五、增值税小规模纳税人（其他个人除外）发生增值税应税行为，需要开具增值税专用发票的，可以自愿使用增值税发票管理系统自行开具。选择自行开具增值税专用发票的小规模纳税人，税务机关不再为其代开增值税专用发票。

增值税小规模纳税人应当就开具增值税专用发票的销售额计算增值税应纳税额，并在规定的纳税申报期内向主管税务机关申报缴纳。在填写增值税纳税申报表时，应当将当期开具增值税专用发票的销售额，按照3%和5%的征收率，分别填写在《增值税纳税申报表》（小规模纳税人适用）第2栏和第5栏"税务机关代开的增值税专用发票不含税销售额"的"本期数"相应栏次中。

六、本公告第一条自2019年10月1日起施行，本公告第二条至第五条自2020年2月1日起施行。《国家税务总局　海关总署关于实行海关进口增值税专用缴款书"先比对后抵扣"管理办法有关问题的公告》（国家税务总局　海关总署公告2013年第31号）第二条和第六条、《国家税务总局关于扩大小规模纳税人自行开具增值税专用发票试点范围等事项的公告》（国家税务总局公告2019年第8号）第一条自2020年2月1日起废止。

［注释：条款第四条废止。参见：《国家税务总局关于取消增值税扣税凭证认证确认期限等增值税征管问题的公告》（国家税务总局公告2019年第45号）。］

附件：适用15%加计抵减政策的声明

附件：

适用15%加计抵减政策的声明

纳税人名称：_____

纳税人识别号（统一社会信用代码）：_____

本纳税人符合《财政部 税务总局关于明确生活性服务业增值税加计抵减政策的公告》（财政部 税务总局公告2019年第87号）规定，确定适用加计抵减政策。行业属于（按照销售额占比最高的生活服务业子项勾选，只能选择其一）：

行业	选项
生活服务业	——
其中：1. 文化艺术业	
2. 体育业	
3. 教育	
4. 卫生	
5. 旅游业	
6. 娱乐业	
7. 餐饮业	
8. 住宿业	
9. 居民服务业	
10. 其他生活服务业	

本纳税人用于判断是否符合加计抵减政策条件的销售额占比计算期为____年____月至____年____月，此期间提供生活服务销售额合计____元，全部销售额____元，占比为____%。

以上声明根据实际经营情况作出，我确定它是真实的、准确的、完整的。

（纳税人签章）

年 月 日

交通运输部 国家税务总局关于收费公路通行费增值税电子普通发票开具等有关事项的公告

（2020年3月10日 交通运输部公告2020年第17号）

为了推进物流业降本增效、进一步提升收费公路服务水平，现将收费公路通行费增值税

电子普通发票(以下简称通行费电子发票)开具等有关事项公告如下:

一、通行费电子发票编码规则

通行费电子发票的发票代码为12位,编码规则:第1位为0,第2—5位代表省、自治区、直辖市和计划单列市,第6—7位代表年度,第8—10位代表批次,第11—12位为12。发票号码为8位,按年度、分批次编制。

通行费电子发票票样见附件。

二、通行费电子发票开具对象

通行费电子发票开具对象为办理ETC卡的客户,ETC卡的具体办理流程和相关要求请咨询各省(区、市)ETC客户服务机构。未办理ETC卡的客户,仍按原有方式交纳通行费和索取票据。

三、通行费电子发票开具流程

(一)发票服务平台账户注册。客户登录发票服务平台网站www.txffp.com或"票根"APP,凭手机号码、手机验证码免费注册,并按要求设置购买方信息。客户如需变更购买方信息,应当于发生充值或通行交易前变更,确保开票信息真实准确。

(二)绑定ETC卡。客户登录发票服务平台,填写ETC卡办理时的预留信息(开户人名称、证件类型、证件号码、手机号码等),经校验无误后,完成ETC卡绑定。

(三)发票开具。客户登录发票服务平台,选取需要开具发票的充值或消费交易记录,申请生成通行费电子发票。发票服务平台免费向客户提供通行费电子发票及明细信息下载、转发、预览、查询等服务。

四、通行费电子发票开具规定

(一)通行费电子发票分为以下两种:

1. 左上角标识"通行费"字样,且税率栏次显示适用税率或征收率的通行费电子发票(以下称征税发票)。

2. 左上角无"通行费"字样,且税率栏次显示"不征税"的通行费电子发票(以下称不征税发票)。

(二)ETC后付费客户索取发票的,通过经营性收费公路的部分,在发票服务平台取得由收费公路经营管理单位开具的征税发票;通过政府还贷性收费公路的部分,在发票服务平台取得暂由ETC客户服务机构开具的不征税发票。

(三)ETC预付费客户可以自行选择在充值后索取发票或者实际发生通行费用后索取发票。

在充值后索取发票的,在发票服务平台取得由ETC客户服务机构全额开具的不征税发票,实际发生通行费用后,ETC客户服务机构和收费公路经营管理单位均不再向其开具发票。

客户在充值后未索取不征税发票,在实际发生通行费用后索取发票的,通过经营性收费公路的部分,在发票服务平台取得由收费公路经营管理单位开具的征税发票;通过政府还贷性收费公路的部分,在发票服务平台取得暂由ETC客户服务机构开具的不征税发票。

(四)客户使用ETC卡通行收费公路并交纳通行费的,可以在实际发生通行费用后第10个自然日起,登录发票服务平台,选择相应通行记录取得通行费电子发票;客户可以在充值后实时登录发票服务平台,选择相应充值记录取得通行费电子发票。

(五)发票服务平台应当将通行费电子发票对应的通行明细清单留存备查。

五、通行费电子发票其他规定

（一）增值税一般纳税人申报抵扣的通行费电子发票进项税额，在纳税申报时应当填写在《增值税纳税申报表附列资料（二）》（本期进项税额明细）中"认证相符的增值税专用发票"相关栏次中。

（二）收费公路通行费增值税进项税额抵扣政策按照国务院财税主管部门有关规定执行。

（三）单位和个人可以登录全国增值税发票查验平台（https://inv-veri.chinatax.gov.cn），对通行费电子发票信息进行查验。

六、业务咨询

使用ETC卡交纳的通行费，以及ETC卡充值费开具通行费电子发票，不再开具纸质票据。客户可以拨打热线电话进行业务咨询与投诉。通行费电子发票的开票问题可拨打发票服务平台热线95022；各省（区、市）ETC客户服务机构热线电话可以登录发票服务平台查询；通行费电子发票的查验和抵扣等税务问题可拨打纳税服务热线12366。

本公告自2020年4月1日起施行。2017年12月25日发布的《交通运输部 国家税务总局关于收费公路通行费增值税电子普通发票开具等有关事项的公告》（交通运输部公告2017年第66号）同时废止。

附件：收费公路通行费增值税电子普通发票票样（编者略）

（七）发票印制相关政策

国家税务总局
关于加强公路、内河货物运输业统一发票和机动车销售统一发票印制管理有关问题的通知

（2006年12月27日 国税函〔2006〕1268号）

各省、自治区、直辖市和计划单列市国家税务局、地方税务局：

根据对各地报税务总局备案的货运发票和机动车发票票样分析，结合货运发票税控系统试点的情况，目前货运发票和机动车发票的印制和使用中仍存在一些问题，如部分地区税务机关在印制发票时擅自改变字体、字号；字间距不符合标准；发票代码、发票号码数字与汉字未对齐或数字上下未对齐；发票开具时随意涂改；纳税人保管不善，发票发生皱折等，影响了数据采集和认证的准确性，给纳税人的正常抵扣带来困难。为了配合货运发票税控系统在全国推广应用，同时做好机动车销售统一发票税控系统推行的准备工作，现就货运发票和机动车发票的印制和使用管理的有关要求通知如下：

一、各地税务机关应进一步提高认识，严格按照新版货运发票和机动车发票有关文件规定及税务总局下发的票样进行印制，切实保证印制质量，保障货运发票和机动车发票税控系统的顺利实施。

二、发票号码和发票代码的印刷误差应控制在规定的范围内（见附件"发票代码、发票号码印刷误差要求及示意图"）。

三、货运发票和机动车发票的联次内容及顺序应按照税务总局文件的规定印制，抵扣联和报税联必须采用52克干式复写纸。

四、各地税务机关应进一步规范纳税人发票开具和保管行为，指导纳税人做好发票的开具和保管工作。货运发票和机动车发票的各项打印内容不能打印出格，票面不能手工涂改；如发生开具错误，应按废票处理。受票方对已开具的发票应妥善保管，不得折叠、挤压。机动车购货单位如为增值税一般纳税人，则"身份证号码/组织机构代码"一栏内应填写纳税人识别号。

五、纳税人在开票过程中，如出现使用的电脑中国家标准字库无法打印汉字的现象，可以手工填写，但需在手工填写的汉字上加盖开票单位财务专用章或发票专用章（指发票联、注册登记联），代开发票加盖税务机关代开发票专用章。

各地税务机关接到本通知后，要尽快组织检查本地区内已印制完毕的货运发票和机动车发票，凡不符合规定的货运发票，一律收回；不符合规定的机动车发票，在推行机动车发票税控系统前使用完毕或收回。

附件：发票代码、发票号码印刷误差要求及示意图（见二维码615）

二维码61

国家税务总局
关于调整增值税普通发票防伪措施有关事项的公告

（2016年11月2日　国家税务总局公告2016年第68号）

税务总局决定调整增值税普通发票防伪措施，自2016年第四季度起印制的增值税普通发票采用新的防伪措施。现将有关事项公告如下：

调整后的增值税普通发票的防伪措施为灰变红防伪油墨（详见附件）。增值税普通发票各联次颜色：第一联为蓝色，第二联为棕色，第三联为绿色，第四联为紫色，第五联为粉红色。

税务机关库存和纳税人尚未使用的增值税普通发票可以继续使用。

本公告自发布之日起实施。

附件：增值税普通发票防伪措施的说明（见二维码61）

二维码61

国家税务总局
关于增值税普通发票印制供应有关事项的公告

（2013年9月9日　国家税务总局公告2013年第51号）

国家税务总局2013年增值税普通发票印制招标工作已经完成，确定了2013年第4季度至 2016 年的新供应商和增值税普通发票防伪措施。为保障纳税人正常用票和税务机关发票管理工作的顺利衔接，现将有关事项公告如下：

一、新供应商与增值税普通发票印制供应区域

北京东港安全印刷有限公司印制供应区域：北京、天津、河北、内蒙古、河南。

东港股份有限公司印制供应区域：山东、青岛、四川、重庆、贵州、云南、陕西、西藏。

广州东港安全印刷有限公司印制供应区域：福建、厦门、江西、湖南、广东、深圳、广西、海南。

上海东港安全印刷有限公司印制供应区域：上海、江苏、浙江、宁波、安徽、湖北。

新疆东港安全印刷有限公司印制供应区域：新疆、甘肃、青海、宁夏。

山东承安发票印刷有限公司印制供应区域：山西、辽宁、大连、吉林、黑龙江。

二、增值税普通发票新的防伪措施

增值税普通发票新的防伪措施有：专用防伪无碳复写纸、监制章专用红外激发荧光防伪、定制专用号码防伪、压划变色油墨防伪、红外非吸收特征防伪、微缩文字防伪等（详见附件）。

三、其他事项

（一）增值税普通发票的真伪鉴别按照《中华人民共和国发票管理办法实施细则》第三十三条有关规定执行。

（二）税务机关库存和纳税人尚未使用的增值税普通发票可以继续使用。

本公告自 2013 年 10 月 1 日起实施。

二维码62

附件：增值税普通发票的部分防伪措施（见二维码62）

国家税务总局
关于使用印有本单位名称的增值税普通发票（卷票）有关问题的公告

（2017 年 4 月 14 日　国家税务总局公告 2017 年第 9 号）

为进一步规范增值税发票管理，优化纳税服务，保障全面推开营业税改征增值税试点工作顺利实施，现将使用印有本单位名称的增值税普通发票（卷票）有关问题公告如下：

一、纳税人可按照《中华人民共和国发票管理办法》及其实施细则要求，书面向国税机关要求使用印有本单位名称的增值税普通发票（卷票），国税机关按规定确认印有该单位名称发票的种类和数量。纳税人通过增值税发票管理新系统开具印有本单位名称的增值税普通发票（卷票）。

二、印有本单位名称的增值税普通发票（卷票），由税务总局统一招标采购的增值税普通发票（卷票）中标厂商印制，其式样、规格、联次和防伪措施等与原有增值税普通发票（卷票）一致，并加印企业发票专用章。

三、印有本单位名称的增值税普通发票（卷票）发票代码及号码按照《国家税务总局关于启用增值税普通发票（卷票）有关事项的公告》（国家税务总局公告2016年第82号）规定的编码规则编制。发票代码的第8—10位代表批次，由省国税机关在501—999范围内统一编制。

四、使用印有本单位名称的增值税普通发票（卷票）的企业，按照《国家税务总局 财政部关于冠名发票印制费结算问题的通知》（税总发〔2013〕53号）规定，与发票印制企业直接结算印制费用。

本公告自2017年7月1日起施行。

[注释：条款失效。

"一、纳税人可按照《中华人民共和国发票管理办法》及其实施细则要求，书面向国税机关要求使用印有本单位名称的增值税普通发票（卷票），国税机关按规定确认印有该单位名称发票的种类和数量。纳税人通过增值税发票管理新系统开具印有本单位名称的增值税普通发票（卷票）"。修改为："一、纳税人可按照《中华人民共和国发票管理办法》及其实施细则要求，书面向税务机关要求使用印有本单位名称的增值税普通发票（卷票），税务机关按规定确认印有该单位名称发票的种类和数量。纳税人通过增值税发票管理新系统开具印有本单位名称的增值税普通发票（卷票）。"

"三、印有本单位名称的增值税普通发票（卷票）发票代码及号码按照《国家税务总局关于启用增值税普通发票（卷票）有关事项的公告》（国家税务总局公告2016年第82号）规定的编码规则编制。发票代码的第8—10位代表批次，由省国税机关在501—999范围内统一编制"。修改为："三、印有本单位名称的增值税普通发票（卷票）发票代码及号码按照《国家税务总局关于启用增值税普通发票（卷票）有关事项的公告》（国家税务总局公告2016年第82号）规定的编码规则编制。发票代码的第8—10位代表批次，由省税务机关在501—999范围内统一编制。"参见：《国家税务总局关于修改部分税收规范性文件的公告》（国家税务总局公告2018年第31号）。]

国家税务总局
关于调整增值税专用发票防伪措施有关事项的公告

（2019年2月3日　国家税务总局公告2019年第9号）

为加强和改进增值税专用发票管理，税务总局决定调整增值税专用发票防伪措施，自2019年第一季度起增值税专用发票按照调整后的防伪措施印制。现将有关事项公告如下：

取消光角变色圆环纤维、造纸防伪线等防伪措施，继续保留防伪油墨颜色擦可变、专用异型号码、复合信息防伪等防伪措施。调整后的增值税专用发票部分防伪措施见附件。

税务机关库存和纳税人尚未使用的增值税专用发票可以继续使用。

本公告自发布之日起施行。《国家税务总局关于启用新版增值税发票有关问题的公告》（国家税务总局公告2014年第43号）第三条和附件3同时废止。

附件：增值税专用发票部分防伪措施的说明（见二维码63）

二维码63

（八）发票申领相关政策

国家税务总局
关于下放增值税专用发票最高开票限额审批权限的通知

（2007年8月28日　国税函〔2007〕918号）

各省、自治区、直辖市和计划单列市国家税务局：

自2001年10月份起，税务总局先后下发了一些加强增值税专用发票（以下简称专用发票）最高开票限额管理的规定，增值税各项管理工作不断加强。为了在加强管理的同时，提高工作效率，优化纳税服务，经研究，税务总局决定下放专用发票最高开票限额审批权限。现将有关问题通知如下：

一、自2007年9月1日起，原省、地市税务机关的增值税一般纳税人专用发票最高开票限额审批权限下放至区县税务机关。地市税务机关对此项工作要进行监督检查。

二、区县税务机关对纳税人申请的专用发票最高开票限额要严格审核，根据企业生产经营和产品销售的实际情况进行审批，既要控制发票数量以利于加强管理，又要保证纳税人生产经营的正常需要。

三、区县税务机关应结合本地实际情况，从加强发票管理和方便纳税人的要求出发，采取有效措施，合理简化程序、办理专用发票最高开票限额审批手续。

四、专用发票最高开票限额审批权限下放和手续简化后，各地税务机关要严格按照"以票控税、网络比对、税源监控、综合管理"的要求，落实各项管理措施，通过纳税申报"一窗式"管理、发票交叉稽核、异常发票检查以及纳税评估等日常管理手段，切实加强征管，做好增值税管理工作。

［注释：条款废止。第二条废止。自2014年5月1日起废止。参见：《国家税务总局关于简化增值税发票领用和使用程序有关问题的公告》（国家税务总局公告2014年第19号）。］

国家税务总局
关于按照纳税信用等级对增值税发票使用实行分类管理
有关事项的公告

（2016年11月17日　国家税务总局公告2016年第71号）

为进一步优化纳税服务，提高办税效率，税务总局决定按照纳税信用等级对增值税发票使用实行分类管理，现将有关事项公告如下：

一、简并发票领用次数

纳税信用 A 级的纳税人可一次领取不超过 3 个月的增值税发票用量，纳税信用 B 级的纳税人可一次领取不超过 2 个月的增值税发票用量。以上两类纳税人生产经营情况发生变化，需要调整增值税发票用量，手续齐全的，按照规定即时办理。

二、扩大取消增值税发票认证的纳税人范围

将取消增值税发票认证的纳税人范围由纳税信用 A 级、B 级的增值税一般纳税人扩大到纳税信用 C 级的增值税一般纳税人。

对 2016 年 5 月 1 日新纳入营改增试点、尚未进行纳税信用评级的增值税一般纳税人，2017 年 4 月 30 日前不需进行增值税发票认证，登录本省增值税发票选择确认平台，查询、选择、确认用于申报抵扣或者出口退税的增值税发票信息，未查询到对应发票信息的，可进行扫描认证。

本公告自 2016 年 12 月 1 日起实施。

［注释：条款废止。第二条废止。自 2019 年 3 月 1 日起废止。参见：《国家税务总局关于扩大小规模纳税人自行开具增值税专用发票试点范围等事项的公告》（国家税务总局公告 2019 年第 8 号）。］

国家税务总局
关于新办纳税人首次申领增值税发票有关事项的公告

（2018 年 6 月 11 日　国家税务总局公告 2018 年第 29 号）

为了进一步深化税务系统"放管服"改革，优化税收营商环境，方便新办纳税人首次申领增值税发票，按照国务院关于进一步压缩企业开办时间的要求，税务总局决定压缩新办纳税人首次申领增值税发票时间。现将有关事项公告如下：

一、同时满足下列条件的新办纳税人首次申领增值税发票，主管税务机关应当自受理申请之日起 2 个工作日内办结，有条件的主管税务机关当日办结：

（一）纳税人的办税人员、法定代表人已经进行实名信息采集和验证（需要采集、验证法定代表人实名信息的纳税人范围由各省税务机关确定）；

（二）纳税人有开具增值税发票需求，主动申领发票；

（三）纳税人按照规定办理税控设备发行等事项。

二、新办纳税人首次申领增值税发票主要包括发票票种核定、增值税专用发票（增值税税控系统）最高开票限额审批、增值税税控系统专用设备初始发行、发票领用等涉税事项。

三、税务机关为符合本公告第一条规定的首次申领增值税发票的新办纳税人办理发票票种核定，增值税专用发票最高开票限额不超过 10 万元，每月最高领用数量不超过 25 份；增值税普通发票最高开票限额不超过 10 万元，每月最高领用数量不超过 50 份。各省税务机关可以在此范围内结合纳税人税收风险程度，自行确定新办纳税人首次申领增值税发票票种核定标准。

四、各省税务机关要根据本地区的实际情况，进一步明确新办纳税人首次申领增值税发票的办理时限、办理方式和办理流程，尽可能实现税控设备网上购买，并做好压缩新办纳税人首次申领增值税发票时间相关政策的宣传解释工作，确保符合条件的新办纳税人及时、顺利地领用增值税发票。

除新疆、青海、西藏以外的地区，本公告自2018年8月1日起施行；新疆、青海、西藏地区自2018年10月1日起施行。

国家税务总局
关于进一步做好纳税人增值税发票领用等工作的通知

（2019年2月26日 税总函〔2019〕64号）

国家税务总局各省、自治区、直辖市和计划单列市税务局，国家税务总局驻各地特派员办事处：

为了贯彻落实党中央、国务院关于支持民营经济发展的决策部署，深化税务系统"放管服"改革，优化税收营商环境，进一步做好纳税人增值税发票（以下简称"发票"）领用等工作，现就有关事项通知如下：

一、合理满足纳税人发票使用需求

各级税务机关不得简单按照纳税人所有制性质、所处行业、所在区域等因素，对纳税人领用发票进行不合理限制。要根据纳税人税收风险程度、纳税信用级别和实际经营情况，合理确定发票领用数量和最高开票限额，及时做好发票发放工作，保障纳税人正常生产经营。纳税人因实际经营情况发生变化提出增加发票领用数量和最高开票限额，经依法依规审核未发现异常的，主管税务机关要及时为纳税人办理"增版""增量"。对纳税人增值税异常扣税凭证要依法依规进行认定和处理，除存在购销严重背离、虚假纳税申报、税务约谈两次无故不到等涉嫌虚开发票的情形外，不得限制纳税人开具发票。对于已经由税务机关按照政策规定和流程解除非正常户的纳税人，主管税务机关应当在2个工作日内恢复其税控系统开票功能，保障纳税人正常开具发票。

二、积极推进发票领用分类分级管理

对于税收风险程度较低的纳税人，按需供应发票；对于税收风险程度中等的纳税人，正常供应发票，加强事中事后监管；对于税收风险程度较高的纳税人，严格控制其发票领用数量和最高开票限额，并加强事中事后监管。国家税务总局各省、自治区、直辖市和计划单列市税务局（以下简称"各省区市税务局"）应积极探索依托信息技术手段，通过科学设置预警监控指标，有效识别纳税人税收风险程度，并且据此开展发票领用分类分级管理工作。

对于纳税信用A级的纳税人，按需供应发票，可以一次领取不超过3个月的发票用量。纳税信用B级的纳税人可以一次领取不超过2个月的发票用量。以上两类纳税人生产经营情况发生变化需要调整发票用量的，按照规定及时办理。

三、提示提醒纳税人发票使用风险

纳税人在办理实名认证时，主管税务机关应及时对其法定代表人（业主、负责人）进行税法宣传，提示发票使用中存在的涉税风险，提醒发票违法违规需要承担的法律责任。税务总局结合部分地区相关工作经验，编制了《发票使用风险提示提醒样例》（详见附件），各级税务机关可以以此为参考，创新开展相关工作。

四、全面推行发票网上申领

进一步扩大发票网上申领适用范围，已经实现办税人员实名信息采集和验证的纳税人，可以自愿选择使用网上申领方式领用发票。在全面推行发票网上申领的同时，各级税务机关要注重做好发票领用风险防控和发票物流配送衔接，确保发票网上申领简便易用、风险可控、安全可靠。

五、及时解决纳税人反映的问题

对于纳税人提出的发票领用问题和相关诉求，各级税务机关要严格落实首问责任制，及时进行回应和处理。对于纳税人的投诉和举报，各级税务机关要予以高度重视，及时开展核查处理。

六、有序做好发票库存管理

各级税务机关要科学编制发票印制计划，既要保证纳税人使用需要，又要避免库存过多增加管理成本。要密切监控发票库存情况，主动做好辖区内发票的入库、调拨、发放等工作。要加强与发票印制单位的沟通协调，确保已经下达印制计划的发票保质、保量、按期配送到位。

七、运用内控平台规范发票管理服务行为

各级税务机关要按照增值税发票管理风险内部控制制度的相关要求做好内部控制工作，及早防范风险、化解风险。注重防控在发票领用中设置不合理限制、刁难纳税人等发票服务方面的内部管理风险，优化业务流程，完善管理软件内控功能，充分利用税务系统内部控制监督平台等科技手段加强监控，不断规范发票管理服务行为。

八、持续开展政策宣传和操作辅导

各级税务机关要利用办税服务厅、税务网站、微信微博等渠道，主动开展政策宣传，引导纳税人快速办理发票领用手续，规范纳税人发票开具行为。要督促税控服务单位做好对纳税人的培训辅导，通过现场培训、在线培训等形式，帮助纳税人熟练掌握税控系统领票和开票操作，不断提高纳税人领票和开票效率。

各省区市税务局可以在现行政策框架下，结合本地实际情况，进一步创新发票服务和管理举措，为纳税人领用发票提供更多便利。

附件：发票使用风险提示提醒样例

附件：

发票使用风险提示提醒样例

尊敬的法定代表人（业主、负责人）：

您正在进行实名办税身份认证，实名认证后，将可以办理发票领用等涉税事项，也将承担相关法律责任。为了防止不法分子骗取、冒用、盗用您的身份信息，将您作为企业的法定代表人（业主、负责人），从事虚开发票等违法活动，现将发票使用有关风险提示提醒如下：

如果您作为法定代表人（业主、负责人）的企业虚开增值税专用发票或者虚开用于骗取出口退税、抵扣税款的其他发票，按照《中华人民共和国刑法》第二百零五条规定，对单位判处罚金，并对其直接负责的主管人员和其他直接责任人员，处三年以下有期徒刑或者拘役；虚开的税款数额较大或者有其他严重情节的，处三年以上十年以下有期徒刑；虚开的税款数额巨大或者有其他特别严重情节的，处十年以上有期徒刑或者无期徒刑。

如果您作为法定代表人（业主、负责人）的企业虚开《中华人民共和国刑法》第二百零五条规定以外的其他发票，情节严重的，对单位判处罚金，并对其直接负责的主管人员和其他直接责任人员，处二年以下有期徒刑、拘役或者管制；情节特别严重的，处二年以上七年以下有期徒刑。

如果您作为法定代表人（业主、负责人）的企业虚开发票并符合相关条件，税务部门将向社会公布并会同相关部门采取联合惩戒和管理措施。

注：
1. 各地税务机关可以根据实际需要，依据相关法律法规制度，调整相关内容。
2. 各地已经施行的发票使用风险提示提醒、宣传举措，可以继续沿用。

（九）增值税电子发票相关政策

国家税务总局
关于推行通过增值税电子发票系统开具的增值税电子普通发票有关问题的公告

（2015年11月26日　国家税务总局公告2015年第84号）

为进一步适应经济社会发展和税收现代化建设需要，税务总局在增值税发票系统升级版基础上，组织开发了增值税电子发票系统，经过前期试点，系统运行平稳，具备了全国推行的条件。为了满足纳税人开具增值税电子普通发票的需求，现将有关问题公告如下：

一、推行通过增值税电子发票系统开具的增值税电子普通发票，对降低纳税人经营成本，节约社会资源，方便消费者保存使用发票，营造健康公平的税收环境有着重要作用。

二、通过增值税电子发票系统开具的增值税电子普通发票票样见附件1。

三、增值税电子普通发票的开票方和受票方需要纸质发票的，可以自行打印增值税电子普通发票的版式文件，其法律效力、基本用途、基本使用规定等与税务机关监制的增值税普通发票相同。

四、增值税电子普通发票的发票代码为12位，编码规则：第1位为0，第2—5位代表省、自治区、直辖市和计划单列市，第6—7位代表年度，第8—10位代表批次，第11—12位代表票种（11代表增值税电子普通发票）。发票号码为8位，按年度、分批次编制。

五、除北京市、上海市、浙江省、深圳市外，其他地区已使用电子发票的增值税纳税人，应于2015年12月31日前完成相关系统对接技术改造，2016年1月1日起使用增值税电子发票系统开具增值税电子普通发票，其他开具电子发票的系统同时停止使用。有关系统技术方案见附件2。

六、各地税务机关要做好纳税人的宣传组织工作，重点做好开票量较大的行业如电商、电信、快递、公用事业等行业增值税电子发票推行工作。

七、本公告自2015年12月1日起施行。

二维码64

附件：
1. ××增值税电子普通发票（票样）（见二维码64）
2. 增值税电子发票系统技术方案（见二维码64）

［注释：条款失效。附件1增值税电子普通发票票样中的发票监制章调整。参见：《国家税务总局关于增值税电子普通发票使用有关事项的公告》（国家税务总局公告2018年第41号）。

条款失效。"附件1《××增值税电子普通发票（票样）》发票监制章中'国家税务局'的内容"修改为"税务局"。参见：《国家税务总局关于修改部分税收规范性文件的公告》（国家税务总局公告2018年第31号）。］

国家税务总局关于增值税电子普通发票使用有关事项的公告

（2018年7月23日　国家税务总局公告2018年第41号）

为了保障国税地税征管体制改革工作顺利推进，确保改革前后增值税电子普通发票有序衔接、平稳过渡，现将增值税电子普通发票使用有关事项公告如下：

一、新税务机构挂牌后，国家税务总局各省、自治区、直辖市和计划单列市税务局［以下简称"各省（区、市）税务局"］将启用新的发票监制章。增值税电子普通发票（含收费公路通行费增值税电子普通发票，下同）版式文件上的发票监制章，相应修改为各省（区、市）税务局新启用的发票监制章。

二、新启用的发票监制章形状为椭圆型，长轴为3厘米，短轴为2厘米，边宽为0.1厘米，内环加刻一细线，上环刻制"全国统一发票监制章"字样，中间刻制"国家税务总局"字样，下环刻制"××省（区、市）税务局"字样，下环字样例如："江苏省税务局""上海市税务局""内蒙古自治区税务局""新疆维吾尔自治区税务局"。字体为楷体7磅，印色为大红色。新启用的发票监制章样式见附件。

三、纳税人自建电子发票服务平台和第三方电子发票服务平台，应当于2018年12月31日前完成升级工作。电子发票服务平台升级后，生成的增值税电子普通发票版式文件使用各省（区、市）税务局新启用的发票监制章。电子发票服务平台升级前，生成的增值税电子普通发票版式文件可以继续使用原各省、自治区、直辖市和计划单列市国家税务局的发票监制章。

四、各省（区、市）税务局要利用多种渠道，切实做好增值税电子普通发票使用有关事项的宣传解释工作。要多措并举、扎实推进，将相关政策规定及时、准确告知自建电子发票服务平台的纳税人和第三方电子发票服务平台运营商，并督促其按时完成电子发票服务平台升级工作。

五、《国家税务总局关于推行通过增值税电子发票系统开具的增值税电子普通发票有关问题的公告》（国家税务总局公告2015年第84号发布，国家税务总局公告2018年第31号修改）附件1增值税电子普通发票票样中的发票监制章按照本公告规定调整。

本公告自发布之日起施行。

二维码65

附件：发票监制章样式（见二维码65）

交通运输部　财政部　国家税务总局　国家档案局关于收费公路通行费电子票据开具汇总等有关事项的公告

（2020年4月27日　交通运输部　财政部　国家税务总局　国家档案局公告2020年第24号）

为进一步规范收费公路通行费电子票据开具，便利ETC客户和受票单位电子票据财务处理，推进物流业降本增效，现将收费公路通行费电子票据开具汇总等有关事项公告如下：

一、通行费电子票据开具对象

通行费电子票据的开具对象为办理ETC卡的客户。ETC卡的具体办理流程和相关要求，请咨询各省（区、市）ETC客户服务机构。未办理ETC卡的客户，仍按原有方式在收费站现场交纳车辆通行费和获取票据。

二、通行费电子票据分类

（一）收费公路通行费增值税电子普通发票（以下简称通行费电子发票）。通行费电子发票包括左上角标识"通行费"字样且税率栏次显示适用税率或征收率的通行费电子发票（以下简称征税发票）以及左上角无"通行费"字样，且税率栏次显示"不征税"的通行费电子发票（以下简称不征税发票）。客户通行经营性收费公路，由经营管理者开具征税发票，可按规定用于增值税进项抵扣；客户采取充值方式预存通行费，可由ETC客户服务机构开具不征税发票，不可用于增值税进项抵扣。

（二）收费公路通行费财政票据（电子）（以下简称通行费财政电子票据）。客户通行政府还贷公路，由经营管理者开具财政部门统一监制的通行费财政电子票据。通行费财政电子票据先行选择部分地区进行试点。试点期间，非试点地区暂时开具不征税发票。试点完成后，在全国范围内全面实行通行费财政电子票据。

通行费电子发票、通行费财政电子票据统称为通行费电子票据。针对收费公路分段建设、经营管理者多元等特性，为便利通行费电子票据财务处理，根据客户需求，通行费电子票据服务平台（以下简称服务平台）可按一次或多次行程为单位，在汇总通行费电子发票和通行费财政电子票据信息基础上，统一生成收费公路通行费电子票据汇总单（以下简称电子汇总单），作为已开具通行费电子票据的汇总信息证明材料。电子汇总单的汇总信息发生变更的，应重新开具电子汇总单，原电子汇总单自动作废失效，电子汇总单可通过服务平台查询。

三、通行费电子票据编码规则

（一）通行费电子发票编码规则。

通行费电子发票的发票代码为12位，编码规则：第1位为0，第2—5位代表省、自治区、直辖市和计划单列市，第6—7位代表年度，第8—10位代表批次，第11—12位为12。发票号码为8位，按年度、分批次编制。通行费电子发票票样见附件1。

（二）通行费财政电子票据编码规则。

通行费财政电子票据的票据代码为8位，编码规则：第1—2位代表通行费财政电子票据监管机构行政区划编码，第3—4位代表通行费财政电子票据分类编码，第5—6位代表通行费财政电子票据种类编码，第7—8位代表通行费财政电子票据年度编码。票据号码为10位，采用顺序号，用于反映通行费财政电子票据赋码顺序。通行费财政电子票据票样见附件2。

（三）电子汇总单编码规则。

电子汇总单的单号为16位，编码规则：第1—2位为ETC用户所属发行机构的省份编码，第3—6代表年度，第7—8位代表月份，第9—16位采用顺序号。电子汇总单式样见附件3。

四、通行费电子票据开具流程

（一）服务平台账户注册。客户登录服务平台网站www.txffp.com或"票根"APP，凭手机号码、手机验证码免费注册，并按要求设置购买方信息。客户如需变更购买方信息，应当于发生充值或通行交易前变更，确保开票信息真实准确。

（二）绑定客户ETC卡。客户登录服务平台，填写ETC卡办理时的预留信息（开户人名称、证件类型、证件号码、手机号码等），经校验无误后，完成ETC卡绑定。

（三）票据和汇总单开具。客户登录服务平台，选取需要开具票据的充值或通行交易记录，申请生成通行费电子发票、通行费财政电子票据和电子汇总单（充值交易无电子汇总单）。其中，电子汇总单可按用户需求汇总多笔通行交易信息，包括对应的行程信息、通行费电子发票和通行费财政电子票据信息、交易金额合计等。电子汇总单与其汇总的通行费电子发票、通行费财政电子票据通过编码相互进行绑定，可通过服务平台查询关联性。服务平台免费向客户提供通行费电子发票、通行费财政电子票据、电子汇总单查询、预览、下载、转发等服务。

五、通行费电子票据开具规定

（一）ETC后付费客户索取通行费电子票据的，通过经营性公路的部分，在服务平台取得由经营管理者开具的征税发票；通过政府还贷公路的部分，在服务平台取得由经营管理者开具的通行费财政电子票据。

（二）ETC预付费客户可以自行选择在充值后索取不征税发票或待实际发生通行交易后索取通行费电子票据。

客户在充值后索取不征税发票的，在服务平台取得由ETC客户服务机构全额开具的不征税发票；实际发生通行交易后，ETC 客户服务机构和收费公路经营管理者均不再向其开具通行费电子票据。

客户在充值后未索取不征税发票，在实际发生通行交易后索取电子票据的，参照本条第（一）项 ETC 后付费客户执行。

（三）客户使用 ETC 卡通行收费公路并交纳通行费的，可以在实际发生通行交易后第 7 个自然日起，登录服务平台，选择相应通行记录取得通行费电子票据和电子汇总单；ETC 预付费客户可以在充值后实时登录服务平台，选择相应充值记录取得不征税发票。

（四）服务平台应当将通行费电子票据、电子汇总单以及对应的通行明细记录归档备查。

六、通行费电子票据其他规定

（一）通行费电子票据作为电子会计凭证具有与纸质会计凭证同等法律效力，是单位财务收支和会计核算的原始凭证，在满足相关条件基础上，单位可以仅使用通行费电子票据进行报销入账归档，不再打印纸质件。具体报销入账和归档管理按照《财政部 国家档案局关于规范电子会计凭证报销入账归档的通知》（财会〔2020〕6 号）执行。

（二）收费公路通行费增值税进项抵扣事项按照现行增值税政策有关规定执行。增值税一般纳税人申报抵扣的通行费电子发票进项税额，在纳税申报时应当填写在《增值税纳税申报表附列资料（二）》（本期进项税额明细）中"认证相符的增值税专用发票"相关栏次中。

（三）纳税人取得通行费电子发票后，应当登录增值税发票综合服务平台确认发票用途。税务总局通过增值税发票综合服务平台为纳税人提供通行费电子发票批量选择确认服务。

（四）单位和个人可以登录全国增值税发票查验平台（https：//inv‐veri.chinatax.gov.cn），对通行费电子发票信息进行查验。单位和个人可以登录全国财政电子票据查验平台（http：//pjcy.mof.gov.cn），对通行费财政电子票据信息进行查验。

七、业务咨询

使用 ETC 卡交纳的通行费，以及 ETC 卡充值费开具通行费电子票据，不再开具纸质票据。客户可以拨打热线电话进行业务咨询与投诉。通行费电子发票的开票问题可拨打发票服务平台热线 95022；各省（区、市）ETC 客户服务机构热线电话可以登录发票服务平台查询；通行费电子发票的查验和抵扣等税务问题可拨打纳税服务热线 12366。

本公告自 2020 年 5 月 6 日起施行。《交通运输部 国家税务总局关于收费公路通行费增值税电子普通发票开具等有关事项的公告》（交通运输部公告 2020 年第 17 号）同时废止。

附件：
1. 收费公路通行费增值税电子普通发票票样（见二维码 66）
2. 收费公路通行费财政票据（电子）票样（见二维码 66）
3. 收费公路通行费电子票据汇总单示例（见二维码 66）

二维码66

（十）失控发票及发票违法处理相关政策

国家税务总局转发《最高人民法院关于适用〈全国人民代表大会常务委员会关于惩治虚开、伪造和非法出售增值税专用发票犯罪的决定〉的若干问题的解释》的通知

（1996年11月15日 国税发〔1996〕210号）

（正文编者略）

最高人民法院关于适用《全国人民代表大会常务委员会关于惩治虚开、伪造和非法出售增值税专用发票犯罪的决定》的若干问题的解释

（最高人民法院审判委员会第446次会议讨论通过）

为正确执行《全国人民代表大会常务委员会关于惩治虚开、伪造和非法出售增值税专用发票犯罪的决定》（以下简称《决定》），依法惩治虚开、伪造和非法出售增值税专用发票和其他发票犯罪，现就适用《决定》的若干具体问题解释如下：

一、根据《决定》第一条规定，虚开增值税专用发票的，构成虚开增值税专用发票罪。

具有下列行为之一的，属于"虚开增值税专用发票"：（1）没有货物购销或者没有提供或接受应税劳务而为他人、为自己、让他人为自己、介绍他人开具增值税专用发票；（2）有货物购销或者提供或接受了应税劳务但为他人、为自己、让他人为自己、介绍他人开具数量或者金额不实的增值税专用发票；（3）进行了实际经营活动，但让他人为自己代开增值税专用发票。

虚开税款数额1万元以上的或者虚开增值税专用发票致使国家税款被骗取5000元以上的，应当依法定罪处罚。

虚开税款数额10万元以上的，属于"虚开的税款数额较大"；具有下列情形之一的，属于"有其他严重情节"：（1）因虚开增值税专用发票致使国家税款被骗取5万元以上的；（2）具有其他严重情节的。

虚开税款数额50万元以上的，属于"虚开的税款数额巨大"；具有下列情形之一的，属于"有其他特别严重情节"：（1）因虚开增值税专用发票致使国家税款被骗取30万元以上的；（2）虚开的税款数额接近巨大并有其他严重情节的；（3）具有其他特别严重情节的。

利用虚开的增值税专用发票实际抵扣税款或者骗取出口退税100万元以上的，属于"骗取国家税款数额特别巨大"；造成国家税款损失50万元以上并且在侦查终结前仍无法追

回的，属于"给国家利益造成特别重大损失"。利用虚开的增值税专用发票骗取国家税款数额特别巨大、给国家利益造成特别重大损失，为"情节特别严重"的基本内容。

虚开增值税专用发票犯罪分子与骗取税款犯罪分子均应当对虚开的税款数额和实际骗取的国家税款数额承担刑事责任。

利用虚开的增值税专用发票抵扣税款或者骗取出口退税的，应当依照《决定》第一条的规定定罪处罚；以其他手段骗取国家税款的，仍应依照《全国人民代表大会常务委员会关于惩治偷税、抗税犯罪的补充规定》的有关规定定罪处罚。

二、根据《决定》第二条规定，伪造或者出售伪造的增值税专用发票的，构成伪造、出售伪造的增值税专用发票罪。

伪造或者出售伪造的增值税专用发票25份以上或者票面额（百元版以每份100元，千元版以每份1000元，万元版以每份1万元计算，以此类推。下同）累计10万元以上的应当依法定罪处罚。

伪造或者出售伪造的增值税专用发票100份以上或者票面额累计50万元以上的，属于"数量较大"；具有下列情形之一的，属于"有其他严重情节"：（1）违法所得数额在1万元以上的；（2）伪造并出售伪造的增值税专用发票60份以上或者票面额累计30万元以上的；（3）造成严重后果或者具有其他严重情节的。

伪造或者出售伪造的增值税专用发票500份以上或者票面额累计250万元以上的，属于"数量巨大"；具有下列情形之一的，属于"有其他特别严重情节"：（1）违法所得数额在5万元以上的；（2）伪造并出售伪造的增值税专用发票300份以上或者票面额累计200万元以上的；（3）伪造或者出售伪造的增值税专用发票接近"数量巨大"并有其他严重情节的；（4）造成特别严重后果或者具有其他特别严重情节的。

伪造并出售伪造的增值税专用发票1000份以上或者票面额累计1000万元以上的，属于"伪造并出售伪造的增值税专用发票数量特别巨大"；具有下列情形之一的，属于"情节特别严重"：（1）违法所得数额在5万元以上的；（2）因伪造、出售伪造的增值税专用发票致使国家税款被骗取100万元以上的；（3）给国家税款造成实际损失50万元以上的；（4）具有其他特别严重情节的。对于伪造并出售伪造的增值税专用发票数量达到特别巨大，又具有特别严重情节，严重破坏经济秩序的，应当依照《决定》第二条第二款的规定处罚。

伪造并出售同一宗增值税专用发票的，数量或者票面额不重复计算。

变造增值税专用发票的，按照伪造增值税专用发票行为处理。

三、根据《决定》第三条规定，非法出售增值税专用发票的，构成非法出售增值税专用发票罪。

非法出售增值税专用发票案件的定罪量刑数量标准按照本解释第二条第二、三、四款的规定执行。

四、根据《决定》第四条规定，非法购买增值税专用发票或者购买伪造的增值税专用发票的，构成非法购买增值税专用发票、伪造的增值税专用发票罪。

非法购买增值税专用发票或者购买伪造的增值税专用发票25份以上或者票面额累计10万元以上的，应当依法定罪处罚。

非法购买真、伪两种增值税专用发票的，数量累计计算，不实行数罪并罚。

五、根据《决定》第五条规定，虚开用于骗取出口退税、抵扣税款的其他发票的，构成虚开专用发票罪,依照《决定》第一条的规定处罚。

"用于骗取出口退税、抵扣税款的其他发票"是指可以用于申请出口退税、抵扣税款的非增值税专用发票,如运输发票、废旧物品收购发票、农业产品收购发票等。

六、根据《决定》第六条规定,伪造、擅自制造或者出售伪造、擅自制造的可以用于骗取出口退税、抵扣税款的其他发票的,构成非法制造专用发票罪或出售非法制造的专用发票罪。

伪造、擅自制造或者出售伪造、擅自制造的可以用于骗取出口退税、抵扣税款的其他发票50份以上的,应当依法定罪处罚;伪造、擅自制造或者出售伪造、擅自制造的可以用于骗取出口退税、抵扣税款的其他发票200份以上的,属于"数量巨大";伪造、擅自制造或者出售伪造、擅自制造的可以用于骗取出口退税、抵扣税款的其他发票1000份以上的,属于"数量特别巨大"。

七、盗窃增值税专用发票或者可以用于骗取出口退税、抵扣税款的其他发票25份以上,或者其他发票50份以上的;诈骗增值税专用发票或者可以用于骗取出口退税、抵扣税款的其他发票50份以上,或者其他发票100份以上的,依照刑法第一百五十一条的规定处罚。

盗窃增值税专用发票或者可以用于骗取出口退税、抵扣税款的其他发票250份以上,或者其他发票500份以上的;诈骗增值税专用发票或者可以用于骗取出口退税、抵扣税款的其他发票500份以上,或者其他发票1000份以上的,依照刑法第一百五十二条的规定处罚。

盗窃增值税专用发票或者其他发票情节特别严重的,依照《全国人民代表大会常务委员会关于严惩严重破坏经济的罪犯的决定》第一条第(一)项的规定处罚。

盗窃、诈骗增值税专用发票或者其他发票后,又实施《决定》规定的虚开、出售等犯罪的,按照其中的重罪定罪处罚,不实行数罪并罚。

国家税务总局
关于纳税人取得虚开的增值税专用发票处理问题的通知

(1997年8月8日 国税发〔1997〕134号)

最近,一些地区国家税务局询问,对纳税人取得虚开的增值税专用发票(以下简称专用发票)如何处理。经研究,现明确如下:

一、受票方利用他人虚开的专用发票,向税务机关申报抵扣税款进行偷税的,应当依照《中华人民共和国税收征收管理法》及有关规定追缴税款,处以偷税数额五倍以下的罚款;进项税金大于销项税金的,还应当调减其留抵的进项税额。利用虚开的专用发票进行骗取出口退税的,应当依法追缴税款,处以骗税数额五倍以下的罚款。

二、在货物交易中,购货方从销售方取得第三方开具的专用发票,或者从销货地以外的地区取得专用发票,向税务机关申报抵扣税款或者申请出口退税的,应当按偷税、骗取出口退税处理,依照《中华人民共和国税收征收管理法》及有关规定追缴税款,处以偷税、骗税数额五倍以下的罚款。

三、纳税人以上述第一条、第二条所列的方式取得专用发票未申报抵扣税款,或者未申请出口退税的,应当依照《中华人民共和国发票管理办法》及有关规定,按所取得专用发票的份数,分别处以1万元以下的罚款;但知道或者应当知道取得的是虚开的专用发票,或者让他人为自己提供虚开的专用发票的,应当从重处罚。

四、利用虚开的专用发票进行偷税、骗税,构成犯罪的,税务机关依法进行追缴税款等行政处理,并移送司法机关追究刑事责任。

国家税务总局
关于增值税一般纳税人发生偷税行为如何确定
偷税数额和补税罚款的通知

(1998年5月12日 国税发〔1998〕66号)

目前,各地对增值税一般纳税人发生偷税行为,如何计算确定其增值税偷税额以及如何补税、罚款的认识和做法不一,现统一明确如下:

一、关于偷税数额的确定

(一)由于现行增值税制采取购进扣税法计税,一般纳税人有偷税行为,其不报、少报的销项税额或者多报的进项税额,即是其不缴或少缴的应纳增值税额。因此,偷税数额应当按销项税额的不报、少报部分或者进项税额的多报部分确定。如果销项、进项均查有偷税问题,其偷税数额应当为两项偷税数额之和。

(二)纳税人的偷税手段如属账外经营,即购销活动均不入账,其不缴或少缴的应纳增值税额即偷税额为账外经营部分的销项税额抵扣账外经营部分中已销货物进项税额后的余额。已销货物的进项税额按下列公式计算:

已销货物进项税额 = 账外经营部分购货的进项税额 - 账外经营部分存货的进项税额

(三)如账外经营部分的销项税额或已销货物进项税额难以核实,应当根据《中华人民共和国增值税暂行条例实施细则》第十六条第(三)项规定,按照组成计税价格公式核定销售额,再行确定偷税数额。凡销项税额难以核实的,以账外经营部分已销货物的成本为基础核定销售额;已销货物进项税额难以核实的,以账外经营部分的购货成本为基础核定销售额。

二、关于税款的补征

偷税款的补征入库,应当视纳税人不同情况处理,即:根据检查核实后一般纳税人当期全部的销项税额与进项税额(包括当期留抵税额),重新计算当期全部应纳税额,若应纳税额为正数,应当作补税处理,若应纳税额为负数,应当核减期末留抵税额(企业账务调整的具体方法,见《增值税日常稽查办法》)。

三、关于罚款

对一般纳税人偷税行为的罚款,应当按照本通知第一条的规定计算确定偷税数额,以偷税数额为依据处理。

[注释:条款失效。第一条第(三)项失效。参见:《国家税务总局关于修改〈国家税务总局关于增值税一般纳税人发生偷税行为如何确定偷税数额和补税罚款的通知〉的通知》(国税函〔1999〕739号)。]

国家税务总局
关于修改《国家税务总局关于增值税一般纳税人发生偷税行为如何确定偷税数额和补税罚款的通知》的通知

(1999年11月12日 国税函〔1999〕739号)

《国家税务总局关于增值税一般纳税人发生偷税行为如何确定偷税数额和补税罚款的通知》(国税发〔1998〕66号)下发后,部分地区反映通知第一条第(三)项的表述不够确切,现修改如下:

纳税人账外经营部分的销售额(计税价格)难以核实的,应根据《中华人民共和国增值税暂行条例实施细则》第十六条第(三)项规定按组成计税价格核定其销售额。

原《国家税务总局关于增值税一般纳税人发生偷税行为如何确定偷税数额和补税罚款的通知》(国税发〔1998〕66号)第一条第(三)项废止。

国家税务总局
关于纳税人善意取得虚开的增值税专用发票处理问题的通知

(2000年11月16日 国税发〔2000〕187号)

近接一些地区反映,在购货方(受票方)不知道取得的增值税专用发票(以下简称专用发票)是销售方虚开的情况下,对购货方应当如何处理的问题不够明确。经研究,现明确如下:

购货方与销售方存在真实的交易,销售方使用的是其所在省(自治区、直辖市和计划单列市)的专用发票,专用发票注明的销售方名称、印章、货物数量、金额及税额等全部内容与实际相符,且没有证据表明购货方知道销售方提供的专用发票是以非法手段获得的,对购货方不以偷税或者骗取出口退税论处。但应按有关规定不予抵扣进项税款或者不予出口退税;购货方已经抵扣的进项税款或者取得的出口退税,应依法追缴。

购货方能够重新从销售方取得防伪税控系统开出的合法、有效专用发票的,或者取得手工开出的合法、有效专用发票且取得了销售方所在地税务机关已经或者正在依法对销售方虚开专用发票行为进行查处证明的,购货方所在地税务机关应依法准予抵扣进项税款或者出口退税。

如有证据表明购货方在进项税款得到抵扣或者获得出口退税前知道该专用发票是销售方以非法手段获得的,对购货方应按《国家税务总局关于纳税人取得虚开的增值税专用发票处理问题的通知》(国税发〔1997〕134号)和《国家税务总局关于〈国家税务总局关于纳税人取得虚开的增值税专用发票处理问题的通知〉的补充通知》(国税发〔2000〕182号)

的规定处理。

本通知自印发之日起执行。

国家税务总局
关于《国家税务总局关于纳税人取得虚开的增值税专用发票处理问题的通知》的补充通知

(2000年11月6日　国税发〔2000〕182号)

为了严格贯彻执行《国家税务总局关于纳税人取得虚开的增值税专用发票处理问题的通知》(国税发〔1997〕134号，以下简称134号文件)，严厉打击虚开增值税专用发票活动，保护纳税人的合法权益，现对有关问题进一步明确如下：

有下列情形之一的，无论购货方（受票方）与销售方是否进行了实际的交易，增值税专用发票所注明的数量、金额与实际交易是否相符，购货方向税务机关申请抵扣进项税款或者出口退税的，对其均应按偷税或者骗取出口退税处理。

一、购货方取得的增值税专用发票所注明的销售方名称、印章与其进行实际交易的销售方不符的，即134号文件第二条规定的"购货方从销售方取得第三方开具的专用发票"的情况。

二、购货方取得的增值税专用发票为销售方所在省（自治区、直辖市和计划单列市）以外地区的，即134号文件第二条规定的"从销货地以外的地区取得专用发票"的情况。

三、其他有证据表明购货方明知取得的增值税专用发票系销售方以非法手段获得的，即134号文件第一条规定的"受票方利用他人虚开的专用发票，向税务机关申报抵扣税款进行偷税"的情况。

国家税务总局
关于金税工程发现的涉嫌违规增值税专用发票处理问题的通知

(2001年9月28日　国税函〔2001〕730号)

近期，一些地区询问对金税工程发现的涉嫌违规增值税专用发票（以下简称发票）如何处理。经研究，现明确如下：

一、关于防伪税控认证系统发现涉嫌违规发票的处理

目前，防伪税控认证系统发现涉嫌违规发票共分"无法认证""认证不符""密文有误""重复认证"和"纳税人识别号认证不符（指发票所列购货方纳税人识别号与申报认证企业的纳税人识别号不符）"五种。

（一）凡防伪税控认证系统发现的上述五种涉嫌违规的发票，一律不得作为增值税进项税额的抵扣凭证。

（二）属于"无法认证""纳税人识别号认证不符"和"认证不符"中的"发票代码号码认证不符（指密文与明文相比较，发票代码或号码不符）"的发票，税务机关应将发票原件退还企业，企业可要求销货方重新开具。

（三）属于"重复认证"的发票，应送稽查部门查处。

（四）属于"密文有误"和"认证不符（不包括发票代码号码认证不符）"的发票，应移交稽查部门处理。

二、关于增值税计算机稽核系统发现涉嫌违规发票的处理

目前，增值税计算机稽核系统发现涉嫌违规发票共分"比对不符""缺联""抵扣联重号""失控""作废""缺红字抵扣联"等六种。

（一）凡属于增值税计算机稽核系统发现的上述涉嫌违规的发票，均不得作为增值税进项税额的抵扣凭证。

（二）属于"抵扣联重号"的发票，应送稽查部门查处。

（三）属于"比对不符""缺联""失控""作废"的发票，应移交稽查部门处理。

（四）属于"缺红字抵扣联"发票，暂不移交稽查部门。

三、本《通知》自2001年10月1日起施行。此前有关规定与本通知的规定不符的，以本通知的规定为准。

[注释：条款失效。参见：《国家税务总局关于发布已失效或废止的税收规范性文件目录的通知》，国税发〔2006〕62号。

条款失效。第一条失效。参见：（1）《国家税务总局关于金税工程增值税征管信息系统发现的涉嫌违规增值税专用发票处理问题的通知》（国税函〔2006〕969号）。（2）《国家税务总局关于建立增值税失控发票快速反应机制的通知》（国税发〔2004〕123号）。（3）《国家税务总局关于增值税专用发票和其他抵扣凭证开展审核检查的通知》（国税发明电〔2004〕59号）。

条款失效。第二条失效。参见：（1）《国家税务总局关于增值税专用发票和其他抵扣凭证审核检查有关问题的补充通知》（国税发〔2005〕6号）。（2）《国家税务总局关于抵扣增值税专用发票和其他凭证审核检查有关问题的通知》（国税发〔2004〕119号）。]

附件：名词解释

附件：

名词解释

一、防伪税控认证系统名词解释

1. 认证不符是指打印在增值税专用发票抵扣联票面上的84位密文，经解密后的数据与同一增值税专用发票票面上的"发票代码""发票号码""开票时间""购货方纳税人识别号""销货方纳税人识别号""金额""税额"七项数据有一项或多项不符，或增值税专用发票购货方纳税人识别号与所申报企业纳税人识别号不一致。

2. 重复认证是指企业拿已经认证相符的发票抵扣联，再次到税务机关进行认证。

3. 无法认证是指打印在增值税专用票抵扣联票面上的 84 位密文或票面上的"发票代码""发票号码""开票时间""购货方纳税人识别号""销货方纳税人识别号""金额""税额"七项数据有一项或多项由于污损、褶皱、揉搓等原因无法辨认，导致防伪税控认证子系统不能产生认证结果。

4. 纳税人识别号认证不符是指发票所列购货方纳税人识别号与申报认证企业的纳税人识别号不符。

二、增值税计算机稽核系统名词解释

1. 比对不符是指发票抵扣联与发票存根联数据的开票日期，购货单位纳税人识别号、销货单位纳税人识别号、金额合计、税额合计五要素中存在不同。不符的优先级次序为：税额、金额、购货单位纳税人识别号、销货单位纳税人识别号、开票日期。

2. 缺联是指系统内有抵扣联而无存根联并且按规定不需留待下期继续比对的发票。

3. 抵扣联重号是指系统内存在两份或两份以上相同发票代码和号码和发票抵扣联。

4. 失控是指在与全国失控、作废发票库比对中发现属于失控发票的抵扣联。

5. 作废是指在与全国失控、作废发票库比对中发现属于作废发票的抵扣联。

6. 缺红字抵扣联是指系统内有红字存根联而无红字抵扣联并且按规定不需留待下期继续比对的发票。

国家税务总局
关于增值税专用发票和其他抵扣凭证审核检查
有关问题的补充通知

（2005 年 1 月 10 日　国税发〔2005〕6 号）

各省、自治区、直辖市和计划单列市国家税务局、地方税务局，局内各单位：

为了强化对增值税专用发票和其他抵扣凭证（以下简称增值税抵扣凭证）的管理，2004 年 9 月 20 日总局下发了《国家税务总局关于增值税专用发票和其他抵扣凭证审核检查有关问题的通知》（国税发〔2004〕119 号），对增值税抵扣凭证审核检查的有关问题予以明确。为了解决当前各地在开展审核检查中存在的问题，提高增值税抵扣凭证稽核比对相符率，进一步规范审核检查工作，切实加强增值税征管，现就增值税抵扣凭证审核检查的有关问题补充通知如下：

一、关于增值税专用发票审核检查

增值税专用发票审核检查工作中，管理部门与稽查部门的职责划分、专用发票信息的传递、反馈审核检查结果和审核检查情况的上报，按照国税发〔2004〕119 号文件的有关规定执行。

二、关于避免多头审核检查

对增值税专用发票和其他抵扣凭证的审核检查工作是税源管理的重要内容，应由管户的税务局、税务分局、税务所内设的一个管理部门负责，避免同一税务局、税务分局、税务所多个内设管理部门对同一纳税人进行多头审核检查。各级税务机关应指定管理部门负责审核检查工作。

三、关于审核检查工作的重点

负责审核检查的管理部门在对上级下发全部比对异常增值税抵扣凭证进行全面审核检查的基础上，应重点对海关代征进口增值税专用缴款书、废旧物资发票、货物运输业发票、税务机关为小规模纳税人代开增值税专用发票（以下简称其他抵扣凭证）中的"金额不符票"和"缺联票"进行严格审核检查。对缺联的增值税抵扣凭证进行审核检查时，不仅要核对企业留存的发票与申报的清单是否相符，而且要与前两个月申报的清单核对，防止重复申报抵扣，经核对后留存发票盖销（戳记样式见附件）。同时，要注意同纳税人的有关购销合同、账务处理、资金往来、入库实物等结合起来进行检查，必须做到每票都查，查清原因，毫无遗漏。

四、关于比对异常的增值税抵扣凭证的处理

（一）对辅导期新办商贸企业一般纳税人按照国税发明电〔2004〕37号文件的规定实行"先比对后抵扣"。主管国税机关对比对结果为"相符"的增值税抵扣凭证可允许其申报抵扣，对比对结果异常的增值税抵扣凭证应进行审核检查。审核检查结果为国税发〔2004〕119号文件中规定的第一类技术性错误原因造成比对异常的，经过技术处理后允许其申报抵扣；审核检查结果为国税发〔2004〕119号文件中规定的第二类问题的，不允许其申报抵扣，由管理部门依有关规定进行处理；审核检查结果为国税发〔2004〕119号文件中规定的第三类问题的，不允许申报抵扣，移交稽查部门立案查处。

（二）对新办商贸企业以外的一般纳税人比对异常的增值税专用发票按现行规定处理；比对异常的其他抵扣凭证，必须先进行审核检查，再依有关规定分别进行处理。审核检查结果为国税发〔2004〕119号文件中规定的第一类技术性错误原因造成的比对异常的，经过技术处理后允许其抵扣；审核检查结果为国税发〔2004〕119号文件中规定的第二类问题的，管理部门再依有关规定分别进行补税、加收滞纳金、罚款；审核检查结果为国税发〔2004〕119号文中第三类问题的，移交稽查部门立案查处。

五、关于审核检查流程和方法

（一）抵扣方主管国税机关的审核检查

对比对"不符""缺联""属于作废"的增值税专用发票和比对"不符""缺联"和"重号"的其他抵扣凭证，由抵扣方主管国税机关管理部门进行审核检查。

1. 如果经抵扣方主管国税机关审核检查，即可查明"不符""缺联""属于作废""重号"原因，而不需再由开票方主管税务机关（海关代征进口增值税专用缴款书为海关代征进口增值税专用缴款书入库地国税机关所属计统部门，下同）继续审核检查的，按照国税发〔2004〕119号文件规定的不同情况依有关规定分别进行处理。

2. 如果属于抵扣联采集录入等技术性错误的其他抵扣凭证，进行修改后经人工比对两联相符，将"比对相符"的信息汇总上报；进行修改后经人工比对两联仍不符的，将修改后的信息交开票方主管税务机关管理部门继续审核检查。

3. 如果需由开票方主管税务机关继续审核检查的，交由开票方主管税务机关管理部门继续审核检查。

（二）开票方主管税务机关管理部门对抵扣方主管国税机关转来信息的审核检查

1. 如果不属于存根联（包括海关代征进口增值税专用缴款书第五联，下同）采集录入等技术性错误，将结果反馈抵扣方主管国税机关。

2. 如果属于存根联采集录入等技术性错误的其他抵扣凭证，进行修改后经人工比对两联相符的，或进行修改后两联仍不符的，将信息反馈抵扣方主管国税机关；如果属于误操作等原因的增值税专用发票，将信息反馈抵扣方主管国税机关。税务机关误操作的还应出具书面证明。

3. 对由于开票方原因造成比对异常的，由开票方主管税务机关管理部门按照国税发〔2004〕119号文件规定的不同情况依有关规定分别进行处理。

（三）抵扣方主管国税机关对开票方主管税务机关已经审核检查的增值税抵扣凭证，根据其返回的审核检查结果确定比对异常原因，按照国税发〔2004〕119号文件规定的不同情况依有关规定分别进行处理。在排除税务机关技术、误操作等原因造成的稽核比对异常发票后，如需进一步检查的，由抵扣方主管国税机关稽查部门继续检查。

六、规范填制海关代征进口增值税专用缴款书抵扣清单

目前通过审核检查发现纳税人填制海关代征进口增值税专用缴款书（以下简称缴款书）抵扣清单和税务机关填制缴款书第五联清单信息不规范是造成缴款书比对异常的主要原因。为提高缴款书比对相符率，对缴款书有关问题说明如下：

（一）缴款书号码的编制原则

目前，海关H2000通关系统与H883通关系统并行，预计H883通关系统将于2005年退出实际运行。

缴款书号码在H883通关系统中共有19位，各位的含义是：号码前6位（包括括号）代表进口报关的年份和月份；第7到15位数字为报关单编号；第16个字符为征税标志，其中"—"为正常征税标志，"/"为补税标志，"#"为退税标志，"D"为删除标志，"@"为违规补滞纳金标志；第17位字母为税种标志，其中"A"为关税标志，"L"为增值税标志，"Y"为消费税标志，"I"为特别关税标志；第18、19位数字为报关单所产生的专用缴款书顺序号。如：缴款书号码为"（0407）024114793—L02"，纳税人填制抵扣清单时，缴款书号码应包括括号及括号内四位数字和"—"在内的19位均需填写，应填写为"（0407）024114793—L02"。

缴款书号码在H2000通关系统中共有22位，各位的含义是：号码前4位为各海关代码；第5至8位为年份；第9位为进出口标志，其中"1"为进口标志，"0"为出口标志；第10至18位为报关单编号；第19位为征税标志（含义同H883系统），第20位为税种标志（含义同H883系统）；第21位至22位为报关单所产生的专用缴款书顺序号（含义同H883通关系统）。如：缴款书号码为"020720041074517694—L02"，纳税人填制抵扣清单时（包括"—"在内）的22位均需填写，应填写为"020720041074517694—L02"。H2000通关系统开具的缴款书中号码上一行打印的四位日期如："（0311）"不属于缴款书号码，不应当填写。

（二）关于海关口岸代码

纳税人在填制缴款书抵扣清单和税务机关填制缴款书第五联清单信息时，一律在清单"进口口岸"栏填"征税口岸代码"。H2000通关系统开具的缴款书号码前4位即为海关征

税口岸代码，如：缴款书号码为"020720041074517694—L02"，"0207"即为海关征税口岸代码；H883通关系统开具的缴款书号码需根据缴款书左上方打印的海关口岸名称或缴款书上加盖的海关口岸名称戳记对照本通知所附海关总署提供的《海关关区代码表》（见附件）正确填写。国税机关要辅导纳税人正确录入海关征税口岸代码，并做好清单的审核工作。

（三）关于开票日期

纳税人在填制抵扣清单时，应填写缴款书上打印的"填发日期"所列内容，不应填写纳税人"实际申报日期"。

（四）关于抵扣方纳税人识别号

负责进口货物或委托进口货物申报业务的单位和个人应当在进口报关单上准确填写实际抵扣方纳税人识别号（15位），不得遗漏或错填。缴款书备注栏中"国标代码"即为实际抵扣方纳税人识别号（15位）。

七、关于货物运输业发票有关问题

（一）各级国税机关、地税机关从2005年1月起按照本通知规定的货物运输业发票审核检查方法对总局下发的所有比对异常的货物运输业发票进行审核检查。

（二）各级地方税务局必须按国税函〔2004〕557号和国税函〔2004〕1033号文规定的时间提供新版货物运输业发票供纳税人使用，并停止使用旧版货物运输业发票。

（三）由于省级地方税务局已实现与总局联网，地方税务局采集的货物运输业发票信息一律由省级地方税务局直接上传国家税务总局。地方税务局系统中省级以下未实现联网的，哪一级断开，暂时传给同级国家税务局，由国家税务局传输给上一级国家税务局，并由接收数据的国家税务局送同级地方税务局，直到送达省级地方税务局。

（四）按照国税发〔2004〕119号文规定的信息反馈要求，地方税务局要将货物运输业发票审核检查结果通过地税稽查部门反馈给抵扣方国税机关对应的国税稽查部门。

（五）负责比对异常的货物运输业发票传递部门，按国税发〔2004〕119号和国税发明电〔2004〕59号文件执行。

八、各级国家税务局、地方税务局要增强责任心，加强对纳税人的辅导，采取有效措施，尽可能减少录入错误、传输遗漏等问题，切实提高比对相符率。

九、其他抵扣凭证数据的上传由各级国家税务局、地方税务局信息部门负责。

十、各级国家税务局从2005年1月起按照本通知规定的增值税专用发票审核检查方法对总局下发的比对异常的增值税专用发票进行审核检查。

十一、各级国家税务局必须在每月征期后第一个工作日17：00前完成失控发票采集工作。

十二、省级国家税务局、地方税务局确定负责汇总工作的业务部门必须于每月14日（遇法定节假日顺延，下同）按有关规定的要求向国家税务总局上报上月增值税专用发票和其他抵扣凭证审核检查情况，总局将对每月14日17：00时止不向总局上报情况的地区进行通报批评。

（一）省级国家税务局上报材料为：

其他抵扣凭证审核检查情况报告（包括统计表）

增值税专用发票审核检查情况报告（包括统计表）

（二）省级地方税务局上报材料为：

货物运输业发票审核检查情况报告（包括统计表）

（三）省级国家税务局、地方税务局上报材料上传路径为：

1. 省级国家税务局上报增值税专用发票审核检查情况和其他抵扣凭证审核检查情况仍按照国税发〔2004〕119号文件规定的路径。

省级国家税务局上报统计表方式：以FTP方式登录130.9.1.101地址，下载"国税—发票审核检查情况统计表模版"，用户名：fktjb，口令：123456，内有工作表，按要求填写后以原格式上报。

2. 省级地方税务局上报货物运输业审核检查情况仍按照国税发〔2004〕119号文件规定的路径。

省级地方税务局上报统计表方式：以FTP方式登录130.9.1.101地址，下载"地税—发票审核检查情况统计表模版"，用户名：fktjb，口令：123456，内有工作表，按要求填写后以原格式上报。

十三、凡与本通知规定不符的，一律按本通知规定执行。

附件：
1. 海关关区代码表（编者略）
2. 增值税专用发票审核检查情况汇总表（编者略）
3. 增值税专用发票审核检查结果统计表（编者略）
4. 凭证审核检查情况汇总统计表（编者略）
5. 凭证审核检查结果统计表（编者略）
6. 审核检查戳记2005年1月10日（编者略）

国家税务总局
关于金税工程增值税征管信息系统发现的涉嫌违规增值税专用发票处理问题的通知

（2006年10月30日　国税函〔2006〕969号）

各省、自治区、直辖市和计划单列市国家税务局：

今年总局下发的《国家税务总局关于发布已失效或废止的税收规范性文件目录的通知》（国税发〔2006〕62号）将《国家税务总局关于金税工程发现的涉嫌违规增值税专用发票处理问题的通知》（国税函〔2001〕730号，以下简称730号文）第一条、第二条废止。各地反映730号文的有关内容废止后，对金税工程增值税征管信息系统发现的涉嫌违规增值税专用发票（以下简称发票）处理缺乏依据，要求总局予以明确。经研究，现将金税工程增值税征管信息系统发现的涉嫌违规发票处理的有关问题重新明确如下：

一、关于防伪税控认证系统发现涉嫌违规发票的处理

目前，防伪税控认证系统发现涉嫌违规发票分"无法认证""认证不符""密文有误""重复认证""认证时失控""认证后失控"和"纳税人识别号认证不符（发票所列购买方纳税人识别号与申报认证企业的纳税人识别号不符）"等类型。

（一）属于"无法认证""纳税人识别号认证不符"和"认证不符"中的"发票代码号码认证不符（密文与明文相比较，发票代码或号码不符）"的发票，不得作为增值税进项税额的抵扣凭证。税务机关应将发票原件退还企业，企业可要求销售方重新开具。

（二）属于"重复认证""密文有误"和"认证不符（不包括发票代码号码认证不符）""认证时失控"和"认证后失控"的发票，暂不得作为增值税进项税额的抵扣凭证，税务机关扣留原件，移送稽查部门作为案源进行查处。经税务机关检查确认属于税务机关责任以及技术性错误造成的，允许作为增值税进项税额的抵扣凭证；不属于税务机关责任以及技术性错误造成的，不得作为增值税进项税额的抵扣凭证。属于税务机关责任的，由税务机关误操作的相关部门核实后，区县级税务机关出具书面证明；属于技术性错误的，由税务机关技术主管部门核实后，区县级税务机关出具书面证明。

二、关于增值税专用发票稽核系统发现涉嫌违规发票的处理

目前，增值税专用发票稽核系统发现涉嫌违规发票分"比对不符""缺联"和"作废"等类型。

凡属于上述涉嫌违规的发票，暂不得作为增值税进项税额的抵扣凭证，由管理部门按照审核检查的有关规定进行核查，并按有关规定进行处理。经税务机关检查确认属于税务机关责任以及技术性错误造成的，允许作为增值税进项税额的抵扣凭证；不属于税务机关责任以及技术性错误造成的，不得作为增值税进项税额的抵扣凭证。属于税务机关责任的，由税务机关误操作的相关部门核实后，区县级税务机关出具书面证明；属于技术性错误的，由税务机关技术主管部门核实后，区县级税务机关出具书面证明。

三、本通知自 2006 年 5 月 1 日起执行。

［注释：依据《国家税务总局关于异常增值税扣税凭证管理等有关事项的公告》（国家税务总局公告 2019 年第 38 号），本文件自 2020 年 2 月 1 日起第一条第（二）项和第二条条款废止。］

国家税务总局
关于纳税人善意取得虚开增值税专用发票
已抵扣税款加收滞纳金问题的批复

（2007 年 12 月 12 日　国税函〔2007〕1240 号）

广东省国家税务局：

你局《关于纳税人善意取得增值税专用发票和其他抵扣凭证追缴税款是否加收滞纳金的请示》（粤国税发〔2007〕188 号）收悉。经研究，批复如下：

根据《国家税务总局关于纳税人善意取得虚开的增值税专用发票处理问题的通知》（国税发〔2000〕187 号）规定，纳税人善意取得虚开的增值税专用发票指购货方与销售方存在真实交易，且购货方不知取得的增值税专用发票是以非法手段获得的。纳税人善意取得虚开的增值税专用发票，如能重新取得合法、有效的专用发票，准许其抵扣进项税款；如不能重新取得合法、有效的专用发票，不准其抵扣进项税款或追缴其已抵扣的进项税款。

纳税人善意取得虚开的增值税专用发票被依法追缴已抵扣税款的，不属于《税收征收管理法》第三十二条"纳税人未按照规定期限缴纳税款"的情形，不适用该条"税务机关除责令限期缴纳外，从滞纳税款之日起，按日加收滞纳税款万分之五的滞纳金"的规定。

国家税务总局
关于纳税人虚开增值税专用发票征补税款问题的公告

（2012年7月9日　国家税务总局公告2012年第33号）

现将纳税人虚开增值税专用发票征补税款问题公告如下：

纳税人虚开增值税专用发票，未就其虚开金额申报并缴纳增值税的，应按照其虚开金额补缴增值税；已就其虚开金额申报并缴纳增值税的，不再按照其虚开金额补缴增值税。税务机关对纳税人虚开增值税专用发票的行为，应按《中华人民共和国税收征收管理法》及《中华人民共和国发票管理办法》的有关规定给予处罚。纳税人取得虚开的增值税专用发票，不得作为增值税合法有效的扣税凭证抵扣其进项税额。

本公告自2012年8月1日起施行。纳税人发生本公告规定事项，此前已处理的不再调整；此前未处理的按本公告规定执行。《国家税务总局关于加强增值税征收管理若干问题的通知》（国税发〔1995〕192号）第二条和《国家税务总局对代开、虚开增值税专用发票征补税款问题的批复》（国税函发〔1995〕415号）同时废止。

财政部　国家税务总局
关于防范税收风险若干增值税政策的通知

（2013年12月27日　财税〔2013〕112号）

各省、自治区、直辖市、计划单列市财政厅（局）、国家税务局，新疆生产建设兵团财务局：

为进一步堵塞税收漏洞，防范打击虚开增值税专用发票和骗取出口退税违法行为，现将有关增值税政策通知如下：

一、增值税纳税人发生虚开增值税专用发票或者其他增值税扣税凭证、骗取国家出口退税款行为（以下简称增值税违法行为），被税务机关行政处罚或审判机关刑事处罚的，其销售的货物、提供的应税劳务和营业税改征增值税应税服务（以下统称货物劳务服务）执行以下政策：

（一）享受增值税即征即退或者先征后退优惠政策的纳税人，自税务机关行政处罚决定或审判机关判决或裁定生效的次月起36个月内，暂停其享受上述增值税优惠政策。纳税人自恢复享受增值税优惠政策之月起36个月内再次发生增值税违法行为的，自税务机关行政处罚决定或审判机关判决或裁定生效的次月起停止其享受增值税即征即退或者先征后退优惠政策。

（二）出口企业或其他单位发生增值税违法行为对应的出口货物劳务服务，视同内销，按规定征收增值税（骗取出口退税的按查处骗税的规定处理）。出口企业或其他单位在本通知生效后发生2次增值税违法行为的，自税务机关行政处罚决定或审判机关判决或裁定生效之日的次日起，其出口的所有适用出口退（免）税政策的货物劳务服务，一律改为适用增值税免税政策。纳税人如果已被停止出口退税权的，适用增值税免税政策的起始时间为停止出口退税权期满后的次日。

（三）以农产品为原料生产销售货物的纳税人发生增值税违法行为的，自税务机关行政处罚决定生效的次月起，按50%的比例抵扣农产品进项税额；违法情形严重的，不得抵扣农产品进项税额。具体办法由国家税务总局商财政部另行制定。

（四）本通知所称虚开增值税专用发票或其他增值税扣税凭证，是指有为他人虚开、为自己虚开、让他人为自己虚开、介绍他人虚开增值税专用发票或其他增值税扣税凭证行为之一的，但纳税人善意取得虚开增值税专用发票或其他增值税扣税凭证的除外。

二、出口企业购进货物的供货纳税人有属于办理税务登记2年内被税务机关认定为非正常户或被认定为增值税一般纳税人2年内注销税务登记，且符合下列情形之一的，自主管其出口退税的税务机关书面通知之日起，在24个月内出口的适用增值税退（免）税政策的货物劳务服务，改为适用增值税免税政策。

（一）外贸企业使用上述供货纳税人开具的增值税专用发票申报出口退税，在连续12个月内达到200万元以上（含本数，下同）的，或使用上述供货纳税人开具的增值税专用发票，连续12个月内申报退税额占该期间全部申报退税额30%以上的；

（二）生产企业在连续12个月内申报出口退税额达到200万元以上，且从上述供货纳税人取得的增值税专用发票税额达到200万元以上或占该期间全部进项税额30%以上的；

（三）外贸企业连续12个月内使用3户以上上述供货纳税人开具的增值税专用发票申报退税，且占该期间全部供货纳税人户数20%以上的；

（四）生产企业连续12个月内有3户以上上述供货纳税人，且占该期间全部供货纳税人户数20%以上的。

本条所称"连续12个月内"，外贸企业自使用上述供货纳税人开具的增值税专用发票申报退税的当月开始计算，生产企业自从上述供货纳税人取得的增值税专用发票认证当月开始计算。

本通知生效前已出口的上述供货纳税人的货物，出口企业可联系供货纳税人，由供货纳税人举证其销售的货物真实、纳税正常的证明材料，经供货纳税人的主管税务机关盖章认可，并在2014年7月底前按国家税务总局的函调管理办法回函后，税务机关可按规定办理退（免）税，在此之前，没有提供举证材料或举证材料没有被供货纳税人主管税务机关盖章认可并回函的，实行增值税免税政策。

三、自本通知生效后，有增值税违法行为的企业或税务机关重点监管企业，出口或销售给出口企业出口的货物劳务服务，在出口环节退（免）税或销售环节征税时，除按现行规定管理外，还应实行增值税"税收（出口货物专用）缴款书"管理，增值税税率为17%和13%的货物，税收（出口货物专用）缴款书的预缴率分别按6%和4%执行。有增值税违法行为的企业或税务机关重点监管企业的名单，由国家税务总局根据实际情况进行动态管理，并通过国家税务总局网站等方式向社会公告。具体办法由国家税务总局另行制定。

四、执行本通知第一条、第二条、第三条政策的纳税人，如果变更《税务登记证》纳税人名称或法定代表人担任新成立企业的法定代表人的企业，应继续执行完本通知对应的第一条、第二条、第三条规定；执行本通知第一条政策的纳税人，如果注销税务登记，在原地址有经营原业务的新纳税人，除法定代表人为非注销税务登记纳税人法定代表人的企业外，主管税务机关应在12个月内，对其购进、销售、资金往来、纳税等情况进行重点监管。

被停止出口退税权的纳税人在停止出口退税权期间，如果变更《税务登记证》纳税人名称或法定代表人担任新成立企业的法定代表人的企业，在被停止出口退税权的纳税人停止出口退税权期间出口的货物劳务服务，实行增值税征税政策。

五、出口企业或其他单位出口的适用增值税退（免）税政策的货物劳务服务，如果货物劳务服务的国内收购价格或出口价格明显偏高且无正当理由的，该出口货物劳务服务适用增值税免税政策。主管税务机关按照下列方法确定货物劳务服务价格是否偏高：

（一）按照该企业最近时期购进或出口同类货物劳务服务的平均价格确定。

（二）按照其他企业最近时期购进或出口同类货物劳务服务的平均价格确定。

（三）按照组成计税价格确定。组成计税价格的公式为：

组成计税价格 = 成本 × （1 + 成本利润率）

成本利润率由国家税务总局统一确定并公布。

六、出口企业或其他单位存在下列情况之一的，其出口适用增值税退（免）税政策的货物劳务服务，一律适用增值税免税政策：

（一）法定代表人不知道本人是法定代表人的；

（二）法定代表人为无民事行为能力人或限制民事行为能力人的。

七、增值税纳税人发生增值税违法行为，被税务机关行政处罚或审判机关刑事处罚后，行政机关或审判机关对上述处罚决定有调整的，按调整后的决定适用政策，调整前已实行的政策可按调整后的适用政策执行。

八、本通知自2014年1月1日起执行。

国家税务总局
关于纳税人对外开具增值税专用发票有关问题的公告

（2014年7月2日 国家税务总局公告2014年第39号）

现将纳税人对外开具增值税专用发票有关问题公告如下：

纳税人通过虚增增值税进项税额偷逃税款，但对外开具增值税专用发票同时符合以下情形的，不属于对外虚开增值税专用发票：

一、纳税人向受票方纳税人销售了货物，或者提供了增值税应税劳务、应税服务；

二、纳税人向受票方纳税人收取了所销售货物、所提供应税劳务或者应税服务的款项，或者取得了索取销售款项的凭据；

三、纳税人按规定向受票方纳税人开具的增值税专用发票相关内容，与所销售货物、所提供应税劳务或者应税服务相符，且该增值税专用发票是纳税人合法取得、并以自己名义开具的。

受票方纳税人取得的符合上述情形的增值税专用发票,可以作为增值税扣税凭证抵扣进项税额。

本公告自 2014 年 8 月 1 日起施行。此前未处理的事项,按照本公告规定执行。

国家税务总局
关于走逃(失联)企业开具增值税专用发票认定处理有关问题的公告

(2016 年 12 月 1 日 国家税务总局公告 2016 年第 76 号)

为进一步加强增值税专用发票管理,有效防范税收风险,根据《中华人民共和国增值税暂行条例》有关规定,现将走逃(失联)企业开具增值税专用发票认定处理的有关问题公告如下:

一、走逃(失联)企业的判定

走逃(失联)企业,是指不履行税收义务并脱离税务机关监管的企业。

根据税务登记管理有关规定,税务机关通过实地调查、电话查询、涉税事项办理核查以及其他征管手段,仍对企业和企业相关人员查无下落的,或虽然可以联系到企业代理记账、报税人员等,但其并不知情也不能联系到企业实际控制人的,可以判定该企业为走逃(失联)企业。

二、走逃(失联)企业开具增值税专用发票的处理

(一)走逃(失联)企业存续经营期间发生下列情形之一的,所对应属期开具的增值税专用发票列入异常增值税扣税凭证(以下简称"异常凭证")范围。

1. 商贸企业购进、销售货物名称严重背离的;生产企业无实际生产加工能力且无委托加工,或生产能耗与销售情况严重不符,或购进货物并不能直接生产其销售的货物且无委托加工的。

2. 直接走逃失踪不纳税申报,或虽然申报但通过填列增值税纳税申报表相关栏次,规避税务机关审核比对,进行虚假申报的。

(二)增值税一般纳税人取得异常凭证,尚未申报抵扣或申报出口退税的,暂不允许抵扣或办理退税;已经申报抵扣的,一律先作进项税额转出;已经办理出口退税的,税务机关可按照异常凭证所涉及的退税额对该企业其他已审核通过的应退税款暂缓办理出口退税,无其他应退税款或应退税款小于涉及退税额的,可由出口企业提供差额部分的担保。经核实,符合现行增值税进项税额抵扣或出口退税相关规定的,企业可继续申报抵扣,或解除担保并继续办理出口退税。

(三)异常凭证由开具方主管税务机关推送至接受方所在地税务机关进行处理,具体操作规程另行明确。

本公告自发布之日起施行。

[注释:依据《国家税务总局关于异常增值税扣税凭证管理等有关事项的公告》(国家税务总局公告2019年第38号),本文件自2020年2月1日起第二条第(二)项条款废止。]

国家税务总局
关于异常增值税扣税凭证管理等有关事项的公告

（2019年11月14日　国家税务总局公告2019年第38号）

现将异常增值税扣税凭证（以下简称"异常凭证"）管理等有关事项公告如下：

一、符合下列情形之一的增值税专用发票，列入异常凭证范围：

（一）纳税人丢失、被盗税控专用设备中未开具或已开具未上传的增值税专用发票；

（二）非正常户纳税人未向税务机关申报或未按规定缴纳税款的增值税专用发票；

（三）增值税发票管理系统稽核比对发现"比对不符""缺联""作废"的增值税专用发票；

（四）经税务总局、省税务局大数据分析发现，纳税人开具的增值税专用发票存在涉嫌虚开、未按规定缴纳消费税等情形的；

（五）属于《国家税务总局关于走逃（失联）企业开具增值税专用发票认定处理有关问题的公告》（国家税务总局公告2016年第76号）第二条第（一）项规定情形的增值税专用发票。

二、增值税一般纳税人申报抵扣异常凭证，同时符合下列情形的，其对应开具的增值税专用发票列入异常凭证范围：

（一）异常凭证进项税额累计占同期全部增值税专用发票进项税额70%（含）以上的；

（二）异常凭证进项税额累计超过5万元的。

纳税人尚未申报抵扣、尚未申报出口退税或已作进项税额转出的异常凭证，其涉及的进项税额不计入异常凭证进项税额的计算。

三、增值税一般纳税人取得的增值税专用发票列入异常凭证范围的，应按照以下规定处理：

（一）尚未申报抵扣增值税进项税额的，暂不允许抵扣。已经申报抵扣增值税进项税额的，除另有规定外，一律作进项税额转出处理。

（二）尚未申报出口退税或者已申报但尚未办理出口退税的，除另有规定外，暂不允许办理出口退税。适用增值税免抵退税办法的纳税人已经办理出口退税的，应根据列入异常凭证范围的增值税专用发票上注明的增值税额作进项税额转出处理；适用增值税免退税办法的纳税人已经办理出口退税的，税务机关应按照现行规定对列入异常凭证范围的增值税专用发票对应的已退税款追回。

纳税人因骗取出口退税停止出口退（免）税期间取得的增值税专用发票列入异常凭证范围的，按照本条第（一）项规定执行。

（三）消费税纳税人以外购或委托加工收回的已税消费品为原料连续生产应税消费品，尚未申报扣除原料已纳消费税税款的，暂不允许抵扣；已经申报抵扣的，冲减当期允许抵扣的消费税税款，当期不足冲减的应当补缴税款。

（四）纳税信用 A 级纳税人取得异常凭证且已经申报抵扣增值税、办理出口退税或抵扣消费税的，可以自接到税务机关通知之日起 10 个工作日内，向主管税务机关提出核实申请。经税务机关核实，符合现行增值税进项税额抵扣、出口退税或消费税抵扣相关规定的，可不作进项税额转出、追回已退税款、冲减当期允许抵扣的消费税税款等处理。纳税人逾期未提出核实申请的，应于期满后按照本条第（一）项、第（二）项、第（三）项规定作相关处理。

（五）纳税人对税务机关认定的异常凭证存有异议，可以向主管税务机关提出核实申请。经税务机关核实，符合现行增值税进项税额抵扣或出口退税相关规定的，纳税人可继续申报抵扣或者重新申报出口退税；符合消费税抵扣规定且已缴纳消费税税款的，纳税人可继续申报抵扣消费税税款。

四、经税务总局、省税务局大数据分析发现存在涉税风险的纳税人，不得离线开具发票，其开票人员在使用开票软件时，应当按照税务机关指定的方式进行人员身份信息实名验证。

五、新办理增值税一般纳税人登记的纳税人，自首次开票之日起 3 个月内不得离线开具发票，按照有关规定不使用网络办税或不具备风险条件的特定纳税人除外。

六、本公告自 2020 年 2 月 1 日起施行。《国家税务总局关于走逃（失联）企业开具增值税专用发票认定处理有关问题的公告》（国家税务总局公告 2016 年第 76 号）第二条第（二）项、《国家税务总局关于建立增值税失控发票快速反应机制的通知》（国税发〔2004〕123 号文件印发，国家税务总局公告 2018 年第 31 号修改）、《国家税务总局关于金税工程增值税征管信息系统发现的涉嫌违规增值税专用发票处理问题的通知》（国税函〔2006〕969 号）第一条第（二）项和第二条、《国家税务总局关于认真做好增值税失控发票数据采集工作有关问题的通知》（国税函〔2007〕517 号）、《国家税务总局关于失控增值税专用发票处理的批复》（国税函〔2008〕607 号）、《国家税务总局关于外贸企业使用增值税专用发票办理出口退税有关问题的公告》（国家税务总局公告 2012 年第 22 号）第二条第（二）项同时废止。

二、一般纳税人登记及管理制度

国家税务总局
关于严禁对增值税一般纳税人实行定率征收增值税问题的通知

（1998 年 10 月 21 日　国税发〔1998〕183 号）

近期以来，纳税人纷纷反映一些地区基层税务机关对增值税一般纳税人采取定率计征增值税的方法，强制征收。据查，目前全国确有不少地区不同程度地存在着此类问题。如有的搞"核定征收""保底税负""核定增值率"，还有的以"按预征率征收，年终结算"为名，变相定率征收等。这些做法严重违反了现行增值税法规和依法治税的原则，它不仅破坏了税法的统一性，导致地区间企业税负的不平衡，而且极易诱发虚开增值税专用发票等违法犯罪行为的发生，大量侵蚀国家税收收入，后果是严重的。

上述错误做法之所以屡禁不止，根源在于一些地区税务机关的领导对这一做法的危害性认识不足，依法治税的观念不强，纠正错误的态度不坚定，措施不得力。

为此，总局再次重申：严厉禁止对增值税一般纳税人搞定率征收。并要求如下：

一、各省、自治区、直辖市和计划单列市国家税务局要就擅自定率征收或变相定率征收增值税问题认真开展自查，凡搞定率征收的必须立即纠正，并将自查情况和结果于1998年12月1日以前上报总局。

二、各级税务机关必须妥善处理组织收入与依法治税的关系。要集中力量加强征管和稽查，既要努力做到应收尽收，又要坚持依法治税，不得以任何名义或理由对增值税一般纳税人实行定率征收，违者，将追究有关领导的责任。

国家税务总局
关于加油站一律按照增值税一般纳税人征税的通知

（2001年12月3日　国税函〔2001〕882号）

为了加强对加油站成品油销售的增值税征收管理，经研究决定，从2002年1月1日起，对从事成品油销售的加油站，无论其年应税销售额是否超过180万元，一律按增值税一般纳税人征税。目前按照小规模纳税人征税的加油站，其增值税一般纳税人资格的认定，各地须于2001年12月31日前完成，并于2002年1月15日前将加油站户数报国家税务总局（流转税管理司）。

国家税务总局
关于印发《增值税一般纳税人纳税辅导期管理办法》的通知

（2010年4月7日　国税发〔2010〕40号）

各省、自治区、直辖市和计划单列市国家税务局：

为加强增值税一般纳税人纳税辅导期管理，根据《增值税一般纳税人资格认定管理办法》第十三条规定，税务总局制定了《增值税一般纳税人纳税辅导期管理办法》，现印发给你们，请遵照执行。

增值税一般纳税人纳税辅导期管理办法

第一条　为加强增值税一般纳税人纳税辅导期管理，根据《增值税一般纳税人资格认定管理办法》（以下简称认定办法）第十三条规定，制定本办法。

第二条 实行纳税辅导期管理的增值税一般纳税人（以下简称辅导期纳税人），适用本办法。

第三条 认定办法第十三条第一款所称的"小型商贸批发企业"，是指注册资金在80万元（含80万元）以下、职工人数在10人（含10人）以下的批发企业。只从事出口贸易，不需要使用增值税专用发票的企业除外。批发企业按照国家统计局颁发的《国民经济行业分类》（GB/T 4754—2002）中有关批发业的行业划分方法界定。

第四条 认定办法第十三条所称"其他一般纳税人"，是指具有下列情形之一的一般纳税人：

（一）增值税偷税数额占应纳税额的10%以上并且偷税数额在10万元以上的；

（二）骗取出口退税的；

（三）虚开增值税扣税凭证的；

（四）国家税务总局规定的其他情形。

第五条 新认定为一般纳税人的小型商贸批发企业实行纳税辅导期管理的期限为3个月；其他一般纳税人实行纳税辅导期管理的期限为6个月。

第六条 对新办小型商贸批发企业，主管税务机关应在认定办法第九条第（四）款规定的《税务事项通知书》内告知纳税人对其实行纳税辅导期管理，纳税辅导期自主管税务机关制作《税务事项通知书》的当月起执行；对其他一般纳税人，主管税务机关应自稽查部门作出《税务稽查处理决定书》后40个工作日内，制作、送达《税务事项通知书》告知纳税人对其实行纳税辅导期管理，纳税辅导期自主管税务机关制作《税务事项通知书》的次月起执行。

第七条 辅导期纳税人取得的增值税专用发票（以下简称专用发票）抵扣联、海关进口增值税专用缴款书以及运输费用结算单据应当在交叉稽核比对无误后，方可抵扣进项税额。

第八条 主管税务机关对辅导期纳税人实行限量限额发售专用发票。

（一）实行纳税辅导期管理的小型商贸批发企业，领购专用发票的最高开票限额不得超过十万元；其他一般纳税人专用发票最高开票限额应根据企业实际经营情况重新核定。

（二）辅导期纳税人专用发票的领购实行按次限量控制，主管税务机关可根据纳税人的经营情况核定每次专用发票的供应数量，但每次发售专用发票数量不得超过25份。辅导期纳税人领购的专用发票未使用完而再次领购的，主管税务机关发售专用发票的份数不得超过核定的每次领购专用发票份数与未使用完的专用发票份数的差额。

第九条 辅导期纳税人一个月内多次领购专用发票的，应从当月第二次领购专用发票起，按照上一次已领购并开具的专用发票销售额的3%预缴增值税，未预缴增值税的，主管税务机关不得向其发售专用发票。预缴增值税时，纳税人应提供已领购并开具的专用发票记账联，主管税务机关根据其提供的专用发票记账联计算应预缴的增值税。

第十条 辅导期纳税人按第九条规定预缴的增值税可在本期增值税应纳税额中抵减，抵减后预缴增值税仍有余额的，可抵减下期再次领购专用发票时应当预缴的增值税。纳税辅导期结束后，纳税人因增购专用发票发生的预缴增值税有余额的，主管税务机关应在纳税辅导期结束后的第一个月内，一次性退还纳税人。

第十一条 辅导期纳税人应当在"应交税金"科目下增设"待抵扣进项税额"明细科

目，核算尚未交叉稽核比对的专用发票抵扣联、海关进口增值税专用缴款书以及运输费用结算单据（以下简称增值税抵扣凭证）注明或者计算的进项税额。辅导期纳税人取得增值税抵扣凭证后，借记"应交税金——待抵扣进项税额"明细科目，贷记相关科目。交叉稽核比对无误后，借记"应交税金——应交增值税（进项税额）"科目，贷记"应交税金——待抵扣进项税额"科目。经核实不得抵扣的进项税额，红字借记"应交税金——待抵扣进项税额"，红字贷记相关科目。

第十二条　主管税务机关定期接收交叉稽核比对结果，通过《稽核结果导出工具》导出发票明细数据及《稽核结果通知书》并告知辅导期纳税人。辅导期纳税人根据交叉稽核比对结果相符的增值税抵扣凭证本期数据申报抵扣进项税额，未收到交叉稽核比对结果的增值税抵扣凭证留待下期抵扣。

第十三条　辅导期纳税人按以下要求填写《增值税纳税申报表附列资料（表二）》。

（一）第 2 栏填写当月取得认证相符且当月收到《稽核比对结果通知书》及其明细清单注明的稽核相符专用发票、协查结果中允许抵扣的专用发票的份数、金额、税额。

（二）第 3 栏填写前期取得认证相符且当月收到《稽核比对结果通知书》及其明细清单注明的稽核相符专用发票、协查结果中允许抵扣的专用发票的份数、金额、税额。

（三）第 5 栏填写税务机关告知的《稽核比对结果通知书》及其明细清单注明的本期稽核相符的海关进口增值税专用缴款书、协查结果中允许抵扣的海关进口增值税专用缴款书的份数、金额、税额。

（四）第 7 栏"废旧物资发票"不再填写。

（五）第 8 栏填写税务机关告知的《稽核比对结果通知书》及其明细清单注明的本期稽核相符的运输费用结算单据、协查结果中允许抵扣的运输费用结算单据的份数、金额、税额。

（六）第 23 栏填写认证相符但未收到稽核比对结果的增值税专用发票月初余额数。

（七）第 24 栏填写本月已认证相符但未收到稽核比对结果的专用发票数据。

（八）第 25 栏填写已认证相符但未收到稽核比对结果的专用发票月末余额数。

（九）第 28 栏填写本月未收到稽核比对结果的海关进口增值税专用缴款书。

（十）第 30 栏"废旧物资发票"不再填写。

（十一）第 31 栏填写本月未收到稽核比对结果的运输费用结算单据数据。

第十四条　主管税务机关在受理辅导期纳税人纳税申报时，按照以下要求进行"一窗式"票表比对。

（一）审核《增值税纳税申报表》附表二第 3 栏份数、金额、税额是否等于或小于本期稽核系统比对相符的专用发票抵扣联数据。

（二）审核《增值税纳税申报表》附表二第 5 栏份数、金额、税额是否等于或小于本期交叉稽核比对相符和协查后允许抵扣的海关进口增值税专用缴款书合计数。

（三）审核《增值税纳税申报表》附表二中第 8 栏的份数、金额是否等于或小于本期交叉稽核比对相符和协查后允许抵扣的运输费用结算单据合计数。

（四）申报表数据若大于稽核结果数据的，按现行"一窗式"票表比对异常情况处理。

第十五条　纳税辅导期内，主管税务机关未发现纳税人存在偷税、逃避追缴欠税、骗取出口退税、抗税或其他需要立案查处的税收违法行为的，从期满的次月起不再实行纳税辅导期管理，主管税务机关应制作、送达《税务事项通知书》，告知纳税人；主管税务机关发现辅导期纳税人存在偷税、逃避追缴欠税、骗取出口退税、抗税或其他需要立案查处的税收违法行为的，从期满的次月起按照本规定重新实行纳税辅导期管理，主管税务机关应制作、送达《税务事项通知书》，告知纳税人。

第十六条 本办法自 2010 年 3 月 20 日起执行。《国家税务总局关于加强新办商贸企业增值税征收管理有关问题的紧急通知》（国税发明电〔2004〕37 号）、《国家税务总局关于辅导期一般纳税人实施"先比对、后扣税"有关管理问题的通知》（国税发明电〔2004〕51 号）、《国家税务总局关于加强新办商贸企业增值税征收管理有关问题的补充通知》（国税发明电〔2004〕62 号）、《国家税务总局关于辅导期增值税一般纳税人增值税专用发票预缴增值税有关问题的通知》（国税函〔2005〕1097 号）同时废止。

国家税务总局
关于一般纳税人迁移有关增值税问题的公告

（2011 年 12 月 9 日　国家税务总局公告 2011 年第 71 号）

现就增值税一般纳税人经营地点迁移后仍继续经营，其一般纳税人资格是否可以继续保留以及尚未抵扣进项税额是否允许继续抵扣问题公告如下：

一、增值税一般纳税人（以下简称纳税人）因住所、经营地点变动，按照相关规定，在工商行政管理部门作变更登记处理，但因涉及改变税务登记机关，需要办理注销税务登记并重新办理税务登记的，在迁达地重新办理税务登记后，其增值税一般纳税人资格予以保留，办理注销税务登记前尚未抵扣的进项税额允许继续抵扣。

二、迁出地主管税务机关应认真核实纳税人在办理注销税务登记前尚未抵扣的进项税额，填写《增值税一般纳税人迁移进项税额转移单》（见附件）。

《增值税一般纳税人迁移进项税额转移单》一式三份，迁出地主管税务机关留存一份，交纳税人一份，传递迁达地主管税务机关一份。

三、迁达地主管税务机关应将迁出地主管税务机关传递来的《增值税一般纳税人迁移进项税额转移单》与纳税人报送资料进行认真核对，对其迁移前尚未抵扣的进项税额，在确认无误后，允许纳税人继续申报抵扣。

本公告自 2012 年 1 月 1 日起执行。此前已经发生的事项，不再调整。

附件：增值税一般纳税人迁移进项税额转移单（见二维码67）

〔注释：条款失效。"附件《增值税一般纳税人迁移进项税额转移单》（编号：×××县（市、区）国税留抵税额转移通知××号）"修改为："附件《增值税一般纳税人迁移进项税额转移单》（编号：×××县（市、区）税务留抵税额转移通知××号）。"参见：《国家税务总局关于修改部分税收规范性文件的公告》（国家税务总局公告 2018 年第 31 号）〕

国家税务总局
关于纳税人认定或登记为一般纳税人前进项税额抵扣问题的公告

（2015 年 8 月 19 日 国家税务总局公告 2015 年第 59 号）

现将纳税人认定或登记为一般纳税人前进项税额抵扣问题公告如下：

一、纳税人自办理税务登记至认定或登记为一般纳税人期间，未取得生产经营收入，未按照销售额和征收率简易计算应纳税额申报缴纳增值税的，其在此期间取得的增值税扣税凭证，可以在认定或登记为一般纳税人后抵扣进项税额。

二、上述增值税扣税凭证按照现行规定无法办理认证或者稽核比对的，按照以下规定处理：

（一）购买方纳税人取得的增值税专用发票，按照《国家税务总局关于推行增值税发票系统升级版有关问题的公告》（国家税务总局公告 2014 年第 73 号）规定的程序，由销售方纳税人开具红字增值税专用发票后重新开具蓝字增值税专用发票。

购买方纳税人按照国家税务总局公告 2014 年第 73 号规定填开《开具红字增值税专用发票信息表》或《开具红字货物运输业增值税专用发票信息表》时，选择"所购货物或劳务、服务不属于增值税扣税项目范围"或"所购服务不属于增值税扣税项目范围"。

（二）纳税人取得的海关进口增值税专用缴款书，按照《国家税务总局关于逾期增值税扣税凭证抵扣问题的公告》（国家税务总局公告 2011 年第 50 号）规定的程序，经国家税务总局稽核比对相符后抵扣进项税额。

三、本公告自发布之日起施行。此前未处理的事项，按照本公告规定执行。

增值税一般纳税人登记管理办法

（2017 年 12 月 29 日 国家税务总局令第 43 号）

《增值税一般纳税人登记管理办法》已经 2017 年 11 月 30 日国家税务总局 2017 年度第 2 次局务会议审议通过，现予公布，自 2018 年 2 月 1 日起施行。

增值税一般纳税人登记管理办法

第一条 为了做好增值税一般纳税人（以下简称"一般纳税人"）登记管理，根据《中华人民共和国增值税暂行条例》及其实施细则有关规定，制定本办法。

第二条 增值税纳税人（以下简称"纳税人"），年应税销售额超过财政部、国家税务总局规定的小规模纳税人标准（以下简称"规定标准"）的，除本办法第四条规定外，应当向主管税务机关办理一般纳税人登记。

本办法所称年应税销售额，是指纳税人在连续不超过12个月或四个季度的经营期内累计应征增值税销售额，包括纳税申报销售额、稽查查补销售额、纳税评估调整销售额。

销售服务、无形资产或者不动产（以下简称"应税行为"）有扣除项目的纳税人，其应税行为年应税销售额按未扣除之前的销售额计算。纳税人偶然发生的销售无形资产、转让不动产的销售额，不计入应税行为年应税销售额。

第三条 年应税销售额未超过规定标准的纳税人，会计核算健全，能够提供准确税务资料的，可以向主管税务机关办理一般纳税人登记。

本办法所称会计核算健全，是指能够按照国家统一的会计制度规定设置账簿，根据合法、有效凭证进行核算。

第四条 下列纳税人不办理一般纳税人登记：

（一）按照政策规定，选择按照小规模纳税人纳税的；

（二）年应税销售额超过规定标准的其他个人。

第五条 纳税人应当向其机构所在地主管税务机关办理一般纳税人登记手续。

第六条 纳税人办理一般纳税人登记的程序如下：

（一）纳税人向主管税务机关填报《增值税一般纳税人登记表》（附件1），如实填写固定生产经营场所等信息，并提供税务登记证件；

（二）纳税人填报内容与税务登记信息一致的，主管税务机关当场登记；

（三）纳税人填报内容与税务登记信息不一致，或者不符合填列要求的，税务机关应当场告知纳税人需要补正的内容。

第七条 年应税销售额超过规定标准的纳税人符合本办法第四条第一项规定的，应当向主管税务机关提交书面说明（附件2）。

第八条 纳税人在年应税销售额超过规定标准的月份（或季度）的所属申报期结束后15日内按照本办法第六条或者第七条的规定办理相关手续；未按规定时限办理的，主管税务机关应当在规定时限结束后5日内制作《税务事项通知书》，告知纳税人应当在5日内向主管税务机关办理相关手续；逾期仍不办理的，次月起按销售额依照增值税税率计算应纳税额，不得抵扣进项税额，直至纳税人办理相关手续为止。

第九条 纳税人自一般纳税人生效之日起，按照增值税一般计税方法计算应纳税额，并可以按照规定领用增值税专用发票，财政部、国家税务总局另有规定的除外。

本办法所称的生效之日，是指纳税人办理登记的当月1日或者次月1日，由纳税人在办理登记手续时自行选择。

第十条 纳税人登记为一般纳税人后，不得转为小规模纳税人，国家税务总局另有规定的除外。

第十一条 主管税务机关应当加强对税收风险的管理。对税收遵从度低的一般纳税人，主管税务机关可以实行纳税辅导期管理，具体办法由国家税务总局另行制定。

第十二条 本办法自2018年2月1日起施行，《增值税一般纳税人资格认定管理办法》（国家税务总局令第22号公布）同时废止。

附件：1. 增值税一般纳税人登记表
   2. 选择按小规模纳税人纳税的情况说明

附件1：

增值税一般纳税人登记表

纳税人名称		社会信用代码（纳税人识别号）		
法定代表人（负责人、业主）		证件名称及号码	联系电话	
财务负责人		证件名称及号码	联系电话	
办税人员		证件名称及号码	联系电话	
税务登记日期				
生产经营地址				
注册地址				
纳税人类别：企业□ 非企业性单位□ 个体工商户□ 其他□				
主营业务类别：工业□ 商业□ 服务业□ 其他□				
会计核算健全：是□				
一般纳税人生效之日：当月1日□ 次月1日□				

纳税人（代理人）承诺：
　　会计核算健全，能够提供准确税务资料，上述各项内容真实、可靠、完整。如有虚假，愿意承担相关法律责任。

　　经办人：　　　法定代表人：　　　代理人：　　　　（签章）
　　　　　　　　　　　　　　　　　　　　　　　　　　年　月　日

以下由税务机关填写	
税务机关受理情况	受理人：　　　　　　　　　　　受理税务机关（章） 　　　　　　　　　　　　　　　　　　　年　月　日

填表说明：1. 本表由纳税人如实填写。
　　　　　2. 表中"证件名称及号码"相关栏次，根据纳税人的法定代表人、财务负责人、办税人员的居民身份证、护照等有效身份证件及号码填写。
　　　　　3. 表中"一般纳税人生效之日"由纳税人自行勾选。

4. 本表一式二份，主管税务机关和纳税人各留存一份。

附件2：

选择按小规模纳税人纳税的情况说明

纳税人名称		社会信用代码（纳税人识别号）	
连续不超过12个月或四个季度的经营期内累计应税销售额		货物劳务： 年 月至 年 月共 元。	
		应税行为： 年 月至 年 月共 元。	
情况说明			

纳税人（代理人）承诺：
　　上述各项内容真实、可靠、完整。如有虚假，愿意承担相关法律责任。

　　经办人：　　　　法定代表人：　　　　代理人：　　　　　　（签章）
　　　　　　　　　　　　　　　　　　　　　　　　　　　　　　　年　月　日

以下由税务机关填写	
税务机关受理情况	受理人：　　　　　　　　　　　　　　　　受理税务机关（章） 　　　　　　　　　　　　　　　　　　　　　　年　月　日

　　填表说明：1. "情况说明"栏由纳税人填写符合财政部、国家税务总局规定可选择按小规模纳税人纳税的具体情形及理由。

　　　　　　2. 本表一式二份，主管税务机关和纳税人各留存一份。

国家税务总局
关于增值税一般纳税人登记管理若干事项的公告

(2018年1月29日 国家税务总局公告2018年第6号)

为了贯彻实施《增值税一般纳税人登记管理办法》(国家税务总局令第43号,以下简称《办法》),现将有关事项公告如下:

一、《办法》第二条所称"经营期"是指在纳税人存续期内的连续经营期间,含未取得销售收入的月份或季度。

二、《办法》第二条所称"纳税申报销售额"是指纳税人自行申报的全部应征增值税销售额,其中包括免税销售额和税务机关代开发票销售额。"稽查查补销售额"和"纳税评估调整销售额"计入查补税款申报当月(或当季)的销售额,不计入税款所属期销售额。

三、《办法》第四条第二项所称的"其他个人"是指自然人。

四、《办法》第六条第一项所称的"固定生产经营场所"信息是指填写在《增值税一般纳税人登记表》"生产经营地址"栏次中的内容。

五、《办法》第六条第一项所称的"税务登记证件",包括纳税人领取的由工商行政管理部门或者其他主管部门核发的加载法人和其他组织统一社会信用代码的相关证件。

六、《办法》第八条规定主管税务机关制作的《税务事项通知书》中,需告知纳税人的内容应当包括:纳税人年应税销售额已超过规定标准,应在收到《税务事项通知书》后5日内向税务机关办理增值税一般纳税人登记手续或者选择按照小规模纳税人纳税的手续;逾期未办理的,自通知时限期满的次月起按销售额依照增值税税率计算应纳税额,不得抵扣进项税额,直至纳税人办理相关手续为止。

七、纳税人兼有销售货物、提供加工修理修配劳务(以下称"应税货物及劳务")和销售服务、无形资产、不动产(以下称"应税行为")的,应税货物及劳务销售额与应税行为销售额分别计算,分别适用增值税一般纳税人登记标准,其中有一项销售额超过规定标准,就应当按照规定办理增值税一般纳税人登记相关手续。

八、经税务机关核对后退还纳税人留存的《增值税一般纳税人登记表》,可以作为证明纳税人成为增值税一般纳税人的凭据。

九、《办法》中所规定期限的最后一日是法定休假日的,以休假日期满的次日为期限的最后一日;在期限内有连续3日以上(含3日)法定休假日的,按休假日天数顺延。

十、本公告自2018年2月1日起施行。《国家税务总局关于明确〈增值税一般纳税人资格认定管理办法〉若干条款处理意见的通知》(国税函〔2010〕139号)、《国家税务总局关于调整增值税一般纳税人管理有关事项的公告》(国家税务总局公告2015年第18号)、《国家税务总局关于"三证合一"登记制度改革涉及增值税一般纳税人管理有关事项的公告》(国家税务总局公告2015年第74号)、《国家税务总局关于全面推开营业税改征增值税试点有关税收征收管理事项的公告》(国家税务总局公告2016年第23号)第二条同时废止。

[注释：条款废止。第七条废止。自 2018 年 5 月 1 日起废止。参见：《国家税务总局关于统一小规模纳税人标准等若干增值税问题的公告》（国家税务总局公告 2018 年第 18 号）。]

财政部　税务总局
关于统一增值税小规模纳税人标准的通知

（2018 年 4 月 4 日　财税〔2018〕33 号）

各省、自治区、直辖市、计划单列市财政厅（局）、国家税务局、地方税务局，新疆生产建设兵团财政局：

为完善增值税制度，进一步支持中小微企业发展，现将统一增值税小规模纳税人标准有关事项通知如下：

一、增值税小规模纳税人标准为年应征增值税销售额 500 万元及以下。

二、按照《中华人民共和国增值税暂行条例实施细则》第二十八条规定已登记为增值税一般纳税人的单位和个人，在 2018 年 12 月 31 日前，可转登记为小规模纳税人，其未抵扣的进项税额作转出处理。

三、本通知自 2018 年 5 月 1 日起执行。

国家税务总局
关于统一小规模纳税人标准等若干增值税问题的公告

（2018 年 4 月 20 日　国家税务总局公告 2018 年第 18 号）

现将统一小规模纳税人标准等若干增值税问题公告如下：

一、同时符合以下条件的一般纳税人，可选择按照《财政部　税务总局关于统一增值税小规模纳税人标准的通知》（财税〔2018〕33 号）第二条的规定，转登记为小规模纳税人，或选择继续作为一般纳税人：

（一）根据《中华人民共和国增值税暂行条例》第十三条和《中华人民共和国增值税暂行条例实施细则》第二十八条的有关规定，登记为一般纳税人。

（二）转登记日前连续 12 个月（以 1 个月为 1 个纳税期，下同）或者连续 4 个季度（以 1 个季度为 1 个纳税期，下同）累计应征增值税销售额（以下称应税销售额）未超过 500 万元。

转登记日前经营期不满 12 个月或者 4 个季度的，按照月（季度）平均应税销售额估算上款规定的累计应税销售额。

应税销售额的具体范围，按照《增值税一般纳税人登记管理办法》（国家税务总局令第 43 号）和《国家税务总局关于增值税一般纳税人登记管理若干事项的公告》（国家税务总局公告 2018 年第 6 号）的有关规定执行。

二、符合本公告第一条规定的纳税人，向主管税务机关填报《一般纳税人转为小规模纳税人登记表》（表样见附件），并提供税务登记证件；已实行实名办税的纳税人，无需提供税务登记证件。主管税务机关根据下列情况分别作出处理：

（一）纳税人填报内容与税务登记、纳税申报信息一致的，主管税务机关当场办理。

（二）纳税人填报内容与税务登记、纳税申报信息不一致，或者不符合填列要求的，主管税务机关应当场告知纳税人需要补正的内容。

三、一般纳税人转登记为小规模纳税人（以下称转登记纳税人）后，自转登记日的下期起，按照简易计税方法计算缴纳增值税；转登记日当期仍按照一般纳税人的有关规定计算缴纳增值税。

四、转登记纳税人尚未申报抵扣的进项税额以及转登记日当期的期末留抵税额，计入"应交税费——待抵扣进项税额"核算。

尚未申报抵扣的进项税额计入"应交税费——待抵扣进项税额"时：

（一）转登记日当期已经取得的增值税专用发票、机动车销售统一发票、收费公路通行费增值税电子普通发票，应当已经通过增值税发票选择确认平台进行选择确认或认证后稽核比对相符；经稽核比对异常的，应当按照现行规定进行核查处理。已经取得的海关进口增值税专用缴款书，经稽核比对相符的，应当自行下载《海关进口增值税专用缴款书稽核结果通知书》；经稽核比对异常的，应当按照现行规定进行核查处理。

（二）转登记日当期尚未取得的增值税专用发票、机动车销售统一发票、收费公路通行费增值税电子普通发票，转登记纳税人在取得上述发票以后，应当持税控设备，由主管税务机关通过增值税发票选择确认平台（税务局端）为其办理选择确认。尚未取得的海关进口增值税专用缴款书，转登记纳税人在取得以后，经稽核比对相符的，应当由主管税务机关通过稽核系统为其下载《海关进口增值税专用缴款书稽核结果通知书》；经稽核比对异常的，应当按照现行规定进行核查处理。

五、转登记纳税人在一般纳税人期间销售或者购进的货物、劳务、服务、无形资产、不动产，自转登记日的下期起发生销售折让、中止或者退回的，调整转登记日当期的销项税额、进项税额和应纳税额。

（一）调整后的应纳税额小于转登记日当期申报的应纳税额形成的多缴税款，从发生销售折让、中止或者退回当期的应纳税额中抵减；不足抵减的，结转下期继续抵减。

（二）调整后的应纳税额大于转登记日当期申报的应纳税额形成的少缴税款，从"应交税费——待抵扣进项税额"中抵减；抵减后仍有余额的，计入发生销售折让、中止或者退回当期的应纳税额一并申报缴纳。

转登记纳税人因税务稽查、补充申报等原因，需要对一般纳税人期间的销项税额、进项税额和应纳税额进行调整的，按照上述规定处理。

转登记纳税人应准确核算"应交税费——待抵扣进项税额"的变动情况。

六、转登记纳税人可以继续使用现有税控设备开具增值税发票，不需要缴销税控设备和增值税发票。

转登记纳税人自转登记日的下期起，发生增值税应税销售行为，应当按照征收率开具增值税发票；转登记日前已作增值税专用发票票种核定的，继续通过增值税发票管理系统自行开具增值税专用发票；销售其取得的不动产，需要开具增值税专用发票的，应当按照有关规定向税务机关申请代开。

七、转登记纳税人在一般纳税人期间发生的增值税应税销售行为，未开具增值税发票需要补开的，应当按照原适用税率或者征收率补开增值税发票；发生销售折让、中止或者退回等情形，需要开具红字发票的，按照原蓝字发票记载的内容开具红字发票；开票有误需要重新开具的，先按照原蓝字发票记载的内容开具红字发票后，再重新开具正确的蓝字发票。

转登记纳税人发生上述行为，需要按照原适用税率开具增值税发票的，应当在互联网连接状态下开具。按照有关规定不使用网络办税的特定纳税人，可以通过离线方式开具增值税发票。

八、自转登记日的下期起连续不超过 12 个月或者连续不超过 4 个季度的经营期内，转登记纳税人应税销售额超过财政部、国家税务总局规定的小规模纳税人标准的，应当按照《增值税一般纳税人登记管理办法》（国家税务总局令第 43 号）的有关规定，向主管税务机关办理一般纳税人登记。

转登记纳税人按规定再次登记为一般纳税人后，不得再转登记为小规模纳税人。

九、一般纳税人在增值税税率调整前已按原适用税率开具的增值税发票，发生销售折让、中止或者退回等情形需要开具红字发票的，按照原适用税率开具红字发票；开票有误需要重新开具的，先按照原适用税率开具红字发票后，再重新开具正确的蓝字发票。

一般纳税人在增值税税率调整前未开具增值税发票的增值税应税销售行为，需要补开增值税发票的，应当按照原适用税率补开。

增值税发票税控开票软件税率栏次默认显示调整后税率，一般纳税人发生上述行为可以手工选择原适用税率开具增值税发票。

十、国家税务总局在增值税发票管理系统中更新了《商品和服务税收分类编码表》，纳税人应当按照更新后的《商品和服务税收分类编码表》开具增值税发票。

转登记纳税人和一般纳税人应当及时完成增值税发票税控开票软件升级、税控设备变更发行和自身业务系统调整。

十一、本公告自 2018 年 5 月 1 日起施行。《国家税务总局关于增值税一般纳税人登记管理若干事项的公告》（国家税务总局公告 2018 年第 6 号）第七条同时废止。

附件：一般纳税人转为小规模纳税人登记表（见二维码 68）

二维码68

国家税务总局　财政部　海关总署
关于在综合保税区推广增值税一般纳税人资格试点的公告

（2019 年 8 月 8 日　国家税务总局公告 2019 年第 29 号）

根据《国务院关于促进综合保税区高水平开放高质量发展的若干意见》（国发〔2019〕3 号），国家税务总局、财政部、海关总署决定在综合保税区推广增值税一般纳税人资格试

点,现就有关事项公告如下:

一、综合保税区增值税一般纳税人资格试点(以下简称"一般纳税人资格试点")实行备案管理。符合下列条件的综合保税区,由所在地省级税务、财政部门和直属海关将一般纳税人资格试点实施方案(包括综合保税区名称、企业申请需求、政策实施准备条件等情况)向国家税务总局、财政部和海关总署备案后,可以开展一般纳税人资格试点:

(一)综合保税区内企业确有开展一般纳税人资格试点的需求;

(二)所在地市(地)级人民政府牵头建立了综合保税区行政管理机构、税务、海关等部门协同推进试点的工作机制;

(三)综合保税区主管税务机关和海关建立了一般纳税人资格试点工作相关的联合监管和信息共享机制;

(四)综合保税区主管税务机关具备在综合保税区开展工作的条件,明确专门机构或人员负责纳税服务、税收征管等相关工作。

二、综合保税区完成备案后,区内符合增值税一般纳税人登记管理有关规定的企业,可自愿向综合保税区所在地主管税务机关、海关申请成为试点企业,并按规定向主管税务机关办理增值税一般纳税人资格登记。

三、试点企业自增值税一般纳税人资格生效之日起,适用下列税收政策:

(一)试点企业进口自用设备(包括机器设备、基建物资和办公用品)时,暂免征收进口关税和进口环节增值税、消费税(以下简称进口税收)。

上述暂免进口税收按照该进口自用设备海关监管年限平均分摊到各个年度,每年年终对本年暂免的进口税收按照当年内外销比例进行划分,对外销比例部分执行试点企业所在海关特殊监管区域的税收政策,对内销比例部分比照执行海关特殊监管区域外(以下简称区外)税收政策补征税款。

(二)除进口自用设备外,购买的下列货物适用保税政策:

1. 从境外购买并进入试点区域的货物;

2. 从海关特殊监管区域(试点区域除外)或海关保税监管场所购买并进入试点区域的保税货物;

3. 从试点区域内非试点企业购买的保税货物;

4. 从试点区域内其他试点企业购买的未经加工的保税货物。

(三)销售的下列货物,向主管税务机关申报缴纳增值税、消费税:

1. 向境内区外销售的货物;

2. 向保税区、不具备退税功能的保税监管场所销售的货物(未经加工的保税货物除外);

3. 向试点区域内其他试点企业销售的货物(未经加工的保税货物除外)。

试点企业销售上述货物中含有保税货物的,按照保税货物进入海关特殊监管区域时的状态向海关申报缴纳进口税收,并按照规定补缴缓税利息。

(四)向海关特殊监管区域或者海关保税监管场所销售的未经加工的保税货物,继续适用保税政策。

(五)销售的下列货物(未经加工的保税货物除外),适用出口退(免)税政策,主管税务机关凭海关提供的与之对应的出口货物报关单电子数据审核办理试点企业申报的出口退

（免）税。

1. 离境出口的货物；
2. 向海关特殊监管区域（试点区域、保税区除外）或海关保税监管场所（不具备退税功能的保税监管场所除外）销售的货物；
3. 向试点区域内非试点企业销售的货物。

（六）未经加工的保税货物离境出口实行增值税、消费税免税政策。

（七）除财政部、海关总署、国家税务总局另有规定外，试点企业适用区外关税、增值税、消费税的法律、法规等现行规定。

四、区外销售给试点企业的加工贸易货物，继续按现行税收政策执行；销售给试点企业的其他货物（包括水、蒸汽、电力、燃气）不再适用出口退税政策，按照规定缴纳增值税、消费税。

五、税务、海关两部门要加强税收征管和货物监管的信息交换。对适用出口退税政策的货物，海关向税务部门传输出口报关单结关信息电子数据。

六、本公告自发布之日起施行。《国家税务总局财政部海关总署关于开展赋予海关特殊监管区域企业增值税一般纳税人资格试点的公告》（国家税务总局财政部海关总署公告2016年第65号）、《国家税务总局财政部海关总署关于扩大赋予海关特殊监管区域企业增值税一般纳税人资格试点的公告》（国家税务总局财政部海关总署公告2018年第5号）和《国家税务总局财政部海关总署关于进一步扩大赋予海关特殊监管区域企业增值税一般纳税人资格试点的公告》（国家税务总局财政部海关总署公告2019年第6号）同时废止。上述公告列名的昆山综合保税区等48个海关特殊监管区域按照本公告继续开展一般纳税人资格试点。

三、农产品进项税额核定扣除试点管理制度

财政部　国家税务总局
关于在部分行业试行农产品增值税进项税额核定扣除办法的通知

（2012年4月6日　财税〔2012〕38号）

各省、自治区、直辖市、计划单列市财政厅（局）、国家税务局，新疆生产建设兵团财务局：

为调整和完善农产品增值税抵扣机制，经国务院批准，决定在部分行业开展增值税进项税额核定扣除试点。现将有关事项通知如下：

一、自2012年7月1日起，以购进农产品为原料生产销售液体乳及乳制品、酒及酒精、植物油的增值税一般纳税人，纳入农产品增值税进项税额核定扣除试点范围，其购进农产品无论是否用于生产上述产品，增值税进项税额均按照《农产品增值税进项税额核定扣除试点实施办法》（附件1）的规定抵扣。

二、除本通知第一条规定以外的纳税人，其购进农产品仍按现行增值税的有关规定抵扣农产品进项税额。

三、对部分液体乳及乳制品实行全国统一的扣除标准（附件2）。

四、各级财税机关要认真组织试点各项工作，及时总结试点经验，并向财政部和国家税务总局报告试点过程中发现的问题。

附件：1. 农产品增值税进项税额核定扣除试点实施办法
      2. 全国统一的部分液体乳及乳制品扣除标准表

附件1：

农产品增值税进项税额核定扣除试点实施办法

一、为加强农产品增值税进项税额抵扣管理，经国务院批准，对财政部和国家税务总局纳入试点范围的增值税一般纳税人（以下称试点纳税人）购进农产品增值税进项税额，实施核定扣除办法。

二、购进农产品抵扣增值税进项税额的试点纳税人均适用本办法。

农产品是指列入《农业产品征税范围注释》（财税字〔1995〕52号）的初级农业产品。

三、试点纳税人购进农产品不再凭增值税扣税凭证抵扣增值税进项税额，购进除农产品以外的货物、应税劳务和应税服务，增值税进项税额仍按现行有关规定抵扣。

四、农产品增值税进项税额核定方法

（一）试点纳税人以购进农产品为原料生产货物的，农产品增值税进项税额可按照以下方法核定：

1. 投入产出法：参照国家标准、行业标准（包括行业公认标准和行业平均耗用值）确定销售单位数量货物耗用外购农产品的数量（以下称农产品单耗数量）。

当期允许抵扣农产品增值税进项税额依据农产品单耗数量、当期销售货物数量、农产品平均购买单价（含税，下同）和农产品增值税进项税额扣除率（以下简称"扣除率"）计算。公式为：

当期允许抵扣农产品增值税进项税额＝当期农产品耗用数量×农产品平均购买单价×扣除率÷（1＋扣除率）

当期农产品耗用数量＝当期销售货物数量（不含采购除农产品以外的半成品生产的货物数量）×农产品单耗数量

对以单一农产品原料生产多种货物或者多种农产品原料生产多种货物的，在核算当期农产品耗用数量和平均购买单价时，应依据合理的方法归集和分配。

平均购买单价是指购买农产品期末平均买价，不包括买价之外单独支付的运费和入库前的整理费用。期末平均买价计算公式：

期末平均买价＝（期初库存农产品数量×期初平均买价＋当期购进农产品数量×当期买价）÷（期初库存农产品数量＋当期购进农产品数量）

2. 成本法：依据试点纳税人年度会计核算资料，计算确定耗用农产品的外购金额占生产成本的比例（以下称农产品耗用率）。当期允许抵扣农产品增值税进项税额依据当期主营业务成本、农产品耗用率以及扣除率计算。公式为：

当期允许抵扣农产品增值税进项税额 = 当期主营业务成本 × 农产品耗用率 × 扣除率 ÷ (1 + 扣除率)

农产品耗用率 = 上年投入生产的农产品外购金额 ÷ 上年生产成本

农产品外购金额（含税）不包括不构成货物实体的农产品（包括包装物、辅助材料、燃料、低值易耗品等）和在购进农产品之外单独支付的运费、入库前的整理费用。

对以单一农产品原料生产多种货物或者多种农产品原料生产多种货物的，在核算当期主营业务成本以及核定农产品耗用率时，试点纳税人应依据合理的方法进行归集和分配。

农产品耗用率由试点纳税人向主管税务机关申请核定。

年度终了，主管税务机关应根据试点纳税人本年实际对当年已抵扣的农产品增值税进项税额进行纳税调整，重新核定当年的农产品耗用率，并作为下一年度的农产品耗用率。

3. 参照法：新办的试点纳税人或者试点纳税人新增产品的，试点纳税人可参照所属行业或者生产结构相近的其他试点纳税人确定农产品单耗数量或者农产品耗用率。次年，试点纳税人向主管税务机关申请核定当期的农产品单耗数量或者农产品耗用率，并据此计算确定当年允许抵扣的农产品增值税进项税额，同时对上一年增值税进项税额进行调整。核定的进项税额超过实际抵扣增值税进项税额的，其差额部分可以结转下期继续抵扣；核定的进项税额低于实际抵扣增值税进项税额的，其差额部分应按现行增值税的有关规定将进项税额做转出处理。

（二）试点纳税人购进农产品直接销售的，农产品增值税进项税额按照以下方法核定扣除：

当期允许抵扣农产品增值税进项税额 = 当期销售农产品数量 ÷ (1 - 损耗率) × 农产品平均购买单价 × 13% ÷ (1 + 13%)

损耗率 = 损耗数量 ÷ 购进数量

（三）试点纳税人购进农产品用于生产经营且不构成货物实体的（包括包装物、辅助材料、燃料、低值易耗品等），增值税进项税额按照以下方法核定扣除：

当期允许抵扣农产品增值税进项税额 = 当期耗用农产品数量 × 农产品平均购买单价 × 13% ÷ (1 + 13%)

农产品单耗数量、农产品耗用率和损耗率统称为农产品增值税进项税额扣除标准（以下称扣除标准）。

五、试点纳税人销售货物，应合并计算当期允许抵扣农产品增值税进项税额。

六、试点纳税人购进农产品取得的农产品增值税专用发票和海关进口增值税专用缴款书，按照注明的金额及增值税额一并计入成本科目；自行开具的农产品收购发票和取得的农产品销售发票，按照注明的买价直接计入成本。

七、本办法规定的扣除率为销售货物的适用税率。

八、省级（包括计划单列市，下同）税务机关应根据本办法第四条规定的核定方法顺序，确定试点纳税人适用的农产品增值税进项税额核定扣除方法。

九、试点纳税人应自执行本办法之日起，将期初库存农产品以及库存半成品、产成品耗用的农产品增值税进项税额作转出处理。

十、试点纳税人应当按照本办法第四条的规定准确计算当期允许抵扣农产品增值税进项税额，并从相关科目转入"应交税金——应交增值税（进项税额）"科目。未能准确计算的，由主管税务机关核定。

十一、试点纳税人购进的农产品价格明显偏高或偏低，且不具有合理商业目的的，由主管税务机关核定。

十二、试点纳税人在计算农产品增值税进项税额时，应按照下列顺序确定适用的扣除标准：

（一）财政部和国家税务总局不定期公布的全国统一的扣除标准。

（二）省级税务机关商同级财政机关根据本地区实际情况，报经财政部和国家税务总局备案后公布的适用于本地区的扣除标准。

（三）省级税务机关依据试点纳税人申请，按照本办法第十三条规定的核定程序审定的仅适用于该试点纳税人的扣除标准。

十三、试点纳税人扣除标准核定程序。

（一）试点纳税人以农产品为原料生产货物的扣除标准核定程序：

1. 申请核定。以农产品为原料生产货物的试点纳税人应于当年 1 月 15 日前（2012 年为 7 月 15 日前）或者投产之日起 30 日内，向主管税务机关提出扣除标准核定申请并提供有关资料。申请资料的范围和要求由省级税务机关确定。

2. 审定。主管税务机关应对试点纳税人的申请资料进行审核，并逐级上报给省级税务机关。

省级税务机关应由货物和劳务税处牵头，会同政策法规处等相关部门组成扣除标准核定小组，核定结果应由省级税务机关下达，主管税务机关通过网站、报刊等多种方式及时向社会公告核定结果。未经公告的扣除标准无效。

省级税务机关尚未下达核定结果前，试点纳税人可按上年确定的核定扣除标准计算申报农产品进项税额。

（二）试点纳税人购进农产品直接销售、购进农产品用于生产经营且不构成货物实体扣除标准的核定采取备案制，抵扣农产品增值税进项税额的试点纳税人应在申报缴纳税款时向主管税务机关备案。备案资料的范围和要求由省级税务机关确定。

十四、试点纳税人对税务机关根据本办法第十三条规定核定的扣除标准有疑义或者生产经营情况发生变化的，可以自税务机关发布公告或者收到主管税务机关《税务事项通知书》之日起 30 日内，向主管税务机关提出重新核定扣除标准申请，并提供说明其生产、经营真实情况的证据，主管税务机关应当自接到申请之日起 30 日内书面答复。

十五、试点纳税人在申报期内，除向主管税务机关报送《增值税一般纳税人纳税申报办法》规定的纳税申报资料外，还应报送《农产品核定扣除增值税进项税额计算表》（见附表）。

十六、各级税务机关应加强对试点纳税人农产品增值税进项税额计算扣除情况的监管，防范和打击虚开发票行为，定期进行纳税评估，及时发现申报纳税中存在的问题。

附：

税款所属时间：年 月

纳税人识别号：

纳税人名称：(公章)

农产品核定扣除增值税进项税额计算表

序号	产品名称	投入产出法			成本法		购进农产品直接销售			购进农产品不构成货物实体		当期准予抵扣农产品进项税额（元）
		当期销售货物数量（吨）	农产品名称及核定的单耗数量（吨）	平均购买单价（元/吨）	当期主营业务成本（元）	农产品耗用率（%）	当期销售农产品数量（吨）	农产品损耗率（%）	农产品平均购买单价（元）	当期耗用农产品数量（吨）	农产品平均购买单价（元）	
		1	2	3	4	5	6	7	8	9	10	11
合　　计												11

说明：1. 本表"产品名称"栏分别填写不同扣除标准的产品名称。

2. 本表"当期准予抵扣的农产品进项税额"栏 11＝1×2×3；11＝4×5；11＝6×7×8；11＝9×10。

附件2：

全国统一的部分液体乳及乳制品扣除标准表

扣除标准产品类型	原乳单耗数量（吨）
超高温灭菌牛乳（每吨）	1.068
超高温灭菌牛乳（蛋白质含量≥3.3%）（每吨）	1.124
巴氏杀菌牛乳（每吨）	1.055
巴氏杀菌牛乳（蛋白质含量≥3.3%）（每吨）	1.196
超高温灭菌羊乳（每吨）	1.023
巴氏杀菌羊乳（每吨）	1.062

〔注释：依据财税〔2017〕37号 财政部 国家税务总局关于简并增值税税率有关政策的通知，自2017年7月1日起，本法规第四条第（二）项规定的扣除率调整为11%；第（三）项规定的扣除率调整为按本条第（一）项、第（二）项规定执行。〕

国家税务总局
关于在部分行业试行农产品增值税进项税额核定扣除办法有关问题的公告

（2012年7月17日 国家税务总局公告2012年第35号）

为进一步规范农产品增值税进项税额核定扣除政策，加强税收征管，根据《财政部、国家税务总局关于在部分行业试行农产品增值税进项税额核定扣除办法的通知》（财税〔2012〕38号，以下简称《通知》）的有关规定，现将在部分行业试行农产品增值税进项税额核定扣除办法有关问题公告如下：

一、《通知》第一条所述"液体乳及乳制品"的行业范围按《国民经济行业分类》（GB/T4754—2011）中"乳制品制造"类别（代码C1440）执行；"酒及酒精"的行业范围按《国民经济行业分类》（GB/T4754—2011）中"酒的制造"类别（代码C151）执行；"植物油"的行业范围按《国民经济行业分类》（GB/T4754—2011）中"植物油加工"类别（代码C133）执行。

二、增值税一般纳税人委托其他单位和个人加工液体乳及乳制品、酒及酒精、植物油，其购进的农产品均适用《通知》的有关规定。

三、纳入试点范围的增值税一般纳税人（以下简称试点纳税人）按照《通知》附件1《农产品增值税进项税额核定扣除试点实施办法》（以下简称《实施办法》）第四条中"投入产出法"的有关规定核定农产品增值税进项税额时，如果期初没有库存农产品，当期也未购进农产品的，农产品"期末平均买价"以该农产品上期期末平均买价计算；上期期末仍无农产品买价的依此类推。

按照"成本法"的有关规定核定试点纳税人农产品增值税进项税额时，"主营业务成本""生产成本"中不包括其未耗用农产品的产品的成本。

四、试点纳税人按照《实施办法》第九条有关规定作进项税额转出形成应纳税款一次性缴纳入库确有困难的，可于2012年12月31日前将进项税额应转出额分期转出，具体办法由省级税务机关确定。

五、主管税务机关按照《实施办法》第四条"成本法"的有关规定重新核定试点纳税人农产品耗用率，以及按照《实施办法》第十四条有关规定重新核定试点纳税人扣除标准时，均应按程序报经省级税务机关批准。

六、试点纳税人应按照本公告所附表样按月向主管税务机关报送《农产品核定扣除增值税进项税额计算表（汇总表）》《投入产出法核定农产品增值税进项税额计算表》《成本法核定农产品增值税进项税额计算表》《购进农产品直接销售核定农产品增值税进项税额计算表》《购进农产品用于生产经营且不构成货物实体核定农产品增值税进项税额计算表》（表样详见附件），不再按照《实施办法》中所附《农产品核定扣除增值税进项税额计算表》表样填报。

七、试点纳税人纳税申报时，应将《农产品核定扣除增值税进项税额计算表（汇总表）》中"当期允许抵扣农产品增值税进项税额"合计数填入《增值税纳税申报表附列资料（表二）》第6栏的"税额"栏，不填写第6栏"份数"和"金额"数据。

《增值税纳税申报表附列资料（表二）》第1、2、3、5栏有关数据中不反映农产品的增值税进项税额。

当期按照《实施办法》第九条及本公告第四条有关规定应转出的增值税进项税额，填入《增值税纳税申报表附列资料（表二）》第17栏"按简易征收办法征税货物用""税额"栏。

八、本公告自2012年7月1日起施行。

附件：1. 农产品核定扣除增值税进项税额计算表（汇总表）
2. 投入产出法核农产品增值税进项税额计算表
3. 成本法核定农产品增值税进项税额计算表
4. 购进农产品直接销售核定农产品增值税进项税额计算表
5. 购进农产品用于生产经营且不构成货物实体核定农产品增值税进项税额计算表

附件1：

农产品核定扣除增值税进项税额计算表（汇总表）

税款所属时间　　　年　月
纳税人识别号
纳税人名称（公章）

序号	核定方法		当期允许抵扣农产品增值税进项税额（元）	备注
1	以购进农产品为原料生产货物	投入产出法		
		成本法		
2	购进农产品直接销售			
3	购进农产品用于生产经营且不构成货物实体			
	合　计			

附件2：

投入产出法核定农产品增值税进项税额计算表

纳税人名称   纳税人识别号   税款所属时间 年 月

序号	产品名称	耗用农产品名称	核定的单耗数量（吨）	期初库存农产品数量（吨）	期初平均买价（元/吨）	当期购进农产品数量（吨）	当期买价（元/吨）	平均购买单价（元/吨）	当期销售货物数量（吨）	扣除率（%）	当期允许抵扣农产品进项税额（元）
			L1	L2	L3	L4	L5	L6 = (L2×L3 + L4×L5) / (L2＋L4)	L7	L8	L9 = L7×L1×L6 ×L8÷(1＋L8)
合 计											

注：1. 采用投入产出法计算农产品增值税进项税额的试点纳税人填本表。
2. 投入多种农产品原料生产一种或多种产品的，应分别不同产品和农产品原料填列本表。
3. 各项数据均保留两位小数。

附件3：

成本法核定农产品增值税进项税额计算表

纳税人名称：

序号	产品名称	纳税人识别号 扣除率（%） L1	当期主营业务成本（元） L2	税款所属时间 农产品耗用率（%） L3	年 月 当期允许抵扣农产品进项税额（元） L4＝L2×L3×L1÷（1＋L1）
合　计					

注：1. 采用成本法计算农产品增值税进项税额的试点纳税人填列本表。
2. 对以单一农产品原料生产多种货物或者多种农产品原料生产多种货物的，应分别不同产品填列本表。
3. 各项数据均保留两位小数。

附件 4：

购进农产品直接销售核定农产品增值税进项税额计算表

纳税人名称：　　　　　　　纳税人识别号：　　　　　　　税款所属时间：　　年　　月

序号	产品名称	当期销售农产品数量（吨）	损耗数量	农产品购进数量	损耗率（%）	期初库存农产品数量（吨）	期初平均买价（元/吨）	当期购进农产品数量（吨）	当期买价（元/吨）	农产品平均购买单价（元/吨）	扣除率（13%）	当期允许抵扣农产品进项税额（元）
		L1	L2	L3	L4 = L2 ÷ L3	L5	L6	L7	L8	L9 = (L5 × L6 + L7 × L8) ÷ (L5 + L7)	L10	L11 = L1 ÷ (1 − L4) × L9 × L10 ÷ (1 + L10)
合计												

注：1. 购进农产品直接销售的试点纳税人填列本表。
　　2. 各项数据均保留两位小数。

附件5：

购进农产品用于生产经营且不构成货物实体核定农产品增值税进项税额计算表

纳税人名称：　　　　　　　　　　纳税人识别号：　　　　　　　　　　税款所属时间：　　年　月

序号	耗用农产品名称	产品名称	当期耗用农产品数量（吨）	期初库存农产品数量（吨）	期初平均买价（元/吨）	当期购进农产品数量（吨）	当期买价（元/吨）	农产品平均购买单价（元/吨）	扣除率（13%）	当期允许抵扣农产品进项税额（元）
			L1	L2	L3	L4	L5	L6 = (L2×L3 + L4×L5) ÷ (L2+L4)	L7	L8 = L1×L6×L7 ÷ (1+L7)
合计										

注：1. 购进农产品不构成货物实体的试点纳税人填列本表。
2. 投入多种农产品原料生产一种或多种产品的，应分别不同产品和农产品原料填列本表。
3. 各项数据均保留两位小数。

财政部 国家税务总局
关于扩大农产品增值税进项税额核定扣除试点行业范围的通知

(2013年8月28日 财税〔2013〕57号)

各省、自治区、直辖市、计划单列市财政厅（局）、国家税务局，新疆生产建设兵团财务局：

为进一步推进农产品增值税进项税额核定扣除试点（以下简称核定扣除试点）工作，经研究决定，扩大实行核定扣除试点的行业范围。现将有关事项通知如下：

一、自2013年9月1日起，各省、自治区、直辖市、计划单列市税务部门可商同级财政部门，根据《农产品增值税进项税额核定扣除试点实施办法》（财税〔2012〕38号）的有关规定，结合本省（自治区、直辖市、计划单列市）特点，选择部分行业开展核定扣除试点工作。

二、各省、自治区、直辖市、计划单列市税务和财政部门制定的关于核定扣除试点行业范围、扣除标准等内容的文件，需报经财政部和国家税务总局备案后公布。财政部和国家税务总局将根据各地区试点工作进展情况，不定期公布部分产品全国统一的扣除标准。

三、核定扣除试点工作政策性强、涉及面广，各地财税机关要积极推进试点各项工作，妥善解决试点过程中出现的问题。

四、汇总纳税企业管理制度

国家税务总局
关于金融机构销售贵金属增值税有关问题的公告

(2013年3月15日 国家税务总局公告2013年第13号)

（正文编者略）

财政部 国家税务总局
关于重新印发《总分机构试点纳税人增值税计算缴纳暂行办法》的通知

(2013年10月24日 财税〔2013〕74号)

各省、自治区、直辖市、计划单列市财政厅（局）、国家税务局、地方税务局，新疆生产建设兵团财务局：

根据营业税改征增值税试点政策和现行增值税有关规定，现将修订后的《总分机构试点纳税人增值税计算缴纳暂行办法》（见附件）印发你们。

附件：总分机构试点纳税人增值税计算缴纳暂行办法

附件：

总分机构试点纳税人增值税计算缴纳暂行办法

一、经财政部和国家税务总局批准的总机构试点纳税人及其分支机构，按照本办法的规定计算缴纳增值税。

二、总机构应当汇总计算总机构及其分支机构发生《应税服务范围注释》所列业务的应交增值税，抵减分支机构发生《应税服务范围注释》所列业务已缴纳的增值税税款（包括预缴和补缴的增值税税款）后，在总机构所在地解缴入库。总机构销售货物、提供加工修理修配劳务，按照增值税暂行条例及相关规定就地申报缴纳增值税。

三、总机构汇总的应征增值税销售额，为总机构及其分支机构发生《应税服务范围注释》所列业务的应征增值税销售额。

四、总机构汇总的销项税额，按照本办法第三条规定的应征增值税销售额和增值税适用税率计算。

五、总机构汇总的进项税额，是指总机构及其分支机构因发生《应税服务范围注释》所列业务而购进货物或者接受加工修理修配劳务和应税服务，支付或者负担的增值税税额。总机构及其分支机构用于发生《应税服务范围注释》所列业务之外的进项税额不得汇总。

六、分支机构发生《应税服务范围注释》所列业务，按照应征增值税销售额和预征率计算缴纳增值税。计算公式如下：

应预缴的增值税＝应征增值税销售额×预征率

预征率由财政部和国家税务总局规定，并适时予以调整。

分支机构销售货物、提供加工修理修配劳务，按照增值税暂行条例及相关规定就地申报缴纳增值税。

七、分支机构发生《应税服务范围注释》所列业务当期已预缴的增值税税款，在总机构当期增值税应纳税额中抵减不完的，可以结转下期继续抵减。

八、每年的第一个纳税申报期结束后，对上一年度总分机构汇总纳税情况进行清算。总机构和分支机构年度清算应交增值税，按照各自销售收入占比和总机构汇总的上一年度应交增值税税额计算。分支机构预缴的增值税超过其年度清算应交增值税的，通过暂停以后纳税申报期预缴增值税的方式予以解决。分支机构预缴的增值税小于其年度清算应交增值税的，差额部分在以后纳税申报期由分支机构在预缴增值税时一并就地补缴入库。

九、总机构及其分支机构的其他增值税涉税事项，按照营业税改征增值税试点政策及其他增值税有关政策执行。

十、总分机构试点纳税人增值税具体管理办法由国家税务总局另行制定。

财政部 国家税务总局
关于部分航空运输企业总分机构增值税计算缴纳问题的通知

(2013年10月24日 财税〔2013〕86号)

(正文编者略)

国家税务总局
关于发布《航空运输企业增值税征收管理暂行办法》的公告

(2013年11月28日 国家税务总局公告2013年第68号)

(正文编者略)

财政部 国家税务总局
关于铁路运输企业汇总缴纳增值税的通知

(2013年12月30日 财税〔2013〕111号)

(正文编者略)

国家税务总局
关于发布《邮政企业增值税征收管理暂行办法》的公告

(2014年1月20日 国家税务总局公告2014年第5号)

(正文编者略)

国家税务总局
关于发布《铁路运输企业增值税征收管理暂行办法》的公告

（2014年1月20日　国家税务总局公告2014年第6号）

（正文编者略）

国家税务总局
关于部分航空运输企业总分机构增值税计算缴纳问题的公告

（2014年9月28日　国家税务总局公告2014年第55号）

（正文编者略）

财政部　国家税务总局
关于铁路运输企业汇总缴纳增值税的补充通知

（2014年8月5日　财税〔2014〕54号）

（正文编者略）

国家税务总局
关于发布《电信企业增值税征收管理暂行办法》的公告

（2014年5月14日　国家税务总局公告2014年第26号）

（正文编者略）

财政部 国家税务总局
关于华夏航空有限公司及其分支机构增值税计算缴纳问题的通知

(2014年10月17日 财税〔2014〕76号)

(正文编者略)

财政部 国家税务总局
关于调整铁路和航空运输企业汇总缴纳增值税分支机构名单的通知

(2015年8月10日 财税〔2015〕87号)

(正文编者略)

财政部 国家税务总局
关于调整铁路和航空运输企业汇总缴纳增值税分支机构名单的通知

(2017年8月22日 财税〔2017〕67号)

(正文编者略)

财政部 税务总局
关于调整铁路和航空运输企业汇总缴纳增值税总分机构名单的通知

(2019年1月2日 财税〔2019〕1号)

(正文编者略)

五、税收优惠政策审批及备案管理制度

国家税务总局
关于取消饲料产品免征增值税审批程序后加强后续管理的通知

(2004年7月7日 国税函〔2004〕884号)

各省、自治区、直辖市和计划单列市国家税务局,局内各单位:

根据《国务院关于第三批取消和调整行政审批项目的决定》(国发〔2004〕16号),《财政部、国家税务总局关于饲料产品免征增值税的通知》(财税〔2001〕121号)第二条有关饲料生产企业向所在地主管税务机关提出申请,经省级国家税务局审核批准后办理免税的规定予以取消。为了加强对免税饲料产品的后续管理,现将有关问题明确如下:

一、符合免税条件的饲料生产企业,取得有计量认证资质的饲料质量检测机构(名单由省级国家税务局确认)出具的饲料产品合格证明后即可按规定享受免征增值税优惠政策,并将饲料产品合格证明报其所在地主管税务机关备案。

二、饲料生产企业应于每月纳税申报期内将免税收入如实向其所在地主管税务机关申报。

三、主管税务机关应加强对饲料免税企业的监督检查,凡不符合免税条件的要及时纠正,依法征税。对采取弄虚作假手段骗取免税资格的,应依照《中华人民共和国税收征收管理法》及有关税收法律、法规的规定予以处罚。

〔注释:条款废止。第一条废止。参见:《国家税务总局关于废止和修改部分税收规范性文件的公告》(国家税务总局公告2018年第67号)。

条款失效。

"根据《国务院关于第三批取消和调整行政审批项目的决定》(国发〔2004〕16号),《财政部、国家税务总局关于饲料产品免征增值税的通知》(财税〔2001〕121号)第二条有关饲料生产企业向所在地主管税务机关提出申请,经省级国家税务局审核批准后办理免税的规定予以取消。为了加强对免税饲料产品的后续管理,现将有关问题明确如下:

一、符合免税条件的饲料生产企业,取得有计量认证资质的饲料质量检测机构(名单由省级国家税务局确认)出具的饲料产品合格证明后即可按规定享受免征增值税优惠政策,并将饲料产品合格证明报其所在地主管税务机关备案"。修改为:"根据《国务院关于第三批取消和调整行政审批项目的决定》(国发〔2004〕16号),《财政部、国家税务总局关于饲料产品免征增值税的通知》(财税〔2001〕121号)第二条有关饲料生产企业向所在地主管税务机关提出申请,经省税务局审核批准后办理免税的规定予以取消。为了加强对免税饲料产品的后续管理,现将有关问题明确如下:

一、符合免税条件的饲料生产企业，取得有计量认证资质的饲料质量检测机构（名单由省税务局确认）出具的饲料产品合格证明后即可按规定享受免征增值税优惠政策，并将饲料产品合格证明报其所在地主管税务机关备案。"

参见：《国家税务总局关于修改部分税收规范性文件的公告》（国家税务总局公告2018年第31号）。]

财政部　国家税务总局
关于增值税纳税人放弃免税权有关问题的通知

（2007年9月25日　财税〔2007〕127号）

各省、自治区、直辖市、计划单列市财政厅（局）、国家税务局，新疆生产建设兵团财务局：

现将增值税纳税人销售免税货物或劳务放弃免税权的有关问题通知如下：

一、生产和销售免征增值税货物或劳务的纳税人要求放弃免税权，应当以书面形式提交放弃免税权声明，报主管税务机关备案。纳税人自提交备案资料的次月起，按照现行有关规定计算缴纳增值税。

二、放弃免税权的纳税人符合一般纳税人认定条件尚未认定为增值税一般纳税人的，应当按现行规定认定为增值税一般纳税人，其销售的货物或劳务可开具增值税专用发票。

三、纳税人一经放弃免税权，其生产销售的全部增值税应税货物或劳务均应按照适用税率征税，不得选择某一免税项目放弃免税权，也不得根据不同的销售对象选择部分货物或劳务放弃免税权。

四、纳税人自税务机关受理纳税人放弃免税权声明的次月起12个月内不得申请免税。

五、纳税人在免税期内购进用于免税项目的货物或者应税劳务所取得的增值税扣税凭证，一律不得抵扣。

六、本规定自2007年10月1日起执行。

［注释：条款失效。第四条失效。参见：《财政部　国家税务总局关于公布若干废止和失效的增值税规范性文件目录的通知》（财税〔2009〕17号）。］

国家税务总局　民政部　中国残疾人联合会
关于促进残疾人就业税收优惠政策征管办法的通知

（2007年6月15日　国税发〔2007〕67号）

各省、自治区、直辖市和计划单列市国家税务局、地方税务局、民政厅（局）、残疾人联合会：

根据《财政部　国家税务总局关于促进残疾人就业税收优惠政策的通知》（财税

〔2007〕92号）和《国家税务总局关于印发〈税收减免管理办法（试行）〉的通知》（国税发〔2005〕129号）的有关规定，现将促进残疾人就业税收优惠政策具体征管办法明确如下：

一、资格认定

（一）认定部门

申请享受《财政部　国家税务总局关于促进残疾人就业税收优惠政策的通知》（财税〔2007〕92号）第一条、第二条规定的税收优惠政策的符合福利企业条件的用人单位，安置残疾人超过25%（含25%），且残疾职工人数不少于10人的，在向税务机关申请减免税前，应当先向当地县级以上地方人民政府民政部门提出福利企业的认定申请。

盲人按摩机构、工疗机构等集中安置残疾人的用人单位，在向税务机关申请享受《财政部　国家税务总局关于促进残疾人就业税收优惠政策的通知》（财税〔2007〕92号）第一条、第二条规定的税收优惠政策前，应当先向当地县级残疾人联合会提出认定申请。

申请享受《财政部　国家税务总局关于促进残疾人就业税收优惠政策的通知》（财税〔2007〕92号）第一条、第二条规定的税收优惠政策的其他单位，可直接向税务机关提出申请。

（二）认定事项

民政部门、残疾人联合会应当按照《财政部　国家税务总局关于促进残疾人就业税收优惠政策的通知》（财税〔2007〕92号）第五条第（一）、（二）、（五）项规定的条件，对前项所述单位安置残疾人的比例和是否具备安置残疾人的条件进行审核认定，并向申请人出具书面审核认定意见。

《中华人民共和国残疾人证》和《中华人民共和国残疾军人证》的真伪，分别由残疾人联合会、民政部门进行审核。

具体审核管理办法由民政部、中国残疾人联合会分别商有关部门另行规定。

（三）各地民政部门、残疾人联合会在认定工作中不得直接或间接向申请认定的单位收取任何费用。如果认定部门向申请认定的单位收取费用，则本条第（一）项前两款所述单位可不经认定，直接向主管税务机关提出减免税申请。

二、减免税申请及审批

（一）取得民政部门或残疾人联合会认定的单位（以下简称"纳税人"），可向主管税务机关提出减免税申请，并提交以下材料：

1. 经民政部门或残疾人联合会认定的纳税人，出具上述部门的书面审核认定意见；
2. 纳税人与残疾人签订的劳动合同或服务协议（副本）；
3. 纳税人为残疾人缴纳社会保险费缴费记录；
4. 纳税人向残疾人通过银行等金融机构实际支付工资凭证；
5. 主管税务机关要求提供的其他材料。

（二）不需要经民政部门或残疾人联合会认定的单位以及本通知第一条第（三）项规定的单位（以下简称"纳税人"），可向主管税务机关提出减免税申请，并提交以下材料：

1. 纳税人与残疾人签订的劳动合同或服务协议（副本）；
2. 纳税人为残疾人缴纳社会保险费缴费记录；
3. 纳税人向残疾人通过银行等金融机构实际支付工资凭证；

4. 主管税务机关要求提供的其他材料。

（三）申请享受《财政部　国家税务总局关于促进残疾人就业税收优惠政策的通知》（财税〔2007〕92号）第三条、第四条规定的税收优惠政策的残疾人个人（以下简称"纳税人"），应当出具主管税务机关规定的材料，直接向主管税务机关申请减免税。

（四）减免税申请由税务机关的办税服务厅统一受理，内部传递到有权审批部门审批。审批部门应当按照《财政部　国家税务总局关于促进残疾人就业税收优惠政策的通知》（财税〔2007〕92号）第五条规定的条件以及民政部门、残疾人联合会出具的书面审核认定意见，出具减免税审批意见。

减免税审批部门对民政部门或残疾人联合会出具的书面审核认定意见仅作书面审核确认，但在日常检查或稽查中发现民政部门或残疾人联合会出具的书面审核认定意见有误的，应当根据《税收减免管理办法（试行）》等有关规定作出具体处理。

如果纳税人所得税属于其他税务机关征收的，主管税务机关应当将审批意见抄送所得税主管税务机关，所得税主管税务机关不再另行审批。

（五）主管税务机关在受理本条（二）、（三）项减免税申请时，可就残疾人证件的真实性等问题，请求当地民政部门或残疾人联合会予以审核认定。

三、退税减税办法

（一）增值税和营业税

增值税实行即征即退方式。主管税务机关对符合减免税条件的纳税人应当按月退还增值税，本月已交增值税不足退还的，可在本年已交增值税中退还，仍不足退还的可结转本年度内以后月份退还。本年度应纳税额小于核定的年度退税限额的，以本年度应纳税额为限；本年度应纳税额大于核定的年度退税限额的，以核定的年度退税额为限。纳税人本年度应纳税额不足退还的，不得结转以后年度退还。纳税人本月应退增值税额按以下公式计算：

本月应退增值税额＝纳税人本月实际安置残疾人员人数×县级以上税务机关确定的每位残疾人员每年可退还增值税的具体限额÷12

营业税实行按月减征方式。主管税务机关应按月减征营业税，本月应缴营业税不足减征的，不得结转本年度以后月份减征。纳税人本月应减征营业税额按以下公式计算：

本月应减征营业税额＝纳税人本月实际安置残疾人员人数×县级以上税务机关确定的每位残疾人员每年可减征营业税的具体限额÷12

兼营营业税"服务业"税目劳务和其他税目劳务的纳税人，只能减征"服务业"税目劳务的应纳税额；"服务业"税目劳务的应纳税额不足扣减的，不得用其他税目劳务的应纳税额扣减。

缴纳增值税或营业税的纳税人应当在取得主管税务机关审批意见的次月起，随纳税申报一并书面申请退、减增值税或营业税。

经认定的符合减免税条件的纳税人实际安置残疾人员占在职职工总数的比例应逐月计算，本月比例未达到25%的，不得退还本月的增值税或减征本月的营业税。

年度终了，应平均计算纳税人全年实际安置残疾人员占在职职工总数的比例，一个纳税年度内累计3个月平均比例未达到25%的，应自次年1月1日起取消增值税退税、营业税减税和企业所得税优惠政策。

纳税人新安置残疾人员从签订劳动合同并缴纳基本养老保险、基本医疗保险、失业保险和工伤保险等社会保险的次月起计算，其他职工从录用的次月起计算；安置的残疾人员和其他职工减少的，从当月起计算。

（二）所得税

1. 对符合《财政部、国家税务总局关于促进残疾人就业税收优惠政策的通知》（财税〔2007〕92号）第二条、第三条、第四条规定条件的纳税人，主管税务机关应当按照有关规定落实税收优惠政策。

2. 原福利企业在2007年1月1日至2007年7月1日期间的企业所得税，凡符合原福利企业政策规定的企业所得税减免条件的，仍可按原规定予以减征或免征企业所得税，计算方法如下：

按规定享受免征企业所得税的原福利企业，2007年1月1日至2007年7月1日免征应纳税所得额＝（2007年度企业所得税应纳税所得额÷12）×6

按规定享受减半征收企业所得税的原福利企业，2007年1月1日至2007年7月1日减征应纳税所得额＝（2007年度企业所得税应纳税所得额÷12÷2）×6

2007年度企业所得税应纳税所得额的确定，应按原规定计算，不包括福利企业残疾职工工资加计扣除部分。

3. 各地税务机关应当根据本次政策调整情况，按有关规定调整企业所得税就地预缴数额。

四、变更申报

（一）纳税人实际安置的残疾人员或在职职工人数发生变化，但仍符合退、减税条件的，应当根据变化事项按本通知第一、二条的规定重新申请认定和审批。

（二）纳税人因残疾人员或在职职工人数发生变化，不再符合退、减税条件时，应当自情况变化之日起15个工作日内向主管税务机关申报。

五、监督管理

（一）主管税务机关应当加强日常监督管理，并会同民政部门、残疾人联合会建立年审制度，对不符合退、减税条件的纳税人，取消其退、减税资格，追缴退、减税资格期间已退或减征的税款，并依照税收征管法的有关规定予以处罚。

对采取一证多用或虚构《财政部、国家税务总局关于促进残疾人就业税收优惠政策的通知》（财税〔2007〕92号）第五条规定条件，骗取税收优惠政策的，一经查证属实，主管税务机关应当追缴其骗取的税款，并取消其3年内申请享受《财政部、国家税务总局关于促进残疾人就业税收优惠政策的通知》（财税〔2007〕92号）规定的税收优惠政策的资格。

（二）税务机关和纳税人应当建立专门管理台账。在征管软件修改前，主管税务机关和纳税人都要建立专门管理台账，动态掌握纳税人年度退、减税限额及残疾人员变化等情况。

（三）各地税务机关应当加强与民政部门、劳动保障部门、残疾人联合会等有关部门的沟通，逐步建立健全与发证部门的信息比对审验机制。建立部门联席会议制度，加强对此项工作的协调、指导，及时解决出现的问题，保证此项工作的顺利进行。

本通知自2007年7月1日起执行，适用原政策的纳税人，一律按本通知规定执行。各省、自治区、直辖市、计划单列市税务机关可按本通知精神，制定具体实施办法。

国家税务总局
关于调整增值税即征即退优惠政策管理措施有关问题的公告

(2011年11月14日 国家税务总局公告2011年第60号)

为加快退税进度，提高纳税人资金使用效率，扶持企业发展，税务总局决定调整增值税即征即退企业实施先评估后退税的管理措施。现将有关问题公告如下：

一、将增值税即征即退优惠政策的管理措施由先评估后退税改为先退税后评估。

二、主管税务机关应进一步加强对即征即退企业增值税退税的事后管理，根据以下指标定期开展纳税评估。

（一）销售额变动率的计算公式：

1. 本期销售额环比变动率 = （本期即征即退货物和劳务销售额 – 上期即征即退货物和劳务销售额）÷ 上期即征即退货物和劳务销售额 × 100%

2. 本期累计销售额环比变动率 = （本期即征即退货物和劳务累计销售额 – 上期即征即退货物和劳务累计销售额）÷ 上期即征即退货物和劳务累计销售额 × 100%

3. 本期销售额同比变动率 = （本期即征即退货物和劳务销售额 – 去年同期即征即退货物和劳务销售额）÷ 去年同期即征即退货物和劳务销售额 × 100%

4. 本期累计销售额同比变动率 = （本期即征即退货物和劳务累计销售额 – 去年同期即征即退货物和劳务累计销售额）÷ 去年同期即征即退货物和劳务累计销售额 × 100%

（二）增值税税负率的计算公式

增值税税负率 = 本期即征即退货物和劳务应纳税额 ÷ 本期即征即退货物和劳务销售额 × 100%

三、各地可根据不同的即征即退项目设计、完善评估指标。主管税务机关通过纳税评估发现企业异常情况的，应及时核实原因并按相关规定处理。

四、本公告自2011年12月1日起施行。《国家税务总局关于增值税即征即退实施先评估后退税有关问题的通知》（国税函〔2009〕432号）同时废止。

国家税务总局
关于纳税人既享受增值税即征即退　先征后退政策
又享受免抵退税政策有关问题的公告

(2011年12月1日 国家税务总局公告2011年第69号)

现将纳税人既享受增值税即征即退、先征后退政策又享受免抵退税政策有关问题公告如下：

一、纳税人既有增值税即征即退、先征后退项目，也有出口等其他增值税应税项目的，增值税即征即退和先征后退项目不参与出口项目免抵退税计算。纳税人应分别核算增值税即征即退、先征后退项目和出口等其他增值税应税项目，分别申请享受增值税即征即退、先征后退和免抵退税政策。

二、用于增值税即征即退或者先征后退项目的进项税额无法划分的，按照下列公式计算：

无法划分进项税额中用于增值税即征即退或者先征后退项目的部分 = 当月无法划分的全部进项税额 × 当月增值税即征即退或者先征后退项目销售额 ÷ 当月全部销售额、营业额合计

本公告自2012年1月1日起执行。《国家税务总局关于飞机维修业务增值税问题的批复》（国税函〔2008〕842号）、《国家税务总局关于飞机维修业务增值税处理方式的公告》（2011年第5号）同时废止。

国家税务总局
关于发布《熊猫普制金币免征增值税管理办法（试行）》的公告

（2013年2月5日　国家税务总局公告2013年第6号）

为促进我国黄金市场健康发展，加强熊猫普制金币的增值税征收管理，根据《财政部 国家税务总局关于熊猫普制金币免征增值税政策的通知》（财税〔2012〕97号）的规定，现制定《熊猫普制金币免征增值税管理办法（试行）》。

本公告自2012年1月1日起执行。

熊猫普制金币免征增值税管理办法（试行）

一、为加强熊猫普制金币增值税管理，根据《中华人民共和国税收征收管理法》《中华人民共和国增值税暂行条例》《国家税务总局关于印发〈税收减免管理办法（试行）〉的通知》（国税发〔2005〕129号）及有关税收政策规定，制定本办法。

二、下列纳税人销售熊猫普制金币免征增值税：

（一）中国人民银行下属中国金币总公司（以下简称金币公司）及其控股子公司。

（二）经中国银行业监督管理委员会批准，允许开办个人黄金买卖业务的金融机构。

（三）经金币公司批准，获得"中国熊猫普制金币授权经销商"资格，并通过金币交易系统销售熊猫普制金币的纳税人。第一批符合条件的纳税人名单附后。

三、免征增值税的熊猫普制金币是指2012年（含）以后发行的熊猫普制金币。

四、纳税人既销售免税的熊猫普制金币又销售其他增值税应税货物的，应分别核算免税的熊猫普制金币和其他增值税应税货物的销售额；未分别核算的，不得享受熊猫普制金币增值税免税政策。销售熊猫普制金币免税收入不得开具增值税专用发票。

五、申请享受本办法规定的熊猫普制金币增值税优惠政策的纳税人，应当在初次申请时

按照要求向主管税务机关提交以下资料办理免税备案手续：

（一）纳税人税务登记证原件及复印件；

（二）属于"中国熊猫普制金币授权经销商"的纳税人应提供相关资格证书原件及复印件和《中国熊猫普制金币经销协议》原件及复印件；金融机构应提供中国银行业监督管理委员会批准其开办个人黄金买卖业务的相关批件材料。

六、纳税人办理熊猫普制金币免税备案手续时，主管税务机关应当根据以下情况分别做出处理：

（一）报送的材料不详或存在错误，应当即时告知并允许纳税人更正；

（二）报送的材料不齐或不符合法定形式的，应当在 5 个工作日内告知纳税人需要补正的全部内容；

（三）报送的材料齐全、符合规定的，或者纳税人按照税务机关的要求补正报送全部材料的，应当受理纳税人的备案，并将有关材料原件退还纳税人。

七、属于"中国熊猫普制金币授权经销商"的纳税人应在办理熊猫普制金币免税备案以后每年 2 月 15 日前将以下材料报主管税务机关备查：

（一）上一年度从金币交易系统中出具的《金币交易系统熊猫普制金币销售汇总表》及明细（加盖纳税人的财务专用章）；

（二）上一年度从金币交易系统中出具的《金币交易系统熊猫普制金币采购及库存汇总表》（加盖纳税人的财务专用章）；

（三）上一年度销售熊猫普制金币开具的销售发票记账联复印件。

八、属于金融机构的纳税人应在办理熊猫普制金币免税备案以后每年 2 月 15 日前将以下材料报主管税务机关备查：

（一）上一年度从金币交易系统中出具的《金币交易系统熊猫普制金币采购汇总表》及明细（加盖纳税人的财务专用章）；

（二）上一年度销售熊猫普制金币开具的销售发票记账联复印件。

九、税务机关应对享受本办法规定增值税政策的纳税人进行定期或不定期检查。发现问题的，税务机关应根据现行规定对其进行处理，且自纳税人发生违规行为年度起，取消其享受本办法规定增值税政策的资格。

十、各地税务机关在对熊猫普制金币免征增值税的过程中如发现问题，应及时上报国家税务总局。

十一、本办法自 2012 年 1 月 1 日起执行。

［注释：条款废止。"《国家税务总局关于印发税收减免管理办法（试行）的通知》（国税发〔2005〕129 号）"废止。参见：《国家税务总局关于公布全文失效废止和部分条款废止的税收规范性文件目录的公告》（国家税务总局公告 2016 年第 34 号）。］

附件：第一批符合条件的纳税人名单（编者略）

国家税务总局
关于明确部分增值税优惠政策审批事项取消后有关管理事项的公告

(2015年5月19日　国家税务总局公告2015年第38号)

根据《国务院关于取消和调整一批行政审批项目等事项的决定》（国发〔2015〕11号），拍卖行拍卖免税货物免征增值税等5项增值税优惠政策执行中涉及的审核、审批工作程序已取消，现就其后续管理事项公告如下：

一、纳税人享受下列增值税优惠政策，其涉及的税收审核、审批工作程序取消，改为备案管理。

（一）承担粮食收储任务的国有粮食企业、经营免税项目的其他粮食经营企业以及有政府储备食用植物油销售业务企业免征增值税的审核。

（二）拍卖行拍卖免税货物免征增值税的审批。

（三）随军家属就业免征增值税的审批。

（四）自主择业的军队转业干部就业免征增值税的审批。

（五）自谋职业的城镇退役士兵就业免征增值税的审批。

二、纳税人享受上述增值税优惠政策，按以下规定办理备案手续。

（一）纳税人应在享受税收优惠政策的首个纳税申报期内，将备案材料作为申报资料的一部分，一并提交主管税务机关。

每一个纳税期内，拍卖行发生拍卖免税货物业务，均应在办理纳税申报时，向主管税务机关履行免税备案手续。

（二）纳税人在符合减免税条件期间内，备案资料内容不发生变化的，可进行一次性备案。

（三）纳税人提交的备案资料内容发生变化，如仍符合减免税规定，应在发生变化的次月纳税申报期内，向主管税务机关进行变更备案。如不再符合减免税规定，应当停止享受减免税，按照规定进行纳税申报。

三、纳税人对备案资料的真实性和合法性承担责任。

四、纳税人提交备案资料包括以下内容：

（一）减免税的项目、依据、范围、期限等；

（二）减免税依据的相关法律、法规、规章和规范性文件要求报送的材料。

五、主管税务机关对纳税人提供的备案材料的完整性进行审核，不改变纳税人真实申报的责任。

六、本公告施行前，纳税人享受上述增值税优惠政策已经履行了相关审核、审批程序的，可不再办理资料备案。但本公告施行后，纳税人减免税条件、内容发生改变的，则应按本公告规定，向主管税务机关提交备案资料，办理享受优惠政策备案手续。

七、各省、自治区、直辖市和计划单列市国家税务局，可按本公告规定，补充制定本地区上述增值税优惠政策涉及的税收审核、审批工作程序取消后的后续管理措施。

八、本公告自公布之日起施行。《财政部 国家税务总局关于粮食企业增值税征免问题的通知》（财税字〔1999〕198号）第五条中"承担粮食收储任务的国有粮食购销企业和经营本通知所列免税项目的其他粮食经营企业，以及有政府储备食用植物油销售业务的企业，均需经主管税务机关审核认定免税资格，未报经主管税务机关审核认定，不得免税"及"经国家税务局审核无误后予以免税"内容同时废止。

《国家税务总局关于拍卖行取得的拍卖收入征收增值税、营业税有关问题的通知》（国税发〔1999〕40号）第一条中"经拍卖行所在地县级主管税务机关批准"内容同时废止。

《财政部 国家税务总局关于将铁路运输和邮政业纳入营业税改征增值税试点的通知》（财税〔2013〕106号）附件3第一条第（十）款中"但税务部门应当进行相应的审查认定"、第（十一）款中"经主管税务机关批准"和第（十二）款中"税务机关审核"内容同时废止。

[注释：条款失效。"七、各省、自治区、直辖市和计划单列市国家税务局，可按本公告规定，补充制定本地区上述增值税优惠政策涉及的税收审核、审批工作程序取消后的后续管理措施。"修改为："七、各省、自治区、直辖市和计划单列市税务局，可按本公告规定，补充制定本地区上述增值税优惠政策涉及的税收审核、审批工作程序取消后的后续管理措施。"参见：《国家税务总局关于修改部分税收规范性文件的公告》（国家税务总局公告2018年第31号）。]

国家税务总局
关于国有粮食购销企业销售粮食免征增值税审批
事项取消后有关管理事项的公告

（2015年5月22日 国家税务总局公告2015年第42号）

根据《国务院关于取消和调整一批行政审批项目等事项的决定》（国发〔2015〕11号），承担粮食收储任务的国有粮食购销企业销售粮食免征增值税的审核确定工作程序已取消。经商财政部、国家粮食局，现将其后续管理事项公告如下：

一、承担粮食收储任务的国有粮食购销企业销售粮食享受免征增值税优惠政策时，其涉及的审核确定工作程序取消，改为备案管理。

二、享受免征增值税优惠政策的国有粮食购销企业（以下统称纳税人），按以下规定，分别向所在地县（市）国家税务局及同级粮食管理部门备案。

（一）纳税人应在享受税收优惠政策的首个纳税申报期内，将备案材料送所在地县（市）国家税务局及同级粮食管理部门备案。

（二）纳税人在符合减免税条件期间内，备案资料内容不发生变化的，可进行一次性备案。

（三）纳税人提交的备案资料内容发生变化，如仍符合免税规定，应在发生变化的次月纳税申报期内,向所在地县(市)国家税务局及同级粮食管理部门进行变更备案。如不再符合免税规定,应当停止享受免税,按照规定进行纳税申报。

三、纳税人对备案资料的真实性和合法性承担责任。

四、纳税人提交的备案资料包括以下内容:

(一)免税的项目、依据、范围、期限等;

(二)免税依据的相关法律、法规、规章和规范性文件要求报送的材料。

五、所在地县(市)国家税务局及同级粮食管理部门对纳税人提供的备案材料的完整性进行审核,不改变纳税人真实申报的责任。

六、本公告施行前,纳税人享受免征增值税优惠政策已经履行了相关审核确定程序的,可不再办理资料备案。但本公告施行后,纳税人免税条件、内容发生改变的,则应按本公告规定,重新办理享受优惠政策备案手续。

七、各省、自治区、直辖市和计划单列市国家税务局,可按本公告规定,补充制定本地区承担粮食收储任务的国有粮食购销企业享受免征增值税优惠政策审核确定工作程序取消后的后续管理措施。

八、本公告自公布之日起施行。《财政部 国家税务总局关于粮食企业增值税征免问题的通知》(财税字〔1999〕198号)第一条中"免征增值税的国有粮食购销企业,由县(市)国家税务局会同同级财政、粮食部门审核确定"内容同时废止。

[注释:条款失效。

"二、享受免征增值税优惠政策的国有粮食购销企业(以下统称纳税人),按以下规定,分别向所在地县(市)国家税务局及同级粮食管理部门备案。

(一)纳税人应在享受税收优惠政策的首个纳税申报期内,将备案材料送所在地县(市)国家税务局及同级粮食管理部门备案。

(二)纳税人在符合减免税条件期间内,备案资料内容不发生变化的,可进行一次性备案。

(三)纳税人提交的备案资料内容发生变化,如仍符合免税规定,应在发生变化的次月纳税申报期内,向所在地县(市)国家税务局及同级粮食管理部门进行变更备案。如不再符合免税规定,应当停止享受免税,按照规定进行纳税申报"。修改为:"二、享受免征增值税优惠政策的国有粮食购销企业(以下统称纳税人),按以下规定,分别向所在地县(市)税务局及同级粮食管理部门备案。

(一)纳税人应在享受税收优惠政策的首个纳税申报期内,将备案材料送所在地县(市)税务局及同级粮食管理部门备案。

(二)纳税人在符合减免税条件期间内,备案资料内容不发生变化的,可进行一次性备案。

(三)纳税人提交的备案资料内容发生变化,如仍符合免税规定,应在发生变化的次月纳税申报期内,向所在地县(市)税务局及同级粮食管理部门进行变更备案。如不再符合免税规定,应当停止享受免税,按照规定进行纳税申报。"

"五、所在地县(市)国家税务局及同级粮食管理部门对纳税人提供的备案材料的完整性进行审核,不改变纳税人真实申报的责任"。修改为:"五、所在地县(市)税务局及同级粮食管理部门对纳税人提供的备案材料的完整性进行审核,不改变纳税人真实申报的责任。"

"七、各省、自治区、直辖市和计划单列市国家税务局，可按本公告规定，补充制定本地区承担粮食收储任务的国有粮食购销企业享受免征增值税优惠政策审核确定工作程序取消后的后续管理措施"。修改为："七、各省、自治区、直辖市和计划单列市税务局，可按本公告规定，补充制定本地区承担粮食收储任务的国有粮食购销企业享受免征增值税优惠政策审核确定工作程序取消后的后续管理措施。"

参见：《国家税务总局关于修改部分税收规范性文件的公告》（国家税务总局公告2018年第31号）。]

国家税务总局
关于发布《营业税改征增值税跨境应税行为增值税免税管理办法（试行）》的公告

（2016年5月6日　国家税务总局公告2016年第29号）

国家税务总局制定了《营业税改征增值税跨境应税行为增值税免税管理办法（试行）》，现予以公布，自2016年5月1日起施行。《国家税务总局关于重新发布〈营业税改征增值税跨境应税服务增值税免税管理办法（试行）〉的公告》（国家税务总局公告2014年第49号）同时废止。

附件：1. 跨境应税行为免税备案表（见二维码69）
　　　2. 放弃适用增值税零税率声明（见二维码69）

二维码69

营业税改征增值税跨境应税行为增值税免税管理办法（试行）

第一条　中华人民共和国境内（以下简称境内）的单位和个人（以下称纳税人）发生跨境应税行为，适用本办法。

第二条　下列跨境应税行为免征增值税：

（一）工程项目在境外的建筑服务。

工程总承包方和工程分包方为施工地点在境外的工程项目提供的建筑服务，均属于工程项目在境外的建筑服务。

（二）工程项目在境外的工程监理服务。

（三）工程、矿产资源在境外的工程勘察勘探服务。

（四）会议展览地点在境外的会议展览服务。

为客户参加在境外举办的会议、展览而提供的组织安排服务，属于会议展览地点在境外的会议展览服务。

（五）存储地点在境外的仓储服务。

（六）标的物在境外使用的有形动产租赁服务。

（七）在境外提供的广播影视节目（作品）的播映服务。

在境外提供的广播影视节目（作品）播映服务，是指在境外的影院、剧院、录像厅及其他场所播映广播影视节目（作品）。

通过境内的电台、电视台、卫星通信、互联网、有线电视等无线或者有线装置向境外播映广播影视节目（作品），不属于在境外提供的广播影视节目（作品）播映服务。

（八）在境外提供的文化体育服务、教育医疗服务、旅游服务。

在境外提供的文化体育服务和教育医疗服务，是指纳税人在境外现场提供的文化体育服务和教育医疗服务。

为参加在境外举办的科技活动、文化活动、文化演出、文化比赛、体育比赛、体育表演、体育活动而提供的组织安排服务，属于在境外提供的文化体育服务。

通过境内的电台、电视台、卫星通信、互联网、有线电视等媒体向境外单位或个人提供的文化体育服务或教育医疗服务，不属于在境外提供的文化体育服务、教育医疗服务。

（九）为出口货物提供的邮政服务、收派服务、保险服务。

1. 为出口货物提供的邮政服务，是指：

（1）寄递函件、包裹等邮件出境。

（2）向境外发行邮票。

（3）出口邮册等邮品。

2. 为出口货物提供的收派服务，是指为出境的函件、包裹提供的收件、分拣、派送服务。

纳税人为出口货物提供收派服务，免税销售额为其向寄件人收取的全部价款和价外费用。

3. 为出口货物提供的保险服务，包括出口货物保险和出口信用保险。

（十）向境外单位销售的完全在境外消费的电信服务。

纳税人向境外单位或者个人提供的电信服务，通过境外电信单位结算费用的，服务接受方为境外电信单位，属于完全在境外消费的电信服务。

（十一）向境外单位销售的完全在境外消费的知识产权服务。

服务实际接受方为境内单位或者个人的知识产权服务，不属于完全在境外消费的知识产权服务。

（十二）向境外单位销售的完全在境外消费的物流辅助服务（仓储服务、收派服务除外）。

境外单位从事国际运输和港澳台运输业务经停我国机场、码头、车站、领空、内河、海域时，纳税人向其提供的航空地面服务、港口码头服务、货运客运站场服务、打捞救助服务、装卸搬运服务，属于完全在境外消费的物流辅助服务。

（十三）向境外单位销售的完全在境外消费的鉴证咨询服务。

下列情形不属于完全在境外消费的鉴证咨询服务：

1. 服务的实际接受方为境内单位或者个人。

2. 对境内的货物或不动产进行的认证服务、鉴证服务和咨询服务。

（十四）向境外单位销售的完全在境外消费的专业技术服务。

下列情形不属于完全在境外消费的专业技术服务：

1. 服务的实际接受方为境内单位或者个人。

2. 对境内的天气情况、地震情况、海洋情况、环境和生态情况进行的气象服务、地震服务、海洋服务、环境和生态监测服务。

3. 为境内的地形地貌、地质构造、水文、矿藏等进行的测绘服务。

4. 为境内的城、乡、镇提供的城市规划服务。

（十五）向境外单位销售的完全在境外消费的商务辅助服务。

1. 纳税人向境外单位提供的代理报关服务和货物运输代理服务，属于完全在境外消费的代理报关服务和货物运输代理服务。

2. 纳税人向境外单位提供的外派海员服务，属于完全在境外消费的人力资源服务。外派海员服务，是指境内单位派出属于本单位员工的海员，为境外单位在境外提供的船舶驾驶和船舶管理等服务。

3. 纳税人以对外劳务合作方式，向境外单位提供的完全在境外发生的人力资源服务，属于完全在境外消费的人力资源服务。对外劳务合作，是指境内单位与境外单位签订劳务合作合同，按照合同约定组织和协助中国公民赴境外工作的活动。

4. 下列情形不属于完全在境外消费的商务辅助服务：

（1）服务的实际接受方为境内单位或者个人。

（2）对境内不动产的投资与资产管理服务、物业管理服务、房地产中介服务。

（3）拍卖境内货物或不动产过程中提供的经纪代理服务。

（4）为境内货物或不动产的物权纠纷提供的法律代理服务。

（5）为境内货物或不动产提供的安全保护服务。

（十六）向境外单位销售的广告投放地在境外的广告服务。

广告投放地在境外的广告服务，是指为在境外发布的广告提供的广告服务。

（十七）向境外单位销售的完全在境外消费的无形资产（技术除外）。

下列情形不属于向境外单位销售的完全在境外消费的无形资产：

1. 无形资产未完全在境外使用。

2. 所转让的自然资源使用权与境内自然资源相关。

3. 所转让的基础设施资产经营权、公共事业特许权与境内货物或不动产相关。

4. 向境外单位转让在境内销售货物、应税劳务、服务、无形资产或不动产的配额、经营权、经销权、分销权、代理权。

（十八）为境外单位之间的货币资金融通及其他金融业务提供的直接收费金融服务，且该服务与境内的货物、无形资产和不动产无关。

为境外单位之间、境外单位和个人之间的外币、人民币资金往来提供的资金清算、资金结算、金融支付、账户管理服务，属于为境外单位之间的货币资金融通及其他金融业务提供的直接收费金融服务。

（十九）属于以下情形的国际运输服务：

1. 以无运输工具承运方式提供的国际运输服务。

2. 以水路运输方式提供国际运输服务但未取得《国际船舶运输经营许可证》的。

3. 以公路运输方式提供国际运输服务但未取得《道路运输经营许可证》或者《国际汽车运输行车许可证》，或者《道路运输经营许可证》的经营范围未包括"国际运输"的。

4. 以航空运输方式提供国际运输服务但未取得《公共航空运输企业经营许可证》，或者其经营范围未包括"国际航空客货邮运输业务"的。

5. 以航空运输方式提供国际运输服务但未持有《通用航空经营许可证》，或者其经营范围未包括"公务飞行"的。

（二十）符合零税率政策但适用简易计税方法或声明放弃适用零税率选择免税的下列应税行为：

1. 国际运输服务。
2. 航天运输服务。
3. 向境外单位提供的完全在境外消费的下列服务：

（1）研发服务；

（2）合同能源管理服务；

（3）设计服务；

（4）广播影视节目（作品）的制作和发行服务；

（5）软件服务；

（6）电路设计及测试服务；

（7）信息系统服务；

（8）业务流程管理服务；

（9）离岸服务外包业务。

4. 向境外单位转让完全在境外消费的技术。

第三条　纳税人向国内海关特殊监管区域内的单位或者个人销售服务、无形资产，不属于跨境应税行为，应照章征收增值税。

第四条　2016年4月30日前签订的合同，符合《财政部　国家税务总局关于将铁路运输和邮政业纳入营业税改征增值税试点的通知》（财税〔2013〕106号）附件4和《财政部　国家税务总局关于影视等出口服务适用增值税零税率政策的通知》（财税〔2015〕118号）规定的免税政策条件的，在合同到期前可以继续享受免税政策。

第五条　纳税人发生本办法第二条所列跨境应税行为，除第（九）项、第（二十）项外，必须签订跨境销售服务或无形资产书面合同。否则，不予免征增值税。

纳税人向外国航空运输企业提供空中飞行管理服务，以中国民用航空局下发的航班计划或者中国民用航空局清算中心临时来华飞行记录，为跨境销售服务书面合同。

纳税人向外国航空运输企业提供物流辅助服务（除空中飞行管理服务外），与经中国民用航空局批准设立的外国航空运输企业常驻代表机构签订的书面合同，属于与服务接受方签订跨境销售服务书面合同。外国航空运输企业临时来华飞行，未签订跨境服务书面合同的，以中国民用航空局清算中心临时来华飞行记录为跨境销售服务书面合同。

施工地点在境外的工程项目，工程分包方应提供工程项目在境外的证明、与发包方签订的建筑合同原件及复印件等资料，作为跨境销售服务书面合同。

第六条　纳税人向境外单位销售服务或无形资产，按本办法规定免征增值税的，该项销售服务或无形资产的全部收入应从境外取得，否则，不予免征增值税。

下列情形视同从境外取得收入：

（一）纳税人向外国航空运输企业提供物流辅助服务，从中国民用航空局清算中心、中国航空结算有限责任公司或者经中国民用航空局批准设立的外国航空运输企业常驻代表机构取得的收入。

（二）纳税人与境外关联单位发生跨境应税行为，从境内第三方结算公司取得的收入。上述所称第三方结算公司，是指承担跨国企业集团内部成员单位资金集中运营管理职能的资金结算公司，包括财务公司、资金池、资金结算中心等。

（三）纳税人向外国船舶运输企业提供物流辅助服务，通过外国船舶运输企业指定的境内代理公司结算取得的收入。

（四）国家税务总局规定的其他情形。

第七条 纳税人发生跨境应税行为免征增值税的，应单独核算跨境应税行为的销售额，准确计算不得抵扣的进项税额，其免税收入不得开具增值税专用发票。

纳税人为出口货物提供收派服务，按照下列公式计算不得抵扣的进项税额：

不得抵扣的进项税额＝当期无法划分的全部进项税额×（当期简易计税方法计税项目销售额＋免征增值税项目销售额－为出口货物提供收派服务支付给境外合作方的费用）÷当期全部销售额

第八条 纳税人发生免征增值税跨境应税行为，除提供第二条第（二十）项所列服务外，应在首次享受免税的纳税申报期内或在各省、自治区、直辖市和计划单列市国家税务局规定的申报征期后的其他期限内，到主管税务机关办理跨境应税行为免税备案手续，同时提交以下备案材料：

（一）《跨境应税行为免税备案表》（附件1）；

（二）本办法第五条规定的跨境销售服务或无形资产的合同原件及复印件；

（三）提供本办法第二条第（一）项至第（八）项和第（十六）项服务，应提交服务地点在境外的证明材料原件及复印件；

（四）提供本办法第二条规定的国际运输服务，应提交实际发生相关业务的证明材料；

（五）向境外单位销售服务或无形资产，应提交服务或无形资产购买方的机构所在地在境外的证明材料；

（六）国家税务总局规定的其他资料。

第九条 纳税人发生第二条第（二十）项所列应税行为的，应在首次享受免税的纳税申报期内或在各省、自治区、直辖市和计划单列市国家税务局规定的申报征期后的其他期限内，到主管税务机关办理跨境应税行为免税备案手续，同时提交以下备案材料：

（一）已向办理增值税免抵退税或免退税的主管税务机关备案的《放弃适用增值税零税率声明》（附件2）；

（二）该项应税行为享受零税率到主管税务机关办理增值税免抵退税或免退税申报时需报送的材料和原始凭证。

第十条 按照本办法第八条规定提交备案的跨境销售服务或无形资产合同原件为外文的，应提供中文翻译件并由法定代表人（负责人）签字或者单位盖章。

纳税人无法提供本办法第八条规定的境外资料原件的，可只提供复印件，注明"复印件与原件一致"字样，并由法定代表人（负责人）签字或者单位盖章；境外资料原件为外文的，应提供中文翻译件并由法定代表人（负责人）签字或者单位盖章。

主管税务机关对提交的境外证明材料有明显疑义的，可以要求纳税人提供境外公证部门出具的证明材料。

第十一条 纳税人办理跨境应税行为免税备案手续时，主管税务机关应当根据以下情况分别做出处理：

（一）备案材料存在错误的，应当告知并允许纳税人更正。

（二）备案材料不齐全或者不符合规定形式的，应当场一次性告知纳税人补正。

（三）备案材料齐全、符合规定形式的，或者纳税人按照税务机关的要求提交全部补正备案材料的，应当受理纳税人的备案，并将有关资料原件退还纳税人。

（四）按照税务机关的要求补正后的备案材料仍不符合本办法第八、九、十条规定的，应当对纳税人的本次跨境应税行为免税备案不予受理，并将所有报送材料退还纳税人。

第十二条 主管税务机关受理或者不予受理纳税人跨境应税行为免税备案，应当出具加盖本机关专用印章和注明日期的书面凭证。

第十三条 原签订的跨境销售服务或无形资产合同发生变更，或者跨境销售服务或无形资产的有关情况发生变化，变化后仍属于本办法第二条规定的免税范围的，纳税人应向主管税务机关重新办理跨境应税行为免税备案手续。

第十四条 纳税人应当完整保存本办法第八、九、十条要求的各项材料。纳税人在税务机关后续管理中不能提供上述材料的，不得享受本办法规定的免税政策，对已享受的减免税款应予补缴，并依照《中华人民共和国税收征收管理法》的有关规定处理。

第十五条 纳税人发生跨境应税行为享受免税的，应当按规定进行纳税申报。纳税人享受免税到期或实际经营情况不再符合本办法规定的免税条件的，应当停止享受免税，并按照规定申报纳税。

第十六条 纳税人发生实际经营情况不符合本办法规定的免税条件、采用欺骗手段获取免税、或者享受减免税条件发生变化未及时向税务机关报告，以及未按照本办法规定履行相关程序自行减免税的，税务机关依照《中华人民共和国税收征收管理法》有关规定予以处理。

第十七条 税务机关应高度重视跨境应税行为增值税免税管理工作，针对纳税人的备案材料，采取案头分析、日常检查、重点稽查等方式，加强对纳税人业务真实性的核实，发现问题的，按照现行有关规定处理。

第十八条 纳税人发生的与香港、澳门、台湾有关的应税行为，参照本办法执行。

第十九条 本办法自 2016 年 5 月 1 日起施行。此前，纳税人发生符合本办法第四条规定的免税跨境应税行为，已办理免税备案手续的，不再重新办理免税备案手续。纳税人发生符合本办法第二条和第四条规定的免税跨境应税行为，未办理免税备案手续但已进行免税申报的，按照本办法规定补办备案手续；未进行免税申报的，按照本办法规定办理跨境服务备案手续后，可以申请退还已缴税款或者抵减以后的应纳税额；已开具增值税专用发票的，应将全部联次追回后方可办理跨境应税行为免税备案手续。

［注释：条款失效。

"**第八条** 纳税人发生免征增值税跨境应税行为，除提供第二条第（二十）项所列服务外，应在首次享受免税的纳税申报期内或在各省、自治区、直辖市和计划单列市国家税务局规定的申报征期后的其他期限内，到主管税务机关办理跨境应税行为免税备案手续，同时提交以下备案材料：

第九条　纳税人发生第二条第（二十）项所列应税行为的，应在首次享受免税的纳税申报期内或在各省、自治区、直辖市和计划单列市国家税务局规定的申报征期后的其他期限内，到主管税务机关办理跨境应税行为免税备案手续，同时提交以下备案材料："修改为：

"第八条　纳税人发生免征增值税跨境应税行为，除提供第二条第（二十）项所列服务外，应在首次享受免税的纳税申报期内或在各省、自治区、直辖市和计划单列市税务局规定的申报征期后的其他期限内，到主管税务机关办理跨境应税行为免税备案手续，同时提交以下备案材料：

第九条　纳税人发生第二条第（二十）项所列应税行为的，应在首次享受免税的纳税申报期内或在各省、自治区、直辖市和计划单列市税务局规定的申报征期后的其他期限内，到主管税务机关办理跨境应税行为免税备案手续，同时提交以下备案材料："

附件2《放弃适用增值税零税率声明》中"国家税务局"的内容修改为"税务局"。

参见：《国家税务总局关于修改部分税收规范性文件的公告》（国家税务总局公告2018年第31号）。]

国家税务总局
关于发布《促进残疾人就业增值税优惠政策管理办法》的公告

（2016年5月27日　国家税务总局公告2016年第33号）

为规范和完善促进残疾人就业增值税优惠政策管理，国家税务总局制定了《促进残疾人就业增值税优惠政策管理办法》，现予以公布，自2016年5月1日起施行。

附件：安置残疾人纳税人申请增值税退税声明（见二维码70）

二维码70

促进残疾人就业增值税优惠政策管理办法

第一条　为加强促进残疾人就业增值税优惠政策管理，根据《财政部　国家税务总局关于促进残疾人就业增值税优惠政策的通知》（财税〔2016〕52号）、《国家税务总局关于发布〈税收减免管理办法〉的公告》（国家税务总局公告2015年第43号）及有关规定，制定本办法。

第二条　纳税人享受安置残疾人增值税即征即退优惠政策，适用本办法规定。

本办法所指纳税人，是指安置残疾人的单位和个体工商户。

第三条　纳税人首次申请享受税收优惠政策，应向主管税务机关提供以下备案资料：

（一）《税务资格备案表》。

（二）安置的残疾人的《中华人民共和国残疾人证》或者《中华人民共和国残疾军人证（1至8级）》复印件，注明与原件一致，并逐页加盖公章。安置精神残疾人的，提供精神残疾人同意就业的书面声明以及其法定监护人签字或印章的证明精神残疾人具有劳动条件和劳动意愿的书面材料。

（三）安置的残疾人的身份证明复印件，注明与原件一致，并逐页加盖公章。

第四条 主管税务机关受理备案后，应将全部《中华人民共和国残疾人证》或者《中华人民共和国残疾军人证（1至8级）》信息以及所安置残疾人的身份证明信息录入征管系统。

第五条 纳税人提供的备案资料发生变化的，应于发生变化之日起15日内就变化情况向主管税务机关办理备案。

第六条 纳税人申请退还增值税时，需报送如下资料：

（一）《退（抵）税申请审批表》。

（二）《安置残疾人纳税人申请增值税退税声明》（见附件）。

（三）当期为残疾人缴纳社会保险费凭证的复印件及由纳税人加盖公章确认的注明缴纳人员、缴纳金额、缴纳期间的明细表。

（四）当期由银行等金融机构或纳税人加盖公章的按月为残疾人支付工资的清单。

特殊教育学校举办的企业，申请退还增值税时，不提供资料（三）和资料（四）。

第七条 纳税人申请享受税收优惠政策，应对报送资料的真实性和合法性承担法律责任。主管税务机关对纳税人提供资料的完整性和增值税退税额计算的准确性进行审核。

第八条 主管税务机关受理退税申请后，查询纳税人的纳税信用等级，对符合信用条件的，审核计算应退增值税额，并按规定办理退税。

第九条 纳税人本期应退增值税额按以下公式计算：

本期应退增值税额＝本期所含月份每月应退增值税额之和

月应退增值税额＝纳税人本月安置残疾人员人数×本月月最低工资标准的4倍

月最低工资标准，是指纳税人所在区县（含县级市、旗）适用的经省（含自治区、直辖市、计划单列市）人民政府批准的月最低工资标准。

纳税人本期已缴增值税额小于本期应退税额不足退还的，可在本年度内以前纳税期已缴增值税额扣除已退增值税额的余额中退还，仍不足退还的可结转本年度内以后纳税期退还。年度已缴增值税额小于或等于年度应退税额的，退税额为年度已缴增值税额；年度已缴增值税额大于年度应退税额的，退税额为年度应退税额。年度已缴增值税额不足退还的，不得结转以后年度退还。

第十条 纳税人新安置的残疾人从签订劳动合同并缴纳社会保险的次月起计算，其他职工从录用的次月起计算；安置的残疾人和其他职工减少的，从减少当月计算。

第十一条 主管税务机关应于每年2月底之前，在其网站或办税服务厅，将本地区上一年度享受安置残疾人增值税优惠政策的纳税人信息，按下列项目予以公示：纳税人名称、纳税人识别号、法人代表、计算退税的残疾人职工人次等。

第十二条 享受促进残疾人就业增值税优惠政策的纳税人，对能证明或印证符合政策规定条件的相关材料负有留存备查义务。纳税人在税务机关后续管理中不能提供相关材料的，不得继续享受优惠政策。税务机关应追缴其相应纳税期内已享受的增值税退税，并依照税收征管法及其实施细则的有关规定处理。

第十三条 各地税务机关要加强税收优惠政策落实情况的后续管理，对纳税人进行定期或不定期检查。检查发现纳税人不符合财税〔2016〕52号文件规定的，按有关规定予以处理。

第十四条 本办法实施前已办理税收优惠资格备案的纳税人，主管税务机关应检查其已备案资料是否满足本办法第三条规定，残疾人信息是否已按第四条规定录入信息系统，如有缺失，应要求纳税人补充报送备案资料，补录信息。

第十五条 各省、自治区、直辖市和计划单列市国家税务局，应定期或不定期在征管系统中对残疾人信息进行比对，发现异常的，按相关规定处理。

第十六条 本办法自2016年5月1日起施行。

[注释：条款失效。"第十五条　各省、自治区、直辖市和计划单列市国家税务局，应定期或不定期在征管系统中对残疾人信息进行比对，发现异常的，按相关规定处理"。修改为："第十五条　各省、自治区、直辖市和计划单列市税务局，应定期或不定期在征管系统中对残疾人信息进行比对，发现异常的，按相关规定处理。"参见：《国家税务总局关于修改部分税收规范性文件的公告》（国家税务总局公告2018年第31号）。]

国家税务总局
关于跨境应税行为免税备案等增值税问题的公告

（2017年8月14日　国家税务总局公告2017年第30号）

现将跨境应税行为免税备案等增值税问题公告如下：

一、纳税人发生跨境应税行为，按照《国家税务总局关于发布〈营业税改征增值税跨境应税行为增值税免税管理办法（试行）〉的公告》（国家税务总局公告2016年第29号）的规定办理免税备案手续后发生的相同跨境应税行为，不再办理备案手续。纳税人应当完整保存相关免税证明材料备查。纳税人在税务机关后续管理中不能提供上述材料的，不得享受相关免税政策，对已享受的减免税款应予补缴，并依照《中华人民共和国税收征收管理法》的有关规定处理。

二、纳税人以承运人身份与托运人签订运输服务合同，收取运费并承担承运人责任，然后委托实际承运人完成全部或部分运输服务时，自行采购并交给实际承运人使用的成品油和支付的道路、桥、闸通行费，同时符合下列条件的，其进项税额准予从销项税额中抵扣：

（一）成品油和道路、桥、闸通行费，应用于纳税人委托实际承运人完成的运输服务；

（二）取得的增值税扣税凭证符合现行规定。

三、其他个人委托房屋中介、住房租赁企业等单位出租不动产，需要向承租方开具增值税发票的，可以由受托单位代其向主管地税机关按规定申请代开增值税发票。

四、自2018年1月1日起，金融机构开展贴现、转贴现业务需要就贴现利息开具发票的，由贴现机构按照票据贴现利息全额向贴现人开具增值税普通发票，转贴现机构按照转贴现利息全额向贴现机构开具增值税普通发票。

五、本公告除第四条外，自2017年9月1日起施行，此前已发生未处理的事项，按照本公告规定执行。

[注释：条款失效。"三、其他个人委托房屋中介、住房租赁企业等单位出租不动产，

需要向承租方开具增值税发票的,可以由受托单位代其向主管地税机关按规定申请代开增值税发票"。修改为:"三、其他个人委托房屋中介、住房租赁企业等单位出租不动产,需要向承租方开具增值税发票的,可以由受托单位代其向主管税务机关代开增值税发票。"参见:《国家税务总局关于修改部分税收规范性文件的公告》(国家税务总局公告2018年第31号)。]

国家税务总局 人力资源社会保障部 国务院扶贫办 教育部关于实施支持和促进重点群体创业就业有关税收政策具体操作问题的公告

(2019年2月26日 国家税务总局公告2019年第10号)

为贯彻落实《财政部 税务总局 人力资源社会保障部 国务院扶贫办关于进一步支持和促进重点群体创业就业有关税收政策的通知》(财税〔2019〕22号)精神,现就具体操作问题公告如下:

一、重点群体个体经营税收政策

(一)申请

1. 建档立卡贫困人口从事个体经营的,向主管税务机关申报纳税时享受优惠。

2. 登记失业半年以上的人员,零就业家庭、享受城市居民最低生活保障家庭劳动年龄的登记失业人员,以及毕业年度内高校毕业生,可持《就业创业证》(或《就业失业登记证》,下同)、个体工商户登记执照(未完成"两证整合"的还须持《税务登记证》)向创业地县以上(含县级,下同)人力资源社会保障部门提出申请。县以上人力资源社会保障部门应当按照财税〔2019〕22号文件的规定,核实其是否享受过重点群体创业就业税收优惠政策。对符合财税〔2019〕22号文件规定条件的人员在《就业创业证》上注明"自主创业税收政策"或"毕业年度内自主创业税收政策"。

(二)税款减免顺序及额度

重点群体从事个体经营的,按照财税〔2019〕22号文件第一条的规定,在年度减免税限额内,依次扣减增值税、城市维护建设税、教育费附加、地方教育附加和个人所得税。城市维护建设税、教育费附加、地方教育附加的计税依据是享受本项税收优惠政策前的增值税应纳税额。

纳税人的实际经营期不足1年的,应当以实际月数换算其减免税限额。换算公式为:减免税限额=年度减免税限额÷12×实际经营月数

纳税人实际应缴纳的增值税、城市维护建设税、教育费附加、地方教育附加和个人所得税小于减免税限额的,以实际应缴纳的增值税、城市维护建设税、教育费附加、地方教育附加和个人所得税税额为限;实际应缴纳的增值税、城市维护建设税、教育费附加、地方教育附加和个人所得税大于减免税限额的,以减免税限额为限。

(三)税收减免管理

登记失业半年以上的人员,零就业家庭、城市低保家庭的登记失业人员,以及毕业年度

内高校毕业生享受本项税收优惠的，由其留存《就业创业证》（注明"自主创业税收政策"或"毕业年度内自主创业税收政策"）备查，建档立卡贫困人口无需留存资料备查。

二、企业招用重点群体税收政策

（一）申请

享受招用重点群体就业税收优惠政策的企业，持下列材料向县以上人力资源社会保障部门递交申请：

1. 招用人员持有的《就业创业证》（建档立卡贫困人口不需提供）。

2. 企业与招用重点群体签订的劳动合同（副本），企业依法为重点群体缴纳的社会保险记录。通过内部信息共享、数据比对等方式审核的地方，可不再要求企业提供缴纳社会保险记录。

县以上人力资源社会保障部门接到企业报送的材料后，重点核实以下情况：

1. 招用人员是否属于享受税收优惠政策的人员范围，以前是否已享受过重点群体创业就业税收优惠政策。

2. 企业是否与招用人员签订了1年以上期限劳动合同，并依法为招用人员缴纳社会保险。

核实后，对持有《就业创业证》的重点群体，在其《就业创业证》上注明"企业吸纳税收政策"；对符合条件的企业核发《企业吸纳重点群体就业认定证明》。

招用人员发生变化的，应向人力资源社会保障部门办理变更申请。

本公告所称企业是指属于增值税纳税人或企业所得税纳税人的企业等单位。

（二）税款减免顺序及额度

1. 纳税人按本单位招用重点群体的人数及其实际工作月数核算本单位减免税总额，在减免税总额内每月依次扣减增值税、城市维护建设税、教育费附加和地方教育附加。城市维护建设税、教育费附加、地方教育附加的计税依据是享受本项税收优惠政策前的增值税应纳税额。

纳税人实际应缴纳的增值税、城市维护建设税、教育费附加和地方教育附加小于核算的减免税总额的，以实际应缴纳的增值税、城市维护建设税、教育费附加、地方教育附加为限；实际应缴纳的增值税、城市维护建设税、教育费附加和地方教育附加大于核算的减免税总额的，以核算的减免税总额为限。纳税年度终了，如果纳税人实际减免的增值税、城市维护建设税、教育费附加和地方教育附加小于核算的减免税总额，纳税人在企业所得税汇算清缴时，以差额部分扣减企业所得税。当年扣减不完的，不再结转以后年度扣减。

享受优惠政策当年，重点群体人员工作不满1年的，应当以实际月数换算其减免税总额。

减免税总额 = Σ每名重点群体人员本年度在本企业工作月数 ÷ 12 × 具体定额标准

2. 第2年及以后年度当年新招用人员、原招用人员及其工作时间按上述程序和办法执行。计算每名重点群体人员享受税收优惠政策的期限最长不超过36个月。

（三）税收减免管理

企业招用重点群体享受本项优惠的，由企业留存以下材料备查：

1. 享受税收优惠政策的登记失业半年以上的人员、零就业家庭、城市低保家庭的登记失业人员，以及毕业年度内高校毕业生的《就业创业证》（注明"企业吸纳税收政策"）。

2. 县以上人力资源社会保障部门核发的《企业吸纳重点群体就业认定证明》。

3. 《重点群体人员本年度实际工作时间表》（见附件）。

三、凭《就业创业证》享受上述优惠政策的人员，按以下规定申领《就业创业证》

（一）失业人员在常住地公共就业服务机构进行失业登记，申领《就业创业证》。对其中的零就业家庭、城市低保家庭的登记失业人员，公共就业服务机构应在其《就业创业证》上予以注明。

（二）毕业年度内高校毕业生在校期间凭学生证向公共就业服务机构申领《就业创业证》，或委托所在高校就业指导中心向公共就业服务机构代为申领《就业创业证》；毕业年度内高校毕业生离校后可凭毕业证直接向公共就业服务机构按规定申领《就业创业证》。

四、税收优惠政策管理

（一）严格各项凭证的审核发放。任何单位或个人不得伪造、涂改、转让、出租相关凭证，违者将依法予以惩处；对出借、转让《就业创业证》的人员，主管人力资源社会保障部门要收回其《就业创业证》并记录在案；对采取上述手段已经获取减免税的企业和个人，主管税务机关要追缴其已减免的税款，并依法予以处理。

（二）《就业创业证》采用实名制，限持证者本人使用。创业人员从事个体经营的，《就业创业证》由本人保管；被用人单位招用的，享受税收优惠政策期间，证件由用人单位保管。《就业创业证》由人力资源社会保障部统一样式，各省、自治区、直辖市人力资源社会保障部门负责印制，作为审核劳动者就业失业状况和享受政策情况的有效凭证。

（三）《企业吸纳重点群体就业认定证明》由人力资源社会保障部统一样式，各省、自治区、直辖市人力资源社会保障部门统一印制，统一编号备案，相关信息由当地人力资源社会保障部门按需提供给税务部门。

（四）县以上人力资源社会保障、税务部门及扶贫办要建立劳动者就业信息交换和协查制度。人力资源社会保障部建立全国《就业创业证》查询系统（http：//jyjc.mohrss.gov.cn），供各级人力资源社会保障、财政、税务部门查询《就业创业证》信息。国务院扶贫办建立全国统一的全国扶贫开发信息系统，供各级扶贫办、人力资源社会保障、财政、税务部门查询建档立卡贫困人口身份等相关信息。

（五）各级税务机关对《就业创业证》或建档立卡贫困人口身份有疑问的，可提请同级人力资源社会保障部门、扶贫办予以协查，同级人力资源社会保障部门、扶贫办应根据具体情况规定合理的工作时限，并在时限内将协查结果通报提请协查的税务机关。

五、本公告自 2019 年 1 月 1 日起施行。《国家税务总局　财政部　人力资源社会保障部　教育部　民政部关于继续实施支持和促进重点群体创业就业有关税收政策具体操作问题的公告》（国家税务总局公告 2017 年第 27 号）同时废止。

二维码71

附件：重点群体人员本年度实际工作时间表（样表）（见二维码71）

国家税务总局
关于发布《研发机构采购国产设备增值税退税管理办法》的公告

（2020年3月11日　国家税务总局公告2020年第6号）

根据《财政部　商务部　税务总局关于继续执行研发机构采购设备增值税政策的公告》（2019年第91号）规定，经商财政部，税务总局制定了《研发机构采购国产设备增值税退税管理办法》，现予以发布。《国家税务总局关于发布〈研发机构采购国产设备增值税退税管理办法〉的公告》（2017年第5号，2018年第31号修改）到期停止执行。

研发机构采购国产设备增值税退税管理办法

第一条　为规范研发机构采购国产设备增值税退税管理，根据《财政部　商务部　税务总局关于继续执行研发机构采购设备增值税政策的公告》（2019年第91号，以下简称"91号公告"）规定，制定本办法。

第二条　符合条件的研发机构（以下简称"研发机构"）采购国产设备，按照本办法全额退还增值税（以下简称"采购国产设备退税"）。

第三条　本办法第二条所称研发机构、国产设备的具体条件和范围，按照91号公告规定执行。

第四条　主管研发机构退税的税务机关（以下简称"主管税务机关"）负责办理研发机构采购国产设备退税的备案、审核、核准及后续管理工作。

第五条　研发机构享受采购国产设备退税政策，应于首次申报退税时，持以下资料向主管税务机关办理退税备案手续：

（一）符合91号公告第一条、第二条规定的研发机构资质证明资料。

（二）内容填写真实、完整的《出口退（免）税备案表》。该备案表在《国家税务总局关于出口退（免）税申报有关问题的公告》（2018年第16号）发布。其中，"企业类型"选择"其他单位"；"出口退（免）税管理类型"依据资质证明材料填写"内资研发机构（简写：内资机构）"或"外资研发中心（简写：外资中心）"；其他栏次按填表说明填写。

（三）主管税务机关要求提供的其他资料。

本办法下发前，已办理采购国产设备退税备案的研发机构，无需再次办理备案。

第六条　研发机构备案资料齐全，《出口退（免）税备案表》填写内容符合要求，签字、印章完整的，主管税务机关应当予以备案。备案资料或填写内容不符合要求的，主管税务机关应一次性告知研发机构，待其补正后再予备案。

第七条　已办理备案的研发机构，《出口退（免）税备案表》中内容发生变更的，须自变更之日起30日内，持相关资料向主管税务机关办理备案变更。

第八条 研发机构发生解散、破产、撤销以及其他依法应终止采购国产设备退税事项的，应持相关资料向主管税务机关办理备案撤回。主管税务机关应按规定结清退税款后，办理备案撤回。

研发机构办理注销税务登记的，应先向主管税务机关办理退税备案撤回。

第九条 外资研发中心因自身条件发生变化不再符合91号公告第二条规定条件的，应自条件变化之日起30日内办理退税备案撤回，并自条件变化之日起，停止享受采购国产设备退税政策。未按照规定办理退税备案撤回，并继续申报采购国产设备退税的，依照本办法第十九条规定处理。

第十条 研发机构新设、变更或者撤销的，主管税务机关应根据核定研发机构的牵头部门提供的名单及注明的相关资质起止时间，办理有关退税事项。

第十一条 研发机构采购国产设备退税的申报期限，为采购国产设备之日（以发票开具日期为准）次月1日起至次年4月30日前的各增值税纳税申报期。

2019年研发机构采购国产设备退税申报期限延长至2020年8月31日前的各增值税纳税申报期。

第十二条 已备案的研发机构应在退税申报期内，凭下列资料向主管税务机关办理采购国产设备退税：

（一）《购进自用货物退税申报表》。该表在《国家税务总局关于发布〈出口货物劳务增值税和消费税管理办法〉的公告》（2012年第24号）发布。填写该表时，应在备注栏填写"科技开发、科学研究、教学设备"。

（二）采购国产设备合同。

（三）增值税专用发票，或者开具时间为2019年1月1日至本办法发布之日前的增值税普通发票（不含增值税普通发票中的卷票，下同）。

（四）主管税务机关要求提供的其他资料。

上述增值税专用发票，在增值税发票综合服务平台上线后，应当已通过增值税发票综合服务平台确认用途为"用于出口退税"；在增值税发票综合服务平台上线前，应当已经扫描认证通过，或者已通过增值税发票选择确认平台勾选确认。

第十三条 属于增值税一般纳税人的研发机构申报采购国产设备退税，主管税务机关经审核符合规定的，应按规定办理退税。

研发机构申报采购国产设备退税，属于下列情形之一的，主管税务机关应采取发函调查或其他方式调查，在确认增值税发票真实、发票所列设备已按规定申报纳税后，方可办理退税：

（一）审核中发现疑点，经核实仍不能排除疑点的。

（二）增值税一般纳税人使用增值税普通发票申报退税的。

（三）非增值税一般纳税人申报退税的。

第十四条 研发机构采购国产设备的应退税额，为增值税发票上注明的税额。

第十五条 研发机构采购国产设备取得的增值税专用发票，已用于进项税额抵扣的，不得申报退税；已用于退税的，不得用于进项税额抵扣。

第十六条 主管税务机关应建立研发机构采购国产设备退税情况台账，记录国产设备的型号、发票开具时间、价格、已退税额等情况。

第十七条 已办理增值税退税的国产设备，自增值税发票开具之日起3年内，设备所有权转移或移作他用的,研发机构须按照下列计算公式,向主管税务机关补缴已退税款。

应补缴税款 = 增值税发票上注明的税额 ×（设备折余价值 ÷ 设备原值）

设备折余价值 = 增值税发票上注明的金额 - 累计已提折旧

累计已提折旧按照企业所得税法的有关规定计算。

第十八条 研发机构涉及重大税收违法失信案件,按照《国家税务总局关于发布〈重大税收违法失信案件信息公布办法〉的公告》(2018年第54号)被公布信息的,研发机构应自案件信息公布之日起,停止享受采购国产设备退税政策,并在30日内办理退税备案撤回。研发机构违法失信案件信息停止公布并从公告栏撤出的,自信息撤出之日起,研发机构可重新办理采购国产设备退税备案,其采购的国产设备可继续享受退税政策。未按照规定办理退税备案撤回,并继续申报采购国产设备退税的,依照本办法第十九条规定处理。

第十九条 研发机构采取假冒采购国产设备退税资格、虚构采购国产设备业务、增值税发票既申报抵扣又申报退税、提供虚假退税申报资料等手段,骗取采购国产设备退税的,主管税务机关应追回已退税款,并依照税收征收管理法的有关规定处理。

第二十条 本办法未明确的其他退税管理事项,比照出口退税有关规定执行。

第二十一条 本办法施行期限为2019年1月1日至2020年12月31日,以增值税发票的开具日期为准。

六、增值税会计核算相关政策

财政部
关于印发《增值税会计处理规定》的通知

(2016年12月3日 财会〔2016〕22号)

国务院有关部委,有关中央管理企业,各省、自治区、直辖市、计划单列市财政厅（局）,新疆生产建设兵团财务局,财政部驻各省、自治区、直辖市、计划单列市财政监察专员办事处：

为进一步规范增值税会计处理,促进《关于全面推开营业税改征增值税试点的通知》(财税〔2016〕36号)的贯彻落实,我们制定了《增值税会计处理规定》,现印发给你们,请遵照执行。

附件：增值税会计处理规定

附件：

增值税会计处理规定

根据《中华人民共和国增值税暂行条例》和《关于全面推开营业税改征增值税试点的

通知》(财税〔2016〕36号)等有关规定,现对增值税有关会计处理规定如下:

一、会计科目及专栏设置

增值税一般纳税人应当在"应交税费"科目下设置"应交增值税""未交增值税""预交增值税""待抵扣进项税额""待认证进项税额""待转销项税额""增值税留抵税额""简易计税""转让金融商品应交增值税""代扣代交增值税"等明细科目。

(一)增值税一般纳税人应在"应交增值税"明细账内设置"进项税额""销项税额抵减""已交税金""转出未交增值税""减免税款""出口抵减内销产品应纳税额""销项税额""出口退税""进项税额转出""转出多交增值税"等专栏。其中:

1. "进项税额"专栏,记录一般纳税人购进货物、加工修理修配劳务、服务、无形资产或不动产而支付或负担的、准予从当期销项税额中抵扣的增值税额;

2. "销项税额抵减"专栏,记录一般纳税人按照现行增值税制度规定因扣减销售额而减少的销项税额;

3. "已交税金"专栏,记录一般纳税人当月已交纳的应交增值税额;

4. "转出未交增值税"和"转出多交增值税"专栏,分别记录一般纳税人月度终了转出当月应交未交或多交的增值税额;

5. "减免税款"专栏,记录一般纳税人按现行增值税制度规定准予减免的增值税额;

6. "出口抵减内销产品应纳税额"专栏,记录实行"免、抵、退"办法的一般纳税人按规定计算的出口货物的进项税抵减内销产品的应纳税额;

7. "销项税额"专栏,记录一般纳税人销售货物、加工修理修配劳务、服务、无形资产或不动产应收取的增值税额;

8. "出口退税"专栏,记录一般纳税人出口货物、加工修理修配劳务、服务、无形资产按规定退回的增值税额;

9. "进项税额转出"专栏,记录一般纳税人购进货物、加工修理修配劳务、服务、无形资产或不动产等发生非正常损失以及其他原因而不应从销项税额中抵扣、按规定转出的进项税额。

(二)"未交增值税"明细科目,核算一般纳税人月度终了从"应交增值税"或"预交增值税"明细科目转入当月应交未交、多交或预缴的增值税额,以及当月交纳以前期间未交的增值税额。

(三)"预交增值税"明细科目,核算一般纳税人转让不动产、提供不动产经营租赁服务、提供建筑服务、采用预收款方式销售自行开发的房地产项目等,以及其他按现行增值税制度规定应预缴的增值税额。

(四)"待抵扣进项税额"明细科目,核算一般纳税人已取得增值税扣税凭证并经税务机关认证,按照现行增值税制度规定准予以后期间从销项税额中抵扣的进项税额。包括:一般纳税人自2016年5月1日后取得并按固定资产核算的不动产或者2016年5月1日后取得的不动产在建工程,按现行增值税制度规定准予以后期间从销项税额中抵扣的进项税额;实行纳税辅导期管理的一般纳税人取得的尚未交叉稽核比对的增值税扣税凭证上注明或计算的进项税额。

(五)"待认证进项税额"明细科目,核算一般纳税人由于未经税务机关认证而不得从当期销项税额中抵扣的进项税额。包括:一般纳税人已取得增值税扣税凭证、按照现行增值税制度规定准予从销项税额中抵扣,但尚未经税务机关认证的进项税额;一般纳税人已申请稽核但尚未取得稽核相符结果的海关缴款书进项税额。

（六）"待转销项税额"明细科目，核算一般纳税人销售货物、加工修理修配劳务、服务、无形资产或不动产，已确认相关收入（或利得）但尚未发生增值税纳税义务而需于以后期间确认为销项税额的增值税额。

（七）"增值税留抵税额"明细科目，核算兼有销售服务、无形资产或者不动产的原增值税一般纳税人，截止到纳入营改增试点之日前的增值税期末留抵税额按照现行增值税制度规定不得从销售服务、无形资产或不动产的销项税额中抵扣的增值税留抵税额。

（八）"简易计税"明细科目，核算一般纳税人采用简易计税方法发生的增值税计提、扣减、预缴、缴纳等业务。

（九）"转让金融商品应交增值税"明细科目，核算增值税纳税人转让金融商品发生的增值税额。

（十）"代扣代交增值税"明细科目，核算纳税人购进在境内未设经营机构的境外单位或个人在境内的应税行为代扣代缴的增值税。

小规模纳税人只需在"应交税费"科目下设置"应交增值税"明细科目，不需要设置上述专栏及除"转让金融商品应交增值税""代扣代交增值税"外的明细科目。

二、账务处理

（一）取得资产或接受劳务等业务的账务处理。

1. 采购等业务进项税额允许抵扣的账务处理。一般纳税人购进货物、加工修理修配劳务、服务、无形资产或不动产，按应计入相关成本费用或资产的金额，借记"在途物资"或"原材料""库存商品""生产成本""无形资产""固定资产""管理费用"等科目，按当月已认证的可抵扣增值税额，借记"应交税费——应交增值税（进项税额）"科目，按当月未认证的可抵扣增值税额，借记"应交税费——待认证进项税额"科目，按应付或实际支付的金额，贷记"应付账款""应付票据""银行存款"等科目。发生退货的，如原增值税专用发票已做认证，应根据税务机关开具的红字增值税专用发票做相反的会计分录；如原增值税专用发票未做认证，应将发票退回并做相反的会计分录。

2. 采购等业务进项税额不得抵扣的账务处理。一般纳税人购进货物、加工修理修配劳务、服务、无形资产或不动产，用于简易计税方法计税项目、免征增值税项目、集体福利或个人消费等，其进项税额按照现行增值税制度规定不得从销项税额中抵扣的，取得增值税专用发票时，应借记相关成本费用或资产科目，借记"应交税费——待认证进项税额"科目，贷记"银行存款""应付账款"等科目，经税务机关认证后，应借记相关成本费用或资产科目，贷记"应交税费——应交增值税（进项税额转出）"科目。

3. 购进不动产或不动产在建工程按规定进项税额分年抵扣的账务处理。一般纳税人自2016年5月1日后取得并按固定资产核算的不动产或者2016年5月1日后取得的不动产在建工程，其进项税额按现行增值税制度规定自取得之日起分2年从销项税额中抵扣的，应当按取得成本，借记"固定资产""在建工程"等科目，按当期可抵扣的增值税额，借记"应交税费——应交增值税（进项税额）"科目，按以后期间可抵扣的增值税额，借记"应交税费——待抵扣进项税额"科目，按应付或实际支付的金额，贷记"应付账款""应付票据""银行存款"等科目。尚未抵扣的进项税额待以后期间允许抵扣时，按允许抵扣的金额，借记"应交税费——应交增值税（进项税额）"科目，贷记"应交税费——待抵扣进项税额"

科目。

4. 货物等已验收入库但尚未取得增值税扣税凭证的账务处理。一般纳税人购进的货物等已到达并验收入库，但尚未收到增值税扣税凭证并未付款的，应在月末按货物清单或相关合同协议上的价格暂估入账，不需要将增值税的进项税额暂估入账。下月初，用红字冲销原暂估入账金额，待取得相关增值税扣税凭证并经认证后，按应计入相关成本费用或资产的金额，借记"原材料""库存商品""固定资产""无形资产"等科目，按可抵扣的增值税额，借记"应交税费——应交增值税（进项税额）"科目，按应付金额，贷记"应付账款"等科目。

5. 小规模纳税人采购等业务的账务处理。小规模纳税人购买物资、服务、无形资产或不动产，取得增值税专用发票上注明的增值税应计入相关成本费用或资产，不通过"应交税费——应交增值税"科目核算。

6. 购买方作为扣缴义务人的账务处理。按照现行增值税制度规定，境外单位或个人在境内发生应税行为，在境内未设有经营机构的，以购买方为增值税扣缴义务人。境内一般纳税人购进服务、无形资产或不动产，按应计入相关成本费用或资产的金额，借记"生产成本""无形资产""固定资产""管理费用"等科目，按可抵扣的增值税额，借记"应交税费——进项税额"科目（小规模纳税人应借记相关成本费用或资产科目），按应付或实际支付的金额，贷记"应付账款"等科目，按应代扣代缴的增值税额，贷记"应交税费——代扣代交增值税"科目。实际缴纳代扣代缴增值税时，按代扣代缴的增值税额，借记"应交税费——代扣代交增值税"科目，贷记"银行存款"科目。

（二）销售等业务的账务处理。

1. 销售业务的账务处理。企业销售货物、加工修理修配劳务、服务、无形资产或不动产，应当按应收或已收的金额，借记"应收账款""应收票据""银行存款"等科目，按取得的收入金额，贷记"主营业务收入""其他业务收入""固定资产清理""工程结算"等科目，按现行增值税制度规定计算的销项税额（或采用简易计税方法计算的应纳增值税额），贷记"应交税费——应交增值税（销项税额）"或"应交税费——简易计税"科目（小规模纳税人应贷记"应交税费——应交增值税"科目）。发生销售退回的，应根据按规定开具的红字增值税专用发票做相反的会计分录。

按照国家统一的会计制度确认收入或利得的时点早于按照增值税制度确认增值税纳税义务发生时点的，应将相关销项税额计入"应交税费——待转销项税额"科目，待实际发生纳税义务时再转入"应交税费——应交增值税（销项税额）"或"应交税费——简易计税"科目。

按照增值税制度确认增值税纳税义务发生时点早于按照国家统一的会计制度确认收入或利得的时点的，应将应纳增值税额，借记"应收账款"科目，贷记"应交税费——应交增值税（销项税额）"或"应交税费——简易计税"科目，按照国家统一的会计制度确认收入或利得时，应按扣除增值税销项税额后的金额确认收入。

2. 视同销售的账务处理。企业发生税法上视同销售的行为，应当按照企业会计准则制度相关规定进行相应的会计处理，并按照现行增值税制度规定计算的销项税额（或采用简易计税方法计算的应纳增值税额），借记"应付职工薪酬""利润分配"等科目，贷记"应交税费——应交增值税（销项税额）"或"应交税费——简易计税"科目（小规模纳税人应计入"应交税费——应交增值税"科目)。

3. 全面试行营业税改征增值税前已确认收入，此后产生增值税纳税义务的账务处理。企业营业税改征增值税前已确认收入，但因未产生营业税纳税义务而未计提营业税的，在达到增值税纳税义务时点时，企业应在确认应交增值税销项税额的同时冲减当期收入；已经计提营业税且未缴纳的，在达到增值税纳税义务时点时，应借记"应交税费——应交营业税""应交税费——应交城市维护建设税""应交税费——应交教育费附加"等科目，贷记"主营业务收入"科目，并根据调整后的收入计算确定计入"应交税费——待转销项税额"科目的金额，同时冲减收入。

全面试行营业税改征增值税后，"营业税金及附加"科目名称调整为"税金及附加"科目，该科目核算企业经营活动发生的消费税、城市维护建设税、资源税、教育费附加及房产税、土地使用税、车船使用税、印花税等相关税费；利润表中的"营业税金及附加"项目调整为"税金及附加"项目。

（三）差额征税的账务处理。

1. 企业发生相关成本费用允许扣减销售额的账务处理。按现行增值税制度规定企业发生相关成本费用允许扣减销售额的，发生成本费用时，按应付或实际支付的金额，借记"主营业务成本""存货""工程施工"等科目，贷记"应付账款""应付票据""银行存款"等科目。待取得合规增值税扣税凭证且纳税义务发生时，按照允许抵扣的税额，借记"应交税费——应交增值税（销项税额抵减）"或"应交税费——简易计税"科目（小规模纳税人应借记"应交税费——应交增值税"科目），贷记"主营业务成本""存货""工程施工"等科目。

2. 金融商品转让按规定以盈亏相抵后的余额作为销售额的账务处理。金融商品实际转让月末，如产生转让收益，则按应纳税额借记"投资收益"等科目，贷记"应交税费——转让金融商品应交增值税"科目；如产生转让损失，则按可结转下月抵扣税额，借记"应交税费——转让金融商品应交增值税"科目，贷记"投资收益"等科目。交纳增值税时，应借记"应交税费——转让金融商品应交增值税"科目，贷记"银行存款"科目。年末，本科目如有借方余额，则借记"投资收益"等科目，贷记"应交税费——转让金融商品应交增值税"科目。

（四）出口退税的账务处理。

为核算纳税人出口货物应收取的出口退税款，设置"应收出口退税款"科目，该科目借方反映销售出口货物按规定向税务机关申报应退回的增值税、消费税等，贷方反映实际收到的出口货物应退回的增值税、消费税等。期末借方余额，反映尚未收到的应退税额。

1. 未实行"免、抵、退"办法的一般纳税人出口货物按规定退税的，按规定计算的应收出口退税额，借记"应收出口退税款"科目，贷记"应交税费——应交增值税（出口退税）"科目，收到出口退税时，借记"银行存款"科目，贷记"应收出口退税款"科目；退税额低于购进时取得的增值税专用发票上的增值税额的差额，借记"主营业务成本"科目，贷记"应交税费——应交增值税（进项税额转出）"科目。

2. 实行"免、抵、退"办法的一般纳税人出口货物，在货物出口销售后结转产品销售成本时，按规定计算的退税额低于购进时取得的增值税专用发票上的增值税额的差额，借记"主营业务成本"科目，贷记"应交税费——应交增值税（进项税额转出）"科目；按规定计算的当期出口货物的进项税抵减内销产品的应纳税额，借记"应交税费——应交增值税（出口抵减内销产品应纳税额）"科目，贷记"应交税费——应交增值税（出口退税）"科目。在规定期限内，内销产品的应纳税额不足以抵减出口货物的进项税额，不足部分按有关税法规定给予退税的，应在实际收到退税款时，借记"银行存款"科目，贷记"应交税费——应交增值税（出口退税）"科目。

（五）进项税额抵扣情况发生改变的账务处理。

因发生非正常损失或改变用途等，原已计入进项税额、待抵扣进项税额或待认证进项税额，但按现行增值税制度规定不得从销项税额中抵扣的，借记"待处理财产损溢""应付职工薪酬""固定资产""无形资产"等科目，贷记"应交税费——应交增值税（进项税额转出）""应交税费——待抵扣进项税额"或"应交税费——待认证进项税额"科目；原不得抵扣且未抵扣进项税额的固定资产、无形资产等，因改变用途等用于允许抵扣进项税额的应税项目的，应按允许抵扣的进项税额，借记"应交税费——应交增值税（进项税额）"科目，贷记"固定资产""无形资产"等科目。固定资产、无形资产等经上述调整后，应按调整后的账面价值在剩余尚可使用寿命内计提折旧或摊销。

一般纳税人购进时已全额计提进项税额的货物或服务等转用于不动产在建工程的，对于结转以后期间的进项税额，应借记"应交税费——待抵扣进项税额"科目，贷记"应交税费——应交增值税（进项税额转出）"科目。

（六）月末转出多交增值税和未交增值税的账务处理。

月度终了，企业应当将当月应交未交或多交的增值税自"应交增值税"明细科目转入"未交增值税"明细科目。对于当月应交未交的增值税，借记"应交税费——应交增值税（转出未交增值税）"科目，贷记"应交税费——未交增值税"科目；对于当月多交的增值税，借记"应交税费——未交增值税"科目，贷记"应交税费——应交增值税（转出多交增值税）"科目。

（七）交纳增值税的账务处理。

1. 交纳当月应交增值税的账务处理。企业交纳当月应交的增值税，借记"应交税费——应交增值税（已交税金）"科目（小规模纳税人应借记"应交税费——应交增值税"科目），贷记"银行存款"科目。

2. 交纳以前期间未交增值税的账务处理。企业交纳以前期间未交的增值税，借记"应交税费——未交增值税"科目，贷记"银行存款"科目。

3. 预缴增值税的账务处理。企业预缴增值税时，借记"应交税费——预交增值税"科目，贷记"银行存款"科目。月末，企业应将"预交增值税"明细科目余额转入"未交增值税"明细科目，借记"应交税费——未交增值税"科目，贷记"应交税费——预交增值税"科目。房地产开发企业等在预缴增值税后，应直至纳税义务发生时方可从"应交税费——预交增值税"科目结转至"应交税费——未交增值税"科目。

4. 减免增值税的账务处理。对于当期直接减免的增值税，借记"应交税金——应交增值税（减免税款）"科目，贷记损益类相关科目。

（八）增值税期末留抵税额的账务处理。

纳入营改增试点当月月初，原增值税一般纳税人应按不得从销售服务、无形资产或不动产的销项税额中抵扣的增值税留抵税额，借记"应交税费——增值税留抵税额"科目，贷记"应交税费——应交增值税（进项税额转出）"科目。待以后期间允许抵扣时，按允许抵扣的金额，借记"应交税费——应交增值税（进项税额）"科目，贷记"应交税费——增值税留抵税额"科目。

（九）增值税税控系统专用设备和技术维护费用抵减增值税额的账务处理。

按现行增值税制度规定，企业初次购买增值税税控系统专用设备支付的费用以及缴纳的技术维护费允许在增值税应纳税额中全额抵减的，按规定抵减的增值税应纳税额，借记"应交税费——应交增值税（减免税款）"科目（小规模纳税人应借记"应交税费——应交增值税"科目），贷记"管理费用"等科目。

（十）关于小微企业免征增值税的会计处理规定。

小微企业在取得销售收入时，应当按照税法的规定计算应交增值税，并确认为应交税费，在达到增值税制度规定的免征增值税条件时，将有关应交增值税转入当期损益。

三、财务报表相关项目列示

"应交税费"科目下的"应交增值税""未交增值税""待抵扣进项税额""待认证进项税额""增值税留抵税额"等明细科目期末借方余额应根据情况，在资产负债表中的"其他流动资产"或"其他非流动资产"项目列示；"应交税费——待转销项税额"等科目期末贷方余额应根据情况，在资产负债表中的"其他流动负债"或"其他非流动负债"项目列示；"应交税费"科目下的"未交增值税""简易计税""转让金融商品应交增值税""代扣代交增值税"等科目期末贷方余额应在资产负债表中的"应交税费"项目列示。

四、附则

本规定自发布之日起施行，国家统一的会计制度中相关规定与本规定不一致的，应按本规定执行。2016年5月1日至本规定施行之间发生的交易由于本规定而影响资产、负债等金额的，应按本规定调整。《营业税改征增值税试点有关企业会计处理规定》（财会〔2012〕13号）及《关于小微企业免征增值税和营业税的会计处理规定》（财会〔2013〕24号）等原有关增值税会计处理的规定同时废止。

七、增值税预算管理相关政策

财政部　国家税务总局　中国人民银行
关于铁路运输和邮政业纳入营业税改征增值税试点
有关预算管理问题的通知

（2013年12月25日　财预〔2013〕442号）

各省、自治区、直辖市、计划单列市财政厅（局）、国家税务局、地方税务局，新疆生产建设兵团财务局，中国人民银行上海总部、各分行、营业管理部、省会（首府）城市中心支行、大连、青岛、宁波、厦门、深圳市中心支行，财政部驻各省、自治区、直辖市、计划单列市财政监察专员办事处：

根据《财政部 国家税务总局关于将铁路运输和邮政业纳入营业税改征增值税试点的通知》（财税〔2013〕106号），自2014年1月1日起，在全国范围内开展铁路运输和邮政业营业税改征增值税试点。为做好试点期间营业税改征增值税（以下简称改征增值税）预算管理工作，现就有关事宜通知如下：

一、关于收入划分

铁路运输和邮政业改征增值税试点期间，收入归属保持不变，原归属中央的铁路建设基金营业税收入，改征增值税后仍归属中央；原归属地方的营业税收入，改征增值税后继续归属地方。改征增值税税款滞纳金、罚款收入按照上述原则确定归属。改征增值税收入不计入中央对试点地区增值税和消费税税收返还基数。因营业税改征增值税试点发生的财政收入变化，由中央和试点地区按照现行财政体制相关规定分享或分担。

二、关于改征增值税适用科目

邮政业、铁路运输企业和铁路建设基金改征增值税收入列101010401目"改征增值税"，改征增值税税款滞纳金、罚款收入列101010420目"改征增值税税款滞纳金、罚款收入"。补缴或退还试点前实现的营业税收入，仍通过试点前的科目办理。同时对《2014年政府收支分类科目》中的有关科目作如下调整：

将101010401目"改征增值税"的科目说明由"地方收入科目"调整为"中央与地方共用收入科目。反映实施营业税改征增值税试点期间由营业税改征的增值税。铁路建设基金营业税改征增值税为中央收入，其他均为地方收入。"

将101010420目"改征增值税税款滞纳金、罚款收入"的科目说明由"地方收入科目"调整为"中央与地方共用收入科目。反映改征增值税税款滞纳金、罚款收入。铁路建设基金营业税改征增值税税款滞纳金、罚款收入为中央收入，其他均为地方收入"。

增设101010402目"中国铁路总公司改征增值税待分配收入"，科目说明为"中央收入科目。反映待分配的中国铁路总公司集中缴纳的铁路运输企业营业税改征增值税。在中央和地方财政统计改征增值税收入时对本科目不作统计，以免重复计算"。

具体调整情况见附件。

三、关于其他预算管理问题

关于铁路运输和邮政业改征增值税的出口退税、收入缴库、收入退库等其他预算管理问题，仍按照《财政部 中国人民银行 国家税务总局关于营业税改征增值税试点有关预算管理问题的通知》（财预〔2013〕275号）规定执行。

营业税改征增值税后，铁路运输企业税收收入分配办法、缴库程序、退库程序等事宜仍按照《财政部 国家税务总局 中国人民银行关于调整铁路运输企业税收收入划分办法的通知》（财预〔2012〕383号）、《国家税务总局 中国人民银行 财政部关于跨省合资铁路企业跨地区税收分享入库有关问题的通知》（国税发〔2012〕116号）有关规定执行。

本通知自2014年1月1日起执行。

附件：政府收支分类科目修订前后对照表（见二维码72）

国务院
关于印发全面推开营改增试点后调整中央与地方增值税收入划分过渡方案的通知

(2016年4月29日 国发〔2016〕26号)

各省、自治区、直辖市人民政府，国务院各部委、各直属机构：

现将《全面推开营改增试点后调整中央与地方增值税收入划分过渡方案》印发给你们，请认真遵照执行。

全面推开营改增试点后调整中央与地方增值税收入划分过渡方案

全面推开营改增试点将于2016年5月1日实施。按照党的十八届三中全会关于"保持现有中央和地方财力格局总体稳定，结合税制改革，考虑税种属性，进一步理顺中央和地方收入划分"的要求，同时考虑到税制改革未完全到位，推进中央与地方事权和支出责任划分改革还有一个过程，国务院决定，制定全面推开营改增试点后调整中央与地方增值税收入划分的过渡方案。

一、基本原则

（一）保持现有财力格局不变。既要保障地方既有财力，不影响地方财政平稳运行，又要保持目前中央和地方财力大体"五五"格局。

（二）注重调动地方积极性。适当提高地方按税收缴纳地分享增值税的比例，有利于调动地方发展经济和培植财源的积极性，缓解当前经济下行压力。

（三）兼顾好东中西部利益关系。以2014年为基数，将中央从地方上划收入通过税收返还方式给地方，确保既有财力不变。调整后，收入增量分配向中西部地区倾斜，重点加大对欠发达地区的支持力度，推进基本公共服务均等化。

同时，在加快地方税体系建设、推进中央与地方事权和支出责任划分改革过程中，做好过渡方案与下一步财税体制改革的衔接。

二、主要内容

（一）以2014年为基数核定中央返还和地方上缴基数。

（二）所有行业企业缴纳的增值税均纳入中央和地方共享范围。

（三）中央分享增值税的50%。

（四）地方按税收缴纳地分享增值税的50%。

（五）中央上划收入通过税收返还方式给地方，确保地方既有财力不变。

（六）中央集中的收入增量通过均衡性转移支付分配给地方，主要用于加大对中西部地区的支持力度。

三、实施时间和过渡期限

本方案与全面推开营改增试点同步实施,即自2016年5月1日起执行。过渡期暂定2—3年,届时根据中央与地方事权和支出责任划分、地方税体系建设等改革进展情况,研究是否适当调整。

国务院
关于实行中央对地方增值税定额返还的通知

(2016年12月11日　国发〔2016〕71号)

各省、自治区、直辖市人民政府,国务院各部委、各直属机构:

为进一步完善分税制财政体制,落实全面推开营改增试点后调整中央与地方增值税收入划分过渡方案,国务院决定,从2016年起,调整中央对地方原体制增值税返还办法,由1994年实行分税制财政体制改革时确定的增值税返还,改为以2015年为基数实行定额返还,对增值税增长或下降地区不再实行增量返还或扣减。返还基数的具体数额,由财政部核定。

国务院
关于印发实施更大规模减税降费后调整中央
与地方收入划分改革推进方案的通知

(2019年9月26日　国发〔2019〕21号)

各省、自治区、直辖市人民政府,国务院各部委、各直属机构:

现将《实施更大规模减税降费后调整中央与地方收入划分改革推进方案》印发给你们,请认真贯彻执行。

实施更大规模减税降费后调整中央与地方收入划分改革推进方案

为进一步理顺中央与地方财政分配关系,支持地方政府落实减税降费政策、缓解财政运行困难,按照党中央、国务院决策部署,现就实施更大规模减税降费后调整中央与地方收入划分改革制定如下方案。

一、基本原则

(一)保持现有财力格局总体稳定。调动中央与地方两个积极性,稳定分税制改革以来形成的中央与地方收入划分总体格局,巩固增值税"五五分享"等收入划分改革成果。

(二)建立更加均衡合理的分担机制。按照深化增值税改革、建立留抵退税制度的要求,在保持留抵退税中央与地方分担比例不变的基础上,合理调整优化地方间的分担办法。

(三)稳步推进健全地方税体系改革。适时调整完善地方税税制,培育壮大地方税源,将部分条件成熟的中央税种作为地方收入,增强地方应对更大规模减税降费的能力。

二、主要改革措施

(一)保持增值税"五五分享"比例稳定。《国务院关于印发全面推开营改增试点后调整中央与地方增值税收入划分过渡方案的通知》(国发〔2016〕26号)确定的2—3年过渡期到期后,继续保持增值税收入划分"五五分享"比例不变,即中央分享增值税的50%、地方按税收缴纳地分享增值税的50%。进一步稳定社会预期,引导各地因地制宜发展优势产业,鼓励地方在经济发展中培育和拓展税源,增强地方财政"造血"功能,营造主动有为、竞相发展、实干兴业的环境。

(二)调整完善增值税留抵退税分担机制。建立增值税留抵退税长效机制,结合财政收入形势确定退税规模,并保持中央与地方"五五"分担比例不变。为缓解部分地区留抵退税压力,增值税留抵退税地方分担的部分(50%),由企业所在地全部负担(50%)调整为先负担15%,其余35%暂由企业所在地一并垫付,再由各地按上年增值税分享额占比均衡分担,垫付多于应分担的部分由中央财政按月向企业所在地省级财政调库。合理确定省以下退税分担机制,切实减轻基层财政压力。具体办法由财政部研究制定。

(三)后移消费税征收环节并稳步下划地方。按照健全地方税体系改革要求,在征管可控的前提下,将部分在生产(进口)环节征收的现行消费税品目逐步后移至批发或零售环节征收,拓展地方收入来源,引导地方改善消费环境。具体调整品目经充分论证,逐项报批后稳步实施。先对高档手表、贵重首饰和珠宝玉石等条件成熟的品目实施改革,再结合消费税立法对其他具备条件的品目实施改革试点。改革调整的存量部分核定基数,由地方上解中央,增量部分原则上将归属地方,确保中央与地方既有财力格局稳定。具体办法由财政部会同税务总局等部门研究制定。

三、工作要求

(一)加强组织领导。财政部要加强对中央与地方收入划分改革工作的组织协调,抓紧制定具体实施办法。各省级人民政府要结合本地实际,进一步建立健全中央与地方收入划分改革工作的协调机制,明确责任分工,强化协同配合,督促指导本级部门和辖区内市县全面贯彻落实。国务院有关部门要全力配合改革,协助做好对各地区各行业改革落实情况的跟踪监测。

(二)严肃财经纪律。财政部要会同有关部门认真审核、严格把关,防止一些地方人为干预税收、突击做基数。各地区要按本方案要求推进改革,严肃查处干预企业经营、操纵税源分布、地方市场保护等违规行为,防止为了短期和局部利益,搞违规政策洼地。各级税务机关要做好改革后税收征管工作,严厉打击虚开发票和偷逃骗税行为,坚决堵塞征管漏洞。

(三)推进配套改革。本方案确定的中央与地方收入划分改革措施到位后,各省、自治区、直辖市及计划单列市人民政府要结合本地实际,进一步改革和完善省以下财政管理体制,理顺省以下各级政府间收入划分关系,均衡省以下地区间财力,促进基本公共服务均等化。

实施更大规模减税降费是应对当前经济下行压力的关键之举,调整中央与地方收入划分改革是落实减税降费政策的重要保障。各地区各部门要更加紧密地团结在以习近平同志为核心的党中央周围,坚持以习近平新时代中国特色社会主义思想为指导,增强"四个意识"、坚定"四个自信"、做到"两个维护",抓好本方案的贯彻实施工作,建立权责清晰、财力协调、区域均衡的中央与地方财政关系,为减税降费政策落实创造条件,确保让企业和人民群众有实实在在的获得感,为全面建成小康社会收官打下决定性基础,以优异成绩庆祝中华人民共和国成立70周年。

财政部 税务总局 人民银行
关于调整完善增值税留抵退税地方分担机制
及预算管理有关事项的通知

(2019年12月4日 财预〔2019〕205号)

各省、自治区、直辖市、计划单列市财政厅(局),新疆生产建设兵团财政局,财政部各地监管局,国家税务总局各省、自治区、直辖市、计划单列市税务局,中国人民银行上海总部、各分行、营业管理部,各省会(首府)城市中心支行,各副省级城市中心支行:

根据《国务院关于印发实施更大规模减税降费后调整中央与地方收入划分改革推进方案的通知》(国发〔2019〕21号)的有关规定,现将调整完善增值税留抵退税地方分担机制及预算管理的有关事项通知如下:

一、关于地方分担机制

自2019年9月1日起,增值税留抵退税地方分担的50%部分,15%由企业所在地分担,35%由各地按增值税分享额占地方分享总额比重分担,该比重由财政部根据上年各地区实际分享增值税收入情况计算确定。具体操作时,15%部分由企业所在省份直接退付,35%部分先由企业所在地省级财政垫付,垫付少于应分担的部分由企业所在地省级财政通过调库方式按月调给中央财政,垫付多于应分担的部分由中央财政通过调库方式按月调给企业所在地省级财政。各地区省级财政部门要结合省以下财政体制及财力状况,合理确定省以下留抵退税分担机制,提高效率,切实减轻基层财政退税压力,确保留抵退税及时退付。

二、关于预算科目设置

自2019年起,在《政府收支分类科目》"国内增值税"(1010101项)科目下增设"101010136 增值税留抵退税"目级科目,为中央与地方共用收入退库科目,反映税务部门按照增值税留抵退税政策退还的增值税;增设"101010137 增值税留抵退税省级调库"目级科目,为中央与地方共用收入科目,反映通过调库方式调整企业所在地省级财政垫付多(或少)于应分担的35%部分增值税留抵退税;增设"101010138 增值税留抵退税省级以下调库"目级科目,为地方收入科目,反映通过调库方式调整企业所在地市县财政垫付多(或少)于应分担的增值税留抵退税。在"改征增值税"(1010104项)科目下增设"101010426 改征增值税留抵退税"目级科目,为中央与地方共用收入退库科目,反映税务部门按照增值税留抵退税政策退还的改征增值税;增设"101010427 改征增值税留抵退税省级调库"目级科目,为中央与地方共用收入科目,反映通过调库方式调整企业所在地省级财政垫付多(或少)于应分担的35%部分改征增值税留抵退税;增设"101010428 改征增值税留抵退税省级以下调库"目级科目,为地方收入科目,反映通过调库方式调整企业所在地市县财政垫付多(或少)于应分担的改征增值税留抵退税。将"改征增值税国内退税"

（101010429 目）科目名称修改为"其他改征增值税国内退税"。

三、关于退库业务办理

（一）税务机关办理增值税留抵退税业务，税收收入退还书预算科目填列"增值税留抵退税"（101010136 目）或"改征增值税留抵退税"（101010426 目），预算级次按照中央50%、省级35%、15%部分按各省确定的省以下增值税留抵退税分担机制填列。

（二）对自 2019 年 9 月 1 日至本办法印发日期之间发生的留抵退税相应作调库处理。税务机关根据 2019 年 9 月 1 日后已办理留抵退税的情况，开具更正（调库）通知书，填列"增值税留抵退税"（101010136 目）、"改征增值税留抵退税"（101010426 目）以及原增值税留抵已退税款使用的科目。各级国库依据税务部门开具的更正（调库）通知书等凭证和文件审核办理相关业务。

四、关于财政调库

增值税留抵退税财政调库，根据地方应调库数额，分别由省级财政部门和财政部监管局发起，统一由省级国库按规定就地办理。其中：企业所在地省级财政垫付少于应分担的部分，由省级财政部门通过调库方式按月调为中央级；企业所在地省级财政垫付多于应分担的部分，由财政部监管局通过调库方式按月调为省级。地方应调库数额由财政部根据上年各地增值税分享比重、省级财政部门垫付部分及留抵退税地方分担35%部分的数额计算。

（一）省级财政部门调库。

每月前 10 个工作日内，企业所在地省级财政部门根据财政部提供的本地区少垫付的应调库数额，向省级国库按目级科目开具更正（调库）通知书，通过"增值税留抵退税省级调库"（101010137 目）科目和"改征增值税留抵退税省级调库"（101010427 目）科目，将少垫付部分由省级调整至中央级。

（二）财政部监管局调库。

在每月省级财政部门完成调库后的 5 个工作日内，财政部监管局根据财政部提供的当地多垫付的应调库数额，向省级国库按目级科目开具更正（调库）通知书，通过"增值税留抵退税省级调库"（101010137 目）科目和"改征增值税留抵退税省级调库"（101010427 目）科目，将相关地区多垫付部分由中央级调整至省级。

每年 1 月，省级财政部门和财政部监管局对上年 12 月发生的增值税留抵退税35%部分进行调库，调库收入统一作为本年度的收入处理，不计入上年收入。各省级国库在上年 12 月 31 日向中央总金库报解最后一份中央预算收入日报表后，整理期发生的增值税留抵退税，统一作为本年度的收入处理。

五、加强留抵退税监管

财政部各地监管局以抽审的方式对留抵退税政策执行情况进行监督管理。省级财政、税务、国库部门按照要求予以配合。每个季度，省级税务部门将全省留抵退税清单、省级国库部门将调（退）库清单或报表提供财政部当地监管局。财政部各地监管局发现虚报留抵税额、未按规定审核、未按规定调（退）库、未及时保障退库资金到位等问题，应及时向相关部门提出处理建议并上报财政部。每年财政部各地监管局须向财政部提交监管报告。

本通知自 2019 年 9 月 1 日起施行。自 2019 年 9 月 1 日起至本通知印发前，《关于退还部分项目进口设备增值税期末留抵退税的补充通知》（财预〔2011〕486 号）、《关于利用石脑油和燃料油生产乙烯芳烃类产品有关增值税退税问题的通知》（财预〔2015〕3 号）规定的中央与地方分担办法按本通知规定予以调整,以前年度中央财政垫付的地方应负担的留抵税额通过 2019 年及以后年度中央财政与地方财政年终结算扣回,上述文件自本通知印发之日起相应废止。

附件:2019 年政府收支分类科目修订前后对照表(见二维码 73)

二维码73

八、其他综合征管政策

国务院
关于外商投资企业和外国企业适用增值税、
消费税、营业税等税收暂行条例有关问题的通知

(1994 年 2 月 22 日 国发〔1994〕10 号)

根据第八届全国人民代表大会常务委员会第五次会议审议通过的《全国人民代表大会常务委员会关于外商投资企业和外国企业适用增值税、消费税、营业税等税收暂行条例的决定》(以下简称《决定》),现对外商投资企业和外国企业适用税种等有关问题通知如下:

一、关于外商投资企业和外国企业适用税种问题

根据《决定》的规定,外商投资企业和外国企业除适用《中华人民共和国增值税暂行条例》《中华人民共和国消费税暂行条例》《中华人民共和国营业税暂行条例》和《中华人民共和国外商投资企业和外国企业所得税法》外,还应适用以下暂行条例:

(一)国务院 1993 年 12 月 13 日发布的《中华人民共和国土地增值税暂行条例》;

(二)国务院 1993 年 12 月 25 日发布的《中华人民共和国资源税暂行条例》;

(三)国务院 1988 年 8 月 6 日发布的《中华人民共和国印花税暂行条例》;

(四)中央人民政府政务院 1950 年 12 月 19 日发布的《屠宰税暂行条例》;

(五)中央人民政府政务院 1951 年 8 月 8 日发布的《城市房地产税暂行条例》;

(六)中央人民政府政务院 1951 年 9 月 13 日发布的《车船使用牌照税暂行条例》;

(七)中央人民政府政务院 1950 年 4 月 3 日发布的《契税暂行条例》。

在税制改革中,国务院还将陆续修订和制定新的税收暂行条例,外商投资企业和外国企业应相应依据有关条例规定执行。

二、关于外商投资企业改征增值税、消费税、营业税后增加的税负处理问题

(一)1993 年 12 月 31 日前已批准设立的外商投资企业,由于改征增值税、消费税、营业税增加税负的,由企业提出申请,税务机关审核批准,在已批准的经营期限内,准予退还因税负增加而多缴纳的税款,但最长不得超过 5 年;没有经营期限的,经企业申请,税务机关批准,在最长不超过 5 年的期限内,退还上述多缴纳的税款。

(二)外商投资企业既缴纳增值税,又缴纳消费税的,所缴税款超过原税负的部分,按所缴增值税和消费税的比例,分别退还增值税和消费税。

（三）外商投资企业生产的产品直接出口或销售给出口企业出口的，按照《中华人民共和国增值税暂行条例》的规定，凭出口报关单和已纳税凭证，一次办理退税。

（四）外商投资企业因税负增加而申请的退税，原则上在年终后一次办理；对税负增加较多的，可按季申请预退，年度终了后清算。

（五）增值税、消费税的退税事宜由国家税务局系统负责办理，各级国库要认真审核，严格把关。退税数额的计算、退税的申请及批准程序等，由国家税务总局另行制定。

（六）营业税的退税问题，由省、自治区、直辖市人民政府规定。

三、关于中外合作开采石油资源的税收问题

中外合作油（气）田开采的原油、天然气按实物征收增值税，征收率为5%，并按现行规定征收矿区使用费，暂不征收资源税。在计征增值税时，不抵扣进项税额。原油、天然气出口时不予退税。

中国海洋石油总公司海上自营油田比照上述规定执行。

本通知自1994年1月1日起施行。

国家税务总局
关于增值税几个业务问题的通知

（1994年8月19日　国税发〔1994〕186号）

最近，各地在征收增值税方面提出了一些问题，要求予以明确。经调查研究和全国增值税业务会议讨论，现明确如下：

一、对承租或承包的企业、单位和个人，有独立的生产、经营权，在财务上独立核算，并定期向出租者或发包者上缴租金或承包费的，应作为增值税纳税人按规定缴纳增值税。

二、对1994年6月1日以后销售货物并负责运输所售货物的运输单位和个人，凡符合增值税一般纳税人标准的，可认定为一般纳税人。

三、糠麸、油渣（饼）、酒糟、糖渣按"饲料"的适用税率征收增值税。

四、根据（94）财税字第4号通知的规定，一般纳税人生产的原料中掺有煤矸石、石煤、粉煤灰、烧煤锅炉的炉底渣及其他废渣（不包括高炉水渣）的墙体材料，1994年5月1日以后可按简易办法依照6%征收率计算缴纳增值税。此条规定所称墙体材料是指废渣砖、石煤和粉煤灰砌块、煤矸石砌块、炉底渣及其他废渣（不包括高炉水渣）砌块。

五、本通知除第二、四条以外，从1994年1月1日起执行。

[注释：条款失效（国税发〔2006〕62号文件公布）。第三条失效。参见：《财政部国家税务总局关于饲料产品免征增值税问题的通知》（财税〔2001〕121号）。

条款失效。第二条失效。参见：《国家税务总局关于发布已失效或废止有关增值税规范性文件清单的通知》（国税发〔2009〕7号）。

条款废止。第四条废止。参见：《国家税务总局关于公布全文失效废止、部分条款失效废止的税收规范性文件目录的公告》（国家税务总局公告2011年第2号）。]

国家税务总局
关于增值税若干征收问题的通知

(1994年5月7日 国税发〔1994〕122号)

近一时期以来,各地各部门不断反映一些增值税征税方面的问题,如纳税地点的确定问题,增值税专用发票的填开问题等,要求总局明确。根据各地反映的情况,我们进行了研究,现明确如下:

一、关于纳税地点问题

固定业户的总、分支机构不在同一县(市),但在同一省、自治区、直辖市范围内的,其分支机构应纳的增值税是否可由总机构汇总缴纳,由省、自治区、直辖市税务局决定。

二、关于非企业性单位可否认定为一般纳税人问题

非企业性单位如果经常发生增值税应税行为,并且符合一般纳税人条件,可以认定为一般纳税人。

三、关于无偿赠送货物可否开具专用发票问题

一般纳税人将货物无偿赠送给他人,如果受赠者为一般纳税人,可以根据受赠者的要求开具专用发票。

四、关于混合销售征税问题

根据细则第五条规定,以从事非增值税应税劳务为主,并兼营货物销售的单位与个人,其混合销售行为应视为销售非应税劳务,不征收增值税。但如果其设立单独的机构经营货物销售并单独核算,该单独机构应视为从事货物的生产、批发或零售的企业、企业性单位,其发生的混合销售行为应当征收增值税。

五、关于计算外购农业产品的进项税额问题

根据细则第十七条的规定,购进免税农业产品的买价,仅限于经主管税务机关批准使用的收购凭证上注明的价款。各地反映,一些农业生产单位销售自产农产品,可以开具普通发票,为了简化手续,对一般纳税人购进农业产品取得的普通发票,可以按普通发票上注明的价款计算进项税额。

六、关于增值税专用发票的填写问题

(一)专用发票的"单价"栏,必须填写不含税单价。纳税人如果采用销售额和增值税额合并定价方法的,其不含税单价应按下列公式计算:

1. 一般纳税人按增值税税率计算应纳税额的,不含税单价计算公式为:

不含税单价 = 含税单价 ÷ (1 + 税率)

2. 一般纳税人按简易办法计算应纳税额的和由税务所代开专用发票的小规模纳税人,不含税单价计算公式为:

不含税单价 = 含税单价 ÷ (1 + 征收率)

(二)专用发票"金额"栏的数字,应按不含税单价和数量相乘计算填写,计算公

式为:

金额栏数字 = 不含税单价 × 数量

不含税单价的尾数,"元"以下一般保留到"分",特殊情况下也可以适当增加保留的位数。

(三)专用发票的"税率"栏,应填写销售货物或应税劳务的适用税率,"税额"栏的数字应按"金额"栏数字和"税率"相乘计算填写。计算公式为:

税额 = 金额 × 税率

(四)为了有利于提高专用发票的开票效率,销货方可以预先在专用发票有关"销售单位"的栏目内加盖刻有其名称、地址、电话号码、纳税人登记号的专用戳记。印迹必须清楚。如果上述内容发生变化,必须及时更换。

(五)《国家税务总局关于增值税专用发票使用问题的通知》(国税明传电报〔1994〕35号)第三条所说的"其销售电力或自来水可以使用税务机关监制的机外专用发票和电子计算机开具专用发票",是指供电部门和自来水公司可以使用电子计算机开具专用发票,但必须领购使用税务机关统一监制的机外发票。

[注释:第一条失效。参见:《国家税务总局关于公布全文失效废止、部分条款失效废止的税收规范性文件目录的公告》(国家税务总局公告2011年第2号)。

注释:条款失效(国税发〔2006〕62号文件公布)。第六条(四)失效,管理对象灭失。第六条(五)失效。第二条、第五条失效,参见:《国家税务总局关于发布已失效或废止有关增值税规范性文件清单的通知》(国税发〔2009〕7号)。]

国家税务总局
关于军队物资供应机构征收增值税有关问题的通知

(1994年5月7日 国税发〔1994〕121号)

各省、自治区、直辖市税务局,各计划单列税务局:

根据财税字〔1994〕11号《关于军队、军工系统所属单位征收流转税、资源税问题的规定》,军队物资部门也要按税法规定纳税。为了使军队物资部门正确地履行纳税义务,现就有关问题通知如下:

一、军队物资供应机构(是指在银行开设账户,单独办理结算业务的各级物资主管部门、物资供应站、物资仓库、军需材料供应站、军需材料仓库,下同)可以持单位名称、业务范围、银行账号等有关证明材料到主管税务机关直接办理税务登记和增值税一般纳税人认定手续,领购、使用增值税专用发票和普通发票,并按规定缴纳增值税。

二、军队物资供应机构在军队系统(包括军队各级机关、部队、院校、医院、科研文化单位、干休所、仓库、供应站、企业化工厂、军办厂矿、农场、马场、招待所等各类单位)内部调拨供应物资,原则上使用军队的物资调拨计价单,军队内部调拨供应物资免征增值税。其中调拨供应给军队企业化工厂、军办厂矿等单位的生产用物资,购货方要求开具增值税专用发票的,可予开具增值税专用发票,但开具增值税专用发票的销售收入均应按规定缴纳增值税。

三、军队物资供应机构应根据要求对一九九三年十二月三十一日库存物资进行全面清理核实,作为一九九四年期初库存,于一九九四年六月一日前报主管税务部门备案。

四、有关新旧税制的衔接问题,按我局下发的有关规定办理。

五、一九九四年一月一日以后至军队物资供应机构办理一般纳税人认定前,购进货物所取得的普通进货发票,一律不再计算抵扣税款,但可向供货企业调换增值税专用发票,并可按增值税专用发票上注明的税款扣税。

六、办理一般纳税人认定的军队物资供应机构,必须对征、免税业务分别进行核算,否则按规定征税。

财政部 国家税务总局
关于增值税、营业税若干政策规定的通知

(1994年5月5日 〔1994〕财税字第26号)

新税制实施以来,各地陆续反映了一些增值税、营业税执行中出现的问题。经研究,现将有关政策问题规定如下:

一、关于集邮商品征税问题

集邮商品,包括邮票、小型张、小本票、明信片、首日封、邮折、集邮簿、邮盘、邮票目录、护邮袋、贴片及其他集邮商品。

集邮商品的生产、调拨征收增值税。邮政部门销售集邮商品,征收营业税;邮政部门以外的其他单位与个人销售集邮商品,征收增值税。

二、关于报刊发行征税问题

邮政部门发行报刊,征收营业税;其他单位和个人发行报刊征收增值税。

三、关于销售无线寻呼机、移动电话征税问题

电信单位(电信局及电信局批准的其他从事电信业务的单位)自己销售无线寻呼机、移动电话,并为客户提供有关的电信劳务服务的,属于混合销售,征收营业税;对单纯销售无线寻呼机、移动电话,不提供有关的电信劳务服务的,征收增值税。

四、关于混合销售征税问题

(一)根据增值税暂行条例实施细则(以下简称细则)第五条的规定,"以从事货物的生产、批发或零售为主,并兼营非应税劳务的企业、企业性单位及个体经营者"的混合销售行为,应视为销售货物征收增值税。此条规定所说的"以从事货物的生产、批发或零售为主,并兼营非应税劳务",是指纳税人的年货物销售额与非增值税应税劳务营业额的合计数中,年货物销售额超过50%,非增值税应税劳务营业额不到50%。

(二)从事运输业务的单位与个人,发生销售货物并负责运输所售货物的混合销售行为,征收增值税。

五、关于代购货物征税问题

代购货物行为,凡同时具备以下条件的,不征收增值税;不同时具备以下条件的,无论

会计制度规定如何核算,均征收增值税。

(一)受托方不垫付资金;

(二)销货方将发票开具给委托方,并由受托方将该项发票转交给委托方;

(三)受托方按销售方实际收取的销售额和增值税额(如系代理进口货物则为海关代征的增值税额)与委托方结算货款,并另外收取手续费。

六、关于棕榈油、棉籽油和粮食复制品征税问题

(一)棕榈油、棉籽油按照食用植物油13%的税率征收增值税;

(二)切面、饺子皮、米粉等经过简单加工的粮食复制品,比照粮食13%的税率征收增值税。粮食复制品是指以粮食为主要原料经简单加工的生食品,不包括挂面和以粮食为原料加工的速冻食品、副食品。粮食复制品的具体范围由各省、自治区、直辖市、计划单列市直属分局根据上述原则确定,并上报财政部和国家税务总局备案。

七、关于出口"国务院另有规定的货物"征税问题

根据增值税暂行条例第二条:"纳税人出口国务院另有规定的货物,不得适用零税率"的规定,纳税人出口的原油,援外出口货物,国家禁止出口的货物,包括天然牛黄、麝香、铜及铜基合金、白金等,糖,应按规定征收增值税。

八、关于外购农业产品的进项税额处理问题

增值税一般纳税人向小规模纳税人购买的农业产品,可视为免税农业产品按10%的扣除率计算进项税额。

九、关于寄售物品和死当物品征税问题

寄售商店代销的寄售物品(包括居民个人寄售的物品在内)、典当业销售的死当物品,无论销售单位是否属于一般纳税人,均按简易办法依照6%的征收率计算缴纳增值税,并且不得开具专用发票。

十、关于销售自己使用过的固定资产征税问题

单位和个体经营者销售自己使用过的游艇、摩托车和应征消费税的汽车,无论销售者是否属于一般纳税人,一律按简易办法依照6%的征收率计算缴纳增值税,并且不得开具专用发票。销售自己使用过的其他属于货物的固定资产,暂免征收增值税。

十一、关于人民币折合率的问题

纳税人按外汇结算销售额的,其销售额的人民币折合率为中国人民银行公布的市场汇价。

十二、本规定自1994年6月1日起执行。

[注释:条款失效。第四条第(一)项、第六条第(二)项、第八条、第十一条失效。参见:《财政部 国家税务总局关于公布若干废止和失效的增值税规范性文件目录的通知》(财税〔2009〕17号)。

条款废止。第九条、第十条废止。参见:《财政部 国家税务总局关于部分货物适用增值税低税率和简易办法征收增值税政策的通知》(财税〔2009〕9号)。

条款失效。第四条第二项、第十一条失效。参见:《财政部 国家税务总局关于公布若干废止和失效的营业税规范性文件目录的通知》(财税〔2009〕61号)。]

国家税务总局
关于国家物资储备局系统销售储备物资统一缴纳增值税问题的通知

(1994年4月13日 国税发〔1994〕90号)

根据国务院国阅〔1994〕42号《关于研究财税体制改革方案出台后有关问题的会议纪要》对国家物资储备局系统销售的储备物资,采取先征税后返还的办法的决定,现就国家储备局系统缴纳增值税的具体问题,通知如下:

一、国家物资储备局的物资收储、销售业务,由于实行统一管理、统一结算的体制,为了便于税款征收及财政返还处理,对国家物资储备局所取得的储备物资销售收入,由国家物资储备局在北京向国家税务总局直属征收局集中缴纳增值税。

二、国家物资储备局可向税务征收单位申请办理税务登记、一般纳税人认定手续和购买增值税专用发票,并正确地履行纳税义务。

三、国家物资储备局购买的增值税专用发票只限于在京办理结算时开具,不得提供给所属基层单位使用。

四、国家物资储备局系统(包括省级局及下属仓库)从事的多种经营业务仍应在经营行为所在地按规定缴纳各种应纳的税收。

财政部 国家税务总局
关于国家物资储备局系统缴纳增值税、所得税的通知

(1994年10月11日 〔1994〕财税字第63号)

经国务院批准,现将国家物资储备局系统缴纳增值税、所得税的规定通知如下:

一、对国家物资储备局系统销售的储备物资,采取先征税后返还的办法,由税务部门照章征收增值税,财政部门将已征的税款返还给纳税单位。

二、考虑到国家原对物资储备变价收入的特殊处理规定,为有利于政策衔接,在新的企业所得税制实行后,在"八五"期间继续给予免征企业所得税照顾。对国家物资储备局系统开展第三产业、利用仓库专用线进行多种经营取得的收入以及收取的管理费,在"八五"期间,以各省、自治区储备物资管理局,天津、上海、浙江、深圳办事处及国家物资储备局各直属单位为纳税人,按税法规定缴纳所得税。

国家税务总局
关于印发《增值税问题解答(之一)》的通知

(1995年6月2日　国税函发〔1995〕288号)

(正文编者略)

增值税问题解答(之一)

一、问:《财政部、国家税务总局关于运输费用和废旧物资准予抵扣进项税额问题的通知》((94)财税字第12号)规定,增值税一般纳税人外购货物(固定资产除外)所支付的运输费S59用,根据运费结算单据(普通发票)所列运费金额依10%的扣除率计算进项税额准予扣除,但随同运费支付的装卸费、保险费等其他杂费不得计算扣除进项税额,其准予抵扣的运费金额的具体范围应如何掌握?

答:(一)增值税一般纳税人外购货物(固定资产除外)所支付的运输费用,准予抵扣的运费结算单据(普通发票),是指国营铁路、民用航空、公路和水上运输单位开据的货票,以及从事货物运输的非国有运输单位开具的套印全国统一发票监制章的货票。

(二)准予抵扣的货物运费金额是指在运输单位开具的货票上注明的运费、建设基金,不包括随同运费支付的装卸费、保险费等其他杂费。

二、问:增值税一般纳税人采取邮寄方式销售、购买货物所支付的邮寄费,能否比照《财政部、国家税务总局关于增值税几个税收政策问题的通知》((94)财税字第60号)中关于销售应税货物而支付的运输费用的规定,依10%的扣除率计算进项税额予以抵扣?

答:增值税一般纳税人采取邮寄方式销售、购买货物所支付的邮寄费,不允许计算进项税额抵扣。

三、问:《财政部、国家税务总局关于增值税几个税收政策问题的通知》((94)财税字第60号)中规定,铁路工附业单位,凡是向其所在铁路局内部其他单位提供的货物或应税劳务,1995年底前暂免征收增值税;向其所在铁路局以外销售的货物或应税劳务,应照章征收增值税。在执行中铁路工附业的具体范围应如何掌握?铁路局及铁路局内部所属单位销售货物或应税劳务,缴纳增值税的纳税地点应如何确定?铁路局及铁路局内部所属单位销售货物或应税劳务,计算增值税应纳税额时,进项税额应如何确定?

答:(一)《财政部、国家税务总局关于增值税几个税收政策问题的通知》((94)财税字第60号)中所称的铁路工附业,是指直接为铁路运输生产服务的工业性和非工业性生产经营单位,主要包括工业性生产和加工修理修配、材料供应、生活供应等,暂免增值税的具体范围如下:

1. 铁路局所属的工业企业为其所在铁路局内部其他单位提供的货物。
2. 铁路局所属的从事加工、修理修配的单位,为其所在铁路局内部其他单位提供的应税劳务。

3. 铁路局所属的材料供应单位为其所在铁路局内部其他单位提供的货物。

4. 铁路局所属的生活供应站为其所在铁路局内部其他单位提供的货物。

铁路局所属单位兴办的多种经营业务，铁路局和所属单位与其他单位合营、联营、合作经营业务，以及铁路局所属集体企业销售货物、应税劳务，应按规定征收增值税。

（二）铁路局及铁路局内部所属单位销售货物或应税劳务，缴纳增值税的纳税地点，按增值税纳税地点的有关规定执行。

（三）铁路局及铁路局内部所属单位销售货物或应税劳务，计算增值税应纳税额时，进项税额的范围和抵扣凭证，应按增值税进项税额抵扣的统一规定执行。铁路局内部所属单位相互开具的调拨结算单、普通发票等，不属于增值税税法规定的抵扣凭证，不允许计算进项税额抵扣。

三、问：代理进口货物应如何征税？

答：代理进口货物的行为，属于增值税条例所称的代购货物行为，应按增值税代购货物的征税规定执行。但鉴于代理进口货物的海关完税凭证有的开具给委托方，有的开具给受托方的特殊性，对代理进口货物，以海关开具的完税凭证上的纳税人为增值税纳税人。即对报关进口货物，凡是海关的完税凭证开具给委托方的，对代理方不征增值税；凡是海关的完税凭证开具给代理方的，对代理方应按规定增收增值税。

四、问：集邮公司销售的集邮商品应如何征税？

答：根据财政部、国家税务总局（94）财税字第26号通知和国税发〔1995〕76号通知的规定，集邮商品的生产应征收增值税。邮政部门、集邮公司销售（包括调拨在内）集邮商品，一律征收营业税，不征收增值税。

五、问：对利用图书、报纸、杂志等形式为客户作广告，介绍商品、经营服务、文化体育节目或通告、声明等事项的业务，取得的广告收入应如何征税？

答：按照现行税法规定，利用图书、报纸、杂志等形式为客户作广告，介绍商品、经营服务、文化体育节目或通告、声明等事项的业务，属于营业税"广告业"的征税范围，其取得的广告收入应征收营业税。但纳税人为制作、印刷广告所用的购进货物不得计入进项税额抵扣，因此，纳税人应准确划分不得抵扣的进项税额；对无法准确划分不得抵扣的进项税额的，按《中华人民共和国增值税暂行条例实施细则》（以下简称增值税实施细则）第二十三条的规定划分不得抵扣的进项税额。

六、问：对国家管理部门行使其管理职能，发放的执照、牌照和有关证书等取得的工本费收入，是否征收增值税？

答：对国家管理部门行使其管理职能，发放的执照、牌照和有关证书等取得的工本费收入，不征收增值税。

七、问：货物的生产企业为搞好售后服务，支付给经销企业修理费用，作为经销企业为用户提供售后服务的费用支出，对经销企业从货物的生产企业取得的"三包"收入，应如何征税？

答：经销企业从货物的生产企业取得"三包"收入，应按"修理修配"征收增值税。

八、问：对纳税人倒闭、破产、解散、停业后销售的货物应如何征税？其增值税一般纳税人，不再购进货物而只销售存货，或者为了维持销售存货的业务而只购进水、电的，其期初存货已征税款应如何抵扣？对纳税人期初存货中尚未抵扣的已征税款，以及征税后出现的进项税金大于销项税金后不足抵扣部分，税务机关是否退税？

答：（一）对纳税人倒闭、破产、解散、停业后销售的货物，应按现行税法的规定征税。

（二）《财政部、国家税务总局关于期初存货已征税款抵扣问题的通知》（财税字〔1995〕42号）规定，从1995年起，增值税一般纳税人期初存货已征税款在5年内实行按比例分期抵扣的办法。增值税一般纳税人，如因倒闭、破产、解散、停业等原因不再购进货物而只销售存货的，或者为了维持销售存货的业务而只购进水、电的，其期初存货已征税款的抵扣，可按实际动用数抵扣。增值税一般纳税人申请按动用数抵扣期初进项税额，需提供有关部门批准其倒闭、破产、解散、停业的文件等资料，并报经税务机关批准。

（三）对纳税人期初存货中尚未抵扣的已征税款，以及征税后出现的进项税额大于销项税额后不足抵扣部分，税务机关不再退税。

九、问：对出版单位委托发行图书、报纸、杂志等支付给发行单位的经销手续费，在征收增值税时是否允许从销售额中减除？

答：对出版单位委托发行图书、报纸、杂志等支付给发行单位的经销手续费，在征收增值税时按"折扣销售"的有关规定办理，如果销售额和支付的经销手续费在同一发票上分别注明的，可按减除经销手续费后的销售额征收增值税；如果经销手续费不在同一发票上注明，另外开具发票，不论其在财务上如何处理，均不得从销售额中减除经销手续费。

十、问：根据（94）财税字第26号通知的规定，单位和个体经营者销售自己使用过的游艇、摩托车和应征消费税的汽车，无论销售者是否属于一般纳税人，一律按简易办法依照6%的征收率计算增值税。销售自己使用过的其他属于货物的固定资产，暂免征收增值税。在实际征收中"使用过的其他属于货物的固定资产"的具体标准应如何掌握？

答："使用过的其他属于货物的固定资产"应同时具备以下几个条件：

（一）属于企业固定资产目录所列货物；

（二）企业按固定资产管理，并确已使用过的货物；

（三）销售价格不超过其原值的货物。

对不同时具备上述条件的，无论会计制度规定如何核算，均应按6%的征收率征收增值税。

十一、问：增值税若干具体问题的规定中规定，纳税人为销售货物而出租出借包装物收取的押金，单独记账核算，不并入销售额征税。但对因逾期未收回包装物不再退还的押金，应按所包装货物的适用税率征收增值税。该规定中"逾期"的期限应如何确定？

答：包装物押金征税规定中"逾期"以1年为期限，对收取1年以上的押金，无论是否退还均并入销售额征税。个别包装物周转使用期限较长的，报经税务征收机关确定后，可适当放宽逾期期限。

十二、问：根据增值税实施细则第二十三条规定，纳税人兼营免税项目或非应税项目而无法准确划分不得抵扣的进项税额的，按当月免税项目销售额、非应税项目营业额占当月全部销售额、营业额的比例，乘以当月全部进项税额的公式，计算不得抵扣的进项税额。该办法在实际执行中，由于纳税人月度之间的购销不均衡，按上述公式计算出现不得抵扣的进项税额不实的现象，对此，应如何处理？

答：对由于纳税人月度之间购销不均衡，按上述公式计算出现不得抵扣的进项税额不实的现象，税务征收机关可采取按年度清算的办法，即：年末按当年的有关数据计算当年不得抵扣的进项税额，对月度计算的数据进行调整。

十三、问：增值税一般纳税人购进免税农产品，从事废旧物资经营的增值税一般纳税人收购废旧物资，按收购凭证上注明的价款，依 10% 的扣除率计算进项税额，对收购凭证应如何管理？

答：对增值税一般纳税人购进免税农产品，以及从事废旧物资经营的增值税一般纳税人收购废旧物资所使用的收购凭证，各省、自治区、直辖市和计划单列市国家税务局应严格管理。收购凭证的印制，按照《中华人民共和国发票管理办法》及其细则有关发票印制的规定办理，对收购凭证的发放、使用、保管，由省、自治区、直辖市和计划单列市国家税务局做出统一的规定。增值税一般纳税人购进免税农产品、收购废旧物资应使用税务机关批准的收购凭证，对其使用未经税务机关批准的收购凭证，以及不按税务机关的要求使用、保管收购凭证的，其收购的农产品和废旧物资不得计算进项税额抵扣。

十四、问：新申请认定为增值税一般纳税人的，是否允许计算期初存货已征税款？

答：新申请认定为增值税一般纳税人的，不得计算期初存货已征税款。

十五、问：《中华人民共和国增值税暂行条例》第二十二条及其实施细则第三十五条中所称"主管税务机关"，是否包括国家税务总局所属的各级征收机关？

答：增值税实施细则第三十六条规定，主管税务机关、征收机关，指国家税务总局所属支局以上税务机关。但是由于各地国家税务局和地方税务局机构分设，原税务机关名称所指已发生变化，《国家税务总局关于明确流转税、资源税法规中"主管税务机关征收机关"名称问题的通知》（国税发〔1994〕232号）又重新明确为：主管税务机关、征收机关是指国家税务总局所属的县级以上（含县级）国家税务局。主要是考虑到增值税政策性强，为了保证各地正确执行税法而确定的。鉴于目前纳税申报的实际情况，《中华人民共和国增值税暂行条例》第二十二条及其实施细则第三十五条中所称"征收机关"，均指国家税务总局及其所属的各级征收机关。

十六、问：国家税务总局国税发〔1994〕272号通知，根据增值税一年的执行情况，修改了《增值税纳税申报表》（以下简称申报表），申报表中的本期销项税额中的"货物"项目，应按国家税务总局计会统计报表的分类口径及不同的税率分别填列，一些生产、经营品种较多的企业存在一张申报表货物名称填写不下的问题，对此，应如何解决？申报表期初进项税额项目中的"累计数"，税款计算项目中的"累计数"应如何填写？

答：（一）对一些生产、经营品种较多的企业，如果一张申报表货物名称填写不下的，可以按不同的税率汇总名称填报增值税纳税申报表，对汇总填报申报表的，必须附有销货方填开的按国家税务总局计会统计报表的分类口径及不同的税率分别填列"货物"清单。其清单的具体样式，由各省、自治区、直辖市、计划单列市国家税务局制定。

（二）申报表期初进项税额项目中的"累计数"（第11、12、13、14栏累计数），税款计算项目中的"累计数"（第15、16、17、18、19、20、21、22、23、24、25栏累计数），纳税人在申报纳税时暂不填写。

〔注释：条款失效（国税发〔2006〕62号文件公布）。第五条失效。参见：《国家税务总局关于出版物广告收入有关增值税问题的通知》（国税发〔2000〕188号）。

第十一条修订。参见《国家税务总局关于取消包装物押金逾期期限审批后有关问题的通知》（国税函〔2004〕827号）。

（注：原文件有两个第三条，此处未做调整。本注释中所说"条"，为原文对应的"条"。）

条款废止。附件第十条废止。参见：《财政部　国家税务总局关于部分货物适用增值税低税率和简易办法征收增值税政策的通知》（财税〔2009〕9号）。

条款失效。附件《增值税问题解答（之一）》第一条、第三条（铁路单位税收政策解答）、第八条、第十一条、第十三条、第十四条、第十五条、第十六条失效。参见：《国家税务总局关于发布已失效或废止有关增值税规范性文件清单的通知》（国税发〔2009〕7号）。］

国家税务总局
关于加强增值税征收管理若干问题的通知

（1995年10月18日　国税发〔1995〕192号）

为了保证增值税顺利实施，经全国加强增值税管理经验交流会议讨论，现就加强增值税征收管理有关问题通知如下：

一、关于增值税一般纳税人进项税额的抵扣问题

（一）运输费用进项税额的抵扣。

1. 准予计算进项税额扣除的货运发票种类。根据规定，增值税一般纳税人外购和销售货物（固定资产除外）所支付的运输费用，准予抵扣的运费结算单据（普通发票），是指国营铁路、民用航空、公路和水上运输单位开具的货票，以及从事货物运输的非国有运输单位开具的套印全国统一发票监制章的货票。准予计算进项税额扣除的货运发票种类，不包括增值税一般纳税人取得的货运定额发票。

2. 准予计算进项税额扣除的货运发票，其发货人、收货人、起运地、到达地、运输方式、货物名称、货物数量、运输单价、运费金额等项目的填写必须齐全，与购货发票上所列的有关项目必须相符，否则不予抵扣。

3. 纳税人购进、销售货物所支付的运输费用明显偏高、经过审查不合理的，不予抵扣运输费用。

（二）商业企业接受投资、捐赠和分配的货物抵扣进项税额的手续。根据《国家税务总局关于加强增值税征收管理工作的通知》（国税发〔1995〕15号）的规定，增值税一般纳税人购进货物，其进项税额的抵扣，商业企业必须在购进货物付款后才能够申报抵扣进项税额。对商业企业接受投资、捐赠和分配的货物，以收到增值税专用发票的时间为申报抵扣进项税额的时限。在纳税人申报抵扣进项税额时，应提供有关投资、捐赠和分配货物的合同或证明材料。

（三）购进货物或应税劳务支付货款、劳务费用的对象。纳税人购进货物或应税劳务，支付运输费用，所支付款项的单位，必须与开具抵扣凭证的销货单位、提供劳务的单位一

致，才能够申报抵扣进项税额，否则不予抵扣。

（四）分期付款方式购进货物的抵扣时间。商业企业采取分期付款方式购进货物，凡是发生销货方先全额开具发票，购货方再按合同约定的时间分期支付款项的情况，其进项税额的抵扣时间应在所有款项支付完毕后，才能够申报抵扣该货物的进项税额。

（五）增值税一般纳税人违反上述第（三）、（四）项规定的，税务机关应从纳税人当期进项税额中剔除，并在该进项发票上注明，以后无论是否支付款项，均不得计入进项税额申报抵扣。

二、关于虚开代开的增值税专用发票的处罚问题对纳税人虚开代开的增值税专用发票，一律按票面所列货物的适用税率全额征补税款，并按《中华人民共和国税收征收管理法》的规定给予处罚；对纳税人取得虚开代开的增值税专用发票，不得作为增值税合法的抵扣凭证抵扣进项税额。

三、关于酒类产品包装物的征税问题从1995年6月1日起，对销售除啤酒、黄酒外的其他酒类产品而收取的包装物押金，无论是否返还以及会计上如何核算，均应并入当期销售额征税。

四、关于日用"卫生用药"的适用税率问题用于人类日常生活的各种类型包装的日用卫生用药（如卫生杀虫剂、驱虫剂、驱蚊剂、蚊香、消毒剂等），不属于增值税"农药"的范围，应按17%的税率征税。

［注释：条款废止。第一条第（一）项废止。参见：《国家税务总局关于公布全文失效废止和部分条款废止的税收规范性文件目录的公告》（国家税务总局公告2016年第34号）。

条款废止。第二条废止。自2012年8月1日起废止。参见：《国家税务总局关于纳税人虚开增值税专用发票补征税款问题的公告》（国家税务总局公告2012年第33号）。

条款失效。第一条第（一）款第1项"（固定资产除外）"失效。参见：《国家税务总局关于发布已失效或废止有关增值税规范性文件清单的通知》（国税发〔2009〕7号）。

条款失效（国税发〔2006〕62号文件公布）。第一条（二）、（四）、（五）失效。参见：《国家税务总局关于增值税一般纳税人取得防伪税控系统开具的增值税专用发票进项税额抵扣问题的通知》（国税发〔2003〕17号）。］

国家税务总局
关于增值税若干征管问题的通知

（1996年9月9日　国税发〔1996〕155号）

为有利于各级税务机关和纳税人正确理解增值税的有关规定，税务机关严格执行税法和纳税人正确履行纳税义务，现就各地提出的有关增值税征管问题明确如下：

一、对增值税一般纳税人（包括纳税人自己或代其他部门）向购买方收取的价外费用和逾期包装物押金，应视为含税收入，在征税时换算成不含税收入并入销售额计征增值税。

二、对福利企业未按规定进行申报，事后被税务机关查补的增值税应纳税额，不得按"即征即退"办法退还给企业。

三、对商业企业采取以物易物、以货抵债、以物投资方式交易的,收货单位可以凭以物易物、以货抵债、以物投资书面合同以及与之相符的增值税专用发票和运输费用普通发票,确定进项税额,报经税务征收机关批准予以抵扣。

四、增值税一般纳税人外购和销售货物(固定资产除外)所支付的管道运输费用,可以根据套印有全国统一发票监制章的运输费用结算单据(普通发票)所列运费金额,按10%计算进项税额抵扣。

五、免税货物恢复征税后,其免税期间外购的货物,一律不得作为当期进项税额抵扣。恢复征税后收到的该项货物免税期间的增值税专用发票,应当从当期进项税额中剔除。

[注释:第三条失效。参见:《国家税务总局关于发布已失效或废止有关增值税规范性文件清单的通知》(国税发〔2009〕7号)。

条款失效。第四条失效。参见:《国家税务总局关于发布已失效或废止的税收规范性文件目录的通知》(国税发〔2006〕62号)。

条款失效。第四条失效。参见:《财政部 国家税务总局关于调整增值税运输费用扣除率的通知》(财税字〔1998〕114号)。]

财政部 国家税务总局
关于连锁经营企业增值税纳税地点问题的通知

(1997年11月11日 财税字〔1997〕97号)

为支持连锁经营的发展,根据《增值税暂行条例》第二十二条的有关规定,现对连锁经营企业实行统一缴纳增值税的有关问题通知如下:

一、对跨地区经营的直营连锁企业,即连锁店的门店均由总部全资或控股开设,在总部领导下统一经营的连锁企业,凡按照国内贸易部《连锁店经营管理规范意见》(内贸政体法字〔1997〕第24号)的要求,采取微机联网,实行统一采购配送商品,统一核算,统一规范化管理和经营,并符合以下条件的,可对总店和分店实行由总店向其所在地主管税务机关统一申报缴纳增值税:(1)在直辖市范围内连锁经营的企业,报经直辖市国家税务局会同市财政局审批同意;(2)在计划单列市范围内连锁经营的企业,报经计划单列市国家税务局会同市财政局审批同意;(3)在省(自治区)范围内连锁经营的企业,报经省(自治区)国家税务局会同省财政厅审批同意;(4)在同一县(市)范围内连锁经营的企业,报经县(市)国家税务局会同县(市)财政局审批同意。

二、连锁企业实行由总店向总店所在地主管税务机关统一缴纳增值税后,财政部门应研究采取妥善办法,保证分店所在地的财政利益在纳税地点变化后不受影响。涉及省内地、市间利益转移的,由省级财政部门确定;涉及地、市内县(市)间利益转移的,由地、市财政部门确定;县(市)范围内的利益转移,由县(市)财政部门确定。

三、对自愿连锁企业,即连锁店的门店均为独立法人,各自的资产所有权不变的连锁企业和特许连锁企业,即连锁店的门店同总部签订合同,取得使用总部商标、商号、经营技术及销售总部开发商品的特许权的连锁企业,其纳税地点不变,仍由各独立核算门店分别向所在地主管税务机关申报缴纳增值税。

国家税务总局
关于企业所属机构间移送货物征收增值税问题的通知

（1998年8月26日　国税发〔1998〕137号）

目前，对实行统一核算的企业所属机构间移送货物，接受移送货物机构（以下简称受货机构）的经营活动是否属于销售应在当地纳税，各地执行不一。经研究，现明确如下：

《中华人民共和国增值税暂行条例实施细则》第四条视同销售货物行为的第（三）项所称的用于销售，是指受货机构发生以下情形之一的经营行为：

一、向购货方开具发票；

二、向购货方收取货款。

受货机构的货物移送行为有上述两项情形之一的，应当向所在地税务机关缴纳增值税；未发生上述两项情形的，则应由总机构统一缴纳增值税。

如果受货机构只就部分货物向购买方开具发票或收取货款，则应当区别不同情况计算并分别向总机构所在地或分支机构所在地缴纳税款。

国家税务总局
关于企业所属机构间移送货物征收增值税问题的补充通知

（1998年12月3日　国税函发〔1998〕718号）

《国家税务总局关于企业所属机构间移送货物征收增值税问题的通知》（国税发〔1998〕137号）下发后，各地要求明确该通知执行时间，并提出应采取措施以利于查处与此项移送货物行为有关的偷税问题。经研究，现通知如下：

一、国税发〔1998〕137号通知是对《中华人民共和国增值税暂行条例实施细则》第四条第（三）款的解释，本应从该细则实施之日起执行。但由于国税发〔1998〕137号通知下发前，该细则上述条款所称"销售"概念未予明确，致使各地税务机关和纳税人理解上有分歧，执行上也不尽一致。鉴于这一实际情况，为了避免给企业生产经营和财务核算造成较大影响，国家税务总局决定，以1998年9月1日为界限，此前企业所属机构发生国税发〔1998〕137号通知所称销售行为的，如果应纳增值税已由企业统一向企业主管税务机关缴纳，企业所属机构主管税务机关不得再征收此项应纳增值税。如果此项应纳增值税未由企业统一缴纳，企业所属机构也未缴纳，则应由企业所属机构主管税务机关负责征收；属于偷税行为的，应由企业所属机构主管税务机关依照有关法律、法规予以处理。1998年9月1日以后，企业所属机构发生销售行为，其应纳增值税则一律由企业所属机构主管税务机关征收。

二、为了有助于各地税务机关执行这一决定，并有利于查处纳税人是否有瞒报应税销售额行为，企业及其所属机构应分别向其主管税务机关报送已纳税销售额等有关资料，由其主管税务机关进行审核确定。

（一）1999年1月31日以前，企业应将设在外县（市）的所属机构名单及各所属机构自1994年1月1日至1998年8月31日期间的下列资料报企业主管税务机关，由企业主管税务机关审核企业所属机构在此期间发生的销售额是否已由企业统一缴纳了增值税。

1. 企业所属机构开具的发票所注明的销售额（分月列明）；

2. 企业所属机构虽未开具发票，但由企业所属机构向购货方收取货款的销售额（分月列明）；

3. 企业所属机构接受企业或企业的其他所属机构移送的货物的数量，发出的货物的数量，发出货物中属于企业所属机构本身销售的数量，库存数量（各项数量均分月列明）。

（二）企业所属机构也应将上述资料报企业所属机构主管税务机关，由企业所属机构主管税务机关审核确定企业所属机构在此期间发生的销售额、应纳增值税额、在1998年8月31日以前已由企业所属机构主管税务机关征收的增值税额，以及是否有未缴或少缴的增值税额。

企业所属机构主管税务机关接受上述资料时，应当即予以回执以资证明，回执须有企业所属机构主管税务机关签章。

（三）1994年1月1日至1998年8月31日期间，企业所属机构发生国税发〔1998〕137号通知所说的销售行为，如果应纳增值税在1998年9月底以前已由企业统一向企业主管税务机关缴纳，并由其所在地县以上税务机关开具《企业所属机构已纳增值税证明》（以下简称已纳税证明），企业或其所属机构应在1999年1月31日以前将该证明报送企业所属机构主管税务机关，企业所属机构主管税务机关对该证明所列明的销售额不得再征收增值税。

（四）企业所属机构在1994年1月1日至1998年8月31日期间发生的应纳增值税虽已由企业统一缴纳，但企业未向税务机关申请开具已纳税证明，或虽申请取得已纳税证明但未在1999年1月31日以前报送到企业所属机构主管税务机关，企业所属机构主管税务机关有权征收此项应纳增值税，并负责开具已纳税证明，由企业持此证明向企业主管税务机关申请抵减此项已纳税款，企业主管税务机关不得拒绝予以抵减。

（五）已纳税证明的内容如下：

1. 主送单位即企业所属机构主管税务机关全称；

2. 企业所属机构全称及座落地点；

3. 企业所属机构在1994年1月1日至1998年8月31日期间发生的已缴纳增值税的销售额及缴纳的增值税税额（按月列明）；

4. 企业所属机构在1994年1月1日至1998年8月31日期间接受企业或企业的其他所属机构移送的货物的数量，发出的货物的数量，发出货物中属于企业所属机构本身销售的数量，库存数量（各项数量均分月列明）；

5. 证明开具单位即企业主管税务机关全称及签章；

6. 证明开具日期。

（六）已纳税证明应按本通知所附统一样式（规格由企业主管税务机关自定）打印

开具。

该证明应由开具机关留底备查，接受机关留存备查。

附件：企业所属机构已纳增值税证明（见二维码 74）

二维码74

国家税务总局
关于加强国有粮食购销企业增值税管理有关问题的通知

（1999 年 8 月 18 日　国税函〔1999〕560 号）

财政部、国家税务总局《关于粮食企业增值税征免问题的通知》（财税字〔1999〕198 号）及国家税务总局《关于国有粮食购销企业开具粮食销售发票有关问题的通知》（国税明电〔1999〕10 号）规定国有粮食购销企业销售粮食免征增值税并可向购货方开具增值税专用发票。为保证此项政策的落实，加强国有粮食购销企业增值税管理，现就有关问题通知如下：

一、凡享受免征增值税的国有粮食购销企业，均按增值税一般纳税人认定，并进行纳税申报、日常检查及有关增值税专用发票的各项管理。

二、经税务机关认定为增值税一般纳税人的国有粮食购销企业，1999 年内要全部纳入增值税防伪税控系统管理，自 2000 年 1 月 1 日起，其粮食销售业务必须使用防伪税控系统开具增值税专用发票。对违反本条规定，逾期未使用防伪税控系统，擅自开具增值税专用发票的，按照《中华人民共和国发票管理办法》及其实施细则的有关规定进行处罚。

三、各地要将享受免征增值税的国有粮食购销企业户数于 1999 年 9 月 15 日前上报总局。

国家税务总局
关于粮食企业增值税管理问题的补充通知

（1999 年 12 月 3 日　国税函〔1999〕829 号）

根据《国务院关于进一步完善粮食流通体制改革政策措施的补充通知》（国发〔1999〕20 号）的精神，现就有关国有粮食企业增值税管理问题补充通知如下：

一、享受免征增值税政策的国有粮食购销企业，凡需要向购货方开具增值税专用发票的，应严格按照《国家税务总局关于加强国有粮食购销企业增值税管理有关问题的通知》（国税函〔1999〕560 号）的有关规定，在 1999 年内纳入增值税防伪税控系统管理，自 2000 年 1 月 1 日起，停止供应手写版增值税专用发票。

二、恢复征收增值税的粮食企业销售按照原粮食政策属于免征增值税的库存粮食，可按其收购金额的 10% 计算抵扣进项税额。

〔注释：条款失效。根据《国家税务总局关于发布已失效或废止的税收规范性文件目录的通知》(国税发〔2006〕62号文件公布)。第二条失效。参见:《财政部 国家税务总局关于提高农产品进项税抵扣率的通知》(财税〔2002〕12号)。]

财政部 国家税务总局
关于校办企业免税问题的通知

(2000年9月28日 财税〔2000〕92号)

《关于校办企业有关税收政策问题的通知》(财税字〔2000〕33号)下发以后,许多地方询问对校办企业为本校提供货物和服务的免税政策如何执行,经研究,现通知如下:

一、校办企业生产的应税货物,凡用于本校教学、科研方面的,经严格审核确认后,免征增值税。

二、校办企业为本校教学、科研服务所提供的应税劳务("服务业"税目中的旅店业、饮食业和"娱乐业"税目除外),经严格审核确认后,免征营业税。

三、享受优惠政策的校办企业标准,继续按照国税发〔1994〕156号文件的规定执行。

四、本通知自2000年1月1日起执行。

财政部 国家税务总局
关于医疗卫生机构有关税收政策的通知

(2000年7月10日 财税〔2000〕42号)

为了贯彻落实《国务院办公厅转发国务院体改办等部门关于城镇医药卫生体制改革指导意见的通知》(国办发〔2000〕16号),促进我国医疗卫生事业的发展,经国务院批准,现将医疗卫生机构有关税收政策通知如下:

一、关于非营利性医疗机构的税收政策

(一)对非营利性医疗机构按照国家规定的价格取得的医疗服务收入,免征各项税收。不按照国家规定价格取得的医疗服务收入不得享受这项政策。

医疗服务是指医疗服务机构对患者进行检查、诊断、治疗、康复和提供预防保健、接生、计划生育方面的服务,以及与这些服务有关的提供药品、医用材料器具、救护车、病房住宿和伙食的业务(下同)。

(二)对非营利性医疗机构从事非医疗服务取得的收入,如租赁收入、财产转让收入、培训收入、对外投资收入等应按规定征收各项税收。非营利性医疗机构将取得的非医疗服务收入,直接用于改善医疗卫生服务条件的部分,经税务部门审核批准可抵扣其应纳税所得额,就其余额征收企业所得税。

(三)对非营利性医疗机构自产自用的制剂,免征增值税。

(四)非营利性医疗机构的药房分离为独立的药品零售企业,应按规定征收各项税收。

（五）对非营利性医疗机构自用的房产、土地、车船，免征房产税、城镇土地使用税和车船使用税。

二、关于营利性医疗机构的税收政策

（一）对营利性医疗机构取得的收入，按规定征收各项税收。但为了支持营利性医疗机构的发展，对营利性医疗机构取得的收入，直接用于改善医疗卫生条件的，自其取得执业登记之日起，3年内给予下列优惠：对其取得的医疗服务收入免征营业税；对其自产自用的制剂免征增值税；对营利性医疗机构自用的房产、土地、车船免征房产税、城镇土地使用税和车船使用税。3年免税期满后恢复征税。

（二）对营利性医疗机构的药房分离为独立的药品零售企业，应按规定征收各项税收。

三、关于疾病控制机构和妇幼保健机构等卫生机构的税收政策

（一）对疾病控制机构和妇幼保健机构等卫生机构按照国家规定的价格取得的卫生服务收入（含疫苗接种和调拨、销售收入），免征各项税收。不按照国家规定的价格取得的卫生服务收入不得享受这项政策。对疾病控制机构和妇幼保健等卫生机构取得的其他经营收入如直接用于改善本卫生机构卫生服务条件的，经税务部门审核批准可抵扣其应纳税所得额，就其余额征收企业所得税。

（二）对疾病控制机构和妇幼保健机构等卫生机构自用的房产、土地、车船，免征房产税、城镇土地使用税和车船使用税。

医疗机构需要书面向卫生行政主管部门申明其性质，按《医疗机构管理条例》进行设置审批和登记注册，并由接受其登记注册的卫生行政部门核定，在执业登记中注明"非营利性医疗机构"和"营利性医疗机构"。

上述医疗机构具体包括：各级各类医院、门诊部（所）、社区卫生服务中心（站）、急救中心（站）、城乡卫生院、护理院（所）、疗养院、临床检验中心等。上述疾病控制、妇幼保健等卫生机构具体包括：各级政府及有关部门举办的卫生防疫站（疾病控制中心）、各种专科疾病防治站（所），各级政府举办的妇幼保健所（站）、母婴保健机构、儿童保健机构等，各级政府举办的血站（血液中心）。

本通知自发布之日起执行。

［注释：条款失效。有关营业税的规定失效。参见：《财政部 国家税务总局关于公布若干废止和失效的营业税规范性文件目录的通知》（财税〔2009〕61号）。］

国家税务总局
关于增值税一般纳税人恢复抵扣进项税额资格后有关问题的批复

（2000年8月2日 国税函〔2000〕584号）

广西壮族自治区国家税务局：

你局《关于停止纳税人抵扣进项税额的上期留抵税额可否在经批准准许抵扣进项税额时给予抵扣的请示》（桂国税报〔2000〕75号）收悉，现批复如下：

《中华人民共和国增值税暂行条例实施细则》第三十条规定:"一般纳税人有下列情形之一者,应按销售额依照增值税税率计算应纳税额,不得抵扣进项税额,也不得使用增值税专用发票:

（一）会计核算不健全,或者不能够提供准确税务资料的；

（二）符合一般纳税人条件,但不申请办理一般纳税人认定手续的。"

此规定所称的不得抵扣进项税额是指纳税人在停止抵扣进项税额期间发生的全部进项税额,包括在停止抵扣期间取得的进项税额、上期留抵税额以及经批准允许抵扣的期初存货已征税款。

纳税人经税务机关核准恢复抵扣进项税额资格后,其在停止抵扣进项税额期间发生的全部进项税额不得抵扣。

[注释：根据《国家税务总局关于修改若干增值税规范性文件引用法规规章条款依据的通知》（国税发〔2009〕10号）,自2009年1月1日起将此条中"《中华人民共和国增值税暂行条例实施细则》第三十条规定：'一般纳税人有下列情形之一者,应按销售额依照增值税税率计算应纳税额,不得抵扣进项税额,也不得使用增值税专用发票：

（一）会计核算不健全,或者不能够提供准确税务资料的；

（二）符合一般纳税人条件,但不申请办理一般纳税人认定手续的。'"

修改为："《中华人民共和国增值税暂行条例实施细则》第三十四条规定：有下列情形之一者,应按销售额依照增值税税率计算应纳税额,不得抵扣进项税额,也不得使用增值税专用发票：

（一）一般纳税人会计核算不健全,或者不能够提供准确税务资料的；

（二）除本细则第二十九条规定外,纳税人销售额超过小规模纳税人标准,未申请办理一般纳税人认定手续的。"]

财政部　国家税务总局
关于停止执行商业企业批发肉、禽、蛋水产品和蔬菜业务增值税先征后返政策的通知

（2001年4月18日　财税〔2001〕46号）

经国务院批准,自2001年1月1日起,对以下文件规定的商业企业批发肉、禽、蛋、水产品和蔬菜业务增值税先征后返政策停止执行：

一、《关于对商业企业批发肉、禽、蛋、水产品和蔬菜的业务实行"先征后返"的若干问题的通知》〔（94）财税字第71号〕

二、《关于继续对商业企业批发肉、禽、蛋、水产品和蔬菜的业务实行增值税先征后返政策问题的通知》（财税字〔1998〕31号）

三、《关于对商业企业批发肉、禽、蛋、水产品和蔬菜的业务如何征收增值税问题的通知》〔（94）财预明电字第3号〕

四、《关于商业企业批发肉、禽、蛋、水产品和蔬菜增值税先征后退有关预算管理问题

的通知》（财预字〔1997〕108号）

根据上述文件规定享受优惠政策的企业，凡2000年度及以前尚未办理的税款返还手续，应于2001年6月30日之前抓紧办理，逾期不再办理。

国家税务总局
关于中国北方机车车辆工业集团公司所属企业的
铁路货车修理业务免征增值税的通知

（2001年11月26日　国税函〔2001〕862号）

《财政部、国家税务总局关于铁路货车修理免征增值税的通知》（财税〔2001〕54号）中所指的"铁路系统内部单位"包括中国北方机车车辆工业集团公司所属企业，其为铁路系统修理铁路货车的业务免征增值税。

国家税务总局
关于印发《黄金交易增值税征收管理办法》的通知

（2002年10月23日　国税发明电〔2002〕47号）

各省、自治区、直辖市、计划单列市国家税务局：

为了贯彻国务院关于黄金体制改革决定的要求，加强黄金交易的增值税征收管理，并根据财政部、国家税务总局《关于黄金税收政策问题的通知》的规定，现将《黄金交易所黄金交易增值税征收管理办法》印发给你们，各地在对黄金征收增值税的过程中如发现问题，应及时上报国家税务总局。

附件：《黄金交易所黄金交易增值税征收管理办法》

附件：

《黄金交易所黄金交易增值税征收管理办法》

一、关于黄金交易的品种

1. 标准黄金产品

四种成色：AU9999、AU9995、AU999、AU995。

五种规格：50克、100克、1公斤、3公斤、12.5公斤。

2. 非标准黄金产品

除上述四种成色、五种规格以外的黄金产品。

二、关于黄金交易的有关征税规定

1. 为便于增值税的征收管理，按照黄金交易所章程规定注册登记的会员以及按照黄金交易所章程规定登记备案的客户，通过黄金交易所进行的标准黄金产品交易［并持有黄金交易所开具的《黄金交易结算发票》（结算联）］，未发生实物交割的，由卖出方会员单位或客户按实际成交价格向黄金交易所开具普通发票，并免征增值税；如发生实物交割的，由黄金交易所主管税务机关代黄金交易所按照实际成交价格向具有增值税一般纳税人资格的提货方会员单位或客户开具增值税专用发票（增值税专用发票的发票联、记账联、存根联由黄金交易所留存，抵扣联传递给提货方会员单位）。对提货方会员单位或客户为非增值税一般纳税人的，不得开具增值税专用发票。

"标准黄金实物交割"是指：会员单位或客户将在黄金交易所已成交的黄金从黄金交易所指定的金库提取黄金的行为。

2. 黄金交易所交易环节发生标准黄金实物交割，应按实际成交价格开具增值税专用发票，实际成交价格为所提取黄金买卖双方按规定报价方式所成交的价格，不包括交易费、仓储费等费用。为准确计算所提黄金的实际成交价格，黄金交易所应按后进先出法原则确定。

3. 为便于增值税的征收管理，在黄金交易所开业初期，对非黄金生产会员单位或客户（不包括银行系统），应按本单位的黄金实际使用量从黄金交易所的指定金库提取黄金。对没有按本单位黄金实际使用量而从黄金交易所指定金库多提取的黄金，不得再向黄金交易所指定的金库存入黄金进行交易，包括黄金交易所开业之前非黄金生产会员单位或客户（不包括银行系统）在本单位的库存黄金。

4. 黄金交易所可享受增值税即征即返的优惠政策，同时免征城市建设维护税、教育费附加。

5. 对纳税人不通过黄金交易所销售标准黄金的，不享受增值税即征即退和免征城市建设维护税、教育费附加的政策。

三、会员单位和客户增值税进项税额的核算

1. 对会员单位（中国人民银行和黄金生产企业除外）或客户应对在黄金交易所黄金交易的进项税额实行单独核算，对按取得的黄金交易所开具的增值税专用发票上注明的增值税税额（包括相对应的买入量）单独记账。对会员或客户从黄金交易所购入黄金（指发生实物交割）再通过黄金交易所卖出时，应计算通过黄金交易所卖出黄金进项税额的转出额，并从当期进项税额中转出，同时计入成本；对企业当期账面进项税额小于通过下列公式计算出的应转出的进项税额，其差额部分应当立即补征入库。

应转出的进项税额 = 单位进项税额 × 当期黄金卖出量

单位进项税额 = 购入黄金的累计进项税额 ÷ 累计黄金购入额

2. 对会员单位（中国人民银行和黄金生产企业除外）或客户通过黄金交易所销售企业原有库存黄金，应按实际成交价格计算相应的进项税金转出额，并从当期进项税额中转出，计入成本。

应转出的进项税额 = 销售库存黄金实际成交价格 ÷ （1+17%） × 17%

四、增值税一般纳税人的认定

1. 为便于增值税的征收管理，黄金交易所应向所在地的主管税务机关申请办理增值税一般纳税人的认定手续，并申请印制《黄金交易结算发票》。

2. 会员单位和客户符合增值税一般纳税人认定资格的，可向其所在地的主管税务机关申请办理增值税一般纳税人的认定手续。

会员和客户在黄金交易所所在地设有分支机构的，并由分支机构进行黄金交易的，对符合增值税一般纳税人资格的分支机构可向黄金交易所的主管税务机关申请办理一般纳税人的认定手续。

五、关于税务机关代开增值税专用发票

黄金交易所主管税务机关代开增值税专用发票中的单价、金额和税额的计算公式：

单价 ＝ 实际成交单价 ÷（1 ＋ 增值税税率）

金额 ＝ 数额 × 单价

税额 ＝ 金额 × 税率

单价小数点后保留四位。

六、对会员单位和客户应按黄金交易所开具的《黄金交易结算发票》作为会计记账凭证进行财务核算；对买入方会员单位和客户取得税务部门代开的增值税专用发票（增值税专用发票的发票联、记账联、存根联由黄金交易所留存，抵扣联传递给提货方会员单位），只作为核算进项税额的凭证，不得作为财务核算的凭证。

七、会员单位和客户未发生实物交割的，应凭黄金交易所开具的《黄金交易结算发票》（结算联），向会员单位和客户所在地税务机关办理免税手续。

八、为便于增值税的征收管理，黄金交易所应加强对会员单位和客户的基础管理工作，会员单位的自营黄金交易与代理客户的黄金交易应分别进行核算。

国家税务总局
关于纳税人以资金结算网络方式收取货款增值税纳税地点问题的通知

（2002年9月3日　国税函〔2002〕802号）

各省、自治区、直辖市和计划单列市国家税务局：

近接部分地区反映，实行统一核算的纳税人为加强对分支机构资金的管理，提高资金运转效率，与总机构所在地金融机构签订协议建立资金结算网络，以总机构的名义在全国各地开立存款账户（开立的账户为分支机构所在地账号，只能存款、转账，不能取款），各地实现的销售，由总机构直接开具发票给购货方，货款由购货方直接存入总机构的网上银行存款账户。对这种新的结算方式纳税地点如何确定，各地理解不一。经研究，现明确如下：

纳税人以总机构的名义在各地开立账户，通过资金结算网络在各地向购货方收取销货款，由总机构直接向购货方开具发票的行为，不具备《国家税务总局关于企业所属机构间移送货物征收增值税问题的通知》（国税发〔1998〕137号）规定的受货机构向购货方开具发票、向购货方收取货款两种情形之一，其取得的应税收入应当在总机构所在地缴纳增值税。

国家税务总局
关于中国石油天然气集团公司所属石油工程技术服务公司增值税管理问题的通知

(2003年10月27日　国税函〔2003〕1193号)

各省、自治区、直辖市和计划单列市国家税务局：

为提高石油工程技术服务的整体竞争能力，中国石油天然气集团公司从2002年开始进行石油工程技术服务业务跨地区专业化重组，成立了中国石油天然气集团东方地球物理勘探有限责任公司（以下简称东方物探公司）和中国石油集团测井有限公司（以下简称中油集团测井公司），主要提供地球物理勘探设计、数据处理、信息技术和测井、射孔等油气勘探开发技术服务。为加强对重组企业的增值税管理，促进油气田企业持续重组改制，现对上述两户企业的增值税管理问题通知如下。

一、东方物探公司、中油集团测井公司属于中国石油天然气集团公司的存续公司，其增值税管理应按照《财政部、国家税务总局关于印发〈油气田企业增值税暂行管理办法〉的通知》（财税字〔2000〕32号）和《国家税务总局关于油气田企业增值税问题的补充通知》（国税发〔2000〕195号）的规定执行。

二、东方物探公司、中油集团测井公司以独立核算的公司为增值税纳税义务人，由总机构统一计算缴纳增值税。所需发票由公司统一集中领购、开具和管理。

三、东方物探公司、中油集团测井公司所属的非独立核算机构以及向其他油气田企业提供生产性劳务的活动场所，应接受机构所在地和劳务发生地税务机关的税务管理。公司所属非独立核算机构应在其机构所在地办理税务登记。在外县（市）提供生产性劳务，累计施工时间不超过180天的，应凭原办理税务登记所在地税务机关开具的《外出经营活动税收管理证明》，到劳务发生地税务机关报验登记，超过180天的，应办理临时税务登记。设立分（子）公司的，应办理增值税一般纳税人认定手续。

四、东方物探公司、中油集团测井公司向其他油气田企业提供生产性劳务的，在劳务发生地按6%的预征率计算缴纳增值税，不得抵扣进项税额，预征的税款可在公司的应纳税额中抵减。

五、东方物探公司、中油集团测井公司单项生产性劳务跨省、自治区、直辖市、计划单列市的，可按照在各省、自治区、直辖市、计划单列市发生的生产性劳务的工作量计算应分配的税额。

六、中国石油天然气集团公司今后重组成立的同类公司，可比照上述规定执行。

［注释：条款失效。第四条失效。参见：《国家税务总局关于公布全文失效废止、部分条款失效废止的税收规范性文件目录的公告》（国家税务总局公告2011年第2号）。］

国家税务总局
关于进一步加强加油站增值税征收管理有关问题的通知

(2003年11月26日 国税发〔2003〕142号)

为了进一步加强对加油站增值税的征收管理，现就有关问题通知如下：

一、成品油零售加油站应严格执行2002年国家税务总局发布的《成品油零售加油站增值税征收管理办法》（国家税务总局令第2号）的各项规定，建立、登记《加油站日销售油品台账》，在纳税申报期向主管税务机关报送《加油站月份加油信息明细表》或加油IC卡、《加油站月销售油品汇总表》、《成品油购销存数量明细表》。凡未按规定建立台账、不准确登记台账的，主管税务机关应责令其限期改正，逾期仍不改正的，主管税务机关可根据企业的实际经营状况核定其增值税销售额，按适用税率征税，不得抵扣进项税额。

二、主管税务机关要加强对加油站的日常管理，应每月对所辖加油站运用稽查卡进行一次加油数据读取，将读取的数据与加油站所报送的《增值税纳税申报表》、《加油站月销售油品汇总表》等资料进行核对，核对有问题且无正当理由的，应立即移交稽查部门进行税务稽查。稽查部门对加油站的纳税情况要按季进行稽查。

对汇总缴纳增值税的一般纳税人，自2004年1月1日起，其下属零售加油站所在地税务机关应每月运用稽查卡进行一次加油数据读取，并负责将采集的数据传送给受理申报的税务机关进行比对。

三、凡不通过已安装税控装置的加油机或税控加油机加油，擅自改变税控装置或破坏铅封，导致机器记录失真或无法记录，造成少缴或不缴应纳税款的，按《税收征管法》有关规定从重处罚。

四、主管税务机关应定期配合技术监督部门对所辖加油站的税控加油机进行检查，对采用技术手段擅自修改加油数量的，除严格按照《税收征管法》有关规定进行处罚外，还应提请经贸委等部门吊销其成品油经营许可证。

国家税务总局
关于增值税一般纳税人销售软件产品向购买方收取的培训费等费用享受增值税即征即退政策的批复

(2004年5月12日 国税函〔2004〕553号)

北京市国家税务局：

你局《关于增值税一般纳税人销售软件产品向购买方收取培训费、维护费等价外费用可否享受增值税即征即退政策的请示》（京国税发〔2003〕32号）收悉。现批复如下：

增值税一般纳税人在销售软件产品的同时向购买方收取的培训费、维护费等费用，应按现行规定征收增值税，也应享受软件产品增值税即征即退的政策。

国家税务总局
关于取消包装物押金逾期期限审批后有关问题的通知

（2004年6月25日　国税函〔2004〕827号）

各省、自治区、直辖市和计划单列市国家税务局：

根据《国务院关于第三批取消和调整行政审批项目的决定》（国发〔2004〕16号），《国家税务总局关于印发〈增值税问题解答（之一）〉的通知》（国税函发〔1995〕288号）第十一条"个别包装物周转使用期限较长的，报经税务征收机关确定后，可适当放宽逾期期限"的规定取消后，为了加强管理工作，现就有关问题明确如下：

纳税人为销售货物出租出借包装物而收取的押金，无论包装物周转使用期限长短，超过一年（含一年）以上仍不退还的均并入销售额征税。

本通知自2004年7月1日起执行。

国家税务总局
关于增值税一般纳税人用进项留抵税额抵减增值税
欠税问题的通知

（2004年8月30日　国税发〔2004〕112号）

各省、自治区、直辖市和计划单列市国家税务局：

为了加强增值税管理，及时追缴欠税，解决增值税一般纳税人（以下简称"纳税人"）既欠缴增值税，又有增值税留抵税额的问题，现将纳税人用进项留抵税额抵减增值税欠税的有关问题通知如下：

一、对纳税人因销项税额小于进项税额而产生期末留抵税额的，应以期末留抵税额抵减增值税欠税。

二、纳税人发生用进项留抵税额抵减增值税欠税时，按以下方法进行会计处理：

（一）增值税欠税税额大于期末留抵税额，按期末留抵税额红字借记"应交税金——应交增值税（进项税额）"科目，贷记"应交税金——未交增值税"科目。

（二）若增值税欠税税额小于期末留抵税额，按增值税欠税税额红字借记"应交税金——应交增值税（进项税额）"科目，贷记"应交税金——未交增值税"科目。

三、为了满足纳税人用留抵税额抵减增值税欠税的需要，将《增值税一般纳税人纳税申报办法》（国税发〔2003〕53号）《增值税纳税申报表》（主表）相关栏次的填报口径作如下调整：

（一）第13项"上期留抵税额"栏数据，为纳税人前一申报期的"期末留抵税额"减去抵减欠税额后的余额数，该数据应与"应交税金——应交增值税"明细科目借方月初余额一致。

（二）第25项"期初未缴税额（多缴为负数）"栏数据，为纳税人前一申报期的"期末未缴税额（多缴为负数）"减去抵减欠税额后的余额数。

国家税务总局关于增值税进项留抵税额抵减增值税欠税有关处理事项的通知

（2004年10月29日　国税函〔2004〕1197号）

各省、自治区、直辖市和计划单列市国家税务局：

根据国家税务总局《关于增值税一般纳税人用进项留抵税额抵减增值税欠税问题的通知》（国税发〔2004〕112号）规定，现将增值税进项留抵税额抵减欠税的有关处理事项明确如下：

一、关于税务文书的填开

当纳税人既有增值税留抵税额，又欠缴增值税而需要抵减的，应由县（含）以上税务机关填开《增值税进项留抵税额抵减增值税欠税通知书》（以下简称《通知书》，式样见附件）一式两份，纳税人、主管税务机关各一份。

二、关于抵减金额的确定

抵减欠缴税款时，应按欠税发生时间逐笔抵扣，先发生的先抵。抵缴的欠税包含呆账税金及欠税滞纳金。确定实际抵减金额时，按填开《通知书》的日期作为截止期，计算欠缴税款的应缴未缴滞纳金金额，应缴未缴滞纳金金额加欠税金额为欠缴总额。若欠缴总额大于期末留抵税额，实际抵减金额应等于期末留抵税额，并按配比方法计算抵减的欠税和滞纳金；若欠缴总额小于期末留抵税额，实际抵减金额应等于欠缴总额。

三、关于税收会计账务处理

税收会计根据《通知书》载明的实际抵减金额作抵减业务的账务处理。即先根据实际抵减的2001年5月1日之前发生的欠税以及抵减的应缴未缴滞纳金，借记"待征"类科目，贷记"应征"类科目；再根据实际抵减的增值税欠税和滞纳金，借记"应征税收——增值税"科目，贷记"待征税收——××户——增值税"科目。

附件：《增值税进项留抵税额抵减增值税欠税通知书》（编者略）

国家税务总局
关于商业企业向货物供应方收取的部分费用征收流转税问题的通知

(2004年10月13日 国税发〔2004〕136号)

各省、自治区、直辖市和计划单列市国家税务局、地方税务局：

据部分地区反映，商业企业向供货方收取的部分收入如何征收流转税的问题，现行政策规定不够统一，导致不同地区之间政策执行不平衡。经研究，现规定如下：

一、商业企业向供货方收取的部分收入，按照以下原则征收增值税或营业税：

（一）对商业企业向供货方收取的与商品销售量、销售额无必然联系，且商业企业向供货方提供一定劳务的收入，例如进场费、广告促销费、上架费、展示费、管理费等，不属于平销返利，不冲减当期增值税进项税金，应按营业税的适用税目税率征收营业税。

（二）对商业企业向供货方收取的与商品销售量、销售额挂钩（如以一定比例、金额、数量计算）的各种返还收入，均应按照平销返利行为的有关规定冲减当期增值税进项税金，不征收营业税。

二、商业企业向供货方收取的各种收入，一律不得开具增值税专用发票。

三、应冲减进项税金的计算公式调整为：

当期应冲减进项税金 = 当期取得的返还资金 ÷（1 + 所购货物适用增值税税率）× 所购货物适用增值税税率

四、本通知自2004年7月1日起执行。本通知发布前已征收入库税款不再进行调整。其他增值税一般纳税人向供货方收取的各种收入的纳税处理，比照本通知的规定执行。

国家税务总局
关于增值税一般纳税人将增值税进项留抵税额抵减查补税款欠税问题的批复

(2005年2月24日 国税函〔2005〕169号)

广西壮族自治区国家税务局：

你局《关于增值税一般纳税人进项留抵税额能否抵减查补税款有关问题的请示》（桂国税发〔2004〕269号）收悉。经研究，现批复如下：

一、增值税一般纳税人拖欠纳税检查应补缴的增值税税款，如果纳税人有进项留抵税额，可按照《国家税务总局关于增值税一般纳税人用进项留抵税额抵减增值税欠税问题的通知》（国税发〔2004〕112号）的规定，用增值税留抵税额抵减查补税款欠税。

二、为确保税务机关和国库入库数字对账一致，抵减的查补税款不能作为稽查已入库税款统计。考核查补税款入库率时，可将计算公式调整为：

查补税款入库率＝实际缴纳入库的查补税款＋增值税进项留抵税额实际抵减的查补税款欠税应缴纳入库的查补税款×100%

其中，"增值税进项留抵税额实际抵减的查补税款欠税"反映考核期内实际抵减的查补税款欠税。

［注释：第二条修改为：查补税款入库率＝（实际缴纳入库的查补税款＋增值税进项留抵税额实际抵减的查补税款欠税应缴纳入库的查补税款）÷应缴纳入库的查补税款×100%］

财政部　国家税务总局
关于增值税若干政策的通知

（2005年11月28日　财税〔2005〕165号）

各省、自治区、直辖市、计划单列市财政厅（局）、国家税务局，新疆生产建设兵团财务局：

经研究，现对增值税若干政策问题明确如下：

一、销售自产货物提供增值税劳务并同时提供建筑业劳务征收增值税，纳税义务发生时间的确定

按照《国家税务总局关于纳税人销售自产货物提供增值税劳务并同时提供建筑业劳务征收流转税问题的通知》（国税发〔2002〕117号）规定，纳税人销售自产货物提供增值税劳务并同时提供建筑业劳务应征增值税的，其增值税纳税义务发生时间依照《中华人民共和国增值税暂行条例实施细则》第三十三条的规定执行。

二、企业在委托代销货物的过程中，无代销清单纳税义务发生时间的确定

（一）纳税人以代销方式销售货物，在收到代销清单前已收到全部或部分货款的，其纳税义务发生时间为收到全部或部分货款的当天。

（二）对于发出代销商品超过180天仍未收到代销清单及货款的，视同销售实现，一律征收增值税，其纳税义务发生时间为发出代销商品满180天的当天。

三、个别货物进口环节与国内环节以及国内地区间增值税税率执行不一致进项税额抵扣问题

对在进口环节与国内环节，以及国内地区间个别货物（如初级农产品、矿产品等）增值税适用税率执行不一致的，纳税人应按其取得的增值税专用发票和海关进口完税凭证上注明的增值税额抵扣进项税额。

主管税务机关发现同一货物进口环节与国内环节以及地区间增值税税率执行不一致的，应当将有关情况逐级上报至共同的上一级税务机关，由上一级税务机关予以明确。

四、不得抵扣增值税进项税额的计算划分问题

纳税人兼营免税项目或非应税项目（不包括固定资产在建工程）无法准确划分不得抵

扣的进项税额部分，按下列公式计算不得抵扣的进项税额：

不得抵扣的进项税额＝（当月全部进项税额－当月可准确划分用于应税项目、免税项目及非应税项目的进项税额）×当月免税项目销售额、非应税项目营业额合计÷当月全部销售额、营业额合计＋当月可准确划分用于免税项目和非应税项目的进项税额

五、增值税一般纳税人（以下简称一般纳税人）转为小规模纳税人有关问题

纳税人一经认定为正式一般纳税人，不得再转为小规模纳税人；辅导期一般纳税人转为小规模纳税人问题继续按照《国家税务总局关于加强新办商贸企业增值税征收管理有关问题的紧急通知》（国税发明电〔2004〕37号）的有关规定执行。

六、一般纳税人注销时存货及留抵税额处理问题

一般纳税人注销或被取消辅导期一般纳税人资格，转为小规模纳税人时，其存货不作进项税额转出处理，其留抵税额也不予以退税。

七、运输发票抵扣问题

（一）一般纳税人购进或销售货物（东北以外地区固定资产除外）通过铁路运输，并取得铁路部门开具的运输发票，如果铁路部门开具的铁路运输发票托运人或收货人名称与其不一致，但铁路运输发票托运人栏或备注栏注有该纳税人名称的（手写无效），该运输发票可以作为进项税额抵扣凭证，允许计算抵扣进项税额。

（二）一般纳税人在生产经营过程中所支付的运输费用，允许计算抵扣进项税额。

（三）一般纳税人取得的国际货物运输代理业发票和国际货物运输发票，不得计算抵扣进项税额。

（四）一般纳税人取得的汇总开具的运输发票，凡附有运输企业开具并加盖财务专用章或发票专用章的运输清单，允许计算抵扣进项税额。

（五）一般纳税人取得的项目填写不齐全的运输发票（附有运输清单的汇总开具的运输发票除外）不得计算抵扣进项税额。

八、对从事公用事业的纳税人收取的一次性费用是否征收增值税问题

对从事热力、电力、燃气、自来水等公用事业的增值税纳税人收取的一次性费用，凡与货物的销售数量有直接关系的，征收增值税；凡与货物的销售数量无直接关系的，不征收增值税。

九、纳税人代行政部门收取的费用是否征收增值税问题

纳税人代有关行政管理部门收取的费用，凡同时符合以下条件的，不属于价外费用，不征收增值税。

（一）经国务院、国务院有关部门或省级政府批准；

（二）开具经财政部门批准使用的行政事业收费专用票据；

（三）所收款项全额上缴财政或虽不上缴财政但由政府部门监管，专款专用。

十、代办保险费、车辆购置税、牌照费征税问题

纳税人销售货物的同时代办保险而向购买方收取的保险费，以及从事汽车销售的纳税人向购买方收取的代购买方缴纳的车辆购置税、牌照费，不作为价外费用征收增值税。

十一、关于计算机软件产品征收增值税有关问题

（一）嵌入式软件不属于财政部、国家税务总局《关于鼓励软件产业和集成电路产业发展有关税收政策问题的通知》（财税〔2000〕25号）规定的享受增值税优惠政策的软件

产品。

（二）纳税人销售软件产品并随同销售一并收取的软件安装费、维护费、培训费等收入，应按照增值税混合销售的有关规定征收增值税，并可享受软件产品增值税即征即退政策。

对软件产品交付使用后，按期或按次收取的维护、技术服务费、培训费等不征收增值税。

（三）纳税人受托开发软件产品，著作权属于受托方的征收增值税，著作权属于委托方或属于双方共同拥有的不征收增值税。

十二、印刷企业自己购买纸张，接受出版单位委托，印刷报纸书刊等印刷品的征税问题

印刷企业接受出版单位委托，自行购买纸张，印刷有统一刊号（CN）以及采用国际标准书号编序的图书、报纸和杂志，按货物销售征收增值税。

十三、会员费收入

对增值税纳税人收取的会员费收入不征收增值税。

［注释：条款失效。第一条、第二条、第四条、第五条、第七条第（一）项"东北以外地区固定资产除外"的规定、第九条、第十条失效。参见：《财政部　国家税务总局关于公布若干废止和失效的增值税规范性文件目录的通知》（财税〔2009〕17号）。

条款废止。第十一条第一款和第三款自2011年1月1日起废止。参见：《财政部　国家税务总局关于软件产品增值税政策的通知》（财税〔2011〕100号）。］

国家税务总局
关于金融机构开展个人实物黄金交易业务增值税有关问题的通知

（2005年11月7日　国税发〔2005〕178号）

各省、自治区、直辖市和计划单列市国家税务局：

近接部分金融机构来文，反映其经中国人民银行、中国银行业监督管理委员会批准，在所属分理处、储蓄所等营业场所内开展个人实物黄金交易业务，即向社会公开销售刻有不同字样的特制实物金条等黄金制品，并依照市场价格向购买者购回所售金条，由分行统一清算交易情况。对于金融机构销售实物黄金的行为，应当照章征收增值税，考虑到金融机构征收管理的特殊性，为加强税收管理，促进交易发展，现将有关问题通知如下：

一、对于金融机构从事的实物黄金交易业务，实行金融机构各省级分行和直属一级分行所属地市级分行、支行按照规定的预征率预缴增值税，由省级分行和直属一级分行统一清算缴纳的办法。

（一）发生实物黄金交易行为的分理处、储蓄所等应按月计算实物黄金的销售数量、金额，上报其上级支行。

（二）各支行、分理处、储蓄所应依法向机构所在地主管国家税务局申请办理税务登记。各支行应按月汇总所属分理处、储蓄所上报的实物黄金销售额和本支行的实物黄金销售

额,按照规定的预征率计算增值税预征税额,向主管税务机关申报缴纳增值税。

预征税额=销售额×预征率

(三)各省级分行和直属一级分行应向机构所在地主管国家税务局申请办理税务登记,申请认定增值税一般纳税人资格。按月汇总所属地市分行或支行上报的实物黄金销售额和进项税额,按照一般纳税人方法计算增值税应纳税额,根据已预征税额计算应补税额,向主管税务机关申报缴纳。

应纳税额=销项税额-进项税额

应补税额=应纳税额-预征税额

当期进项税额大于销项税额的,其留抵税额结转下期抵扣,预征税额大于应纳税额的,在下期增值税应纳税额中抵减。

(四)从事实物黄金交易业务的各级金融机构取得的进项税额,应当按照现行规定划分不可抵扣的进项税额,作进项税额转出处理。

(五)预征率由各省级分行和直属一级分行所在地省级国家税务局确定。

二、金融机构所属分行、支行、分理处、储蓄所等销售实物黄金时,应当向购买方开具国家税务总局统一监制的普通发票,不得开具银行自制的金融专业发票,普通发票领购事宜由各分行、支行办理。

三、各地在执行中遇到的问题,应及时向总局(流转税管理司)报告。

[注释:条款失效。

"一、对于金融机构从事的实物黄金交易业务,实行金融机构各省级分行和直属一级分行所属地市级分行、支行按照规定的预征率预缴增值税,由省级分行和直属一级分行统一清算缴纳的办法。

(二)各支行、分理处、储蓄所应依法向机构所在地主管国家税务局申请办理税务登记。各支行应按月汇总所属分理处、储蓄所上报的实物黄金销售额和本支行的实物黄金销售额,按照规定的预征率计算增值税预征税额,向主管税务机关申报缴纳增值税。

预征税额=销售额×预征率

(三)各省级分行和直属一级分行应向机构所在地主管国家税务局申请办理税务登记,申请认定增值税一般纳税人资格。按月汇总所属地市分行或支行上报的实物黄金销售额和进项税额,按照一般纳税人方法计算增值税应纳税额,根据已预征税额计算应补税额,向主管税务机关申报缴纳。

(五)预征率由各省级分行和直属一级分行所在地省级国家税务局确定"。修改为:

"一、对于金融机构从事的实物黄金交易业务,实行金融机构各省级分行和直属一级分行所属地市级分行、支行按照规定的预征率预缴增值税,由省级分行和直属一级分行统一清算缴纳的办法。

(二)各支行、分理处、储蓄所应依法向机构所在地主管税务局申请办理税务登记。各支行应按月汇总所属分理处、储蓄所上报的实物黄金销售额和本支行的实物黄金销售额,按照规定的预征率计算增值税预征税额,向主管税务机关申报缴纳增值税。

预征税额=销售额×预征率

(三)各省级分行和直属一级分行应向机构所在地主管税务局申请办理税务登记,申请认定增值税一般纳税人资格。按月汇总所属地市分行或支行上报的实物黄金销售额和进项税额,按照一般纳税人方法计算增值税应纳税额,根据已预征税额计算应补税额,向主管税务机关申报缴纳。

(五)预征率由各省级分行和直属一级分行所在地省税务局确定。"

"三、各地在执行中遇到的问题,应及时向总局(流转税管理司)报告"。修改为:"三、各地在执行中遇到的问题,应及时向总局(货物和劳务税司)报告。"

参见:《国家税务总局关于修改部分税收规范性文件的公告》(国家税务总局公告2018年第31号)。]

财政部　国家税务总局
关于加快煤层气抽采有关税收政策问题的通知

(2007年2月7日　财税〔2007〕16号)

各省、自治区、直辖市、计划单列市财政厅(局)、国家税务局、地方税务局,新疆生产建设兵团财务局,财政部驻各省、自治区、直辖市、计划单列市财政监察专员办事处:

为加快推进煤层气资源的抽采利用,鼓励清洁生产、节约生产和安全生产,经国务院批准,现就鼓励煤层气抽采有关税收政策问题通知如下:

一、对煤层气抽采企业的增值税一般纳税人抽采销售煤层气实行增值税先征后退政策。先征后退税款由企业专项用于煤层气技术的研究和扩大再生产,不征收企业所得税。

煤层气是指赋存于煤层及其围岩中与煤炭资源伴生的非常规天然气,也称煤矿瓦斯。

煤层气抽采企业应将享受增值税先征后退政策的业务和其他业务分别核算,不能分别准确核算的,不得享受增值税先征后退政策。

煤层气抽采企业增值税先征后退政策由财政部驻各地财政监察专员办事处根据财政部、国家税务总局、中国人民银行《关于税制改革后对某些企业实行"先征后退"有关预算管理问题的暂行规定的通知》(〔94〕财预字第55号)的规定办理。

二、对独立核算的煤层气抽采企业购进的煤层气抽采泵、钻机、煤层气监测装置、煤层气发电机组、钻井、录井、测井等专用设备,统一采取双倍余额递减法或年数总和法实行加速折旧,具体加速折旧方法可以由企业自行决定,但一经确定,以后年度不得随意调整。

三、对独立核算的煤层气抽采企业利用银行贷款或自筹资金从事技术改造项目国产设备投资,其项目所需国产设备投资的40%可从企业技术改造项目设备购置当年比前一年新增的企业所得税中抵免。具体管理办法按财政部、国家税务总局《关于印发〈技术改造国产设备投资抵免企业所得税暂行办法〉的通知》(财税字〔1999〕290号)、国家税务总局《关于印发〈技术改造国产设备投资抵免企业所得税审核管理办法〉的通知》(国税发〔2000〕13号)、财政部、国家税务总局《关于外商投资企业和外国企业购买国产设备投资抵免企业所得税有关问题的通知》(财税字〔2000〕49号)和国家税务总局《关于印发〈外商投资企业和外国企业购买国产设备投资抵免企业所得税管理办法〉的通知》(国税发〔2000〕90号)的规定执行。

四、对财务核算制度健全、实行查账征税的煤层气抽采企业研究开发新技术、新工艺发生的技术开发费,在按规定实行100%扣除基础上,允许再按当年实际发生额的50%在企业所得税税前加计扣除。具体管理办法按财政部、国家税务总局《关于企业技术创新有关企业所得税优惠政策的通知》(财税〔2006〕88号)第一条的有关规定执行。

五、对地面抽采煤层气暂不征收资源税。

六、本通知自2007年1月1日起执行。现行对中联公司中外合作开采陆上煤层气按实物征收5%的增值税以及中联公司自营开采陆上煤层气增值税超5%税负返还政策同时废止。

国家税务总局
关于中国电信集团公司和中国电信股份有限公司所属子公司业务销售附带赠送行为征收流转税问题的通知

(2007年4月6日　国税函〔2007〕414号)

各省、自治区、直辖市和计划单列市国家税务局、地方税务局:

现将中国电信集团公司和中国电信股份有限公司所属子公司(以下简称中国电信子公司)开展的以业务销售附带赠送服务或实物形式的业务有关流转税政策问题明确如下:

中国电信子公司开展以业务销售附带赠送电信服务业务(包括赠送用户一定的业务使用时长、流量或业务使用费额度,赠送有价卡预存款或者有价卡)的过程中,其附带赠送的电信服务是无偿提供电信业劳务的行为,不属于营业税征收范围,不征收营业税。

中国电信子公司开展的以业务销售附带赠送实物业务(包括赠送用户小灵通(手机)、电话机、SIM卡、网络终端或有价物品等实物),属于电信单位提供电信业劳务的同时赠送实物的行为,按照现行流转税政策规定,不征收增值税,其进项税额不得予以抵扣;其附带赠送实物的行为是电信单位无偿赠与他人实物的行为,不属于营业税征收范围,不征收营业税。

财政部　国家税务总局
关于军工企业股份制改造有关增值税政策问题的通知

(2008年1月21日　财税〔2007〕172号)

各省、自治区、直辖市、计划单列市财政厅(局)、国家税务局,新疆生产建设兵团财务局:

为了落实国家深化国防科技工业投资体制改革的要求,保证军品免征增值税政策顺利执行,保持税负公平,现将有关军工企业股份制改造相关军品增值税政策通知如下:

对于原享受军品免征增值税政策的军工集团全资所属企业,按照《国防科工委关于印发〈军工企业股份制改造实施暂行办法〉的通知》(科工改〔2007〕1366号)的有关规定,改制为国有独资（或国有全资）、国有绝对控股、国有相对控股的有限责任公司或股份有限公司，所生产销售的军品可按照《财政部、国家税务总局关于军队、军工系统所属单位征收流转税、资源税问题的通知》（财税字〔1994〕11号）的规定，继续免征增值税。

本通知自2008年1月1日起执行。各地在执行中发现问题，应及时上报财政部、国家税务总局。

财政部　国家税务总局
关于全国实施增值税转型改革若干问题的通知

（2008年12月19日　财税〔2008〕170号）

各省、自治区、直辖市、计划单列市财政厅（局）、国家税务局，新疆生产建设兵团财务局：

为推进增值税制度完善，促进国民经济平稳较快发展，国务院决定，自2009年1月1日起，在全国实施增值税转型改革。为保证改革实施到位，现将有关问题通知如下：

一、自2009年1月1日起，增值税一般纳税人（以下简称纳税人）购进（包括接受捐赠、实物投资，下同）或者自制（包括改扩建、安装，下同）固定资产发生的进项税额（以下简称固定资产进项税额），可根据《中华人民共和国增值税暂行条例》（国务院令第538号，以下简称条例）和《中华人民共和国增值税暂行条例实施细则》（财政部、国家税务总局令第50号，以下简称细则）的有关规定，凭增值税专用发票、海关进口增值税专用缴款书和运输费用结算单据（以下简称增值税扣税凭证）从销项税额中抵扣，其进项税额应当记入"应交税金——应交增值税（进项税额）"科目。

二、纳税人允许抵扣的固定资产进项税额，是指纳税人2009年1月1日以后（含1月1日，下同）实际发生，并取得2009年1月1日以后开具的增值税扣税凭证上注明的或者依据增值税扣税凭证计算的增值税税额。

三、东北老工业基地、中部六省老工业基地城市、内蒙古自治区东部地区已纳入扩大增值税抵扣范围试点的纳税人，2009年1月1日以后发生的固定资产进项税额，不再采取退税方式，其2008年12月31日以前（含12月31日，下同）发生的待抵扣固定资产进项税额期末余额，应于2009年1月份一次性转入"应交税金——应交增值税（进项税额）"科目。

四、自2009年1月1日起，纳税人销售自己使用过的固定资产（以下简称已使用过的固定资产），应区分不同情形征收增值税：

（一）销售自己使用过的2009年1月1日以后购进或者自制的固定资产，按照适用税率征收增值税；

（二）2008年12月31日以前未纳入扩大增值税抵扣范围试点的纳税人，销售自己使用过的2008年12月31日以前购进或者自制的固定资产，按照4%征收率减半征收增值税；

（三）2008年12月31日以前已纳入扩大增值税抵扣范围试点的纳税人，销售自己使用过的在本地区扩大增值税抵扣范围试点以前购进或者自制的固定资产，按照4%征收率减半征收增值税；销售自己使用过的在本地区扩大增值税抵扣范围试点以后购进或者自制的固定资产，按照适用税率征收增值税。

本通知所称已使用过的固定资产，是指纳税人根据财务会计制度已经计提折旧的固定资产。

五、纳税人已抵扣进项税额的固定资产发生条例第十条（一）至（三）项所列情形的，应在当月按下列公式计算不得抵扣的进项税额：

不得抵扣的进项税额＝固定资产净值×适用税率

本通知所称固定资产净值，是指纳税人按照财务会计制度计提折旧后计算的固定资产净值。

六、纳税人发生细则第四条规定固定资产视同销售行为，对已使用过的固定资产无法确定销售额的，以固定资产净值为销售额。

七、自2009年1月1日起，进口设备增值税免税政策和外商投资企业采购国产设备增值税退税政策停止执行。具体办法，财政部、国家税务总局另行发文明确。

八、本通知自2009年1月1日起执行。《财政部、国家税务总局关于印发〈东北地区扩大增值税抵扣范围若干问题的规定〉的通知》（财税〔2004〕156号）、《财政部、国家税务总局关于印发〈2004年东北地区扩大增值税抵扣范围暂行办法〉的通知》（财税〔2004〕168号）、《财政部、国家税务总局关于进一步落实东北地区扩大增值税抵扣范围政策的紧急通知》（财税〔2004〕226号）、《财政部、国家税务总局关于东北地区军品和高新技术产品生产企业实施扩大增值税抵扣范围有关问题的通知》（财税〔2004〕227号）、《国家税务总局关于开展扩大增值税抵扣范围企业认定工作的通知》（国税函〔2004〕143号）、《财政部、国家税务总局关于2005年东北地区扩大增值税抵扣范围有关问题的通知》（财税〔2005〕28号）、《财政部、国家税务总局关于2005年东北地区扩大增值税抵扣范围固定资产进项税额退税问题的通知》（财税〔2005〕176号）、《财政部、国家税务总局关于东北地区军品和高新技术产品生产企业实施扩大增值税抵扣范围有关问题的通知》（财税〔2006〕15号）、《财政部、国家税务总局关于2006年东北地区固定资产进项税额退税问题的通知》（财税〔2006〕156号）、《财政部、国家税务总局关于印发〈中部地区扩大增值税抵扣范围暂行办法〉的通知》（财税〔2007〕75号）、《财政部、国家税务总局关于扩大增值税抵扣范围地区2007年固定资产抵扣（退税）有关问题的补充通知》（财税〔2007〕128号）、《国家税务总局关于印发〈扩大增值税抵扣范围暂行管理办法〉的通知》（国税发〔2007〕62号）、《财政部、国家税务总局关于印发〈内蒙古东部地区扩大增值税抵扣范围暂行办法〉的通知》（财税〔2008〕94号）、《财政部、国家税务总局关于印发〈汶川地震受灾严重地区扩大增值税抵扣范围暂行办法〉的通知》（财税〔2008〕108号）、《财政部、国家税务总局关于2008年东北中部和蒙东地区扩大增值税抵扣范围固定资产进项税额退税问题的通知》（财税〔2008〕141号）同时废止。

［注释：条款修改。第四条第（二）项和第（三）项中"按照4%征收率减半征收增值税"修改为"按照简易办法依照3%征收率减按2%征收增值税"。参见：《财政部 国家税务总局关于简并增值税征收率政策的通知》（财税〔2014〕57号）。］

财政部 国家税务总局
关于再生资源增值税政策的通知

(2008年12月9日 财税〔2008〕157号)

各省、自治区、直辖市、计划单列市财政厅（局）、国家税务局，财政部驻各省、自治区、直辖市、计划单列市财政监察专员办事处，新疆生产建设兵团财务局：

为了促进再生资源的回收利用，促进再生资源回收行业的健康有序发展，节约资源，保护环境，促进税收公平和税制规范，经国务院批准，决定调整再生资源回收与利用的增值税政策，现通知如下：

一、取消"废旧物资回收经营单位销售其收购的废旧物资免征增值税"和"生产企业增值税一般纳税人购入废旧物资回收经营单位销售的废旧物资，可按废旧物资回收经营单位开具的由税务机关监制的普通发票上注明的金额，按10%计算抵扣进项税额"的政策。

二、单位和个人销售再生资源，应当依照《中华人民共和国增值税暂行条例》（以下简称增值税条例）、《中华人民共和国增值税暂行条例实施细则》及财政部、国家税务总局的相关规定缴纳增值税。但个人（不含个体工商户）销售自己使用过的废旧物品免征增值税。增值税一般纳税人购进再生资源，应当凭取得的增值税条例及其细则规定的扣税凭证抵扣进项税额，原印有"废旧物资"字样的专用发票停止使用，不再作为增值税扣税凭证抵扣进项税额。

三、在2008年12月31日前，各地主管税务机关应注销企业在防伪税控系统中"废旧物资经营单位"的档案信息，收缴企业尚未开具的专用发票，重新核定企业增值税专用发票的最高开票限额和最大购票数量，做好增值税专用发票的发售工作。

四、在2010年底以前，对符合条件的增值税一般纳税人销售再生资源缴纳的增值税实行先征后退政策。

（一）适用退税政策的纳税人范围。

适用退税政策的增值税一般纳税人应当同时满足以下条件：

1. 按照《再生资源回收管理办法》（商务部令2007年第8号）第七条、第八条规定应当向有关部门备案的，已经按照有关规定备案；

2. 有固定的再生资源仓储、整理、加工场地；

3. 通过金融机构结算的再生资源销售额占全部再生资源销售额的比重不低于80%；

4. 自2007年1月1日起，未因违反《中华人民共和国反洗钱法》《中华人民共和国环境保护法》《中华人民共和国税收征收管理法》《中华人民共和国发票管理办法》或者《再生资源回收管理办法》受到刑事处罚或者县级以上工商、商务、环保、税务、公安机关相应的行政处罚（警告和罚款除外）。

（二）退税比例。

对符合退税条件的纳税人2009年销售再生资源实现的增值税，按70%的比例退回给纳税人；对其 2010 年销售再生资源实现的增值税，按 50% 的比例退回给纳税人。

（三）纳税人申请退税时，除按有关规定提交的相关资料外，应提交下列资料：

1. 按照《再生资源回收管理办法》第七条、第八条规定应当向有关部门备案的，商务主管部门核发的备案登记证明的复印件；

2. 再生资源仓储、整理、加工场地的土地使用证和房屋产权证或者其租赁合同的复印件；

3. 通过金融机构结算的再生资源销售额及全部再生资源销售额的有关数据及资料。为保护纳税人的商业秘密，不要求纳税人提交其与客户通过银行交易的详细记录，对于有疑问的，可到纳税人机构所在地等场所进行现场核实；

4. 自 2007 年 1 月 1 日起，未因违反《中华人民共和国反洗钱法》《中华人民共和国环境保护法》《中华人民共和国税收征收管理法》《中华人民共和国发票管理办法》或者《再生资源回收管理办法》受到刑事处罚或者县级以上工商、商务、环保、税务、公安机关相应的行政处罚（警告和罚款除外）的书面申明。

（四）退税业务由财政部驻当地财政监察专员办事处及负责初审和复审的财政部门按照本通知及相关规定办理。

1. 退税申请办理时限。（1）纳税人一般按季申请退税，申请退税金额较大的，也可以按月申请，具体时限由财政部驻当地财政监察专员办事处确定；（2）负责初审的财政机关应当在收到退税申请之日起 10 个工作日内，同时向负责复审和终审的财政机关提交初审意见；（3）负责复审的财政机关应当在收到初审意见之日起 5 个工作日内向负责终审的财政机关提交复审意见；（4）负责终审的财政机关是财政部驻当地财政监察专员办事处，其应当在收到复审意见之日 10 个工作日内完成终审并办理妥当有关退税手续。

2. 负责初审的财政机关对于纳税人第一次申请退税的，应当在上报初审意见前派人到现场审核有关条件的满足情况；有特殊原因不能做到的，应在提交初审意见后 2 个月内派人到现场审核有关条件的满足情况，发现有不满足条件的，及时通知负责复审或者终审的财政机关。

3. 负责初审、复审的财政机关应当定期（自收到纳税人第一次退税申请之日起至少每 12 个月一次）向同级公安、商务、环保和税务部门及人民银行对纳税人申明的内容进行核实，对经查实的与申明不符的问题要严肃处理。凡问题在初次申请退税之日前发生的，应当追缴纳税人此前骗取的退税款，根据《财政违法行为处罚处分条例》的相关规定进行处罚，并取消其以后申请享受本通知规定退税政策的资格；凡问题在初次申请退税之日后发生的，取消其刑事处罚和行政处罚生效之日起申请享受本通知规定退税政策的资格。

五、报废船舶拆解和报废机动车拆解企业，适用本通知的各项规定。

六、本通知所称再生资源，是指《再生资源回收管理办法》（商务部令 2007 年第 8 号）第二条所称的再生资源，即在社会生产和生活消费过程中产生的，已经失去原有全部或部分使用价值，经过回收、加工处理，能够使其重新获得使用价值的各种废弃物。上述加工处理，仅指清洗、挑选、整理等简单加工。

七、各级国家税务机关要加强与财政、公安、商务、环保、人民银行等部门的信息沟通，加强对重点行业的纳税评估，采取有效措施，强化对再生资源的产生、回收经营、加工处理等各个环节的税收管理，堵塞偷逃税收的漏洞，保证增值税链条机制的正常运行。

八、本通知自 2009 年 1 月 1 日起执行。《财政部、国家税务总局关于废旧物资回收经营业务有关增值税政策的通知》（财税〔2001〕78 号）、《国家税务总局关于加强废旧物资回收经营单位和使用废旧物资生产企业增值税征收管理的通知》（国税发〔2004〕60 号）、《国家税务总局关于中国再生资源开发公司废旧物资回收经营业务中有关税收问题的通知》（国税函〔2004〕736 号）、《国家税务总局关于中国再生资源开发公司废旧物资回收经营业务有关增值税问题的批复》（国税函〔2006〕1227 号）、《国家税务总局关于加强海关进口增值税专用缴款书和废旧物资发票管理有关问题的通知》（国税函〔2004〕128 号）关于废旧物资发票管理的规定、《国家税务总局关于加强废旧物资增值税管理有关问题的通知》（国税函〔2005〕544 号）、《国家税务总局关于废旧物资回收经营企业使用增值税防伪税控一机多票系统开具增值税专用发票有关问题的通知》（国税发〔2007〕43 号）同时废止。

〔注释：财税〔2008〕157 号文件第四条第（一）款"通过金融机构结算"，是指纳税人销售再生资源时按照中国人民银行《关于印发〈支付结算办法〉的通知》（银发〔1997〕393 号）规定的票据、信用卡和汇兑、托收承付、委托收款等结算方式进行货币给付及其资金清算。参见：《财政部　国家税务总局关于再生资源增值税退税政策若干问题的通知》（财税〔2009〕119 号）。

财税〔2008〕157 号文件所称再生资源的具体范围，操作时按照 2008 年底以前税务机关批准适用免征增值税政策的再生资源的具体范围执行，但必须符合财税〔2008〕157 号文件第六条的规定，其中加工处理仅限于清洗、挑选、破碎、切割、拆解、打包等改变再生资源密度、湿度、长度、粗细、软硬等物理性状的简单加工。参见：《财政部　国家税务总局关于再生资源增值税退税政策若干问题的通知》（财税〔2009〕119 号）。

财税〔2008〕157 号文件第四条第（一）款规定按照《再生资源回收管理办法》（商务部令 2007 年第 8 号）第七条、第八条规定应当向有关部门备案的，应当自备案当月 1 日起享受退税政策。参见：《财政部　国家税务总局关于再生资源增值税退税政策若干问题的通知》（财税〔2009〕119 号）。〕

国家税务总局
关于修改若干增值税规范性文件引用法规规章条款依据的通知

（2009 年 2 月 5 日　国税发〔2009〕10 号）

各省、自治区、直辖市和计划单列市国家税务局：

2009 年 1 月 1 日起，《中华人民共和国增值税暂行条例》（国务院令第 538 号）和《中华人民共和国增值税暂行条例实施细则》（财政部、国家税务总局令第 50 号）正式实施。此前国家税务总局发布的部分增值税规范性文件所引用的条例及细则条款依据已发生变化，需要根据修订后的条例及细则进行修改。现将有关修改内容明确如下：

一、《国家税务总局关于饮食业征收流转税问题的通知》（国税发〔1996〕202 号）第二条中"按《增值税暂行条例实施细则》第六条和《营业税暂行条例实施细则》第六条"修改为："按《增值税暂行条例实施细则》第七条和《营业税暂行条例实施细则》第八条。"

二、《国家税务总局关于卫生防疫站调拨生物制品及药械征收增值税的批复》（国税函〔1999〕191号）中"根据《中华人民共和国增值税暂行条例实施细则》第二十四条及有关规定，对卫生防疫站调拨生物制品和药械，可按照小规模商业企业4%的增值税征收率征收增值税"。修改为："根据《中华人民共和国增值税暂行条例实施细则》第二十九条及有关规定，对卫生防疫站调拨生物制品和药械，可按照小规模纳税人3%的增值税征收率征收增值税。"

三、《国家税务总局关于外国企业来华参展后销售展品有关税务处理问题的批复》（国税函〔1999〕207号）第一条中"按小规模纳税人所适用的6%征收率"修改为："按小规模纳税人所适用的3%征收率。"

四、《国家税务总局关于增值税一般纳税人恢复抵扣进项税额资格后有关问题的批复》（国税函〔2000〕584号）中"《中华人民共和国增值税暂行条例实施细则》第三十条规定：'一般纳税人有下列情形之一者，应按销售额依照增值税税率计算应纳税额，不得抵扣进项税额，也不得使用增值税专用发票：

（一）会计核算不健全，或者不能够提供准确税务资料的；

（二）符合一般纳税人条件，但不申请办理一般纳税人认定手续的。'"修改为："《中华人民共和国增值税暂行条例实施细则》第三十四条规定：有下列情形之一者，应按销售额依照增值税税率计算应纳税额，不得抵扣进项税额，也不得使用增值税专用发票：

（一）一般纳税人会计核算不健全，或者不能够提供准确税务资料的；

（二）除本细则第二十九条规定外，纳税人销售额超过小规模纳税人标准，未申请办理一般纳税人认定手续的。"

五、《国家税务总局关于企业改制中资产评估减值发生的流动资产损失进项税额抵扣问题的批复》（国税函〔2002〕1103号）中"《中华人民共和国增值税暂行条例实施细则》第二十一条规定：'非正常损失是指生产、经营过程中正常损耗外的损失'"修改为："《中华人民共和国增值税暂行条例实施细则》第二十四条规定，非正常损失是指因管理不善造成被盗、丢失、霉烂变质的损失。"

六、《国家税务总局关于增值税起征点调整后有关问题的批复》（国税函〔2003〕1396号）第二条"《中华人民共和国增值税暂行条例》第十八条规定"修改为："《中华人民共和国增值税暂行条例》第十七条规定。"

七、《国家税务总局关于加强新办商贸企业增值税征收管理有关问题的紧急通知》（国税发明电〔2004〕37号）第三条第（三）款有关企业增购专用发票必须按专用发票销售额的4%预缴增值税的规定，修改为按3%预缴增值税。

八、《国家税务总局关于加强新办商贸企业增值税征收管理有关问题的补充通知》（国税发明电〔2004〕62号）第七条第一款有关辅导期一般纳税人增购增值税专用发票按4%征收率计算预缴税款的规定，修改为按3%征收率计算预缴税款。

九、《国家税务总局关于取消小规模企业销售货物或应税劳务由税务所代开增值税专用发票审批后有关问题的通知》（国税函〔2004〕895号）第一条"增值税征收率4%（商业）或6%（其他）"修改为："增值税征收率3%。"

十、《国家税务总局关于加强煤炭行业税收管理的通知》（国税发〔2005〕153号）第一条"根据《中华人民共和国增值税暂行条例实施细则》第三十条的规定"修改为:"根据《中华人民共和国增值税暂行条例实施细则》第三十四条的规定。"

十一、《国家税务总局关于纳税人进口货物增值税进项税额抵扣有关问题的通知》(国税函〔2007〕350号)中"纳税人从海关取得的完税凭证"修改为:"纳税人从海关取得的海关进口增值税专用缴款书","进口货物取得的合法海关完税凭证"修改为:"进口货物取得的合法海关进口增值税专用缴款书。"

财政部　国家税务总局
关于油气田企业增值税问题的补充通知

(2009年7月9日　财税〔2009〕97号)

各省、自治区、直辖市、计划单列市财政厅(局)、国家税务局、地方税务局,新疆生产建设兵团财务局:

《财政部、国家税务总局关于印发〈油气田企业增值税管理办法〉的通知》(财税〔2009〕8号)下发后,个别特殊地区反映对税收收入影响较大。经研究,现将有关问题通知如下:

一、油气田企业向外省、自治区、直辖市其他油气田企业提供生产性劳务,应当在劳务发生地税务机关办理税务登记或注册税务登记。在劳务发生地设立分(子)公司的,应当申请办理增值税一般纳税人认定手续,经劳务发生地税务机关认定为一般纳税人后,按照增值税一般纳税人的计算方法在劳务发生地计算缴纳增值税。

子公司是指具有企业法人资格,实行独立核算的企业;分公司是指不具有企业法人资格,但领取了工商营业执照的企业。

二、新疆以外地区在新疆未设立分(子)公司的油气田企业,在新疆提供的生产性劳务应按5%的预征率计算缴纳增值税,预缴的税款可在油气田企业的应纳增值税中抵减。

三、本通知自2009年1月1日执行。

财政部　国家税务总局
关于再生资源增值税退税政策若干问题的通知

(2009年9月29日　财税〔2009〕119号)

各省、自治区、直辖市、计划单列市财政厅(局)、国家税务局,新疆生产建设兵团财务局,财政部驻各省、自治区、直辖市、计划单列市财政监察专员办事处:

根据各地的反映,现对《财政部、国家税务总局关于再生资源增值税政策的通知》(财税〔2008〕157号)的有关政策问题明确如下:

一、财税〔2008〕157号第四条第(一)款"通过金融机构结算",是指纳税人销售再生资源时按照中国人民银行《关于印发〈支付结算办法〉的通知》（银发〔1997〕393号）规定的票据、信用卡和汇兑、托收承付、委托收款等结算方式进行货币给付及其资金清算。

纳税人销售再生资源发生的应收账款，应在纳税人按照银发〔1997〕393号文件规定进行资金清算后方可计入通过金融机构结算的再生资源销售额。

纳税人销售再生资源按照银发〔1997〕393号文件规定取得的预收货款，应在销售实现后方可计入通过金融机构结算的再生资源销售额。

纳税人之间发生的互抵货款，不应计入通过金融机构计算的再生资源销售额。

纳税人通过金融机构结算的再生资源销售额占全部再生资源销售额的比重是否不低于80%的要求，应按纳税人退税申请办理时限（按月、按季等）进行核定。

二、财税〔2008〕157号文件所称再生资源的具体范围，操作时按照2008年底以前税务机关批准适用免征增值税政策的再生资源的具体范围执行，但必须符合财税〔2008〕157号文件第六条的规定，其中加工处理仅限于清洗、挑选、破碎、切割、拆解、打包等改变再生资源密度、湿度、长度、粗细、软硬等物理性状的简单加工。

三、财税〔2008〕157号文件第四条第（一）款规定按照《再生资源回收管理办法》（商务部令2007年第8号）第七条、第八条规定应当向有关部门备案的，应当自备案当月1日起享受退税政策。

四、纳税人申请退税时提供的2009年10月1日以后开具的再生资源收购凭证、扣税凭证或销售发票，除符合现行发票管理有关规定外，还应注明购进或销售的再生资源的具体种类（从废旧金属、报废电子产品、报废机电设备及其零部件、废造纸原料、废轻化工原料、废塑料、废玻璃和其他再生资源等8类之中选择填写），否则不得享受退税。

五、负责初审的财政机关和税务主管机关应当加强联系，及时就纳税人的征税和退税等情况进行沟通。负责初审的财政机关应当定期向税务主管机关通报受理和审批的申请退税纳税人名单及批准的退税额，税务主管机关对在日常税收征管、纳税检查、纳税评估、稽查等过程中发现的纳税人的异常情况及时通报给负责初审的财政机关。

对于税务主管机关通报有异常情况的纳税人，负责初审的财政机关应将有关情况及时上报负责复审和终审的财政机关，各级财政机关应暂停办理该纳税人的退税，并会同税务主管机关进一步查明情况。对于查实存在将非再生资源混作再生资源购进或销售等骗取退税行为的，除追缴其此前骗取的退税款并根据《财政违法行为处罚处分条例》（国务院令第427号）的规定进行处罚外，取消其以后享受再生资源退税政策的资格。

六、本通知自2009年10月1日起执行。

国家税务总局
关于项目运营方利用信托资金融资过程中增值税进项税额抵扣问题的公告

（2010年8月9日 国家税务总局公告2010年第8号）

现就项目运营方利用信托资金融资进行项目建设开发过程中增值税进项税额抵扣问题公

告如下：

项目运营方利用信托资金融资进行项目建设开发是指项目运营方与经批准成立的信托公司合作进行项目建设开发，信托公司负责筹集资金并设立信托计划，项目运营方负责项目建设与运营，项目建设完成后，项目资产归项目运营方所有。该经营模式下项目运营方在项目建设期内取得的增值税专用发票和其他抵扣凭证，允许其按现行增值税有关规定予以抵扣。

本公告自2010年10月1日起施行。此前未抵扣的进项税额允许其抵扣，已抵扣的不作进项税额转出。

国家税务总局
关于折扣额抵减增值税应税销售额问题通知

（2010年2月8日　国税函〔2010〕56号）

各省、自治区、直辖市和计划单列市国家税务局：

近有部分地区反映，纳税人采取折扣方式销售货物，虽在同一发票上注明了销售额和折扣额，却将折扣额填写在发票的备注栏，是否允许抵减销售额的问题。经研究，现将有关问题进一步明确如下：

《国家税务总局关于印发〈增值税若干具体问题的规定〉的通知》（国税发〔1993〕154号）第二条第（二）项规定："纳税人采取折扣方式销售货物，如果销售额和折扣额在同一张发票上分别注明的，可按折扣后的销售额征收增值税。"纳税人采取折扣方式销售货物，销售额和折扣额在同一张发票上分别注明是指销售额和折扣额在同一张发票上的"金额"栏分别注明的，可按折扣后的销售额征收增值税。未在同一张发票"金额"栏注明折扣额，而仅在发票的"备注"栏注明折扣额的，折扣额不得从销售额中减除。

国家税务总局
关于融资性售后回租业务中承租方出售资产行为
有关税收问题的公告

（2010年9月8日　国家税务总局公告2010年第13号）

现就融资性售后回租业务中承租方出售资产行为有关税收问题公告如下：

融资性售后回租业务是指承租方以融资为目的将资产出售给经批准从事融资租赁业务的企业后，又将该项资产从该融资租赁企业租回的行为。融资性售后回租业务中承租方出售资产时，资产所有权以及与资产所有权有关的全部报酬和风险并未完全转移。

一、增值税和营业税

根据现行增值税和营业税有关规定，融资性售后回租业务中承租方出售资产的行为，不属于增值税和营业税征收范围，不征收增值税和营业税。

二、企业所得税

根据现行企业所得税法及有关收入确定规定，融资性售后回租业务中，承租人出售资产的行为，不确认为销售收入，对融资性租赁的资产，仍按承租人出售前原账面价值作为计税基础计提折旧。租赁期间，承租人支付的属于融资利息的部分，作为企业财务费用在税前扣除。

本公告自 2010 年 10 月 1 日起施行。此前因与本公告规定不一致而已征的税款予以退税。

国家税务总局
关于安置残疾人单位是否可以同时享受多项增值税优惠政策问题的公告

（2011 年 11 月 18 日　国家税务总局公告 2011 年第 61 号）

现将安置残疾人单位是否可以同时享受多重增值税优惠政策问题公告如下：

安置残疾人单位既符合促进残疾人就业增值税优惠政策条件，又符合其他增值税优惠政策条件的，可同时享受多项增值税优惠政策，但年度申请退还增值税总额不得超过本年度内应纳增值税总额。

本公告自 2011 年 12 月 1 日起执行。

国家税务总局
关于纳税人销售自产货物并同时提供建筑业劳务有关税收问题的公告

（2011 年 3 月 25 日　国家税务总局公告 2011 年第 23 号）

现就纳税人销售自产货物同时提供建筑业劳务有关税收问题公告如下：

纳税人销售自产货物同时提供建筑业劳务，应按照《中华人民共和国增值税暂行条例实施细则》第六条及《中华人民共和国营业税暂行条例实施细则》第七条规定，分别核算其货物的销售额和建筑业劳务的营业额，并根据其货物的销售额计算缴纳增值税，根据其建筑业劳务的营业额计算缴纳营业税。未分别核算的，由主管税务机关分别核定其货物的销售额和建筑业劳务的营业额。

纳税人销售自产货物同时提供建筑业劳务，须向建筑业劳务发生地主管地方税务机关提供其机构所在地主管国家税务机关出具的本纳税人属于从事货物生产的单位或个人的证明。建筑业劳务发生地主管地方税务机关根据纳税人持有的证明，按本公告有关规定计算征收营业税。

本公告自 2011 年 5 月 1 日起施行。《国家税务总局关于纳税人销售自产货物提供增值税劳务并同时提供建筑业劳务征收流转税问题的通知》（国税发〔2002〕117 号）同时废止。本公告施行前已征收增值税、营业税的不再做纳税调整，未征收增值税或营业税的按本公告规定执行。

国家税务总局
关于增值税纳税义务发生时间有关问题的公告

（2011 年 7 月 15 日　国家税务总局公告 2011 年第 40 号）

根据《中华人民共和国增值税暂行条例》及其实施细则的有关规定，现就增值税纳税义务发生时间有关问题公告如下：

纳税人生产经营活动中采取直接收款方式销售货物，已将货物移送对方并暂估销售收入入账，但既未取得销售款或取得索取销售款凭据也未开具销售发票的，其增值税纳税义务发生时间为取得销售款或取得索取销售款凭据的当天；先开具发票的，为开具发票的当天。

本公告自 2011 年 8 月 1 日起施行。纳税人此前对发生上述情况进行增值税纳税申报的，可向主管税务机关申请，按本公告规定做纳税调整。

国家税务总局
关于旅店业和饮食业纳税人销售非现场消费食品
增值税有关问题的公告

（2013 年 4 月 22 日　国家税务总局公告 2013 年第 17 号）

现将旅店业和饮食业纳税人销售非现场消费食品增值税有关问题公告如下：

旅店业和饮食业纳税人销售非现场消费的食品，属于不经常发生增值税应税行为，根据《中华人民共和国增值税暂行条例实施细则》（财政部　国家税务总局令第 50 号）第二十九条的规定，可以选择按小规模纳税人缴纳增值税。

本公告自 2013 年 5 月 1 日起施行。

国家税务总局
关于促进残疾人就业增值税优惠政策有关问题的公告

（2013 年 12 月 13 日　国家税务总局公告 2013 年第 73 号）

现就促进残疾人就业增值税优惠政策有关问题公告如下：

《财政部 国家税务总局关于促进残疾人就业税收优惠政策的通知》(财税〔2007〕92号，以下简称"通知")第五条第一项"依法与安置的每位残疾人签订了一年以上（含一年）的劳动合同或服务协议"中的"劳动合同或服务协议"，包括全日制工资发放形式和非全日制工资发放形式劳动合同或服务协议。

安置残疾人单位聘用非全日制用工的残疾人，与其签订符合法律法规规定的劳动合同或服务协议，并且安置该残疾人在单位实际上岗工作的，可按照"通知"的规定，享受增值税优惠政策。

本公告自 2013 年 10 月 1 日起执行。此前处理与本公告规定不一致的，按本公告规定执行。

国家税务总局
关于小微企业免征增值税和营业税有关问题的公告

(2014 年 10 月 11 日　国家税务总局公告 2014 年第 57 号)

根据《中华人民共和国增值税暂行条例》及实施细则、《中华人民共和国营业税暂行条例》及实施细则、《财政部 国家税务总局关于暂免征收部分小微企业增值税和营业税的通知》(财税〔2013〕52 号)、《财政部 国家税务总局关于进一步支持小微企业增值税和营业税政策的通知》(财税〔2014〕71 号)，现将小微企业免征增值税和营业税有关问题公告如下：

一、增值税小规模纳税人和营业税纳税人，月销售额或营业额不超过 3 万元（含 3 万元，下同）的，按照上述文件规定免征增值税或营业税。其中，以 1 个季度为纳税期限的增值税小规模纳税人和营业税纳税人，季度销售额或营业额不超过 9 万元的，按照上述文件规定免征增值税或营业税。

二、增值税小规模纳税人兼营营业税应税项目的，应当分别核算增值税应税项目的销售额和营业税应税项目的营业额，月销售额不超过 3 万元（按季纳税 9 万元）的，免征增值税；月营业额不超过 3 万元（按季纳税 9 万元）的，免征营业税。

三、增值税小规模纳税人月销售额不超过 3 万元（按季纳税 9 万元）的，当期因代开增值税专用发票（含货物运输业增值税专用发票）已经缴纳的税款，在专用发票全部联次追回或者按规定开具红字专用发票后，可以向主管税务机关申请退还。

四、本公告自 2014 年 10 月 1 日起施行。《国家税务总局关于暂免征收部分小微企业增值税和营业税政策有关问题的公告》(国家税务总局公告 2013 年第 49 号)、《国家税务总局关于增值税起征点调整后有关问题的批复》(国税函〔2003〕1396 号)同时废止。

国家税务总局关于国际货物运输代理服务有关增值税问题的公告

（2014年7月4日 国家税务总局公告2014年第42号）

经商财政部同意，现将试点纳税人间接提供国际货物运输代理服务有关增值税问题公告如下：

一、试点纳税人通过其他代理人，间接为委托人办理货物的国际运输、从事国际运输的运输工具进出港口、联系安排引航、靠泊、装卸等货物和船舶代理相关业务手续，可按照《财政部 国家税务总局关于将铁路运输和邮政业纳入营业税改征增值税试点的通知》（财税〔2013〕106号）附件3第一条第（十四）项免征增值税。

二、试点纳税人提供上述国际货物运输代理服务，向委托人收取的全部代理服务收入，以及向其他代理人支付的全部代理费用，必须通过金融机构进行结算。

三、试点纳税人为大陆与香港、澳门、台湾地区之间的货物运输间接提供的货物运输代理服务，参照上述规定执行。

本公告自2014年9月1日起施行。

财政部 国家税务总局 人力资源社会保障部 教育部关于支持和促进重点群体创业就业税收政策有关问题的补充通知

（2015年1月27日 财税〔2015〕18号）

各省、自治区、直辖市、计划单列市财政厅（局）、国家税务局、地方税务局、人力资源社会保障厅（局）、教育厅（教委），新疆生产建设兵团财务局、人力资源社会保障局、教育局：

为进一步简化享受税收优惠政策程序，经国务院批准，现对《财政部 国家税务总局 人力资源社会保障部关于继续实施支持和促进重点群体创业就业有关税收政策的通知》（财税〔2014〕39号）补充通知如下：

一、将《就业失业登记证》更名为《就业创业证》，已发放的《就业失业登记证》继续有效，不再统一更换。《就业创业证》的发放、使用、管理等事项按人力资源社会保障部的有关规定执行。各地可印制一批《就业创业证》先向有需求的毕业年度内高校毕业生发放。

二、取消《高校毕业生自主创业证》，毕业年度内高校毕业生从事个体经营的，持《就业创业证》（注明"毕业年度内自主创业税收政策"）享受税收优惠政策。

三、毕业年度内高校毕业生在校期间凭学生证向公共就业服务机构按规定申领《就业创业证》，或委托所在高校就业指导中心向公共就业服务机构按规定代为其申领《就业创业证》；毕业年度内高校毕业生离校后直接向公共就业服务机构按规定申领《就业创业证》。

本通知自发布之日起施行，各地财政、税务、人力资源社会保障、教育部门要认真做好新旧政策的衔接工作，主动做好政策宣传和解释工作，加强部门间的协调配合，确保政策落实到位。

国家税务总局
关于促进残疾人就业税收优惠政策相关问题的公告

（2015年7月31日　国家税务总局公告2015年第55号）

现将促进残疾人就业税收优惠政策相关问题公告如下：

一、以劳务派遣形式就业的残疾人，属于劳务派遣单位的职工。劳务派遣单位可按照《财政部　国家税务总局关于促进残疾人就业税收优惠政策的通知》（财税〔2007〕92号，以下简称《通知》）规定，享受相关税收优惠政策。

二、安置残疾人的机关事业单位以及由机关事业单位改制后的企业，为残疾人缴纳的机关事业单位养老保险，属于《通知》第五条第（三）款规定的"基本养老保险"范畴，可按规定享受相关税收优惠政策。

本公告自2015年9月1日起施行。此前未处理的事项，按照本公告规定执行。

国家税务总局
关于化肥恢复征收增值税后库存化肥有关
税收管理事项的公告

（2015年9月15日　国家税务总局公告2015年第64号）

根据《财政部　海关总署　国家税务总局关于对化肥恢复征收增值税政策的通知》（财税〔2015〕90号）和《财政部　国家税务总局关于对化肥恢复征收增值税政策的补充通知》（财税〔2015〕97号）有关规定，为落实好化肥恢复征收增值税相关政策，现就纳税人2015年8月31日前生产或购进尚未销售的化肥（以下简称库存化肥）有关事项公告如下：

一、2015年9月30日前，纳税人应将库存化肥品种、数量等资料向主管税务机关备案。

纳税人按期办理增值税纳税申报时，需随同纳税申报表向税务机关提交库存化肥销售情况的有关说明材料，详细列明本期销售库存化肥的品种、数量、发票开具份数、发票号码、发票代码、销售额、增值税税额等情况。

二、主管税务机关应建立库存化肥税收管理台账，按品种设立明细账目，记录纳税人库存化肥销售及结余数量的变化。

三、纳税人2016年7月1日后销售的库存化肥，一律按适用税率缴纳增值税。

四、主管税务机关应加强化肥恢复征收增值税后的税收管理，结合增值税发票及纳税申报数据，开展库存化肥销售、结余、报税的分析比对工作。同时，主管税务机关要进一步做好化肥恢复征收增值税政策的解释、宣传与辅导，确保税收政策调整平稳过渡。

五、本公告自发布之日起施行。

国家税务总局
关于优化《外出经营活动税收管理证明》
相关制度和办理程序的意见

(2016年7月6日 税总发〔2016〕106号)

各省、自治区、直辖市和计划单列市国家税务局、地方税务局：

为切实做好税源管理工作，减轻基层税务机关和纳税人的办税负担，提高税收征管效率，现就优化《外出经营活动税收管理证明》（见附件1，以下简称《外管证》）相关制度和办理程序提出如下意见：

一、正确认识《外管证》在当前税收管理中的意义

外出经营税收管理是现行税收征管的一项基本制度，是税收征管法实施细则和增值税暂行条例规定的法定事项。《外管证》作为纳税人主管税务机关与经营地税务机关管理权限界定和管理职责衔接的依据与纽带，对维持现行税收属地入库原则、防止漏征漏管和重复征收具有重要作用，是税务机关传统且行之有效的管理手段，当前情况下仍须坚持，但应结合税收信息化建设与国税、地税合作水平的提升，创新管理制度，优化办理程序，减轻纳税人和基层税务机关负担。其存废问题需根据相关法律法规制度和征管体制机制改革情况，综合评估论证后统筹考虑。

二、创新《外管证》管理制度

（一）改进《外管证》开具范围界定。纳税人跨省税务机关管辖区域（以下简称跨省）经营的，应按本规定开具《外管证》；纳税人在省税务机关管辖区域内跨县（市）经营的，是否开具《外管证》由省税务机关自行确定。

（二）探索外出经营税收管理信息化。省税务机关管辖区域内跨县（市）经营需要开具《外管证》的，税务机关应积极推进网上办税服务厅建设，受理纳税人的网上申请，为其开具电子《外管证》；通过网络及时向经营地税务机关推送相关信息。在此前提下，探索取消电子《外管证》纸质打印和经营地报验登记。

（三）延长建筑安装行业纳税人《外管证》有效期限。《外管证》有效期限一般不超过180天，但建筑安装行业纳税人项目合同期限超过180天的，按照合同期限确定有效期限。

三、优化《外管证》办理程序

（一）《外管证》的开具

1. "一地一证"。从事生产、经营的纳税人跨省从事生产、经营活动的，应当在外出生产经营之前，到机构所在地主管税务机关开具《外管证》。税务机关按照"一地一证"的原则，发放《外管证》。

2. 简化资料报送。一般情况下，纳税人办理《外管证》时只需提供税务登记证件副本或者加盖纳税人印章的副本首页复印件（实行实名办税的纳税人，可不提供上述证件）；从事建筑安装的纳税人另需提供外出经营合同（原件或复印件，没有合同或合同内容不全的，提供外出经营活动情况说明）。

3. 即时办理。纳税人提交资料齐全、符合法定形式的，税务机关应即时开具《外管证》（可使用业务专用章）。

（二）《外管证》的报验登记

1. 纳税人应当自《外管证》签发之日起 30 日内，持《外管证》向经营地税务机关报验登记，并接受经营地税务机关的管理。纳税人以《外管证》上注明的纳税人识别号，在经营地税务机关办理税务事项。

2. 报验登记时应提供《外管证》，建筑安装行业纳税人另需提供外出经营合同复印件或外出经营活动情况说明。

3. 营改增之前地税机关开具的《外管证》仍在有效期限内的，国税机关应予以受理，进行报验登记。

（三）《外管证》的核销

1. 纳税人外出经营活动结束，应当向经营地税务机关填报《外出经营活动情况申报表》（见附件2），并结清税款。

2. 经营地税务机关核对资料，发现纳税人存在欠缴税款、多缴（包括预缴、应退未退）税款等未办结事项的，及时制发《税务事项通知书》，通知纳税人办理。纳税人不存在未办结事项的，经营地税务机关核销报验登记，在《外管证》上签署意见（可使用业务专用章）。

四、其他事项

异地不动产转让和租赁业务不适用外出经营活动税收管理相关制度规定。

附件：1. 外出经营活动税收管理证明（略）
2. 外出经营活动情况申报表（略）

国家税务总局
关于创新跨区域涉税事项报验管理制度的通知

（2017 年 9 月 15 日　税总发〔2017〕103 号）

各省、自治区、直辖市和计划单列市国家税务局、地方税务局：

根据《国家税务总局关于进一步深化税务系统"放管服"改革 优化税收环境的若干意见》（税总发〔2017〕101 号）要求，切实减轻纳税人办税负担，提高税收征管效率，现就创新跨区域涉税事项报验管理制度，优化办理流程等有关事项通知如下：

一、外出经营活动税收管理的更名与创新

（一）将"外出经营活动税收管理"更名为"跨区域涉税事项报验管理"。外出经营活动税收管理作为现行税收征管的一项基本制度，是税收征管法实施细则和增值税暂行条例规定的法定事项，也是落实现行财政分配体制、解决跨区域经营纳税人的税收收入及征管职责在机构所在地与经营地之间划分问题的管理方式，对维持税收属地入库原则、防止漏征漏管和重复征收具有重要作用。按照该项制度的管理实质，将其更名为"跨区域涉税事项报验管理"。

（二）纳税人跨区域经营前不再开具相关证明，改为填报《跨区域涉税事项报告表》。纳税人跨省（自治区、直辖市和计划单列市）临时从事生产经营活动的，不再开具《外出经营活动税收管理证明》，改向机构所在地的国税机关填报《跨区域涉税事项报告表》（附件1）。纳税人在省（自治区、直辖市和计划单列市）内跨县（市）临时从事生产经营活动的，是否实施跨区域涉税事项报验管理由各省（自治区、直辖市和计划单列市）税务机关自行确定。

（三）取消跨区域涉税事项报验管理的固定有效期。税务机关不再按照180天设置报验管理的固定有效期，改按跨区域经营合同执行期限作为有效期限。合同延期的，纳税人可向经营地或机构所在地的国税机关办理报验管理有效期限延期手续。

（四）实行跨区域涉税事项报验管理信息电子化。跨区域报验管理事项的报告、报验、延期、反馈等信息，通过信息系统在机构所在地和经营地的国税机关之间传递，机构所在地的国税机关、地税机关之间，经营地的国税机关、地税机关之间均要实时共享相关信息。

二、跨区域涉税事项报告、报验及反馈

（一）《跨区域涉税事项报告表》填报

具备网上办税条件的，纳税人可通过网上办税系统，自主填报《跨区域涉税事项报告表》。不具备网上办税条件的，纳税人向主管税务机关（办税服务厅）填报《跨区域涉税事项报告表》，并出示加载统一社会信用代码的营业执照副本（未换照的出示税务登记证副本），或加盖纳税人公章的副本复印件（以下统称"税务登记证件"）；已实行实名办税的纳税人只需填报《跨区域涉税事项报告表》。

（二）跨区域涉税事项报验

跨区域涉税事项由纳税人首次在经营地办理涉税事宜时，向经营地的国税机关报验。纳税人报验跨区域涉税事项时，应当出示税务登记证件。

（三）跨区域涉税事项信息反馈

纳税人跨区域经营活动结束后，应当结清经营地的国税机关、地税机关的应纳税款以及其他涉税事项，向经营地的国税机关填报《经营地涉税事项反馈表》（附件2）。

经营地的国税机关核对《经营地涉税事项反馈表》后，将相关信息推送经营地的地税机关核对（2个工作日内完成核对并回复，实行联合办税的即时回复），地税机关同意办结的，经营地的国税机关应当及时将相关信息反馈给机构所在地的国税机关。纳税人不需要另行向机构所在地的税务机关反馈。

（四）跨区域涉税事项反馈信息的处理

机构所在地的国税机关要设置专岗，负责接收经营地的国税机关反馈信息，及时以适当方式告知纳税人，并适时对纳税人已抵减税款、在经营地已预缴税款和应预缴税款进行分析、比对，发现疑点的，及时推送至风险管理部门或者稽查部门组织应对。

三、落实工作要求

（一）各级税务机关要高度重视，充分认识跨区域涉税事项报验管理的重要意义。该项制度创新是落实国务院"放管服"改革要求的重要举措，是转变税收管理理念和管理方式的重要内容。该项工作的顺利推进，既有利于提高纳税人的办税便利化程度，也有利于促进经营地和机构所在地国税机关、地税机关协同开展事中事后管理。

（二）各地税务机关要主动向当地政府汇报，向政府有关部门做好宣传解释工作，配合做好相关新旧制度的衔接。各地税务机关之间要加强沟通联系和协同配合，形成工作合力，采取切实有效措施解决工作中出现的问题，确保优化流程、精简资料等措施落到实处、取得实效，让纳税人真正享受到改革的红利。

（三）各地税务机关要建立分管局领导为责任人、各部门分工协作的工作机制。信息化管理部门要按照新制度要求，优化和完善网上办税系统，保障跨区域涉税事项报验在线办理，顺畅运行。纳税服务部门要做好办税服务厅人员培训，并充分利用办税服务厅宣传栏、12366纳税服务热线、税务机关门户网站等渠道开展对纳税人的宣传辅导工作；其他部门要依照自身职责做好相关配合工作。

（四）税务总局已于2017年上半年在京津冀、长江经济带试点相关管理制度，其他省税务机关可以借鉴试点地区的经验做法，进一步优化工作方案、细化工作措施，确保跨区域涉税事项报验管理工作的顺利推进。

本规定自2017年9月30日起试行，10月30日起正式实施。2017年10月30日前已办理《外出经营活动税收管理证明》业务的仍按照《国家税务总局关于优化〈外出经营活动税收管理证明〉相关制度和办理程序的意见》（税总发〔2016〕106号）执行。

附件：1. 跨区域涉税事项报告表（见二维码75）
2. 经营地涉税事项反馈表（见二维码75）

二维码75

国家税务总局
关于个人保险代理人税收征管有关问题的公告

（2016年7月7日　国家税务总局公告2016年第45号）

现将个人保险代理人为保险企业提供保险代理服务税收征管有关问题公告如下：

一、个人保险代理人为保险企业提供保险代理服务应当缴纳的增值税和城市维护建设税、教育费附加、地方教育附加，税务机关可以根据《国家税务总局关于发布〈委托代征管理办法〉的公告》（国家税务总局公告2013年第24号）的有关规定，委托保险企业代征。

个人保险代理人为保险企业提供保险代理服务应当缴纳的个人所得税，由保险企业按照现行规定依法代扣代缴。

二、个人保险代理人以其取得的佣金、奖励和劳务费等相关收入（以下简称"佣金收入"，不含增值税）减去地方税费附加及展业成本，按照规定计算个人所得税。

展业成本，为佣金收入减去地方税费附加余额的40%。

三、接受税务机关委托代征税款的保险企业，向个人保险代理人支付佣金费用后，可代个人保险代理人统一向主管国税机关申请汇总代开增值税普通发票或增值税专用发票。

四、保险企业代个人保险代理人申请汇总代开增值税发票时，应向主管国税机关出具个人保险代理人的姓名、身份证号码、联系方式、付款时间、付款金额、代征税款的详细清单。

保险企业应将个人保险代理人的详细信息，作为代开增值税发票的清单，随发票入账。

五、主管国税机关为个人保险代理人汇总代开增值税发票时，应在备注栏内注明"个人保险代理人汇总代开"字样。

六、本公告所称个人保险代理人，是指根据保险企业的委托，在保险企业授权范围内代为办理保险业务的自然人，不包括个体工商户。

七、证券经纪人、信用卡和旅游等行业的个人代理人比照上述规定执行。信用卡、旅游等行业的个人代理人计算个人所得税时，不执行本公告第二条有关展业成本的规定。

个人保险代理人和证券经纪人其他个人所得税问题，按照《国家税务总局关于保险营销员取得佣金收入征免个人所得税问题的通知》（国税函〔2006〕454号）、《国家税务总局关于证券经纪人佣金收入征收个人所得税问题的公告》（国家税务总局公告2012年第45号）执行。

本公告自发布之日起施行。

[注释：条款失效。

"三、接受税务机关委托代征税款的保险企业，向个人保险代理人支付佣金费用后，可代个人保险代理人统一向主管国税机关申请汇总代开增值税普通发票或增值税专用发票。

四、保险企业代个人保险代理人申请汇总代开增值税发票时，应向主管国税机关出具个人保险代理人的姓名、身份证号码、联系方式、付款时间、付款金额、代征税款的详细清单。

五、主管国税机关为个人保险代理人汇总代开增值税发票时，应在备注栏内注明'个人保险代理人汇总代开'字样"。

修改为：

"三、接受税务机关委托代征税款的保险企业，向个人保险代理人支付佣金费用后，可代个人保险代理人统一向主管税务机关申请汇总代开增值税普通发票或增值税专用发票。

四、保险企业代个人保险代理人申请汇总代开增值税发票时，应向主管税务机关出具个人保险代理人的姓名、身份证号码、联系方式、付款时间、付款金额、代征税款的详细清单。

五、主管税务机关为个人保险代理人汇总代开增值税发票时，应在备注栏内注明'个人保险代理人汇总代开'字样。"

参见：《国家税务总局关于修改部分税收规范性文件的公告》（国家税务总局公告2018年第31号）。]

国家税务总局
关于在境外提供建筑服务等有关问题的公告

(2016年11月4日 国家税务总局公告2016年第69号)

为进一步推进全面营改增试点平稳运行,现将在境外提供建筑服务等有关征管问题公告如下:

一、境内的单位和个人为施工地点在境外的工程项目提供建筑服务,按照《国家税务总局关于发布〈营业税改征增值税跨境应税行为增值税免税管理办法(试行)〉的公告》(国家税务总局公告2016年第29号)第八条规定办理免税备案手续时,凡与发包方签订的建筑合同注明施工地点在境外的,可不再提供工程项目在境外的其他证明材料。

二、境内的单位和个人在境外提供旅游服务,按照国家税务总局公告2016年第29号第八条规定办理免税备案手续时,以下列材料之一作为服务地点在境外的证明材料:

(一)旅游服务提供方派业务人员随同出境的,出境业务人员的出境证件首页及出境记录页复印件。

出境业务人员超过2人的,只需提供其中2人的出境证件复印件。

(二)旅游服务购买方的出境证件首页及出境记录页复印件。

旅游服务购买方超过2人的,只需提供其中2人的出境证件复印件。

三、享受国际运输服务免征增值税政策的境外单位和个人,到主管税务机关办理免税备案时,提交的备案资料包括:

(一)关于纳税人基本情况和业务介绍的说明;

(二)依据的税收协定或国际运输协定复印件。

四、纳税人提供建筑服务,被工程发包方从应支付的工程款中扣押的质押金、保证金,未开具发票的,以纳税人实际收到质押金、保证金的当天为纳税义务发生时间。

五、纳税人以长(短)租形式出租酒店式公寓并提供配套服务的,按照住宿服务缴纳增值税。

六、境外单位通过教育部考试中心及其直属单位在境内开展考试,教育部考试中心及其直属单位应以取得的考试费收入扣除支付给境外单位考试费后的余额为销售额,按提供"教育辅助服务"缴纳增值税;就代为收取并支付给境外单位的考试费统一扣缴增值税。教育部考试中心及其直属单位代为收取并支付给境外单位的考试费,不得开具增值税专用发票,可以开具增值税普通发票。

七、纳税人提供签证代理服务,以取得的全部价款和价外费用,扣除向服务接受方收取并代为支付给外交部和外国驻华使(领)馆的签证费、认证费后的余额为销售额。向服务接受方收取并代为支付的签证费、认证费,不得开具增值税专用发票,可以开具增值税普通发票。

八、纳税人代理进口按规定免征进口增值税的货物,其销售额不包括向委托方收取并代为支付的货款。向委托方收取并代为支付的款项,不得开具增值税专用发票,可以开具增值税普通发票。

九、纳税人提供旅游服务,将火车票、飞机票等交通费发票原件交付给旅游服务购买方而无法收回的,以交通费发票复印件作为差额扣除凭证。

十、全面开展住宿业小规模纳税人自行开具增值税专用发票试点。月销售额超过 3 万元(或季销售额超过 9 万元)的住宿业小规模纳税人提供住宿服务、销售货物或发生其他应税行为,需要开具增值税专用发票的,可以通过增值税发票管理新系统自行开具,主管国税机关不再为其代开。

住宿业小规模纳税人销售其取得的不动产,需要开具增值税专用发票的,仍须向地税机关申请代开。

住宿业小规模纳税人自行开具增值税专用发票应缴纳的税款,应在规定的纳税申报期内,向主管税务机关申报纳税。在填写增值税纳税申报表时,应将当期开具专用发票的销售额,按照 3% 和 5% 的征收率,分别填写在《增值税纳税申报表》(小规模纳税人适用)第 2 栏和第 5 栏"税务机关代开的增值税专用发票不含税销售额"的"本期数"相应栏次中。

十一、本公告自发布之日起施行,此前已发生未处理的事项,按照本公告规定执行。《国家税务总局关于部分地区开展住宿业增值税小规模纳税人自开增值税专用发票试点工作有关事项的公告》(国家税务总局公告 2016 年第 44 号)同时废止。

[注释:条款废止。第十条废止。自 2019 年 3 月 1 日起废止。参见:《国家税务总局关于扩大小规模纳税人自行开具增值税专用发票试点范围等事项的公告》,国家税务总局公告 2019 年第 8 号。

条款失效。

"十、全面开展住宿业小规模纳税人自行开具增值税专用发票试点。月销售额超过 3 万元(或季销售额超过 9 万元)的住宿业小规模纳税人提供住宿服务、销售货物或发生其他应税行为,需要开具增值税专用发票的,可以通过增值税发票管理新系统自行开具,主管国税机关不再为其代开。

住宿业小规模纳税人销售其取得的不动产,需要开具增值税专用发票的,仍须向地税机关申请代开"。

修改为:

"十、全面开展住宿业小规模纳税人自行开具增值税专用发票试点。月销售额超过 3 万元(或季销售额超过 9 万元)的住宿业小规模纳税人提供住宿服务、销售货物或发生其他应税行为,需要开具增值税专用发票的,可以通过增值税发票管理新系统自行开具,主管税务机关不再为其代开。

住宿业小规模纳税人销售其取得的不动产,需要开具增值税专用发票的,仍须向税务机关申请代开。"

参见:《国家税务总局关于修改部分税收规范性文件的公告》(国家税务总局公告 2018 年第 31 号)。]

财政部 国家税务总局
关于明确金融 房地产开发 教育辅助服务等增值税政策的通知

(2016年12月21日 财税〔2016〕140号)

各省、自治区、直辖市、计划单列市财政厅（局）、国家税务局，地方税务局，新疆生产建设兵团财务局：

现将营改增试点期间有关金融、房地产开发、教育辅助服务等政策补充通知如下：

一、《销售服务、无形资产、不动产注释》（财税〔2016〕36号）第一条第（五）项第1点所称"保本收益、报酬、资金占用费、补偿金"，是指合同中明确承诺到期本金可全部收回的投资收益。金融商品持有期间（含到期）取得的非保本的上述收益，不属于利息或利息性质的收入，不征收增值税。

二、纳税人购入基金、信托、理财产品等各类资产管理产品持有至到期，不属于《销售服务、无形资产、不动产注释》（财税〔2016〕36号）第一条第（五）项第4点所称的金融商品转让。

三、证券公司、保险公司、金融租赁公司、证券基金管理公司、证券投资基金以及其他经人民银行、银监会、证监会、保监会批准成立且经营金融保险业务的机构发放贷款后，自结息日起90天内发生的应收未收利息按现行规定缴纳增值税，自结息日起90天后发生的应收未收利息暂不缴纳增值税，待实际收到利息时按规定缴纳增值税。

四、资管产品运营过程中发生的增值税应税行为，以资管产品管理人为增值税纳税人。

五、纳税人2016年1—4月份转让金融商品出现的负差，可结转下一纳税期，与2016年5—12月份转让金融商品销售额相抵。

六、《财政部 国家税务总局关于全面推开营业税改征增值税试点的通知》（财税〔2016〕36号）所称"人民银行、银监会或者商务部批准""商务部授权的省级商务主管部门和国家经济技术开发区批准"从事融资租赁业务（含融资性售后回租业务）的试点纳税人（含试点纳税人中的一般纳税人），包括经上述部门备案从事融资租赁业务的试点纳税人。

七、《营业税改征增值税试点有关事项的规定》（财税〔2016〕36号）第一条第（三）项第10点中"向政府部门支付的土地价款"，包括土地受让人向政府部门支付的征地和拆迁补偿费用、土地前期开发费用和土地出让收益等。

房地产开发企业中的一般纳税人销售其开发的房地产项目（选择简易计税方法的房地产老项目除外），在取得土地时向其他单位或个人支付的拆迁补偿费用也允许在计算销售额时扣除。纳税人按上述规定扣除拆迁补偿费用时，应提供拆迁协议、拆迁双方支付和取得拆迁补偿费用凭证等能够证明拆迁补偿费用真实性的材料。

八、房地产开发企业（包括多个房地产开发企业组成的联合体）受让土地向政府部门支付土地价款后，设立项目公司对该受让土地进行开发，同时符合下列条件的，可由项目公司按规定扣除房地产开发企业向政府部门支付的土地价款。

（一）房地产开发企业、项目公司、政府部门三方签订变更协议或补充合同，将土地受让人变更为项目公司；

（二）政府部门出让土地的用途、规划等条件不变的情况下，签署变更协议或补充合同时，土地价款总额不变；

（三）项目公司的全部股权由受让土地的房地产开发企业持有。

九、提供餐饮服务的纳税人销售的外卖食品，按照"餐饮服务"缴纳增值税。

十、宾馆、旅馆、旅社、度假村和其他经营性住宿场所提供会议场地及配套服务的活动，按照"会议展览服务"缴纳增值税。

十一、纳税人在游览场所经营索道、摆渡车、电瓶车、游船等取得的收入，按照"文化体育服务"缴纳增值税。

十二、非企业性单位中的一般纳税人提供的研发和技术服务、信息技术服务、鉴证咨询服务，以及销售技术、著作权等无形资产，可以选择简易计税方法按照3%征收率计算缴纳增值税。

非企业性单位中的一般纳税人提供《营业税改征增值税试点过渡政策的规定》（财税〔2016〕36号）第一条第（二十六）项中的"技术转让、技术开发和与之相关的技术咨询、技术服务"，可以参照上述规定，选择简易计税方法按照3%征收率计算缴纳增值税。

十三、一般纳税人提供教育辅助服务，可以选择简易计税方法按照3%征收率计算缴纳增值税。

十四、纳税人提供武装守护押运服务，按照"安全保护服务"缴纳增值税。

十五、物业服务企业为业主提供的装修服务，按照"建筑服务"缴纳增值税。

十六、纳税人将建筑施工设备出租给他人使用并配备操作人员的，按照"建筑服务"缴纳增值税。

十七、自2017年1月1日起，生产企业销售自产的海洋工程结构物，或者融资租赁企业及其设立的项目子公司、金融租赁公司及其设立的项目子公司购买并以融资租赁方式出租的国内生产企业生产的海洋工程结构物，应按规定缴纳增值税，不再适用《财政部 国家税务总局关于出口货物劳务增值税和消费税政策的通知》（财税〔2012〕39号）或者《财政部 国家税务总局关于在全国开展融资租赁货物出口退税政策试点的通知》（财税〔2014〕62号）规定的增值税出口退税政策，但购买方或者承租方为按实物征收增值税的中外合作油（气）田开采企业的除外。

2017年1月1日前签订的海洋工程结构物销售合同或者融资租赁合同，在合同到期前，可继续按现行相关出口退税政策执行。

十八、本通知除第十七条规定的政策外，其他均自2016年5月1日起执行。此前已征的应予免征或不征的增值税，可抵减纳税人以后月份应缴纳的增值税。

国家税务总局
关于土地价款扣除时间等增值税征管问题的公告

(2016年12月24日 国家税务总局公告2016年第86号)

为细化落实《财政部 国家税务总局关于明确金融 房地产开发 教育辅助服务等增值税政策的通知》(财税〔2016〕140号)和进一步明确营改增试点运行中反映的操作问题,现将有关事项公告如下:

一、房地产开发企业向政府部门支付的土地价款,以及向其他单位或个人支付的拆迁补偿费用,按照财税〔2016〕140号文件第七、八条规定,允许在计算销售额时扣除但未扣除的,从2016年12月份(税款所属期)起按照现行规定计算扣除。

二、财税〔2016〕140号文件第九、十、十一、十四、十五、十六条明确的税目适用问题,按以下方式处理:

(一)不涉及税率适用问题的不调整申报;

(二)纳税人原适用的税率高于财税〔2016〕140号文件所明确税目对应税率的,多申报的销项税额可以抵减以后月份的销项税额;

(三)纳税人原适用的税率低于财税〔2016〕140号文件所明确税目对应税率的,不调整申报,并从2016年12月份(税款所属期)起按照财税〔2016〕140号文件执行。

纳税人已就相关业务向购买方开具增值税专用发票的,应将增值税专用发票收回并重新开具;无法收回的不再调整。

三、财税〔2016〕140号文件第十八条规定的"此前已征的应予免征或不征的增值税,可抵减纳税人以后月份应缴纳的增值税",按以下方式处理:

(一)应予免征或不征增值税业务已按照一般计税方法缴纳增值税的,以该业务对应的销项税额抵减以后月份的销项税额,同时按照现行规定计算不得从销项税额中抵扣的进项税额;

(二)应予免征或不征增值税业务已按照简易计税方法缴纳增值税的,以该业务对应的增值税应纳税额抵减以后月份的增值税应纳税额。

纳税人已就应予免征或不征增值税业务向购买方开具增值税专用发票的,应将增值税专用发票收回后方可享受免征或不征增值税政策。

四、保险公司开展共保业务时,按照以下规定开具增值税发票:

(一)主承保人与投保人签订保险合同并全额收取保费,然后再与其他共保人签订共保协议并支付共保保费的,由主承保人向投保人全额开具发票,其他共保人向主承保人开具发票;

(二)主承保人和其他共保人共同与投保人签订保险合同并分别收取保费的,由主承保人和其他共保人分别就各自获得的保费收入向投保人开具发票。

五、《国家税务总局关于发布〈房地产开发企业销售自行开发的房地产项目增值税征收管理暂行办法〉的公告》（国家税务总局公告2016年第18号）第五条中，"当期销售房地产项目建筑面积""房地产项目可供销售建筑面积"，是指计容积率地上建筑面积，不包括地下车位建筑面积。

六、纳税人办理无偿赠与或受赠不动产免征增值税的手续，按照《国家税务总局关于进一步简化和规范个人无偿赠与或受赠不动产免征营业税、个人所得税所需证明资料的公告》（国家税务总局公告2015年第75号，以下称《公告》）的规定执行。《公告》第一条第（四）项第2目"经公证的能够证明有权继承或接受遗赠的证明资料原件及复印件"，修改为"有权继承或接受遗赠的证明资料原件及复印件"。

七、纳税人出租不动产，租赁合同中约定免租期的，不属于《营业税改征增值税试点实施办法》（财税〔2016〕36号文件印发）第十四条规定的视同销售服务。

本公告自发布之日起施行。

财政部　国家税务总局
关于资管产品增值税政策有关问题的补充通知

（2017年1月6日　财税〔2017〕2号）

各省、自治区、直辖市、计划单列市财政厅（局）、国家税务局，地方税务局，新疆生产建设兵团财务局：

现就《财政部　国家税务总局关于明确金融 房地产开发 教育辅助服务等增值税政策的通知》（财税〔2016〕140号）第四条规定的"资管产品运营过程中发生的增值税应税行为，以资管产品管理人为增值税纳税人"问题补充通知如下：

2017年7月1日（含）以后，资管产品运营过程中发生的增值税应税行为，以资管产品管理人为增值税纳税人，按照现行规定缴纳增值税。

对资管产品在2017年7月1日前运营过程中发生的增值税应税行为，未缴纳增值税的，不再缴纳；已缴纳增值税的，已纳税额从资管产品管理人以后月份的增值税应纳税额中抵减。

资管产品运营过程中发生增值税应税行为的具体征收管理办法，由国家税务总局另行制定。

国家税务总局
关于进一步明确营改增有关征管问题的公告

（2017年4月20日　国家税务总局公告2017年第11号）

为进一步明确营改增试点运行中反映的有关征管问题，现将有关事项公告如下：

一、纳税人销售活动板房、机器设备、钢结构件等自产货物的同时提供建筑、安装服务，不属于《营业税改征增值税试点实施办法》（财税〔2016〕36号文件印发）第四十条规定的混合销售，应分别核算货物和建筑服务的销售额，分别适用不同的税率或者征收率。

二、建筑企业与发包方签订建筑合同后，以内部授权或者三方协议等方式，授权集团内其他纳税人（以下称"第三方"）为发包方提供建筑服务，并由第三方直接与发包方结算工程款的，由第三方缴纳增值税并向发包方开具增值税发票，与发包方签订建筑合同的建筑企业不缴纳增值税。发包方可凭实际提供建筑服务的纳税人开具的增值税专用发票抵扣进项税额。

三、纳税人在同一地级行政区范围内跨县（市、区）提供建筑服务，不适用《纳税人跨县（市、区）提供建筑服务增值税征收管理暂行办法》（国家税务总局公告2016年第17号印发）。

四、一般纳税人销售电梯的同时提供安装服务，其安装服务可以按照甲供工程选择适用简易计税方法计税。

纳税人对安装运行后的电梯提供的维护保养服务，按照"其他现代服务"缴纳增值税。

五、纳税人提供植物养护服务，按照"其他生活服务"缴纳增值税。

六、发卡机构、清算机构和收单机构提供银行卡跨机构资金清算服务，按照以下规定执行：

（一）发卡机构以其向收单机构收取的发卡行服务费为销售额，并按照此销售额向清算机构开具增值税发票。

（二）清算机构以其向发卡机构、收单机构收取的网络服务费为销售额，并按照发卡机构支付的网络服务费向发卡机构开具增值税发票，按照收单机构支付的网络服务费向收单机构开具增值税发票。

清算机构从发卡机构取得的增值税发票上记载的发卡行服务费，一并计入清算机构的销售额，并由清算机构按照此销售额向收单机构开具增值税发票。

（三）收单机构以其向商户收取的收单服务费为销售额，并按照此销售额向商户开具增值税发票。

七、纳税人2016年5月1日前发生的营业税涉税业务，需要补开发票的，可于2017年12月31日前开具增值税普通发票（税务总局另有规定的除外）。

八、实行实名办税的地区，已由税务机关现场采集法定代表人（业主、负责人）实名信息的纳税人，申请增值税专用发票最高开票限额不超过十万元的，主管国税机关应自受理申请之日起2个工作日内办结，有条件的主管国税机关即时办结。即时办结的，直接出具和送达《准予税务行政许可决定书》，不再出具《税务行政许可受理通知书》。

九、自2017年6月1日起，将建筑业纳入增值税小规模纳税人自行开具增值税专用发票试点范围。月销售额超过3万元（或季销售额超过9万元）的建筑业增值税小规模纳税人（以下称"自开发票试点纳税人"）提供建筑服务、销售货物或发生其他增值税应税行为，需要开具增值税专用发票的，通过增值税发票管理新系统自行开具。

自开发票试点纳税人销售其取得的不动产，需要开具增值税专用发票的，仍须向地税机关申请代开。

自开发票试点纳税人所开具的增值税专用发票应缴纳的税款，应在规定的纳税申报期内，向主管国税机关申报纳税。在填写增值税纳税申报表时，应将当期开具增值税专用发票的销售额，按照3%和5%的征收率，分别填写在《增值税纳税申报表》（小规模纳税人适用）第2栏和第5栏"税务机关代开的增值税专用发票不含税销售额"的"本期数"相应栏次中。

十、自2017年7月1日起，增值税一般纳税人取得的2017年7月1日及以后开具的增值税专用发票和机动车销售统一发票，应自开具之日起360日内认证或登录增值税发票选择确认平台进行确认，并在规定的纳税申报期内，向主管国税机关申报抵扣进项税额。

增值税一般纳税人取得的2017年7月1日及以后开具的海关进口增值税专用缴款书，应自开具之日起360日内向主管国税机关报送《海关完税凭证抵扣清单》，申请稽核比对。

纳税人取得的2017年6月30日前开具的增值税扣税凭证，仍按《国家税务总局关于调整增值税扣税凭证抵扣期限有关问题的通知》（国税函〔2009〕617号）执行。

除本公告第九条和第十条以外，其他条款自2017年5月1日起施行。此前已发生未处理的事项，按照本公告规定执行。

［注释：条款废止。第九条废止，自2019年3月1日起废止。参见：《国家税务总局关于扩大小规模纳税人自行开具增值税专用发票试点范围等事项的公告》（国家税务总局公告2019年第8号）。

第四条废止，参见：《国家税务总局关于明确中外合作办学等若干增值税征管问题的公告》（国家税务总局公告2018年第42号）。

条款失效。第八条、第十条，凡提及"国税机关""地税机关"处，均改为"税务机关"。

第十条第四款失效。参见：《国家税务总局关于修改部分税收规范性文件的公告》（国家税务总局公告2018年第31号）。］

财政部　税务总局
关于建筑服务等营改增试点政策的通知

（2017年7月11日　财税〔2017〕58号）

各省、自治区、直辖市、计划单列市财政厅（局）、国家税务局、地方税务局，新疆生产建设兵团财务局：

现将营改增试点期间建筑服务等政策补充通知如下：

一、建筑工程总承包单位为房屋建筑的地基与基础、主体结构提供工程服务，建设单位自行采购全部或部分钢材、混凝土、砌体材料、预制构件的，适用简易计税方法计税。

地基与基础、主体结构的范围，按照《建筑工程施工质量验收统一标准》（GB50300-2013）附录B《建筑工程的分部工程、分项工程划分》中的"地基与基础""主体结构"分部工程的范围执行。

二、《营业税改征增值税试点实施办法》（财税〔2016〕36号印发）第四十五条第（二）项修改为"纳税人提供租赁服务采取预收款方式的，其纳税义务发生时间为收到预收款的当天"。

三、纳税人提供建筑服务取得预收款,应在收到预收款时,以取得的预收款扣除支付的分包款后的余额,按照本条第三款规定的预征率预缴增值税。

按照现行规定应在建筑服务发生地预缴增值税的项目,纳税人收到预收款时在建筑服务发生地预缴增值税。按照现行规定无需在建筑服务发生地预缴增值税的项目,纳税人收到预收款时在机构所在地预缴增值税。

适用一般计税方法计税的项目预征率为2%,适用简易计税方法计税的项目预征率为3%。

四、纳税人采取转包、出租、互换、转让、入股等方式将承包地流转给农业生产者用于农业生产,免征增值税。

五、自2018年1月1日起,金融机构开展贴现、转贴现业务,以其实际持有票据期间取得的利息收入作为贷款服务销售额计算缴纳增值税。此前贴现机构已就贴现利息收入全额缴纳增值税的票据,转贴现机构转贴现利息收入继续免征增值税。

六、本通知除第五条外,自2017年7月1日起执行。《营业税改征增值税试点实施办法》(财税〔2016〕36号印发)第七条自2017年7月1日起废止。《营业税改征增值税试点过渡政策的规定》(财税〔2016〕36号印发)第一条第(二十三)项第4点自2018年1月1日起废止。

财政部 税务总局
关于租入固定资产进项税额抵扣等增值税政策的通知

(2017年12月25日 财税〔2017〕90号)

各省、自治区、直辖市、计划单列市财政厅(局)、国家税务局、地方税务局,新疆生产建设兵团财务局:

现将租入固定资产进项税额抵扣等增值税政策通知如下:

一、自2018年1月1日起,纳税人租入固定资产、不动产,既用于一般计税方法计税项目,又用于简易计税方法计税项目、免征增值税项目、集体福利或者个人消费的,其进项税额准予从销项税额中全额抵扣。

二、自2018年1月1日起,纳税人已售票但客户逾期未消费取得的运输逾期票证收入,按照"交通运输服务"缴纳增值税。纳税人为客户办理退票而向客户收取的退票费、手续费等收入,按照"其他现代服务"缴纳增值税。

三、自2018年1月1日起,航空运输销售代理企业提供境外航段机票代理服务,以取得的全部价款和价外费用,扣除向客户收取并支付给其他单位或者个人的境外航段机票结算款和相关费用后的余额为销售额。其中,支付给境内单位或者个人的款项,以发票或行程单为合法有效凭证;支付给境外单位或者个人的款项,以签收单据为合法有效凭证,税务机关对签收单据有疑义的,可以要求其提供境外公证机构的确认证明。

航空运输销售代理企业,是指根据《航空运输销售代理资质认可办法》取得中国航空运输协会颁发的"航空运输销售代理业务资质认可证书",接受中国航空运输企业或通航中国的外国航空运输企业委托,依照双方签订的委托销售代理合同提供代理服务的企业。

四、自 2016 年 5 月 1 日至 2017 年 6 月 30 日,纳税人采取转包、出租、互换、转让、入股等方式将承包地流转给农业生产者用于农业生产,免征增值税。本通知下发前已征的增值税,可抵减以后月份应缴纳的增值税,或办理退税。

五、根据《财政部 税务总局关于资管产品增值税有关问题的通知》(财税〔2017〕56号)有关规定,自 2018 年 1 月 1 日起,资管产品管理人运营资管产品提供的贷款服务、发生的部分金融商品转让业务,按照以下规定确定销售额:

(一)提供贷款服务,以 2018 年 1 月 1 日起产生的利息及利息性质的收入为销售额;

(二)转让 2017 年 12 月 31 日前取得的股票(不包括限售股)、债券、基金、非货物期货,可以选择按照实际买入价计算销售额,或者以 2017 年最后一个交易日的股票收盘价(2017 年最后一个交易日处于停牌期间的股票,为停牌前最后一个交易日收盘价)、债券估值(中债金融估值中心有限公司或中证指数有限公司提供的债券估值)、基金份额净值、非货物期货结算价格作为买入价计算销售额。

六、自 2018 年 1 月 1 日至 2019 年 12 月 31 日,纳税人为农户、小型企业、微型企业及个体工商户借款、发行债券提供融资担保取得的担保费收入,以及为上述融资担保(以下称"原担保")提供再担保取得的再担保费收入,免征增值税。再担保合同对应多个原担保合同的,原担保合同应全部适用免征增值税政策。否则,再担保合同应按规定缴纳增值税。

纳税人应将相关免税证明材料留存备查,单独核算符合免税条件的融资担保费和再担保费收入,按现行规定向主管税务机关办理纳税申报;未单独核算的,不得免征增值税。

农户,是指长期(一年以上)居住在乡镇(不包括城关镇)行政管理区域内的住户,还包括长期居住在城关镇所辖行政村范围内的住户和户口不在本地而在本地居住一年以上的住户,国有农场的职工。位于乡镇(不包括城关镇)行政管理区域内和在城关镇所辖行政村范围内的国有经济的机关、团体、学校、企事业单位的集体户;有本地户口,但举家外出谋生一年以上的住户,无论是否保留承包耕地均不属于农户。农户以户为统计单位,既可以从事农业生产经营,也可以从事非农业生产经营。农户担保、再担保的判定应以原担保生效时的被担保人是否属于农户为准。

小型企业、微型企业,是指符合《中小企业划型标准规定》(工信部联企业〔2011〕300 号)的小型企业和微型企业。其中,资产总额和从业人员指标均以原担保生效时的实际状态确定;营业收入指标以原担保生效前 12 个自然月的累计数确定,不满 12 个自然月的,按照以下公式计算:

营业收入(年)= 企业实际存续期间营业收入÷企业实际存续月数×12

《财政部 税务总局关于全面推开营业税改征增值税试点的通知》(财税〔2016〕36号)附件 3《营业税改征增值税试点过渡政策的规定》第一条第(二十四)款规定的中小企业信用担保增值税免税政策自 2018 年 1 月 1 日起停止执行。纳税人享受中小企业信用担保增值税免税政策在 2017 年 12 月 31 日前未满 3 年的,可以继续享受至 3 年期满为止。

七、自 2018 年 1 月 1 日起,纳税人支付的道路、桥、闸通行费,按照以下规定抵扣进项税额:

(一)纳税人支付的道路通行费,按照收费公路通行费增值税电子普通发票上注明的增值税额抵扣进项税额。

2018年1月1日至6月30日，纳税人支付的高速公路通行费，如暂未能取得收费公路通行费增值税电子普通发票，可凭取得的通行费发票（不含财政票据，下同）上注明的收费金额按照下列公式计算可抵扣的进项税额：

高速公路通行费可抵扣进项税额 = 高速公路通行费发票上注明的金额 ÷（1 + 3%）× 3%

2018年1月1日至12月31日，纳税人支付的一级、二级公路通行费，如暂未能取得收费公路通行费增值税电子普通发票，可凭取得的通行费发票上注明的收费金额按照下列公式计算可抵扣进项税额：

一级、二级公路通行费可抵扣进项税额 = 一级、二级公路通行费发票上注明的金额 ÷（1 + 5%）× 5%

（二）纳税人支付的桥、闸通行费，暂凭取得的通行费发票上注明的收费金额按照下列公式计算可抵扣的进项税额：

桥、闸通行费可抵扣进项税额 = 桥、闸通行费发票上注明的金额 ÷（1 + 5%）× 5%

（三）本通知所称通行费，是指有关单位依法或者依规设立并收取的过路、过桥和过闸费用。

《财政部 国家税务总局关于收费公路通行费增值税抵扣有关问题的通知》（财税〔2016〕86号）自2018年1月1日起停止执行。

八、自2016年5月1日起，社会团体收取的会费，免征增值税。本通知下发前已征的增值税，可抵减以后月份应缴纳的增值税，或办理退税。

社会团体，是指依照国家有关法律法规设立或登记并取得《社会团体法人登记证书》的非营利法人。会费，是指社会团体在国家法律法规、政策许可的范围内，依照社团章程的规定，收取的个人会员、单位会员和团体会员的会费。

社会团体开展经营服务性活动取得的其他收入，一律照章缴纳增值税。

国家税务总局 海关总署
关于进口租赁飞机有关增值税问题的公告

（2018年5月11日 国家税务总局公告2018年第24号）

现将进口租赁飞机有关增值税问题公告如下：

自2018年6月1日起，对申报进口监管方式为1500（租赁不满一年）、1523（租赁贸易）、9800（租赁征税）的租赁飞机（税则品目：8802），海关停止代征进口环节增值税。进口租赁飞机增值税的征收管理，由税务机关按照现行增值税政策组织实施。

国家税务总局
关于明确中外合作办学等若干增值税征管问题的公告

(2018年7月25日　国家税务总局公告2018年第42号)

现将中外合作办学等增值税征管问题公告如下：

一、境外教育机构与境内从事学历教育的学校开展中外合作办学，提供学历教育服务取得的收入免征增值税。中外合作办学，是指中外教育机构按照《中华人民共和国中外合作办学条例》（国务院令第372号）的有关规定，合作举办的以中国公民为主要招生对象的教育教学活动。上述"学历教育""从事学历教育的学校""提供学历教育服务取得的收入"的范围，按照《营业税改征增值税试点过渡政策的规定》（财税〔2016〕36号文件附件3）第一条第（八）项的有关规定执行。

二、航空运输销售代理企业提供境内机票代理服务，以取得的全部价款和价外费用，扣除向客户收取并支付给航空运输企业或其他航空运输销售代理企业的境内机票净结算款和相关费用后的余额为销售额。其中，支付给航空运输企业的款项，以国际航空运输协会（IATA）开账与结算计划（BSP）对账单或航空运输企业的签收单据为合法有效凭证；支付给其他航空运输销售代理企业的款项，以代理企业间的签收单据为合法有效凭证。航空运输销售代理企业就取得的全部价款和价外费用，向购买方开具行程单，或开具增值税普通发票。

三、纳税人通过省级土地行政主管部门设立的交易平台转让补充耕地指标，按照销售无形资产缴纳增值税，税率为6%。本公告所称补充耕地指标，是指根据《中华人民共和国土地管理法》及国务院土地行政主管部门《耕地占补平衡考核办法》的有关要求，经省级土地行政主管部门确认，用于耕地占补平衡的指标。

四、上市公司因实施重大资产重组形成的限售股，以及股票复牌首日至解禁日期间由上述股份孳生的送、转股，因重大资产重组停牌的，按照《国家税务总局关于营改增试点若干征管问题的公告》（国家税务总局公告2016年第53号）第五条第（三）项的规定确定买入价；在重大资产重组前已经暂停上市的，以上市公司完成资产重组后股票恢复上市首日的开盘价为买入价。

五、拍卖行受托拍卖取得的手续费或佣金收入，按照"经纪代理服务"缴纳增值税。《国家税务总局关于拍卖行取得的拍卖收入征收增值税、营业税有关问题的通知》（国税发〔1999〕40号）停止执行。

六、一般纳税人销售自产机器设备的同时提供安装服务，应分别核算机器设备和安装服务的销售额，安装服务可以按照甲供工程选择适用简易计税方法计税。

一般纳税人销售外购机器设备的同时提供安装服务，如果已经按照兼营的有关规定，分别核算机器设备和安装服务的销售额，安装服务可以按照甲供工程选择适用简易计税方法计税。

纳税人对安装运行后的机器设备提供的维护保养服务，按照"其他现代服务"缴纳增值税。

七、纳税人2016年5月1日前发生的营业税涉税业务，包括已经申报缴纳营业税或补缴营业税的业务，需要补开发票的，可以开具增值税普通发票。纳税人应完整保留相关资料备查。

本公告自发布之日起施行，《国家税务总局关于简并增值税征收率有关问题的公告》（国家税务总局公告2014年第36号）第二条和《国家税务总局关于进一步明确营改增有关征管问题的公告》（国家税务总局公告2017年第11号）第四条同时废止。此前已发生未处理的事项，按照本公告的规定执行。2016年5月1日前，纳税人发生本公告第四条规定的应税行为，已缴纳营业税的，不再调整，未缴纳营业税的，比照本公告规定缴纳营业税。

国家税务总局
关于小规模纳税人免征增值税政策有关征管问题的公告

（2019年1月19日　国家税务总局公告2019年第4号）

按照《财政部　税务总局关于实施小微企业普惠性税收减免政策的通知》（财税〔2019〕13号）的规定，现将小规模纳税人月销售额10万元以下（含本数）免征增值税政策若干征管问题公告如下：

一、小规模纳税人发生增值税应税销售行为，合计月销售额未超过10万元（以1个季度为1个纳税期的，季度销售额未超过30万元，下同）的，免征增值税。

小规模纳税人发生增值税应税销售行为，合计月销售额超过10万元，但扣除本期发生的销售不动产的销售额后未超过10万元的，其销售货物、劳务、服务、无形资产取得的销售额免征增值税。

二、适用增值税差额征税政策的小规模纳税人，以差额后的销售额确定是否可以享受本公告规定的免征增值税政策。

《增值税纳税申报表（小规模纳税人适用）》中的"免税销售额"相关栏次，填写差额后的销售额。

三、按固定期限纳税的小规模纳税人可以选择以1个月或1个季度为纳税期限，一经选择，一个会计年度内不得变更。

四、《中华人民共和国增值税暂行条例实施细则》第九条所称的其他个人，采取一次性收取租金形式出租不动产取得的租金收入，可在对应的租赁期内平均分摊，分摊后的月租金收入未超过10万元的，免征增值税。

五、转登记日前连续12个月（以1个月为1个纳税期）或者连续4个季度（以1个季度为1个纳税期）累计销售额未超过500万元的一般纳税人，在2019年12月31日前，可选择转登记为小规模纳税人。

一般纳税人转登记为小规模纳税人的其他事宜，按照《国家税务总局关于统一小规模纳税人标准等若干增值税问题的公告》（国家税务总局公告2018年第18号）、《国家税务总局关于统一小规模纳税人标准有关出口退（免）税问题的公告》（国家税务总局公告2018

年第20号）的相关规定执行。

六、按照现行规定应当预缴增值税税款的小规模纳税人，凡在预缴地实现的月销售额未超过10万元的，当期无需预缴税款。本公告下发前已预缴税款的，可以向预缴地主管税务机关申请退还。

七、小规模纳税人中的单位和个体工商户销售不动产，应按其纳税期、本公告第六条以及其他现行政策规定确定是否预缴增值税；其他个人销售不动产，继续按照现行规定征免增值税。

八、小规模纳税人月销售额未超过10万元的，当期因开具增值税专用发票已经缴纳的税款，在增值税专用发票全部联次追回或者按规定开具红字专用发票后，可以向主管税务机关申请退还。

九、小规模纳税人2019年1月份销售额未超过10万元（以1个季度为1个纳税期的，2019年第一季度销售额未超过30万元），但当期因代开普通发票已经缴纳的税款，可以在办理纳税申报时向主管税务机关申请退还。

十、小规模纳税人月销售额超过10万元的，使用增值税发票管理系统开具增值税普通发票、机动车销售统一发票、增值税电子普通发票。

已经使用增值税发票管理系统的小规模纳税人，月销售额未超过10万元的，可以继续使用现有税控设备开具发票；已经自行开具增值税专用发票的，可以继续自行开具增值税专用发票，并就开具增值税专用发票的销售额计算缴纳增值税。

十一、本公告自2019年1月1日起施行。《国家税务总局关于全面推开营业税改征增值税试点有关税收征收管理事项的公告》（国家税务总局公告2016年第23号）第三条第二项和第六条第四项、《国家税务总局关于明确营改增试点若干征管问题的公告》（国家税务总局公告2016年第26号）第三条、《国家税务总局关于营改增试点若干征管问题的公告》（国家税务总局公告2016年第53号）第二条和《国家税务总局关于小微企业免征增值税有关问题的公告》（国家税务总局公告2017年第52号）同时废止。

国家税务总局
关于国内旅客运输服务进项税抵扣等增值税征管问题的公告

（2019年9月16日　国家税务总局公告2019年第31号）

现将国内旅客运输服务进项税抵扣等增值税征管问题公告如下：

一、关于国内旅客运输服务进项税抵扣

（一）《财政部　税务总局　海关总署关于深化增值税改革有关政策的公告》（财政部　税务总局　海关总署公告2019年第39号）第六条所称"国内旅客运输服务"，限于与本单位签订了劳动合同的员工，以及本单位作为用工单位接受的劳务派遣员工发生的国内旅客运输服务。

（二）纳税人购进国内旅客运输服务，以取得的增值税电子普通发票上注明的税额为进项税额的，增值税电子普通发票上注明的购买方"名称""纳税人识别号"等信息，应当与实际抵扣税款的纳税人一致,否则不予抵扣。

(三)纳税人允许抵扣的国内旅客运输服务进项税额,是指纳税人2019年4月1日及以后实际发生,并取得合法有效增值税扣税凭证注明的或依据其计算的增值税税额。以增值税专用发票或增值税电子普通发票为增值税扣税凭证的,为2019年4月1日及以后开具的增值税专用发票或增值税电子普通发票。

二、关于加计抵减

(一)《财政部 税务总局 海关总署关于深化增值税改革有关政策的公告》(财政部 税务总局 海关总署公告2019年第39号)第七条关于加计抵减政策适用所称"销售额",包括纳税申报销售额、稽查查补销售额、纳税评估调整销售额。其中,纳税申报销售额包括一般计税方法销售额,简易计税方法销售额,免税销售额,税务机关代开发票销售额,免、抵、退办法出口销售额,即征即退项目销售额。

稽查查补销售额和纳税评估调整销售额,计入查补或评估调整当期销售额确定适用加计抵减政策;适用增值税差额征收政策的,以差额后的销售额确定适用加计抵减政策。

(二)2019年3月31日前设立,且2018年4月至2019年3月期间销售额均为零的纳税人,以首次产生销售额当月起连续3个月的销售额确定适用加计抵减政策。

2019年4月1日后设立,且自设立之日起3个月的销售额均为零的纳税人,以首次产生销售额当月起连续3个月的销售额确定适用加计抵减政策。

(三)经财政部和国家税务总局或者其授权的财政和税务机关批准,实行汇总缴纳增值税的总机构及其分支机构,以总机构本级及其分支机构的合计销售额,确定总机构及其分支机构适用加计抵减政策。

三、关于部分先进制造业增值税期末留抵退税

自2019年6月1日起,符合《财政部 税务总局关于明确部分先进制造业增值税期末留抵退税政策的公告》(财政部 税务总局公告2019年第84号)规定的纳税人申请退还增量留抵税额,应按照《国家税务总局关于办理增值税期末留抵税额退税有关事项的公告》(国家税务总局公告2019年第20号)的规定办理相关留抵退税业务。《退(抵)税申请表》(国家税务总局公告2019年第20号附件)修订并重新发布(附件1)。

四、关于经营期不足一个纳税期的小规模纳税人免税政策适用

自2019年1月1日起,以1个季度为纳税期限的增值税小规模纳税人,因在季度中间成立或注销而导致当期实际经营期不足1个季度,当期销售额未超过30万元的,免征增值税。《国家税务总局关于全面推开营业税改征增值税试点有关税收征收管理事项的公告》(国家税务总局公告2016年第23号发布,国家税务总局公告2018年第31号修改)第六条第(三)项同时废止。

五、关于货物运输业小规模纳税人申请代开增值税专用发票

适用《货物运输业小规模纳税人申请代开增值税专用发票管理办法》(国家税务总局公告2017年第55号发布,国家税务总局公告2018年第31号修改并发布)的增值税纳税人、《国家税务总局关于开展互联网物流平台企业代开增值税专用发票试点工作的通知》(税总函〔2017〕579号)规定的互联网物流平台企业为其代开增值税专用发票并代办相关涉税事项的货物运输业小规模纳税人,应符合以下条件:

提供公路货物运输服务的(以4.5吨及以下普通货运车辆从事普通道路货物运输经营

的除外），取得《中华人民共和国道路运输经营许可证》和《中华人民共和国道路运输证》；提供内河货物运输服务的，取得《国内水路运输经营许可证》和《船舶营业运输证》。

六、关于运输工具舱位承包和舱位互换业务适用税目

（一）在运输工具舱位承包业务中，发包方以其向承包方收取的全部价款和价外费用为销售额，按照"交通运输服务"缴纳增值税。承包方以其向托运人收取的全部价款和价外费用为销售额，按照"交通运输服务"缴纳增值税。

运输工具舱位承包业务，是指承包方以承运人身份与托运人签订运输服务合同，收取运费并承担承运人责任，然后以承包他人运输工具舱位的方式，委托发包方实际完成相关运输服务的经营活动。

（二）在运输工具舱位互换业务中，互换运输工具舱位的双方均以各自换出运输工具舱位确认的全部价款和价外费用为销售额，按照"交通运输服务"缴纳增值税。

运输工具舱位互换业务，是指纳税人之间签订运输协议，在各自以承运人身份承揽的运输业务中，互相利用对方交通运输工具的舱位完成相关运输服务的经营活动。

七、关于建筑服务分包款差额扣除

纳税人提供建筑服务，按照规定允许从其取得的全部价款和价外费用中扣除的分包款，是指支付给分包方的全部价款和价外费用。

八、关于取消建筑服务简易计税项目备案

提供建筑服务的一般纳税人按规定适用或选择适用简易计税方法计税的，不再实行备案制。以下证明材料无需向税务机关报送，改为自行留存备查：

（一）为建筑工程老项目提供的建筑服务，留存《建筑工程施工许可证》或建筑工程承包合同；

（二）为甲供工程提供的建筑服务、以清包工方式提供的建筑服务，留存建筑工程承包合同。

九、关于围填海开发房地产项目适用简易计税

房地产开发企业中的一般纳税人以围填海方式取得土地并开发的房地产项目，围填海工程《建筑工程施工许可证》或建筑工程承包合同注明的围填海开工日期在2016年4月30日前的，属于房地产老项目，可以选择适用简易计税方法按照5%的征收率计算缴纳增值税。

十、关于限售股买入价的确定

（一）纳税人转让因同时实施股权分置改革和重大资产重组而首次公开发行股票并上市形成的限售股，以及上市首日至解禁日期间由上述股份孳生的送、转股，以该上市公司股票上市首日开盘价为买入价，按照"金融商品转让"缴纳增值税。

（二）上市公司因实施重大资产重组多次停牌的，《国家税务总局关于营改增试点若干征管问题的公告》（国家税务总局公告2016年第53号发布，国家税务总局公告2018年第31号修改）第五条第（三）项所称的"股票停牌"，是指中国证券监督管理委员会就上市公司重大资产重组申请作出予以核准决定前的最后一次停牌。

十一、关于保险服务进项税抵扣

（一）提供保险服务的纳税人以实物赔付方式承担机动车辆保险责任的，自行向车辆修理劳务提供方购进的车辆修理劳务，其进项税额可以按规定从保险公司销项税额中抵扣。

（二）提供保险服务的纳税人以现金赔付方式承担机动车辆保险责任的，将应付给被保险人的赔偿金直接支付给车辆修理劳务提供方，不属于保险公司购进车辆修理劳务，其进项

税额不得从保险公司销项税额中抵扣。

（三）纳税人提供的其他财产保险服务，比照上述规定执行。

十二、关于餐饮服务税目适用

纳税人现场制作食品并直接销售给消费者，按照"餐饮服务"缴纳增值税。

十三、关于开具原适用税率发票

（一）自2019年9月20日起，纳税人需要通过增值税发票管理系统开具17%、16%、11%、10%税率蓝字发票的，应向主管税务机关提交《开具原适用税率发票承诺书》（附件2），办理临时开票权限。临时开票权限有效期限为24小时，纳税人应在获取临时开票权限的规定期限内开具原适用税率发票。

（二）纳税人办理临时开票权限，应保留交易合同、红字发票、收讫款项证明等相关材料，以备查验。

（三）纳税人未按规定开具原适用税率发票的，主管税务机关应按照现行有关规定进行处理。

十四、关于本公告的执行时间

本公告第一条、第二条自公告发布之日起施行，本公告第五条至第十二条自2019年10月1日起施行。此前已发生未处理的事项，按照本公告执行，已处理的事项不再调整。《货物运输业小规模纳税人申请代开增值税专用发票管理办法》（国家税务总局公告2017年第55号发布，国家税务总局公告2018年第31号修改并发布）第二条第（二）项、《国家税务总局关于开展互联网物流平台企业代开增值税专用发票试点工作的通知》（税总函〔2017〕579号）第一条第（二）项、《国家税务总局关于简化建筑服务增值税简易计税方法备案事项的公告》（国家税务总局公告2017年第43号发布，国家税务总局公告2018年第31号修改）自2019年10月1日起废止。

[注释：条款第五条废止。参见：《国家税务总局关于取消增值税扣税凭证认证确认期限等增值税征管问题的公告》（国家税务总局公告2019年第45号）。]

附件：1. 退（抵）税申请表
　　　2. 开具原适用税率发票承诺书

附件1：

退（抵）税申请表

金额单位：元，至角分

申请人名称		纳税人□　扣缴义务人□	
纳税人名称		统一社会信用代码（纳税人识别号）	
联系人姓名		联系电话	
申请退税类型	汇算结算退税□	误收退税□	留抵退税□

续表

一、汇算结算、误收税款退税					
原完税情况	税种	品目名称	税款所属时期	税票号码	实缴金额
	合计（小写）				
申请退税金额（小写）					

二、留抵退税	
增量留抵税额大于零，且申请退税前连续12个月（或实际经营期至少3个月）生产并销售非金属矿物制品、通用设备、专用设备及计算机、通信和其他电子设备销售额占全部销售额的比重超过50%	是□ 否□
_____年_____月至_____年_____月生产并销售非金属矿物制品、通用设备、专用设备及计算机、通信和其他电子设备销售额_____，同期全部销售额_____，占比_____％。	连续六个月（按季纳税的，连续两个季度）增量留抵税额均大于零的起止时间： _____年_____月至_____年_____月
申请退税前36个月未发生骗取留抵退税、出口退税或虚开增值税专用发票情形	是□ 否□
申请退税前36个月未因偷税被税务机关处罚两次及以上	是□ 否□
自2019年4月1日起未享受即征即退、先征后返（退）政策	是□ 否□
出口货物劳务、发生跨境应税行为，适用免抵退税办法	是□ 否□
本期已申报免抵退税应退税额	
2019年4月至申请退税前一税款所属期已抵扣的增值税专用发票（含税控机动车销售统一发票）注明的增值税额	
2019年4月至申请退税前一税款所属期已抵扣的海关进口增值税专用缴款书注明的增值税额	
2019年4月至申请退税前一税款所属期已抵扣的解缴税款完税凭证注明的增值税额	
2019年4月至申请退税前一税款所属期全部已抵扣的进项税额	
本期申请退还的增量留抵税额	

退税申请理由	经办人：	（公章） 年 月 日

授权声明	如果你已委托代理人申请，请填写下列资料： 为代理相关税务事宜，现授权_____（地址）_____为本纳税人的代理申请人，任何与本申请有关的往来文件，都可寄于此人。 授权人签章：	声明	此表是根据国家税收法律法规及相关规定填写的，对填报内容（及附带资料）的真实性、可靠性、完整性负责。 申请人签章：

续表

以下由税务机关填写	
受理情况	受理人： 年　　月　　日
核实部门意见： 　　退还方式：退库□　　抵扣欠税□ 　　退税类型：汇算结算退税□ 　　　　　　　误收退税□ 　　　　　　　留抵退税□ 　　退税发起方式：纳税人自行申请□ 　　　　　　　　　税务机关发现并通知□ 　　退（抵）税金额： 　　经办人：　　　　负责人： 　　　　　　　　　　　　年　月　日	税务机关负责人意见： 签字 年　　月　　日（公章）

《退（抵）税申请表》填表说明

一、本表适用于办理汇算结算、误收税款退税、留抵退税。

二、纳税人退税账户与原缴税账户不一致的，须另行提交资料，并经税务机关确认。

三、本表一式四联，纳税人一联、税务机关三联。

四、申请人名称：填写纳税人或扣缴义务人名称。如申请留抵退税，应填写纳税人名称。

五、申请人身份：选择"纳税人"或"扣缴义务人"。如申请留抵退税，应选择"纳税人"。

六、纳税人名称：填写税务登记证所载纳税人的全称。

七、统一社会信用代码（纳税人识别号）：填写纳税人统一社会信用代码。

八、联系人名称：填写联系人姓名。

九、联系电话：填写联系人固定电话号码或手机号码。

十、申请退税类型：选择"汇算结算退税"、"误收退税"或"留抵退税"。

十一、原完税情况：填写与汇算结算和误收税款退税相关信息。分税种、品目名称、税款所属时期、税票号码、实缴金额等项目，填写申请办理退税的已入库信息，上述信息应与完税费（缴款）凭证复印件、完税费（缴款）凭证原件或完税电子信息一致。

十二、申请退税金额：填写与汇算结算和误收税款退税相关的申请退（抵）税的金额，应小于等于原完税情况实缴金额合计。

十三、增量留抵税额大于零，且申请退税前连续12个月（或实际经营期至少3个月）生产并销售非金属矿物制品、通用设备、专用设备及计算机、通信和其他电子设备销售额占全部销售额的比重超过50%：根据实际情况，选择"是"或"否"。

十四、　　年　　月至　　年　　月生产并销售非金属矿物制品、通用设备、专用设备及计算机、通信和其他电子设备销售额　　　，同期全部销售额　　　，占比　　%。：如十三选"是",填写本栏。

如申请退税前经营期满12个月,本栏起止时间填写申请退税前12个月的起止时间;本栏销售额填写申请退税前12个月对应项目的销售额。

如申请退税前经营期不满12个月但满3个月的,本栏起止时间填写实际经营期的起止时间;本栏销售额填写实际经营期对应项目的销售额。

十五、连续六个月(按季纳税的,连续两个季度)增量留抵税额均大于零的起止时间：如十三选"否",填写本栏。

本栏填写纳税人自2019年4月税款所属期起,连续六个月(按季纳税的,连续两个季度)增量留抵税额均大于零,且第六个月增量留抵税额不低于50万元的起止时间。

十六、申请退税前36个月未发生骗取留抵退税、出口退税或虚开增值税专用发票情形,申请退税前36个月未因偷税被税务机关处罚两次及以上,自2019年4月1日起未享受即征即退、先征后返(退)政策,出口货物劳务、发生跨境应税行为,适用免抵退税办法：根据实际情况,选择"是"或"否"。

十七、本期已申报免抵退税应退税额：填写享受免抵退税政策的纳税人本期申请退还的免抵退税额。

十八、2019年4月至申请退税前一税款所属期已抵扣的增值税专用发票(含税控机动车销售统一发票)注明的增值税额：填写纳税人对应属期抵扣的增值税专用发票(含税控机动车销售统一发票)注明的增值税额;纳税人取得不动产或者不动产在建工程的进项税额不再分2年抵扣后一次性转入的进项税额,视同取得增值税专用发票抵扣的进项税额,也填入本项。

十九、2019年4月至申请退税前一税款所属期已抵扣的海关进口增值税专用缴款书注明的增值税额：填写纳税人对应属期抵扣的海关进口增值税专用缴款书注明的增值税额。

二十、2019年4月至申请退税前一税款所属期已抵扣的解缴税款完税凭证注明的增值税额：填写纳税人对应属期抵扣的解缴税款完税凭证注明的增值税额。

二十一、2019年4月至申请退税前一税款所属期全部已抵扣的进项税额：填写纳税人对应属期全部已抵扣进项税额。

二十二、本期申请退还的增量留抵税额：填写纳税人按照增量留抵税额×进项构成比例×60%计算后的本期申请退还的增量留抵税额。

进项构成比例=〔2019年4月至申请退税前一税款所属期已抵扣的增值税专用发票(含税控机动车销售统一发票)注明的增值税额+2019年4月至申请退税前一税款所属期已抵扣的海关进口增值税专用缴款书注明的增值税额+2019年4月至申请退税前一税款所属期已抵扣的解缴税款完税凭证注明的增值税额〕÷2019年4月至申请退税前一税款所属期全部已抵扣的进项税额

二十三、退税申请理由：简要概述退税申请理由,如果本次退税账户与原缴税账户不一致,需在此说明,并须另行提交资料,经税务机关登记确认。

二十四、受理情况：填写核对接受纳税人、扣缴义务人资料的情况。

二十五、退还方式：申请汇算结算或误收税款退税的,退还方式可以单选或多选,对于有欠税的纳税人,一般情况应选择"抵扣欠税",对于选择"抵扣欠税"情况,可以取消该选择，将全部申请退税的金额，以"退库"方式办理。

申请留抵退税的，可同时选择"退库"和"抵扣欠税"。如果纳税人既有增值税欠税，又有期末留抵税额，按照《国家税务总局关于办理增值税期末留抵税额退税有关事项的公告》（国家税务总局公告2019年第20号）第九条第三项规定，以最近一期增值税纳税申报表期末留抵税额，抵减增值税欠税后的余额确定允许退还的增量留抵税额。

二十六、退税类型：税务机关依据纳税人申请事项，选择"汇算结算退税""误收退税"或"留抵退税"。

二十七、退税发起方式：纳税人申请汇算结算或误收税款退税的，税务机关选择"纳税人自行申请"或"税务机关发现并通知"；纳税人申请留抵退税的，税务机关选择"纳税人自行申请"。

二十八、退（抵）税金额：填写税务机关核准后的退（抵）税额。

附件2：

开具原适用税率发票承诺书

纳税人统一社会信用代码（纳税人识别号）：_____

纳税人名称（盖章）：_____

本纳税人是<u>一般纳税人/小规模纳税人</u>。办理开具原适用税率发票临时开票权限，开具原适用税率发票属于：

□一般纳税人在税率调整前开具的发票有误需要重新开具，且已按照原适用税率开具了红字发票，现重新开具正确的蓝字发票。

□一般纳税人在税率调整前发生增值税应税销售行为，且已申报缴纳税款但未开具增值税发票，现需要补开原适用税率增值税发票。

□转登记纳税人在一般纳税人期间开具的适用原税率发票有误需要重新开具，且已按照原适用税率开具了红字发票，现重新开具正确的蓝字发票。

□转登记纳税人在一般纳税人期间发生增值税应税销售行为，且已申报缴纳税款但未开具增值税发票，现需要补开原适用税率增值税发票。

以上内容，我确定它是真实的、准确的、完整的。

经办人签字：_____

日　　期：_____

国家税务总局
关于取消增值税扣税凭证认证确认期限等增值税征管问题的公告

(2019年12月31日 国家税务总局公告2019年第45号)

现将取消增值税扣税凭证认证确认期限等增值税征管问题公告如下：

一、增值税一般纳税人取得2017年1月1日及以后开具的增值税专用发票、海关进口增值税专用缴款书、机动车销售统一发票、收费公路通行费增值税电子普通发票，取消认证确认、稽核比对、申报抵扣的期限。纳税人在进行增值税纳税申报时，应当通过本省（自治区、直辖市和计划单列市）增值税发票综合服务平台对上述扣税凭证信息进行用途确认。

增值税一般纳税人取得2016年12月31日及以前开具的增值税专用发票、海关进口增值税专用缴款书、机动车销售统一发票，超过认证确认、稽核比对、申报抵扣期限，但符合规定条件的，仍可按照《国家税务总局关于逾期增值税扣税凭证抵扣问题的公告》（2011年第50号，国家税务总局公告2017年第36号、2018年第31号修改）、《国家税务总局关于未按期申报抵扣增值税扣税凭证有关问题的公告》（2011年第78号，国家税务总局公告2018年第31号修改）规定，继续抵扣进项税额。

二、纳税人享受增值税即征即退政策，有纳税信用级别条件要求的，以纳税人申请退税税款所属期的纳税信用级别确定。申请退税税款所属期内纳税信用级别发生变化的，以变化后的纳税信用级别确定。

纳税人适用增值税留抵退税政策，有纳税信用级别条件要求的，以纳税人向主管税务机关申请办理增值税留抵退税提交《退（抵）税申请表》时的纳税信用级别确定。

三、按照《财政部 税务总局 海关总署关于深化增值税改革有关政策的公告》（2019年第39号）和《财政部 税务总局关于明确部分先进制造业增值税期末留抵退税政策的公告》（2019年第84号）的规定，在计算允许退还的增量留抵税额的进项构成比例时，纳税人在2019年4月至申请退税前一税款所属期内按规定转出的进项税额，无需从已抵扣的增值税专用发票、机动车销售统一发票、海关进口增值税专用缴款书、解缴税款完税凭证注明的增值税额中扣减。

四、中华人民共和国境内（以下简称"境内"）单位和个人作为工程分包方，为施工地点在境外的工程项目提供建筑服务，从境内工程总承包方取得的分包款收入，属于《国家税务总局关于发布〈营业税改征增值税跨境应税行为增值税免税管理办法（试行）〉的公告》（2016年第29号，国家税务总局公告2018年第31号修改）第六条规定的"视同从境外取得收入"。

五、动物诊疗机构提供的动物疾病预防、诊断、治疗和动物绝育手术等动物诊疗服务，属于《营业税改征增值税试点过渡政策的规定》（财税〔2016〕36号附件3）第一条第十项所称"家禽、牲畜、水生动物的配种和疾病防治"。

动物诊疗机构销售动物食品和用品，提供动物清洁、美容、代理看护等服务，应按照现行规定缴纳增值税。

动物诊疗机构，是指依照《动物诊疗机构管理办法》（农业部令第19号公布，农业部令2016年第3号、2017年第8号修改）规定，取得动物诊疗许可证，并在规定的诊疗活动范围内开展动物诊疗活动的机构。

六、《货物运输业小规模纳税人申请代开增值税专用发票管理办法》（2017年第55号发布，国家税务总局公告2018年第31号修改）第二条修改为：

"第二条同时具备以下条件的增值税纳税人（以下简称纳税人）适用本办法：

（一）在中华人民共和国境内（以下简称境内）提供公路或内河货物运输服务，并办理了税务登记（包括临时税务登记）。

（二）提供公路货物运输服务的（以4.5吨及以下普通货运车辆从事普通道路货物运输经营的除外），取得《中华人民共和国道路运输经营许可证》和《中华人民共和国道路运输证》；提供内河货物运输服务的，取得《国内水路运输经营许可证》和《船舶营业运输证》。

（三）在税务登记地主管税务机关按增值税小规模纳税人管理。"

七、纳税人取得的财政补贴收入，与其销售货物、劳务、服务、无形资产、不动产的收入或者数量直接挂钩的，应按规定计算缴纳增值税。纳税人取得的其他情形的财政补贴收入，不属于增值税应税收入，不征收增值税。

本公告实施前，纳税人取得的中央财政补贴继续按照《国家税务总局关于中央财政补贴增值税有关问题的公告》（2013年第3号）执行；已经申报缴纳增值税的，可以按现行红字发票管理规定，开具红字增值税发票将取得的中央财政补贴从销售额中扣减。

八、本公告第一条自2020年3月1日起施行，第二条至第七条自2020年1月1日起施行。此前已发生未处理的事项，按照本公告执行，已处理的事项不再调整。《国家税务总局关于中央财政补贴增值税有关问题的公告》（2013年第3号）、《国家税务总局关于国内旅客运输服务进项税抵扣等增值税征管问题的公告》（2019年第31号）第五条自2020年1月1日起废止。《国家税务总局关于增值税一般纳税人取得防伪税控系统开具的增值税专用发票进项税额抵扣问题的通知》（国税发〔2003〕第17号）第二条、《国家税务总局关于调整增值税扣税凭证抵扣期限有关问题的通知》（国税函〔2009〕617号）、《国家税务总局关于增值税一般纳税人抗震救灾期间增值税扣税凭证认证稽核有关问题的通知》（国税函〔2010〕173号）、《国家税务总局关于进一步明确营改增有关征管问题的公告》（2017年第11号，国家税务总局公告2018年第31号修改）第十条、《国家税务总局关于增值税发票管理等有关事项的公告》（2019年第33号）第四条自2020年3月1日起废止。《货物运输业小规模纳税人申请代开增值税专用发票管理办法》（2017年第55号发布，国家税务总局公告2018年第31号修改）根据本公告作相应修改，重新发布。

附件：货物运输业小规模纳税人申请代开增值税专用发票管理办法

附件：

货物运输业小规模纳税人申请代开增值税专用发票管理办法

（国家税务总局公告 2017 年第 55 号发布，根据国家税务总局公告 2018 年第 31 号、2019 年第 45 号修正）

第一条 为进一步优化纳税服务，简化办税流程，方便货物运输业小规模纳税人代开增值税专用发票，根据《中华人民共和国税收征收管理法》及其实施细则、《中华人民共和国发票管理办法》及其实施细则等规定，制定本办法。

第二条 同时具备以下条件的增值税纳税人（以下简称纳税人）适用本办法：

（一）在中华人民共和国境内（以下简称境内）提供公路或内河货物运输服务，并办理了税务登记（包括临时税务登记）。

（二）提供公路货物运输服务的（以 4.5 吨及以下普通货运车辆从事普通道路货物运输经营的除外），取得《中华人民共和国道路运输经营许可证》和《中华人民共和国道路运输证》；提供内河货物运输服务的，取得《国内水路运输经营许可证》和《船舶营业运输证》。

（三）在税务登记地主管税务机关按增值税小规模纳税人管理。

第三条 纳税人在境内提供公路或内河货物运输服务，需要开具增值税专用发票的，可在税务登记地、货物起运地、货物到达地或运输业务承揽地（含互联网物流平台所在地）中任何一地，就近向税务机关（以下称代开单位）申请代开增值税专用发票。

第四条 纳税人应将营运资质和营运机动车、船舶信息向主管税务机关进行备案。

第五条 完成上述备案后，纳税人可向代开单位申请代开增值税专用发票，并向代开单位提供以下资料：

（一）《货物运输业代开增值税专用发票缴纳税款申报单》（以下简称《申报单》，见附件）。

（二）加载统一社会信用代码的营业执照（或税务登记证或组织机构代码证）复印件。

（三）经办人身份证件及复印件。

第六条 纳税人申请代开增值税专用发票时，应按机动车号牌或船舶登记号码分别填写《申报单》，挂车应单独填写《申报单》。《申报单》中填写的运输工具相关信息，必须与其向主管税务机关备案的信息一致。

第七条 纳税人对申请代开增值税专用发票时提交资料的真实性和合法性承担责任。

第八条 代开单位对纳税人提交资料的完整性和一致性进行核对。资料不符合要求的，应一次性告知纳税人补正资料；符合要求的，按规定代开增值税专用发票。

第九条 纳税人申请代开增值税专用发票时，应按照所代开增值税专用发票上注明的税额向代开单位全额缴纳增值税。

第十条 纳税人代开专用发票后，如发生服务中止、折让、开票有误等情形，需要作废增值税专用发票、开具增值税红字专用发票、重新代开增值税专用发票、办理退税等事宜的，应由原代开单位按照现行规定予以受理。

第十一条 纳税人在非税务登记地申请代开增值税专用发票，不改变主管税务机关对其实施税收管理。

第十二条 纳税人应按照主管税务机关核定的纳税期限，按期计算增值税应纳税额，抵减其申请代开增值税专用发票缴纳的增值税后，向主管税务机关申报缴纳增值税。

第十三条 纳税人代开增值税专用发票对应的销售额，一并计入该纳税人月（季、年）度销售额，作为主管税务机关对其实施税收管理的标准和依据。

第十四条 增值税发票管理新系统定期将纳税人异地代开发票、税款缴纳等数据信息清分至主管税务机关。主管税务机关应加强数据比对分析，对纳税人申请代开增值税专用发票金额明显超出其实际运输能力的，主管税务机关可暂停其在非税务登记地代开增值税专用发票并及时约谈纳税人。经约谈排除疑点的，纳税人可继续在非税务登记地申请代开增值税专用发票。

第十五条 各省、自治区、直辖市和计划单列市税务局可根据本办法制定具体实施办法。

第十六条 本办法未明确事项，按现行增值税专用发票使用规定及税务机关代开增值税专用发票有关规定执行。

第十七条 本办法自2018年1月1日起施行。《国家税务总局关于在全国开展营业税改征增值税试点有关征收管理问题的公告》（国家税务总局公告2013年第39号）第一条第（一）项和附件1同时废止。

附件：货物运输业代开增值税专用发票缴纳税款申报单（见二维码76）

财政部 税务总局
关于明确国有农用地出租等增值税政策的公告

（2020年1月20日 财政部 税务总局公告2020年第2号）

现将国有农用地出租等增值税政策公告如下：

一、纳税人将国有农用地出租给农业生产者用于农业生产，免征增值税。

二、房地产开发企业中的一般纳税人购入未完工的房地产老项目继续开发后，以自己名义立项销售的不动产，属于房地产老项目，可以选择适用简易计税方法按照5%的征收率计算缴纳增值税。

三、保险公司按照《财政部 税务总局关于明确养老机构免征增值税等政策的通知》（财税〔2019〕20号）第四条第（三）项规定抵减以后月份应缴纳增值税，截至2020年12月31日抵减不完的，可以向主管税务机关申请一次性办理退税。

四、纳税人出口货物劳务、发生跨境应税行为，未在规定期限内申报出口退（免）税或者开具《代理出口货物证明》的，在收齐退（免）税凭证及相关电子信息后，即可申报办理出口退（免）税；未在规定期限内收汇或者办理不能收汇手续的，在收汇或者办理不能收汇手续后，即可申报办理退（免）税。

《财政部 国家税务总局关于出口货物劳务增值税和消费税政策的通知》（财税〔2012〕

39号)第六条第(一)项第3点、第七条第(一)项第6点"出口企业或其他单位未在国家税务总局规定期限内申报免税核销"及第九条第(二)项第2点的规定相应停止执行。

五、自2019年8月20日起,将《财政部 税务总局关于金融机构小微企业贷款利息收入免征增值税政策的通知》(财税〔2018〕91号)第一条"人民银行同期贷款基准利率"修改为"中国人民银行授权全国银行间同业拆借中心公布的贷款市场报价利率"。

六、纳税人按照《财政部 税务总局 海关总署关于深化增值税改革有关政策的公告》(财政部 税务总局 海关总署公告2019年第39号)、《财政部 税务总局关于明确部分先进制造业增值税期末留抵退税政策的公告》(财政部 税务总局公告2019年第84号)规定取得增值税留抵退税款的,不得再申请享受增值税即征即退、先征后返(退)政策。

本公告发布之日前,纳税人已按照上述规定取得增值税留抵退税款的,在2020年6月30日前将已退还的增值税留抵退税款全部缴回,可以按规定享受增值税即征即退、先征后返(退)政策;否则,不得享受增值税即征即退、先征后返(退)政策。

七、本公告自发布之日起执行。此前已发生未处理的事项,按本公告规定执行。

国家税务总局
关于支持新型冠状病毒感染的肺炎疫情防控
有关税收征收管理事项的公告

(2020年2月10日 国家税务总局公告2020年第4号)

为支持新型冠状病毒感染的肺炎疫情防控工作,贯彻落实相关税收政策,现就税收征收管理有关事项公告如下:

一、疫情防控重点保障物资生产企业按照《财政部 税务总局关于支持新型冠状病毒感染的肺炎疫情防控有关税收政策的公告》(2020年第8号,以下简称"8号公告")第二条规定,适用增值税增量留抵退税政策的,应当在增值税纳税申报期内,完成本期增值税纳税申报后,向主管税务机关申请退还增量留抵税额。

二、纳税人按照8号公告和《财政部 税务总局关于支持新型冠状病毒感染的肺炎疫情防控有关捐赠税收政策的公告》(2020年第9号,以下简称"9号公告")有关规定享受免征增值税、消费税优惠的,可自主进行免税申报,无需办理有关免税备案手续,但应将相关证明材料留存备查。

适用免税政策的纳税人在办理增值税纳税申报时,应当填写增值税纳税申报表及《增值税减免税申报明细表》相应栏次;在办理消费税纳税申报时,应当填写消费税纳税申报表及《本期减(免)税额明细表》相应栏次。

三、纳税人按照8号公告和9号公告有关规定适用免征增值税政策的,不得开具增值税专用发票;已开具增值税专用发票的,应当开具对应红字发票或者作废原发票,再按规定适用免征增值税政策并开具普通发票。

纳税人在疫情防控期间已经开具增值税专用发票,按照本公告规定应当开具对应红字发票而未及时开具的,可以先适用免征增值税政策,对应红字发票应当于相关免征增值税政策执行到期后1个月内完成开具。

四、在本公告发布前，纳税人已将适用免税政策的销售额、销售数量，按照征税销售额、销售数量进行增值税、消费税纳税申报的，可以选择更正当期申报或者在下期申报时调整。已征应予免征的增值税、消费税税款，可以予以退还或者分别抵减纳税人以后应缴纳的增值税、消费税税款。

五、疫情防控期间，纳税人通过电子税务局或者标准版国际贸易"单一窗口"出口退税平台等（以下简称"网上"）提交电子数据后，即可申请办理出口退（免）税备案、备案变更和相关证明。税务机关受理上述退（免）税事项申请后，经核对电子数据无误的，即可办理备案、备案变更或者开具相关证明，并通过网上反馈方式及时将办理结果告知纳税人。纳税人需开具纸质证明的，税务机关可采取邮寄方式送达。确需到办税服务厅现场结清退（免）税款或者补缴税款的备案和证明事项，可通过预约办税等方式，分时分批前往税务机关办理。

六、疫情防控期间，纳税人的所有出口货物劳务、跨境应税行为，均可通过网上提交电子数据的方式申报出口退（免）税。税务机关受理申报后，经审核不存在涉嫌骗取出口退税等疑点的，即可办理出口退（免）税，并通过网上反馈方式及时将办理结果告知纳税人。

七、因疫情影响，纳税人未能在规定期限内申请开具相关证明或者申报出口退（免）税的，待收齐退（免）税凭证及相关电子信息后，即可向主管税务机关申请开具相关证明，或者申报办理退（免）税。

因疫情影响，纳税人无法在规定期限内收汇或办理不能收汇手续的，待收汇或办理不能收汇手续后，即可向主管税务机关申报办理退（免）税。

八、疫情防控结束后，纳税人应按照现行规定，向主管税务机关补报出口退（免）税应报送的纸质申报表、表单及相关资料。税务机关对补报的各项资料进行复核。

九、疫情防控重点保障物资生产企业按照8号公告第一条规定，适用一次性企业所得税税前扣除政策的，在优惠政策管理等方面参照《国家税务总局关于设备器具扣除有关企业所得税政策执行问题的公告》（2018年第46号）的规定执行。企业在纳税申报时将相关情况填入企业所得税纳税申报表"固定资产一次性扣除"行次。

十、受疫情影响较大的困难行业企业按照8号公告第四条规定，适用延长亏损结转年限政策的，应当在2020年度企业所得税汇算清缴时，通过电子税务局提交《适用延长亏损结转年限政策声明》（见附件）。

十一、纳税人适用8号公告有关规定享受免征增值税优惠的收入，相应免征城市维护建设税、教育费附加、地方教育附加。

十二、9号公告第一条所称"公益性社会组织"，是指依法取得公益性捐赠税前扣除资格的社会组织。

企业享受9号公告规定的全额税前扣除政策的，采取"自行判别、申报享受、相关资料留存备查"的方式，并将捐赠全额扣除情况填入企业所得税纳税申报表相应行次。个人享受9号公告规定的全额税前扣除政策的，按照《财政部 税务总局关于公益慈善事业捐赠个人所得税政策的公告》（2019年第99号）有关规定执行；其中，适用9号公告第二条规定的，在办理个人所得税税前扣除、填写《个人所得税公益慈善事业捐赠扣除明细表》时，应当在备注栏注明"直接捐赠"。

企业和个人取得承担疫情防治任务的医院开具的捐赠接收函,作为税前扣除依据自行留存备查。

十三、本公告自发布之日施行。

附件:适用延长亏损结转年限政策声明(见二维码77)

二维码77

国家税务总局关于支持个体工商户复工复业等税收征收管理事项的公告

(2020年2月29日 国家税务总局公告2020年第5号)

为统筹推进新冠肺炎疫情防控和经济社会发展工作,支持个体工商户复工复业,贯彻落实相关税收政策,现就有关税收征收管理事项公告如下:

一、增值税小规模纳税人取得应税销售收入,纳税义务发生时间在2020年2月底以前,适用3%征收率征收增值税的,按照3%征收率开具增值税发票;纳税义务发生时间在2020年3月1日至5月31日,适用减按1%征收率征收增值税的,按照1%征收率开具增值税发票。

二、增值税小规模纳税人按照《财政部 税务总局关于支持个体工商户复工复业增值税政策的公告》(2020年第13号,以下简称13号公告)有关规定,减按1%征收率征收增值税的,按下列公式计算销售额:

销售额=含税销售额÷(1+1%)

三、增值税小规模纳税人在办理增值税纳税申报时,按照13号公告有关规定,免征增值税的销售额等项目应当填写在《增值税纳税申报表(小规模纳税人适用)》及《增值税减免税申报明细表》免税项目相应栏次;减按1%征收率征收增值税的销售额应当填写在《增值税纳税申报表(小规模纳税人适用)》"应征增值税不含税销售额(3%征收率)"相应栏次,对应减征的增值税应纳税额按销售额的2%计算填写在《增值税纳税申报表(小规模纳税人适用)》"本期应纳税额减征额"及《增值税减免税申报明细表》减税项目相应栏次。

《增值税纳税申报表(小规模纳税人适用)附列资料》第8栏"不含税销售额"计算公式调整为:第8栏=第7栏÷(1+征收率)。

四、增值税小规模纳税人取得应税销售收入,纳税义务发生时间在2020年2月底以前,已按3%征收率开具增值税发票,发生销售折让、中止或者退回等情形需要开具红字发票的,按照3%征收率开具红字发票;开票有误需要重新开具的,应按照3%征收率开具红字发票,再重新开具正确的蓝字发票。

五、自2020年3月1日至5月31日,对湖北省境内的个体工商户、个人独资企业和合伙企业,代开货物运输服务增值税发票时,暂不预征个人所得税;对其他地区的上述纳税人统一按代开发票金额的0.5%预征个人所得税。

六、已放弃适用出口退(免)税政策未满36个月的纳税人,在出口货物劳务的增值税税率或出口退税率发生变化后,可以向主管税务机关声明,对其自发生变化之日起的全部出口货物劳务，恢复适用出口退（免）税政策。

出口货物劳务的增值税税率或出口退税率在本公告施行之日前发生变化的，已放弃适用出口退（免）税政策的纳税人，无论是否已恢复退（免）税，均可以向主管税务机关声明，对其自 2019 年 4 月 1 日起的全部出口货物劳务，恢复适用出口退（免）税政策。

符合上述规定的纳税人，可在增值税税率或出口退税率发生变化之日起［自 2019 年 4 月 1 日起恢复适用出口退（免）税政策的，自本公告施行之日起］的任意增值税纳税申报期内，按照现行规定申报出口退（免）税，同时一并提交《恢复适用出口退（免）税政策声明》（详见附件）。

七、本公告自 2020 年 3 月 1 日起施行。

附件：恢复适用出口退（免）税政策声明（见二维码 78）

国家税务总局
关于明确二手车经销等若干增值税征管问题的公告

（2020 年 4 月 23 日　国家税务总局公告 2020 年第 9 号）

现将二手车经销等增值税征管问题公告如下：

一、自 2020 年 5 月 1 日至 2023 年 12 月 31 日，从事二手车经销业务的纳税人销售其收购的二手车，按以下规定执行：

（一）纳税人减按 0.5% 征收率征收增值税，并按下列公式计算销售额：

销售额 = 含税销售额 ÷ （1 + 0.5%）

本公告发布后出台新的增值税征收率变动政策，比照上述公式原理计算销售额。

（二）纳税人应当开具二手车销售统一发票。购买方索取增值税专用发票的，应当再开具征收率为 0.5% 的增值税专用发票。

（三）一般纳税人在办理增值税纳税申报时，减按 0.5% 征收率征收增值税的销售额，应当填写在《增值税纳税申报表附列资料（一）》（本期销售情况明细）"二、简易计税方法计税"中"3% 征收率的货物及加工修理修配劳务"相应栏次；对应减征的增值税应纳税额，按销售额的 2.5% 计算填写在《增值税纳税申报表（一般纳税人适用）》"应纳税额减征额"及《增值税减免税申报明细表》减税项目相应栏次。

小规模纳税人在办理增值税纳税申报时，减按 0.5% 征收率征收增值税的销售额，应当填写在《增值税纳税申报表（小规模纳税人适用）》"应征增值税不含税销售额（3% 征收率）"相应栏次；对应减征的增值税应纳税额，按销售额的 2.5% 计算填写在《增值税纳税申报表（小规模纳税人适用）》"本期应纳税额减征额"及《增值税减免税申报明细表》减税项目相应栏次。

二、纳税人受托对垃圾、污泥、污水、废气等废弃物进行专业化处理，即运用填埋、焚烧、净化、制肥等方式，对废弃物进行减量化、资源化和无害化处理处置，按照以下规定适用增值税税率：

（一）采取填埋、焚烧等方式进行专业化处理后未产生货物的，受托方属于提供《销售服务、无形资产、不动产注释》（财税〔2016〕36号文件印发）"现代服务"中的"专业技术服务"，其收取的处理费用适用6%的增值税税率。

（二）专业化处理后产生货物，且货物归属委托方的，受托方属于提供"加工劳务"，其收取的处理费用适用13%的增值税税率。

（三）专业化处理后产生货物，且货物归属受托方的，受托方属于提供"专业技术服务"，其收取的处理费用适用6%的增值税税率。受托方将产生的货物用于销售时，适用货物的增值税税率。

三、拍卖行受托拍卖文物艺术品，委托方按规定享受免征增值税政策的，拍卖行可以自己名义就代为收取的货物价款向购买方开具增值税普通发票，对应的货物价款不计入拍卖行的增值税应税收入。

拍卖行应将以下纸质或电子证明材料留存备查：拍卖物品的图片信息、委托拍卖合同、拍卖成交确认书、买卖双方身份证明、价款代收转付凭证、扣缴委托方个人所得税相关资料。

文物艺术品，包括书画、陶瓷器、玉石器、金属器、漆器、竹木牙雕、佛教用具、古典家具、紫砂茗具、文房清供、古籍碑帖、邮品钱币、珠宝等收藏品。

四、单位将其持有的限售股在解禁流通后对外转让，按照《国家税务总局关于营改增试点若干征管问题的公告》（2016年第53号）第五条规定确定的买入价，低于该单位取得限售股的实际成本价的，以实际成本价为买入价计算缴纳增值税。

五、一般纳税人可以在增值税免税、减税项目执行期限内，按照纳税申报期选择实际享受该项增值税免税、减税政策的起始时间。

一般纳税人在享受增值税免税、减税政策后，按照《营业税改征增值税试点实施办法》（财税〔2016〕36号文件印发）第四十八条的有关规定，要求放弃免税、减税权的，应当以书面形式提交纳税人放弃免（减）税权声明，报主管税务机关备案。一般纳税人自提交备案资料的次月起，按照规定计算缴纳增值税。

六、一般纳税人符合以下条件的，在2020年12月31日前，可选择转登记为小规模纳税人：转登记日前连续12个月（以1个月为1个纳税期）或者连续4个季度（以1个季度为1个纳税期）累计销售额未超过500万元。

一般纳税人转登记为小规模纳税人的其他事宜，按照《国家税务总局关于统一小规模纳税人标准等若干增值税问题的公告》（2018年第18号）、《国家税务总局关于统一小规模纳税人标准有关出口退（免）税问题的公告》（2018年第20号）的相关规定执行。

七、一般纳税人在办理增值税纳税申报时，《增值税减免税申报明细表》"二、免税项目"第4栏"免税销售额对应的进项税额"和第5栏"免税额"不需填写。

八、本公告第一条至第五条自2020年5月1日起施行；第六条、第七条自发布之日起施行。此前已发生未处理的事项，按照本公告执行，已处理的事项不再调整。

第五部分 增值税纳税申报制度

一、增值税纳税人申报制度

国家税务总局
关于重新修订《增值税一般纳税人纳税申报办法》的通知

(2003年5月13日 国税发〔2003〕53号)

为满足现行增值税税收政策的需要,进一步加强增值税的征收管理,在广泛征求各地意见的基础上,国家税务总局对现行的《增值税一般纳税人纳税申报办法》做了必要的修订,现将修订后的《增值税一般纳税人纳税申报办法》印发给你们。自2003年7月1日起,凡使用国家税务总局认定公布的增值税一般纳税人纳税申报电子信息采集系统的增值税一般纳税人,均应按照本办法进行增值税纳税申报,其他增值税一般纳税人仍按照《国家税务总局关于修订〈增值税一般纳税人纳税申报办法〉的通知》(国税发〔1999〕29号)的规定进行增值税纳税申报。

增值税一般纳税人纳税申报办法

根据《中华人民共和国税收征收管理法》及其实施细则、《中华人民共和国增值税暂行条例》和《中华人民共和国发票管理办法》的有关规定,制定本办法。
一、凡增值税一般纳税人(以下简称纳税人)均按本办法进行纳税申报。
二、纳税人进行纳税申报必须实行电子信息采集。使用防伪税控系统开具增值税专用发票的纳税人必须在抄报税成功后,方可进行纳税申报。
三、纳税申报资料
(一) 必报资料
1.《增值税纳税申报表(适用于增值税一般纳税人)》及其《增值税纳税申报表附列资料(表一)、(表二)、(表三)、(表四)》;
2. 使用防伪税控系统的纳税人,必须报送记录当期纳税信息的 IC 卡(明细数据备份在

软盘上的纳税人,还需报送备份数据软盘)、《增值税专用发票存根联明细表》及《增值税专用发票抵扣联明细表》;

3. 《资产负债表》和《损益表》;

4. 《成品油购销存情况明细表》(发生成品油零售业务的纳税人填报);

5. 主管税务机关规定的其他必报资料。

纳税申报实行电子信息采集的纳税人,除向主管税务机关报送上述必报资料的电子数据外,还需报送纸介的《增值税纳税申报表(适用于一般纳税人)》(主表及附表)。

(二)备查资料

1. 已开具的增值税专用发票和普通发票存根联;

2. 符合抵扣条件并且在本期申报抵扣的增值税专用发票抵扣联;

3. 海关进口货物完税凭证、运输发票、购进农产品普通发票及购进废旧物资普通发票的复印件;

4. 收购凭证的存根联或报查联;

5. 代扣代缴税款凭证存根联;

6. 主管税务机关规定的其他备查资料。

备查资料是否需要在当期报送,由各省级国家税务局确定。

四、增值税纳税申报资料的管理

(一)增值税纳税申报必报资料

纳税人在纳税申报期内,应及时将全部必报资料的电子数据报送主管税务机关,并在主管税务机关按照税法规定确定的期限内(具体时间由各省级国家税务局确定),将本办法第三条、第一款要求报送的纸介的必报资料(具体份数由省一级国家税务局确定)报送主管税务机关,税务机关签收后,一份退还纳税人,其余留存。

(二)增值税纳税申报备查资料

纳税人在月度终了后,应将备查资料认真整理并装订成册。

1. 属于整本开具的手工版增值税专用发票及普通发票的存根联,按原顺序装订;开具的电脑版增值税专用发票,包括防伪税控系统开具的增值税专用发票的存根联,应按开票顺序号码每 25 份装订一册,不足 25 份的按实际开具份数装订。

2. 对属于扣税凭证的单证,根据取得的时间顺序,按单证种类每 25 份装订一册,不足 25 份的按实际份数装订。

3. 装订时,必须使用税务机关统一规定的《征税/扣税单证汇总簿封面》(以下简称"《封面》"),并按规定填写封面内容,由办税人员和财务人员审核签章。启用《封面》后,纳税人可不再填写原增值税专用发票的封面内容。

4. 纳税人当月未使用完的手工版增值税专用发票,暂不加装《封面》,两个月仍未使用完的,应在主管税务机关对其剩余部分剪角作废的当月加装《封面》。

纳税人开具的普通发票及收购凭证在其整本使用完毕的当月,加装《封面》。

5. 《封面》的内容包括纳税人单位名称、本册单证份数、金额、税额、本月此种单证总册数及本册单证编号、税款所属时间等,具体格式由各省一级国家税务局制定。

五、《增值税纳税申报表(适用于增值税一般纳税人)》(主表及附表)由纳税人向主管税务机关购领。

六、申报期限

纳税人应按月进行纳税申报,申报期为次月 1 日起至 10 日止,遇最后 1 日为法定节假日的,顺延 1 日;在每月 1 日至 10 日内有连续 3 日以上法定休假日的,按休假日天数顺延。

七、罚则

(一)纳税人未按规定期限办理纳税申报和报送纳税资料的,按照《中华人民共和国税收征收管理法》第六十二条的有关规定处罚。

(二)纳税人经税务机关通知申报而拒不申报或者进行虚假的纳税申报,不缴或者少缴应纳税款的,按偷税处理,并按《中华人民共和国税收征收管理法》第六十三条的有关规定处罚。

(三)纳税人不进行纳税申报,不缴或者少缴应纳税款的,按《中华人民共和国税收征收管理法》第六十四条的有关规定处罚。

附件:
1. 增值税纳税申报表(适用于增值税一般纳税人)(编者略)
2. 增值税纳税申报表附列资料(表一)(编者略)
3. 增值税纳税申报表附列资料(表二)(编者略)
4. 增值税纳税申报表附列资料(表三)(编者略)
5. 增值税纳税申报表附列资料(表四)(编者略)
6. 增值税纳税申报表(适用于一般纳税人)及其附表填表说明(编者略)
7. 增值税纳税申报表逻辑关系审核表(编者略)
8. 资产负债表(编者略)
9. 损益表(编者略)
10. 成品油购销存情况明细表及填表说明(编者略)

国家税务总局
关于营业税改征增值税试点有关文化事业建设费登记与申报事项的公告

(2013 年 11 月 11 日 国家税务总局公告 2013 年第 64 号)

各省、自治区、直辖市和计划单列市国家税务局、地方税务局:

根据《财政部 国家税务总局关于营业税改征增值税试点有关文化事业建设费征收管理问题的通知》(财综〔2013〕88 号),现将文化事业建设费登记与申报有关事项公告如下:

一、登记事项

凡应缴纳和扣缴文化事业建设费的单位和个人(以下简称缴纳人、扣缴人),须按以下规定填写《文化事业建设费登记表》(附件 1),向主管税务机关申报办理文化事业建设费登记事项。

（一）缴纳人、扣缴人在办理税务登记或扣缴税款登记的同时，办理文化事业建设费登记。

（二）本公告发布之日前已经办理税务登记或扣缴税款登记，但未办理文化事业建设费登记的缴纳人、扣缴人，应在本公告发布后，首次申报缴纳文化事业建设费前，补办登记事项。

（三）不经常发生文化事业建设费应缴纳行为或按规定不需要办理税务登记、扣缴税款登记的缴纳人、扣缴人，可以在首次文化事业建设费应缴纳行为发生后，办理登记事项。

二、申报事项

（一）缴纳人、扣缴人应在申报期内分别向主管税务机关报送《文化事业建设费申报表》（附件2）、《文化事业建设费代扣代缴报告表》（附件3，以下简称申报表）。申报数据实行电子信息采集的缴纳人、扣缴人，其纸质申报表按照各省税务机关的要求报送。

（二）缴纳人计算缴纳文化事业建设费时，允许从提供相关应税服务所取得的全部含税价款和价外费用中减除有关价款的，应根据取得的合法有效凭证逐一填列《应税服务扣除项目清单》（附件4），作为申报表附列资料，向主管税务机关同时报送。

缴纳人应将合法有效凭证的复印件加盖财务印章后编号并装订成册，作为备查资料并妥善保管，以备税务机关检查审核。

（三）文化事业建设费的申报期限与缴纳人、扣缴人的增值税申报期限相同。

三、本公告自2014年1月1日起施行。《国家税务总局关于营业税改征增值税试点文化事业建设费缴费信息登记有关事项的公告》（国家税务总局公告2012年第50号）、《国家税务总局关于营业税改征增值税试点文化事业建设费申报有关事项的公告》（国家税务总局公告2012年第51号）、《国家税务总局关于营业税改征增值税试点中文化事业建设费征收有关事项的公告》（国家税务总局公告2013年第35号）同时废止。

附件：

1. 《文化事业建设费登记表》及填表说明（见二维码79）
2. 《文化事业建设费申报表》及填表说明（见二维码79）
3. 《文化事业建设费代扣代缴报告表》及填表说明（见二维码79）
4. 《应税服务减除项目清单》及填表说明（见二维码79）

二维码79

国家税务总局
关于全面推开营业税改征增值税试点后增值税纳税申报有关事项的公告

（2016年3月31日　国家税务总局公告2016年第13号）

为保障全面推开营业税改征增值税改革试点工作顺利实施，现将增值税纳税申报有关事项公告如下：

一、中华人民共和国境内增值税纳税人均应按照本公告的规定进行增值税纳税申报。

二、纳税申报资料

纳税申报资料包括纳税申报表及其附列资料和纳税申报其他资料。

（一）纳税申报表及其附列资料

1. 增值税一般纳税人（以下简称一般纳税人）纳税申报表及其附列资料包括：

（1）《增值税纳税申报表（一般纳税人适用）》。

（2）《增值税纳税申报表附列资料（一）》（本期销售情况明细）。

（3）《增值税纳税申报表附列资料（二）》（本期进项税额明细）。

（4）《增值税纳税申报表附列资料（三）》（服务、不动产和无形资产扣除项目明细）。

一般纳税人销售服务、不动产和无形资产，在确定服务、不动产和无形资产销售额时，按照有关规定可以从取得的全部价款和价外费用中扣除价款的，需填报《增值税纳税申报表附列资料（三）》。其他情况不填写该附列资料。

（5）《增值税纳税申报表附列资料（四）》（税额抵减情况表）。

（6）《增值税纳税申报表附列资料（五）》（不动产分期抵扣计算表）。

（7）《固定资产（不含不动产）进项税额抵扣情况表》。

（8）《本期抵扣进项税额结构明细表》。

（9）《增值税减免税申报明细表》。

2. 增值税小规模纳税人（以下简称小规模纳税人）纳税申报表及其附列资料包括：

（1）《增值税纳税申报表（小规模纳税人适用）》。

（2）《增值税纳税申报表（小规模纳税人适用）附列资料》。

小规模纳税人销售服务，在确定服务销售额时，按照有关规定可以从取得的全部价款和价外费用中扣除价款的，需填报《增值税纳税申报表（小规模纳税人适用）附列资料》。其他情况不填写该附列资料。

（3）《增值税减免税申报明细表》。

3. 上述纳税申报表及其附列资料表样和填写说明详见附件1至附件4。

（二）纳税申报其他资料

1. 已开具的税控机动车销售统一发票和普通发票的存根联。

2. 符合抵扣条件且在本期申报抵扣的增值税专用发票（含税控机动车销售统一发票）的抵扣联。

3. 符合抵扣条件且在本期申报抵扣的海关进口增值税专用缴款书、购进农产品取得的普通发票的复印件。

4. 符合抵扣条件且在本期申报抵扣的税收完税凭证及其清单，书面合同、付款证明和境外单位的对账单或者发票。

5. 已开具的农产品收购凭证的存根联或报查联。

6. 纳税人销售服务、不动产和无形资产，在确定服务、不动产和无形资产销售额时，按照有关规定从取得的全部价款和价外费用中扣除价款的合法凭证及其清单。

7. 主管税务机关规定的其他资料。

（三）纳税申报表及其附列资料为必报资料。纳税申报其他资料的报备要求由各省、自治区、直辖市和计划单列市税务局确定。

三、纳税人跨县（市）提供建筑服务、房地产开发企业预售自行开发的房地产项目、纳税人出租与机构所在地不在同一县（市）的不动产，按规定需要在项目所在地或不动产所在地主管税务机关预缴税款的，需填写《增值税预缴税款表》，表样及填写说明详见附件

5 至附件 6。

四、主管税务机关应做好增值税纳税申报的宣传和辅导工作。

五、本公告自 2016 年 6 月 1 日起施行。《国家税务总局关于调整增值税纳税申报有关事项的公告》（国家税务总局公告 2012 年第 31 号）、《国家税务总局关于营业税改征增值税总分机构试点纳税人增值税纳税申报有关事项的公告》（国家税务总局公告 2013 年第 22 号）、《国家税务总局关于调整增值税纳税申报有关事项的公告》（国家税务总局公告 2013 年第 32 号）、《国家税务总局关于铁路运输和邮政业营业税改征增值税后纳税申报有关事项的公告》（国家税务总局公告 2014 年第 7 号）、《国家税务总局关于调整增值税纳税申报有关事项的公告》（国家税务总局公告 2014 年第 45 号）、《国家税务总局关于调整增值税纳税申报有关事项的公告》（国家税务总局公告 2014 年第 58 号）、《国家税务总局关于调整增值税纳税申报有关事项的公告》（国家税务总局公告 2014 年第 69 号）、《国家税务总局关于调整增值税纳税申报有关事项的公告》（国家税务总局公告 2015 年第 23 号）同时废止。

附件：

1. 《增值税纳税申报表（一般纳税人适用）》及其附列资料（废止）
2. 《增值税纳税申报表（一般纳税人适用）》及其附列资料填写说明（废止）
3. 《增值税纳税申报表（小规模纳税人适用）》及其附列资料（废止）
4. 《增值税纳税申报表（小规模纳税人适用）》及其附列资料填写说明（废止）
5. 《增值税预缴税款表》（见二维码 80）
6. 《增值税预缴税款表》填写说明（见二维码 80）

二维码 80

［注释：条款废止。附件 1《固定资产（不含不动产）进项税额抵扣情况表》废止。参见：《国家税务总局关于调整增值税纳税申报有关事项的公告》（国家税务总局公告 2017 年第 53 号）。

条款废止。附件 1 中的《增值税纳税申报表附列资料（一）》（本期销售情况明细）和《增值税纳税申报表附列资料（二）》（本期进项税额明细）废止。自 2017 年 8 月 1 日起废止。参见：《国家税务总局关于调整增值税纳税申报有关事项的公告》（国家税务总局公告 2017 年第 19 号）。

条款失效。附件 1《增值税纳税申报表（一般纳税人适用）》第 13 栏"上期留抵税额""一般项目"列"本年累计"和第 20 栏"期末留抵税额""一般项目"列"本年累计"栏次停止使用，不再填报数据。参见：《国家税务总局关于调整增值税一般纳税人留抵税额申报口径的公告》（国家税务总局公告 2016 年第 75 号）。

条款废止。附件 1 中《本期抵扣进项税额结构明细表》、附件 2 中《本期抵扣进项税额结构明细表》填写说明、附件 3、附件 4 废止。自 2016 年 6 月 1 日起废止。参见：《国家税务总局关于调整增值税纳税申报有关事项的公告》（国家税务总局公告 2016 年第 27 号）。

《国家税务总局关于修改部分税收规范性文件的公告》（国家税务总局公告 2018 年第 31 号）对本文进行了修改。

条款废止，附件 1 中《增值税纳税申报表附列资料（五）》废止。参见：《国家税务总局关于调整增值税纳税申报有关事项的公告》（国家税务总局公告 2019 年第 15 号）。］

国家税务总局
关于调整增值税纳税申报有关事项的公告

(2016年5月5日　国家税务总局公告2016年第27号)

为配合全面推开营业税改征增值税试点工作顺利实施，国家税务总局对增值税纳税申报有关事项进行了调整，现公告如下：

一、对《国家税务总局关于全面推开营业税改征增值税试点后增值税纳税申报有关事项的公告》（国家税务总局公告2016年第13号）附件1中《本期抵扣进项税额结构明细表》进行调整，调整后的表式见附件1，填写说明见附件2。

二、对国家税务总局公告2016年第13号附件3《增值税纳税申报表（小规模纳税人适用）》及其附列资料进行调整，调整后的表式见附件3，填写说明见附件4。

三、增值税一般纳税人支付道路、桥、闸通行费，按照政策规定，以取得的通行费发票（不含财政票据）上注明的收费金额计算的可抵扣进项税额，填入国家税务总局公告2016年第13号附件1中《增值税纳税申报表附列资料（二）》（本期进项税额明细）第8栏"其他"。

四、本公告自2016年6月1日起施行。国家税务总局公告2016年第13号附件1中《本期抵扣进项税额结构明细表》、附件2中《本期抵扣进项税额结构明细表》填写说明、附件3、附件4内容同时废止。

附件：
1. 本期抵扣进项税额结构明细表（废止）
2. 《本期抵扣进项税额结构明细表》填写说明（废止）
3. 《增值税纳税申报表（小规模纳税人适用）》及其附列资料（见二维码81）
4. 《增值税纳税申报表（小规模纳税人适用）》及其附列资料填写说明（见二维码81）

二维码81

〔注释：条款废止。附件1《本期抵扣进项税额结构明细表》废止。参见：《国家税务总局关于调整增值税纳税申报有关事项的公告》（国家税务总局公告2017年第53号）。〕

国家税务总局
关于调整增值税一般纳税人留抵税额申报口径的公告

(2016年12月1日　国家税务总局公告2016年第75号)

现将增值税一般纳税人留抵税额有关申报口径公告如下：

一、《国家税务总局关于全面推开营业税改征增值税试点后增值税纳税申报有关事项的公告》（国家税务总局公告2016年第13号）附件1《增值税纳税申报表（一般纳税人适用）》（以下称"申报表主表"）第13栏"上期留抵税额""一般项目"列"本年累计"和第20栏"期末留抵税额""一般项目"列"本年累计"栏次停止使用，不再填报数据。

二、本公告发布前，申报表主表第20栏"期末留抵税额""一般项目"列"本年累计"中有余额的增值税一般纳税人，在本公告发布之日起的第一个纳税申报期，将余额一次性转入第13栏"上期留抵税额""一般项目"列"本月数"中。

三、本公告自2016年12月1日起施行。

国家税务总局
关于调整增值税纳税申报有关事项的公告

（2017年12月29日　国家税务总局公告2017年第53号）

为贯彻落实《国家税务总局关于进一步深化税务系统"放管服"改革 优化税收环境的若干意见》（税总发〔2017〕101号）精神，进一步优化纳税服务，减轻纳税人负担，国家税务总局对增值税纳税申报有关事项进行了调整，现公告如下：

一、废止《国家税务总局关于全面推开营业税改征增值税试点后增值税纳税申报有关事项的公告》（国家税务总局公告2016年第13号）附件1《固定资产（不含不动产）进项税额抵扣情况表》。

二、废止《国家税务总局关于调整增值税纳税申报有关事项的公告》（国家税务总局公告2016年第27号）附件1《本期抵扣进项税额结构明细表》。

三、本公告自2018年2月1日起施行。

国家税务总局
关于调整增值税纳税申报有关事项的公告

（2019年3月21日　国家税务总局公告2019年第15号）

为贯彻落实党中央、国务院关于减税降费的决策部署，进一步优化纳税服务，减轻纳税人负担，现将调整增值税纳税申报有关事项公告如下：

一、根据国务院关于深化增值税改革的决定，修订并重新发布《增值税纳税申报表（一般纳税人适用）》《增值税纳税申报表附列资料（一）》《增值税纳税申报表附列资料（二）》《增值税纳税申报表附列资料（三）》《增值税纳税申报表附列资料（四）》。

二、截至2019年3月税款所属期，《国家税务总局关于全面推开营业税改征增值税试点后增值税纳税申报有关事项的公告》（国家税务总局公告2016年第13号）附件1中《增值税纳税申报表附列资料（五）》第6栏"期末待抵扣不动产进项税额"的期末余额，可以自本公告施行后结转填入《增值税纳税申报表附列资料（二）》第8b栏"其他"。

三、本公告施行后，纳税人申报适用16%、10%等原增值税税率应税项目时，按照申报表调整前后的对应关系，分别填写相关栏次。

四、修订后的《增值税纳税申报表（一般纳税人适用）》及其附列资料见附件1，相关填写说明见附件2。

五、本公告自2019年5月1日起施行，国家税务总局公告2016年第13号附件1中《增值税纳税申报表附列资料（五）》《国家税务总局关于营业税改征增值税部分试点纳税人增值税纳税申报有关事项调整的公告》（国家税务总局公告2016年第30号）、《国家税务总局关于调整增值税纳税申报有关事项的公告》（国家税务总局公告2017年第19号）、《国家税务总局关于调整增值税纳税申报有关事项的公告》（国家税务总局公告2018年第17号）同时废止。

附件：
1.《增值税纳税申报表（一般纳税人适用）》及其附列资料（见二维码82）
2.《增值税纳税申报表（一般纳税人适用）》及其附列资料填写说明（见二维码82）

二维码82

二、纳税申报比对管理制度

国家税务总局
关于进一步做好增值税纳税申报"一窗式"管理工作的通知

（2003年8月19日　国税函〔2003〕962号）

各省、自治区、直辖市和计划单列市国家税务局：

根据各地在增值税纳税申报"一窗式"管理工作中反映的问题，为进一步做好此项工作，现将有关问题明确如下：

一、增值税一般纳税人发生销售货物、提供应税劳务开具增值税专用发票后，如发生销货退回、销售折让以及原蓝字专用发票填开错误等情况，视不同情况分别按以下办法处理：

（一）销货方如果在开具蓝字专用发票的当月收到购货方退回的发票联和抵扣联，而且尚未将记账联作账务处理，可对原蓝字专用发票进行作废。即在发票联、抵扣联连同对应的存根联、记账联上注明"作废"字样，并依次粘贴在存根联后面，同时对防伪税控开票子系统的原开票电子信息进行作废处理。如果销货方已将记账联作账务处理，则必须通过防伪税控系统开具负数专用发票作为扣减销项税额的凭证，不得作废已开具的蓝字专用发票，也不得以红字普通发票作为扣减销项税额的凭证。

销货方如果在开具蓝字专用发票的次月及以后收到购货方退回的发票联和抵扣联，不论是否已将记账联作账务处理，一律通过防伪税控系统开具负数专用发票扣减销项税额的凭证，不得作废已开具的蓝字专用发票，也不得以红字普通发票作为扣减销项税额的凭证。

（二）因购货方无法退回专用发票的发票联和抵扣联，销货方收到购货方当地主管税务机关开具的《进货退出或索取折让证明单》的，一律通过防伪税控系统开具负数专用发票作为扣减销项税额的凭证，不得作废已开具的蓝字专用发票，也不得以红字普通发票作为扣减销项税额的凭证。

二、根据《企业财务会计报告条例》（国务院令287号）第十九条规定："企业应当按照有关法律、行政法规和本条例规定的结账日进行结账，不得提前或者延迟。年度结账日为公立年度每年的12月31日，半年度、季度、月度结账日分别为公立年度每半年、每季、每月的最后一天"，凡结账日与该条例规定不符的纳税人，税务机关应责令其限期按照该条例规定计算当月销项税额。

三、企业在当月填报的专用发票抵扣数必须是上月收到并经认证的专用发票抵扣联税额汇总数。这些发票应在上月10日至30日内到税务机关认证。如果在当月申报期内认证的，也应是上月收到的发票。认证窗口或纳税申报窗口工作人员在办理纳税人认证时，要注意这一点。

四、对"票表稽核"比对不符问题处理办法

通过"票表稽核"发现纳税人申报异常，这是"一窗式"管理的成效。发现异常，要及时查明原因，并视不同情况处理。

（一）关于纳税人操作开票子系统作废不成功，造成申报数据小于防伪税控报税数据的问题，即纳税人当月只对纸质专用发票进行了作废处理，但对开票系统中的电子发票未执行作废操作或操作不成功，从而造成当月申报数据小于防伪税控报税数据。对于这种情况，税务机关要告诉纳税人如何进行作废操作，以免出现差错。纳税人在填写申报表时，必须自己核对IC卡记录数据，如有作废发票，而又不会对电子发票进行作废操作，申报数小于IC卡数时，在申报时应附上"说明"。纳税人对于因客观原因，出现"两个比对数字"不符时，都应附上"说明"。对于开票系统中发票存根联未执行作废操作或作废不成功的，税务机关应进行登记，并受理纳税申报。次月纳税人按照开具红字专用发票的方式在开票系统中开具负数发票，由此出现当月申报数据大于防伪税控报税数据，税务机关应当与上期所记录的情况进行核对，核对相符后受理纳税申报；核对不符的退回纳税人调整相符后重报。

（二）关于纳税人结账日与防伪税控开票子系统报税区间不符，造成报税数据与申报数据不符问题。企业结账日必须按《企业财务会计报告条例》规定确定。在受理申报时发现不符的纳税人，税务机关应责令其在下月申报时必须改正。在下月办理其申报纳税时，如果又发现因这个问题造成比对不符，应将纳税申报退回纳税人，责令其按照规定的结账日调整销项税额后重新进行纳税申报，并要按《征管法》的有关规定进行处罚。

（三）对于"票表稽核"不符的"异常"申报，在法定纳税申报期限内能够修改完成的，可以由纳税人修改后重新申报。在法定纳税申报期限内来不及修改完成的（如月上旬最后1、2天来申报的），可先行受理其纳税申报，同时责令其限期将差额部分补报。对因此而导致逾期申报的，凡有正当理由的，税务机关可不予处罚。

五、为了金税工程增值税征管信息系统运行的安全，总局已多次发文通知各级税务机关不得擅自开发与金税工程增值税征管信息系统有关的软件，尤其是不得擅自开发网上抄报税软件，凡已开发的必须停止开发，但目前仍有少数地方的税务机关尚未停止开发网上抄报税软件。总局再次重申这一规定，要求凡开发网上抄报税软件的地方必须立即停止开发，已开发并投入使用的必须立即停止使用。对于在接到本通知后仍开发网上抄报税软件和继续使用此类软件的税务机关，总局将追究责任，严肃处理。

六、已实现利用互联网向税务机关报送纳税申报的地方，为方便纳税人了解申报结果，有问题能及时处理，其"票表稽核"工作应在纳税人到税务局办税服务厅纳税申报窗口办理防伪税控IC卡抄报税时，直接由受理纳税申报包括抄报税的工作人员办理，一般不要放在后台办理。对于利用互联网向税务机关报送纳税申报的纳税人，可以在每月征期内进行防伪税控IC卡报税前的任何时间内向税务机关报送纳税申报电子信息。税务征收单位纳税申报受理人员在接受纳税人防伪税控IC卡抄报税时，应当与已通过互联网报送的纳税申报表进行"票表稽核"，比对审核相符的，即办理纳税申报；比对不符的即查问原因并做处理，或转"比对异常处理"窗口处理。要沟通前后台信息，使"申报纳税（抄报税）"窗口工作人员通过由电脑终端可读取纳税人网上申报的资料。

七、税务征收单位纳税申报受理人员在接受纳税人的申报资料及抄报税、认证资料后，不仅要在申报窗口进行"票表稽核"工作，还应当在申报窗口进行纳税申报表栏次关系的必要的逻辑审核工作，不得将逻辑关系审核工作放在后台进行。对逻辑关系不符的，应当退回纳税人重新填写。

八、为了有利于各级税务机关集中精力做好"一窗式"管理工作，对于因为培训工作跟不上或者征管软件税务端接收功能还未修改完成，目前还没有推行新的增值税纳税申报办法的地区，可以根据本地区情况适当延迟实施，待各方面准备就绪时再正式使用新的增值税纳税申报办法，最迟不超过年底。在实行新增值税纳税申报办法前，增值税一般纳税人仍按原申报办法申报纳税，对原申报表或附表，只要列明专用发票销项总额和经认证的专用发票抵扣总数，能进行总数比对即可。对于已让企业按新表申报，而税务端接收软件尚未修改的，要尽快修改，能接收新表，尽量不要让纳税人同时报新旧两套表。

九、目前，有些地区实行纳税人先缴税，再进行纳税申报的制度，这种做法不符合纳税申报管理的基本要求，不利于加强增值税征管，也给税务机关和纳税人均造成不便。因此，凡实行先缴税后申报的地区，必须尽快改为按照纳税人先进行纳税申报，经比对审核后再缴税的制度申报纳税。

十、税务机关要认真分析近两月实施"一窗式"管理的情况，对于"比对异常"问题，凡属纳税人填报差错的，都要及时告诉纳税人改正，并要举一反三，使其他纳税人也能注意正确申报。要进一步搞好对增值税一般纳税人的辅导工作。不仅要在办税服务厅张贴公告，更重要的是事先向每一个纳税人发放详细的宣传辅导材料。要向纳税人讲明如何进行纳税申报，应该包括哪些资料，如何真实填写纳税申报表，纳税申报表中有关数字的逻辑关系，申报表的比对项目与认证数和抄报税数的勾稽关系，如何处理作废票、红字票、负数票等特殊问题，实行网上申报或磁盘申报的纳税人如何办理申报纳税等等，方便纳税人准确申报纳税（包括抄报税和认证），以免发生差错。

国家税务总局
关于印发《增值税纳税申报比对管理操作规程（试行）》的通知

（2017年10月30日　税总发〔2017〕124号）

各省、自治区、直辖市和计划单列市国家税务局：

为进一步加强和规范增值税纳税申报比对管理，提高申报质量，优化纳税服务，税务总局制定了《增值税纳税申报比对管理操作规程（试行）》，现印发给你们，请遵照执行。

本通知自2018年3月1日起执行，《国家税务总局办公厅关于增值税一般纳税人纳税申报一窗式管理流程的通知》（国税办发〔2003〕34号）、《增值税一般纳税人纳税申报"一窗式"管理操作规程》（国税发〔2005〕61号）、《国家税务总局关于做好增值税普通发票一窗式票表比对准备工作的通知》（国税发〔2005〕141号）、《国家税务总局关于执行增值税一般纳税人纳税申报一窗式管理操作规程的通知》（国税函〔2006〕824号）、《国家税务总局关于实施增值税普通发票一窗式比对的通知》（国税函〔2006〕971号）、《国家税务总局关于调整增值税一般纳税人纳税申报"一窗式"管理操作规程有关事项的通知》（国税函〔2008〕1074号）同时废止。

增值税纳税申报比对管理操作规程（试行）

一、为进一步加强和规范增值税纳税申报比对（以下简称"申报比对"）管理，提高申报质量，优化纳税服务，根据《中华人民共和国税收征收管理法》和《中华人民共和国增值税暂行条例》等有关税收法律、法规规定，制定本规程。

二、申报比对管理是指税务机关以信息化为依托，通过优化整合现有征管信息资源，对增值税纳税申报信息进行票表税比对，并对比对结果进行相应处理。

三、主管税务机关应设置申报异常处理岗，主要负责异常比对结果的核实及相关处理工作。异常处理岗原则上不设置在办税服务厅前台。

四、申报比对范围及内容

（一）比对信息范围

1. 增值税纳税申报表及其附列资料（以下简称"申报表"）信息。
2. 增值税一般纳税人和小规模纳税人开具的增值税发票信息。
3. 增值税一般纳税人取得的进项抵扣凭证信息。
4. 纳税人税款入库信息。
5. 增值税优惠备案信息。
6. 申报比对所需的其他信息。

（二）比对内容

比对内容包括表表比对、票表比对和表税比对。表表比对是指申报表表内、表间逻辑关系比对。票表比对是指各类发票、凭证、备案资格等信息与申报表进行比对。表税比对是指纳税人当期申报的应纳税款与当期的实际入库税款进行比对。

五、申报比对规则

（一）申报表表内、表间逻辑关系比对，按照税务总局制定的申报表填写规则执行。

（二）增值税一般纳税人票表比对规则

1. 销项比对。

当期开具发票（不包含不征税发票）的金额、税额合计数应小于或者等于当期申报的销售额、税额合计数。

纳税人当期申报免税销售额、即征即退销售额的，应当比对其增值税优惠备案信息，按规定不需要办理备案手续的除外。

2. 进项比对。

（1）当期已认证或确认的进项增值税专用发票（以下简称"专用发票"）上注明的金额、税额合计数应大于或者等于申报表中本期申报抵扣的专用发票进项金额、税额合计数。

（2）经稽核比对相符的海关进口增值税专用缴款书上注明的税额合计数应大于或者等于申报表中本期申报抵扣的海关进口增值税专用缴款书的税额。

（3）取得的代扣代缴税收缴款凭证上注明的增值税税额合计数应大于或者等于申报表中本期申报抵扣的代扣代缴税收缴款凭证的税额。

（4）取得的《出口货物转内销证明》上注明的进项税额合计数应大于或者等于申报表中本期申报抵扣的外贸企业进项税额抵扣证明的税额。

（5）按照政策规定，依据相关凭证注明的金额计算抵扣进项税额的，计算得出的进项税额应大于或者等于申报表中本期申报抵扣的相应凭证税额。

（6）红字增值税专用发票信息表中注明的应作转出的进项税额应等于申报表中进项税额转出中的红字专用发票信息表注明的进项税额。

（7）申报表中进项税额转出金额不应小于零。

3. 应纳税额减征额比对。当期申报的应纳税额减征额应小于或者等于当期符合政策规定的减征税额。

4. 预缴税款比对。申报表中的预缴税额本期发生额应小于或者等于实际已预缴的税款。

5. 特殊规则。

（1）实行汇总缴纳增值税的总机构和分支机构可以不进行票表比对。

（2）按季申报的纳税人应当对其季度数据进行汇总比对。

（三）增值税小规模纳税人票表比对规则

1. 当期开具的增值税专用发票金额应小于或者等于申报表填报的增值税专用发票销售额。

2. 当期开具的增值税普通发票金额应小于或者等于申报表填报的增值税普通发票销售额。

3. 申报表中的预缴税额应小于或者等于实际已预缴的税款。

4. 纳税人当期申报免税销售额的，应当比对其增值税优惠备案信息，按规定不需要办理备案手续的除外。

（四）表税比对规则

纳税人当期申报的应纳税款应小于或者等于当期实际入库税款。

（五）申报比对其他规则

1. 税务总局可以根据增值税风险管理的需要，对申报表特定项目设置申报比对规则。

2. 各省国税机关可以根据申报比对管理实际，合理设置相关比对项目金额尾差的正负范围。

3. 主管税务机关可以结合申报比对管理实际，将征收方式、发票开具等业务存在特殊情形的纳税人列入白名单管理，并根据实际情况确定所适用的申报比对规则。白名单实行动态管理。

（六）本条第（一）至（三）项比对规则为基本规则，第（四）至（五）项比对规则为可选规则。各省税务机关可以在上述比对规则的基础上，根据申报管理的需要自主增加比对规则。

六、申报比对操作流程

申报比对环节可以设置在事中或者事后，由省税务机关根据申报管理需要进行确定。主管税务机关通过征管信息系统或网上申报系统进行申报比对，并根据比对结果分别采取以下处理流程：

（一）申报比对相符

申报比对相符后，主管税务机关对纳税人税控设备进行解锁。

（二）申报比对不相符

申报比对不相符的，向纳税人反馈比对不相符的内容，并按照下列流程进行处理：

1. 申报比对不符的，除符合本项第2点情形外，暂不对其税控设备进行解锁，并将异常比对结果转交申报异常处理岗。

2. 纳税人仅因为相关资格尚未备案，造成比对不符的，应当对税控设备进行解锁。

3. 异常比对结果经申报异常处理岗核实可以解除异常的，对纳税人税控设备进行解锁；核实后仍不能解除异常的，不得对税控设备解锁，由税源管理部门继续核实处理。

4. 异常比对结果经税源管理部门核实可以解除异常的，对纳税人税控设备进行解锁。核实后发现涉嫌虚开发票等严重涉税违法行为，经稽查部门分析判断认为需要稽查立案的，转交稽查部门处理，经处理可以解除异常的，对纳税人税控设备进行解锁。

5. 异常比对结果的处理期限，由主管税务机关根据实际情况确定。

七、由于出现信息系统异常等突发情形，影响正常纳税申报秩序时，省税务机关可以采取应急措施，暂停申报比对。在突发情形消除后，可以根据实际情况重新启动申报比对流程。

第六部分　出口退税政策

一、出口退税基本政策

国家税务总局
关于印发《出口货物退（免）税管理办法（试行）》的通知

(2005年3月16日　国税发〔2005〕51号)

各省、自治区、直辖市和计划单列市国家税务局，局内各单位：

为规范出口货物退（免）税管理，根据《中华人民共和国税收征收管理法》《中华人民共和国税收征收管理法实施细则》《中华人民共和国增值税暂行条例》《中华人民共和国消费税暂行条例》以及国家其他有关出口货物退（免）税规定，国家税务总局制订了《出口货物退（免）税管理办法（试行）》，现印发给你们，请遵照执行。

出口货物退（免）税管理办法（试行）

第一章　总　则

第一条　为规范出口货物退（免）税管理，根据《中华人民共和国税收征收管理法》、《中华人民共和国税收征收管理法实施细则》、《中华人民共和国增值税暂行条例》、《中华人民共和国消费税暂行条例》以及国家其他有关出口货物退（免）税规定，制定本管理办法。

第二条　出口商自营或委托出口的货物，除另有规定者外，可在货物报关出口并在财务上做销售核算后，凭有关凭证报送所在地国家税务局（以下简称税务机关）批准退还或免征其增值税、消费税。

本办法所述出口商包括对外贸易经营者、没有出口经营资格委托出口的生产企业、特定退（免）税的企业和人员。

上述对外贸易经营者是指依法办理工商登记或者其他执业手续，经商务部及其授权单位赋予出口经营资格的从事对外贸易经营活动的法人、其他组织或者个人。其中，个人（包括外国人）是指注册登记为个体工商户、个人独资企业或合伙企业。

上述特定退（免）税的企业和人员是指按国家有关规定可以申请出口货物退（免）税的企业和人员。

第三条 出口货物的退（免）税范围、退税率和退（免）税方法，按国家有关规定执行。

第四条 税务机关应当按照办理出口货物退（免）税的程序，根据工作需要，设置出口货物退（免）税认定管理、申报受理、初审、复审、调查、审批、退库和调库等相应工作岗位，建立岗位责任制。因人员少需要一人多岗的，人员设置必须遵循岗位监督制约机制。

第二章 出口货物退（免）税认定管理

第五条 对外贸易经营者按《中华人民共和国对外贸易法》和商务部《对外贸易经营者备案登记办法》的规定办理备案登记后，没有出口经营资格的生产企业委托出口自产货物（含视同自产产品，下同），应分别在备案登记、代理出口协议签定之日起30日内持有关资料，填写《出口货物退（免）税认定表》，到所在地税务机关办理出口货物退（免）税认定手续。

特定退（免）税的企业和人员办理出口货物退（免）税认定手续按国家有关规定执行。

第六条 已办理出口货物退（免）税认定的出口商，其认定内容发生变化的，须自有关管理机关批准变更之日起30日内，持相关证件向税务机关申请办理出口货物退（免）税认定变更手续。

第七条 出口商发生解散、破产、撤销以及其他依法应终止出口货物退（免）税事项的，应持相关证件、资料向税务机关办理出口货物退（免）税注销认定。

对申请注销认定的出口商，税务机关应先结清其出口货物退（免）税款，再按规定办理注销手续。

第三章 出口货物退（免）税申报及受理

第八条 出口商应在规定期限内，收齐出口货物退（免）税所需的有关单证，使用国家税务总局认可的出口货物退（免）税电子申报系统生成电子申报数据，如实填写出口货物退（免）税申报表，向税务机关申报办理出口货物退（免）税手续。逾期申报的，除另有规定者外，税务机关不再受理该笔出口货物的退（免）税申报，该补税的应按有关规定补征税款。

第九条 出口商申报出口货物退（免）税时，税务机关应及时予以接受并进行初审。经初步审核，出口商报送的申报资料、电子申报数据及纸质凭证齐全的，税务机关受理该笔出口货物退（免）税申报。出口商报送的申报资料或纸质凭证不齐全的，除另有规定者外，税务机关不予受理该笔出口货物的退（免）税申报，并要当即向出口商提出改正、补充资料、凭证的要求。

税务机关受理出口商的出口货物退（免）税申报后，应为出口商出具回执，并对出口货物退（免）税申报情况进行登记。

第十条 出口商报送的出口货物退（免）税申报资料及纸质凭证齐全的，除另有规定者外，在规定申报期限结束前，税务机关不得以无相关电子信息或电子信息核对不符等原因，拒不受理出口商的出口货物退（免）税申报。

第四章 出口货物退（免）税审核、审批

第十一条 税务机关应当使用国家税务总局认可的出口货物退（免）税电子化管理系统以及总局下发的出口退税率文库，按照有关规定进行出口货物退（免）税审核、审批，不得随意更改出口货物退（免）税电子化管理系统的审核配置、出口退税率文库以及接收的有关电子信息。

第十二条 税务机关受理出口商出口货物退（免）税申报后，应在规定的时间内，对申报凭证、资料的合法性、准确性进行审查，并核实申报数据之间的逻辑对应关系。根据出口商申报的出口货物退（免）税凭证、资料的不同情况，税务机关应当重点审核以下内容：

（一）申报出口货物退（免）税的报表种类、内容及印章是否齐全、准确。

（二）申报出口货物退（免）税提供的电子数据和出口货物退（免）税申报表是否一致。

（三）申报出口货物退（免）税的凭证是否有效，与出口货物退（免）税申报表明细内容是否一致等。重点审核的凭证有：

1. 出口货物报关单（出口退税专用）。出口货物报关单必须是盖有海关验讫章，注明"出口退税专用"字样的原件（另有规定者除外），出口报关单的海关编号、出口商海关代码、出口日期、商品编号、出口数量及离岸价等主要内容应与申报退（免）税的报表一致。

2. 代理出口证明。代理出口货物证明上的受托方企业名称、出口商品代码、出口数量、离岸价等应与出口货物报关单（出口退税专用）上内容相匹配并与申报退（免）税的报表一致。

3. 增值税专用发票（抵扣联）。增值税专用发票（抵扣联）必须印章齐全，没有涂改。增值税专用发票（抵扣联）的开票日期、数量、金额、税率等主要内容应与申报退（免）税的报表匹配。

4. 出口收汇核销单（或出口收汇核销清单，下同）。出口收汇核销单的编号、核销金额、出口商名称应当与对应的出口货物报关单上注明的批准文号、离岸价、出口商名称匹配。

5. 消费税税收（出口货物专用）缴款书。消费税税收（出口货物专用）缴款书各栏目的填写内容应与对应的发票一致；征税机关、国库（银行）印章必须齐全并符合要求。

第十三条 在对申报的出口货物退（免）税凭证、资料进行人工审核后，税务机关应当使用出口货物退（免）税电子化管理系统进行计算机审核，将出口商申报出口货物退（免）税提供的电子数据、凭证、资料与国家税务总局及有关部门传递的出口货物报关单、出口收汇核销单、代理出口证明、增值税专用发票、消费税税收（出口货物专用）缴款书等电子信息进行核对。审核、核对重点是：

（一）出口报关单电子信息。出口报关单的海关编号、出口日期、商品代码、出口数量及离岸价等项目是否与电子信息核对相符；

（二）代理出口证明电子信息。代理出口证明的编号、商品代码、出口日期、出口离岸价等项目是否与电子信息核对相符；

（三）出口收汇核销单电子信息。出口收汇核销单号码等项目是否与电子信息核对

相符；

（四）出口退税率文库。出口商申报出口退（免）税的货物是否属于可退税货物，申报的退税率与出口退税率文库中的退税率是否一致。

（五）增值税专用发票电子信息。增值税专用发票的开票日期、金额、税额、购货方及销售方的纳税人识别号、发票代码、发票号码是否与增值税专用发票电子信息核对相符。

在核对增值税专用发票时应使用增值税专用发票稽核、协查信息。暂未收到增值税专用发票稽核、协查信息的，税务机关可先使用增值税专用发票认证信息，但必须及时用相关稽核、协查信息进行复核；对复核有误的，要及时追回已退（免）税款。

（六）消费税税收（出口货物专用）缴款书电子信息。消费税税收（出口货物专用）缴款书的号码、购货企业海关代码、计税金额、实缴税额、税率（额）等项目是否与电子信息核对相符。

第十四条 税务机关在审核中，发现的不符合规定的申报凭证、资料，税务机关应通知出口商进行调整或重新申报；对在计算机审核中发现的疑点，应当严格按照有关规定处理；对出口商申报的出口货物退（免）税凭证、资料有疑问的，应分别以下情况处理：

（一）凡对出口商申报的出口货物退（免）税凭证、资料无电子信息或核对不符的，应及时按照规定进行核查。

（二）凡对出口货物报关单（出口退税专用）、出口收汇核销单等纸质凭证有疑问的，应向相关部门发函核实。

（三）凡对防伪税控系统开具的增值税专用发票（抵扣联）有疑问的，应向同级税务稽查部门提出申请，通过税务系统增值税专用发票协查系统进行核查；

（四）对出口商申报出口货物的货源、纳税、供货企业经营状况等情况有疑问的，税务机关应按国家税务总局有关规定进行发函调查，或向同级税务稽查部门提出申请，由税务稽查部门按有关规定进行调查，并依据回函或调查情况进行处理。

第十五条 出口商提出办理相关出口货物退（免）税证明的申请，税务机关经审核符合有关规定的，应及时出具相关证明。

第十六条 出口货物退（免）税应当由设区的市、自治州以上（含本级）税务机关根据审核结果按照有关规定进行审批。

税务机关在审批后应当按照有关规定办理退库或调库手续。

第五章 出口货物退（免）税日常管理

第十七条 税务机关对出口货物退（免）税有关政策、规定应及时予以公告，并加强对出口商的宣传辅导和培训工作。

第十八条 税务机关应做好出口货物退（免）税计划及其执行情况的分析、上报工作。税务机关必须在国家税务总局下达的出口退（免）税计划内办理退库和调库。

第十九条 税务机关遇到下述情况，应及时结清出口商出口货物的退（免）税款：

（一）出口商发生解散、破产、撤销以及其他依法应终止出口退（免）税事项的，或者注销出口货物退（免）税认定的。

（二）出口商违反国家有关政策法规，被停止一定期限出口退税权的。

第二十条 税务机关应建立出口货物退（免）税评估机制和监控机制，强化出口货物退（免）税管理，防止骗税案件的发生。

第二十一条 税务机关应按照规定，做好出口货物退（免）税电子数据的接收、使用和管理工作，保证出口货物退（免）税电子化管理系统的安全，定期做好电子数据备份及设备维护工作。

第二十二条 税务机关应建立出口货物退（免）税凭证、资料的档案管理制度。出口货物退（免）税凭证、资料应当保存10年。但是，法律、行政法规另有规定的除外。具体管理办法由各省级国家税务局制定。

第六章 违章处理

第二十三条 出口商有下列行为之一的，税务机关应按照《中华人民共和国税收征收管理法》第六十条规定予以处罚：

（一）未按规定办理出口货物退（免）税认定、变更或注销认定手续的；

（二）未按规定设置、使用和保管有关出口货物退（免）税账簿、凭证、资料的。

第二十四条 出口商拒绝税务机关检查或拒绝提供有关出口货物退（免）税账簿、凭证、资料的，税务机关应按照《中华人民共和国税收征收管理法》第七十条规定予以处罚。

第二十五条 出口商以假报出口或其他欺骗手段骗取国家出口退税款的，税务机关应当按照《中华人民共和国税收征收管理法》第六十六条规定处理。

对骗取国家出口退税款的出口商，经省级以上（含本级）国家税务局批准，可以停止其六个月以上的出口退税权。在出口退税权停止期间自营、委托和代理出口的货物，一律不予办理退（免）税。

第二十六条 出口商违反规定需采取税收保全措施和税收强制执行措施的，税务机关应按照《中华人民共和国税收征收管理法》及《中华人民共和国税收征收管理法实施细则》的有关规定执行。

第七章 附　　则

第二十七条 本办法未列明的其他管理事项，按《中华人民共和国税收征收管理法》《中华人民共和国税收征收管理法实施细则》等法律、行政法规的有关规定办理。

第二十八条 本办法由国家税务总局负责解释。

第二十九条 本办法自2005年5月1日起施行。此前规定与本办法不一致的，以本办法为准。

财政部　国家税务总局
关于出口货物劳务增值税和消费税政策的通知

（2012年5月25日　财税〔2012〕39号）

各省、自治区、直辖市、计划单列市财政厅（局）、国家税务局，新疆生产建设兵团财务局：

为便于征纳双方系统、准确地了解和执行出口税收政策，财政部和国家税务总局对近年来陆续制定的一系列出口货物、对外提供加工修理修配劳务（以下统称出口货物劳务，包括视同出口货物）增值税和消费税政策进行了梳理归类，并对在实际操作中反映的个别问题做了明确。现将有关事项通知如下：

一、适用增值税退（免）税政策的出口货物劳务

对下列出口货物劳务，除适用本通知第六条和第七条规定的外，实行免征和退还增值税［以下称增值税退（免）税］政策：

（一）出口企业出口货物。

本通知所称出口企业，是指依法办理工商登记、税务登记、对外贸易经营者备案登记，自营或委托出口货物的单位或个体工商户，以及依法办理工商登记、税务登记但未办理对外贸易经营者备案登记，委托出口货物的生产企业。

本通知所称出口货物，是指向海关报关后实际离境并销售给境外单位或个人的货物，分为自营出口货物和委托出口货物两类。

本通知所称生产企业，是指具有生产能力（包括加工修理修配能力）的单位或个体工商户。

（二）出口企业或其他单位视同出口货物。具体是指：

1. 出口企业对外援助、对外承包、境外投资的出口货物。

2. 出口企业经海关报关进入国家批准的出口加工区、保税物流园区、保税港区、综合保税区、珠澳跨境工业区（珠海园区）、中哈霍尔果斯国际边境合作中心（中方配套区域）、保税物流中心（B型）（以下统称特殊区域）并销售给特殊区域内单位或境外单位、个人的货物。

3. 免税品经营企业销售的货物［国家规定不允许经营和限制出口的货物（见附件1）、卷烟和超出免税品经营企业《企业法人营业执照》规定经营范围的货物除外］。具体是指：（1）中国免税品（集团）有限责任公司向海关报关运入海关监管仓库，专供其经国家批准设立的统一经营、统一组织进货、统一制定零售价格、统一管理的免税店销售的货物；（2）国家批准的除中国免税品（集团）有限责任公司外的免税品经营企业，向海关报关运入海关监管仓库，专供其所属的首都机场口岸海关隔离区内的免税店销售的货物；（3）国家批准的除中国免税品（集团）有限责任公司外的免税品经营企业所属的上海虹桥、浦东机场海关隔离区内的免税店销售的货物。

4. 出口企业或其他单位销售给用于国际金融组织或外国政府贷款国际招标建设项目的中标机电产品（以下称中标机电产品）。上述中标机电产品，包括外国企业中标再分包给出口企业或其他单位的机电产品。贷款机构和中标机电产品的具体范围见附件2。

5. 生产企业向海上石油天然气开采企业销售的自产的海洋工程结构物。海洋工程结构物和海上石油天然气开采企业的具体范围见附件3。

6. 出口企业或其他单位销售给国际运输企业用于国际运输工具上的货物。上述规定暂仅适用于外轮供应公司、远洋运输供应公司销售给外轮、远洋国轮的货物，国内航空供应公司生产销售给国内和国外航空公司国际航班的航空食品。

7. 出口企业或其他单位销售给特殊区域内生产企业生产耗用且不向海关报关而输入特殊区域的水（包括蒸汽）、电力、燃气（以下称输入特殊区域的水电气）。

除本通知及财政部和国家税务总局另有规定外，视同出口货物适用出口货物的各项规定。

（三）出口企业对外提供加工修理修配劳务。

对外提供加工修理修配劳务，是指对进境复出口货物或从事国际运输的运输工具进行的加工修理修配。

二、增值税退（免）税办法

适用增值税退（免）税政策的出口货物劳务，按照下列规定实行增值税免抵退税或免退税办法。

（一）免抵退税办法。生产企业出口自产货物和视同自产货物（视同自产货物的具体范围见附件4）及对外提供加工修理修配劳务，以及列名生产企业（具体范围见附件5）出口非自产货物，免征增值税，相应的进项税额抵减应纳增值税额（不包括适用增值税即征即退、先征后退政策的应纳增值税额），未抵减完的部分予以退还。

（二）免退税办法。不具有生产能力的出口企业（以下称外贸企业）或其他单位出口货物劳务，免征增值税，相应的进项税额予以退还。

三、增值税出口退税率

（一）除财政部和国家税务总局根据国务院决定而明确的增值税出口退税率（以下称退税率）外，出口货物的退税率为其适用税率。国家税务总局根据上述规定将退税率通过出口货物劳务退税率文库予以发布，供征纳双方执行。退税率有调整的，除另有规定外，其执行时间以货物（包括被加工修理修配的货物）出口货物报关单（出口退税专用）上注明的出口日期为准。

（二）退税率的特殊规定：

1. 外贸企业购进按简易办法征税的出口货物、从小规模纳税人购进的出口货物，其退税率分别为简易办法实际执行的征收率、小规模纳税人征收率。上述出口货物取得增值税专用发票的，退税率按照增值税专用发票上的税率和出口货物退税率孰低的原则确定。

2. 出口企业委托加工修理修配货物，其加工修理修配费用的退税率，为出口货物的退税率。

3. 中标机电产品、出口企业向海关报关进入特殊区域销售给特殊区域内生产企业生产耗用的列名原材料（以下称列名原材料，其具体范围见附件6）、输入特殊区域的水电气，其退税率为适用税率。如果国家调整列名原材料的退税率，列名原材料应当自调整之日起按调整后的退税率执行。

4. 海洋工程结构物退税率的适用，见附件3。

（三）适用不同退税率的货物劳务，应分开报关、核算并申报退（免）税，未分开报关、核算或划分不清的，从低适用退税率。

四、增值税退（免）税的计税依据

出口货物劳务的增值税退（免）税的计税依据，按出口货物劳务的出口发票（外销发票）、其他普通发票或购进出口货物劳务的增值税专用发票、海关进口增值税专用缴款书确定。

（一）生产企业出口货物劳务（进料加工复出口货物除外）增值税退（免）税的计税依据，为出口货物劳务的实际离岸价（FOB）。实际离岸价应以出口发票上的离岸价为准，但如果出口发票不能反映实际离岸价,主管税务机关有权予以核定。

(二)生产企业进料加工复出口货物增值税退(免)税的计税依据,按出口货物的离岸价(FOB)扣除出口货物所含的海关保税进口料件的金额后确定。

本通知所称海关保税进口料件,是指海关以进料加工贸易方式监管的出口企业从境外和特殊区域等进口的料件。包括出口企业从境外单位或个人购买并从海关保税仓库提取且办理海关进料加工手续的料件,以及保税区外的出口企业从保税区内的企业购进并办理海关进料加工手续的进口料件。

(三)生产企业国内购进无进项税额且不计提进项税额的免税原材料加工后出口的货物的计税依据,按出口货物的离岸价(FOB)扣除出口货物所含的国内购进免税原材料的金额后确定。

(四)外贸企业出口货物(委托加工修理修配货物除外)增值税退(免)税的计税依据,为购进出口货物的增值税专用发票注明的金额或海关进口增值税专用缴款书注明的完税价格。

(五)外贸企业出口委托加工修理修配货物增值税退(免)税的计税依据,为加工修理修配费用增值税专用发票注明的金额。外贸企业应将加工修理修配使用的原材料(进料加工海关保税进口料件除外)作价销售给受托加工修理修配的生产企业,受托加工修理修配的生产企业应将原材料成本并入加工修理修配费用开具发票。

(六)出口进项税额未计算抵扣的已使用过的设备增值税退(免)税的计税依据,按下列公式确定:

退(免)税计税依据=增值税专用发票上的金额或海关进口增值税专用缴款书注明的完税价格×已使用过的设备固定资产净值÷已使用过的设备原值

已使用过的设备固定资产净值=已使用过的设备原值已使用过的设备已提累计折旧

本通知所称已使用过的设备,是指出口企业根据财务会计制度已经计提折旧的固定资产。

(七)免税品经营企业销售的货物增值税退(免)税的计税依据,为购进货物的增值税专用发票注明的金额或海关进口增值税专用缴款书注明的完税价格。

(八)中标机电产品增值税退(免)税的计税依据,生产企业为销售机电产品的普通发票注明的金额,外贸企业为购进货物的增值税专用发票注明的金额或海关进口增值税专用缴款书注明的完税价格。

(九)生产企业向海上石油天然气开采企业销售的自产的海洋工程结构物增值税退(免)税的计税依据,为销售海洋工程结构物的普通发票注明的金额。

(十)输入特殊区域的水电气增值税退(免)税的计税依据,为作为购买方的特殊区域内生产企业购进水(包括蒸汽)、电力、燃气的增值税专用发票注明的金额。

五、增值税免抵退税和免退税的计算

(一)生产企业出口货物劳务增值税免抵退税,依下列公式计算:

1. 当期应纳税额的计算。

当期应纳税额=当期销项税额-(当期进项税额-当期不得免征和抵扣税额)

当期不得免征和抵扣税额=当期出口货物离岸价×外汇人民币折合率×(出口货物适用税率-出口货物退税率)-当期不得免征和抵扣税额抵减额

当期不得免征和抵扣税额抵减额 = 当期免税购进原材料价格 ×（出口货物适用税率 − 出口货物退税率）

2. 当期免抵退税额的计算。

当期免抵退税额 = 当期出口货物离岸价 × 外汇人民币折合率 × 出口货物退税率 − 当期免抵退税额抵减额

当期免抵退税额抵减额 = 当期免税购进原材料价格 × 出口货物退税率

3. 当期应退税额和免抵税额的计算。

（1）当期期末留抵税额 ≤ 当期免抵退税额，则

当期应退税额 = 当期期末留抵税额

当期免抵税额 = 当期免抵退税额 − 当期应退税额

（2）当期期末留抵税额 > 当期免抵退税额，则

当期应退税额 = 当期免抵退税额

当期免抵税额 = 0

当期期末留抵税额为当期增值税纳税申报表中"期末留抵税额"。

4. 当期免税购进原材料价格包括当期国内购进的无进项税额且不计提进项税额的免税原材料的价格和当期进料加工保税进口料件的价格，其中当期进料加工保税进口料件的价格为组成计税价格。

当期进料加工保税进口料件的组成计税价格 = 当期进口料件到岸价格 + 海关实征关税 + 海关实征消费税

（1）采用"实耗法"的，当期进料加工保税进口料件的组成计税价格为当期进料加工出口货物耗用的进口料件组成计税价格。其计算公式为：

当期进料加工保税进口料件的组成计税价格 = 当期进料加工出口货物离岸价 × 外汇人民币折合率 × 计划分配率

计划分配率 = 计划进口总值 ÷ 计划出口总值 × 100%

实行纸质手册和电子化手册的生产企业，应根据海关签发的加工贸易手册或加工贸易电子化纸质单证所列的计划进出口总值计算计划分配率。

实行电子账册的生产企业，计划分配率按前一期已核销的实际分配率确定；新启用电子账册的，计划分配率按前一期已核销的纸质手册或电子化手册的实际分配率确定。

（2）采用"购进法"的，当期进料加工保税进口料件的组成计税价格为当期实际购进的进料加工进口料件的组成计税价格。

若当期实际不得免征和抵扣税额抵减额大于当期出口货物离岸价 × 外汇人民币折合率 ×（出口货物适用税率 − 出口货物退税率）的，则：

当期不得免征和抵扣税额抵减额 = 当期出口货物离岸价 × 外汇人民币折合率 ×（出口货物适用税率 − 出口货物退税率）

（二）外贸企业出口货物劳务增值税免退税，依下列公式计算：

1. 外贸企业出口委托加工修理修配货物以外的货物：

增值税应退税额 = 增值税退（免）税计税依据 × 出口货物退税率

2. 外贸企业出口委托加工修理修配货物：

出口委托加工修理修配货物的增值税应退税额 = 委托加工修理修配的增值税退（免）

税计税依据×出口货物退税率

（三）退税率低于适用税率的，相应计算出的差额部分的税款计入出口货物劳务成本。

（四）出口企业既有适用增值税免抵退项目，也有增值税即征即退、先征后退项目的，增值税即征即退和先征后退项目不参与出口项目免抵退税计算。出口企业应分别核算增值税免抵退项目和增值税即征即退、先征后退项目，并分别申请享受增值税即征即退、先征后退和免抵退税政策。

用于增值税即征即退或者先征后退项目的进项税额无法划分的，按照下列公式计算：

无法划分进项税额中用于增值税即征即退或者先征后退项目的部分＝当月无法划分的全部进项税额×当月增值税即征即退或者先征后退项目销售额÷当月全部销售额、营业额合计

六、适用增值税免税政策的出口货物劳务

对符合下列条件的出口货物劳务，除适用本通知第七条规定外，按下列规定实行免征增值税（以下称增值税免税）政策：

（一）适用范围。

适用增值税免税政策的出口货物劳务，是指：

1. 出口企业或其他单位出口规定的货物，具体是指：

（1）增值税小规模纳税人出口的货物。

（2）避孕药品和用具，古旧图书。

（3）软件产品。其具体范围是指海关税则号前四位为"9803"的货物。

（4）含黄金、铂金成分的货物，钻石及其饰品。其具体范围见附件7。

（5）国家计划内出口的卷烟。其具体范围见附件8。

（6）已使用过的设备。其具体范围是指购进时未取得增值税专用发票、海关进口增值税专用缴款书但其他相关单证齐全的已使用过的设备。

（7）非出口企业委托出口的货物。

（8）非列名生产企业出口的非视同自产货物。

（9）农业生产者自产农产品［农产品的具体范围按照《农业产品征税范围注释》（财税〔1995〕52号）的规定执行］。

（10）油画、花生果仁、黑大豆等财政部和国家税务总局规定的出口免税的货物。

（11）外贸企业取得普通发票、废旧物资收购凭证、农产品收购发票、政府非税收入票据的货物。

（12）来料加工复出口的货物。

（13）特殊区域内的企业出口的特殊区域内的货物。

（14）以人民币现金作为结算方式的边境地区出口企业从所在省（自治区）的边境口岸出口到接壤国家的一般贸易和边境小额贸易出口货物。

（15）以旅游购物贸易方式报关出口的货物。

2. 出口企业或其他单位视同出口的下列货物劳务：

（1）国家批准设立的免税店销售的免税货物［包括进口免税货物和已实现退（免）税的货物］。

（2）特殊区域内的企业为境外的单位或个人提供加工修理修配劳务。

（3）同一特殊区域、不同特殊区域内的企业之间销售特殊区域内的货物。

3. 出口企业或其他单位未按规定申报或未补齐增值税退（免）税凭证的出口货物劳务。具体是指：

（1）未在国家税务总局规定的期限内申报增值税退（免）税的出口货物劳务。

（2）未在规定期限内申报开具《代理出口货物证明》的出口货物劳务。

（3）已申报增值税退（免）税，却未在国家税务总局规定的期限内向税务机关补齐增值税退（免）税凭证的出口货物劳务。

对于适用增值税免税政策的出口货物劳务，出口企业或其他单位可以依照现行增值税有关规定放弃免税，并依照本通知第七条的规定缴纳增值税。

（二）进项税额的处理计算。

1. 适用增值税免税政策的出口货物劳务，其进项税额不得抵扣和退税，应当转入成本。

2. 出口卷烟，依下列公式计算：

不得抵扣的进项税额 = 出口卷烟含消费税金额 ÷（出口卷烟含消费税金额 + 内销卷烟销售额）× 当期全部进项税额

（1）当生产企业销售的出口卷烟在国内有同类产品销售价格时

出口卷烟含消费税金额 = 出口销售数量 × 销售价格

"销售价格"为同类产品生产企业国内实际调拨价格。如实际调拨价格低于税务机关公示的计税价格的，"销售价格"为税务机关公示的计税价格；高于公示计税价格的，销售价格为实际调拨价格。

（2）当生产企业销售的出口卷烟在国内没有同类产品销售价格时：

出口卷烟含税金额 =（出口销售额 + 出口销售数量 × 消费税定额税率）÷（1 - 消费税比例税率）

"出口销售额"以出口发票上的离岸价为准。若出口发票不能如实反映离岸价，生产企业应按实际离岸价计算，否则，税务机关有权按照有关规定予以核定调整。

3. 除出口卷烟外，适用增值税免税政策的其他出口货物劳务的计算，按照增值税免税政策的统一规定执行。其中，如果涉及销售额，除来料加工复出口货物为其加工费收入外，其他均为出口离岸价或销售额。

七、适用增值税征税政策的出口货物劳务

下列出口货物劳务，不适用增值税退（免）税和免税政策，按下列规定及视同内销货物征税的其他规定征收增值税（以下称增值税征税）：

（一）适用范围。

适用增值税征税政策的出口货物劳务，是指：

1. 出口企业出口或视同出口财政部和国家税务总局根据国务院决定明确的取消出口退（免）税的货物（不包括来料加工复出口货物、中标机电产品、列名原材料、输入特殊区域的水电气、海洋工程结构物）。

2. 出口企业或其他单位销售给特殊区域内的生活消费用品和交通运输工具。

3. 出口企业或其他单位因骗取出口退税被税务机关停止办理增值税退（免）税期间出口的货物。

4. 出口企业或其他单位提供虚假备案单证的货物。

5. 出口企业或其他单位增值税退（免）税凭证有伪造或内容不实的货物。

6. 出口企业或其他单位未在国家税务总局规定期限内申报免税核销以及经主管税务机关审核不予免税核销的出口卷烟。

7. 出口企业或其他单位具有以下情形之一的出口货物劳务：

（1）将空白的出口货物报关单、出口收汇核销单等退（免）税凭证交由除签有委托合同的货代公司、报关行，或由境外进口方指定的货代公司（提供合同约定或者其他相关证明）以外的其他单位或个人使用的。

（2）以自营名义出口，其出口业务实质上是由本企业及其投资的企业以外的单位或个人借该出口企业名义操作完成的。

（3）以自营名义出口，其出口的同一批货物既签订购货合同，又签订代理出口合同（或协议）的。

（4）出口货物在海关验放后，自己或委托货代承运人对该笔货物的海运提单或其他运输单据等上的品名、规格等进行修改，造成出口货物报关单与海运提单或其他运输单据有关内容不符的。

（5）以自营名义出口，但不承担出口货物的质量、收款或退税风险之一的，即出口货物发生质量问题不承担购买方的索赔责任（合同中有约定质量责任承担者除外）；不承担未按期收款导致不能核销的责任（合同中有约定收款责任承担者除外）；不承担因申报出口退（免）税的资料、单证等出现问题造成不退税责任的。

（6）未实质参与出口经营活动、接受并从事由中间人介绍的其他出口业务，但仍以自营名义出口的。

（二）应纳增值税的计算。

适用增值税征税政策的出口货物劳务，其应纳增值税按下列办法计算：

1. 一般纳税人出口货物。

销项税额 =（出口货物离岸价 - 出口货物耗用的进料加工保税进口料件金额）÷（1 + 适用税率）× 适用税率

出口货物若已按征退税率之差计算不得免征和抵扣税额并已经转入成本的，相应的税额应转回进项税额。

（1）出口货物耗用的进料加工保税进口料件金额 = 主营业务成本 ×（投入的保税进口料件金额 ÷ 生产成本）

主营业务成本、生产成本均为不予退（免）税的进料加工出口货物的主营业务成本、生产成本。当耗用的保税进口料件金额大于不予退（免）税的进料加工出口货物金额时，耗用的保税进口料件金额为不予退（免）税的进料加工出口货物金额。

（2）出口企业应分别核算内销货物和增值税征税的出口货物的生产成本、主营业务成本。未分别核算的，其相应的生产成本、主营业务成本由主管税务机关核定。

进料加工手册海关核销后，出口企业应对出口货物耗用的保税进口料件金额进行清算。清算公式为：

清算耗用的保税进口料件总额 = 实际保税进口料件总额 - 退（免）税出口货物耗用的保税进口料件总额 - 进料加工副产品耗用的保税进口料件总额

若耗用的保税进口料件总额与各纳税期扣减的保税进口料件金额之和存在差额时，应在清算的当期相应调整销项税额。当耗用的保税进口料件总额大于出口货物离岸金额时，其差额部分不得扣减其他出口货物金额。

2. 小规模纳税人出口货物。

应纳税额=出口货物离岸价÷（1+征收率）×征收率

八、适用消费税退（免）税或征税政策的出口货物

适用本通知第一条、第六条或第七条规定的出口货物，如果属于消费税应税消费品，实行下列消费税政策：

（一）适用范围。

1. 出口企业出口或视同出口适用增值税退（免）税的货物，免征消费税，如果属于购进出口的货物，退还前一环节对其已征的消费税。

2. 出口企业出口或视同出口适用增值税免税政策的货物，免征消费税，但不退还其以前环节已征的消费税，且不允许在内销应税消费品应纳消费税款中抵扣。

3. 出口企业出口或视同出口适用增值税征税政策的货物，应按规定缴纳消费税，不退还其以前环节已征的消费税，且不允许在内销应税消费品应纳消费税款中抵扣。

（二）消费税退税的计税依据。

出口货物的消费税应退税额的计税依据，按购进出口货物的消费税专用缴款书和海关进口消费税专用缴款书确定。

属于从价定率计征消费税的，为已征且未在内销应税消费品应纳税额中抵扣的购进出口货物金额；属于从量定额计征消费税的，为已征且未在内销应税消费品应纳税额中抵扣的购进出口货物数量；属于复合计征消费税的，按从价定率和从量定额的计税依据分别确定。

（三）消费税退税的计算。

消费税应退税额=从价定率计征消费税的退税计税依据×比例税率+从量定额计征消费税的退税计税依据×定额税率

九、出口货物劳务增值税和消费税政策的其他规定

（一）认定和申报。

1. 适用本通知规定的增值税退（免）税或免税、消费税退（免）税或免税政策的出口企业或其他单位，应办理退（免）税认定。

2. 经过认定的出口企业及其他单位，应在规定的增值税纳税申报期内向主管税务机关申报增值税退（免）税和免税、消费税退（免）税和免税。委托出口的货物，由委托方申报增值税退（免）税和免税、消费税退（免）税和免税。输入特殊区域的水电气，由作为购买方的特殊区域内生产企业申报退税。

3. 出口企业或其他单位骗取国家出口退税款的，经省级以上税务机关批准可以停止其退（免）税资格。

（二）若干征、退（免）税规定。

1. 出口企业或其他单位退（免）税认定之前的出口货物劳务，在办理退（免）税认定后，可按规定适用增值税退（免）税或免税及消费税退（免）税政策。

2. 出口企业或其他单位出口货物劳务适用免税政策的，除特殊区域内企业出口的特殊区域内货物、出口企业或其他单位视同出口的免征增值税的货物劳务外，如果未按规定申报免税，应视同内销货物和加工修理修配劳务征收增值税、消费税。

3. 开展进料加工业务的出口企业若发生未经海关批准将海关保税进口料件作价销售给

其他企业加工的,应按规定征收增值税、消费税。

4. 卷烟出口企业经主管税务机关批准按国家批准的免税出口卷烟计划购进的卷烟免征增值税、消费税。

5. 发生增值税、消费税不应退税或免税但已实际退税或免税的,出口企业和其他单位应当补缴已退或已免税款。

6. 出口企业和其他单位出口的货物(不包括本通知附件7所列货物),如果原材料成本80%以上为附件9所列原料的,应执行该原料的增值税、消费税政策,上述出口货物的增值税退税率为附件9所列该原料海关税则号在出口货物劳务退税率文库中对应的退税率。

7. 国家批准的免税品经营企业销售给免税店的进口免税货物免征增值税。

(三)外贸企业核算要求。

外贸企业应单独设账核算出口货物的购进金额和进项税额,若购进货物时不能确定是用于出口的,先记入出口库存账,用于其他用途时应从出口库存账转出。

(四)符合条件的生产企业已签订出口合同的交通运输工具和机器设备,在其退税凭证尚未收集齐全的情况下,可凭出口合同、销售明细账等,向主管税务机关申报免抵退税。在货物向海关报关出口后,应按规定申报退(免)税,并办理已退(免)税的核销手续。多退(免)的税款,应予追回。生产企业申请时应同时满足以下条件:

1. 已取得增值税一般纳税人资格。

2. 已持续经营2年及2年以上。

3. 生产的交通运输工具和机器设备生产周期在1年及1年以上。

4. 上一年度净资产大于同期出口货物增值税、消费税退税额之和的3倍。

5. 持续经营以来从未发生逃税、骗取出口退税、虚开增值税专用发票或农产品收购发票、接受虚开增值税专用发票(善意取得虚开增值税专用发票除外)行为。

十、出口企业及其他单位具体认定办法及出口退(免)税具体管理办法,由国家税务总局另行制定。

十一、本通知除第一条第(二)项关于国内航空供应公司生产销售给国内和国外航空公司国际航班的航空食品适用增值税退(免)税政策,第六条第(一)项关于国家批准设立的免税店销售的免税货物、出口企业或其他单位未按规定申报或未补齐增值税退(免)税凭证的出口货物劳务、第九条第(二)项关于国家批准的免税品经营企业销售给免税店的进口免税货物适用增值税免税政策的有关规定自2011年1月1日起执行外,其他规定均自2012年7月1日起实施。《废止的文件和条款目录》(见附件10)所列的相应文件同时废止。

附件:

1. 国家规定不允许经营和限制出口的货物(见二维码83)
2. 贷款机构和中标机电产品的具体范围(见二维码83)
3. 海洋工程结构物和海上石油天然气开采企业的具体范围(名单调整,参见《财政部 国家税务总局关于调整中外合作海上油(气)田开采企业名单的通知》(财税〔2017〕10号))(见二维码83)
4. 视同自产货物的具体范围
5. 列名生产企业的具体范围(见二维码83)

6. 列名原材料的具体范围（见二维码 83）
7. 含黄金、铂金成分的货物和钻石及其饰品的具体范围（见二维码 83）
8. 国家计划内出口的卷烟的具体范围（见二维码 83）
9. 原料名称和海关税则号表（见二维码 83）
10. 废止的文件和条款目录（见二维码 83）

二维码83

附件 4：

视同自产货物的具体范围

一、持续经营以来从未发生骗取出口退税、虚开增值税专用发票或农产品收购发票、接受虚开增值税专用发票（善意取得虚开增值税专用发票除外）行为且同时符合下列条件的生产企业出口的外购货物，可视同自产货物适用增值税退（免）税政策：

（一）已取得增值税一般纳税人资格。

（二）已持续经营 2 年及 2 年以上。

（三）纳税信用等级 A 级。

（四）上一年度销售额 5 亿元以上。

（五）外购出口的货物与本企业自产货物同类型或具有相关性。

二、持续经营以来从未发生骗取出口退税、虚开增值税专用发票或农产品收购发票、接受虚开增值税专用发票（善意取得虚开增值税专用发票除外）行为但不能同时符合本附件第一条规定的条件的生产企业，出口的外购货物符合下列条件之一的，可视同自产货物申报适用增值税退（免）税政策：

（一）同时符合下列条件的外购货物：

1. 与本企业生产的货物名称、性能相同。

2. 使用本企业注册商标或境外单位或个人提供给本企业使用的商标。

3. 出口给进口本企业自产货物的境外单位或个人。

（二）与本企业所生产的货物属于配套出口，且出口给进口本企业自产货物的境外单位或个人的外购货物，符合下列条件之一的：

1. 用于维修本企业出口的自产货物的工具、零部件、配件。

2. 不经过本企业加工或组装，出口后能直接与本企业自产货物组合成成套设备的货物。

（三）经集团公司总部所在地的地级以上国家税务局认定的集团公司，其控股（按照《公司法》第二百一十七条规定的口径执行）的生产企业之间收购的自产货物以及集团公司与其控股的生产企业之间收购的自产货物。

（四）同时符合下列条件的委托加工货物：

1. 与本企业生产的货物名称、性能相同，或者是用本企业生产的货物再委托深加工的货物。

2. 出口给进口本企业自产货物的境外单位或个人。

3. 委托方与受托方必须签订委托加工协议，且主要原材料必须由委托方提供，受托方不垫付资金，只收取加工费，开具加工费（含代垫的辅助材料）的增值税专用发票。

（五）用于本企业中标项目下的机电产品。

（六）用于对外承包工程项目下的货物。

（七）用于境外投资的货物。

（八）用于对外援助的货物。

（九）生产自产货物的外购设备和原材料（农产品除外）。

［注释：条款废止。自2020年1月20日起停止执行第六条第（一）项第3点、第七条第（一）项第6点"出口企业或其他单位未在国家税务总局规定期限内申报免税核销"及第九条第（二）项第2点的规定。参见：《关于明确国有农用地出租等增值税政策的公告》（财政部　税务总局公告2020年第2号）。

自2014年1月1日起废止第九条第（二）款第6项及附件9。参见：《财政部　国家税务总局关于以贵金属和宝石为主要原材料的货物出口退税政策的通知》（财税〔2014〕98号）。］

财政部　国家税务总局
关于全面推开营业税改征增值税试点的通知

（2016年3月23日　财税〔2016〕36号）

（正文编者略）

附件4：跨境应税行为适用增值税零税率和免税政策的规定

二、深化增值税改革中的出口退税政策

财政部　税务总局
关于调整增值税税率的通知

（2018年4月4日　财税〔2018〕32号）

（正文编者略）

四、原适用17%税率且出口退税率为17%的出口货物，出口退税率调整至16%。原适用11%税率且出口退税率为11%的出口货物、跨境应税行为，出口退税率调整至10%。

五、外贸企业2018年7月31日前出口的第四条所涉货物、销售的第四条所涉跨境应税行为，购进时已按调整前税率征收增值税的，执行调整前的出口退税率；购进时已按调整后税率征收增值税的，执行调整后的出口退税率。生产企业2018年7月31日前出口的第四条所涉货物、销售的第四条所涉跨境应税行为，执行调整前的出口退税率。

国家税务总局
关于统一小规模纳税人标准有关出口退（免）税问题的公告

(2018年4月22日 国家税务总局公告2018年第20号)

根据《财政部 税务总局关于统一增值税小规模纳税人标准的通知》（财税〔2018〕33号）、《国家税务总局关于统一小规模纳税人标准等若干增值税问题的公告》（国家税务总局公告2018年第18号）及现行出口退（免）税有关规定，现将统一小规模纳税人标准有关出口退（免）税问题公告如下：

一、一般纳税人转登记为小规模纳税人（以下称转登记纳税人）的，其在一般纳税人期间出口适用增值税退（免）税政策的货物劳务、发生适用增值税零税率跨境应税行为（以下称出口货物劳务、服务），继续按照现行规定申报和办理出口退（免）税相关事项。

自转登记日下期起，转登记纳税人出口货物劳务、服务，适用增值税免税规定，按照现行小规模纳税人的有关规定办理增值税纳税申报。

出口货物劳务、服务的时间，按以下原则确定：属于向海关报关出口的货物劳务，以出口货物报关单上注明的出口日期为准；属于非报关出口销售的货物、发生适用增值税零税率跨境应税行为，以出口发票或普通发票的开具时间为准；属于保税区内出口企业或其他单位出口的货物以及经保税区出口的货物，以货物离境时海关出具的出境货物备案清单上注明的出口日期为准。

二、原实行免抵退税办法的转登记纳税人在一般纳税人期间出口货物劳务、服务，尚未申报抵扣的进项税额以及转登记日当期的期末留抵税额，计入"应交税费——待抵扣进项税额"，并参与免抵退税计算。上述尚未申报抵扣的进项税额应符合国家税务总局公告2018年第18号第四条第二款的规定。

上述转登记纳税人发生国家税务总局公告2018年第18号第五条所述情形、按照本公告第一条第一款规定申报办理出口退（免）税或者退运等情形，需要调整"应交税费——待抵扣进项税额"的，应据实调整，准确核算"应交税费——待抵扣进项税额"的变动情况。

三、原实行免退税办法的转登记纳税人在一般纳税人期间出口货物劳务、服务，尚未申报免退税的进项税额可继续申报免退税。

上述尚未申报免退税的进项税额应符合国家税务总局公告2018年第18号第四条第二款的规定。其中，用于申报免退税的海关进口增值税专用缴款书，转登记纳税人不申请进行电子信息稽核比对，应经主管税务机关查询，确认与海关进口增值税专用缴款书电子信息相符且未被用于抵扣或退税。

四、转登记纳税人结清出口退（免）税款后，应按照规定办理出口退（免）税备案变更。

委托外贸综合服务企业（以下称综服企业）代办退税的转登记纳税人，应在综服企业主管税务机关按规定向综服企业结清该转登记纳税人的代办退税款后，按照规定办理委托代办退税备案撤回。

五、转登记纳税人再次登记为一般纳税人的，应比照新发生出口退（免）税业务的出口企业或其他单位，办理出口退（免）税有关事宜。

六、本公告自 2018 年 5 月 1 日起施行。

财政部　税务总局　海关总署
关于深化增值税改革有关政策的公告

（2019 年 3 月 20 日　财政部　税务总局　海关总署公告 2019 年第 39 号）

（正文编者略）

三、原适用 16% 税率且出口退税率为 16% 的出口货物劳务，出口退税率调整为 13%；原适用 10% 税率且出口退税率为 10% 的出口货物、跨境应税行为，出口退税率调整为 9%。

2019 年 6 月 30 日前（含 2019 年 4 月 1 日前），纳税人出口前款所涉货物劳务、发生前款所涉跨境应税行为，适用增值税免退税办法的，购进时已按调整前税率征收增值税的，执行调整前的出口退税率，购进时已按调整后税率征收增值税的，执行调整后的出口退税率；适用增值税免抵退税办法的，执行调整前的出口退税率，在计算免抵退税时，适用税率低于出口退税率的，适用税率与出口退税率之差视为零参与免抵退税计算。

出口退税率的执行时间及出口货物劳务、发生跨境应税行为的时间，按照以下规定执行：报关出口的货物劳务（保税区及经保税区出口除外），以海关出口报关单上注明的出口日期为准；非报关出口的货物劳务、跨境应税行为，以出口发票或普通发票的开具时间为准；保税区及经保税区出口的货物，以货物离境时海关出具的出境货物备案清单上注明的出口日期为准。

四、适用 13% 税率的境外旅客购物离境退税物品，退税率为 11%；适用 9% 税率的境外旅客购物离境退税物品，退税率为 8%。

七、自 2019 年 4 月 1 日至 2021 年 12 月 31 日，允许生产、生活性服务业纳税人按照当期可抵扣进项税额加计 10%，抵减应纳税额（以下称加计抵减政策）。

（四）纳税人出口货物劳务、发生跨境应税行为不适用加计抵减政策，其对应的进项税额不得计提加计抵减额。

纳税人兼营出口货物劳务、发生跨境应税行为且无法划分不得计提加计抵减额的进项税额，按照以下公式计算：

不得计提加计抵减额的进项税额 = 当期无法划分的全部进项税额 × 当期出口货物劳务和发生跨境应税行为的销售额 ÷ 当期全部销售额

（五）纳税人应单独核算加计抵减额的计提、抵减、调减、结余等变动情况。骗取适用加计抵减政策或虚增加计抵减额的，按照《中华人民共和国税收征收管理法》等有关规定处理。

三、出口退税专项业务政策

（一）跨境应税行为政策

国家税务总局
关于发布《适用增值税零税率应税服务退（免）税管理办法》的公告

（2014年2月8日　国家税务总局公告2014年第11号）

为落实营业税改征增值税有关应税服务适用增值税零税率的政策规定，经商财政部同意，国家税务总局制定了《适用增值税零税率应税服务退（免）税管理办法》。现予以发布，自2014年1月1日起施行。《国家税务总局关于发布〈适用增值税零税率应税服务退（免）税管理办法（暂行）〉的公告》（国家税务总局公告2013年第47号）同时废止。

附件：

1. 增值税零税率应税服务（国际运输/港澳台运输）免抵退税申报明细表（见二维码84）
2. 航空国际运输收入清算账单申报明细表（见二维码84）
3. 铁路国际客运收入清算函件申报明细表（见二维码84）
4. 增值税零税率应税服务（航天运输）免抵退税申报明细表（见二维码84）
5. 提供航天运输服务收讫营业款明细清单（见二维码84）
6. 增值税零税率应税服务（研发服务/设计服务）免抵退税申报明细表（见二维码84）
7. 向境外单位提供研发服务/设计服务收讫营业款明细清单（见二维码84）
8. 外贸企业外购应税服务（研发服务/设计服务）出口明细申报表（见二维码84）
9. 放弃适用增值税零税率声明（见二维码84）

二维码84

适用增值税零税率应税服务退（免）税管理办法

第一条　中华人民共和国境内（以下简称境内）的增值税一般纳税人提供适用增值税零税率的应税服务，实行增值税退（免）税办法。

第二条　本办法所称的增值税零税率应税服务提供者是指，提供适用增值税零税率应服务，且认定为增值税一般纳税人，实行增值税一般计税方法的境内单位和个人。属于汇总缴纳增值税的，为经财政部和国家税务总局批准的汇总缴纳增值税的总机构。

第三条 增值税零税率应税服务适用范围按财政部、国家税务总局的规定执行。

起点或终点在境外的运单、提单或客票所对应的各航段或路段的运输服务，属于国际运输服务。

起点或终点在港澳台的运单、提单或客票所对应的各航段或路段的运输服务，属于港澳台运输服务。

从境内载运旅客或货物至国内海关特殊监管区域及场所、从国内海关特殊监管区域及场所载运旅客或货物至国内其他地区或者国内海关特殊监管区域及场所，以及向国内海关特殊监管区域及场所内单位提供的研发服务、设计服务，不属于增值税零税率应税服务适用范围。

第四条 增值税零税率应税服务退（免）税办法包括免抵退税办法和免退税办法，具体办法及计算公式按《财政部　国家税务总局关于出口货物劳务增值税和消费税政策的通知》（财税〔2012〕39号）有关出口货物劳务退（免）税的规定执行。

实行免抵退税办法的增值税零税率应税服务提供者如果同时出口货物劳务且未分别核算的，应一并计算免抵退税。税务机关在审批时，应按照增值税零税率应税服务、出口货物劳务免抵退税额的比例划分其退税额和免抵税额。

第五条 增值税零税率应税服务的退税率为对应服务提供给境内单位适用的增值税税率。

第六条 增值税零税率应税服务的退（免）税计税依据，按照下列规定确定：

（一）实行免抵退税办法的退（免）税计税依据。

1. 以铁路运输方式载运旅客的，为按照铁路合作组织清算规则清算后的实际运输收入；

2. 以铁路运输方式载运货物的，为按照铁路运输进款清算办法，对"发站"或"到站（局）"名称包含"境"字的货票上注明的运输费用以及直接相关的国际联运杂费清算后的实际运输收入；

3. 以航空运输方式载运货物或旅客的，如果国际运输或港澳台运输各航段由多个承运人承运的，为中国航空结算有限责任公司清算后的实际收入；如果国际运输或港澳台运输各航段由一个承运人承运的，为提供航空运输服务取得的收入；

4. 其他实行免抵退税办法的增值税零税率应税服务，为提供增值税零税率应税服务取得的收入。

（二）实行免退税办法的退（免）税计税依据为购进应税服务的增值税专用发票或解缴税款的中华人民共和国税收缴款凭证上注明的金额。

第七条 实行增值税退（免）税办法的增值税零税率应税服务不得开具增值税专用发票。

第八条 增值税零税率应税服务提供者办理出口退（免）税资格认定后，方可申报增值税零税率应税服务退（免）税。如果提供的适用增值税零税率应税服务发生在办理出口退（免）税资格认定前，在办理出口退（免）税资格认定后，可按规定申报退（免）税。

第九条 增值税零税率应税服务提供者应按照下列要求，向主管税务机关申请办理出口退（免）税资格认定：

(一) 填报《出口退 (免) 税资格认定申请表》及电子数据;

《出口退 (免) 税资格认定申请表》中的"退税开户银行账号",必须填写办理税务登记时向主管税务机关报备的银行账号之一。

(二) 根据所提供的适用增值税零税率应税服务,提供以下对应资料的原件及复印件:

1. 提供国际运输服务。以水路运输方式的,应提供《国际船舶运输经营许可证》;以航空运输方式的,应提供经营范围包括"国际航空客货邮运输业务"的《公共航空运输企业经营许可证》或经营范围包括"公务飞行"的《通用航空经营许可证》;以公路运输方式的,应提供经营范围包括"国际运输"的《道路运输经营许可证》和《国际汽车运输行车许可证》;以铁路运输方式的,应提供经营范围包括"许可经营项目:铁路客货运输"的《企业法人营业执照》或其他具有提供铁路客货运输服务资质的证明材料;提供航天运输服务的,应提供经营范围包括"商业卫星发射服务"的《企业法人营业执照》或其他具有提供商业卫星发射服务资质的证明材料。

2. 提供港澳台运输服务。以公路运输方式提供内地往返香港、澳门的交通运输服务的,应提供《道路运输经营许可证》及持《道路运输证》的直通港澳运输车辆的物权证明;以水路运输方式提供内地往返香港、澳门交通运输服务的,应提供获得港澳线路运营许可船舶的物权证明;以水路运输方式提供大陆往返台湾交通运输服务的,应提供《台湾海峡两岸间水路运输许可证》及持《台湾海峡两岸间船舶营运证》船舶的物权证明;以航空运输方式提供港澳台运输服务的,应提供经营范围包括"国际、国内(含港澳)航空客货邮运输业务"的《公共航空运输企业经营许可证》或者经营范围包括"公务飞行"的《通用航空经营许可证》;以铁路运输方式提供内地往返香港的交通运输服务的,应提供经营范围包括"许可经营项目:铁路客货运输"的《企业法人营业执照》或其他具有提供铁路客货运输服务资质的证明材料。

3. 采用程租、期租和湿租方式租赁交通运输工具用于国际运输服务和港澳台运输服务的,应提供程租、期租和湿租合同或协议。

4. 对外提供研发服务或设计服务的,应提供《技术出口合同登记证》。

(三) 增值税零税率应税服务提供者出口货物劳务,且未办理过出口退 (免) 税资格认定的,除提供上述资料外,还应提供加盖备案登记专用章的《对外贸易经营者备案登记表》和《中华人民共和国海关进出口货物收发货人报关注册登记证书》的原件及复印件。

第十条 已办理过出口退 (免) 税资格认定的出口企业,提供增值税零税率应税服务的,应填报《出口退 (免) 税资格认定变更申请表》及电子数据,提供第九条所列的增值税零税率应税服务对应的资料,向主管税务机关申请办理出口退 (免) 税资格认定变更。

第十一条 增值税零税率应税服务提供者按规定需变更增值税退 (免) 税办法的,主管税务机关应按照现行规定进行退 (免) 税清算,在结清税款后方可办理变更。

第十二条 增值税零税率应税服务提供者提供增值税零税率应税服务,应在财务作销售收入次月 (按季度进行增值税纳税申报的为次季度首月,下同) 的增值税纳税申报期内,向主管税务机关办理增值税纳税和退 (免) 税相关申报。

增值税零税率应税服务提供者收齐有关凭证后,可于在财务作销售收入次月起至次年 4 月 30 日前的各增值税纳税申报期内向主管税务机关申报退 (免) 税。逾期申报退 (免) 税的,主管税务机关不再受理。未在规定期限内申报退 (免) 税的增值税零税率应税服务,增值税零税率应税服务提供者应按规定缴纳增值税。

第十三条 实行免抵退税办法的增值税零税率应税服务提供者应按照下列要求向主管税务机关办理增值税免抵退税申报：

（一）填报《免抵退税申报汇总表》及其附表；

（二）提供当期《增值税纳税申报表》；

（三）提供免抵退税正式申报电子数据；

（四）提供增值税零税率应税服务所开具的发票（经主管税务机关认可，可只提供电子数据，原始凭证留存备查）；

（五）根据所提供的适用增值税零税率应税服务，提供以下对应资料凭证：

1. 提供国际运输服务、港澳台运输服务的，需填报《增值税零税率应税服务（国际运输/港澳台运输）免抵退税申报明细表》（附件1），并提供下列原始凭证的原件及复印件：

（1）以水路运输、航空运输、公路运输方式的，提供增值税零税率应税服务的载货、载客舱单或其他能够反映收入原始构成的单据凭证。以航空运输方式且国际运输和港澳台运输各航段由多个承运人承运的，还需提供《航空国际运输收入清算账单申报明细表》（附件2）。

（2）以铁路运输方式的，客运的提供增值税零税率应税服务的国际客运联运票据、铁路合作组织清算函件及《铁路国际客运收入清算函件申报明细表》（附件3）；货运的提供铁路进款资金清算机构出具的《国际铁路货运进款清算通知单》，启运地的铁路运输企业还应提供国际铁路联运运单、以及"发站"或"到站（局）"名称包含"境"字的货票；

（3）采用程租、期租、湿租服务方式租赁交通运输工具从事国际运输服务和港澳台运输服务的，还应提供程租、期租、湿租的合同或协议复印件。向境外单位和个人提供期租、湿租服务，按规定由出租方申报退（免）税的，可不提供第（1）项原始凭证。

上述（1）、（2）项原始凭证（不包括《航空国际运输收入清算账单申报明细表》和《铁路国际客运收入清算函件申报明细表》），经主管税务机关批准，增值税零税率应税服务提供者可只提供电子数据，原始凭证留存备查。

2. 提供航天运输服务的，需填报《增值税零税率应税服务（航天运输）免抵退税申报明细表》（附件4），并提供下列资料及原始凭证的原件及复印件：

（1）签订的提供航天运输服务的合同；

（2）从与之签订航天运输服务合同的单位取得收入的收款凭证；

（3）《提供航天运输服务收讫营业款明细清单》（附件5）。

3. 对外提供研发服务或设计服务的，需填报《增值税零税率应税服务（研发服务/设计服务）免抵退税申报明细表》（附件6），并提供下列资料及原始凭证的原件及复印件：

（1）与增值税零税率应税服务收入相对应的《技术出口合同登记证》复印件；

（2）与境外单位签订的研发、设计合同；

（3）从与之签订研发、设计合同的境外单位取得收入的收款凭证；

（4）《向境外单位提供研发服务/设计服务收讫营业款明细清单》（附件7）。

（六）主管税务机关要求提供的其他资料及凭证。

第十四条 实行免退税办法的增值税零税率应税服务提供者，应按照下列要求向主管税务机关办理增值税免退税申报：

(一) 填报《外贸企业出口退税汇总申报表》；

(二) 填报《外贸企业外购应税服务（研发服务/设计服务）出口明细申报表》（附件8）；

(三) 填列外购对应的研发服务或设计服务取得增值税专用发票情况的《外贸企业出口退税进货明细申报表》；

(四) 提供以下原始凭证：

1. 提供增值税零税率应税服务所开具的发票；

2. 从境内单位或者个人购进研发服务或设计服务出口的，提供应税服务提供方开具的增值税专用发票；

3. 从境外单位或者个人购进研发服务或设计服务出口的，提供取得的解缴税款的中华人民共和国税收缴款凭证；

4. 第十三条第（五）项第3目所列资料及原始凭证的原件及复印件。

第十五条 主管税务机关受理增值税零税率应税服务退（免）税申报后，应对下列内容人工审核无误后，使用出口退税审核系统进行审核。对属于实行免退税办法的增值税零税率应税服务的进项一律使用交叉稽核、协查信息审核出口退税。如果在审核中有疑问的，可对企业进项增值税专用发票进行发函调查或核查。

(一) 提供国际运输、港澳台运输的，应从增值税零税率应税服务提供者申报中抽取若干申报记录审核以下内容：

1. 所申报的国际运输、港澳台运输服务是否符合适用增值税零税率应税服务的规定；

2. 所抽取申报记录申报应税服务收入是否小于或等于该申报记录所对应的载货或载客舱单上记载的国际运输、港澳台运输服务收入；

3. 采用期租、程租和湿租方式租赁交通运输工具用于国际运输服务和港澳台运输服务的，重点审核期租、程租和湿租的合同或协议，审核申报退（免）税的企业是否符合适用增值税零税率应税服务的规定；

4. 以铁路运输方式提供国际运输、港澳台运输服务的，重点审核提供的货票的"发站"或"到站（局）"名称是否包含"境"字，是否与提供国际铁路联运运单匹配。

(二) 对外提供研发服务或设计服务的，应审核以下内容：

1. 企业所申报的研发服务或设计服务是否符合适用增值税零税率应税服务规定；

2. 研发、设计合同签订的对方是否为境外单位；

3. 应税服务收入的支付方是否为与之签订研发、设计合同的境外单位；

4. 申报应税服务收入是否小于或等于从与之签订研发、设计合同的境外单位取得的收款金额；

5. 外贸企业外购研发服务或设计服务出口的，除按照上述内容审核外，还应审核其申报退税的进项税额是否与增值税零税率应税服务对应。

第十六条 因出口自己开发的研发服务或设计服务，退（免）税办法由免退税改为免抵退税办法的外贸企业，如果申报的退（免）税异常增长，出口货物劳务及服务有非正常情况的，主管税务机关可要求外贸企业报送出口货物劳务及服务所对应的进项凭证，并按规定进行审核。主管税务机关如果审核发现外贸企业提供的进货凭证有伪造或内容不实的，按照《财政部 国家税务总局关于出口货物劳务增值税和消费税政策通知》（财税〔2012〕39

号)等有关规定处理。

第十七条 主管税务机关认为增值税零税率应税服务提供者提供的研发服务或设计服务出口价格偏高的,应按照《财政部 国家税务总局关于防范税收风险若干增值税政策的通知》(财税〔2013〕112号)第五条的规定处理。

第十八条 经主管税务机关审核,增值税零税率应税服务提供者申报的退(免)税,如果凭证资料齐全、符合退(免)税规定的,主管税务机关应及时予以审核通过,办理退税和免抵调库,退税资金由中央金库统一支付。

第十九条 增值税零税率应税服务提供者骗取国家出口退税款的,税务机关应按《国家税务总局关于停止为骗取出口退税企业办理出口退税有关问题的通知》(国税发〔2008〕32号)和《财政部 国家税务总局关于防范税收风险若干增值税政策的通知》(财税〔2013〕112号)的规定处理。增值税零税率应税服务提供者在停止退税期间发生的增值税零税率应税服务,不得申报退(免)税,应按规定缴纳增值税。

第二十条 增值税零税率应税服务提供者提供适用增值税零税率的应税服务,如果放弃适用增值税零税率,选择免税或按规定缴纳增值税的,应向主管税务机关报送《放弃适用增值税零税率声明》(附件9),办理备案手续。自备案次月1日起36个月内,该企业提供的增值税零税率应税服务,不得申报增值税退(免)税。

第二十一条 主管税务机关应对增值税零税率应税服务提供者适用增值税零税率的退(免)税加强分析监控。

第二十二条 本办法要求增值税零税率应税服务提供者向主管税务机关报送的申报表电子数据应均通过出口退(免)税申报系统生成、报送。在出口退(免)税申报系统信息生成、报送功能升级完成前,涉及需报送的电子数据,可暂报送纸质资料。

出口退(免)税申报系统可从国家税务总局网站免费下载或由主管税务机关免费提供。

第二十三条 本办法要求增值税零税率应税服务提供者向主管税务机关同时提供原件和复印件的资料,增值税零税率应税服务提供者提供的复印件上应注明"与原件相符"字样,并加盖企业公章。主管税务机关在核对复印件与原件相符后,将原件退回,留存复印件。

第二十四条 本办法自2014年1月1日起施行,以增值税零税率应税服务提供者提供增值税零税率应税服务并在财务作销售收入的日期为准。

[注释:条款废止。自2018年5月1日起废止第十三条第二项、第十三条第五项第2目。参见:《国家税务总局关于出口退(免)税申报有关问题的公告》(国家税务总局公告2018年第16号)

自2015年4月30日起废止第十三条第(五)项第1目之(2)和第十五条第(一)项第4目。参见:《国家税务总局关于出口退(免)税有关问题的公告》(国家税务总局公告2015年第29号)。

自2015年12月1日起废止第十二条第二款、第十三条第(五)项第3目、第十四条、第十五条第(二)项。参见:《国家税务总局关于〈适用增值税零税率应税服务退(免)税管理办法〉的补充公告》(国家税务总局公告2015年第88号)。]

国家税务总局
关于《适用增值税零税率应税服务退（免）税管理办法》的补充公告

（2015年12月14日　国家税务总局公告2015年第88号）

根据《财政部　国家税务总局关于影视等出口服务适用增值税零税率政策的通知》（财税〔2015〕118号），经商财政部同意，现对《适用增值税零税率应税服务退（免）税管理办法》（国家税务总局公告2014年第11号发布）补充公告如下：

一、适用增值税零税率应税服务的广播影视节目（作品）的制作和发行服务、技术转让服务、软件服务、电路设计及测试服务、信息系统服务、业务流程管理服务，以及合同标的物在境外的合同能源管理服务的范围，按照《营业税改征增值税试点实施办法》（财税〔2013〕106号文件印发）所附的《应税服务范围注释》对应的应税服务范围执行；适用增值税零税率应税服务的离岸服务外包业务的范围，按照《离岸服务外包业务》（附件1）对应的适用范围执行。以上适用增值税零税率的应税服务，本公告统称为新纳入零税率范围的应税服务。

境内单位和个人向国内海关特殊监管区域及场所内的单位或个人提供的应税服务，不属于增值税零税率应税服务适用范围。

二、向境外单位提供新纳入零税率范围的应税服务的，增值税零税率应税服务提供者申报退（免）税时，应按规定办理出口退（免）税备案。

三、增值税零税率应税服务提供者收齐有关凭证后，可在财务作销售收入次月起至次年4月30日前的各增值税纳税申报期内向主管国税机关申报退（免）税；逾期申报的，不再按退（免）税申报，改按免税申报；未按规定申报免税的，应按规定缴纳增值税。

四、实行免抵退办法的增值税零税率应税服务提供者，向境外单位提供研发服务、设计服务、新纳入零税率范围的应税服务的，应在申报免抵退税时，向主管国税机关提供以下申报资料：

（一）《增值税零税率应税服务免抵退税申报明细表》（附件2）。
（二）《提供增值税零税率应税服务收讫营业款明细清单》（附件3）。
（三）《免抵退税申报汇总表》及其附表。
（四）当期《增值税纳税申报表》。
（五）免抵退税正式申报电子数据。
（六）下列资料及原始凭证的原件及复印件：
1. 提供增值税零税率应税服务所开具的发票（经主管国税机关认可，可只提供电子数据，原始凭证留存备查）。
2. 与境外单位签订的提供增值税零税率应税服务的合同。
提供软件服务、电路设计及测试服务、信息系统服务、业务流程管理服务，以及离岸服务外包业务的,同时提供合同已在商务部"服务外包及软件出口管理信息系统"中登记并审核通过,由该系统出具的证明文件;提供广播影视节目(作品)的制作和发行服务的,同时提供合同已在商务部"文化贸易管理系统"中登记并审核通过,由该系统出具的证明文件。

3. 提供电影、电视剧的制作服务的,应提供行业主管部门出具的在有效期内的影视制作许可证明;提供电影、电视剧的发行服务的,应提供行业主管部门出具的在有效期内的发行版权证明、发行许可证明。

4. 提供研发服务、设计服务、技术转让服务的,应提供与提供增值税零税率应税服务收入相对应的《技术出口合同登记证》及其数据表。

5. 从与之签订提供增值税零税率应税服务合同的境外单位取得收入的收款凭证。

跨国公司经外汇管理部门批准实行外汇资金集中运营管理或经中国人民银行批准实行经常项下跨境人民币集中收付管理的,其成员公司在批准的有效期内,可凭银行出具给跨国公司资金集中运营(收付)公司符合下列规定的收款凭证,向主管国税机关申报退(免)税:

(1)收款凭证上的付款单位须是与成员公司签订提供增值税零税率应税服务合同的境外单位或合同约定的跨国公司的境外成员企业。

(2)收款凭证上的收款单位或附言的实际收款人须载明有成员公司的名称。

(七)主管国税机关要求提供的其他资料及凭证。

五、实行免退税办法的增值税零税率应税服务提供者,应在申报免退税时,向主管国税机关提供以下申报资料:

(一)《外贸企业外购应税服务出口明细申报表》(附件4)。

(二)《外贸企业出口退税进货明细申报表》(需填列外购对应的增值税零税率应税服务取得增值税专用发票情况)。

(三)《外贸企业出口退税汇总申报表》。

(四)免退税正式申报电子数据。

(五)从境内单位或者个人购进增值税零税率应税服务出口的,提供应税服务提供方开具的增值税专用发票;从境外单位或者个人购进增值税零税率应税服务出口的,提供取得的解缴税款的中华人民共和国税收缴款凭证。

(六)本公告第四条第(六)项所列资料及原始凭证的原件及复印件。

六、主管国税机关受理增值税零税率应税服务退(免)税申报后,应按规定进行审核,经审核符合规定的,应及时办理退(免)税;不符合规定的,不予办理,按有关规定处理;存在其他审核疑点的,对应的退(免)税暂缓办理,待排除疑点后,方可办理。

七、主管国税机关对申报的对外提供研发、设计服务以及新纳入零税率范围的应税服务退(免)税,应审核以下内容:

(一)申报的增值税零税率应税服务应符合适用增值税零税率应税服务规定。

(二)增值税零税率应税服务合同签订的对方应为境外单位。

(三)增值税零税率应税服务收入的支付方应为与之签订增值税零税率应税服务合同的境外单位。对跨国公司的成员公司申报退(免)税时提供的收款凭证是银行出具给跨国公司资金集中运营(收付)公司的,应要求企业补充提供中国人民银行或国家外汇管理局的批准文件,且企业提供的收款凭证应符合本公告的规定。

（四）申报的增值税零税率应税服务收入应小于或等于从与之签订增值税零税率应税服务合同的境外单位取得的收款金额；大于收款金额的，应要求企业补充提供书面说明材料及相应的证明材料。

（五）外贸企业外购应税服务出口的，除应符合上述规定外，其申报退税的进项税额还应与增值税零税率应税服务对应。

八、本公告未明确的其他增值税零税率应税服务退（免）税管理事项，按现行规定执行。

九、本公告自2015年12月1日起施行，以增值税零税率应税服务提供者提供增值税零税率应税服务并在财务作销售收入的日期为准。《适用增值税零税率应税服务退（免）税管理办法》第十二条第二款、第十三条第（五）项第3目、第十四条、第十五条第（二）项同时废止。

附件：
1. 离岸服务外包业务（见二维码85）
2. 增值税零税率应税服务免抵退税申报明细表（见二维码85）
3. 提供增值税零税率应税服务收讫营业款明细清单（见二维码85）
4. 外贸企业外购应税服务出口明细申报表（见二维码85）

［注释：条款废止。自2018年5月1日起废止第四条第（四）项。参见：《国家税务总局关于出口退（免）税申报有关问题的公告》（国家税务总局公告2018年第16号）。］

二维码85

国家税务总局
关于发布《营业税改征增值税跨境应税行为增值税免税管理办法（试行）》的公告

（2016年5月6日　国家税务总局公告2016年第29号）

（正文编者略）

国家税务总局
关于跨境应税行为免税备案等增值税问题的公告

（2017年8月14日　国家税务总局公告2017年第30号）

现将跨境应税行为免税备案等增值税问题公告如下：

一、纳税人发生跨境应税行为，按照《国家税务总局关于发布〈营业税改征增值税跨境应税行为增值税免税管理办法（试行）》的公告》（国家税务总局公告 2016 年第 29 号）的规定办理免税备案手续后发生的相同跨境应税行为，不再办理备案手续。纳税人应当完整保存相关免税证明材料备查。纳税人在税务机关后续管理中不能提供上述材料的，不得享受相关免税政策，对已享受的减免税款应予补缴，并依照《中华人民共和国税收征收管理法》的有关规定处理。

二、纳税人以承运人身份与托运人签订运输服务合同，收取运费并承担承运人责任，然后委托实际承运人完成全部或部分运输服务时，自行采购并交给实际承运人使用的成品油和支付的道路、桥、闸通行费，同时符合下列条件的，其进项税额准予从销项税额中抵扣：

（一）成品油和道路、桥、闸通行费，应用于纳税人委托实际承运人完成的运输服务；

（二）取得的增值税扣税凭证符合现行规定。

三、其他个人委托房屋中介、住房租赁企业等单位出租不动产，需要向承租方开具增值税发票的，可以由受托单位代其向主管地税机关按规定申请代开增值税发票。

四、自 2018 年 1 月 1 日起，金融机构开展贴现、转贴现业务需要就贴现利息开具发票的，由贴现机构按照票据贴现利息全额向贴现人开具增值税普通发票，转贴现机构按照转贴现利息全额向贴现机构开具增值税普通发票。

五、本公告除第四条外，自 2017 年 9 月 1 日起施行，此前已发生未处理的事项，按照本公告规定执行。

（二）外贸综合服务企业政策

国家税务总局
关于进一步优化外贸综合服务企业出口货物退（免）税管理的公告

（2016 年 9 月 19 日　国家税务总局公告 2016 年第 61 号）

为贯彻落实《国务院关于促进外贸回稳向好的若干意见》（国发〔2016〕27 号），加快建立与外贸综合服务企业发展相适应的管理模式，推进外贸综合服务企业试点工作，进一步优化外贸综合服务企业出口货物退（免）税管理，现将有关事项公告如下：

一、国税机关应按照风险可控、放管服结合、利于遵从、便于办税的原则，对外贸综合服务企业（以下简称综服企业）进行分类管理，并严格按照《国家税务总局关于发布修订后的〈出口退（免）税企业分类管理办法〉的公告》（国家税务总局公告 2016 年第 46 号）规定的分类标准，评定和调整综服企业的出口退（免）税企业管理类别（以下简称退税管理类别），有效实施分类管理，落实相关服务措施。

二、国税机关可为退税管理类别为一类的综服企业提供绿色办税通道（特约服务区），优先办理出口退税，并建立重点联系制度，及时解决企业有关出口退（免）税问题。

三、国税机关应根据综服企业退税管理类别，采取以下措施办理退（免）税：

（一）退税管理类别为一类的综服企业申报的出口退（免）税，国税机关经审核，同时符合下列条件的，应自受理企业申报之日起，5个工作日内办结出口退（免）税手续：

1. 申报的电子数据与海关出口货物报关单结关信息、增值税专用发票信息比对无误。
2. 出口退（免）税额计算准确无误。
3. 不涉及税务总局和省国家税务局确定的预警风险信息。
4. 接受其提供服务的中小生产企业的纳税信用级别为A级或B级。

（二）退税管理类别为二类的综服企业申报的出口退（免）税，国税机关经审核，同时符合下列条件的，应自受理企业申报之日起，10个工作日内办结出口退（免）税手续：

1. 符合出口退（免）税相关规定。
2. 申报的电子数据与海关出口货物报关单结关信息、增值税专用发票信息比对无误。
3. 未发现审核疑点或者审核疑点已排除完毕。

（三）退税管理类别为三类的综服企业申报的出口退（免）税，国税机关经审核，同时符合下列条件的，应自受理企业申报之日起，15个工作日内办结出口退（免）税手续：

1. 符合出口退（免）税相关规定。
2. 申报的电子数据与海关出口货物报关单结关信息、增值税专用发票信息比对无误。
3. 未发现审核疑点或者审核疑点已排除完毕。

（四）退税管理类别为四类的综服企业申报的出口退（免）税，国税机关应按下列规定进行审核，审核完成并排除所有审核疑点后，应自受理企业申报之日起，20个工作日内办结出口退（免）税手续：

1. 申报的纸质凭证、资料应与电子数据相互匹配且逻辑相符。
2. 申报的电子数据应与海关出口货物报关单结关信息、增值税专用发票信息比对无误。
3. 对该类企业申报出口退（免）税的外购出口货物，国税机关应对每户供货企业的发票，必须抽取一定的比例发函调查。

四、纳入商务部、海关总署、税务总局、质检总局和外汇局联合开展综服企业试点工作范围的综服企业：中建材国际贸易有限公司、宁波世贸通国际贸易有限公司、厦门嘉晟供应链股份有限公司和广东汇富控股集团股份有限公司，申报出口退（免）税时，经国税机关审核符合本办法规定的，应在5个工作日内办结出口退（免）税手续。

上述试点企业存在以下情形之一的，其申报的出口退（免）税，国税机关应按规定予以核实、处理，不受5个工作日办结出口退（免）税手续时限的限制：

（一）因涉嫌骗取出口退税被立案查处的。
（二）骗取出口退税的。
（三）不配合国税机关实施出口退（免）税管理，以及未按规定收集、装订、存放出口退（免）税凭证及备案单证的。
（四）国家税务总局规定的其他情形。

五、综服企业受中小企业委托代理出口的货物，由综服企业申请开具《代理出口货物证明》的，综服企业应在《代理出口货物证明申请表》"备注"栏内注明"WMZHFW"标识；国税机关不再出具纸质《代理出口货物证明》，将电子信息传递给委托方中小企业的主管国税机关。

由综服企业开具了《代理出口货物证明》的出口业务，按现行规定由委托企业申报出口退（免）税，委托企业申报退（免）税时，不再提供纸质《代理出口货物证明》。

六、本公告自 2016 年 10 月 1 日起施行。

国家税务总局
关于调整完善外贸综合服务企业办理出口货物退（免）税有关事项的公告

（2017 年 9 月 13 日　国家税务总局公告 2017 年第 35 号）

为促进外贸综合服务企业规范健康发展，建立与企业发展相适应的出口退（免）税管理模式，根据《商务部　海关总署　税务总局　质检总局　外汇局关于促进外贸综合服务企业健康发展有关工作的通知》（商贸函〔2017〕759 号）的精神，现将外贸综合服务企业代生产企业办理出口退（免）税事项的有关问题公告如下：

一、外贸综合服务企业（以下简称综服企业）代国内生产企业办理出口退（免）税事项同时符合下列条件的，可由综服企业向综服企业所在地主管税务机关集中代为办理出口退（免）税事项（以下称代办退税）：

（一）符合商务部等部门规定的综服企业定义并向主管税务机关备案。

（二）企业内部已建立较为完善的代办退税内部风险管控制度并已向主管税务机关备案。

二、生产企业出口货物，同时符合以下条件的，可由综服企业代办退税：

（一）出口货物为生产企业的自产货物或视同自产货物。

（二）生产企业为增值税一般纳税人并已按规定办理出口退（免）税备案。

（三）生产企业已与境外单位或个人签订出口合同。

（四）生产企业已与综服企业签订外贸综合服务合同（协议），约定由综服企业提供包括报关报检、物流、代办退税、结算等在内的综合服务，并明确相关法律责任。

（五）生产企业向主管税务机关提供代办退税的开户银行和账号（以下简称代办退税账户）。

三、生产企业应当办理委托代办退税备案。生产企业在已办理出口退（免）税备案后，首次委托综服企业代办退税前，向其所在地主管税务机关报送《代办退税情况备案表》（附件 1）并提供代办退税账户，同时将与综服企业签订的外贸综合服务合同（协议）留存备查。

《代办退税情况备案表》内容发生变化时，生产企业应自发生变化之日起 30 日内重新报送该表。

生产企业办理撤回委托代办退税备案事项的，应在综服企业主管税务机关按规定向综服企业结清该生产企业的代办退税款后办理。

生产企业办理撤回出口退（免）税备案事项的，应按规定先办理撤回委托代办退税备案事项。

四、综服企业应当办理代办退税备案。综服企业办理出口退（免）税备案后，在为每户生产企业首次代办退税前，向其所在地主管税务机关报送《代办退税情况备案表》，同时将下列资料留存备查：

（一）与生产企业签订的外贸综合服务合同（协议）。

（二）每户委托代办退税生产企业的《代办退税情况备案表》。

（三）综服企业代办退税内部风险管控信息系统建设及应用情况。

《代办退税情况备案表》的内容发生变化时，综服企业应自发生变化之日起30日内重新报送该表。

综服企业首次办理代办退税备案时，应将企业代办退税内部风险管控制度一次性报主管税务机关。

五、综服企业主管税务机关应将综服企业报送的《代办退税情况备案表》内容与相应生产企业的《代办退税情况备案表》内容进行比对，比对相符的，应予以办理代办退税备案；比对不符的，将比对不符情况一次性告知综服企业。

六、生产企业代办退税的出口货物，应先按出口货物离岸价和增值税适用税率计算销项税额并按规定申报缴纳增值税，同时向综服企业开具备注栏内注明"代办退税专用"的增值税专用发票（以下称代办退税专用发票），作为综服企业代办退税的凭证。

出口货物离岸价以人民币以外的货币结算的，其人民币折合率可以选择销售额发生的当天或者当月1日的人民币汇率中间价。

代办退税专用发票上的"金额"栏次须按照换算成人民币金额的出口货物离岸价填写。

七、综服企业向其主管税务机关申报代办退税，应退税额按代办退税专用发票上注明的"金额"和出口货物适用的出口退税率计算。

应退税额 = 代办退税专用发票上注明的"金额" × 出口货物适用的出口退税率

代办退税专用发票不得作为综服企业的增值税扣税凭证。

八、综服企业应参照外贸企业出口退税申报相关规定，向主管税务机关单独申报代办退税，报送《外贸综合服务企业代办退税申报表》（附件2）、代办退税专用发票（抵扣联）和其他申报资料。

九、综服企业应履行代办退税内部风险管控职责，严格审核委托代办退税的生产企业生产经营情况、生产能力及出口业务的真实性。代办退税内部风险管控职责包括：

（一）制定代办退税内部风险管控制度，包括风险控制流程、规则、管理制度等。

（二）建立代办退税风险管控信息系统，对生产企业的经营情况和生产能力进行分析，对代办退税的出口业务进行事前、事中、事后的风险识别、分析。

（三）对年度内委托代办退税税额超过100万元的生产企业，应实地核查其经营情况和生产能力，核查内容包括货物出口合同或订单、生产设备、经营场所、企业人员、会计账簿、生产能力等，对有关核查情况应有完备记录和留存相关资料。

（四）对年度内委托代办退税税额超过100万元的生产企业，应进行出口货物的贸易真实性核查。核查内容包括出口货物真实性、出口货物与报关单信息一致性、与生产企业生产能力的匹配性，有相应的物流凭证和出口收入凭证等。每户委托代办退税的生产企业核查覆盖率不应低于其代办退税业务的75%，对有关核查情况应有完备记录和留存相关资料。

各省（区、市）国家税务局可根据本省实际情况规定综服企业其他应履行代办退税内部风险管控职责，并对本条第（三）、（四）项规定需实地核查的生产企业代办退税税额和生产企业核查覆盖率进行调整。

十、综服企业应对履行本公告第九条职责的详细记录等信息和每笔代办退税出口业务涉及的合同（协议）、凭证等资料，规范装订、存放、保管并留存备查。

综服企业对代办退税的出口业务，应参照外贸企业自营出口业务有关备案单证的规定进行单证备案。

十一、综服企业主管税务机关应按照综服企业的出口企业管理类别审核办理其代办退税。

十二、综服企业主管税务机关应将核准通过的代办退税款退还至生产企业提供的代办退税账户，并在办结代办退税后，向综服企业反馈退还给每户生产企业的税款明细。

十三、生产企业主管税务机关应参照对供货企业出口退（免）税风险管理有关规定，加强对生产企业的风险管理工作。发现生产企业存在异常情形的，应有针对性的开展评估核查工作。

十四、代办退税的出口业务存在异常情形或者有按规定暂不办理退税情形的，综服企业主管税务机关应按下列规则处理：

（一）未办理退税的，对该出口业务暂缓办理退税。

（二）已办理退税的，按所涉及的退税额，对其已核准通过的应退代办退税税款，等额暂缓办理退税。

（三）排除相应疑点后，按排除疑点的结论，方可继续办理代办退税。

十五、代办退税的出口业务有按规定应予追回退税款情形的，由生产企业主管税务机关向生产企业进行追缴。综服企业主管税务机关应根据生产企业主管税务机关的通知，按照所涉及的退税额对该生产企业已核准通过的应退税款予以暂扣。

十六、代办退税的出口业务有按规定应予追回退税款情形，如果综服企业未能按照本公告第九条规定履行其职责，且生产企业未能按规定将税款补缴入库的，综服企业应当承担连带责任，将生产企业未能补缴入库所涉及的税款进行补缴。

十七、综服企业代办退税存在下列情形的，综服企业主管税务机关应自发现之日起20个工作日内，调整其出口企业管理类别：

（一）连续12个月内，经审核发现不予退税的代办退税税额占申报代办退税税额5%以上的，管理类别下调一级。

（二）连续12个月内，经审核发现不予退税的代办退税业务涉及的生产企业户数占申报代办退税生产企业户数3%以上的，管理类别下调一级。

（三）连续12个月内，被认定为骗取出口退税的代办退税税额占申报代办退税税额2%以上的，管理类别调整为四类。

十八、综服企业连续12个月内被认定为骗取出口退税的代办退税税额占申报代办退税税额5%以上的，36个月内不得按照本公告规定从事代办退税业务。

上述36个月，自综服企业收到税务机关书面通知书次月算起，具体日期以出口货物报关单注明的出口日期为准。

十九、代办退税的出口业务，如发生骗取出口退税等涉税违法行为的，生产企业应作为责任主体承担法律责任。综服企业非法提供银行账户、发票、证明或者其他方便，导致发生骗取出口退税的，对其应按照《中华人民共和国税收征收管理法实施细则》第九十三条的规定进行处罚。

综服企业发生参与生产企业骗取出口退税等涉税违法行为的，应依法承担相应法律责任,且36个月内不得按照本公告规定从事代办退税业务。

上述36个月,自综服企业收到税务机关行政处罚决定(或审判机关判决、裁定文书)次月算起,具体日期以出口货物报关单注明的出口日期为准。

二十、综服企业向生产企业代为办理报关、报检、物流、退税、结算等综合服务取得的收入,应按规定申报缴纳增值税。

二十一、本公告未尽事宜,按照现行出口退(免)税和增值税相关规定执行。

各省(区、市)国家税务局可以根据本公告规定,结合本地实际,制定具体操作办法。

二十二、本公告自2017年11月1日起施行。具体时间以出口货物报关单上注明的出口日期为准。《国家税务总局关于外贸综合服务企业出口货物退(免)税有关问题的公告》(国家税务总局公告2014年第13号)同时废止。

2017年11月1日后报关出口的货物,如生产企业在2017年11月1日前已向综服企业开具增值税专用发票(除代办退税专用发票外)的,仍按照国家税务总局公告2014年第13号的规定办理出口退税。

附件:1. 代办退税情况备案表(见二维码86)
　　　2. 外贸综合服务企业代办退税申报表(见二维码86)

二维码86

国家税务总局
关于外贸综合服务企业办理出口货物退(免)
税有关事项的公告

(2018年5月14日　国家税务总局公告2018年第25号)

《国家税务总局关于调整完善外贸综合服务企业办理出口货物退(免)税有关事项的公告》(国家税务总局公告2017年第35号)实施以来,部分外贸综合服务企业(以下简称综服企业)反映部分老合同无法按照35号公告规定办理退税的问题。为解决综服企业反映的问题,促进综服企业规范健康发展,现将有关出口货物退(免)税问题明确如下:

一、综服企业在2017年11月1日至2018年2月28日期间出口的货物,符合《国家税务总局关于外贸综合服务企业出口货物退(免)税有关问题的公告》(国家税务总局公告2014年第13号)规定的,允许在2018年6月30日前,按照国家税务总局公告2014年第13号的规定申报办理出口退(免)税。

出口货物的出口时间,以出口货物报关单上注明的出口日期为准。

二、综服企业按照本公告第一条的规定申报出口退(免)税时,必须在《外贸企业出口退税进货明细申报表》"备注"栏、《外贸企业出口退税出口明细申报表》"备注"栏填写"WMZHFW"。否则,不得执行本公告第一条的规定。

三、本公告自发布之日起施行。

(三) 特殊监管区域政策

国家税务总局
关于印发《出口加工区税收管理暂行办法》的通知

(2000年10月26日 国税发〔2000〕155号)

出口加工区税收管理暂行办法

为加强与完善加工贸易管理，根据《国务院关于〈中华人民共和国海关对出口加工区监管的暂行办法〉的批复》(国函〔2000〕38号)的精神，经商海关总署同意，特制定本办法。

一、出口加工区是指经国务院批准、由海关监管的特殊封闭区域。

二、对出口加工区运往区外的货物，海关按照对进口货物的有关规定办理进口报关手续，并对报关的货物征收增值税、消费税；对出口加工区外企业（以下简称"区外企业"，下同）运入出口加工区的货物视同出口，由海关办理出口报关手续，签发出口货物报关单（出口退税专用）。

本办法所述"区外企业"是指具有进出口经营权的企业，包括外贸（工贸）公司、外商投资企业和具有进出口经营权的内资生产企业。

三、区外企业销售给出口加工区内企业（以下简称"区内企业"，下同）并运入出口加工区供区内企业使用的国产设备、原材料、零部件、元器件、包装物料，以及建造基础设施、加工企业和行政管理部门生产、办公用房的基建物资（不包括水、电、气），区外企业可凭海关签发的出口货物报关单（出口退税专用）和其他现行规定的出口退税凭证，向税务机关申报办理退（免）税。

对区外企业销售给区内企业、行政管理部门并运入出口加工区供其使用的生活消费用品、交通运输工具，海关不予签发出口货物报关单（出口退税专用），税务部门不予办理退（免）税。

对区外企业销售给区内企业、行政管理部门并运入出口加工区供其使用的进口机器、设备、原材料、零部件、元器件、包装物料和基建物资，海关不予签发出口货物报关单（出口退税专用），税务部门不予办理退（免）税。

四、出口货物实行免税管理办法的外商投资企业销售并运入出口加工区的本办法第三条所述予以退（免）税的货物，在2000年底前仍实行免税政策。

五、对区外企业销售并运入出口加工区的货物，一律开具出口销售发票，不得开具增值税专用发票或普通发票。

六、对区外企业销售给区内企业并运入出口加工区供区内企业使用的实行退（免）税的货物，区外企业应按海关规定填制出口货物报关单，出口货物报关单"运输方式"栏应为"出口"（运输方式全称为"出口加工区"）。

七、对区内企业在区内加工、生产的货物，凡属于货物直接出口和销售给区内企业的，免征增值税、消费税。对区内企业出口的货物，不予办理退税。

八、区内企业委托区外企业进行产品加工，一律不予退（免）税。

九、区内企业按现行有关法律法规、规章缴纳地方各税。

十、区内的内资企业按国家现行企业所得税法规、规章缴纳所得税，外商投资企业比照现行有关经济技术开发区的所得税政策规定执行。

十一、已经批准并核定"四至范围"的出口加工区，其区内加工企业和行政管理部门从区外购进基建物资时，需向当地税务部门和海关申请。在审核额度内购进的基建物资，可在海关对出口加工区进行正式验收。监管后，凭出口货物报关单（出口退税专用）向当地税务部门申请办理退（免）税手续。

十二、对违反本办法有关规定，采取弄虚作假等手段骗取退（免）税的，按《中华人民共和国税收征收管理法》等有关规定予以处罚。

十三、本办法由国家税务总局负责解释。

［注释：条款废止。自 2012 年 7 月 1 日起废止第三、四、五、七条条款。参见：《国家税务总局关于发布〈出口货物劳务增值税和消费税管理办法〉的公告》（国家税务总局公告 2012 年第 24 号）］

财政部　国家税务总局　海关总署
关于国内采购材料进入出口加工区等海关特殊监管区域适用退税政策的通知

（2008 年 2 月 2 日　财税〔2008〕10 号）

各省、自治区、直辖市、计划单列市财政厅（局）、国家税务局，海关广东分署，天津、上海特派办，各直属海关，新疆生产建设兵团财务局：

经国务院批准，对国内采购已经取消出口退税的材料进入出口加工区等海关特殊监管区域，适用下列退税政策：

一、对取消出口退税进区并用于建区和企业厂房的基建物资，入区时海关办理卡口登记手续，不退税。上述货物不得离境出口，如在区内未使用完毕，由海关监管退出区外。但自境外进入区内的基建物资如运往境内区外，应按海关对海关特殊监管区域管理的有关规定办理报关纳税手续。此项政策适用于所有海关特殊监管区域。

二、对区内生产企业在国内采购用于生产出口产品的并已经取消出口退税的成品革、钢材、铝材和有色金属材料（不含钢坯、钢锭、电解铝、电解铜等金属初级加工产品）等原材料，进区时按增值税法定征税率予以退税。具体商品清单见附件。

三、区内生产企业在国内采购上述第二条规定的原材料未经实质性加工，不得转售区内非生产企业（如仓储物流、贸易等企业），直接出境和以保税方式出区。违反此规定，按骗税和偷逃税款的相关规定处理。上述享受退税的原材料未经实质性加工出区销往国内照章征收各项进口环节税。

实质性加工标准按《中华人民共和国进出口货物原产地条例》(国务院令第416号)实质性改变标准执行。

四、区内非生产企业(如保税物流、仓储、贸易等企业)在国内采购进区的上述第二条规定的原材料不享受该政策。

五、上述二、三、四项措施,仅适用于具有保税加工功能的出口加工区、保税港区、综合保税区、珠澳跨境工业区(珠海园区)和中哈霍尔果斯国际边境合作中心(中方配套区域)。具体监管办法,由海关总署会同税务总局等有关部门另行制定。

本通知于2008年2月15日起执行。

附件:海关特殊监管区内生产企业国内采购入区退税原材料清单(编者略)

国家税务总局
关于境内区外货物进入海关特殊监管区域有关问题的通知

(2008年9月24日 国税发〔2008〕91号)

各省、自治区、直辖市和计划单列市国家税务局:

根据《财政部 海关总署 国家税务总局关于国内采购材料进入出口加工区等海关特殊监管区域适用退税政策的通知》(财税〔2008〕10号,以下简称"10号文件"),经商海关总署同意,现就境内区外货物进入出口加工区等海关特殊监管区域有关税收等问题通知如下:

一、10号文件第一条规定的境内区外入区用于海关特殊监管区域和区内企业厂房基础建设的基建物资,不签发出口报关单。对区外企业销往区内的上述货物税务机关应按规定征税,不办理出口退税。

二、10号文件第二条规定准予退税的货物入区时,海关签发的出口货物报关单(出口退税专用)的备注栏填有中华人民共和国海关总署公告2008年第34号所附的《海关特殊监管区域不征收出口关税及退税货物审批表》编号。

区外企业可凭海关签发的符合上述规定的出口货物报关单(出口退税专用)和其他现行规定的出口退(免)税凭证,向税务机关申报办理退(免)税。税务机关进行认真审核后,按增值税法定征税率予以退税。

区外企业如属于增值税小规模纳税人,其销售的上述货物按现行规定实行免税办法。

三、主管国家税务局应及时向主管海关了解区内加工企业违反10号文件第三条规定的情况。

四、区内生产加工企业应按季将《海关特殊监管区域不征收出口关税及退税货物审批表》(复印件,加盖企业公章)报送主管国家税务局,并每半年一次(7月10日前和1月10日前)将按照本通知第二条规定办理退(免)税货物的使用情况报送当地国家税务局。对上述退(免)税货物,税务机关有权进入区内企业进行实地核查。

五、海关特殊监管区域的税务机关应与主管海关密切合作，积极配合，加强管理。对销往区内属于10号文件第二条规定的享受出口退（免）税的货物，应按照商品名称（海关商品编码头6位，金额单位：万美元）做好统计工作。具体分析报告每半年一次（7月31日前和1月31日前）书面上报国家税务总局。

六、本通知自2008年2月15日起执行。

财政部 海关总署 国家税务总局
关于国内采购材料进入海关特殊监管区域适用退税政策的通知

（2009年9月3日 财税〔2009〕107号）

各省、自治区、直辖市、计划单列市财政厅（局）、国家税务局，海关广东分署，天津、上海特派办，各直属海关，新疆生产建设兵团财务局：

最近，部分地区反映《财政部 海关总署 国家税务总局关于国内采购材料进入出口加工区等海关特殊监管区域适用退税政策的通知》（财税〔2008〕10号）"海关特殊监管区内生产企业国内采购入区退税原材料清单"中列名的产品出口退税率提高后以及海关商品编码变更后，适用退税率问题。经研究，现明确如下：

一、根据财税〔2008〕10号文件的规定，对区内生产企业在国内采购"海关特殊监管区内生产企业国内采购入区退税原材料清单"中列名的产品，进区按增值税法定征税率予以退税是指取消出口退税的产品。上述产品的出口退税率调整后，应执行调整后的出口退税率。

二、财税〔2008〕10号文件"海关特殊监管区内生产企业国内采购入区退税原材料清单"列名产品，如因海关商品编码发生变更，而产品特性描述按海关规定仍在列名产品范围的，按原规定的适用退税率执行。

国家税务总局 财政部 海关总署
关于在综合保税区推广增值税一般纳税人资格试点的公告

（2019年8月8日 国家税务总局公告2019年第29号）

根据《国务院关于促进综合保税区高水平开放高质量发展的若干意见》（国发〔2019〕3号），国家税务总局、财政部、海关总署决定在综合保税区推广增值税一般纳税人资格试点，现就有关事项公告如下：

一、综合保税区增值税一般纳税人资格试点（以下简称"一般纳税人资格试点"）实行备案管理。符合下列条件的综合保税区，由所在地省级税务、财政部门和直属海关将一般纳税人资格试点实施方案（包括综合保税区名称、企业申请需求、政策实施准备条件等情况）向国家税务总局、财政部和海关总署备案后，可以开展一般纳税人资格试点：

(一) 综合保税区内企业确有开展一般纳税人资格试点的需求；

(二) 所在地市（地）级人民政府牵头建立了综合保税区行政管理机构、税务、海关等部门协同推进试点的工作机制；

(三) 综合保税区主管税务机关和海关建立了一般纳税人资格试点工作相关的联合监管和信息共享机制；

(四) 综合保税区主管税务机关具备在综合保税区开展工作的条件，明确专门机构或人员负责纳税服务、税收征管等相关工作。

二、综合保税区完成备案后，区内符合增值税一般纳税人登记管理有关规定的企业，可自愿向综合保税区所在地主管税务机关、海关申请成为试点企业，并按规定向主管税务机关办理增值税一般纳税人资格登记。

三、试点企业自增值税一般纳税人资格生效之日起，适用下列税收政策：

(一) 试点企业进口自用设备（包括机器设备、基建物资和办公用品）时，暂免征收进口关税和进口环节增值税、消费税（以下简称进口税收）。

上述暂免进口税收按照该进口自用设备海关监管年限平均分摊到各个年度，每年年终对本年暂免的进口税收按照当年内外销比例进行划分，对外销比例部分执行试点企业所在海关特殊监管区域的税收政策，对内销比例部分比照执行海关特殊监管区域外（以下简称区外）税收政策补征税款。

(二) 除进口自用设备外，购买的下列货物适用保税政策：

1. 从境外购买并进入试点区域的货物；

2. 从海关特殊监管区域（试点区域除外）或海关保税监管场所购买并进入试点区域的保税货物；

3. 从试点区域内非试点企业购买的保税货物；

4. 从试点区域内其他试点企业购买的未经加工的保税货物。

(三) 销售的下列货物，向主管税务机关申报缴纳增值税、消费税：

1. 向境内区外销售的货物；

2. 向保税区、不具备退税功能的保税监管场所销售的货物（未经加工的保税货物除外）；

3. 向试点区域内其他试点企业销售的货物（未经加工的保税货物除外）。

试点企业销售上述货物中含有保税货物的，按照保税货物进入海关特殊监管区域时的状态向海关申报缴纳进口税收，并按照规定补缴缓税利息。

(四) 向海关特殊监管区域或者海关保税监管场所销售的未经加工的保税货物，继续适用保税政策。

(五) 销售的下列货物（未经加工的保税货物除外），适用出口退（免）税政策，主管税务机关凭海关提供的与之对应的出口货物报关单电子数据审核办理试点企业申报的出口退（免）税。

1. 离境出口的货物；

2. 向海关特殊监管区域（试点区域、保税区除外）或海关保税监管场所（不具备退税功能的保税监管场所除外）销售的货物；

3. 向试点区域内非试点企业销售的货物。

（六）未经加工的保税货物离境出口实行增值税、消费税免税政策。

（七）除财政部、海关总署、国家税务总局另有规定外，试点企业适用区外关税、增值税、消费税的法律、法规等现行规定。

四、区外销售给试点企业的加工贸易货物，继续按现行税收政策执行；销售给试点企业的其他货物（包括水、蒸汽、电力、燃气）不再适用出口退税政策，按照规定缴纳增值税、消费税。

五、税务、海关两部门要加强税收征管和货物监管的信息交换。对适用出口退税政策的货物，海关向税务部门传输出口报关单结关信息电子数据。

六、本公告自发布之日起施行。《国家税务总局　财政部　海关总署关于开展赋予海关特殊监管区域企业增值税一般纳税人资格试点的公告》（国家税务总局　财政部　海关总署公告 2016 年第 65 号）、《国家税务总局　财政部　海关总署关于扩大赋予海关特殊监管区域企业增值税一般纳税人资格试点的公告》（国家税务总局　财政部　海关总署公告 2018 年第 5 号）和《国家税务总局　财政部　海关总署关于进一步扩大赋予海关特殊监管区域企业增值税一般纳税人资格试点的公告》（国家税务总局　财政部　海关总署公告 2019 年第 6 号）同时废止。上述公告列名的昆山综合保税区等 48 个海关特殊监管区域按照本公告继续开展一般纳税人资格试点。

（四）启运港政策

财政部　海关总署　税务总局
关于完善启运港退税政策的通知

（2018 年 1 月 8 日　财税〔2018〕5 号）

各省、自治区、直辖市、计划单列市财政厅（局）、国家税务局，海关总署广东分署、各直属海关，新疆生产建设兵团财务局：

为进一步完善启运港退税政策，扩大政策成效，结合前期政策实施情况，现将有关事项通知如下：

一、对符合条件的出口企业从启运地口岸（以下称启运港）启运报关出口，由符合条件的运输企业承运，从水路转关直航或经停指定口岸（以下称经停港），自离境地口岸（以下称离境港）离境的集装箱货物，实行启运港退税政策。

对从经停港报关出口、由符合条件的运输企业途中加装的集装箱货物，符合前款规定的运输方式、离境地点要求的，以经停港作为货物的启运港，也实行启运港退税政策。

二、政策适用范围

（一）启运港。

启运港为泸州市泸州港、重庆市果园港、宜昌市云池港、岳阳市城陵矶港、武汉市阳逻港、九江市城西港、芜湖市朱家桥港、南京市龙潭港、张家港市永嘉港、南通市狼山港、苏州市太仓港、连云港市连云港港、青岛市前湾港。

(二) 离境港。

离境港为上海市外高桥港区、上海市洋山保税港区。

(三) 经停港。

承运适用启运港退税政策货物的船舶,可经停南京市龙潭港、武汉市阳逻港、苏州市太仓港加装货物,但不得经停除上述港口以外的其他港口或在上述港口卸载货物。

从经停港加装的货物,需为已报关出口、经由上述第(二)项规定的离境港离境的集装箱货物。

(四) 运输企业及运输工具。

运输企业为在海关的信用等级为一般信用企业或认证企业,并且纳税信用级别为B级及以上的航运企业。

运输工具为配备导航定位、全程视频监控设备并且符合海关对承运海关监管货物运输工具要求的船舶。

税务总局定期向海关总署传送纳税信用等级为B级及以上的企业名单。企业纳税信用等级发生变化的,定期传送变化企业名单。海关总署根据上述纳税信用等级等信息确认符合条件的运输企业和运输工具。

(五) 出口企业。

出口企业的出口退(免)税分类管理类别为一类或二类,并且在海关的信用等级为一般信用企业或认证企业。

海关总署定期向税务总局传送一般信用企业或认证企业名单。企业信用等级发生变化的,定期传送变化企业名单。税务总局根据上述名单等信息确认符合条件的出口企业。

三、主要流程

(一) 启运地海关依出口企业申请,对从启运港启运的符合条件的货物办理放行手续后,生成启运港出口货物报关单电子信息。以经停港作为货物启运港的,经停地海关依出口企业申请,对从经停港加装的符合条件的货物办理放行手续后,生成启运港出口货物报关单电子信息。

(二) 海关总署按日将启运港出口货物报关单电子信息(加启运港退税标识)通过电子口岸传输给税务总局。

(三) 出口企业凭启运港出口货物报关单电子信息及相关材料到主管退税的税务机关申请办理退税。出口企业首次申请办理退税前,应向主管出口退税的税务机关进行启运港退税备案。

(四) 主管出口退税的税务机关,根据企业出口退(免)税分类管理类别信息、税务总局清分的企业海关信用等级信息和启运港出口货物报关单信息,为出口企业办理退税。出口企业在申请退税时,上述信息显示其不符合启运港退税条件的,主管税务机关根据税务总局清分的结关核销的报关单数据(加启运港退税标识)办理退税。

(五) 启运港启运以及经停港加装的出口货物自离境港实际离境后,海关总署按日将正常结关核销的报关单数据(加启运港退税标识)传送给税务总局,税务总局按日将已退税的报关单数据(加启运港退税标识)反馈海关总署。

(六) 货物如未运抵离境港不再出口,启运地或经停地海关应撤销出口货物报关单,并由海关总署向税务总局提供相关电子数据。上述不再出口货物如已办理出口退税手续，出口企业应补缴税款，并向启运地或经停地海关提供税务机关出具的货物已补税证明。

对已办理出口退税手续但自启运日起超过2个月仍未办理结关核销手续的货物，除因不可抗力或属于上述第（六）项情形且出口企业已补缴税款外，视为未实际出口，税务机关应追缴已退税款，不再适用启运港退税政策。

（七）主管出口退税的税务机关，根据税务总局清分的正常结关核销的报关单数据，核销或调整已退税额。

四、海关总署、税务总局可在本通知的基础上制定启运港退税的具体管理办法。

五、各地海关和国税部门应加强沟通，建立联系配合机制，互通企业守法诚信信息和货物异常出运情况。财政、海关和国税部门要密切跟踪启运港退税政策运行情况，对工作中出现的问题及时上报财政部（税政司）、海关总署（监管司）和税务总局（货物和劳务税司）。

六、本通知自印发之日起执行。《财政部 海关总署 国家税务总局关于扩大启运港退税政策试点范围的通知》（财税〔2014〕53号）同时废止。海关总署和税务总局对启运出口货物报关单电子信息（加启运港退税标识）、正常结关核销报关单数据（加启运港退税标识）以及已退税的报关单数据（加启运港退税标识）实现按日电子化传输前，启运港出口退税仍按现行纸质报关单签发流程办理。

国家税务总局
关于发布《启运港退（免）税管理办法（2018年12月28日修订）》的公告

（2018年12月28日 国家税务总局公告2018年第66号）

为优化启运港退（免）税管理，根据《财政部 海关总署 税务总局关于完善启运港退税政策的通知》（财税〔2018〕5号），现将修订后的《启运港退（免）税管理办法（2018年12月28日修订）》予以发布，自2019年1月1日起施行。

启运港退（免）税管理办法

（2018年12月28日修订）

第一条 为规范启运港退（免）税管理，根据《财政部 海关总署 税务总局关于完善启运港退税政策的通知》的有关规定，制定本办法。

第二条 出口企业适用启运港退（免）税政策须同时满足以下条件：

（一）出口企业的出口退（免）税分类管理类别为一类或二类，并且在海关的信用等级为一般信用企业或认证企业（以税务总局清分的企业海关信用等级信息为准）；

（二）出口企业出口适用退（免）税政策的货物，并且能够取得海关提供的启运港出口货物报关单电子信息；

（三）除本公告另有规定外，出口货物自启运日（以启运港出口货物报关单电子信息上注明的出口日期为准，下同）起2个月内办理结关核销手续。

第三条 适用启运港退（免）税政策的出口货物，其退税率执行时间以启运港出口货物报关单电子信息上注明的出口日期为准。

第四条 出口企业应自启运日起2个月内，凭启运港出口货物报关单电子信息及相关材料向主管出口退税的税务机关申报办理启运港退（免）税。

出口企业自启运日起超过2个月未办理结关核销手续或未申报启运港退（免）税的出口货物，应使用正常结关核销的出口货物报关单电子信息及相关材料按照现行规定申报办理退（免）税。

出口企业申报办理启运港退（免）税时，应在申报明细表的"退（免）税业务类型"栏内填写"QYGTS"标识。外贸企业应使用单独关联号申报适用本办法的出口货物退（免）税。

第五条 主管出口退税的税务机关受理出口企业启运港退（免）税首次申报时，即视为出口企业完成启运港退（免）税备案。

第六条 主管出口退税的税务机关办理启运港退（免）税相关事项所使用的信息，应以税务总局清分的下列信息为准：

（一）企业海关信用等级信息；

（二）启运港出口货物报关单信息（加启运港退税标识，以下简称"启运数据"）；

（三）正常结关核销的报关单数据（加启运港退税标识，以下简称"结关数据"）；

（四）货物未运抵离境港不再出口，海关撤销的报关单数据（以下简称"撤销数据"）。

第七条 主管出口退税的税务机关应使用启运数据受理审核启运港退（免）税。

第八条 主管出口退税的税务机关应定期使用结关数据和撤销数据开展启运港退（免）税复核工作。对复核比对异常的，按以下原则进行处理：

（一）启运数据中的出口数量及单位、总价等项目与结关数据不一致的，以结关数据为准进行调整或追缴已退（免）税款；

（二）涉及撤销数据的，根据现行规定进行调整或追缴已退（免）税款；

（三）自启运日起超过2个月仍未收到结关数据（以下简称"到期未结关数据"）的，除本办法第九条规定情形外，根据现行规定追缴已退（免）税款，该笔出口货物不再适用启运港退（免）税政策。

第九条 出口企业已申报办理启运港退（免）税的货物，因自然灾害、社会突发事件等不可抗力因素，预计2个月内无法办理结关核销手续的，应自启运日起2个月内向主管出口退税的税务机关提出申请，经主管出口退税的税务机关同意后，暂不追缴已退（免）税款。

上述货物在启运日次年的退（免）税申报期限截止之日前，主管出口退税的税务机关收到结关数据的，应按照本办法第八条规定处理；仍未收到结关数据的（以下简称"次年未结关数据"），该笔出口货物不再适用启运港退（免）税政策，主管出口退税的税务机关根据现行规定追缴已退（免）税款。

第十条 按第八条、第九条规定已追缴退（免）税款或进行调整处理的到期未结关数据和次年未结关数据，海关又办理结关核销手续的，出口企业可凭正常结关核销的出口货物报关单电子信息及相关材料重新申报出口退（免）税，主管出口退税的税务机关依据结关数据按照现行规定审核办理退（免）税。

第十一条 货物未运抵离境港不再出口，海关撤销出口货物报关单的，出口企业应按照现行规定向主管出口退税的税务机关申请出具《出口货物退运已补税（未退税）证明》，主管出口退税的税务机关在出具证明时，应使用撤销数据进行审核比对。出口企业未申报退（免）税的，不得再申报退（免）税；已申报办理退（免）税的，应补缴已退（免）税款。

第十二条 2018年4月10日（以海关出口报关单电子信息注明的出口日期为准）以后的启运港出口货物，出口企业不再提供纸质出口货物报关单（出口退税专用）。

第十三条 本办法施行前符合本办法规定的适用启运港退（免）税办法的出口货物，可按本办法申报办理出口退（免）税相关事项。此前已按结关数据办理出口退（免）税事项的，不作调整。

第十四条 本办法未尽事宜，按照现行出口退（免）税相关规定执行。

第十五条 本办法自2019年1月1日起施行，启运港出口货物报关单电子信息上注明的出口日期为2019年1月1日以后（含）的启运港退（免）税事项按本办法执行。《启运港退（免）税管理办法》（国家税务总局公告2014年第52号发布，国家税务总局公告2018年第31号修改）同时废止。

（五）跨境电子商务政策

财政部　国家税务总局
关于跨境电子商务零售出口税收政策的通知

（2013年12月30日　财税〔2013〕96号）

各省、自治区、直辖市、计划单列市财政厅（局）、国家税务局，新疆生产建设兵团财务局：

为落实《国务院办公厅转发商务部等部门关于实施支持跨境电子商务零售出口有关政策意见的通知》（国办发〔2013〕89号）的要求，经研究，现将跨境电子商务零售出口（以下称电子商务出口）税收政策通知如下：

一、电子商务出口企业出口货物（财政部、国家税务总局明确不予出口退（免）税或免税的货物除外，下同），同时符合下列条件的，适用增值税、消费税退（免）税政策：

1. 电子商务出口企业属于增值税一般纳税人并已向主管税务机关办理出口退（免）税资格认定；

2. 出口货物取得海关出口货物报关单（出口退税专用），且与海关出口货物报关单电子信息一致；

3. 出口货物在退（免）税申报期截止之日内收汇；

4. 电子商务出口企业属于外贸企业的，购进出口货物取得相应的增值税专用发票、消费税专用缴款书（分割单）或海关进口增值税、消费税专用缴款书，且上述凭证有关内容与出口货物报关单（出口退税专用）有关内容相匹配。

二、电子商务出口企业出口货物，不符合本通知第一条规定条件，但同时符合下列条件的，适用增值税、消费税免税政策：

1. 电子商务出口企业已办理税务登记；

2. 出口货物取得海关签发的出口货物报关单；

3. 购进出口货物取得合法有效的进货凭证。

三、电子商务出口货物适用退（免）税、免税政策的，由电子商务出口企业按现行规定办理退（免）税、免税申报。

四、适用本通知退（免）税、免税政策的电子商务出口企业，是指自建跨境电子商务销售平台的电子商务出口企业和利用第三方跨境电子商务平台开展电子商务出口的企业。

五、为电子商务出口企业提供交易服务的跨境电子商务第三方平台，不适用本通知规定的退（免）税、免税政策，可按现行有关规定执行。

六、本通知自2014年1月1日起执行。

财政部　税务总局　商务部　海关总署
关于跨境电子商务综合试验区零售出口货物税收政策的通知

（2018年9月28日　财税〔2018〕103号）

各省、自治区、直辖市、计划单列市财政厅（局）、商务主管部门，国家税务总局各省、自治区、直辖市、计划单列市税务局，国家税务总局驻各地特派员办事处，海关总署广东分署、各直属海关：

为进一步促进跨境电子商务健康快速发展，培育贸易新业态新模式，现将跨境电子商务综合试验区（以下简称综试区）内的跨境电子商务零售出口（以下简称电子商务出口）货物有关税收政策通知如下：

一、对综试区电子商务出口企业出口未取得有效进货凭证的货物，同时符合下列条件的，试行增值税、消费税免税政策：

（一）电子商务出口企业在综试区注册，并在注册地跨境电子商务线上综合服务平台登记出口日期、货物名称、计量单位、数量、单价、金额。

（二）出口货物通过综试区所在地海关办理电子商务出口申报手续。

（三）出口货物不属于财政部和税务总局根据国务院决定明确取消出口退（免）税的货物。

二、各综试区建设领导小组办公室和商务主管部门应统筹推进部门之间的沟通协作和相关政策落实，加快建立电子商务出口统计监测体系，促进跨境电子商务健康快速发展。

三、海关总署定期将电子商务出口商品申报清单电子信息传输给税务总局。各综试区税务机关根据税务总局清分的出口商品申报清单电子信息加强出口货物免税管理。具体免税管理办法由省级税务部门商财政、商务部门制定。

四、本通知所称综试区,是指经国务院批准的跨境电子商务综合试验区;本通知所称电子商务出口企业,是指自建跨境电子商务销售平台或利用第三方跨境电子商务平台开展电子商务出口的单位和个体工商户。

五、本通知自2018年10月1日起执行,具体日期以出口商品申报清单注明的出口日期为准。

(六)免税商店政策

海关总署 国家税务总局
关于对中国免税品(集团)总公司经营的国产商品监管和退税有关事宜的通知

(2004年9月30日 署监发〔2004〕403号)

广东分署,天津、上海特派办,各直属海关,各省、自治区、直辖市、计划单列市国家税务局:

为落实国务院有关文件精神,按照《财政部 国家税务总局 海关总署关于中国免税品(集团)总公司扩大退税国产品经营范围和简化退税手续的通知》(财税〔2002〕201号)要求,现对中国免税品(集团)总公司(以下简称"中免公司")经营国产商品监管和退税有关事宜明确如下:

一、本通知规定仅适用于中免公司统一采购专供出境免税店销售的国产商品(以下简称"国产品")。

二、国产品应存入经海关批准的中免公司专用海关监管仓库,或其下属各类免税店专用于存放免税商品的海关监管仓库。中免公司应提交下列单证办理国产品报关、入库手续:

(一)加盖有"中国免税品(集团)总公司报关专用章"(式样见附件1)的《出口货物报关单》(以下简称报关单)一式四份,具体填写规范见附件2;

(二)中免公司的《国产商品入库明细单》(式样见附件3)。

三、海关验核无误后,在报关单上加盖"海关验讫章",并将其中2份报关单(其中1份为办理退税专用联)退中免公司,同时上传电子数据。

四、对报关进入海关监管仓库的国产品视同出口,退还增值税进项税额及消费税;对出境免税店销售的上述商品免征增值税。

五、国产品报关进入海关监管仓库后,中免公司可凭下列单证按月到其所在地主管退税机关申请办理退税手续:

(一)加盖有"中国免税品(集团)总公司报关专用章"和海关"验讫章"的《出口货物报关单》(出口退税联);

（二）中免公司购进货品的《增值税专用发票》；

（三）消费税税收（出口货物专用）缴款书或出口货物完税分割单；

（四）增值税税收（出口货物专用）缴款书或出口货物完税分割单。中免公司从一般纳税人购进的货物申报退税时免予提供此单证；

（五）税务机关要求的其他单证。

六、主管国税机关对上述单证与相关电子信息审核无误后，按下列计算公式办理退税手续：

应退增值税＝购进出口货物增值税专用发票所列明的进项金额×法定增值税退税率

应退消费税＝购进出口货物增值税专用发票所列明的进项金额（出口数量）×消费税税率（单位税额）

七、对已报关进入海关监管仓库并办理退税手续的国产品，如因退货等特殊原因需调出海关监管仓库的，已退税款应由中免公司补缴入库。主管中免公司出口退税的税务机关应根据其税收缴款书，为其办理退运补税证明，需转国内销售的并应办理出口转内销证明。主管海关凭有关退运补税证明准其调出海关监管仓库，并办理相关手续。

八、海关和税务部门应互相配合，加强协作，做好对国产品的入、出库监管工作，防止骗税发生，确保此项政策得以顺利有效实施。

以上请遵照执行。原所发文件规定与本通知规定相抵触的，一律以本通知为准。

附件：

1. 中国免税品（集团）总公司报关专用章印模（编者略）
2. 中国免税品（集团）总公司退税经营国产品报关单填制方法（编者略）
3. 中国免税品（集团）总公司的《国产商品入库明细单》（编者略）

财政部　商务部　海关总署　国家税务总局　国家旅游局关于印发《口岸进境免税店管理暂行办法》的通知

（2016年2月18日　财关税〔2016〕8号）

各省、自治区、直辖市、计划单列市财政厅（局）、商务主管部门、国家税务局、旅游局，新疆生产建设兵团财务局，海关总署广东分署、各直属海关，财政部驻各省、自治区、直辖市、计划单列市财政监察专员办事处：

2015年4月28日国务院第90次常务会议决定，增设和恢复口岸进境免税店。财政部会同商务部、海关总署、国家税务总局、国家旅游局研究提出了口岸进境免税店政策和增设方案。

国务院同意在广州白云、杭州萧山、成都双流、青岛流亭、南京禄口、深圳宝安、昆明长水、重庆江北、天津滨海、大连周水子、沈阳桃仙、西安咸阳和乌鲁木齐地窝堡等机场口岸，深圳福田、皇岗、沙头角、文锦渡口岸，珠海闸口口岸，黑河口岸等水陆口岸各设1家口岸进境免税店［《国务院关于口岸进境免税店政策和增设方案的批复》（国函〔2015〕221号）］。

为落实国务院决定,规范管理口岸进境免税店,确保口岸进境免税店政策的顺利实施,现印发《口岸进境免税店管理暂行办法》,请遵照执行。

附件:口岸进境免税店管理暂行办法

附件:

口岸进境免税店管理暂行办法

第一条 为规范口岸进境免税店管理工作,依照有关法律法规和我国口岸进境免税店政策,制定本办法。

第二条 口岸进境免税店,指设立在对外开放的机场、水运和陆路口岸隔离区域,按规定对进境旅客免进口税购物的经营场所。口岸进境免税店具体经营适用对象、商品品种、免税税种、金额数量等应严格按照口岸进境免税店政策的有关规定执行。

第三条 国家对口岸进境免税店实行特许经营。国家统筹安排口岸进境免税店的布局和建设。口岸进境免税店的布局选址应根据出入境旅客流量,结合区域布局因素,满足节约资源、保护环境、有序竞争、避免浪费、便于监管的要求。

第四条 除国务院另有规定外,对原经国务院批准具有免税品经营资质,且近3年有连续经营口岸和市内进出境免税店业绩的企业,放开经营免税店的地域和类别限制,准予这些企业平等竞标口岸进境免税店经营权。口岸进境免税店必须由具有免税品经营资质的企业绝对控股(持股比例大于50%)。

第五条 设立口岸进境免税店的数量、口岸和营业场所的规模控制,由财政部会同商务部、海关总署、国家税务总局和国家旅游局提出意见报国务院审批。

第六条 经营口岸进境免税店应当符合海关监管要求,经海关批准,并办理注册手续。

第七条 口岸进境免税店一般由机场或其他招标人通过招标方式确定经营主体。如果不具备招标条件,比如在进出境客流量较小、开店面积有限等特殊情况下,可提出申请并报财政部核准,按照《中华人民共和国政府采购法》规定的竞争性谈判等其他方式确定经营主体。

第八条 新设立或经营合同到期的口岸进境免税店经营主体经招标或核准后,招标人或口岸业主与免税品经营企业每次签约的经营期限不超过10年。协议到期后不得自动续约,应根据本办法第七条的规定重新确定经营主体。

第九条 招标人或口岸业主经招标或采用其他经核准的方式与免税品经营企业达成协议后,应向财政部、商务部、海关总署、国家税务总局和国家旅游局备案。备案时需提交以下材料:

(一)经营主体合作协议(包括各股东持股比例、经营主体业务关联互补情况等。独资设立免税店除外);

(二)经营主体的基本情况(包括企业性质、营业范围、生产经营,资产负债等方面);

(三)口岸与经营主体设立口岸进境免税店的协议。

第十条 经营主体的股权结构、经营状况等基本情况发生重大变化时,应向财政部、商务部、海关总署、国家税务总局和国家旅游局报告。

第十一条 自国务院批准设立口岸进境免税店的规模控制之日起,机场或其他招标人应在 6 个月内完成招标。经营口岸进境免税店自海关批准之日起,经营主体应在 1 年内完成免税店建设并开始营业。经批准设立的口岸进境免税店无正当理由未按照上述时限要求对外营业的,或者暂停经营 1 年以上的,机场或其他招标人按照本办法第五条、第六条和第七条的规定重新办理审批手续、确定经营主体。

第十二条 口岸进境免税店原则上不得扩大营业场所面积,不得设立分店和分柜台。确需扩大营业场所面积、设立分店和分柜台的,按照本办法第五条、第六条规定的开设新店程序审批。

第十三条 口岸进境免税店缴纳免税商品特许经营费办法,暂按《财政部关于印发〈免税商品特许经营费缴纳办法〉的通知》(财企〔2004〕241 号)和《财政部关于印发〈免税商品特许经营费缴纳办法〉的补充通知》(财企〔2006〕70 号)规定执行。

第十四条 财政部、商务部、海关总署、国家税务总局和国家旅游局应加强相互联系和信息交换,并根据职责分工,加强协作配合,对口岸进境免税店工作实施有效管理。

第十五条 财政部、商务部、海关总署、国家税务总局和国家旅游局可以定期对口岸进境免税店经营情况进行核查,发现违反相关法律法规和规章制度的,依法予以处罚。

第十六条 本办法由财政部、商务部、海关总署、国家税务总局和国家旅游局负责解释。

第十七条 本办法自 2016 年 2 月 18 日起施行。

国家税务总局
关于出境口岸免税店有关增值税政策问题的通知

(2008 年 1 月 24 日 国税函〔2008〕81 号)

各省、自治区、直辖市和计划单列市国家税务局:

现就纳税人在机场、港口、车站、陆路边境等出境口岸海关隔离区(以下简称海关隔离区)设立免税店销售免税品,以及在城市区域内设立市内免税店销售免税品但购买者必须在海关隔离区提取后直接出境征收增值税问题明确如下:

一、《中华人民共和国增值税暂行条例实施细则》第七条规定"所销售的货物的起运地或所在地在境内","境内"是指在中华人民共和国关境以内。

海关隔离区是海关和边防检查划定的专供出国人员出境的特殊区域,在此区域内设立免税店销售免税品和市内免税店销售但在海关隔离区内提取免税品,由海关实施特殊的进出口监管,在税收管理上属于国境以内关境以外。因此,对于海关隔离区内免税店销售免税品以及市内免税店销售但在海关隔离区内提取免税品的行为,不征收增值税。对于免税店销售其他不属于免税品的货物,应照章征收增值税。

前款所称免税品具体是指免征关税、进口环节税的进口商品和实行退(免)税(增值税、消费税)进入免税店销售的国产商品。

二、纳税人兼营应征收增值税货物或劳务和免税品的，应分别核算应征收增值税货物或劳务和免税品的销售额。未分别核算或者不能准确核算销售额的，其免税品与应征收增值税货物或劳务一并征收增值税。

三、纳税人销售免税品一律开具出口发票，不得使用防伪税控专用器具开具增值税专用发票或普通发票。

四、纳税人经营范围仅限于免税品销售业务的，一律不得使用增值税防伪税控专用器具。已发售的防伪税控专用器具及增值税专用发票、普通发票一律收缴。收缴的发票按现行有关发票作废规定处理。

五、纳税人在关境以内销售免税品，仍按照《国家税务总局关于进口免税品销售业务征收增值税问题的通知》（国税发〔1994〕62号）及有关规定执行。

六、免税店销售已退税国产品，仍按照《海关总署 国家税务总局关于对中国免税品（集团）总公司经营的国产商品监管和退税有关事宜的通知》（署监发〔2004〕403号）等规定执行。

七、税务机关应与海关加强沟通，定期将纳税人申报免税品经营情况与海关监管免税品经营情况进行比对，发现比对不一致的，应及时查明原因，按有关规定处理。

本通知自发文之日起执行。各地在执行中发现问题，应及时上报国家税务总局（流转税管理司）。

［注释：条款废止。自2009年2月2日起废止第一条。参见：《国家税务总局关于发布已失效或废止有关增值税规范性文件清单的通知》（国税发〔2009〕7号）］

财政部 商务部 文化和旅游部 海关总署 国家税务总局关于印发口岸进境免税店管理暂行办法补充规定的通知

（2018年3月29日 财关税〔2018〕4号）

各省、自治区、直辖市、计划单列市财政厅（局）、商务主管部门、旅游主管部门、国家税务局，新疆生产建设兵团财政局，海关总署广东分署、各直属海关，财政部驻各省、自治区、直辖市、计划单列市财政监察专员办事处：

为进一步促进口岸进境免税店健康发展，指导相关口岸制定科学规范的招标评判标准，从严甄别投标企业实际情况，选定具有可持续发展能力的经营主体，实现政策初衷，现就《口岸进境免税店管理暂行办法》（财关税〔2016〕8号）（以下简称《办法》）做出如下补充规定：

一、招标投标活动应严格遵守《中华人民共和国招标投标法》《中华人民共和国招标投标法实施条例》等有关法律法规的规定。口岸进境免税店的经营主体须丰富经营品类，制定合理价格，服务于引导境外消费回流，满足居民消费需求，加速升级旅游消费的政策目标。

二、招标投标活动应保证具有免税品经营资质的企业公平竞争。招标人不得设定歧视性条款，不得含有倾向、限制或排斥投标人的内容，不得以特定行政区域或者特定的业绩作为加分条件或者中标条件。

单位负责人为同一人或者存在控股、管理关系的不同单位，不得参加同一标段投标或者未划分标段的同一招标项目投标。

三、合理规范口岸进境免税店租金比例和提成水平，避免片面追求"价高者得"。财务指标在评标中占比不得超过50%。财务指标是指投标报价中的价格部分，包括但不限于保底租金、销售提成等。招标人应根据口岸同类场地现有的租金、销售提成水平来确定最高投标限价并对外公布。租金单价原则上不得高于同一口岸出境免税店或国内厅含税零售商业租金平均单价的1.5倍；销售提成不得高于同一口岸出境免税店或国内厅含税零售商业平均提成比例的1.2倍。

四、应综合考虑企业的经营能力，甄选具有可持续发展能力的经营主体。经营品类，尤其是烟酒以外品类的丰富程度应是重要衡量指标。技术指标在评标中占比不得低于50%。技术指标分值中，店铺布局和设计规划占比20%；品牌招商占比30%；运营计划占比20%；市场营销及顾客服务占比30%。品牌招商分值中，烟酒占比不得超过50%。

五、规范评标工作程序。评标过程分为投标文件初审、问题澄清及讲标和比较评价三个阶段，对每个阶段的评审要出具评审报告。

六、中标人不得以装修费返还、税后利润返回、发展基金等方式对招标企业进行变相补偿。招标人及所在政府不得通过补贴、财政返回等方式对中标企业进行变相补偿。

七、口岸所在地的省（区、市）财政厅（局）对口岸进境免税店招标项目实施管理。财政部驻地方财政监察专员办事处对招标投标程序和政策落实情况履行行政监督职责，主要职责包括：

（一）对评标委员会成员的确定方式、评标专家的抽取和评标活动是否符合法定程序进行监督。

（二）负责受理投标人或者其他利害关系人关于招标投标活动不符合法律、行政法规规定的投诉，提出工作意见后报财政部。

（三）监督《财政部　商务部　海关总署　国家税务总局　国家旅游局关于口岸进境免税店政策的公告》（财政部　商务部　海关总署　国家税务总局　国家旅游局公告2016年第19号）和《办法》的执行情况。

八、本办法自公布之日起施行。

（七）离境退税政策

财政部
关于实施境外旅客购物离境退税政策的公告

（2015年1月6日　中华人民共和国财政部公告2015年第3号）

为落实《国务院关于促进旅游业改革发展的若干意见》（国发〔2014〕31号）中"研

究完善境外旅客购物离境退税政策，将实施范围扩大至全国符合条件的地区"的要求，完善增值税制度，促进旅游业发展，决定在全国符合条件的地区实施境外旅客购物离境退税政策（以下称离境退税政策）。经商海关总署和国家税务总局，现将有关事项公告如下：

一、离境退税政策，是指境外旅客在离境口岸离境时，对其在退税商店购买的退税物品退还增值税的政策。

境外旅客，是指在我国境内连续居住不超过183天的外国人和港澳台同胞。

离境口岸，是指实施离境退税政策的地区正式对外开放并设有退税代理机构的口岸，包括航空口岸、水运口岸和陆地口岸。

退税物品，是指由境外旅客本人在退税商店购买且符合退税条件的个人物品，但不包括下列物品：

（一）《中华人民共和国禁止、限制进出境物品表》所列的禁止、限制出境物品；

（二）退税商店销售的适用增值税免税政策的物品；

（三）财政部、海关总署、国家税务总局规定的其他物品。

二、境外旅客申请退税，应当同时符合以下条件：

（一）同一境外旅客同一日在同一退税商店购买的退税物品金额达到500元人民币；

（二）退税物品尚未启用或消费；

（三）离境日距退税物品购买日不超过90天；

（四）所购退税物品由境外旅客本人随身携带或随行托运出境。

三、退税物品的退税率为11%。应退增值税额的计算公式：

应退增值税额＝退税物品销售发票金额（含增值税）×退税率

四、离境退税的具体流程。

（一）退税物品购买。境外旅客在退税商店购买退税物品后，需要申请退税的，应当向退税商店索取境外旅客购物离境退税申请单和销售发票。

（二）海关验核确认。境外旅客在离境口岸离境时，应当主动持退税物品、境外旅客购物离境退税申请单、退税物品销售发票向海关申报并接受海关监管。海关验核无误后，在境外旅客购物离境退税申请单上签章。

（三）代理机构退税。无论是本地购物本地离境还是本地购物异地离境，离境退税均由设在办理境外旅客离境手续的离境口岸隔离区内的退税代理机构统一办理。境外旅客凭护照等本人有效身份证件、海关验核签章的境外旅客购物离境退税申请单、退税物品销售发票向退税代理机构申请办理增值税退税。

退税代理机构对相关信息审核无误后，为境外旅客办理增值税退税，并先行垫付退税资金。退税代理机构可在增值税退税款中扣减必要的退税手续费。

（四）税务部门结算。退税代理机构应定期向省级（即省、自治区、直辖市、计划单列市，下同）税务部门申请办理增值税退税结算。省级税务部门对退税代理机构提交的材料审核无误后，按规定向退税代理机构退付其垫付的增值税退税款，并将退付情况通报省级财政部门。

五、退税币种为人民币。退税方式包括现金退税和银行转账退税两种方式。

退税额未超过10000元的，可自行选择退税方式。退税额超过10000元的，以银行转账方式退税。

六、省级税务部门会同财政、海关等相关部门按照公平、公开、公正的原则选择退税代理机构，充分发挥市场作用，引入竞争机制，提高退税代理机构提供服务的水平。退税代理机构的具体条件，由国家税务总局商财政部和海关总署制定。未选择退税代理机构的，由税务部门直接办理增值税退税。

七、符合条件的商店报经省级税务部门备案即可成为退税商店。退税商店的具体条件由国家税务总局商财政部制定。

八、离境退税政策退税管理办法由国家税务总局会同财政部和海关总署制定，并由国家税务总局公布实施。离境退税业务海关监管办法由海关总署会同财政部和国家税务总局制定，并由海关总署公布实施。

九、同时符合以下条件的地区，省级人民政府将离境退税政策实施方案（包括拟实施日期、离境口岸、退税代理机构、办理退税场所、退税手续费负担机制、退税商店选择情况和离境退税信息管理系统试运行情况等）报财政部、海关总署和国家税务总局备案：

（一）省级人民政府同意实施离境退税政策，提交实施方案，自行负担必要的费用支出，并为海关、税务监管提供相关条件；

（二）建立有效的部门联合工作机制，在省级人民政府统一领导下，由财政部门会同海关、税务等有关部门共同协调推进，确保本地区工作平稳有序开展；

（三）使用国家税务总局商海关总署确定的跨部门、跨地区的互联互通的离境退税信息管理系统；

（四）财政部、海关总署和国家税务总局要求的其他条件。

十、离境旅客购物所退增值税款，由中央与实际办理退税地按现行出口退税负担机制共同负担。

十一、本公告公布之日起，财政部、海关总署和国家税务总局开始受理符合条件的地区的备案，并及时发布纳入离境退税政策范围的地区名单和实施日期。纳入离境退税政策范围的地区应按照本公告的规定组织落实，并可结合本地区实际情况对相关内容予以进一步明确。

国家税务总局
关于发布《境外旅客购物离境退税管理办法（试行）》的公告

（2015年6月2日 国家税务总局公告2015年第41号）

为落实国务院关于实施境外旅客购物离境退税政策的决定，经商财政部、海关总署同意，国家税务总局制定了《境外旅客购物离境退税管理办法（试行）》，现予发布。请各省级人民政府依财政部、海关总署、国家税务总局有关规定，开展相关准备工作，制定实施方案，报财政部、海关总署和国家税务总局备案。

国家税务总局商海关总署确定的跨部门、跨地区的互连互通的离境退税信息管理系统发布之前，各省级人民政府如果自行组织力量开发软件或利用其他省开发的软件，能满足离境退税管理需要的，可先行试点使用，待离境退税信息管理系统发布后，再进行切换。

海南省实施本办法之日起，《国家税务总局关于发布〈境外旅客购物离境退税海南试点管理办法〉的公告》（国家税务总局公告2010年第28号）废止。

附件：
1. 境外旅客购物离境退税商店备案表（见二维码87）
2. 退税商店标识规范（见二维码87）
3. 境外旅客购物离境退税申请单（见二维码87）
4. 离境退税机构标识规范（见二维码87）
5. 境外旅客购物离境退税收款回执单（见二维码87）
6. 境外旅客购物离境退税结算申报表（见二维码87）

二维码87

境外旅客购物离境退税管理办法（试行）

第一章　总　　则

第一条　为贯彻落实国务院关于实施境外旅客购物离境退税政策的决定，根据《财政部关于实施境外旅客购物离境退税政策的公告》（财政部公告2015年第3号），制定本办法。

第二条　本办法所称：

境外旅客，是指在我国境内连续居住不超过183天的外国人和港澳台同胞。

有效身份证件，是指标注或能够采集境外旅客最后入境日期的护照、港澳居民来往内地通行证、台湾居民来往大陆通行证等。

退税物品，是指由境外旅客本人在退税商店购买且符合退税条件的个人物品，但不包括下列物品：

（一）《中华人民共和国禁止、限制进出境物品表》所列的禁止、限制出境物品；

（二）退税商店销售的适用增值税免税政策的物品；

（三）财政部、海关总署、国家税务总局规定的其他物品。

退税商店，是指报省、自治区、直辖市和计划单列市国家税务局（以下简称省国税局）备案、境外旅客从其购买退税物品离境可申请退税的企业。

离境退税管理系统，是指符合《财政部关于实施境外旅客离境退税政策的公告》（财政部公告2015年第3号）有关条件的用于离境退税管理的计算机管理系统。

退税代理机构，是指省国税局会同财政、海关等相关部门按照公平、公开、公正的原则选择的离境退税代理机构。

第二章　退税商店的备案、变更与终止

第三条　符合以下条件的企业，经省国税局备案后即可成为退税商店。

（一）具有增值税一般纳税人资格；

（二）纳税信用等级在B级以上；

（三）同意安装、使用离境退税管理系统，并保证系统应当具备的运行条件，能够及

时、准确地向主管国税机关报送相关信息；

（四）已经安装并使用增值税发票系统升级版；

（五）同意单独设置退税物品销售明细账，并准确核算。

第四条 符合条件且有意向备案的企业，填写《境外旅客购物离境退税商店备案表》（附件1）并附以下资料直接或委托退税代理机构向主管国税机关报送：

（一）主管国税机关出具的符合第三条第（一）、（二）和（四）款的书面证明；

（二）同意做到第三条第（三）、（五）款的书面同意书。

主管国税机关受理后应当在5个工作日内逐级报送至省国税局备案。省国税局应在收到备案资料15个工作日内审核备案条件，并对不符合备案条件的企业通知主管国税机关告知申请备案的企业。

第五条 省国税局向退税商店颁发统一的退税商店标识（退税商店标识规范见附件2）。退税商店应当在其经营场所显著位置悬挂退税商店标识，便于境外旅客识别。

第六条 退税商店备案资料所载内容发生变化的，应自有关变更之日起10日内，持相关证件及资料向主管国税机关办理变更手续。主管国税机关办理变更手续后，应在5个工作日内将变更情况逐级报省国税局。

退税商店发生解散、破产、撤销以及其他情形，应持相关证件及资料向主管国税机关申请办理税务登记注销手续，由省国税局终止其退税商店备案，并收回退税商店标识，注销其境外旅客购物离境退税管理系统用户。

第七条 退税商店存在以下情形之一的，由主管国税机关提出意见逐级报省国税局终止其退税商店备案，并收回退税商店标识，注销其境外旅客购物离境退税管理系统用户。

（一）不符合本办法第三条规定条件的情形；

（二）未按规定开具《境外旅客购物离境退税申请单》（附件3，以下简称《离境退税申请单》）；

（三）开具《离境退税申请单》后，未按规定将对应发票抄报税；

（四）备案后发生因偷税、骗取出口退税等税收违法行为受到行政、刑事处理的。

第三章 离境退税申请单管理

第八条 境外旅客在退税商店购买退税物品，需要离境退税的，应当在离境前凭本人的有效身份证件及购买退税物品的增值税普通发票（由增值税发票系统升级版开具），向退税商店索取《离境退税申请单》。

第九条 《离境退税申请单》由退税商店通过离境退税管理系统开具，加盖发票专用章，交境外旅客。

退税商店开具《离境退税申请单》时，要核对境外旅客有效身份证件，同时将以下信息采集到离境退税管理系统：

（一）境外旅客有效身份证件信息以及其上标注或能够采集的最后入境日期；

（二）境外旅客购买的退税物品信息以及对应的增值税普通发票号码。

第十条 具有以下情形之一的，退税商店不得开具《离境退税申请单》：

（一）境外旅客不能出示本人有效身份证件；

（二）凭有效身份证件不能确定境外旅客最后入境日期的；

（三）购买日距境外旅客最后入境日超过 183 天；
（四）退税物品销售发票开具日期早于境外旅客最后入境日；
（五）销售给境外旅客的货物不属于退税物品范围；
（六）境外旅客不能出示购买退税物品的增值税普通发票（由增值税发票系统升级版开具）；
（七）同一境外旅客同一日在同一退税商店内购买退税物品的金额未达到 500 元人民币。

第十一条 退税商店在向境外旅客开具《离境退税申请单》后，如发生境外旅客退货等需作废销售发票或红字冲销等情形的，在作废销售发票的同时，需将作废或冲销发票对应的《离境退税申请单》同时作废。

第十二条 已办理离境退税的销售发票，退税商店不得作废或对该发票开具红字发票冲销。

第四章　退税代理机构的选择、变更与终止

第十三条 具备以下条件的银行，可以申请成为退税代理机构：
（一）能够在离境口岸隔离区内具备办理退税业务的场所和相关设施；
（二）具备离境退税管理系统运行的条件，能够及时、准确地向主管国税机关报送相关信息；
（三）遵守税收法律法规规定，三年内未因发生税收违法行为受到行政、刑事处理的；
（四）愿意先行垫付退税资金。

第十四条 退税代理机构由省国税局会同财政、海关等部门，按照公平、公开、公正的原则选择，并由省国税局公告。

第十五条 完成选定手续后，省国税局应与选定的退税代理机构签订服务协议，服务期限为两年。

第十六条 主管国税机关应加强对退税代理机构的管理，发现退税代理机构存在以下情形之一的，应逐级上报省国税局，省国税局会商同级财政、海关等部门后终止其退税代理服务，注销其离境退税管理系统用户：
（一）不符合本办法第十三条规定条件的情形；
（二）未按规定申报境外旅客境外退税结算；
（三）境外旅客离境退税结算申报资料未按规定留存备查；
（四）将境外旅客不符合规定的离境退税申请办理了退税，并申报境外旅客离境退税结算；
（五）在服务期间发生税收违法行为受到行政、刑事处理的；
（六）未履行与省国税局签订的服务协议。

第十七条 退税代理机构应当在离境口岸隔离区内设置专用场所，并在显著位置用中英文做出明显标识（退税代理机构标识规范见附件 4）。退税代理机构设置标识应符合海关监管要求。

第五章　离境退税的办理流程

第十八条 境外旅客离境时，应向海关办理退税物品验核确认手续。
第十九条 境外旅客向退税代理机构申请办理离境退税时，须提交以下资料：

（一）本人有效身份证件；

（二）经海关验核签章的《离境退税申请单》。

第二十条 退税代理机构接到境外旅客离境退税申请的，应首先采集申请离境退税的境外旅客本人有效身份证件信息，并在核对以下内容无误后，按海关确认意见办理退税：

（一）提供的离境退税资料齐全；

（二）《离境退税申请单》上所载境外旅客信息与采集申请离境退税的境外旅客本人有效身份证件信息一致；

（三）《离境退税申请单》经海关验核签章；

（四）境外旅客离境日距最后入境日未超过183天；

（五）退税物品购买日距离境日未超过90天；

（六）《离境退税申请单》与离境退税管理系统比对一致。

第二十一条 退税款的计算。以离境的退税物品的增值税普通发票金额（含增值税）为依据，退税率为11%，计算应退增值税额。计算公式为：

应退增值税额＝离境的退税物品销售发票金额（含增值税）×退税率

实退增值税额＝应退增值税额－退税代理机构办理退税手续费

第二十二条 退税币种为人民币。退税金额超过10000元人民币的，退税代理机构应以银行转账方式退税。退税金额未超过10000元人民币的，根据境外旅客选择，退税代理机构采用现金退税或银行转账方式退税。

境外旅客领取或者办理领取退税款时，应当签字确认《境外旅客购物离境退税收款回执单》（附件5）。

第二十三条 若离境退税管理系统因故不能及时提供相关信息比对时，退税代理机构可先按照本办法第二十一条规定计算应退增值税额，在系统可提供相关信息并比对无误后在系统中确认，并采取银行转账方式办理退税。

第二十四条 退税代理机构办理退税应于每月15日前，通过离境退税管理系统将上月为境外旅客办理离境退税金额生成《境外旅客购物离境退税结算申报表》（附件6），报送主管国税机关，作为申报境外旅客离境退税结算的依据。同时将以下资料装订成册，留存备查：

（一）《境外旅客购物离境退税结算申报表》；

（二）经海关验核签章的《离境退税申请单》；

（三）经境外旅客签字确认的《境外旅客购物离境退税收款回执单》。

第二十五条 退税代理机构首次向主管国税机关申报境外旅客离境退税结算时，应首先提交与省国税局签订的服务协议、《出口退（免）税备案表》进行备案。

第二十六条 主管国税机关对退税代理机构提交的境外旅客购物离境退税结算申报数据审核、比对无误后，按照规定开具《税收收入退还书》，向退税代理机构办理退付。省国税局应按月将离境退税情况通报同级财政机关。

第六章 信息传递与交换

第二十七条 主管国税机关、海关、退税代理机构和退税商店应传递与交换相关信息。

第二十八条 退税商店通过离境退税管理系统开具境外旅客购物离境退税申请单，并实时向主管国税机关传送相关信息。

第二十九条　退税代理机构通过离境退税管理系统为境外旅客办理离境退税，并实时向主管国税机关传送相关信息。

第七章　附　　则

第三十条　本办法自发布之日起执行。

（八）外国使领馆政策

财政部　国家税务总局
关于外国驻华使（领）馆及其馆员在华购买货物和
服务增值税退税政策的通知

(2016 年 4 月 29 日　财税〔2016〕51 号)

各省、自治区、直辖市、计划单列市财政厅（局）、国家税务局，新疆生产建设兵团财务局：

根据《维也纳外交关系公约》《维也纳领事关系公约》《中华人民共和国外交特权与豁免条例》《中华人民共和国领事特权与豁免条例》《中华人民共和国增值税暂行条例》和《财政部　国家税务总局关于全面推开营业税改征增值税试点的通知》（财税〔2016〕36号）等有关规定，现就外国驻华使（领）馆及其馆员在华购买货物和服务增值税退税政策通知如下：

一、中华人民共和国政府在互惠对等原则的基础上，对外国驻华使（领）馆及其馆员在中华人民共和国境内购买的货物和服务，实行增值税退税政策。

二、本通知第一条所称货物和服务，是指按规定征收增值税、属于合理自用范围内的生活办公类货物和服务。生活办公类货物和服务，是指为满足日常生活、办公需求购买的货物和服务。工业用机器设备、金融服务以及其他财政部和国家税务总局规定的货物和服务，不属于生活办公类货物和服务。

三、外国驻华使（领）馆及其馆员申请增值税退税的生活办公类货物和服务，应符合以下要求：

1. 除自来水、电、燃气、暖气、汽油、柴油外，购买货物申请退税单张发票的销售金额（含税价格）应当超过 800 元（含 800 元）人民币；购买服务申请退税单张发票的销售金额（含税价格）应当超过 300 元（含 300 元）人民币。

2. 使（领）馆馆员个人购买货物和服务，除车辆外，每人每年申报退税销售金额（含税价格）不超过 12 万元人民币。

3. 非增值税免税货物和服务。

四、增值税退税额，为增值税发票上注明的税额。增值税发票上未注明税额的，为按照不含税销售额和增值税征收率计算的税额。

五、本通知所称馆员，是指外国驻华使（领）馆的外交代表（领事官员）及行政技术人员，但是中国公民的或在中国永久居留的除外。外交代表（领事官员）和行政技术人员是指《中华人民共和国外交特权与豁免条例》第二十八条第（五）、（六）项和《中华人民共和国领事特权与豁免条例》第二十八条第（四）、（五）项规定的人员。

六、各国际组织驻华代表机构及其人员按照有关协定享有免税待遇的，可参照执行上述政策。

七、外国驻华使（领）馆及其馆员、国际组织驻华代表机构及其人员在华购买货物和服务增值税退税的具体管理办法，由国家税务总局商财政部、外交部另行制定。如中外双方需就退税问题另行制定协议的，由外交部商财政部、国家税务总局予以明确。

八、本通知自2016年5月1日起执行。《财政部 国家税务总局关于外国驻华使领馆及外交人员购买的自用汽柴油增值税实行零税率的通知》（财税字〔1994〕100号）、《财政部 国家税务总局关于外国驻华使（领）馆及其外交人员购买中国产物品有关退税问题的通知》（财税字〔1997〕81号）和《财政部 国家税务总局关于国际组织驻华代表机构及其官员购买中国产物品有关退税问题的通知》（财税字〔1998〕71号）同时废止。

〔注释：条款废止。自2017年10月1日起停止执行第三条第2点和第四条。参见：《财政部 国家税务总局关于外国驻华使（领）馆及其馆员在华购买货物和服务增值税退税政策有关问题的补充通知》（财税〔2017〕74号）〕

国家税务总局 外交部
关于发布《外国驻华使（领）馆及其馆员在华购买货物和服务增值税退税管理办法》的公告

（2016年8月31日 国家税务总局公告2016年第58号）

根据《财政部 国家税务总局关于外国驻华使（领）馆及其馆员在华购买货物和服务增值税退税政策的通知》（财税〔2016〕51号）等有关规定，经商财政部，国家税务总局、外交部制定了《外国驻华使（领）馆及其馆员在华购买货物和服务增值税退税管理办法》。现予发布，自2016年5月1日起执行。

附件：
1. 外国驻华使（领）馆及国际组织退税申报汇总表（见二维码88）
2. 外国驻华使（领）馆及国际组织退税申报明细表（见二维码88）

二维码88

外国驻华使（领）馆及其馆员在华购买货物和服务增值税退税管理办法

根据《中华人民共和国外交特权与豁免条例》《中华人民共和国领事特权与豁免条例》

《中华人民共和国税收征收管理法》及实施细则、《中华人民共和国增值税暂行条例》《中华人民共和国发票管理办法》《财政部　国家税务总局关于全面推开营业税改征增值税试点的通知》（财税〔2016〕36号）和《财政部　国家税务总局关于外国驻华使（领）馆及其馆员在华购买货物和服务增值税退税政策的通知》（财税〔2016〕51号）等有关规定，制定本办法。

一、外国驻华使（领）馆及其馆员（以下称享受退税的单位和人员）在中华人民共和国境内购买货物和服务增值税退税适用本办法。

享受退税的单位和人员，包括外国驻华使（领）馆的外交代表（领事官员）及行政技术人员，中国公民或者在中国永久居留的人员除外。外交代表（领事官员）和行政技术人员是指《中华人民共和国外交特权与豁免条例》第二十八条第五、六项和《中华人民共和国领事特权与豁免条例》第二十八条第四、五项规定的人员。

实行增值税退税政策的货物与服务范围，包括按规定征收增值税、属于合理自用范围内的生活办公类货物和服务（含修理修配劳务，下同）。生活办公类货物和服务，是指为满足日常生活、办公需求购买的货物和服务。工业用机器设备、金融服务以及财政部和国家税务总局规定的其他货物和服务，不属于生活办公类货物和服务。

二、下列情形不适用增值税退税政策：

（一）购买非合理自用范围内的生活办公类货物和服务；

（二）购买货物单张发票销售金额（含税价格）不足800元人民币（自来水、电、燃气、暖气、汽油、柴油除外），购买服务单张发票销售金额（含税价格）不足300元人民币；

（三）个人购买除车辆外的货物和服务，每人每年申报退税的销售金额（含税价格）超过12万元人民币的部分；

（四）增值税免税货物和服务。

三、申报退税的应退税额，为增值税发票上注明的税额。增值税发票上未注明税额的，按下列公式计算应退税额：

应退税额＝发票或客运凭证上列明的金额（含增值税）÷（1＋增值税征收率）×增值税征收率

四、外国驻华使（领）馆应在首次申报退税前，将使（领）馆馆长或其授权的外交人员（领事官员）签字字样及授权文件、享受退税人员范围、使（领）馆退税账户报外交部礼宾司备案；如有变化，应及时变更备案。外交部礼宾司将使（领）馆退税账户转送北京市国家税务局备案。

五、享受退税的单位和人员，应使用外交部指定的电子信息系统，真实、准确填报退税数据。申报退税时除提供电子申报数据外，还须提供以下资料：

（一）《外国驻华使（领）馆及国际组织退税申报汇总表》（附件1，以下简称《汇总表》）一式两份；

（二）《外国驻华使（领）馆及国际组织退税申报明细表》（附件2，以下简称《明细表》）一式两份；

（三）购买货物和服务的增值税发票原件，或纳入税务机关发票管理的客运凭证原件（国际运输客运凭证除外，以下简称退税凭证）。

享受退税的单位和人员如需返还发票原件，还应同时报送发票复印件一份，经外交部礼宾司转送北京市国家税务局。北京市国家税务局对原件审核后加盖印章，经外交部礼宾司予以退还，将复印件留存。

六、享受退税的单位和人员申报退税提供的发票应符合《中华人民共和国发票管理办法》的要求，并注明付款单位（个人）、商品名称、数量、金额、开票日期等；客运凭证应注明旅客姓名、金额、日期等。

七、享受退税的单位和人员报送的退税资料应符合以下要求：

（一）《汇总表》应由使（领）馆馆长或其授权的外交人员（领事官员）签字。

（二）《汇总表》与《明细表》逻辑关系一致。

（三）电子申报数据与纸质资料内容一致。

（四）退税凭证应按《明细表》申报顺序装订。

（五）应退税额计算准确。

八、享受退税的单位和人员，应按季度向外交部礼宾司报送退税凭证和资料申报退税，报送时间为每年的1月、4月、7月、10月；本年度购买的货物和服务（以发票开具日期为准），最迟申报不得迟于次年1月。逾期报送的，外交部礼宾司不予受理。

九、外交部礼宾司受理使（领）馆退税申报后，10个工作日内，对享受退税的单位和人员的范围进行确认，对申报时限及其他内容进行审核、签章，将各使（领）馆申报资料一并转送北京市国家税务局办理退税，并履行交接手续。

十、北京市国家税务局在接到外交部礼宾司转来的退税申报资料及电子申报数据后，10个工作日内对其完整性、规范性、准确性、合理性进行审核，并将审核通过的税款退付给使（领）馆退税账户。经审核暂缓办理、不予办理退税的，应将具体原因在电子系统中注明。

十一、对享受退税的单位和人员申报的货物与服务是否属合理自用范围或者申报凭证真实性有疑问的，税务机关应暂缓办理退税，并通过外交部礼宾司对其进行问询。

十二、税务机关如发现享受退税的单位和人员申报的退税凭证虚假或所列内容与实际交易不符的，不予退税，并通过外交部礼宾司向其通报；情况严重的，外交部礼宾司将不再受理其申报。

十三、享受退税的单位和人员购买货物和服务办理退税后，如发生退货或转让所有权、使用权等情形，须经外交部礼宾司向北京市国家税务局办理补税手续。如转让需外交部礼宾司核准的货物，外交部礼宾司应在确认转让货物未办理退税或已办理补税手续后，办理核准转让手续。

十四、如中外双方需就退税问题另行制定协议的，由外交部商财政部、国家税务总局予以明确。

十五、各国际组织驻华代表机构及其人员按照有关协定享有免税待遇的，可参照本办法执行。

本办法自2016年5月1日起执行，以发票开具日期或客运凭证载明的乘运日期为准。《国家税务总局外交部关于印发〈外国驻华使（领）馆及其人员在华购买物品和劳务退还增值税管理办法〉的通知》（国税发〔2003〕20号）同时废止。《国家税务总局关于调整外国驻华使领馆及外交人员自用免税汽柴油管理办法的通知》（国税函〔2003〕1346号）自2016年10月1日起停止执行。

[注释：条款废止。自 2017 年 10 月 1 日起废止第二条第（三）项。参见：《关于外国驻华使（领）馆及其馆员在华购买货物和服务增值税退税管理有关问题的公告》（国家税务总局公告 2017 年第 39 号）]

财政部　国家税务总局
关于外国驻华使（领）馆及其馆员在华购买货物和服务增值税退税政策有关问题的补充通知

（2017 年 9 月 29 日　财税〔2017〕74 号）

各省、自治区、直辖市、计划单列市财政厅（局）、国家税务局，新疆生产建设兵团财务局：

经研究，现就《财政部　国家税务总局关于外国驻华使（领）馆及其馆员在华购买货物和服务增值税退税政策的通知》（财税〔2016〕51 号）有关问题补充通知如下：

一、使（领）馆馆员个人购买货物和服务，除车辆和房租外，每人每年申报退税销售金额（含税价格）不超过 18 万元人民币。

二、使（领）馆及其馆员购买货物和服务，增值税退税额为发票上注明的税额，发票上未注明税额的，为按照不含税销售额和增值税征收率计算的税额。购买电力、燃气、汽油、柴油，发票上未注明税额的，增值税退税额为按照不含税销售额和相关产品增值税适用税率计算的税额。

三、本通知自 2017 年 10 月 1 日起执行。具体以退税申报受理的时间为准。《财政部　国家税务总局关于外国驻华使（领）馆及其馆员在华购买货物和服务增值税退税政策的通知》（财税〔2016〕51 号）第三条第 2 点和第四条同时停止执行。

国家税务总局　外交部
关于外国驻华使（领）馆及其馆员在华购买货物和服务增值税退税管理有关问题的公告

（2017 年 10 月 31 日　国家税务总局　外交部公告 2017 年第 39 号）

根据《财政部　国家税务总局关于外国驻华使（领）馆及其馆员在华购买货物和服务增值税退税政策有关问题的补充通知》（财税〔2017〕74 号）规定，现将外国驻华使（领）馆及其馆员在华购买货物和服务增值税退税有关管理事项公告如下：

一、使（领）馆馆员个人购买货物和服务，除车辆和房租外，每人每年申报退税销售金额（含税价格）超过 18 万元人民币的部分，不适用增值税退税政策。

二、使（领）馆及其馆员购买电力、燃气、汽油、柴油，发票上未注明税额的，增值税应退税额按不含税销售额和相关产品增值税适用税率计算，计算公式为：

增值税应退税额 = 发票金额（含增值税）÷（1 + 增值税适用税率）× 增值税适用税率

三、本公告自 2017 年 10 月 1 日起执行。具体以退税申报受理的时间为准。《外国驻华使（领）馆及其馆员在华购买货物和服务增值税退税管理办法》（国家税务总局　外交部公告 2016 年第 58 号发布）第二条第（三）项同时废止。

（九）融资租赁政策

财政部　海关总署　国家税务总局
关于在全国开展融资租赁货物出口退税政策试点的通知

（2014 年 9 月 1 日　财税〔2014〕62 号）

各省、自治区、直辖市、计划单列市财政厅（局）、国家税务局，海关总署广东分署、各直属海关，新疆生产建设兵团财务局：

为落实《国务院办公厅关于支持外贸稳定增长的若干意见》（国办发〔2014〕19 号）的有关要求，决定将现行在天津东疆保税港区试点的融资租赁货物出口退税政策扩大到全国统一实施。现将有关政策通知如下：

一、政策内容及适用范围

（一）对融资租赁出口货物试行退税政策。对融资租赁企业、金融租赁公司及其设立的项目子公司（以下统称融资租赁出租方），以融资租赁方式租赁给境外承租人且租赁期限在 5 年（含）以上，并向海关报关后实际离境的货物，试行增值税、消费税出口退税政策。

融资租赁出口货物的范围，包括飞机、飞机发动机、铁道机车、铁道客车车厢、船舶及其他货物，具体应符合《中华人民共和国增值税暂行条例实施细则》（财政部　国家税务总局令第 50 号）第二十一条"固定资产"的相关规定。

（二）对融资租赁海洋工程结构物试行退税政策。对融资租赁出租方购买的，并以融资租赁方式租赁给境内列名海上石油天然气开采企业且租赁期限在 5 年（含）以上的国内生产企业生产的海洋工程结构物，视同出口，试行增值税、消费税出口退税政策。

海洋工程结构物范围、退税率以及海上石油天然气开采企业的具体范围按照《财政部　国家税务总局关于出口货物劳务增值税和消费税政策的通知》（财税〔2012〕39 号）有关规定执行。

（三）上述融资租赁出口货物和融资租赁海洋工程结构物不包括在海关监管年限内的进口减免税货物。

二、退税的计算和办理

（一）融资租赁出租方将融资租赁出口货物租赁给境外承租方、将融资租赁海洋工程结构物租赁给海上石油天然气开采企业，向融资租赁出租方退还其购进租赁货物所含增值税。融资租赁出口货物、融资租赁海洋工程结构物（以下统称融资租赁货物）属于消费税应税消费品的，向融资租赁出租方退还前一环节已征的消费税。

（二）计算公式为：

增值税应退税额＝购进融资租赁货物的增值税专用发票注明的金额或海关（进口增值税）专用缴款书注明的完税价格×融资租赁货物适用的增值税退税率

融资租赁出口货物适用的增值税退税率，按照统一的出口货物适用退税率执行。从增值税一般纳税人购进的按简易办法征税的融资租赁货物和从小规模纳税人购进的融资租赁货物，其适用的增值税退税率，按照购进货物适用的征收率和退税率孰低的原则确定。

消费税应退税额＝购进融资租赁货物税收（出口货物专用）缴款书上或海关进口消费税专用缴款书上注明的消费税税额

（三）融资租赁出租方应当按照主管税务机关的要求办理退税认定和申报增值税、消费税退税。

（四）融资租赁出租方在进行融资租赁出口货物报关时，应在海关出口报关单上填写"租赁货物（1523）"方式。海关依融资租赁出租方申请，对符合条件的融资租赁出口货物办理放行手续后签发出口货物报关单（出口退税专用，以下称退税证明联），并按规定向国家税务总局传递退税证明联相关电子信息。对海关特殊监管区域内已退增值税、消费税的货物，以融资租赁方式离境时，海关不再签发退税证明联。

（五）融资租赁出租方凭购进融资租赁货物的增值税专用发票或海关进口增值税专用缴款书、与承租人签订的融资租赁合同、退税证明联或向海洋工程结构物承租人开具的发票以及主管税务机关要求出具的其他要件，向主管税务机关申请办理退税手续。上述用于融资租赁货物退税的增值税专用发票或海关进口增值税专用缴款书，不得用于抵扣内销货物应纳税额。

融资租赁货物属于消费税应税货物的，若申请退税，还应提供有关消费税专用缴款书。

（六）对承租期未满而发生退租的融资租赁货物，融资租赁出租方应及时主动向税务机关报告，并按规定补缴已退税款，对融资租赁出口货物，再复进口时融资租赁出租方应按照规定向海关办理复运进境手续并提供主管税务机关出具的货物已补税或未退税证明，海关不征收进口关税和进口环节税。

三、有关定义

本通知所述融资租赁企业，仅包括金融租赁公司、经商务部批准设立的外商投资融资租赁公司、经商务部和国家税务总局共同批准开展融资业务试点的内资融资租赁企业、经商务部授权的省级商务主管部门和国家经济技术开发区批准的融资租赁公司。

本通知所述金融租赁公司，仅包括经中国银行业监督管理委员会批准设立的金融租赁公司。

本通知所称融资租赁，是指具有融资性质和所有权转移特点的有形动产租赁活动。即出租人根据承租人所要求的规格、型号、性能等条件购入有形动产租赁给承租人，合同期内有形动产所有权属于出租人，承租人只拥有使用权，合同期满付清租金后，承租人有权按照残值购入有形动产，以拥有其所有权。不论出租人是否将有形动产残值销售给承租人，均属于融资租赁。

四、融资租赁货物退税的具体管理办法由国家税务总局另行制定。

五、本通知自2014年10月1日起执行。融资租赁出口货物的，以退税证明联上注明的出口日期为准；融资租赁海洋工程结构物的，以融资租赁出租方收取首笔租金时开具的发票日期为准。

国家税务总局
关于发布《融资租赁货物出口退税管理办法》的公告

（2014年10月8日　国家税务总局公告2014年第56号）

根据《财政部　海关总署　国家税务总局关于在全国开展融资租赁货物出口退税政策试点的通知》（财税〔2014〕62号），国家税务总局制定了《融资租赁货物出口退税管理办法》。现予以公布，自2014年10月1日起施行。

融资租赁货物出口退税管理办法

第一章　总　则

第一条　根据《财政部　海关总署　国家税务总局关于在全国开展融资租赁货物出口退税政策试点的通知》（财税〔2014〕62号）的规定，制定本办法。

第二条　享受出口退税政策的融资租赁企业（以下称融资租赁出租方）的主管国家税务局负责出口退（免）税资格的认定及融资租赁出口货物、融资租赁海洋工程结构物（以下称融资租赁货物）的出口退税审核、审批等管理工作。

第三条　享受出口退税的融资租赁出租方和融资租赁货物的范围、条件以及出口退税的具体计算办法按照财税〔2014〕62号文件相关规定执行。

第二章　税务登记、出口退（免）税资格认定管理

第四条　融资租赁出租方在所在地主管国家税务局办理税务登记及出口退（免）税资格认定后，方可申报融资租赁货物出口退税。

第五条　融资租赁出租方应在首份融资租赁合同签订之日起30日内，到主管国家税务局办理出口退（免）税资格认定，除提供《国家税务总局关于发布〈出口货物劳务增值税和消费税管理办法〉的公告》（国家税务总局公告2012年第24号）规定的资料外（仅经营海洋工程结构物融资租赁的，可不提供《对外贸易经营者备案登记表》或《中华人民共和国外商投资企业批准证书》、中华人民共和国海关进出口货物收发货人报关注册登记证书），还应提供以下资料：

（一）从事融资租赁业务的资质证明；

（二）融资租赁合同（有法律效力的中文版）；

（三）税务机关要求提供的其他资料。

本办法发布前已签订融资租赁合同的融资租赁出租方，可向主管国家税务局申请补办出口退税资格的认定手续。

第六条 融资租赁出租方退（免）税认定变更及注销，按照国家税务总局公告2012年第24号等有关规定执行。

第三章 退税申报、审核管理

第七条 融资租赁出租方应在融资租赁货物报关出口之日或收取融资租赁海洋工程结构物首笔租金开具发票之日次月起至次年4月30日前的各增值税纳税申报期内，收齐有关凭证，向主管国家税务局办理融资租赁货物增值税、消费税退税申报。

第八条 融资租赁出租方申报融资租赁货物退税时，应将不同融资租赁合同项下的融资租赁货物分别申报，在申报表的明细表中"退（免）税业务类型"栏内填写"RZZL"，并提供以下资料：

（一）融资租赁出口货物的，提供出口货物报关单（出口退税专用）；

（二）融资租赁海洋工程结构物的，提供向海洋工程结构物承租人收取首笔租金时开具的发票；

（三）购进融资租赁货物取得的增值税专用发票（抵扣联）或海关（进口增值税）专用缴款书。融资租赁货物属于消费税应税货物的，还应提供消费税税收（出口货物专用）缴款书或海关（进口消费税）专用缴款书；

（四）与承租人签订的租赁期在5年（含）以上的融资租赁合同（有法律效力的中文版）；

（五）融资租赁海洋工程结构物的，提供列名海上石油天然气开采企业收货清单；

（六）税务机关要求提供的其他资料。

第九条 融资租赁出租方购进融资租赁货物取得的增值税专用发票、海关（进口增值税）专用缴款书已申报抵扣的，不得申报退税。已申报退税的增值税专用发票、海关（进口增值税）专用缴款书，融资租赁出租方不得再申报进项税额抵扣。

第十条 属于增值税一般纳税人的融资租赁出租方购进融资租赁货物取得的增值税专用发票，融资租赁出租方应在规定的认证期限内办理认证手续。

第十一条 主管国家税务局应按照财税〔2014〕62号文件规定的计算方法审核、审批融资租赁货物退税。

第十二条 对融资租赁出租方申报退税提供的增值税专用发票，如融资租赁出租方为增值税一般纳税人，主管国家税务局在增值税专用发票稽核信息比对无误后，方可办理退税；如融资租赁方为非增值税一般纳税人，主管国家税务局应发函调查，在确认增值税专用发票真实、按规定申报纳税后，方可办理退税。

第十三条 对承租期未满而发生退租的融资租赁货物，融资租赁出租方应及时主动向主管国家税务局报告，并按下列规定补缴已退税款：

（一）对上述融资租赁出口货物再复进口时，主管国家税务局应按规定追缴融资租赁出租方的已退税款，并对融资租赁出口货物出具货物已补税或未退税证明；

（二）对融资租赁海洋工程结构物发生退租的，主管国家税务局应按规定追缴融资租赁出租方的已退税款。

第四章 附 则

第十四条 融资租赁出租方采取假冒出口退（免）税资格、伪造或擅自涂改融资租赁合同、提供虚假退税申报资料等手段骗取退税款的，按照有关法律、法规处理。

第十五条 融资租赁货物出口退税，本办法未作规定的，按照视同出口货物的有关规定执行。

第十六条 本办法自 2014 年 10 月 1 日起施行。融资租赁出口货物的，以出口货物报关单（出口退税专用）上注明的出口日期为准；融资租赁海洋工程结构物的，以融资租赁出租方收取首笔租金时开具的发票日期为准。《国家税务总局关于发布〈天津东疆保税港区融资租赁货物出口退税管理办法〉的公告》（国家税务总局公告 2012 年第 39 号）同时废止。

财政部 海关总署 国家税务总局
关于融资租赁货物出口退税政策有关问题的通知

（2016 年 8 月 2 日 财税〔2016〕87 号）

各省、自治区、直辖市、计划单列市财政厅（局）、国家税务局，海关总署广东分署、各直属海关，新疆生产建设兵团财务局：

经研究，现将融资租赁货物出口退税政策有关问题通知如下：

一、《财政部 海关总署 国家税务总局关于在全国开展融资租赁货物出口退税政策试点的通知》（财税〔2014〕62 号）第一条第一项中的"融资租赁企业、金融租赁公司及其设立的项目子公司"，包括融资租赁企业、金融租赁公司，以及上述企业、公司设立的项目子公司。

二、融资租赁企业，是指经商务部批准设立的外商投资融资租赁公司、经商务部和国家税务总局共同批准开展融资业务试点的内资融资租赁企业、经商务部授权的省级商务主管部门和国家经济技术开发区批准的融资租赁公司。

金融租赁公司，是指中国银行业监督管理委员会批准设立的金融租赁公司。

（十）市场采购贸易方式出口政策

国家税务总局
关于发布《市场采购贸易方式出口货物免税
管理办法（试行）》的公告

（2015 年 12 月 17 日 国家税务总局公告 2015 年第 89 号）

为规范统一市场采购贸易方式出口货物免税管理，国家税务总局制定了《市场采购贸易方式出口货物免税管理办法（试行）》，现予发布，自公布之日起施行。

市场采购贸易方式出口货物免税管理办法（试行）

第一条 为规范市场采购贸易方式出口货物的免税管理，根据《中华人民共和国税收征收管理法》、《中华人民共和国增值税暂行条例》及其实施细则、《国务院办公厅关于促进进出口稳定增长的若干意见》（国办发〔2015〕55 号），以及《财政部 国家税务总局关于出口货物劳务增值税和消费税政策的通知》（财税〔2012〕39 号）和《国家税务总局关于发布〈出口货物劳务增值税和消费税管理办法〉的公告》（国家税务总局公告 2012 年第 24 号）等规定，制定本办法。

第二条 本办法所称市场采购贸易方式出口货物，是指经国家批准的专业市场集聚区内的市场经营户（以下简称市场经营户）自营或委托从事市场采购贸易经营的单位（以下简称市场采购贸易经营者），按照海关总署规定的市场采购贸易监管办法办理通关手续，并纳入涵盖市场采购贸易各方经营主体和贸易全流程的市场采购贸易综合管理系统管理的货物（国家规定不适用市场采购贸易方式出口的商品除外）。

第三条 市场经营户自营或委托市场采购贸易经营者以市场采购贸易方式出口的货物免征增值税。

第四条 委托出口的市场经营户应与市场采购贸易经营者签订《委托代理出口货物协议》。受托出口的市场采购贸易经营者在货物报关出口后，应在规定的期限内向主管国税机关申请开具《代理出口货物证明》。

第五条 市场经营户或市场采购贸易经营者应按以下要求时限，在市场采购贸易综合管理系统中准确、及时录入商品名称、规格型号、计量单位、数量、单价和金额等相关内容形成交易清单。

（一）自营出口，市场经营户应当于同外商签订采购合同时自行录入；

（二）委托出口，市场经营户将货物交付市场采购贸易经营者时自行录入，或由市场采购贸易经营者录入。

第六条 市场经营户应在货物报关出口次月的增值税纳税申报期内按规定向主管国税机关办理市场采购贸易出口货物免税申报；委托出口的，市场采购贸易经营者可以代为办理免税申报手续。

第七条 税务机关应当利用海关相关数据和市场采购贸易综合管理系统相关信息，结合实际情况，加强市场采购贸易方式出口货物免税管理工作。

第八条 市场经营户未按本办法规定在市场采购贸易综合管理系统中录入商品名称等相关内容、办理免税申报或签订《委托代理出口货物协议》或者存在其他违反税收管理行为的，主管国税机关可以告知有关主管部门停止其使用市场采购贸易综合管理系统。

第九条 市场采购贸易经营者未按规定申请开具《代理出口货物证明》或未按本办法规定在市场采购贸易综合管理系统中录入商品名称等相关内容，或者存在其他违反税收管理行为的，主管国税机关除按《中华人民共和国税收征收管理法》及其实施细则规定进行处理外，可告知有关主管部门停止其使用市场采购贸易综合管理系统。

第十条 未纳入本办法规定的其他货物出口事项，依照相关规定执行。

第十一条 经国务院批准开展市场采购贸易方式试点的市场集聚区，其市场采购贸易综合管理系统的免税管理系统经国家税务总局验收后，出口货物免税管理事项执行本办法规定，不实行免税资料备查管理和备案单证管理。

第十二条 本办法自公布之日起施行。《国家税务总局关于浙江省义乌市市场采购贸易方式出口货物免税管理试行办法的批复》（税总函〔2013〕547号）同时废止。

（十一）特定区域政策

财政部　海关总署　国家税务总局
关于横琴　平潭开发有关增值税和消费税政策的通知

（2014年6月11日　财税〔2014〕51号）

（正文编者略）
一、增值税和消费税退税政策。
八、本通知自相关监管设施验收合格、正式开关运行之日起执行。增值税和消费税退税政策的执行时间，以出口货物报关单（出口退税专用）上注明的出口日期为准。

（十二）研发机构采购国产设备政策

财政部　商务部　税务总局
关于继续执行研发机构采购设备增值税政策的公告

（2019年11月11日　财政部　商务部　税务总局公告2019年第91号）

为了鼓励科学研究和技术开发，促进科技进步，继续对内资研发机构和外资研发中心采购国产设备全额退还增值税。现将有关事项公告如下：

一、适用采购国产设备全额退还增值税政策的内资研发机构和外资研发中心包括：

（一）科技部会同财政部、海关总署和税务总局核定的科技体制改革过程中转制为企业和进入企业的主要从事科学研究和技术开发工作的机构；

（二）国家发展改革委会同财政部、海关总署和税务总局核定的国家工程研究中心；

（三）国家发展改革委会同财政部、海关总署、税务总局和科技部核定的企业技术中心；

（四）科技部会同财政部、海关总署和税务总局核定的国家重点实验室（含企业国家重点实验室）和国家工程技术研究中心；

（五）科技部核定的国务院部委、直属机构所属从事科学研究工作的各类科研院所，以及各省、自治区、直辖市、计划单列市科技主管部门核定的本级政府所属从事科学研究工作的各类科研院所；

（六）科技部会同民政部核定或者各省、自治区、直辖市、计划单列市及新疆生产建设兵团科技主管部门会同同级民政部门核定的科技类民办非企业单位；

（七）工业和信息化部会同财政部、海关总署、税务总局核定的国家中小企业公共服务示范平台（技术类）；

（八）国家承认学历的实施专科及以上高等学历教育的高等学校（以教育部门户网站公布名单为准）；

（九）符合本公告第二条规定的外资研发中心；

（十）财政部会同国务院有关部门核定的其他科学研究机构、技术开发机构和学校。

二、外资研发中心，根据其设立时间，应分别满足下列条件：

（一）2009年9月30日及其之前设立的外资研发中心，应同时满足下列条件：

1. 研发费用标准：（1）对外资研发中心，作为独立法人的，其投资总额不低于500万美元；作为公司内设部门或分公司的非独立法人的，其研发总投入不低于500万美元；（2）企业研发经费年支出额不低于1000万元。

2. 专职研究与试验发展人员不低于90人。

3. 设立以来累计购置的设备原值不低于1000万元。

（二）2009年10月1日及其之后设立的外资研发中心，应同时满足下列条件：

1. 研发费用标准：作为独立法人的，其投资总额不低于800万美元；作为公司内设部门或分公司的非独立法人的，其研发总投入不低于800万美元。

2. 专职研究与试验发展人员不低于150人。

3. 设立以来累计购置的设备原值不低于2000万元。

外资研发中心须经商务主管部门会同有关部门按照上述条件进行资格审核认定。具体审核认定办法见附件1。在2018年12月31日（含）以前，初次取得退税资格或通过资格复审未满2年的，可继续享受至2年期满。

三、经核定的内资研发机构、外资研发中心，发生重大涉税违法失信行为的，不得享受退税政策。具体退税管理办法由税务总局会同财政部另行制定。相关研发机构的牵头核定部门应及时将内资研发机构、外资研发中心的新设、变更及撤销名单函告同级税务部门，并注明相关资质起止时间。

四、本公告的有关定义

（一）本公告所述"投资总额"，是指商务主管部门发放的外商投资企业批准证书或设立、变更备案回执等文件所载明的金额。

（二）本公告所述"研发总投入"，是指外商投资企业专门为设立和建设本研发中心而投入的资产，包括即将投入并签订购置合同的资产（应提交已采购资产清单和即将采购资产的合同清单）。

（三）本公告所述"研发经费年支出额"，是指近两个会计年度研发经费年均支出额；不足两个完整会计年度的，可按外资研发中心设立以来任意连续12个月的实际研发经费支出额计算；现金与实物资产投入应不低于60%。

（四）本公告所述"专职研究与试验发展人员"，是指企业科技活动人员中专职从事基础研究、应用研究和试验发展三类项目活动的人员，包括直接参加上述三类项目活动的人员以及相关专职科技管理人员和为项目提供资料文献、材料供应、设备的直接服务人员，上述人员须与外资研发中心或其所在外商投资企业签订1年以上劳动合同，以外资研发中心提交申请的前一日人数为准。

（五）本公告所述"设备"，是指为科学研究、教学和科技开发提供必要条件的实验设备、装置和器械。在计算累计购置的设备原值时，应将进口设备和采购国产设备的原值一并计入，包括已签订购置合同并于当年内交货的设备（应提交购置合同清单及交货期限），上述采购国产设备应属于本公告《科技开发、科学研究和教学设备清单》所列设备（见附件2）。对执行中国产设备范围存在异议的，由主管税务机关逐级上报税务总局商财政部核定。

五、本公告规定的税收政策执行期限为2019年1月1日至2020年12月31日，具体从内资研发机构和外资研发中心取得退税资格的次月1日起执行。《财政部　商务部　国家税务总局关于继续执行研发机构采购设备增值税政策的通知》（财税〔2016〕121号）同时废止。

附件：
1. 外资研发中心采购国产设备退税资格审核认定办法（见二维码89）
2. 科技开发、科学研究和教学设备清单（见二维码89）

四、出口退税其他政策

国家税务总局　对外贸易经济合作部
关于境外带料加工装配业务有关出口退税问题的通知

（1999年5月11日　国税发〔1999〕76号）

各省、自治区、直辖市和计划单列市国家税务局、外经贸委（厅、局），中央管理的外经贸企业：

为鼓励企业到境外开展带料加工装配业务，根据《国务院办公厅转发外经贸部、国家经贸委、财政部关于鼓励企业开展境外带料加工装配业务意见的通知》（国办发〔1999〕17号）精神，现就境外带料加工装配业务有关出口退税问题通知如下：

一、境外带料加工装配业务是指我国企业以现有技术、设备投资为主，在境外以加工装配的形式，带动和扩大国内设备、技术、零部件、原材料出口的国际经贸合作方式。

二、对境外带料加工装配业务所使用（含实物性投资，下同）的出境设备、原材料和散件，实行出口退税。退税率按国家统一规定的退税率执行。

三、对境外带料加工装配业务方式出口的货物，依以下计算公式计算其应退税额：

应退税额＝增值税专用发票所列明的金额（进口设备为海关代征增值税专用缴款书列明的完税价格，下同）×适用退税率其中境外带料加工装配业务中使用的二手设备应退税率计算公式为：

应退税率＝增值税专用发票列明的金额×设备折余价值÷设备原值×适用退税率

设备折余价值＝设备原值－已提折旧

设备原值和已提折旧按企业会计核算数据计算。

二手设备如是1994年1月1日以前购进的，应退税额按以下公式计算：

应退税额＝购货发票列明的金额÷（1＋扣除率）×设备折余价值÷设备原值×适用退税率

上述公式中的扣除率为购货时的货物征税税率。

四、对境外带料加工装配业务方式出口的货物，出口企业在申报退税时，须提供以下凭证：

（一）出口货物报关单（出口退税联）；

（二）增值税专用发票（进口设备为海关代征增值税专用缴款书）；

（三）税收（出口货物专用）缴款书（二手设备和进口设备免于提供）；

（四）境外带料加工装配企业批准证书（复印件）等。

五、本通知自文到之日起执行。

国家税务总局　海关总署
关于对外承接外轮修理修配业务有关退税问题的通知

（1998年5月27日　国税发〔1998〕87号）

为加强对外承接外轮修理修配业务的管理，方便出口企业办理退税申请，经研究决定：从1998年7月1日起，对出口企业对外承接修理修配的外轮，在其修理完毕报关出口时，对该业务中使用国产零部件、原材料按一般贸易另填报关单，海关经审核，按法规签发《出口货物报关单（出口退税联）》，并作一般贸易出口贸易统计。在1998年7月1日以前已完工复出口的上述业务，仍按《财政部　国家税务总局关于出口货物税收若干问题的补充通知》（财税字〔1997〕14号）第十条的法规办理退税。凡不能按照退税管理体制办法法规提供有关单证原件的，各地主管退税部门一律不得受理出口企业的退税申请。

财政部　国家税务总局
关于生产企业出口货物实行免抵退税办法后有关
城市维护建设税教育费附加政策的通知

（2005年2月25日　财税〔2005〕25号）

各省、自治区、直辖市、计划单列市财政厅（局）、地方税务局，新疆生产建设兵团财务局：

经国务院批准，现就生产企业出口货物全面实行免抵退税办法后，城市维护建设税、教育费附加的政策明确如下：

一、经国家税务局正式审核批准的当期免抵的增值税税额应纳入城市维护建设税和教育费附加的计征范围，分别按规定的税（费）率征收城市维护建设税和教育费附加。

二、2005年1月1日前，已按免抵的增值税税额征收的城市维护建设税和教育费附加不再退还，未征的不再补征。

三、本通知自2005年1月1日起执行。

国家税务总局
关于纳税人既享受增值税即征即退、先征后退政策又享受免抵退税政策有关问题的公告

（2011年12月1日 国家税务总局公告2011年第69号）

现将纳税人既享受增值税即征即退、先征后退政策又享受免抵退税政策有关问题公告如下：

一、纳税人既有增值税即征即退、先征后退项目，也有出口等其他增值税应税项目的，增值税即征即退和先征后退项目不参与出口项目免抵退税计算。纳税人应分别核算增值税即征即退、先征后退项目和出口等其他增值税应税项目，分别申请享受增值税即征即退、先征后退和免抵退税政策。

二、用于增值税即征即退或者先征后退项目的进项税额无法划分的，按照下列公式计算：

无法划分进项税额中用于增值税即征即退或者先征后退项目的部分 = 当月无法划分的全部进项税额 × 当月增值税即征即退或者先征后退项目销售额 ÷ 当月全部销售额、营业额合计

本公告自2012年1月1日起执行。《国家税务总局关于飞机维修业务增值税问题的批复》（国税函〔2008〕842号）、《国家税务总局关于飞机维修业务增值税处理方式的公告》（2011年第5号）同时废止。

国家税务总局
关于企业出口集装箱有关退（免）税问题的公告

（2014年10月21日 国家税务总局公告2014年第59号）

经研究，就明确企业出口新造集装箱退（免）税问题，现公告如下：

一、企业出口给外商的新造集装箱，交付到境内指定堆场，并取得出口货物报关单（出口退税专用），同时符合其他出口退（免）税规定的，准予按照现行规定办理出口退（免）税。

二、2014年及以后年度出口的，适用本公告。

财政部 国家税务总局
关于对化肥恢复征收增值税政策的补充通知

(2015年8月28日 财税〔2015〕97号)

各省、自治区、直辖市、计划单列市财政厅（局）、国家税务局，新疆生产建设兵团财务局：

为解决化肥恢复征收增值税以前库存化肥的增值税问题，现就《财政部 海关总署 国家税务总局关于对化肥恢复征收增值税政策的通知》（财税〔2015〕90号）补充通知如下：

一、自2015年9月1日起至2016年6月30日，对增值税一般纳税人销售的库存化肥，允许选择按照简易计税方法依照3%征收率征收增值税。

二、化肥属于取消出口退（免）税的货物，仍按照《财政部 国家税务总局关于出口货物劳务增值税和消费税政策的通知》（财税〔2012〕39号）规定，其出口视同内销征收增值税。出口日期，以出口货物报关单（出口退税专用）上注明的出口日期为准。

出口的库存化肥，适用本通知第一条的规定。

三、纳税人应当单独核算库存化肥的销售额，未单独核算的，不得适用简易计税方法。

四、本通知所称的库存化肥，是指纳税人2015年8月31日前生产或购进的尚未销售的化肥。

五、《财政部 国家税务总局关于农民专业合作社有关税收政策的通知》（财税〔2008〕81号）第三条关于"化肥"的规定自2015年9月1日起停止执行。

财政部 税务总局 海关总署
关于对国际航行船舶加注燃料油实行出口退税政策的公告

(2020年1月22日 财政部 税务总局 海关总署公告2020年第4号)

将国际航行船舶加注燃料油出口退税政策公告如下：

一、对国际航行船舶在我国沿海港口加注的燃料油，实行出口退（免）税政策，增值税出口退税率为13%。

本公告所述燃料油，是指产品编码为"27101922"的产品。

二、海关对进入出口监管仓为国际航行船舶加注的燃料油出具出口货物报关单，纳税人凭此出口货物报关单等相关材料向税务部门申报出口退（免）税。

三、本公告自2020年2月1日起施行。本公告所述燃料油适用的退税率，以出口货物报关单上注明的出口日期界定。

五、出口退税管理制度

（一）出口退（免）税基础管理

国家税务总局
关于出口商品使用发票有关问题的通知

（1999年10月21日　国税发〔1999〕200号）

各省、自治区、直辖市和计划单列市国家税务局：

目前，各地税务机关管理出口发票的方式不统一，有的执行《国家税务总局关于外商投资企业和外国企业出口商品使用发票问题的通知》（国税发〔1994〕84号），不套印发票监制章，有的则根据发票管理的需要，套印发票监制章。为了统一全国出口发票管理方式，加强对企业的财务监督，如实反映企业的进出口业务，经研究，总局决定从2000年1月1日起，对外商投资企业和外国企业出口商品所使用的发票由税务机关统一印制，套印发票监制章，并在发票右上角标明"出口专用"字样。国家税务总局国税发〔1994〕84号文，到2000年1月1日停止执行。

国家税务总局
关于使用增值税专用发票认证信息审核出口退税的紧急通知

（2004年1月21日　国税函〔2004〕133号）

为进一步加强出口退税管理，提高出口退税工作效率，根据《国家税务总局关于使用增值税专用发票电子信息审核出口退税有关事项的通知》（国税函〔2003〕995号）和《国家税务总局关于出口货物专用税票电子信息审核有关问题的通知》（国税函〔2003〕1392号）文件规定，经研究，国家税务总局决定对外贸企业2004年1月1日以后报关出口的货物（以出口货物报关单〈出口退税专用联〉上注明的出口日期为准，下同）使用增值税专用发票认证信息审核办理出口退税。现将有关事项通知如下：

一、对外贸企业2004年1月1日以后报关出口的货物，外贸企业向其主管退税机关申报办理退税时，须按2004年新版出口退税电子申报系统录入以增值税专用发票（或普通发票）内容为主的进货凭证数据，不再录入增值税"税收（出口货物专用）缴款书"或"出口货物完税分割单"（以下简称增值税专用税票）的内容，但对国税函〔2003〕1392号文件第二条规定的出口货物仍需录入增值税专用税票号码。

二、对外贸企业2004年1月1日以后报关出口的货物，退税机关在审核退税时，凡外贸企业提供2003年8月1日（以开票日期为准）以后增值税防伪税控系统开具的增值税专用发票，必须通过2004年新版出口退税审核系统审核。审核无误的方可按现行出口退税规定退税；凡外贸企业提供2003年8月1日（以开票日期为准）以前开具的增值税专用发票或普通发票，仍按国税函〔2003〕1392号文件第二条的规定审核办理退税。

三、对机电产品中标企业2004年1月1日（以开票日期为准）以后申报退税时，提供的是增值税防伪税控系统开具的增值税专用发票，退税机关必须通过2004年新版出口退税审核系统与该增值税专用发票认证信息进行电子对审，对审无误的方可按现行出口退税规定退税；提供的是非增值税防伪税控系统开具的增值税专用发票，退税机关仍应对该企业申报的增值税专用税票与总局下发的电子信息进行审核，审核无误，方可按现行规定办理退税。

四、退税机关使用增值税专用发票认证信息审核办理外贸企业（包括机电产品中标企业，下同）退税后三个月内，将该笔退税的增值税专用发票认证信息与按国税函〔2003〕995号文件有关规定取得的总局下传增值税专用发票稽核、协查信息进行比对，比对不符的按下列规定处理：

（一）凡属于国税函〔2003〕995号文件第四条第一款规定协查有误发票信息或增值税专用发票认证信息与稽核、协查信息中相符发票、协查无误发票信息比对不符的，一律追回该笔出口货物已退税款。

（二）凡属于国税函〔2003〕995号文件第四条第二款规定，应立即暂停办理该外贸企业退税业务，并按该条款的规定进行处理。

五、对下列外贸企业，退税机关在审核出口退税时按以下规定处理：

（一）对于2004年1月1日以后取得进出口经营权的外贸企业，退税机关自审核该企业申报第一笔出口退税业务的一年内，在按本通知第二、三条规定使用增值税专用发票认证信息电子对审通过后，暂不办理退税，必须按本通知第四条规定将增值税专用发票稽核、协查信息与认证信息比对通过后，方可办理退税。

（二）对于按本通知二、三条规定使用增值税专用发票认证信息电子对审通过后，仍对外贸企业出口货物有疑问的，可暂不办理退税，待按本通知第四条规定将增值税专用发票稽核、协查信息与认证信息比对通过后，办理退税。

六、增值税专用发票认证信息传递办法

（一）总局提供了《增值税专用发票认证信息导出与传递技术方案》（附件），各地应根据该方案，结合本地区出口退税审核、审批的管理模式，确定增值税专用发票认证信息传递办法，并于2004年2月5日前将本地区确定的增值税专用发票认证信息传递办法上报总局（信息中心）。

（二）各地制定的增值税专用发票认证信息传递办法必须符合以下原则：

1. 增值税专用发票认证信息传递工作由各级国税局信息中心牵头负责，退税、流转税、征管部门予以配合，必须建立税务系统内部增值税专用发票认证发票信息传递的规则，建立岗位责任制和过错追究制度。

2. 自2004年1月起，各级国税局信息中心必须及时将增值税专用发票认证信息传递给外贸企业的主管退税机关，具体办法由各地自定但必须确保能够及时办理退税。

七、外贸企业申报应退消费税出口货物，退税机关仍按现行出口退税规定办理退税。

八、2004年开始使用增值税专用发票认证信息审核出口退税是出口退税管理的一项重要改革，各地应高度重视，认真抓好落实工作。同时，总局也将组成督查组对各地开展此项工作情况进行督查。

[注释：条款废止。自2006年4月30日起废止第六条（一）、附件《增值税专用发票认证信息导出与传递技术方案》。参见：《国家税务总局关于发布已失效或废止的税收规范性文件目录的通知》（国税发〔2006〕62号）]

国家税务总局
关于加工贸易纸质手册电子化有关出口退税
管理工作的通知

（2009年8月26日　国税函〔2009〕449号）

各省、自治区、直辖市和计划单列市国家税务局：

为了适应海关加工贸易纸质手册电子化改革，确保加工贸易企业出口退税管理的正常运行，现对加工贸易纸质手册电子化有关出口退税管理问题通知如下：

一、实行加工贸易电子化手册的出口企业到主管税务机关办理加工贸易登记备案、核销业务时，无法提供纸质《加工贸易登记手册》的，根据《海关总署关于全面推广应用H2000电子化手册系统的通知》（署加发〔2008〕57号）和《加贸司关于明确电子化手册纸面单证打印有关问题的通知》（加贸函〔2009〕6号）有关规定，企业可提供经海关盖章确认的加工贸易电子化纸质单证，税务机关据此办理有关加工贸易出口退税事宜。

二、各地税务机关要加强与海关、商务等加工贸易管理部门的协调，及时解决加工贸易电子化手册改革中的退税问题。

三、税务总局正在与海关总署开展加工贸易数据联网交换工作，目前两个部门传输系统已开发完毕，于8月初开始试运行。系统正式运行后可以实现加工贸易纸质手册电子化后有关进、出口报关单等加工贸易数据传输及审核比对功能。

国家税务总局
关于外贸企业使用增值税专用发票办理出口退税
有关问题的公告

（2012年6月1日　国家税务总局公告2012年第22号公告）

为明确外贸企业使用经税务机关审核允许纳税人抵扣其进项税额的增值税专用发票如何办理出口退税问题，现将有关事项公告如下：

一、外贸企业可使用经税务机关审核允许纳税人抵扣其进项税额的增值税专用发票作为出口退税申报凭证向主管税务机关申报出口退税。

二、外贸企业办理出口退税提供经税务机关审核允许纳税人抵扣其进项税额的增值税专用发票，分别按以下对应要求申报并提供相应资料：

（一）《国家税务总局关于修订〈增值税专用发票使用规定〉的通知》（国税发〔2006〕156号）第二十八条规定的允许抵扣的丢失抵扣联的已开具增值税专用发票

1. 外贸企业丢失已开具增值税专用发票发票联和抵扣联的，在增值税专用发票认证相符后，可凭增值税专用发票记账联复印件及销售方所在地主管税务机关出具的《丢失增值税专用发票已报税证明单》，经购买方主管税务机关审核同意后，向主管出口退税的税务机关申报出口退税。

2. 外贸企业丢失已开具增值税专用发票抵扣联的，在增值税专用发票认证相符后，可凭增值税专用发票发票联复印件向主管出口退税的税务机关申报出口退税。

（二）《国家税务总局关于失控增值税专用发票处理的批复》（国税函〔2008〕607号）规定的允许抵扣的按非正常户登记失控增值税专用发票（以下简称失控增值税专用发票）

外贸企业取得的失控增值税专用发票，销售方已申报并缴纳税款的，可由销售方主管税务机关出具书面证明，并通过协查系统回复购买方主管税务机关。外贸企业可凭增值税专用发票向主管出口退税的税务机关申报出口退税。

（三）《国家税务总局关于印发〈增值税专用发票审核检查操作规程（试行）〉的通知》（国税发〔2008〕33号）第十八条第一款规定的允许抵扣的稽核比对结果属于异常的增值税专用发票

外贸企业可凭增值税专用发票向主管出口退税的税务机关申报出口退税。

（四）《国家税务总局关于逾期增值税扣税凭证抵扣问题的公告》（2011年第50号）规定的允许抵扣的增值税专用发票

外贸企业可凭增值税专用发票（原件丢失的，可凭增值税专用发票复印件）向主管出口退税的税务机关申报出口退税。

三、对外贸企业在申报出口退税时提供上述经税务机关审核允许纳税人抵扣其进项税额的增值税专用发票的，各地税务机关审核时要认真审核增值税专用发票并核对税务机关内部允许抵扣资料，在出口退税审核系统中比对增值税专用发票稽核比对信息、审核检查信息和协查信息，在增值税专用发票信息比对无误的情况下，按现行出口退税规定办理出口退税。

四、本公告自2012年6月1日起施行。本公告施行前外贸企业取得的经税务机关审核允许纳税人抵扣其进项税额的增值税专用发票申报办理出口退税的，按照本公告规定和现行出口退税规定办理出口退税事宜。

［注释：条款废止。自2020年2月1日起废止第二条第（二）项条款。参见：《国家税务总局关于异常增值税扣税凭证管理等有关事项的公告》（国家税务总局公告2019年第38号）］

国家税务总局
关于发布《出口货物劳务增值税和消费税管理办法》的公告

(2012年6月14日 国家税务总局公告2012年第24号)

为了方便纳税人办理出口货物劳务退(免)税、免税,提高服务质量,进一步规范管理,国家税务总局对出口货物劳务增值税和消费税的管理规定进行了清理、完善,制定了《出口货物劳务增值税和消费税管理办法》。现予发布。

附件:
1. 出口退(免)税资格认定申请表(见二维码90)
2. 出口退(免)税资格认定变更申请表(见二维码90)
3. 出口退(免)税资格认定注销申请表(见二维码90)
4. 免抵退税申报汇总表(见二维码90)
5. 免抵退税申报汇总表附表(见二维码90)
6. 免抵退税申报资料情况表(见二维码90)
7. 生产企业出口货物免、抵、退税申报明细表(见二维码90)
8. 生产企业出口非自产货物消费税退税申报表(见二维码90)
9. 生产企业进料加工登记申报表(见二维码90)
10. 生产企业进料加工登记变更申请表(见二维码90)
11. 生产企业进料加工进口料件申报明细表(见二维码90)
12. 生产企业进料加工出口货物扣除保税进口料件申请表(见二维码90)
13. 生产企业进料加工手册登记核销申请表(见二维码90)
14. 生产企业出口货物扣除国内免税原材料申请表(见二维码90)
15. 外贸企业出口退税汇总申报表(见二维码90)
16. 外贸企业出口退税进货明细申报表(见二维码90)
17. 外贸企业出口退税出口明细申报表(见二维码90)
18. 购进自用货物退税申报表(见二维码90)
19. 出口已使用过的设备退税申报表(见二维码90)
20. 出口已使用过的设备折旧情况确认表(见二维码90)
21. 退(免)税货物、标识对照表(见二维码90)
22. 免税出口货物劳务明细表(见二维码90)
23. 准予免税购进出口卷烟证明申请表(见二维码90)
24. 准予免税购进出口卷烟证明(见二维码90)
25. 出口卷烟已免税证明申请表(见二维码90)
26. 出口卷烟已免税证明(见二维码90)

二维码90

27. 出口卷烟免税核销申报表（见二维码90）
28. 来料加工免税证明申请表（见二维码90）
29. 来料加工免税证明（见二维码90）
30. 来料加工出口货物免税证明核销申请表（见二维码90）
31. 代理出口货物证明（见二维码90）
32. 代理出口货物证明申请表（见二维码90）
33. 代理进口货物证明申请表（见二维码90）
34. 出口货物退运已补税（未退税）证明（见二维码90）
35. 退运已补税（未退税）证明申请表（见二维码90）
36. 补办出口货物报关单申请表（见二维码90）
37. 补办出口收汇核销单证明申请表（见二维码90）
38. 出口退税进货分批申报单（见二维码90）
39. 出口货物转内销证明申报表（见二维码90）
40. 中标证明通知书（见二维码90）
41. 中标项目不退税货物清单（见二维码90）
42. 关于补办出口退税有关证明的申请（见二维码90）
43. 免税卷烟指定出口口岸（见二维码90）
44. 废止文件目录（见二维码90）

出口货物劳务增值税和消费税管理办法

一、根据《中华人民共和国税收征收管理法》《中华人民共和国增值税暂行条例》《中华人民共和国消费税暂行条例》及其实施细则，以及财政部、国家税务总局关于出口货物劳务增值税和消费税政策的规定，制定本办法。

二、出口企业和其他单位办理出口货物、视同出口货物、对外提供加工修理修配劳务（以下统称出口货物劳务）增值税、消费税的退（免）税、免税，适用本办法。

出口企业和出口货物劳务的范围，退（免）税和免税的适用范围和计算办法，按《财政部 国家税务总局关于出口货物增值税和消费税政策的通知》（财税〔2012〕39号）执行。

三、出口退（免）税资格的认定

（一）出口企业应在办理对外贸易经营者备案登记或签订首份委托出口协议之日起30日内，填报《出口退（免）税资格认定申请表》（见附件1），提供下列资料到主管税务机关办理出口退（免）税资格认定。

1. 加盖备案登记专用章的《对外贸易经营者备案登记表》或《中华人民共和国外商投资企业批准证书》；
2. 中华人民共和国海关进出口货物收发货人报关注册登记证书；
3. 银行开户许可证；
4. 未办理备案登记发生委托出口业务的生产企业提供委托代理出口协议，不需提供第1、2项资料；

5. 主管税务机关要求提供的其他资料。

（二）其他单位应在发生出口货物劳务业务之前，填报《出口退（免）税资格认定申请表》，提供银行开户许可证及主管税务机关要求的其他资料，到主管税务机关办理出口退（免）税资格认定。

（三）出口企业和其他单位在出口退（免）税资格认定之前发生的出口货物劳务，在办理出口退（免）税资格认定后，可以在规定的退（免）税申报期内按规定申报增值税退（免）税或免税，以及消费税退（免）税或免税。

（四）出口企业和其他单位出口退（免）税资格认定的内容发生变更的，须自变更之日起30日内，填报《出口退（免）税资格认定变更申请表》（见附件2），提供相关资料向主管税务机关申请变更出口退（免）税资格认定。

（五）需要注销税务登记的出口企业和其他单位，应填报《出口退（免）税资格认定注销申请表》（见附件3），向主管税务机关申请注销出口退（免）税资格，然后再按规定办理税务登记的注销。

出口企业和其他单位在申请注销认定前，应先结清出口退（免）税款。注销认定后，出口企业和其他单位不得再申报办理出口退（免）税。

四、生产企业出口货物免抵退税的申报

（一）申报程序和期限

企业当月出口的货物须在次月的增值税纳税申报期内，向主管税务机关办理增值税纳税申报、免抵退税相关申报及消费税免税申报。

企业应在货物报关出口之日（以出口货物报关单〈出口退税专用〉上的出口日期为准，下同）次月起至次年4月30日前的各增值税纳税申报期内收齐有关凭证，向主管税务机关申报办理出口货物增值税免抵退税及消费税退税。逾期的，企业不得申报免抵退税。

（二）申报资料

1. 企业向主管税务机关办理增值税纳税申报时，除按纳税申报的规定提供有关资料外，还应提供下列资料：

（1）主管税务机关确认的上期《免抵退税申报汇总表》（见附件4）；

（2）主管税务机关要求提供的其他资料。

2. 企业向主管税务机关办理增值税免抵退税申报，应提供下列凭证资料：

（1）《免抵退税申报汇总表》及其附表（见附件5）；

（2）《免抵退税申报资料情况表》（见附件6）；

（3）《生产企业出口货物免抵退税申报明细表》（见附件7）；

（4）出口货物退（免）税正式申报电子数据；

（5）下列原始凭证：

①出口货物报关单（出口退税专用，以下未作特别说明的均为此联）（保税区内的出口企业可提供中华人民共和国海关保税区出境货物备案清单，简称出境货物备案清单，下同）；

②出口收汇核销单（出口退税联，以下未作特别说明的均为此联）（远期结汇的提供远期收汇备案证明，保税区内的出口企业提供结汇水单。跨境贸易人民币结算业务、试行出口退税免予提供纸质出口收汇核销单地区和货物贸易外汇管理制度改革试点地区的企业免予提

供,下同);

③出口发票;

④委托出口的货物,还应提供受托方主管税务机关签发的代理出口货物证明,以及代理出口协议复印件;

⑤主管税务机关要求提供的其他资料。

3. 生产企业出口的视同自产货物以及列名生产企业出口的非自产货物,属于消费税应税消费品(以下简称应税消费品)的,还应提供下列资料:

(1)《生产企业出口非自产货物消费税退税申报表》(附件8);

(2)消费税专用缴款书或分割单,海关进口消费税专用缴款书、委托加工收回应税消费品的代扣代收税款凭证原件或复印件。

(三)从事进料加工业务的企业,还须按下列规定办理手册登记、进口料件申报和手册核销:

1. 企业在办理进料加工贸易手(账)册后,应于料件实际进口之日起至次月(采用实耗法扣除的,在料件实际耗用之日起至次月)的增值税纳税申报期内,填报《生产企业进料加工登记申报表》(见附件9),提供正式申报的电子数据及下列资料,向主管税务机关申请办理进料加工登记手续。

(1)采用纸质手册的企业应提供进料加工手册原件及复印件;采用电子化手册的企业应提供海关签章的加工贸易电子化纸质单证;采用电子账册的企业应提供海关核发的《加工贸易联网监管企业电子账册备案证明》。

(2)主管税务机关要求提供的其他资料。

以双委托方式(生产企业进、出口均委托出口企业办理,下同)从事进料加工业务的企业,由委托方凭代理进、出口协议及受托方的上述资料的复印件,到主管税务机关办理进料加工登记手续。

已办理进料加工登记手续的纸质手册、电子化手册或电子账册,如发生加工单位、登记进口料件总额、登记出口货物总额、手册有效期等项目变更的,企业应在变更事项发生之日起至次月的增值税纳税申报期内,填报《生产企业进料加工登记变更申请表》(附件10),提供正式申报电子数据及海关核发的变更后的相关资料向主管税务机关申报办理手(账)册变更手续。

2. 从事进料加工业务的企业应于料件实际进口之日起至次月(采用实耗法计算的,在料件实际耗用之日起至次月)的增值税纳税申报期内,持进口货物报关单、代理进口货物证明及代理进口协议等资料向主管税务机关申报《生产企业进料加工进口料件申报明细表》(见附件11)、《生产企业进料加工出口货物扣除保税进口料件申请表》(见附件12)。

3. 采用纸质手册或电子化手册的企业,应在海关签发核销结案通知书(以结案日期为准,下同)之日起至次月的增值税纳税申报期内填报《生产企业进料加工手册登记核销申请表》(见附件13),提供正式申报电子数据及纸质手册或电子化手册,向主管税务机关申请办理进料加工的核销手续;采用电子账册的企业,应在海关办结一个周期核销手续后,在海关签发核销结案通知书之日起至次月的增值税纳税申报期内填报《生产企业进料加工手册登记核销申请表》,提供正式申报电子数据,向主管税务机关申请办理进料加工的核销手续。

企业应根据核销后的免税进口料件金额,计算调整当期的增值税纳税申报和免抵退税申报。

(四)购进不计提进项税额的国内免税原材料用于加工出口货物的,企业应单独核算用于加工出口货物的免税原材料,并在免税原材料购进之日起至次月的增值税纳税申报期内,填报《生产企业出口货物扣除国内免税原材料申请表》(见附件14),提供正式申报电子数据,向主管税务机关办理申报手续。

(五)免抵退税申报数据的调整

对前期申报错误的,在当期进行调整。在当期用负数将前期错误申报数据全额冲减,再重新全额申报。

发生本年度退运的,在当期用负数冲减原免抵退税申报数据;发生跨年度退运的,应全额补缴原免抵退税款,并按现行会计制度的有关规定进行相应调整。

本年度已申报免抵退税的,如须实行免税办法或征税办法,在当期用负数冲减原免抵退税申报数据;跨年度已申报免抵退税的,如须实行免税或征税办法,不用负数冲减,应全额补缴原免抵退税款,并按现行会计制度的有关规定进行相应调整。

五、外贸企业出口货物免退税的申报

(一)申报程序和期限

企业当月出口的货物须在次月的增值税纳税申报期内,向主管税务机关办理增值税纳税申报,将适用退(免)税政策的出口货物销售额填报在增值税纳税申报表的"免税货物销售额"栏。

企业应在货物报关出口之日次月起至次年4月30日前的各增值税纳税申报期内,收齐有关凭证,向主管税务机关办理出口货物增值税、消费税免退税申报。经主管税务机关批准的,企业在增值税纳税申报期以外的其他时间也可办理免退税申报。逾期的,企业不得申报免退税。

(二)申报资料

1.《外贸企业出口退税汇总申报表》(见附件15);

2.《外贸企业出口退税进货明细申报表》(见附件16);

3.《外贸企业出口退税出口明细申报表》(见附件17);

4.出口货物退(免)税正式申报电子数据;

5.下列原始凭证

(1)出口货物报关单;

(2)增值税专用发票(抵扣联)、出口退税进货分批申报单、海关进口增值税专用缴款书(提供海关进口增值税专用缴款书的,还需同时提供进口货物报关单,下同);

(3)出口收汇核销单;

(4)委托出口的货物,还应提供受托方主管税务机关签发的代理出口货物证明,以及代理出口协议副本;

(5)属应税消费品的,还应提供消费税专用缴款书或分割单、海关进口消费税专用缴款书(提供海关进口消费税专用缴款书的,还需同时提供进口货物报关单,下同);

(6)主管税务机关要求提供的其他资料。

六、出口企业和其他单位出口的视同出口货物及对外提供加工修理修配劳务的退(免)

税申报

报关进入特殊区域并销售给特殊区域内单位或境外单位、个人的货物，特殊区域外的生产企业或外贸企业的退（免）税申报分别按本办法第四、五条的规定办理。

其他视同出口货物和对外提供加工修理修配劳务，属于报关出口的，为报关出口之日起，属于非报关出口销售的，为出口发票或普通发票开具之日起，出口企业或其他单位应在次月至次年 4 月 30 日前的各增值税纳税申报期内申报退（免）税。逾期的，出口企业或其他单位不得申报退（免）税。申报退（免）税时，生产企业除按本办法第四条，外贸企业和没有生产能力的其他单位除按本办法第五条的规定申报〔不提供出口收汇核销单；非报关出口销售的不提供出口货物报关单和出口发票，属于生产企业销售的提供普通发票〕外，下列货物劳务，出口企业和其他单位还须提供下列对应的补充资料：

（一）对外援助的出口货物，应提供商务部批准使用援外优惠贷款的批文（"援外任务书"）复印件或商务部批准使用援外合资合作项目基金的批文（"援外任务书"）复印件。

（二）用于对外承包工程项目的出口货物，应提供对外承包工程合同；属于分包的，由承接分包的出口企业或其他单位申请退（免）税，申请退（免）税时除提供对外承包合同外，还须提供分包合同（协议）。

（三）用于境外投资的出口货物，应提供商务部及其授权单位批准其在境外投资的文件副本。

（四）向海关报关运入海关监管仓库供海关隔离区内免税店销售的货物，提供的出口货物报关单应加盖有免税品经营企业报关专用章；上海虹桥、浦东机场海关国际隔离区内的免税店销售的货物，提供的出口货物报关单应加盖免税店报关专用章，并提供海关对免税店销售货物的核销证明。

（五）销售的中标机电产品，应提供下列资料：

1. 招标单位所在地主管税务机关签发的《中标证明通知书》；
2. 由中国招标公司或其他国内招标组织签发的中标证明（正本）；
3. 中标人与中国招标公司或其他招标组织签订的供货合同（协议）；
4. 中标人按照标书规定及供货合同向用户发货的发货单；
5. 中标机电产品用户收货清单；
6. 外国企业中标再分包给国内企业供应的机电产品，还应提供与中标企业签署的分包合同（协议）。

（六）销售给海上石油天然气开采企业的自产的海洋工程结构物，应提供销售合同。

（七）销售给外轮、远洋国轮的货物，应提供列明销售货物名称、数量、销售金额并经外轮、远洋国轮船长签名的出口发票。

（八）生产并销售给国内和国外航空公司国际航班的航空食品，应提供下列资料：

1. 与航空公司签订的配餐合同；
2. 航空公司提供的配餐计划表（须注明航班号、起降城市等内容）；
3. 国际航班乘务长签字的送货清单（须注明航空公司名称、航班号等内容）。

（九）对外提供加工修理修配劳务，应提供下列资料：

1. 修理修配船舶以外其他物品的提供贸易方式为"修理物品"的出口货物报关单；
2. 与境外单位、个人签署的修理修配合同；

3. 维修工作单（对外修理修配飞机业务提供）。

七、出口货物劳务退（免）税其他申报要求

（一）输入特殊区域的水电气，由购买水电气的特殊区域内的生产企业申报退税。企业应在购进货物增值税专用发票的开具之日次月起至次年 4 月 30 日前的各增值税纳税申报期内向主管税务机关申报退税。逾期的，企业不得申报退税。申报退税时，应填报《购进自用货物退税申报表》（见附件18），提供正式电子申报数据及下列资料：

1. 增值税专用发票（抵扣联）；
2. 支付水、电、气费用的银行结算凭证（加盖银行印章的复印件）。

（二）运入保税区的货物，如果属于出口企业销售给境外单位、个人，境外单位、个人将其存放在保税区内的仓储企业，离境时由仓储企业办理报关手续，海关在其全部离境后，签发进入保税区的出口货物报关单的，保税区外的生产企业和外贸企业申报退（免）税时，除分别提供本办法第四、五条规定的资料外，还须提供仓储企业的出境货物备案清单。确定申报退（免）税期限的出口日期以最后一批出境货物备案清单上的出口日期为准。

（三）出口企业和其他单位出口的在 2008 年 12 月 31 日以前购进的设备、2009 年 1 月 1 日以后购进但按照有关规定不得抵扣进项税额的设备、非增值税纳税人购进的设备，以及营业税改征增值税试点地区的出口企业和其他单位出口在本企业试点以前购进的设备，如果属于未计算抵扣进项税额的已使用过的设备，均实行增值税免退税办法。

出口企业和其他单位应在货物报关出口之日次月起至次年 4 月 30 日前的各增值税纳税申报期内，向主管税务机关单独申报退税。逾期的，出口企业和其他单位不得申报退税。申报退税时应填报《出口已使用过的设备退税申报表》（见附件19），提供正式申报电子数据及下列资料：

1. 出口货物报关单；
2. 委托出口的货物，还应提供受托方主管税务机关签发的代理出口货物证明，以及代理出口协议；
3. 增值税专用发票（抵扣联）或海关进口增值税专用缴款书；
4. 出口收汇核销单；
5. 《出口已使用过的设备折旧情况确认表》（见附件20）；
6. 主管税务机关要求提供的其他资料。

（四）边境地区一般贸易或边境小额贸易项下以人民币结算的从所在省（自治区）的边境口岸出口到接壤毗邻国家，并采取银行转账人民币结算方式的出口货物，生产企业、外贸企业申报退（免）税时，除分别提供本办法第四、五条规定的资料外，还应提供人民币结算的银行入账单，银行入账单应与外汇管理部门出具的出口收汇核销单相匹配。确有困难不能提供银行入账单的，可提供签注"人民币核销"的出口收汇核销单。

（五）跨境贸易人民币结算方式出口的货物，出口企业申报退（免）税不必提供出口收汇核销单。

（六）出口企业和其他单位申报附件21所列货物的退（免）税，应在申报报表中的明细表"退（免）税业务类型"栏内填写附件21所列货物对应的标识。

八、退（免）税原始凭证的有关规定

（一）增值税专用发票（抵扣联）

出口企业和其他单位购进出口货物劳务取得的增值税专用发票，应按规定办理增值税专用发票的认证手续。进项税额已计算抵扣的增值税专用发票，不得在申报退（免）税时提供。

出口企业和其他单位丢失增值税专用发票的发票联和抵扣联的，经认证相符后，可凭增值税专用发票记账联复印件及销售方所在地主管税务机关出具的丢失增值税专用发票已报税证明单，向主管税务机关申报退（免）税。

出口企业和其他单位丢失增值税专用发票抵扣联的，在增值税专用发票认证相符后，可凭增值税专用发票的发票联复印件向主管出口退税的税务机关申报退（免）税。

（二）出口货物报关单

出口企业应在货物报关出口后及时在"中国电子口岸出口退税子系统"中进行报关单确认操作。及时查询出口货物报关单电子信息，对于无出口货物报关单电子信息的，应及时向中国电子口岸或主管税务机关反映。

受托方将代理出口的货物与其他货物一笔报关出口的，委托方申报退（免）税时可提供出口货物报关单的复印件。

（三）出口收汇核销单

出口企业有下列情形之一的，自发生之日起 2 年内，申报出口退（免）税时，必须提供出口收汇核销单：

1. 纳税信用等级评定为 C 级或 D 级的；
2. 未在规定期限内办理出口退（免）税资格认定的；
3. 财务会计制度不健全、日常申报出口退（免）税时多次出现错误的；
4. 首次申报办理出口退（免）税的；
5. 有偷税、逃避追缴欠税、骗取出口退税、抗税、虚开增值税专用发票或农产品收购发票、接受虚开增值税专用发票（善意取得虚开增值税专用发票除外）等涉税违法行为的；

出口企业不存在上述 5 种情形的，包括因改制、改组以及合并、分立等原因新设立并重新办理出口退（免）税资格认定且原出口企业不存在上述所列情形，并经省级税务机关批准的，在申报出口退（免）税时，可暂不提供出口收汇核销单。但须在出口退（免）税申报截止之日前，收齐并提供按月依申报明细表顺序装订成册的出口收汇核销单。

（四）有关备案单证

出口企业应在申报出口退（免）税后 15 日内，将所申报退（免）税货物的下列单证，按申报退（免）税的出口货物顺序，填写《出口货物备案单证目录》，注明备案单证存放地点，以备主管税务机关核查。

1. 外贸企业购货合同、生产企业收购非自产货物出口的购货合同，包括一笔购销合同下签订的补充合同等；
2. 出口货物装货单；
3. 出口货物运输单据（包括：海运提单、航空运单、铁路运单、货物承运单据、邮政收据等承运人出具的货物单据，以及出口企业承付运费的国内运输单证）。

若有无法取得上述原始单证情况的，出口企业可用具有相似内容或作用的其他单证进行单证备案。除另有规定外，备案单证由出口企业存放和保管，不得擅自损毁，保存期为 5 年。

视同出口货物及对外提供修理修配劳务不实行备案单证管理。

九、出口企业和其他单位适用免税政策出口货物劳务的申报

（一）特殊区域内的企业出口的特殊区域内的货物、出口企业或其他单位视同出口的适用免税政策的货物劳务，应在出口或销售次月的增值税纳税申报内，向主管税务机关办理增值税、消费税免税申报。

（二）其他的适用免税政策的出口货物劳务，出口企业和其他单位应在货物劳务免税业务发生的次月（按季度进行增值税纳税申报的为次季度），填报《免税出口货物劳务明细表》（见附件22），提供正式申报电子数据，向主管税务机关办理免税申报手续。出口货物报关单（委托出口的为代理出口货物证明）等资料留存企业备查。

非出口企业委托出口的货物，委托方应在货物劳务免税业务发生的次月（按季度进行增值税纳税申报的为次季度）的增值税纳税申报期内，凭受托方主管税务机关签发的代理出口货物证明以及代理出口协议副本等资料，向主管税务机关办理增值税、消费税免税申报。

出口企业和其他单位未在规定期限内申报出口退（免）税或申报开具《代理出口货物证明》，以及已申报增值税退（免）税，却未在规定期限内向税务机关补齐增值税退（免）税凭证的，如果在申报退（免）税截止期限前已确定要实行增值税免税政策的，出口企业和其他单位可在确定免税的次月的增值税纳税申报期，按前款规定的手续向主管税务机关申报免税。已经申报免税的，不得再申报出口退（免）税或申报开具代理出口货物证明。

（三）本条第（二）项第三款出口货物若已办理退（免）税的，在申报免税前，外贸企业及没有生产能力的其他单位须补缴已退税款；生产企业按本办法第四条第（五）项规定，调整申报数据或全额补缴原免抵退税款。

（四）相关免税证明及免税核销办理

1. 国家计划内出口的卷烟相关证明及免税核销办理

卷烟出口企业向卷烟生产企业购进卷烟时，应先在免税出口卷烟计划内向主管税务机关申请开具《准予免税购进出口卷烟证明申请表》（见附件23），然后将《准予免税购进出口卷烟证明》（见附件24）转交卷烟生产企业，卷烟生产企业据此向主管税务机关申报办理免税手续。

已准予免税购进的卷烟，卷烟生产企业须以不含消费税、增值税的价格销售给出口企业，并向主管税务机关报送《出口卷烟已免税证明申请表》（见附件25）。卷烟生产企业的主管税务机关核准免税后，出具《出口卷烟已免税证明》（见附件26），并直接寄送卷烟出口企业主管税务机关。

卷烟出口企业（包括购进免税卷烟出口的企业、直接出口自产卷烟的生产企业、委托出口自产卷烟的生产企业）应在卷烟报关出口之日次月起至次年4月30日前的各增值税纳税申报期内，向主管税务机关办理出口卷烟的免税核销手续。逾期的，出口企业不得申报核销，应按规定缴纳增值税、消费税。申报核销时，应填报《出口卷烟免税核销申报表》（见附件27），提供正式申报电子数据及下列资料：

（1）出口货物报关单；

（2）出口收汇核销单；

（3）出口发票；

(4) 出口合同；

(5)《出口卷烟已免税证明》（购进免税卷烟出口的企业提供）；

(6) 代理出口货物证明，以及代理出口协议副本（委托出口自产卷烟的生产企业提供）；

(7) 主管税务机关要求提供的其他资料。

2. 来料加工委托加工出口的货物免税证明及核销办理

(1) 从事来料加工委托加工业务的出口企业，在取得加工企业开具的加工费的普通发票后，应在加工费的普通发票开具之日起至次月的增值税纳税申报期内，填报《来料加工免税证明申请表》（见附件28），提供正式申报电子数据，及下列资料向主管税务机关办理《来料加工免税证明》（见附件29）。

①进口货物报关单原件及复印件；

②加工企业开具的加工费的普通发票原件及复印件；

③主管税务机关要求提供的其他资料。

出口企业应将《来料加工免税证明》转交加工企业，加工企业持此证明向主管税务机关申报办理加工费的增值税、消费税免税手续。

(2) 出口企业以"来料加工"贸易方式出口货物并办理海关核销手续后，持海关签发的核销结案通知书、《来料加工出口货物免税证明核销申请表》（见附件30）和下列资料及正式申报电子数据，向主管税务机关办理来料加工出口货物免税核销手续。

①出口货物报关单原件及复印件；

②来料加工免税证明；

③加工企业开具的加工费的普通发票原件及复印件；

④主管税务机关要求提供的其他资料。

十、有关单证证明的办理

(一) 代理出口货物证明

委托出口的货物，受托方须自货物报关出口之日起至次年4月15日前，向主管税务机关申请开具《代理出口货物证明》（附件31），并将其及时转交委托方，逾期的，受托方不得申报开具《代理出口货物证明》。申请开具代理出口货物证明时应填报《代理出口货物证明申请表》（见附件32），提供正式申报电子数据及下列资料：

1. 代理出口协议原件及复印件；

2. 出口货物报关单；

3. 委托方税务登记证副本复印件；

4. 主管税务机关要求报送的其他资料。

受托方被停止退（免）税资格的，不得申请开具代理出口货物证明。

(二) 代理进口货物证明

委托进口加工贸易料件，受托方应及时向主管税务机关申请开具代理进口货物证明，并及时转交委托方。受托方申请开具代理进口货物证明时，应填报《代理进口货物证明申请表》（见附件33），提供正式申报电子数据及下列资料：

1. 加工贸易手册及复印件；

2. 进口货物报关单（加工贸易专用）；

3. 代理进口协议原件及复印件;
4. 主管税务机关要求报送的其他资料。

(三) 出口货物退运已补税 (未退税) 证明

出口货物发生退运的,出口企业应先向主管税务机关申请开具《出口货物退运已补税 (未退税) 证明》(附件34),并携其到海关申请办理出口货物退运手续。委托出口的货物发生退运的,由委托方申请开具出口货物退运已补税(未退税)证明并转交受托方。申请开具《出口货物退运已补税(未退税)证明》时应填报《退运已补税(未退税)证明申请表》(见附件35),提供正式申报电子数据及下列资料:

1. 出口货物报关单(退运发生时已申报退税的,不需提供);
2. 出口发票(外贸企业不需提供);
3. 税收通用缴款书原件及复印件(退运发生时未申报退税的以及生产企业本年度发生退运的不需提供);
4. 主管税务机关要求报送的其他资料。

(四) 补办出口报关单证明及补办出口收汇核销单证明

丢失出口货物报关单或出口收汇核销单的,出口企业应向主管税务机关申请开具补办出口报关单证明或补办出口收汇核销单证明。

1. 申请开具补办出口报关单证明的,应填报《补办出口货物报关单申请表》(见附件36),提供正式申报电子数据及下列资料:

(1) 出口货物报关单(其他联次或通过口岸电子执法系统打印的报关单信息页面);
(2) 主管税务机关要求报送的其他资料。

2. 申请开具补办出口收汇核销单证明的,应填报《补办出口收汇核销单证明申请表》(见附件37),提供正式申报电子数据及下列资料:

(1) 出口货物报关单(出口退税专用或其他联次或通过口岸电子执法系统打印的报关单信息页面);
(2) 主管税务机关要求报送的其他资料。

(五) 出口退税进货分批申报单

外贸企业购进货物需分批申报退(免)税的及生产企业购进非自产应税消费品需分批申报消费税退税的,出口企业应凭下列资料填报并向主管税务机关申请出具《出口退税进货分批申报单》(见附件38):

1. 增值税专用发票(抵扣联)、消费税专用缴款书、已开具过的进货分批申报单;
2. 增值税专用发票清单复印件;
3. 主管税务机关要求提供的其他资料及正式申报电子数据。

(六) 出口货物转内销证明

外贸企业发生原记入出口库存账的出口货物转内销或视同内销货物征税的,以及已申报退(免)税的出口货物发生退运并转内销的,外贸企业应于发生内销或视同内销货物的当月向主管税务机关申请开具出口货物转内销证明。申请开具出口货物转内销证明时,应填报《出口货物转内销证明申报表》(见附件39),提供正式申报电子数据及下列资料:

1. 增值税专用发票(抵扣联)、海关进口增值税专用缴款书、进货分批申报单、出口货物退运已补税(未退税)证明原件及复印件;

2. 内销货物发票（记账联）原件及复印件；
3. 主管税务机关要求报送的其他资料。

外贸企业应在取得出口货物转内销证明的下一个增值税纳税申报期内申报纳税时，以此作为进项税额的抵扣凭证使用。

（七）中标证明通知书

利用外国政府贷款或国际金融组织贷款建设的项目，招标机构须在招标完毕并待中标企业签订的供货合同生效后，向其所在地主管税务机关申请办理《中标证明通知书》。招标机构应向主管税务机关报送《中标证明通知书》及中标设备清单表（见附件40），并提供下列资料和信息：

1. 国家评标委员会《评标结果通知》；
2. 中标项目不退税货物清单（见附件41）；
3. 中标企业所在地主管税务机关的名称、地址、邮政编码；
4. 贷款项目中，属于外国企业中标再分包给国内企业供应的机电产品，还应提供招标机构对分包合同出具的验证证明；
5. 贷款项目中属于联合体中标的，还应提供招标机构对联合体协议出具的验证证明；
6. 税务机关要求提供的其他资料。

（八）丢失有关证明的补办

出口企业或其他单位丢失出口退税有关证明的，应向原出具证明的税务机关填报《关于补办出口退税有关证明的申请》（附件42），提供正式申报电子数据。原出具证明的税务机关在核实确曾出具过相关证明后，重新出具有关证明，但需注明"补办"字样。

十一、其他规定

（一）出口货物劳务除输入特殊区域的水电气外，出口企业和其他单位不得开具增值税专用发票。

（二）增值税退税率有调整的，其执行时间：

1. 属于向海关报关出口的货物，以出口货物报关单上注明的出口日期为准；属于非报关出口销售的货物，以出口发票或普通发票的开具时间为准。
2. 保税区内出口企业或其他单位出口的货物以及经保税区出口的货物，以货物离境时海关出具的出境货物备案清单上注明的出口日期为准。

（三）需要认定为可按收购视同自产货物申报免抵退税的集团公司，集团公司总部必须将书面认定申请及成员企业的证明材料报送主管税务机关，并由集团公司总部所在地的地级以上（含本级）税务机关认定。

集团公司总部及其成员企业不在同一地区的，或不在同一省（自治区、直辖市，计划单列市）的，由集团公司总部所在地的省级国家税务局认定；总部及其成员不在同一个省的，总部所在地的省级国家税务局应将认定文件抄送成员企业所在地的省级国家税务局。

（四）境外单位、个人推迟支付货款或不能支付货款的出口货物劳务，及出口企业以差额结汇方式进行结汇的进料加工出口货物，凡外汇管理部门出具出口收汇核销单的（免予提供纸质出口收汇核销单的试点地区的税务机关收到外汇管理部门传输的收汇核销电子数据），出口企业和其他单位可按现行有关规定申报退（免）税。

（五）属于远期收汇且未超过在外汇管理部门远期收汇备案的预计收汇日期的出口货物

劳务，提供远期收汇备案证明申请退（免）税的，出口企业和其他单位应在预计收汇日期起30天内向主管税务机关提供出口收汇核销单（出口退税联）。逾期未提供的，或免予提供纸质出口收汇核销单的试点地区的税务机关收到外汇管理部门传输的收汇核销电子数据的"核销日期"超过预计收汇日期起30天的，主管税务机关不再办理相关出口退（免）税，已办理出口退（免）税的，由税务机关按有关规定追回已退（免）税款。

（六）输入特殊区域的水电气，区内生产企业未在规定期限内申报退（免）税的，进项税额须转入成本。

（七）适用增值税免税政策的出口货物劳务，除特殊区域内的企业出口的特殊区域内的货物、出口企业或其他单位视同出口的货物劳务外，出口企业或其他单位如果未在规定的纳税申报期内按规定申报免税的，应视同内销货物和加工修理修配劳务征免增值税、消费税，属于内销免税的，除按规定补报免税外，还应接受主管税务机关按《中华人民共和国税收征收管理法》做出的处罚；属于内销征税的，应在免税申报期次月的增值税纳税申报期内申报缴纳增值税、消费税。

出口企业或其他单位对本年度的出口货物劳务，剔除已申报增值税退（免）税、免税，已按内销征收增值税、消费税，以及已开具代理出口证明的出口货物劳务后的余额，除内销免税货物按前款规定执行外，须在次年6月份的增值税纳税申报期内申报缴纳增值税、消费税。

（八）适用增值税免税政策的出口货物劳务，出口企业或其他单位如果放弃免税，实行按内销货物征税的，应向主管税务机关提出书面报告，一旦放弃免税，36个月内不得更改。

（九）除经国家税务总局批准销售给免税店的卷烟外，免税出口的卷烟须从指定口岸（见附件43）直接报关出口。

（十）出口企业和其他单位出口财税〔2012〕39号文件第九条第（二）项第6点所列的货物，出口企业和其他单位应按财税〔2012〕39号文件附件9所列原料对应海关税则号在出口货物劳务退税率文库中对应的退税率申报纳税或免税或退（免）税。

出口企业和其他单位如果未按上述规定申报纳税或免税或退（免）税的，一经主管税务机关发现，除执行本项规定外，还应接受主管税务机关按《中华人民共和国税收征收管理法》做出的处罚。

十二、适用增值税征税政策的出口货物劳务，出口企业或其他单位申报缴纳增值税，按内销货物缴纳增值税的统一规定执行。

十三、违章处理

（一）出口企业和其他单位有下列行为之一的，主管税务机关应按照《中华人民共和国税收征收管理法》第六十条规定予以处罚：

1. 未按规定设置、使用和保管有关出口货物退（免）税账簿、凭证、资料的；

2. 未按规定装订、存放和保管备案单证的。

（二）出口企业和其他单位拒绝税务机关检查或拒绝提供有关出口货物退（免）税账簿、凭证、资料的，税务机关应按照《中华人民共和国税收征收管理法》第七十条规定予以处罚。

（三）出口企业提供虚假备案单证的，主管税务机关应按照《中华人民共和国税收征收管理法》第七十条的规定处罚。

（四）从事进料加工业务的生产企业，未按规定期限办理进料加工登记、申报、核销手续的，主管税务机关在按照《中华人民共和国税收征收管理法》第六十二条有关规定进行处理后再办理相关手续。

（五）出口企业和其他单位有违反发票管理规定行为的，主管税务机关应按照《中华人民共和国发票管理办法》有关规定予以处罚。

（六）出口企业和其他单位以假报出口或者其他欺骗手段，骗取国家出口退税款，由主管税务机关追缴其骗取的退税款，并处骗取税款一倍以上五倍以下的罚款；构成犯罪的，依法追究刑事责任。

对骗取国家出口退税款的，由省级以上（含本级）税务机关批准，按下列规定停止其出口退（免）税资格：

1. 骗取国家出口退税款不满 5 万元的，可以停止为其办理出口退税半年以上一年以下。

2. 骗取国家出口退税款 5 万元以上不满 50 万元的，可以停止为其办理出口退税一年以上一年半以下。

3. 骗取国家出口退税款 50 万元以上不满 250 万元，或因骗取出口退税行为受过行政处罚、两年内又骗取国家出口退税款数额在 30 万元以上不满 150 万元的，停止为其办理出口退税一年半以上两年以下。

4. 骗取国家出口退税款 250 万元以上，或因骗取出口退税行为受过行政处罚、两年内又骗取国家出口退税款数额在 150 万元以上的，停止为其办理出口退税两年以上三年以下。

5. 停止办理出口退税的时间以省级以上（含本级）税务机关批准后作出的《税务行政处罚决定书》的决定之日为起始日。

十四、本办法第四、五、六、七条中关于退（免）税申报期限的规定，第九条第（二）项第三款的出口货物的免税申报期限的规定，以及第十条第（一）项中关于申请开具代理出口货物证明期限的规定，自 2011 年 1 月 1 日起开始执行。2011 年的出口货物劳务，退（免）税申报期限、第九条第（二）项第三款的出口货物的免税申报期限、第十条第（一）项申请开具代理出口货物证明的期限、第十一条第（七）项第二款规定的期限延长 3 个月。

本办法其他规定自 2012 年 7 月 1 日开始执行。起始日期：属于向海关报关出口的货物劳务，以出口货物报关单上注明的出口日期为准；属于非报关出口销售的货物，以出口发票（外销发票）或普通发票的开具时间为准；属于保税区内出口企业或其他单位出口的货物以及经保税区出口的货物，以货物离境时海关出具的出境货物备案清单上注明的出口日期为准。

《废止文件目录》（见附件44）所列文件及条款同时废止。本办法未纳入的出口货物增值税、消费税其他管理规定，仍按原规定执行。

［注释：条款废止。自2018年5月1日起废止第五条第（二）项第5目第（2）"出口退税进货分批申报单"的内容、第十条第（二）项第2目、第十条第（五）项。参见：《国家税务总局关于出口退（免）税申报有关问题的公告》（国家税务总局公告2018年第16号）。

废止第三条第（一）（二）（四）（五）项、第十一条第（三）项。参见：《国家税务总局关于公布失效废止的税务部门规章和税收规范性文件目录的决定》（国家税务总局令第42号）

自 2016 年 1 月 7 日起废止第五条第二项第 5 目之（2）、（5）关于"还需同时提供进口货物报关单"的内容、附件 28、29、33。参见：《国家税务总局关于进一步加强出口退（免）税事中事后管理有关问题的公告》（国家税务总局公告 2016 年第 1 号）

自 2015 年 4 月 30 日起废止第三条第（一）项第 3 目。参见：《国家税务总局关于出口退（免）税有关问题的公告》（国家税务总局公告 2015 年第 29 号）

自 2014 年 1 月 1 日起，废止与国家税务总局公告 2013 年第 61 号冲突的条款。参见：《国家税务总局关于调整出口退（免）税申报办法的公告》（国家税务总局公告 2013 年第 61 号）

自 2013 年 4 月 1 日起废止第四条第（二）项第 2 目第（5）之②、第四条第（三）项、第五条第（二）项第 5 目第（3）、第七条第（三）项第 4 目、第（四）项、第（五）项、第八条第（三）项、第九条第（四）项第 1 目第（2）、第十条第（四）项中有关出口收汇核销单的内容、第十一条第（四）项、第（五）项、附件 21、22。参见：《国家税务总局关于〈出口货物劳务增值税和消费税管理办法〉有关问题的公告》（国家税务总局公告 2013 年第 12 号）]

国家税务总局
关于《出口货物劳务增值税和消费税管理办法》有关问题的公告

（2013 年 3 月 13 日　国家税务总局公告 2013 年第 12 号）

为准确执行出口货物劳务税收政策，进一步规范管理，国家税务总局细化、完善了《出口货物劳务增值税和消费税管理办法》（国家税务总局公告 2012 年第 24 号，以下简称《管理办法》）有关条款，现公告如下：

一、出口退（免）税资格认定

（一）出口企业或其他单位申请办理出口退（免）税资格认定时，除提供《管理办法》规定的资料外，还应提供《出口退（免）税资格认定申请表》电子数据。

（二）出口企业或其他单位申请变更退（免）税办法的，经主管税务机关批准变更的次月起按照变更后的退（免）税办法申报退（免）税。企业应将批准变更前全部出口货物按变更前退（免）税办法申报退（免）税，变更后不得申报变更前出口货物退（免）税。

原执行免退税办法的企业，在批准变更次月的增值税纳税申报期内可将原计入出口库存账的且未申报免退税的出口货物向主管税务机关申请开具《出口转内销证明》。

原执行免抵退税办法的企业，应将批准变更当月的《免抵退税申报汇总表》中"当期应退税额"填报在批准变更次月的《增值税纳税申报表》"免、抵、退应退税额"栏中。

企业按照变更前退（免）税办法已申报但在批准变更前未审核办理的退（免）税，主管税务机关对其按照原退（免）税办法单独审核、审批办理。对原执行免抵退税办法的企业，主管税务机关对已按免抵退税办法申报的退（免）税应全部按规定审核通过后，一次性审批办理退（免）税。

退（免）税办法由免抵退税变更为免退税的，批准变更前已通过认证的增值税专用发票或取得的海关进口增值税专用缴款书，出口企业或其他单位不得作为申报免退税的原始凭证。

（三）出口企业申请注销出口退（免）税认定资格但不需要注销税务登记的，按《管理办法》第三条第（五）项相关规定办理。

二、出口退（免）税申报

（一）出口企业或其他单位应使用出口退税申报系统办理出口货物劳务退（免）税、免税申报业务及申请开具相关证明业务。《管理办法》及本公告中要求出口企业或其他单位报送的电子数据应均通过出口退税申报系统生成、报送。在出口退税申报系统信息生成、报送功能升级完成前，涉及需报送的电子数据，可暂报送纸质资料。

出口退税申报系统可从国家税务总局网站免费下载或由主管税务机关免费提供。

（二）出口企业或其他单位应先通过税务机关提供的远程预申报服务进行退（免）税预申报，在排除录入错误后，方可进行正式申报。税务机关不能提供远程预申报服务的，企业可到主管税务机关进行预申报。

出口企业或其他单位退（免）税凭证电子信息不齐的出口货物劳务，可进行正式退（免）税申报，但退（免）税需在税务机关按规定对电子信息审核通过后方能办理。

（三）在出口货物报关单上的申报日期和出口日期期间，若海关调整商品代码，导致出口货物报关单上的商品代码与调整后的商品代码不一致的，出口企业或其他单位应按照出口货物报关单上列明的商品代码申报退（免）税，并同时报送《海关出口商品代码、名称、退税率调整对应表》（附件1）及电子数据。

（四）出口企业或其他单位进行正式退（免）税申报时须提供的原始凭证，应按明细申报表载明的申报顺序装订成册。

（五）2013年5月1日以后报关出口的货物（以出口货物报关单上的出口日期为准），除下款规定以外，出口企业或其他单位申报出口退（免）税提供的出口货物报关单上的第一计量单位、第二计量单位，及出口企业申报的计量单位，至少有一个应同与其匹配的增值税专用发票上的计量单位相符，且上述出口货物报关单、增值税专用发票上的商品名称须相符，否则不得申报出口退（免）税。

如属同一货物的多种零部件需要合并报关为同一商品名称的，企业应将出口货物报关单、增值税专用发票上不同商品名称的相关性及不同计量单位的折算标准向主管税务机关书面报告，经主管税务机关确认后，可申报退（免）税。

（六）受托方将代理多家企业出口的货物集中一笔报关出口的，委托方可提供该出口货物报关单的复印件申报出口退（免）税。

（七）出口企业或其他单位出口并按会计规定做销售的货物，须在做销售的次月进行增值税纳税申报。生产企业还需办理免抵退税相关申报及消费税免税申报（属于消费税应税货物的）。

《管理办法》第四条第（一）项第二款和第五条第（一）项第二款中的"逾期"是指超过次年4月30日前最后一个增值税纳税申报期截止之日。

（八）属于增值税一般纳税人的集成电路设计、软件设计、动漫设计企业及其他高新技术企业出口适用增值税退（免）税政策的货物，实行免抵退税办法，按《管理办法》第四条及本公告有关规定申报出口退（免）税。

（九）生产企业申报免抵退税时，若报送的《生产企业出口货物免、抵、退税申报明细表》中的离岸价与相应出口货物报关单上的离岸价不一致的，应按主管税务机关的要求填报《出口货物离岸价差异原因说明表》（附件2）及电子数据。

（十）从事进料加工业务的生产企业，自2013年7月1日起，按下列规定办理进料加工出口货物退（免）税的申报及手（账）册核销业务。2013年7月1日以前，企业已经在主管税务机关办理登记手续的进料加工手（账）册，按原办法办理免抵退税申报、进口料件申报、手（账）册核销（电子账册核销指海关办结一个周期核销手续后的核销）。

1. 进料加工计划分配率的确定

2012年1月1日至2013年6月15日已在税务机关办理过进料加工手（账）册核销的企业，2013年度进料加工业务的计划分配率为该期间税务机关已核销的全部手（账）册的加权平均实际分配率。主管税务机关应在2013年7月1日以前，计算并与企业确认2013年度进料加工业务的计划分配率。

2012年1月1日至2013年6月15日未在税务机关办理进料加工业务手（账）册核销的企业，当年进料加工业务的计划分配率为2013年7月1日后首份进料加工手（账）册的计划分配率。企业应在首次申报2013年7月1日以后进料加工手（账）册的进料加工出口货物免抵退税前，向主管税务机关报送《进料加工企业计划分配率备案表》（附件3）及其电子数据。

2. 进料加工出口货物的免抵退税申报

对进料加工出口货物，企业应以出口货物人民币离岸价扣除出口货物耗用的保税进口料件金额的余额为增值税退（免）税的计税依据。按《管理办法》第四条的有关规定，办理免抵退税相关申报。

进料加工出口货物耗用的保税进口料件金额=进料加工出口货物人民币离岸价×进料加工计划分配率

计算不得免征和抵扣税额时，应按当期全部出口货物的离岸价扣除当期全部进料加工出口货物耗用的保税进口料件金额后的余额乘以征退税率之差计算。进料加工出口货物收齐有关凭证申报免抵退税时，以收齐凭证的进料加工出口货物人民币离岸价扣除其耗用的保税进口料件金额后的余额计算免抵退税额。

3. 年度进料加工业务的核销

自2014年起，企业应在本年度4月20日前，向主管税务机关报送《生产企业进料加工业务免抵退税核销申报表》（附件4）及电子数据，申请办理上年度海关已核销的进料加工手（账）册项下的进料加工业务核销手续。企业申请核销后，主管税务机关不再受理其上一年度进料加工出口货物的免抵退税申报。4月20日之后仍未申请核销的，该企业的出口退（免）税业务，主管税务机关暂不办理，待其申请核销后，方可办理。

主管税务机关受理核销申请后，应通过出口退税审核系统提取海关联网监管加工贸易电子数据中的进料加工"电子账册（电子化手册）核销数据"以及进料加工业务的进、出口货物报关单数据，计算生成《进料加工手（账）册实际分配率反馈表》（附件5），交企业确认。

企业应及时根据进料加工手（账）册实际发生的进出口情况对反馈表中手（账）册实

际分配率进行核对。经核对相符的，企业应对该手（账）册进行确认；核对不相符的，企业应提供该手（账）册的实际进出口情况。核对完成后，企业应在《进料加工手（账）册实际分配率反馈表》中填写确认意见及需要补充的内容，加盖公章后交主管税务机关。

主管税务机关对于企业未确认相符的手（账）册，应提取海关联网监管加工贸易电子数据中的该手（账）册的进料加工"电子账册（电子化手册）核销数据"以及进、出口货物报关单数据，反馈给企业。对反馈的数据缺失或与纸质报关单不一致的，企业应及时向报关海关申请查询，并根据该手（账）册实际发生的进出口情况将缺失或不一致的数据填写《已核销手（账）册海关数据调整报告表（进口报关单/出口报关单）》（附件6-1，附件6-2），报送至主管税务机关，同时附送电子数据、相关报关单原件、向报关海关查询情况的书面说明。

主管税务机关应将企业报送的《已核销手（账）册海关数据调整报告表》电子数据读入出口退税审核系统，重新计算生成《进料加工手（账）册实际分配率反馈表》。在企业对手（账）册的实际分配率确认后，主管税务机关按照企业确认的实际分配率对进料加工业务进行核销，并将《生产企业进料加工业务免抵退税核销表》（附件7）交企业。企业应在次月根据该表调整前期免抵退税额及不得免征和抵扣税额。

主管税务机关完成年度核销后，企业应以《生产企业进料加工业务免抵退税核销表》中的"上年度已核销手（账）册综合实际分配率"，作为当年度进料加工计划分配率。

4. 企业申请注销或变更退（免）税办法的，应在申请注销或变更退（免）税办法前按照上述办法进行进料加工业务的核销。

（十一）符合《财政部　国家税务总局关于出口货物劳务增值税和消费税政策的通知》（财税〔2012〕39号）第九条第（四）项规定的生产企业，应在交通运输工具和机器设备出口合同签订后，报送《先退税后核销资格申请表》（见附件8）及电子数据，经主管税务机关审核同意后，按照以下规定办理出口免抵退税申报、核销：

1. 企业应在交通运输工具或机器设备自会计上做销售后，与其他出口货物劳务一并向主管税务机关办理免抵退税申报（在《生产企业出口货物免、抵、退税申报明细表》"出口收汇核销单号"栏中填写出口合同号，"业务类型"栏填写"XTHH"），并附送下列资料：

（1）出口合同（复印件，仅第一次申报时提供）；
（2）企业财务会计制度（复印件，仅第一次申报时提供）；
（3）出口销售明细账（复印件）；
（4）《先退税后核销企业免抵退税申报附表》（附件9）及其电子数据；
（5）年度财务报表（年度结束后至4月30日前报送）；
（6）收款凭证（复印件，取得预付款的提供）；
（7）主管税务机关要求提供的其他资料。

2. 交通工具或机器设备报关出口之日起3个月内，企业应在增值税纳税申报期，按《管理办法》第四条规定收齐有关单证，申报免抵退税，办理已退（免）税的核销。

（十二）已申报免抵退税的出口货物发生退运，及需改为免税或征税的，应在上述情形发生的次月增值税纳税申报期内用负数申报冲减原免抵退税申报数据，并按现行会计制度的有关规定进行相应调整。

（十三）免税品经营企业应根据《企业法人营业执照》规定的经营货物范围，填写《免税品经营企业销售货物退税备案表》（附件10）并生成电子数据，报主管税务机关备案。如企业的经营范围发生变化，应在变化之日后的首个增值税纳税申报期内进行补充填报。

（十四）用于对外承包工程项目的出口货物，由出口企业申请退（免）税。出口企业如属于分包单位的，申请退（免）税时，须补充提供分包合同（协议）。本项规定自2012年1月1日起开始执行。

（十五）销售给海上石油天然气开采企业自产的海洋工程结构物，生产企业申报出口退（免）税时，应在《生产企业出口货物免、抵、退税申报明细表》的"备注栏"中填写购货企业的纳税人识别号和购货企业名称。

（十六）申报修理修配船舶退（免）税的，应提供在修理修配业务中使用零部件、原材料的贸易方式为"一般贸易"的出口货物报关单。出口货物报关单中"标记唛码及备注"栏注明修理船舶或被修理船舶名称的，以被修理船舶作为出口货物。

（十七）为国外（地区）企业的飞机（船舶）提供航线维护（航次维修）的货物劳务，出口企业（维修企业）申报退（免）税时应将国外（地区）企业名称、航班号（船名）填写在《生产企业出口货物免、抵、退税申报明细表》的第22栏"备注"中，并提供以下资料：

1. 与被维修的国外（地区）企业签订的维修合同；
2. 出口发票；
3. 国外（地区）企业的航班机长或外轮船长签字确认的维修单据［须注明国外（地区）企业名称和航班号（船名）］。

（十八）出口企业或其他单位发生的真实出口货物劳务，由于以下原因造成在规定期限内未收齐单证无法申报出口退（免）税的，应在退（免）税申报期限截止之日前向主管税务机关提出申请，并提供相关举证材料，经主管税务机关审核、逐级上报省级国家税务局批准后，可进行出口退（免）税申报。本项规定从2011年1月1日起执行。2011年1月1日前发生的同样情形的出口货务劳务，出口企业可在2013年6月30日前按照本项规定办理退（免）税申报，逾期的，主管税务机关不再受理此类申报。

1. 自然灾害、社会突发事件等不可抗力因素；
2. 出口退（免）税申报凭证被盗、抢，或者因邮寄丢失、误递；
3. 有关司法、行政机关在办理业务或者检查中，扣押出口退（免）税申报凭证；
4. 买卖双方因经济纠纷，未能按时取得出口退（免）税申报凭证；
5. 由于企业办税人员伤亡、突发危重疾病或者擅自离职，未能办理交接手续，导致不能按期提供出口退（免）税申报凭证；
6. 由于企业向海关提出修改出口货物报关单申请，在退（免）税期限截止之日海关未完成修改，导致不能按期提供出口货物报关单；
7. 国家税务总局规定的其他情形。

三、适用免税政策的出口货物劳务申报

（一）《管理办法》第十一条第（七）项中"未在规定的纳税申报期内按规定申报免税"是指出口企业或其他单位未在报关出口之日的次月至次年5月31日前的各增值税纳税申报期内填报《免税出口货物劳务明细表》（附件11），提供正式申报电子数据，向主管税务机关办理免税申报手续。

(二) 出口企业或其他单位在按《管理办法》第九条第 (二) 项规定办理免税申报手续时，应将以下凭证按《免税出口货物劳务明细表》载明的申报顺序装订成册，留存企业备查：

1. 出口货物报关单（如无法提供出口退税联的，可提供其他联次代替）；
2. 出口发票；
3. 委托出口的货物，还应提供受托方主管税务机关出具的代理出口货物证明；
4. 属购进货物直接出口的，还应提供相应的合法有效的进货凭证。合法有效的进货凭证包括增值税专用发票、增值税普通发票及其他普通发票、海关进口增值税专用缴款书、农产品收购发票、政府非税收入票据；
5. 以旅游购物贸易方式报关出口的货物暂不提供上述第2、4项凭证。

(三) 出口企业或其他单位申报的出口货物免税销售额与出口货物报关单上的离岸价不一致（来料加工出口货物除外）的，应在报送《免税出口货物劳务明细表》的同时报送《出口货物离岸价差异原因说明表》及电子数据。

(四) 主管税务机关已受理出口企业或其他单位的退（免）税申报，但在免税申报期限之后审核发现按规定不予退（免）税的出口货物，若符合免税条件，企业可在主管税务机关审核不予退（免）税的次月申报免税。

(五) 出口企业从事来料加工委托加工业务的，应在海关签发来料加工核销结案通知书之日（以结案日期为准）起至次月的增值税纳税申报期内，提供出口货物报关单的非"出口退税专用"联原件或复印件，按照《管理办法》第九条第 (四) 项第 2 目第 (2) 规定办理来料加工出口货物免税核销手续。未按规定办理来料加工出口货物免税核销手续或经主管税务机关审核不予办理免税核销的，应按规定补缴来料加工加工费的增值税。

(六) 出口企业或其他单位按照《管理办法》第十一条第 (八) 项规定放弃免税的，应向主管税务机关报送《出口货物劳务放弃免税权声明表》（附件12），办理备案手续。自备案次月起执行征税政策，36个月内不得变更。

四、有关单证证明办理

委托出口货物发生退运的，应由委托方向主管税务机关申请开具《出口货物退运已补税（未退税）证明》转交受托方，受托方凭该证明向主管税务机关申请开具《出口货物退运已补税（未退税）证明》。《管理办法》第十条第 (三) 项与此冲突的内容停止执行。

五、其他补充规定

(一) 符合《管理办法》第十一条第 (三) 项规定的集团公司，集团公司总部在申请认定时应提供以下资料：

1. 《集团公司成员企业认定申请表》（附件13）及电子申报数据；
2. 集团公司总部及其控股的生产企业的营业执照副本复印件；
3. 集团公司总部及其控股的生产企业的《出口退（免）税资格认定表》复印件；
4. 集团公司总部及其控股生产企业的章程复印件；
5. 主管税务机关要求报送的其他资料。

(二) 外贸企业在2012年6月30日以前签订的委托加工业务合同，如果在2012年7月1日以后收回加工货物并在2013年6月30日前出口的，按2012年6月30日以前的规定申报出口退（免）税。外贸企业须在2013年4月30日前向主管税务机关提供上述合同进行备案。

（三）为适应货物贸易外汇管理制度改革，《管理办法》中涉及出口收汇核销单的规定不再执行。

2012年8月1日后报关出口的货物，以及截至2012年7月31日未到出口收汇核销期限或者已到出口收汇核销期限的但未核销的2012年8月1日前报关出口的货物，出口企业或其他单位在申报出口退（免）税、免税时，不填写《管理办法》附件中涉及出口收汇核销单的报表栏目。

（四）经税务机关审核发现的出口退（免）税疑点，出口企业或其他单位应按照主管税务机关的要求接受约谈、提供书面说明情况、报送《生产企业出口业务自查表》（附件14）或《外贸企业出口业务自查表》（附件15）及电子数据。

出口货物的供货企业主管税务机关按照规定需要对供货的真实性及纳税情况进行核实的，供货企业应填报《供货企业自查表》（附件16），具备条件的，应按照主管税务机关的要求同时报送电子数据。

（五）主管税务机关发现出口企业或其他单位的出口业务有以下情形之一的，该笔出口业务暂不办理出口退（免）税。已办理的，主管税务机关可按照所涉及的退税额对该企业其他已审核通过的应退税款暂缓办理出口退（免）税，无其他应退税款或应退税款小于所涉及退税额的，可由出口企业提供差额部分的担保。待税务机关核实排除相应疑点后，方可办理退（免）税或解除担保。

1. 因涉嫌骗取出口退税被税务机关稽查部门立案查处未结案；
2. 因涉嫌出口走私被海关立案查处未结案；
3. 出口货物报关单、出口发票、海运提单等出口单证的商品名称、数量、金额等内容与进口国家（或地区）的进口报关数据不符；
4. 涉嫌将低退税率出口货物以高退税率出口货物报关；
5. 出口货物的供货企业存在涉嫌虚开增值税专用发票等需要对其供货的真实性及纳税情况进行核实的疑点。

（六）主管税务机关发现出口企业或其他单位购进出口的货物劳务存在财税〔2012〕39号文件第七条第（一）项第4目、第5目和第7目情形之一的，该批出口货物劳务的出口货物报关单上所载明的其他货物，主管税务机关须排除骗税疑点后，方能办理退（免）税。

（七）出口企业或其他单位被列为非正常户的，主管税务机关对该企业暂不办理出口退税。

（八）出口企业或其他单位未按规定进行单证备案（因出口货物的成交方式特性，企业没有有关备案单证的情况除外）的出口货物，不得申报退（免）税，适用免税政策。已申报退（免）税的，应用负数申报冲减原申报。

（九）出口企业或其他单位出口的货物劳务，主管税务机关如果发现有下列情形之一的，按财税〔2012〕39号文件第七条第（一）项第4目和第5目规定，适用增值税征税政策。查实属于偷骗税的，应按相应的规定处理。

1. 提供的增值税专用发票、海关进口增值税专用缴款书等进货凭证为虚开或伪造；
2. 提供的增值税专用发票是在供货企业税务登记被注销或被认定为非正常户之后开具；
3. 提供的增值税专用发票抵扣联上的内容与供货企业记账联上的内容不符；
4. 提供的增值税专用发票上载明的货物劳务与供货企业实际销售的货物劳务不符；

5. 提供的增值税专用发票上的金额与实际购进交易的金额不符；

6. 提供的增值税专用发票上的货物名称、数量与供货企业的发货单、出库单及相关国内运输单据等凭证上的相关内容不符，数量属合理损溢的除外；

7. 出口货物报关单上的出口日期早于申报退税匹配的进货凭证上所列货物的发货时间（供货企业发货时间）或生产企业自产货物发货时间；

8. 出口货物报关单上载明的出口货物与申报退税匹配的进货凭证上载明的货物或生产企业自产货物不符；

9. 出口货物报关单上的商品名称、数量、重量与出口运输单据载明的不符，数量、重量属合理损溢的除外；

10. 生产企业出口自产货物的，其生产设备、工具不能生产该种货物；

11. 供货企业销售的自产货物，其生产设备、工具不能生产该种货物；

12. 供货企业销售的外购货物，其购进业务为虚假业务；

13. 供货企业销售的委托加工收回货物，其委托加工业务为虚假业务；

14. 出口货物的提单或运单等备案单证为伪造、虚假；

15. 出口货物报关单是通过报关行等单位将他人出口的货物虚构为本企业出口货物的手段取得。

（十）以边境小额贸易方式代理外国企业、外国自然人报关出口的货物（国家取消出口退税的货物除外），可按下列规定办理备案手续，办理过备案的上述货物，不进行增值税和消费税的纳税、免税申报。

1. 边境地区出口企业应在货物出口之前，提供下列资料向主管税务机关办理备案登记手续：

（1）企业相关人员签字、盖有单位公章且填写内容齐全的纸质《以边境小额贸易方式代理外国企业、外国自然人报关出口货物备案登记表》（见附件17）及电子数据；

（2）代理出口协议原件及复印件。代理出口协议以外文拟定的，需同时提供中文翻译版本。

（3）委托方经办人护照或外国边民的边民证原件和复印件。

2. 边境地区出口企业应在货物报关出口之日（以出口货物报关单上的出口日期为准）次月起至次年4月30日前的各增值税纳税申报期内，提供下列资料向主管税务机关办理代理报关备案核销手续：

（1）企业相关人员签字、盖有单位公章且填写内容齐全的纸质《以边境小额贸易方式代理外国企业、外国自然人报关出口货物备案核销表》（见附件18）及电子数据；

（2）出口货物报关单（出口退税专用联，以人民币结算的为盖有海关验讫章其他联次）。

3. 边境地区出口企业代理报关出口的货物属国家明确取消出口退（免）税的，按有关规定适用增值税、消费税征税政策。

4. 边境地区出口企业在2011年1月1日至本公告执行之日代理外国企业、外国自然人报关出口的货物（以出口货物报关单上的出口日期为准），应在2013年4月30日前的各增值税纳税申报期内，提供本项第2目所列的资料，向主管税务机关办理代理报关备案核销手续。

5. 边境地区出口企业未按照本项规定办理代理报关备案登记、备案核销的,主管税务机关可取消其按照代理报关备案管理的资格,并可按《中华人民共和国税收征收管理法》第六十二条等有关规定处理。

(十一)出口企业或其他单位出口财税〔2012〕39号文件第九条第(二)项第6目所列货物的,如果出口货物有两种及两种以上原材料为财税〔2012〕39号文件附件9所列原材料的,按主要原材料适用政策执行。主要原材料是指出口货物材料成本中比例最高的原材料。

(十二)输入特殊区域的水电气,区内生产企业用于出租、出让厂房的,不得申报退税,进项税额须转入成本。

(十三)出口企业或其他单位可填报《出口企业或其他单位选择出口退税业务提醒信息申请表》(见附件19),向主管税务机关申请免费的出口退税业务提醒服务。已申请出口退税业务提醒服务的,企业负责人、联系电话、邮箱等相关信息发生变化时,应及时向主管税务机关申请变更。

出口企业或其他单位应按照国家制发的出口退(免)税相关政策和管理规定办理出口退(免)税业务。主管税务机关提供的出口退税业务提醒服务仅为出口企业和其他单位参考,不作为办理出口退(免)税的依据。

(十四)出口企业或其他单位应于每年11月15日至30日,根据本年度实际出口情况及次年计划出口情况,向主管税务机关填报《出口企业预计出口情况报告表》(见附件20)及电子数据。

(十五)《管理办法》及本公告中要求同时提供原件和复印件的资料,出口企业或其他单位提供的复印件上应注明"与原件相符"字样,并加盖企业公章。主管税务机关在核对复印件与原件相符后,将原件退回,留存复印件。

六、本公告除已明确执行时间的规定外,其他规定自2013年4月1日起执行,《废止文件目录》(见附件22)所列文件条款同时废止。

附件:
1. 海关出口商品代码、名称、退税率调整对应表(见二维码91)
2. 出口货物离岸价差异原因说明表(见二维码91)
3. 进料加工企业计划分配率备案表(见二维码91)
4. 生产企业进料加工业务免抵退税核销申报表(见二维码91)
5. 进料加工手(账)册实际分配率反馈表(见二维码91)
6-1. 已核销手(账)册海关数据调整报告表(进口报关单)(见二维码91)
6-2. 已核销手(账)册海关数据调整报告表(出口报关单)(见二维码91)
7. 生产企业进料加工业务免抵退税核销表(见二维码91)
8. 先退税后核销资格申请表(见二维码91)
9. 先退税后核销企业免抵退税申报附表(见二维码91)
10. 免税品经营企业销售货物退税备案表(见二维码91)
11. 免税出口货物劳务明细表(见二维码91)
12. 出口货物劳务放弃免税权声明表(见二维码91)

二维码91

13. 集团公司成员企业认定申请表（见二维码91）

14. 生产企业出口业务自查表（见二维码91）

15. 外贸企业出口业务自查表（见二维码91）

16. 供货企业自查表（见二维码91）

17. 以边境小额贸易方式代理外国企业、外国自然人报关出口货物备案登记表（见二维码91）

18. 以边境小额贸易方式代理外国企业、外国自然人报关出口货物备案核销表（见二维码91）

19. 出口企业或其他单位选择出口退税业务提醒信息申请表（见二维码91）

20. 出口企业预计出口情况报告表（见二维码91）

21. 退（免）税货物、标识对照表（见二维码91）

22. 废止文件目录（见二维码91）

［注释：条款废止。自2018年5月1日起废止第二条第（二）项、第（十八）项和第二条第（十）项第3目。参见：《国家税务总局关于出口退（免）税申报有关问题的公告》（国家税务总局公告2018年第16号）

废止第五条第（一）、（十）项。参见：《国家税务总局关于公布失效废止的税务部门规章和税收规范性文件目录的决定》（国家税务总局令第42号）

自2015年4月30日起废止第五条第（十四）项。参见：《国家税务总局关于出口退（免）税有关问题的公告》（国家税务总局公告2015年第29号）

自2014年1月1日起废止与国家税务总局2013年第61号公告相冲突的内容。参见：《国家税务总局关于调整出口退（免）税申报办法的公告》（国家税务总局公告2013年第61号）］

国家税务总局
关于调整出口退（免）税申报办法的公告

（2013年10月15日　国家税务总局公告2013年第61号）

为减少出口退（免）税申报的差错率和疑点，进一步提高申报和审批效率，加快出口退税进度，税务总局决定调整出口退（免）税申报办法，现公告如下：

一、企业出口货物劳务及适用增值税零税率的应税服务（以下简称出口货物劳务及服务），在正式申报出口退（免）税之前，应按现行申报办法向主管税务机关进行预申报，在主管税务机关确认申报凭证的内容与对应的管理部门电子信息无误后，方可提供规定的申报退（免）税凭证、资料及正式申报电子数据，向主管税务机关进行正式申报。

二、税务机关受理企业出口退（免）税预申报后，应及时审核并向企业反馈审核结果。如果审核发现申报退（免）税的凭证没有对应的管理部门电子信息或凭证的内容与电子信息不符的，企业应按下列方法处理：

（一）属于凭证信息录入错误的，应更正后再次进行预申报；

（二）属于未在"中国电子口岸出口退税子系统"中进行出口货物报关单确认操作或未按规定进行增值税专用发票认证操作的，应进行上述操作后，再次进行预申报；

（三）除上述原因外，可填写《出口企业信息查询申请表》（见附件1），将缺失对应凭证管理部门电子信息或凭证的内容与电子信息不符的数据和原始凭证报送至主管税务机关，由主管税务机关协助查找相关信息。

三、生产企业应根据免抵退税正式申报的出口销售额（不包括本公告生效前已按原办法申报的单证不齐或者信息不齐的出口销售额）计算免抵退税不得免征和抵扣税额，并填报在当期《增值税纳税申报表附列资料（二）》"免抵退税办法出口货物不得抵扣进项税额"栏（第18栏）、《免抵退税申报汇总表》"免抵退税不得免征和抵扣税额"栏（第25栏）。

生产企业在本公告生效前已按原办法申报单证不齐或者信息不齐的出口货物劳务及服务，在本公告生效后应及时收齐有关单证、进行预申报，并在单证齐全、信息通过预申报核对无误后进行免抵退税正式申报。正式申报时，只计算免抵退税额，不计算免抵退税不得免征和抵扣税额。

四、在退（免）税申报期截止之日前，如果企业出口的货物劳务及服务申报退（免）税的凭证仍没有对应管理部门电子信息或凭证的内容与电子信息比对不符，无法完成预申报的，企业应在退（免）税申报期截止之日前，向主管税务机关报送以下资料：

（一）《出口退（免）税凭证无相关电子信息申报表》（见附件2）及其电子数据；

（二）退（免）税申报凭证及资料。

经主管税务机关核实，企业报送的退（免）税凭证资料齐全，且《出口退（免）税凭证无相关电子信息申报表》及其电子数据与凭证内容一致的，企业退（免）税正式申报时间不受退（免）税申报期截止之日限制。未按上述规定在退（免）税申报期截止之日前向主管税务机关报送退（免）税凭证资料的，企业在退（免）税申报期限截止之日后不得进行退（免）税申报，应按规定进行免税申报或纳税申报。

五、符合《财政部　国家税务总局关于出口货物劳务增值税和消费税政策的通知》（财税〔2012〕39号）第九条第（四）项规定的生产企业，不适用本公告，其免抵退税申报仍按原办法执行。

六、本公告自2014年1月1日起施行。《国家税务总局关于发布〈出口货物劳务增值税和消费税管理办法〉的公告》（国家税务总局公告2012年第24号）、《国家税务总局关于〈出口货物劳务增值税和消费税管理办法〉有关问题的公告》（国家税务总局公告2013年第12号）、《国家税务总局关于出口企业申报出口货物退（免）税提供收汇资料有关问题的公告》（国家税务总局公告2013年第30号）等文件与本公告相冲突的内容同时废止。

附件：

1. 出口企业信息查询申请表（见二维码92）
2. 出口退（免）税凭证无相关电子信息申报表（见二维码92）

［注释：条款废止。自2018年5月1日起废止第一条、第二条、第三条、第四条。参见：《国家税务总局关于出口退（免）税申报有关问题的公告》（国家税务总局公告2018年第16号）］

二维码92

国家税务总局
关于出口货物劳务增值税和消费税有关问题的公告

(2013 年 11 月 13 日　国家税务总局公告 2013 年第 65 号)

为进一步规范管理，准确执行出口货物劳务税收政策，现就出口货物劳务增值税和消费税有关问题公告如下：

一、出口企业或其他单位申请注销退（免）税资格认定，如向主管税务机关声明放弃未申报或已申报但尚未办理的出口退（免）税并按规定申报免税的，视同已结清出口退税税款。因合并、分立、改制重组等原因申请注销退（免）税资格认定的出口企业或其他单位（以下简称注销企业），可向主管税务机关申报《申请注销退（免）税资格认定企业未结清退（免）税确认书》（附件1），提供合并、分立、改制重组企业决议、章程、相关部门批件及承继注销企业权利和义务的企业（以下简称承继企业）在注销企业所在地的开户银行、账号，经主管税务机关确认无误后，可在注销企业结清出口退（免）税款前办理退（免）税资格认定注销手续。注销后，注销企业的应退税款由其主管税务机关退还至承继企业账户，如发生需要追缴多退税款的向承继企业追缴。

二、出口企业或其他单位可以放弃全部适用退（免）税政策出口货物劳务的退（免）税，并选择适用增值税免税政策或征税政策。放弃适用退（免）税政策的出口企业或其他单位，应向主管税务机关报送《出口货物劳务放弃退（免）税声明》（附件2），办理备案手续。自备案次日起36个月内，其出口的适用增值税退（免）税政策的出口货物劳务，适用增值税免税政策或征税政策。

三、从事进料加工业务的生产企业，因上年度无海关已核销手（账）册不能确定本年度进料加工业务计划分配率的，应使用最近一次确定的"上年度已核销手（账）册综合实际分配率"作为本年度的计划分配率。生产企业在办理年度进料加工业务核销后，如认为《生产企业进料加工业务免抵退税核销表》中的"上年度已核销手（账）册综合实际分配率"与企业当年度实际情况差别较大的，可在向主管税务机关提供当年度预计的进料加工计划分配率及书面合理理由后，将预计的进料加工计划分配率作为该年度的计划分配率。

四、出口企业将加工贸易进口料件，采取委托加工收回出口的，在申报退（免）税或申请开具《来料加工免税证明》时，如提供的加工费发票不是由加工贸易手（账）册上注明的加工单位开具的，出口企业须向主管税务机关书面说明理由，并提供主管海关出具的书面证明。否则，属于进料加工委托加工业务的，对应的加工费不得抵扣或申报退（免）税；属于来料加工委托加工业务的，不得申请开具《来料加工免税证明》，相应的加工费不得申报免税。

五、出口企业报关进入国家批准的出口加工区、保税物流园区、保税港区、综合保税区、珠澳跨境工业区（珠海园区）、中哈霍尔果斯国际边境合作中心（中方配套区域）、保税物流中心（B型）（以下统称特殊区域）并销售给特殊区域内单位或境外单位、个人的货物,以人民币结算的,可申报出口退(免)税,按有关规定提供收汇资料时,可以提供收取人民币的凭证。

六、出口企业或其他单位申报对外援助出口货物退(免)税时,不需要提供商务部批准使用援外优惠贷款的批文("援外任务书")复印件和商务部批准使用援外合资合作项目基金的批文("援外任务书")复印件。

七、生产企业外购的不经过本企业加工或组装,出口后能直接与本企业自产货物组合成成套产品的货物,如配套出口给进口本企业自产货物的境外单位或个人,可作为视同自产货物申报退(免)税。生产企业申报出口视同自产的货物退(免)税时,应按《生产企业出口视同自产货物业务类型对照表》(附件3),在《生产企业出口货物免、抵、退税申报明细表》的"业务类型"栏内填写对应标识,主管税务机关如发现企业填报错误的,应及时要求企业改正。

八、出口企业或其他单位出口适用增值税免税政策的货物劳务,在向主管税务机关办理增值税、消费税免税申报时,不再报送《免税出口货物劳务明细表》及其电子数据。出口货物报关单、合法有效的进货凭证等留存企业备查的资料,应按出口日期装订成册。

九、以下出口货物劳务应按照下列规定留存备查合法有效的进货凭证:

(一)出口企业或其他单位从依法拍卖单位购买货物出口的,将与拍卖人签署的成交确认书及有关收据留存备查;

(二)通过合并、分立、重组改制等资产重组方式设立的出口企业或其他单位,出口重组前的企业无偿划转的货物,将资产重组文件、无偿划转的证明材料留存备查。

十、出口企业或其他单位按照《国家税务总局关于〈出口货物劳务增值税和消费税管理办法〉有关问题的公告》(国家税务总局公告2013年第12号)第二条第(十八)项规定申请延期申报退(免)税的,如省级税务机关在免税申报截止之日后批复不予延期,若该出口货物符合其他免税条件,出口企业或其他单位应在批复的次月申报免税。次月未申报免税的,适用增值税征税政策。

十一、委托出口的货物,委托方应自货物报关出口之日起至次年3月15日前,凭委托代理出口协议(复印件)向主管税务机关报送《委托出口货物证明》(附件4)及其电子数据。主管税务机关审核委托代理出口协议后在《委托出口货物证明》签章。

受托方申请开具《代理出口货物证明》时,应提供规定的凭证资料及委托方主管税务机关签章的《委托出口货物证明》。

十二、外贸企业出口视同内销征税的货物,申请开具《出口货物转内销证明》时,需提供规定的凭证资料及计提销项税的记账凭证复印件。

主管税务机关在审核外贸企业《出口货物转内销证明申报表》时,对增值税专用发票交叉稽核信息比对不符,以及发现提供的增值税专用发票或者其他增值税扣税凭证存在以下情形之一的,不得出具《出口货物转内销证明》:

(一)提供的增值税专用发票或海关进口增值税专用缴款书为虚开、伪造或内容不实;

(二)提供的增值税专用发票是在供货企业税务登记被注销或被认定为非正常户之后开具;

(三)外贸企业出口货物转内销时申报的《出口货物转内销证明申报表》的进货凭证上载明的货物与申报免退税匹配的出口货物报关单上载明的出口货物名称不符。属同一货物的多种零部件合并报关为同一商品名称的除外；

（四）供货企业销售的自产货物，其生产设备、工具不能生产该种货物；

（五）供货企业销售的外购货物，其购进业务为虚假业务；

（六）供货企业销售的委托加工收回货物，其委托加工业务为虚假业务。

主管税务机关在开具《出口货物转内销证明》后，发现外贸企业提供的增值税专用发票或者其他增值税扣税凭证存在以上情形之一的，主管税务机关应通知外贸企业将原取得的《出口货物转内销证明》涉及的进项税额做转出处理。

十三、出口企业按规定向国家商检、海关、外汇管理等对出口货物相关事项实施监管核查部门报送的资料中，属于申报出口退（免）税规定的凭证资料及备案单证的，如果上述部门或主管税务机关发现为虚假或其内容不实的，其对应的出口货物不适用增值税退（免）税和免税政策，适用增值税征税政策。查实属于偷骗税的按照相应的规定处理。

十四、本公告自 2014 年 1 月 1 日起执行。

附件：
1. 申请注销退（免）税资格认定企业未结清退（免）税确认书（见二维码 93）
2. 出口货物劳务放弃退（免）税声明（见二维码 93）
3. 生产企业出口视同自产货物业务类型对照表（见二维码 93）
4. 委托出口货物证明（见二维码 93）

二维码93

国家税务总局
关于出口货物劳务退（免）税管理有关问题的公告

（2014 年 8 月 28 日　国家税务总局公告 2014 年第 51 号）

为进一步完善出口退（免）税管理，现将有关问题公告如下：

一、《国家税务总局关于出口企业申报出口货物退（免）税提供收汇资料有关问题的公告》（国家税务总局公告 2013 年第 30 号）第三条、第九条停止执行；第二条规定的申报退（免）税须提供出口货物收汇凭证的出口企业情形，调整为下列五类：

（一）被外汇管理部门列为 C 类企业的；

（二）被海关列为 C、D 类企业的；

（三）被税务机关评定为 D 级纳税信用等级的；

（四）主管税务机关发现出口企业申报的不能收汇的原因为虚假的；

（五）主管税务机关发现出口企业提供的出口货物收汇凭证是冒用的。

二、经外汇管理部门批准实行外汇资金集中运营管理的跨国公司，其成员公司在批准的有效期内，可凭银行出具给跨国公司资金集中运营公司符合下列规定的收款凭证，向主管税务机关申报对外提供的研发、设计服务退（免）税，不再提供《国家税务总局关于发布〈适用增值税零税率应税服务退（免）税管理办法〉的公告》（国家税务总局公告 2014 年第

11号)第十三条第(五)项第3目之(3)规定的资料。

(一)付款单位为与成员公司签订研发、设计合同的境外单位,或研发、设计合同约定的境外代付单位;

(二)收款凭证上的收款单位或附言的实际收款人须载明有成员公司的名称。

三、利用国际金融组织或外国政府贷款通过国际招标建设的项目,招标单位向其所在地主管税务机关申请开具《中标证明通知书》时,应提供财政部门《关于外国政府贷款备选项目的通知》或财政部门与项目的主管部门或政府签订的《关于××行(国际金融组织)贷款"××项目"转贷协议(或分贷协议、执行协议)》的原件和注明有与原件一致字样的复印件(经主管税务机关审核原件与复印件一致后,原件退回),不再提供国家评标委员会《评标结果通知》。此前已提供国家评标委员会《评标结果通知》的,可按原规定办理《中标证明通知书》。

四、本公告自发布之日起施行。之前已申报的出口退(免)税可按本公告的规定执行。

[注释:条款废止。自2018年5月1日起废止第一条"第二条规定的申报退(免)税须提供出口货物收汇凭证的出口企业情形调整为下列五类:(一)被外汇管理部门列为C类企业的;(二)被海关列为C、D类企业的;(三)被税务机关评定为D级纳税信用等级的;(四)主管税务机关发现出口企业申报的不能收汇的原因为虚假的;(五)主管税务机关发现出口企业提供的出口货物收汇凭证是冒用的。"的内容。参见《国家税务总局关于出口退(免)税申报有关问题的公告》(国家税务总局公告2018年第16号)]

国家税务总局
关于出口企业申报出口退(免)税免予提供纸质出口货物报关单的公告

(2015年4月28日 国家税务总局公告2015年第26号)

为加强出口退税工作,更好地支持外贸发展,服务出口企业,税务总局决定,出口企业或其他单位(以下简称出口企业)申报出口退(免)税及相关业务时,免予提供纸质出口货物报关单(出口退税专用及其他联次,以下统称纸质报关单)。具体公告如下。

一、2015年5月1日(含5月1日,以海关出口报关单电子信息注明的出口日期为准)以后出口的货物,出口企业申报出口退(免)税及相关业务时,免予提供纸质报关单。但申报适用启运港退税政策的货物除外。

二、免予提供纸质报关单后,出口企业申报办理上述货物出口退(免)税及相关业务时,原规定根据纸质报关单项目填写的申报内容,改按海关出口报关单电子信息对应项目填写,其申报的内容,视同申报海关出口报关单对应电子信息。

三、主管税务机关在审批免予提供纸质报关单的出口退(免)税申报时,必须在企业的申报数据与对应的海关出口货物报关单电子数据核对无误后,方可办理。

国家税务总局
关于出口退（免）税有关问题的公告

(2015年4月30日 国家税务总局公告2015年第29号)

为深入开展"便民办税春风行动"，进一步便利企业办理出口退（免）税，持续优化出口退（免）税管理，现就有关问题公告如下：

一、出口企业或其他单位办理出口退（免）税资格认定时，《出口退（免）税资格认定申请表》中的"退税开户银行账号"从税务登记的银行账号中选择一个填报，不再向主管国税机关提供银行开户许可证。

二、生产企业办理进料加工业务核销，按规定向主管国税机关报送《已核销手（账）册海关数据调整报告表（进口报关单/出口报关单）》时，不再提供向报关海关查询情况的书面说明。

三、委托出口的货物，除国家取消出口退税的货物外，委托方不再向主管国税机关报送《委托出口货物证明》，此前未报送《委托出口货物证明》的不再报送；受托方申请开具《代理出口货物证明》时，不再提供委托方主管国税机关签章的《委托出口货物证明》。

四、企业在申报铁路运输服务免抵退税时，属于客运的，应当提供《国际客运（含香港直通车）旅客、行李包裹运输清算函件明细表》（见附件1）；属于货运的，应当提供《中国铁路总公司国际货物运输明细表》（见附件2），或者提供列明本企业清算后的国际联运运输收入的《清算资金通知清单》。

申报铁路运输服务免抵退税的企业，应当将以下原始凭证留存企业备查。主管国税机关对留存企业备查的原始凭证应当定期进行抽查。

（一）属于客运的，留存以下原始凭证：

1. 国际客运联运票据（入境除外）；
2. 铁路合作组织清算函件；
3. 香港直通车售出直通客票月报。

（二）属于货运的，留存以下原始凭证：

1. 运输收入会计报表；
2. 货运联运运单；
3. "发站"或"到站（局）"名称包含"境"字的货票。

企业自2014年1月1日起，提供的适用增值税零税率的铁路运输服务，按本条规定申报免抵退税。

五、出口企业从事来料加工委托加工业务的，应当在海关办结核销手续的次年5月15日前，办理来料加工出口货物免税核销手续；属于2014年及以前海关办理核销的，免税核销期限延长至2015年6月30日。未按规定办理来料加工出口货物免税核销手续或者不符合办理免税核销规定的，委托方应按规定补缴增值税、消费税。

六、以双委托方式（生产企业进口料件、出口成品均委托出口企业办理）从事的进料加工出口业务，委托方在申报免抵退税前，应按代理进口、出口协议及进料加工贸易手册载明的计划进口总值和计划出口总值，向主管国税机关报送《进料加工企业计划分配率备案表》及其电子数据。

七、出口企业不再填报《出口企业预计出口情况报告表》。

八、从事对外承包工程的企业在上一年度内，累计 6 个月以上未申报退税的，其出口退（免）税企业分类管理类别可不评定为三类。

九、本公告除第四条外，自发布之日起施行。《国家税务总局关于发布〈出口货物劳务增值税和消费税管理办法〉的公告》（国家税务总局公告 2012 年第 24 号）第三条第（一）项第 3 目、《国家税务总局关于〈出口货物劳务增值税和消费税管理办法〉有关问题的公告》（国家税务总局公告 2013 年第 12 号）第五条第（十四）项、《国家税务总局关于发布〈适用增值税零税率应税服务退（免）税管理办法〉的公告》（国家税务总局公告 2014 年第 11 号）第十三条第（五）项第 1 目之（2）和第十五条第（一）项第 4 目同时废止。

附件：
1. 国际客运（含香港直通车）旅客、行李包裹运输清算函件明细表（见二维码 94）
2. 中国铁路总公司国际货物运输明细表（见二维码 94）

二维码94

国家税务总局关于部分税务行政审批事项取消后有关管理问题的公告

（2015 年 8 月 3 日　国家税务总局公告 2015 年第 56 号）

为加强后续管理，现就部分税务行政审批事项取消后有关管理问题公告如下：

一、关于取消"对办理税务登记（外出经营报验）的核准"后的有关管理问题

纳税人提交资料齐全、符合法定形式的，税务机关即时办理。纳税人提交资料不齐全或者不符合法定形式的，税务机关制作《税务事项通知书》，一次性告知纳税人需要补正的内容。税务机关应当切实履行对纳税人的告知义务，及时提供咨询服务，强化内部督查和社会监督，提高登记办理效率。按照纳税人不重复填报登记文书内容和不重复提交登记材料的原则，加强部门之间信息、数据共享工作。

二、关于取消"偏远地区简并征期认定"后的有关管理问题

加强对实行偏远地区简并征期申报的纳税人日常管理及监控，实行税源跟踪管理，及时掌握纳税人经营变化情况。强化计算机管税，采取"人机结合"的方式，提高征期申报率和入库率，防止漏征漏管。简化办税程序，建立纳税服务新机制，降低纳税人办税成本，提高工作效率。

三、关于取消"出口退（免）税资格认定""出口退（免）税资格认定变更""出口退（免）税资格认定注销""研发机构采购国产设备退税资格的认定""集团公司具有免抵退

税资格成员企业认定""以边境小额贸易方式代理外国企业、外国自然人出口货物备案登记及备案核销的核准"后的有关管理问题

(一)出口企业或其他单位应于首次申报出口退(免)税时,向主管国税机关提供以下资料,办理出口退(免)税备案手续,申报退(免)税。

1. 内容填写真实、完整的《出口退(免)税备案表》(附件1),其中"退税开户银行账号"须从税务登记的银行账号中选择一个填报。

2. 加盖备案登记专用章的《对外贸易经营者备案登记表》或《中华人民共和国外商投资企业批准证书》。

3. 《中华人民共和国海关报关单位注册登记证书》。

4. 未办理备案登记发生委托出口业务的生产企业提供委托代理出口协议,不需提供第2目、第3目资料。

5. 主管国税机关要求提供的其他资料。

(二)对出口企业或其他单位提供的出口退(免)税备案资料齐全、《出口退(免)税备案表》填写内容符合要求,签字、印章完整的,主管国税机关应当场予以备案。对不符合上述要求的,主管国税机关应一次性告知出口企业或其他单位,待其补正后备案。

(三)《出口退(免)税备案表》中的内容发生变更的,出口企业或其他单位须自变更之日起30日内,向主管国税机关提供相关资料,办理备案内容的变更。出口企业或其他单位需要变更"退(免)税方法"的,主管国税机关应按规定结清退(免)税款后办理变更。

(四)出口企业或其他单位撤回出口退(免)税备案的,主管国税机关应按规定结清退(免)税款后办理。

出口企业或其他单位申请注销税务登记的,应先向主管国税机关申请撤回出口退(免)税备案。

(五)已办理过出口退(免)税资格认定的出口企业或其他单位,无需再办理出口退(免)税备案。

(六)集团公司需要按收购视同自产货物申报免抵退税的,集团公司总部需提供以下资料,向主管国税机关备案:

1. 《集团公司成员企业备案表》(附件2)及电子申报数据;

2. 集团公司总部及其控股的生产企业的营业执照副本复印件;

3. 集团公司总部及其控股的生产企业的《出口退(免)税备案表》(或《出口退(免)税资格认定表》)复印件;

4. 集团公司总部及其控股生产企业的章程复印件;

5. 主管国税机关要求报送的其他资料。

对集团公司总部提供上述备案资料齐全、《集团公司成员企业备案表》填写内容符合要求的,主管国税机关应当场予以备案。对不符合上述要求的,主管国税机关应一次性告知企业,待其补正后备案。

(七)按收购视同自产货物申报免抵退税的集团公司备案后,主管国税机关按照集团公司总部和成员企业所在地情况,传递《集团公司成员企业备案表》。

1. 在同一地市的,集团公司总部所在地主管国税机关应将《集团公司成员企业备案表》传递至地市国家税务局报备,并同时抄送集团公司总部、成员企业所在地国家税务局;

2. 在同一省（自治区、直辖市、计划单列市，下同）但不在同一地市的，集团公司总部所在地主管国税机关，应将《集团公司成员企业备案表》逐级传递至省国家税务局报备，省国家税务局应清分至集团公司总部、成员企业所在地国家税务局；

3. 不在同一省的，集团公司总部所在地主管国税机关，应将《集团公司成员企业备案表》逐级传递至国家税务总局，由国家税务总局逐级清分至集团公司总部、成员企业所在地国家税务局。

（八）以边境小额贸易方式代理外国企业、外国自然人出口货物，出口企业应当在货物报关出口之日（以出口货物报关单上的出口日期为准）次月起至次年4月30日前的各增值税纳税申报期内，提供下列资料向主管国税机关办理代理报关备案。

1. 企业相关人员签字、盖有单位公章且填写内容齐全的纸质《以边境小额贸易方式代理外国企业、外国自然人报关出口货物备案表》（附件3）及电子数据；

2. 代理出口协议原件及复印件，代理出口协议以外文拟定的，需同时提供中文翻译版本；

3. 委托方经办人护照或外国边民的边民证原件和复印件。

出口企业以边境小额贸易方式代理外国企业、外国自然人出口的货物，按上述规定已备案的，不属于增值税应税范围，其仅就代理费收入进行增值税申报。

主管国税机关应定期对出口企业以边境小额贸易方式代理外国企业、外国自然人出口货物的备案情况进行核查，发现出口企业未按照本条规定办理代理报关备案的，按有关规定处理。

四、关于取消"设有固定装置的非运输车辆免征车辆购置税的审核"后的有关管理问题

纳税人在办理设有固定装置的非运输车辆免税申报时，应当如实填写《车辆购置税纳税申报表》和《车辆购置税免（减）税申报表》，同时提供以下资料：

（一）纳税人身份证明；

（二）车辆价格证明；

（三）车辆合格证明；

（四）设有固定装置的非运输车辆内、外观彩色5寸照片；

（五）税务机关要求提供的其他资料。

主管税务机关应当依据免税图册对车辆固定装置进行核实无误后，办理免税手续。

五、关于取消"企业享受符合条件的固定资产加速折旧或缩短折旧年限所得税优惠的核准"后的有关管理问题

纳税人享受《财政部 国家税务总局关于完善固定资产加速折旧企业所得税政策的通知》（财税〔2014〕75号）、《关于固定资产加速折旧税收政策有关问题的公告》（国家税务总局公告2014年第64号）规定的重点行业加速折旧政策，应当在汇算清缴期内，向主管税务机关提供《企业所得税优惠事项备案表》，同时可以在季度预缴环节享受该项优惠政策。纳税人享受其他固定资产加速折旧政策，应当在汇算清缴时提供《企业所得税优惠事项备案表》，对于税法与会计核算一致的，可以在季度预缴环节享受该项优惠政策；对于税法与会计核算不一致的，在汇算清缴时享受该项优惠政策。

另外，纳税人应当将以下资料留存备查：

（一）固定资产的功能、预计使用年限短于规定计算折旧的最低年限的理由、证明资料

及有关情况的说明；

（二）固定资产加速折旧方法和折旧额的说明；

（三）集成电路生产企业认定证书复印件（集成电路生产企业的生产设备适用本项优惠时提供）；

（四）缩短折旧或摊销年限情况说明（外购软件缩短折旧或摊销年限时提供）；

（五）填报季度预缴申报表之附12《固定资产加速折旧（扣除）明细表》（适用于享受财税〔2014〕75号文件规定政策）。

六、关于取消"企业从事农林牧渔业项目所得享受所得税优惠的备案核准"后的有关管理问题

企业从事农林牧渔业项目所得享受所得税优惠，纳税人应当在汇算清缴期内，向主管税务机关提供《企业所得税优惠事项备案表》，同时可以在季度预缴环节享受该项优惠政策。

另外，纳税人应当将以下资料留存备查：

（一）经营业务属于《国民经济行业分类》中的农、林、牧、渔业具体项目的说明；

（二）有效期内的远洋渔业企业资格证书复印件（从事远洋捕捞业务的提供）；

（三）县级以上农、林、牧、渔业政府主管部门的确认意见（进行农产品的再种植、养殖是否可以视为农产品的种植、养殖项目享受相应的税收优惠难以确定时提供）；

（四）从事农作物新品种选育的认定证书复印件（从事农作物新品种选育的提供）。

本公告自发布之日起施行。

附件：
1. 出口退（免）税备案表（见二维码95）
2. 集团公司成员企业备案表（见二维码95）
3. 以边境小额贸易方式代理外国企业、外国自然人报关出口货物备案表（见二维码95）

二维码95

［注释：条款废止。自2018年5月1日起废止附件1。参见：《国家税务总局关于出口退（免）税申报有关问题的公告》（国家税务总局公告2018年第16号）。

自2016年1月7日起废止第三条第六项第3目的内容。参见：《国家税务总局关于进一步加强出口退（免）税事中事后管理有关问题的公告》（国家税务总局公告2016年第1号）。］

国家税务总局
关于进一步加强出口退（免）税事中事后管理有关问题的公告

（2016年1月7日　国家税务总局公告2016年第1号）

为深入贯彻《深化国税、地税征管体制改革方案》，进一步加强出口退（免）税事中事后管理，持续优化退税服务，根据各地反映的问题及提出的建议，经研究，现就有关问题公告如下：

一、集团公司需要按收购视同自产货物申报免抵退税的，集团公司总部或其控股的生产

企业向主管国税机关备案时，不再提供集团公司总部及其控股的生产企业的《出口退（免）税备案表》（或《出口退（免）税资格认定表》）复印件。

二、出口企业或其他单位办理撤回出口退（免）税备案事项时，如果向主管国税机关声明放弃未申报或已申报但尚未办理的出口退（免）税并按规定申报免税的，视同已结清出口退税款。

因合并、分立、改制重组等原因撤回出口退（免）税备案的出口企业或其他单位（以下简称撤回备案企业），可向主管国税机关提供以下资料，经主管国税机关核对无误后，视同已结清出口退（免）税款：

（一）企业撤回出口退（免）税备案未结清退（免）税确认书（附件1）；

（二）合并、分立、改制重组企业决议、章程及相关部门批件；

（三）承继撤回备案企业权利和义务的企业（以下简称承继企业）在撤回备案企业所在地的开户银行名称及账号。

撤回备案事项办结后，主管国税机关将撤回备案企业的应退税款退还至承继企业账户，如发生需要追缴多退税款的，向承继企业追缴。

三、外贸企业进口货物复出口的，申报退（免）税时不再提供进口货物报关单。

四、自本公告公布之日起，启用本公告制发的《来料加工免税证明申请表》（附件2）、《来料加工免税证明》（附件3）、《代理进口货物证明申请表》（附件4）和《代理进口货物证明》（附件5）。《出口货物劳务增值税和消费税管理办法》（国家税务总局公告2012年第24号发布）附件28、29、33同时废止。

五、本公告自公布之日起施行。《国家税务总局关于部分税务行政审批事项取消后有关管理问题的公告》（国家税务总局公告2015年第56号）第三条第六项第3目，《出口货物劳务增值税和消费税管理办法》第五条第二项第5目之（2）、（5）关于"还需同时提供进口货物报关单"的内容同时废止。

附件：

1. 企业撤回出口退（免）税备案未结清退（免）税确认书（见二维码96）
2. 来料加工免税证明申请表（见二维码96）
3. 来料加工免税证明（见二维码96）
4. 代理进口货物证明申请表（见二维码96）
5. 代理进口货物证明（见二维码96）

二维码96

国家税务总局
关于在境外提供建筑服务等有关问题的公告

（2016年11月4日　国家税务总局公告2016年第69号）

（正文编者略）

第一条，境内的单位和个人为施工地点在境外的工程项目提供建筑服务，办理免税备案证明材料的处理。

第二条，境内的单位和个人在境外提供旅游服务，办理免税备案证明材料的处理。

第三条，享受国际运输服务免征增值税政策的境外单位和个人，办理免税备案证明材料的处理。

国家税务总局
关于出口退（免）税申报有关问题的公告

（2018年4月19日　国家税务总局公告2018年第16号）

为进一步落实税务系统"放管服"改革要求，简化出口退（免）税手续，优化出口退（免）税服务，持续加快退税进度，支持外贸出口，现就出口退（免）税申报有关问题公告如下：

一、出口企业或其他单位办理出口退（免）税备案手续时，应按规定向主管税务机关填报修改后的《出口退（免）税备案表》（附件1）。

二、出口企业和其他单位申报出口退（免）税时，不再进行退（免）税预申报。主管税务机关确认申报凭证的内容与对应的管理部门电子信息无误后方可受理出口退（免）税申报。

三、实行免抵退税办法的出口企业或其他单位在申报办理出口退（免）税时，不再报送当期《增值税纳税申报表》。

四、出口企业按规定申请开具代理进口货物证明时，不再提供进口货物报关单（加工贸易专用）。

五、外贸企业购进货物需分批申报退（免）税的以及生产企业购进非自产应税消费品需分批申报消费税退税的，出口企业不再向主管税务机关填报《出口退税进货分批申报单》，由主管税务机关通过出口税收管理系统对进货凭证进行核对。

六、出口企业或其他单位在出口退（免）税申报期限截止之日前，申报出口退（免）税的出口报关单、代理出口货物证明、委托出口货物证明、增值税进货凭证仍没有电子信息或凭证的内容与电子信息比对不符的，应在出口退（免）税申报期限截止之日前，向主管税务机关报送《出口退（免）税凭证无相关电子信息申报表》（附件2）。相关退（免）税申报凭证及资料留存企业备查，不再报送。

七、出口企业或其他单位出口货物劳务、发生增值税跨境应税行为，由于以下原因未收齐单证，无法在规定期限内申报的，应在出口退（免）税申报期限截止之日前，向负责管理出口退（免）税的主管税务机关报送《出口退（免）税延期申报申请表》（附件3）及相关举证资料，提出延期申报申请。主管税务机关自受理企业申请之日起20个工作日内完成核准，并将结果告知出口企业或其他单位。

（一）自然灾害、社会突发事件等不可抗力因素；

（二）出口退（免）税申报凭证被盗、抢，或者因邮寄丢失、误递；

（三）有关司法、行政机关在办理业务或者检查中，扣押出口退（免）税申报凭证；

（四）买卖双方因经济纠纷，未能按时取得出口退（免）税申报凭证；

（五）由于企业办税人员伤亡、突发危重疾病或者擅自离职，未能办理交接手续，导致不能按期提供出口退（免）税申报凭证；

（六）由于企业向海关提出修改出口货物报关单申请，在出口退（免）税申报期限截止之日前海关未完成修改，导致不能按期提供出口货物报关单；

（七）有关政府部门在出口退（免）税申报期限截止之日前未出具出口退（免）税申报所需凭证资料；

（八）国家税务总局规定的其他情形。

八、出口企业申报退（免）税的出口货物，应按照《国家税务总局关于出口企业申报出口货物退（免）税提供收汇资料有关问题的公告》（国家税务总局公告2013年第30号，以下称"30号公告"）的规定在出口退（免）税申报截止之日前收汇，未按规定收汇的出口货物适用增值税免税政策。对有下列情形之一的出口企业，在申报出口退（免）税时，须按照30号公告的规定提供收汇资料：

（一）出口退（免）税企业分类管理类别为四类的；

（二）主管税务机关发现出口企业申报的不能收汇原因是虚假的；

（三）主管税务机关发现出口企业提供的出口货物收汇凭证是冒用的。

上述第（一）种情形自出口企业被主管税务机关评定为四类企业的次月起执行；第（二）种至第（三）种情形自主管税务机关通知出口企业之日起24个月内执行。上述情形的执行时间以申报退（免）税时间为准。

出口企业同时存在上述两种以上情形的，执行时间的截止时间为几种情形中的最晚截止时间。

九、生产企业应于每年4月20日前，按以下规定向主管税务机关申请办理上年度海关已核销的进料加工手册（账册）项下的进料加工业务核销手续。4月20日前未进行核销的，对该企业的出口退（免）税业务，主管税务机关暂不办理，在其进行核销后再办理。

（一）生产企业申请核销前，应从主管税务机关获取海关联网监管加工贸易电子数据中的进料加工"电子账册（电子化手册）核销数据"以及进料加工业务的进口和出口货物报关单数据。

生产企业将获取的反馈数据与进料加工手册（账册）实际发生的进口和出口情况核对后，填报《生产企业进料加工业务免抵退税核销表》（附件4）向主管税务机关申请核销。如果核对发现，实际业务与反馈数据不一致的，生产企业还应填写《已核销手册（账册）海关数据调整表》（附件5）连同电子数据和证明材料一并报送主管税务机关。

（二）主管税务机关应将企业报送的电子数据读入出口退税审核系统，对《生产企业进料加工业务免抵退税核销表》和《已核销手册（账册）海关数据调整表》及证明资料进行审核。

（三）主管税务机关确认核销后，生产企业应以《生产企业进料加工业务免抵退税核销表》中的"已核销手册（账册）综合实际分配率"，作为当年度进料加工计划分配率。同时，应在核销确认的次月，根据《生产企业进料加工业务免抵退税核销表》确认的不得免征和抵扣税额在纳税申报时申报调整；应在确认核销后的首次免抵退税申报时，根据《生产企业进料加工业务免抵退税核销表》确认的调整免抵退税额申报调整当期免抵退税额。

（四）生产企业发现核销数据有误的，应在发现次月按照本条第（一）项至第（三）项的有关规定向主管税务机关重新办理核销手续。

十、出口企业因纳税信用级别、海关企业信用管理类别、外汇管理的分类管理等级等发生变化，或者对分类管理类别评定结果有异议的，可以书面向负责评定出口企业管理类别的税务机关提出重新评定管理类别。有关税务机关应按照《国家税务总局关于发布修订后的〈出口退（免）税企业分类管理办法〉的公告》（国家税务总局公告2016年第46号）的规定，自收到企业复评资料之日起20个工作日内完成评定工作。

十一、境内单位提供航天运输服务或在轨交付空间飞行器及相关货物，在进行出口退（免）税申报时，应填报《航天发射业务出口退税申报明细表》（附件6），并提供下列资料及原始凭证的复印件：

（一）签订的发射合同或在轨交付合同；

（二）发射合同或在轨交付合同对应的项目清单项下购进航天运输器及相关货物和空间飞行器及相关货物的增值税专用发票或海关进口增值税专用缴款书、接受发射运行保障服务的增值税专用发票；

（三）从与之签订航天运输服务合同的单位取得收入的收款凭证。

《国家税务总局关于发布〈适用增值税零税率应税服务退（免）税管理办法〉的公告》（国家税务总局公告2014年第11号）第九条第二项第1目规定的其他具有提供商业卫星发射服务资质的证明材料，包括国家国防科技工业局颁发的《民用航天发射项目许可证》。

十二、《废止文件、条款目录》见附件7。

本公告自2018年5月1日起施行。

附件：

1. 出口退（免）税备案表（见二维码97）
2. 出口退（免）税凭证无相关电子信息申报表（见二维码97）
3. 出口退（免）税延期申报申请表（见二维码97）
4. 生产企业进料加工业务免抵退税核销表（见二维码97）
5. 已核销手册（账册）海关数据调整表（见二维码97）
6. 航天发射业务出口退税申报明细表（见二维码97）
7. 废止文件、条款目录（见二维码97）

二维码97

国家税务总局
关于加快出口退税进度有关事项的公告

（2018年10月15日　国家税务总局公告2018年第48号）

为深入贯彻落实国务院关于加快出口退税进度的决定，现将有关事项公告如下：

一、优化出口退（免）税企业分类管理

（一）调整出口企业管理类别评定标准：

1. 将一类生产企业评定标准中的"上一年度的年末净资产大于上一年度该企业已办理的出口退税额（不含免抵税额）"调整为"上一年度的年末净资产大于上一年度该企业已办理的出口退税额（不含免抵税额）的60％"。

2. 取消三类出口企业评定标准中"上一年度累计6个月以上未申报出口退（免）税（从事对外援助、对外承包、境外投资业务的，以及出口季节性商品或出口生产周期较长的大型设备的出口企业除外）"的评定条件。

（二）取消管理类别年度评定次数限制。出口企业相关情形发生变更并申请调整管理类别的，主管税务机关应按照有关规定及时开展评定工作。

（三）评定标准调整后，符合一类出口企业评定标准的生产企业，可按照规定提交相关资料申请变更其管理类别。税务机关应自受理企业资料之日起15个工作日内完成评定调整工作。

评定标准调整后，对符合二类出口企业评定标准的企业，税务机关应于15个工作日内完成评定调整工作。

二、全面推行无纸化退税申报

（一）实现无纸化退税申报地域全覆盖。各地税务机关应利用信息技术，实现申报、证明办理、核准、退库等出口退（免）税业务"网上办理"，切实方便出口企业办理退税，提高退税效率。2018年12月31日前，在全国推广实施无纸化退税申报。

（二）实现无纸化退税申报一类、二类出口企业全覆盖。按照企业自愿的原则，于2018年12月31日前，实现出口退（免）税管理类别为一类、二类的出口企业全面推行无纸化退税申报。

三、大力支持外贸新业态发展

（一）鼓励外贸综合服务企业为中小企业代办退税。各地税务机关要认真落实外贸综合服务企业退税管理相关规定，做好外贸综合服务企业和生产企业的备案、实地核查、代办退税发票开具、退税信息传递等工作，支持外贸新业态发展。

（二）指导外贸综合服务企业防范业务风险。主管税务机关要根据企业需求，指导外贸综合服务企业建立内部风险管控制度，建设内部风险管控信息系统，防范代办退税业务风险。

四、积极做好出口退（免）税服务

（一）各级税务机关应加强政策宣传辅导，通过新闻媒体、网站、短信平台、电子邮件、微信等多种途径开展政策宣讲和业务培训，便于出口企业及时收集单证，尽快满足退税申报条件。

（二）各级税务机关要定期提醒出口企业退（免）税申报、审核、退库进度及申报退（免）税期限等情况，便于出口企业及时、足额获取出口退税。

五、施行日期

本公告自发布之日起施行。《出口退（免）税企业分类管理办法》（国家税务总局公告2016年第46号发布）第五条第一项第3目、第六条第三项、第九条"出口企业管理类别评定工作每年进行1次，应于企业纳税信用级别评价结果确定后1个月内完成"的规定同时废止。

国家税务总局
关于办理增值税期末留抵税额退税有关事项的公告

(2019年4月30日 国家税务总局公告2019年第20号)

（正文编者略）

四、纳税人出口货物劳务、发生跨境应税行为，适用免抵退税办法的，可以在同一申报期内，既申报免抵退税又申请办理留抵退税。

五、申请办理留抵退税的纳税人，出口货物劳务、跨境应税行为适用免抵退税办法的，应当按期申报免抵退税。当期可申报免抵退税的出口销售额为零的，应办理免抵退税零申报。

六、纳税人既申报免抵退税又申请办理留抵退税的，税务机关应先办理免抵退税。办理免抵退税后，纳税人仍符合留抵退税条件的，再办理留抵退税。

九、纳税人在办理留抵退税期间发生下列情形的，按照以下规定确定允许退还的增量留抵税额：

（二）纳税人在同一申报期既申报免抵退税又申请办理留抵退税的，或者在纳税人申请办理留抵退税时存在尚未经税务机关核准的免抵退税应退税额的，应待税务机关核准免抵退税应退税额后，按最近一期《增值税纳税申报表（一般纳税人适用）》期末留抵税额，扣减税务机关核准的免抵退税应退税额后的余额确定允许退还的增量留抵税额。

财政部　税务总局
关于明确国有农用地出租等增值税政策的公告

(2020年1月20日　财政部　税务总局公告2020年第2号)

（正文编者略）

四、纳税人出口货物劳务、发生跨境应税行为，未在规定期限内申报出口退（免）税或者开具《代理出口货物证明》的，在收齐退（免）税凭证及相关电子信息后，即可申报办理出口退（免）税；未在规定期限内收汇或者办理不能收汇手续的，在收汇或者办理不能收汇手续后，即可申报办理退（免）税。

国家税务总局
关于支持个体工商户复工复业等税收征收管理事项的公告

(2020年2月29日 国家税务总局公告2020年第5号)

(正文编者略)

六、已放弃适用出口退（免）税政策未满36个月的纳税人，在出口货物劳务的增值税税率或出口退税率发生变化后，可以向主管税务机关声明，对其自发生变化之日起的全部出口货物劳务，恢复适用出口退（免）税政策。

（二）出口企业分类管理

国家税务总局
关于发布修订后的《出口退（免）税企业分类管理办法》的公告

(2016年7月13日 国家税务总局公告2016年第46号)

为深入贯彻落实《深化国税、地税征管体制改革方案》和《国务院关于促进外贸回稳向好的若干意见》（国发〔2016〕27号），进一步优化出口退税管理，更好地发挥出口退税支持外贸发展的职能作用，推进社会信用体系建设，国家税务总局对《出口退（免）税企业分类管理办法》（国家税务总局公告2015年第2号发布）进行了修订，现予重新发布，自2016年9月1日起施行。《国家税务总局关于发布〈出口退（免）税企业分类管理办法〉的公告》（国家税务总局公告2015年第2号）同时废止。

出口退（免）税企业分类管理办法

第一章 总 则

第一条 为进一步优化出口退（免）税管理，提高纳税人税法遵从度，推进社会信用体系建设，充分发挥出口退税支持外贸发展的职能作用，根据《中华人民共和国税收征收管理法》及其实施细则、相关出口税收规定，制定本办法。

第二条 国税机关应按照风险可控、放管服结合、利于遵从、便于办税的原则，对出口退（免）税企业（以下简称出口企业）进行分类管理。

第三条 出口企业管理类别分为一类、二类、三类、四类。

第四条 各省、自治区、直辖市、计划单列市国家税务局（以下简称省国家税务局）负责组织实施本地区出口企业的分类管理工作。

具有出口退（免）税审批权限的国家税务局负责评定所辖出口企业的管理类别。

第二章 出口企业管理类别的评定标准

第五条 一类出口企业的评定标准。

（一）生产企业应同时符合下列条件：

1. 企业的生产能力与上一年度申报出口退（免）税规模相匹配。
2. 近3年（含评定当年，下同）未发生过虚开增值税专用发票或者其他增值税扣税凭证、骗取出口退税行为。
3. 上一年度的年末净资产大于上一年度该企业已办理的出口退税额（不含免抵税额）。
4. 评定时纳税信用级别为A级或B级。
5. 企业内部建立了较为完善的出口退（免）税风险控制体系。

（二）外贸企业应同时符合下列条件：

1. 近3年未发生过虚开增值税专用发票或者其他增值税扣税凭证、骗取出口退税行为。
2. 上一年度的年末净资产大于上一年度该企业已办理出口退税额的60%。
3. 持续经营5年以上（因合并、分立、改制重组等原因新设立企业的情况除外）。
4. 评定时纳税信用级别为A级或B级。
5. 评定时海关企业信用管理类别为高级认证企业或一般认证企业。
6. 评定时外汇管理的分类管理等级为A级。
7. 企业内部建立了较为完善的出口退（免）税风险控制体系。

（三）外贸综合服务企业应同时符合下列条件：

1. 近3年未发生过虚开增值税专用发票或者其他增值税扣税凭证、骗取出口退税行为。
2. 上一年度的年末净资产大于上一年度该企业已办理出口退税额的30%。
3. 上一年度申报从事外贸综合服务业务的出口退税额，大于该企业全部出口退税额的80%。
4. 评定时纳税信用级别为A级或B级。
5. 评定时海关企业信用管理类别为高级认证企业或一般认证企业。
6. 评定时外汇管理的分类管理等级为A级。
7. 企业内部建立了较为完善的出口退（免）税风险控制体系。

第六条 具有下列情形之一的出口企业，其出口企业管理类别应评定为三类：

（一）自首笔申报出口退（免）税之日起至评定时未满12个月。

（二）评定时纳税信用级别为C级，或尚未评价纳税信用级别。

（三）上一年度累计6个月以上未申报出口退（免）税（从事对外援助、对外承包、境外投资业务的，以及出口季节性商品或出口生产周期较长的大型设备的出口企业除外）。

（四）上一年度发生过违反出口退（免）税有关规定的情形，但尚未达到税务机关行政处罚标准或司法机关处理标准的。

（五）存在省国家税务局规定的其他失信或风险情形。

第七条 具有下列情形之一的出口企业，其出口企业管理类别应评定为四类：

（一）评定时纳税信用级别为 D 级。

（二）上一年度发生过拒绝向国税机关提供有关出口退（免）税账簿、原始凭证、申报资料、备案单证等情形。

（三）上一年度因违反出口退（免）税有关规定，被税务机关行政处罚或被司法机关处理过的。

（四）评定时企业因骗取出口退税被停止出口退税权，或者停止出口退税权届满后未满 2 年。

（五）四类出口企业的法定代表人新成立的出口企业。

（六）列入国家联合惩戒对象的失信企业。

（七）海关企业信用管理类别认定为失信企业。

（八）外汇管理的分类管理等级为 C 级。

（九）存在省国家税务局规定的其他严重失信或风险情形。

第八条 一类、三类、四类出口企业以外的出口企业，其出口企业管理类别应评定为二类。

第三章　出口企业管理类别评定及调整

第九条 出口企业管理类别评定工作每年进行 1 次，应于企业纳税信用级别评价结果确定后 1 个月内完成。评定工作完成的次月起，国税机关对出口企业实施对应的分类管理措施。

第十条 申请出口企业管理类别评定为一类的出口企业，应于企业纳税信用级别评价结果确定的当月向主管国税机关报送《生产型出口企业生产能力情况报告》（仅生产企业填报，样式见附件1）、《出口退（免）税企业内部风险控制体系建设情况报告》（样式见附件2）。

第十一条 县（区）国家税务局负责评定出口企业管理类别的，应于评定工作完成后 10 个工作日内将评定结果报地（市）国家税务局备案；地（市）国家税务局负责评定的，县（区）国家税务局须进行初评并填报《出口退（免）税企业管理类别评定表》（附件3），报地（市）国家税务局审定。

第十二条 负责评定出口企业管理类别的国税机关，应在评定工作完成后的 15 个工作日内将评定结果告知出口企业，并主动公开一类、四类的出口企业名单。

第十三条 主管国税机关发现出口企业存在下列情形的，应自发现之日起 20 个工作日内，调整其出口企业管理类别：

（一）一类、二类、三类出口企业的纳税信用级别发生降级的，可相应调整出口企业管理类别。

（二）一类、二类、三类出口企业发生以下情形之一的，出口企业管理类别应调整为四类：

1. 拒绝提供有关出口退（免）税账簿、原始凭证、申报资料、备案单证的。
2. 因违反出口退（免）税有关规定，被税务机关行政处罚或被司法机关处理。
3. 被列为国家联合惩戒对象的失信企业。

（三）一类、二类出口企业不配合国税机关实施出口退（免）税管理，以及未按规定收集、装订、存放出口退（免）税凭证及备案单证的，出口企业管理类别应调整为三类。

（四）一类、二类出口企业因涉嫌骗取出口退税被立案查处尚未结案的，暂按三类出口企业管理，待案件查结后，依据查处情况相应调整出口企业管理类别；三类、四类出口企业因涉嫌骗取出口退税被立案查处尚未结案的，暂按原类别管理，待案件查结后，依据查处情况调整出口企业管理类别。

（五）在国税机关完成年度管理类别评定后新增办理出口退（免）税备案的出口企业，其出口企业管理类别应确定为三类。

第十四条 负责评定出口企业管理类别的国税机关在评定出口企业的管理类别时，应根据出口企业上一年度的管理类别，按照四类、三类、二类、一类的顺序逐级晋级，原则上不得越级评定。

四类出口企业自评定之日起，12个月内不得评定为其他管理类别。

第十五条 国税机关应提高税源管理部门、纳税服务部门、稽查部门、进出口税收管理部门之间信息共享的质量和效率，建立相应的信息通报制度，及时传递出口企业的纳税信用级别评定结果、纳税评估情况、税务稽查立案及处理情况等信息。

第四章 分类管理及服务措施

第十六条 主管国税机关可为一类出口企业提供绿色办税通道（特约服务区），优先办理出口退税，并建立重点联系制度，及时解决企业有关出口退（免）税问题。

对一类出口企业中纳税信用级别为A级的纳税人，按照《关于对纳税信用A级纳税人实施联合激励措施的合作备忘录》的规定，实施联合激励措施。

第十七条 对一类出口企业申报的出口退（免）税，国税机关经审核，同时符合下列条件的，应自受理企业申报之日起，5个工作日内办结出口退（免）税手续：

（一）申报的电子数据与海关出口货物报关单结关信息、增值税专用发票信息比对无误。

（二）出口退（免）税额计算准确无误。

（三）不涉及税务总局和省国家税务局确定的预警风险信息。

（四）属于外贸企业的，出口的货物是从纳税信用级别为A级或B级的供货企业购进。

（五）属于外贸综合服务企业的，接受其提供服务的中小生产企业的纳税信用级别为A级或B级。

第十八条 对二类出口企业申报的出口退（免）税，国税机关经审核，同时符合下列条件的，应自受理企业申报之日起，10个工作日内办结出口退（免）税手续：

（一）符合出口退（免）税相关规定。

（二）申报的电子数据与海关出口货物报关单结关信息、增值税专用发票信息比对无误。

（三）未发现审核疑点或者审核疑点已排除完毕。

第十九条 对三类出口企业申报的出口退（免）税，国税机关经审核，同时符合下列条件的，应自受理企业申报之日起，15个工作日内办结出口退（免）税手续：

（一）符合出口退（免）税相关规定。

（二）申报的电子数据与海关出口货物报关单结关信息、增值税专用发票信息比对无误。

（三）未发现审核疑点或者审核疑点已排除完毕。

第二十条 对四类出口企业申报的出口退（免）税，国税机关应按下列规定进行审核：

（一）申报的纸质凭证、资料应与电子数据相互匹配且逻辑相符。

（二）申报的电子数据应与海关出口货物报关单结关信息、增值税专用发票信息比对无误。

（三）对该类企业申报出口退（免）税的外购出口货物或视同自产产品，国税机关应对每户供货企业的发票，都要抽取一定的比例发函调查。

（四）属于生产企业的，对其申报出口退（免）税的自产产品，国税机关应对其生产能力、纳税情况进行评估。

国税机关按上述要求完成审核，并排除所有审核疑点后，应自受理企业申报之日起，20个工作日内办结出口退（免）税手续。

第二十一条 出口企业申报的出口退（免）税，国税机关发现存在下列情形之一的，应按规定予以核实，排除相关疑点后，方可办理出口退（免）税，不受本办法有关办结出口退（免）税手续时限的限制：

（一）不符合本办法第十七条、第十八条、第十九条、第二十条规定的。

（二）涉及海关、外汇管理局等出口监管部门提供的风险信息。

第二十二条 各省国家税务局应定期组织对已办理的出口退（免）税情况开展风险分析工作，发现出口企业申报的退（免）税存在骗取出口退税疑点的，应按规定进行评估、核查，发现问题的，应按规定予以处理。

第五章 附　　则

第二十三条 本办法用语的含义：

"出口退（免）税企业"，指适用出口退（免）税政策的企业和其他单位，以及适用增值税零税率政策的应税服务提供者。按照出口企业适用的出口退（免）税办法和经营业态，分为生产企业、外贸企业、外贸综合服务企业。

"生产企业"，指适用免抵退税办法的出口企业。

"外贸企业"，指适用免退税办法的出口企业。

"一类出口企业""二类出口企业""三类出口企业""四类出口企业"，指出口退（免）税企业分类管理类别分别为一类、二类、三类、四类的出口企业。

"上一年度"，指评定出口退（免）税企业管理类别的上一个自然年度。

"外贸综合服务业务"，应同时符合以下条件：

（一）出口货物为国内生产企业自产的货物。

（二）国内生产企业已将出口货物销售给外贸综合服务企业。

（三）国内生产企业与境外单位或个人已经签订出口合同，并约定货物由外贸综合服务企业出口至境外单位或个人，货款由境外单位或个人支付给外贸综合服务企业。

（四）外贸综合服务企业以自营方式出口。

（五）外贸综合服务企业申报出口退（免）税时，在《外贸企业出口退税进货明细申报表》第15栏（业务类型）、《外贸企业出口退税出口明细申报表》第19栏〔退（免）税业务类型]填写"WMZHFW"。

"办结出口退(免)税手续",指国税机关对出口企业申报的符合规定的退(免)税,开具税收收入退还书并传递至国库。

第二十四条　各省国家税务局可以根据本办法制定和细化具体实施办法。

第二十五条　本办法自2016年9月1日起施行,以出口企业申报退(免)税时间为准。

[注释:《国家税务总局关于修改部分税收规范性文件的公告》(国家税务总局2018年第31号)对本文进行了修改。

注释:条款废止。自2018年10月16日起废止第五条第一项第3目、第六条第三项、第九条"出口企业管理类别评定工作每年进行1次,应于企业纳税信用级别评价结果确定后1个月内完成"的规定。参见《国家税务总局关于加快出口退税进度有关事项的公告》(国家税务总局公告2018年第48号)。]

国家税务总局
关于出口退(免)税申报有关问题的公告

(2018年4月19日　国家税务总局公告2018年第16号)

(正文编者略)

十、出口企业因纳税信用级别、海关企业信用管理类别、外汇管理的分类管理等级等发生变化,或者对分类管理类别评定结果有异议的,可以书面向负责评定出口企业管理类别的税务机关提出重新评定管理类别。有关税务机关应按照《国家税务总局关于发布修订后的〈出口退(免)税企业分类管理办法〉的公告》(国家税务总局公告2016年第46号)的规定,自收到企业复评资料之日起20个工作日内完成评定工作。

国家税务总局
关于加快出口退税进度有关事项的公告

(2018年10月15日　国家税务总局公告2018年第48号)

(正文编者略)

一、优化出口退(免)税企业分类管理规定。

（三）出口退（免）税收汇管理

国家税务总局关于出口企业申报出口货物退（免）税提供收汇资料有关问题的公告

（2013年6月9日 国家税务总局公告2013年第30号）

为了准确计算、审核办理出口退（免）税，核实出口业务的真实性，防范骗取出口退税违法行为的发生，根据《国务院关于调低出口退税率加强出口退税管理的通知》（国发明电〔1995〕3号）、《国家外汇管理局 海关总署 国家税务总局关于货物贸易外汇管理制度改革的公告》（国家外汇管理局公告2012年第1号）的有关规定，现将出口企业申报出口货物退（免）税提供收汇资料的有关问题公告如下：

一、出口企业申报退（免）税的出口货物，须在退（免）税申报期截止之日内收汇（跨境贸易人民币结算的为收取人民币，下同），并按本公告的规定提供收汇资料；未在退（免）税申报期截止之日内收汇的出口货物，除本公告第五条所列不能收汇或不能在出口货物退（免）税申报期的截止之日内收汇的出口货物外，适用增值税免税政策。

二、有下列情形之一的出口企业，在申报退（免）税时，对已收汇的出口货物，应填报《出口货物收汇申报表》（附件1），并提供该货物银行结汇水单等出口收汇凭证（跨境贸易人民币结算的为收取人民币的收款凭证，原件和盖有企业公章的复印件，下同）；对暂未收汇的出口货物，生产企业应在《生产企业出口货物免、抵、退税申报明细表》的"单证不齐标志"栏（第20栏）中填写"W"，暂不参与免抵退税计算，待收汇并填报《出口货物收汇申报表》后，方可参与免抵退税计算；对不能收汇或不能在出口货物退（免）税申报期的截止之日内收汇的属于本公告第五条所列的出口货物，按本公告第五条的规定办理：

（一）被外汇管理部门列为B、C类企业的；
（二）被外汇管理部门列为重点监测企业的；
（三）被人民银行列为跨境贸易人民币重点监管企业的；
（四）被海关列为C、D类企业的；
（五）被税务机关评定为D级纳税信用等级的；
（六）因虚开增值税专用发票或其他增值税扣税凭证、增值税偷税、骗取国家出口退税款等原因，被税务机关给予行政处罚的；
（七）因违反进、出口管理，收、付汇管理等方面的规定，被海关、外汇管理、人民银行、商务等部门给予行政处罚的；
（八）向主管税务机关申报的不能收汇的原因为虚假的；
（九）向主管税务机关提供的出口货物收汇凭证是冒用的。

前款第（一）至第（五）项情形的执行时间（以申报退（免）税时间为准，本款下同）为主管税务机关通知之日起至情形存续期结束；前款第（六）至第（九）项情形的执行时间为主管税务机关通知之日起24个月内；出口企业并存上述若干情形的，执行时间的截止时间为情形中的最晚截止时间。

三、自2014年5月1日起，出口企业上一年度收汇率低于70%（外汇管理局、人民银行提供的企业上一年度出口收汇金额，加上企业申报并经主管税务机关审核确认的不能收汇金额合计，占企业申报退（免）税的上一年度出口货物出口额的比例）的，该出口企业当年5月至次年4月申报的退（免）税，按本公告第二条的规定执行。

四、本公告第二条、第三条所列出口企业以外的其他出口企业申报的出口货物退（免）税，可不提供出口收汇凭证，本条第二款规定的情形除外；对不能收汇或不能在出口货物退（免）税申报期的截止之日内收汇的属于本公告第五条所列的货物，按本公告第五条的规定办理。

主管税务机关在出口退（免）税审核中，发现前款出口企业申报退（免）税的出口货物存在需要进一步核实出口业务真实性的，出口企业在接到主管税务机关通知后，应填报《生产企业出口业务自查表》或《外贸企业出口业务自查表》、《出口货物收汇申报表》或《出口货物不能收汇申报表》（附件2）及相关证明材料。主管税务机关对企业报送的申报表和相关资料，按有关规定核查无误后，方可办理该笔出口货物退（免）税。

五、出口货物由于本公告附件3所列原因，不能收汇或不能在出口货物退（免）税申报期的截止之日内收汇的，如按会计制度规定须冲减出口销售收入的，在冲减销售收入后，属于本公告第二条所列出口企业应在申报退（免）税时，属于本公告第四条所列出口企业应在退（免）税申报期截止之日内，向主管税务机关报送《出口货物不能收汇申报表》，提供附件3所列原因对应的有关证明材料，经主管税务机关审核确认后，可视同收汇处理。

六、合同约定全部收汇的最终日期在出口退（免）税申报期限截止之日后的，出口企业应在合同约定最终收汇日期次月的增值税纳税申报期内，向主管税务机关提供收汇凭证，不能提供的，对应的出口货物适用增值税免税政策。

七、本公告规定的适用增值税免税政策的出口货物，出口企业应在退（免）税申报期截止之日的次月或在确定免税的次月的增值税纳税申报期，按规定向主管税务机关申报免税，前期已申报退（免）税的，出口企业应用负数申报冲减原退（免）税申报数据，并按现行会计制度的有关规定进行相应调整，出口企业当期免抵退税额（外贸企业为退税额，本条下同）不足冲减的，应补缴差额部分的税款。出口企业如果未按上述规定申报冲减的，一经主管税务机关发现，除按规定补缴已办理的免抵退税额，对出口货物增值税实行免税或征税外，还应接受主管税务机关按《中华人民共和国税收征收管理法》做出的处罚。

八、主管税务机关发现出口企业申报出口货物退（免）税提供的收汇资料存在以下情形的，除按《中华人民共和国税收征收管理法》相应的规定处罚外，相应的出口货物适用增值税征税政策，属于偷骗税的，由稽查部门查处：

（一）不能收汇的原因或证明材料为虚假的；

（二）收汇凭证是冒用的。

九、主管税务机关发现出口企业出口货物的收汇情况存在非进口商付汇等疑点的，对该笔收汇对应的出口货物暂不办理出口退（免）税；已办理退（免）税的，主管税务机关可按照所涉及的退税额对该企业其他已审核通过的等额的应退税款暂缓办理出口退（免）税，无其他应退税款或应退税款小于所涉及退税额的，可由出口企业提供差额部分的担保。待税务机关核实排除相应疑点后，方可办理退（免）税或解除担保。

十、省级国家税务局应设立评估指标、预警值，按照人民银行、外汇管理局提供的出口收汇数据，对出口企业的货物流、资金流进行定期评估、预警，凡发现出口企业申报退（免）税的出口货物结汇数据异常的，应进行核查，发现违规的，应按相应规定处理；属于偷骗税的，由稽查部门查处。

十一、本公告的出口货物，不包括《财政部　国家税务总局关于出口货物劳务增值税和消费税政策的通知》（财税〔2012〕39号）第一条第（二）项（第2目除外）、第（三）项所列的视同出口货物以及易货贸易出口货物、委托出口货物，暂不包括边境小额贸易出口货物；本公告的出口企业，不包括委托出口的企业。

十二、本公告自2013年8月1日起执行。

附件：
1. 出口货物收汇申报表（见二维码98）
2. 出口货物不能收汇申报表（见二维码98）
3. 出口货物不能收汇的原因及证明材料

二维码98

附件3：

出口货物不能收汇的原因及证明材料

出口企业出口货物因下列原因导致不能收汇的，应提供相应的证明材料，报主管税务机关。

（一）因国外商品市场行情变动的，提供有关商会出具的证明或有关交易所行情报价资料。原因代码：01。

（二）因出口商品质量原因的，提供进口商的有关函件和进口国商检机构的证明；由于客观原因无法提供进口国商检机构证明的，提供进口商的检验报告、相关证明材料和出口单位书面保证函。原因代码：02。

（三）因动物及鲜活产品变质、腐烂、非正常死亡或损耗的，提供进口商的有关函件和进口国商检机构的证明；由于客观原因确实无法提供商检证明的，提供进口商有关函件、相关证明材料和出口单位书面保证函。原因代码：03。

（四）因自然灾害、战争等不可抗力因素的，提供报刊等新闻媒体的报道材料或中国驻进口国使领馆商务处出具的证明。原因代码：04。

（五）因进口商破产、关闭、解散的，提供报刊等新闻媒体的报道材料或中国驻进口国使领馆商务处出具的证明。原因代码：05。

（六）因进口国货币汇率变动的，提供报刊等新闻媒体刊登或外汇局公布的汇率资料。原因代码：06。

（七）因溢短装的，提供提单或其他正式货运单证等商业单证。原因代码：07。

（八）因出口合同约定全部收汇最终日期在申报退（免）税截止期限以后的，提供出口合同。原因代码：08。

（九）因其他原因的，提供主管税务机关认可的有效凭证。原因代码：09。

[注释：条款废止。自2018年5月1日起废止第二条第二款。参见：《国家税务总局关于出口退（免）税申报有关问题的公告》（国家税务总局公告2018年第16号）

自2014年8月28日起停止执行第三条、第九条。参见：《国家税务总局关于出口货物劳务退（免）税管理有关问题的公告》（国家税务总局公告2014年第51号）

自2014年1月1日起与国家税务总局2013年第61号公告相冲突的内容废止。参见：《国家税务总局关于调整出口退（免）税申报办法的公告》（国家税务总局公告2013年第61号）]

国家税务总局
关于出口货物劳务增值税和消费税有关问题的公告

（2013年11月13日　国家税务总局公告2013年第65号）

（正文编者略）

五、出口企业报关进入国家批准的出口加工区、保税物流园区、保税港区、综合保税区、珠澳跨境工业区（珠海园区）、中哈霍尔果斯国际边境合作中心（中方配套区域）、保税物流中心（B型）（以下统称特殊区域）并销售给特殊区域内单位或境外单位、个人的货物，以人民币结算的，可申报出口退（免）税，按有关规定提供收汇资料时，可以提供收取人民币的凭证。

国家税务总局
关于出口退（免）税申报有关问题的公告

（2018年4月19日　国家税务总局公告2018年第16号）

（正文编者略）

八、出口企业申报退（免）税的出口货物，应按照《国家税务总局关于出口企业申报出口货物退（免）税提供收汇资料有关问题的公告》（国家税务总局公告2013年第30号，以下称"30号公告"）的规定在出口退（免）税申报截止之日前收汇，未按规定收汇的出口货物适用增值税免税政策。对有下列情形之一的出口企业，在申报出口退（免）税时，须按照30号公告的规定提供收汇资料：

（一）出口退（免）税企业分类管理类别为四类的；

（二）主管税务机关发现出口企业申报的不能收汇原因是虚假的；

（三）主管税务机关发现出口企业提供的出口货物收汇凭证是冒用的。

上述第（一）种情形自出口企业被主管税务机关评定为四类企业的次月起执行；第（二）种至第（三）种情形自主管税务机关通知出口企业之日起24个月内执行。上述情形的执行时间以申报退（免）税时间为准。

出口企业同时存在上述两种以上情形的，执行时间的截止时间为几种情形中的最晚截止时间。

（四）出口退（免）税无纸化管理

国家税务总局
关于推进出口退（免）税无纸化管理试点工作的通知

（2016年1月29日 税总函〔2016〕36号）

各省、自治区、直辖市和计划单列市国家税务局：

为贯彻落实"互联网＋税务"行动计划，深入开展"便民办税春风行动"，进一步优化出口退税服务，提升管理水平，税务总局决定在天津、江苏、浙江等11个省（市）的部分地区开展出口退（免）税无纸化管理试点工作的基础上，积极稳妥地在全国范围内推进扩大试点工作。具体通知如下：

一、试点范围的确定

各省国税局应按照"严控风险、企业自愿"的原则，根据本单位出口退（免）税管理、出口税收信息化建设等情况，可选取部分有代表性的地区、税法遵从度好的企业，开展出口退（免）税无纸化管理试点工作。符合以下条件的出口企业，可确定为试点企业：

（一）自愿申请开展出口退（免）税无纸化管理试点工作，且向主管国税机关承诺能够按规定将有关申报资料留存企业备案；

（二）出口退（免）税企业分类管理类别为一类、二类、三类；

（三）有税控数字签名证书或主管国税机关认可的其他数字签名证书；

（四）能够按规定报送经数字签名后的出口退（免）税全部申报资料的电子数据。

二、试点工作的主要内容

开展试点工作的省国税局应利用信息技术，实现申报、证明办理、审核审批、退库等出口退（免）税业务"网上办理"，切实方便出口企业办理退税，提高税务机关退税审核审批的效率。

（一）出口退（免）税无纸化申报

试点企业在进行出口退（免）税正式申报以及申请办理出口退（免）税相关证明时，不再需要报送纸质申报表和纸质凭证，只提供通过数字签名证书签名后的正式申报电子数据，原规定向主管国税机关报送的纸质凭证留存企业备查。

（二）出口退（免）税无纸化审核审批

试点单位受理试点企业出口退（免）税申报等出口税收申请事项时，如不属于出口退税预警业务以及出口退税审核系统没有提示涉嫌骗取出口退税等疑点的，审核电子数据，不审核纸质凭证；如存在涉嫌骗取出口退税等疑点的，应要求试点企业按规定提供收汇凭证、备案单证等，并需审核纸质凭证。

（三）出口退（免）税无纸化退库

试点单位应积极推广财税库银横向联网电子退库、更正、免抵调业务，并加强与当地政府及外经贸主管部门的沟通协调，共同争取当地国库部门的支持，力争实现出口退（免）税无纸化退库。

（四）违规处理

在试点过程中，主管国税机关发现试点企业骗取出口退税或未按规定将退（免）税申报资料留存企业备查的，除按有关规定处理外，还应取消其试点资格。

三、有关工作要求开展试点工作的省国税局要重点做好以下工作：

（一）成立由主管进出口税收工作的局领导牵头，有进出口税收管理、征管、收入规划核算、信息中心等部门组成的试点工作领导小组，统筹协调，周密部署，明确试点工作的任务书、时间表、路线图和责任人，共同研究制定试点工作实施方案、制发公告，开展试点工作。

（二）严格遵守"严控风险"的原则，负责任地确定试点地区，条件具备一个，扩大一个，不搞"一刀切"，不设试点起始时间和终止时间，积极稳妥地推进试点工作。在开展试点工作的同时，要进一步加强退税预警评估，防范骗取出口退税违法行为。

（三）严格把握"企业自愿"的原则，对不符合条件或虽符合条件但不愿意参与试点的企业，仍按现行同时报送纸质申报资料和电子申报数据的方式管理。各级国税机关不得因开展出口退（免）税无纸化管理试点工作向企业收费。

（四）配套升级出口退（免）税网上申报系统，支持企业使用现有的数字签名证书申报办理退税，并及时与出口退税审核系统进行对接。

（五）及时掌握试点企业的情况，每月3日（遇节假日顺延）前根据上月试点情况填写《出口退（免）税无纸化管理试点工作开展情况统计表》（见附件），通过FTP上报税务总局［报送路径为：（服务器地址：100.16.125.25）\\ 各地上传\总局布置工作\出口退（免）税无纸化管理试点工作开展情况\月报表\］。

（六）注意搜集试点过程中发现的新情况和新问题，认真研究，及时加以解决，并将解决情况报告税务总局（货物和劳务税司）。

本通知自下发之日起施行，《国家税务总局关于开展出口退税无纸化管理试点工作的通知》（税总函〔2015〕186号）同时废止。

国家税务总局
关于进一步推进出口退（免）税无纸化申报试点工作的通知

（2017年5月23日　税总函〔2017〕176号）

各省、自治区、直辖市和计划单列市国家税务局：

为支持外贸稳增长，进一步优化出口退税服务，加快出口退税进度，创建优质便捷的退税服务体系，税务总局决定在全国范围内进一步推进出口退（免）税无纸化申报试点工作。现将有关事项通知如下：

一、试点的主要内容

在开展试点工作的地区，试点企业通过提供数字签名证书签名后的正式申报电子数据，可以办理出口退（免）税正式申报以及申请办理出口退（免）税相关证明，不再需要报送纸质申报表和纸质凭证，原规定向主管税务机关报送的纸质凭证留存备查。

二、试点企业的范围

各省国税局应按照"严控风险、企业自愿"的原则，选取有代表性的地区、税法遵从度好的企业，开展出口退（免）税无纸化申报试点工作。

试点企业的条件按照《国家税务总局关于推进出口退（免）税无纸化管理试点工作的通知》（税总函〔2016〕36号）第一条的规定执行。出口企业和其他单位视同出口货物，在提供退（免）税申报资料时，存在无法生成电子数据情形的，不影响该企业申请成为无纸化申报试点企业，该项视同出口业务仍可按现行规定报送纸质申报资料办理退（免）税。

三、有关工作要求

（一）尚未开展出口退（免）税无纸化申报试点的省（区、市），应于2017年10月31日前确定试点地区，开展试点工作。已开展出口退（免）税无纸化申报试点的省（区、市），要继续做好出口退（免）税无纸化审核审批、无纸化退库等业务的试点工作，并根据本单位出口退（免）税管理和信息化建设情况，适时扩大试点范围。

（二）各省国税局分别于2017年6月15日和11月15日前，将《出口退（免）税无纸化管理试点统计表》（见附件），以及本省无纸化试点的已推行情况、推行计划情况、存在困难、问题和意见建议，上报税务总局（货物和劳务税司）。（报送路径：总局FTP\各地上传\总局布置工作\出口退（免）税无纸化管理试点工作开展情况\无纸化申报试点工作情况）

（三）其他有关工作要求，请按照税总函〔2016〕36号文件的相关规定执行。

本通知自下发之日起施行，原规定与本通知不一致的，按本通知执行。

国家税务总局
关于加快出口退税进度有关事项的公告

（2018年10月15日　国家税务总局公告2018年第48号）

（正文编者略）

二、全面推行无纸化退税申报。

(五) 出口退（免）税货物单证备案管理

国家税务总局
关于出口货物退（免）税实行有关单证备案
管理制度的补充通知

(2006年9月30日 国税函〔2006〕904号)

各省、自治区、直辖市和计划单列市国家税务局：

针对《国家税务总局关于出口货物退（免）税实行有关单证备案管理制度（暂行）的通知》（国税发〔2005〕199号，以下简称《通知》）下发后各地反映的一些问题，经研究，现补充通知如下：

一、《通知》第一条所列应当备案的单证，主要是按《合同法》要求或出口贸易行业主管部门规定的单证。考虑到有些企业备案单证名称等可能与《通知》规定的不尽一致，因此《通知》附件《出口货物退（免）税有关单证备案说明》描述了有关备案单证的含义、功能、作用等，各地可按此原则进行备案单证管理。对于出口企业如确实无法提供与《通知》规定一致备案单证的，可以提供具有相似内容或作用的单证作为备案单证，但出口企业在进行首次单证备案前，应向主管税务机关提出书面理由并提供有关单证的样式。各省、自治区、直辖市和计划单列市国家税务局也可根据本地区出口企业实际情况，按照《通知》的原则制定备案单证管理的具体规定。

二、《通知》附件《出口货物退（免）税有关单证备案说明》中对"出口货物装货单"的解释要求有海关签章。但考虑到出口企业难以取得签章的"出口货物装货单"，在实际工作中只要出口企业备案的"出口货物装货单"是《通知》规定的含义，可不需要海关签章。

三、对于出口企业备案的单证是电子数据或无纸化的，可以采取以下两种方式其中之一进行备案：

（一）对于出口企业没有签订书面购销合同，而订立的是电子合同、口头合同等无纸化合同，凡符合我国《合同法》规定的，出口企业将电子合同打印、口头合同由出口企业经办人书面记录口头合同内容并签字声明记录内容与事实相符，加盖企业公章后备案。

对于其他单证的备案，如为国家有关行政部门采取了无纸化管理办法使出口企业无法取得纸质单证或企业自制电子单证等情况，出口企业可采取将有关电子数据打印成纸质单证加盖企业公章并签字声明打印单证与原电子数据一致的方式予以备案。

（二）除口头合同外，对于出口企业订立的电子购销合同、国家有关行政部门采取无纸化管理的单证以及企业自制电子单证等，出口企业可提出书面申请并经主管税务机关批准后，可以采用电子单证备案管理，即以电子数据的方式备案有关单证。出口企业应保证电子单证备案的真实性，定期将有关电子数据进行备份，在税务机关按规定调取备案单证时，应按税务机关要求如实提供电子数据或将电子数据打印并加盖企业公章的纸制单证。

四、对于外商投资企业采购国产设备退税、中标机电产品退税、出口加工区水电气退税等没有货物出口的特殊退税政策业务，暂不实行备案单证管理制度。

五、对于《通知》下发后单证备案不齐的，出口企业可以在2006年11月30日之前按本补充通知规定予以补齐。

[注释：条款废止。自2006年09月30日起废止第一条。参见《国家税务总局关于发布〈出口货物劳务增值税和消费税管理办法〉的公告》（国家税务总局公告2012年第24号）。]

国家税务总局
关于发布《出口货物劳务增值税和消费税管理办法》的公告

（2012年6月14日　国家税务总局公告2012年第24号）

（正文编者略）

八、退（免）税原始凭证的有关规定

（四）有关备案单证的规定。

十三、违章处理

（三）出口企业提供虚假备案单证的，主管税务机关应按照《中华人民共和国税收征收管理法》第七十条的规定处罚。

（六）出口退（免）税风险管理

国家税务总局　商务部
关于进一步规范外贸出口经营秩序切实加强出口货物退（免）税管理的通知

（2006年2月13日　国税发〔2006〕24号）

各省、自治区、直辖市和计划单列市国家税务局，商务主管部门：

为确保我国外贸出口的持续健康稳定发展，进一步规范外贸出口经营秩序，严禁出口企业从事"四自三不见"等不规范的出口业务，严格出口货物退（免）税管理，防范和打击骗取出口退税的违法犯罪活动，现将有关问题通知如下：

一、出口企业要规范出口经营行为，进一步建立和完善内部管理制度，加强对业务人员的素质教育，严格按照正常的贸易程序开展出口业务。出口企业要实质参与出口交易活动，确保出口业务的真实性，严格遵守国家有关出口退税法律法规。

二、为维护我国正常外贸经营秩序，确保国家出口退税机制的平稳运行，避免国家财产损失，凡自营或委托出口业务具有以下情况之一者，出口企业不得将该业务向税务机关申报办理出口货物退（免）税：

（一）出口企业将空白的出口货物报关单、出口收汇核销单等出口退（免）税单证交由除签有委托合同的货代公司、报关行，或由国外进口方指定的货代公司（提供合同约定或者其他相关证明）以外的其他单位或个人使用的；

（二）出口企业以自营名义出口，其出口业务实质上是由本企业及其投资的企业以外的其他经营者（或企业、个体经营者及其他个人）假借该出口企业名义操作完成的；

（三）出口企业以自营名义出口，其出口的同一批货物既签订购货合同，又签订代理出口合同（或协议）的；

（四）出口货物在海关验放后，出口企业自己或委托货代承运人对该笔货物的海运提单（其他运输方式的，以承运人交给发货人的运输单据为准，下同）上的品名、规格等进行修改，造成出口货物报关单与海运提单有关内容不符的；

（五）出口企业以自营名义出口，但不承担出口货物的质量、结汇或退税风险的，即出口货物发生质量问题不承担外方的索赔责任（合同中有约定质量责任承担者除外）；不承担未按期结汇导致不能核销的责任（合同中有约定结汇责任承担者除外）；不承担因申报出口退税的资料、单证等出现问题造成不退税责任的；

（六）出口企业未实质参与出口经营活动、接受并从事由中间人介绍的其他出口业务，但仍以自营名义出口的；

（七）其他违反国家有关出口退税法律法规的行为。

三、出口企业凡从事本通知第二条所述业务之一并申报退（免）税的，一经发现，该业务已退（免）税款予以追回，未退（免）税款不再办理。骗取出口退税款的，由税务机关追缴其骗取的退税款，并处骗取退税款一倍以上五倍以下罚款；并由省级以上（含省级）税务机关批准，停止其半年以上出口退税权。在停止出口退税权期间，对该企业自营、委托或代理出口的货物，一律不予办理出口退（免）税。涉嫌构成犯罪的，移送司法机关依法追究刑事责任。

四、各级税务机关、商务主管部门要进一步加强协作，做好政策宣传工作，积极引导出口企业从事正常的出口贸易，规范外贸经营程序，加强出口货物退（免）税管理。主管出口退（免）税的税务机关继续按现行规定的申报、审核、审批要求，做好出口企业正常出口货物的退（免）税申报、审核、审批管理。同时，税务机关和商务主管部门要加强信息沟通与交流，密切注意骗税新动向，对已发现的违法、违规行为，要严肃处理，不得以任何理由姑息、纵容出口企业从事违反国家有关规定、违背正常出口经营程序的出口业务。

五、本通知自2006年3月1日起执行（以出口货物报关单〔出口退税专用〕上注明的出口日期为准）。

财政部 国家税务总局
关于防范税收风险若干增值税政策的通知

(2013年12月27日 财税〔2013〕112号)

（正文编者略）

一、增值税纳税人发生虚开增值税专用发票或者其他增值税扣税凭证、骗取国家出口退税款行为（以下简称增值税违法行为），被税务机关行政处罚或审判机关刑事处罚的，其销售的货物、提供的应税劳务和营业税改征增值税应税服务（以下统称货物劳务服务）执行以下政策：

（一）享受增值税即征即退或者先征后退优惠政策的纳税人，自税务机关行政处罚决定或审判机关判决或裁定生效的次月起36个月内，暂停其享受上述增值税优惠政策。纳税人自恢复享受增值税优惠政策之月起36个月内再次发生增值税违法行为的，自税务机关行政处罚决定或审判机关判决或裁定生效的次月起停止其享受增值税即征即退或者先征后退优惠政策。

（二）出口企业或其他单位发生增值税违法行为对应的出口货物劳务服务，视同内销，按规定征收增值税（骗取出口退税的按查处骗税的规定处理）。出口企业或其他单位在本通知生效后发生2次增值税违法行为的，自税务机关行政处罚决定或审判机关判决或裁定生效之日的次日起，其出口的所有适用出口退（免）税政策的货物劳务服务，一律改为适用增值税免税政策。纳税人如果已被停止出口退税权的，适用增值税免税政策的起始时间为停止出口退税权期满后的次日。

（三）以农产品为原料生产销售货物的纳税人发生增值税违法行为的，自税务机关行政处罚决定生效的次月起，按50%的比例抵扣农产品进项税额；违法情形严重的，不得抵扣农产品进项税额。具体办法由国家税务总局商财政部另行制定。

（四）本通知所称虚开增值税专用发票或其他增值税扣税凭证，是指有为他人虚开、为自己虚开、让他人为自己虚开、介绍他人虚开增值税专用发票或其他增值税扣税凭证行为之一的，但纳税人善意取得虚开增值税专用发票或其他增值税扣税凭证的除外。

二、出口企业购进货物的供货纳税人有属于办理税务登记2年内被税务机关认定为非正常户或被认定为增值税一般纳税人2年内注销税务登记，且符合下列情形之一的，自主管其出口退税的税务机关书面通知之日起，在24个月内出口的适用增值税退（免）税政策的货物劳务服务，改为适用增值税免税政策。

三、自本通知生效后，有增值税违法行为的企业或税务机关重点监管企业，出口或销售给出口企业出口的货物劳务服务，在出口环节退（免）税或销售环节征税时，除按现行规定管理外，还应实行增值税"税收（出口货物专用）缴款书"管理，增值税税率为17%和13%的货物，税收（出口货物专用）缴款书的预缴率分别按6%和4%执行。有增值税违法行为的企业或税务机关重点监管企业的名单，由国家税务总局根据实际情况进行动态管理，并通过国家税务总局网站等方式向社会公告。具体办法由国家税务总局另行制定。

四、执行本通知第一条、第二条、第三条政策的纳税人，如果变更《税务登记证》纳税人名称或法定代表人担任新成立企业的法定代表人的企业，应继续执行完本通知对应的第一条、第二条、第三条规定；执行本通知第一条政策的纳税人，如果注销税务登记，在原地址有经营原业务的新纳税人，除法定代表人为非注销税务登记纳税人法定代表人的企业外，主管税务机关应在12个月内，对其购进、销售、资金往来、纳税等情况进行重点监管。

被停止出口退税权的纳税人在停止出口退税权期间，如果变更《税务登记证》纳税人名称或法定代表人担任新成立企业的法定代表人的企业，在被停止出口退税权的纳税人停止出口退税权期间出口的货物劳务服务，实行增值税征税政策。

五、出口企业或其他单位出口的适用增值税退（免）税政策的货物劳务服务，如果货物劳务服务的国内收购价格或出口价格明显偏高且无正当理由的，该出口货物劳务服务适用增值税免税政策。主管税务机关按照下列方法确定货物劳务服务价格是否偏高：

（一）按照该企业最近时期购进或出口同类货物劳务服务的平均价格确定。

（二）按照其他企业最近时期购进或出口同类货物劳务服务的平均价格确定。

（三）按照组成计税价格确定。组成计税价格的公式为：

组成计税价格 = 成本 × （1 + 成本利润率）

成本利润率由国家税务总局统一确定并公布。

六、出口企业或其他单位存在下列情况之一的，其出口适用增值税退（免）税政策的货物劳务服务，一律适用增值税免税政策：

（一）法定代表人不知道本人是法定代表人的；

（二）法定代表人为无民事行为能力人或限制民事行为能力人的。

第二篇
消费税政策法规

第一部分　消费税基本法规

中华人民共和国消费税暂行条例

（2008年11月10日　国务院令539号）

《中华人民共和国消费税暂行条例》已经2008年11月5日国务院第34次常务会议修订通过，现将修订后的《中华人民共和国消费税暂行条例》公布，自2009年1月1日起施行。

中华人民共和国消费税暂行条例

（1993年12月13日中华人民共和国国务院令第135号发布　2008年11月5日国务院第34次常务会议修订通过）

第一条　在中华人民共和国境内生产、委托加工和进口本条例规定的消费品的单位和个人，以及国务院确定的销售本条例规定的消费品的其他单位和个人，为消费税的纳税人，应当依照本条例缴纳消费税。

第二条　消费税的税目、税率，依照本条例所附的《消费税税目税率表》执行。

消费税税目、税率的调整，由国务院决定。

第三条　纳税人兼营不同税率的应当缴纳消费税的消费品（以下简称应税消费品），应当分别核算不同税率应税消费品的销售额、销售数量；未分别核算销售额、销售数量，或者将不同税率的应税消费品组成成套消费品销售的，从高适用税率。

第四条　纳税人生产的应税消费品，于纳税人销售时纳税。纳税人自产自用的应税消费品，用于连续生产应税消费品的，不纳税；用于其他方面的，于移送使用时纳税。

委托加工的应税消费品，除受托方为个人外，由受托方在向委托方交货时代收代缴税款。委托加工的应税消费品，委托方用于连续生产应税消费品的，所纳税款准予按规定抵扣。

进口的应税消费品，于报关进口时纳税。

第五条　消费税实行从价定率、从量定额，或者从价定率和从量定额复合计税（以下简称复合计税）的办法计算应纳税额。应纳税额计算公式：

实行从价定率办法计算的应纳税额＝销售额×比例税率

实行从量定额办法计算的应纳税额＝销售数量×定额税率

实行复合计税办法计算的应纳税额＝销售额×比例税率＋销售数量×定额税率

纳税人销售的应税消费品，以人民币计算销售额。纳税人以人民币以外的货币结算销售额的，应当折合成人民币计算。

第六条 销售额为纳税人销售应税消费品向购买方收取的全部价款和价外费用。

第七条 纳税人自产自用的应税消费品，按照纳税人生产的同类消费品的销售价格计算纳税；没有同类消费品销售价格的，按照组成计税价格计算纳税。

实行从价定率办法计算纳税的组成计税价格计算公式：

组成计税价格＝（成本＋利润）÷（1－比例税率）

实行复合计税办法计算纳税的组成计税价格计算公式：

组成计税价格＝（成本＋利润＋自产自用数量×定额税率）÷（1－比例税率）

第八条 委托加工的应税消费品，按照受托方的同类消费品的销售价格计算纳税；没有同类消费品销售价格的，按照组成计税价格计算纳税。

实行从价定率办法计算纳税的组成计税价格计算公式：

组成计税价格＝（材料成本＋加工费）÷（1－比例税率）

实行复合计税办法计算纳税的组成计税价格计算公式：

组成计税价格＝（材料成本＋加工费＋委托加工数量×定额税率）÷（1－比例税率）

第九条 进口的应税消费品，按照组成计税价格计算纳税。

实行从价定率办法计算纳税的组成计税价格计算公式：

组成计税价格＝（关税完税价格＋关税）÷（1－消费税比例税率）

实行复合计税办法计算纳税的组成计税价格计算公式：

组成计税价格＝（关税完税价格＋关税＋进口数量×消费税定额税率）÷（1－消费税比例税率）

第十条 纳税人应税消费品的计税价格明显偏低并无正当理由的，由主管税务机关核定其计税价格。

第十一条 对纳税人出口应税消费品，免征消费税；国务院另有规定的除外。出口应税消费品的免税办法，由国务院财政、税务主管部门规定。

第十二条 消费税由税务机关征收，进口的应税消费品的消费税由海关代征。

个人携带或者邮寄进境的应税消费品的消费税，连同关税一并计征。具体办法由国务院关税税则委员会会同有关部门制定。

第十三条 纳税人销售的应税消费品，以及自产自用的应税消费品，除国务院财政、税务主管部门另有规定外，应当向纳税人机构所在地或者居住地的主管税务机关申报纳税。

委托加工的应税消费品，除受托方为个人外，由受托方向机构所在地或者居住地的主管税务机关解缴消费税税款。

进口的应税消费品，应当向报关地海关申报纳税。

第十四条 消费税的纳税期限分别为1日、3日、5日、10日、15日、1个月或者1个季度。纳税人的具体纳税期限，由主管税务机关根据纳税人应纳税额的大小分别核定；不能按照固定期限纳税的，可以按次纳税。

纳税人以1个月或者1个季度为1个纳税期的,自期满之日起15日内申报纳税;以1日、3日、5日、10日或者15日为1个纳税期的,自期满之日起5日内预缴税款,于次月1日起15日内申报纳税并结清上月应纳税款。

第十五条 纳税人进口应税消费品,应当自海关填发海关进口消费税专用缴款书之日起15日内缴纳税款。

第十六条 消费税的征收管理,依照《中华人民共和国税收征收管理法》及本条例有关规定执行。

第十七条 本条例自2009年1月1日起施行。

附件:消费税税目税率表

消费税税目税率表

税　目	税　率
一、烟	
1. 卷烟	
(1) 甲类卷烟	45%加0.003元/支
(2) 乙类卷烟	30%加0.003元/支
2. 雪茄烟	25%
3. 烟丝	30%
二、酒及酒精	
1. 白酒	20%加0.5元/500克(或者500毫升)
2. 黄酒	240元/吨
3. 啤酒	
(1) 甲类啤酒	250元/吨
(2) 乙类啤酒	220元/吨
4. 其他酒	10%
5. 酒精	5%
三、化妆品	30%
四、贵重首饰及珠宝玉石	
1. 金银首饰、铂金首饰和钻石及钻石饰品	5%
2. 其他贵重首饰和珠宝玉石	10%
五、鞭炮、焰火	15%
六、成品油	
1. 汽油	
(1) 含铅汽油	0.28元/升
(2) 无铅汽油	0.20元/升
2. 柴油	0.10元/升
3. 航空煤油	0.10元/升
4. 石脑油	0.20元/升

续表

税　目	税　率
5. 溶剂油	0.20元/升
6. 润滑油	0.20元/升
7. 燃料油	0.10元/升
七、汽车轮胎	3%
八、摩托车	
1. 气缸容量（排气量，下同）在250毫升（含250毫升）以下的	3%
2. 气缸容量在250毫升以上的	10%
九、小汽车	
1. 乘用车	
（1）气缸容量（排气量，下同）在1.0升（含1.0升）以下的	1%
（2）气缸容量在1.0升以上至1.5升（含1.5升）的	3%
（3）气缸容量在1.5升以上至2.0升（含2.0升）的	5%
（4）气缸容量在2.0升以上至2.5升（含2.5升）的	9%
（5）气缸容量在2.5升以上至3.0升（含3.0升）的	12%
（6）气缸容量在3.0升以上至4.0升（含4.0升）的	25%
（7）气缸容量在4.0升以上的	40%
2. 中轻型商用客车	5%
十、高尔夫球及球具	10%
十一、高档手表	20%
十二、游艇	10%
十三、木制一次性筷子	5%
十四、实木地板	5%

中华人民共和国消费税暂行条例实施细则

（2008年12月15日　财政部　国家税务总局第51号令）

第一条　根据《中华人民共和国消费税暂行条例》（以下简称条例），制定本细则。

第二条　条例第一条所称单位，是指企业、行政单位、事业单位、军事单位、社会团体及其他单位。

条例第一条所称个人，是指个体工商户及其他个人。

条例第一条所称在中华人民共和国境内，是指生产、委托加工和进口属于应当缴纳消费税的消费品的起运地或者所在地在境内。

第三条　条例所附《消费税税目税率表》中所列应税消费品的具体征税范围，由财政部、国家税务总局确定。

第四条 条例第三条所称纳税人兼营不同税率的应当缴纳消费税的消费品,是指纳税人生产销售两种税率以上的应税消费品。

第五条 条例第四条第一款所称销售,是指有偿转让应税消费品的所有权。

前款所称有偿,是指从购买方取得货币、货物或者其他经济利益。

第六条 条例第四条第一款所称用于连续生产应税消费品,是指纳税人将自产自用的应税消费品作为直接材料生产最终应税消费品,自产自用应税消费品构成最终应税消费品的实体。

条例第四条第一款所称用于其他方面,是指纳税人将自产自用应税消费品用于生产非应税消费品、在建工程、管理部门、非生产机构、提供劳务、馈赠、赞助、集资、广告、样品、职工福利、奖励等方面。

第七条 条例第四条第二款所称委托加工的应税消费品,是指由委托方提供原料和主要材料,受托方只收取加工费和代垫部分辅助材料加工的应税消费品。对于由受托方提供原材料生产的应税消费品,或者受托方先将原材料卖给委托方,然后再接受加工的应税消费品,以及由受托方以委托方名义购进原材料生产的应税消费品,不论在财务上是否作销售处理,都不得作为委托加工应税消费品,而应当按照销售自制应税消费品缴纳消费税。

委托加工的应税消费品直接出售的,不再缴纳消费税。

委托个人加工的应税消费品,由委托方收回后缴纳消费税。

第八条 消费税纳税义务发生时间,根据条例第四条的规定,分列如下:

(一)纳税人销售应税消费品的,按不同的销售结算方式分别为:

1. 采取赊销和分期收款结算方式的,为书面合同约定的收款日期的当天,书面合同没有约定收款日期或者无书面合同的,为发出应税消费品的当天;

2. 采取预收货款结算方式的,为发出应税消费品的当天;

3. 采取托收承付和委托银行收款方式的,为发出应税消费品并办妥托收手续的当天;

4. 采取其他结算方式的,为收讫销售款或者取得索取销售款凭据的当天。

(二)纳税人自产自用应税消费品的,为移送使用的当天。

(三)纳税人委托加工应税消费品的,为纳税人提货的当天。

(四)纳税人进口应税消费品的,为报关进口的当天。

第九条 条例第五条第一款所称销售数量,是指应税消费品的数量。具体为:

(一)销售应税消费品的,为应税消费品的销售数量;

(二)自产自用应税消费品的,为应税消费品的移送使用数量;

(三)委托加工应税消费品的,为纳税人收回的应税消费品数量;

(四)进口应税消费品的,为海关核定的应税消费品进口征税数量。

第十条 实行从量定额办法计算应纳税额的应税消费品,计量单位的换算标准如下:

(一)黄酒 1 吨 = 962 升

(二)啤酒 1 吨 = 988 升

(三)汽油 1 吨 = 1388 升

(四)柴油 1 吨 = 1176 升

(五)航空煤油 1 吨 = 1246 升

(六)石脑油 1 吨 = 1385 升

（七）溶剂油 1 吨 = 1282 升

（八）润滑油 1 吨 = 1126 升

（九）燃料油 1 吨 = 1015 升

第十一条 纳税人销售的应税消费品，以人民币以外的货币结算销售额的，其销售额的人民币折合率可以选择销售额发生的当天或者当月 1 日的人民币汇率中间价。纳税人应在事先确定采用何种折合率，确定后 1 年内不得变更。

第十二条 条例第六条所称销售额，不包括应向购货方收取的增值税税款。如果纳税人应税消费品的销售额中未扣除增值税税款或者因不得开具增值税专用发票而发生价款和增值税税款合并收取的，在计算消费税时，应当换算为不含增值税税款的销售额。其换算公式为：

应税消费品的销售额 = 含增值税的销售额 ÷ （1 + 增值税税率或者征收率）

第十三条 应税消费品连同包装物销售的，无论包装物是否单独计价以及在会计上如何核算，均应并入应税消费品的销售额中缴纳消费税。如果包装物不作价随同产品销售，而是收取押金，此项押金则不应并入应税消费品的销售额中征税。但对因逾期未收回的包装物不再退还的或者已收取的时间超过 12 个月的押金，应并入应税消费品的销售额，按照应税消费品的适用税率缴纳消费税。

对既作价随同应税消费品销售，又另外收取押金的包装物的押金，凡纳税人在规定的期限内没有退还的，均应并入应税消费品的销售额，按照应税消费品的适用税率缴纳消费税。

第十四条 条例第六条所称价外费用，是指价外向购买方收取的手续费、补贴、基金、集资费、返还利润、奖励费、违约金、滞纳金、延期付款利息、赔偿金、代收款项、代垫款项、包装费、包装物租金、储备费、优质费、运输装卸费以及其他各种性质的价外收费。但下列项目不包括在内：

（一）同时符合以下条件的代垫运输费用：

1. 承运部门的运输费用发票开具给购买方的；

2. 纳税人将该项发票转交给购买方的。

（二）同时符合以下条件代为收取的政府性基金或者行政事业性收费：

1. 由国务院或者财政部批准设立的政府性基金，由国务院或者省级人民政府及其财政、价格主管部门批准设立的行政事业性收费；

2. 收取时开具省级以上财政部门印制的财政票据；

3. 所收款项全额上缴财政。

第十五条 条例第七条第一款所称纳税人自产自用的应税消费品，是指依照条例第四条第一款规定于移送使用时纳税的应税消费品。

条例第七条第一款、第八条第一款所称同类消费品的销售价格，是指纳税人或者代收代缴义务人当月销售的同类消费品的销售价格，如果当月同类消费品各期销售价格高低不同，应按销售数量加权平均计算。但销售的应税消费品有下列情况之一的，不得列入加权平均计算：

（一）销售价格明显偏低并无正当理由的；

（二）无销售价格的。

如果当月无销售或者当月未完结，应按照同类消费品上月或者最近月份的销售价格计算纳税。

第十六条 条例第七条所称成本，是指应税消费品的产品生产成本。

第十七条 条例第七条所称利润，是指根据应税消费品的全国平均成本利润率计算的利润。应税消费品全国平均成本利润率由国家税务总局确定。

第十八条 条例第八条所称材料成本，是指委托方所提供加工材料的实际成本。

委托加工应税消费品的纳税人，必须在委托加工合同上如实注明（或者以其他方式提供）材料成本，凡未提供材料成本的，受托方主管税务机关有权核定其材料成本。

第十九条 条例第八条所称加工费，是指受托方加工应税消费品向委托方所收取的全部费用（包括代垫辅助材料的实际成本）。

第二十条 条例第九条所称关税完税价格，是指海关核定的关税计税价格。

第二十一条 条例第十条所称应税消费品的计税价格的核定权限规定如下：

（一）卷烟、白酒和小汽车的计税价格由国家税务总局核定，送财政部备案；

（二）其他应税消费品的计税价格由省、自治区和直辖市国家税务局核定；

（三）进口的应税消费品的计税价格由海关核定。

第二十二条 出口的应税消费品办理退税后，发生退关，或者国外退货进口时予以免税的，报关出口者必须及时向其机构所在地或者居住地主管税务机关申报补缴已退的消费税税款。

纳税人直接出口的应税消费品办理免税后，发生退关或者国外退货，进口时已予以免税的，经机构所在地或者居住地主管税务机关批准，可暂不办理补税，待其转为国内销售时，再申报补缴消费税。

第二十三条 纳税人销售的应税消费品，如因质量等原因由购买者退回时，经机构所在地或者居住地主管税务机关审核批准后，可退还已缴纳的消费税税款。

第二十四条 纳税人到外县（市）销售或者委托外县（市）代销自产应税消费品的，于应税消费品销售后，向机构所在地或者居住地主管税务机关申报纳税。

纳税人的总机构与分支机构不在同一县（市）的，应当分别向各自机构所在地的主管税务机关申报纳税；经财政部、国家税务总局或者其授权的财政、税务机关批准，可以由总机构汇总向总机构所在地的主管税务机关申报纳税。

委托个人加工的应税消费品，由委托方向其机构所在地或者居住地主管税务机关申报纳税。

进口的应税消费品，由进口人或者其代理人向报关地海关申报纳税。

第二十五条 本细则自 2009 年 1 月 1 日起施行。

第二部分 消费税综合政策

国家税务总局
关于印发《消费税征收范围注释》的通知

（1993年12月27日 国税发〔1993〕153号）

消费税征收范围注释

一、烟

凡是以烟叶为原料加工生产的产品，不论使用何种辅料，均属于本税目的征收范围。本税目下设甲类卷烟、乙类卷烟、雪茄烟、烟丝四个子目。

卷烟是指将各种烟叶切成烟丝，按照配方要求均匀混合，加入糖、酒、香料等辅料，用白色盘纸、棕色盘纸、涂布纸或烟草薄片经机器或手工卷制的普通卷烟和雪茄型卷烟。

（一）甲类卷烟

甲类卷烟是指每大箱（5万支）销售价格在780元（含780元）以上的卷烟。

不同包装规格卷烟的销售价格均按每大箱（5万支）折算。

（二）乙类卷烟

乙类卷烟是指每大箱（5万支）销售价格在780元以下的卷烟。

不同包装规格卷烟的销售价格均按每大箱（5万支）折算。

（三）雪茄烟

雪茄烟是指以晾晒烟为原料或者以晾晒烟和烤烟为原料，用烟叶或卷烟纸、烟草薄片作为烟支内包皮，再用烟叶作为烟支外包皮，经机器或手工卷制而成的烟草制品。按内包皮所用材料的不同可分为全叶卷雪茄烟和半叶卷雪茄烟。

雪茄烟的征收范围包括各种规格、型号的雪茄烟。

（四）烟丝

烟丝是指将烟叶切成丝状、粒状、片状、末状或其他形状，再加入辅料，经过发酵、储存，不经卷制即可供销售吸用的烟草制品。

烟丝的征收范围包括以烟叶为原料加工生产的不经卷制的散装烟，如斗烟、莫合烟、烟末、水烟、黄红烟丝等等。

二、酒及酒精

本税目下设粮食白酒、薯类白酒、黄酒、啤酒、其他酒、酒精六个子目。

（一）粮食白酒

粮食白酒是指以高粱、玉米、大米、糯米、大麦、小麦、小米、青稞等各种粮食为原料，经过糖化、发酵后，采用蒸馏方法酿制的白酒。

（二）薯类白酒

薯类白酒是指以白薯（红薯、地瓜）、木薯、马铃薯（土豆）、芋头、山药等各种干鲜薯类为原料，经过糖化、发酵后，采用蒸馏方法酿制的白酒。

用甜菜酿制的白酒，比照薯类白酒征税。

（三）黄酒

黄酒是指以糯米、粳米、籼米、大米、黄米、玉米、小麦、薯类等为原料，经加温、糖化、发酵、压榨酿制的酒。由于工艺、配料和含糖量的不同，黄酒分为干黄酒、半干黄酒、半甜黄酒、甜黄酒四类。

黄酒的征收范围包括各种原料酿制的黄酒和酒度超过12度（含12度）的土甜酒。

（四）啤酒

啤酒是指以大麦或其他粮食为原料，加入啤酒花，经糖化、发酵、过滤酿制的含有二氧化碳的酒。啤酒按照杀菌方法的不同，可分为熟啤酒和生啤酒或鲜啤酒。

啤酒的征收范围包括各种包装和散装的啤酒。

无醇啤酒比照啤酒征税。

（五）其他酒

其他酒是指除粮食白酒、薯类白酒、黄酒、啤酒以外，酒度在1度以上的各种酒。其征收范围包括糠麸白酒、其他原料白酒、土甜酒、复制酒、果木酒、汽酒、药酒等等。

1. 糠麸白酒是指用各种粮食的糠麸酿制的白酒。

用稗子酿制的白酒，比照糠麸酒征税。

2. 其他原料白酒是指用醋糟、糖渣、糖漏水、甜菜渣、粉渣、薯皮等各种下脚料，葡萄、桑椹、橡子仁等各种果实、野生植物等代用品，以及甘蔗、糖等酿制的白酒。

3. 土甜酒是指用糯米、大米、黄米等为原料，经加温、糖化、发酵（通过酒曲发酵），采用压榨酿制的酒度不超过12度的酒。

酒度超过12度的应按黄酒征税。

4. 复制酒是指以白酒、黄酒、酒精为酒基，加入果汁、香料、色素、药材、补品、糖、调料等配制或泡制的酒，如各种配制酒、泡制酒、滋补酒等等。

5. 果木酒是指以各种果品为主要原料，经发酵过滤酿制的酒。

6. 汽酒是指以果汁、香精、色素、酸料、酒（或酒精）、糖（或糖精）等调配，冲加二氧化碳制成的酒度在1度以上的酒。

7. 药酒是指按照医药卫生部门的标准，以白酒、黄酒为酒基，加入各种药材泡制或配制的酒。

（六）酒精

酒精又名乙醇，是指以含有淀粉或糖分的原料，经糖化和发酵后，用蒸馏方法生产的酒精度数在95度以上的无色透明液体；也可以石油裂解气中的乙烯为原料，用合成方法制成。

酒精的征收范围包括用蒸馏法和合成方法生产的各种工业酒精、医药酒精、食用酒精。

三、化妆品

化妆品是日常生活中用于修饰美化人体表面的用品。化妆品品种较多，所用原料各异，按其类别划分，可分为美容和芳香两类。美容类有香粉、口红、指甲油、胭脂、眉笔、蓝眼油、眼睫毛及成套化妆品等；芳香类有香水、香水精等。

本税目的征收范围包括：

香水、香水精、香粉、口红、指甲油、胭脂、眉笔、唇笔、蓝眼油、眼睫毛、成套化妆品等等。

（一）香水、香水精是指以酒精和香精为主要原料混合配制而成的液体芳香类化妆品。

（二）香粉是指用于粉饰面颊的化妆品。按其形态有粉状、块状和液状。高级香粉盒内附有的彩色丝绒粉扑，花色香粉粉盒内附有的小盒胭脂和胭脂扑，均应按"香粉"征税。

（三）口红又称唇膏，是涂饰于嘴唇的化妆品。口红的颜色一般以红色为主，也有白色的（俗称口白），还有一种变色口红，是用曙红酸等染料调制而成的。

（四）指甲油又名"美指油"，是用于修饰保护指甲的一种有色或无色的油性液态化妆品。

（五）胭脂是擦敷于面颊皮肤上的化妆品。有粉质块状胭脂、透明状胭脂膏及乳化状胭脂膏等。

（六）眉笔是修饰眉毛用的化妆品。有铅笔式和推管式两种。

（七）唇笔是修饰嘴唇用的化妆品。

（八）蓝眼油是涂抹于眼窝周围和眼皮的化妆品。它是以油脂、蜡和颜料为主要原材料制成。色彩有蓝色、绿色、棕色等等，因蓝色使用最为普遍，故俗称"蓝眼油"。眼影膏、眼影霜、眼影粉应按照蓝眼油征税。

（九）眼睫毛商品名称叫"眼毛膏"或"睫毛膏"，是用于修饰眼睫毛的化妆品。其产品形态有固体块状、乳化状。颜色以黑色及棕色为主。

（十）成套化妆品是指由各种用途的化妆品配套盒装而成的系列产品。一般采用精制的金属或塑料盒包装，盒内常备有镜子、梳子等化妆工具，具有多功能性和使用方便的特点。舞台、戏剧、影视演员化妆用的上妆油、卸妆油、油彩、发胶和头发漂白剂等，不属于本税目征收范围。

四、护肤护发品

护肤护发品是用于人体皮肤、毛发，起滋润、防护、整洁作用的产品。

本税目征收范围包括：雪花膏、面油、花露水、头油、发乳、烫发水、染发精、洗面奶、磨砂膏、火局油膏、面膜、按摩膏、洗发水、护发素、香皂、浴液、发胶、摩丝以及其他各种护肤护发品等。

（一）雪花膏是一种"水包油"型的乳化体。雪花膏品种繁多，按其膏体结构、性能和用途不同，大体可分为微碱性、微酸性粉质雪花膏及药物性和营养性雪花膏四类。

（二）面油又称"润面油"或"润肤油"，是一种强油性的"油包水"型乳化体，含有大量油脂成分，能起抗寒、润肤及防裂作用。

（三）花露水是一种芳香护肤用品，有杀菌、除臭、止痒和爽身效用。它是以酒精、水、香精等为主要原料混合配制而成。花露水与香水的主要区别是：花露水香精用量少，在5%（含5%）以下，酒精用量多，但浓度低，且要加入少量桂皮油、藿香油等原料；香水香精用量大，在5%以上，酒精用量少，但浓度高。

（四）头油也称"生发油"或"发油"，是一种护发美发用品。

（五）发乳是一种乳化膏体护发用品，按其乳化体的结构可分为"水包油"型发乳和"油包水"型发乳。

（六）烫发水是使头发卷曲保持发型的日用化学品。用于电烫（或冷烫）的叫烫发剂；用于冷却处理的叫冷卷发剂。定型发水也按烫发水征税。

（七）染发精又称染发剂，是用于染发、使头发保持一定颜色和光泽的产品。根据染料染发后保留时间的长短，染发精分为暂时性染发精、半永久性染发精和永久性染发精三类。

（八）洗发水又称洗发液或洗发精、洗发香波。一般采用硫酸脂肪醇的三乙醇胺与氢氧化胺的混合盐、十二酸异丙醇酰胺、甲醛、聚氧乙烯、羊毛脂、香料、色料和水作为原料。

洗发块、洗发粉应按洗发水征税。

（九）香皂（包括液体香皂），又叫化妆皂，是具芳香气味较浓的中高级洗涤用品。是以动植物油、烧碱、松香和香精等为主要原材料，在一定温度下经化学（皂化）反应而成。其花色品种较多，按其成分组成可分为一般香皂、多脂香皂和药物香皂三种。

征收范围为各种香皂。

（十）其他各种护肤护发品指本类产品中列举品名以外的具有润肤护肤护发功能的各种护肤护发品。

五、贵重首饰及珠宝玉石

本税目征收范围包括：各种金银珠宝首饰和经采掘、打磨、加工的各种珠宝玉石。

（一）金银珠宝首饰包括：

凡以金、银、白金、宝石、珍珠、钻石、翡翠、珊瑚、玛瑙等高贵稀有物质以及其他金属、人造宝石等制作的各种纯金银首饰及镶嵌首饰（含人造金银、合成金银首饰等）。

（二）珠宝玉石的种类包括：

1. 钻石：钻石是完全由单一元素碳元素所结晶而成的晶体矿物，也是宝石中唯一由单元素组成的宝石。钻石为八面体解理，即平面八面体晶面的四个方向，一般呈阶梯状。钻石的化学性质很稳定，不易溶于酸和碱。但在纯氧中，加热到1770度左右时，就会发生分解。在真空中，加热到1700度时，就会把它分解为石墨。钻石有透明的、半透明的，也有不透明的。宝石级的钻石，应该是无色透明的，无瑕疵或极少瑕疵，也可以略有淡黄色或极浅的褐色，最珍贵的颜色是天然粉色，其次是蓝色和绿色。

2. 珍珠：海水或淡水中的贝类软体动物体内进入细小杂质时，外套膜受到刺激便分泌出一种珍珠质（主要是碳酸钙），将细小杂质层层包裹起来，逐渐成为一颗小圆珠，就是珍珠。珍珠颜色主要为白色、粉色及浅黄色，具珍珠光泽，其表面隐约闪烁着虹一样的晕彩珠光。颜色白润、皮光明亮、形状精圆、粒度硬大者价值最高。

3. 松石：松石是一种自色宝石，是一种完全水化的铜铝磷酸盐。分子式为$CuAl_6(PO_4)_4(OH)_8 \cdot 5H_2O$。松石的透明度为不透明、薄片下部分呈半透明。抛光面为油脂玻璃光泽，断口为油脂暗淡光泽。松石种类包括波斯松石、美国松石和墨西哥松石、埃及松石和带铁线的绿松石。

4. 青金石：青金石是方钠石族的一种矿物；青金石的分子式为$(Na, Ca)_{7-8}(Al, Si)_{12}(O, S)_{24}(SO_4), Cl_2Cl_2 \cdot (OH)_2(OH)_2$，其中钠经常部分地为钾置换，硫则部分地为硫酸根、氯或硒所置换。青金石的种类包括波斯青金石、苏联青金石或西班牙青金石、智利青金石。

5. 欧泊石：矿物质中属蛋白石类，分子式为$SiO_2 \cdot nH_2O$。由于蛋白石中SiO_2小圆珠整齐排列像光栅一样，当白光射在上面后发生衍射，散成彩色光谱，所以欧泊石具有绚丽夺目的变幻色彩，尤以红色多者最为珍贵。欧泊石的种类包括白欧泊石、黑欧泊石、晶质欧泊石、火欧泊石、胶状欧泊石或玉滴欧泊石、漂砾欧泊石、脉石欧泊石或基质中欧泊石。

6. 橄榄石：橄榄石是自色宝石，一般常见的颜色有纯绿色、黄绿色到棕绿色。橄榄石没有无色的。分子式为：$(Mg, Fe)_2SiO_4$。橄榄石的种类包括贵橄榄石、黄玉、镁橄榄石、铁橄榄石、"黄昏祖母绿"和硼铝镁石。

7. 长石：按矿物学分类长石分为两个主要类型：钾长石和斜长石。分子式分别为：$KAlSi_3O_8$、$NaAlSi_3O_8$。长石的种类包括月光石或冰长石、日光石或砂金石的长石、拉长石、天河石或亚马逊石。

8. 玉：硬玉（也叫翡翠）、软玉。硬玉是一种钠和铝的硅酸盐，分子式为：$NaAl(SiO_3)_2$。软玉是一种含水的钙镁硅酸盐，分子式为：$CaMg_5(OH)_2(Si_4O_{11})_2$。

9. 石英：石英是一种它色的宝石，纯石英为无色透明。分子式为SiO_2。石英的种类包括水晶、晕彩或彩红石英、金红石斑点或网金红石石英、紫晶、黄晶、烟石英或烟晶、芙蓉石、东陵石、蓝线石石英、乳石英、蓝石英或蓝宝石石英、虎眼石、鹰眼或猎鹰眼、石英猫眼、带星的或星光石英。

10. 玉髓：也叫隐晶质石英。分子式为SiO_2。玉髓的种类包括月光石、绿玉髓、红玛瑙、肉红玉髓、鸡血石、葱绿玉髓、玛瑙、缟玛瑙、碧玉、深绿玉髓、硅孔雀石玉髓、硅化木。

11. 石榴石：其晶体与石榴籽的形状、颜色十分相似而得名。石榴石的一般分子式为$R_3M_2(SiO_4)_3$。石榴石的种类包括铁铝榴石、镁铝榴石、镁铁榴石、锰铝榴石、钙铁榴石、钙铬榴石。

12. 锆石：颜色呈红、黄、蓝、紫色等。分子式为$ZrSiO_4$。

13. 尖晶石：颜色呈黄色、绿色和无色。分子式为$MgAl_2O_4$。尖晶石的种类包括红色尖晶石、红宝石色的尖晶石或红宝石尖晶石、紫色的或类似贵榴石色泽的尖晶石、粉或玫瑰色尖晶石、桔红色尖晶石、蓝色尖晶石、蓝宝石色尖晶石或蓝宝石尖晶石、象变石的尖晶石、黑色尖晶石、铁镁尖晶石或镁铁尖晶石。

14. 黄玉：黄玉是铝的氟硅酸盐，斜方晶系。分子式为$Al_2(F, OH)_2SiO_4$。黄玉的种类包括棕黄至黄棕、浅蓝至淡蓝、粉红、无色的、其他品种。

15. 碧玺：极为复杂的硼铝硅酸盐，其中可含一种或数种以下成分：镁、钠、锂、铁、钾或其他金属。这些元素比例不同，颜色也不同。碧玺的种类包括红色的、绿色的、蓝色的、黄和橙色、无色或白色、黑色、杂色宝石、猫眼碧玺、变色石似的碧玺。

16. 金绿玉：属尖晶石族矿物，铝酸盐类。主要成分是氧化铝铍，属斜方晶系。分子式为$BeAl_2O_4$。金绿玉的种类包括变石、猫眼石、变石猫眼宝石及其他一些变种。

17. 绿柱石：绿柱石在其纯净状态是无色的；不同的变种之所以有不同的颜色是由于微量金属氧化物的存在。在存在氧化铬或氧化钒时通常就成了祖母绿，而海蓝宝石则是由于氧化亚铁着色而成的。成为铯绿柱石是由于镁的存在，而金绿柱石则是因氧化铁着色而成的。分子式为：$Be_3Al_2(SiO_3)_6$。绿柱石的种类包括祖母绿、海蓝宝石、MAXIXE 型绿柱石、金绿柱石、铯绿柱石、其他透明的品种、猫眼绿柱石、星光绿柱石。

18. 刚玉：刚玉是一种很普通的矿物，除了星光宝石外，只有半透明到透明的变种才能叫作宝石。分子式为 Al_2O_3，含氧化铬呈红色，含钛和氧化铁呈蓝色，含氧化铁呈黄色，含铬和氧化铁呈橙色，含铁和氧化钛呈绿色，含铬、钛和氧化铁呈紫色。刚玉的种类包括红宝石、星光红宝石、蓝宝石、艳色蓝宝石、星光蓝宝石。

19. 琥珀：一种有机物质。它是一种含一些有关松脂的古代树木的石化松脂。分子式为 $C_{40}H_{64}O_4$。琥珀的种类包括海珀、坑珀、洁珀、块珀、脂珀、浊珀、泡珀、骨珀。

20. 珊瑚：是生物成因的另一种宝石原料。它是珊瑚虫的树枝状钙质骨架随着极细小的海生动物群体增生而形成。

21. 煤玉：煤玉是褐煤的一个变种（成分主要是碳，并含氢和氧）。它是由漂木经压实作用而成，漂木沉降到海底，变成埋藏的细粒淤泥，然后转变为硬质页岩，称为"煤玉岩"，煤玉是生物成因的。煤玉为非晶质，在粗糙表面上呈暗淡光泽，在磨光面上为玻璃光泽。

22. 龟甲：是非晶质的，具有油脂光泽至蜡状光泽，硬度 2.5。

23. 合成刚玉：指与有关天然刚玉对比，具有基本相同的物理、光学及化学性能的人造材料。

24. 合成宝石：指与有关天然宝石对比，具有基本相同的物理、光学及化学性能的人造宝石。合成宝石种类包括合成金红石、钛酸锶、钇铝榴石、轧镓榴石、合成立方锆石、合成蓝宝石、合成尖晶石、合成金红石、合成变石、合成钻石、合成祖母绿、合成欧泊、合成石英。

25. 双合石：也称复合石，这是一种由两种不同的材料粘结而成的宝石。双合石的种类是根据粘合时所用的材料性质划分的。双合石的种类有石榴石与玻璃双合石、祖母绿的代用品、欧泊石代用品、星光蓝宝石代用品、钻石代用品、其他各种仿宝石复合石。

26. 玻璃仿制品。

六、鞭炮、焰火

鞭炮，又称爆竹。是用多层纸密裹火药，接以药引线，制成的一种爆炸品。

焰火，指烟火剂，一般系包扎品，内装药剂，点燃后烟火喷射，呈各种颜色，有的还变幻成各种景象，分平地小焰火和空中大焰火两类。

本税目征收范围包括各种鞭炮、焰火。通常分为 13 类，即喷花类、旋转类、旋转升空类、火箭类、吐珠类、线香类、小礼花类、烟雾类、造型玩具类、炮竹类、摩擦炮类、组合烟花类、礼花弹类。

体育上用的发令纸，鞭炮药引线，不按本税目征收。

七、汽油

汽油是轻质石油产品的一大类。由天然或人造石油经脱盐、初馏、催化裂化，调合而得。为无色到淡黄色的液体，易燃易爆，挥发性强。按生产装置可分为直馏汽油、裂化汽油等类。经调合后制成各种用途的汽油。按用途可分为车用汽油、航空汽油、起动汽油和工业汽油（溶剂汽油）。

本税目征收范围包括：车用汽油、航空汽油、起动汽油。

工业汽油（溶剂汽油）主要作溶剂使用，不属本税目征收范围。

八、柴油

柴油是轻质石油产品的一大类。由天然或人造石油经脱盐、初馏、催化裂化，调合而得。易燃易爆，挥发性低于汽油。柴油按用途分为轻柴油、重柴油、军用柴油和农用柴油。

本税目征收范围包括：轻柴油、重柴油、农用柴油、军用轻柴油。

九、汽车轮胎

汽车轮胎是指用于各种汽车、挂车、专用车和其他机动车上的内、外胎。

本税目征收范围包括：

（一）轻型乘用汽车轮胎；

（二）载重及公共汽车、无轨电车轮胎；

（三）矿山、建筑等车辆用轮胎；

（四）特种车辆用轮胎（指行驶于无路面或雪地、沙漠等高越野轮胎）；

（五）摩托车轮胎；

（六）各种挂车用轮胎；

（七）工程车轮胎；

（八）其他机动车轮胎；

（九）汽车与农用拖拉机、收割机、手扶拖拉机通用轮胎。

十、摩托车

本税目征收范围包括：

（一）轻便摩托车：最大设计车速不超过50公里/小时、发动机气缸总工作容积不超过50毫升的两轮机动车。

（二）摩托车：最大设计车速超过50公里/小时、发动机气缸总工作容积超过50毫升、空车质量不超过400公斤（带驾驶室的正三轮车及特种车的空车质量不受此限）的两轮和三轮机动车。

1. 两轮车：装有一个驱动轮与一个从动轮的摩托车。

（1）普通车：骑式车架，双人座垫，轮辋基本直径不小于304毫米，适应在公路或城市道路上行驶的摩托车。

（2）微型车：坐式或骑式车架，单人或双人座垫，轮辋基本直径不大于254毫米，适应在公路或城市道路上行驶的摩托车。

（3）越野车：骑式车架，宽型方向把，越野型轮胎，剩余垂直轮隙及离地间隙大，适应在非公路地区行驶的摩托车。

（4）普通赛车：骑式车架，狭型方向把，座垫偏后，装有大功率高转速发动机，在专用跑道上比赛车速的一种摩托车。

（5）微型赛车：坐式或骑式车架，轮辋基本直径不大于254毫米，装有大功率高转速发动机，在专用跑道上比赛车速的一种摩托车。

（6）越野赛车：具有越野性能，装有大功率发动机，用于非公路地区比赛车速的一种摩托车。

（7）特种车：一种经过改装之后用于完成特定任务的两轮摩托车。如开道车。

2. 边三轮车：在两轮车的一侧装有边车的三轮摩托车。

（1）普通边三轮车：具有边三轮车结构，用于载运乘员或货物的摩托车。

（2）特种边三轮车：装有专用设备，用于完成特定任务的边三轮车。如警车、消防车。

3. 正三轮车：装有与前轮对称分布的两个后轮和固定车厢的三轮摩托车。

（1）普通正三轮车：具有正三轮车结构，用于载运乘员或货物的摩托车。如客车、货车。

（2）特种正三轮车：装有专用设备，用于完成特定任务的正三轮车。如容罐车、自卸车、冷藏车。

十一、小汽车

小汽车是指由动力装置驱动，具有四个和四个以上车轮的非轨道无架线的、主要用于载送人员及其随身物品的车辆。

本税目征收范围包括：

（一）小轿车：是指用于载送人员及其随身物品且座位布置在两轴之间的四轮汽车。

小轿车的征收范围包括微型轿车（气缸容量，即排气量，下同<1000毫升）；普通轿车（1000毫升≤气缸容量<2 200毫升）；高级轿车（气缸容量≥2200毫升）及赛车。

（二）越野车：是指四轮驱动、具有高通过性的车辆。

越野车的征收范围包括轻型越野车（气缸容量<2 400毫升）；高级越野车（气缸容量≥2 400毫升）及赛车。

（三）小客车，又称旅行车：是指具有长方箱形车厢、车身长度大于3.5米、小于7米的、乘客座位（不含驾驶员座位）在22座以下的车辆。

小客车的征收范围包括微型客车（气缸容量<2000毫升）、中型客车（气缸容量≥2000毫升）。

用上述应税车辆的底盘组装、改装、改制的各种货车、特种用车（如急救车、抢修车）等不属于本税目征收范围。

［注释：条款失效，第一条第一款、第二款，第七条，第八条失效。参见：《国家税务总局关于发布已失效或废止有关消费税规范性文件的通知》（国税发〔2009〕45号）。

注释：第四条、第十一条失效。参见：《财政部　国家税务总局关于调整和完善消费税政策的通知》（财税〔2006〕33号）。

注释：部分条款废止。废止第二条第六款、第九条。参见：《国家税务总局关于公布全文失效废止和部分条款废止的税收规范性文件目录的公告》（国家税务总局公告2016年第34号）。］

国家税务总局　海关总署
关于进口货物征收增值税、消费税有关问题的通知

(1993年12月25日　国税发〔1993〕155号)

广东分署、各直属海关：

根据国务院颁布的《中华人民共和国增值税暂行条例》和《中华人民共和国消费税暂行条例》的有关规定，从1994年1月1日起，对进口货物由征收产品税、增值税、工商统一税和特别消费税改为征收增值税、消费税。为使海关和税务部门正确执行有关规定，现将有关事项通知如下：

一、申报进入中华人民共和国海关境内的货物均应缴纳增值税、消费税。进口货物的收货人或办理报关手续的单位和个人，为进口货物增值税、消费税的纳税义务人。

二、增值税、消费税的税目、税率（税额），依照本通知所附的《增值税税目税率表》和《消费税税目税率（税额）表》执行。

海关总署编写的《海关进出口关税与进口环节代征税对照使用手册》所列各项对照税目、税率，具有法律效力。各地海关、税务机关在执行中发现与国内税收执行不一致的，先按该手册征税，并报国家税务总局与海关总署商议后再作决定。

三、纳税人进口货物，按照组成计税价格和规定的税率计算应纳税额。其计算公式如下：

（一）增值税应纳税额的计算

组成计税价格 = 关税完税价格 + 关税 + 消费税

应纳税额 = 组成计税价格 × 增值税税率

（二）消费税应纳税额的计算

1. 实行从价定率办法的应税消费品的应纳税额的计算

组成计税价格 = （关税完税价格 + 关税）÷（1 - 消费税税率）

应纳税额 = 组成计税价格 × 消费税税率

2. 实行从量定额办法的应税消费品的应纳税额的计算

应纳税额 = 应税消费品数量 × 消费税单位税额

3. 实行从量定额办法计算应纳税额的应税消费品计量单位的换算标准规定如下：

（1）啤酒　1吨 = 988升

（2）黄酒　1吨 = 962升

（3）汽油　1吨 = 1388升

（4）柴油　1吨 = 1176升

四、进口环节消费税除国务院另有规定者外，一律不得给予减税、免税。进口环节原产品税、增值税、工商统一税和特别消费税对进口货物的有关政策性减税、免税规定正在清理，待报国务院批准后另行下达，调整方案下达前按原规定办理。

五、进口货物增值税、消费税的征收管理,依照《中华人民共和国税收征收管理法》《中华人民共和国海关法》《中华人民共和国进出口关税条例》和《中华人民共和国进出口税则》的有关规定执行。

附件:
1. 增值税税目、税率表(编者略)
2. 消费税税目、税率(税额)表(编者略)

国家税务总局
关于印发《消费税若干具体问题的规定》的通知

(1993年12月28日　国税发〔1993〕156号)

消费税若干具体问题的规定

一、关于卷烟分类计税标准问题

(一)纳税人销售的卷烟因放开销售价格而经常发生价格上下浮动的,应以该牌号规格卷烟销售当月的加权平均销售价格确定征税类别和适用税率。但销售的卷烟有下列情况之一者,不得列入加权平均计算:

1. 销售价格明显偏低而无正当理由的;
2. 无销售价格的。

在实际执行中,月初可先按上月或者离销售当月最近月份的征税类别和适用税率预缴税款,月份终了再按实际销售价格确定征税类别和适用税率,并结算应纳税款。

(二)卷烟由于接装过滤嘴、改变包装或其他原因提高销售价格后,应按照新的销售价格确定征税类别和适用税率。

(三)纳税人自产自用的卷烟应当按照纳税人生产的同牌号规格的卷烟销售价格确定征税类别和适用税率。没有同牌号规格卷烟销售价格的,一律按照甲类卷烟税率征税。

(四)委托加工的卷烟按照受托方同牌号规格卷烟的征税类别和适用税率征税。没有同牌号规格卷烟的,一律按照甲类卷烟的税率征税。

(五)残次品卷烟应当按照同牌号规格正品卷烟的征税类别确定适用税率。

(六)下列卷烟不分征税类别一律按照甲类卷烟税率征税:

1. 进口卷烟;
2. 白包卷烟;
3. 手工卷烟;
4. 未经国务院批准纳入计划的企业和个人生产的卷烟。国家计划内卷烟生产企业名单附后。

(七)卷烟分类计税标准的调整,由国家税务总局确定。

二、关于酒的征收范围问题

（一）外购酒精生产的白酒，应按酒精所用原料确定白酒的适用税率。凡酒精所用原料无法确定的，一律按照粮食白酒的税率征税。

（二）外购两种以上酒精生产的白酒，一律从高确定税率征税。

（三）以外购白酒加浆降度，或外购散酒装瓶出售，以及外购白酒以曲香、香精进行调香、调味生产的白酒，按照外购白酒所用原料确定适用税率。凡白酒所用原料无法确定的，一律按照粮食白酒的税率征税。

（四）以外购的不同品种白酒勾兑的白酒，一律按照粮食白酒的税率征税。

（五）对用粮食和薯类、糠麸等多种原料混合生产的白酒，一律按照粮食白酒的税率征税。

（六）对用薯类和粮食以外的其他原料混合生产的白酒，一律按照薯类白酒的税率征税。

三、关于计税依据问题

（一）纳税人销售的甲类卷烟和粮食白酒，其计税价格显著低于产地市场零售价格的，主管税务机关应逐级上报国家税务总局核定计税价格，并按照国家税务总局核定的计税价格征税。

甲类卷烟和粮食白酒计税价格的核定办法另行规定。

（二）根据《中华人民共和国消费税暂行条例实施细则》第十七条的规定，应税消费品全国平均成本利润率规定如下：

1. 甲类卷烟 10%；
2. 乙类卷烟 5%；
3. 雪茄烟 5%；
4. 烟丝 5%；
5. 粮食白酒 10%；
6. 薯类白酒 5%；
7. 其他酒 5%；
8. 酒精 5%；
9. 化妆品 5%；
10. 护肤护发品 5%；
11. 鞭炮、焰火 5%；
12. 贵重首饰及珠宝玉石 6%；
13. 汽车轮胎 5%；
14. 摩托车 6%；
15. 小轿车 8%；
16. 越野车 6%；
17. 小客车 5%。

（三）下列应税消费品可以销售额扣除外购已税消费品买价后的余额作为计税价格计征消费税：

1. 外购已税烟丝生产的卷烟；

2. 外购已税酒和酒精生产的酒（包括以外购已税白酒加浆降度，用外购已税的不同品种的白酒勾兑的白酒，用曲香、香精对外购已税白酒进行调香、调味以及外购散装白酒装瓶出售等等）；

3. 外购已税化妆品生产的化妆品；

4. 外购已税护肤护发品生产的护肤护发品；

5. 外购已税珠宝玉石生产的贵重首饰及珠宝玉石；

6. 外购已税鞭炮、焰火生产的鞭炮、焰火。

外购已税消费品的买价是指购货发票上注明的销售额（不包括增值税税款）。

（四）下列应税消费品准予从应纳消费税税额中扣除原料已纳消费税税款：

1. 以委托加工收回的已税烟丝为原料生产的卷烟；

2. 以委托加工收回的已税酒和酒精为原料生产的酒；

3. 以委托加工收回的已税化妆品为原料生产的化妆品；

4. 以委托加工收回的已税护肤护发品为原料生产的护肤护发品；

5. 以委托加工收回已税珠宝玉石为原料生产的贵重首饰及珠宝玉石；

6. 以委托加工收回已税鞭炮、焰火为原料生产的鞭炮、焰火。

已纳消费税税款是指委托加工的应税消费品由受托方代收代缴的消费税。

（五）纳税人通过自设非独立核算门市部销售的自产应税消费品，应当按照门市部对外销售额或者销售数量征收消费税。

（六）纳税人用于换取生产资料和消费资料，投资入股和抵偿债务等方面的应税消费品，应当以纳税人同类应税消费品的最高销售价格作为计税依据计算消费税。

四、关于纳税地点问题

根据《中华人民共和国消费税暂行条例实施细则》第二十五条的规定，对纳税人的总机构与分支机构不在同一省（自治区、直辖市）的，如需改由总机构汇总在总机构所在地纳税的，需经国家税务总局批准；对纳税人的总机构与分支机构在同一省（自治区、直辖市）内，而不在同一县（市）的，如需改由总机构汇总在总机构所在地纳税的，需经国家税务总局所属分局批准。

五、关于报缴税款问题

纳税人报缴税款的办法，由所在地主管税务机关视不同情况，于下列办法中核定一种：

（一）纳税人按期向税务机关填报纳税申报表，并填开纳税缴款书，向所在地代理金库的银行缴纳税款。

（二）纳税人按期向税务机关填报纳税申报表，由税务机关审核后填发缴款书，按期缴纳。

（三）对会计核算不健全的小型业户，税务机关可根据其产销情况，按季或按年核定其应纳税额，分月缴纳。

六、本规定自1994年1月1日起执行。

［注释：条款失效，第一条，第四条，第五条失效。参见：《税务部门现行有效 失效 废止规章目录》（国家税务总局令第23号）。］

国务院
关于外商投资企业和外国企业适用增值税、消费税、营业税等税收暂行条例有关问题的通知

(1994年2月22日 国发〔1994〕10号)

(正文编者略)
一、关于外商投资企业和外国企业适用税种问题。
二、关于外商投资企业改征增值税、消费税、营业税后增加的税负处理问题。

国家税务总局
关于消费税若干征税问题的通知

(1994年5月26日 国税发〔1994〕130号)

《中华人民共和国消费税暂行条例》及其有关规定实施以来，各地在贯彻执行中陆续反映出了一些问题，要求予以明确。现根据消费税问题座谈会讨论的意见，就几个具体征税问题通知如下：

一、关于委托加工征税问题

（一）对纳税人委托个体经营者加工的应税消费品，一律于委托方收回后在委托方所在地缴纳消费税。

（二）对消费者个人委托加工的金银首饰及珠宝玉石，可暂按加工费征收消费税。

二、关于已税消费品的扣除问题

（一）根据消费税法的规定，对于用外购或委托加工的已税消费品连续生产应税消费品，在计征消费税时可以扣除外购已税消费品的买价或委托加工已税消费品代收代缴的消费税。此项按规定可以扣除的买价或消费税，是指当期所实际耗用的外购或委托加工的已税消费品的买价或代收代缴的消费税。

（二）对企业用1993年底以前库存的已税消费品连续生产的应税消费品，在计征消费税时，允许按照已税消费品的实际采购成本（不含增值税）予以扣除。

（三）对企业用外购或委托加工的已税汽车轮胎（内胎或外胎）连续生产汽车轮胎；用外购或委托加工的已税摩托车连续生产摩托车（如用外购两轮摩托车改装三轮摩托车），在计征消费税时，允许扣除外购或委托加工的已税汽车轮胎和摩托车的买价或已纳消费税税款计征消费税。

本通知从文到之日起执行。

〔注释：条款失效。第二条（一）、（三）失效，参见：《国家税务总局关于发布已失效

或废止的税收规范性文件目录的通知》（国税发〔2006〕62号）。]

国家税务总局
关于明确流转税、资源税法规中
"主管税务机关、征收机关"名称问题的通知

（1994年12月24日　国税发〔1994〕232号）

在增值税、消费税、营业税、资源税暂行条例、实施细则及相关文件中，对"主管税务机关、征收机关"已作了解释，但是，由于各地国家税务局和地方税务局机构的分设，原名称所指已发生变化，现重新明确如下：

一、《中华人民共和国增值税暂行条例实施细则》第三十六条第二款中所称"主管税务机关、征收机关"，是指国家税务总局所属的县级以上（含县级）国家税务局，第二十八条、第三十二条第四款中所称"国家税务总局直属分局"，是指省、自治区、直辖市国家税务局，也包括享有省级经济管理权限的城市的国家税务局。

二、《中华人民共和国消费税暂行条例》第十三条、《中华人民共和国消费税暂行条例实施细则》第十八、二十三、二十四条、《消费税若干具体问题的规定》第三、五条中的"主管税务机关"，是指国家税务总局所属的县级以上（含县级）国家税务局。

《中华人民共和国消费税暂行条例实施细则》第二十一、二十五条、《消费税若干具体问题的规定》第四条中"国家税务总局所属税务分局"，是指省、自治区、直辖市国家税务局，也包括享有省级经济管理权限的城市的国家税务局。

三、《中华人民共和国营业税暂行条例实施细则》第五条、第六条中所称"国家税务总局所属征收机关"，是指国家税务总局所属的县级以上（含县级）国家税务局。

四、《中华人民共和国资源税暂行条例》第十二条中的"省、自治区、直辖市税务机关"，是指省、自治区、直辖市地方税务局和享有省级经济管理权限的城市的地方税务局。

《中华人民共和国资源税暂行条例》第十二、十三条以及《中华人民共和国资源税暂行条例实施细则》第五、八、九、十条所说的"主管税务机关"或"税务机关"，是指县级以上（含县级）的地方税务局。

国家税务总局
关于用外购和委托加工收回的应税消费品连续生产
应税消费品征收消费税问题的通知

（1995年5月19日　国税发〔1995〕94号）

根据《国家税务总局关于印发〈消费税若干具体问题的规定〉的通知》（国税发

〔1993〕156号）和《国家税务总局关于消费税若干征税问题的通知》（国税发〔1994〕130号）的规定，纳税人用外购或委托加工收回的已税烟丝、已税酒及酒精等8种应税消费品连续生产应税消费品，在计征消费税时可以扣除外购已税应税消费品的买价或委托加工收回应税消费品的已纳消费税税款。各地税务机关反映，这一规定在执行中存在着以下两方面问题：第一，两种扣除方法之间税收负担不平衡，而且用外购应税消费品连续生产应税消费品与用自产应税消费品连续生产应税消费品这两种生产经营方式之间，也存在着税收负担不平衡的矛盾。第二，在确定当期扣除数额方面，没有明确是按当期销售所实际耗用的数量计算，还是按当期投入生产的数量计算，因此而导致各地在政策执行上的不统一。为解决存在的问题，现通知如下：

一、对于用外购的已税烟丝、已税酒及酒精等8种应税消费品连续生产的应税消费品，在计税时准予扣除外购的应税消费品已纳的消费税税款，停止实行以销售额扣除外购应税消费品买价后的余额为计税依据计征消费税的办法。

二、当期准予扣除的外购或委托加工收回的应税消费品的已纳消费税税款，应按当期生产领用数量计算。计算公式如下：

（一）当期准予扣除的外购应税消费品已纳税款＝当期准予扣除的外购应税消费品买价×外购应税消费品适用税率

当期准予扣除的外购应税消费品买价＝期初库存的外购应税消费品的买价＋当期购进的应税消费品的买价－期末库存的外购应税消费品的买价

（二）当期准予扣除的委托加工应税消费品已纳税款＝期初库存的委托加工应税消费品已纳税款＋当期收回的委托加工应税消费品已纳税款－期末库存的委托加工应税消费品已纳税款

三、纳税人用外购或委托加工收回的已税珠宝玉石生产的改在零售环节征收消费税的金银首饰，仍按《财政部　国家税务总局关于调整金银首饰消费税纳税环节有关问题的通知》（（94）财税字第95号）的规定执行。

四、本规定自1995年6月1日起执行。以前规定与本规定有抵触的，以本规定为准。

国家税务总局
关于消费税若干征税问题的通知

（1997年5月21日　国税发〔1997〕84号）

各省、自治区、直辖市和计划单列市国家税务局：

最近，各地在执行消费税政策中陆续反映出一些问题，要求国家税务总局给予明确。现根据部分地区消费税问题座谈会讨论的意见，就有关具体征税问题通知如下：

一、关于普通发票不含增值税销售额的换算问题

对纳税人用外购已税烟丝等8种应税消费品连续生产应税消费品扣除已纳税款的计算方法统一后，如果企业购进的已税消费品开具的是普通发票，在换算为不含增值税的销售额时，应一律采取6%的征收率换算。具体计算公式为：

不含增值税的外购已税消费品的销售额 = 外购已税消费品的含税销售额 ÷ (1 + 6%)

二、关于工业企业从事应税消费品购销的征税问题

(一)对既有自产应税消费品,同时又购进与自产应税消费品同样的应税消费品进行销售的工业企业,对其销售的外购应税消费品应当征收消费税,同时可以扣除外购应税消费品的已纳税款。

上述允许扣除已纳税款的外购应税消费品仅限于烟丝、酒、酒精、化妆品、护肤护发品、珠宝玉石、鞭炮焰火、汽车轮胎和摩托车。

(二)对自己不生产应税消费品,而只是购进后再销售应税消费品的工业企业,其销售的粮食白酒、薯类白酒、酒精、化妆品、护肤护发品、鞭炮焰火和珠宝玉石,凡不能构成最终消费品直接进入消费品市场,而需进一步生产加工的(如需进一步加浆降度的白酒及食用酒精,需进行调香、调味和勾兑的白酒,需进行深加工、包装、贴标、组合的珠宝玉石、化妆品、酒、鞭炮焰火等),应当征收消费税,同时允许扣除上述外购应税消费品的已纳税款。

本规定中允许扣除已纳税款的应税消费品只限于从工业企业购进的应税消费品,对从商业企业购进应税消费品的已纳税款一律不得扣除。

三、关于配制酒、泡制酒征税问题

对企业以白酒和酒精为酒基,加入果汁、香料、色素、药材、补品、糖、调料等配制或泡制的酒,不再按"其他酒"子目中的"复制酒"征税,一律按照酒基所用原料确定白酒的适用税率。凡酒基所用原料无法确定的,一律按粮食白酒的税率征收消费税。

对以黄酒为酒基生产的配制或泡制酒,仍按"其他酒"10%的税率征收消费税。

四、关于特种用车的范围问题

《消费税征收范围注释》中规定的特种用车范围只限于急救车和抢修车,对其他车只要属于小汽车的征收范围,均应按规定征收消费税。

五、关于饮食业、商业、娱乐业生产啤酒的征税问题

对饮食业、商业、娱乐业举办的啤酒屋(啤酒坊)利用啤酒生产设备生产的啤酒,应当征收消费税。

本通知自文到之日起执行。

[注释:条款失效。

1. 根据《财政部 国家税务总局关于调整和完善消费税政策的通知》(财税〔2006〕33号),本文第四条自2006年4月1日起停止执行。

2. 根据《国家税务总局关于发布已失效或废止有关消费税规范性文件的通知》(国税发〔2009〕45号),本文第一条自2009年3月18日起停止执行。

3. 根据《国家税务总局关于配制酒消费税适用税率问题的公告》(国家税务总局公告2011年第53号),本文第三条自2011年10月1日起停止执行。]

国家税务总局
关于印发《消费税问题解答》的通知

(1997年5月21日　国税函发〔1997〕306号)

消费税问题解答

1. 问：用购进已税烟丝生产的出口卷烟，能否扣除外购已税烟丝的已纳税款？

答：按照现行税收法规，国家对卷烟出口一律实行在生产环节免税的办法，即免征卷烟加工环节的增值税和消费税，而对出口卷烟所耗用的原辅材料已缴纳的增值税和消费税则不予退、免税。据此，为生产出口卷烟而购进的已税烟丝的已纳税款不能给予扣除。

2. 问：为了堵塞税收漏洞，财政部、国家税务总局下发了《关于酒类产品包装物押金征税问题的通知》（财税字〔1995〕53号），法规从1995年6月1日起，对酒类产品生产企业销售酒类产品而收取的包装物押金，无论押金是否返还和在会计上如何核算，均需并入酒类产品销售额中，依据酒类产品的适用税率计征消费税。这一法规是否包括啤酒和黄酒产品？

答：根据《中华人民共和国消费税暂行条例》的法规，对啤酒和黄酒实行从量定额的办法征收消费税，即按照应税数量和单位税额计算应纳税额。按照这一办法征税的消费品的计税依据为应税消费品的数量，而非应税消费品的销售额，征税的多少与应税消费品的数量成正比，而与应税消费品的销售金额无直接关系。因此，对酒类包装物押金征税的法规只适用于实行从价定率办法征收消费税的粮食白酒、薯类白酒和其他酒，而不适用于实行从量定额办法征收消费税的啤酒和黄酒产品。

3. 问：出国人员免税商店销售的金银首饰是否征收消费税？

答：对出国人员免税商店销售的金银首饰应当征收消费税。

4. 问："啤酒源"是否征收消费税？

答：啤酒源是以大麦或其他粮食为原料，加入啤酒花，经糖化、发酵酿制而成的含二氧化碳的酒。在产品特性、使用原料和生产工艺流程上，啤酒源与啤酒一致，只缺少过滤过程。因此，对啤酒源应按啤酒征收消费税。

5. 问：菠萝啤酒是否征收消费税？

答：经向主管部门了解，菠萝啤酒是以大麦或其他粮食为原料，加入啤酒花，经糖化、发酵，并在过滤时加入菠萝精（汁）、糖酿制的含有二氧化碳的酒。其在产品特性、使用原料和生产工艺流程上与啤酒相同，只是在过滤时加上适量的菠萝精（汁）和糖，因此，对菠萝啤酒应按啤酒征收消费税。

6. 问："金刚石"是否征收消费税？

答：金刚石又称钻石，属于贵重首饰及珠宝玉石的征收范围，应按法规征收消费税。

7. 问："宝石坯"是否征收消费税？

答：根据《消费税征收范围注释》法规，珠宝玉石的征税范围为经采掘、打磨、加工的各种珠宝玉石。宝石坯是经采掘、打磨、初级加工的珠宝玉石半成品，因此，对宝石坯应按法规征收消费税。

8. 问：两轮驱动的吉普型车是否属于越野车的征税范围税？

答：根据《消费税征收范围注释》法规，越野车是指四轮驱动，具有高通过性的车辆。两轮驱动的吉普型车不属于越野车范围，应按小轿车的适用税率征收消费税。

9. 问：根据《消费税征收范围注释》法规，轻便摩托车的征税范围为最大设计车速不超过50km/h，发动机气缸总工作容量不超过50ml的两轮摩托车。对最大设计车速不超过50km/h，发动机汽缸总工作容量不超过50ml的三轮摩托车是否征收消费税？

答：对最大设计车速不超过50km/h，发动机气缸总工作容量不超过50ml的三轮摩托车不征收消费税。

[注释：条款失效，根据《国家税务总局关于发布已失效或废止有关消费税规范性文件的通知》（国税发〔2009〕45号），本文问题8自2009年3月18日起失效。]

国家经济贸易委员会　财政部　国家税务总局　国家环境保护总局关于发布《关于低污染排放小汽车减征消费税实施产品检验及生产一致性审查管理办法》的通知

（2001年8月15日　国经贸产业〔2001〕821号）

关于低污染排放小汽车减征消费税实施产品检验及生产一致性审查管理办法

第一条　为加强低污染排放小汽车检验及生产一致性审查管理，根据财政部、国家税务总局《关于对低污染排放小汽车减征消费税的通知》（财税〔2000〕26号，以下简称《通知》）规定，制定本办法。

第二条　本办法所称低污染排放小汽车，是指符合GB18352.2—2001《轻型汽车污染物排放限值及测试方法（Ⅱ）》（以下简称GB18352.2—2001）的车辆。

第三条　申请减征消费税的车辆范围是：国家经贸委以公告形式发布的《车辆生产企业及产品》和原国家机械工业局发布的《2000年全国汽车、民用改装车和摩托车生产企业及产品目录（总目录）》、《2000年全国汽车、民用改装车和摩托车生产企业及产品目录（补充第一期）》、《2000年全国汽车、民用改装车和摩托车生产企业及产品目录（补充第二期）》中所列的轿车、越野车和小客车（最大总质量不超过3500kg）。

申请减征消费税车辆的产品型号应当单独编制。

第四条　低污染排放小汽车的产品检验及生产一致性审查管理主要包括：样品检验、生产一致性审查、生产一致性监督。

第五条 样品检验应当送《通知》中规定的检验机构，按照 GB18352.2—2001 的要求，进行冷启动后汽车排气污染物排放试验（Ⅰ型试验）、污染控制装置耐久性试验（Ⅴ型试验）、装点燃式发动机车辆蒸发排放试验（Ⅳ型试验）和曲轴箱气体排放试验（Ⅲ型试验）。

污染控制装置耐久性试验，可以使用符合 GB17930—1999《车用无铅汽油》中供应北京、上海和广州的无铅汽油或优质柴油，在检验机构监督下由企业自主进行。

汽车生产企业在提出产品检验申请前 18 个月内，在上述检验机构进行的同类检验结果也视为有效。

第六条 产品检验合格的企业，可以向国家经贸委提出生产一致性审查的申请。企业申请时应当提供以下材料：

（一）检验机构出具的样品检验报告；

（二）与试验车辆有关的资料；

（三）产品同一型式的分类说明；

（四）产品排放的生产一致性保证计划；

（五）质量体系认证等其他需要说明的内容。

本条第四款保证计划的重点是过程控制，内容应当包括：人员、设备、采购、工艺、环境和产品一致性检查要求等。

第七条 生产一致性审查，应当充分考虑并利用企业已经获得的质量体系认证结果和检测手段。

已通过 ISO9000（94 版）、ISO9000（2000 版）、QS9000（98 版）、VDA、EAQF、AVSQ、TS16949 或者其他不低于前述质量体系要求的一种质量体系认证并取得相应证书的企业，生产一致性审查可仅对生产一致性保证计划涉及的过程控制内容进行审查。

未通过上述质量体系认证的企业，生产一致性审查应当对企业质量体系和质量计划涉及的过程控制内容同时进行审查。企业应当在申请书上说明所建立的质量体系。

第八条 生产一致性监督检查应当按照 GB18352.2—2001 第 7 章的要求，从批量生产的车辆中随机抽取至少 3 辆样车，进行Ⅰ型试验、Ⅲ型试验、Ⅳ型试验的全部或部分内容。

第九条 生产一致性审查由国家经贸委会同国家环境保护总局组织有资质的机构承担。审查人员包括质量体系审核专家和汽车排放技术专家。

现场审查结束后，应当在规定的时间内提供生产一致性审查报告。

第十条 国家经贸委会同国家环境保护总局对审查报告进行审核，并在生产一致性检验完毕 10 日内将审核合格的企业和车型清单送财政部和国家税务总局。

第十一条 已批准减征消费税的车型，企业不得擅自更改可能影响污染物排放的部件；如有更改，必须重新申报。

第十二条 对于享受减征消费税政策的车型，企业应当认真执行生产一致性保证计划，根据自身情况，对产品定期按照 GB18352.2—2001 进行生产一致性检查，对质量体系定期进行评审。企业在质量体系评审时，应当保证相邻两次评审的内容覆盖质量体系和质量计划要求的全部内容。

第十三条 国家经贸委会同财政部、国家税务总局和国家环保总局等部门不定期组织对减税车型的排放性能进行监督检查。

第十四条 本办法由国家经贸委负责解释。

第十五条 本办法自发布之日起施行。

财政部 国家税务总局
关于调整和完善消费税政策的通知

(2006年3月20日 财税〔2006〕33号)

各省、自治区、直辖市、计划单列市财政厅（局）、国家税务局，新疆生产建设兵团财务局：

为适应社会经济形势的客观发展需要，进一步完善消费税制，经国务院批准，对消费税税目、税率及相关政策进行调整。现将有关内容通知如下：

一、关于新增税目

（一）新增高尔夫球及球具、高档手表、游艇、木制一次性筷子、实木地板税目。适用税率分别为：

1. 高尔夫球及球具税率为10%；

2. 高档手表税率为20%；

3. 游艇税率为10%；

4. 木制一次性筷子税率为5%；

5. 实木地板税率为5%。

（二）取消汽油、柴油税目，增列成品油税目。汽油、柴油改为成品油税目下的子目（税率不变）。另外新增石脑油、溶剂油、润滑油、燃料油、航空煤油五个子目。

1. 上述新增子目的适用税率（单位税额）分别为：

（1）石脑油，单位税额为0.2元/升；

（2）溶剂油，单位税额为0.2元/升；

（3）润滑油，单位税额为0.2元/升；

（4）燃料油，单位税额为0.1元/升；

（5）航空煤油，单位税额为0.1元/升。

2. 上述新增子目的计量单位换算标准分别为：

（1）石脑油1吨=1385升；

（2）溶剂油1吨=1282升；

（3）润滑油1吨=1126升；

（4）燃料油1吨=1015升；

（5）航空煤油1吨=1246升。

计量单位换算标准的调整由财政部、国家税务总局确定。

二、关于纳税人

在中华人民共和国境内生产、委托加工、进口上述新增应税消费品的单位和个人为消费税的纳税义务人，均应按《中华人民共和国消费税暂行条例》（以下简称条例）和本通知的规定申报缴纳消费税。

三、关于取消税目

取消护肤护发品税目,将原属于护肤护发品征税范围的高档护肤类化妆品列入化妆品税目。

四、关于调整税目税率

(一)调整小汽车税目税率。

取消小汽车税目下的小轿车、越野车、小客车子目。在小汽车税目下分设乘用车、中轻型商用客车子目。适用税率分别为:

1. 乘用车。

(1)气缸容量(排气量,下同)在1.5升(含)以下的,税率为3%;

(2)气缸容量在1.5升以上至2.0升(含)的,税率为5%;

(3)气缸容量在2.0升以上至2.5升(含)的,税率为9%;

(4)气缸容量在2.5升以上至3.0升(含)的,税率为12%;

(5)气缸容量在3.0升以上至4.0升(含)的,税率为15%;

(6)气缸容量在4.0升以上的,税率为20%。

2. 中轻型商用客车,税率为5%。

(二)调整摩托车税率。

将摩托车税率改为按排量分档设置:

1. 气缸容量在250毫升(含)以下的,税率为3%;

2. 气缸容量在250毫升以上的,税率为10%。

(三)调整汽车轮胎税率。

将汽车轮胎10%的税率下调到3%。

(四)调整白酒税率。

粮食白酒、薯类白酒的比例税率统一为20%。定额税率为0.5元/斤(500克)或0.5元/500毫升。从量定额税的计量单位按实际销售商品重量确定,如果实际销售商品是按体积标注计量单位的,应按500毫升为1斤换算,不得按酒度折算。

五、关于组成套装销售的计税依据

纳税人将自产的应税消费品与外购或自产的非应税消费品组成套装销售的,以套装产品的销售额(不含增值税)为计税依据。

六、关于以自产石脑油用于本企业连续生产的纳税问题

生产企业将自产石脑油用于本企业连续生产汽油等应税消费品的,不缴纳消费税;用于连续生产乙烯等非应税消费品或其他方面的,于移送使用时缴纳消费税。

七、关于已纳税款的扣除

下列应税消费品准予从消费税应纳税额中扣除原料已纳的消费税税款:

(一)以外购或委托加工收回的已税杆头、杆身和握把为原料生产的高尔夫球杆。

(二)以外购或委托加工收回的已税木制一次性筷子为原料生产的木制一次性筷子。

(三)以外购或委托加工收回的已税实木地板为原料生产的实木地板。

(四)以外购或委托加工收回的已税石脑油为原料生产的应税消费品。

(五)以外购或委托加工收回的已税润滑油为原料生产的润滑油。

已纳消费税税款抵扣的管理办法由国家税务总局另行制定。

八、关于新增和调整税目的全国平均成本利润率

新增和调整税目全国平均成本利润率暂定如下：

（一）高尔夫球及球具为10%；

（二）高档手表为20%；

（三）游艇为10%；

（四）木制一次性筷子为5%；

（五）实木地板为5%；

（六）乘用车为8%；

（七）中轻型商用客车为5%。

九、关于出口

出口应税消费品的退（免）税政策，按调整后的税目税率以及条例和有关规定执行。

十、关于减税免税

（一）石脑油、溶剂油、润滑油、燃料油暂按应纳税额的30%征收消费税；航空煤油暂缓征收消费税。

（二）子午线轮胎免征消费税。

十一、其他相关问题

（一）本通知实施以后，属于新增税目、取消税目和调整税目税率的应税消费品，因质量原因发生销货退回的，依照条例实施细则的规定执行。具体操作办法由国家税务总局另行制定。

（二）商业企业2006年3月31日前库存的属于本通知规定征税范围的应税消费品，不需申报补缴消费税。

（三）对单位和个人欠缴的消费税，主管税务机关应依据《中华人民共和国税收征收管理法》及其实施细则的规定及时清缴。

（四）出口企业收购出口应税消费品的应退税额的计算，以消费税税收（出口货物专用）缴款书注明的税额为准。

（五）出口企业在2006年3月31日前收购的出口应税消费品，并取得消费税税收（出口货物专用）缴款书的，在2006年4月1日以后出口的，仍可按原税目税率办理退税。具体执行时间以消费税税收（出口货物专用）缴款书开具日期为准。

十二、关于执行时间

本通知自2006年4月1日起执行。以下文件或规定同时废止：

（一）《关于印发〈消费税征收范围注释〉的通知》（国税发〔1993〕153号）第四条、第十一条。

（二）《关于〈消费税征收范围注释〉的补充通知》（国税发〔1994〕26号）。

（三）《关于CH1010微型厢式货车等有关征收消费税问题的批复》（国税函发〔1994〕303号）。

（四）《国家税务总局关于消费税若干征税问题的通知》（国税发〔1997〕84号）第四条。

（五）《国家税务总局关于对部分油品征收消费税问题的批复》（国税函〔2004〕1078号）第一条、第二条。

（六）《国家税务总局关于"皮卡"改装的"旅行车"征收消费税问题的批复》（国税函〔2005〕217号）。

（七）《国家税务总局关于美宝莲全天候粉底液等产品征收消费税问题的批复》（国税函〔2005〕1231号）。

［注释：条款失效，第一条第二款第1项，第四条第一款第1项，第十条第一款"石脑油、溶剂油、润滑油、燃料油暂按应纳税额的30%征收消费税"的规定，附件第六条失效。参见：《财政部　国家税务总局关于公布废止和失效的消费税规范性文件目录的通知》（财税〔2009〕18号）。］

附件：消费税新增和调整税目征收范围注释

附件：

消费税新增和调整税目征收范围注释

一、高尔夫球及球具

高尔夫球及球具是指从事高尔夫球运动所需的各种专用装备，包括高尔夫球、高尔夫球杆及高尔夫球包（袋）等。

高尔夫球是指重量不超过45.93克、直径不超过42.67毫米的高尔夫球运动比赛、练习用球；高尔夫球杆是指被设计用来打高尔夫球的工具，由杆头、杆身和握把三部分组成；高尔夫球包（袋）是指专用于盛装高尔夫球及球杆的包（袋）。

本税目征收范围包括高尔夫球、高尔夫球杆、高尔夫球包（袋）。高尔夫球杆的杆头、杆身和握把属于本税目的征收范围。

二、高档手表

高档手表是指销售价格（不含增值税）每只在10000元（含）以上的各类手表。

本税目征收范围包括符合以上标准的各类手表。

三、游艇

游艇是指长度大于8米小于90米，船体由玻璃钢、钢、铝合金、塑料等多种材料制作，可以在水上移动的水上浮载体。按照动力划分，游艇分为无动力艇、帆艇和机动艇。

本税目征收范围包括艇身长度大于8米（含）小于90米（含），内置发动机，可以在水上移动，一般为私人或团体购置，主要用于水上运动和休闲娱乐等非牟利活动的各类机动艇。

四、木制一次性筷子

木制一次性筷子，又称卫生筷子，是指以木材为原料经过锯段、浸泡、旋切、刨切、烘干、筛选、打磨、倒角、包装等环节加工而成的各类一次性使用的筷子。

本税目征收范围包括各种规格的木制一次性筷子。未经打磨、倒角的木制一次性筷子属于本税目征税范围。

五、实木地板

实木地板是指以木材为原料，经锯割、干燥、刨光、截断、开榫、涂漆等工序加工而成的块状或条状的地面装饰材料。实木地板按生产工艺不同，可分为独板（块）实木地板、实木指接地板、实木复合地板三类；按表面处理状态不同，可分为未涂饰地板（白坯板、素板）和漆饰地板两类。

本税目征收范围包括各类规格的实木地板、实木指接地板、实木复合地板及用于装饰墙壁、天棚的侧端面为榫、槽的实木装饰板。未经涂饰的素板属于本税目征税范围。

六、成品油

本税目包括汽油、柴油、石脑油、溶剂油、航空煤油、润滑油、燃料油七个子目。

汽油、柴油的征收范围仍按原规定执行。

（一）石脑油。

石脑油又叫轻汽油、化工轻油。是以石油加工生产的或二次加工汽油经加氢精制而得的用于化工原料的轻质油。

石脑油的征收范围包括除汽油、柴油、煤油、溶剂油以外的各种轻质油。

（二）溶剂油。

溶剂油是以石油加工生产的用于涂料和油漆生产、食用油加工、印刷油墨、皮革、农药、橡胶、化妆品生产的轻质油。

溶剂油的征收范围包括各种溶剂油。

（三）航空煤油。

航空煤油也叫喷气燃料，是以石油加工生产的用于喷气发动机和喷气推进系统中作为能源的石油燃料。

航空煤油的征收范围包括各种航空煤油。

（四）润滑油。

润滑油是用于内燃机、机械加工过程的润滑产品。润滑油分为矿物性润滑油、植物性润滑油、动物性润滑油和化工原料合成润滑油。

润滑油的征收范围包括以石油为原料加工的矿物性润滑油，矿物性润滑油基础油。植物性润滑油、动物性润滑油和化工原料合成润滑油不属于润滑油的征收范围。

（五）燃料油。

燃料油也称重油、渣油。

燃料油征收范围包括用于电厂发电、船舶锅炉燃料、加热炉燃料、冶金和其他工业炉燃料的各类燃料油。

七、小汽车

汽车是指由动力驱动，具有四个或四个以上车轮的非轨道承载的车辆。

本税目征收范围包括含驾驶员座位在内最多不超过9个座位（含）的，在设计和技术特性上用于载运乘客和货物的各类乘用车和含驾驶员座位在内的座位数在10至23座（含23座）的在设计和技术特性上用于载运乘客和货物的各类中轻型商用客车。

用排气量小于1.5升（含）的乘用车底盘（车架）改装、改制的车辆属于乘用车征收范围。用排气量大于1.5升的乘用车底盘（车架）或用中轻型商用客车底盘（车架）改装、改制的车辆属于中轻型商用客车征收范围。

含驾驶员人数（额定载客）为区间值的（如8~10人；17~26人）小汽车，按其区间值下限人数确定征收范围。

电动汽车不属于本税目征收范围。

八、化妆品

本税目征收范围包括各类美容、修饰类化妆品、高档护肤类化妆品和成套化妆品。

美容、修饰类化妆品是指香水、香水精、香粉、口红、指甲油、胭脂、眉笔、唇笔、蓝眼油、眼睫毛以及成套化妆品。

舞台、戏剧、影视演员化妆用的上妆油、卸妆油、油彩、不属于本税目的征收范围。

高档护肤类化妆品征收范围另行制定。

财政部　国家税务总局
关于进口环节消费税有关问题的通知

（2006年3月30日　财关税〔2006〕22号）

海关总署：

为适应社会经济形势的客观发展需要，进一步完善消费税制，经国务院批准，对消费税税目、税率及相关政策进行调整。根据《财政部　国家税务总局关于调整和完善消费税政策的通知》（财税〔2006〕33号），现将进口环节征收消费税的有关问题通知如下：

一、新增对高尔夫球及球具、高档手表、游艇、木制一次性筷子、实木地板、石脑油、溶剂油、润滑油、燃料油、航空煤油等产品征收消费税，停止对护肤护发品征收消费税，调整汽车、摩托车、汽车轮胎、白酒的消费税税率；石脑油、溶剂油、润滑油、燃料油暂按应纳消费税额的30%征收；航空煤油暂缓征收消费税；子午线轮胎免征消费税。

二、调整后征收进口环节消费税的商品共14类，具体税目税率见附件。

三、关于进口环节消费税税收政策问题，按《财政部　海关总署　国家税务总局关于印发〈关于进口货物进口环节海关代征税收政策问题的规定〉的通知》（财关税〔2004〕7号）的有关规定执行。

四、本通知自2006年4月1日起执行。原有规定与本通知有抵触的，以本通知为准。

附件：进口环节消费税应税商品税目税率表（编者略）

国家税务总局
关于印发《调整和完善消费税政策征收管理规定》的通知

（2006年3月31日　国税发〔2006〕49号）

各省、自治区、直辖市和计划单列市国家税务局，扬州税务进修学院，局内各单位：

现将《调整和完善消费税政策征收管理规定》印发给你们，请遵照执行。

附件：（编者略）
1. 应税消费品生产经营情况登记表
2. 生产企业生产经营情况表
3. 生产企业产品销售明细表（油品）
4. 抵扣税款台账（外购从价定率征收应税消费品）
5. 抵扣税款台账（委托加工收回、进口从价定率征收的应税消费品）
6. 抵扣税款台账（从量定额征收应税消费品）

[注释：条款失效。第五条第二款失效。参见《国家税务总局关于发布已失效或废止有关消费税规范性文件的通知》（国税发〔2009〕45号）。

注释：条款失效。第二条第二款废止。参见《国家税务总局关于公布全文失效废止 部分条款失效废止的税收规范性文件目录的公告》（国家税务总局公告2011年第2号）。

注释：部分条款废止。废止第五条第一款。参见《国家税务总局关于公布全文失效废止和部分条款废止的税收规范性文件目录的公告》（国家税务总局公告2016年第34号）。]

调整和完善消费税政策征收管理规定

为了贯彻落实《财政部 国家税务总局关于调整和完善消费税政策的通知》（财税〔2006〕33号，以下简称通知），规范征收管理，现将有关调整和完善消费税政策涉及的税收征收管理问题规定如下：

一、关于税种登记

生产销售属于通知第一条、第四条征税范围的应税消费品的单位和个人，均应在2006年4月30日前到所在地主管税务机关办理税种登记，填写"应税消费品生产经营情况登记表"（见附件1）。

"应税消费品生产经营情况登记表"仅限于此次政策调整所涉及的应税消费品生产企业使用。

主管税务机关应根据纳税人上报的资料，及时进行实地查验、核实，了解本地区税源分布情况。

二、关于纳税申报

（一）在中华人民共和国境内生产、委托加工、进口属于通知第一条、第四条征税范围的应税消费品的单位和个人，均应按规定到主管税务机关办理消费税纳税申报。

（二）生产石脑油、溶剂油、航空煤油、润滑油、燃料油的纳税人在办理纳税申报时还应提供《生产企业生产经营情况表》（见附件2）和《生产企业产品销售明细表（油品）》（见附件3）。

（三）纳税人在办理纳税申报时，如需办理消费税税款抵扣手续，除应按有关规定提供纳税申报所需资料外，还应当提供以下资料：

1. 外购应税消费品连续生产应税消费品的，提供外购应税消费品增值税专用发票（抵扣联）原件和复印件。

如果外购应税消费品的增值税专用发票属于汇总填开的，除提供增值税专用发票（抵扣联）原件和复印件外，还应提供随同增值税专用发票取得的由销售方开具并加盖财务专用章或发票专用章的销货清单原件和复印件。

2. 委托加工收回应税消费品连续生产应税消费品的，提供"代扣代收税款凭证"原件和复印件。

3. 进口应税消费品连续生产应税消费品的，提供"海关进口消费税专用缴款书"原件和复印件。

主管税务机关在受理纳税申报后将以上原件退还纳税人，复印件留存。

三、关于自产石脑油连续生产问题

纳税人应对自产的用于连续生产的石脑油，建立中间产品移送使用台账。用于连续生产应税消费品的，记录石脑油的领用数量；用于连续生产非应税消费品或其他方面的，记录石脑油的移送使用数量。

主管税务机关应加强对石脑油中间产品移送使用台账的管理，并定期对纳税人申报的石脑油销售数量与台账记录的领用数量、移送使用数量进行对比分析开展纳税评估。

四、关于消费税税款抵扣

（一）抵扣凭证

通知第七条规定的准予从消费税应纳税额中扣除原料已纳消费税税款的凭证按照不同行为分别规定如下：

1. 外购应税消费品连续生产应税消费品

（1）纳税人从增值税一般纳税人（仅限生产企业，下同）购进应税消费品，外购应税消费品的抵扣凭证为本规定第二条第（三）款规定的发票（含销货清单）。纳税人未提供本规定第二条第（三）款规定的发票和销货清单的不予扣除外购应税消费品已纳消费税。

（2）纳税人从增值税小规模纳税人购进应税消费品，外购应税消费品的抵扣凭证为主管税务机关代开的增值税专用发票。主管税务机关在为纳税人代开增值税专用发票时，应同时征收消费税。

2. 委托加工收回应税消费品连续生产应税消费品

委托加工收回应税消费品的抵扣凭证为《代扣代收税款凭证》。纳税人未提供《代扣代收税款凭证》的，不予扣除受托方代收代缴的消费税。

3. 进口应税消费品连续生产应税消费品

进口应税消费品的抵扣凭证为《海关进口消费税专用缴款书》，纳税人不提供《海关进口消费税专用缴款书》的，不予抵扣进口应税消费品已缴纳的消费税。

（二）抵扣税款的计算方法

通知第七条规定的准予从消费税应纳税额中扣除原料已纳消费税税款的计算公式按照不同行为分别规定如下：

1. 外购应税消费品连续生产应税消费品

（1）实行从价定率办法计算应纳税额的

当期准予扣除外购应税消费品已纳税款 = 当期准予扣除外购应税消费品买价 × 外购应税消费品适用税率

当期准予扣除外购应税消费品买价 = 期初库存外购应税消费品买价 + 当期购进的外购应税消费品买价 − 期末库存的外购应税消费品买价

外购应税消费品买价为纳税人取得的本规定第二条第（三）款规定的发票（含销货清

单）注明的应税消费品的销售额（增值税专用发票必须是 2006 年 4 月 1 日以后开具的，下同）。

（2）实行从量定额办法计算应纳税额的

当期准予扣除的外购应税消费品已纳税款 = 当期准予扣除外购应税消费品数量 × 外购应税消费品单位税额 × 30%

当期准予扣除外购应税消费品数量 = 期初库存外购应税消费品数量 + 当期购进外购应税消费品数量 − 期末库存外购应税消费品数量

外购应税消费品数量为本规定第二条第（三）款规定的发票（含销货清单）注明的应税消费品的销售数量。

2. 委托加工收回应税消费品连续生产应税消费品

当期准予扣除的委托加工应税消费品已纳税款 = 期初库存的委托加工应税消费品已纳税款 + 当期收回的委托加工应税消费品已纳税款 − 期末库存的委托加工应税消费品已纳税款

委托加工应税消费品已纳税款为代扣代收税款凭证注明的受托方代收代缴的消费税。

3. 进口应税消费品

当期准予扣除的进口应税消费品已纳税款 = 期初库存的进口应税消费品已纳税款 + 当期进口应税消费品已纳税款 − 期末库存的进口应税消费品已纳税款

进口应税消费品已纳税款为《海关进口消费税专用缴款书》注明的进口环节消费税。

（三）其他规定

2006 年 3 月 31 日前库存的货物，如果属于通知第一条、第四条征税范围且在 2006 年 4 月 1 日后用于连续生产应税消费品的，凡本规定第二条第（三）款规定的发票（含销货清单）开票日期是 2006 年 3 月 31 日前的，一律不允许抵扣消费税。

（四）纳税人应建立抵扣税款台账（台账参考式样见附件 4、5、6）。纳税人既可以根据本规定附件 4、5、6 的台账参考式样设置台账，也可以根据实际需要另行设置台账。另行设置的台账只能在本规定附件 4、5、6 内容基础上增加内容，不得删减内容。

主管税务机关应加强对税款抵扣台账核算的管理。

五、关于减税免税

（一）通知第十条第（二）款免征消费税的子午线轮胎仅指外胎。子午线轮胎的内胎与外胎成套销售的，依照《中华人民共和国消费税暂行条例》第三条规定执行。

（二）石脑油、溶剂油、润滑油、燃料油应根据实际销售数量按通知规定税率申报纳税。按消费税应纳税额的 30% 缴税。

六、关于销货退回

通知第十一条第（一）款发生销货退回的处理规定如下：

（一）2006 年 3 月 31 日前销售的护肤护发品，2006 年 4 月 1 日后因质量原因发生销货退回的，纳税人可向主管税务机关申请退税。

（二）税率调整的税目，纳税人可按照调整前的税率向主管税务机关申请退税。

（三）属 2006 年 3 月 31 日前发票开具错误重新开具专用发票情形的，不按销货退回处理。纳税人开具红字发票时，按照红字发票注明的销售额冲减当期销售收入，按照该货物原适用税率计提消费税冲减当期"应缴税金——应缴消费税"；纳税人重新开具正确的蓝字发票时，按蓝字发票注明的销售额计算当期销售收入，按照该货物原适用税率计提消费税记入当期"应缴税金——应缴消费税"。

主管税务机关在受理纳税人有关销货退回的退税申请时,应认真审核货物及资金的流向。

本规定由国家税务总局负责解释。

本规定自2006年4月1日起实施。各地在执行中如有问题,应及时向国家税务总局(流转税管理司)汇报。

国家税务总局关于进一步加强消费税纳税申报及税款抵扣管理的通知

(2006年8月15日 国税函〔2006〕769号)

各省、自治区、直辖市和计划单列市国家税务局:

为进一步加强消费税纳税申报及消费税税款抵扣的管理,现将消费税纳税申报表的修改事项及消费税税款抵扣政策的有关管理规定通知如下:

一、关于消费税纳税申报表

调整和完善消费税政策后,总局已对综合征管软件消费税申报表的部分栏目填报内容及栏目间逻辑关系进行了调整(申报表见附件),请各省根据调整内容,及时修改印制消费税纳税申报表。消费税纳税申报表调整内容如下:

(一)修改消费税申报表第5、6、7、8、9栏内容

1. 将第5栏"当期准予扣除外购应税消费品买价"修改为"当期准予扣除外购应税消费品买价(数量)"。

2. 将第6栏"期初库存外购应税消费品买价"修改为"期初库存外购应税消费品买价(数量)"。

3. 将第7栏"当期购进外购应税消费品买价"修改为"当期购进外购应税消费品买价(数量)"。

4. 将第8栏"期末库存外购应税消费品买价"修改为"期末库存外购应税消费品买价(数量)"。

5. 将第9栏"外购应税消费品适用税率"修改为"外购应税消费品适用税率(单位税额)"。

(二)修改消费税纳税申报表第10栏内容

将第10栏"$10=5 \times 9$"修改为"$10=5 \times 9$ 或 $10=5 \times 9(1-减征幅度)$"。

填报第10栏时,准予抵扣项目无减税优惠的按$10=5 \times 9$的逻辑关系填报;准予抵扣项目有减税优惠的按$10=5 \times 9(1-减征幅度)$的逻辑关系填报。目前准予抵扣且有减税优惠的项目为石脑油、润滑油,减征幅度为70%。

(三)修改消费税纳税申报表第19栏内容

将第19栏"$19=15-17+20+21+22$"修改为"$19=15-26-27$"。

(四)关于第26栏填报问题

将第26栏调整为"$26=3 \times 4$ 或 $26=3 \times 4 \times 减征幅度$"。

全额免税的应税消费品按"26 = 3×4"填报,减征税款的应税消费品按"26 = 3×4×减征幅度"填报,目前有减税优惠的项目为石脑油、润滑油,润滑油、燃料油减征幅度为70%。

二、关于消费税税款抵扣的管理

(一)从商业企业购进应税消费品连续生产应税消费品,符合抵扣条件的,准予扣除外购应税消费品已纳消费税税款。

(二)主管税务机关对纳税人提供的消费税申报抵扣凭证上注明的货物,无法辨别销货方是否申报缴纳消费税的,可向销货方主管税务机关发函调查该笔销售业务缴纳消费税情况,销货方主管税务机关应认真核实并回函。经销货方主管税务机关回函确认已缴纳消费税的,可以受理纳税人的消费税抵扣申请,按规定抵扣外购项目的已纳消费税。

附件:消费税纳税申报表(编者略)

[注释:条款失效,第一条失效。参见:《国家税务总局关于发布已失效或废止有关消费税规范性文件的通知》(国税发〔2009〕45号)。

依据《国家税务总局关于取消两项消费税审批事项后有关管理问题的公告》(国家税务总局公告2015年第39号),本法规第二条第(二)款自2015年5月22日起废止。]

财政部 国家税务总局
关于消费税若干具体政策的通知

(2006年8月30日 财税〔2006〕125号)

各省、自治区、直辖市、计划单列市财政厅(局)、国家税务局,新疆生产建设兵团财务局:

《财政部 国家税务总局关于调整和完善消费税政策的通知》(财税字〔2006〕33号,以下简称《通知》)下发后,一些地区要求进一步明确部分应税消费品的征税范围、计税依据等问题。经研究,现将有关问题明确如下:

一、关于若干油品的征税范围

(一)重整生成油、拔头油、戊烷原料油、轻裂解料(减压柴油VGO和常压柴油AGO)、重裂解料、加氢裂化尾油、芳烃抽余油均属轻质油,根据《通知》石脑油征收范围的注释,属于石脑油征收范围。

(二)蜡油、船用重油、常压重油、减压重油、180CTS燃料油、7号燃料油、糠醛油、工业燃料、4~6号燃料油等油品的主要用途是作为燃料燃烧,根据《通知》关于燃料油征收范围注释,属于燃料油征收范围。

(三)橡胶填充油、溶剂油原料,根据《通知》关于溶剂油征收范围的注释,属于溶剂油征收范围。

(四)以植物性、动物性和矿物性基础油(或矿物性润滑油)混合掺配而成的"混合性"润滑油,不论矿物性基础油(或矿物性润滑油)所占比例高低,均属润滑油的征税范围。

二、关于改装改制车辆的界定

改装改制车辆是指经省级发展改革委审核批准，并报国家发展改革委备案、列入国家发展改革委《车辆生产企业及产品公告》的公告车辆类别代码（产品型号或车辆型号代码数字字段的第一位数）为5的专用汽车（特种汽车）。

三、关于实木复合地板的界定

实木复合地板是以木材为原料，通过一定的工艺将木材刨切加工成单板（刨切薄木）或旋切加工成单板，然后将多层单板经过胶压复合等工艺生产的实木地板。目前，实木复合地板主要为三层实木复合地板和多层实木复合地板。

四、关于对外购润滑油大包装改小包装、贴标等简单加工的征税

单位和个人外购润滑油大包装经简单加工改成小包装或者外购润滑油不经加工只贴商标的行为，视同应税消费税品的生产行为。单位和个人发生的以上行为应当申报缴纳消费税。准予扣除外购润滑油已纳的消费税税款。

五、关于外购石脑油为原料在同一生产过程中既生产应税消费品又同时生产非应税消费品的，外购石脑油已缴纳的消费税税款抵扣额的计算

以外购或委托加工收回石脑油为原料生产乙烯或其他化工产品，在同一生产过程中既可以生产出乙烯或其他化工产品等非应税消费品同时又生产出裂解汽油等应税消费品的，外购或委托加工收回石脑油允许抵扣的已纳税款计算公式如下：

（一）外购石脑油。

当期准予扣除外购石脑油已纳税款＝当期准予扣除外购石脑油数量×收率×单位税额×30%

收率＝当期应税消费品产出量÷生产当期应税消费品所有原料投入数量×100%

（二）委托加工收回的石脑油。

当期准予扣除的委托加工成品油已纳税款＝当期准予扣除的委托加工石脑油已纳税款×收率

收率＝当期应税消费品产出量÷生产当期应税消费品所有原料投入数量×100%

以外购或委托加工收回石脑油为原料生产乙烯或其他化工产品的生产企业，应按照上述计算公式分别计算2003年、2004年、2005年年平均收率，将计算出的年平均收率报主管税务机关备案。

六、关于当期投入生产的原材料可抵扣的已纳消费税大于当期应纳消费税的不足抵扣部分的处理

对当期投入生产的原材料可抵扣的已纳消费税大于当期应纳消费税情形的，在目前消费税纳税申报表未增加上期留抵消费税填报栏目的情况下，采用按当期应纳消费税的数额申报抵扣，不足抵扣部分结转下一期申报抵扣的方式处理。

七、关于中轻型商用客车和征税范围

车身长度大于7米（含），并且座位在10至23座（含）以下的商用客车，不属于中轻型商用客车征税范围，不征收消费税。

[注释：条款失效，第一条、第五条失效。参见：《财政部　国家税务总局关于公布废止和失效的消费税规范性文件目录的通知》（财税〔2009〕18号）。]

财政部 国家税务总局
关于豁免东北老工业基地企业历史欠税有关问题的通知

(2006年12月6日 财税〔2006〕167号)

辽宁、大连、吉林、黑龙江省财政厅(局)、国家税务局、地方税务局:

为贯彻落实《中共中央、国务院关于实施东北地区等老工业基地振兴战略的若干意见》(中发〔2003〕11号)的决定精神,支持东北地区老工业基地振兴,经国务院批准,现就豁免东北老工业基地企业历史欠税有关问题通知如下:

一、豁免历史欠税的时间界限

东北老工业基地企业在1997年12月31日前形成的,截至本通知下发之日尚未清缴入库且符合本通知规定的欠税予以豁免。

二、豁免历史欠税的具体条件

东北老工业基地企业历史欠税,凡符合以下条件之一的,可予以豁免:

(一)按国家规定需要进行改组改制的在营企业已经依法进行了改组改制,并妥善安置了职工,但该企业(包括存续企业或债务承继企业)仍有1997年12月31日前欠缴税款的。

企业改组改制并按规定安置职工的具体认定由企业所在地省级(含计划单列市,下同)人民政府根据主管部门对企业改组改制方案的批复予以确定。

(二)国家没有规定必须进行改组改制的在营企业仍有1997年12月31日前欠缴税款的。

(三)依照有关法律、法规、规章及规范性文件规定实施关闭的企业,或者因政策调整、生产经营等原因,截至本通知下发之日已连续停产4年(含4年)以上的企业,该企业仍有1997年12月31日前欠缴税款的。

(四)截至本通知下发之日已被企业所在地主管国家税务局或地方税务局列为"非正常户"管理达4年(含4年)以上的企业,该企业仍有1997年12月31日前欠缴税款的。

三、豁免历史欠税的企业范围

凡符合本通知规定的国有企业、集体企业、私营企业、联营企业、股份制企业、外商投资企业和外国企业以及其他各种经济成分的企业单位等,其1997年12月31日前欠缴的税款均可以豁免(上述各类企业单位等在东北老工业基地以外发生的欠税除外)。

四、豁免历史欠税的税种范围

凡符合本通知规定的各类企业,其1997年12月31日前欠缴的各种工商税收(含教育费附加,不含农业税、牧业税、农业〔林〕特产税、耕地占用税、契税和关税)及滞纳金均纳入豁免范围。

五、豁免历史欠税的程序

(一)国家税务局、地方税务局根据各自的实际征管范围书面告知欠税纳税人豁免东北老工业基地历史欠税事宜,并受理欠税纳税人豁免欠税申请。

对 1994 年税制改革时已取消税种的欠税，欠税纳税人由国家税务局、地方税务局共同管理的，原则上由欠税纳税人的主管国家税务局负责核实，主管地方税务局应密切配合、做好衔接；明确由地方税务局一方管理的，由欠税纳税人的主管地方税务局负责核实。

（二）凡符合本通知规定的历史欠税，根据税收征管范围，在营企业分别向当地县级主管国家税务局、地方税务局提出申请。欠税纳税人申请豁免欠税应填报欠税豁免申请表（见附件1），并附报以下有关证明材料：

1. 企业改组改制并妥善安置职工的办法（国家没有规定必须改组改制的不提供）；
2. 欠税所属期的纳税申报表（或查补税款处理决定书）等材料原件或复印件；
3. 申请豁免欠税明细表（见附件2）。

（三）凡符合本通知规定的历史欠税，已经关闭的企业欠税豁免，根据税收征管范围，应由所属县级主管国家税务局、地方税务局分别填报欠税豁免申请表，并附报以下有关证明材料：

1. 政府有关部门通知、责令企业关闭的文件等；
2. 欠税所属期的纳税申报表（或查补税款处理决定书）等材料原件或复印件；
3. 申请豁免欠税明细表。

（四）凡符合本通知规定的历史欠税，停产经营的企业欠税豁免，根据税收征管范围，应由所属县级主管国家税务局、地方税务局分别填报欠税豁免申请表，并附报以下有关证明材料：

1. 企业填报的停产情况说明；
2. 欠税所属期的纳税申报表（或查补税款处理决定书）等材料原件或复印件；
3. 申请豁免欠税明细表。

（五）凡符合本通知规定的历史欠税，非正常户企业欠税豁免，根据税收征管范围，应由所属县级主管国家税务局、地方税务局分别填报欠税豁免申请表，并附报以下有关证明材料：

1. 基层主管国家税务局或地方税务局对失踪纳税人的核查材料；
2. 欠税所属期的纳税申报表（或查补税款处理决定书）等材料原件或复印件；
3. 申请豁免欠税明细表。

对在营、关闭、停产和非正常户企业欠税豁免要求附报的有关企业财务报表和纳税申报表等原始材料确实无法取得的，可由县级主管国家税务局、地方税务局根据征管档案材料填报详细的"欠税核查材料"（详细说明欠税的发生原因、时间和金额）代替。

（六）在营企业报送资料齐全的，经当地主管县级国家税务局、地方税务局调查核实后，会同同级财政机关逐级上报省级国家税务局或地方税务局、财政厅（局）。

各地市级、省级国家税务局、地方税务局要对下级单位报送的材料进行审核，编制分纳税人的欠税豁免汇总表（见附件3）。

（七）由县级主管国家税务局或地方税务局填报的关闭、停产和非正常户企业欠税豁免材料，参照本条第六款的规定上报。

（八）省级人民政府对申请豁免欠税的材料进行审核，对需要改组改制的企业进行认证，核实企业改组改制并安置职工的办法，在省级财政厅（局）报送的欠税豁免汇总表上逐户出具相关审核意见后报财政部、国家税务总局批准。

(九) 省级财政厅（局）、国家税务局或地方税务局逐级下转财政部、国家税务总局的批复文件；主管国家税务局或地方税务局根据批复文件向企业下达豁免欠税的《税务事项通知书》，对欠税进行核销，并将核销情况抄送同级财政机关。

六、对企业自欠税发生之日起至当地县级主管国家税务局或地方税务局收到其豁免欠税申请之日止，凡因偷税、抗税、骗取出口退税、虚开增值税专用发票等涉税违法违规行为被税务、财政、审计机关处罚的，或因违反税收法律、法规规定，其责任人被依法追究过刑事责任的，其企业发生的历史欠税不论是否满足本通知规定的豁免条件，一律不予豁免。

七、凡符合豁免条件的历史欠税，纳税人和主管国家税务局、地方税务局应于2007年3月31日前完成申请、资料填制、核实和报送工作。今后年度在营企业完成改组改制、符合豁免条件的历史欠税，应于每年11月底前向当地县级主管国家税务局或地方税务局提出豁免申请，主管国家税务局或地方税务局会同同级财政局集中向上级单位报送相关材料。

八、企业填报欠税豁免申请表和相关明细表，不计算和填列滞纳金。对批准豁免的欠税，企业作为本年度收入，不再征收相应的税款。

九、各级财政、国税、地税部门要严格按照本通知规定执行。切实加强对豁免欠税企业的实地调查及对申报材料的审核、监督和检查，密切关注豁免企业历史欠税政策的落实情况，对发现的问题及时向财政部、国家税务总局反映。财政部、国家税务总局将对此项政策在各地的执行情况进行检查，必要时对各地上报的豁免欠税材料进行实地检查。

十、本通知自颁布之日起施行。

国家税务总局
关于修订2009年消费税统计报表的通知

(2009年5月26日　国税函〔2009〕277号)

各省、自治区、直辖市和计划单列市国家税务局、地方税务局：

为适应消费税政策调整的需要，经研究，国家税务总局对2009年消费税统计报表及有关填报口径进行了修订。现将有关事项通知如下：

一、报表表式和指标口径

新的《消费税分税目分企业类型统计月报表》（表式附后）有以下修订和调整：

（一）将原"（1）卷烟"项目改为"（1）工业卷烟"项目。统计对工业环节卷烟征收入库的消费税。

（二）在原"（1）卷烟"项目下，增设"其中：按56%税率征收"、"按36%税率征收"二个项目。

"其中：按56%税率征收"项目，统计按56%税率对工业环节卷烟征收入库的消费税；

"其中：按36%税率征收"项目，统计按36%税率对工业环节卷烟征收入库的消费税。

（三）在原"（3）烟丝"项目下，增设"（4）商业批发卷烟"项目。统计对商业批发环节各种卷烟征收入库的消费税。

二、编报时间和其他事项

（一）2009年7月编报6月份税收会计统计月报表时，请各地根据修订后的《消费税分税目分企业类型统计月报表》表式及有关填报口径进行编报。

（二）新报表任务将通过国家税务总局FTP下发，具体地址为FTP：//centre/收入规划核算司/统计处/TRS任务，请及时下载并调整本单位报表任务。

财政部　国家税务总局
关于消费税纳税人总分支机构汇总缴纳消费税
有关政策的通知

（2012年4月13日　财税〔2012〕42号）

各省、自治区、直辖市、计划单列市财政厅（局）、国家税务局，新疆生产建设兵团财务局：

根据《中华人民共和国消费税暂行条例实施细则》第二十四条有关规定，现将纳税人总分支机构汇总缴纳消费税政策通知如下：

纳税人的总机构与分支机构不在同一县（市），但在同一省（自治区、直辖市）范围内，经省（自治区、直辖市）财政厅（局）、国家税务局审批同意，可以由总机构汇总向总机构所在地的主管税务机关申报缴纳消费税。

省（自治区、直辖市）财政厅（局）、国家税务局应将审批同意的结果，上报财政部、国家税务总局备案。

［注释：条款失效，附件第九条第（二）款第6项及附件9。参见：《财政部　国家税务总局关于以贵金属和宝石为主要原材料的货物出口退税政策的通知》（财税〔2014〕98号）。］

财政部　国家税务总局
关于《中华人民共和国消费税暂行条例实施细则》
有关条款解释的通知

（2012年7月13日　财法〔2012〕8号）

各省、自治区、直辖市、计划单列市财政厅（局）、国家税务局，新疆生产建设兵团财务局：

《中华人民共和国消费税暂行条例实施细则》（财政部令第51号）第七条第二款规定，"委托加工的应税消费品直接出售的，不再缴纳消费税"。现将这一规定的含义解释如下：

委托方将收回的应税消费品，以不高于受托方的计税价格出售的，为直接出售，不再缴纳消费税；委托方以高于受托方的计税价格出售的，不属于直接出售，需按照规定申报缴纳消费税，在计税时准予扣除受托方已代收代缴的消费税。

本规定自 2012 年 9 月 1 日起施行。

国家税务总局
关于消费税有关政策问题的公告

（2012 年 11 月 6 日　国家税务总局公告 2012 年第 47 号）

现将消费税有关政策公告如下：

一、纳税人以原油或其他原料生产加工的在常温常压条件下（25℃／一个标准大气压）呈液态状（沥青除外）的产品，按以下原则划分是否征收消费税：

（一）产品符合汽油、柴油、石脑油、溶剂油、航空煤油、润滑油和燃料油征收规定的，按相应的汽油、柴油、石脑油、溶剂油、航空煤油、润滑油和燃料油的规定征收消费税；

（二）本条第（一）项规定以外的产品，符合该产品的国家标准或石油化工行业标准的相应规定（包括产品的名称、质量标准与相应的标准一致），且纳税人事先将省级以上（含）质量技术监督部门出具的相关产品质量检验证明报主管税务机关进行备案的，不征收消费税；否则，视同石脑油征收消费税。

二、纳税人以原油或其他原料生产加工的产品如以沥青产品对外销售时，该产品符合沥青产品的国家标准或石油化工行业标准的相应规定（包括名称、型号和质量标准等与相应标准一致），且纳税人事先将省级以上（含）质量技术监督部门出具的相关产品质量检验证明报主管税务机关进行备案的，不征收消费税；否则，视同燃料油征收消费税。

三、工业企业以外的单位和个人的下列行为视为应税消费品的生产行为，按规定征收消费税：

（一）将外购的消费税非应税产品以消费税应税产品对外销售的；

（二）将外购的消费税低税率应税产品以高税率应税产品对外销售的。

四、本公告自 2013 年 1 月 1 日起执行。

［注释：条款失效。第一条第（二）款及第二条中"且纳税人事先将省级以上（含）质量技术监督部门出具的相关产品质量检验证明报主管税务机关进行备案的"内容废止。参见：《国家税务总局关于取消两项消费税审批事项后有关管理问题的公告》（国家税务总局公告 2015 年第 39 号）。］

国家税务总局
关于消费税有关政策问题补充规定的公告

（2013 年 9 月 9 日　国家税务总局公告 2013 年第 50 号）

现对《国家税务总局关于消费税有关政策问题的公告》（国家税务总局公告 2012 年第 47 号）有关问题补充规定如下：

一、国家税务总局公告2012年第47号第一条和第二条所称"其他原料"是指除原油以外可用于生产加工成品油的各种原料。

二、纳税人生产加工符合国家税务总局公告2012年第47号第一条第（一）项规定的产品，无论以何种名称对外销售或用于非连续生产应征消费税产品，均应按规定缴纳消费税。

三、国家税务总局公告2012年第47号第一条第（二）项所称"本条第（一）项规定以外的产品"是指产品名称虽不属于成品油消费税税目列举的范围，但外观形态与应税成品油相同或相近，且主要原料可用于生产加工应税成品油的产品。

前款所称产品不包括：

（一）环境保护部发布《中国现有化学物质名录》中列明分子式的产品和纳税人取得环境保护部颁发的《新化学物质环境管理登记证》中列名的产品；

（二）纳税人取得省级（含）以上质量技术监督部门颁发的《全国工业产品生产许可证》中除产品名称注明为"石油产品"外的各明细产品。

本条第一款规定的产品，如根据国家标准、行业标准或其他方法可以确认属于应征消费税的产品，适用本公告第二条规定。

四、国家税务总局公告2012年第47号第二条所称"纳税人以原油或其他原料生产加工的产品"是指常温常压状态下呈暗褐色或黑色的液态或半固态产品。

其他呈液态状产品以沥青名称对外销售或用于非连续生产应征消费税产品，适用国家税务总局公告2012年第47号第一条和本公告第三条规定。

沥青产品的行业标准，包括石油化工以及交通、建筑、电力等行业适用的行业性标准。

五、国家税务总局公告2012年第47号所称"相关产品质量检验证明"是指经国家认证认可监督管理委员会或省级质量技术监督部门依法授予实验室资质认定的检测机构出具的相关产品达到国家或行业标准的检验证明，且该检测机构对相关产品的检测能力在其资质认定证书附表规定的范围之内。

纳税人委托检测机构对相关产品进行检验的项目应为该产品国家或行业标准中列明的全部项目。在向主管税务机关提交检验证明备案时，应一并提供受检产品的国家或行业标准以及检测机构具备检测资质和该产品检测能力的证明材料，包括资质认定证书及检测能力附表复印件等。

本省（自治区、直辖市、计划单列市，以下简称省市）范围内的检测机构对相关产品不能检验的，纳税人可委托其他省市符合条件的检测机构对产品进行检验，并按前款规定提供产品检验证明和检测机构资质能力证明等材料。

六、对国家税务总局公告2012年第47号和本公告规定可不提供检验证明或已提供检验证明而不缴纳消费税的产品，税务机关可根据需要组织进行抽检，核实纳税人实际生产加工的产品是否符合不征收消费税的规定。

七、纳税人发生下列情形之一且未缴纳消费税的，主管税务机关应依法补征税款并予以相应处理：

（一）应提供而未提供检验证明；

（二）虽提供检验证明，但实际生产加工的产品不符合检验证明所依据的国家或行业标准。

八、下列产品准予按规定从消费税应纳税额中扣除其原料已纳的消费税税款，但可享受原料所含消费税退税政策的产品除外：

（一）按国家税务总局公告2012年第47号和本公告规定视同石脑油、燃料油缴纳消费税的产品；

（二）以外购或委托加工收回本条第（一）项规定的产品为原料生产的应税消费品；

（三）按国家税务总局公告2012年第47号第三条第（二）项规定缴纳消费税的产品。

九、纳税人生产、销售或受托加工本公告第八条第（一）项规定的产品，应在向购货方或委托方开具的增值税专用发票品名后注明"视同石脑油（或燃料油）"或"视同石脑油（或燃料油）加工"。购货方或委托方以该产品为原料生产应税消费品，需凭上述凭证按规定办理原料已纳消费税税款的扣除手续。

十、各地税务机关应加强消费税的日常管理和纳税评估，加大对纳税人不同名称产品销量异常变动情况的监管，并可根据需要对视同石脑油、燃料油征收消费税的产品，制定具体管理办法。

十一、本公告自2013年1月1日起施行。本公告施行前，纳税人向主管税务机关提交备案的产品检验证明，如所检项目为该产品国家或行业标准中列明的全部项目，可不做调整，如所检项目仅为部分项目，需补充提供其他项目的检验证明备案，对不提供全部项目检验证明的，视同不符合该产品的国家或行业标准；对已缴纳消费税的产品，根据本公告规定不属于消费税征税范围的，纳税人可按规定申请退税或抵减以后期间的应纳消费税。

［注释：部分条款废止失效，第九条废止。参见：《国家税务总局关于成品油消费税征收管理有关问题的公告》（国家税务总局公告2018年第1号）。］

财政部　海关总署　国家税务总局
关于横琴 平潭开发有关增值税和消费税政策的通知

（2014年6月11日　财税〔2014〕51号）

（正文编者略）

二、横琴、平潭各自的区内企业之间销售其在本区内的货物，免征增值税和消费税。但上述企业之间销售的用于其本区内商业性房地产开发项目的货物，以及按本通知第五条规定被取消退税或免税资格的企业销售的货物，应按规定征收增值税和消费税。

三、横琴、平潭已享受免税、保税、退税政策的货物销往内地，除在"一线"已完税的生活消费类等货物外，按照有关规定征收进口税收。

四、横琴、平潭的在"一线"已完税的生活消费类等货物销往内地的，由税务机关按照现行规定征收增值税和消费税。

财政部 国家税务总局
关于调整消费税政策的通知

(2014年11月25日 财税〔2014〕93号)

各省、自治区、直辖市、计划单列市财政厅（局）、国家税务局，新疆生产建设兵团财务局：

经国务院批准，现将消费税政策调整事项通知如下：

一、取消气缸容量250毫升（不含）以下的小排量摩托车消费税。气缸容量250毫升和250毫升（不含）以上的摩托车继续分别按3%和10%的税率征收消费税。

二、取消汽车轮胎税目。

三、取消车用含铅汽油消费税，汽油税目不再划分二级子目，统一按照无铅汽油税率征收消费税。

四、取消酒精消费税。取消酒精消费税后，"酒及酒精"品目相应改为"酒"，并继续按现行消费税政策执行。

五、本通知自2014年12月1日起执行。

国家税务总局
关于调整消费税纳税申报表有关问题的公告

(2014年12月26日 国家税务总局公告2014年第72号)

注释：条款废止，附件2废止。参见：《国家税务总局关于高档化妆品消费税征收管理事项的公告》（国家税务总局公告2016年第66号）。

根据《财政部 国家税务总局关于调整消费税政策的通知》（财税〔2014〕93号），现对消费税纳税申报有关调整事项公告如下：

一、《国家税务总局关于使用消费税纳税申报表有关问题的通知》（国税函〔2008〕236号）附件2《酒及酒精消费税纳税申报表》名称变更为《酒类应税消费品消费税纳税申报表》，删除表中"酒精"相关栏次和内容，调整后的表式及填写说明见附件1。

二、《国家税务总局关于使用消费税纳税申报表有关问题的通知》（国税函〔2008〕236号）附件5《其他应税消费品消费税纳税申报表》填写说明中"摩托车"和"汽车轮胎"相关内容进行调整，调整后的表式及填写说明见附件2。

本公告自发布之日起施行。《国家税务总局关于使用消费税纳税申报表有关问题的通知》（国税函〔2008〕236号）同时废止。

附件：
1. 酒类应税消费品消费税纳税申报表（编者略）
2. 其他应税消费品消费税纳税申报表（编者略）

国家税务总局
关于调整消费税纳税申报有关事项的公告

（2015年5月4日　国家税务总局公告2015年第32号）

为准确掌握纳税人享受消费税减免税优惠政策情况，国家税务总局对消费税纳税申报有关事项做如下调整：

在成品油、电池、涂料、小汽车、烟类、酒类、其他应税消费品消费税纳税申报其他资料中增加《本期减（免）税额明细表》（表式见附件），由享受消费税减免税优惠政策的纳税人在办理消费税纳税申报时填报。

本公告自2015年7月1日起施行。

附件：本期减（免）税额明细表（见二维码99）

二维码99

国家税务总局
关于取消销货退回消费税退税等两项消费税
审批事项后有关管理问题的公告

（2015年12月23日　国家税务总局公告2015年第91号）

根据《国务院关于取消和调整一批行政审批项目等事项的决定》（国发〔2014〕50号）规定，现就取消"销货退回的消费税退税审批"和"出口应税消费品办理免税后发生退关或国外退货补缴消费税审批"两项审批事项后有关管理问题公告如下：

一、纳税人销售的应税消费品，因质量等原因发生退货的，其已缴纳的消费税税款可予以退还。

纳税人办理退税手续时，应将开具的红字增值税发票、退税证明等资料报主管税务机关备案。主管税务机关核对无误后办理退税。

二、纳税人直接出口的应税消费品办理免税后，发生退关或者国外退货，复进口时已予以免税的，可暂不办理补税，待其转为国内销售的当月申报缴纳消费税。

三、本公告自发布之日起施行。

第三部分 消费税分税目政策

一、烟类

财政部 国家税务总局
关于调整烟类产品消费税政策的通知

(2001年6月4日 财税〔2001〕91号)

经国务院批准,调整卷烟产品消费税政策。现将有关问题通知如下:

一、调整卷烟消费税税率

卷烟消费税税率由《中华人民共和国消费税暂行条例》规定的比例税率调整为定额税率和比例税率。税率具体调整如下:

(一)定额税率:每标准箱(50000支,下同)150元。

(二)比例税率:

1. 每标准条(200支,下同)调拨价格在50元(含50元,不含增值税)以上的卷烟税率为45%。

2. 每标准条调拨价格在50元(不含增值税)以下的卷烟税率为30%。

3. 下列卷烟一律适用45%的比例税率:

——进口卷烟

——白包卷烟

——手工卷烟

——自产自用没有同牌号、规格调拨价格的卷烟

——委托加工没有同牌号、规格调拨价格的卷烟

——未经国务院批准纳入计划的企业和个人生产的卷烟

二、调整卷烟消费税计税办法

卷烟消费税计税办法由《中华人民共和国消费税暂行条例》规定的实行从价定率计算应纳税额的办法调整为实行从量定额和从价定率相结合计算应纳税额的复合计税办法。应纳税额计算公式:

应纳税额 = 销售数量 × 定额税率 + 销售额 × 比例税率

凡在中华人民共和国境内生产、委托加工、进口卷烟的单位和个人，都应当依照本通知的规定缴纳从量定额消费税和从价定率消费税。

三、计税依据

（一）生产销售卷烟

1. 从量定额计税办法的计税依据为卷烟的实际销售数量。
2. 从价定率计税办法的计税依据为卷烟的调拨价格或者核定价格。

调拨价格是指卷烟生产企业通过卷烟交易市场与购货方签订的卷烟交易价格。调拨价格由国家税务总局按照中国烟草交易中心（以下简称交易中心）和各省烟草交易（定货）会（以下简称交易会）2000年各牌号、规格卷烟的调拨价格确定，并作为卷烟计税价格对外公布（见附件）。

核定价格是指不进入交易中心和交易会交易、没有调拨价格的卷烟，应由税务机关按其零售价倒算一定比例的办法核定计税价格。核定价格的计算公式：

某牌号规格卷烟核定价格 = 该牌号规格卷烟市场零售价格 ÷ （1 + 35%）

2000年11月以后生产销售的新牌号规格卷烟，暂按生产企业自定的调拨价格征收消费税。新牌号规格卷烟的概念界定、计税价格管理办法由国家税务总局商财政部另行制定。

3. 计税价格和核定价格确定以后，执行计税价格的卷烟，国家每年根据卷烟实际交易价格的情况，对个别市场交易价格变动较大的卷烟，以交易中心或者交易会的调拨价格为基础对其计税价格进行适当调整。执行核定价格的卷烟，由税务机关按照零售价格变动情况进行调整。

4. 实际销售价格高于计税价格和核定价格的卷烟，按实际销售价格征收消费税；实际销售价格低于计税价格和核定价格的卷烟，按计税价格或核定价格征收消费税。

5. 非标准条包装卷烟应当折算成标准条包装卷烟的数量，依其实际销售收入计算确定其折算成标准条包装后的实际销售价格，并确定适用的比例税率。折算的实际销售价格高于计税价格的，应按照折算的实际销售价格确定适用比例税率；折算的实际销售价格低于计税价格的，应按照同牌号规格标准条包装卷烟的计税价格和适用税率征税。

非标准条包装卷烟是指每条包装多于或者少于200支的条包装卷烟。

（二）进口卷烟、委托加工卷烟、自产自用卷烟从量定额计税的依据分别为海关核定的进口征税数量、委托方收回数量、移送使用数量；从价定率计税的计税依据按《中华人民共和国消费税暂行条例》及其有关的规定执行。

四、本《通知》规定调整的烟类产品仅限于卷烟。雪茄烟、烟丝的消费税税率和计税方法仍按照《中华人民共和国消费税暂行条例》的有关规定执行。

五、本《通知》自2001年6月1日起执行。卷烟生产企业2001年4月1日至5月31日销售的卷烟，凡已经国家税务总局核定计税价格的，按照核定的计税价格征收消费税；未核定计税价格的，按照实际出厂价格征收消费税。

国家税务总局
关于卷烟生产企业购进卷烟直接销售不再征收消费税的批复

(2001年12月20日 国税函〔2001〕955号)

江西省国家税务局：

你局《关于卷烟生产企业购进卷烟直接销售是否征收消费税问题的请示》（赣国税发〔2001〕302号）收悉。关于卷烟生产企业购进卷烟直接销售是否征收消费税问题，经研究，现批复如下：

对既有自产卷烟，同时又委托联营企业加工与自产卷烟牌号、规格相同卷烟的工业企业（以下简称卷烟回购企业），从联营企业购进后再直接销售的卷烟，对外销售时不论是否加价，凡是符合下述条件的，不再征收消费税；不符合下述条件的，则征收消费税：

一、回购企业在委托联营企业加工卷烟时，除提供给联营企业所需加工卷烟牌号外，还须同时提供税务机关已公示的消费税计税价格。联营企业必须按照已公示的调拨价格申报缴纳消费税。

二、回购企业将联营企业加工卷烟回购后再销售的卷烟，其销售收入应与自产卷烟的销售收入分开核算，以备税务机关检查；如不分开核算，则一并计入自产卷烟销售收入征收消费税。

本规定自文到之日起执行。

国家税务总局
关于加强新牌号、新规格卷烟消费税计税价格管理有关事项的通知

(2006年4月24日 国税函〔2006〕373号)

各省、自治区、直辖市和计划单列市国家税务局：

为了加强新牌号、新规格卷烟消费税计税价格的管理，经研究，决定对新牌号、新规格卷烟增加报送卷烟样品和扫描图像的要求。现就有关事项通知如下：

一、生产企业在新牌号、新规格卷烟投放市场的当月除按照国家税务总局第5号令有关规定向所在地主管税务机关报告外，应同时提供卷烟样品，包括实物样品、外包装（如条、筒及其他形式的外包装）、单包包装。提供样品的具体数量由所在地主管税务机关根据需要自行确定。

二、生产企业所在地主管税务机关应参照《卷烟样品图像扫描操作指南》（附件1）为新牌号、新规格卷烟样品建立扫描图像，并将扫描图像及时传递至卷烟价格信息采集地主管税务机关。卷烟价格信息采集地主管税务机关应严格对照卷烟样品或扫描图像采集卷烟价格信息。

三、新牌号、新规格卷烟价格采集期满后申请核定消费税计税价格的，主管税务机关应将卷烟包装样品（外包装和单包包装各二套）和扫描图像（电子版）随同书面申请逐级上报至国家税务总局。

四、各级税务局在办理新牌号、新规格卷烟消费税计税价格申请事宜时，应将书面申请和卷烟包装样品、扫描图像认真进行核对，确保无误。

本文自 2006 年 5 月 1 日起执行。2005 年 5 月 1 日以后生产并且已上报国家税务总局申请核定卷烟消费税计税价格的，无论国家税务总局是否已经批复，均应参照第三条规定补齐卷烟包装样品和扫描图像，并于 2006 年 5 月 30 日之前填写《_____省（区、市）税务局补报卷烟包装样品清单》（附件 2），加盖公章后随卷烟包装样品和扫描图像（电子文件）以特快专递形式寄至国家税务总局（货物和劳务税司）。

附件：
1. 卷烟样品图像扫描操作指南（编者略）
2. _____省（区、市）税务局补报卷烟包装样品清单（编者略）

国家税务总局
关于卷烟消费税计税价格管理有关问题的通知

（2009 年 1 月 22 日　国税函〔2009〕41 号）

各省、自治区、直辖市和计划单列市国家税务局：

为履行《烟草控制框架公约》的承诺，我国自 2009 年 1 月 1 日起，对卷烟包装标识使用健康警语进行了严格规定，要求警语所占面积不应小于其所在面的 30%，卷烟的外包装标识由此而发生了变化。现就卷烟外包装标识发生变化后消费税计税价格管理有关问题通知如下：

一、对已核定消费税计税价格卷烟的管理

（一）对已核定消费税计税价格的卷烟，生产企业在包装标识上使用健康警语，按照《卷烟消费税计税价格信息采集和核定管理办法》（国家税务总局令第 5 号，以下简称 5 号令）规定，应视同新规格卷烟，重新核定消费税计税价格。考虑到此次包装标识的变化仅增加了健康警语，而产品标识的其他方面以及规格、内在品质、销售价格均未发生变化，暂不按 5 号令的要求对其重新核定计税价格。其消费税计税价格仍按照已核定的计税价格执行。

（二）生产企业所在地主管税务机关，应于产品更新包装标识的次月，将包装样品（外包装和单包包装各 2 套，背面注明卷烟牌号和烟支包装规格，下同）、扫描图像（电子版，扫描操作指南见附件 1）随同《卷烟更新标识后包装样品清单》（见附件 2）逐级上报至税务总局备案。扫描图像和《卷烟更新标识后包装样品清单》电子版分别上传至税务总局 ftp 服务器："centre/货物和劳务税司/消费税处/卷烟核价"对应路径下，税务总局将对数据库进行更新。

（三）对于已核定消费税计税价格的卷烟，其外包装标识除按照规定使用健康警语以外发生其他变化的，生产企业所在地主管税务机关应严格执行5号令的规定，按照新规格卷烟对其进行管理，并由税务总局重新核定其消费税计税价格。

二、对未核定消费税计税价格卷烟的管理

（一）对未核定消费税计税价格，但试销期已满1年的新牌号、新规格卷烟，生产企业所在地主管税务机关应按照5号令的规定，将申请核定新牌号、新规格卷烟消费税计税价格所需资料、使用健康警语包装标识的新包装样品以及扫描图像一并报送税务总局，由税务总局核定其消费税计税价格。

（二）对未核定消费税计税价格，但试销期未满1年的新牌号、新规格卷烟，生产企业所在地主管税务机关对其价格信息的"采集期间"应严格按照5号令第九条的规定，即产品投放市场次月起连续12个月确定执行。"采集期间"不得因包装标识使用健康警语的变化而擅自延长。对于采集期满的新牌号、新规格卷烟，生产企业所在地主管税务机关应按照5号令及本条第一款的规定上报资料，由税务总局核定其消费税计税价格。

三、各地要切实加强更新包装标识后卷烟消费税计税价格的管理工作，认真核对更新包装标识前后卷烟的实物、包装，防止出现借更新包装标识之机套用其他卷烟已核定消费税计税价格的行为。税务总局将择机对各地执行情况进行调查，发现问题严肃处理。

附件：
1. 烟标图片扫描要求及步骤（编者略）
2. 卷烟更新标识后包装样品清单（编者略）

国家税务总局
关于卷烟消费税计税依据有关问题的通知

（2009年5月25日　国税函〔2009〕271号）

各有关省、自治区、直辖市、计划单列市国家税务局：

根据《财政部　国家税务总局关于调整烟产品消费税政策的通知》（财税〔2009〕84号）规定，税务总局重新核定了生产环节纳税人各牌号规格卷烟消费税最低计税价格（见附件），现将有关问题通知如下：

一、卷烟工业环节纳税人销售的卷烟，应按实际销售价格申报纳税，实际销售价格低于最低计税价格的，按照最低计税价格申报纳税。

二、卷烟工业企业向卷烟批发企业销售卷烟已开具增值税专用发票（以下简称专用发票），因价格调整的，应按照《国家税务总局关于修订〈增值税专用发票使用规定〉的通知》（国税发〔2006〕156号）和《国家税务总局关于修订增值税专用发票使用规定的补充通知》（国税发〔2007〕18号）的有关规定进行处理：

（一）卷烟工业企业符合下列情形的，可作废已开具的专用发票，以调整后的价格重新开具专用发票。

1. 尚未将当月开具的专用发票交付卷烟批发企业、未抄税并且未记账。
2. 专用发票交付卷烟批发企业，同时具有下列情形的：
（1）收到退回的发票联、抵扣联时间未超过开票当月；
（2）卷烟工业企业未抄税并且未记账；
（3）卷烟批发企业未认证或者认证结果为"纳税人识别号认证不符""专用发票代码、号码认证不符"。

（二）卷烟工业企业开具的专用发票不符合作废条件，卷烟调拨价格调高的，可按差额另行开具专用发票；卷烟调拨价格调低，已将专用发票交付卷烟批发企业的，由卷烟批发企业填报《开具红字增值税专用发票申请单》（以下简称申请单），取得主管税务机关出具的《开具红字增值税专用发票通知单》（以下简称通知单）后交卷烟工业企业开具红字增值税专用发票；卷烟调拨价格调低，尚未将专用发票交付卷烟批发企业的，由卷烟工业企业填报申请单，取得主管税务机关出具的通知单后开具红字增值税专用发票。

三、卷烟工业环节纳税人销售卷烟，因调拨价格调整重新开具增值税专用发票的，不再重新申报卷烟定额消费税。

四、新牌号、新规格卷烟和价格变动卷烟仍按《卷烟消费税计税价格信息采集和核定管理办法》（国家税务总局令第5号）规定上报，新牌号、新规格卷烟未满1年且未经税务总局核定计税价格的，应按实际调拨价格申报纳税。

五、本通知自2009年5月1日起执行，以前税务总局下发的计税价格文件同时作废，作废文件目录另行下发。

国家税务总局
关于烟类应税消费品消费税征收管理有关问题的通知

（2009年5月25日　国税函〔2009〕272号）

各省、自治区、直辖市和计划单列市国家税务局：

为贯彻落实《财政部　国家税务总局关于调整烟产品消费税政策的通知》（财税〔2009〕84号）精神，加强烟类应税消费品消费税征收管理，现将有关税收征管问题通知如下：

一、卷烟批发环节消费税纳税人应按规定到主管税务机关办理消费税税种登记。

二、从事烟类应税消费品生产的纳税人，自2009年5月1日起，应按照本通知所附烟类应税消费品消费税纳税申报表及附报资料（见附件1）申报纳税，同时报送各牌号规格卷烟消费税计税价格（见附件2）。

从事卷烟批发的纳税人应按照卷烟消费税纳税申报表（见附件3）申报纳税。

三、主管税务机关应向烟类应税消费品生产企业和卷烟批发单位派驻驻厂组（员），深入企业了解生产经营情况，进行纳税辅导，核实消费税计税依据，监控纳税人之间的交易，加强消费税征收管理，确保消费税税款及时入库。

各省、自治区、直辖市和计划单列市国家税务局应充分利用本地区卷烟批发环节消费税纳税人信息，监管纳税人之间交易业务，准确划分应税与非应税项目。

四、本通知自2009年5月1日起实施。此前有关文件规定与本通知有抵触的，以本通知为准。

附件：
1. 烟类应税消费品消费税纳税申报表（编者略）
2. 各牌号规格卷烟消费税计税价格（编者略）
3. 卷烟消费税纳税申报表（批发）（编者略）

财政部 国家税务总局
关于调整烟产品消费税政策的通知

（2009年5月26日 财税〔2009〕84号）

各省、自治区、直辖市、计划单列市财政厅（局）、国家税务局、新疆生产建设兵团财务局：

为了适当增加财政收入，完善烟产品消费税制度，经国务院批准，现将调整烟产品消费税政策问题通知如下：

一、调整烟产品生产环节消费税政策

（一）调整卷烟生产环节消费税计税价格

新的卷烟生产环节消费税最低计税价格由国家税务总局核定并下达。

（二）调整卷烟生产环节（含进口）消费税的从价税税率。

1. 甲类卷烟，即每标准条（200支，下同）调拨价格在70元（不含增值税）以上（含70元）的卷烟，税率调整为56%。

2. 乙类卷烟，即每标准条调拨价格在70元（不含增值税）以下的卷烟，税率调整为36%。

卷烟的从量定额税率不变，即0.003/支。

（三）调整雪茄烟生产环节（含进口）消费税的从价税税率。

将雪茄烟生产环节的税率调整为36%。

二、在卷烟批发环节加征一道从价税

（一）纳税义务人：在中华人民共和国境内从事卷烟批发业务的单位和个人。

（二）征收范围：纳税人批发销售的所有牌号规格的卷烟。

（三）计税依据：纳税人批发卷烟的销售额（不含增值税）。

（四）纳税人应将卷烟销售额与其他商品销售额分开核算，未分开核算的，一并征收消费税。

（五）适用税率：5%。

（六）纳税人销售给纳税人以外的单位和个人的卷烟于销售时纳税。纳税人之间销售的卷烟不缴纳消费税。

（七）纳税义务发生时间：纳税人收讫销售款或者取得索取销售款凭据的当天。

（八）纳税地点：卷烟批发企业的机构所在地，总机构与分支机构不在同一地区的，由总机构申报纳税。

（九）卷烟消费税在生产和批发两个环节征收后，批发企业在计算纳税时不得扣除已含的生产环节的消费税税款。

本通知自2009年5月1日起执行。此前有关文件规定与本通知相抵触的，以本通知为准。

附件：调整后的烟产品消费税税目税率表

附件：

调整后的烟产品消费税税目税率表

税　目	税　率	征收环节
烟		
1. 卷烟	56%加0.003元/支	生产环节
工业		
（1）甲类卷烟		
（调拨价70元（不含增值税）/条以上（含70元））		
（2）乙类卷烟	36%加0.003元/支	生产环节
（调拨价70元（不含增值税）/条以下）		
商业批发	5%	批发环节
2. 雪茄	36%	生产环节
3. 烟丝	30%	生产环节

国家税务总局
关于更正《各牌号规格卷烟消费税计税价格》填表说明的通知

（2009年7月29日　国税函〔2009〕404号）

各省、自治区、直辖市和计划单列市国家税务局：

现将《国家税务总局关于烟类应税消费品消费税征收管理有关问题的通知》（国税函〔2009〕272号）中附件2《各牌号规格卷烟消费税计税价格》填表说明有关内容更正如下：

将《各牌号规格卷烟消费税计税价格》填表说明第一条"本表为年报"更正为"本表为月报"，其他内容不变。

国家税务总局
卷烟消费税计税价格信息采集和核定管理办法

(2011年10月27日 国家税务总局令第26号)

《卷烟消费税计税价格信息采集和核定管理办法》已经2011年10月10日国家税务总局第2次局务会议审议通过，现予公布，自2012年1月1日起施行。

卷烟消费税计税价格信息采集和核定管理办法

(2011年10月27日国家税务总局令第26号公布，根据2018年6月15日《国家税务总局关于修改部分税务部门规章的决定》修正)

第一条 根据《中华人民共和国税收征收管理法》《中华人民共和国消费税暂行条例》和《中华人民共和国消费税暂行条例实施细则》的规定，制定本办法。

第二条 卷烟价格信息采集范围为在中华人民共和国境内销售的所有牌号、规格的卷烟。

卷烟消费税最低计税价格（以下简称计税价格）核定范围为卷烟生产企业在生产环节销售的所有牌号、规格的卷烟。

第三条 卷烟价格信息采集的内容包括：卷烟牌号规格、卷烟类别、卷烟条包装商品条码、销售数量、销售价格和销售额及其他相关信息。

第四条 卷烟批发企业所在地主管税务机关负责卷烟价格信息采集和审核工作。

第五条 《卷烟批发企业月份销售明细清单》（以下简称《清单》，见附件），为卷烟批发企业申报缴纳消费税（以下简称申报纳税）的附报资料，由卷烟批发企业按月填写，于每月申报纳税时一并向主管税务机关报送。

第六条 《卷烟生产企业年度销售明细表》（以下简称《明细表》，见附件），由卷烟生产企业于次年的1月份填写，于填报当月申报纳税时一并向主管税务机关报送。

第七条 《清单》和《明细表》由主管税务机关审核后，于申报期结束后10个工作日内逐级上报至省（自治区、直辖市和计划单列市）税务局（以下简称省税务局）。省税务局应于次月15日前，上报国家税务总局。

第八条 新牌号、新规格卷烟信息，由国家烟草专卖局于批准生产企业新牌号、新规格卷烟执行销售价格的当月，将卷烟牌号规格、类别、卷烟条包装商品条码、调拨价格、批发价格及建议计税价格等信息送国家税务总局。

卷烟生产企业应于新牌号、新规格卷烟实际销售的当月将上述信息报送主管税务机关。

第九条 本办法第三条所称卷烟条包装商品条码按以下标准采集：

(一)标准条（200支/条）包装的卷烟，为条包装卷烟的商品标识代码；

（二）非标准条包装的卷烟，为卷烟实际外包装商品标识代码。

第十条 计税价格由国家税务总局按照卷烟批发环节销售价格扣除卷烟批发环节批发毛利核定并发布。计税价格的核定公式为：

某牌号、规格卷烟计税价格＝批发环节销售价格×（1－适用批发毛利率）

第十一条 卷烟批发环节销售价格，按照税务机关采集的所有卷烟批发企业在价格采集期内销售的该牌号、规格卷烟的数量、销售额进行加权平均计算。计算公式为：

$$批发环节销售价格 = \frac{\sum 该牌号规格卷烟各采集点的销售额}{\sum 该牌号规格卷烟各采集点的销售数量}$$

第十二条 卷烟批发毛利率具体标准为：

（一）调拨价格满 146.15 元的一类烟 34%；

（二）其他一类烟 29%；

（三）二类烟 25%；

（四）三类烟 25%；

（五）四类烟 20%；

（六）五类烟 15%。

调整后的卷烟批发毛利率，由国家税务总局另行发布。

第十三条 已经核定计税价格的卷烟，发生下列情况，国家税务总局将重新核定计税价格：

（一）卷烟价格调整的；

（二）卷烟批发毛利率调整的；

（三）通过《清单》采集的卷烟批发环节销售价格扣除卷烟批发毛利后，卷烟平均销售价格连续 6 个月高于国家税务总局已核定计税价格 10%，且无正当理由的。

第十四条 计税价格核定时限分别为：

（一）新牌号、新规格的卷烟，国家税务总局于收到国家烟草专卖局相关信息满 8 个月或信息采集期满 6 个月后的次月核定并发布。

（二）已经核定计税价格的卷烟：

1. 全行业卷烟价格或毛利率调整的，由国家烟草专卖局向国家税务总局提请重新调整计税价格。国家税务总局于收到申请调整计税价格文件后 1 个月内核定并发布；

2. 个别牌号、规格卷烟价格调整的，由卷烟生产企业向主管税务机关提出重新核定计税价格的申请，主管税务机关逐级上报至国家税务总局。国家税务总局于收到申请调整计税价格文件后 1 个月内核定并发布；

3. 连续 6 个月高于计税价格的，经相关省税务局核实后，且无正当理由的，国家税务总局于收到省税务局核实文件后 1 个月内核定并发布。

第十五条 未经国家税务总局核定计税价格的新牌号、新规格卷烟，生产企业应按卷烟调拨价格申报纳税。

已经国家税务总局核定计税价格的卷烟，生产企业实际销售价格高于计税价格的，按实际销售价格确定适用税率，计算应纳税款并申报纳税；实际销售价格低于计税价格的，按计税价格确定适用税率，计算应纳税款并申报纳税。

第十六条 对于在 6 个月内未按规定向国家税务总局报送信息资料的新牌号、新规格卷烟，国家税务总局将按照《清单》采集的实际销售价格适用最低档批发毛利率核定计税价格。

第十七条 卷烟批发企业编制虚假批发环节实际销售价格信息的，由主管税务机关按照《中华人民共和国税收征收管理法》有关规定处理。

第十八条 卷烟生产企业套用其他牌号、规格卷烟已核定计税价格，造成企业少缴消费税税款的，由主管税务机关自新牌号、新规格卷烟投放市场之日起调整卷烟生产企业应纳税收入，追缴少缴消费税税款，并按照《中华人民共和国税收征收管理法》有关规定处理。

第十九条 国家税务总局依据国家烟草专卖局备案信息及《清单》，建立全国统一的卷烟信息库，记录各牌号规格卷烟核价的相关信息。

第二十条 本办法下列用语的含义：

"卷烟牌号规格"，是指经国家烟草专卖局批准生产的卷烟商标牌号规格。

"卷烟类别"，是指国家烟草专卖局划分的卷烟类别，即一类卷烟、二类卷烟、三类卷烟、四类卷烟和五类卷烟。

一类卷烟：是指每标准条（200支，下同）调拨价格满100元的卷烟。

二类卷烟：是指每标准条调拨价格满70元不满100元的卷烟。

三类卷烟：是指每标准条调拨价格满30元不满70元的卷烟。

四类卷烟：是指每标准条调拨价格满16.5元不满30元的卷烟。

五类卷烟：是指每标准条调拨价格不满16.5元的卷烟。

"卷烟条包装商品条码"，是指经国家烟草专卖局批准并下发的，符合国家标准规定的13位条包装卷烟的商品标识代码和非标准包装（如听、扁盒等）卷烟的外包装商品标识代码。

"新牌号卷烟"，是指在国家工商行政管理总局商标局新注册商标牌号，且未经国家税务总局核定计税价格的卷烟。

"新规格卷烟"，是指2009年5月1日卷烟消费税政策调整后，卷烟名称、产品类型、条与盒包装形式、包装支数等主要信息发生变更时，必须作为新产品重新申请新的卷烟商品条码的卷烟。

"卷烟调拨价格"，是指卷烟生产企业向商业企业销售卷烟的价格，不含增值税。

本办法所称的销售价格、销售额均不含增值税。

第二十一条 本办法自2012年1月1日起施行。2003年1月23日国家税务总局公布的《卷烟消费税计税价格信息采集和核定管理办法》（国家税务总局令第5号）同时废止。

附件：表1. 卷烟批发企业月份销售明细清单及填表说明（编者略）
表2. 卷烟批发企业月份销售明细汇总表及填表说明（编者略）
表3. 卷烟生产企业年度销售明细表及填表说明（编者略）
表4. 卷烟生产企业年度销售明细汇总表及填表说明（编者略）

国家税务总局
关于卷烟消费税计税价格信息采集有关问题的通知

(2012年1月21日 国税函〔2012〕31号)

各省、自治区、直辖市和计划单列市国家税务局：

为贯彻实施《卷烟消费税计税价格信息采集和核定管理办法》(国家税务总局令第26号，以下简称26号令)有关规定，确保卷烟消费税计税价格信息(以下简称价格信息)采集工作顺利进行，现将有关问题通知如下：

一、价格信息采集上传工作分为两个阶段运行：第一阶段为2012年5月31日以前，为试运行期。第二阶段自2012年6月1日起，为正式运行期。

(一)第一阶段价格信息上传工作通过税务总局可控FTP方式实现。

据国家烟草专卖局反映，现阶段，卷烟批发企业消费税纳税人对于残损、罚没等特殊类型卷烟无法按照26号令第五条规定，填报《卷烟批发企业月份销售明细清单》(以下简称明细清单)中所有明细项目，考虑到这一实际情况，经研究，在试运行期间，对于纳税人填报的明细清单中，"卷烟类型"项为"罚没卷烟"和"其他"的卷烟允许只填写合计数，无需提供明细项对应内容，试运行期结束后，纳税人应严格按照26号令有关规定填报。对于明细清单中"卷烟类型"项为"国产卷烟"和"进口卷烟"的部分，仍应严格执行文件规定。

在试运行期间，主管税务机关应严格按照26号令有关规定，在指定时间内，将纳税人报送的明细清单电子数据文件上传至省(自治区、直辖市和计划单列市)国家税务局(以下简称省局)。省局货物和劳务税处应将本省全部数据在规定的时间内，通过税务总局可控FTP上传至"可控FTP：\\100.16.92.60\center\货物劳务税司\消费税处\卷烟\核价信息"对应省份项下。电子文件数据格式及接收和上传要求详见附件1。

(二)第二阶段价格信息上传工作，通过税务总局电子申报软件和综合征管软件实现。其"卷烟消费税计税价格信息采集"功能启用时间另行通知。

二、现将卷烟生产和批发企业名单(见附件2)下发给你们，如名单中的任何一项信息发生变更的，请省局货物和劳务税处在信息变更当月，及时将变更后的信息上传至"可控FTP：\\100.16.92.60\center\货物劳务税司\消费税处\卷烟\企业信息变更"对应省份项下。

财政部 国家税务总局
关于调整卷烟消费税的通知

(2015年5月7日 财税〔2015〕60号)

各省、自治区、直辖市、计划单列市财政厅（局）、国家税务局，新疆生产建设兵团财务局：

经国务院批准，现将调整卷烟消费税政策问题通知如下：

一、将卷烟批发环节从价税税率由5%提高至11%，并按0.005元/支加征从量税。

二、纳税人兼营卷烟批发和零售业务的，应当分别核算批发和零售环节的销售额、销售数量；未分别核算批发和零售环节销售额、销售数量的，按照全部销售额、销售数量计征批发环节消费税。

三、本通知自2015年5月10日起执行。此前有关文件规定与本通知相抵触的，以本通知为准。

附件：调整后的烟消费税税目税率表

附件：

调整后的烟消费税税目税率表

税目	税率	征收环节
烟		
1. 卷烟		
工业		
（1）甲类卷烟（调拨价70元（不含增值税）/条以上（含70元））	56%加0.003元/支	生产环节
（2）乙类卷烟（调拨价70元（不含增值税）/条以下）	36%加0.003元/支	生产环节
商业批发	11%加0.005元/支	批发环节
2. 雪茄	36%	生产环节
3. 烟丝	30%	生产环节

国家税务总局关于卷烟消费税政策调整后纳税申报有关问题的公告

(2015年5月12日 国家税务总局公告2015年第35号)

根据《财政部 国家税务总局关于调整卷烟消费税的通知》(财税〔2015〕60号)规定,现将卷烟批发环节消费税纳税申报有关事项公告如下:

一、卷烟批发环节消费税纳税人(以下简称纳税人)2015年5月1日至2015年5月31日的消费税,按以下过渡方式办理纳税申报:

(一)纳税人按税款所属期分段填写纸质《卷烟批发环节消费税纳税申报表(过渡期)》(附件1),其中:

1. 所属期为2015年5月1日至2015年5月9日的卷烟消费税,纳税人依据调整前的卷烟批发环节消费税税率计算填写。

2. 所属期为2015年5月10日至2015年5月31日的卷烟消费税,纳税人依据调整后的卷烟批发环节消费税税率计算填写。

(二)纳税人于2015年6月申报期内,将纸质申报资料及《卷烟批发企业月份销售明细清单》电子数据一并报送主管税务机关。纳税申报资料不完整、逻辑关系不符的,纳税人应补充、修改后重新报送。

二、纳税人办理税款所属期为2015年6月及以后的卷烟批发环节消费税纳税申报,使用调整后的《卷烟批发环节消费税纳税申报表》(附件2)申报纳税。

本公告自发布之日起施行。

附件:
1. 卷烟批发环节消费税纳税申报表(过渡期)(见二维码100)
2. 卷烟批发环节消费税纳税申报表(见二维码100)

二维码100

国家税务总局关于卷烟消费税政策调整有关问题的通知

(2015年5月12日 税总函〔2015〕255号)

各省、自治区、直辖市和计划单列市国家税务局:

根据《财政部 国家税务总局关于调整卷烟消费税的通知》(财税〔2015〕60号)和《国家税务总局关于卷烟消费税政策调整后纳税申报有关问题的公告》(国家税务总局公告2015年第35号),现就做好卷烟批发环节消费税税率调整后的征收管理工作通知如下:

一、纳税申报调整安排

为确保纳税人顺利完成纳税申报，卷烟批发环节消费税税率调整后涉及的纳税申报表及征管系统调整工作分两个阶段进行。对税款所属期为2015年5月的卷烟批发环节消费税，适用过渡期纳税申报安排；对税款所属期为2015年6月及以后的卷烟批发环节消费税，使用调整后的征管系统办理纳税申报。

二、卷烟批发环节消费税纳税申报过渡期管理

（一）纳税申报资料受理

主管税务机关在2015年6月申报期内，按照国家税务总局公告2015年第35号附件受理卷烟批发环节消费税纳税人（以下简称纳税人）所报送纳税申报资料，包括：纸质《卷烟批发环节消费税纳税申报表（过渡期）》和《卷烟批发企业月份销售明细清单》电子数据。对纳税申报资料不符合要求的，告知纳税人更正后重新报送。

（二）纳税申报表逻辑关系校验

主管税务机关对纳税人报送的纳税申报表表内适用税率及逻辑关系进行校验，对适用税率不准确和逻辑关系不符的，告知纳税人修改后重新报送。

（三）申报数据录入及税款征收

对纳税人报送纸质申报资料校验无误的，主管税务机关受理纳税申报。税务总局已取消征管系统中《卷烟消费税纳税申报表（批发）》中各栏次逻辑关系校验，表中"销售数量""销售额""应纳税额"项目下各栏次数据，主管税务机关应依据纳税人纸质《卷烟批发环节消费税纳税申报表（过渡期）》中"合计"项对应"销售数量""销售额""应纳税额"中的数据完成申报数据录入，办理消费税税款征收事宜。

（四）纳税申报资料归档

主管税务机关受理纳税人纳税申报后，将纸质纳税申报资料归档备查。

三、工作要求

（一）加强组织领导

各地税务机关要高度重视卷烟批发环节消费税税率调整和征管工作，由货物劳务税部门牵头，征管科技、纳税服务、收入规划、信息中心等部门密切配合，加大统筹力度，保证相关工作顺利实施。

（二）加强宣传辅导

各地税务机关要迅速将卷烟批发环节消费税税率调整及纳税申报变更事项告知纳税人，细致解答纳税人疑问，确保政策平稳顺利实施。

（三）加强跟踪分析

各地税务机关要密切跟踪掌握卷烟批发环节消费税税率调整的实施情况，做好动态评估分析，加强风险疑点排查，有效应对各类突发情况，对政策执行中发现的问题，及时提出建议并向税务总局（货物劳务税司）报告。

（四）完善考核机制

卷烟批发环节消费税政策调整执行情况已纳入2015年度绩效考核。各省、自治区、直辖市和计划单列市国家税务局应于2015年6月22日前，将政策贯彻执行情况以正式报告（含纸质和电子）上报税务总局，报告内容应包含政策调整后首个申报期政策贯彻落实情况、政策执行效果、政策落实过程中发现的相关问题及工作建议，同时填报《卷烟批发环

节消费税统计表》（附件1），作为报告附件一并上报。税务总局将根据绩效管理有关要求，对各地相关工作开展情况进行绩效考核。

附件：卷烟批发环节消费税统计表（编者略）

国家税务总局
关于卷烟消费税计税价格核定管理有关问题的公告

（2017年8月29日　国家税务总局公告2017年第32号）

为进一步规范卷烟消费税计税价格（以下简称"计税价格"）核定管理工作，现将有关问题公告如下：

一、对于未按照《卷烟消费税计税价格信息采集和核定管理办法》（国家税务总局令第26号公布，以下简称《办法》）规定报送信息资料的新牌号、新规格卷烟，卷烟生产企业消费税纳税人（以下简称"纳税人"）按照税务总局核定的计税价格计算缴纳消费税满1年后，可向主管税务机关提出调整计税价格的申请。主管税务机关应于收到申请后15日内，将申请调整计税价格文件逐级上报至税务总局。税务总局收到文件后30日内，根据当期已采集的该牌号规格卷烟批发环节连续6个月的销售价格，调整并发布计税价格。

二、对于因卷烟批发企业申报《卷烟批发企业月份销售明细清单》中销售价格信息错误，造成纳税人对税务总局核定的计税价格有异议的，纳税人可自计税价格执行之日起向主管税务机关提出调整计税价格的申请。主管税务机关收到申请后，应核实纳税人该牌号规格卷烟的生产经营情况，计算该牌号规格卷烟自正式投产以来的加权平均销售价格，对确需调整计税价格的，应于收到申请后25日内，将申请调整计税价格文件逐级上报至税务总局。税务总局收到文件后，重新采集该牌号规格卷烟批发环节销售价格，采集期为已核定计税价格执行之日起连续6个月，采集期满后调整并发布计税价格。

三、对于纳税人套用其他牌号、规格卷烟计税价格，造成少缴消费税税款的，主管税务机关按照《办法》第十八条规定，调整纳税人应纳税收入时，应按照采集的该牌号、规格卷烟市场零售价格适用最低档批发毛利率确定计税价格，追缴纳税人少缴消费税税款。

四、本公告自2017年10月1日起施行。

二、酒类

财政部　国家税务总局
关于酒类产品包装物押金征税问题的通知

（1995年6月9日　财税字〔1995〕53号）

为了确保国家的财政收入，堵塞税收漏洞，经研究决定：从1995年6月1日起，对酒类产品生产企业销售酒类产品而收取的包装物押金，无论押金是否返还与会计上如何核算，均需并入酒类产品销售额中，依酒类产品的适用税率征收消费税。

财政部　国家税务总局
关于调整酒类产品消费税政策的通知

(2001年5月11日　财税〔2001〕84号)

经国务院批准，调整酒类产品消费税政策。现将有关问题通知如下：

一、调整粮食白酒、薯类白酒消费税税率。

粮食白酒、薯类白酒消费税税率由《中华人民共和国消费税暂行条例》规定的比例税率调整为定额税率和比例税率。

（一）定额税率：粮食白酒、薯类白酒每斤（500克）0.5元。

（二）比例税率：

1. 粮食白酒（含果木或谷物为原料的蒸馏酒，下同）25%。

下列酒类产品比照粮食白酒适用25%比例税率：

——粮食和薯类、糠麸等多种原料混合生产的白酒

——以粮食白酒为酒基的配制酒、泡制酒

——以白酒或酒精为酒基，凡酒基所用原料无法确定的配制酒、泡制酒

2. 薯类白酒15%。

二、调整酒类产品消费税计税办法。

粮食白酒、薯类白酒计税办法由《中华人民共和国消费税暂行条例》规定的实行从价定率计算应纳税额的办法调整为实行从量定额和从价定率相结合计算应纳税额的复合计税办法。应纳税额计算公式：

应纳税额 = 销售数量 × 定额税率 + 销售额 × 比例税率

凡在中华人民共和国境内生产、委托加工、进口粮食白酒、薯类白酒的单位和个人，都应依照本通知的规定缴纳从量定额消费税和从价定率消费税。

三、粮食白酒、薯类白酒计税依据。

（一）生产销售粮食白酒、薯类白酒，从量定额计税办法的计税依据为粮食白酒、薯类白酒的实际销售数量。

（二）进口、委托加工、自产自用粮食白酒、薯类白酒，从量定额计税办法的计税依据分别为海关核定的进口征税数量、委托方收回数量、移送使用数量。

（三）生产销售、进口、委托加工、自产自用粮食白酒，薯类白酒从价定率计税办法的计税依据按《中华人民共和国消费税暂行条例》及其有关规定执行。

四、调整啤酒消费税单位税额。

（一）每吨啤酒出厂价格（含包装物及包装物押金）在3000元（含3000元，不含增值税）以上的，单位税额250元/吨；

（二）每吨啤酒出厂价格在 3000 元（不含 3000 元，不含增值税）以下的，单位税额 220 元/吨。

（三）娱乐业、饮食业自制啤酒，单位税额 250 元/吨。

（四）每吨啤酒出厂价格以 2000 年全年销售的每一牌号、规格啤酒产品平均出厂价格为准。2000 年每一牌号、规格啤酒的平均出厂价格确定之后即作为确定各牌号、规格啤酒 2001 年适用单位税额的依据，无论 2001 年啤酒的出厂价格是否变动，当年适用单位税额原则上不再进行调整。

啤酒计税价格管理办法另行制定。

五、停止执行外购或委托加工已税酒和酒精生产的酒（包括以外购已税白酒加浆降度，用外购已税的不同品种的白酒勾兑的白酒，用曲香、香精对外购已税白酒进行调香、调味以及外购散装白酒装瓶出售等）外购酒及酒精已纳税款或受托方代收代缴税款准予抵扣政策。2001 年 5 月 1 日以前购进的已税酒及酒精，已纳消费税税款没有抵扣完的一律停止抵扣。

六、停止执行对小酒厂定额、定率的双定征税办法，一律实行查实征收。小酒厂指会计核算不健全的小型业户。

七、依据《中华人民共和国税收征收管理法》及有关规定，制定酒类关联企业征税办法。具体办法由国家税务总局商财政部另行制定。

八、本《通知》自 2001 年 5 月 1 日起执行。原有规定与本《通知》有抵触的，以本《通知》为准。

［注释：条款失效，第一条第二款失效。参见：《财政部 国家税务总局关于公布废止和失效的消费税规范性文件目录的通知》（财税〔2009〕18 号）。］

国家税务总局
关于啤酒计征消费税有关问题的批复

（2002 年 2 月 22 日 国税函〔2002〕166 号）

宁波市国家税务局：

你局《关于啤酒计征消费税有关问题的请示》（甬国税发〔2001〕61 号）收悉。经研究，现批复如下：

按照《中华人民共和国税收征收管理法》中"企业或者外国企业在中国境内设立的从事生产、经营的机构、场所与其关联企业之间的业务往来，应当按照独立企业之间的业务往来收取或者支付价款、费用；不按照独立企业之间的业务往来收取或者支付价款、费用，而减少其应纳税的收入或者所得额的，税务机关有权进行合理调整"和《财政部 国家税务总局关于调整酒类产品消费税政策的通知》（财税〔2001〕84 号）的有关规定，对啤酒生产企业销售的啤酒，不得以向其关联企业的啤酒销售公司销售的价格作为确定消费税税额的标准，而应当以其关联企业的啤酒销售公司对外的销售价格（含包装物及包装物押金）作为确定消费税税额的标准，并依此确定该啤酒消费税单位税额。

国家税务总局
关于酒类产品消费税政策问题的通知

(2002年8月26日 国税发〔2002〕109号)

各省、自治区、直辖市和计划单列市国家税务局：

近接一些地区反映，基层税务机关在白酒专项检查中发现了一些政策界限不够清晰、处理尺度难以掌握的业务问题，要求总局予以明确。经研究，现明确如下：

一、关于酒类生产企业利用关联企业间关联交易规避消费税问题

根据《中华人民共和国税收征收管理法实施细则》第三十八条规定，纳税人与关联企业之间的购销业务，不按照独立企业之间的业务往来作价的，税务机关可以按照下列方法调整其计税收入额或者所得额，核定其应纳税额：

（一）按照独立企业之间进行相同或者类似业务活动的价格；

（二）按照再销售给无关联关系的第三者的价格所取得的收入和利润水平；

（三）按照成本加合理的费用和利润；

（四）按照其他合理的方法。

对已检查出的酒类生产企业在本次检查年度内发生的利用关联企业关联交易行为规避消费税问题，各省、自治区、直辖市、计划单列市国家税务局可根据本地区被查酒类生产企业与其关联企业间不同的核算方式，选择以上处理方法调整其酒类产品消费税计税收入额，核定应纳税额，补缴消费税。

二、关于粮食白酒的适用税率问题

（一）对以粮食原酒作为基酒与薯类酒精或薯类酒进行勾兑生产的白酒应按粮食白酒的税率征收消费税。

（二）对企业生产的白酒应按照其所用原料确定适用税率。凡是既有外购粮食、或者有自产或外购粮食白酒（包括粮食酒精），又有自产或外购薯类和其他原料酒（包括酒精）的企业其生产的白酒凡所用原料无法分清的，一律按粮食白酒征收消费税。

三、关于"品牌使用费"征税问题

白酒生产企业向商业销售单位收取的"品牌使用费"是随着应税白酒的销售而向购货方收取的，属于应税白酒销售价款的组成部分，因此，不论企业采取何种方式或以何种名义收取价款，均应并入白酒的销售额中缴纳消费税。

四、关于外购应税消费品税款抵扣问题

对企业2001年5月1日以前外购酒精已纳税款无论什么原因造成没有抵扣完毕，2001年5月1日以后均一律不得抵扣。

〔注释：条款失效，第一条废止。参见：《国家税务总局关于公布全文失效废止部分条款失效废止的税收规范性文件目录的公告》（国家税务总局公告2011年第2号）。

注释：部分条款废止。废止第四条。参见：《国家税务总局关于公布全文失效废止和部

分条款废止的税收规范性文件目录的公告》（国家税务总局公告2016年第34号）。]

国家税务总局
关于啤酒集团内部企业间销售（调拨）啤酒液
征收消费税问题的批复

（2003年4月9日　国税函〔2003〕382号）

青岛市国家税务局：

你局《关于青岛啤酒股份有限公司内部调拨酒液征收消费税问题的请示》（青国税发〔2002〕57号）收悉。关于啤酒生产集团为解决下属企业之间糖化能力和包装能力不匹配，优化各企业间资源配置，将有糖化能力而无包装能力的企业生产的啤酒液销售（调拨）给异地企业进行灌装，对此如何征收消费税问题，经研究，现批复如下：

一、啤酒生产集团内部企业间调拨销售的啤酒液，应由啤酒液生产企业按现行规定申报缴纳消费税。

二、购入方企业应依据取得的销售方销售啤酒液所开具的增值税专用发票上记载的销售数量、销售额、销售单价确认销售方啤酒液适用的消费税单位税额，单独建立外购啤酒液购入使用台账，计算外购啤酒液已纳消费税额。

三、购入方使用啤酒液连续灌装生产并对外销售的啤酒，应依据其销售价格确定适用单位税额计算缴纳消费税，但其外购啤酒液已纳的消费税额，可以从其当期应纳消费税额中抵减。

国家税务总局
关于果啤征收消费税的批复

（2005年4月18日　国税函〔2005〕333号）

陕西省国家税务局：

你局《关于青岛啤酒汉中有限责任公司生产销售"汉斯果啤"有关消费税问题的请示》（陕国税发〔2004〕224号）收悉。经研究，批复如下：

经向中国酿酒协会啤酒分会了解，果啤是一种口味介于啤酒和饮料之间的低度酒精饮料，主要成份为啤酒和果汁。尽管果啤在口味和成份上与普通啤酒有所区别，但无论是从产品名称，还是从产品含啤酒的本质上看，果啤均属于啤酒，应按规定征收消费税。

财政部 国家税务总局
关于明确啤酒包装物押金消费税政策的通知

(2006年2月27日 财税〔2006〕20号)

各省、自治区、直辖市、计划单列市财政厅（局）、国家税务局，新疆生产建设兵团财务局：

近接一些地方来文，要求明确啤酒包装物押金的有关范围问题。经研究，现明确如下：

财政部和国家税务总局《关于调整酒类产品消费税政策的通知》（财税〔2001〕84号）规定啤酒消费税单位税额按照出厂价格（含包装物及包装物押金）划分档次，上述包装物押金不包括供重复使用的塑料周转箱的押金。

本文自2006年1月1日起执行。

国家税务总局
关于印发《葡萄酒消费税管理办法（试行）》的通知

(2006年5月14日 国税发〔2006〕66号)

各省、自治区、直辖市和计划单列市国家税务局，扬州税务进修学院：

为了加强葡萄酒消费税管理，总局制定了《葡萄酒消费税管理办法（试行）》，现印发给你们，请认真贯彻执行。对在试行过程中遇到的情况和问题，请及时报告总局。

葡萄酒消费税管理办法（试行）

第一条 根据《中华人民共和国税收征收管理法》及其实施细则、《中华人民共和国消费税暂行条例》及其实施细则以及其他相关规定，制定本办法。

第二条 在中华人民共和国境内（以下简称境内）生产、委托加工、进口葡萄酒的单位和个人，为葡萄酒消费税纳税人。

葡萄酒消费税适用《消费税税目税率（税额）表》"酒及酒精"税目下设的"其他酒"子目。

第三条 葡萄酒是指以葡萄为原料，经破碎（压榨）、发酵而成的酒精度在1度（含）以上的葡萄原酒和成品酒（不含以葡萄为原料的蒸馏酒）。

第四条 境内从事葡萄酒生产的单位或个人（以下简称生产企业）之间销售葡萄酒，实行《葡萄酒购货证明单》（以下简称证明单，见附件1）管理。证明单由购货方在购货前向其主管税务机关申请领用，销货方凭证明单的退税联向其主管税务机关申请已纳消费税退税。

生产企业将自产或外购葡萄酒直接销售给生产企业以外的单位和个人的,不实行证明单管理,按消费税暂行条例规定申报缴纳消费税。

第五条 证明单一式四联,仅限于生产企业购货时领用。第一联为回执联,由销货方主管税务机关留存;第二联为退税联,作为销货方申请退税的报送资料;第三联为核销联,用于购货方主管税务机关核销证明单领取记录;第四联为备查联,作为销货方会计核算资料。

第六条 生产企业在购货前应向主管税务机关提出领用证明单的书面申请(见附件2)。主管税务机关应对书面申请进行审核,建立证明单领存销台账。

第七条 购货方携证明单购货,证明单由销货方填写。证明单中填写的品种、数量、单价、金额、发票代码、发票号码、开票日期应与销货方开具的销售发票(增值税专用发票或普通发票)的相关内容一致。

销货方在证明单所有联次加盖公章后,留存证明单备查联,将证明单回执联、退税联、核销联退还购货方。

第八条 购货方在30日内将证明单回执联、退税联、核销联及销货方开具的销售发票交主管税务机关核销证明单领用记录。

第九条 购货方主管税务机关应对证明单回执联、退税联、核销联注明的品种、数量、单价、金额、发票代码、发票号码、开票日期与销货方开具的销售发票相关内容进行审核。

证明单与销售发票相关内容一致的,购货方主管税务机关留存核销联,在证明单回执联、退税联加盖公章,并于30日内将回执联、退税联传递给销货方主管税务机关。

销货方主管税务机关收到回执联、退税联后,留存回执联,在30日内将证明单退税联转交给销货方。

第十条 购货方主管税务机关核销证明单领用记录时,应在证明单核销联"主管税务机关审核意见"栏填写核销意见,并在证明单领销存台账上作核销记录。

第十一条 发生销货退回或销售折让的,购货方也应按本办法规定申请、使用、核销证明单。

第十二条 生产企业销售葡萄酒,无论纳税申报当期是否收到主管税务机关转交的证明单退税联,均应按规定申报缴纳消费税。

第十三条 销货方收到主管税务机关转交的证明单退税联后,应填报《葡萄酒消费税退税申请表》(以下简称退税申请表,见附件3),持证明单退税联及退税申请表向主管税务机关申请退税。

第十四条 主管税务机关应加强对购销双方消费税的管理。定期查验购销双方销售、购进葡萄酒的数量及使用情况。

第十五条 以进口葡萄酒为原料连续生产葡萄酒的纳税人,实行凭《海关进口消费税专用缴款书》抵减进口环节已纳消费税的管理办法。

第十六条 以进口葡萄酒为原料连续生产葡萄酒的纳税人,在办理消费税纳税申报时,需填写消费税纳税申报表,提供《海关进口消费税专用缴款书》复印件。

第十七条 以进口葡萄酒为原料连续生产葡萄酒的纳税人,准予从当期应纳消费税税额中抵减《海关进口消费税专用缴款书》注明的消费税。如当期应纳消费税不足抵减的,余额留待下期抵减。

第十八条 主管税务机关应加强对证明单的领用、核销、核对、传递工作（在电子传递手段未建立之前，暂通过特快专递或邮寄挂号信方式传递）。

在邮递过程发生证明单丢失情况的，由购货方主管税务机关开具证明并复印证明单核销联两份，加盖公章后传递给销货方主管税务机关，一份代替回执联、一份代替退税联使用。

第十九条 纳税人未按照规定取得、保管、使用、报送证明单的，主管税务机关依照税收征管法的有关规定处理。

第二十条 证明单式样由国家税务总局统一制定，各省、自治区、直辖市和计划单列市国家税务局印制。

第二十一条 本办法由国家税务总局负责解释。各省、自治区、直辖市、计划单列市国家税务局可依照本办法制定具体实施办法。

第二十二条 本办法自2006年7月1日起实施。

附件：
1. 葡萄酒购货管理证明单（编者略）
2. 《葡萄酒购货管理证明单》领用申请（编者略）
3. 葡萄酒消费税退税申请表（编者略）

国家税务总局
关于《葡萄酒购货管理证明单》编码规则的通知

（2006年6月22日　国税函〔2006〕620号）

各省、自治区、直辖市和计划单列市国家税务局：

根据《葡萄酒消费税管理办法》，为适应葡萄酒消费税规范化、信息化管理的需要，总局统一了《葡萄酒购货管理证明单》编码规则，现将有关要求通知如下：

一、号码总位数为10位，第1、2位为省、自治区和直辖市行政区划码，第3、4位为计划单列市行政区划码，后六位为自然码。

二、在本省、自治区、直辖市和计划单列市内，号码不得重复。

国家税务总局
关于调味料酒征收消费税问题的通知

（2008年8月21日　国税函〔2008〕742号）

各省、自治区、直辖市和计划单列市国家税务局：

现将调味料酒征收消费税的有关问题通知如下：

鉴于国家已经出台了调味品分类国家标准，按照国家标准调味料酒属于调味品，不属于配制酒和泡制酒，对调味料酒不再征收消费税。

调味料酒是指以白酒、黄酒或食用酒精为主要原料，添加食盐、植物香辛料等配制加工而成的产品名称标注（在食品标签上标注）为调味料酒的液体调味品。

国家税务总局
关于配制酒消费税适用税率问题的公告

（2011 年 9 月 28 日　国家税务总局公告 2011 年第 53 号）

根据《中华人民共和国消费税暂行条例》及其实施细则，现将配制酒消费税适用税率问题公告如下：

一、配制酒（露酒）是指以发酵酒、蒸馏酒或食用酒精为酒基，加入可食用或药食两用的辅料或食品添加剂，进行调配、混合或再加工制成的、并改变了其原酒基风格的饮料酒。

二、配制酒消费税适用税率

（一）以蒸馏酒或食用酒精为酒基，同时符合以下条件的配制酒，按消费税税目税率表"其他酒"10% 适用税率征收消费税。

1. 具有国家相关部门批准的国食健字或卫食健字文号；
2. 酒精度低于 38 度（含）。

（二）以发酵酒为酒基，酒精度低于 20 度（含）的配制酒，按消费税税目税率表"其他酒"10% 适用税率征收消费税。

（三）其他配制酒，按消费税税目税率表"白酒"适用税率征收消费税。

上述蒸馏酒或食用酒精为酒基是指酒基中蒸馏酒或食用酒精的比重超过 80%（含）；发酵酒为酒基是指酒基中发酵酒的比重超过 80%（含）。

三、本公告自 2011 年 10 月 1 日起执行。《国家税务总局关于消费税若干征税问题的通知》（国税发〔1997〕84 号）第三条规定同时废止。

国家税务总局
关于修订《葡萄酒消费税管理办法（试行）》的公告

（2015 年 2 月 28 日　国家税务总局公告 2015 年第 15 号）

为贯彻落实《国务院关于取消和调整一批行政审批项目等事项的决定》（国发〔2014〕50 号），国家税务总局修订了《葡萄酒消费税管理办法（试行）》，现予以发布，并就有关税收管理事项公告如下：

一、自 2015 年 5 月 1 日起，《国家税务总局关于印发〈葡萄酒消费税管理办法（试行）〉的通知》（国税发〔2006〕66 号）规定的《葡萄酒购货证明单》停止领用和开具，在此之前纳税人应将未开具的《葡萄酒购货证明单》退回主管税务机关。

2015年4月30日（含）前已开具的《葡萄酒购货证明单》，应于2015年7月31日前办理完毕葡萄酒消费税退税相关事宜。

二、纳税人办理税款所属期2015年5月及以后的酒类应税消费品纳税申报时，启用新的《酒类应税消费品消费税纳税申报表》附1《本期准予抵减（扣）税额计算表》（表式及填表说明见附件1）。

本公告自2015年5月1日起施行。《国家税务总局关于印发〈葡萄酒消费税管理办法（试行）〉的通知》（国税发〔2006〕66号）、《国家税务总局关于〈葡萄酒购货管理证明单〉编码规则的通知》（国税函〔2006〕620号）同时废止。《国家税务总局关于调整消费税纳税申报表有关问题的公告》（国家税务总局公告2014年第72号）附件1《酒类应税消费品消费税纳税申报表》附1《本期准予抵减税额计算表》停止使用。

附件：
1. 本期准予抵减（扣）税额计算表（编者略）
2. 葡萄酒消费税抵扣税款台账（编者略）

葡萄酒消费税管理办法（试行）

第一条　根据《中华人民共和国税收征收管理法》及其实施细则、《中华人民共和国消费税暂行条例》及其实施细则以及其他相关规定，制定本办法。

第二条　在中华人民共和国生产、委托加工、进口葡萄酒的单位和个人，为葡萄酒消费税纳税人。

葡萄酒消费税适用"酒"税目下设的"其他酒"子目。

第三条　葡萄酒是指以葡萄为原料，经破碎（压榨）、发酵而成的酒精度在1度（含）以上的葡萄原酒和成品酒（不含以葡萄为原料的蒸馏酒）。

第四条　纳税人从葡萄酒生产企业购进（以下简称外购）、进口葡萄酒连续生产应税葡萄酒的，准予从葡萄酒消费税应纳税额中扣除所耗用应税葡萄酒已纳消费税税款。如本期消费税应纳税额不足抵扣的，余额留待下期抵扣。

第五条　葡萄酒生产企业之间销售葡萄酒，开具增值税专用发票时，须将应税葡萄酒销售行为单独开具增值税专用发票。

第六条　纳税人以进口、外购葡萄酒连续生产应税葡萄酒，分别依据《海关进口消费税专用缴款书》《增值税专用发票》，按照现行政策规定计算扣除应税葡萄酒已纳消费税税款。

第七条　纳税人应建立《葡萄酒消费税抵扣税款台账》（参考式样见附件2），作为申报扣除外购、进口应税葡萄酒已纳消费税税款的备查资料。纳税人依照本办法附件的式样设置台账，也可根据需要增设台账内容，但对参考式样的内容不得删减。

第八条　本办法自2015年5月1日起施行。

三、贵重首饰及珠宝玉石

财政部　国家税务总局
关于调整金银首饰消费税纳税环节有关问题的通知

(1994年12月24日　〔1994〕财税字第95号)

经国务院批准,金银首饰消费税由生产销售环节征收改为零售环节征收。现将有关规定通知如下:

一、改为零售环节征收消费税的金银首饰范围

这次改为零售环节征收消费税的金银首饰范围仅限于:金、银和金基、银基合金首饰,以及金、银和金基、银基合金的镶嵌首饰(以下简称金银首饰)。

不属于上述范围的应征消费税的首饰(以下简称非金银首饰),仍在生产销售环节征收消费税。

对既销售金银首饰,又销售非金银首饰的生产、经营单位,应将两类商品划分清楚,分别核算销售额。凡划分不清楚或不能分别核算的,在生产环节销售的,一律从高适用税率征收消费税;在零售环节销售的,一律按金银首饰征收消费税。

金银首饰与其他产品组成成套消费品销售的,应按销售额全额征收消费税。

二、税率

金银首饰消费税税率为5%。

三、纳税义务人

在中华人民共和国境内从事金银首饰零售业务的单位和个人,为金银首饰消费税的纳税义务人(以下简称纳税人),应按本通知的规定缴纳消费税。委托加工(另有规定者除外)、委托代销金银首饰的,受托方也是纳税人。

四、纳税环节

纳税人销售(指零售,下同)的金银首饰(含以旧换新),于销售时纳税;用于馈赠、赞助、集资、广告、样品、职工福利、奖励等方面的金银首饰,于移送时纳税;带料加工、翻新改制的金银首饰,于受托方交货时纳税。

五、纳税义务发生时间

纳税人销售金银首饰,其纳税义务发生时间为收讫销货款或取得索取销货凭据的当天;用于馈赠、赞助、集资、广告、样品、职工福利、奖励等方面的金银首饰,其纳税义务发生时间为移送的当天;带料加工、翻新改制的金银首饰,其纳税义务发生时间为受托方交货的当天。

六、金银首饰消费税改变征税环节后,经营单位进口金银首饰的消费税,由进口环节征收改为在零售环节征收;出口金银首饰由出口退税改为出口不退消费税。

个人携带、邮寄金银首饰进境,仍按海关现行规定征税。

七、计税依据

（一）纳税人销售金银首饰，其计税依据为不含增值税的销售额。如果纳税人销售金银首饰的销售额中未扣除增值税税款，在计算消费税时，应按以下公式换算为不含增值税税款的销售额。

$$金银首饰的销售额 = \frac{含增值税的销售额}{(1 + 增值税税率或征收率)}$$

（二）金银首饰连同包装物销售的，无论包装是否单独计价，也无论会计上如何核算，均应并入金银首饰的销售额，计征消费税。

（三）带料加工的金银首饰，应按受托方销售同类金银首饰的销售价格确定计税依据征收消费税。没有同类金银首饰销售价格的，按照组成计税价格计算纳税。组成计税价格的计算公式为：

$$组成计税价格 = \frac{材料成本 + 加工费}{1 - 金银首饰消费税税率}$$

（四）纳税人采用以旧换新（含翻新改制）方式销售的金银首饰，应按实际收取的不含增值税的全部价款确定计税依据征收消费税。

（五）生产、批发、零售单位用于馈赠、赞助、集资、广告、样品、职工福利、奖励等方面的金银首饰，应按纳税人销售同类金银首饰的销售价格确定计税依据征收消费税；没有同类金银首饰销售价格的，按照组成计税价格计算纳税。组成计税价格的计算公式为：

组成计税价格 = 购进原价 × （1 + 利润率）÷ （1 - 金银首饰消费税税率）

纳税人为生产企业时，公式中的"购进原价"为生产成本。公式中的"利润率"一律定为6%。

八、纳税人应向其核算地主管国家税务局申报纳税。

九、金银首饰消费税改变纳税环节以后，用已税珠宝玉石生产的本通知范围内的镶嵌首饰，在计税时一律不得扣除买价或已纳的消费税税款。

十、对改变征税环节后，商业零售企业销售以前年度库存的金银首饰，按调整后的税率照章征收消费税。

十一、金银首饰消费税征收管理办法，由国家税务总局另行制定。

十二、本通知于1995年1月1日起执行。

国家税务总局
关于印发《金银首饰消费税征收管理办法》的通知

（1994年12月26日　国税发〔1994〕267号）

现将《金银首饰消费税征收管理办法》发给你们，自1995年1月1日起执行。

金银首饰消费税征收管理办法

（1994年12月26日国税发〔1994〕267号文件印发，根据2018年6月15日《国家税

务总局关于修改部分税务部门规章的决定》修正）

根据财政部、国家税务总局《关于调整金银首饰消费税纳税环节有关问题的通知》（以下简称《通知》）（财税字〔94〕095号）的有关规定，特制定本办法。

一、金银首饰的范围

《通知》第一条所称"金银首饰的范围"不包括镀金（银）、包金（银）首饰，以及镀金（银）、包金（银）的镶嵌首饰。

二、零售业务的范围《通知》第三条所称"金银首饰的零售业务"是指将金银首饰销售给中国人民银行批准的金银首饰生产，加工，批发，零售单位（以下简称经营单位）以外的单位和个人的业务（另有规定者除外）。

下列行为视同零售业务：

（一）为经营单位以外的单位和个人加工金银首饰。加工包括带料加工，翻新改制，以旧换新等业务，不包括修理，清洗业务。

（二）经营单位将金银首饰用于馈赠、赞助、集资、广告、样品、职工福利、奖励等方面。

（三）未经中国人民银行总行批准经营金银首饰批发业务的单位将金银首饰销售给经营单位。

三、应税与非应税的划分

（一）经中国人民银行总行批准经营金银首饰批发业务的单位将金银首饰销售给同时持有《经营金银制品业务许可证》（以下简称《许可证》）影印件及《金银首饰购货（加工）管理证明单》（以下简称《证明单》，样式及填写说明附后）的经营单位，不征收消费税，但其必须保留购货方的上述证件，否则一律视同零售征收消费税。

（二）经中国人民银行批准从事金银首饰加工业务的单位为同时持有《许可证》影印件及《证明单》的经营单位加工金银首饰，不征收消费税，但其必须保留委托方的上述证件，否则一律视同零售征收消费税。

（三）经营单位兼营生产，加工，批发，零售业务的，应分别核算销售额，未分别核算销售额或者划分不清的，一律视同零售征收消费税。

四、纳税地点

纳税人总机构与分支机构不在同一县（市）的，分支机构应纳税款应在所在地缴纳。但经国家税务总局及省级国家税务局批准，纳税人分支机构应纳消费税税款也可由总机构汇总向总机构所在地主管国家税务局缴纳。

固定业户到外县（市）临时销售金银首饰，应当向其机构所在地主管国家税务局申请开具外出经营活动税收管理证明，回其机构所在地向主管国家税务局申报纳税。未持有其机构所在地主管国家税务局核发的外出经营活动税收管理证明的，销售地主管国家税务局一律按规定征收消费税。其在销售地发生的销售额，回机构所在地后仍应按规定申报纳税，在销售地缴纳的消费税款不得从应纳税额中扣减。

五、金银首饰消费税纳税人的认定

（一）申请办理金银首饰消费税纳税人认定（以下简称消费税认定）的经营单位，应自领取《营业执照》之日起30日内，持中国人民银行准予其经营金银制品业务的批件及有关证件，资料，向核算地县以上国家税务局申请办理税务登记，并同时申请办理消费税认定登记。

原有的经营单位,应自接到中国人民银行重新审核《许可证》准予继续经营的通知之日起 30 日内,到核算地县以上国家税务局申请办理消费税认定登记。经营单位办理消费税认定时,应如实填写《金银首饰消费税纳税人认定登记表》(表样附后),并提供下列有关证件,资料:

1. 申请办理消费税认定的书面报告;
2. 中国人民银行准予从事金银首饰经营业务的批件或《许可证》;
3. 《营业执照》;
4. 《税务登记证》;
5. 开户银行账号;
6. 金银首饰会计核算方法和会计科目设置说明;
7. 会计人员,办税人员会计资格证明;
8. 经营金银首饰购销存台账式样;
9. 税务机关要求提供的其他有关证件,资料。

税务机关审核后发给消费税认定登记证件(样式附后)。

(二)消费税认定登记内容发生变化的,应自工商行政管理机关办理变更登记之日起 30 日内或者在向工商行政管理机关申请办理注销登记之前,持有关证件向税务机关申报办理变更或者注销消费税认定登记证件。

(三)对办理消费税认定登记后,转入正常经营的经营单位,不能如实提供第一款所列资料的,主管国家税务局可责令其限期改正,在规定的期限内仍不能改正的,主管国家税务局应取消其消费税认定登记证件。

六、申报资料

纳税人办理纳税申报时,除应按《中华人民共和国税收征收管理法》(以下简称)的规定报送有关资料外,还应报送下列资料:

(一)《金银饰品购销存月报表》(另行下发);
(二)从事批发,加工业务的经营单位应报送《证明单》。

七、《证明单》的使用管理

《证明单》是划分金银首饰批发,零售业务的主要凭证。

(一)《证明单》的使用。

1. 《证明单》的基本联次。《证明单》共四联,第一联由售货单位留存,并附在售货发票存根联之后;第二联由售货单位进行纳税申报时报送其主管国家税务局;第三联由购货单位留存;第四联由购货方购货后交回其主管国家税务局,注销领取记录。

2. 《证明单》由购货单位在购货前向其主管国家税务局申请领用。

3. 购货单位携《证明单》购货。

4. 《证明单》中的"购进(加工)金银首饰情况"由售货(加工)单位填写,其金额应与增值税专用发票金额一致。售货(加工)单位填写,盖章后,第三联,第四联交购货单位带回。

(二)《证明单》的管理。

1. 《证明单》的样式,由国家税务总局统一制定。

2. 《证明单》由省级国家税务局印制和管理,省级国家税务局可结合本地区实际情况制定具体管理办法。

3. 《证明单》由县以上国家税务局(分局)盖章有效。

八、违章处理

(一)纳税人未按规定的期限申请办理消费税认定登记的,依《中华人民共和国税收征收管理法》第三十七条的规定予以处罚。

(二)纳税人转借,涂改,损毁,丢失,买卖,伪造消费税认定登记证件,《证明单》的,依《中华人民共和国税收征收管理法》第三十七条的规定予以处罚。

九、其他征管事项,按《中华人民共和国税收征收管理法》的有关规定办理。

[注释:条款失效。第二条、第八条失效,参见:《国家税务总局关于发布已失效或废止的税收规范性文件目录的通知》(国税发〔2006〕62号)。

第五条失效,参见:《国家税务总局关于取消金银首饰消费税纳税人认定行政审批后有关问题的通知》(国税函〔2004〕826号)。

第七条失效,参见:《国家税务总局关于停止执行〈金银首饰购货(加工)管理证明单〉使用规定的批复》(国税函〔2005〕193号)。

第三条第一款、第二款、第四条第一款、第六条第二款失效。参见:《税务部门现行有效 失效 废止规章目录》(国家税务总局令第23号)。]

国家税务总局
关于锻压金首饰在零售环节征收消费税问题的批复

(1996年12月23日 国税函〔1996〕727号)

北京市国家税务局:

你局《关于对锻压金首饰在零售环节征收消费税问题的请示》(京国税一〔1996〕424号)收悉。经研究,现批复如下:

鉴于你局经过大量调查已经核实,目前市场上销售的一些含金饰品如锻压金、铸金、复合金等,其生产工艺与包金、镀金首饰有明显区别,且这类含金饰品在进口环节均未征收消费税。为严密征税规定,公平税负,避免纳税人以饰品名称的不同钻空子,进行偷税、逃税,现对在零售环节征收消费税的金银首饰的范围重申如下:

在零售环节征收消费税的金银首饰的范围不包括镀金(银)、包金(银)首饰,以及镀金(银)、包金(银)的镶嵌首饰,凡采用包金、镀金工艺以外的其他工艺制成的含金、银首饰及镶嵌首饰,如锻压金、铸金、复合金首饰等,都应在零售环节征收消费税。

国家税务总局
关于取消金银首饰消费税纳税人认定行政审批后
有关问题的通知

（2004年6月25日　国税函〔2004〕826号）

各省、自治区、直辖市和计划单列市国家税务局：

根据《国务院关于第三批取消和调整行政审批项目的决定》（国发〔2004〕16号），"金银首饰消费税纳税人认定"属于被取消的行政审批项目。按照国务院要求，现将有关问题通知如下：

一、停止执行《国家税务总局关于印发〈金银首饰消费税征收管理办法〉的通知》（国税发〔1994〕267号）中《金银首饰消费税征收管理办法》的第五条"金银首饰消费税纳税人的认定"。

二、"金银首饰消费税纳税人的认定"程序取消后，各级税务机关要加大征管力度，对金银首饰经营单位申报纳税情况进行经常性专项检查。

国家税务总局
关于停止执行《金银首饰购货（加工）管理证明单》
使用规定的批复

（2005年3月4日　国税函〔2005〕193号）

北京市国家税务局：

你局《关于停止执行〈金银首饰购货（加工）管理证明单〉使用规定的请示》（京国税发〔2004〕374号）收悉，批复如下：

根据《国家税务总局关于取消金银首饰消费税纳税人认定行政审批后有关问题的通知》（国税函〔2004〕826号）的规定，金银首饰消费税纳税人的认定程序已被取消。鉴于该认定程序取消后，《金银首饰购货（加工）管理证明单》（以下简称证明单）领用对象的确认已经失去了依据，同意你局意见，停止执行《金银首饰消费税征收管理办法》（国税发〔1994〕267号）等文件中有关证明单的使用规定。

财政部 国家税务总局
关于钻石消费税有关问题的通知

(2013 年 7 月 4 日 财税〔2013〕40 号)

各省、自治区、直辖市、计划单列市财政厅(局)、国家税务局,新疆生产建设兵团财务局:

根据《国务院办公厅关于钻石进出口管理和税收政策调整问题的复函》(国办函〔2001〕45 号)和《财政部关于钻石及上海钻石交易所有关税收政策的通知》(财税〔2001〕177 号)、《财政部关于钻石及上海钻石交易所有关税收政策的补充通知》(财税〔2001〕190 号),钻石及钻石饰品消费税的纳税环节从 2002 年 1 月 1 日起,由生产环节、进口环节后移至零售环节,对未镶嵌的成品钻石和钻石饰品的消费税按 5% 的税率征收。

四、成品油

国家税务总局
关于印发《汽油、柴油消费税管理办法(试行)》的通知

(2005 年 8 月 25 日 国税发〔2005〕133 号)

各省、自治区、直辖市和计划单列市国家税务局,扬州税务进修学院:

为了加强汽油、柴油消费税管理,提高征管质量和效率,实现消费税重点税源专人现场集中管理的目标,总局制定了《汽油、柴油消费税管理办法(试行)》,现印发给你们,请结合实际情况认真贯彻执行。对在试行过程中遇到的情况和问题,请及时报告总局。

附件:汽油、柴油消费税管理办法(试行)

附件:

汽油、柴油消费税管理办法(试行)

第一条 根据《中华人民共和国税收征收管理法》《中华人民共和国税收征收管理法实施细则》(以下简称征管法及其实施细则)、《中华人民共和国消费税暂行条例》《中华人民共和国消费税暂行条例实施细则》(以下简称条例及其实施细则)制定本办法。

第二条 在中华人民共和国境内生产、委托加工、进口汽油、柴油的单位和个人,均为

汽油、柴油消费税纳税人（以下简称纳税人）。无铅汽油适用税率每升0.2元，含铅汽油（铅含量每升超过0.013克）适用税率每升0.28元，柴油适用税率每升0.1元。

第三条 汽油是指由天然或人造原油经蒸馏所得的直馏汽油组分，二次加工汽油组分及其他高辛烷值组分按比例调合而成的或用其他原料、工艺生产的辛烷值不小于66的各种汽油和以汽油组分为主，辛烷值大于50的经调合可用作汽油发动机燃料的非标油。

第四条 柴油是指由天然或人造原油经减压蒸馏在一定温度下切割的馏分，或用于二次加工柴油组分调合而成的倾点在 –50号至30号的各种柴油和以柴油组分为主、经调和精制可用作柴油发动机的非标油。

第五条 纳税人应按照征管法及其实施细则的有关规定办理税务登记，纳税人除依照有关规定提供相关资料外，还必须提供下列资料：

（一）生产企业基本情况表（以下简称基本情况表，见附件一）；

（二）生产装置及工艺路线的简要说明；

（三）企业生产的所有油品名称、产品标准及用途；

（四）税务机关要求报送的其他资料。

第六条 已经办理税务登记的纳税人，其原油加工能力、生产装置、储油设施、油品名称、产品标准及用途发生变化的，应自发生变化之日起30日内向主管税务机关报告。

第七条 主管税务机关应在纳税人办理税务登记后或接到本办法第六条规定的报告后，及时到纳税人所在地实地查验、核实。

第八条 纳税人应按照条例及其实施细则的规定办理消费税纳税申报。纳税人在办理消费税纳税申报时应填写《消费税纳税申报表》及附表并提供下列资料：

（一）生产企业生产经营情况表（油品）（以下简称经营表，见附件二）；

（二）生产企业产品销售明细表（油品）（以下简称销售表，见附件三）；

（三）主管部门下达的月度生产计划；

（四）企业根据生产计划制定的月份排产计划；

（五）税务机关要求报送的其他资料。

第九条 主管税务机关应对纳税人实行专责管理。

第十条 主管税务机关应定期委派管理员到生产企业所在地了解纳税人的生产经营情况及与纳税有关的情况。向纳税人宣传贯彻税收法律、法规和各项税收政策，开展纳税服务，为纳税人提供税法咨询和办税辅导，督促纳税人正确履行纳税义务、建立健全财务会计制度、加强账簿凭证管理。

第十一条 主管税务机关应当掌握纳税人生产经营、财务核算的基本情况。掌握纳税人原油、原料油品输入、输出管道、炼化装置、燃料油品运输口岸（管道运输、火车运输、船舶运输、罐车运输）等储运部门的具体位置，燃料油品流量计（表、检尺）的安装位置。了解产品重量单位的计算方法（在一定温度下重量 = 体积×密度），统计部门燃料油品产量计算方式、商品量的调整依据。

第十二条 主管税务机关应定期将依据纳税人储运部门的油品收发台账统计的油品发出量与流量表的流量总计或通过检尺检测后计算的流量总计进行核对。

第十三条 主管税务机关应对纳税人油品销售对象进行监控。定期将纳税人统计的油品发出量与销售对象（如石油公司等）的流量计记录情况进行核对。

第十四条 主管税务机关应定期对纳税人开展纳税评估。综合运用纳税人申报资料及第三方信息资料（如原油加工损失等）和本办法附件四评估指标定义及比对方法，对纳税人纳税申报的真实性、准确性做出初步判断，根据评估分析发现的问题，约谈纳税人。

第十五条 汽油、柴油消费税纳税评估指标包括：原油及原料油加工量、原油库存能力、汽油库存能力、柴油库存能力、综合商品率、轻油收率、汽油收率、柴油收率、柴油、汽油产出比、税务机关计算的汽油销售数量、税务机关计算的柴油销售数量。

第十六条 主管税务机关应对纳税人开具的除汽油、柴油以外的所有油品销售发票（增值税专用发票、有效凭证）按照销售对象进行清分，将有疑点的发票信息及时传递给销售对象所在地主管税务机关，由销售对象所在地主管税务机关进行协查。

第十七条 销售对象所在地主管税务机关应对本环节购进货物用途、再销售对象进行核查，于收到核查信息后 15 日内将核查结论反馈给生产企业所在地主管税务机关。

对于本环节仍有疑点的发票，销售对象所在地主管税务机关应继续向下一环节购货方所在地主管税务机关发出协查信息。

第十八条 主管税务机关应加强对纳税人以化工原料名义销售的可用于调和为汽油、柴油的石脑油、溶剂油计划及调整计划（以下简称计划）的管理。计划每年由中国石油天然气集团（股份）公司、中国石油化工集团（股份）公司提出，经国家税务总局核准后下发给各省、自治区、直辖市、计划单列市国家税务局。

第十九条 以化工原料名义销售的可用于调和为汽油、柴油的石脑油、溶剂油的生产企业（以下简称供应单位）所在地主管税务机关应对计划执行情况进行监督，于次年 1 月 31 日前将计划执行情况逐级上报至国家税务总局。

第二十条 使用计划内可用于调和汽油、柴油的石脑油、溶剂油单位（以下简称使用单位）所在地的主管税务机关应对使用单位计划使用情况进行监督。对使用单位销售的汽油、柴油征收消费税。

第二十一条 主管税务机关应根据税收管理的需要，对纳税人销售、自用、受托加工的除汽油、柴油以外的油品进行取样备检，可以要求纳税人于销售货物前提供备检样品。

第二十二条 本办法实施前已经办理税务登记的纳税人，无需重新办理税务登记。但必须在本办法实施后的第一个征期内向主管税务机关提供本办法第五条规定需要提供的证件资料。

第二十三条 本办法自 2005 年 9 月 1 日起实施。

附件：（编者略）
1. 生产企业基本情况表
2. 生产企业生产经营情况表（油品）
3. 生产企业产品销售明细表（油品）
4. 评估指标定义及比对方法

［注释：条款失效，第二条、第三条、第四条、第八条失效。参见：《国家税务总局关于发布已失效或废止有关消费税规范性文件的通知》（国税发〔2009〕45 号）。根据《国家税务总局关于部分税务行政审批事项取消后有关管理问题的公告》（国家税务总局公告 2015 年第 8 号），本法规第十八条、十九条和二十条自 2015 年 2 月 4 日起废止。］

国家税务总局
关于依据柴油质量标准认定消费税征税范围问题的批复

(2007年7月16日 国税函〔2007〕767号)

山东省国家税务局：

你局《关于柴油消费税质量标准认定问题的请示》（鲁国税发〔2007〕56号）收悉，批复如下：

倾点和凝点虽然是衡量柴油性质的同一类指标，并且在数值上比较接近，但属于两个不同的指标。将"凝点"等同于"倾点"来确定消费税征税范围，在税法上缺乏依据，并且会引起征税范围的变化。"倾点"指标既然有国家规定的检测标准（GB/T 3535），必然可以通过检测取得。柴油的征收范围仍应按照《国家税务总局关于印发修订后的〈汽油、柴油消费税征收范围注释〉的通知》（国税发〔1998〕192号）确定。

财政部 国家税务总局
关于调整部分成品油消费税政策的通知

(2008年2月3日 财税〔2008〕19号)

各省、自治区、直辖市、计划单列市财政厅（局）、国家税务局，新疆生产建设兵团财务局：

为促进以石脑油为原料的国产乙烯和芳烃类产品与进口同类产品的公平竞争，经国务院批准，现将石脑油等部分成品油消费税政策调整如下：

一、自2008年1月1日起，对石脑油、溶剂油、润滑油按每升0.2元征收消费税，燃料油按每升0.1元征收消费税。

二、自2008年1月1日起至2010年12月31日止，进口石脑油和国产的用作乙烯、芳烃类产品原料的石脑油免征消费税。生产企业直接对外销售的石脑油应按规定征收消费税。石脑油消费税的具体征、免税管理办法由财政部、国家税务总局另行制定。

三、以外购或委托加工收回的已税石脑油、润滑油、燃料油为原料生产的应税消费品，准予从消费税应纳税额中扣除原料已纳的消费税税款。抵扣税款的计算公式为：当期准予扣除的外购应税消费品已纳税款＝当期准予扣除外购应税消费品数量×外购应税消费品单位税额。

四、本通知自2008年1月1日起执行。在2007年12月31日以前石脑油应缴未缴的消费税，各地主管税务机关应抓紧进行清缴。原《财政部 国家税务总局关于调整和完善消费税政策的通知》（财税〔2006〕33号）、《国家税务总局关于印发〈整和完善消费税政策征收管理规定〉的通知》（国税发〔2006〕49号）规定与本通知有抵触的，以本通知规定为准。

[注释：条款失效，第一条，第二条中关于进口石脑油免征消费税的规定失效。参见：《财政部　国家税务总局关于公布废止和失效的消费税规范性文件目录的通知》（财税〔2009〕18号）。]

财政部　国家税务总局
关于提高成品油消费税税率的通知

（2008年12月19日　财税〔2008〕167号）

各省、自治区、直辖市、计划单列市财政厅（局）、国家税务局，新疆生产建设兵团财务局：

按照《国务院关于实施成品油价格和税费改革的通知》（国发〔2008〕37号），现将提高成品油消费税税率问题通知如下：

一、将无铅汽油的消费税单位税额由每升0.2元提高到每升1.0元；将含铅汽油的消费税单位税额由每升0.28元提高到每升1.4元。

二、将柴油的消费税单位税额由每升0.1元提高到每升0.8元。

三、将石脑油、溶剂油和润滑油的消费税单位税额由每升0.2元提高到每升1.0元。

四、将航空煤油和燃料油的消费税单位税额由每升0.1元提高到每升0.8元。

五、本通知自2009年1月1日起执行。原消费税的政策规定与本通知有抵触的，依照本通知执行。

附件：1. 成品油消费税税目税率表
　　　2. 成品油消费税征收范围注释

附件1：

成品油消费税税目税率表

税　目	税　率
成品油：	
1. 汽油	
（1）无铅汽油	1.0元/升
（2）含铅汽油	1.4元/升
2. 柴油	0.8元/升
3. 航空煤油	0.8元/升
4. 石脑油	1.0元/升
5. 溶剂油	1.0元/升
6. 润滑油	1.0元/升
7. 燃料油	0.8元/升

附件2：

成品油消费税征收范围注释

一、汽油

汽油是指用原油或其他原料加工生产的辛烷值不小于66的可用作汽油发动机燃料的各种轻质油。含铅汽油是指铅含量每升超过0.013克的汽油。汽油分为车用汽油和航空汽油。

以汽油、汽油组分调和生产的甲醇汽油、乙醇汽油也属于本税目征收范围。

二、柴油

柴油是指用原油或其他原料加工生产的倾点或凝点在－50至30的可用作柴油发动机燃料的各种轻质油和以柴油组分为主、经调和精制可用作柴油发动机燃料的非标油。

以柴油、柴油组分调和生产的生物柴油也属于本税目征收范围。

三、石脑油

石脑油又叫化工轻油，是以原油或其他原料加工生产的用于化工原料的轻质油。

石脑油的征收范围包括除汽油、柴油、航空煤油、溶剂油以外的各种轻质油。非标汽油、重整生成油、拔头油、戊烷原料油、轻裂解料（减压柴油VGO和常压柴油AGO）、重裂解料、加氢裂化尾油、芳烃抽余油均属轻质油，属于石脑油征收范围。

四、溶剂油

溶剂油是用原油或其他原料加工生产的用于涂料、油漆、食用油、印刷油墨、皮革、农药、橡胶、化妆品生产和机械清洗、胶粘行业的轻质油。

橡胶填充油、溶剂油原料，属于溶剂油征收范围。

五、航空煤油

航空煤油也叫喷气燃料，是用原油或其他原料加工生产的用作喷气发动机和喷气推进系统燃料的各种轻质油。

六、润滑油

润滑油是用原油或其他原料加工生产的用于内燃机、机械加工过程的润滑产品。润滑油分为矿物性润滑油、植物性润滑油、动物性润滑油和化工原料合成润滑油。

润滑油的征收范围包括矿物性润滑油、矿物性润滑油基础油、植物性润滑油、动物性润滑油和化工原料合成润滑油。以植物性、动物性和矿物性基础油（或矿物性润滑油）混合掺配而成的"混合性"润滑油，不论矿物性基础油（或矿物性润滑油）所占比例高低，均属润滑油的征收范围。

七、燃料油

燃料油也称重油、渣油，是用原油或其他原料加工生产，主要用作电厂发电、锅炉用燃料、加热炉燃料、冶金和其他工业炉燃料。腊油、船用重油、常压重油、减压重油、180CTS燃料油、7号燃料油、糠醛油、工业燃料、4—6号燃料油等油品的主要用途是作为燃料燃烧，属于燃料油征收范围。

财政部 国家税务总局
关于提高成品油消费税税率后相关成品油消费税政策的通知

(2008年12月19日 财税〔2008〕168号)

各省、自治区、直辖市、计划单列市财政厅（局）、国家税务局，新疆生产建设兵团财务局：

根据《国务院关于实施成品油价格和税费改革的通知》（国发〔2008〕37号），现将提高成品油消费税税率后相关成品油消费税政策问题通知如下：

一、自2009年1月1日起对进口石脑油恢复征收消费税。

二、2009年1月1日至2010年12月31日，对国产的用作乙烯、芳烃类产品原料的石脑油免征消费税，生产企业直接对外销售的不作为乙烯、芳烃类产品原料的石脑油应按规定征收消费税；对进口的用作乙烯、芳烃类产品原料的石脑油已缴纳的消费税予以返还，具体办法由财政部会同海关总署和国家税务总局另行制定。

乙烯类产品具体是指乙烯、丙烯和丁二烯；芳烃类产品具体是指苯、甲苯、二甲苯。

三、航空煤油暂缓征收消费税。

四、对用外购或委托加工收回的已税汽油生产的乙醇汽油免税。用自产汽油生产的乙醇汽油，按照生产乙醇汽油所耗用的汽油数量申报纳税。

五、对外购或委托加工收回的汽油、柴油用于连续生产甲醇汽油、生物柴油，准予从消费税应纳税额中扣除原料已纳的消费税税款。

六、2008年12月31日以前生产企业库存的用于生产应税消费品的外购或委托加工收回的石脑油、润滑油、燃料油原料，其已缴纳的消费税，准予在2008年12月税款所属期按照石脑油、润滑油每升0.2元和燃料油每升0.1元一次性计算扣除。

七、本通知自2009年1月1日起执行，原消费税政策规定与本通知有抵触的按照本通知的规定执行。下列文件或文件的部分内容自本通知执行之日起同时废止：

（一）财政部 国家税务总局《关于调整含铅汽油消费税税率的通知》（财税字〔1998〕163号）

（二）国家税务总局《关于印发修订后的〈汽油、柴油消费税征税范围注释〉的通知》（国税发〔1998〕192号）

（三）国家税务总局《关于生物柴油征收消费税问题的批复》（国税函〔2005〕39号）

（四）财政部 国家税务总局《关于调整和完善消费税政策的通知》（财税〔2006〕33号）第一条第二款的第1项成品油新增子目的适用税率（单位税额）和附件的第六条

（五）财政部 国家税务总局《关于消费税若干具体政策的通知》（财税〔2006〕125号）第五条

（六）国家税务总局《关于生物柴油征收消费税问题的批复》（国税函〔2006〕1183号）

（七）财政部 国家税务总局《关于调整部分成品油消费税政策的通知》（财税〔2008〕19号）第二条中关于进口石脑油免征消费税的规定

（八）国家税务总局《关于印发〈石脑油消费税免税管理办法〉的通知》（国税发〔2008〕45号）第四条

财政部 海关总署 国家税务总局
关于进口石脑油消费税先征后返有关问题的通知

（2009年7月31日 财预〔2009〕347号）

财政部驻各省、自治区、直辖市、计划单列市财政监察专员办事处，海关总署广东分署、各直属海关，各省、自治区、直辖市、计划单列市国家税务局：

根据《国务院关于实施成品油价格和税费改革的通知》（国发〔2008〕37号）的有关规定，对2009年1月1日至2010年12月31日期间进口用作乙烯、芳烃类产品原料的石脑油已缴纳的进口环节消费税予以返还，现将有关事项通知如下：

一、2009年1月1日至2010年12月31日，我国境内委托进口石脑油的生产企业（以下简称生产企业），用进口石脑油作为原料生产出乙烯、芳烃类产品后，可申请返还已经缴纳的进口环节消费税（以下简称返税）。

二、进口石脑油时间以进口货物报关单上的申报时间为准。

三、乙烯类产品具体是指乙烯、丙烯、丁二烯；芳烃类产品具体是指苯、甲苯、二甲苯。

四、生产企业应在本通知下发30日内到所在地财政监察专员办事处（以下简称专员办）提请备案，并建立石脑油移送使用台账，分别记录进口、购买国产、自产的石脑油数量和用进口石脑油作为原料生产出乙烯、芳烃类产品的数量。

五、专员办负责审核生产企业申请返税的进口石脑油是否全部作为乙烯、芳烃类产品的原料，且生产出产品，并在确认无误后向申请的生产企业出具审核意见（即石脑油用途证明）。

本通知第四条、第五条规定的备案及审核具体办法依照《进口石脑油备案审核工作规程》（见附件）的规定执行。

六、生产企业如有下列行为，不予办理返税：

（一）未按照本通知要求备案和建立石脑油移送使用台账的，进口的石脑油全部不予办理退税。

（二）将进口的石脑油转售给其他企业的，转售的进口石脑油不予办理返税；

（三）将进口石脑油用作其他用途的，用作其他用途的进口石脑油不予办理返税。

七、生产企业取得所在地专员办出具的审核证明后，连同进口货物报关单、海关专用缴款书和自动进口许可证等材料，向纳税地海关申请返税，由海关按照程序上报财政部批准。具体申报审批程序按照《财政部 海关总署 中国人民银行 国家税务总局进口税收先征后返管理办法》（财预〔2009〕84号）办理。

八、生产企业取得进口环节消费税返税款后，应当自觉接受有关部门的监督检查。监督部门发现企业弄虚作假骗取返税款的，应及时追回所返税款，并移交财政部依照《财政违法行为处罚处分条例》（国务院令第427号）进行处理。

九、本通知自下发之日起执行，由财政部会同海关总署、国家税务总局负责解释。

附件：进口石脑油备案审核工作规程

附件：

进口石脑油备案审核工作规程

一、生产企业职责及程序

（一）备案。

生产企业申请返还进口环节消费税的，应准备以下材料到所在地专员办提请备案：

1. 营业执照、税务登记证（原件及复印件）；

2. 企业类型说明（分为单一型生产企业和复合型生产企业，单一型生产企业是指仅生产乙烯、芳烃类产品的企业；复合型生产企业是指生产但不限于乙烯、芳烃类产品的企业）；

3. 企业生产概况，具体包括本企业生产的乙烯、芳烃类产品目录及产品说明，石脑油与乙烯、芳烃类产品的投入产出比、石脑油的其他用途、财务核算办法；

4.《石脑油进口环节消费税先征后返企业备案表》（见附1）。

年度终了以及企业进口的石脑油用途发生变化后10个工作日内，企业应到专员办重新备案。

（二）申请审核。

在申请返税前，生产企业应向专员办报送以下审核申请材料：

1. 申请返税文件；

2.《石脑油进口环节消费税先征后返申请审核表》（见附2，一式四份）；

3. 购货合同、进口代理合同（原件及复印件）；

4. 商务部出具的《自动进口许可证》（原件及复印件）；

5.《石脑油进口环节消费税明细表》（见附3）；

6.《海关专用缴款书》（原件及复印件）；

7. 产品销售明细表及销售收入明细账（原件及复印件）；

8. 石脑油移送使用台账；

9. 专员办审核时需要的其他资料。

企业应对报送材料的真实性、完整性负责，所报材料复印件均须加盖企业公章。

二、专员办职责及程序

（一）受理。

专员办收到企业报送的材料后，应对原件与复印件的一致性进行核对，在核对无误后将原件退还，并区分以下情况决定是否受理：

1. 对申请材料符合要求且要件齐备的申报企业，专员办应在收到申请材料当日明确表示同意受理，并要求申报企业填写《石脑油进口环节消费税先征后返申报登记表》（见附4）；

2. 对申请材料不齐备的申报企业，应在收到申请材料3个工作日内告知企业补齐材料；

3. 对不符合条件的申报企业，应在收到申请材料当日明确告知无法受理的理由，并及时退回相关申请材料。

（二）审核。

专员办应在收取企业报送的申请审核材料后20个工作日内完成审核，原则上以书面资料审核为主，必要时可进行现场审核。

审核内容包括：

1. 申请返税的石脑油是否已经全部缴纳进口环节消费税；

2. 税款缴纳人与申报人是否一致；

3. 对单一型生产企业，要审核企业对申请返税的石脑油是否存在转售行为；

4. 对复合型生产企业，要审核申请返税的进口石脑油是否用于除乙烯、芳烃类产品生产之外的用途；

5. 用进口石脑油作为原料生产出乙烯、芳烃类产品的数量、规格等；

6. 专员办认为需要审核的其他内容。

（三）出具审核意见。

专员办审核确认无误后，应由经办人员在《石脑油进口环节消费税先征后返申请审核表》上签署审核意见，加盖本单位公章后退还申请企业，并抄送财政部（预算司和监督检查局）。

（四）资料保管。

专员办应建立审核统计台账，分户逐笔登记，妥善保管以下审核材料并按长期档案管理有关规定进行管理和保存：

1. 企业申报的全部申请审核资料；

2. 经签署意见并加盖本单位公章的《石脑油进口环节消费税先征后返申请审核表》；

3. 其他有必要保存的资料。

附件：

1. 石脑油进口环节消费税先征后返企业备案表（编者略）
2. 石脑油进口环节消费税先征后返申请审核表（编者略）
3. 石脑油进口环节消费税明细表（编者略）
4. 石脑油进口环节消费税先征后返申报登记表（编者略）

国家税务总局
关于润滑脂产品征收消费税问题的批复

（2009年12月15日 国税函〔2009〕709号）

北京市国家税务局：

你局《关于对润滑脂产品征收消费税问题的请示》（京国税发〔2009〕232号）收悉。

经研究，批复如下：

根据润滑油消费税征收范围注释，用原油或其他原料加工生产的用于内燃机、机械加工过程的润滑产品均属于润滑油征税范围。润滑脂是润滑产品，属润滑油消费税征收范围，生产、加工润滑脂应当征收消费税。

国家税务总局
关于稳定轻烃产品征收消费税问题的批复

（2010年5月13日　国税函〔2010〕205号）

山东省国家税务局：

你局《关于中石化胜利油田分公司稳定轻烃产品征收消费税问题的请示》（鲁国税发〔2010〕54号）收悉。经研究，批复如下：

油气田企业在生产石油、天然气过程中，通过加热、增压、冷却、制冷等方法回收、以戊烷和以上重烃组分组成的稳定轻烃属于原油范畴，不属于成品油消费税征税范围。

财政部　国家税务总局
关于调整部分燃料油消费税政策的通知

（2010年8月20日　财税〔2010〕66号）

各省、自治区、直辖市、计划单列市财政厅（局）、国家税务局，新疆生产建设兵团财务局：

为了促进烯烃类化工行业的健康发展和生产同类产品企业间的公平竞争，经国务院批准，现将部分燃料油消费税政策调整如下：

一、2010年1月1日起到2010年12月31日止，对用作生产乙烯、芳烃等化工产品原料的国产燃料油免征消费税，对用作生产乙烯、芳烃等化工产品原料的进口燃料油返还消费税。燃料油生产企业对外销售的不用作生产乙烯、芳烃等化工产品原料的燃料油应按规定征收消费税。生产乙烯、芳烃等化工产品的化工企业购进免税燃料油对外销售且未用作生产乙烯、芳烃化工产品原料的，应补征消费税。

对企业自2010年1月1日起至文到之日前购买的用作生产乙烯、芳烃等化工产品原料的燃料油所含的消费税予以退还。

二、乙烯等化工产品具体是指乙烯、丙烯、丁二烯及其衍生品等化工产品；芳烃等化工产品具体是指苯、甲苯、二甲苯、重芳烃及混合芳烃等化工产品。

三、用燃料油生产乙烯、芳烃等化工产品产量占本企业用燃料油生产产品总量50%以上（含50%）的企业，享受本通知规定的优惠政策。

四、燃料油消费税的免、返税管理参照《国家税务总局关于印发〈石脑油消费税免税管理办法〉的通知》（国税发〔2008〕45号）和《财政部 海关总署 国家税务总局关于进口石脑油消费税先征后返有关问题的通知》（财预〔2009〕347号）执行。

国家税务总局
关于绝缘油类产品不征收消费税问题的公告

（2010年8月30日 国家税务总局公告2010年第12号）

现将有关消费税征收范围问题公告如下：

变压器油、导热类油等绝缘油类产品不属于《财政部 国家税务总局关于提高成品油消费税税率的通知》（财税〔2008〕167号）规定的应征消费税的"润滑油"，不征收消费税。

本公告自2010年10月1日起执行。《国家税务总局关于对绝缘油类产品征收消费税问题的批复》（国税函〔2010〕76号）文件同时废止。此前未征消费税的不得补征，已征的消费税税款可抵顶以后纳税期其他货物的应交消费税。

财政部 国家税务总局
关于对成品油生产企业生产自用油免征消费税的通知

（2010年11月1日 财税〔2010〕98号）

各省、自治区、直辖市、计划单列市财政厅（局）、国家税务局，新疆生产建设兵团财务局：

经国务院批准，对成品油生产企业生产自用油免征消费税。现将有关政策通知如下：

一、从2009年1月1日起，对成品油生产企业在生产成品油过程中，作为燃料、动力及原料消耗掉的自产成品油，免征消费税。对用于其他用途或直接对外销售的成品油照章征收消费税。

二、从2009年1月1日到本通知下发前，成品油生产企业生产自用油已经缴纳的消费税，符合上述免税规定的，予以退还。

财政部 国家税务总局
关于对利用废弃的动植物油生产纯生物柴油免征消费税的通知

（2010年12月17日 财税〔2010〕118号）

各省、自治区、直辖市、计划单列市财政厅（局）、国家税务局，新疆生产建设兵团财务局：

经国务院批准,对利用废弃的动物油和植物油为原料生产的纯生物柴油免征消费税。现将有关政策通知如下:

一、从 2009 年 1 月 1 日起,对同时符合下列条件的纯生物柴油免征消费税:

(一)生产原料中废弃的动物油和植物油用量所占比重不低于 70%。

(二)生产的纯生物柴油符合国家《柴油机燃料调合生物柴油(BD100)》标准。

二、对不符合本通知第一条规定的生物柴油,或者以柴油、柴油组分调合生产的生物柴油照章征收消费税。

三、从 2009 年 1 月 1 日至本通知下发前,生物柴油生产企业已经缴纳的消费税,符合本通知第一条免税规定的予以退还。

财政部 国家税务总局
关于对油(气)田企业生产自用成品油先征后返消费税的通知

(2011 年 2 月 25 日 财税〔2011〕7 号)

各省、自治区、直辖市、计划单列市财政厅(局)、国家税务局,新疆生产建设兵团财务局:

经国务院批准,现对油(气)田企业生产自用成品油先征后返消费税问题通知如下:

一、自 2009 年 1 月 1 日起,对油(气)田企业在开采原油过程中耗用的内购成品油,暂按实际缴纳成品油消费税的税额,全额返还所含消费税。

二、享受税收返还政策的成品油必须同时符合以下三个条件:

(一)由油(气)田企业所隶属的集团公司(总厂)内部的成品油生产企业生产;

(二)从集团公司(总厂)内部购买;

(三)油(气)田企业在地质勘探、钻井作业和开采作业过程中,作为燃料、动力(不含运输)耗用。

三、油(气)田企业所隶属的集团公司(总厂)向财政部驻当地财政监察专员办事处统一申请税收返还。具体退税办法由财政部另行制定。

财政部 国家税务总局
关于明确废弃动植物油生产纯生物柴油免征消费税适用范围的通知

(2011 年 6 月 15 日 财税〔2011〕46 号)

各省、自治区、直辖市、计划单列市财政厅(局)、国家税务局,新疆生产建设兵团财务

局,财政部驻各省、自治区、直辖市、计划单列市监察专员办事处:

为方便税收征管,现将《财政部 国家税务总局关于对利用废弃的动植物油生产纯生物柴油免征消费税的通知》(财税〔2010〕118号)所称"废弃的动物油和植物油"的范围明确如下:

一、餐饮、食品加工单位及家庭产生的不允许食用的动植物油脂。主要包括泔水油、煎炸废弃油、地沟油和抽油烟机凝析油等。

二、利用动物屠宰分割和皮革加工修削的废弃物处理提炼的油脂,以及肉类加工过程中产生的非食用油脂。

三、食用油脂精炼加工过程中产生的脂肪酸、甘油脂及含少量杂质的混合物。主要包括酸化油、脂肪酸、棕榈酸化油、棕榈油脂肪酸、白土油及脱臭馏出物等。

四、油料加工或油脂储存过程中产生的不符合食用标准的油脂。

财政部 中国人民银行 国家税务总局关于延续执行部分石脑油燃料油消费税政策的通知

(2011年9月15日 财税〔2011〕87号)

各省、自治区、直辖市、计划单列市财政厅(局)、国家税务局,中国人民银行上海总部,各分行、营业管理部,省会(首府)城市中心支行,各副省级城市中心支行:

为促进我国烯烃类化工行业的发展,经国务院批准,现将用于生产乙烯、芳烃类化工产品的石脑油、燃料油消费税退(免)税政策延续问题明确如下:

一、自2011年10月1日起,对生产石脑油、燃料油的企业(以下简称生产企业)对外销售的用于生产乙烯、芳烃类化工产品的石脑油、燃料油,恢复征收消费税。

二、自2011年10月1日起,生产企业自产石脑油、燃料油用于生产乙烯、芳烃类化工产品的,按实际耗用数量暂免征消费税。

三、自2011年10月1日起,对使用石脑油、燃料油生产乙烯、芳烃的企业(以下简称使用企业)购进并用于生产乙烯、芳烃类化工产品的石脑油、燃料油,按实际耗用数量暂退还所含消费税。

退还石脑油、燃料油所含消费税计算公式为:

应退还消费税税额 = 石脑油、燃料油实际耗用数量 × 石脑油、燃料油消费税单位税额。

使用企业所在地主管国家税务局(以下简称主管税务机关)负责退税工作。主管税务机关根据使用企业石脑油、燃料油实际耗用量核定应退税金额,并开具"收入退还书"(预算科目为:101020121 成品油消费税退税),后附退税审批表、退税申请书等,送交当地国库部门。国库部门审核后从中央预算收入中退付税款。

四、2011年1月1日至9月30日,生产企业销售给使用企业用于生产乙烯、芳烃类化工产品的石脑油、燃料油,仍按《财政部 国家税务总局关于提高成品油消费税税率后相关成品油消费税政策的通知》(财税〔2008〕168号)、《财政部 国家税务总局关于调整部分燃料油消费税政策的通知》(财税〔2010〕66号)和《国家税务总局关于印发〈石脑油消费税免税管理办法〉的通知》（国税发〔2008〕45号）规定免征消费税。

五、在2011年1月1日至9月30日期间，对使用企业购进的用于生产乙烯、芳烃类化工产品的已含消费税石脑油、燃料油，按照本通知第三条规定退还。

六、主管税务机关要对使用企业2011年1月1日至9月30日购进石脑油、燃料油的库存情况认真检查核实，对耗用库存的已享受退（免）消费税的石脑油、燃料油，不得退税。

七、2010年12月31日前，生产企业自营进口或委托代理进口的石脑油、燃料油消费税应退未退的，仍按《财政部　国家税务总局关于提高成品油消费税税率后相关成品油消费税政策的通知》（财税〔2008〕168号）、《财政部　国家税务总局关于调整部分燃料油消费税政策的通知》（财税〔2010〕66号）、《财政部　国家税务总局关于调整成品油进口环节消费税的通知》（财关税〔2008〕103号）、《财政部关于调整部分进口燃料油消费税政策的通知》（财关税〔2010〕56号）和《财政部　海关总署　国家税务总局关于进口石脑油消费税先征后返有关问题的通知》（财预〔2009〕347号）继续退还。

八、用石脑油、燃料油生产乙烯、芳烃类化工产品的产量占本企业用石脑油、燃料油生产产品总量的50%以上（含50%）的企业，享受本通知规定的退（免）消费税政策。符合本条规定条件的企业，应在本通知下发后到主管税务机关提请退（免）税资格认定。

九、乙烯类化工产品是指乙烯、丙烯、丁二烯及衍生品；芳烃类化工产品是指苯、甲苯、二甲苯、重芳烃、混合芳烃及衍生品。

十、使用企业生产乙烯、芳烃类化工产品过程中所生产的消费税应税产品，照章缴纳消费税。

十一、用于生产乙烯、芳烃类化工产品的石脑油、燃料油消费税具体退（免）税管理办法，由国家税务总局另行制定。

十二、财政部驻各地财政监察专员办事处要加强对消费税退（免）税政策执行情况的监督检查。各级国家税务局要加强对消费税退（免）税的组织、监督，严格管理，堵塞漏洞。对于发现并经查实的骗取退（免）税的行为，依法处罚，并取消退（免）消费税的资格。

国家税务总局
关于发布《用于生产乙烯、芳烃类化工产品的石脑油、燃料油退（免）消费税暂行办法》的公告

（2012年7月12日　国家税务总局公告2012年第36号）

根据《财政部　中国人民银行　国家税务总局关于延续执行部分石脑油、燃料油消费税政策的通知》（财税〔2011〕87号）的规定，现将国家税务总局制定的《用于生产乙烯、芳烃类化工产品的石脑油、燃料油退（免）消费税暂行办法》（以下简称暂行办法）予以发布，自2011年10月1日起施行。同时对有关问题明确如下：

一、石脑油、燃料油生产企业（以下简称生产企业）在2011年1月1日至9月30日期间（以增值税专用发票开具日期为准，下同）销售给乙烯、芳烃类产品生产企业（以下简

称使用企业）的石脑油、燃料油，仍按《国家税务总局关于印发〈石脑油消费税免税管理办法〉的通知》（国税发〔2008〕45号）执行。补办《石脑油使用管理证明单》（以下简称证明单）的工作应于2012年8月31日前完成。

生产企业取得《证明单》并已缴纳消费税的，税务机关予以退还消费税或准予抵减下期消费税；未缴纳消费税并未取得《证明单》的，生产企业应补缴消费税。

使用企业在2011年1月1日至9月30日期间购入的国产石脑油、燃料油不得申请退税。

二、2012年8月31日前，主管税务机关应将资格备案的石脑油、燃料油退（免）消费税的使用企业名称和纳税人识别号逐级上报国家税务总局（货物和劳务税司）。

三、在石脑油、燃料油汉字防伪版专用发票开票系统推行之前，《暂行办法》第十七条中有关开具"DDZG"汉字防伪版专用发票的规定和开具普通版增值税专用发票先征税后核实再抵顶之规定暂不执行。生产企业执行定点直供计划销售石脑油、燃料油，并开具普通版增值税专用发票的，免征消费税。

四、生产企业应于2012年8月15日前将2011年10月1日至2012年7月31日期间销售石脑油、燃料油开具的增值税专用发票填报《过渡期生产企业销售石脑油、燃料油缴纳消费税明细表》（见附表）报送主管税务机关。主管税务机关审核后于2012年8月31日前逐级上报国家税务总局。

五、使用企业主管税务机关应根据国家税务总局下发的《过渡期生产企业销售石脑油、燃料油缴纳消费税明细表》与企业报送的《使用企业外购石脑油、燃料油凭证明细表》信息进行比对，比对相符的按《暂行办法》第十五条规定办理退税。比对不符的应进行核查，核查相符后方可办理退税。

六、主管税务机关应认真核实使用企业2011年9月30日和2012年7月31日的石脑油、燃料油库存情况。使用企业申请2011年10月至2012年7月期间消费税退税时，应将2011年9月30日采购国产石脑油、燃料油的库存数量填报《石脑油、燃料油生产、外购、耗用、库存月度统计表》"二、外购数量统计"项"期初库存数量"的"免税油品"栏内。

各地对执行中遇到的情况和问题，请及时报告税务总局（货物和劳务税司）。

附件：用于生产乙烯、芳烃类化工产品的石脑油、燃料油退（免）消费税暂行办法

附件：

用于生产乙烯、芳烃类化工产品的石脑油、燃料油退（免）消费税暂行办法

第一条 根据《中华人民共和国税收征收管理法》及其实施细则、《中华人民共和国消费税暂行条例》及其实施细则、《国家税务总局关于印发〈税收减免管理办法〉（试行）的通知》（国税发〔2005〕129号）、《财政部 中国人民银行 国家税务总局关于延续执行部分石脑油、燃料油消费税政策的通知》（财税〔2011〕87号）以及相关规定，制定本办法。

第二条 本办法所称石脑油、燃料油消费税适用《中华人民共和国消费税暂行条例》

之《消费税税目税率（税额）表》中"成品油"税目项下"石脑油""燃料油"子目。

第三条 境内使用石脑油、燃料油生产乙烯、芳烃类化工产品的企业，包括将自产石脑油、燃料油用于连续生产乙烯、芳烃类化工产品的企业（以下简称使用企业），符合财税〔2011〕87号文件退（免）消费税规定且需要申请退（免）消费税的，须按本办法规定向当地主管税务局（以下简称主管税务机关）办理退（免）消费税资格备案（以下简称资格备案）。未经资格备案的使用企业，不得申请退（免）消费税。

第四条 境内生产石脑油、燃料油的企业（以下简称生产企业）对外销售（包括对外销售用于生产乙烯、芳烃类化工产品的石脑油、燃料油）或用于其他方面的石脑油、燃料油征收消费税。但下列情形免征消费税：

（一）生产企业将自产的石脑油、燃料油用于本企业连续生产乙烯、芳烃类化工产品的；

（二）生产企业按照国家税务总局下发石脑油、燃料油定点直供计划（以下简称：定点直供计划）销售自产石脑油、燃料油的。

第五条 使用企业将外购的含税石脑油、燃料油用于生产乙烯、芳烃类化工产品，且生产的乙烯、芳烃类化工产品产量占本企业用石脑油、燃料油生产全部产品总量的50%以上（含）的，按实际耗用量计算退还所含消费税。

第六条 符合下列条件的使用企业可以提请资格备案：

（一）营业执照登记的经营范围包含生产乙烯、芳烃类化工产品；

（二）持有省级以上安全生产监督管理部门颁发的相关产品《危险化学品安全生产许可证》；

（三）拥有生产乙烯、芳烃类化工产品的生产装置或设备，包括裂解装置、连续重整装置、芳烃抽提装置、PX装置等；

（四）用石脑油、燃料油生产乙烯、芳烃类化工产品的产量占本企业用石脑油、燃料油生产全部产品总量的50%以上（含）；

（五）承诺接受税务机关对产品的抽检；

（六）国家税务总局规定的其他情形。

第七条 使用企业提请资格备案，应向主管税务机关申报《石脑油、燃料油消费税退（免）税资格备案表》（附件1），并提供下列资料：

（一）石脑油、燃料油用于生产乙烯、芳烃类化工产品的工艺设计方案、装置工艺流程以及相关生产设备情况；

（二）石脑油、燃料油用于生产乙烯、芳烃类化工产品的物料平衡图，要求标注每套生产装置的投入产出比例及年处理能力；

（三）原料储罐、产成品储罐和产成品仓库的分布图、用途、储存容量的相关资料；

（四）乙烯、芳烃类化工产品生产装置的全部流量计的安装位置图和计量方法说明，以及原材料密度的测量和计算方法说明；

（五）上一年度用石脑油、燃料油生产乙烯、芳烃类化工产品的分品种的销售明细表；

（六）本办法第六条所列相关部门批件（证书）的原件及复印件；

（七）税务机关要求的其他相关资料。

第八条 本办法颁布后的新办企业，符合本办法第六条第一、二、三、五、六项的要求,且能够提供本办法第七条第一、二、三、四、六、七项所列资料的,可申请资格备案。

第九条 使用单位申报的备案资料被税务机关受理,即取得退(免)消费税资格。主管税务机关有权对备案资料的真实性进行检查。

第十条 《石脑油、燃料油消费税退(免)税资格备案表》所列以下备案事项发生变化的,使用企业应于 30 日内向主管税务机关办理备案事项变更:

(一)单位名称(不包括变更纳税人识别号);

(二)产品类型;

(三)原材料类型;

(四)生产装置、流量计数量;

(五)石脑油、燃料油库容;

(六)附列资料目录所含的资质证件。

第十一条 主管税务机关每月底将资格备案信息(包括已备案、变更和注销)上报地市税务局,由地市税务局汇总上报省税务局备案。省税务局次月底前汇总报国家税务总局(货物和劳务税司)备案。

第十二条 退还用于生产乙烯、芳烃类化工产品的石脑油、燃料油消费税工作,由使用企业所在地主管税务机关负责。

第十三条 资格备案的使用企业每月应向主管税务机关填报《石脑油、燃料油生产、外购、耗用、库存月度统计表》(附件 2)、《乙烯、芳烃生产装置投入产出流量计统计表》(附件 3)和《使用企业外购石脑油、燃料油凭证明细表》(附件 4)。申请退税的使用企业,在纳税申报期结束后,应向主管税务机关填报《用于生产乙烯、芳烃类化工产品的石脑油、燃料油消费税退税申请表》(附件 5)。

第十四条 退还使用企业石脑油、燃料油所含消费税计算公式为:

应退还消费税税额 = 实际耗用石脑油或燃料油数量 × 石脑油或燃料油消费税单位税额

其中:实际耗用石脑油、燃料油数量 = 当期投入乙烯、芳烃生产装置的全部数量 − 当期耗用的自产数量 − 当期耗用的外购免税数量

第十五条 主管税务机关受理使用企业退税申请资料后,应在 15 个工作日内完成以下工作:

(一)开展消费税"一窗式"比对工作,具体比对指标为:

1.《石脑油、燃料油生产、外购、耗用、库存月度统计表》中填报的石脑油、燃料油生产乙烯、芳烃类化工产品的产量占本企业用石脑油、燃料油生产全部产品总量的比例是否达到 50%;

2.《使用企业外购石脑油、燃料油凭证明细表》中"免税购入"和"含税购入"项的"汉字防伪版增值税专用发票"的"货物名称、数量"与主管税务机关采集认证的汉字防伪版增值税专用发票的货物名称、数量比对是否一致;

3.《使用企业外购石脑油、燃料油凭证明细表》中"免税购入"和"含税购入"项的"普通版增值税专用发票"的"发票代码、发票号码、认证日期、销货方纳税人识别号"与主管税务机关采集认证的普通版增值税专用发票信息比对是否一致;

4.《使用企业外购石脑油、燃料油凭证明细表》中"含税购入"项的"海关进口消费税专用缴款书"所关联的"进口增值税专用缴款书号码"与主管税务机关采集的海关进口

增值税专用缴款书信息比对,是否存在和一致;

5.《石脑油、燃料油生产、外购、耗用、库存月度统计表》《乙烯、芳烃生产装置投入产出流量计统计表》《使用企业外购石脑油、燃料油凭证明细表》《用于生产乙烯、芳烃类化工产品的石脑油、燃料油消费税退税申请表》表内、表间数据关系计算是否准确。

(二)消费税"一窗式"比对相符的,开具"收入退还书"(预算科目:101020121 成品油消费税退税),后附《用于生产乙烯、芳烃类化工产品的石脑油、燃料油消费税退税申请表》,转交当地国库部门。国库部门按规定从中央预算收入中退付税款。

(三)消费税"一窗式"比对不符的,主管税务机关应当及时告知使用企业并退还其资料。

第十六条 生产企业将自产石脑油、燃料油用于本企业连续生产乙烯、芳烃类化工产品的,按当期投入生产装置的实际移送量免征消费税。

第十七条 生产企业执行定点直供计划,销售石脑油、燃料油的数量在计划限额内,且开具有"DDZG"标识的汉字防伪版增值税专用发票的,免征消费税。

开具普通版增值税专用发票的,应当先行申报缴纳消费税。经主管税务机关核实,确认使用企业购进的石脑油、燃料油已作免税油品核算的,其已申报缴纳消费税的数量可抵顶下期应纳消费税的应税数量。

未开具增值税专用发票或开具其他发票的,不得免征消费税。

第十八条 生产企业发生将自产的石脑油、燃料油用于本企业连续生产乙烯、芳烃类化工产品的,应按月填报《石脑油、燃料油生产、外购、耗用、库存月度统计表》和《乙烯、芳烃生产装置投入产出流量计统计表》;如执行定点直供计划销售石脑油、燃料油,且开具普通版增值税专用发票的,应按月填报《生产企业定点直供石脑油、燃料油开具普通版增值税专用发票明细表》(附件6),作为《成品油消费税纳税申报表》的附列资料一同报送。

第十九条 主管税务机关在受理生产企业纳税申报资料时,应核对以下内容:

(一)《成品油消费税纳税申报表》《石脑油、燃料油生产、外购、耗用、库存月度统计表》和《乙烯、芳烃生产装置投入产出流量计统计表》《生产企业定点直供石脑油、燃料油开具普通版增值税专用发票明细表》表内、表间数据关系计算是否准确;

(二)《石脑油、燃料油生产、外购、耗用、库存月度统计表》中"本期执行定点直供计划数量"的累计数是否超过定点直供计划限额;

(三)《石脑油、燃料油生产、外购、耗用、库存月度统计表》中"其中:汉字防伪版增值税专用发票的油品数量"与当期开具有"DDZG"标识的汉字防伪版增值税专用发票记载的数量是否一致;

(四)将《生产企业定点直供石脑油、燃料油开具普通版增值税专用发票明细表》中发票信息发送给使用企业主管税务机关进行核查;根据反馈的核查结果,对使用企业已作免税油品核算的,将允许抵顶下期应纳消费税应税数量的具体数量书面通知生产企业。

第二十条 生产企业对外销售和用于其他方面的石脑油、燃料油耗用量,减去用于本企业连续生产乙烯、芳烃类化工产品的耗用量,减去执行定点直供计划且开具"DDZG"标识的汉字防伪版增值税专用发票的数量,为应当缴纳消费税的数量。

生产企业实际执行定点直供计划时,超出国家税务总局核发定点直供计划量的,或将自产石脑油、燃料油未用于生产乙烯、芳烃类化工产品的,不得免征消费税。

第二十一条 每年 11 月 30 日前，企业总部应将下一年度的《石脑油、燃料油定点直供计划表》（附件 7）上报国家税务总局（货物和劳务税司）。年度内定点直供计划的调整，需提前 30 日报国家税务总局。

第二十二条 生产企业、使用企业应建立石脑油、燃料油移送使用台账（以下简称台账）。分别记录自产、外购（分别登记外购含税数量和外购免税数量）、移送使用石脑油、燃料油数量。

第二十三条 使用企业将外购的免税石脑油、燃料油未用于生产乙烯、芳烃类化工产品（不包库存）或者对外销售的，应按规定征收消费税。

第二十四条 使用企业生产乙烯、芳烃类化工产品过程中所生产的应税产品，应按规定征收消费税。外购的含税石脑油、燃料油生产乙烯、芳烃类化工产品且已经退税的，在生产乙烯、芳烃类化工产品过程中生产的应税产品不得再扣除外购石脑油、燃料油应纳消费税税额。

第二十五条 使用企业用于生产乙烯、芳烃类化工产品的石脑油、燃料油既有免税又有含税的，应分别核算，未分别核算或未准确核算的不予退税。

第二十六条 使用企业申请退税的国内采购的含税石脑油、燃料油，应取得经主管税务机关认证的汉字防伪版增值税专用发票或普通版增值税专用发票，发票应注明石脑油、燃料油及数量。未取得、未认证或发票未注明石脑油、燃料油及数量的，不予退税。

使用企业申请退税的进口的含税石脑油、燃料油，必须取得海关进口消费税、增值税专用缴款书，且申报抵扣了增值税进项税，专用缴款书应注明石脑油、燃料油及数量。未取得、未申报抵扣或专用缴款书未注明石脑油、燃料油及数量的，不予退税。

第二十七条 主管税务机关按月填制《用于生产乙烯、芳烃类化工产品的石脑油、燃料油退（免）税汇总表》（附件 8），逐级上报至国家税务总局。

第二十八条 主管税务机关应加强石脑油、燃料油退（免）消费税的日常管理，对已办理退税的乙烯、芳烃生产企业，当地税务稽查部门和货物劳务税管理部门，每季度要对其退税业务的真实性进行检查，防止企业骗取退税款。检查的内容主要包括：

（一）使用企业申报的实际耗用量与全部外购量、库存量进行比对，应当符合实际耗用量≤期初库存＋本期外购量（含自产）－本期销售－期末库存量；

使用企业申报的退税额应不大于外购含税石脑油、燃料油所含消费税税额；

（二）将使用企业实际产成品数据信息与利用产品收率计算原材料实际投入量信息进行比对，两者符合投入产出比例关系；

（三）将使用企业申报的实际耗用信息与石脑油、燃料油的出入库信息、生产计量信息及财务会计信息进行比对，符合逻辑关系；

（四）将使用企业申报的实际耗用信息与装置生产能力信息进行比对，符合逻辑关系；

（五）将使用企业本期外购石脑油、燃料油数量与相关增值税专用发票的抵扣信息进行比对，符合逻辑关系；

（六）生产企业免税销售石脑油、燃料油开具的增值税专用发票信息与总局定点直供计划规定的销售对象、供应数量等信息进行比对，两者销售对象应当一致，销售数量应等于或小于定点直供计划数量；

（七）使用企业外购免税的石脑油、燃料油数量信息与定点直供计划信息及相关的增值税专用发票信息进行比对，增值税专用发票开具的销售对象应当与定点直供计划规定的一致，其数量应等于或小于定点直供计划数量；

（八）使用企业申报的外购免税石脑油、燃料油数量信息与定点直供计划数量信息进行比对，免税数量应等于或小于定点直供计划。

第二十九条 被检查企业与主管税务机关在产品界定上如果发生歧义，企业应根据税务机关的要求实施对其产品的抽检。

检验样品由税务人员与企业财务人员、技术人员共同实地提取样品一式两份，经双方确认签封，其中一份交具有检测资质的第三方检测机构检测，检测报告由企业提供给主管税务机关；另一份由主管税务机关留存。

第三十条 使用企业发生下列行为之一的，主管税务机关应暂停或取消使用企业的退（免）税资格：

（一）注销税务登记的，取消退（免）税资格；

（二）主管税务机关实地核查结果与使用企业申报的备案资料不一致的，暂停或取消退（免）资格；

（三）使用企业不再以石脑油、燃料油生产乙烯、芳烃类化工产品或不再生产乙烯、芳烃类化工产品的，经申请取消退（免）税资格；

（四）经税务机关检查发现存在骗取国家退税款的，取消退（免）税资格；

（五）未办理备案变更登记备案事项，经主管税务机关通知在30日内仍未改正的，暂停退（免）税资格；

（六）未按月向主管税务机关报送《石脑油、燃料油生产、外购、耗用、库存月度统计表》和《乙烯、芳烃生产装置投入产出流量计统计表》《使用企业外购石脑油、燃料油凭证明细表》的，暂停退（免）税资格；

（七）不接受税务机关的产品抽检，不能提供税务机关要求的检测报告的，暂停退（免）税资格。

第三十一条 使用企业被取消退（免）税资格的，其库存的免税石脑油、燃料油应当征收消费税。

第三十二条 本办法由国家税务总局负责解释。各省、自治区、直辖市、计划单列市税务局可依据本办法制定具体实施办法。

第三十三条 本办法自2011年10月1日起执行。《国家税务总局〈关于印发石脑油消费税免税管理办法〉的通知》（国税发〔2008〕45号）同时废止。

［注释：条款失效，第一条第三款，《暂行办法》第六条、第十二条、第十三条、第十五条、第二十二条、第二十六条第二款以及《暂行办法》的附件1、附件2、附件3、附件4、附件5同时废止。参见：《国家税务总局 海关总署关于石脑油 燃料油生产乙烯 芳烃类化工产品消费税退税问题的公告》（国家税务总局 海关总署公告2013年第29号）。

注释：条款失效，第三条废止。参见：《国家税务总局关于取消乙烯、芳烃生产企业退税资格认定审批事项有关管理问题的公告》（国家税务总局公告2015年第54号）。

注释：条款废止，第十一条、第二十七条。参见《国家税务总局关于成品油消费税征收管理有关问题的公告》（国家税务总局公告2018年第1号）。

注释：《国家税务总局关于修改部分税收规范性文件的公告》（国家税务总局公告2018年第31号）对本文进行了修改。］

国家税务总局
关于催化料、焦化料征收消费税的公告

（2012年9月27日 国家税务总局公告2012年第46号）

现将催化料、焦化料征收消费税的政策公告如下：

催化料、焦化料属于燃料油的征收范围，应当征收消费税。

本公告自2012年11月1日起执行。

财政部 中国人民银行 海关总署 国家税务总局
关于完善石脑油 燃料油生产乙烯 芳烃类化工产品
消费税退税政策的通知

（2013年2月1日 财税〔2013〕2号）

各省、自治区、直辖市、计划单列市财政厅（局）、国家税务局，中国人民银行上海总部，各分行、营业管理部，省会（首府）城市中心支行，大连、青岛、宁波、厦门、深圳市中心支行，海关总署广东分署、各直属海关，新疆生产建设兵团财务局：

为规范石脑油、燃料油消费税退税政策，现将《财政部 中国人民银行 国家税务总局关于延续执行部分石脑油 燃料油消费税政策的通知》（财税〔2011〕87号）中的成品油消费税退税政策调整如下：

一、我国境内使用石脑油、燃料油（以下简称油品）生产乙烯、芳烃类化工产品（以下简称化工产品）的企业（以下简称使用企业），仅以自营或委托方式进口油品生产化工产品，向进口消费税纳税地海关（以下简称海关）申请退还已缴纳的消费税（以下简称退税）。

办理退税时，海关根据使用企业生产化工产品实际耗用的油品数量核定应退税金额，开具收入退还书，使用"进口成品油消费税退税"科目（101020221）退税。

二、使用企业仅以国产油品生产化工产品，向主管税务机关（以下简称税务机关）申请退税。

办理退税时，税务机关根据使用企业生产化工产品实际耗用的油品数量核定应退税金额，开具收入退还书，使用"成品油消费税退税"科目（101020121）退税。

三、使用企业既购进国产油品又购进进口油品生产化工产品的，应分别核算国产与进口油品的购进量及其用于生产化工产品的实际耗用量，向税务机关提出退税申请。

税务机关负责对企业退税资料进行审核。对国产油品退税，按照本通知第二条第二款办理。对进口油品退税，税务机关出具初审意见，连同进口货物报关单、海关专用缴款书和自

动进口许可证等材料，送交海关复审。海关按照本通知第一条第二款办理。

使用企业未分别核算国产与进口油品的购进量和实际耗用量的，不予办理退税。

四、税务机关和海关应向相关国库部门提供收入退还书，后附退税审批表、退税申请书等相关资料；国库部门经审核无误后，从相应预算科目中退付税款给申请企业。

五、税务机关和海关应加强合作，及时交换与退税相关的信息。

六、本通知自下发之日起执行。财税〔2011〕87号文件与本通知不一致的，按本通知执行。税务机关此前已办理退税的，不予调整。未办理退税的，按照本通知规定办理。

国家税务总局 海关总署
关于石脑油 燃料油生产乙烯 芳烃类化工产品
消费税退税问题的公告

（2013年5月29日 国家税务总局 海关总署公告2013年第29号）

根据《财政部 中国人民银行 国家税务总局关于延续执行部分石脑油 燃料油消费税政策的通知》（财税〔2011〕87号）、《财政部 中国人民银行 海关总署 国家税务总局关于完善石脑油 燃料油生产乙烯 芳烃类化工产品消费税退税政策的通知》（财税〔2013〕2号）和《国家税务总局关于发布〈用于生产乙烯、芳烃类化工产品的石脑油、燃料油退（免）消费税暂行办法〉的公告》（国家税务总局公告2012年第36号），现就用于生产乙烯、芳烃类化工产品的石脑油、燃料油消费税退税问题公告如下：

一、用石脑油、燃料油生产乙烯、芳烃类化工产品的企业（以下简称使用企业），符合下列条件的，可提请消费税退税资格备案：

（一）营业执照登记的经营范围包含生产乙烯、芳烃类化工产品；

（二）持有省级（含）以上安全生产监督管理部门颁发的危险化学品《安全生产许可证》。如使用企业处于试生产阶段，应提供省级以上安全生产监督管理部门出具的试生产备案意见书；

（三）拥有生产乙烯、芳烃类化工产品的生产装置或设备，乙烯生产企业必须具备（蒸汽）裂解装置，芳烃生产企业必须具备芳烃抽提装置；

（四）用石脑油、燃料油生产乙烯、芳烃类化工产品的产量占本企业用石脑油、燃料油生产全部产品总量的50%以上（含）；

（五）书面承诺接受税务机关和海关对产品的抽检；

（六）国家税务总局和海关总署规定的其他情形。

二、使用企业提请消费税退税资格备案，按下列规定提交《石脑油、燃料油消费税退税资格备案表》（附件1）和国家税务总局2012年第36号公告发布的《用于生产乙烯、芳烃类化工产品的石脑油、燃料油退（免）消费税暂行办法》（以下简称《暂行办法》）第七条规定的备案资料：

（一）仅以自营或委托方式进口石脑油、燃料油生产乙烯、芳烃类化工产品的，应向进口地海关提请资格备案，涉及多个进口地的，应分别向各进口地海关提请资格备案；

（二）仅以国产石脑油、燃料油生产乙烯、芳烃类化工产品的，应向主管税务机关提请资格备案；

（三）既以国产又以进口石脑油、燃料油生产乙烯、芳烃类化工产品的，应分别向主管税务机关和进口地海关提请资格备案，涉及多个进口地的，应分别向各进口地海关提请资格备案。

三、石脑油、燃料油生产企业（以下简称生产企业）销售含税石脑油、燃料油，应根据购买方企业的需要提供该油品所对应的消费税完税凭证复印件，并填制《生产企业销售含税石脑油、燃料油完税情况明细表》（附件2），于次月纳税申报期报送至主管税务机关。主管税务机关及时将此表信息录入相关系统，供使用企业主管税务机关退税核对。

生产企业销售石脑油、燃料油发生消费税欠税（包括办理消费税缓缴手续）的，未交税油品对应的增值税专用发票信息不得填写在《生产企业销售含税石脑油、燃料油完税情况明细表》中。

四、使用企业取得生产企业消费税完税凭证复印件后，应填写《使用企业外购石脑油、燃料油凭证明细表》（附件3）。

使用企业未取得生产企业消费税完税凭证复印件的，其外购油品的增值税专用发票信息不得填写在《使用企业外购石脑油、燃料油凭证明细表》中。

五、使用企业从非生产企业购进国产含税石脑油、燃料油的，应向主管税务机关提供该油品对应的增值税专用发票和消费税完税凭证复印件。经主管税务机关核实确已缴纳消费税的，使用企业应将该油品对应的增值税专用发票和消费税完税凭证等信息填写在《使用企业外购石脑油、燃料油凭证明细表》中。

上述供油企业（含生产企业和非生产企业）主管税务机关应协助使用企业主管税务机关，做好对该油品是否已缴纳消费税的核实工作。

六、使用企业应区分不同情形，按以下规定报送退税资料：

（一）仅以进口石脑油、燃料油生产乙烯、芳烃类化工产品的，应每月向进口地海关报送以下资料：

1.《使用企业外购石脑油、燃料油凭证明细表》；

2.《石脑油、燃料油生产、外购、耗用、库存月度统计表》（附件4）；

3.《乙烯、芳烃生产装置投入产出流量计统计表》（附件5）；

4. 进口货物报关单、海关进口消费税专用缴款书、自动进口许可证等材料复印件。

上述企业在申请退还进口消费税时，应向进口地海关提供《用于生产乙烯、芳烃类化工产品的石脑油、燃料油进口消费税退税申请表》（附件6）。

既以国产又以进口石脑油、燃料油生产乙烯、芳烃类化工产品的使用企业，按照本公告规定经主管税务机关对进口石脑油、燃料油退税提出核对意见后，也应向进口地海关提供《用于生产乙烯、芳烃类化工产品的石脑油、燃料油进口消费税退税申请表》。

（二）仅以国产石脑油、燃料油或既以国产又以进口石脑油、燃料油生产乙烯、芳烃类化工产品的，应向主管税务机关报送以下资料：

1. 在每月纳税申报期报送的资料：

（1）《使用企业外购石脑油、燃料油凭证明细表》；

（2）《石脑油、燃料油生产、外购、耗用、库存月度统计表》；

(3)《乙烯、芳烃生产装置投入产出流量计统计表》；

(4)《使用企业外购石脑油、燃料油凭证明细表》中"外购含税油品"项"消费税完税凭证号码"所对应的消费税完税凭证的复印件；

(5)当期外购石脑油、燃料油取得的已认证普通版增值税专用发票复印件；

(6)进口货物报关单、海关进口消费税专用缴款书、自动进口许可证等材料复印件。

2.申请退还消费税的，在当月纳税申报期结束后应报送以下资料：

(1)《用于生产乙烯、芳烃类化工产品的石脑油、燃料油消费税应退税额计算表》（附件7）；

(2)使用企业初次向主管税务机关申请进口消费税退税的，如前期已向海关申请办理过退税事项，应提供上月进口地海关受理的《石脑油、燃料油生产、外购、耗用、库存月度统计表》。

七、主管税务机关和进口地海关受理使用企业退税申请后，应及时完成以下工作：

（一）主管税务机关核对、退税工作

1.消费税退税资料的核对

(1)《石脑油、燃料油生产、外购、耗用、库存月度统计表》中填报的乙烯类、芳烃类产品的本年累计产量占全部产品（本企业用石脑油、燃料油生产全部产品总量）的比例是否达到50%；

(2)《使用企业外购石脑油、燃料油凭证明细表》中"外购免税油品"和"外购含税油品"项的"汉字防伪版增值税专用发票"的"石脑油数量""燃料油数量"与主管税务机关采集认证的汉字防伪版增值税专用发票的货物名称、数量比对是否相符；

(3)《使用企业外购石脑油、燃料油凭证明细表》中"外购免税油品"和"外购含税油品"项的"普通版增值税专用发票"的"发票代码""发票号码""销货方纳税人识别号"与主管税务机关采集认证的普通版增值税专用发票信息比对是否相符。"石脑油数量、燃料油数量"与普通版增值税专用发票复印件的货物名称、数量比对是否相符；

(4)《使用企业外购石脑油、燃料油凭证明细表》中"外购含税油品"项的"销货方纳税人识别号""消费税完税凭证号码"与使用企业提供的生产企业消费税完税凭证复印件信息比对是否相符。使用企业从非生产企业购进油品的，《使用企业外购石脑油、燃料油凭证明细表》中"外购含税油品"项的增值税专用发票、消费税完税凭证信息与税务机关核实情况是否一致；

(5)《使用企业外购石脑油、燃料油凭证明细表》中"外购含税油品"的"发票代码""发票号码""石脑油数量""燃料油数量""消费税完税凭证号码"与《生产企业销售含税石脑油、燃料油完税情况明细表》信息比对是否相符；

(6)《使用企业外购石脑油、燃料油凭证明细表》中"外购含税油品"项"海关进口消费税专用缴款书"的"缴款书号码、税款金额、数量"与使用企业提供进口货物报关单、海关进口消费税专用缴款书、自动进口许可证等材料复印件信息比对是否相符；

(7)当期申报的《石脑油、燃料油生产、外购、耗用、库存月度统计表》"外购数量统计"项的进口石脑油、燃料油的期初库存油品数量的本期数和累计数与前一期进口地海关办理退税的期末数据是否一致；

(8)《石脑油、燃料油生产、外购、耗用、库存月度统计表》《乙烯、芳烃生产装置投入产出流量计统计表》《使用企业外购石脑油、燃料油凭证明细表》《用于生产乙烯、芳烃类化工产品的石脑油、燃料油消费税应退税额计算表》表内、表间数据逻辑关系是否准确。

2. 消费税退税资料核对相符的，在《用于生产乙烯、芳烃类化工产品的石脑油、燃料油消费税应退税额计算表》中填写国产油品的本期应退税数量和本期应退税额，并签署意见；在《退（抵）税申请审批表（通用）》签署意见；根据国产石脑油、燃料油的本期应退税额开具收入退还书（预算科目：101020121）；转交当地国库部门。

3. 使用企业申请进口石脑油、燃料油退税的，主管税务机关在《用于生产乙烯、芳烃类化工产品的石脑油、燃料油消费税应退税额计算表》中填写进口油品的本期应退税数量和本期应退税额，并于签署"表书信息比对相符，表内、表间数据关系计算准确"的意见后，及时将该表及其他相关资料直接转交进口地海关；如涉及2个或2个以上进口地海关的，将以上退税资料直接转交海关总署（关税征管司）。

（二）进口地海关核对、退税工作

1. 消费税退税资料的核对

（1）对税务机关出具初核意见的退税资料进行复核；

（2）《使用企业外购石脑油、燃料油凭证明细表》中"外购含税油品"项"海关进口消费税专用缴款书"的"缴款书号码、税款金额、数量"及所对应的进口货物报关单、海关进口消费税专用缴款书、自动进口许可证等复印件信息与海关记录的相关信息比对是否相符；

（3）《石脑油、燃料油生产、外购、耗用、库存月度统计表》、《乙烯、芳烃生产装置投入产出流量计统计表》、《使用企业外购石脑油、燃料油凭证明细表》、《用于生产乙烯、芳烃类化工产品的石脑油、燃料油消费税应退税额计算表》涉及进口油品的表内、表间数据关系计算是否准确。

2. 消费税退税资料核对相符的，进口地海关在《用于生产乙烯、芳烃类化工产品的石脑油、燃料油进口消费税退税申请表》签署意见，开具收入退还书（预算科目：101020221），转交当地国库部门。

（三）消费税退税核对不符的，主管税务机关和进口地海关应及时告知使用企业并退还其退税资料。

八、生产企业、使用企业应建立石脑油、燃料油移送使用台账。分别记录自产、外购（分别登记外购含税国产、进口数量和外购国产免税数量）、移送使用石脑油、燃料油数量。

九、使用企业2011年1月1日至9月30日期间购进并用于乙烯、芳烃类化工产品生产的已税石脑油、燃料油，可申请办理消费税退税。

十、本公告自2013年7月1日起施行。此前已办理退税的，不予调整，未办理退税的，按本公告规定执行。国家税务总局2012年第36号公告第一条第三款，《暂行办法》第六条、第十二条、第十三条、第十五条、第二十二条、第二十六条第二款以及《暂行办法》的附件1、附件2、附件3、附件4、附件5同时废止。

附件：（编者略）

1. 石脑油、燃料油消费税退税资格备案表
2. 生产企业销售含税石脑油、燃料油完税情况明细表

3. 使用企业外购石脑油、燃料油凭证明细表
4. 石脑油、燃料油生产、外购、耗用、库存月度统计表
5. 乙烯、芳烃生产装置投入产出流量计统计表
6. 用于生产乙烯、芳烃类化工产品的石脑油、燃料油进口消费税退税申请表
7. 用于生产乙烯、芳烃类化工产品的石脑油、燃料油消费税应退税额计算表

财政部 国家税务总局
关于对废矿物油再生油品免征消费税的通知

(2013年12月12日 财税〔2013〕105号)

各省、自治区、直辖市、计划单列市财政厅（局）、国家税务局，新疆生产建设兵团财务局：

为促进资源综合利用和环境保护，经国务院批准，自2013年11月1日至2018年10月31日，对以回收的废矿物油为原料生产的润滑油基础油、汽油、柴油等工业油料免征消费税。现将有关政策通知如下：

一、废矿物油，是指工业生产领域机械设备及汽车、船舶等交通运输设备使用后失去或降低功效更换下来的废润滑油。

二、纳税人利用废矿物油生产的润滑油基础油、汽油、柴油等工业油料免征消费税，应同时符合下列条件：

（一）纳税人必须取得省级以上（含省级）环境保护部门颁发的《危险废物（综合）经营许可证》，且该证件上核准生产经营范围应包括"利用"或"综合经营"字样。生产经营范围为"综合经营"的纳税人，还应同时提供颁发《危险废物（综合）经营许可证》的环境保护部门出具的能证明其生产经营范围包括"利用"的材料。

纳税人在申请办理免征消费税备案时，应同时提交污染物排放地环境保护部门确定的该纳税人应予执行的污染物排放标准，以及污染物排放地环境保护部门在此前6个月以内出具的该纳税人的污染物排放符合上述标准的证明材料。

纳税人回收的废矿物油应具备能显示其名称、特性、数量、接受日期等项目的《危险废物转移联单》。

（二）生产原料中废矿物油重量必须占到90%以上。产成品中必须包括润滑油基础油，且每吨废矿物油生产的润滑油基础油应不少于0.65吨。

（三）利用废矿物油生产的产品与利用其他原料生产的产品应分别核算。

三、符合本通知第二条规定的纳税人销售免税油品时，应在增值税专用发票上注明产品名称，并在产品名称后加注"（废矿物油）"。

四、符合本通知第二条规定的纳税人利用废矿物油生产的润滑油基础油连续加工生产润滑油，或纳税人（包括符合本通知第二条规定的纳税人及其他纳税人）外购利用废矿物油生产的润滑油基础油加工生产润滑油，在申报润滑油消费税额时按当期销售的润滑油数量扣减其耗用的符合本通知规定的润滑油基础油数量的余额计算缴纳消费税。

五、对未达到相应的污染物排放标准或被取消《危险废物（综合）经营许可证》的纳税人，自发生违规排放行为之日或《危险废物（综合）经营许可证》被取消之日起，取消其享受本通知规定的免征消费税政策的资格，且三年内不得再次申请。纳税人自发生违规排放行为之日起已申请并办理免税的，应予追缴。

六、各级税务机关应采取严密措施，对享受本通知规定的免征消费税政策的纳税人加强动态监管。凡经核实纳税人弄虚作假骗取享受本通知规定的免征消费税政策的，税务机关追缴其此前骗取的免税税款，并自纳税人发生上述违法违规行为年度起，取消其享受本通知规定的免征消费税政策的资格，且纳税人三年内不得再次申请。

发生违规排放行为之日，是指已由污染物排放地环境保护部门查证确认的、纳税人发生未达到应予执行的污染物排放标准行为的当日。

七、自 2013 年 11 月 1 日至本通知下发前，纳税人已经缴纳的消费税，符合本通知免税规定的予以退还。

财政部　国家税务总局
关于明确部分征收进口环节消费税的成品油税目的通知

（2013 年 12 月 20 日　财关税〔2013〕79 号）

海关总署：

经研究决定，自 2014 年 1 月 1 日起，对部分征收进口环节消费税的成品油税目予以进一步明确，现将有关事项通知如下：

一、对进口的灯用煤油（税则号列：27101912）、其他煤油（税则号列：27101919）征收消费税，税额为 0.8 元/升。

二、对进口的含有生物柴油的成品油（税则号列：27102000）、不符合国家《柴油机燃料调合用生物柴油（BD100）》标准的生物柴油及其混合物（税则号列：ex38260000）征收消费税，税额为 0.8 元/升。

财政部　国家税务总局
关于以外购或委托加工汽　柴油连续生产汽　柴油允许抵扣消费税政策问题的通知

（2014 年 2 月 19 日　财税〔2014〕15 号）

各省、自治区、直辖市、计划单列市财政厅（局）、国家税务局，新疆生产建设兵团财务局：

为支持汽油、柴油质量升级，应对大气污染问题，经国务院批准，自 2014 年 1 月 1 日起，以外购或委托加工收回的已税汽油、柴油为原料连续生产汽油、柴油，准予从汽、柴油消费税应纳税额中扣除原料已纳的消费税税款。自 2014 年 1 月 1 日起至本通知下发前，纳税人符合本通知规定准予抵扣的消费税，可以从后续月份应纳消费税税款中抵减。

国家税务总局
关于印发《石脑油、燃料油退（免）消费税管理操作规程（试行）》的通知

（2014 年 8 月 29 日　税总函〔2014〕412 号）

各省、自治区、直辖市和计划单列市国家税务局：

根据《国家税务总局关于发布（用于生产乙烯、芳烃类化工产品的石脑油、燃料油退（免）消费税暂行办法）的公告》（国家税务总局公告 2012 年第 36 号）、《国家税务总局海关总署关于石脑油、燃料油生产乙烯、芳烃类化工产品消费税退税问题的公告》（国家税务总局公告 2013 年第 29 号）、《国家税务总局关于成品油生产企业开具增值税发票纳入防伪税控系统汉字防伪项目管理的公告》（国家税务总局公告 2013 年第 79 号）、《国家税务总局关于成品油经销企业开具的增值税发票纳入防伪税控系统汉字防伪版管理的公告》（国家税务总局公告 2014 年第 33 号）等有关规定，国家税务总局制定了《石脑油、燃料油退（免）消费税管理工作规程（试行）》，现印发给你们，请遵照执行。

附件：石脑油、燃料油退（免）消费税管理操作规程（试行）

附件：

石脑油、燃料油退（免）消费税管理操作规程（试行）

第一条　为了规范石脑油、燃料油退（免）消费税管理工作，提高石脑油、燃料油退（免）消费税工作质量和效率，提升纳税服务水平，制定本规程。

第二条　本规程适用于以国产或既以国产又以进口石脑油、燃料油生产乙烯、芳烃类化工产品企业的消费税退（免）税管理工作。

第三条　本规程所称生产企业是指以原油或其他原料生产加工石脑油、燃料油的企业；使用企业是指用石脑油、燃料油生产乙烯、芳烃类化工产品的企业。

第四条　部门职责

（一）国家税务总局货物劳务税管理部门负责制定、完善石脑油、燃料油退（免）消费税政策，发布石脑油、燃料油定点直供计划；

（二）省市国家税务局货物劳务税管理部门负责监督指导下级税务机关石脑油、燃料油退（免）消费税管理；

（三）县区国家税务局负责石脑油、燃料油退（免）消费税申报资料受理、变更、审核及退税管理，具体职责包括：

1. 税源管理部门负责石脑油、燃料油退（免）消费税资格备案及变更、数据采集、审核、归档、退税追踪管理；

2. 货物劳务税管理部门负责石脑油、燃料油退（免）消费税复核及退税管理；

3. 收入核算部门负责石脑油、燃料油消费税退库管理。

第五条 主管税务机关通过石脑油、燃料油退（免）消费税管理系统（以下简称退（免）税系统）通过采集生产企业和使用企业退（免）税相关信息，完成退税审批和追踪管理。各级税务机关通过退（免）税系统监督本级和下级退（免）税管理情况。

第六条 使用企业资格备案及备案事项变更的资料包括：

（一）《石脑油、燃料油消费税退（免）税资格备案表》；

（二）石脑油、燃料油用于生产乙烯、芳烃类化工产品的工艺设计方案、装置工艺流程以及相关生产设备情况；

（三）石脑油、燃料油用于生产乙烯、芳烃类化工产品的物料平衡图，要求标注每套生产装置的投入产出比例及年处理能力；

（四）原料储罐、产成品储罐和产成品仓库的分布图、用途、储存容量的相关资料；

（五）乙烯、芳烃类化工产品生产装置的全部流量计的安装位置图和计量方法说明，以及原材料密度的测量和计算方法说明；

（六）上一年度用石脑油、燃料油生产乙烯、芳烃类化工产品的分品种的销售明细表；

（七）营业执照登记、省级以上安全生产监督管理部门颁发的危险化学品《安全生产许可证》、如使用企业处于试生产阶段，应提供省级以上安全生产监督管理部门出具的试生产备案意见书原件及复印件；

（八）《石脑油、燃料油消费税退税资格备案表》。

第七条 文书受理岗对资格备案及备案事项变更资料进行完整性审核，资料齐全的，向使用企业开具受理通知书，并于2个工作日内将受理资料传递税源管理岗；对资料不齐全的，应告知纳税人并退还资料。

第八条 税源管理岗收到资格备案及变更资料后，在退（免）税系统进行资格备案及备案事项变更的电子信息录入，纸质备案资料归档。

第九条 消费税退（免）税申报资料包括：

（一）生产企业按月报送《生产企业销售含税石脑油、燃料油完税情况明细表》；

（二）使用企业按月报送的申报资料包括：

1.《使用企业外购石脑油、燃料油凭证明细表》；

2.《石脑油、燃料油生产、外购、耗用、库存月度统计表》；

3.《乙烯、芳烃生产装置投入产出流量计统计表》；

4.《使用企业外购石脑油、燃料油凭证明细表》中"外购含税油品"项"消费税完税凭证号码"所对应的消费税完税凭证的复印件；

5. 当期外购石脑油、燃料油取得认证相符的普通版及汉字防伪版（非DDZG）增值税专用发票复印件；

6. 进口货物报关单、海关进口消费税专用缴款书、自动进口许可证等材料复印件。

（三）使用企业申请退还消费税的，需报送《用于生产乙烯、芳烃类化工产品的石脑油、燃料油消费税应退税额计算表》。

第十条 文书受理岗对消费税退（免）税申报资料进行完整性审核，并于 2 个工作日内将申报资料传递至税源管理岗。

第十一条 税源管理岗收到消费税退（免）税申报资料后，将数据录入或导入退（免）税系统，并开展以下审核工作：

（一）生产企业申报资料的审核

1. 完税凭证号码是否符合要求；

2. 《生产企业销售含税石脑油、燃料油完税情况明细表》发票中石脑油、燃料油数量是否小于或等于完税凭证石脑油、燃料油数量；

3. 生产企业销售免税石脑油、燃料油数量是否超过定点直供计划规定的数量。

（二）使用企业申报资料的审核

1. 《石脑油、燃料油生产、外购、耗用、库存月度统计表》中填报的乙烯类、芳烃类产品的本年累计产量占全部产品（本企业用石脑油、燃料油生产全部产品总量）的比例是否达到50%。

2. 《使用企业外购石脑油、燃料油凭证明细表》中"外购免税油品"和"外购含税油品"项的"汉字防伪版增值税专用发票"的"石脑油数量""燃料油数量"与主管税务机关采集认证的汉字防伪版增值税专用发票的货物名称、数量比对是否相符。

3. 《使用企业外购石脑油、燃料油凭证明细表》中"外购免税油品"和"外购含税油品"项的"普通版增值税专用发票"的"发票代码""发票号码""销货方纳税人识别号"与主管税务机关采集认证的普通版增值税专用发票信息比对是否相符。"石脑油数量、燃料油数量"与普通版增值税专用发票复印件的货物名称、数量比对是否相符。

4. 《使用企业外购石脑油、燃料油凭证明细表》中"外购含税油品"项的"销货方纳税人识别号""消费税完税凭证号码"与使用企业提供的生产企业消费税完税凭证复印件信息比对是否相符。使用企业从非生产企业购进油品的，《使用企业外购石脑油、燃料油凭证明细表》中"外购含税油品"项的增值税专用发票、消费税完税凭证信息与税务机关核实情况是否一致。

5. 《使用企业外购石脑油、燃料油凭证明细表》中"外购含税油品"的"发票代码""发票号码""石脑油数量""燃料油数量""消费税完税凭证号码"与《生产企业销售含税石脑油、燃料油完税情况明细表》信息比对是否相符。

6. 《使用企业外购石脑油、燃料油凭证明细表》中"外购含税油品"项"海关进口消费税专用缴款书"的"缴款书号码、税款金额、数量"与使用企业提供进口货物报关单、海关进口消费税专用缴款书、自动进口许可证等材料复印件信息比对是否相符。

7. 当期申报的《石脑油、燃料油生产、外购、耗用、库存月度统计表》"外购数量统计"项的进口石脑油、燃料油的期初库存油品数量的本期数和累计数与前一期进口地海关办理退税的期末数据是否一致。

8. 《石脑油、燃料油生产、外购、耗用、库存月度统计表》《乙烯、芳烃生产装置投入产出流量计统计表》《使用企业外购石脑油、燃料油凭证明细表》《用于生产乙烯、芳烃类化工产品的石脑油、燃料油消费税应退税额计算表》表内、表间数据逻辑关系是否准确。

第十二条 申报资料审核未通过的情况处理：

（一）主管税务机关确认申报资料审核未通过属于数据填报错误的，应要求纳税人重新上报。

（二）生产企业销售免税石脑油、燃料油数量超过定点直供计划规定数量的，应当补缴消费税。

（三）因《生产企业销售含税石脑油、燃料油完税情况明细表》数据错误或不完整，造成数据比对不符的，使用企业主管税务机关通过退（免）税系统向对应的生产企业主管税务机关发送"完税信息提醒"，生产企业税务机关据此应开展数据核实，属于数据采集不完整的应及时补录相关数据；属于数据采集错误的，逐级提交国家税务总局修改数据。

（四）使用企业从非生产企业购进国产含税石脑油、燃料油，主管税务机关根据其提供的增值税专用发票和消费税完税凭证复印件，向上环节供油企业主管税务机关发函逐级核实确认是否缴纳消费税，经核实该油品确已完税的，将消费税完税凭证号码和回函信息录入退（免）税系统，审核通过。

第十三条 退税资料审核通过后，税源管理岗在纸质《用于生产乙烯、芳烃类化工产品的石脑油、燃料油消费税应退税额计算表》签署审核意见，传递至货物劳务税管理岗复核，经主管局长签署意见后，转收入核算岗审核退税。

第十四条 收入核算岗办理退税后，应将收入退还书复印件传递至税源管理岗。税源管理岗将收入退还书号码和退税金额录入退（免）税系统，纸质资料存档。

第十五条 货物劳务税管理岗将签署进口油品审核意见的《用于生产乙烯、芳烃类化工产品的石脑油、燃料油消费税应退税额计算表》连同其他资料，转交进口地海关或海关总署。

第十六条 使用企业发生下列行为之一的，主管税务机关应暂停或取消使用企业的退（免）税资格：

（一）注销税务登记的，取消退（免）税资格；

（二）主管税务机关实地核查结果与使用企业申报的备案资料不一致的，暂停或取消退（免）资格；

（三）使用企业不再以石脑油、燃料油生产乙烯、芳烃类化工产品或不再生产乙烯、芳烃类化工产品的，经申请取消退（免）税资格；

（四）经税务机关检查发现存在骗取国家退税款的，取消退（免）税资格；

（五）未办理备案变更登记备案事项，经主管税务机关通知在30日内仍未改正的，暂停退（免）税资格；

（六）未按月向主管税务机关报送《石脑油、燃料油生产、外购、耗用、库存月度统计表》《乙烯、芳烃生产装置投入产出流量计统计表》和《使用企业外购石脑油、燃料油凭证明细表》的，暂停退（免）税资格；

（七）不接受税务机关的产品抽检，不能提供税务机关要求的检测报告的，暂停退（免）税资格。

第十七条 暂停或取消退（免）税资格的企业，由主管税务机关税源管理岗及时录入系统。

第十八条 本操作规程自2014年9月1日起施行。

财政部　国家税务总局
关于提高成品油消费税的通知

（2014年11月28日　财税〔2014〕94号）

各省、自治区、直辖市、计划单列市财政厅（局）、国家税务局，新疆生产建设兵团财务局：

为促进环境治理和节能减排，经国务院批准，现将提高成品油消费税问题通知如下：

一、将汽油、石脑油、溶剂油和润滑油的消费税单位税额在现行单位税额基础上提高0.12元/升。

二、将柴油、航空煤油和燃料油的消费税单位税额在现行单位税额基础上提高0.14元/升。航空煤油继续暂缓征收。

三、本通知自2014年11月29日起执行。

财政部　国家税务总局
关于继续提高成品油消费税的通知

（2015年1月12日　财税〔2015〕11号）

各省、自治区、直辖市、计划单列市财政厅（局）、国家税务局，新疆生产建设兵团财务局：

为促进环境治理和节能减排，现将提高成品油消费税问题通知如下：

一、将汽油、石脑油、溶剂油和润滑油的消费税单位税额由1.4元/升提高到1.52元/升。

二、将柴油、航空煤油和燃料油的消费税单位税额由1.1元/升提高到1.2元/升。航空煤油继续暂缓征收。

三、本通知自2015年1月13日起执行。

财政部　税务总局
关于延长对废矿物油再生油品免征消费税政策实施期限的通知

（2018年12月7日　财税〔2018〕144号）

各省、自治区、直辖市、计划单列市财政厅（局），国家税务总局各省、自治区、直辖市、计划单列市税务局，新疆生产建设兵团财政局：

为进一步促进资源综合利用和环境保护，经国务院批准，《财政部 国家税务总局关于对废矿物油再生油品免征消费税的通知》（财税〔2013〕105号）实施期限延长5年，自2018年11月1日至2023年10月31日止。自2018年11月1日至本通知下发前，纳税人已经缴纳的消费税，符合本通知免税规定的予以退还。

国家税务总局
关于成品油消费税征收管理有关问题的公告

（2018年1月2日 国家税务总局公告2018年第1号）

为加强汽油、柴油、航空煤油、石脑油、溶剂油、润滑油、燃料油等成品油消费税的征收管理，维护公平的税收秩序，营造良好营商环境，现将有关问题公告如下：

一、所有成品油发票均须通过增值税发票管理新系统中成品油发票开具模块开具。

（一）成品油发票是指销售汽油、柴油、航空煤油、石脑油、溶剂油、润滑油、燃料油等成品油所开具的增值税专用发票（以下称"成品油专用发票"）和增值税普通发票。

（二）纳税人需要开具成品油发票的，由主管税务机关开通成品油发票开具模块。

（三）开具成品油发票时，应遵守以下规则：

1. 正确选择商品和服务税收分类编码。

2. 发票"单位"栏应选择"吨"或"升"，蓝字发票的"数量"栏为必填项且不为"0"。

3. 开具成品油专用发票后，发生销货退回、开票有误以及销售折让等情形的，应按规定开具红字成品油专用发票。

销货退回、开票有误等原因涉及销售数量的，应在《开具红字增值税专用发票信息表》中填写相应数量，销售折让的不填写数量。

4. 成品油经销企业某一商品和服务税收分类编码的油品可开具成品油发票的总量，应不大于所取得的成品油专用发票、海关进口消费税专用缴款书对应的同一商品和服务税收分类编码的油品总量。

成品油经销企业开具成品油发票前，应登陆增值税发票选择确认平台确认已取得的成品油专用发票、海关进口消费税专用缴款书信息，并通过成品油发票开具模块下载上述信息。

二、外购、进口和委托加工收回的汽油、柴油、石脑油、燃料油、润滑油用于连续生产应税成品油的，应凭通过增值税发票选择确认平台确认的成品油专用发票、海关进口消费税专用缴款书，以及税收缴款书（代扣代收专用），按规定计算扣除已纳消费税税款，其他凭证不得作为消费税扣除凭证。

外购石脑油、燃料油用于生产乙烯、芳烃类化工产品的，应凭取得的成品油专用发票所载明的石脑油、燃料油的数量，按规定计算退还消费税，其他发票或凭证不得作为计算退还消费税的凭证。

三、自税款所属期2018年3月起，纳税人申报成品油消费税时应填写新的《成品油消费税纳税申报表》及其附列资料（见附件）。享受成品油消费税减免税优惠政策的纳税人，在纳税申报时应同时填写《国家税务总局关于调整消费税纳税申报有关事项的公告（国家税务总局公告2015年第32号）公布的《本期减（免）税额明细表》。

纳税人申报的某一类成品油销售数量，应大于或等于开具的该同一类成品油发票所载明的数量；申报扣除的成品油数量，应小于或等于取得的扣除凭证载明数量。申报比对相符后，主管税务机关对纳税人的税控设备进行解锁；比对不相符的，待解除异常后，方可解锁。

四、成品油经销企业应于2018年3月10日前（包括3月10日），将截至2018年2月28日的成品油库存情况（不包括未取得增值税专用发票、海关进口消费税专用缴款书的成品油库存）录入增值税发票选择确认平台。

五、外购用于连续生产的成品油，取得2018年2月28日前（包括2月28日）开具的增值税专用发票且符合扣除规定的，纳税人应于税款所属期2018年4月前申报，计入《本期准予扣除税额计算表》"本期外购入库数量"中，连续生产耗用后，按规定计算扣除已纳消费税税款。

六、本公告自2018年3月1日起施行，《用于生产乙烯、芳烃类化工产品的石脑油、燃料油退（免）消费税暂行办法》（国家税务总局公告2012年第36号发布）第十一条、第二十七条、《国家税务总局关于消费税有关政策问题补充规定的公告》（国家税务总局公告2013年第50号）第九条、《国家税务总局关于成品油生产企业开具的增值税发票纳入防伪税控系统汉字防伪项目管理的公告》（国家税务总局公告2013年第79号）、《国家税务总局关于成品油经销企业开具的增值税发票纳入防伪税控系统汉字防伪版管理的公告》（国家税务总局公告2014年第33号）、《国家税务总局关于成品油消费税有关问题的公告》（国家税务总局公告2014年第65号）、《国家税务总局关于进一步调整成品油消费税有关征收管理问题的公告》（国家税务总局公告2014年第71号）同时废止。《国家税务总局关于成品油消费税纳税申报有关问题的公告》（国家税务总局公告2015年第3号）自2018年4月1日起废止。

附件：成品油消费税纳税申报表（编者略）

五、其他税目

国家税务总局
关于痱子粉、爽身粉不征消费税问题的通知

（1994年6月9日　国税发〔1994〕142号）

最近一些地区和部门提出，在实行新税制之前，痱子粉、爽身粉是单独设置子目征收增值税的，不属于护肤护发品的征收范围。实行新税制后，对痱子粉、爽身粉是否征收消费

税,《消费税征收范围注释》中不够明确。经研究,鉴于过去这两种产品不属于护肤护发品的征收范围,因此,实行新税制后对痱子粉、爽身粉不征收消费税。

国家税务总局
关于购进整车改装汽车征收消费税问题的批复

(2006年8月15日　国税函〔2006〕772号)

重庆市国家税务局:

你局《关于购进整车改装的专用汽车是否征收消费税的请示》(渝国税发〔2006〕98号)收悉,批复如下:

《财政部　国家税务总局关于调整和完善消费税政策的通知》(财税〔2006〕33号)中有关用车辆底盘(车架)改装、改制的车辆征收消费税的规定是为了解决用不同种类车辆的底盘(车架)改装、改制的车辆应按照何种子目(乘用车或中轻型商用客车)征收消费税的问题,并非限定只对这类改装车辆征收消费税。对于购进乘用车和中轻型商用客车整车改装生产的汽车,应按规定征收消费税。

国家税务总局
关于沙滩车等车辆征收消费税问题的批复

(2007年11月2日　国税函〔2007〕1071号)

重庆市国家税务局:

你局《关于"沙滩车"类产品征收消费税问题的请示》(渝国税发〔2007〕208号)收悉。经研究,批复如下:

沙滩车、雪地车、卡丁车、高尔夫车不属于消费税征收范围,不征收消费税。

国家税务总局
关于厢式货车改装生产的汽车征收消费税问题的批复

(2008年5月21日　国税函〔2008〕452号)

浙江省国家税务局:

你局《关于对进口厢式货车改装生产汽车征收消费税问题的请示》(浙国税流〔2008〕21号)收悉。经研究,批复如下:

根据《财政部　国家税务总局关于调整和完善消费税政策的通知》(财税〔2006〕33

号）规定，对于企业购进货车或厢式货车改装生产的商务车、卫星通讯车等专用汽车不属于消费税征税范围，不征收消费税。

财政部　国家税务总局
关于调整乘用车消费税政策的通知

（2008年8月1日　财税〔2008〕105号）

各省、自治区、直辖市、计划单列市财政厅（局）、国家税务局，新疆生产建设兵团财务局：

为促进节能减排，进一步完善消费税税制，经国务院批准，现将乘用车消费税政策做如下调整：

一、气缸容量（排气量，下同）在1.0升以下（含1.0升）的乘用车，税率由3%下调至1%；

二、气缸容量在3.0升以上至4.0升（含4.0升）的乘用车，税率由15%上调至25%；

三、气缸容量在4.0升以上的乘用车，税率由20%上调至40%。

调整后的乘用车消费税税率见附件。

本通知自2008年9月1日起执行。生产企业在2008年9月1日前销出的乘用车发生退货的，按政策调整前的原税率退税。出口企业在2008年9月1日前收购的出口应税乘用车，并取得消费税税收缴款书（出口货物专用）的，在2008年9月1日以后出口的，按原税率退税。

附件：乘用车消费税税目税率表

附件：

乘用车消费税税目税率表

税　目	税率
小汽车：	
乘用车：	
（1）气缸容量（排气量，下同）在1.0升以下（含1.0升）的	1%
（2）气缸容量在1.0升以上至1.5升（含1.5升）的	3%
（3）气缸容量在1.5升以上至2.0升（含2.0升）的	5%
（4）气缸容量在2.0升以上至2.5升（含2.5升）的	9%
（5）气缸容量在2.5升以上至3.0升（含3.0升）的	12%
（6）气缸容量在3.0升以上至4.0升（含4.0升）的	25%
（7）气缸容量在4.0升以上的	40%

财政部 国家税务总局
关于调整部分乘用车进口环节消费税的通知

(2008年8月11日 财关税〔2008〕73号)

海关总署：

经国务院批准，自2008年9月1日起，对部分乘用车进口环节消费税进行调整，现将有关事项通知如下：

一、将气缸容量（排气量，下同）1.0升以下（含1.0升）的乘用车进口环节消费税税率由3%下调至1%；

二、将气缸容量3.0升以上（不含3.0升）至4.0升（含4.0升）的乘用车进口环节消费税税率由15%上调至25%；

三、将气缸容量4.0升以上的乘用车进口环节消费税税率由20%上调至40%。

国家税务总局
关于调整《小汽车消费税纳税申报表》有关内容的通知

(2008年8月29日 国税函〔2008〕757号)

各省、自治区、直辖市和计划单列市国家税务局：

根据《财政部 国家税务总局关于调整乘用车消费税政策的通知》（财税〔2008〕105号），税务总局对《小汽车消费税纳税申报表》及其附表有关内容进行修改，现将有关事项通知如下：

一、申报表修改内容如下（样表详见附件）：

（一）在申报表"应税消费品名称"中"乘用车"项下增加"气缸容量≤1.0升"栏，同时在"适用税率"项相应增加"1%"的税率，调整后的申报表乘用车划分为7档税率。

（二）将申报表"应税消费品名称"中"乘用车"项下的"气缸容量≤1.5升"项，调整为"1.0升＜气缸容量≤1.5升"。

（三）将申报表中"应税消费品名称"中"乘用车"项下的"3.0升＜气缸容量≤4.0升"栏对应的税率，由"15%"调整为"25%"；"气缸容量＞4.0升"栏对应的税率，由"20%"调整为"40%"。

二、调整后的申报表自2008年10月份办理税款所属期为9月份的消费税申报时启用。各地在使用过程中遇到情况和问题，请及时报告税务总局（货物和劳务税司）。

财政部 国家税务总局
关于对电池 涂料征收消费税的通知

(2015年1月26日 财税〔2015〕16号)

各省、自治区、直辖市、计划单列市财政厅（局）、国家税务局、新疆生产建设兵团财务局：

为促进节能环保，经国务院批准，自2015年2月1日起对电池、涂料征收消费税。现将有关事项通知如下：

一、将电池、涂料列入消费税征收范围（具体税目注释见附件），在生产、委托加工和进口环节征收，适用税率均为4%。

二、对无汞原电池、金属氢化物镍蓄电池（又称"氢镍蓄电池"或"镍氢蓄电池"）、锂原电池、锂离子蓄电池、太阳能电池、燃料电池和全钒液流电池免征消费税。

2015年12月31日前对铅蓄电池缓征消费税；自2016年1月1日起，对铅蓄电池按4%税率征收消费税。

对施工状态下挥发性有机物（Volatile Organic Compounds，VOC）含量低于420克/升（含）的涂料免征消费税。

三、除上述规定外，电池、涂料消费税征收管理的其他事项依照《中华人民共和国消费税暂行条例》《中华人民共和国消费税暂行条例实施细则》等相关规定执行。

附件：1. 电池税目征收范围注释
2. 涂料税目征收范围注释

附件1：

电池税目征收范围注释

电池，是一种将化学能、光能等直接转换为电能的装置，一般由电极、电解质、容器、极端，通常还有隔离层组成的基本功能单元，以及用一个或多个基本功能单元装配成的电池组。范围包括：原电池、蓄电池、燃料电池、太阳能电池和其他电池。

一、原电池

原电池又称一次电池，是按不可以充电设计的电池。按照电极所含的活性物质分类，原电池包括锌原电池、锂原电池和其他原电池。

（一）锌原电池。以锌做负极的原电池，包括锌二氧化锰原电池、碱性锌二氧化锰原电池、锌氧原电池（又称"锌空气原电池"）、锌氧化银原电池（又称"锌银原电池"）、锌氧化汞原电池（又称"汞电池""氧化汞原电池"）等。

（二）锂原电池。以锂做负极的原电池，包括锂二氧化锰原电池、锂亚硫酰氯原电池、锂二硫化铁原电池、锂二氧化硫原电池、锂氧原电池（又称"锂空气原电池"）、锂氟化碳原电池等。

（三）其他原电池。指锌原电池、锂原电池以外的原电池。

原电池又可分为无汞原电池和含汞原电池。汞含量低于电池重量的0.0001%（扣式电池按0.0005%）的原电池为无汞原电池；其他原电池为含汞原电池。

二、蓄电池

蓄电池又称二次电池，是按可充电、重复使用设计的电池；包括酸性蓄电池、碱性或其他非酸性蓄电池、氧化还原液流蓄电池和其他蓄电池。

（一）酸性蓄电池。一种含酸性电解质的蓄电池，包括铅蓄电池（又称"铅酸蓄电池"）等。

铅蓄电池，指含以稀硫酸为主电解质、二氧化铅正极和铅负极的蓄电池。

（二）碱性或其他非酸性蓄电池。一种含碱性或其他非酸性电解质的蓄电池，包括金属锂蓄电池、锂离子蓄电池、金属氢化物镍蓄电池（又称"氢镍蓄电池"或"镍氢蓄电池"）、镉镍蓄电池、铁镍蓄电池、锌氧化银蓄电池（又称"锌银蓄电池"）、碱性锌二氧化锰蓄电池（又称"可充碱性锌二氧化锰电池"）、锌氧蓄电池（又称"锌空气蓄电池"）、锂氧蓄电池（又称"锂空气蓄电池"）等。

（三）氧化还原液流电池。一种通过正负极电解液中不同价态离子的电化学反应来实现电能和化学能互相转化的储能装置，目前主要包括全钒液流电池。全钒液流电池是通过正负极电解液中不同价态钒离子的电化学反应来实现电能和化学能互相转化的储能装置。

（四）其他蓄电池。除上述（一）、（二）、（三）外的蓄电池。

三、燃料电池

燃料电池，指通过一个电化学过程，将连续供应的反应物和氧化剂的化学能直接转换为电能的电化学发电装置。

四、太阳能电池

太阳能电池，是将太阳光能转换成电能的装置，包括晶体硅太阳能电池、薄膜太阳能电池、化合物半导体太阳能电池等，但不包括用于太阳能发电储能用的蓄电池。

五、其他电池

除原电池、蓄电池、燃料电池、太阳能电池以外的电池。

附件2：

涂料税目征收范围注释

涂料是指涂于物体表面能形成具有保护、装饰或特殊性能的固态涂膜的一类液体或固体材料之总称。

涂料由主要成膜物质、次要成膜物质等构成。按主要成膜物质涂料可分为油脂类、天然树脂类、酚醛树脂类、沥青类、醇酸树脂类、氨基树脂类、硝基类、过滤乙烯树脂类、烯类树脂类、丙烯酸酯类树脂类、聚酯树脂类、环氧树脂类、聚氨酯树脂类、元素有机类、橡胶类、纤维素类、其他成膜物类等。

国家税务总局
关于电池 涂料消费税征收管理有关问题的公告

（2015年1月30日 国家税务总局公告2015年第5号）

根据《财政部 国家税务总局关于对电池 涂料征收消费税的通知》（财税〔2015〕16号，以下简称《通知》）的规定，自2015年2月1日起对电池和涂料（以下简称应税消费品）征收消费税。现将有关征收管理事项公告如下：

一、符合《通知》第一条规定的纳税人，应当按规定到所在地主管税务机关办理税种登记。

税种登记的办理流程和时限要求由各省、自治区、直辖市、计划单列市税务局确定。

二、纳税人委托加工收回应税消费品，以高于受托方的计税价格出售的，应当按规定申报缴纳消费税，在计税时准予扣除受托方已代收代缴的消费税。

税款扣除凭证为《税收缴款书（代扣代收专用）》，纳税人应当将税款扣除凭证复印件按月装订备查。

三、纳税人应当建立《电池、涂料税款抵扣台账》（附件1），作为申报扣除委托加工收回应税消费品已纳消费税税款的备查资料。

四、纳税人生产、委托加工符合《通知》中第二条有关税收优惠政策规定的应税消费品，应当持有省级以上质量技术监督部门认定的检测机构出具的产品检测报告（以下简称检测报告），并按主管税务机关的要求报送相关产品的检测报告。

五、符合《通知》第一条规定的纳税人，生产、委托加工应税消费品（含免税）应当按规定填报《电池消费税纳税申报表》（附件2）或《涂料消费税纳税申报表》（附件3），办理消费税纳税申报。

本公告自2015年2月1日起施行。

附件：（编者略）

1. 电池、涂料税款抵扣台账
2. 电池消费税纳税申报表
3. 涂料消费税纳税申报表

[注释：《国家税务总局关于修改部分税收规范性文件的公告》（国家税务总局公告2018年第31号）对本文进行了修改。

注释：条款失效，附件2废止。参见：《国家税务总局关于明确电池 涂料消费税征收管理有关事项的公告》（国家税务总局公告2015年第95号）。]

国家税务总局
关于明确电池涂料消费税征收管理有关事项的公告

（2015 年 12 月 29 日　国家税务总局公告 2015 年第 95 号）

现将电池、涂料消费税征收管理有关事项公告如下：

一、根据《财政部　国家税务总局关于对电池涂料征收消费税的通知》（财税〔2015〕16 号，以下简称《通知》）规定，铅蓄电池自 2016 年 1 月 1 日起按 4% 税率征收消费税。

二、生产、委托加工电池的纳税人办理税款所属期 2016 年 1 月及以后的电池消费税纳税申报，使用调整后的《电池消费税纳税申报表》（见附件）。

三、根据《中华人民共和国消费税暂行条例实施细则》第十七条的规定和我国电池、涂料行业生产经营的实际情况，电池、涂料全国平均成本利润率为：

（一）电池 4%；

（二）涂料 7%。

四、外购电池、涂料大包装改成小包装或者外购电池、涂料不经加工只贴商标的行为，视同应税消费税品的生产行为。发生上述生产行为的单位和个人应按规定申报缴纳消费税。

五、《国家税务总局关于电池涂料消费税征收管理有关问题的公告》（国家税务总局公告 2015 年第 5 号）第四条所称"省级以上质量技术监督部门认定的检测机构"是指具有国家认证认可监督管理委员会或省级质量技术监督部门依法颁发、现行有效的《资质认定计量认证证书》（使用 CMA 徽标），且《资质认定计量认证证书》附表中具备相应电池、涂料检测项目的检测机构。

六、纳税人生产、委托加工《通知》第二条规定的电池、涂料，可按类别提供检测报告，但纳税人在提供检测报告时应一并报送该类产品明细清单，且明细清单的货物名称、规格、型号应与会计核算、销售发票内容相一致。

七、本公告自 2016 年 1 月 1 日起施行。《国家税务总局关于电池涂料消费税征收管理有关问题的公告》（国家税务总局公告 2015 年第 5 号）附件 2 同时废止。

附件：电池消费税纳税申报表（编者略）

财政部　国家税务总局
关于调整化妆品消费税政策的通知

（2016 年 9 月 30 日　财税〔2016〕103 号）

各省、自治区、直辖市、计划单列市财政厅（局）、国家税务局，新疆生产建设兵团财务局：

为了引导合理消费，经国务院批准，现将化妆品消费税政策调整有关事项通知如下：

一、取消对普通美容、修饰类化妆品征收消费税，将"化妆品"税目名称更名为"高档化妆品"。征收范围包括高档美容、修饰类化妆品、高档护肤类化妆品和成套化妆品。税率调整为15%。

高档美容、修饰类化妆品和高档护肤类化妆品是指生产（进口）环节销售（完税）价格（不含增值税）在10元/毫升（克）或15元/片（张）及以上的美容、修饰类化妆品和护肤类化妆品。

二、本通知自2016年10月1日起执行。

国家税务总局
关于高档化妆品消费税征收管理事项的公告

（2016年10月19日　国家税务总局公告2016年第66号）

根据《财政部　国家税务总局关于调整化妆品消费税政策的通知》（财税〔2016〕103号），现将高档化妆品消费税征收管理事项公告如下：

一、调整《国家税务总局关于调整消费税纳税申报表有关问题的公告》（国家税务总局公告2014年第72号）附件2《其他应税消费品消费税纳税申报表》填写说明中"化妆品"相关内容，调整后的表式及填写说明见附件。

二、自2016年10月1日起，高档化妆品消费税纳税人（以下简称"纳税人"）以外购、进口和委托加工收回的高档化妆品为原料继续生产高档化妆品，准予从高档化妆品消费税应纳税额中扣除外购、进口和委托加工收回的高档化妆品已纳消费税税款。

三、纳税人外购、进口和委托加工收回已税化妆品用于生产高档化妆品的，其取得2016年10月1日前开具的抵扣凭证，应于2016年11月30日前按原化妆品消费税税率计提待抵扣消费税，逾期不得计提。

四、纳税人应按《国家税务总局关于印发〈调整和完善消费税政策征收管理规定〉的通知》（国税发〔2006〕49号）规定，设立高档化妆品消费税抵扣税款台账。

五、本公告自发布之日起施行。《国家税务总局关于调整消费税纳税申报表有关问题的公告》（国家税务总局公告2014年第72号）附件2同时废止。

附件：其他应税消费品消费税纳税申报表（见二维码101）

［依据国家税务总局公告2016年第74号　国家税务总局关于超豪华小汽车消费税征收管理有关事项的公告，自2016年12月1日起本公告附件废止。］

二维码101

财政部 国家税务总局
关于对超豪华小汽车加征消费税有关事项的通知

(2016年11月30日 财税〔2016〕129号)

各省、自治区、直辖市、计划单列市财政厅（局）、国家税务局，新疆生产建设兵团财务局：

为了引导合理消费，促进节能减排，经国务院批准，对超豪华小汽车加征消费税。现将有关事项通知如下：

一、"小汽车"税目下增设"超豪华小汽车"子税目。征收范围为每辆零售价格130万元（不含增值税）及以上的乘用车和中轻型商用客车，即乘用车和中轻型商用客车子税目中的超豪华小汽车。对超豪华小汽车，在生产（进口）环节按现行税率征收消费税基础上，在零售环节加征消费税，税率为10%。

二、将超豪华小汽车销售给消费者的单位和个人为超豪华小汽车零售环节纳税人。

三、超豪华小汽车零售环节消费税应纳税额计算公式：

应纳税额＝零售环节销售额（不含增值税，下同）×零售环节税率

国内汽车生产企业直接销售给消费者的超豪华小汽车，消费税税率按照生产环节税率和零售环节税率加总计算。消费税应纳税额计算公式：

应纳税额＝销售额×（生产环节税率＋零售环节税率）

四、上述规定自2016年12月1日起执行。对于11月30日（含）之前已签订汽车销售合同，但未交付实物的超豪华小汽车，自12月1日（含）起5个工作日内，纳税人持已签订的汽车销售合同，向其主管税务机关备案。对按规定备案的不征收零售环节消费税，未备案以及未按规定期限备案的，征收零售环节消费税。

附件：调整后的小汽车税目税率表

附件：

调整后的小汽车税目税率表

税 目	税率	
	生产（进口）环节	零售环节
小汽车		
1. 乘用车		
（1）气缸容量（排气量，下同）在1.0升（含1.0升）以下的	1%	

续表

税目	税率	
	生产（进口）环节	零售环节
（2）气缸容量在1.0升以上至1.5升（含1.5升）的	3%	
（3）气缸容量在1.5升以上至2.0升（含2.0升）的	5%	
（4）气缸容量在2.0升以上至2.5升（含2.5升）的	9%	
（5）气缸容量在2.5升以上至3.0升（含3.0升）的	12%	
（6）气缸容量在3.0升以上至4.0升（含4.0升）的	25%	
（7）气缸容量在4.0升以上的	40%	
2. 中轻型商用客车	5%	
3. 超豪华小汽车	按子税目1和子税目2的规定征收	10%

国家税务总局
关于超豪华小汽车消费税征收管理有关事项的公告

（2016年11月30日　国家税务总局公告2016年第74号）

根据《财政部　国家税务总局关于对超豪华小汽车加征消费税有关事项的通知》（财税〔2016〕129号）规定，自2016年12月1日起，对超豪华小汽车在零售环节加征10%的消费税。现将有关事项公告如下：

一、从事超豪华小汽车零售的消费税纳税人（以下简称"纳税人"），未办理消费税税种登记的，应按主管税务机关的要求及时办理税种登记。

二、2016年12月1日起纳税人销售超豪华小汽车，应按月填报《其他应税消费品消费税纳税申报表》（见附件），向主管税务机关申报缴纳消费税。

三、2016年11月30日（含）之前已签订汽车销售合同但未交付实物的超豪华小汽车，纳税人自2016年12月1日（含）起5个工作日内，应持已签订的汽车销售合同原件及复印件到主管税务机关备案。主管税务机关对合同原件和复印件内容核对无误后，复印件留存，原件退回纳税人。

对2016年11月30日（含）之前已签订汽车销售合同但未备案以及未按规定时限备案的，应当缴纳零售环节消费税。

四、备案的汽车销售合同中的"购车人、厂牌型号"等内容，应与纳税人交付实物时开具的《机动车销售统一发票》中的"购买方名称及身份证号码/组织机构代码、厂牌型号"栏目内容对应一致。不一致的，应当缴纳零售环节消费税。

五、本公告自2016年12月1日起施行。《国家税务总局关于高档化妆品消费税征收管理事项的公告》（国家税务总局公告2016年第66号）附件同时废止。

附件：其他应税消费品消费税纳税申报表（编者略）
[《国家税务总局关于高档化妆品消费税征收管理事项的公告》（国家税务总局公告2016年第66号）附件同时废止。]

财政部 国家税务总局
关于调整小汽车进口环节消费税的通知

（2016年11月30日 财关税〔2016〕63号）

海关总署：

为了引导合理消费，调节收入分配，促进节能减排，经国务院批准，对小汽车进口环节消费税进行调整。现将有关事项通知如下：

对我国驻外使领馆工作人员、外国驻华机构及人员、非居民常住人员、政府间协议规定等应税（消费税）进口自用，且完税价格130万元及以上的超豪华小汽车消费税，按照生产（进口）环节税率和零售环节税率（10%）加总计算，由海关代征。具体税目见附件。

本通知自2016年12月1日起执行。

附件：小汽车进口环节消费税税目税率表（编者略）

第三篇
车辆购置税政策法规

第一部分　车辆购置税基本法规

中华人民共和国车辆购置税法

（2018年12月29日　中华人民共和国主席令第十九号）
（2018年12月29日第十三届全国人民代表大会常务委员会第七次会议通过）

第一条　在中华人民共和国境内购置汽车、有轨电车、汽车挂车、排气量超过一百五十毫升的摩托车（以下统称应税车辆）的单位和个人，为车辆购置税的纳税人，应当依照本法规定缴纳车辆购置税。

第二条　本法所称购置，是指以购买、进口、自产、受赠、获奖或者其他方式取得并自用应税车辆的行为。

第三条　车辆购置税实行一次性征收。购置已征车辆购置税的车辆，不再征收车辆购置税。

第四条　车辆购置税的税率为百分之十。

第五条　车辆购置税的应纳税额按照应税车辆的计税价格乘以税率计算。

第六条　应税车辆的计税价格，按照下列规定确定：

（一）纳税人购买自用应税车辆的计税价格，为纳税人实际支付给销售者的全部价款，不包括增值税税款；

（二）纳税人进口自用应税车辆的计税价格，为关税完税价格加上关税和消费税；

（三）纳税人自产自用应税车辆的计税价格，按照纳税人生产的同类应税车辆的销售价格确定，不包括增值税税款；

（四）纳税人以受赠、获奖或者其他方式取得自用应税车辆的计税价格，按照购置应税车辆时相关凭证载明的价格确定，不包括增值税税款。

第七条　纳税人申报的应税车辆计税价格明显偏低，又无正当理由的，由税务机关依照《中华人民共和国税收征收管理法》的规定核定其应纳税额。

第八条　纳税人以外汇结算应税车辆价款的，按照申报纳税之日的人民币汇率中间价折合成人民币计算缴纳税款。

第九条　下列车辆免征车辆购置税：

（一）依照法律规定应当予以免税的外国驻华使馆、领事馆和国际组织驻华机构及其有关人员自用的车辆；

（二）中国人民解放军和中国人民武装警察部队列入装备订货计划的车辆；
（三）悬挂应急救援专用号牌的国家综合性消防救援车辆；
（四）设有固定装置的非运输专用作业车辆；
（五）城市公交企业购置的公共汽电车辆。

根据国民经济和社会发展的需要，国务院可以规定减征或者其他免征车辆购置税的情形，报全国人民代表大会常务委员会备案。

第十条 车辆购置税由税务机关负责征收。

第十一条 纳税人购置应税车辆，应当向车辆登记地的主管税务机关申报缴纳车辆购置税；购置不需要办理车辆登记的应税车辆的，应当向纳税人所在地的主管税务机关申报缴纳车辆购置税。

第十二条 车辆购置税的纳税义务发生时间为纳税人购置应税车辆的当日。纳税人应当自纳税义务发生之日起六十日内申报缴纳车辆购置税。

第十三条 纳税人应当在向公安机关交通管理部门办理车辆注册登记前，缴纳车辆购置税。

公安机关交通管理部门办理车辆注册登记，应当根据税务机关提供的应税车辆完税或者免税电子信息对纳税人申请登记的车辆信息进行核对，核对无误后依法办理车辆注册登记。

第十四条 免税、减税车辆因转让、改变用途等原因不再属于免税、减税范围的，纳税人应当在办理车辆转移登记或者变更登记前缴纳车辆购置税。计税价格以免税、减税车辆初次办理纳税申报时确定的计税价格为基准，每满一年扣减百分之十。

第十五条 纳税人将已征车辆购置税的车辆退回车辆生产企业或者销售企业的，可以向主管税务机关申请退还车辆购置税。退税额以已缴税款为基准，自缴纳税款之日至申请退税之日，每满一年扣减百分之十。

第十六条 税务机关和公安、商务、海关、工业和信息化等部门应当建立应税车辆信息共享和工作配合机制，及时交换应税车辆和纳税信息资料。

第十七条 车辆购置税的征收管理，依照本法和《中华人民共和国税收征收管理法》的规定执行。

第十八条 纳税人、税务机关及其工作人员违反本法规定的，依照《中华人民共和国税收征收管理法》和有关法律法规的规定追究法律责任。

第十九条 本法自2019年7月1日起施行。2000年10月22日国务院公布的《中华人民共和国车辆购置税暂行条例》同时废止。

第二部分 车辆购置税其他政策

财政部 税务总局 工业和信息化部 科技部 关于免征新能源汽车车辆购置税的公告

（2017年12月26日 财政部公告2017年第172号）

为贯彻落实党的十九大精神，进一步支持新能源汽车创新发展，经国务院同意，现将免征新能源汽车车辆购置税有关事项公告如下：

一、自2018年1月1日至2020年12月31日，对购置的新能源汽车免征车辆购置税。

二、对免征车辆购置税的新能源汽车，通过发布《免征车辆购置税的新能源汽车车型目录》（以下简称《目录》）实施管理。2017年12月31日之前已列入《目录》的新能源汽车，对其免征车辆购置税政策继续有效。

三、2018年1月1日起列入《目录》的新能源汽车须同时符合以下条件：

（一）获得许可在中国境内销售的纯电动汽车、插电式（含增程式）混合动力汽车、燃料电池汽车。

（二）符合新能源汽车产品技术要求（附件1）。

（三）通过新能源汽车专项检测，达到新能源汽车产品专项检验标准（附件2）。

（四）新能源汽车生产企业或进口新能源汽车经销商（以下简称企业）在产品质量保证、产品一致性、售后服务、安全监测、动力电池回收利用等方面符合相关要求（附件3）。

财政部、税务总局、工业和信息化部、科技部根据新能源汽车标准体系发展、技术进步和车型变化等情况，适时调整列入《目录》的新能源汽车条件。

四、企业应当向工业和信息化部提交《目录》申请报告（附件4），并对申报材料的真实性和产品质量负责。工业和信息化部会同税务总局组织技术专家进行审查，通过审查的车型列入《目录》，并由工业和信息化部、税务总局发布。

五、对列入《目录》的新能源汽车，企业上传机动车整车出厂合格证信息时，在"是否列入《免征车辆购置税的新能源汽车车型目录》"字段标注"是"（即免税标识）。工业和信息化部对企业上传的机动车整车出厂合格证信息中的免税标识进行审核，并将通过审核的信息传送税务总局。税务机关依据工业和信息化部审核后的免税标识和机动车统一销售发票（或有效凭证）办理免税手续。

六、对产品与申报材料不符、产品性能指标未达到要求、提供其他虚假信息等手段骗取列入《目录》车型资格的企业，取消免征车辆购置税申请资格，并依照相关法律法规规定予以处理处罚。对已销售产品在使用中存在安全隐患、发生安全事故的，视事故性质、严重程度等依法采取停止生产、责令立即改正、暂停或者取消免征车辆购置税申请资格等处理处罚措施。

七、从事《目录》申请报告审查、审核，办理免税审核的工作人员履行职责时，存在滥用职权、玩忽职守、徇私舞弊等违法违纪行为的，按照《公务员法》《行政监察法》等国家有关规定追究相应责任；涉嫌犯罪的，移送司法机关处理。

附件：（编者略）
1. 新能源汽车产品技术要求
2. 新能源汽车产品专项检验标准目录
3. 新能源汽车企业要求
4. 《免征车辆购置税的新能源汽车车型目录》申请报告

财政部 税务总局 工业和信息化部
关于对挂车减征车辆购置税的公告

（2018年5月25日 财政部公告2018年第69号）

为促进甩挂运输发展，提高物流效率和降低物流成本，现将减征挂车车辆购置税有关事项公告如下：

一、自2018年7月1日至2021年6月30日，对购置挂车减半征收车辆购置税。购置日期按照《机动车销售统一发票》《海关关税专用缴款书》或者其他有效凭证的开具日期确定。

二、本公告所称挂车，是指由汽车牵引才能正常使用且用于载运货物的无动力车辆。

三、对挂车产品通过标注减征车辆购置税标识进行管理，具体要求如下：

（一）标注减税标识。

1. 国产挂车：企业上传《机动车整车出厂合格证》信息时，在"是否属于减征车辆购置税挂车"字段标注"是"（即减税标识）。

2. 进口挂车：汽车经销商或个人上传《进口机动车车辆电子信息单》时，在"是否属于减征车辆购置税挂车"字段标注"是"（即减税标识）。

（二）工业和信息化部对企业和个人上传的《机动车整车出厂合格证》或者《进口机动车车辆电子信息单》中减税标识进行核实，并将核实的信息传送给国家税务总局。

（三）税务机关依据工业和信息化部核实后的减税标识以及办理车辆购置税纳税申报需提供的其他资料，办理车辆购置税减征手续。

四、在《机动车整车出厂合格证》或者《进口机动车车辆电子信息单》中标注挂车减税标识的企业和个人，应当保证车辆产品与合格证信息或者车辆电子信息相一致。对提供虚假信息等手段骗取减征车辆购置税的企业和个人，经查实后，依照相关法律法规规定予以处罚。

财政部 税务总局
关于车辆购置税有关具体政策的公告

（2019年5月23日 财政部 税务总局公告2019年第71号）

为贯彻落实《中华人民共和国车辆购置税法》，现就车辆购置税有关具体政策公告如下：

一、地铁、轻轨等城市轨道交通车辆，装载机、平地机、挖掘机、推土机等轮式专用机械车，以及起重机（吊车）、叉车、电动摩托车，不属于应税车辆。

二、纳税人购买自用应税车辆实际支付给销售者的全部价款，依据纳税人购买应税车辆时相关凭证载明的价格确定，不包括增值税税款。

三、纳税人进口自用应税车辆，是指纳税人直接从境外进口或者委托代理进口自用的应税车辆，不包括在境内购买的进口车辆。

四、纳税人自产自用应税车辆的计税价格，按照同类应税车辆（即车辆配置序列号相同的车辆）的销售价格确定，不包括增值税税款；没有同类应税车辆销售价格的，按照组成计税价格确定。组成计税价格计算公式如下：

组成计税价格 = 成本 × （1 + 成本利润率）

属于应征消费税的应税车辆，其组成计税价格中应加计消费税税额。

上述公式中的成本利润率，由国家税务总局各省、自治区、直辖市和计划单列市税务局确定。

五、城市公交企业购置的公共汽电车辆免征车辆购置税中的城市公交企业，是指由县级以上（含县级）人民政府交通运输主管部门认定的，依法取得城市公交经营资格，为公众提供公交出行服务，并纳入《城市公共交通管理部门与城市公交企业名录》的企业；公共汽电车辆是指按规定的线路、站点票价营运，用于公共交通服务，为运输乘客设计和制造的车辆，包括公共汽车、无轨电车和有轨电车。

六、车辆购置税的纳税义务发生时间以纳税人购置应税车辆所取得的车辆相关凭证上注明的时间为准。

七、已经办理免税、减税手续的车辆因转让、改变用途等原因不再属于免税、减税范围的，纳税人、纳税义务发生时间、应纳税额按以下规定执行：

（一）发生转让行为的，受让人为车辆购置税纳税人；未发生转让行为的，车辆所有人为车辆购置税纳税人。

（二）纳税义务发生时间为车辆转让或者用途改变等情形发生之日。

（三）应纳税额计算公式如下：

应纳税额 = 初次办理纳税申报时确定的计税价格 × （1 − 使用年限 × 10%） × 10% − 已纳税额

应纳税额不得为负数。

使用年限的计算方法是，自纳税人初次办理纳税申报之日起，至不再属于免税、减税范围的情形发生之日止。使用年限取整计算，不满一年的不计算在内。

八、已征车辆购置税的车辆退回车辆生产或销售企业，纳税人申请退还车辆购置税的，

应退税额计算公式如下:

应退税额＝已纳税额×（1－使用年限×10%）

应退税额不得为负数。

使用年限的计算方法是，自纳税人缴纳税款之日起，至申请退税之日止。

九、本公告自2019年7月1日起施行。

国家税务总局 交通运输部
关于城市公交企业购置公共汽电车辆免征车辆购置税有关事项的公告

（2019年6月6日 国家税务总局 交通运输部公告2019年第22号）

根据《中华人民共和国车辆购置税法》《财政部 税务总局关于车辆购置税有关具体政策的公告》（财政部 税务总局公告2019年第71号）的相关规定，现就城市公交企业购置的公共汽电车辆免征车辆购置税有关事项公告如下：

一、国家税务总局各省、自治区、直辖市和计划单列市税务局（以下简称"省税务局"）与本地区交通运输主管部门应当相互配合，共同做好城市公交企业购置公共汽电车辆免征车辆购置税工作。

二、《城市公共交通管理部门与城市公交企业名录》（以下简称《名录》，见附件1）是税务机关确定申报企业是否为城市公交企业的依据，各省、自治区、直辖市交通运输厅（委）（以下简称省交通厅）负责组织编制本地区《名录》。

三、各县级以上（含县级）人民政府交通运输主管部门认定城市公交企业并逐级报送《名录》信息。省交通厅定期汇总、公示本地区城市公交企业新增、退出、变更等信息，并及时将调整后的《名录》函送省税务局。《名录》的函送时间和方式由省税务局和省交通厅共同商定。

省税务局应当及时将《名录》下发至所属各级税务机关。

四、城市公交企业所在地县级以上（含县级）交通运输主管部门按照财政部、税务总局2019年第71号公告的有关规定，依据公共汽电车辆购置计划和采购合同等资料，为城市公交企业购置的符合《公共汽车类型划分及等级评定》标准的公共汽车、无轨电车和有轨电车出具《公共汽电车辆认定表》（见附件2）。

五、税务机关依据《公共汽电车辆认定表》以及办理车辆购置税纳税申报需要提供的其他资料，为已经列入《名录》的城市公交企业购置的公共汽电车辆，办理车辆购置税免税手续。

六、城市公交企业为新购置的公共汽电车辆办理免税手续后，因车辆转让、改变用途等导致免税条件消失的，纳税人应当到税务机关重新办理申报纳税手续。未按规定办理的，依据相关规定处理。

七、本公告自2019年7月1日起施行。为做好本公告实施工作，省交通厅应当按照本公告《名录》格式重新汇总编制《名录》，并于2019年7月1日之前函送省税务局。

《国家税务总局　交通运输部关于城市公交企业购置公共汽电车辆免征车辆购置税有关问题的通知》（税总发〔2016〕157号），自2019年7月1日起停止执行。

附件：（编者略）
1. 城市公共交通管理部门与城市公交企业名录
2. 公共汽电车辆认定表

国家税务总局　工业和信息化部
关于加强车辆配置序列号管理有关事项的公告

（2019年6月21日　国家税务总局　工业和信息化部公告2019年第25号）

为提高车辆购置税征收管理效率，规范机动车合格证电子信息及进口车辆电子信息（以下统称车辆电子信息）和车辆分类管理，国家税务总局、工业和信息化部决定调整车辆配置序列号编码规则，对车辆配置序列号的申请和使用加强管理。现就有关事项公告如下：

一、自2019年7月1日起，车辆生产（改装）企业或者进口车辆的单位和个人（以下简称"企业"）不再向税务机关报送车辆价格信息，保留车辆配置序列号管理机制。

二、车辆配置序列号由企业通过机动车合格证信息管理系统中的车辆配置信息管理系统编制，用于区分相同厂牌型号、不同配置的车型。2019年12月31日前，仍按《国家税务总局关于印发〈车辆购置税价格信息管理办法（试行）〉的通知》（国税发〔2006〕93号，国家税务总局公告2018年第31号修改）的附件3《"序列号"编码规则》（以下简称"旧编码规则"）编制。

同类别同品牌同型号、配置相同的车型，不应重复编制车辆配置序列号。

三、自2020年1月1日起，车辆配置信息管理系统依据企业填写的车辆信息（车辆配置序列号填报说明见附件1），按照《车辆配置序列号编码规则》（以下简称"新编码规则"，见附件2）自动编制车辆配置序列号。

四、企业初次编制车辆配置序列号前，应当申请生产企业代码。自2019年7月1日起，新增企业的生产企业代码由企业通过车辆配置信息管理系统申请。

车辆生产（改装）企业名称发生变更的，生产企业代码不变。

进口车辆已经由进口单位和个人申请了境外生产（改装）企业代码的，其他进口单位和个人可以直接调用境外生产（改装）企业代码，车辆配置信息管理系统不再重复编制生产企业代码。

五、属于工业和信息化部"道路机动车辆生产企业及产品准入许可"（以下简称"车辆产品准入公告"）管理范围的车型，企业应当在车辆产品准入公告批准发布后编制车辆配置序列号。

不属于车辆产品准入公告管理范围的车型，企业应当在首次提交车辆电子信息前编制车辆配置序列号。

六、企业提交车辆电子信息时，应当根据车辆配置、参数，选择相应的配置序列号，不得混用。

从未在车辆电子信息中使用过的车辆配置序列号，企业可以申请作废，已经在车辆电子信息中使用过的车辆配置序列号不得作废。

七、2019年12月31日前已经按旧编码规则编制但尚未使用的车辆配置序列号，2020年1月1日起不再有效，企业按照新编码规则重新编制；2019年12月31日前已经按旧编码规则编制且已经使用的车辆配置序列号，2020年1月1日起仍然有效并可以继续使用。

八、国家税务总局、工业和信息化部委托工业和信息化部装备工业发展中心负责车辆配置信息管理系统建设运维及宣传培训工作。

九、国家税务总局、工业和信息化部将不定期对生产企业上传的车辆电子信息进行核查，对未按照要求编制和使用车辆配置序列号的，工业和信息化部将责令其限期整改，逾期不整改或情节严重的将按照相关规定进行处理。因生产企业原因造成少缴税款的，税务机关将依据《中华人民共和国税收征收管理法》及其实施细则等有关规定处理。

附件：（编者略）
1. 车辆配置序列号填报说明
2. 车辆配置序列号编码规则

国家税务总局
关于车辆购置税征收管理有关事项的公告

（2019年6月21日　国家税务总局公告2019年第26号）

为落实《中华人民共和国车辆购置税法》（以下简称《车辆购置税法》），规范车辆购置税征收管理，现就有关事项公告如下：

一、车辆购置税实行一车一申报制度。

二、《车辆购置税法》第六条第四项所称的购置应税车辆时相关凭证，是指原车辆所有人购置或者以其他方式取得应税车辆时载明价格的凭证。无法提供相关凭证的，参照同类应税车辆市场平均交易价格确定其计税价格。

原车辆所有人为车辆生产或者销售企业，未开具机动车销售统一发票的，按照车辆生产或者销售同类应税车辆的销售价格确定应税车辆的计税价格。无同类应税车辆销售价格的，按照组成计税价格确定应税车辆的计税价格。

三、购置应税车辆的纳税人，应当到下列地点申报纳税：

（一）需要办理车辆登记的，向车辆登记地的主管税务机关申报纳税。

（二）不需要办理车辆登记的，单位纳税人向其机构所在地的主管税务机关申报纳税，个人纳税人向其户籍所在地或者经常居住地的主管税务机关申报纳税。

四、《车辆购置税法》第十二条所称纳税义务发生时间，按照下列情形确定：

（一）购买自用应税车辆的为购买之日，即车辆相关价格凭证的开具日期。

（二）进口自用应税车辆的为进口之日，即《海关进口增值税专用缴款书》或者其他有效凭证的开具日期。

（三）自产、受赠、获奖或者以其他方式取得并自用应税车辆的为取得之日，即合同、法律文书或者其他有效凭证的生效或者开具日期。

五、纳税人办理纳税申报时应当如实填报《车辆购置税纳税申报表》（见附件1），同时提供车辆合格证明和车辆相关价格凭证。

六、纳税人在办理车辆购置税免税、减税时，除按本公告第五条规定提供资料外，还应当根据不同的免税、减税情形，分别提供相关资料的原件、复印件。

（一）外国驻华使馆、领事馆和国际组织驻华机构及其有关人员自用车辆，提供机构证明和外交部门出具的身份证明。

（二）城市公交企业购置的公共汽电车辆，提供所在地县级以上（含县级）交通运输主管部门出具的公共汽电车辆认定表。

（三）悬挂应急救援专用号牌的国家综合性消防救援车辆，提供中华人民共和国应急管理部批准的相关文件。

（四）回国服务的在外留学人员购买的自用国产小汽车，提供海关核发的《中华人民共和国海关回国人员购买国产汽车准购单》。

（五）长期来华定居专家进口自用小汽车，提供国家外国专家局或者其授权单位核发的专家证或者A类和B类《外国人工作许可证》。

七、免税、减税车辆因转让、改变用途等原因不再属于免税、减税范围的，纳税人在办理纳税申报时，应当如实填报《车辆购置税纳税申报表》。发生二手车交易行为的，提供二手车销售统一发票；属于其他情形的，按照相关规定提供申报材料。

八、已经缴纳车辆购置税的，纳税人向原征收机关申请退税时，应当如实填报《车辆购置税退税申请表》（见附件2），提供纳税人身份证明，并区别不同情形提供相关资料。

（一）车辆退回生产企业或者销售企业的，提供生产企业或者销售企业开具的退车证明和退车发票。

（二）其他依据法律法规规定应当退税的，根据具体情形提供相关资料。

九、纳税人应当如实申报应税车辆的计税价格，税务机关应当按照纳税人申报的计税价格征收税款。纳税人编造虚假计税依据的，税务机关应当依照《税收征管法》及其实施细则的相关规定处理。

十、本公告要求纳税人提供的资料，税务机关能够通过政府信息共享等手段获取相关资料信息的，纳税人不再提交。

十一、税务机关应当在税款足额入库或者办理免税手续后，将应税车辆完税或者免税电子信息，及时传送给公安机关交通管理部门。

税款足额入库包括以下情形：纳税人到银行缴纳车辆购置税税款（转账或者现金），由银行将税款缴入国库的，国库已传回《税收缴款书（银行经收专用）》联次；纳税人通过横向联网电子缴税系统等电子方式缴纳税款的，税款划缴已成功；纳税人在办税服务厅以现金方式缴纳税款的，主管税务机关已收取税款。

十二、纳税人名称、车辆厂牌型号、发动机号、车辆识别代号（车架号）、证件号码等应税车辆完税或者免税电子信息与原申报资料不一致的，纳税人可以到税务机关办理完税或者免税电子信息更正，但是不包括以下情形：

（一）车辆识别代号（车架号）和发动机号同时与原申报资料不一致。

（二）完税或者免税信息更正影响到车辆购置税税款。

（三）纳税人名称和证件号码同时与原申报资料不一致。

税务机关核实后，办理更正手续，重新生成应税车辆完税或者免税电子信息，并且及时传送给公安机关交通管理部门。

十三、《车辆购置税法》第九条所称"设有固定装置的非运输专用作业车辆"，是指列入国家税务总局下发的《设有固定装置的非运输专用作业车辆免税图册》（以下简称免税图册）的车辆。

纳税人在办理设有固定装置的非运输专用作业车辆免税申报时，除按照本公告第五条规定提供资料外，还应当提供车辆内、外观彩色5寸照片，主管税务机关依据免税图册办理免税手续。

十四、本公告所称车辆合格证明，是指整车出厂合格证或者《车辆电子信息单》（见附件3）。

本公告所称车辆相关价格凭证是指：境内购置车辆为机动车销售统一发票或者其他有效凭证；进口自用车辆为《海关进口关税专用缴款书》或者海关进出口货物征免税证明，属于应征消费税车辆的还包括《海关进口消费税专用缴款书》。

本公告所称纳税人身份证明是指：单位纳税人为《统一社会信用代码证书》，或者营业执照或者其他有效机构证明；个人纳税人为居民身份证，或者居民户口簿或者入境的身份证件。

十五、《车辆购置税纳税申报表》《车辆购置税退税申请表》，样式由国家税务总局统一规定，国家税务总局各省、自治区、直辖市和计划单列市税务局自行印制，纳税人也可以在税务机关网站下载、提交。

十六、纳税人2019年6月30日（含）前购置属于《中华人民共和国车辆购置税暂行条例》规定的应税车辆，在2019年7月1日前未申报纳税的，应当按照规定的申报纳税期限申报纳税。

十七、本公告自2019年7月1日起施行。《车辆购置税全文废止和部分条款废止的文件目录》（见附件4）同日生效。

附件：
1. 车辆购置税纳税申报表（见二维码102）
2. 车辆购置税退税申请表（见二维码102）
3. 车辆电子信息单（见二维码102）
4. 车辆购置税全文废止和部分条款废止的文件目录（见二维码102）

二维码102

财政部　税务总局
关于继续执行的车辆购置税优惠政策的公告

（2019年6月28日　财政部　税务总局公告2019年第75号）

为贯彻落实《中华人民共和国车辆购置税法》，现将继续执行的车辆购置税优惠政策公告如下：

1. 回国服务的在外留学人员用现汇购买 1 辆个人自用国产小汽车和长期来华定居专家进口 1 辆自用小汽车免征车辆购置税。防汛部门和森林消防部门用于指挥、检查、调度、报汛（警）、联络的由指定厂家生产的设有固定装置的指定型号的车辆免征车辆购置税。具体操作按照《财政部　国家税务总局关于防汛专用等车辆免征车辆购置税的通知》（财税〔2001〕39 号）有关规定执行。

2. 自 2018 年 1 月 1 日至 2020 年 12 月 31 日，对购置新能源汽车免征车辆购置税。具体操作按照《财政部　税务总局　工业和信息化部　科技部关于免征新能源汽车车辆购置税的公告》（财政部　税务总局　工业和信息化部　科技部公告 2017 年第 172 号）有关规定执行。

3. 自 2018 年 7 月 1 日至 2021 年 6 月 30 日，对购置挂车减半征收车辆购置税。具体操作按照《财政部　税务总局　工业和信息化部关于对挂车减征车辆购置税的公告》（财政部　税务总局　工业和信息化部公告 2018 年第 69 号）有关规定执行。

4. 中国妇女发展基金会"母亲健康快车"项目的流动医疗车免征车辆购置税。

5. 北京 2022 年冬奥会和冬残奥会组织委员会新购置车辆免征车辆购置税。

6. 原公安现役部队和原武警黄金、森林、水电部队改制后换发地方机动车牌证的车辆（公安消防、武警森林部队执行灭火救援任务的车辆除外），一次性免征车辆购置税。

本公告自 2019 年 7 月 1 日起施行。

国家税务总局
关于应用机动车销售统一发票电子信息办理
车辆购置税业务的公告

（2020 年 1 月 21 日　国家税务总局公告 2020 年第 3 号）

为进一步深化"放管服"改革，优化纳税服务，国家税务总局决定，对开具机动车销售统一发票的应税车辆，自 2020 年 2 月 1 日起，在上海市、江苏省、浙江省、宁波市四个地区（以下简称"试点地区"）试点应用机动车销售统一发票电子信息（以下简称"发票电子信息"）办理车辆购置税业务；自 2020 年 6 月 1 日起，将应用发票电子信息办理车辆购置税业务的机制扩大到全国其他地区（以下简称"其他地区"）。现将有关事项公告如下：

一、试点地区自 2020 年 2 月 1 日起、其他地区自 2020 年 6 月 1 日起，纳税人购置应税车辆办理车辆购置税纳税申报时，以发票电子信息中的不含税价作为申报计税价格。纳税人依据相关规定提供其他有效价格凭证的情形除外。

应税车辆存在多条发票电子信息或者没有发票电子信息的，纳税人应当持机动车销售统一发票、购车合同及其他能够反映真实交易的材料到税务机关办理车辆购置税纳税申报，按照购置应税车辆实际支付给销售方的全部价款（不包括增值税税款）申报纳税。

发票电子信息与纳税人提供的机动车销售统一发票的内容不一致、纳税人提供的机动车销售统一发票已经作废或者开具了红字发票的，纳税人应换取合规的发票后申报纳税。

二、试点地区自 2020 年 2 月 1 日起、其他地区自 2020 年 6 月 1 日起，纳税人购置并已完税的应税车辆，纳税人申请车辆购置税退税时，税务机关核对纳税人提供的退车发票与发票电子信息无误后，按规定办理退税；核对不一致的，纳税人换取合规的发票后，依法办理退税申报；没有发票电子信息的，销售方向税务机关传输有效发票电子信息后，纳税人依法办理退税申报。

三、试点地区纳税人 2020 年 2 月 1 日后办理于 2020 年 1 月 31 日前购置应税车辆的车辆购置税纳税申报、其他地区纳税人 2020 年 6 月 1 日后办理于 2020 年 5 月 31 日前购置应税车辆的车辆购置税纳税申报，税务机关能够调取发票电子信息的，按照本公告第一条流程办理；税务机关无法调取发票电子信息的，按原流程办理。

四、纳税人对所提交材料的真实性和合法性承担法律责任。

五、本公告所述购置日期以机动车销售统一发票上注明的日期为准。

财政部　税务总局　工业和信息化部
关于新能源汽车免征车辆购置税有关政策的公告

（2020 年 4 月 16 日　财政部公告 2020 年第 21 号）

为支持新能源汽车产业发展，促进汽车消费，现就新能源汽车免征车辆购置税有关政策公告如下：

一、自 2021 年 1 月 1 日至 2022 年 12 月 31 日，对购置的新能源汽车免征车辆购置税。免征车辆购置税的新能源汽车是指纯电动汽车、插电式混合动力（含增程式）汽车、燃料电池汽车。

二、免征车辆购置税的新能源汽车，通过工业和信息化部、税务总局发布《免征车辆购置税的新能源汽车车型目录》（以下简称《目录》）实施管理。自《目录》发布之日起，购置列入《目录》的新能源汽车免征车辆购置税；购置时间为机动车销售统一发票（或有效凭证）上注明的日期。

三、对已列入《目录》的新能源汽车，新能源汽车生产企业或进口新能源汽车经销商（以下简称汽车企业）在上传《机动车整车出厂合格证》或进口机动车《车辆电子信息单》（以下简称车辆电子信息）时，在"是否符合免征车辆购置税条件"字段标注"是"（免税标识）。工业和信息化部对汽车企业上传的车辆电子信息中的免税标识进行审核，并将通过审核的信息传送至税务总局。税务机关依据工业和信息化部审核后的免税标识和机动车统一销售发票（或有效凭证），办理车辆购置税免税手续。

四、汽车企业应当保证车辆电子信息与车辆产品相一致，对因提供虚假信息或资料造成车辆购置税税款流失的，依照《中华人民共和国税收征收管理法》及其实施细则予以处理。

五、从事《目录》管理、免税标识审核和办理免税手续的工作人员履行职责时，存在滥用职权、玩忽职守、徇私舞弊等违法违纪行为的，按照《中华人民共和国公务员法》《中华人民共和国监察法》等国家有关规定追究相应责任；涉嫌犯罪的，移送司法机关处理。

六、本公告自 2021 年 1 月 1 日起施行。2020 年 12 月 31 日前已列入《目录》的新能源汽车免征车辆购置税政策继续有效。